Bürobuch für Rechtsanwälte und Notare   29. Auflage
Band 2

Bürobuch für Rechtsanwälte und Notare

Band 2

29., völlig neu bearbeitete Auflage
Herausgegeben von Curt Engels, Rechtsanwalt

Bearbeitet von

Rechtsanwalt Dr. jur. Karl-Heinz Göpfert, Düsseldorf
1. Abschnitt   Materielles Strafrecht, Strafverfahrensrecht,
Ordnungswidrigkeitenrecht

Rechtsanwalt Prof. Dr. jur. Konrad Redeker, Bonn
2. Abschnitt   Verwaltungsverfahren und Verwaltungsprozeß

Rechtsanwalt Dr. jur. Heinrich Günther, Mannheim
3. Abschnitt   Überblick über das Steuerrecht der
Bundesrepublik Deutschland

Rechtsanwalt Dr. jur. Heinz-Werner Glücklich, Wiesbaden,
unter Mitarbeit von
Rechtsanwalt Dr. jur. Heinz-Siegmund Thieler, Dortmund
4. Abschnitt   Sozialversicherungsrecht und Verfahrensrecht
in Sozialrechtssachen

Carl Heymanns Verlag KG · Köln · Berlin · Bonn · München

CIP-Titelaufnahme der Deutschen Bibliothek

Bürobuch für Rechtsanwälte und Notare / hrsg. von Curt Engels. – Köln;
Berlin; Bonn; München: Heymann.
Früher hrsg. von Wagner ...

NE: Wagner, Franz [Begr.]; Engels, Curt [Hrsg.]

Bd. 2. Bearb. von Karl-Heinz Göpfert ... – 29., völlig neu bearb. Aufl. –
1988

ISBN 3-452-20952-0

NE: Göpfert, Karl-Heinz [Bearb.]

© Carl Heymanns Verlag KG · Köln · Berlin · Bonn · München 1988

ISBN 3-452-20952-0

Gedruckt in der Gallus Druckerei KG, Berlin

Inhaltsübersicht

Abkürzungen

ABergGes.	Preußisches Allgemeines Berggesetz
AbzG	Abzahlungsgesetz
AG	Aktiengesellschaft
AnfG	Gesetz betr. die Anfechtung von Rechtshandlungen außerhalb des Konkursverfahrens vom 20. 5. 1898
AktG	Gesetz über Aktiengesellschaften und Kommanditgesellschaften auf Aktien (Aktiengesetz)
Anm.	Anmerkung
AO	(Reichs-)Abgabenordnung
AP	Nachschlagewerk des Bundesarbeitsgerichts
Arch. civ. Prax.	Archiv für die civilistische Praxis, Tübingen
ArbEG	Gesetz über Arbeitnehmererfindungen vom 25. 7. 1957
ArbGG	Arbeitsgerichtsgesetz vom 3. 9. 1953
ArbplSchG	Arbeitsplatzschutzgesetz vom 30. 3. 1957
ArbZO	Arbeitszeitordnung
BAnz.	Bundesanzeiger
BAG	Bundesarbeitsgericht
BauR	Zeitschrift für das gesamte öffentliche und zivile Baurecht
Bayer. VerwBl.	Bayerische Verwaltungsblätter, München
BB	Der Betriebsberater, Heidelberg
BBauG	Bundesbaugesetz
BG	Bundesgesetz
BetrVG	Betriebsverfassungsgesetz
BewG	Bewertungsgesetz
BGB	Bürgerliches Gesetzbuch
BGBl.	Bundesgesetzblatt
BGH	Bundesgerichtshof
BGH LM	Das Nachschlagewerk des Bundesgerichtshofes in Zivilsachen, herausgegeben von *Lindenmaier* und *Möhring*
BGHZ	Entscheidungen des Bundesgerichtshofes in Zivilsachen
BlfStR	Blätter für Steuerrecht . . ., Sozialversicherung und Arbeitsrecht, Neuwied
BMietG	Bundesmietengesetz
BMG	Gesetz über Maßnahmen auf dem Gebiet des Mietpreisrechts
BNotO	Bundesnotarordnung
BRAGebO	Bundesgebührenordnung für Rechtsanwälte
BRAGO	Bundesgebührenordnung für Rechtsanwälte
BRAO	Bundesrechtsanwaltsordnung
BRRG	Beamtenrechtsrahmengesetz
BStBl.	Bundessteuerblatt
BVerfGE	Entscheidungen des Bundesverfassungsgerichts

BWNotZ	Mitteilungen aus der Praxis, Zeitschrift für das Notariat in Baden-Württemberg
BVerfGG	Gesetz über das Bundesverfassungsgericht
DB	Der Betrieb, Düsseldorf
DJ	Deutsche Justiz, Berlin (bis 1943)
DJZ	Deutsche Juristen-Zeitung, München-Berlin (bis 1936)
DNotZ	Zeitschrift des Deutschen Notarvereins, Halle (bis 1932) Deutsche Notar-Zeitschrift, München-Berlin (ab 1933)
DONot	Dienstordnung für Notare
DR	Deutsches Recht, Berlin-Leipzig-Wien (bis 1945)
DRiZ	Deutsche Richterzeitung, Köln-Berlin
DRiG	Deutsches Richtergesetz
DRZ	Deutsche Rechts-Zeitschrift, Tübingen (bis 1950)
DStR	Deutsche Steuer-Rundschau, Hamburg
DStZ	Deutsche Steuer-Zeitung, Siegburg/Rheinland
DV	Durchführungsverordnung
DVO-LAG	Durchführungsverordnung zum Lastenausgleichsgesetz
DVStR	Deutsche Verkehrssteuer-Rundschau, Bonn
DVO	Durchführungsverordnung
EBE	Eildienst: Bundesgerichtliche Entscheidungen
eGmbH	eingetragene Genossenschaft mit beschränkter Haftung
EFG	Entscheidungen der Finanzgerichte
EGBGB	Einführungsgesetz zum Bürgerlichen Gesetzbuch
EGGVG	Einführungsgesetz zum Gerichtsverfassungsgesetz
EheG	Ehegesetz vom 20. 2. 1946
ErbStG	Erbschaftssteuergesetz
EStDV	Einkommensteuer-Durchführungsverordnung
EStG	Einkommensteuergesetz
EStR	Einkommensteuer-Richtlinien
ErbbauVO	Erbbaurechtsverordnung
EVO	Eisenbahn-Verkehrsordnung vom 8. 8. 1938
FamRZ	Zeitschrift für das gesamte Familienrecht, Bielefeld
FamRÄndG	Familienrechtsänderungsgesetz
FGO	Finanzgerichtsordnung
FGG	Gesetz über die Angelegenheiten der freiwilligen Gerichtsbarkeit
Fin.-Vertrag	Finanzvertrag
FR	Finanz-Rundschau, Köln
FürsorgeG	Bayerisches Fürsorgegesetz vom 19. 1. 1953
GG	Grundgesetz für die Bundesrepublik Deutschland vom 23. 5. 1949
GBO	Grundbuchordnung
GenG	Gesetz betr. die Erwerbs- und Wirtschaftsgenossenschaften i. d. F. d. Bek. vom 20. 5. 1898
GKG	Gerichtskostengesetz vom 26. 7. 1957
GleichberG	Gesetz über die Gleichberechtigung von Mann und Frau auf dem Gebiet des bürgerlichen Rechts vom 18. 6. 1957
GewO	Gewerbeordnung i. d. F. d. Bek. vom 26. 7. 1900

VIII

GewStDV	Gewerbesteuer-Durchführungsverordnung
GewStG	Gewerbesteuergesetz
GewStR	Gewerbesteuer-Richtlinien
GmbH	Gesellschaft mit beschränkter Haftung
GmbHG	Gesetz betr. die Gesellschaften mit beschränkter Haftung vom 20. 4. 1892
GmbHRdsch.	Rundschau für GmbH, Köln
GrEStG	Grunderwerbsteuergesetz
GRUR	Gewerblicher Rechtsschutz und Urheberrecht
GVG	Gerichtsverfassungsgesetz
GWB	Gesetz gegen Wettbewerbsbeschränkungen
HandwO	Handwerksordnung
HArbG	Heimarbeitsgesetz
HaftpflG	Haftpflichtgesetz
HGB	Handelsgesetzbuch
HRR	Höchstrichterliche Rechtsprechung, Berlin (bis 1942)
JArbSchG	Jugendarbeitsschutzgesetz
JFG	Jahrbuch für Entscheidungen in Angelegenheiten der freiwilligen Gerichtsbarkeit und des Grundbuchrechts
JR	Juristische Rundschau, Berlin
JW	Juristische Wochenschrift, Berlin-Leipzig (bis 1939)
JZ	Juristenzeitung, Tübingen
KG	Kommanditgesellschaft
KGJ	Jahrbuch der Entscheidungen des Kammergerichts, Berlin (bis 1922)
KO	Konkursordnung
KSchG	Kündigungsschutzgesetz
KStDV	Körperschaftssteuer-Durchführungsverordnung
KStG	Körperschaftssteuergesetz
KStR	Kurze Steuer- und Rechtsnachrichten, Straubing, Loseblattausgabe
KG a. A.	Kommanditgesellschaft auf Aktien
KVStG	Kapitalverkehrssteuergesetz
LAG	Lastenausgleichsgesetz
LM	*Lindenmaier-Möhring*, Nachschlagewerk des Bundesgerichtshofes
LWVerfG	Landwirtschaftsverfahrensgesetz
MDR	Monatsschrift für Deutsches Recht, Hamburg
MHG	Gesetz zur Regelung der Miethöhe
MSchG	Mieterschutzgesetz
MietRÄndG	Gesetz zur Änderung mietrechtlicher Vorschriften
MuSchG	Mutterschutzgesetz
NB	Neue Betriebswirtschaft, Heidelberg
NJW	Neue Juristische Wochenschrift, München-Berlin
NWB	Neue Wirtschafts-Briefe, Herne/Westfalen, Loseblattausgabe
OGHZ	Entscheidungen des Obersten Gerichtshofes für die britische Zone in Zivilsachen

OHG	Offene Handelsgesellschaft
OLGE	Die Rechtsprechung der Oberlandesgerichte auf dem Gebiete des Zivilrechts, herausgegeben von *Mugdan* und *Falkmann*
OLGZ	siehe OLGE
PatG	Patentgesetz
PrAGZPO	Preußisches Ausführungsgesetz zur ZPO
RFH	Entscheidungen und Gutachten des Reichsfinanzhofes
RGBl.	Reichsgesetzblatt
RG	Reichsgericht, auch Reichsgesetz
RGZ	Entscheidungen des Reichsgerichts in Zivilsachen
RHaftpflGes.	Gesetz betr. die Verbindlichkeiten zum Schadenersatz für die bei dem Betrieb von Eisenbahnen, Bergwerken usw. herbeigeführten Tötungen und Körperverletzungen (Reichshaftpflichtgesetz)
RBHaftG	Gesetz über die Haftung des Reichs für seine Beamten
Rpfleger	Der deutsche Rechtspfleger, Bielefeld
RStBl.	Reichssteuerblatt
RVO	Reichsversicherungsordnung
RWP-Blattei	Blattei-Handbuch, Rechts- und Wirtschafts-Praxis (Forkel-Blattei), Stuttgart, Loseblattausgabe
SchwbG	Gesetz über die Beschäftigung Schwerbeschädigter (Schwerbeschädigtengesetz)
ScheckG	Scheckgesetz
SchlHA	Schleswig-Holsteinische Anzeigen
Seufferts Archiv	Seufferts Archiv für die Entscheidungen der obersten deutschen Gerichte, München-Berlin (bis 1944)
SGG	Sozialgerichtsgesetz
SHG	Gesetz über die Haftpflicht der Eisenbahnen und Straßenbahnen für Sachschaden
SJZ	Süddeutsche Juristen-Zeitung, Heidelberg
StAnpG	Steueranpassungsgesetz
StbJ	Steuerberater-Jahrbuch, Köln
StGB	Strafgesetzbuch
StPO	Strafprozeßordnung
StuW	Steuer und Wirtschaft, München-Göttingen-Heidelberg
StVG	Straßenverkehrsgesetz
TVG	Tarifvertragsgesetz
UStDB	Umsatzsteuer-Durchführungsbestimmungen
UStG	Umsatzsteuergesetz
UWG	Gesetz gegen den unlauteren Wettbewerb
VglO	Vergleichsordnung
VStG	Vermögenssteuergesetz
VO	Verordnung
VOB	Verdingungsordnung für Bauleistungen
VOBl.	Verordnungsblatt
VOZJA	Verordnung des Zentraljustizamtes für die Britische Zone
VStR	Vermögenssteuer-Richtlinien
VVaG	Versicherungsverein auf Gegenseitigkeit

VVG	Versicherungsvertragsgesetz
VwGO	Verwaltungsgerichtsordnung
WBewG	Wohnraumbewirtschaftungsgesetz
WM (WPM)	Wertpapier-Mitteilungen, Frankfurt a. M.
WürttNV	Mitteilungen des württembergischen Notarvereins
WEG	Gesetz über das Wohnungseigenheim und das Dauerwohnrecht (Wohnungseigentumsgesetz)
WG	Wechselgesetz
WoBindG	Gesetz über Bindungen für öffentlich geförderte Wohnungen
ZAkDR	Zeitschrift der Akademie für Deutsches Recht, München-Berlin (bis 1944)
ZBHR	Zentralblatt für Handelsrecht, Berlin-West (bis 1933)
ZfhF	Zeitschrift für handelswissenschaftliche Forschung, Köln-Opladen
ZHR	Zeitschrift für das gesamte Handels- und Konkursrecht, Stuttgart
ZIP	Zeitschrift für die gesamte Insolvenzpraxis
ZPO	Zivilprozeßordnung
ZVG	Gesetz über die Zwangsversteigerung und die Zwangsverwaltung (Zwangsversteigerungsgesetz)

1. Abschnitt Materielles Strafrecht, Strafverfahrensrecht, Ordnungswidrigkeitenrecht

Gliederung

Karl-Heinz Göpfert

1

Karl-Heinz Göpfert

4

Karl-Heinz Göpfert

5

Karl-Heinz Göpfert

Verzeichnis der Muster

A. Materielles Strafrecht

I. Vorbemerkung

Materielles Strafrecht ist der Inbegriff der Rechtsvorschriften, die ein 1
bestimmtes menschliches Verhalten unter Strafe stellen und die bestimmte
Rechtsfolgen hierfür bestimmen. Das materielle Strafrecht beschreibt
danach sowohl die Voraussetzungen, unter denen ein bestimmtes menschliches Handeln strafbar ist, als auch Art und Umfang der Sanktionen, mit
denen dieses strafbare Verhalten geahndet wird.

In den §§ 1 und 2 StGB ist das Gesetzlichkeitsprinzip an den Beginn des 2
Strafgesetzbuches gestellt. Nach § 1 StGB kann eine Tat nur bestraft werden, wenn die Strafbarkeit gesetzlich bestimmt war, bevor die Tat begangen
wurde (nullum crimen sine lege). Der in § 2 Abs. 1 StGB enthaltene Grundsatz »keine Strafe, ohne daß dies voher gesetzlich bestimmt war« (nulla
poena sine lege) bestimmt, daß Strafe und Nebenfolgen bei der Tat
bestimmt sein müssen[1]. Das in den §§ 1 und 2 StGB ausgestaltete Gesetzlichkeitsprinzip hat Verfassungsrang und ist von daher der Disposition des
einfachen Gesetzgebers entzogen. Art. 103 Abs. 2 GG stimmt wörtlich mit
§ 1 StGB überein. Zwar ist das Prinzip nulla poena sine lege in Art. 103
Abs. 2 GG nicht ausdrücklich erwähnt. Es ist aber gesichert, daß auch dieser
Grundsatz in dieser Grundrechtsnorm verfassungsrechtlich verankert ist[2].

Das Strafgesetzbuch (StGB) vom 15. Mai 1871 in der Fassung der 3
Bekanntmachung vom 2. Januar 1975 (BGBl. I S. 1) mit seinen nachfolgenden Änderungen enthält den Kern des materiellen Strafrechts. Das StGB
erfaßt das materielle Strafrecht indes nicht vollständig. Vorschriften mit
strafrechtlichem Charakter finden sich auch in anderen Gesetzen. Hierbei
handelt es sich um sogenannte strafrechtliche Hauptgesetze wie z. B. das
JGG oder das WiStG oder auch um den (weiten Bereich) der sogenannten
strafrechtlichen Nebengesetze, die sich etwa im Aktienrecht (§§ 399 ff.
AktG) oder im Steuerrecht (§§ 369 ff. AO) finden.

---

1 Etwas anderes gilt bei Maßregeln der Besserung und Sicherung; wenn nichts
anderes gesetzlich bestimmt ist, so ist nach dem Gesetz zu entscheiden, das zur
Zeit der Entscheidung gilt, vgl. § 2 Abs. 6 StGB.
2 BVerfGE 37, 201; BGHSt. 3, 262; 23, 171; *Schönke/Schröder/Eser*, StGB, 22. Aufl.,
§ 1 Rdnr. 1 ff.

4 II. Der Verbrechensbegriff

Die strafrechtliche Lehre gebraucht den Begriff »Verbrechen« in einem weiteren Sinne als Synonym für Delikt, Straftat oder strafbare Handlung. Verbrechen in diesem Sinne ist ein den Tatbestand eines Strafgesetzes verwirklichendes rechtswidriges und schuldhaftes menschliches Verhalten[3].

5 Nach Maßgabe dieser Definition geht die herrschende Meinung von einem dreistufigen Verbrechensaufbau aus. Demgegenüber wird von einem Teil der Literatur ein zweistufiger Verbrechensaufbau vertreten. Tatbestandsmäßigkeit und Rechtswidrigkeit werden zu einem einheitlichen Gesamtunrechtstatbestand verbunden. Die praktische Bedeutung dieses Streits um einen zwei- oder dreistufigen Deliktsaufbau ist indes gering[4].

6 *1. Der äußere (objektive) Tatbestand*

Die strafrechtlichen Normen lassen sich in Begehungs- und (echte oder unechte) Unterlassungsdelikte einteilen.

7 a) Begehungsdelikte

Bei den Begehungsdelikten sind Tätigkeits- und Erfolgsdelikte zu unterscheiden. Gehört zur Vollendung der Straftat ein äußerer Erfolg, so spricht man von einem Erfolgsdelikt (vgl. z. B. §§ 211 ff., 223 ff. StGB). Gehört ein solcher Erfolg nicht dazu, so handelt es sich um sogenannte schlichte Tätigkeitsdelikte (vgl. z. B. §§ 153 ff., 173, 248 a StGB). Für eine strafrechtliche Anknüpfung ist beim Begehungsdelikt eine menschliche Handlung im Sinne eines vom Willen getragenen, nach außen tretenden Verhaltens erforderlich. Nicht ausreichend sind Reflexhandlungen oder Bewegungen im Zustand der Bewußtlosigkeit[5].

8 b) Unterlassungsdelikte

Neben dem aktiven Tun bildet das Unterlassen einer gebotenen Handlung die zweite Form strafrechtlich sanktionierten menschlichen Verhaltens. Beim Unterlassungsdelikt sind zwei Formen zu unterscheiden.

---

3 Das Gesetz verwendet das Wort Verbrechen in einem engeren Sinne, vgl. § 12 Abs. 1 StGB.

4 Vgl. hierzu *Schönke/Schröder/Lenckner*, Vorbem. §§ 13 ff., Rdnr. 18.

5 Vgl. zum strafrechtlichen Handlungsbegriff und zu den drei wesentlichen Handlungslehren (kausale, finale u. soziale Handlungslehre) *Schönke/Schröder/Lenckner*, Vorbem. §§ 13 ff., Rdnr. 25 ff.; *Baumann/Weber*, Strafrecht Allgemeiner Teil, 9. Aufl., § 16.

Karl-Heinz Göpfert

aa) echte Unterlassungsdelikte 9

Beim sogenannten echten Unterlassungsdelikt (Omissivdelikt) erschöpft sich die Straftat im bloßen Unterlassen einer vom Gesetz geforderten Tätigkeit (vgl. z. B. Hausfriedensbruch, § 123 2. Alt. StGB; Nichtanzeige geplanter Straftaten, § 138 StGB; unterlassene Hilfeleistung, § 330 c StGB; Nichtführen von Handelsbüchern, § 283 I Nr. 5 StGB). Das Unterlassen erfüllt beim echten Unterlassungsdelikt den Tatbestand unmittelbar.

bb) unechte Unterlassungsdelikte 10

Bei den sogenannten unechten Unterlassungsdelikten (delicta commissiva per omissionem) erfolgt die Bestrafung aus einer Vorschrift, die grundsätzlich ein positives Tun voraussetzt. Ein Unterlassen führt dann zur Tatbestandsverwirklichung, wenn es der Verwirklichung des gesetzlichen Tatbestandes durch ein positives Tun entspricht (§ 13 StGB).

Eine Gleichsetzung mit dem echten Unterlassungsdelikt findet statt, wenn 11 der Untätige aufgrund einer sogenannten Garantenstellung zum Handeln und damit zum Eingreifen in den Geschehensablauf verpflichtet ist. Die Umstände, die diese Garantenstellung begründen, sind ungeschriebene Tatbestandsmerkmale des unechten Unterlassungsdeliktes. Eine Rechtspflicht zum Handeln rührt her aus einer rechtlichen oder tatsächlichen Verantwortlichkeit für das gefährdete Rechtsgut. Üblicherweise wird eine solche Rechtspflicht gestützt auf Gesetz, Vertrag, auf tatsächliche Gewährsübernahme für ein Rechtsgut, auf vorangegangenes gefährdendes Handeln, auf eine konkrete Lebensbeziehung oder auf ein spezielles Treueverhältnis[6].

Eine Pflicht zum Tätigwerden wird begrenzt durch das Kriterium der 12 Zumutbarkeit. Unzumutbar ist ein Handeln, wenn eigene rechtlich schützenswerte Interessen in erheblichem Maße beeinträchtigt werden und diese Interessen in einem angemessenen Verhältnis zum drohenden Erfolg stehen. Dies ist schon dann der Fall, wenn das Gewicht der Interessen, die preiszugeben sind, dem Gewicht des drohenden Erfolges entspricht[7].

c) Kausalität

aa) Allgemeines

Wo das Gesetz den Eintritt eines bestimmten Erfolges voraussetzt (wie z. B. 13 in § 211 StGB den Tod eines Menschen), muß die Tathandlung für diesen Erfolg ursächlich sein. Ein solch notwendiger Kausalzusammenhang besteht, wenn die Tathandlung in irgendeiner Weise für den eingetretenen Erfolg wirksam geworden ist. Nach der herrschenden Bedingungs- oder

6 Vgl. *Schönke/Schröder/Lenckner*, § 13, Rdnr. 7 ff.
7 Vgl. BGH NStZ 1984, 164.

Aequivalenztheorie ist dies dann der Fall, wenn die Handlung des Täters nicht hinweggedacht werden kann, ohne daß der Erfolg entfiele[8]. Jede Handlung, die für den eingetretenen Erfolg eine conditio-sine-qua-non geworden ist, ist gleichwertig und erfüllt den objektiven Tatbestand. Da nach dieser conditio-sine-qua-non Formel auch völlig unvorhersehbare Kausalverläufe erfaßt werden, bedarf sie eines Korrektivs. Nach insbesondere in der Rechtsprechung vertretener Auffassung ergeben sich die entsprechenden Beschränkungen im Rahmen der Schuld. Danach muß der Täter den Kausalverlauf in seinen wesentlichen Zügen kennen. Abweichungen vom vorgestellten Kausalverlauf sind insoweit unbeachtlich, als sie sich noch im Rahmen des nach der Lebenserfahrung Vorhersehbaren halten und keine andere Bewertung der Tat rechtfertigen[9]. Die Rechtsprechung hat eine Vorhersehbarkeit bejaht z. B. bei der Tötung eines Menschen durch eine Pistole, die ein Theaterbesucher in seinem an der Garderobe abgegebenen Mantel gelassen hatte[10]. Fehlende Vorhersehbarkeit ist etwa angenommen worden bei der geringfügigen Verletzung eines Bluters, an der dieser dann gestorben ist, ohne daß der Täter von der Blutereigenschaft wußte[11].

14 bb) Besonderheit beim Fahrlässigkeitsdelikt

Bei Fahrlässigkeitsdelikten werden Korrekturen indes schon bei der Kausalität selbst vorgenommen, indem gefragt wird, ob der Erfolg auch bei pflichtgemäßem Verhalten eingetreten wäre. Ist dies zu bejahen, wird schon die Kausalität verneint[12].

15 cc) Besonderheit beim Unterlassungsdelikt

Bei den Unterlassungsdelikten ist ein hypothetischer Kausalverlauf zu prüfen. Hier ist nach der Aequivalenztheorie eine Unterlassung kausal, wenn sie nicht hinzugedacht werden kann, ohne daß der Erfolg entfiele[13].

2. Rechtswidrigkeit

16 a) Allgemeines

Erfüllt ein Verhalten den Tatbestand eines Strafgesetzes, so ist dieses Verhalten in aller Regel auch rechtswidrig. Die Erfüllung des Straftatbestandes indiziert die Rechtswidrigkeit.

8 Vgl. etwa BGHSt. 24, 34; 31, 98.
9 Vgl. BGHSt. 7, 39; 12, 78.
10 RGSt. 34, 91.
11 BGHSt. 14, 52.
12 Vgl. BGHSt. 21, 59; 24, 31.
13 RGSt. 63, 393; BGHSt. 6, 2; BGH NStZ 1981, 218; *Dreher/Tröndle*, StGB, 42. Aufl., Vor § 13 Rdnr. 19.

Karl-Heinz Göpfert

b) Rechtfertigungsgründe 17

Dieses Indiz kann aber widerlegt werden, wenn Rechtfertigungsgründe eingreifen. Das tatbestandsmäßige Handeln ist dann gerechtfertigt, d. h. erlaubt und straffrei. Als die wichtigsten Rechtfertigungsgründe sind zu nennen Notwehr (§ 32 StGB), rechtfertigender Notstand (§ 34 StGB), Wahrnehmung berechtigter Interessen (§ 193 StPO), das Recht zu vorläufiger Festnahme (§ 127 Abs. 1 StPO) und die Selbsthilfe (§§ 229 ff. BGB), weiterhin die Einwilligung und die mutmaßliche Einwilligung der Verletzten.

Eine wirksame Einwilligung setzt voraus, daß sie vor der Tat erteilt wurde 18
und zur Tatzeit noch fortbesteht, daß der Einwilligende Inhaber des verletzten Rechtsguts ist (z. B. bei Eigentums- und Vermögensdelikten), daß er hierüber verfügen kann (keine Einwilligung in vorsätzliche Tötung durch einen anderen), er einwilligungsfähig ist[14] und die Rechtsordnung die Einwilligung als wirksamen Rechtsschutzverzicht akzeptiert (vgl. hierzu § 226 a StGB)[15].

Bei der mutmaßlichen Einwilligung handelt es sich um einen gewohn- 19
heitsrechtlich anerkannten Rechtfertigungsgrund. Sie liegt vor unter den Voraussetzungen der rechtfertigenden Einwilligung mit der Besonderheit, daß die Zustimmung des Betroffenen nicht eingeholt werden kann; indes muß davon ausgegangen werden können, daß der Rechtsgutträger die Zustimmung erteilt hätte oder dieser kein Interesse an der Erhaltung des Rechtsgutes hat (Beispiel: Aufbruch einer Türe eines fremden Hauses, um einen Brand zu löschen).

Ein bekannter oder erkennbar entgegenstehender Wille, der bei objekti- 20
ver Betrachtung noch so unvernünftig erscheinen mag, ist stets zu beachten und rechtfertigt ein hiervon abweichendes Verhalten nicht.

Die Tat ist auch dann gerechtfertigt, wenn die Vermutung über den Willen des Betroffenen sich im Ergebnis als falsch erweist. Voraussetzung ist aber, daß der Täter eine sorgfältige Prüfung vorgenommen und zum Ergebnis gelangt ist, daß von der Einwilligung des Betroffenen ausgegangen werden kann. Ist der Inhaber des verletzten Rechtsgutes einwilligungsunfähig, so ist auf den mutmaßlichen Willen seines gesetzlichen Vertreters abzustellen[16].

---

14 Hierzu genügt nach h. M. die von bestimmten Altersgrenzen unabhängige tatsächliche Einsichts- und Urteilsfähigkeit, vgl. BGHSt. 8, 357; 12, 382.
15 Von der rechtfertigenden Einwilligung ist zu unterscheiden die bereits tatbestandsausschließende Einwilligung, die von der h. M. als Einverständnis bezeichnet wird. Beispiel: Einwilligung in die Wegnahme bei § 242 StGB.
16 Vgl. *Schönke/Schröder/Lenckner*, Vorbem. §§ 32 ff. Rdnr. 58, 59.

21 c) Das subjektive Rechtfertigungselement

Neben den objektiven Voraussetzungen ist nach h. M. bei allen Rechtfertigungsgründen ein subjektives Element vonnöten. Der Täter muß in Kenntnis der objektiven Rechtfertigungssituation und weiter subjektiv in Ausübung dieses Rechts gehandelt haben [17].

3. Das Verschulden (subjektiver Tatbestand)

22 a) Allgemeines

Beim Verschulden geht es darum, ob dem Täter die rechtswidrige Tat persönlich vorzuwerfen ist. Strafe setzt Schuld voraus [18]. Demgegenüber knüpfen die Maßregeln der Besserung und Sicherung (vgl. § 61 StGB) nicht an die Schuld des Täters an. Ihre Anordnung setzt lediglich eine rechtswidrige Tat im Sinne des § 11 Abs. 1 Nr. 5 StGB und damit kein schuldhaftes Handeln voraus. Schuld bedeutet demnach Vorwerfbarkeit der Tat. Die heute überwiegend vertretene sogenannte normative Schuldlehre sieht das Wesen der Schuld in der Vorwerfbarkeit der Willensbildung und Willensbetätigung. Hinsichtlich der Bestandteile dieses normativen Schuldbegriffs bestehen aber unterschiedliche Ansichten. Nach überwiegender Meinung umfaßt der Begriff der Schuld die Schuldfähigkeit, die (in bestimmten Fällen vorgesehenen) speziellen Schuldmerkmale, die Schuldform, das Unrechtsbewußtsein und das Fehlen von Entschuldigungsgründen [19].

23 b) Schuldfähigkeit

Voraussetzung für eine strafrechtliche Verantwortlichkeit ist die Schuldfähigkeit des Täters im Zeitpunkt der Tatbegehung.

24 aa) Schuldunfähigkeit und verminderte Schuldfähigkeit

Die Schuldunfähigkeit bildet nach dem Gesetz die Ausnahme. Schuldunfähig sind Personen, die aus den in § 20 StGB im einzelnen dargelegten Gründen unfähig sind, das Unrecht der Tat einzusehen oder nach dieser Einsicht zu handeln. Der schuldunfähige Täter bleibt straflos [20].

---

17 Vgl. BGHSt. 3, 194; a. A. *Schönke/Schröder/Lenckner*, Vorbem. §§ 32 ff. Rdnr. 14,
  wonach es auf den Willen des Täters, in Ausübung des Rechtfertigungsgrundes zu
  handeln, nicht ankommen soll.
18 Vgl. BGHSt. 2, 194.
19 Vgl. z. B. *Wessels*, Strafrecht AT, 15. Aufl., § 10 II 2 m. w. N.
20 Vgl. §§ 63, 64 StGB, 7 JGG zur Unterbringung in einem psychiatrischen Krankenhaus oder in einer Erziehungsanstalt.

Von verminderter Schuldfähigkeit spricht man, wenn die Fähigkeit des Täters, das Unrecht der Tat einzusehen oder nach dieser Einsicht zu handeln, aus einem der in § 20 StGB bezeichneten Gründen bei Begehung der Tat erheblich vermindert war (vgl. § 21 StGB). Bei verminderter Schuldfähigkeit kann die Strafe nach § 49 Abs. 1 StGB gemildert werden.

Kinder bis zum vollendeten 14. Lebensjahr sind schuldunfähig (§ 19 StGB). Bedingt schuldfähig sind Jugendliche, die zur Zeit der Tat das 14., aber noch nicht das 18. Lebensjahr vollendet haben (§§ 1 Abs. 2, 3 JGG). Bei ihnen muß geprüft werden, ob sie zur Zeit der Tat nach ihrer sittlichen und geistigen Entwicklung reif genug waren, das Unrecht einzusehen und nach dieser Einsicht zu handeln.

bb) actio libera in causa   25

Trotz Schuldunfähigkeit im Zeitpunkt der Tatbestandsbegehung kann der Täter nach den Grundsätzen der actio libera in causa bestraft werden. Damit werden die Fälle erfaßt, in denen der Täter eine Ursache für die Tatbestandsverwirklichung in noch schuldfähigem Zustande setzt und es zur Tatbestandsverwirklichung im schuldunfähigen Zustand kommt. Beispiel: Der Täter betrinkt sich mit dem Willen, nach Ausschluß seines Steuerungsvermögens einen anderen Menschen umzubringen, was dann auch geschieht. Der Täter wird hier nach den §§ 221, 211 StGB und nicht nach § 323 a StGB bestraft. Eine Bestrafung wegen der später begangenen Vorsatztat ist aber nur möglich, wenn der Täter sowohl hinsichtlich der Herbeiführung seines späteren Zustandes als auch hinsichtlich der Verwirklichung eines Straftatbestandes in diesem Zustande vorsätzlich gehandelt hat. Eine Bestrafung nach den Grundsätzen einer fahrlässigen actio libera in causa kommt dann in Betracht, wenn der Täter hinsichtlich der Herbeiführung des späteren Defektes vorsätzlich oder fahrlässig gehandelt hat und hierbei fahrlässig nicht daran gedacht hat, daß er im Zustand der Schuldunfähigkeit eine bestimmte Tat verwirklichen werde [21].

c) Spezielle Schuldmerkmale   26

Einzelne Tatbestände enthalten besondere deliktstypische Schuldmerkmale. Hierbei sind zu unterscheiden zunächst die objektiv gefaßten Schuldmerkmale. Diese greifen als Schuldminderungsgründe stets zugunsten des Täters ein. Sie müssen dem Täter aber bekannt gewesen sein. Das Gesetz knüpft an ihr Vorliegen die nicht widerlegbare Vermutung, daß sie auf die Willensbildung des Täters Einfluß gehabt haben. Beispiel: Die Privilegierung der nichtehelichen Mutter bei der Tötung des Kindes in oder gleich nach der Geburt (§ 217 StGB). Der Gesetzgeber vermutet hier unwiderleglich eine

---

21 Vgl. zum ganzen BGHSt. 17, 333.

schwere seelische Ausnahmesituation. Bei den subjektiv gefaßten Schuldmerkmalen muß ein (vom Täter zumindest vorgestellter) schuldmindernder Sachverhalt vorliegen, der auch tatsächlich auf seine Willensbildung eingewirkt haben muß. Beispiel: Aussagenotstand (§ 157 StGB). Gesinnungsmerkmale als dritte Gruppe der deliktstypischen Schuldmerkmale charakterisieren den Schuldgehalt unmittelbar und ausschließlich. Beispiel: Die niedrigen Beweggründe in § 211 StGB[22].

27 d) Schuldform

Mit Strafe bedroht ist nur vorsätzliches Handeln, falls nicht das Gesetz fahrlässiges Handeln ausdrücklich mit Strafe bedroht (§ 15 StGB).

28 Das StGB enhält keine Begriffsbestimmung von Vorsatz und Fahrlässigkeit.

aa) Vorsatz

Der Vorsatz wird üblicherweise als Wissen und Wollen der zum gesetzlichen Tatbestand gehörenden objektiven Merkmale bezeichnet[23]. Der Vorsatz enthält danach ein intellektuelles und ein voluntatives Element. Es sind drei Erscheinungsformen des Tatbestandsvorsatzes zu unterscheiden: Absicht, direkter Vorsatz und Eventualvorsatz.

Absicht liegt vor, wenn es dem Täter darauf ankommt, den Eintritt des tatbestandlichen Erfolges herbeizuführen bzw. den Umstand zu verwirklichen, für den das Gesetz absichtliches Handeln vorschreibt[24].

29 Direkter Vorsatz (dolus directus) liegt vor, wenn der Täter weiß oder als sicher voraussieht, daß sein Handeln zur Tatbestandsverwirklichung führt[25].

30 Eventualvorsatz (dolus eventualis) liegt schließlich vor, wenn der Täter es für möglich hält und billigend in Kauf nimmt, daß sein Verhalten zur Verwirklichung des gesetzlichen Straftatbestandes führt. Eventualvorsatz reicht überall dort, wo das Gesetz nicht ein Handeln »wider besseres Wissen« (wie z. B. in §§ 164, 187, 278 StGB) oder »wissentliches« Handeln verlangt (wie z. B. in §§ 134, 258 StGB)[26].

22 Vgl. zum ganzen *Jescheck* in LK, 10. Aufl., Vor § 13 Rdnr. 74.
23 Vgl. *Schönke/Schröder/Cramer*, § 15 Rdnr. 12.
24 Vgl. hierzu *Wessels*, AT, § 7 II Ziff. 1. Mit Absicht als Vorsatzform sind z. B. die Zueigungsabsicht in § 242 StGB oder die Bereicherungsabsicht in § 263 StGB nicht identisch. Es handelt sich insoweit um subjektive Tatbestandsmerkmale eigenständigen Charakters. Die in § 242 genannte Absicht braucht sich nur auf die Zueigung der fremden Sachen, die in § 263 StGB nur auf die Verschaffung des rechtswidrigen Vermögensvorteils zu beziehen.
25 Vgl. BGHSt. 21, 283.
26 Vgl. *Wessels*, AT, § 7 II Ziff. 3.

Karl-Heinz Göpfert

bb) Fahrlässigkeit

31

Für das bürgerliche Recht bestimmt § 276 BGB, daß fahrlässig derjenige handelt, der die im Verkehr erforderliche Sorgfalt außer acht läßt. Die Fahrlässigkeit .wird hier nach einem objektiven Maßstab festgestellt. Im Strafrecht muß demgegenüber auch auf die individuellen Fähigkeiten und Kenntnisse des Täters abgestellt werden. Überwiegend wird daneben auch eine (im Tatbestand zu prüfende) objektive Sorgfaltspflichtverletzung verlangt. Für den Tatbestand des Fahrlässigkeitsdelikts sind danach objektive Sorgfaltsanforderungen maßgeblich; im Rahmen der Schuld ist dann zu prüfen, ob der Täter nach seinen individuellen Fähigkeiten subjektiv fähig ist, die objektiv erforderliche Sorgfalt auch zu erbringen [27].

Nach dem insbesondere in der Rechtsprechung vertretenen klassischen Aufbau des Fahrlässigkeitsdeliktes erschöpft sich der Tatbestand allein in der Tatbestandsverwirklichung, wobei die Frage des Erfolgseintritts auch bei Anwendung der objektiv gebotenen Sorgfalt im Rahmen der Kausalität geprüft wird. Diese Auffassung siedelt also die Fahrlässigkeit allein bei der Schuld an [28].

e) Unrechtsbewußtsein

32

Gegenstand des Unrechtbewußtseins als selbständigem Schuldelement ist die Einsicht des Täters, daß sein Verhalten rechtswidrig, d. h. rechtlich verboten ist [29].

f) Schuldausschließungs- und Entschuldigungsgründe

aa) Allgemeines

33

Zum Teil werden die Begriffe »Schuldausschließungsgründe« und »Entschuldigungsgründe« synonym verwandt, teilweise wird zwischen beiden unterschieden. Danach zählt man zu den Schuldausschließungsgründen die Schuldunfähigkeit (§ 20 StGB) und den unvermeidbaren Verbotsirrtum (§ 17 StGB). Bei Vorliegen dieser Schuldausschließungsgründe fehlt es an einer schuldbegründenden Voraussetzung. Bei den Entschuldigungsgründen, wie dem intensiven Notwehrexzess (§ 33 StGB), dem entschuldigenden Notstand (§ 35 StGB) und dem übergesetzlichen entschuldigenden Not-

---

27 Vgl. *Schönke/Schröder/Cramer*, § 15 Rdnr. 119.
28 So namentlich die bisherige Rechtsprechung, vgl. z. B. BGHSt. 11, 1; 14, 52.
29 So die im geltenden Recht in §§ 16, 17 StGB verankerte Schuldtheorie; and. die überholte sogenannte Vorsatztheorie, wonach der Vorsatz auch das Unrechtsbewußtsein umfassen sollte.

stand ist hingegen der Schuldgehalt soweit vermindert, daß auf die Erhebung eines Schuldvorwurfs ganz verzichtet wird[30].

34   bb) Schuldausschließungsgründe

Schuldunfähig ist der Täter, der aus den in § 20 StGB dargelegten Gründen unfähig ist, das Unrecht seines Verhaltens einzusehen oder nach dieser Einsicht zu handeln.

Nach Maßgabe der Vorschrift des § 17 StGB handelt ohne Schuld, wem bei Begehung der Tat die Einsicht, Unrecht zu tun, fehlte und wer diesen Irrtum auch nicht vermeiden konnte. War der Irrtum vermeidbar, kann die Strafe gemildert werden (§ 17 S. 2 StGB).

35   cc) Entschuldigungsgründe

Wer die Grenzen der Notwehr aus Verwirrung, Furcht oder Schrecken überschreitet, wird nicht bestraft (§ 33 StGB). Es handelt sich hierbei um den Entschuldigungsgrund der Notwehrüberschreitung.

36   Der entschuldigende Notstand (§ 35 StGB) setzt eine bestimmte Notsituation voraus, nämlich eine gegenwärtige, nicht anders abwendbare Gefahr für Leben, Leib oder Freiheit des Täters, eines Angehörigen oder einer anderen, dem Täter nahestehenden Person. Voraussetzung ist weiterhin, daß die den Notstand begründende Gefahr nicht anders abwendbar ist. Subjektiv muß der Täter die Tat begangen haben, um die Gefahr abzuwenden[31]. Es reicht insoweit die Eignung der Handlung. Ob der Erfolg tatsächlich erreicht wird, ist unerheblich. Liegen die genannten Voraussetzungen vor, so ist der Täter gemäß § 35 Abs. 1 S. 1 StGB entschuldigt. § 35 Abs. 1 S. 2 StGB normiert eine Ausnahmeregelung. Danach entfällt der Schuldvorwurf nicht, wenn dem Täter den Umständen nach zugemutet werden konnte, die Gefahr hinzunehmen. Dies gilt namentlich, wenn der Täter die Gefahr selbst verursacht hat oder wenn er in einem besonderen Rechtsverhältnis, dem besondere Gefahrtragungspflichten innewohnen (z. B. Polizeibeamter, Soldat), steht. Die Strafe kann nach § 49 Abs. 1 StGB gemildert werden, wenn der Täter nicht mit Rücksicht auf ein besonderes Rechtsverhältnis die Gefahr hinnehmen mußte.

37   In Anerkennung eines übergesetzlichen entschuldigenden Notstandes wird dem Täter Straflosigkeit zugebilligt, wenn die Rechtsordnung in außergewöhnlichen Situationen mit geradezu unlösbaren Pflichtenkollisionen keinen Schuldvorwurf zu erheben vermag. Dieser übergesetzliche entschuldigende Notstand wird nicht von der Rechtsprechung, indes aber von

---

30 Vgl. *Wessels*, AT, § 10 VII.
31 Vgl. *Schönke/Schröder/Lenckner*, § 35 Rdnr. 16.

Karl-Heinz Göpfert

der herrschenden Meinung in der Literatur anerkannt. Er wird häufig auch als entschuldigende Pflichtenkollision bezeichnet[32]. Beispiel: Beteiligung von Ärzten in Heilanstalten in der NS-Zeit in begrenztem Umfange an der befohlenen »Euthanasie-Aktion«, um dadurch eine Mehrzahl anderer geisteskranker Patienten zu retten[33].

III. Der Versuch

1. Allgemeines   38

Eine Straftat versucht, wer nach seiner Vorstellung von der Tat zur Tatbestandsverwirklichung unmittelbar ansetzt. Charakteristisch für den Versuch ist, daß lediglich die subjektiven Tatbestandsvoraussetzungen erfüllt sind. Der Versuch ist danach in seinem Wesen durch das Fehlen der Tatbestandsvollendung, durch einen bestimmten Tatentschluß und ein unmittelbares Ansetzen zur Verwirklichung des Tatbestandes gekennzeichnet.

a) fehlende Tatvollendung   39

An der Tatvollendung fehlt es, wenn ein Merkmal des objetiven Tatbestandes nicht erfüllt ist oder wenn der eingetretene Erfolg dem Täter objektiv oder subjektiv nicht zurechenbar ist.

b) Tatentschluß   40

Weiterhin muß vorliegen der endgültige Tatentschluß. Der Tatentschluß umfaßt den auf die Verwirklichung der objektiven Tatbestandsmerkmale gerichteten Vorsatz und (sofern vorhanden) sonstige subjektive Tatbestandsmerkmale (z. B. Zueignungsabsicht in § 242 StGB, Bereicherungsabsicht in § 263 StGB).

c) unmittelbarer Tatansatz   41

Nach § 22 StGB ist objektives Unrechtselement des Versuchs, daß der Täter nach seiner Vorstellung von der Tat zur Verwirklichung des Tatbesandes unmittelbar ansetzt. Hierbei kann notwendig werden eine Abgrenzung zwischen strafbarem Versuchshandeln und strafloser Vorbereitungshandlung. Unproblematisch ist dies, wenn der Täter bereits mit der Verwirklichung des objektiven Tatbestandes begonnen hat. Problematisch kann die Abgrenzung

---

32 Vgl. *Schönke/Schröder/Lenckner*, Vorbem.-§§ 32 ff. Rdnr. 15.
33 Vgl. hierzu *Wessels*, AT, § 10 VII 5.

indes dann werden, wenn sich das Täterhandeln im Vorfeld der Tatbestandsverwirklichung abspielt. Indem auf die Vorstellung des Täters und die Unmittelbarkeit des Angriffs auf das geschützte Rechtsgut abzustellen ist, werden nach herrschender Meinung subjektive und objektive Gesichtspunkte miteinander kombiniert. Danach ist erforderlich, aber auch ausreichend, ein Verhalten, das nach den Vorstellungen des Täters bereits so eng mit der tatbestandlichen Ausführungshandlung verbunden ist, daß es bei ungehindertem Fortgang unmittelbar zur Verwirklichung des Straftatbestandes führen soll[34]. Straflose Vorbereitungshandlung ist demgegenüber ein Handeln, das die Ausführungen der späteren Tat ermöglichen oder erleichtern soll (z. B. Beschaffen einer Waffe, Besichtigen des in Aussicht genommenen Tatortes).

d) Strafbarkeit des Versuchs

42   aa) Allgemeines

Der Versuch eines Verbrechens ist stets strafbar, der Versuch eines Vergehens aber nur dann, wenn das Gesetz dies ausdrücklich bestimmt (§ 23 Abs. 1 StGB). Der Versuch kann milder bestraft werden als die vollendete Tat (§ 23 Abs. 2 StGB).

43   bb) untauglicher Versuch

§ 23 Abs. 3 StGB setzt die Strafbarkeit des sogenannten untauglichen Versuchs voraus. Ein untauglicher Versuch liegt vor, wenn die Verwirklichung des Tatentschlusses entgegen den Vorstellungen des Täters aus tatsächlichen oder rechtlichen Gründen nicht zur Verwirklichung des objektiven Tatbestandes führen kann. Dies kann an der Untauglichkeit des Subjekts, des Objekts oder des Tatmittels liegen. Nach § 23 Abs. 3 StGB kann das Gericht von einer Strafe absehen oder die Strafe nach seinem Ermessen mildern, wenn der Täter aus grobem Unverstand verkannt hat, daß der Versuch nach Art des Tatobjektes oder des Tatmittels überhaupt nicht zur Vollendung führen konnte.

44   cc) Wahndelikt

Vom (strafbaren) untauglichen Versuch ist das straflose Wahndelikt zu unterscheiden. Während beim untauglichen Versuch der Täter sich eine Sachlage vorstellt, bei deren Vorliegen sein Handeln den Straftatbestand erfüllen würde, nimmt der Täter beim Wahndelikt zu seinen Ungunsten irrig an, sein Verhalten sei verboten oder nicht gerechtfertigt.

---

34 Vgl. BGHSt. 31, 178.

Karl-Heinz Göpfert

2. *Rücktritt vom Versuch*

a) Allgemeines 45

Der in § 24 StGB normierte persönliche Strafaufhebungsgrund des freiwilligen Rücktritts hebt eine bereits eingetretene Strafbarkeit wegen Versuchs wieder auf. Wegen Versuchs wird danach nicht bestraft, wer freiwillig die weitere Ausführung der Tat aufgibt oder deren Vollendung verhindert (§ 24 Abs. 1 S. 1 StGB). Wird die Tat ohne Zutun des Zurücktretenden nicht vollendet, so wird er straflos, wenn er sich freiwillig und ernsthaft bemüht, die Vollendung zu verhindern (§ 24 Abs. 1 S. 2 StGB).

Strafbefreiung durch Rücktritt vom Versuch ist nur zu erlangen, wenn die Tat nicht vollendet wird. Enthält das versuchte Delikt bereits einen vollendeten Straftatbestand, so bleibt das vollendete Delikt trotz eines strafbefreienden Rücktritts vom versuchten Delikt strafbar. (Beispiel: Eine in einem Raubversuch enthaltene vollendete Körperverletzung.)

· b) beendeter und unbeendeter Versuch 46

Im Rahmen des § 24 Abs. 1 S. 1 StGB ist zwischen dem unbeendeten und dem beendeten Versuch zu unterscheiden. Maßgeblich ist insoweit die Vorstellung des Täters[35]. Unbeendet ist ein Versuch, wenn der Täter noch nicht alles das getan hat, was nach seiner Vorstellung zur Tatvollendung notwendig ist; beendet ist der Versuch, wenn der Täter demgegenüber alles getan hat, was nach seinem Plan zur Tatbestandsverwirklichung erforderlich ist[36].

Die Unterscheidung zwischen unbeendetem und beendetem Versuch ist deshalb von Bedeutung, weil § 24 StGB die Straflosigkeit bei ersterem allein an die Aufgabe des Tatentschlusses und ein bloßes Nichtweiterhandeln knüpft, bei letzterem indes eine die Vollendung des Straftatstandes hindernde Tätigkeit verlangt.

c) Beteiligung mehrerer 47

Sind an einer Straftat mehrere beteiligt, so wird derjenige wegen Versuchs nicht bestraft, der freiwillig die Vollendung verhindert (§ 24 Abs. 2 S. 1 StGB). Zu seiner Straflosigkeit genügt sein freiwilliges und ernsthaftes Bemühen, die Vollendung der Tat zu verhindern, wenn sie ohne sein Zutun nicht vollendet oder unabhängig von seinem früheren Tatbeitrag begangen wird (§ 24 Abs. 2 S. 2 StGB).

Bei der Tatbeteiligung mehrerer wird im Falle des unbeendeten Versuchs Straflosigkeit nicht schon bei bloßem Nichtweiterhandeln gewährt (vgl. § 24 Abs. 1 S. 1 1. Alt. StGB). Die Strafbefreiung verlangt hier vielmehr, daß die Vollendung der Tat verhindert wird. Der Grund für die Verschärfung der

---

35 Vgl. BGHSt. 22, 330.
36 Vgl. *Wessels*, AT, § 14 IV 3.

Rücktrittsvoraussetzung liegt darin, daß das Gesetz den Versuch einer Straftat bei mehreren Beteiligten für gefährlicher hält als den Versuch eines einzelnen Täters. Von daher hat es eine Strafbefreiung wegen Rücktritts daran geknüpft, daß die Vollendung der Tat möglichst verhindert wird.

IV. Täterschaft und Teilnahme

48   *1. Allgemeines*

Das Gesetz unterscheidet bei der Beteiligung mehrerer Personen an einer vorsätzlichen Straftat in den §§ 25 ff. StGB zwischen Täterschaft (§ 25 StGB), Anstiftung (§ 26 StGB) und Beihilfe (§ 27 StGB).

Bei den Fahrlässigkeitsdelikten spielt die Unterscheidung zwischen Täterschaft und Teilnahme keine Rolle. Täter ist hier jeder, der durch Verletzung einer Sorgfaltspflicht zur Tatbestandsverwirklichung in vorwerfbarer Weise beigetragen hat.

49   *2. Abgrenzung zwischen Täterschaft und Teilnahme*

Als Täter wird bestraft, wer die Tat selbst oder durch einen anderen begeht (§ 25 Abs. 1 StGB). Begehen mehrere die Straftat gemeinschaftlich, so wird jeder als Täter bestraft (Mittäterschaft, § 25 Abs. 2 StGB). Als Teilnehmer wird bestraft, wer vorsätzlich einen anderen zu dessen vorsätzlich begangener rechtswidriger Tat bestimmt hat (Anstiftung, § 26 StGB) oder wer vorsätzlich einen anderen zu dessen vorsätzlich begangener rechtswidriger Tat Hilfe geleistet hat (Beihilfe, § 27 StGB).

Gemäß § 25 Abs. 1 StGB wird immer als Täter bestraft, wer die Straftat in objektiver und subjektiver Hinsicht in der eigenen Person selbst verwirklicht. Im übrigen wird die Abgrenzung zwischen den Beteiligungsformen (namentlich im Verhältnis zwischen mittelbarer Täterschaft und Anstiftung sowie zwischen Mittäterschaft und Beihilfe) von der Rechtsprechung nach subjektiven Kriterien unter Berücksichtigung des objektiven Kriteriums der Tatherrschaft beurteilt[37]. Es wird zunächst angeknüpft an die Willensrichtung der Beteiligten. Täter ist, wer mit Täterwillen handelt und die Tat als eigene will; Teilnehmer ist, wer mit Teilnehmerwillen handelt und die Tat als fremde will[38]. Diese subjektive Betrachtungsweise wird dadurch objektiviert, daß für die Täterqualität weiter von Bedeutung ist »das vom Vorsatz umfaßte In-den-Händen-halten des tatbestandsmäßigen Geschehensablaufs«[39].

37 Vgl. BGHSt. 28, 346.
38 Grundlegend RGSt! 2, 160; 3, 181.
39 Vgl. *Wessels*, AT, § 19 II 5.

Karl-Heinz Göpfert

3. Die einzelnen Täterformen

Unmittelbar Täter ist, wer die Straftat selbst begeht (§ 25 Abs. 1 StGB).　**50**

Mittelbarer Täter ist, wer die Straftat durch einen anderen begeht (§ 25　**51**
Abs. 1 2. Alt. StGB), wer also gleichsam ein menschliches Werkzeug für sich
handeln läßt.

Mittäterschaft ist das gemeinschaftliche Begehen einer Straftat durch　**52**
bewußtes und gewolltes Zusammenwirken (§ 25 Abs. 2 StGB). Keinesfalls
ist erforderlich, daß jeder Mittäter den Straftatbestand in objektiver und
subjektiver Weise in der eigenen Person verwirklicht. Auf der Grundlage
des gemeinsamen Tatplanes kann jede (auch geistige) Mitwirkung ausreichen [40].

Nebentäterschaft liegt vor, wenn mehrere Personen ohne bewußtes und　**53**
gewolltes Zusammenwirken unabhängig voneinander den tatbestandlichen
Erfolg herbeiführen [41].

4. Anstiftung und Beihilfe　**54**

Nach Maßgabe der §§ 26, 27 StGB ist strafbar die vorsätzliche Teilnahme
an einer vorsätzlich begangenen rechtswidrigen Tat.

Anstifter ist, wer vorsätzlich einen anderen zu dessen vorsätzlich began-　**55**
genen rechtswidrigen Tat bestimmt hat (§ 26 StGB). Bestimmen im Sinne
des § 26 StGB bedeutet das Hervorrufen des Tatentschlusses beim Täter.
Hierauf sowie auf die Durchführung und Vollendung einer in ihren wesentlichen Grundzügen feststehenden Tat durch den Täter muß der Vorsatz des
Anstifters gerichtet sein.

Wegen Beihilfe wird bestraft, wer vorsätzlich einem anderen zu dessen　**56**
vorsätzlich begangenen rechtswidrigen Tat Hilfe geleistet hat (§ 27 Abs. 1
StGB). Die Beihilfe unterscheidet sich von der Mittäterschaft dadurch, daß
dem Gehilfen die Tatherrschaft fehlt. Der Tatbeitrag des Gehilfen
beschränkt sich auf die Förderung der Haupttat, entweder durch physische
oder psychische Hilfe [42]. Der Vorsatz des Gehilfen muß sich auf die unter-
stützende Handlung und auf die Vollendung einer bestimmten, wenn auch
nicht schon in allen Details konkretisierten Haupttat richten [43]. Die Strafbarkeit des Gehilfen setzt voraus, daß die Haupttat zumindest in das Stadium des mit Strafe bedrohten Versuchs gelangt ist [44].

---

40 Vgl. BGHSt. 16, 12; 32, 165.
41 Vgl. *Wessels*, AT, § 13 III Ziff. 2.
42 Vgl. BGHSt. 8, 390.
43 *Roxin* in LK, § 27 Rdnr. 28 ff.
44 *Wessels*, AT, § 13 IV 5.

Karl-Heinz Göpfert　
3*

57   V. Irrtumslehre

In den §§ 16, 17 StGB wird unterschieden zwischen Tatbestandsirrtum und Verbotsirrtum.

58   *1. Tatbestandsirrtum*

Ein Tatbestandsirrtum i. S. d. § 16 StGB liegt vor, wenn der Täter bei Begehung der Tat einen Umstand nicht kennt, der zum gesetzlichen Tatbestand gehört. Folge ist, daß kein vorsätzliches Handeln vorliegt; die Strafbarkeit wegen fahrlässiger Begehung bleibt unberührt (§ 16 Abs. 1 S. 2 StGB).

59   *2. Verbotsirrtum*

a) Allgemeines

Beim Verbotsirrtum (§ 17 StGB) irrt der Täter über die Rechtswidrigkeit der Tat. Er weiß zwar, was er tut, nimmt indes an, es sei erlaubt [45].
Die Rechtsfolgen des Verbotsirrtums hängen von seiner Vermeidbarkeit ab. War der Irrtum unvermeidbar, so handelt der Täter ohne Schuld (§ 17 S. 1 StGB). Unvermeidbarer Verbotsirrtum ist also Schuldausschließungsgrund. Konnte der Täter den Verbotsirrtum aber vermeiden, so kann die Strafe nach § 49 Abs. 1 StGB gemildert werden (§ 17 S. 2 StGB).

b) Erlaubnistatbestandsirrtum und Erlaubnisirrtum

Hat der Täter in Kenntnis der Tatbestandsverwirklichung die Vorstellung, sein Handeln sei erlaubt, so ist als Unterfall des Verbotsirrtums zwischen dem Erlaubnistatbestands- und dem Erlaubnisirrtum zu unterscheiden.

60   Der Irrtum über die Voraussetzungen eines Rechtfertigungsgrundes (Erlaubnistatbestandsirrtum) ist im Gesetz nicht geregelt. Nach der von der Rechtsprechung und der herrschenden Lehre vertretenen eingeschränkten Schuldtheorie ist ein Irrtum über die tatsächlichen Voraussetzungen eines Rechtfertigungsgrundes im Ergebnis wie ein Tatbestandsirrtum zu behandeln [46]. Streit besteht lediglich insoweit, ob dieses Ergebnis durch unmittelbare oder analoge Anwendung von § 16 StGB zu erzielen ist [47].

61   Ein Verbotsirrtum liegt auch vor, wenn der Täter nicht über die sachlichen Voraussetzungen eines anerkannten Rechtfertigungsgrundes, sondern über die rechtlichen Grenzen eines anerkannten Rechtfertigungsgrun-

---

45 BGHSt. (Großer Senat) 2, 194 ff.
46 Vgl. *Dreher/Tröndle*, § 16 Rdnr. 27 m. w. N.
47 Vgl. hierzu *Schönke/Schröder/Cramer*, § 16 Rdnr. 13 c.

Karl-Heinz Göpfert

des irrt oder aber an das Vorliegen eines von der Rechtsordnung nicht anerkannten Rechtfertigungsgrundes glaubt (Erlaubnisirrtum).

3. Irrtum über Entschuldigungsgründe 62

In entsprechender Anwendung der in § 35 Abs. 2 StGB enthaltenen Regelung entschuldigt der unvermeidbare Irrtum über das Vorliegen der tatsächlichen Voraussetzungen eines anerkannten Entschuldigungsgrundes. Konnte der Irrtum vermieden werden, ist die Strafe nach § 49 Abs. 1 StGB zu mildern (§ 35 Abs. 2 Satz 2 StGB)[48]. Im übrigen ist ein Irrtum über das Bestehen oder die rechtlichen Grenzen eines Entschuldigungsgrundes nach herrschender Meinung bedeutungslos[49].

VI. Konkurrenzlehre

1. Idealkonkurrenz 63

Verletzt dieselbe Handlung mehrere Strafgesetze oder dasselbe Strafgesetz mehrmals, so liegt Tateinheit vor (§ 52 Abs. 1 StGB). Die Strafe wird dem Gesetz entnommen, das die schwerste Strafe androht. Sie darf nicht milder sein, als die anderen verletzten Vorschriften es zulassen (§ 52 Abs. 2 StGB). Auf Nebenstrafen, Nebenfolgen und Maßnahmen (§ 11 Abs. 1 Nr. 8 StGB) muß oder kann erkannt werden, wenn eines der anwendbaren Gesetze sie vorschreibt oder zuläßt (§ 52 Abs. 4 StGB).

2. Realkonkurrenz 64

Hat jemand mehrere selbständige Straftaten begangen, die gleichzeitig abgeurteilt werden können, so liegt Realkonkurrenz vor. Sind mehrere zeitige Freiheitsstrafen oder mehrere Geldstrafen verwirkt, so wird auf eine Gesamtstrafe erkannt (§ 53 Abs. 1 StGB). Trifft eine Freiheitsstrafe mit einer Geldstrafe zusammen, so wird eine Gesamtstrafe verhängt. Indes kann auf Geldstrafe auch gesondert erkannt werden. Soll wegen mehrerer Straftaten eine Geldstrafe verhängt werden, so wird insoweit auf eine Gesamtgeldstrafe erkannt (§ 53 Abs. 2 StGB). § 52 Abs. 3 und Abs. 4 StGB gelten auch hier entsprechend (§ 53 Abs. 3 StGB).

§ 54 StGB regelt die Bildung der Gesamtstrafe. Die Gesamtstrafe wird 65 durch Erhöhung der verwirkten höchsten Strafe, bei Strafen verschiedener

---

48 Vgl. *Schönke/Schröder/Cramer*, § 17 Rdnr. 30.
49 Vgl. *Wessels*, AT, § 11 IV.

Art durch Erhöhung der ihrer Art nach schwersten Strafe gebildet. Hierbei werden die Person des Täters und die einzelnen Straftaten zusammenfassend gewürdigt. Ist eine der Einzelstrafen eine lebenslange Freiheitsstrafe, so wird als Gesamtstrafe auf lebenslange Freiheitsstrafe erkannt. Die Gesamtstrafe darf die Summe der einzelnen Strafen nicht erreichen. Bei zeitigen Freiheitsstrafen darf die Gesamtstrafe 15 Jahre und bei Geldstrafe 720 Tagessätze nicht übersteigen (§ 54 Abs. 2 StGB).

Ist aus Freiheits- und Geldstrafe eine Gesamtstrafe zu bilden, so entspricht bei der Bestimmung der Summe der Einzelstrafen ein Tagessatz einem Tag Freiheitsstrafe (§ 54 Abs. 3 StGB).

§ 55 StGB bestimmt schließlich die Voraussetzungen der nachträglichen Bildung einer Gesamtstrafe.

3. Gesetzeseinheit

66   a) Allgemeines

In den Fällen der sogenannten Gesetzeskonkurrenz sind zwar mehrere Deliktstatbestände erfüllt, das primär anzuwendende Gesetz verdrängt aber die übrigen Vorschriften. Bei der Handlungseinheit bezeichnet man dies als Gesetzeseinheit, bei der Handlungsmehrheit ist von einer mitbestraften Vor- und Nachtat die Rede.

67   b) Gesetzeseinheit in Form der Spezialität

Enthält eine Strafvorschrift notwendig alle Merkmale einer anderen, so daß die Erfüllung des speziellen Tatbestandes zwangsläufig auch zur Erfüllung des allgemeinen Tatbestandes führt, so liegt Spezialität vor. Beispiel: Gefährliche Körperverletzung (§ 223 a StGB) und Körperverletzung (§ 223 StGB). Hier geht das speziellere dem allgemeinen Gesetz vor.

68   c) Gesetzeseinheit in Form der Subsidiarität

Beansprucht eine Strafvorschrift nur für den Fall Geltung, daß nicht schon eine andere Vorschrift eingreift, so spricht man von Subsidiarität. (Beispiel: §§ 145 Abs. 2, 248 b, 316 StGB).

69   d) Gesetzeseinheit in Form der Konsumtion

Konsumtion liegt vor, wenn ein bestimmter Tatbestand bei Verletzung eines anderen üblicherweise, aber nicht zwangsläufig auch verwirklicht wird und wenn die Bestrafung aus dem schwereren Delikt den Unrechtsgehalt des mitverwirklichten Tatbestandes miterfaßt und mitabgilt. Beispiel: Bei einem

Karl-Heinz Göpfert

Einbruchsdiebstahl werden typischerweise regelmäßig die §§ 123, 303 StGB mitverwirklicht; sie werden von den §§ 242, 243 Abs. 1 Nr. 1 StGB konsumiert.

e) Mitbestrafte Vortat

70

Wird bei einer Mehrzahl von strafbaren Handlungen der Unrechtsgehalt der früheren Handlung von dem Unrechtsgehalt der späteren Handlung mitumfaßt, so liegt eine mitbestrafte Vortat vor. Beispiel: Unterschlägt der Täter den Fahrzeugschlüssel, um später das Fahrzeug zu stehlen, so ist die Unterschlagung mitbestrafte Vortat zum nachfolgenden Diebstahl und durch die Bestrafung wegen dieses Diebstahls mitabgegolten[50].

f) Mitbestrafte Nachtat

71

Eine mitbestrafte Nachtat liegt vor, wenn die durch sie begangene Rechtsverletzung im Verhältnis zu der Rechtsverletzung durch die vorangegangene Tat keinen selbständigen Unwertgehalt hat, sich vielmehr in der Auswertung oder Sicherung der durch die Vortat geschaffenen rechtswidrigen Situation erschöpft. Die Nachtat darf kein neues Rechtsgut verletzten und keinen neuen Schaden anrichten: Beispiel: Veräußerung der gestohlenen Sache durch den Dieb.

VII. Die Rechtsfolgen der Tat

1. Allgemeines

72

Das StGB normiert ein dualistisches Rechtsfolgesystem. Es wird unterschieden zwischen Strafen, deren Voraussetzung und Zumessungsgrundlage die Täterschuld ist (§ 46 Abs. 1 S. 1 StGB), und den Maßregeln der Besserung und Sicherung, die dem Schutz der Allgemeinheit dienen und unabhängig von der Täterschuld angeordnet werden können (§§ 61 ff. StGB).

Die sogenannten Hauptstrafen sind Freiheitsstrafe und die im Tagessatzsystem ausgebildete Geldstrafe. Nebenstrafen sind das Fahrverbot (§ 44 StGB) und der Verlust von Fähigkeiten und Rechten (§ 45 Abs. 2 u. Abs. 5 StGB). Nebenfolgen sind der zwingend an eine Hauptstrafe geknüpfte Verlust der Amtsfähigkeit, der passiven Wählbarkeit und des Stimmrechts (§ 45 Abs. 1 StGB); hierzu zählt auch die Bekanntgabe der Verurteilung gemäß §§ 165, 200 StGB.

---

50 Vgl. OLG Hamm MDR 1979, 421.

73   2. Freiheitsstrafe

Die Freiheitsstrafe ist entweder lebenslang (vgl. bei Mord, § 211 StGB) oder zeitig. Das Höchstmaß der zeitigen Freiheitsstrafe beträgt 15 Jahre, das auch im Falle einer Gesamtstrafenbildung nicht überschritten werden darf (§ 54 Abs. 2 S. 2 StGB). Das Mindestmaß der Freiheitsstrafe beträgt einen Monat und darf nicht unterschritten werden (§ 38 Abs. 2 StGB).

Eine Freiheitsstrafe unter 6 Monaten darf nur verhängt werden, wenn besondere Umstände in der Tat oder in der Persönlichkeit des Täters die Verhängung der Freiheitsstrafe zur Einwirkung auf diesen oder zur Verteidigung der Rechtsordnung unerläßlich machen (§ 47 Abs. 1 StGB).

Bei der Verurteilung zu einer Freiheitsstrafe von nicht mehr als einem Jahr wird die Vollstreckung zur Bewährung ausgesetzt, wenn zu erwarten steht, daß der Täter sich schon die Verurteilung zur Warnung dienen lassen und künftig auch ohne die Einwirkung des Strafvollzugs keine Straftaten mehr begehen werde. Das Gericht kann unter diesen Voraussetzungen auch die Vollstreckung einer höheren Freiheitsstrafe, die zwei Jahre nicht übersteigt, zur Bewährung aussetzen, wenn nach der Gesamtwürdigung der Tat und der Persönlichkeit des Täters besondere Umstände vorliegen (§ 56 Abs. 2 StGB). Nach Ablauf der Bewährungszeit (2–5 Jahre, § 56 a Abs. 1 StGB) wird die Strafe erlassen, soweit die Strafaussetzung nicht widerrufen worden ist (§ 56 g Abs. 1 StGB). Die Strafaussetzung zur Bewährung kann unter bestimmten Voraussetzungen widerrufen werden (§ 56 f StGB), innerhalb bestimmter Fristen selbst noch nach Straferlaß (§ 56 g Abs. 2 StGB).

Die §§ 57, 57 a StGB regeln schließlich die Aussetzung des Strafrestes bei zeitiger und lebenslanger Freiheitsstrafe.

74   3. Geldstrafe

Die Geldstrafe wird in Tagessätzen verhängt. Sie beträgt mindestens 5 und, falls das Gesetz nichts anderes bestimmt, höchstens 360 volle Tagessätze (§ 40 Abs. 1 StGB). Bei einer Gesamtgeldstrafe darf die Summe der Einzelstrafen 720 Tagessätze nicht übersteigen (§ 54 Abs. 2 StGB).

Bei der Verhängung der Geldstrafe wird zunächst die Zahl der Tagessätze und sodann mit Rücksicht auf die finanziellen Möglichkeiten des Täters (§ 40 Abs. 2 S. 1 StGB) die Höhe des einzelnen Tagessatzes bestimmt. Ein Tagessatz wird auf mindestens 2,– DM und höchstens 10 000,– DM festgesetzt (§ 40 Abs. 2 S. 3 StGB). Auszugehen ist hierbei in der Regel vom Nettoeinkommen, das der Täter durchschnittlich an einem Tag hat oder haben könnte (§ 40 Abs. 2 S. 2 StGB).

75   Hat der Täter sich durch die Tat bereichert oder zu bereichern versucht, so kann neben einer Freiheitsstrafe eine nicht oder nur wahlweise angedrohte Geldstrafe verhängt werden, wenn dies auch unter Berücksichtigung

der persönlichen und wirtschaftlichen Verhältnisse des Täters angezeigt ist
(§ 41 StGB).

An die Stelle einer uneinbringlichen Geldstrafe tritt Freiheitsstrafe. Hier- 76
bei entspricht ein Tagessatz einem Tag Freiheitsstrafe (§ 43 StGB). Das
System der Geldstrafe wird schließlich ergänzt durch die Verwarnung mit
Strafvorbehalt, die bei Geldstrafe bis zu 180 Tagessätzen möglich ist
(§ 59 ff. StGB).

4. Grundsätze der Strafzumessung 77

In dem anwendbaren Strafrahmen ist die Schuld des Täters Grundlage für
die Zumessung der Strafe (§ 46 Abs. 1 StGB). Bei der Zumessung wägt das
Gericht die Umstände gegeneinander ab, die für und gegen den Täter sprechen. § 46 Abs. 2 StGB zählt hierbei bedeutsame Zumessungstatsachen auf.
Diese Aufzählung ist indes nicht erschöpfend. Umstände des gesetzlichen
Tatbestandes dürfen bei der Strafzumessung nicht berücksichtigt werden
(§ 46 Abs. 3 StGB).

5. Maßregeln der Besserung und Sicherung 78

§ 61 StGB enthält den Katalog der Maßregeln der Besserung und Sicherung.
Es handelt sich hierbei um freiheitsentziehende Maßregeln (Unterbringung
in einem psychiatrischen Krankenhaus, § 63 StGB; Unterbringung in einer
Entziehungsanstalt, § 64 StGB; Unterbringung in einer sozialtherapeutischen
Anstalt, § 65 StGB; Unterbringung in der Sicherungsverwahrung, § 66
StGB) und Maßregeln ohne Freiheitsentzug (Führungsaufsicht, §§ 68 ff.
StGB; Entziehung der Fahrerlaubnis, §§ 69 ff. StGB; Berufsverbot, §§ 70 ff.
StGB). Mit Ausnahme der Sicherungsverwahrung (§ 62 StGB) und der Führungsaufsicht (§ 66 StGB) setzen die Maßregeln der Besserung und Siche-
rung keine Verurteilung wegen schuldhaft begangener Tat voraus. Sicherungsverwahrung und Führungsaufsicht (§§ 66, 68 StGB) können nur neben
zeitiger Freiheitsstrafe angeordnet werden.

6. Nebenfolgen 79

Als Nebenfolgen einer Strafe normiert das Gesetz in § 45 StGB den Verlust
der Amtsfähigkeit, der Wählbarkeit und des Stimmrechts. Teilweise werden
auch der Verfall (§§ 73 ff. StGB), die Einziehung (§§ 74 ff. StGB) und die
Unbrauchbarmachung (§ 74 d StGB) als Nebenfolgen angesehen [51].

51 Vgl. *Baumann/Weber*, § 39 I.

Karl-Heinz Göpfert

29

B. Strafverfahrensrecht

I. Vorbemerkung

80 *1. Wesen des Strafverfahrens*

Aufgabe und Ziel des Strafverfahrens ist eine materiell richtige Entscheidung über Schuld, Strafe oder weitere strafrechtliche Sanktionen, die in einem justizförmig ausgestalteten Verfahren zustandegekommen ist und die Rechtsfrieden herbeiführt[52].

81 *2. Allgemeine Grundsätze*

Eröffnung und Durchführung des gerichtlichen Hauptverfahrens setzen eine Anklageerhebung durch die Staatsanwaltschaft voraus. Die gerichtliche Untersuchung und Entscheidung bezieht sich ausschließlich auf die in der Anklage bezeichnete Tat und die in der Anklage beschuldigten Personen (§ 155 Abs. 1 StPO).

82 Zur Erhebung der öffentlichen Klage ist die Staatsanwaltschaft berufen (§ 152 Abs. 1 StPO). Die Staatsanwaltschaft ist grundsätzlich verpflichtet, wegen aller verfolgbaren Straftaten einzuschreiten, sofern zureichende tatsächliche Anhaltspunkte vorliegen (Legalitätsprinzip, § 152 Abs. 2 StPO). Es gibt Ausnahmen vom Legalitätsprinzip. Unter bestimmten Voraussetzungen kann trotz Vorliegens der Verfolgungsvoraussetzungen von einer Verfolgung abgesehen werden (Opportunitätsprinzip). Beispiele hierfür finden sich in den §§ 154–154 e StPO, 45 JGG.

83 Das Gericht ist in der Hauptverhandlung verpflichtet, zur Erforschung der Wahrheit die Beweisaufnahme von Amts wegen auf alle Tatsachen und Beweismittel zu erstrecken, die für die Entscheidung von Bedeutung sind (Untersuchungsgrundsatz, § 244 Abs. 2 StPO). Es ist insbesondere an die gestellten Anträge der Beteiligten nicht gebunden (§ 155 Abs. 2 StPO).

Indes ist die Wahrheit nicht um jeden Preis zu erforschen[53]. Hinzuweisen ist in diesem Zusammenhang insbesondere auf die Beweisverbote. Es handelt sich hierbei um die Grenzen, die der Gewinnung und Verwertung von Beweisen aus rechtsstaatlichen Gründen gesetzt sind. So verbietet § 136 a

---

52 Vgl. Karlsruher Kommentar (KK) – *Pfeiffer*, StPO, Einleitung Rdnr. 1.
53 Vgl. BGHSt 14, 358, 365.

Karl-Heinz Göpfert

StPO bestimmte Vernehmungsmethoden. § 136 a Abs. 3 S. 2 StPO normiert ein ausdrückliches Verwertungsverbot für Aussagen, die durch verbotene Vernehmungsmethoden zustandegekommen sind, selbst wenn der Betroffene zustimmt. Weiter ist in diesem Zusammenhang hinzuweisen auf das Zeugnisverweigerungsrecht bestimmter Personen, die zum Beschuldigten in einem bestimmten persönlichen oder beruflichen Verhältnis stehen (§§ 52, 53, 53 a StPO).

Von großer Wichtigkeit für das gesamte Strafverfahren ist der Grundsatz »im Zweifel für den Angeklagten« (»in dubio pro reo«). Dieser im Gesetz nicht ausdrücklich niedergelegte rechtsstaatliche Grundsatz bedeutet, daß eine Verurteilung nur aufgrund eines zur vollen Überzeugung des Gerichts feststehenden Sachverhalts erfolgen darf. Er erstreckt sich auf alle objektiven und subjektiven Merkmale des gesetzlichen Tatbestandes. Nicht zu beseitigende Zweifel müssen sich zugunsten des Beschuldigten auswirken.   **85**

  84

Für die Hauptverhandlung gelten namentlich der Grundsatz der Mündlichkeit, der Grundsatz der Unmittelbarkeit und der Grundsatz der Öffentlichkeit. Der gesamte Verfahrensstoff muß mündlich in die Verhandlung eingeführt werden. Ausdruck des Mündlichkeitsprinzips sind die Vorschriften der §§ 261, 264 StPO. Danach entscheidet das Gericht über das Ergebnis der Beweisaufnahme nach freier, aus dem Inbegriff der Verhandlung geschöpften Überzeugung (§ 261 StPO). Gegenstand der Urteilsfindung ist hierbei insbesondere die in der Anklage bezeichnete Tat, so wie sie sich nach dem Ergebnis der Hauptverhandlung darstellt (§ 264 Abs. 1 StPO). Der Grundsatz der Unmittelbarkeit zwingt das Gericht, seine Entscheidung grundsätzlich nur auf eigene Wahrnehmungen zu stützen. Angeklagte und Zeugen müssen persönlich vernommen werden, es dürfen grundsätzlich keine Beweissurrogate verwandt werden (Eine Ausnahme hiervor bildet z. B. die kommissarische Vernehmung, §§ 223 ff. StPO.). Der Grundsatz der Öffentlichkeit verlangt, daß die Hauptverhandlung öffentlich durchgeführt wird (§ 169 S. 1 GVG). Die Hauptverhandlung soll schließlich in angemessener Zeit (Beschleunigungsgebot) und möglichst in einem Zuge durchgeführt werden (Konzentrationsmaxime).

3. Verfassungsrechtliche Grundsätze   **86**

Das Strafverfahrensrecht ist auch geprägt durch verfassungsrechtliche Grundsätze.

Ausfluß des Rechtsstaatsprinzips sind das in Art. 103 GG normierte Gebot des rechtlichen Gehörs[54] und das Recht auf ein faires Verfahren[55]. Ebenfalls Verfassungsrang haben der das gesamte Strafverfahren beherr-

---

54 Vgl. BVerfGE 36, 321, 330.
55 Vgl. BVerfGE 38, 105, 111.

schende Grundsatz der Verhältnismäßigkeit[56] und der Grundsatz der Fürsorgepflicht des Gerichts[57].

II. Die Stellung des Verteidigers

87   *1. Allgemeines*

Der Verteidiger hat als Wahl- oder Pflichtverteidiger einen gesetzlichen Auftrag zu erfüllen, dessen Ausführung nicht nur im Interesse des Beschuldigten, sondern auch in dem einer am Rechtsstaatsgedanken ausgerichteten Strafrechtspflege liegt[58]. Hierbei ist der Verteidiger ein unabhängiges, selbständiges, dem Gericht und der Staatsanwaltschaft gleichgeordnetes, dem Beschuldigten zur Seite stehendes Organ der Rechtspflege[59]. Anders als Gericht und Staatsanwaltschaft ist er aber nicht zur Unparteilichkeit, sondern im Rahmen der Ausübung seiner Schutzaufgabe gegenüber dem Beschuldigten zur strengen Einseitigkeit zum Schutze seines Mandanten verpflichtet.

Der Verteidiger ist Beistand, nicht Vertreter seines Mandanten. Er hat prozessuale Rechte, die der Beschuldigte nicht hat (Akteneinsichtsrecht, § 147 StPO; Kreuzverhör, §§ 239, 241 StPO).

In seiner Eigenschaft als unabhängiges Organ der Rechtspflege unterliegt der Verteidiger nicht den sitzungspolizeilichen Maßnahmen des Gerichts gemäß § 177 GVG (Ungehorsamsfolgen), sondern lediglich den allgemeinen sitzungspolizeilichen Maßnahmen nach § 176 GVG.

Mit Rücksicht auf seine Stellung als Beistand des Beschuldigten übt der Verteidiger die Verteidigung grundsätzlich unabhängig vom Willen des Beschuldigten aus, soweit nicht etwas anderes bestimmt ist (wie z. B. in § 297 StGB).

Da der Verteidiger grundsätzlich nicht Vertreter des Beschuldigten ist, wird diesem, anders als im Zivilprozeß das Verschulden seines Verteidigers und dessen Personal nicht zugerechnet. Verspätung oder Fehler bei der Einlegung von Rechtsmitteln bleiben daher grundsätzlich unschädlich. Der Beschuldigte hat Anspruch auf Wiedereinsetzung in den vorigen Stand, sofern ihn nicht ein Mitverschulden trifft[60].

88   Eine Ausschließung des Verteidigers wird in den §§ 138 a–d StPO geregelt. Nur ein Wahlverteidiger (auch der Unterbevollmächtigte) wird ausgeschlossen. Bei dem Pflichtverteidiger wird lediglich die Bestellung durch den

---

56 Vgl. BVerfGE 36, 264, 267.
57 Vgl. zum Ganzen KK-*Pfeiffer*, Einleitung Rdnr. 20.
58 Vgl. BGHSt 29, 99, 106.
59 Vgl. *Kleinknecht/Meyer*, StPO, 37. Aufl., Vor § 137 Rdnr. 1.
60 Vgl. BGHSt. 14, 306, 308.

Karl-Heinz Göpfert

Vorsitzenden zurückgenommen[61]. Die Ausschließung ist zulässig, wenn gegen den Verteidiger der dringende oder hinreichende Tatverdacht der Beteiligung, Begünstigung, Strafvereitelung, Hehlerei, des Mißbrauchs des freien Verkehrs mit dem inhaftierten Mandanten zur Begehung von Straftaten oder eine erhebliche Gefährdung der Sicherheit der Vollzugsanstalt besteht. In einem Verfahren, das eine Straftat nach § 129 a StGB zum Gegenstand hat, kann ein Verteidiger schon dann ausgeschlossen werden, wenn bestimmte Tatsachen den Verdacht begründen, daß er eine im § 138 a Abs. 1 Nr. 1 u. 2 StPO bezeichnete Handlung begangen hat oder begeht. Die Ausgestaltung des Ausschließungsverfahrens (§§ 138 c u. d StPO) gewährleistet ausreichende Möglichkeiten, auf die Entscheidung einzuwirken[62].

89 Der Beschuldigte kann sich in jeder Lage des Verfahrens des Beistandes eines Verteidigers bedienen. Die Zahl der gewählten Verteidiger darf 3 nicht übersteigen (§ 137 Abs. 1 StPO). Der Unterbevollmächtigte, der neben dem Hauptbevollmächtigten tätig wird, zählt mit, ebenso wie der nach § 138 Abs. 2 StPO zugelassene Verteidiger. Der nach § 141 StPO bestellte Pflichtverteidiger zählt nicht mit[63].

Bekanntlich wird dem Angeschuldigten, der noch keinen Verteidiger hat, ein Verteidiger bestellt, wenn ein Fall der notwendigen Verteidigung i. S. von § 140 Abs. 1 u. 2 StPO vorliegt. Bei der Auswahl des Pflichtverteidigers soll dem Wunsche des Beschuldigten Rechnung getragen werden (§ 142 Abs. 1 S. 2 u. 3 StPO).

90 Die Verschwiegenheitspflicht des Anwalts ist in § 203 Abs. 1 Nr. 3 StGB strafrechtlich sanktioniert. Die Verschwiegenheitspflicht erstreckt sich auf alles, was dem Rechtsanwalt in seiner Eigenschaft und Funktion anvertraut worden oder bekannt geworden ist. Nur im Vertrauen auf diese Verschwiegenheitsverpflichtung des Verteidigers kann sich der Beschuldigte ihm anvertrauen. Die Schweigepflicht bezieht sich auch auf das Personal des Verteidigers und diejenigen Personen, die bei ihm zur Vorbereitung auf den Beruf (Referendar) tätig sind (§ 203 Abs. 3 StGB). Der strafrechtlich sanktionierten Schweigepflicht des Anwalts und seines Hilfspersonals entspricht das Aussageverweigerungsrecht dieses Personenkreises gemäß §§ 53, 53 a StPO.

91 In diesem Zusammenhang ist darauf hinzuweisen, daß gemäß § 97 StPO die gesamten Handakten beschlagnahmefrei sind. Ein Anwalt, der ohne Rechtfertigungsgrund seine Handakten den Ermittlungsbehörden herausgibt, macht sich nach § 203 StGB strafbar. Das Beschlagnahmeverbot gilt nicht, wenn Teilnahmeverdacht oder der Verdacht einer Begünstigung,

---

61 Vgl. *Kleinknecht/Meyer*, § 138 a Rdnr. 3.
62 Vgl. im einzelnen *Dahs*, Handbuch des Strafverteidigers, 5. Aufl., Rdnr. 34 ff.
63 Vgl. *Kleinknecht/Meyer*, § 137 Rdnr. 5.

Strafvereitelung oder Hehlerei besteht oder aber wenn es sich um Gegenstände handelt, die durch eine Straftat hervorgebracht oder zur Begehung einer Straftat gebraucht oder bestimmt sind oder die aus einer Straftat herrühren (§ 97 Abs. 2 S. 3 StPO).

92   Der Rechtsanwalt unterliegt auch als Verteidiger der Pflicht zur Wahrheit. Er darf nicht lügen (§ 68 der Grundsätze des anwaltlichen Standesrechts). Es liegt auf der Hand, daß die Wahrheitspflicht des Verteidigers und seine Verschwiegenheitspflicht in Kollision geraten können. Diese Kollision löst sich wie folgt: Der Verteidiger hat zwar nur die Wahrheit, indes nicht die ganze Wahrheit zu sagen; alles was er sagt, muß wahr sein, er darf aber nicht alles sagen, was wahr ist[64]. Die Schweigepflicht des Verteidigers entfällt, wenn er zur Offenbarung befugt ist. Eine solche Offenbarungsbefugnis kann sich aus dem Grundsatz der Rechtsgüter- und Pflichtenabwägung ergeben. So etwa bei der Durchsetzung des anwaltlichen Honoraranspruchs im Zivilprozeß.

93   **2. Verteidigung und Strafvereitelung**

Aufgabe des Verteidigers ist es, den Tatverdächtigen und den Täter vor Strafverfolgung zu schützen. Gemäß § 258 StGB wird bestraft, wer absichtlich oder wissentlich ganz oder zum Teil vereitelt, daß ein anderer dem Strafgesetz gemäß wegen einer rechtswidrigen Tat bestraft oder einer Maßnahme (§ 11 Abs. 1 Nr. 8 StGB) unterworfen wird. Strafvereitelung und zulässige Strafverteidigung stehen damit dicht beieinander, schließen sich jedoch begrifflich aus. Denn standesrechtlich und verfahrensrechtlich zulässiges Verteidigungshandeln kann keine strafbare Strafvereitelung sein, selbst wenn sie zu einem materiell nicht gerechtfertigten Freispruch führt. Der Verteidiger, der diesen Freispruch mit standes- und verfahrensrechtlich zulässigen Mitteln erzielt, handelt pflichtgemäß. Strafvereitelung liegt schon tatbestandsmäßig nicht vor.

94   Die Bindung des Verteidigers an die Wahrheitspflicht verbietet es, dem Mandanten zur Lüge zu raten oder gar eine solche zu vertreten. Die Aussage des Mandanten darf auch nicht in eine falsche Richtung gelenkt oder aber ihm eine Einlassung in den Mund gelegt werden. Indes darf der Verteidiger den Beschuldigten belehren, daß eine unwahre Aussage nicht strafbar ist.

Erfährt der Verteidiger, daß gegen seinen Mandanten Zwangsmaßnahmen (z. B. ein Haftbefehl) bevorstehen, so darf er ihm hiervon Mitteilung machen, wenn er sein Wissen in Ausübung seines Rechts auf Einsicht in die Akten zulässigerweise erlangt hat. Ganz allgemein wird man sagen können,

---

64 Vgl. *Dahs*, a.a.O., Rdnr. 44.

Karl-Heinz Göpfert

daß der Verteidiger alle die Umstände an den Mandanten weitergeben darf, deren Kenntniserlangung durch den Verteidiger in die Risikosphäre der Justiz fällt[65].

Dem Verteidiger sind Vorrechte für den Verkehr mit Untersuchungs- und Strafgefangenen eingeräumt. Ist der Mandant in Haft, ist der Verteidiger daher besonders verpflichtet, sich an die Vorschriften, die diesen Verkehr regeln, zu halten. Bei der Ausübung seiner Verteidigertätigkeit, insbesondere bei mündlichen und schriftlichen Mitteilungen, darf er nicht den Zweck der Untersuchungs- und Strafhaft gefährden (§ 65 Abs. 1 der Grundsätze des anwaltlichen Standesrechts). Dem Verteidiger ist insbesondere nicht erlaubt, seinem Mandanten ohne Genehmigung der zuständigen Stellen irgendwelche Gegenstände zu übergeben oder solche in Empfang zu nehmen. Ausgenommen sind solche Schriftstücke, die der Mandant selbst zuvor dem Verteidiger ausgehändigt hatte oder die unmittelbar das Strafverfahren betreffen (z. B. Anklageschrift, Abschriften eingereichter Schriftsätze des Verteidigers). Ausgenommen sind auch solche Schriftstücke des Mandanten, die unverschlossen sind und ausschließlich der Unterrichtung des Verteidigers aus Anlaß des Strafverfahrens dienen oder das Auftragsverhältnis (z. B. Gebührenvereinbarung) betreffen (§ 65 Abs. 2 der Grundsätze des anwaltlichen Standesrechts).

Die Praxis zeigt, daß das Problem der Beförderung von Schriftstücken des verhafteten Mandanten immer wieder Schwierigkeiten bereitet. Es ist selbstverständlich standeswidrig und unter Umständen auch als Strafvereitelung strafbar, die Postüberwachung zu umgehen. Der Verteidiger darf sich keinesfalls zum Boten des Mandanten oder der Angehörigen machen lassen. Ist der Verteidiger gleichzeitig Zivilanwalt des inhaftierten Mandanten, so muß der unkontrollierte Schriftverkehr sich auf das Verteidigungsmandat beschränken. Die übrige Korrespondenz unterliegt der Postüberwachung.

Einem Drängen des Mandanten etwa auf Umgehen der Briefkontrolle darf unter keinen Umständen nachgegeben werden. Sollte durch ein solches Verlangen das Vertrauensverhältnis beeinträchtigt werden, muß das Mandat niedergelegt werden.

Der Verteidiger darf durch Beweisanträge keine falschen Aussagen herbeiführen, etwa wenn ihm der Mandant einen Zeugen nennt mit dem Hinweis, dieser werde ihn durch eine falsche Aussage entlasten. Er ist aber nicht verpflichtet, die ihm vom Mandanten benannten Beweismittel auf ihre Stichhaltigkeit hin zu überprüfen.

Kommt es auf Vorstrafen an, die das Gericht nicht kennt, darf der Anwalt mit Rücksicht auf seine Schweigepflicht ohne Zustimmung des Mandanten sie dem Gericht nicht offenbaren; wegen der Wahrheitspflicht darf anderer-

95

96

97

---

65 Vgl. *Dahs*, a.a.O., Rdnr. 47 ff.

seits aber auch in einem solchen Falle das Fehlen nicht positiv behauptet werden. Dies folgt aus der Wahrheitspflicht einerseits und der Schweigepflicht andererseits.

98 Ein wichtiges Problem unter dem Gesichtspunkt der Strafvereitelung ist die Verteidigung des schuldigen Mandanten. Kennt oder erfährt der Rechtsanwalt die Schuld des die Tat oder seine Schuld leugnenden Beschuldigten durch dessen Geständnis oder auf andere Weise, so hat er ganz besonders seine Wahrheitspflicht zu beachten (§ 65 Abs. 2 der Grundsätze des anwaltlichen Standesrechts). Selbstverständlich darf er nichts Belastendes vorbringen. Es ist ihm aber verboten, wider besseres Wissen die Unschuld seines Mandanten zu behaupten. In einem solchen Fall ist ihm erlaubt, darzulegen, daß sein Mandant nach dem Ergebnis der Hauptverhandlung nicht überführt ist. Dies kann dadurch geschehen, daß Beweislücken aufgedeckt und eine einseitige Würdigung des belastenden Beweismaterials vorgenommen wird. Von dem Fall der positiven Kenntnis der Schuld des Mandanten ist der Fall zu unterscheiden, daß der Verteidiger von ihr lediglich subjektiv überzeugt ist[66].

99 *3. Verbot der Mehrfachverteidigung*

Die Verteidigung mehrerer derselben Tat Beschuldigter durch einen gemeinschaftlichen Verteidiger ist unzulässig (§ 146 S. 1 StPO). Ein Verteidiger kann auch nicht gleichzeitig in einem Verfahren mehrere verschiedener Taten Beschuldigte verteidigen (§ 146 S. 2 StPO). Die Vorschrift soll Interessenkollisionen vermeiden. Ob ein Interessenwiderstreit tatsächlich vorliegt, ist unerheblich; er wird unwiderlegt vermutet[67].

Gemeinschaftliche Verteidigung mehrerer Beschuldigter liegt auch vor, wenn wegen einer Tat im Sinne des § 264 StPO gegen mehrere Beschuldigte getrennte Verfahren durchgeführt werden und der Anwalt in jedem Verfahren nur einen Beschuldigten verteidigt[68].

100 Durch das Strafverfahrensänderungsgesetz 1987 (StVÄG 1987) vom 27. Januar 1987 (BGBl. I, S. 475) ist die Zulässigkeit der (früher verbotenen) sukzessiven Mehrfachverteidigung am 1. April 1987 eingeführt worden. Ein Verteidiger darf seither nach Mandatsbeendigung einen anderen der gleichen Tat oder im gleichen Verfahren Beschuldigten verteidigen.

Von den zusammengeschlossenen Rechtsanwälten einer Sozietät darf jeder einen Mitbeschuldigten verteidigen, selbst wenn die Vollmachtsur-

---

66 Vgl. zum Ganzen *Dahs* a.a.O., Rdnr. 64 ff.
67 Vgl. BGHSt. 26, 367, 370.
68 Vgl. BGHSt. 27, 148.

Karl-Heinz Göpfert

kunde auf mehrere Sozien ausgestellt ist. Entscheidend ist, wer die Verteidigung übernommen hat[69].

Das Strafverfahrensänderungsgesetz 1987 (StVÄG 1987) vom 27. Januar 1987 hat in einem neu eingeführten § 146 a StPO die Folgen unzulässiger Mehrfachverteidigung gesetzlich geregelt.

Die Folgen einer Verletzung des § 146 StPO treten danach nicht kraft Gesetzes ein. Es bedarf eines gerichtlichen Zurückweisungsbeschlusses, wofür auch im Vorverfahren das Gericht des Hauptverfahrens zuständig ist[70]. Grundsätzlich ist die zuerst übernommene Verteidigung zulässig. Fehlt es insoweit an Anhaltspunkten, ist auf das Datum der Vollmachtsurkunden abzustellen. Beide Verteidigungen sind unzulässig, wenn nicht ausgeschlossen werden kann, daß die Übernahme der später übernommenen Verteidigung Einfluß auf die Führung der ersten Verteidigung gehabt hat. Ist der Verteidiger von mehreren Beschuldigten gleichzeitig beauftragt worden, so ist die Verteidigung insgesamt unzulässig[71]. 101

Gemäß § 146 a Abs. 2 StPO wird die Verteidigung erst mit der Zurückweisungsentscheidung unwirksam. Prozeßerklärungen des Verteidigers bis dahin bleiben wirksam. Dies ist namentlich wichtig für die Einlegung und Begründung von Rechtsmitteln. Die Vorschrift entzieht damit der bisherigen BGH-Rechtsprechung[72] die Grundlage, wonach Prozeßhandlungen unwirksam sind, durch welche der Verstoß gegen § 146 StPO evident wurde[73]. 102

Durch eine durch das Strafverfahrensänderungsgesetz (StVÄG) vom 27. Januar 1987 weiterhin eingeführte Änderung des § 304 Abs. 5 StPO kann die Zurückweisung durch den Ermittlungsrichter des BGH oder des OLG nicht mehr mit der Beschwerde angefochten werden. § 304 Abs. 5 StPO in der vor dem 1. April 1987 geltenden Fassung erklärte eine Beschwerde (des Verteidigers und des Beschuldigten) gegen eine Zurückweisung des Verteidigers durch den Ermittlungsrichter des Bundesgerichtshofes ausdrücklich für zulässig[74]. 103

4. Das Akteneinsichtsrecht des Verteidigers   104

Der Verteidiger hat das Recht zur Akteneinsicht in allen Verfahrensabschnitten. Er darf die Akten, die dem Gericht vorliegen oder im Falle der 105

---

69 Vgl. BVerfGE 43, 79.
70 Vgl. *Rieß/Hilger*, Das neue Strafverfahrensrecht, NStZ 1987, 145, 147.
71 Vgl. KK-*Laufhütte*, § 146 Rdnr. 13.
72 Vgl. BGHSt. 26, 367, 371; 27, 124.
73 Vgl. BT-Drucks. 10/313 S. 24, wonach für eine solche Ausnahme ein Bedürfnis nicht besteht.
74 Vgl. *Rieß/Hilger*, a.a.O., 145, 152.

Karl-Heinz Göpfert   37

Erhebung der Anklage vorzulegen wären, einsehen und die amtlich verwahrten Beweisstücke besichtigen (§ 147 Abs. 1 StPO)[75].

Der Verteidiger hat einen unbeschränkten Anspruch auf Akteneinsicht, sobald die Staatsanwaltschaft den Abschluß der Ermittlungen in den Akten vermerkt hat. Die Akteneinsicht und die Besichtigung der Beweisstücke dürfen ihm vor dem Abschlußvermerk nur ausnahmsweise versagt werden, wenn dadurch der Untersuchungszweck gefährdet wird (§ 147 Abs. 2 StPO). Selbst wenn dem Verteidiger eine Akteneinsicht wegen einer Gefährdung des Untersuchungszweckes gemäß § 147 Abs. 2 StPO verweigert wird, so hat er stets einen Anspruch auf Einsichtnahme in die Niederschriften über die Vernehmung des Beschuldigten und über solche richterlichen Untersuchungshandlungen, bei denen ihm die Anwesenheit gestattet worden ist oder hätte gestattet werden müssen, sowie in die Gutachten von Sachverständigen (§ 147 Abs. 3 StPO). Eine Einsicht in diese Schriftstücke darf ihm in keiner Lage des Verfahrens verweigert werden.

106 Auf Antrag sollen dem Verteidiger, wenn nicht wichtige Gründe entgegenstehen, die Akten mit Ausnahme der Beweisstücke zur Einsichtnahme in seine Geschäftsräume oder in seine Wohnung mitgegeben werden (§ 147 Abs. 4 StPO).

Der Verteidiger darf sich Auszüge aus den Akten oder Abschriften von Aktenteilen anfertigen[76]. Die ihm zur Einsicht in seinen Geschäftsräumen oder in seiner Wohnung ausgehändigten Akten darf er auch ablichten bzw. von seinem Personal ablichten lassen.

107 Der Beschuldigte selbst hat kein Akteneinsichtsrecht. Eine sachgerechte und wirksame Verteidigung setzt indes voraus, daß er weiß, welche Vorwürfe gegen ihn erhoben werden und worauf sich diese sützen. Der Verteidiger ist daher grundsätzlich berechtigt und gegebenenfalls sogar verpflichtet, ihm zu Verteidigungszwecken das mitzuteilen, was er aus den Akten erfahren hat[77]. In dem Umfang, in dem der Verteidiger dem Beschuldigten aus den Akten Mitteilungen machen darf, ist er auch berechtigt, ihm Abschriften aus den Akten, Aktenauszüge sowie Fotokopien auszuhändigen[78].

Der Verteidiger ist berechtigt, seinem Mandanten den gesamten Akteninhalt bekanntzugeben, den er in Ausübung seines Rechts auf Akteneinsicht zulässigerweise erfahren hat. Dies gilt auch dann, wenn sich aus den Akten ergibt, daß etwa Zwangsmaßnahmen bevorstehen oder ein Haftbefehl bean-

---

75 Vgl. zu den Handakten der Staatsanwaltschaft und den sog. »Spurenakten« KK-*Laufhütte*, § 147 Rdnr. 4.
76 Vgl. BGHSt. 18, 369, 371.
77 Vgl. BGHSt. 29, 99.
78 Vgl. BGHSt. 29, 99.

Karl-Heinz Göpfert

tragt oder erlassen ist[79]. Hat der Verteidiger seinem Mandanten Auszüge, Abschriften oder Ablichtungen aus den Akten ausgehändigt, so ist er nicht verpflichtet, diese nach Kenntnisnahme oder nach Beendigung des Mandats zurückzuverlangen. Jedoch sollte der Verteidiger den Mandanten stets dahin belehren, daß die ausgehändigten Unterlagen nur Verteidigungszwekken dienen dürfen und eine Einsichtnahme durch Dritte oder eine Weitergabe an diese untersagt ist[80].

Es kommt immer wieder vor, daß Originalakten des Gerichts, der Staatsanwaltschaft oder der zur Verfolgung von Ordnungswidrigkeiten zuständigen Behörden verlorengehen. Der Verteidiger wird dann häufig aufgefordert, durch Vorlage seines Aktenauszuges eine Rekonstruktion der Akten zu ermöglichen. Der Verteidiger ist aber weder berechtigt noch verpflichtet, seine Akten zur Rekonstruktion zur Verfügung zu stellen. Eine Verpflichtung besteht ausnahmsweise nur dann, wenn der Mandant nach eingehender Belehrung durch den Verteidiger seine Zustimmung erteilt oder wenn die Akten im Einflußbereich des Anwalts (z. B. in seinem Büro) verlorengegangen sind[81].

108

III. Der Verteidiger im Ermittlungsverfahren

1. Grundsätzliches

109

Häufig erschöpft sich die Tätigkeit vieler Verteidiger im Ermittlungsverfahren in schlichter Passivität. Dem liegt der verbreitete Glaube zugrunde, die Verteidigung habe erst in der Hauptverhandlung (sofern es hierzu komme) einzusetzen, damit das Verteidigungsmaterial nicht zu früh preisgegeben werde, das Pulver gleichsam nicht bereits vorher verschossen sei. Gemeinhin wird auch die Bedeutung des Ermittlungsverfahrens generell unterschätzt. Schließlich werden Möglichkeiten der Verteidigung im Ermittlungsverfahren entweder nicht gesehen oder nicht wahrgenommen.

Die Bedeutung des Ermittlungsverfahrens kann gar nicht hoch genug angesiedelt werden. Man kann ohne Übertreibung von der »urteilsprägen-

---

79 Beschluß des Strafrechtsausschusses der Bundesrechtsanwaltskammer vom 16. 2. 1979; vgl. *Dahs a.a.O., Rdnr. 50; a. A.* KK-*Laufhütte,* § 147 Rdnr. 6; *Kleinknecht/Meyer,* § 147 Rdnr. 15 m. w. N.
80 Vgl. *Kleinknecht/Meyer,* § 147 Rdnr. 15.
81 Vgl. *Waldowski,* Verteidiger als Helfer der Staatsanwaltschaft?, NStZ 1984, 448; a. A. *Rösmann,* Mitwirkung des Verteidigers an der Rekonstruktion in Verlust gegangener Straf-(Ermittlungs-)Akten aus standesrechtlicher Sicht, NStZ 1983, 446.

den Wirkung« des Vorverfahrens sprechen[82]. Im Vorverfahren werden nämlich die Weichen für das weitere Verfahren und namentlich für eine Hauptverhandlung gestellt; Fehler und Versäumnisse im Ermittlungsverfahren sind in der Hauptverhandlung häufig nicht mehr zu beseitigen[83].

2. Verteidigertätigkeit im Innenverhältnis

110 a) Allgemeines

Namentlich das erste Gespräch zwischen Verteidiger und Mandant ist für den Inhalt des Verteidigungsverhältnisses von großer Bedeutung. Zum einen muß der Mandant Vertrauen fassen. Er muß hierzu wissen, daß der Anwalt Berufsgeheimnisträger ist, mithin alles, was ihm in seiner Eigenschaft als Verteidiger anvertraut ist, der Schweigepflicht unterliegt. Andererseits ist darauf zu achten, daß das Vertrauensverhältnis nicht in Kumpanei ausartet. Die notwendige Distanz zwischen Verteidiger und Mandant muß im Interesse einer sachgerechten Verteidigung erhalten bleiben. Hierzu müssen dem Mandanten die Stellung des Verteidigers sowie seine Rechte und Pflichten deutlich sein. Häufig bestehen hier namentlich hinsichtlich der Wahrheitspflicht des Verteidigers Fehlvorstellungen. Deutlich müssen die Stellung des Verteidigers als Organ der Rechtspflege, seine Wahrheitspflicht und die strafrechtlichen und standesrechtlichen Konsequenzen eines Verstoßes hiergegen erläutert werden.

Häufig will der Mandant schon beim ersten Gespräch eine Prognose über den weiteren Gang und das Ergebnis des Verfahrens hören. Hier ist größte Zurückhaltung des Verteidigers geboten, zumal er zu diesem Zeitpunkt regelmäßig allein die Sachdarstellung des Mandanten kennt. Hier kann (selbstverständlich in allgemeiner Form) auf Erfahrungen in vergleichbaren Fällen hingewiesen werden. Desweiteren können, ebenfalls in allgemeiner Form, der Gang eines Ermittlungsverfahrens, die Tätigkeit der Ermittlungsbehörden und die Beendigungsmöglichkeiten des Ermittlungsverfahrens erläutert werden. Eine konkrete und verbindliche Stellungnahme sollte auf jeden Fall bis zur Akteneinsicht zurückgestellt werden. Dem Mandanten wird dies einleuchten, zumal er selbst regelmäßig mangels Aktenkenntnis den genauen Vorwurf und das bisherige Ermittlungsergebnis nicht kennt.

111 Zu Beginn des Verteidigungsverhältnisses ist insbesondere auch die verfahrensrechtliche Situation des Mandanten zu klären. Häufig weiß dieser nicht, ob er Beschuldigter oder Zeuge ist. Hat er keine aussagekräftigen Unterlagen in der Hand (z. B. eine Vorladung zur Beschuldigten- oder Zeugenvernehmung) und ergibt sich seine Stellung auch nicht aus seiner Sach-

---

82 Vgl. *Dahs*, Zur Verteidigung im Ermittlungsverfahren, NJW 1985, 1113.
83 Vgl. *Weihrauch*, Verteidigung im Ermittlungsverfahren, 1984, S. 1 f.

Karl-Heinz Göpfert

verhaltsschilderung (z. B. Blutprobe, Sicherstellung des Führerscheins o. ä.), so kann sich der Verteidiger entweder mündlich oder schriftlich an die Ermittlungsbehörden wenden. Hierbei hat er sich aber so lange nicht als Verteidiger zu legitimieren, als nicht die Beschuldigteneigenschaft des Mandanten feststeht. Bis dahin sollte er zur Legitimation auf ein allgemeines anwaltliches Beratungs- und Vertretungsverhältnis Bezug nehmen und auch keine Strafprozeßvollmacht vorlegen.

Ist die verfahrensrechtliche Situation des Mandanten geklärt, so ist ihm seine Stellung sowie der weitere Gang des Verfahrens zu erläutern.

b) Rat zur Aussageverweigerung   112

Allein aufgrund der Sachdarstellung des Mandanten ist der Verteidiger grundsätzlich nicht in der Lage, sich ein umfassendes Bild von der Sach- und Rechtslage zu machen. Eine umfassende und abschließende Beratung des Mandanten ist erst nach Akteneinsicht möglich. Es ist daher grundsätzlich angezeigt, bis dahin von dem einem Beschuldigten zustehenden Aussageverweigerungsrecht Gebrauch zu machen. Der Mandant ist in diesem Zusammenhang darauf hinzuweisen, daß die Einlassung schriftlich über den Verteidiger erfolgen kann, wozu im Regelfall zu raten ist. Dringend zu warnen ist vor Einlassungen »ins Blaue« hinein. Der Mandant, der auf eine Einlassung drängt, ist zu überzeugen, daß seine Stellungnahme ohne genaue Kenntnis der Vorwürfe und ohne Kenntnis des genauen Akteninhalts äußerst gefährlich sein kann. Ist der Mandant zu einer Vernehmung durch die Polizei geladen, so ist dieser das Verteidigungsverhältnis anzuzeigen und mitzuteilen, daß der Mandant zur Zeit von seinem Aussageverweigerungsrecht Gebrauch mache und zum Vernehmungstermin nicht erscheinen werde. Ein Verpflichtung zum Erscheinen bei der Polizei besteht für den Beschuldigten nicht. Ist der Beschuldigte zur Vernehmung durch die Staatsanwaltschaft oder durch den Ermittlungsrichter geladen, so hat der Verteidiger sich ebenfalls zu legitimieren und hat darauf hinzuweisen, daß der Mandant zur Zeit von seinem Aussageverweigerungsrecht Gebrauch mache; gleichzeitig soll damit der Antrag auf Akteneinsicht verbunden werden. Der Beschuldigte ist verpflichtet, auf Ladung vor der Staatsanwaltschaft und dem Ermittlungsrichter zu erscheinen (§§ 163 a Abs. 3, 133 StPO). Staatsanwaltschaft oder Ermittlungsrichter sollten daher unter Hinweise auf die augenblickliche Aussageverweigerung um Aufhebung des Termins gebeten werden. Dem wird regelmäßig Rechnung getragen, da es relativ sinnlos ist, auf dem Erscheinen des Beschuldigten zu bestehen, der dann im Termin von seinem Aussageverweigerungsrecht Gebrauch macht.

c) Rat zum (Teil-)Geständnis   113

Von dem Grundsatz, zunächst vom Aussageverweigerungsrecht Gebrauch zu machen, bis der Verteidiger sich durch Akteneinsicht ein zuverlässiges

Bild von den erhobenen Vorwürfen machen kann, gibt es Ausnahmen. Erwägt ein noch nicht entdeckter Täter, sich selbst den Ermittlungsbehörden zu offenbaren, so kann Eile geboten sein.

114 Eine Selbstanzeige ist ein erheblicher Strafmilderungsgrund. Sie kann zudem zu einer Verfahrensbeendigung durch Strafbefehl oder gar zu einer Einstellung des Verfahrens nach den §§ 153, 153 a StPO führen. Im Steuerstrafrecht ist die wichtige Vorschrift des § 371 AO zu beachten, nach der eine Selbstanzeige unter bestimmten Voraussetzungen sogar die Strafbarkeit beseitigt. Voraussetzung ist im wesentlichen, daß zum Zeitpunkt der Selbstanzeige noch kein Steuerprüfer beim Täter erschienen ist und die hinterzogenen Steuer nachgezahlt wird.

Der Verteidiger hat den Mandanten über die Wirkungen einer Selbstanzeige zu belehren. Er kann aber auch von einer Selbstanzeige abraten. Dies kann mit Rücksicht auf Art und Schwere des Delikts, den angerichteten Schaden und die Folgen für den Betreffenden und seine Angehörigen geboten sein. Der Verteidiger sollte sorgfältig prüfen, ob dem zur Selbstanzeige Neigenden tatsächlich hiervon abzuraten ist. Wenn der Betreffende sich etwa in einer seelischen Konfliktlage befindet, die durch die Aufdeckung der Tat und durch die Sühne hierfür beseitigt werden kann, so darf der Verteidiger von der Selbstanzeige nicht abraten.

115 In einer besonderen Lage befindet sich der Mandant, dem durch Nötigung oder Erpressung gedroht wird, eine Straftat zu offenbaren. Die Staatsanwaltschaft kann gemäß § 154 c StPO von der Verfolgung der Tat, deren Offenbarung angedroht worden ist, absehen, wenn nicht wegen der Schwere der Tat eine Sühne unerläßlich ist. Der Verteidiger muß hier feststellen, ob die Staatsanwaltschaft im konkreten Fall das hier eingeräumte Ermessen im Sinne einer Einstellung des Verfahrens ausüben wird. Hier ist im Regelfall notwendig ein Gespräch mit dem zuständigen Sachbearbeiter, wobei der Sachverhalt zunächst auf theoretischer Grundlage ohne Nennung des Namens des Mandanten zu erörtern ist.

116 Eine Ausnahme von dem Grundsatz, bis zur erfolgten Akteneinsicht durch den Verteidiger vom Aussageverweigerungsrecht Gebrauch zu machen, kann auch dann vorliegen, wenn der Mandant gegenüber den Ermittlungsbehörden bereits Angaben gemacht hat, hierbei indes entlastende Umstände nicht vorgebracht hat. Der Verteidiger wird hier auf eine ergänzende Einlassung dringen, die die entlastenden Gesichtspunkte berücksichtigt. Eine Einlassung ohne nähere Prüfung der Sach- und Rechtslage durch Akteneinsicht kann schließlich in Haftsachen geboten sein.

117 Ein Geständnis ist ein wesentlicher strafmildernder Umstand bei der Strafzumessung, das um so mehr wiegt, je früher es erfolgt. Es kann eine ansonsten vielleicht lang dauernde Hauptverhandlung bis auf einen Hauptverhandlungstag verkürzen (was von den überlasteten Gerichten regelmäßig mit einem erheblichen Strafnachlaß honoriert wird) und erlaubt, sich bereits

frühzeitig auf die wesentlichen Strafzumessungsgründe zu konzentrieren. Bei weniger schweren Taten kann ein Geständnis zu einer Verfahrenseinstellung nach den §§ 153, 153 a StPO führen oder in hierzu geeigneten Fällen eine Erledigung durch Strafbefehl ermöglichen. Der Verteidiger sollte dem zu einem Geständnis entschlossenen Mandanten hiervon nicht abraten, nachdem er ihn eingehend über die zu erwartenden Rechtsfolgen aufgeklärt hat. Raten wird der Verteidiger dem Mandanten zu einem Geständnis im allgemeinen nicht, wenn die Möglichkeit besteht, daß ihm die Straftat nicht nachzuweisen sein wird. Dies kann aber der Verteidiger grundsätzlich erst nach Akteneinsicht beurteilen. Es kann daher zweckmäßig sein, die Erörterung über ein Geständnis bis dahin zurückzustellen. Hat der Mandant bereits ein wahres Geständnis abgelegt, darf der Verteidiger ihn nicht veranlassen, dieses zu widerrufen[84].

3. Verteidigungstätigkeit nach außen

a) Bestellung

118

Der Verteidiger bestellt sich durch Überreichung eines Schriftsatzes gegenüber dem Gericht, der Staatsanwaltschaft oder der Polizei. Er fügt diesem Schriftsatz eine schriftliche Vollmacht bei und beantragt gegenüber Staatsanwaltschaft oder Gericht, ihm sobald als möglich die Akten zur Verfügung zu stellen. Die Polizei ist zur Gewährung von Akteneinsicht nicht befugt[85].

In gleicher Weise geht vor der vom Vorsitzenden des Gerichts im Falle der notwendigen Verteidigung, eventuell schon für das Vorverfahren bestellte Pflichtverteidiger (§§ 140 ff. StPO).

Für den Fall, daß Akteneinsicht zur Zeit nicht gewährt wird, sollte bei der Staatsanwaltschaft beantragt werden, Einsicht in die Aktenteile zu gewähren, die dem Verteidiger in keiner Lage des Verfahrens versagt werden darf[86]. Hat der Mandant bereits eine Ladung zur Vernehmung durch die Polizei, der Staatsanwaltschaft oder den Ermittlungsrichter in Händen, so ist grunsätzlich weiter darauf hinzuweisen, daß er zur Zeit von seinem Zeugnisverweigerungsrecht jedenfalls bis zur Gewährung von Akteneinsicht Gebrauch macht. Der Polizei ist mitzuteilen, daß der Vernehmungstermin nicht wahrgenommen wird, bei Staatsanwaltschaft und Ermittlungsrichter ist Terminsaufhebung zu beantragen[87].

---

84 Vgl. zum Geständnis im einzelnen *Dahs*, Handbuch des Strafverteidigers, Rdnr. 44, 369; *Weihrauch*, a.a.O., S. 28 f.
85 Vgl. *Kleinknecht/Meyer*, § 147 Rdnr. 3.
86 Vgl. § 147 Abs. 3 StPO; vgl. im übrigen Rz. 104 ff.
87 Vgl. hierzu Rz. 112.

119   b) Informationsbeschaffung

Nach Erhalt der Akten und deren Durcharbeit ist der Verteidiger in der Lage, sich ein eingehendes Bild darüber zu machen, was dem Mandanten im einzelnen vorgeworfen wird und worauf sich diese Vorwürfe stützen. Bei Prüfung der Rechtslage hat der Verteidiger auch darauf zu achten, ob die Prozeßvoraussetzungen vorliegen. Prozeßvoraussetzungen sind bestimmte gesetzlich vorgesehen Umstände, von denen die Zulässigkeit des Gesamtverfahrens oder bestimmter Verfahrensabschnitte abhängt, so z. B. die Strafverfolgungsverjährung (§ 78 StGB), bei Antragsdelikten der Strafantrag (§§ 77–77 e StGB), oder die Bejahung des besonderen öffentlichen Interesses durch die Staatsanwaltschaft nach §§ 232 Abs. 1 2. Halbs., 183 Abs. 2 StGB. Das Fehlen einer Prozeßvoraussetzung stellt ein Prozeßhindernis dar, das einer Sachentscheidung entgegensteht. Bezieht es sich auf das ganze Verfahren, so darf es nicht eingeleitet werden; das eingeleitete Verfahren darf nicht fortgesetzt, sondern muß eingestellt werden [88].

120   Sehr häufig ergeben sich durch Vermerke, Randnotizen und Anstreichungen der Strafverfolgungsorgane in den Akten wertvolle Hinweise. Der wesentliche Inhalt der Akten ist dem Mandanten in Abschrift oder Fotokopie zugänglich zu machen. Hieran hat sich sodann ein weiteres Gespräch zwischen Verteidiger und Mandant anzuschließen, das nunmehr aufgrund beiderseitiger Kenntnis des Akteninhalts auf festerem Boden als das vorangegangene Gespräch stattfinden kann.

In diesem Gespräch hat der Verteidiger den Mandanten, selbstverständlich mit dem notwendigen Einführungsvermögen, gleichsam als »advocatus diaboli« mit den Vorwürfen nach Aktenlage zu konfrontieren. Es kommt vor, daß Mandanten bei diesem Gespräch auch den Verteidiger belügen. Die Gründe hierfür sind meist psychologischer Natur. Es entspricht der Mentalität vieler Menschen, vorwerfbares Tun abzuleugnen oder in ein milderes Licht zu stellen. Der Verteidiger muß hierfür ein Gespür entwickeln, sonst kann er später in der Hauptverhandlung mit Erklärungen und Anträgen unliebsame Überraschungen erleben.

121   c) Notwendigkeit weiterer Ermittlungen

Ergebnis dieses Gesprächs kann sein, daß zur Entlastung des Mandanten weitere Ermittlungen notwendig sind. Der Verteidiger kann die ihm geboten erscheinenden Ermittlungen bei der Staatsanwaltschaft beantragen. Bekanntlich ist die Staatsanwaltschaft verpflichtet, nicht nur die zur Belastung, sondern auch die zur Entlastung dienenden Umstände zu ermitteln und die Beweise zu erheben, deren Verlust zu besorgen ist (§ 160 Abs. 2 StPO). Der Verteidiger kann aber auch selbst Ermittlungen anstellen.

---

88 Vgl. *Kleinknecht/Meyer*, Einl. Rdnr. 141 ff.

Karl-Heinz Göpfert

aa) Beantragung staatsanwaltschaftlicher Ermittlungen 122

Gelangt der Verteidiger zu dem Ergebnis, daß mit weiteren Ermittlungen durch die Strafverfolgungsbehörden eine Entlastung des Mandanten erreicht werden kann, so hat er sie bei der Staatsanwaltschaft zu beantragen. Diese notwendigen Ermittlungen aus sachfremden Erwägungen zurückzustellen, um später mit entsprechenden Erklärungen und Anträgen in der Hauptverhandlung spektakulär auftreten zu können, ist unzulässig. Zulässig ist es indes, weitere Ermittlungen aus taktischen Erwägungen zurückzustellen, um etwa in der Hauptverhandlung das Überraschungsmoment auf seiner Seite zu haben. So kann der Verteidiger etwa den entscheidenden Entlastungszeugen durch Selbstladung und entsprechendem Beweisantrag (§ 245 Abs. 2 StPO) völlig überraschend und ohne Vorbereitungsmöglichkeit für die übrigen Prozeßbeteiligten in die Hauptverhandlung einführen. Eine solche Vorgehensweise birgt jedoch auch erhebliche Gefahren in sich. So kann das Beweismittel möglicherweise in der Hauptverhandlung nicht mehr zur Verfügung stehen. Der Zeuge kann unbekannten Aufenthalts oder verstorben, das Augenscheinsobjekt verlorengegangen sein[89].

Beweisanträge, die der Beschuldigte zu seiner Entlastung gegenüber den Strafverfolgungsbehörden stellt, sind zu erheben, wenn sie von Bedeutung sind (§ 163 a Abs. 2 StPO). Gegenüber dem Ermittlungsrichter kann der Beschuldigte zu seiner Entlastung ebenfalls einzelne Beweiserhebungen verlangen, die der Richter vorzunehmen hat, soweit er sie für erheblich erachtet, wenn der Verlust der Beweise zu besorgen ist oder die Beweiserhebung die Freilassung des Beschuldigten begründen kann (§ 166 StPO).

Der Rechtsanspruch, den das Gesetz dem Beschuldigten mit dem Beweisantragsrecht nach § 163 a StPO einräumt, hat deshalb keine große praktische Bedeutung, weil die Ermittlungsbehörden die Beweise nur zu erheben haben, wenn sie diese für bedeutsam halten. Sie entscheiden hierüber nach pflichtgemäßem Ermessen. Entspricht die Ermittlungsbehörde dem Beweisbegehren des Beschuldigten nicht, hat er nur die Möglichkeit der Dienstaufsichtsbeschwerde an die an der Staatsanwaltschaft vorgesetzte Behörde[90]. 123

Hält der Ermittlungsrichter die im Rahmen der Beschuldigtenvernehmung beantragte Beweiserhebung nicht für geboten, so lehnt er sie formlos ab. Die Entscheidung ist nicht anfechtbar[91].

Da die Beweiserhebungspflicht des Richters nicht umfangreiche Ermittlungen, sondern nur einzelne Beweiserhebungen im Rahmen der richterlichen Beschuldigtenvernehmung umfaßt[92], ist es zweckmäßig, den Antrag

---

89 Vgl. *Weihrauch*, a.a.O., S. 98 f.
90 Vgl. KK-*Müller*, § 163 a Rdnr. 9.
91 Vgl. *Alsberg/Nüse/Meyer*, Der Beweisantrag im Strafprozeß, 5. Auflage, S. 340.
92 Vgl. *Alsberg/Nüse/Meyer*, a.a.O., S. 339.

Karl-Heinz Göpfert 45

auf weitere Ermittlungen gegenüber der Staatsanwaltschaft zu stellen. Während des Ermittlungsverfahrens entscheidet diese allein über den Antrag[93].

Einem begründeten Beweisverlangen wird sich die Staatsanwaltschaft im Regelfalle nicht verschließen, zumal damit zu rechnen ist, daß das Begehren in der Hauptverhandlung wiederum vorgebracht wird und dort vom Gericht nur unter den viel engeren Voraussetzungen des § 244 Abs. 2–4 StPO abgelehnt werden kann.

124 **bb) Mitwirken des Verteidigers bei Ermittlungen**

Überwiegend wird ein Anwesenheitsrecht des Verteidigers bei der polizeilichen Vernehmung des Beschuldigten verneint. Dies folgt daraus, daß das Gesetz für polizeiliche Vernehmungen nach §§ 163, 163 a StPO eine dem § 168 c Abs. 1 und Abs. 2 StPO entsprechende Regelung nicht getroffen hat[94]. Ein Anwesenheitsrecht des Verteidigers folgt auch nicht aus § 137 Abs. 1 StPO. Diese Vorschrift sagt nichts aus über die in den einzelnen Verfahrensabschnitten unterschiedlich ausgestalteten Verteidigerrechte[95]. Der Verteidiger hat jedoch die Möglichkeit, seine Anwesenheit zu erzwingen, indem er eine Vernehmung seines Mandanten durch die Polizei nur für den Fall seiner Mitwirkung in Aussicht stellt. Vor die Wahl gestellt, entweder den Beschuldigten überhaupt nicht vernehmen zu können oder aber eine Vernehmung im Beisein des Verteidigers durchzuführen, wird sich die Polizei häufig für die zweite Möglichkeit entscheiden. Ist der Verteidiger bei der Vernehmung anwesend, so darf er selbstverständlich Fragen stellen, Vorhalte machen und den Mandanten beraten. Eine Beschränkung auf eine reine Zuhörerrolle ist mit der Verteidigerfunktion nicht vereinbar[96].

Seine Anwesenheit setzt den Verteidiger in die Lage, die Vernehmung zu beeinflussen, unzulässige Fragen zu beanstanden und auf eine korrekte Protokollierung hinzuwirken[97]. Die Gefahr einer Anwesenheit des Verteidigers bei einer polizeilichen Vernehmung darf indes nicht übersehen werden. Polizeiliche Vernehmungsniederschriften, die in Gegenwart des Verteidigers aufgenommen worden sind, sind später praktisch nicht mehr angreifbar[98].

Solche Gesichtspunkte müssen aber zurücktreten, wenn es gilt, entlastende Umstände in das Ermittlungsverfahren einzuführen[99].

125 Bei der Vernehmung des Beschuldigten durch den Staatsanwalt hat der Verteidiger ein Anwesenheitsrecht (§§ 163 a Abs. 3, 168 c Abs. 1 StPO). Der Verteidiger ist vom Vernehmungstermin vorher zu benachrichtigen

---

93 Vgl. KK-*Müller*, § 163 a Rdnr. 9.
94 Vgl. KK-*Müller*, § 163 Rdnr. 19.
95 Vgl. *Kleinknecht/Meyer*, § 163 Rdnr. 16.
96 Vgl. KK-*Müller*, § 163 Rdnr. 20; *Kleinknecht/Meyer*, § 163 Rdnr. 16.
97 Vgl. *Dahs*, a.a.O., Rdnr. 253.
98 Vgl. *Dahs*, a.a.O., Rdnr. 242.
99 Vgl. *Dahs*, a.a.O., Rdnr. 242.

Karl-Heinz Göpfert

(§§ 163 a Abs. 3, 168 c Abs. 5 StPO). Er hat das Recht zu Fragen, Vorhalten, Hinweisen und Beanstandungen[100]. Es ist selbstverständlich, daß die Vernehmung durch die Staatsanwaltschaft gründlich vorbereitet sein muß, da sie im Regelfall über den weiteren Gang des Verfahrens entscheidet[101].

Bei richterlichen Vernehmungen und Untersuchungshandlungen besteht **126** für den Verteidiger ein Recht auf Anwesenheit und ein Recht auf Benachrichtigung vom Termin (§§ 168 c, 168 d StPO). Die Benachrichtigung kann unterbleiben, wenn sie den Untersuchungserfolg gefährden würde (§ 168 c Abs. 5 S. 2 StPO). Zwar kann die Benachrichtigung des Verteidigers nicht schon aus Gründen unterlassen werden, die allein in der Person des Beschuldigten liegen. Sind jedoch Umstände festgestellt, die in der Person des Verteidigers den Verdacht begründen, durch seine Benachrichtigung vom Vernehmungstermin könne der Untersuchungserfolg gefährdet werden, so kann auch seine Benachrichtigung unterbleiben[102].

Ist der Verteidiger anwesend, so hat er das Recht, Fragen zu stellen und Vorbehalte zu machen[103].

Ein richterliches Vernehmungsprotokoll kann in der Hauptverhandlung zum Zwecke der Beweisaufnahme verlesen werden (§§ 251, 254 StPO).

Nimmt der Verteidiger an einer polizeilichen, staatsanwaltschaftlichen oder richterlichen Vernehmung teil, so sollte er vorher auf Aushändigung einer Protokollabschrift bestehen. Zwar hat er hierauf keinen Anspruch, er kann sein Begehren faktisch aber dadurch durchsetzen, daß er darauf hinweist, sein Mandant mache anderenfalls keine Angaben[104].

d) Eigene Ermittlungen des Verteidigers   127

Es ist allgemein anerkannt, daß der Verteidiger berechtigt ist, eigene Ermittlungen zu führen[105]. Verschiedene Vorschriften der Strafprozeßordnung gehen geradezu von einer solchen Berechtigung des Verteidigers aus (§§ 222 Abs. 2, 246 Abs. 2, 346 a u. b StPO). § 97 Abs. 2 BRAGO regelt den Ersatz der Auslagen des Pflichtverteidigers, die durch Nachforschungen zur Vorbereitung eines Wiederaufnahmeverfahrens entstanden sind. § 6 der Grundsätze des anwaltlichen Standrechts befaßt sich mit der außergerichtlichen Befragung und Beratung von Zeugen.

Von besonderer Bedeutung für die Verteidigungstätigkeit ist die außerge- **128** richtliche Befragung von Zeugen. Wenn die Staatsanwaltschaft befugt ist, sich in allen Verfahrensabschnitten durch Vernehmung von Zeugen über deren voraussichtliche Aussagen in der Hauptverhandlung Kenntnis zu ver-

---

100 Vgl. *Dahs*, a.a.O., Rdnr. 247.
101 Vgl. *Dahs*, a.a.O., Rdnr. 246.
102 Vgl. BGHSt 29, 1, 4 f.
103 Vgl. KK-*Müller*, § 168 c Rdnr. 15.
104 Vgl. KK-*Müller*, § 163 a Rdnr. 36; *Weihrauch*, a.a.O., S. 114, 115.
105 Vgl. KK-*Laufhütte*, Vor § 137 Rdnr. 3.

schaffen, so ist nicht einzusehen, daß dies dem Verteidiger als unabhängigem Organ der Rechtspflege verwehrt sein soll[106]. Das Beweisantragsrecht kann durch den Verteidiger nicht sachgerecht ausgeübt werden, wenn er Zeugen nicht außergerichtlich befragen dürfte. Eine außergerichtliche Befragung ist insbesondere dann geboten, wenn der Verteidiger einem ihm vom Mandanten genannten Entlastungszeugen nicht traut. Eine Benennung ohne vorherige Befragung wäre in diesem Fall geradezu eine Pflichtwidrigkeit. Sagt der Zeuge nämlich Belastendes aus, so wäre seine Benennung für den Mandanten schädlich. Kann der Zeuge nichts Erhebliches bekunden, so wird eine auf Antrag der Verteidigung vorgenommene nutzlose Beweiserhebung vom Gericht nicht selten dem Verteidiger und dem Beschuldigten übel genommen.

Bei der außergerichtlichen Befragung von Zeugen ist auch nur der Anschein einer unzulässigen Beeinflussung zu vermeiden. Besondere Zurückhaltung ist geboten, wenn der Zeuge schon polizeilich, staatsanwaltschaftlich oder gerichtlich vernommen ist oder seine Vernehmung bevorsteht[107].

129   e) Gespräche mit der Staatsanwaltschaft

Gespräche mit der Staatsanwaltschaft im Ermittlungsverfahren sind unentbehrlich. Voraussetzung ist das generelle Einverständnis des Mandanten. Teilnehmer solcher Gespräche sollte der Mandant aber nicht sein. Der Staatsanwalt wird in Gegenwart des Mandanten grundsätzlich nicht offen über die Sache mit dem Verteidiger reden wollen. Staatsanwälte stehen Gesprächen regelmäßig sehr aufgeschlossen gegenüber. Hat der Verteidiger noch keine Akteneinsicht gehabt, so kann er regelmäßig in solchen Gesprächen etwas über den Gegenstand des Verfahrens und den Zeitpunkt der voraussichtlichen Gewährung von Akteneinsicht erfahren. Sehr häufig kann er auch Kenntnis erhalten über den Stand der Ermittlungen, das beabsichtigte weitere Vorgehen und über die rechtliche Einschätzung des Verfahrens durch die Staatsanwaltschaft. Staatsanwälte sind durchaus auch bereit, mit ihnen als honorig und zuverlässig bekannten Verteidigern über eine Verfahrensbeendigung zu verhandeln; etwa über eine Einstellung des Verfahrens nach §§ 153, 153 a StPO oder über einen Strafbefehl. Ist Vertraulichkeit vereinbart, so muß diese auch gegenüber dem Mandanten gewahrt bleiben. Ihr Bruch ist die »Todsünde« des Verteidigers[108] und disqualifiziert ihn zukünftig als seriösen Partner für solche Gespräche.

---

106 Vgl. *Dahs*, a.a.O., Rdnr. 166.
107 Vgl. *Dahs*, a.a.O., Rdnr. 167; zur Durchführung der Zeugenbefragung im einzelnen vgl. *Weihrauch*, a.a.O., S. 67 ff.
108 Vgl. *Dahs*, a.a.O., Rdnr. 135.

Karl-Heinz Göpfert

4. Verteidigungsstrategien

130

Nachdem der Verteidiger die Ermittlungsakten ausgewertet, Gespräche mit dem Mandanten und der Staatsanwaltschaft geführt hat und beantragte oder eigene Ermittlungen durchgeführt sind, muß Klarheit über die anzustrebende Verfahrensbeendigung und den Weg dorthin bestehen.

a) Möglichkeiten der Verfahrensbeendigung

131

Das Ermittlungsverfahren dient der Entscheidung der Staatsanwaltschaft, ob gegen den Beschuldigten die öffentliche Klage (Anklage oder Antrag auf Erlaß eines Strafbefehls) erhoben werden soll oder ob das Ermittlungsverfahren einzustellen ist.

aa) Genügender Anlaß zur Klageerhebung

132

Bieten die Ermittlungen genügend Anlaß zur Erhebung der öffentlichen Klage, so erhebt die Staatsanwaltschaft Anklage durch Einreichung einer Anklageschrift beim zuständigen Gericht; andernfalls stellt sie das Verfahren ein (§ 170 Abs. 1, Abs. 2 StPO).

Genügender Anlaß zur Klageerhebung besteht, wenn der Beschuldigte der Tat hinreichend verdächtig ist (§ 203 StPO). Hinreichender Tatverdacht liegt vor, wenn nach vorläufiger Tatbewertung eine Verurteilung in der Hauptverhandlung wahrscheinlich ist [109]. Bei tatsächlichen Zweifeln ist die Staatsanwaltschaft nicht gehindert, Anklage zu erheben. Sie muß bei nicht eindeutigem Beweisergebnis im Ermittlungsverfahren sich zu einer Prognose durchringen [110]. Die Aufklärung von Widersprüchen bei Zeugenaussagen oder Sachverständigengutachten kann sie der Hauptverhandlung überlassen. Der Grundsatz »in dubio pro reo« gilt hier nicht. Er kann jedoch gleichsam mittelbar die Wahrscheinlichkeitsprognose über eine Verurteilung in der Hauptverhandlung beeinflussen [111].

bb) Einstellung des Ermittlungsverfahrens nach § 170 Abs. 2 StPO

133

Besteht kein genügender Anlaß zur Erhebung der öffentlichen Klage, so stellt die Staatsanwaltschaft das Verfahren ein (§ 170 Abs. 2 S. 1 StPO). Die Einstellung kann aus tatsächlichen oder rechtlichen Gründen erfolgen. Einstellungsgründe können z. B. das Fehlen hinreichenden Tatverdachts oder das Vorliegen eines Verfahrenshindernisses (Strafverfolgungsverjährung, dauernde Verhandlungsunfähigkeit) sein. Die Verweisung des Antragstel-

---

109 Vgl. KK-*Treier*, § 203 Rdnr. 5.
110 Vgl. KK-*Müller*, § 170 Rdnr. 5.
111 Vgl. KK-*Müller*, Rdnr. 5.

lers bei einem Privatklagedelikt auf den Privatklageweg (§§ 374, 376 StPO) ist eine Einstellung des Verfahrens mangels öffentlichen Interesses, mithin wegen eines Verfahrenshindernisses für das Offizialverfahren[112].

134 cc) Einstellung des Ermittlungsverfahrens nach §§ 153 ff. StPO

Von den in §§ 153 ff. StPO geregelten Einstellungsmöglichkeiten des Ermittlungsverfahrens sind für die Verteidigung die in den §§ 153, 153 a StPO geregelten Fälle die wichtigsten.

Ein genügender Anlaß zur Anklageerhebung im Sinne von § 170 Abs. 1 StPO besteht auch nicht, wenn die Voraussetzungen für eine Einstellung nach dem Opportunitätsgrundsatz vorliegen[113].

Nach den §§ 153, 153 a StPO kann eine Einstellung bei Vergehen erfolgen. Gericht und Staatsanwalschaft müssen übereinstimmen. Einer Zustimmung des Gerichts beim Absehen von der Strafverfolgung durch die Staatsanwaltschaft bedarf es nicht bei Vergehen gegen fremdes Vermögen mit geringem Schaden (§§ 153 Abs. 1 S. 2, 153 a Abs. 1 S. 6 StPO).

135 Voraussetzung für eine Einstellung nach § 153 StPO ist, daß die Schuld des Täters als gering anzusehen wäre und kein öffentliches Interesse an einer Strafverfolgung besteht. Die Schuld ist gering, wenn sie im Vergleich mit Vergehen gleicher Art nicht unerheblich unter dem Durchschnitt liegt[114]. Maßgeblich für die Beurteilung sind etwa die Art der Tatausführung, die Folgen der Tat oder eine erfolgte Wiedergutmachung[115]. Öffentliches Interesse an der Strafverfolgung ist zu verneinen, wenn eine Ahndung aus spezial- oder generalpräventiven Gründen nicht geboten erscheint[116].

136 Nach § 153 a StPO kann das Ermittlungsverfahren, das nur ein Vergehen zum Gegenstand hat, unter Auflagen und Weisungen vorläufig und nach deren Erfüllung durch den Beschuldigten endgültig eingestellt werden. Wie bei § 153 StPO muß die Schuld des Täters als gering anzusehen sein. Die vorläufige Einstellung nach § 153 a StPO ist nur dann zulässig, wenn die sofortige Einstellung nach § 153 StPO wegen eines öffentlichen Interesses an der Strafverfolgung nicht möglich, dieses Interesse aber durch Auflagen oder Weisungen und deren Erfüllung beseitigt werden kann[117].

137 dd) Strafbefehl

Im Bereich der minderschweren Kriminalität kann ein Ermittlungsverfahren durch Strafbefehlsantrag der Staatsanwaltschaft beendet werden. Die Vor-

---

112 Vgl. KK-*Müller*, § 170 Rdnr. 16.
113 Gegen diesen gebräuchlichen Begriff KK-*Schoreit*, § 153 Rdnr. 2.
114 Vgl. *Kleinknecht/Meyer*, § 153 Rdnr. 4.
115 Vgl. KK-*Schoreit*, § 153 Rdnr. 28 ff.
116 Vgl. *Kleinknecht/Meyer*, § 153 Rdnr. 7.
117 Vgl. *Kleinknecht/Meyer*, § 153 a Rdnr. 3.

Karl-Heinz Göpfert

aussetzungen für den Erlaß eines Strafbefehls sind in § 407 StPO geregelt. Ein Strafbefehl kommt danach in Betracht bei Vergehen, für deren Aburteilung die Amtsgerichte sachlich zuständig sind und wenn die in § 407 Abs. 2 StPO nach dem Enumerationsprinzip aufgeführten Rechtsfolgen in Frage kommen. Einer Anhörung des Angeschuldigten vor Erlaß des Strafbefehls durch das Gericht bedarf es nicht (§ 407 Abs. 3 StPO). § 410 Abs. 3 StPO bestimmt, daß ein Strafbefehl, gegen den nicht rechtzeitig Einspruch erhoben worden ist (Einspruchsfrist zwei Wochen, § 410 Abs. 1 StPO), einem rechtskräftigen Urteil gleich steht. Indes ist die Rechtskraftwirkung des Strafbefehls beschränkt. Eine erneute Verfolgung der vom Strafbefehl erfaßten Tat ist im Wege des förmlichen Wiederaufnahmeverfahrens zulässig, wenn neue Tatsachen oder Beweismittel beigebracht sind, die eine Verurteilung wegen eines Verbrechens zu begründen geeignet sind (§ 373 a StPO).

Auf Antrag der Staatsanwaltschaft kann auch noch nach Vorliegen des Eröffnungsbeschlusses im gerichtlichen Verfahren ein Strafbefehl erlassen werden (§ 408 a StPO).

b) Angestrebtes Verteidigungsziel 138

Ziel der Verteidigung im Ermittlungsverfahren muß es sein, die Einstellung des Verfahrens zu erreichen, möglichst mangels hinreichenden Tatverdachts gemäß § 170 Abs. 2 StPO, hilfsweise nach Maßgabe der vom Opportunitätsgrundsatz geprägten Vorschriften der §§ 153 ff. StPO. Ist aber eine Einstellung nicht zu erreichen, kann unter Umständen aufgrund der Gegebenheiten des konkreten Einzelfalles zur Vermeidung einer öffentlichen Hauptverhandlung eine Beendigung des Verfahrens durch Strafbefehl ins Auge gefaßt werden. Ist auch dies nicht zu erreichen, eine Hauptverhandlung also nicht zu vermeiden, so hat der Verteidiger dafür Sorge zu tragen, daß sein Mandant für eine solche Hauptverhandlung eine optimale Ausgangsposition erhält.

aa) Einstellung des Verfahrens nach § 170 Abs. 2 S. 1 StPO oder nach den 139 §§ 153, 153 a StPO

Ist die Staatsanwaltschaft von sich aus nicht bereit, das Ermittlungsverfahren nach § 170 Abs. 2 StPO einzustellen (was ggf. in einem Gespräch abzuklären ist), so ist zur Erreichung dieses Ziels eine Einlassung des Mandanten nötig. Manchmal kann der Verteidiger sich auch auf eine Auseinandersetzung mit dem bisherigen Ermittlungsergebnis nach Aktenlage, etwa durch Vornahme einer Beweiswürdigung, ohne Einlassung des Mandanten beschränken. Eine Einstellung nach den §§ 153, 153 a StPO ist im Regelfalle nur nach einer Einlassung des Betroffenen realisierbar. Für eine solche Einlassung empfiehlt sich grundsätzlich eine durch den Verteidiger einzureichende Verteidigungsschrift. Die gebräuchliche Bezeichnung »Schutz-schrift« sollte wegen ihrer sprachlichen Nähe zur »Schutzbehauptung« nicht verwandt werden[118]. Eine Verteidigungsschrift sollte ohne Aktenkenntnis niemals eingereicht werden. Ausnahmen hiervon kommen überhaupt nur in kleinen und überschaubaren Fällen und in Haftsachen in Betracht. Eine Ein-lassung des Mandanten kann im übrigen im Rahmen einer polizeilichen, staatsanwaltschaftlichen oder richterlichen Vernehmung erfolgen. Wenn es auf den persönlichen Eindruck des Mandanten ankommt, sollte eine Ver-nehmung durch den ermittelnden Staatsanwalt angeregt werden. Andern-falls sollte nach Möglichkeit von der Verteidigungsschrift Gebrauch gemacht werden. Diese bietet den Vorteil, die Einlassung des Mandanten sorgfältig vorbereiten und zu Papier bringen zu können.

140   Vernehmungen durch die Polizei oder den Richter sollte der Verteidiger zurückhaltend gegenüberstehen. Ein richterliches Vernehmungsprotokoll hat weitreichende Wirkungen in die Hauptverhandlung hinein (vgl. §§ 251, 254 StPO). Eine polizeiliche Vernehmung birgt viele Probleme in sich[119], der entscheidende Nachteil ist nicht zuletzt das Fehlen eines Anwesenheits-rechtes für den Verteidiger. Bei der Vernehmung durch die Staatsanwalt-schaft hat der Verteidiger hingegen ein Anwesenheitsrecht[120]. Der entschei-dende Vorteil einer solchen Vernehmung durch den Staatsanwalt ist, daß dieser, anders als die Polizei oder ein Ermittlungsrichter, im Regelfall mit der Sache eingehend vertraut ist und daher anläßlich der Vernehmung der Gesprächspartner des Verteidigers für den weiteren Gang des Ermittlungs-verfahrens sein kann[121].

141   In einer Verteidigungsschrift können, namentlich wenn eine Einstellung nach § 170 Abs. 2 StPO angestrebt wird, neben einer Einlassung des Man-danten und einer Auseinandersetzung mit dem bisherigen Ermittlungsergeb-nis auch weitere Ermittlungsanregungen und Beweisanträge enthalten sein. Der Verteidigungsschrift, mit der in geeigneten Fällen eine Verfahrensbeen-digung nach § 153, 153 a StPO erzielt werden soll, sollte stets ein Gespräch mit dem sachbearbeitenden Staatsanwalt vorausgehen. Regelmäßig kann hier abgeklärt werden, was die Staatsanwaltschaft für eine solche Verfah-rensbeendigung an Einlassung erwartet.

142   Eine Einstellung nach den §§ 153, 153 a StPO sollte immer dann ange-strebt und ein entsprechendes Angebot akzeptiert werden, wenn eine Ein-stellung des Ermittlungsverfahrens mangels hinreichenden Tatverdachts (§ 170 Abs. 2 StPO) oder ein Freispruch in der Hauptverhandlung nicht erreicht werden können. Hier muß der Verteidiger, der einen Freispruch

---

118 Vgl. *Dahs*, a.a.O., Rdnr. 355.
119 Vgl. hierzu *Weihrauch*, a.a.O., S. 89 ff.
120 Vgl. hierzu Rz. 123, 124.
121 Vgl. *Weihrauch*, a.a.O., S. 93.

Karl-Heinz Göpfert

seriöserweise nicht garantieren kann, den Mandanten von den Vorzügen einer solchen Verfahrensbeendigung überzeugen: Eine Verurteilung mit einer Strafe wird mit Sicherheit vermieden, es erfolgt keine Eintragung in das Bundeszentralregister; indes ist bei § 153 a StPO die Eintragung in das Verkehrszentralregister wegen einer im Zusammenhang mit der Teilnahme am Straßenverkehr begangenen Tat zulässig[122].

Ein Strafklageverbrauch tritt durch Einstellung des Verfahrens nach § 170 Abs. 2 S. 1 StPO nicht ein. Der Einstellungsverfügung der Staatsanwaltschaft kommt keine Rechtskraftwirkung zu. Das Verfahren kann bei gleicher Sach- und Rechtslage jederzeit wieder aufgenommen werden[123]. Gleiches gilt für die Einstellung nach § 153 StPO[124], nicht jedoch für die Einstellung nach § 153 a StPO nach Erfüllung der Weisungen und Auflagen. Die Tat kann nur noch als Verbrechen verfolgt werden (§ 153 a Abs. 1 S. 4 StPO).

143

bb) Strafbefehl

144

Kann eine Verfahrenseinstellung nicht erreicht werden und ist eine Verurteilung in der Hauptverhandlung so gut wie sicher, so muß an eine Erledigung der Sache durch einen Strafbefehl gedacht werden. Hier muß der Mandant zunächst eingehend über Vor- und Nachteile einer solchen Verfahrensbeendigung belehrt werden. Vorteile liegen darin, daß das Verfahren zum Teil erheblich abgekürzt und ohne eine Hauptverhandlung mit ihren negativen Begleiterscheinungen (z. B. unerwünschte negative Publizität, psychische Belastung des Betroffenen und seiner Angehörigen) beendet wird. Ein Strafbefehl sollte aber niemals ohne vorherige Abstimmung mit der Staatsanwaltschaft angeregt werden. Der Verteidiger hat in einem Gespräch mit dem Staatsanwalt zunächst abzuklären, ob überhaupt Bereitschaft für eine solche Erledigung des Verfahrens besteht. Um sich hier nicht zu weit vorzuwagen und nicht zu früh etwa ein Schuldeingeständnis des Mandanten vorzutragen, ist zu empfehlen, daß das Gespräch seitens des Verteidigers zunächst gleichsam auf hypothetischer Grundlage geführt wird[125]. In diesem Gespräch kann und wird der Verteidiger vorsichtig zu erkennen geben, daß gegebenenfalls ein Einspruch des Beschuldigten nicht zu erwarten ist. Steht nämlich ein Einspruch zu erwarten, wird die Staatsanwaltschaft von der Beantragung eines Strafbefehls absehen (vgl. Nr. 175 Abs. 3 RiStBV). Der geschickte Verteidiger kann diesen Punkt des Einspruchsverzichts als

---

122 Vgl. § 28 Nr. 1 a StVG i. V. m. § 13 Abs. 1 Nr. 3 a StVZO; vgl. auch KK-*Schoreit*, § 153 a Rdnr. 71.
123 Vgl. KK-*Müller*, § 170 Rdnr. 23.
124 Vgl. KK-*Schoreit*, § 153 Rdnr. 76.
125 Vgl. *Dahs*, a.a.O., Rdnr. 960.

Angebot des Beschuldigten in das Verhandlungsgespräch einbringen. Nicht selten wird dem durch einen Strafnachlaß bei dem zu beantragenden Straf- befehl seitens der Staatsanwaltschaft Rechnung getragen. Nicht selten kann zudem erreicht werden, daß zum Nutzen des Mandanten der Inhalt des Strafbefehls im einzelnen einschließlich der Rechtsfolgen verhandelt werden kann. Waren solche Verhandlungen erfolgreich und beantragt der Staatsan- walt nach Maßgabe des Verhandlungsergebnisses einen Strafbefehl, ver- trauend auf die Zusage, daß Einspruch nicht eingelegt wird, so muß der Verteidiger sich an diese Zusage halten. Sollte der Mandant nach Erlaß des Strafbefehls anderen Sinnes werden und Einspruchseinlegung verlangen, so bleibt dem Verteidiger, will er weiterhin ernstzunehmender Gesprächspart- ner der Staatsanwaltschaft bleiben, im Regelfall nur die Mandatsniederle- gung.

Ein Strafbefehl kann durchaus auch angestrebt werden, wenn ein Frei- spruch in der Hauptverhandlung möglich erscheint, der Mandant aber aus persönlichen oder beruflichen Gründen unter allen Umständen eine solche Hauptverhandlung vermeiden will oder muß. Hierauf kann in geeigneter Weise in einer Verteidigungsschrift, in der das grundsätzliche Einverständ- nis mit einem Strafbefehl erklärt wird, hingewiesen werden. Hierdurch schwächt der Verteidiger eine präjudizierende Wirkung des Strafbefehls für andere Verfahren (z. B. Disziplinarverfahren) ab.

145   cc) Vorbereitung von Zwischenverfahren und Hauptverhandlung

Können eine Verfahrenseinstellung oder eine Erledigung durch Strafbefehl nicht erreicht werden, müssen das Zwischenverfahren und namentlich die Hauptverhandlung ins Auge gefaßt werden. Da nicht selten Ermittlungs- mängel von einem Verfahrensabschnitt in den nächsten hineinwirken, muß der Verteidiger frühzeitig prüfen, ob er alle geeigneten Möglichkeiten der Beeinflussung des Ermittlungsverfahrens ausgeschöpft hat[126]. In einer sol- chen Situation ist insbesondere auch die Möglichkeit zu beachten, die ein Geständnis im Rahmen des Ermittlungsverfahrens bietet. Ein solches frühes Geständnis führt häufig zu einem erheblichen Strafnachlaß, zumal wenn es hilft, eine möglicherweise lang dauernde Hauptverhandlung mit einer umfangreichen Beweisaufnahme zu verhindern. In diesem Zusammenhang sind auch Strafzumessungsgesichtspunkte zu bedenken, etwa das Verhalten nach der Tat (Schadenswiedergutmachung).

146   Es kann aber auch im Interesse des Mandanten liegen, die Hauptverhand- lung so weit als möglich in die Zukunft zu schieben. Bei langer Verfahrens- dauer wächst bei den Strafverfolgungsbehörden nicht selten die Neigung, ein hierfür zunächst nicht geeignet erscheinendes Verfahren nach den

---

126 Vgl. *Dahs*, a.a.O., Rdnr. 203.

Karl-Heinz Göpfert

§§ 153, 153 a StPO oder durch Strafbefehl zu erledigen. Sehr häufig fällt die Strafe auch mit Rücksicht auf eine lange Verfahrensdauer deutlich milder aus (vgl. hierzu Art. 6 Abs. 1 der Konvention zum Schutze der Menschenrechte und Grundfreiheiten). Auch kann durch lange Verfahrensdauer eine Strafaussetzung zur Bewährung möglich werden, insbesondere wenn zur Verfahrensdauer ein bestimmtes Täterverhalten nach der Tat hinzu kommt (straffreies Verhalten nach der Tat, Wiedergutmachung des Schadens). Der Verteidiger sollte indes bedenken, daß bewußte Verfahrensverzögerung strafbare Strafvereitelung sein kann[127].

5. Tätigkeit des Verteidigers bei vorläufigen Maßnahmen

147

Vorläufige Maßnahmen sind neben der Untersuchungshaft, Durchsuchung, Beschlagnahme, Überwachung des Fernmeldeverkehrs, körperliche Untersuchungen und vorläufige Entziehung der Fahrerlaubnis. Von diesen vorläufigen Maßnahmen ist die Überwachung des Fernmeldeverkehrs einem Verteidigerhandeln entzogen, da der Beschuldigte hiervon erst nach Abschluß der Überwachung erfährt (§§ 100 a, 100 b, 101 StPO).

a) Untersuchungshaft

aa) Vorbemerkung

148

Nach Ergreifung wird der Beschuldigte dem zuständigen Richter vorgeführt (§§ 115, 115 a StPO). Der Verteidiger hat einen Anspruch auf Benachrichtigung und Anwesenheit (§ 168 c Abs. 1, Abs. 5 StPO). Die Untersuchungshaft darf nur angeordnet werden, wenn der Beschuldigte der Tat dringend verdächtig ist und einer der fünf auf bestimmte Tatsachen gestützten Haftgründe bejaht werden kann (§§ 112 Abs. 1, Abs. 2 Nr. 1–3, Abs. 3, 112 a Abs. 1 Nr. 1 StPO).

Der Verteidiger sollte darauf dringen, daß der Richter die Voraussetzungen des Haftbefehls nach Maßgabe des § 114 Abs. 2 StPO im einzelnen erläutert. Die Vorschrift verlangt eine genaue Tatbeschreibung, die Angabe des Haftgrundes und der Tatsachen, die den Tatverdacht begründen. Insbesondere beim Haftgrund der Fluchtgefahr ist darauf zu achten, daß dieser durch bestimmte Tatsachen gerechtfertigt erscheint und nicht, wie häufig, allein durch eine vermeintliche hohe Straferwartung begründet wird. Aufgabe des Verteidigers ist es, eine von der Staatsanwaltschaft behauptete hohe Straferwartung zu relativieren. Der Haftrichter ist im übrigen nicht gezwungen, Beweisanträgen des Beschuldigten und seines Verteidigers nachzugehen. Art und Umfang der Beweisaufnahme bestimmt das Gericht

149

---

127 Vgl. *Dahs*, a.a.O., Rdnr. 54.

nach pflichtgemäßem Ermessen (§ 118 a Abs. 3 StPO). Die §§ 244, 245 StPO gelten nicht[128].

150 Im Haftverfahren stehen dem Verteidiger die Rechtsbehelfe der Haftprüfung, der Haftbeschwerde und der weiteren Beschwerde zur Verfügung (§§ 117 Abs. 1, 304 Abs. 1, 310 Abs. 1 StPO).

151 Die Mehrzahl der Rechtsbehelfe im Haftverfahren darf nicht darüber hinwegtäuschen, daß es sich in der Praxis sehr häufig um wenig wirksame Waffen handelt. Die nachhaltigen Schwierigkeiten zu Beginn des Haftverfahrens rühren regelmäßig daher, daß der Verteidiger die Akten nicht kennt und ihm Akteneinsicht zur Zeit unter Hinweis auf die Gefährdung des Untersuchungszwecks (§ 147 Abs. 2 StPO) verweigert wird. Will er einen Rechtsbehelf mit einiger Aussicht auf Erfolg begründen, so ist er aber auf Akteneinsicht dringend angewiesen. Von daher empfiehlt es sich, anstatt einer in ihren Erfolgsaussichten zweifelhaften Anfechtung des Haftbefehls, die zudem häufig im praktischen Ergebnis zu einer Verfahrensverzögerung führt (Vorlage der Akten an das zur Entscheidung berufene Gericht), mit der Staatsanwaltschaft ein offenes Gespräch zu führen. In diesem Gespräch kann darauf hingewiesen werden, daß vorerst zur Vermeidung einer Behinderung der Ermittlungen von der Einlegung von Rechtsbehelfen abgesehen wird, wenn die Ermittlungen zügig durchgeführt werden und alsbald Akteneinsicht gewährt wird. Der Verteidiger sollte hier versuchen, die Staatsanwaltschaft auf bestimmte Termine festzulegen. Sehr häufig wird von der Staatsanwaltschaft eine Haftentlassung für den Fall einer (geständigen) Einlassung des Beschuldigten in Aussicht gestellt. Einem solchen Ansinnen wird der Verteidiger angesichts fehlender Aktenkenntnis nicht nachkommen können. Er hat hier aber ein Lockmittel in der Hand, ihm alsbald Akteneinsicht zu gewähren.

152 **bb) Antrag auf Haftprüfung**

Führen Gespräche mit der Staatsanwaltschaft auf absehbare Zeit nicht zum Erfolg, so ist zu überlegen, welcher Rechtsbehelf eingelegt wird. Haftprüfung, über die auf Antrag nach mündlicher Verhandlung entschieden wird (§§ 117, 118 StPO), sollte immer dann beantragt werden, wenn es darauf ankommt, dem Richter einen perönlichen Eindruck vom Beschuldigten zu vermitteln. Sehr häufig gelingt es gerade mit dem persönlichen Eindruck, den der Beschuldigte beim Richter macht, Fluchtgefahr und Verdunkelungsgefahr auszuräumen.

153 Der Mandant wird im Regelfall auf einen alsbaldigen Haftprüfungstermin drängen. Wenn der Verteidiger die Akten nocht nicht kennt, sollte er dem entgegenwirken und dem Mandanten klarmachen, daß ohne Akten-

---

128 Vgl. KK-*Boujong*, § 118 a Rdnr. 5.

Karl-Heinz Göpfert

kenntnis die Aufhebung des Haftbefehls oder dessen Außervollzugsetzung nicht erreichbar sein wird. Der Mandant ist zu belehren, daß es unzweckmäßig ist, in eine mündliche Haftprüfung zu gehen, ohne die Beschuldigungen und die Beweismittel im einzelnen zu kennen. Insbesondere ist zu berücksichtigen, daß ein Anspruch auf eine weitere mündliche Verhandlung nur besteht, wenn die Untersuchungshaft mindestens 3 Monate und seit der letzten mündlichen Verhandlung mindestens 2 Monate gedauert hat (§ 118 Abs. 3 StPO).

cc) Haftbeschwerde 154

Das Verfahren der Haftbeschwerde richtet sich nach den §§ 304 ff. StPO. Ihre Einlegung will ebenso wie der Antrag auf Haftprüfung gründlich überlegt sein. Sind keine Mehrfachakten angelegt, verzögert die Haftbeschwerde die Ermittlungstätigkeit, denn die Staatsanwaltschaft benötigt die Akten zur Ausarbeitung einer Stellungnahme zur Beschwerde. Die Akten müssen sodann dem Beschwerdegericht vorgelegt werden, das sich in die Akten einarbeiten muß. Die Haftbeschwerde bietet sich gegenüber dem Antrag auf Haftprüfung dann an, wenn es auf Fragen ankommt, die anhand der Akten beantwortet werden können. Die Haftbeschwerde ist mithin immer dann dem Antrag auf Haftprüfung vorzuziehen, wenn eine gründliche Aktenkenntnis und eine Überprüfung der Sach- und Rechtslage für die Entscheidung erforderlich ist.

dd) Weitere Beschwerde 155

Die Einlegung der weiteren Beschwerde zum zuständigen Oberlandesgericht (§ 310 StPO) sollte ebenfalls sehr gut überlegt sein. Eine ablehnende Entscheidung dieses Gerichts in einem frühen Verfahrensstadium wird sehr häufig zu einer »Zementierung« des Haftbefehls führen mit der Folge, daß Haftrichter oder Beschwerdegericht in der Folgezeit von dieser Entscheidung nur schwerlich abrücken werden.

ee) Sonstiges 156

In jeder Phase des Haftverfahrens muß der Verteidiger eine Haftverschonung gemäß § 116 StPO im Auge haben. Wegen der in Betracht kommenden Auflagen muß der Verteidiger die persönlichen, familiären und beruflichen Verhältnisse des Mandanten kennen und gegebenenfalls vortragen und unter Beweis stellen.

Bei längerer Haftdauer ist es die Pflicht des Verteidigers, darauf zu achten, daß die Fristen für die von Amts wegen vorzunehmende Haftprüfung durch das Oberlandesgericht beachtet werden[129]. 157

Karl-Heinz Göpfert

b) Durchsuchung und Beschlagnahme

158   Die Einwirkungsmöglichkeiten des Verteidigers bei diesen Zwangsmaßnahmen sind gering, zumal er häufig erst eingeschaltet wird, wenn die Maßnahmen abgeschlossen sind.

159   Der von einer Beschlagnahme Betroffene kann nach § 98 Abs. 2 S. 2 StPO jederzeit die richterliche Entscheidung über eine Fortdauer der Beschlagnahme beantragen.

160   Das Rechtsschutzinteresse für einen Antrag, mit dem sich der Betroffene gegen die Rechtmäßigkeit der Anordnung einer abgeschlossenen Maßnahme der Strafverfolgungsbehörde wendet, wird grundsätzlich verneint mit der Begründung, der Strafprozeßordnung seien Entscheidungen fremd, die sich in einer nachträglichen Feststellung der Rechtswidrigkeit einer durch Vollzug erledigten Verfahrensmaßnahme erschöpfen. Indes soll die überholte Beschlagnahmeanordnung der Staatsanwaltschaft und ihrer Hilfsbeamten dann richterlich auf ihre Rechtmäßigkeit hin zu überprüfen sein, wenn wegen erheblicher Folgen des Eingriffs oder wegen einer Wiederholungsgefahr ein nachwirkendes Bedürfnis für eine richterliche Überprüfung besteht. Dies soll allerdings nur gelten, wenn die erledigte Anordnung einen Nichtbeschuldigten betrifft. Ist der Beschuldigte selbst betroffen, so soll ein Bedürfnis für eine gerichtliche Entscheidung im Regelfall fehlen, da eine Rehabilitierung im Strafverfahren durchgesetzt werden kann[130].

Bei nachwirkendem Rechtsschutzbedürfnis kann mit dem Antrag, die Rechtswidrigkeit der Art und Weise der Durchführung einer abgeschlossenen Beschlagnahme festzustellen, das Oberlandesgericht nach § 23 EGGVG angerufen werden.

161   Gegen die richterliche Beschlagnahmeanordnung und gegen die richterliche Bestätigung der von der Staatsanwaltschaft oder einem ihrer Hilfsbeamten getroffenen Anordnung ist die Beschwerde zulässig (§ 304 StPO).

162   Ist die richterliche Beschlagnahmeanordnung erledigt, so besteht für eine Beschwerde grundsätzlich kein Rechtsschutzinteresse mehr[131]. Bei nachwirkendem Rechtsschutzbedürfnis für eine nachträgliche Überprüfung, etwa bei Wiederholungsgefahr, kann der Betroffene sich in derselben Instanz gemäß § 33 a StPO mit dem Ziel zur Wehr setzen, die Rechtswidrigkeit der angegriffenen Entscheidung festzustellen[132]. Eine Beschwerdemöglichkeit soll nicht gegeben sein. Nur dann soll eine Beschwerde ausnahmsweise

---

129 Vgl. zum Verteidigerhandeln bei Untersuchungshaft, *Dahs*, a.a.O., Rdnr. 271 ff.
130 Vgl. KK-*Laufhütte*, § 98 Rdnr. 21 m. w. N.
131 Vgl. BGHSt. 28, 57; 28, 160; BVerfGE 49, 329.
132 Vgl. BVerfGE 49, 329, 342.

Karl-Heinz Göpfert

zulässig sein, wenn die richterliche Anordnung willkürlich ermessensfehlerhaft war und ein nachträgliches Feststellungsinteresse hierfür besteht[133].

Mit der Beschwerde grundsätzlich nicht angreifbar sind auch richterliche Entscheidungen, die sich ausschließlich mit der Frage der Rechtmäßigkeit der von der Staatsanwaltschaft oder ihrer Hilfsbeamten getroffenen Beschlagnahmeanordnung befassen. Eine Anfechtbarkeit solcher Entscheidungen ist ausnahmsweise geboten, und zwar im Hinblick auf Art. 19 Abs. 4 GG, wenn der angerufene Richter die Frage der Rechtmäßigkeit der behördlichen Beschlagnahmeanordnung wegen eines von ihm zu Unrecht verneinten Rechtsschutzinteresses sachlich nicht geprüft hat oder wenn seine Sachentscheidung willkürlich ist. Für diesen Fall ist eine Beschwerde zulässig, weil Art. 19 Abs. 4 GG die sachliche Prüfung durch einen Richter voraussetzt[134].   163

Bei Durchsuchungen kann der Richter vom Betroffenen angerufen werden, solange die Durchsuchung noch nicht beendet ist. Die Überprüfung staatsanwaltschaftlicher oder polizeilicher Durchsuchungsanordnungen, deren Vollzug erledigt ist, die Überprüfung eines Antrages, die Rechtswidrigkeit von Art und Weise der Vollstreckung einer vollzogenen Durchsuchungsanordnung festzustellen und die Überprüfung richterlicher Entscheidungen erfolgt nach den im Rahmen der Beschlagnahme dargelegten Grundsätzen[135].

c) Körperliche Untersuchungen   164

aa) Unterbringung zur Vorbereitung eines psychologischen Gutachtens   165

§ 81 StPO regelt die Unterbringung des Beschuldigten zur Vorbereitung eines Gutachtens über seinen psychischen Zustand. Dringender Tatverdacht muß vorliegen (§ 81 Abs. 2 S. 1 StPO). Der Verhältnismäßigkeitsgrundsatz (§ 81 Abs. 2 S. 2 StPO) verbietet die Unterbringung in Bagatellstrafsachen[136]. Unzulässig ist die Unterbringung auch im Privatklageverfahren[137]. Im Bußgeldverfahren ist sie gesetzlich verboten (§ 46 Abs. 3 S. 1 OWiG). Die Unterbringung muß unerläßlich sein[138]. Sie darf die Dauer von insgesamt 6 Wochen nicht überschreiten (§ 81 Abs. 6 StPO). Voraussetzung der Unterbringung ist die Anhörung eines Sachverständigen und des Verteidigers (§ 81 Abs. 1 StPO). Zuständig zur Anordnung der Unterbringung ist im

---

133 Vgl. BGHSt. 28, 160, 162.
134 Vgl. BGHSt. 28, 160, 162; zum Ganzen KK-*Laufhütte*, § 98 Rdnr. 25.
135 Vgl. KK-*Laufhütte*, § 105 Rdnr. 9 ff.
136 Vgl. *Kleinknecht/Meyer*, § 81 Rdnr. 7.
137 Vgl. OLG Hamburg, JR 1955, 394.
138 Vgl. BVerfGE 17, 108, 117; KK-*Pelchen*, § 81 Rdnr. 6.

Ermittlungsverfahren das für die Eröffnung des Hauptverfahrens zuständige Gericht (§ 81 Abs. 3 StPO). Gegen den Beschluß, der die Unterbringung anordnet, ist sofortige Beschwerde zulässig. Sie hat aufschiebende Wirkung (§ 81 Abs. 4 StPO). Dies gilt auch für den Beschluß, der in der Hauptverhandlung erlassen wird[139]. Durch die vorgeschriebene vorherige Anhörung des Verteidigers und den Suspensiveffekt der Beschwerde ist eine für die Verteidigung überraschende Durchführung der Unterbringung ausgeschlossen.

166 bb) Körperliche Eingriffe

§ 81 a StPO erlaubt die körperliche Untersuchung des Beschuldigten zur Feststellung von Tatsachen, die für das Verfahren von Bedeutung sind. Zu diesem Zweck können Entnahmen von Blutproben und andere körperliche Eingriffe von einem Arzt nach den Regeln der ärztlichen Kunst zu Untersuchungszwecken vorgenommen werden, wenn kein Nachteil für die Gesundheit des Beschuldigten zu befürchten ist.

167 Eine verfassungskonforme Auslegung des § 81 a StPO läßt körperliche Eingriffe nur unter besonderer Beachtung des Verhältnismäßigkeitsgrundsatzes zu[140]. Von daher dürfen besonders gefährliche Eingriffe (z. B. Hirnkammerlüftung oder Liquor-Diagnostik) nur bei starkem Tatverdacht und bei schwerem strafrechtlichen Vorwurf angeordnet werden[141]. Der Beschuldigte muß die Untersuchung dulden. Zum aktiven Mitwirken ist er hingegen nicht verpflichtet.

168 Zuständig für die Anordnung ist der Richter (§ 81 a Abs. 2 StPO). Bis zur Erhebung der Anklage entscheidet der Ermittlungsrichter (§§ 162 Abs. 1, 169 StPO), nach Anklageerhebung das für die Eröffnung des Hauptverfahrens zuständige Gericht, nach Eröffnung der Hauptverhandlung das erkennende Gericht. Bei Gefahr im Verzuge kann eine Anordnung auch von der Staatsanwaltschaft oder den Hilfsbeamten der Staatsanwaltschaft getroffen werden. Bei schweren Eingriffen besteht eine ausschließliche Zuständigkeit des Richters[142].

169 Ergeht die richterliche Anordnung nicht im Eröffnungsverfahren und wird sie auch nicht vom Oberlandesgericht erlassen (§§ 202, S. 2, 304 Abs. 4 S. 2 StPO), so ist sie mit der einfachen Beschwerde (§ 304 Abs. 1 StPO) anfechtbar. Ist die Untersuchung oder der Eingriff bereits vollzogen, so ist die Beschwerde unzulässig[143]. Anordnungen des erkennenden Gerichts kön-

---

139 Vgl. OLG Stuttgart, NJW 1961, 2077; OLG Celle, NJW 1966, 1881.
140 Vgl. BVerfGE 16, 194, 202.
141 Vgl. BVerfGE 16, 194; 17, 108; BGHSt. 23, 176, 186.
142 Vgl. BVerfGE 16, 194; KK-*Pelchen*, § 81 a Rdnr. 8.
143 Vgl. BGHSt. 10, 88, 91; BGH NJW 1973, 2035.

Karl-Heinz Göpfert

nen mit der Beschwerde nur angegriffen werden, wenn es sich um Eingriffe in die körperliche Unversehrtheit und kurzfristige Freiheitsbeschränkungen handelt[144]. Ein Verstoß gegen § 81 a StPO begründet regelmäßig kein Verwertungsverbot, da im Falle des § 81 a StPO die Beweisergebnisse immer auch auf gesetzmäßigem Wege erlangt werden können[145].

cc) Lichtbilder und Fingerabdrücke

170

§ 81 b StPO erlaubt für strafverfahrensrechtliche Ermittlungshandlungen und für polizeiliche Präventivmaßnahmen bestimmte Maßnahmen wie das Anfertigen von Lichtbildern, die Abnahme von Fingerabdrücken und die Vornahme von Messungen. Zuständig für die Anordnung der strafverfahrensrechtlichen Maßnahmen sind im Ermittlungsverfahren die Staatsanwaltschaft und die Beamten des Polizeidienstes, nach Erhebung der Anklage das mit der Sache befaßte Gericht. Für erkennungsdienstliche Maßnahmen ist ausschließlich die Kriminalpolizei zuständig. Gerichtliche Anordnungen sind mit der Beschwerde nach § 304 Abs. 1 StPO anfechtbar, sofern nicht die §§ 202 S. 2, 304 Abs. 4 oder 305 S. 1 StPO entgegenstehen. Unzulässig ist die Beschwerde, wenn sie erst nach Erledigung der Maßnahmen eingelegt wird[146]. Gegen Anordnungen der Staatsanwaltschaft und der Polizei können nur Gegenvorstellung oder Dienstaufsichtsbeschwerde eingelegt werden[147].

Werden Maßnahmen für Zwecke des Erkennungsdienstes angefochten, so ist der Verwaltungsrechtsweg gegeben[148].

d) Vorläufige Entziehung der Fahrerlaubnis

171

In der täglichen Verteidigerpraxis kommt der Fall des vorläufigen Entzugs des Führerscheins häufig vor. Für den Verteidiger handelt es sich hierbei um die weniger bedeutsamen Fälle, indes sind sie für die Betroffenen nicht selten von immenser Bedeutung, weil sie sehr häufig etwa aus beruflichen Gründen dringend auf ihren Führerschein angewiesen sind.

Die Fahrerlaubnis kann nach § 211 a StPO dann vorläufig entzogen werden, wenn dringende Gründe für die Annahme vorhanden sind, daß die Fahrerlaubnis nach § 69 StGB entzogen werden wird. Die Anordnung der vorläufigen Entziehung wird im Verkehrszentralregister eingetragen (§ 13 Abs. 1 Nr. 2 StVZO). Dringende Gründe für die Annahme des endgültigen

172

---

144 Vgl. KK-*Pelchen*, § 81 a Rdnr. 13 m. w. N.
145 Vgl. BGHSt. 24, 125, 128 ff.
146 Vgl. BGHSt. 10, 88, 91.
147 Vgl. KK-*Pelchen*, § 81 b Rdnr. 9 m. w. N.
148 Vgl. BVerwGE 11, 181; BGHSt. 28, 206, 209; OVG Münster, NJW 1972, 2147.

Karl-Heinz Göpfert   61

Entzuges sind gegeben, wenn der Entzug in hohem Maße wahrscheinlich ist. Von der vorläufigen Entziehung können bestimmte Arten von Kraftfahrzeugen ausgenommen werden, wenn besondere Umstände die Annahme rechtfertigen, daß der Zweck der Maßnahme dadurch nicht gefährdet wird (§ 111 a Abs. 1 S. 2 StPO).

Die Anordnung der vorläufigen Entziehung ergeht durch einen mit Gründen versehenen richterlichen Beschluß.

173 Der Beschluß über die vorläufige Entziehung der Fahrerlaubnis wirkt als Anordnung oder Bestätigung der Beschlagnahme des Führerscheins. Diese Beschlagnahme dient der Sicherstellung einer späteren Entziehung. Führerscheine sind nämlich gemäß § 69 Abs. 3 S. 2 StGB einzuziehen, wenn die Fahrerlaubnis rechtskräftig entzogen worden ist. Zur Sicherung der Einziehung kann der Führerschein bereits vor Anordnung der vorläufigen Entziehung sichergestellt werden (§ 94 Abs. 3 StPO). Der Richter wird im Regelfall sogleich nach § 111 a StPO entscheiden mit der Folge, daß die vorläufige Entziehung der Fahrerlaubnis als Anordnung oder Bestätigung der Beschlagnahme des Führerscheins wirkt (§ 111 a Abs. 3 StPO). Eine Beschlagnahme des Führerscheins nach § 94 Abs. 2 StPO wird im Regelfall durch die Staatsanwaltschaft oder ihre Hilfsbeamten angeordnet, und zwar bei Gefahr im Verzuge. In der Anordnung nach § 111 a Abs. 4 StPO liegt sodann die richterliche Bestätigung einer solchen Sicherstellung oder Beschlagnahme.

174 Gegen die Sicherstellung oder Beschlagnahme des Führerscheins ist der Antrag auf richterliche Entscheidung zulässig. Richterliche Enscheidungen nach § 111 a StPO sind mit der Beschwerde anfechtbar. Rechtsbehelfe sollte der Verteidiger aber nicht ohne Aktenkenntnis und namentlich nicht ohne Kenntnis des Ergebnisses einer Blutprobe einlegen. Zum einen führen die Rechtsbehelfe zu einer zum Teil nicht unerheblichen Verzögerung des Verfahrens, was sich letztlich auf die faktische Dauer des Führerscheinentzuges auswirkt. Zum anderen muß die Gefahr präjudizieller Wirkung zweier möglicherweiser nachteiliger richterlicher Entscheidungen für das Erkenntnisverfahren gesehen werden. Von daher sollten Rechtsbehelfe gegen den Einbehalt des Führerscheins nur dann eingeleitet werden, wenn tatsächlich keine dringenden Gründe für eine Annahme vorliegen, daß die Fahrerlaubnis entzogen werden wird.

175 Zur nachträglichen richterlichen Kontrolle erledigter Maßnahmen der Ermittlungsbehörden ist auf das zu den Zwangsmaßnahmen der Durchsuchung und Beschlagnahme Gesagte zu verweisen [149].

---

149 Vgl. hierzu Rz. 159 ff.; vgl. auch KK-*Laufhütte*, § 111 a Rdnr. 38.

Karl-Heinz Göpfert

IV. Verteidigung im Zwischenverfahren

Mit der Erhebung der Anklage beantragt die Staatsanwaltschaft beim   **176**
zuständigen Gericht, das Hauptverfahren zu eröffnen. Mit der Anklageschrift werden die Akten dem Gericht vorgelegt (§ 199 Abs. 2 StPO). Das
Gericht beschließt die Eröffnung des Hauptverfahrens, wenn nach dem
Ermittlungsergebnis hinreichender Tatverdacht besteht (§ 203 StPO). Vorher wird dem Angeschuldigten Gelegenheit gegeben, innerhalb einer vom
Gericht bestimmten Frist zu erklären, ob er die Vornahme einzelner Beweiserhebungen vor Entscheidung über die Eröffnung des Hauptverfahrens
beantragen oder aber Einwendungen gegen die Eröffnung des Hauptverfahrens vorbringen wolle (§ 201 Abs. 1 StPO).

Die von den Gerichten gesetzten Erklärungsfristen (regelmäßig eine
Woche) sind häufig bei umfangreichen Sachen zu kurz bemessen. Dies gilt
insbesondere dann, wenn der Verteidiger erst jetzt mit der Sache betraut
worden ist und die Akten noch nicht kennt. In diesen Fällen ist stets zu
beantragen, die Erklärungsfrist angemessen zu verlängern.

Die Verteidigungschancen im Zischenverfahren sind äußerst gering. Nur   **177**
ausgesprochen selten kann die Ablehnung der Eröffnung des Hauptverfahrens erreicht werden. Der Regelfall ist, daß eine erhobene Anklage auch zur
Hauptverhandlung zugelassen wird.

Aufgabe des Verteidigers nach Anklageerhebung ist es zunächst, das Vorliegen der Prozeßvoraussetzungen zu prüfen. Weiter hat er zu prüfen, ob
etwa Strafklageverbrauch eingetreten ist. Auch hat er sich von der Verhand-
lungsfähigkeit seines Mandanten zu überzeugen.

In geeigneten Fällen sollte in diesem Verfahrensstadium mit dem Gericht
Verbindung aufgenommen werden, um möglicherweise nunmehr eine Verfahrenseinstellung nach den §§ 153, 153 a StPO zu erreichen. Wenn dies
auch im Ermittlungsverfahren am Widerstand der Staatsanwaltschaft
gescheitert ist, so bestehen durchaus in diesem Verfahrensstadium dann
gute Chancen, wenn es gelingt, das Gericht für eine solche Verfahrensbeendigung zu gewinnen. Sehr häufig rückt die Staatsanwaltschaft von ihrer
ablehnenden Haltung ab, wenn das Gericht eine Einstellung befürwortet. Im
Zwischenverfahren kann der Verteidiger auch auf eine Beschränkung des
Verfahrensstoffes nach den §§ 154, 154 a StPO hinwirken. Das Gericht
kann einen entsprechenden Antrag der Staatsanwaltschaft anregen (§ 154
Abs. 2 StPO) oder mit Zustimmung der Staatsanwaltschaft die Beschränkung vornehmen (§ 154 a Abs. 2 StPO).

Kontakte mit dem Gericht im Zwischenverfahren können für die Verteidigung durchaus hilfreich sein. Nicht selten erfährt der Verteidiger hier
bereits etwas über die Einschätzung der Sache durch das Gericht, was ihn in
die Lage versetzt, seine Verteidigung hierauf einzurichten. Auf jeden Fall
sollte der Verteidiger insbesondere in umfangreichen Sachen mit dem

Gericht zur Vermeidung von Terminkollisionen eine Terminsplanung absprechen.

178   Eine schriftliche Einlassung des Mandanten sollte im Zwischenverfahren grundsätzlich nicht mehr zu den Akten gereicht werden. Eine Ausnahme kann nur für den Fall gelten, daß die Anklageschrift ohne weiteres entkräftet werden kann (z. B. bei Verjährung). Beweisanträge und Beweismaterial sind nunmehr zur Verwendung in der Hauptverhandlung zurückzuhalten, um sie dann gegebenenfalls mit Überraschungseffekt zu präsentieren. Wird nämlich das Verteidigungsmaterial in einer Verteidigungsschrift bereits im Zwischenverfahren preisgegeben, so können Gericht und Staatsanwaltschaft sich hiermit beschäftigen und sich vorbereiten. Angetretene Beweise können erhoben und Zeugen vernommen werden (§§ 201, 202 StPO). Der Verteidiger steht dann in der Hauptverhandlung mit leeren Händen da [150].

V. Verteidigung in der Hauptverhandlung

179   *1. Vorbemerkung*

Namentlich in Strafsachen vor auswärtigen Gerichten empfiehlt es sich durchaus, einige Zeit vor Beginn der Hauptverhandlung den Vorsitzenden des Gerichts aufzusuchen und sich vorzustellen. Nicht selten wird der Vorsitzende in einem solchen Gespräch die Sache selbst ansprechen. Der Verteidiger hat dann häufig Gelegenheit zu erfahren, wie das Gericht nach Maßgabe einer vorläufigen Bewertung die Sache sieht. In umfangreichen Sachen kann der Verteidiger in einem solchen Gespräch auch etwas über den Verhandlungsplan des Gerichts erfahren. Es kann durchaus auch angezeigt sein, das Verteidigungskonzept oder Teile hiervon dem Gericht anzudeuten. In einem solchen Gespräch besteht auch Gelegenheit, etwa auf gesundheitliche Belange des Angeklagten hinzuweisen, die möglicherweise den Gang der Hauptverhandlung beeinflussen. So ist zum Beispiel auf eine Schwerhörigkeit des Angeklagten hinzuweisen oder aber zu bitten, daß mit Rücksicht auf eine angegriffene Gesundheit gegen den Angeklagten nicht über bestimmte Zeiten hinweg verhandelt wird und häufiger Pausen eingelegt werden.

180   *2. Antrag auf Aussetzung oder Unterbrechung*

Zwischen der Zustellung der Ladung (§ 216 StPO) und dem Tag der Hauptverhandlung muß eine Frist von mindestens einer Woche liegen. Neben dem Angeklagten ist stets der bestellte Verteidiger, der gewählte Verteidiger

---

150 Vgl. *Dahs,* a.a.O., Rdnr. 355.

Karl-Heinz Göpfert

dann zu laden, wenn die Wahl dem Gericht angezeigt worden ist (§ 218 StPO).

Ist die Ladungsfrist nicht eingehalten worden, so kann bis zur Verneh-mung des Angeklagten zur Sache die Aussetzung der Verhandlung verlangt werden (§ 217 Abs. 2 StPO). Reicht die Frist zur Vorbereitung der Hauptverhandlung etwa mit Rücksicht auf den Umfang oder die rechtliche Schwierigkeit der Sache nicht aus, so kann ebenfalls die Verlegung des Hauptverhandlungstermins beantragt werden.

Ist die Ladungsfrist nicht eingehalten, so soll der Vorsitzende den Angeklagten dahin belehren, daß er die Aussetzung verlangen kann (§ 228 Abs. 3 StPO). Wird der Aussetzungsantrag bis zum Beginn der Vernehmung des Angeklagten zur Sache gestellt, so ist dem Aussetzungsantrag zu entsprechen. Bei späterer Antragstellung muß das Gericht prüfen, ob ausreichend Zeit zur Vorbereitung der Verteidigung bestand (§ 265 Abs. 4 StPO) [151].

Erfolgt die Bestellung des Verteidigers verspätet oder aber erst kurz vor dem Hauptverhandlungstermin, so hat der Verteidiger keinen Anspruch auf Aussetzung nach den §§ 218, 217 Abs. 2 StPO. Es kann aber gegebenenfalls eine Aussetzung oder Unterbrechung nach den Vorschriften der §§ 228, 229, 265 Abs. 4 StPO in Betracht kommen.

Bei notwendiger Verteidigung sind § 145 Abs. 2 und Abs. 3 StPO entsprechend anwendbar [152].

3. Rüge der Unzuständigkeit des Gerichts

181

Seine sachliche Zuständigkeit hat das Gericht in jeder Lage des Verfahrens von Amts wegen zu prüfen (§ 6 StPO). Die örtliche und funktionelle Zuständigkeit ist indes nach Eröffnung des Hauptverfahrens nur auf Rüge des Angeklagten hin zu prüfen. Der Einwand kann nur bis zum Beginn seiner Vernehmung zur Sache in der Hauptverhandlung geltend gemacht werden (§§ 6 a, 16 StPO).

4. Besetzungsrüge

182

Findet die erstinstanzliche Hauptverhandlung vor dem Landgericht oder dem Oberlandesgericht statt, so ist spätestens zu Beginn der Hauptverhandlung die Besetzung des Gerichts mitzuteilen (§ 222 a Abs. 1 S. 1 StPO). Ist die Mitteilung der Besetzung oder einer Änderung der Besetzung später als eine Woche vor Hauptverhandlungsbeginn zugegangen, so können Verteidiger und Angeklagter die Unterbrechung der Hauptverhandlung zur Besetzungsprüfung beantragen. Der Antrag ist spätestens bis zum Beginn der Vernehmung des ersten Angeklagten zur Sache zu stellen (§ 222 a Abs. 2

---

151 Vgl. KK- *Treier*, § 217 Rdnr. 6.
152 Vgl. BGH NJW 1963, 1114.

Karl-Heinz Göpfert   65

StPO). Das Gesetz normiert keine Pflicht zur Unterbrechung. Das Gericht entscheidet nach Anhörung der Beteiligten (§ 33 StPO) nach pflichtgemäßem Ermessen[153].

Ist die Besetzung des Gerichts nach § 222 a StPO mitgeteilt worden, so kann der Einwand der nicht vorschriftsmäßigen Besetzung nur bis zum Beginn der Vernehmung des ersten Angeklagten zur Sache in der Hauptverhandlung geltend gemacht werden (§ 222 b Abs. 1 S. 1 StPO). Die mündlich erhobene Besetzungsrüge ist als wesentliche Förmlichkeit zu protokollieren. Die Beweiskraft des § 274 StPO erstreckt sich hierbei auch auf die Tatsachen, die zur Begründung der Besetzungsrüge vorgebracht werden[154]. Es müssen alle Tatsachen vorgebracht werden, aus denen eine fehlerhafte Besetzung des Gerichts hergeleitet wird[155].

183   5. Ablehnung wegen Befangenheit

Mit Befangenheitsanträgen sollte der Verteidiger äußerst zurückhaltend umgehen. Namentlich bei erfolglosen Ablehnungsgesuchen ist ihre Wirkung für die Verhandlungsatmosphäre zu berücksichtigen. Der Verteidiger sollte daher von diesem Instrument nur dann Gebrauch machen, wenn es aus seiner Sicht unumgänglich ist. Insbesondere sollte er sich nicht von seinem Mandanten zu einem Ablehnungsgesuch drängen lassen, hinter dem er nicht steht.

Ein Richter ist befangen, wenn ein Grund vorliegt, der geeignet ist, Mißtrauen gegen seine Unparteilichkeit zu rechtfertigen (§ 24 Abs. 2 StPO). Der Angeklagte muß aufgrund eines bestimmten Sachverhalts bei verständiger Würdigung Grund zur Annahme haben, daß der abgelehnte Richter ihm gegenüber eine Haltung einnehme, die seine Unparteilichkeit und Unvoreingenommenheit störend beeinflussen können[156]. Hierbei kommt es auf den Standpunkt eines vernünftigen Angeklagten an[157]. Eine tatsächliche Parteilichkeit oder Befangenheit des Richters ist nicht erforderlich. Auf seine eigene Auffassung kommt es nicht an. Ein Kollegialgericht als ganzes abzulehnen, ist unzulässig. Zulässig ist nur die Ablehnung einzelner Richter oder einzelner Mitglieder des Gerichts. Auf Antrag sind die zur Mitwirkung bei der Entscheidung über das Ablehnungsgesuch berufenen Gerichtspersonen namhaft zu machen (§ 24 Abs. 3 StPO).

Die Ablehnung eines Richters wegen Besorgnis der Befangenheit ist grundsätzlich bis zum Beginn der Vernehmung des ersten Angeklagten über

---

153 Vgl. KK-*Treier*, § 222 a Rdnr. 12.
154 Vgl. *Löwe-Rosenberg* (LR)-*Gollwitzer*, 24. Aufl., § 222 b, Rdnr. 11.
155 Vgl. LR-*Gollwitzer*, § 222 b Rdnr. 18.
156 Vgl. KK-*Pfeiffer*, § 24 Rdnr. 3.
157 Vgl. BGHSt. 21, 334, 341.

Karl-Heinz Göpfert

seine persönlichen Verhältnisse, in der Hauptverhandlung über die Berufung oder die Revision bis zum Beginn des Vortrags des Berichterstatters zulässig (§ 25 Abs. 1 S. 1 StPO) [158]. Danach darf ein Richter nur abgelehnt werden, wenn die Ablehnungsgründe später eingetreten oder dem Ablehnungsberechtigten erst später bekannt geworden sind und das Ablehnungsgesuch unverzüglich gestellt wird (§ 25 Abs. 2 StPO). Alle Ablehnungsgründe sind gleichzeitig vorzubringen. Nach dem letzten Wort des Angeklagten ist ein Ablehnungsgesuch nicht mehr zulässig. Die Gründe für die Ablehnung und die Rechtzeitigkeit eines Befangenheitsgesuchs im Falle des § 25 Abs. 2 StPO sind glaubhaft zu machen. Zur Glaubhaftmachung kann auf das Zeugnis des abgelehnten Richters Bezug genommen werden. Der Eid ist als Mittel zur Glaubhaftmachung ausgeschlossen (§ 26 StPO). Der abgelehnte Richter hat über den Ablehnungsgrund eine dienstliche Äußerung abzugeben (§ 26 Abs. 3 StPO).

Muster 1

Ablehnung eines Richters wegen Besorgnis der Befangenheit

Ablehnungsgesuch

In der Strafsache
g e g e n
Hans Müller
105 I Ls/18 Js 74/86 –

lehne ich den Vorsitzenden Richter, . . . wegen Befangenheit ab.
    Der nachfolgende Sachverhalt ist geeignet, Mißtrauen gegen die Unparteilichkeit des abgelehnten Richters zu rechtfertigen (ist auszuführen). Zur Glaubhaftmachung des vorstehenden Sachverhalts wird Bezug genommen auf
1. das Zeugnis des abgelehnten Richters;
2. die anwaltliche Versicherung des Unterzeichneten.
    (Gegebenenfalls ist weiter darzulegen und glaubhaft zu machen, daß die Ablehnung unverzüglich im Sinne des § 25 Abs. 2 erfolgt ist.)
    Es wird beantragt, die zur Mitwirkung bei der Entscheidung über das Ablehnungsgesuch berufenen Gerichtspersonen namhaft zu machen.

Rechtsanwalt

---

158 § 25 Abs. 1 S. 1 neu gefaßt durch das Strafverfahrensänderungsgesetz 1987 (StVÄG 1987) v. 27. 1. 1987 (BGBl. I S. 475).

Karl-Heinz Göpfert   67

184   Die Ablehnung eines Staatsanwalts ist nicht zulässig.

185   Die Ablehnung eines Sachverständigen kann aus denselben Gründen erfolgen, die zur Ablehnung eines Richters berechtigen (§ 74 StPO). Anders als bei Richtern ist der Antrag auch noch nach Erstattung des Gutachtens bis zum Urteil zulässig.

186   *6. Erklärungen des Verteidigers zu Beginn der Hauptverhandlung*

Nicht selten kommt es in Sachen mit gewisser Publizität durch einseitige Behandlung des Falles in Presse und anderen Medien zu einer faktischen Vorverurteilung des Mandanten. Insbesondere in solchen Fällen kann es daher angeraten sein, gleich zu Beginn der Hauptverhandlung und noch vor einer Vernehmung des Mandanten zur Person oder Sache eine eingehende Verteidigungserklärung abzugeben. Mit einer solchen (am besten schriftlich vorbereiteten) Erklärung des Verteidigers kann eindrucksvoll der bisherigen Behandlung der Sache in der Öffentlichkeit begegnet werden. Der Eindruck einer solchen Erklärung insbesondere auf Laienrichter ist nicht zu unterschätzen, namentlich wenn die Verteidigungserklärung unmittelbar im Anschluß an die Anklageverlesung gleichsam als Kontrapunkt entgegengesetzt wird.

187   *7. Vernehmung des Angeklagten*

Im Rahmen der Vernehmung zur Person muß der Angeklagte Angaben über seinen Namen, seine Herkunft, seinen Familienstand, seinen Beruf, seine Wohnung und seine Staatsangehörigkeit machen (vgl. § 111 OWiG). Zu seinen Vermögens- und Einkommensverhältnissen braucht er keine Angaben zu machen. Das Gericht ist dann im Rahmen der Festlegung des Tagessatzes bei einer Geldstrafe gehalten, die Verhältnisse des Angeklagten zu schätzen, was vorteilhaft oder auch nachteilig sein kann. Die Frage nach Vorstrafen gehört in die Sachvernehmung und nicht in die Vernehmung zur Person (§ 243 Abs. 4 S. 3 StPO).

188   Es ist selbstverständlich, daß die Vernehmung zur Sache gründlich mit dem Mandanten vor der Hauptverhandlung besprochen sein muß. Der Angeklagte hat das Recht, sich im Zusammenhang zu äußern. Der Verteidiger muß Lücken in der Darstellung durch Fragen und Erklärungen schließen. Dies kann dem Mandanten vor der Hauptverhandlung zur Beruhigung gesagt werden. Häufig besteht nämlich die Befürchtung, die Einlassung werde in der Streßsituation der Hauptverhandlung nicht gelingen.

189   Durch das Recht des Angeklagten, die Aussage zu verweigern, hat der Verteidiger in beschränktem Maße die Möglichkeit, den Gang der Hauptverhandlung zu steuern. Dadurch kann erreicht werden, daß vor einer Einlassung des Angeklagten zur Sache Zeugen und Sachverständige vernom-

Karl-Heinz Göpfert

men werden. Im Rahmen einer kooperativen Verteidigung mehrerer Angeklagter kann auf diese Weise auch eine bestimmte Reihenfolge der Vernehmung der Angeklagten erreicht werden.

8. Beweisaufnahme

190

Nach der Vernehmung des Angeklagten erfolgt die Beweisaufnahme (§ 244 Abs. 1 StPO).

Trotz der Trennung der Einvernahme des Angeklagten von der Beweisaufnahme im übrigen gehört die Aussage des Angeklagten zur Sache zu den Beweismitteln. Seine Einlassung zum Schuldvorwurf ist Beweisaufnahme im materiellen Sinne[159]. Die Beweisaufnahme folgt den Regeln des strengen Beweisverfahrens. Womit und auf welche Weise in diesem Verfahren Beweis erhoben werden kann, wird im Gesetz abschließend geregelt. Beweismittel sind danach Zeugen, Sachverständige, Urkunden und Augenschein.

Der in § 244 Abs. 2 StPO niedergelegte Untersuchungsgrundsatz zwingt das Gericht, zur Erforschung der Wahrheit die Beweisaufnahme von Amts wegen auf alle Tatsachen und Beweismittel zu erstrecken, die für die Entscheidung von Bedeutung sind.

9. Frage- und Erklärungsrecht des Verteidigers

191

Der Verteidiger hat das Recht, Fragen an den Angeklagten, die Zeugen und die Sachverständigen zu stellen (§ 240 StPO). Hier liegt eine wesentliche Möglichkeit für die Verteidigung, den Gang und das Ergebnis der Beweisaufnahme zu beeinflussen. Eine Frage muß sich auf einen konkreten Lebenssachverhalt beziehen. Sie kann mit Vorhalten verbunden werden. Der Angeklagte selbst kann auch unmittelbar Zeugen und Sachverständige befragen. Lediglich die unmittelbare Befragung eines Mitangeklagten ist unzulässig (§ 240 Abs. 2 StPO). Indes sollte grundsätzlich von einer unmittelbaren Befragung durch den Angeklagten kein Gebrauch gemacht werden. Es ist anzuraten, daß eventuelle Fragen des Angeklagten mit dem Verteidiger abgestimmt und von diesem sodann gestellt werden. Gegebenenfalls muß für ein Gespräch zwischen Angeklagten und Verteidiger über etwaige Fragen des Angeklagten eine kurzzeitige Unterbrechung der Hauptverhandlung beantragt werden.

Bei bedeutsamen entlastenden Aussagen von Zeugen und Sachverständigen sollte der Verteidiger durchaus auch einmal von dem Antrag Gebrauch machen, die gerade gehörte Aussage wörtlich zu protokollieren. Ein solcher Antrag wird im Regelfall abgelehnt werden, da ein Wortprotokoll (auch in der Hauptverhandlung vor dem Strafrichter und dem Schöffengericht) nicht

192

159 Vgl. KK-*Herdegen*, § 244 Rdnr. 2; BGHSt. 28, 196, 198; vgl. auch BGHSt. 2, 269, 270.

geführt wird. Aber dieser Antrag führt dahin, daß die zu protokollierende Aussage nachhaltig herausgestellt und in das Bewußtsein des Gerichts, namentlich in dasjenige der Laienrichter gerückt wird.

193 Ungeeignete oder nicht zur Sache gehörende Fragen kann der Vorsitzende zurückweisen (§ 241 Abs. 2 StPO). Bei einer solchen Zurückweisung handelt es sich um eine Anordnung im Rahmen der Sachleitung. Hiergegen kann der Verteidiger die Entscheidung des Gerichts nach § 238 Abs. 2 StPO begehren. Das Gericht entscheidet durch Beschluß. Ein die Anordnung des Vorsitzenden bestätigender Beschluß ist zu begründen. Ein solcher Beschluß eröffnet die Möglichkeit der Revision mit der Beanstandung, die Verteidigung sei in einem für die Entscheidung wesentlichen Punkt unzulässig beschränkt worden. Eine solche Revisionsrüge wird nur durch einen Gerichtsbeschluß, nicht schon durch die Fehlerhaftigkeit einer vom Vorsitzenden getroffenen Anordnung im Rahmen der Sachleitung eröffnet (vgl. § 338 Nr. 8 StPO).

Hieraus folgt, daß der Verteidiger immer eine für die Verteidigung nachteilige auf die Sachleitung bezogene Anordnung des Vorsitzenden beanstanden und einen Gerichtsbeschluß herbeiführen wird, will er sich die Revisionsrüge erhalten. Der Antrag auf Entscheidung des Gerichts sowie ein zurückweisender Beschluß, der zu begründen ist, müssen protokolliert werden, damit das Revisionsgericht auf eine Revisionsrüge hin die gebotene Überprüfung vornehmen kann.

194 Ein für den Verteidiger weiterhin wichtiges Instrument ist das in § 257 Abs. 2 StPO normierte Recht, nach der Vernehmung des Angeklagten und nach jeder einzelnen Beweiserhebung eine Erklärung hierzu abzugeben. Von diesem Recht wird in der Praxis viel zu wenig Gebrauch gemacht. Dieses Erklärungsrecht versetzt den Verteidiger in die Lage, entlastendes Beweismaterial herauszustellen, etwa durch Hinweis auf anderes entlastendes Beweismaterial, das schon in die Hauptverhandlung eingeführt ist oder dessen Einführung zu erwarten steht. In entsprechender Weise können belastende Beweiserhebungen relativiert werden. Sein Erklärungsrecht kann der Verteidiger nach einzelnen Beweiserhebungen zu einem kleinen »Zwischenplädoyer«[160] ausdehnen. Er muß hierbei aber beachten, daß seine Erklärungen den Schlußvortrag nicht vorwegnehmen dürfen (§ 257 Abs. 3 StPO).

195 Wird das Erklärungsrecht durch den Vorsitzenden versagt oder beschränkt, so hat der Verteidiger nach § 238 Abs. 2 StPO einen Beschluß des Gerichts zu beantragen, damit ihm die Revisionsrüge einer unzulässigen Beschränkung der Verteidigung in einem für die Entscheidung wesentlichen Punkt erhalten bleibt. Im Hinblick auf eine Nachprüfbarkeit durch das Revisionsgericht hat der Verteidiger darauf zu achten, daß der gesamte Vor-

---

160 Vgl. *Dahs,* a.a.O., Rdnr. 428.

Karl-Heinz Göpfert

gang protokolliert und verlesen wird. Wird dies vom Vorsitzenden verweigert, so kann auch hiergegen das Gericht nach § 238 Abs. 2 StPO angerufen werden.

10. Beweisanträge des Verteidigers

a) Allgemeines

aa) Definition des Beweisantrags   196

Der Beweisantrag ist das ernsthafte, unbedingte oder an eine Bedingung geknüpfte Begehren eines Prozeßbeteiligten, über eine die Schuld- oder Rechtsfolgefrage betreffende Behauptung durch bestimmte, nach der Strafprozeßordnung zulässige Beweismittel Beweis zu erheben[161]. Der Antrag muß eine bestimmte Beweistatsache enthalten. Der Verteidiger braucht von der Richtigkeit der Behauptung nicht überzeugt sein. Behauptet werden darf auch, was lediglich vermutet oder für möglich gehalten wird[162]. Schlagwortartige Verkürzungen (Glaubwürdigkeit) und einfache Rechtsbegriffe (Kauf, Miete) dürfen benutzt werden[163]. Das Gericht hat die Pflicht, eine unklare Beweisbehauptung durch Befragung des Angtragstellers klarzustellen und gegebenenfalls auf eine Vervollständigung der Beweisbehauptung hinzuwirken[164]. Die zweite Komponente des Beweisantrages ist die Angabe eines bestimmten Beweismittels. Zeugen brauchen nicht namentlich genannt zu werden. Es ist ausreichend, wenn Hinweise gegeben werden, die es ermöglichen, Namen und Anschrift des Zeugen zu ermitteln. Aus der Sachaufklärungspflicht nach § 244 Abs. 2 StPO folgt die Pflicht des Gerichtes, Nachforschungen nach dem Zeugen anzustellen, der aufgrund der Angaben des Verteidigers nicht ohne weiteres geladen werden kann[165]. Der Antrag auf Beiziehung der Akten ist kein Beweisantrag. Beweismittel ist die einzelne Urkunde[166].

bb) Abgrenzung Beweisantrag, Beweisermittlungsantrag, Beweisanregung   197

Fehlt es an einer bestimmten Tatsachenbehauptung oder aber an der Angabe eines bestimmten Beweismittels, so handelt es sich um einen sogenannten Beweisermittlungsantrag. Ein Beweisermittlungsantrag liegt vor, wenn die

---

161 Vgl. BGHSt. 1, 29, 31; 6, 128, 129; *Kleinknecht/Meyer*, § 244 Rdnr. 18.
162 Vgl. BGH StV 1987, 141; BGHSt. 21, 118, 125; KK-*Herdegen*, § 244 Rdnr. 49 m. w. N.
163 Vgl. BGHSt. 1, 137; LR-*Gollwitzer*, § 244 Rdnr. 85.
164 Vgl. KK-*Herdegen*, § 244 Rdnr. 50.
165 Vgl. *Alsberg/Nüse/Meyer*, a.a.O., S. 140.
166 Vgl. BGHSt. 6, 128, 129.

Beweistatsache oder das Beweismittel erst gesucht werden. In der fehlenden Konkretisierung nach der einen oder anderen Richtung liegt das Wesen des Beweisermittlungsantrages[167].

Bei der Beweisanregung wird eine Beweiserhebung nicht beantragt, sondern in das Ermessen des Gerichts gestellt. Der Beweisermittlungsantrag ist ein echter Antrag; die Beweisanregung ist es nicht.

198   cc) Sinn und Zweck des Beweisantragsrechts

Die Aufklärungspflicht zwingt das Gericht, zur Erforschung der Wahrheit die Beweisaufnahme von Amts wegen auf alle Tatsachen und Beweismittel zu erstrecken, die für die Schuld- und Straffrage von Bedeutung sind (§ 244 Abs. 2 StPO). Von daher erhebt sich die Frage, welchen Sinn das Beweisantragsrecht für die Verteidigung hat, wenn schon das Gericht von Amts wegen zur Aufklärung aller erheblichen Gesichtspunkte verpflichtet ist. Es könnte die Auffassung vertreten werden, durch das Beweisantragsrecht werde lediglich die ohnehin bestehende Aufklärungspflicht des Gerichts konkretisiert und aktualisiert[168].

Die Aufklärungspflicht verpflichtet das Gericht regelmäßig nicht, einen Zeugen zum Beweis des Gegenteils einer Tatsache zu vernehmen, wenn bereits eine Mehrzahl zuverlässiger Zeugen übereinstimmend ausgesagt hat[169]. Das Gericht darf sich in einem solchen Falle sagen, daß selbst eine abweichende Bekundung des Zeugen Zweifel an der durch die bisherige Beweisaufnahme begründeten Überzeugung nicht wird wecken können. Im Rahmen seiner Aufklärungspflicht ist das Gericht zur Erhebung weiterer Beweise nämlich nur verpflichtet, wenn ihm »Umstände oder Möglichkeiten bekannt sind, die bei verständiger Würdigung der Sachlage begründeten Zweifel an der Richtigkeit der (aufgrund der vollzogenen Beweisaufnahme erlangten) Überzeugung wecken müssen«[170]. Das Gericht ist also ihm Rahmen der Aufklärungspflicht zu einer Beweisantizipation befugt, mithin zu einer Vorwegwürdigung dessen, was ein Beweismittel voraussichtlich bringen wird, und zwar mit Rücksicht auf die bislang schon erhobenen Beweise. Wird aber ein Beweisantrag auf Vernehmung dieses Zeugen gestellt, so ist eine Beweisantizipation in der dargestellten Weise verboten. Der Beweis muß erhoben werden, mag das Gericht mit Rücksicht auf das bisherige

---

167 Vgl. zur Abgrenzung zwischen Beweisantrag und Beweisermittlungsantrag BGH NStZ 1987, 181; BGHSt. 19, 24, 26; BGH MDR 1976, 815; BGH NJW 1981, 2267, 2268.
168 Vgl. *Alsberg/Nüse/Meyer*, a.a.O., S. 26 ff.; *Herdegen*, Bemerkungen zum Beweisantragsrecht, NStZ 1984, 97, 99; vgl. auch *Liemersdorf*, Beweisantragsrecht und Sachverhaltsaufklärung, StV 1987, 175.
169 Vgl. *Alsberg/Nüse/Meyer*, a.a.O., S. 30.
170 Vgl. BGH NJW 1951, 283; *Herdegen*, a.a.O., 79, 98.

Karl-Heinz Göpfert

Beweisergebnis auch noch so sehr davon überzeugt sein, daß eine abweichende Bekundung dieses Zeugen an der Überzeugungsbildung nichts wird ändern können.

Die überragende Bedeutung des Beweisantragsrechts liegt mithin darin, daß das Gericht gezwungen werden kann, auch solche Beweise zu erheben, zu deren Erhebung es nach Maßgabe der Aufklärungspflicht gemäß § 244 Abs. 2 StPO nicht verpflichtet ist, weil es zurecht aufgrund der durch die bisherige Beweisaufnahme gebildeten Überzeugung davon ausgehen darf, daß die weitere Beweisaufnahme nichts bringen wird.

Das Beweisantragsrecht ist daher das wichtigste Recht der Verteidigung in der Hauptverhandlung[171]. Es ist ein selbständiges, vom Willen des angeklagten unabhängiges Antragsrecht. Es kann deshalb auch gegen dessen Willen ausgeübt werden.

dd) Ablehnung von Beweisantrag, Beweisermittlungsantrag, Beweisanregung 199

Die Ablehnung eines Beweisantrages muß durch Gerichtsbeschluß erfolgen (§ 244 Abs. 6 StPO). Der Beschluß ist mit Gründen bekanntzumachen (§§ 34, 35 Abs. 1 StPO). Antrag und ablehnende Entscheidungsbegründung sind im Protokoll wiederzugeben (§ 273 Abs. 1 StPO). Der Begründungszwang führt nicht selten dazu, daß das Gericht offenbaren muß, wie es die Sache in tatsächlicher und rechtlicher Hinsicht sieht. Dies kann für die Verteidigung von unschätzbarem Wert sein. Die Protokollierungspflicht gewährleistet im übrigen eine volle Überprüfbarkeit durch das Revisionsgericht. Die Ablehnung eines Beweisantrages muß alsbald, jedenfalls aber vor Schluß der Beweisaufnahme erfolgen. Gerichte neigen sehr häufig dazu, die Entscheidung über gestellte Beweisanträge zurückzustellen. Dies braucht nicht hingenommen zu werden. Der Verteidiger kann auf der sofortigen Entscheidung bestehen und einen Gerichtsbeschluß herbeiführen (§ 238 Abs. 2 StPO).

Auch der Beweisermittlungsantrag ist ein echter Antrag. Mit ihm wird ein Tätigwerden des Gerichts begehrt. Seine Ablehnung ist vom Vorsitzenden ebenfalls mit Begründung mitzuteilen. Dieser Bescheid kann beanstandet werden (§ 238 Abs. 2 StPO). Auf diese Weise kann ein Gerichtsbeschluß herbeigeführt werden.

Die Beweisanregung ist hingegen kein echter Antrag. Über eine solche Anregung entscheidet das Gericht im Rahmen seiner Aufklärungspflicht nach § 244 Abs. 2 StPO[172].

---

171 Vgl. *Alsberg/Nüse/Meyer*, a.a.O., S. 32.
172 Vgl. BGHSt. 6, 128; 30, 131; *Kleinknecht/Meyer*, § 244 Rdnr. 23.

Karl-Heinz Göpfert   73

200 ee) Form des Beweisantrags

Der Beweisantrag muß in der Hauptverhandlung mündlich gestellt werden. Schriftliche Fixierung kann das Gericht nicht verlangen. In der Regel ist es aber empfehlenswert, den Beweisantrag schriftlich vorzubereiten und zu verlesen. Der schriftliche Antrag kann dann als Anlage zur Sitzungsniederschrift genommen werden. Eine Begründung des Beweisantrages ist nicht erforderlich. Indes kann eine Begründung geliefert werden, damit klargestellt wird, welches Ziel mit dem Antrag verfolgt und dieser in seiner vollen Tragweite erfaßt wird.

Muster 2

Beweisantrag auf Zeugenvernehmung

B e w e i s a n t r a g

in der Strafsache
g e g e n
Wolfgang Müller
– 102 I Ls 94 Js 62/86 –

Zur Tatzeit hat sich der Angeklagte in der Schweiz zum Wintersport aufgehalten.
Beweis: **1. Zeugnis des Herrn Johannes Meier, Rheinallee 100, 4000 Düsseldorf;**
           2. Zeugnis der Frau Elke Schwab, Düsseldorfer Straße 15, 4000 Düsseldorf
Begründung:
Durch den Beweisantrag wird bewiesen werden, daß der Angeklagte die ihm zur Last gelegte Tat nicht begangen haben kann, da er sich – wie unter Beweis gestellt – zur Tatzeit im Beisein der vorbenannten Zeugen in der Schweiz zum Skilaufen aufgehalten hat.

Rechtsanwalt

201 ff) Zeitpunkt für einen Beweisantrag

§ 246 Abs. 1 StPO verpflichtet das Gericht, Beweisanträge des Verteidigers oder des Angeklagten bis hin zur Urteilsverkündung entgegenzunehmen und darüber zu entscheiden, auch wenn die Urteilsberatung bereits abgeschlossen und ein neuer Termin lediglich für die Urteilsverkündung vorgesehen ist[173]. Nach Beginn der Urteilsverkündung steht es im Ermessen des Vorsitzenden, ob weitere Beweisanträge entgegengenommen werden[174].

Muster 3

Beweisantrag auf Einnahme eines Augenscheins

B e w e i s a n t r a g

in der Strafsache
g e g e n
Leo Schulz
– 107 II Ls 112 Js 82/86 –

Der Zeuge Lothar Wolf konnte von seinem Standort aus vor seinem Wohnhaus Alleestraße 5, 4000 Düsseldorf, den Tatort und damit den Tathergang nicht sehen.
Beweis: Ortsbesichtigung
Begründung:
Durch den Beweisantrag wird bewiesen werden, daß der Zeuge Lothar Wolf, der den Tathergang gesehen und im Angeklagten den Täter wiedererkannt haben will, die Unwahrheit bekundet hat.

Rechtsanwalt

gg) Austausch von Beweismitteln   202

In bestimmten Fällen ermächtigt das Gesetz das Gericht, einen Austausch der vom Antragsteller benannten Beweismittel vorzunehmen. Die Auswahl des Sachverständigen obliegt dem Richter (§ 73 Abs. 1 S. 1 StPO). Der Antragsteller hat grundsätzlich keinen Anspruch darauf, daß der von ihm benannte Sachverständige vernommen wird. Ein Beweismittelaustausch ist ferner zulässig, wenn eine gerichtliche Augenscheinseinnahme beantragt ist. Die Beweiserhebung nach § 244 Abs. 5 StPO ist in das Ermessen des Gerichts gestellt. Von daher ist es berechtigt, von einer Inaugenscheinnahme des Beweisgegenstandes abzusehen und ein anderes Beweismittel zu benutzen[175]. Ein Austausch des Beweismittels beim Zeugen- und Urkundenbeweis ist zulässig, wenn dem Gericht ein besseres oder zumindest gleichwertiges

---

173 Vgl. BGH NStZ 1981, 311.
174 Vgl. BGH NStZ 1986, 182; BGH MDR 1975, 24; LR-*Gollwitzer*, § 244 Rdnr. 81.
175 Vgl. *Alsberg/Nüse/Meyer*, a.a.O., S. 420.

Karl-Heinz Göpfert

Beweismittel zur Verfügung steht[176]. Anstelle des benannten Zeugen vom Hörensagen kann das Gericht einen Zeugen vernehmen, der die behauptete Tatsache unmittelbar wahrgenommen hat[177].

Muster 4

Beweisantrag auf Verlesung einer Urkunde

B e w e i s a n t r a g

in der Strafsache
g e g e n
Udo Schmitz
– 95 I Ls 112 Js 33/86 –

Der Angeklagte hatte zum Zeitpunkt des Einstellungsgesprächs und des Abschlusses des Arbeitsvertrages bereits die zweite juristische Staatsprüfung erfolgreich abgelegt.
Beweis: Verlesung des Zeugnisses über die erfolgreiche Ablegung des Assessorexamens, das mit dieser schriftlichen Fassung des Beweisantrages überreicht wird.

Begründung:
Durch den Beweisantrag wird bewiesen werden, daß der Angeklagte sich zum Zeitpunkt des Einstellungsgesprächs und des Vertragsschlusses zurecht als Volljurist bezeichnet hat und den ihm vorgeworfenen Anstellungsbetrug nicht begangen hat.

Rechtsanwalt

203   hh) Sonstiges

Von der Richtigkeit der Beweisbehauptung braucht der Verteidiger nicht überzeugt zu sein. Er darf auch das behaupten, was er lediglich vermutet oder für möglich hält. Die Zulässigkeit einer Behauptung von vermuteten oder möglichen Tatsachen birgt aber für die Veteidigung eine große Gefahr in sich. Wird nämlich ein »unkontrollierter« Beweisantrag[178] gestellt, so

---

176 Vgl. BGHSt. 22, 347, 349; *Alsberg/Nüse/Meyer*, a.a.O., S. 420 f.; vgl. aber auch
      KK-*Herdegen*, § 244 Rdnr 70.
177 Vgl. *Alsberg/Nüse/Meyer*, a.a.O., S. 421.
178 Vgl. *Dahs*, a.a.O., Rdnr. 545.

Karl-Heinz Göpfert

kann der Beweisantrag sich als Bumerang erweisen, wenn etwa der benannte Zeuge nicht die in sein Wissen gestellte entlastende Tatsache, sondern Belastendes für den Mandanten bekundet. In diesem Zusammenhang erhält daher die außergerichtliche Befragung von Zeugen und Sachverständigen große Bedeutung [179].

Muster 5

Beweisantrag auf Vernehmung eines Sachverständigen

B e w e i s a n t r a g

in der Strafsache
g e g e n
Peter Bauer
– 30 II Ls 14 Js 20/86 –

Der Angeklagte leidet spätestens seit dem Jahre 1983 an einer paranoid-halluzinatorischen Psychose aus dem schizophrenen Formenkreis.

Beweis: **Gutachten eines forensisch erfahrenen psychiatrischen Sachverständigen**

Begründung:
Durch den Beweisantrag wird bewiesen werden, daß der Angeklagte bei Begehung der Tat wegen einer krankhaften seelischen Störung unfähig gewesen ist, das Unrecht seiner Tat einzusehen.

Rechtsanwalt

b) Entscheidung über Beweisanträge   204

Der Vorsitzende ordnet die beantragte Beweiserhebung an. Eines Gerichtsbeschlusses bedarf es nicht. Durch die Anordnung der Beweisaufnahme ist das Beweisbegehren anerkannt worden.

   Die Ablehnung eines Beweisantrages erfolgt durch Gerichtsbeschluß   205
(§ 244 Abs. 6 StPO). § 244 Abs. 3 StPO zählt die Gründe auf, aus denen ein Beweisantrag abgelehnt werden darf. In Abs. 4 findet sich eine Ergänzung für den Beweisantrag auf Vernehmung eines weiteren Sachverständigen. Abs. 5 stellt schließlich die Einnahme eines Augenscheins in das pflichtgemäße Ermessen des Gerichts.

---

179 Vgl. oben Rz. 190 ff.

Karl-Heinz Göpfert   77

206   Beweisanträge können nach § 244 Abs. 3 StPO abgelehnt werden, wenn die Erhebung des Beweises unzulässig ist, wenn eine Beweiserhebung wegen Offenkundigkeit überflüssig ist, wenn die Beweistatsache (weil für die Entscheidung ohne Bedeutung oder schon erwiesen) nicht beweiserheblich ist, wenn das Beweismittel ungeeignet oder unerreichbar ist, wenn der Antrag zum Zwecke der Prozeßverschleppung gestellt ist oder wenn eine zur Entlastung des Angeklagten vorgetragene Behauptung als wahr unterstellt werden kann.

207   Ein unzulässiger Beweis darf nicht erhoben werden. Unzulässig ist etwa eine Beweiserhebung mit Beweismitteln, die in der Strafprozeßordnung nicht zugelassen sind oder aber über Themen, die nicht Gegenstand einer Beweisaufnahme sein können[180].

Die in § 244 Abs. 3 und Abs. 4 StPO aufgeführten Ablehnungsgründe ermächtigen das Gericht zu einer Ablehnnung des Beweisantrages, zwingen es indes hierzu nicht.

Offenkundig sind Tatsachen, die allgemein bekannt oder gerichtsbekannt sind[181].

208   Bedeutungslosigkeit der Beweistatsache liegt vor, wenn ein Zusammenhang zwischen der Beweistatsache und der abzuurteilenden Tat nicht besteht oder wenn sie trotz eines solchen Zusammenhangs nicht geeignet ist, die Entscheidung in irgendeiner Weise zu beeinflussen[182]. Die Bedeutungslosigkeit der Beweistatsache kann aus tatsächlichen oder rechtlichen Gründen folgen.

209   Bereits erwiesene Tatsachen bedürfen keines weiteren Beweises mehr. Die unter Beweis gestellte Tatsache muß aber feststehen. Das Gericht kann sich nur darauf berufen, daß sie feststeht, nicht aber, daß ihr Gegenteil erwiesen sei[183].

210   Das Gericht muß keine Beweise erheben, deren Gelingen wegen völliger Ungeeignetheit des angebotenen Beweismittels von vornherein ausgeschlossen ist[184].

211   Der Ablehnungsgrund der Unerreichbarkeit eines Beweismittels spielt regelmäßig beim Zeugenbeweis eine Rolle. Ein Zeuge ist unerreichbar, wenn alle der Bedeutung des Zeugnisses entsprechenden Bemühungen des Gerichts zur Beibringung des Zeugen erfolglos geblieben sind und auch

---

180 Vgl. *Kleinknecht/Meyer*, § 244 Rdnr. 49; vgl. zu Unzulässigkeit eines Beweisantrages jenseits der gesetzlich geregelten Ablehnungsgründe BGH NStZ 1986, 371.
181 Vgl. BGHSt. 6, 292, 293.
182 Vgl. BGH StV 1987, 45 f.; BGH NJW 1961, 2069, 2070; LR-*Gollwitzer*, § 244 Rdnr. 192; *Kleinknecht/Meyer*, § 244 Rdnr. 54.
183 Vgl. KK-*Herdegen*, § 244 Rdnr. 85.
184 Vgl. BGHSt. 14, 339; MDR 1973, 372.

Karl-Heinz Göpfert

keine begründete Aussicht besteht, daß der Zeuge in absehbarer Zeit beigebracht werden kann[185].

Verschleppungsabsicht liegt vor, wenn der Antragsteller mit seinem Beweisantrag nur eine Verfahrensverzögerung erstrebt. Die Verschleppungsabsicht muß in der Person des Antragstellers vorliegen. Stellt der Verteidiger einen Beweisantrag, kommt es mit Rücksicht auf sein selbständiges Antragsrecht darauf an, ob die Verschleppungsabsicht in seiner Person vorliegt. Die Ablehnung wegen Verschleppungsabsicht setzt zunächst voraus, daß eine nicht unerhebliche Verfahrensverzögerung eintreten würde[186]. Das Gericht muß weiter davon überzeugt sein, daß die Beweiserhebung nichts zugunsten des Antragstellers ergeben wird, daß sich der Antragsteller dessen auch bewußt ist und den Antrag daher ausschließlich zur Verfahrensverzögerung gestellt hat[187]. Auf Verschleppungsabsicht kann das Gericht nur aufgrund von Indizien schließen. Das Gericht darf den Antrag nur ablehnen, wenn es aufgrund dieser Indizien die Verschleppungsabsicht des Antragstellers sicher nachweisen kann. Die für die Verschleppungsabsicht sprechenden Umstände müssen für jeden einzelnen Beweisantrag und für jede einzelne Beweisfrage ausgeführt werden[188].

212

Eine Beweiserhebung ist dann überflüssig, wenn das Gericht die (entlastende) Beweistatsache so behandelt, als sei sie wahr. Nur erhebliche Beweistatsachen dürfen als wahr unterstellt werden. Maßgeblich ist insoweit der Zeitpunkt des Beschlusses. Dies bedeutet nicht, daß die Tatsache auch im Urteil als erheblich behandelt werden muß. Eine Unterrichtung über den Sinneswandel des Gerichts ist nicht erforderlich[189]. Eine Ausnahme soll dann gelten, wenn es naheliegt, daß der Angeklagte im Vertrauen auf die Wahrunterstellung weitere Beweisanträge unterläßt[190]. Die Wahrunterstellung einer unter Beweis gestellten Tatsache, die sich auf den Schuldspruch bezieht, muß vom Verteidiger immer als »Alarmsignal« verstanden werden[191]. Denn ein Freispruch darf niemals auf bloße Unterstellung einer erheblichen Tatsache gestützt werden. Das Gericht würde damit gegen seine Aufklärungspflicht (§ 244 Abs. 2 StPO) verstoßen.

213

---

185 Vgl. BGH StV 1987, 45; BGH NJW 1979, 1788; BGH MDR 1980, 456; KK-*Herdegen*, § 244 Rdnr. 91.
186 Vgl. BGH NStZ 1984, 230; LR-*Gollwitzer*, § 244 Rdnr. 185.
187 Vgl. BGHSt. 21, 118.
188 Vgl. BGHSt. 22, 124; vgl. zur Ablehnung eines Hilfsbeweisantrages wegen Verschleppungsabsicht BGH NStZ 1986, 372.
189 Vgl. *Kleinknecht/Meyer*, § 244 Rdnr. 70.
190 Vgl. BGHSt. 30, 383, 385.
191 Vgl. *Hamm*, Wert und Möglichkeit der »Früherkennung« richterlicher Beweiswürdigung durch den Strafverteidiger, in: Wahrheit und Gerechtigkeit im Strafverfahren, Festgabe für *Karl Peters* aus Anlaß seines 80. Geburtstages.

214   § 244 Abs. 4 StPO erweitert den Katalog der Ablehnungsgründe für Beweisanträge auf Vernehmung eines weiteren Sachverständigen. Zunächst kann ein solcher Antrag auch aus den in § 244 Abs. 3 StPO aufgeführten Gründen abgelehnt werden. Daneben kann der Beweisantrag auf Vernehmung eines weiteren Sachverständigen auch abgelehnt werden, wenn das Gericht selbst die erforderliche Sachkunde besitzt oder durch das frühere Gutachten das Gegenteil der behaupteten Tatsache bereits erwiesen ist. Letzteres gilt nicht, wenn die Sachkunde des früheren Gutachters zweifelhaft ist, wenn das Gutachten von unzutreffenden tatsächlichen Voraussetzungen ausgeht, wenn das Gutachten widersprüchlich ist oder wenn der neue Sachverständige über Forschungsmittel verfügt, die denen des früheren Gutachters überlegen erscheinen.

215   Das Verbot der Beweisantizipation gilt für den Beweisantrag auf Augenscheinnahme (§ 244 Abs. 5 StPO) grundsätzlich nicht. Das Gericht kann die beantragte Beweiserhebung daher mit der Begründung ablehnen, die Beschaffenheit des Beweisgegenstandes oder der Örtlichkeit stehe aufgrund anderer, in der Hauptverhandlung erhobener Beweise zu seiner Überzeugung fest[192].

216   c) Präsente Beweismittel

Das Gericht muß die Beweisaufnahme auf die von der Verteidigung vorgeladenen und auch erschienenen Zeugen und Sachverständigen sowie auf sonstige herbeigeschaffte Beweismittel erstrecken, wenn ein entsprechender Beweisantrag gestellt wird (§ 245 Abs. 2 S. 1 StPO). Die Ablehnung der Verwertung präsenter Beweismittel ist nur unter engeren Voraussetzungen als bei § 244 Abs. 3–5 StPO möglich.

So ist die Ablehnung des Antrags auf Vernehmung eines Sachverständigen wegen eigener Sachkunde ausgeschlossen. Ein Auswahlrecht des Gerichts nach § 73 Abs. 1 StPO besteht nicht. Wird die Vernehmung eines weiteren (Ober-)Gutachters beantragt, so kann der Antrag – anders als bei § 244 Abs. 4 S. 2 StPO – nicht mit der Begründung abgelehnt werden, durch das frühere Gutachten sei das Gegenteil der Beweistatsache bereits erwiesen.

Auf präsente Augenscheinsobjekte findet § 244 Abs. 5 StPO keine Anwendung.

Der Ablehnungsgrund der Unerreichbarkeit kann bei präsenten Beweismitteln naturgemäß keine Rolle spielen. Eine Wahrunterstellung ist unzulässig. Im übrigen kann ein Beweisantrag nach § 245 Abs. 2 StPO nur abgelehnt werden bei Unzulässigkeit der Beweiserhebung, offenkundigen und schon erwiesenen Tatsachen, fehlendem Sachzusammenhang, völliger Ungeeignetheit des Beweismittels und bei Prozeßverschleppung.

---

192 Vgl. *Alsberg/Nüse/Meyer*, a.a.O., S. 743.

Fehlender Sachzusammenhang bedeutet das Fehlen jeder Sachbezogenheit zwischen Beweistatsache und Urteilsfindung. Der Begriff ist wesentlich enger als derjenige der Bedeutungslosigkeit in § 244 Abs. 3 S. 2 StPO[193]. Die übrigen Ablehnungsgründe entsprechen denjenigen in § 244 Abs. 3 StPO, jedoch mit der Maßgabe, daß die Offenkundigkeit des Gegenteils der behaupteten Beweistatsache kein zulässiger Ablehnungsgrund ist[194].

Will der Verteidiger präsente Beweismittel nutzen, so muß er beachten, daß eine Vorladung der Zeugen und Sachverständigen in der in § 38 StPO vorgeschriebenen Weise zu erfolgen hat. Mit der Zustellung der Ladung ist der Gerichtsvollzieher zu beauftragen. Die unmittelbar geladene Person ist nur dann zum Erscheinen verpflichtet, wenn ihr bei der Ladung die gesetzliche Entschädigung für Reisekosten in bar dargeboten oder deren Hinterlegung bei der Geschäftsstelle nachgewiesen wird (§ 220 Abs. 2 StPO). Zeugen und Sachverständige, die nicht in dieser Form von der Verteidigung ordnungsgemäß geladen werden, sind keine geladenen, sondern nur »gestellte« Beweispersonen mit der Konsequenz, daß § 245 Abs. 2 StPO für sie nicht gilt, ein Beweisantrag auf ihre Vernehmung mithin nach § 244 Abs. 3–4 zu beurteilen ist[195]. Die förmliche Ladung muß dem Gericht nachgewiesen werden.

Muster 6

Unmittelbare Zeugenladung durch den Angeklagten
In der Strafsache
g e g e n
Hans Meier
–105 I Ls 18 Js 74/86 –

lade ich Sie hiermit als Zeugen zur Hauptverhandlung vor dem Amtsgericht Düsseldorf, Mühlenstraße 34, 4000 Düsseldorf, am ——— . . . um ——— . . ., Saal ——— . . .

Mit dieser Ladung wird Ihnen durch den Gerichtsvollzieher die gesetzliche Entschädigung für Reisekosten und Versäumnis in bar angeboten.

Sie werden darauf hingewiesen, daß Sie zum Erscheinen in der Hauptverhandlung verpflichtet sind. Eine Zurückweisung der angebotenen Geldsumme oder ein Verzicht hierauf beseitigt Ihre Erscheinungspflicht nicht. Einem ordnungsgemäß geladenen Zeugen, der nicht erscheint und der sein Ausbleiben nicht rechtzeitig genügend entschuldigt hat, werden die durch das Ausbleiben verursachten Kosten

---

193 Vgl. LR-*Gollwitzer*, § 245 Rdnr. 72.
194 Vgl. *Kleinknecht/Meyer*, § 245 Rdnr. 24.
195 Vgl. KK-*Herdegen*, § 245 Rdnr. 11.

Karl-Heinz Göpfert

auferlegt. Zugleich wird gegen ihn ein Ordnungsgeld bis zu 1000,– DM und für den Fall, daß dieses nicht beigetrieben werden kann, Ordnungshaft bis zu 6 Wochen festgesetzt. Auch ist die zwangsweise Vorführung des Zeugen zulässig. Im Falle wiederholten Ausbleibens kann das Ordnungsmittel noch einmal festgesetzt werden.

Rechtsanwalt

218 d) Hilfsbeweisanträge

Der Verteidiger kann hilfsweise für den Fall, daß seinem Sachantrag (z. B. auf Freispruch) nicht stattgegeben wird, Hilfsbeweisanträge stellen. Die Muster 2–5 sind auch für solche Anträge verwendbar; lediglich die Überschrift ist zu ändern.

Solche Hilfsbeweisanträge wollen aber genau bedacht sein. Einerseits eröffnen sie die Möglichkeit, daß ein zur Verurteilung entschlossenes Gericht sich über sie hinwegsetzt und hierbei Fehler macht. Auch ist es denkbar, daß ein in der Urteilsberatung schwankendes Gericht angesichts gestellter Anträge für den Fall der Verurteilung sich zu einem Freispruch entschließt. Andererseits ist zu bedenken, daß der Verteidiger sich mit solchen Hilfsbeweisanträgen der Möglichkeit begibt, vor Urteilsverkündung vom Gericht zu erfahren, warum seine Beweisanträge abgelehnt werden. Erfährt er es dann später, ist es für jede Reaktion zu spät. Dies sollte eigentlich Grund sein, von Hilfsbeweisanträgen, auf deren Bescheidung vor Urteilsverkündung verzichtet wird, grundsätzlich abzusehen.

Zu empfehlen sind indes Hilfsbeweisanträge, mit denen noch während der Beweisaufnahme das Gericht zu einer Meinungsäußerung veranlaßt werden kann. In diesem Zusammenhang ist zunächst daran zu denken, daß auch ein Hilfsbeweisantrag vor Urteilsverkündung zu bescheiden ist, wenn der Antragsteller dies verlangt[196]. Ein solcher Beweisantrag sollte ganz konkret die Prozeßsituation, an die er eventualiter anknüpft, bezeichnen. Will also der Verteidiger feststellen, ob das Gericht einem Entlastungszeugen glaubt, so kann er hilfsweise für den Fall, daß das Gericht nicht aufgrund der bisherigen Beweisaufnahme von der entlastenden Tatsache ausgeht, ein weiteres Beweismittel für diese entlastende Tatsache benennen[197]. Damit ist die entlastende Tatsache gesichert. Eine Abweichung im Urteil würde die Revision begründen[198].

196 Vgl. BGH MDR 1951, 275; *Hamm*, a.a.O., S. 174.
197 Vgl. *Hamm*, a.a.O., S. 174.
198 Vgl. *Hamm*, a.a.O., S. 175.

Karl-Heinz Göpfert

Muster 7

Eventualbeweisantrag
In der Strafsache
g e g e n
Hans Lehmann
– 105 I Ls 94 Js 85/86 –

Hilfsweise für den Fall, daß das Gericht aufgrund des Ergebnisses der Beweisaufnahme nicht davon ausgeht, daß der Angeklagte sich zur Tatzeit in seinem 500 Kilometer vom Tatort entfernten Ferienhaus aufgehalten hat, wird zum Beweis dieser Tatsache die Vernehmung folgender Zeugen beantragt:
1. Frau Helga Schwarz, Düsselthaler Allee 15, 4000 Düsseldorf
2. Herr Dieter Weiß, Hansastraße 4, 6000 Düsseldorf
Auf eine Bescheidung dieses Hilfsantrages vor Urteilsverkündung wird nicht verzichtet.
Begründung:
Durch diesen Hilfsbeweisantrag wird bewiesen werden, daß der Angeklagte nicht der Täter gewesen sein kann, weil er sich zur Tatzeit in seinem weit entfernten Ferienhaus aufgehalten hat.

Rechtsanwalt

e) Beweisantrag und Revision 219

Eine rechtsfehlerhafte Behandlung des Beweisantrages kann im Übergehen des Antrages, in der Nichtausführung der beschlossenen Beweiserhebung oder aber in einer mangelhaften Ablehnung des Antrages bestehen. Dies kann die Revision begründen. Auch kann eine Revision auf einen Widerspruch zwischen den Urteilsgründen und den Gründen des Beschlusses gestützt werden, mit dem ein Beweisantrag abgelehnt worden ist, so etwa bei einer nicht durchgehaltenen Wahrunterstellung im Urteil[199].

11. Verfahrenseinstellung oder Verfahrensbeschränkung 220

Auch wenn im Ermittlungsverfahren und im Zwischenverfahren eine Einstellung wegen Geringfügigkeit nach den §§ 153, 153 a StPO nicht möglich war, kann nach Eintritt in die Beweisaufnahme in der Hauptverhandlung

---

199 Vgl. *Kleinknecht/Meyer*, § 244 Rdnr. 83.

Karl-Heinz Göpfert 83

durchaus dieses Ziel erreichbar werden. Durch das Ergebnis der Beweisaufnahme in der Hauptverhandlung kann die angeklagte Tat in einem solchen Licht erscheinen, daß Anlaß für eine Anregung des Verteidigers besteht, das Verfahren nach den §§ 153, 153 a StPO einzustellen.

Auch kann für den Verteidiger in der Hauptverhandlung Anlaß bestehen, auf eine Verfahrensbeschränkung nach den §§ 154, 154 a StPO hinzuwirken.

12. Änderung der Anklage

221   a) Rechtliche Änderungen

Eine Verurteilung darf nicht aufgrund eines anderen als des in der gerichtlich zugelassenen Anklage angeführten Strafgesetzes erfolgen, ohne daß der Angeklagte zuvor auf die Veränderung des rechtlichen Gesichtspunktes hingewiesen und ihm Gelegenheit zur Verteidigung gegeben worden ist (§ 265 Abs. 1 StPO). Anderes Strafgesetz ist jeder Straftatbestand, der anstelle oder neben dem in der Anklage aufgeführten in Betracht kommt und sich auf den Schuldspruch auswirken kann [200].

222   Anderes Strafgesetz i. S. d. § 265 Abs. 1 StPO ist auch eine andersartige Begehungsform desselben Strafgesetzes (z. B. niedriger Beweggrund statt grausam bei § 211 StGB) [201].

Eine Hinweispflicht besteht auch beim Wechsel zwischen Versuch und Vollendung, Fahrlässigkeit und Vorsatz, beim Wechsel der Teilnahmeform und bei den Konkurrenzen [202].

223   Eines Hinweises bedarf es auch, wenn sich in der Hauptverhandlung vom Strafgesetz besonders vorgesehene Umstände ergeben, die die Strafbarkeit erhöhen oder die Anordnung einer Maßregel der Besserung oder Sicherung rechtfertigen (§ 265 Abs. 2 StPO).

Bei Veränderung der Rechts- und Sachlage ist auf Antrag des Verteidigers die Hauptverhandlung auszusetzen. Die Dauer der Aussetzung (§§ 228, 229 StPO) bestimmt das Gericht. Die Aussetzung muß verlangt werden zusammen mit dem Bestreiten der neuen Umstände und der Behauptung nicht genügender Vorbereitung auf die Verteidigung (§ 265 Abs. 3 StPO).

Verändert sich in der Hauptverhandlung nur die Sachlage, kann das Gericht von Amts wegen oder auf Antrag die Hauptverhandlung aussetzen, wenn dies zur genügenden Vorbereitung der Verteidigung angemessen erscheint (§ 265 Abs. 4 StPO). Ob eine Aussetzung nötig ist oder ob eine Unterbrechung ausreicht, entscheidet das Gericht nach pflichtgemäßem Ermessen.

---

200 Vgl. BGHSt. 29, 124, 127; 274, 276 f.
201 Vgl. hierzu KK-*Hürxthal*, § 265 Rdnr. 7 f. m. w. N.
202 Vgl. LR-*Gollwitzer*, § 265 Rdnr. 27–29.

Karl-Heinz Göpfert

b) Nachtragsanklage   224

Die Nachtragsanklage dient einer vereinfachten und beschleunigten Einbeziehung weiterer Straftaten eines Angeklagten in ein rechtshängiges Verfahren, das sich bereits im Stadium der Hauptverhandlung befindet[203]. Die
Erhebung der Nachtragsanklage steht im Ermessen der Staatsanwaltschaft.
Gegenstand der Nachtragsanklage kann nur ein anderer Lebenssachverhalt
sein als derjenige, der Gegenstand der Hauptverhandlung ist. Die Nachtragsanklage kann mündlich erhoben werden. Voraussetzung für eine Einbeziehung ist die Zustimmung des Angeklagten. Nach einer Einbeziehung
der Nachtragsanklage wird die Hauptverhandlung unterbrochen, wenn der
Vorsitzende es für erforderlich hält oder wenn der Angeklagte es beantragt,
sofern der Antrag nicht offenbar mutwillig oder nur zur Verzögerung des
Verfahrens gestellt ist. Auf sein Recht, die Unterbrechung zu beantragen, ist
der Angeklagte hinzuweisen (§ 266 Abs. 3 StPO).

13. Plädoyer des Verteidigers, letztes Wort des Angeklagten   225

Häufig wird das Plädoyer als die wesentliche Tat des Verteidigers angesehen. Einer solchen Fehlvorstellung kann nicht entschieden genug entgegengetreten werden. Die Hauptaufgabe des Verteidigers besteht in der Vorbereitung des Mandanten auf die Hauptverhandlung und insbesondere in der
Mitwirkung der Gestaltung der Beweisaufnahme. Hat der Verteidiger nicht
in gebotener Weise von seinen prozessualen Rechten, insbesondere nicht
von seinem Beweisantragsrecht Gebrauch gemacht, so ist dieses Versäumnis
durch ein noch so glänzendes Plädoyer regelmäßig nicht mehr zu beseitigen. Dies auch deshalb, weil die Überzeugungsbildung des Gerichts in diesem späten Stadium des Verfahrens nach Abschluß der Beweisaufnahme
häufig schon abgeschlossen und durch den mündlichen Schlußvortrag des
Verteidigers nicht mehr zu beeinflussen ist.

Dem Staatsanwalt steht das Recht einer Erwiderung zu (§ 258 Abs. 2   226
StPO). Ein Recht der Erwiderung des Verteidigers hierauf normiert das
Gesetz nicht ausdrücklich, es wird indes mit Rücksicht auf das dem Ange-
klagten gebührende letzte Wort für zulässig erachtet.

Der Angeklagte hat das letzte Wort, auch wenn der Verteidiger für ihn   227
gesprochen hat (§ 258 Abs. 3 StPO). Im Regelfall sollte dem Mandanten
empfohlen werden, sich den Ausführungen des Verteidigers anzuschließen.
Will der Mandant darüber hinaus Erklärungen abgeben, so sind diese vorher zu besprechen. Keinesfalls darf das Schlußwort in langatmige und weit-
schweifende Ausführungen entarten.

---

203 Vgl. KK-*Hürxthal,* § 266 Rdnr. 1.

VI. Rechtsmittel

1. Beschwerde

228   a) einfache Beschwerde

Entscheidungen des Amtsgerichts und der Strafkammer sowie Verfügungen des Vorsitzenden, des Richters im Vorverfahren und eines beauftragten oder ersuchten Richters können mit der Beschwerde angefochten werden, soweit nicht in einzelnen gesetzlichen Bestimmungen die Beschwerde ausdrücklich ausgeschlossen wird (§ 304 Abs. 1 StPO).

Eine Kostenentscheidung kann mit der Beschwerde nur dann angegriffen werden, wenn der Beschwerdegegenstand 100,– DM übersteigt (§ 304 Abs. 3 StPO).

Gegen Beschlüsse und Verfügungen des Bundesgerichtshofs ist keine Beschwerde zulässig (§ 304 Abs. 4 S. 1 StPO). Gegen Entscheidungen des Oberlandesgerichts ist eine Beschwerde dann zulässig, wenn das Gericht im ersten Rechtszug zuständig ist und die Entscheidungen besonders schwerwiegend sind (§ 304 Abs. 4 S. 2 StPO).

§ 305 Satz 1 StPO schränkt das Rechtsmittel der Beschwerde erheblich ein, indem Entscheidungen der erkennenden Gerichte, die der Urteilsfällung vorausgehen, einer Anfechtung entzogen sind. Ausgenommen sind hiervon nur einige Ausnahmefälle (vgl. § 305 S. 2 StPO).

Sinn der Einschränkung der Beschwerde im Hauptverfahren ist, daß Entscheidungen, die im inneren Zusammenhang mit dem nachfolgenden Urteil stehen, nur mit dem Rechtsmittel gegen das Urteil und nicht selbständig angefochten werden sollen[204].

Entscheidungen, die auf eine Beschwerde hin ergangen sind, können grundsätzlich nicht mit einer weiteren Beschwerde angegriffen werden, es sei denn, sie betreffen Verhaftungen oder die einstweilige Unterbringung (§ 310 StPO).

229   b) sofortige Beschwerde

Anders als die nicht fristgebundene einfache Beschwerde ist die sofortige Beschwerde binnen einer Woche einzulegen (§ 311 Abs. 2 StPO). Die Fälle, in denen eine sofortige Beschwerde zulässig ist, sind im Gesetz abschließend geregelt. Die Beschwerdefrist beginnt mit der Bekanntmachung der Entscheidung (§ 35 Abs. 1 StPO).

---

204 Vgl. *Kleinknecht/Meyer,* § 305 Rdnr. 1.

Karl-Heinz Göpfert

c) Beschwerdeentscheidung 230

Die Beschwerde wird bei dem Gericht eingelegt, dessen Entscheidung angefochten wird. Sie kann schriftlich oder zu Protokoll der Geschäftsstelle eingelegt werden (§ 306 Abs. 1 StPO).

Erachtet das Gericht oder der Vorsitzende, dessen Entscheidung angefochten ist, die Beschwerde für begründet, so ist ihr abzuhelfen; im anderen Falle wird die Beschwerde spätestens vor Ablauf von drei Tagen dem Beschwerdegericht vorgelegt (§ 306 Abs. 2 StPO). Bei einer sofortigen Beschwerde ist das Gericht zu einer Abänderung seiner durch die Beschwerde angefochtenen Entscheidung grundsätzlich nicht befugt. Es hilft der Beschwerde jedoch ab, wenn es zum Nachteil des Beschwerdeführers Umstände verwertet hat, zu denen diesem rechtliches Gehör nicht gewährt worden ist, und das Gericht aufgrund des Beschwerdevorbringens das Rechtsmittel für begründet erachtet (§ 311 Abs. 3 StPO). 231

Wird gegen eine Kostenentscheidung gemäß § 464 StPO sofortige Beschwerde und im übrigen Berufung oder Revision eingelegt, so ist das Rechtsmittelgericht, solange es mit der Berufung oder Revision befaßt ist, auch für die Entscheidung über die sofortige Beschwerde zuständig, auch wenn es nicht zugleich Beschwerdegericht ist (§ 464 Abs. 3 S. 3 StPO). 232

2. Berufung

a) Vorbemerkung 233

Die Urteile des Strafrichters und des Schöffengerichts sind mit der Berufung anfechtbar (§ 312 StPO). Die Berufung führt zur Überprüfung des Urteils in tatsächlicher und rechtlicher Hinsicht. Berufungsgericht ist die Strafkammer. Die kleine Strafkammer ist zuständig für Berufungen gegen Urteil des Schöffengerichts (vgl. §§ 74 Abs. 3, 76 Abs. 2 GVG).

Erstinstanzliche Urteile der Strafkammern, des Schwurgerichts und des Oberlandesgerichts sind nicht mit der Berufung anfechtbar. Es erscheint erstaunlich, daß in den Fällen minderer Schwere dem Angeklagten zwei Tatsacheninstanzen zur Verfügung stehen, während bei den bedeutenden Straftaten, die erstinstanzlich vor den Strafkammern, dem Schwurgericht oder dem Oberlandesgericht verhandelt werden, lediglich eine Tatsacheninstanz zur Verfügung steht. Diese Entscheidung des Gesetzes wird damit gerechtfertigt, daß die Besetzung der höheren Gerichte eine sorgfältigere Urteilsfindung ermöglicht und von daher eine zweite Tatsacheninstanz entbehrlich ist.

b) Einlegung der Berufung 234

Die Berufung muß beim Gericht I. Instanz binnen einer Woche eingelegt werden (§ 314 StPO). Eine Berufungsbegründung ist nicht erforderlich

(§ 317 StPO). Die Berufung kann auf bestimmte Beschwerdepunkte beschränkt werden. Ist dies nicht geschehen oder ist eine Berufungsbegründung überhaupt nicht erfolgt, so gilt das ganze Urteil als angefochten (§ 318 StPO).

Hält das Berufungsgericht die Vorschriften über die Einlegung der Berufung für nicht beachtet, so kann es das Rechtsmittel durch Beschluß als unzulässig verwerfen. Der Beschluß kann mit sofortiger Beschwerde angegriffen werden (§ 322 StPO).

235 Ein Urteil, gegen das die Berufung zulässig ist, kann statt mit Berufung auch mit Revision angefochten werden (§ 335 Abs. 1 StPO). Mit Rücksicht auf die Einlegungsfrist von einer Woche für Berufung und Revision wird es als zulässig erachtet, zunächst das Urteil generell anzufechten und die Bezeichnung des eingelegten Rechtsbehelfs nachzuholen[205]. Zulässig ist auch, von einem zunächst als Berufung bezeichneten Rechtsmittel innerhalb der Revisionsbegründungsfrist zur Revision überzugehen[206]. Ist Revision eingelegt, so kann ein Wechsel zur Berufung erfolgen. Ist das Rechtsmittel innerhalb der Revisionsbegründungsfrist endgültig bezeichnet worden, so ist diese Wahl bindend. Eine erneute Änderung ist dann nicht mehr möglich[207]. Ist innerhalb der Revisionsbegründungsfrist keine Erklärung erfolgt, oder ist die Revision nicht formgerecht begründet worden (§ 345 Abs. 2 StPO), so bleibt es beim Berufungsverfahren[208].

236 c) Verbot der reformatio in peius

Das Urteil darf hinsichtlich der Rechtsfolgen der Tat nicht zum Nachteil des Angeklagten geändert werden, wenn lediglich dieser, zu seinen Gunsten die Staatsanwaltschaft oder sein gesetzlicher Vertreter Berufung eingelegt hat. Ein Verschlechterungsverbot steht einer Verschärfung des Schuldspruchs nicht entgegen. Es bezieht sich nur auf Art und Höhe der Rechtsfolgen der Tat[209]. Die verhängte Strafe darf das Berufungsgericht nicht erhöhen oder verschärfen; dies auch dann nicht, wenn ein geänderter Schuldspruch nach dem anzuwendenden Strafrahmen eine höhere Strafe erfordern würde[210]. Bei der Geldstrafe verbietet das Verschlechterungsverbot eine Erhöhung der Tagessatzzahl und des Geldstrafenendbetrages, nicht indes der Tagessatzhöhe. Das Verschlechterungsverbot verbietet nicht die Ver-

---

205 Vgl. BGHSt. 2, 63 ff.
206 Vgl. BGHSt. 5, 338 ff.
207 Vgl. BGHSt. 13, 388, 392.
208 Vgl. BGHSt. 2, 63; 5, 338, 339; KK-*Pikart*, § 335 Rdnr. 6.
209 Vgl. BGHSt. 14, 5, 7.
210 Vgl. KK-*Ruß*, § 331 Rdnr. 3.

Karl-Heinz Göpfert

schärfung eines Bewährungszeit- und Pflichtenbeschlusses gemäß § 268 a StPO, zumindest dann nicht, wenn zwischenzeitlich neue Umstände aufgetreten sind[211].

Das Verschlechterungsverbot steht schließlich nicht der Anordnung der Unterbringung in einem psychiatrischen Krankenhaus oder in einer Entziehungsanstalt entgegen (§ 331 Abs. 2 StPO).

d) Berufungsverhandlung

237

Für die Vorbereitung der Hauptverhandlung erklärt § 323 Abs. 1 StPO die Vorschriften der §§ 214, 216–225 StPO für anwendbar. Bei der Vorbereitung der Berufungsverhandlung besteht mithin kein wesentlicher Unterschied zur Vorbereitung der Hauptverhandlung I. Instanz. Indes kann die Ladung der in I. Instanz vernommenen Zeugen und Sachverständigen unterbleiben, wenn ihre wiederholte Vernehmung zur Aufklärung der Sache nicht erforderlich erscheint (§ 323 Abs. 2 StPO). Bei der Auswahl der zu ladenden Zeugen und Sachverständigen hat das Berufungsgericht aber auf die vom Angeklagten zur Berufungsrechtfertigung benannten Personen Rücksicht zu nehmen (§ 323 Abs. 4 StPO). Neue Beweismittel sind im Berufungsverfahren unbeschränkt zulässig (§ 323 Abs. 3 StPO). Hieraus folgt, daß eine Beweiserhebung nicht mit der Begründung abgelehnt werden darf, der Beweisantrag hätte schon in I. Instanz gestellt werden können.

Zur Berufungshauptverhandlung ist der Angeklagte förmlich zu laden. In der Ladung ist der Angeklagte auf die Folgen des Ausbleibens ausdrücklich hinzuweisen (§ 323 Abs. 1 S. 2 StPO). Er ist also darüber zu belehren, daß die von ihm eingelegte Berufung ohne Verhandlung zur Sache verworfen wird (§ 329 Abs. 1 S. 1 StPO), auf eine Berufung der Staatsanwaltschaft auch ohne ihn verhandelt werden kann (§ 329 Abs. 1 S. 2 StPO), oder aber seine Vorführung oder Verhaftung angeordnet werden kann (§ 329 Abs. 4 S. 1 StPO).

238

Der Gang der Berufungshauptverhandlung richtet sich nach § 243 StPO, soweit in den §§ 324, 325, 326 StPO nichts anderes bestimmt ist. Es erfolgt keine Verlesung des Anklagesatzes. Vielmehr hält ein Berichterstatter in Abwesenheit der Zeugen einen Vortrag über die Ergebnisse des bisherigen Verfahrens (§ 324 Abs. 1 S. 1 StPO). Das Urteil des ersten Rechtszuges ist zu verlesen, soweit es für die Berufung von Bedeutung ist (§ 324 Abs. 1 S. 2 1. Halbs. StPO). Im Falle des Verzichts durch die Staatsanwaltschaft, des Verteidigers und des Angeklagten kann von der Verlesung der Urteilsgründe abgesehen werden (§ 324 Abs. 1 S. 2 2. Halbs. StPO).

239

Unter bestimmten Voraussetzungen ist es dem Berufungsgericht erlaubt, bei der Beweisaufnahme vom Grundsatz der Unmittelbarkeit (§ 250 StPO)

240

211 Vgl. KK-*Ruß*, § 331 Rdnr. 6.

Karl-Heinz Göpfert

abzuweichen. Statt erneuter Vernehmung von Zeugen und Sachverständigen können deren protokollierte Aussagen I. Instanz verlesen werden (§ 325 Abs. 1 StPO). Es darf aber nur davon abgesehen werden, unwichtige Zeugen und Sachverständige in der Berufungsverhandlung nochmals zu hören. Die Aufklärungspflicht gestattet es nicht, auf die Vernehmung wichtiger Zeugen und Sachverständiger zu verzichten[212].

Die Protokollverlesung ist nur mit Zustimmung der Staatsanwaltschaft und des Angeklagten zulässig, wenn die wiederholte Vorladung der Zeugen oder Sachverständigen erfolgt ist oder von dem Angeklagten rechtzeitig vor der Hauptverhandlung beantragt worden war (§ 325 Abs. 1 2. Halbs. StPO). Hier muß der Verteidiger aufpassen. Will er die Vernehmung von erstinstanzlich vernommenen Zeugen oder Sachverständigen auch in der Berufungsinstanz gewährleisten, so muß er jedenfalls rechtzeitig vor der Hauptverhandlung deren Ladung beantragen. Anderenfalls läuft er Gefahr, daß das Gericht eine Vorladung nicht für erforderlich hält und in der Berufungsverhandlung sodann die Protokolle über die Aussagen in der Hauptverhandlung des ersten Rechtszuges verlesen werden.

241   Nach dem Schluß der Beweisaufnahme werden die Staatsanwaltschaft sowie der Angeklagte und sein Verteidiger mit ihren Schlußvorträgen gehört. § 326 StPO bringt gegenüber § 258 StPO insoweit eine Änderung, als der Beschwerdeführer mit seinem Schlußvortrag beginnt. Dem Angeklagten gebührt stets das letzte Wort (§ 326 S. 2 StPO).

242   e) Entscheidung über die Berufung

Hält das Rechtsmittelgericht das erstinstanzliche Urteil für zutreffend, so muß es die Berufung als unbegründet verwerfen. Hält es die Berufung demgegenüber für begründet, so hat es unter Aufhebung des erstinstanzlichen Urteils in der Sache selbst zu entscheiden (§ 328 Abs. 1 StPO). Hat das erstinstanzliche Gericht zu Unrecht seine Zuständigkeit angenommen, so hat das Rechtsmittelgericht das Urteil aufzuheben und die Sache an das zuständige Gericht zu verweisen (§ 328 Abs. 2 StPO). Die Möglichkeit einer Zurückverweisung an das erstinstanzliche Gericht bei einem Verfahrensfehler, der die Revision begründen würde oder wenn das Berufungsgericht abtrennbare Teile einer Tat, über die im angefochtenen Urteil nicht entschieden worden ist, einbezogen hat[213], ist durch das Strafverfahrensänderungsgesetz 1987 (StVÄG) vom 27. 1. 1987 (BGBl. I S. 475) beseitigt worden.

---

212 Vgl. LR-*Gollwitzer*, 23. Aufl., § 325 Rdnr. 3.
213 So § 328 Abs. 2 StPO in der vor dem 1. 4. 1987 geltenden Fassung.

Karl-Heinz Göpfert

3. Revision

a) Allgemeines 243

Das Institut der Revision dient vordringlich dem Interesse der Rechtseinheit und der Rechtsfortbildung. Daneben hat es auch die Aufgabe, eine gerechte Entscheidung des Einzelfalles sicherzustellen[214]

Mit der Revision werden Urteile angefochten (§ 333 StPO). Anders als die Berufung ist die Revision aber auf die rechtliche Nachprüfung beschränkt (§ 337 StPO). Der von der Vorinstanz festgestellte Sachverhalt wird als feststehend behandelt. Das Revisionsgericht ist an die tatrichterlichen Feststellungen gebunden, und zwar auch dann, wenn diese zwar nicht zwingend, indes aber denkgesetzlich möglich sind[215].

Daran, daß der festgestellte Sachverhalt so hinzunehmen ist, wie er sich aus dem Urteil ergibt, scheitern bereits die Revisionen, die sich in Angriffen gegen tatrichterliche Feststellungen und Beweiswürdigungen erschöpfen.

Eine Bindung an tatrichterliche Feststellungen besteht ausnahmsweise dann nicht, wenn diese widersprüchlich, unklar, erkennbar lückenhaft sind oder gegen gesicherte Denk- und Erfahrungssätze verstoßen[216].

Revisibel sind die Urteile der Strafkammern und der Schwurgerichte 244 sowie die im ersten Rechtszug ergangenen Urteile der Oberlandesgerichte (§ 333 StPO). Revisibel sind auch die Urteile des Amtsgerichts. Bei der Einlegung von Rechtsmitteln gegen Urteile des Amtsgerichts (Strafrichter oder Schöffengericht) bestehen zwei Möglichkeiten. Es kann Berufung eingelegt und sodann das Berufungsurteil mit der Revision angefochten werden. Andererseits kann auch das amtsgerichtliche Urteil sofort mit der Revision angegriffen werden. In diesem Fall spricht man von Sprungrevision (§ 335 StPO).

Revisionsgerichte sind die Oberlangesgerichte und der Bundesgerichts- 245 hof. Die Oberlandesgerichte entscheiden über die Revision gegen Berufungsurteile der kleinen und großen Strafkammern (§ 121 Abs. 1 Nr. 1 b GVG), über Revisionen gegen Urteile des Amtsgerichts in den Fällen der Sprungrevision (§ 335 Abs. 2 StPO) und über die Revisionen gegen Urteile der großen Strafkammern und des Schwurgerichts, wenn die Revision auf die Verletzung von Landesrecht gestützt wird (§ 121 Abs. 1 Nr. 1 c GVG). In Bayern sind die zur Zuständigkeit des Oberlandesgerichts gehörenden Entscheidungen in Strafsachen gemäß § 9 EGGVG dem Bayerischen Obersten Landesgericht zugewiesen worden (Art. 18–24 bayer. AGGVG). Der Bundesgerichtshof entscheidet über Revisionen gegen die Urteile der Ober-

---

214 Vgl. KK-*Pikart*, § 333 Rdnr. 4–6; § 337 Rdnr. 1.
215 Vgl. BGHSt. 26, 56, 62.
216 Vgl. im einzelnen KK-*Pikart*, § 337 Rdnr. 28.

landesgerichte, soweit diese erstinstanzlich zuständig sind, und über die Revision gegen erstinstanzliche Urteile der Landgerichte (große Strafkammer und Schwurgericht; §§ 135, 121 Abs. 1 Nr. 1 c GVG).

246 b) Sach- und Verfahrensrüge

Die Sachrüge führt zur Überprüfung des ganzen Urteils in materiell-rechtlicher Hinsicht, auch wenn sie nur in allgemeiner Form vorgebracht wird oder nur einzelne Punkte beanstandet werden. Es besteht aber keine Möglichkeit, Beweise zur Schuldfrage zu erheben [217]. Demgegenüber müssen bei der Verfahrensrüge die Tatsachen, die nach Auffassung des Revisionsführers den Verfahrensfehler ergeben, in der gesetzlich vorgeschriebenen Weise dargelegt (vgl. § 344 Abs. 2 StPO) und auch bewiesen werden. Das Revisionsgericht kann sich hierbei der Möglichkeiten des Freibeweises bedienen.

247 c) Begriff der Gesetzesverletzung

Die Revision kann nur darauf gestützt werden, daß das Urteil auf einer Verletzung des Gesetzes beruhe (§ 337 Abs. 1 StPO). Das Gesetz ist verletzt, wenn eine Rechtsnorm nicht oder nicht richtig angewendet worden ist (§ 337 Abs. 2 StPO).

Gesetz ist hierbei jede Rechtsnorm, die in den Verfassungen, Gesetzen und Rechtsverordnungen des Bundes oder der Länder niedergelegt worden ist [218]. Hierzu zählen auch Gewohnheitsrecht und supranationale Rechtssätze; dazu gehören auch ausländische Rechtssätze, wenn sie sich auf den zu entscheidenden Fall beziehen [219].

248 d) Beruhen des Urteils auf der Gesetzesverletzung

Die Verletzung des Gesetzes muß für das Urteil ursächlich sein. Ein ursächlicher Zusammenhang ist bereits dann anzunehmen, wenn ohne die Gesetzesverletzung das Urteil möglicherweise anders ausgefallen wäre [220]. Ein notwendiger Zusammenhang zwischen Gesetzesverletzung und Urteil fehlt dann, wenn aus den Urteilsgründen zweifelsfrei folgt, daß der Tatrichter ohne den Fehler zum selben Ergebnis gelangt wäre.

Bei den sogenannten absoluten Revisionsgründen, die in § 338 StPO aufgezählt sind, wird ein Beruhen des Urteils auf der Rechtsverletzung unwiderleglich vermutet. Das Vorliegen eines solchen absoluten Revisionsgrun-

---

217 Vgl. BGHSt. 21, 149.
218 Vgl. *Kleinknecht/Meyer*, § 337 Rdnr. 2.
219 Vgl. KK-*Pikart*, § 337 Rdnr. 8.
220 BGHSt. 22, 278, 280.

des führt zur Aufhebung des angefochtenen Urteils ohne Rücksicht darauf, ob der Mangel auf das Urteil Einfluß hatte[221].

Mangels Beschwer fehlt es an einem Revisionsgrund, wenn die Gesetzesverletzung sich nicht zum Nachteil des Beschwerdeführers ausgewirkt hat. Auch kommt eine Rechtsverletzung als Revisionsgrund nicht in Betracht, wenn sie den Rechtskreis des Revisionsführers nicht berührt[222]. Dies kann etwa der Fall sein, wenn ein Verfahrensfehler gerügt wird, der lediglich einen anderen Verfahrensbeteiligten betrifft[223].

e) Einlegung der Revision

Die Revision muß bei dem Gericht, dessen Urteil angefochten wird, binnen einer Frist von einer Woche nach Urteilsverkündung zu Protokoll der Geschäftsstelle oder schriftlich eingelegt werden (§ 341 Abs. 1 StPO). Hat die Urteilsverkündung in Abwesenheit des Angeklagten stattgefunden, so beginnt die Revisionsfrist mit Zustellung des Urteils (§ 341 Abs. 2 StPO).

Muster 8

Einlegung der Revision

An das Landgericht
4000 Düsseldorf
In der Strafsache
g e g e n
Hans Müller
– X 20/86 –

---

lege ich gegen das Urteil der Strafkammer vom 18. 1. 1986
R e v i s i o n

ein.

Rechtsanwalt

Die Revision muß begründet werden. Die Begründung besteht aus den Revisionsanträgen und deren Begründung (§ 244 Abs. 1 StPO).

Bei einer unbeschränkten Revision lautet der Antrag wie folgt:

---

221 Vgl. BGHSt. 13, 157.
222 Vgl. BGHSt. 11, 213.
223 Vgl. KK-*Pikart*, § 338 Rdnr. 44.

Karl-Heinz Göpfert

Muster 9

Uneingeschränkter Revisionsantrag

An das Landgericht
4000 Düsseldorf
In der Strafsache
g e g e n
Hans Müller
– X 20/86 –

wird beantragt,

das angefochtene Urteil des Landgerichts Düsseldorf vom 25. 1. 1987 mit den zugrunde liegenden Feststellungen aufzuheben und die Sache zur erneuten Verhandlung und Entscheidung zurückzuverweisen,

oder (wenn die Tatsachenfeststellungen erschöpfend sind und die Entscheidung des Revisionsgerichts nur von der Beantwortung einer materiellen Rechtsfrage abhängt)

————— . . . aufzuheben und den Angeklagten freizusprechen.

Rechtsanwalt

Neben den Anträgen sind desweiteren Ausführungen darüber erforderlich, ob das Urteil wegen Verletzung einer Verfahrensvorschrift oder wegen Verletzung einer anderen Rechtsnorm angefochten wird.

250   Die Sachrüge kann in allgemeiner Form erhoben werden. Es reicht die ausdrückliche Erklärung, daß die Verletzung materiellen Rechts gerügt werde. Die Sachrüge kann auf bestimmte Teile der angefochtenen Entscheidung beschränkt werden, wenn diese einer gesonderten Überprüfung zugänglich sind[224]. Der praktisch häufigste Fall ist die Beschränkung auf den Strafausspruch. Eine Beschränkung kommt auch dann in Betracht, wenn das Urteil mehrere selbständige Straftaten umfaßt.

Der beschränkte Revisionsantrag lautet dann wie folgt:

---

224 Vgl. *Kleinknecht/Meyer,* § 344 Rdnr. 4 ff.

         Karl-Heinz Göpfert

Muster 10

Eingeschränkter Revisionsantrag

An das Landgericht
4000 Düsseldorf
In der Strafsache
g e g e n
Hans Müller
– X 20/86 –

wird beantragt,

das Urteil des Landgerichts Düsseldorf vom 25. 1. 1987 mit den zugrunde liegen-
den Feststellungen insoweit aufzuheben, als der Angeklagte wegen Raubes ver-
uteilt worden ist, und die Sache in diesem Umfang zur erneuten Verhandlung und
Entscheidung zurückzuverweisen.

Rechtsanwalt

Die Verfahrensrüge ist im Gegensatz zur Sachrüge näher zu begründen. Es 251
sind die Tatsachen anzugeben, aus denen sich der behauptete Verfahrensmangel ergibt (§ 322 Abs. 2 StPO). Zunächst muß der Verfahrensmangel
konkret behauptet werden. Allein aufgrund der Tatsachen, aus denen sich
der geltend gemachte Verstoß ergibt, muß das Revisionsgericht in der Lage
sein, den Verfahrensmangel festzustellen. Der Revisionsvortrag muß aus
sich selbst heraus verständlich sein. Verweisung auf Schriftstücke oder auf
Akten ist unzulässig. Vielmehr müssen sie durch Zitate oder durch einge-
fügte Abschriften und Ablichtungen Bestandteil der Revisionsbegründung
sein. Auf Wiedergabe von Urteilsgründen zum Beleg dafür, daß das Gericht
zu Unrecht einen bestimmten Antrag übergangen hat, kann nur dann verzichtet werden, wenn das Gericht ohnehin aufgrund der gleichzeitig erhobenen Sachrüge zu einer umfassenden Auseinandersetzung mit dem Urteilsin-
halt verpflichtet ist. Beweisantritte des Revisionsführers für behauptete Verfahrensfehler sind Anregungen, denen das Revisionsgericht gegebenenfalls
im Freibeweisverfahren nachgehen kann. Indes gehört die Angabe von
Beweismitteln nicht zum notwendigen Inhalt einer Verfahrensrüge.

Die Revisionsanträge sind spätestens binnen eines Monats nach Ablauf 252
der Revisionsfrist bei dem Gericht, dessen Urteil angefochten wird, anzubringen. War zu diesem Zeitpunkt das Urteil noch nicht zugestellt, so
beginnt die Frist mit Urteilszustellung (§ 345 Abs. 1 StPO). Seitens des

Karl-Heinz Göpfert   95

Angeklagten kann dies nur in einer vom Verteidiger oder einem Rechtsanwalt unterzeichneten Schrift oder zu Protokoll der Geschäftsstelle geschehen (§ 345 Abs. 2 StPO). Ist das Revisionsgericht aufgrund einer form- und fristgerecht erhobenen Sachrüge ohnehin verpflichtet, das Urteil in materieller Hinsicht umfassend zu überprüfen, so kann auch nach Fristablauf die Sachrüge noch durch Rechtsausführungen ergänzt werden. Verfahrensrügen oder aber neuer Tatsachenvortrag zur Begründung bereits erhobener Verfahrensrügen sind aber nach Fristablauf unzulässig.

Wird die Revision verspätet eingelegt oder werden die Revisionsgründe nicht rechtzeitig oder nicht formgerecht (§ 345 Abs. 2 StPO) angebracht, so hat das Tatgericht das Rechtsmittel durch Beschluß als unzulässig zu verwerfen (§ 346 Abs. 1 StPO). Der Beschwerdeführer kann binnen einer Woche nach Zustellung des Beschlusses die Entscheidung des Revisionsgerichts beantragen (§ 346 Abs. 2 S. 1 StPO).

Ist die Revision form- und fristgerecht eingelegt, so ist die Revisionsschrift dem Gegner des Beschwerdeführers zuzustellen (§ 347 Abs. 1 S. 1 StPO). Dieser kann binnen einer Woche eine schriftliche Gegenerklärung einreichen (§ 347 Abs. 1 S. 2 StPO). Diese Frist ist keine Ausschlußfrist. Der Angeklagte kann die Gegenerklärung auch zu Protokoll der Geschäftsstelle abgeben (§ 347 Abs. 1 S. 3 StPO).

f) Tätigkeit des Revisionsgerichtes

253 aa) Vorprüfung durch das Revisionsgericht

Das Revisionsgericht gibt unzulässige Revisionen nicht an den Tatrichter zur Verwerfung nach § 346 Abs. 1 StPO zurück. Es muß die Revision vielmehr selbst durch Beschluß oder durch Urteil verwerfen (§ 349 Abs. 1 u. Abs. 5 StPO).

Das Revisionsgericht kann auf Antrag der Staatsanwaltschaft auch dann die Revision durch Beschluß verwerfen, wenn es das Rechtsmittel einstimmig für offensichtlich unbegründet erachtet (§ 349 Abs. 2 StPO). Die Vorschrift bezweckt die Entlastung der Revisionsgerichte. Revisionen der Staatsanwaltschaft können nicht nach dieser Vorschrift verworfen werden.

Hält das Revisionsgericht die zugunsten des Angeklagten eingelegte Revision einstimmig für begründet, so kann es das angefochtene Urteil durch Beschluß aufheben (§ 349 Abs. 4 StPO). Der Aufhebungsbeschluß setzt keinen Antrag der Staatsanwaltschaft voraus.

Wird die eingelegte Revision nicht als unzulässig verworfen (§ 349 Abs. 1 StPO) und wird über das Rechtsmittel im übrigen auch nicht durch Beschluß entschieden (§ 349 Abs. 2 u. Abs. 4 StPO), so entscheidet das Revisionsgericht aufgrund einer Hauptverhandlung durch Urteil (§ 349 Abs. 5 StPO).

Karl-Heinz Göpfert

bb) Weiterer Gang des Revisionsverfahrens 254

Das Revisionsgericht prüft von Amts wegen die Prozeßvoraussetzungen. Verfahrensmängel werden nur auf eine zulässige Verfahrensrüge hin (vgl. § 344 Abs. 2 StPO) geprüft. Einer Überprüfung in vollem Umfange wird das Urteil auf die unbeschränkte Sachrüge hin unterzogen. Rechtsausführungen können nach Ablauf der Revisionsbegründungsfrist bis hin zur Entscheidung nachgeschoben werden.

Hält das Revisionsgericht das angefochtene Urteil für richtig, so wird die Revision als unbegründet verworfen. Wird dagegen die Revsion für begründet erachtet, ist das angefochtene Urteil aufzuheben (§ 353 Abs. 1 StPO). Eine Aufhebung der dem Urteil zugrundeliegenden Feststellungen (§ 353 Abs. 2 StPO) ist nicht eine notwendige Folge der Urteilsaufhebung, sondern nur erforderlich, sofern sie durch die Gesetzesverletzung betroffen werden, wegen derer das Urteil aufgehoben wird (§ 353 Abs. 2 StPO).

Unter bestimmten Voraussetzungen kann das Revisionsgericht bei Aufhebung des Urteils eine eigene Sachentscheidung treffen (§ 354 StPO). In anderen Fällen ist die Sache zurückzuverweisen (§ 354 Abs. 2 StPO). 255

Das Gericht, an das die Sache zur erneuten Verhandlung und Entscheidung verwiesen ist, hat die rechtliche Beurteilung des Revisionsgerichts, die zur Aufhebung des angefochtenen Urteils geführt hat, auch bei seiner Entscheidung zugrundezulegen (§ 358 Abs. 1 StPO).

§ 358 Abs. 2 StPO normiert ein Verbot der Schlechterstellung zugunsten des Angeklagten, das demjenigen in § 331 StPO entspricht. Es richtet sich an das Revisionsgericht, wenn dieses gemäß § 354 Abs. 1 StPO selbst in der Sache entscheidet und auch an den nach Zurückverweisung zuständigen Tatrichter. 256

Hebt das Revisionsgericht zugunsten eines Angeklagten das angefochtene Urteil wegen sachlich-rechtlicher Fehler auf und erstreckt sich dieses Urteil, soweit es aufgehoben wird, auch auf andere Angeklagte, die nicht Revision eingelegt haben, so kommt auch diesen die Aufhebung zugute (§ 357 StPO). Eine Erstreckung der Aufhebung auf Mitangeklagte findet auch statt bei Aufhebung wegen fehlerhafter Beurteilung von Verfahrensvoraussetzungen[225], sofern sie auch für den Angeklagten, der nicht Revision eingelegt hat, von Bedeutung sein können[226]. 257

VII. Rechtsbehelfe

1. Antrag auf gerichtliche Entscheidung gemäß §§ 23 ff. EGGVG 258

Bei bestimmten Justizverwaltungsakten, u. a. bei Maßnahmen auf dem Gebiet der Strafrechtspflege, eröffnet § 23 EGGVG den Rechtsweg zu den

---

225 Vgl. BGHSt. 19, 320, 321; 24, 208, 210.
226 Vgl. im einzelnen *Kleinknecht/Meyer*, § 357 Rdnr. 10.

ordentlichen Gerichten. Das Gesetz begründet abweichend von § 40 VwGO hierbei für eine Überprüfung der in § 23 Abs. 1 EGGVG aufgeführten Maßnahmen die Zuständigkeit der sachnäheren ordentlichen Gerichte[227]. Maßnahmen im Sinne von § 23 Abs. 1 EGGVG sind etwa Anordnungen nach der Strafvollstreckungsordnung (vgl. §§ 43 Abs. 3, 45 StVollstrO), Widerruf einer Gnadenentscheidung und Entscheidungen in Zentralregisterangelegenheiten.

Mit dem Antrag auf gerichtliche Entscheidungen kann auch die Verpflichtung der Justiz- oder Vollzugsbehörde zum Erlaß eines abgelehnten oder unterlassenen Verwaltungsaktes begehrt werden (§ 23 Abs. 2 EGGVG).

Die §§ 23 ff. EGGVG sind subsidiär. Sie gelangen nicht zur Anwendung, wenn das Gesetz andere Rechtsbehelfe vorsieht. Dies auch dann, wenn der Betroffene, etwa wegen Versäumnis einer Frist, hiervon keinen Gebrauch mehr machen kann.

Bei dem Antrag auf gerichtliche Entscheidung muß der Antragsteller geltend machen, durch die angegriffene Maßnahme oder durch die Ablehnung oder Unterlassung eines begehrten Verwaltungsaktes in seinen Rechten verletzt zu sein (§ 24 Abs. 1 EGGVG).

Unterliegen Maßnahmen der Justiz- oder Vollzugsbehörden der Beschwerde oder einem anderen förmlichen Rechtsbehelf im Verwaltungsverfahren, so kann der Antrag gemäß § 23 EGGVG erst nach vorausgegangenem Beschwerdeverfahren gestellt werden (§ 24 Abs. 2 EGGVG).

Über den Antrag entscheidet ein Senat des Oberlandesgerichts, in dessen Bezirk die Justiz- oder Vollzugsbehörde ihren Sitz hat (§ 25 Abs. 2 S. 1 EGGVG). Bei vorangegangenem Beschwerdeverfahren (§ 24 Abs. 2 EGGVG) ist das Oberlandesgericht zuständig, in dessen Bezirk die Beschwerdebehörde ihren Sitz hat (§ 25 Abs. 1 S. 2 EGGVG).

Der Antrag auf gerichtliche Entscheidung muß binnen einer Frist von einem Monat nach Zustellung oder schriftlicher Bekanntgabe des Bescheides gestellt werden. Ist ein Beschwerdeverfahren (§ 24 Abs. 2 EGGVG) vorausgegangen, so ist der Antrag auf gerichtliche Entscheidung innerhalb eines Monats nach Zustellung des Beschwerdebescheides schriftlich oder zur Niederschrift der Geschäftsstelle des Oberlandesgerichts oder eines Amtsgerichts anzubringen (§ 26 EGGVG).

Ein Antrag auf gerichtliche Entscheidung kann auch dann gestellt werden, wenn über einen Antrag, eine Maßnahme zu treffen oder über einen Rechtsbehelf ohne zureichenden Grund nicht innerhalb von 3 Monaten entschieden ist (§ 27 Abs. 1 S. 1 EGGVG).

---

227 Vgl. *Kleinknecht/Meyer*, Vorbem. zu §§ 23 ff. EGGVG, Rdnr. 1.

Karl-Heinz Göpfert

2. Wiedereinsetzung in den vorigen Stand

a) Allgemeines   259

§ 44 StPO gewährt Wiedereinsetzung bei schuldhafter Fristversäumnis, z. B.
bei Versäumnis der Frist für die sofortige Beschwerde, die Berufung, die
Revision und den Einspruch gegen einen Strafbefehl. Verschulden des Verteidigers wird in der Regel nicht zugerechnet; etwas anderes gilt bei Mitverschulden des Betroffenen. Gegen die Versäumung von Gerichtsterminen
sieht das Gesetz in verschiedenen Vorschriften ebenfalls Wiedereinsetzung
in den vorigen Stand vor (§§ 235, 329 Abs. 3, 391 Abs. 4, 401 Abs. 3 S. 2, 412
StPO).
  Wiedereinsetzung wird auf Antrag gewährt. Von Amts wegen dann, wenn
die versäumte Handlung nachgeholt ist (§ 45 Abs. 2 S. 3 StPO).

b) Form, Frist und Inhalt des Antrags   260

Der Antrag ist schriftlich binnen Wochenfrist nach Wegfall des Hindernisses bei dem Gericht zu stellen, bei dem die Frist oder der Termin wahrzunehmen gewesen wäre. Zur Fristwahrung reicht auch die Antragstellung bei
dem Gericht, das nach § 46 Abs. 1 StPO über den Antrag entscheidet. Die
Tatsachen zur Antragsbegründung sind glaubhaft zu machen (§ 45 Abs. 2
S. 1 StPO). Die versäumte Handlung muß innerhalb der Antragsfrist nachgeholt werden (§ 45 Abs. 2 S. 2 StPO).

Muster 11

Wiedereinsetzung in den vorigen Stand

An das Amtsgericht
4000 Düsseldorf
In der Strafsache
g e g e n
Wolfgang Kurz
– 112 Cs 18 Js 100/87 –

bestelle ich mich zum Verteidiger des Herrn Kurz. Eine schriftliche Strafprozeß-
vollmacht ist beigefügt. Gegen die Versäumung der Frist für den Einspruch gegen
den Strafbefehl vom 16. 4. 1987 beantrage ich die
                    Wiedereinsetzung in den vorigen Stand.
Gleichzeitig wird gegen den Strafbefehl vom 16. 4. 1987 der Rechtsbehelf des
                              Einspruchs
eingelegt.
Begründung:

Karl-Heinz Göpfert   99

Das Amtsgericht Düsseldorf hat am 16. 4. 1987 gegen meinen Mandanten einen Strafbefehl erlassen. Dieser wurde ihm am 8. 5. 1987 zugestellt. Mein Mandant fertigte unter dem 18. 5. 1987 einen Einspruchsschriftsatz und gab diesen am 19. 5. 1987 in Neuss zur Post. Der Schriftsatz ging am 23. 5. 1987 nach Ablauf der Einspruchsfrist beim Amtsgericht Düsseldorf ein. Das Amtsgericht hat den Einspruch durch Beschluß vom 30. 5. 1987 verworfen. Der Beschluß ist meinem Mandanten am 13. 6. 1987 zugestellt worden.

Der am 19. 5. 1987 in Neuss eingelieferte Brief mußte normalerweise am 21. 5. 1987 beim Amtsgericht Düsseldorf eingehen. Mein Mandant konnte sich daher darauf verlassen, daß der Einspruchsschriftsatz das Amtsgericht Düsseldorf rechtzeitig erreichen würde. Er durfte darauf vertrauen, daß die von der Deutschen Bundespost für einen Fall wie den vorliegenden festgelegten Postlaufzeiten eingehalten werden. Ist dies ausnahmsweise nicht der Fall, so darf ihm dies mangels einer Einflußmöglichkeit im Rahmen der Wiedereinsetzung in den vorigen Stand nicht als Verschulden angelastet werden.

(Die Umstände der Säumnis sowie der Zeitpunkt des Wegfalls des Hindernisses ergeben sich aus den Akten. Von daher bedarf es keiner besonderen Glaubhaftmachung der zur Begründung des Antrags vorgetragenen Tatsachen.)

Rechtsanwalt

261   c) Rechtsmittel

Der dem Antrag stattgebende Beschluß ist nicht anfechtbar (§ 46 Abs. 2 StPO). Wird der Antrag verworfen, so ist gegen die Entscheidung sofortige Beschwerde zulässig (§ 46 Abs. 3 StPO).

VIII. Beteiligung des Verletzten am Verfahren

1. Privatklage

262   a) Zulässigkeit

Mit der Privatklage können die in § 374 Abs. 1 StPO aufgeführten Delikte ohne Einschaltung der Staatsanwaltschaft vom Verletzten selbst verfolgt werden.

Die Staatsanwaltschaft erhebt wegen dieser Delikte nur dann Anklage, wenn dies im öffentlichen Interesse liegt (§ 376 StPO). Das Gericht legt der Staatsanwaltschaft die Akten vor, wenn es die Übernahme der Verfolgung für geboten hält (§ 377 Abs. 1 StPO). Übernimmt die Staatsanwaltschaft die Privatklage, so wird der Privatkläger nicht mehr ohne weiteres zum Neben-

Karl-Heinz Göpfert

kläger[228]. Er muß sich gemäß § 395 StPO anschließen, was voraussetzt, daß er nach Maßgabe dieser Vorschrift hierzu befugt ist. Klageberechtigt sind die in § 374 Abs. 2 und Abs. 3 StPO genannten Personen.

Ist das Privatklagedelikt zugleich Antragsdelikt, so muß der Verletzte selbst oder ein von ihm Bevollmächtigter Strafantrag gestellt haben.

Der Erhebung der Klage geschieht durch Einreichung einer Anklageschrift oder zu Protokoll der Geschäftsstelle (§ 381 StPO).

Nach Eröffnung des Hauptverfahrens richtet sich das weitere Verfahren im wesentlichen nach den Vorschriften für das Offizialverfahren (vgl. § 384 StPO). Während des Sühneverfahrens ruht die Strafantragsfrist (§ 77 b Abs. 5 StGB)!

b) Sühneversuch 263

Bei bestimmten Privatklagedelikten ist die Erhebung der Privatklage erst zulässig, nachdem vor einer Vergleichsbehörde ein erfolgloser Sühneversuch stattgefunden hat (§ 380 Abs. 1 S. 1 StPO). Bei erfolglosem Sühneversuch hat der Kläger die Bescheinigung hierüber mit der Klage einzureichen (§ 380 Abs. 1 S. 2 StPO).

Muster 12

Privatklage

An das Amtsgericht
4000 Düsseldorf

Privatklage

des Rentners Alfons Müller, Birkenstraße 95, 4000 Düsseldorf,

– Privatklägers –

Prozeßbevollmächtigter: RA. Dr. Kluge in Düsseldorf

g e g e n

den Angestellten Wolfgang Meier, Kalkumer Schloßallee 100, 4000 Düsseldorf,

– Beschuldigten –

Namens und in Vollmacht des Privatklägers erhebe ich Privatklage gegen den Beschuldigten. Der Beschuldigte wird angeschuldigt, im April dieses Jahres in Düsseldorf eine Tatsache behauptet und verbreitet zu haben, welche geeignet ist, den Privatkläger verächtlich zu machen und in der öffentlichen Meinung herabzuwürdigen. Wahrheitswidrig hat der Angeschuldigte mehreren Nachbarn gegenüber behauptet, der Privatkläger sei mehrfach wegen Diebstahls vorbestraft.

228 So § 377 Abs. 3 StPO a. F., aufgehoben durch das am 1. 4. 1987 in Kraft getretene Erste Gesetz zur Verbesserung der Stellung des Verletzten im Strafverfahren (Opferschutzgesetz) v. 18. 12. 1986 (BGBl. I S. 2496).

Karl-Heinz Göpfert 101

Vergehen nach § 186 StGB.
Wegen dieser Straftat wird gleichzeitig Strafantrag gestellt.
Der Privatkläger hat von der wahrheitswidrigen Behauptung des Beschuldigten vor vier Wochen Kenntnis erlangt.
Beigefügt ist eine schriftliche Vollmacht sowie eine Bescheinigung über einen erfolglosen Sühneversuch vor dem zuständigen Schiedsmann.
(Es folgt eine nähere Begründung mit Beweisantritten.)

Rechtsanwalt

264   c) Widerklage

Der Beschuldigte kann bis zur Beendigung des letzten Wortes (§ 258 Abs. 2 StPO) im ersten Rechtszug Widerklage gegen den Kläger erheben. Er muß von diesem ebenfalls durch eine Straftat verletzt worden sein, die im Wege der Privatklage verfolgt werden kann und die mit dem Gegenstand der Privatklage im Zusammenhang steht (§ 388 Abs. 1 StPO).

Über Klage und Widerklage ist gleichzeitig zu erkennen (§ 388 Abs. 3 StPO).

Die Rücknahme der Klage ist auf das Verfahren über die Widerklage ohne Einfluß (§ 388 Abs. 4 StPO).

Muster 13

Zurückweisung der Privatklage und Widerklage

An das Amtsgericht
4000 Düsseldorf
In der Privatklagesache
Alfons Müller
g e g e n
Wolfgang Meier
– 35 Bs 34/86 –

bestelle ich mich zum Verteidiger. Eine schriftliche Vollmacht ist beigefügt. Es wird beantragt, die Privatklage zurückzuweisen. Gleichzeitig wird hiermit
Widerklage
gegen den Privatkläger erhoben. Der Privatkläger wird angeschuldigt _____
(Konkretisierung des Vorwurfs wie im Muster 6).

Rechtsanwalt

Karl-Heinz Göpfert

2. Nebenklage

Durch das am 1. April 1987 in Kraft getretene Opferschutzgesetz vom 18. 12. 1986[229] ist die Nebenklage grundlegend umgestaltet worden. Sie ist von der Privatklage abgekoppelt worden. Nach § 395 a. F. StPO konnte sich derjenige als Nebenkläger anschließen, der als Privatkläger aufzutreten berechtigt war. Die Befugnis zum Anschluß als Nebenkläger richtet sich nunmehr nach dem in § 395 StPO aufgeführten Katalog von Straftaten.

Der Anschluß ist in jeder Lage des Verfahrens zulässig (§ 395 Abs. 4 StPO). Die Anschlußerklärung ist bei Gericht schriftlich einzureichen. Wird die Anschlußerklärung vor Erhebung der öffentlichen Klage eingereicht, so wird sie mit deren Erhebung wirksam (§ 396 Abs. 1 StPO).

§ 397 StPO zählt die Rechte des Nebenklägers, unabhängig von der Privatklage, enumerativ auf.

§ 400 StPO regelt die (begrenzte) Rechtsmittelbefugnis des Nebenklägers.

Dem Nebenkläger kann für die Hinzuziehung eines Rechtsanwalts auf Antrag Prozeßkostenhilfe nach den Vorschriften bei bürgerlichen Rechtsstreitigkeiten bewilligt werden, wenn die Sach- und Rechtslage schwierig ist, der Verletzte seine Interessen selbst nicht ausreichend wahrnehmen kann oder ihm dies nicht zumutbar ist. Der Prozeßkostenhilfeantrag kann schon vor der Anschlußerklärung gestellt werden (§ 397 a StPO).

Wer zur Nebenklage befugt ist, kann sich auch schon vor Erhebung der öffentlichen Klage des Beistandes eines Rechtsanwalts bedienen oder sich von einem solchen vertreten lassen, auch wenn keine Anschlußerklärung erfolgt (§ 406 g Abs. 1 StPO). Für die Bewilligung von Prozeßkostenhilfe gilt § 397 a StPO entsprechend (§ 406 g Abs. 2 StPO).

Der Rechtsanwalt hat Befugnisse, die über die in § 406 f Abs. 2 StPO aufgeführten Befugnisse des allgemeinen Verletztenbeistandes hinausgehen (weitergehendes Anwesenheitsrecht bei richterlichen Untersuchungshandlungen außerhalb der Hauptverhandlung und Anwesenheitsrecht in der nicht öffentlichen Hauptverhandlung, vgl. § 406 g Abs. 2 StPO).

Auch ohne Bewilligung von Prozeßkostenhilfe kann demjenigen, der zum Anschluß als Nebenkläger berechtigt ist, einstweilen ein Rechtsanwalt als Beistand bestellt werden, und zwar in jeder Lage des Verfahrens, wenn die Bewilligung von Prozeßkostenbeihilfe möglich erscheint, eine rechtzeitige Entscheidung indes aber nicht zu erwarten ist, die Mitwirkung eines Beistandes eilbedürftig ist und die Berechtigung zum Anschluß als Nebenkläger entweder auf § 395 Abs. 1 Nr. 1 a StPO (Sexualdelikt) beruht oder dies sonst aus besonderen Gründen geboten ist (§ 406 g Abs. 4 StPO).

---

229 BGBl. I, S. 2496.

Karl-Heinz Göpfert
8*

266   3. *Allgemeine Befugnisse des Verletzten*

In den durch das Opferschutzgesetz vom 18. 12. 1986 eingeführten neuen Vorschriften der §§ 406 d–406 h StPO werden Befugnisse des Verletzten geregelt, die er neben seinen speziellen Rechten wie z. B. Privatklage, Nebenklage, Klageerzwingung hat.

Nach § 406 d Abs. 1 StPO ist dem Verletzten auf Antrag der gerichtliche Verfahrensausgang mitzuteilen, soweit es ihn betrifft. Über seine Antragsbefugnis ist der Verletzte zu belehren (§ 406 d Abs. 3 StPO).

§ 406 e StPO begründet ein Akteneinsichtsrecht des Verletzten, das durch den Rechtsanwalt des Verletzten wahrgenommen werden kann.

§ 406 f Abs. 1 StPO eröffnet jedem Verletzten die Befugnis, sich im Strafverfahren des Beistandes eines Rechtsanwalts zu bedienen oder sich durch ihn vertreten zu lassen. Die Anwaltsrechte sind sodann im einzelnen in § 406 f Abs. 2 StPO geregelt.

Wird der Verletzte als Zeuge vernommen, so kann auf seinen Antrag hin einer Person seines Vertrauens die Anwesenheit gestattet werden (§ 406 f Abs. 3 StPO).

Auf seine Befugnisse nach §§ 406 e, 406 f und 406 g StPO sowie auf seine Befugnis, sich der erhobenen öffentlichen Klage als Nebenkläger anzuschließen, ist der Verletzte hinzuweisen (§ 406 h StPO).

267   ## IX. Strafbefehl

Das Strafbefehlsverfahren ist ein summarisches Verfahren für den Bereich der minderschweren Kriminalität. Es ist zulässig bei Vergehen, für deren Aburteilung die Amtsgerichte (Strafrichter, Schöffengericht) sachlich zuständig sind und bei denen die in § 407 Abs. 2 StPO aufgeführten Rechtsfolgen in Betracht kommen. Es dürfen Geldstrafe, bestimmte Maßnahmen und Geldbuße gegen eine juristische Person oder Personenvereinigung sowie als einzige Maßregel die Entziehung der Fahrerlaubnis angeordnet werden, wobei die Sperrfrist nicht mehr als zwei Jahre betragen darf.

268   Vor Erlaß des Strafbefehls bedarf es keiner Anhörung des Angeschuldigten (§ 407 Abs. 3 StPO). Ein Strafbefehl, gegen den nicht rechtzeitig Einspruch erhoben wird (Einspruchsfrist zwei Wochen, § 410 Abs. 1 StPO), steht einem rechtskräftigen Urteil gleich. Die Rechtskraftwirkung des Strafbefehls ist aber beschränkt. Sind neue Tatsachen oder Beweismittel beigebracht, die eine Verurteilung wegen eines Verbrechens zu begründen geeignet sind, so ist die erneute Verfolgung der vom Strafbefehl erfaßten Tat im Wege des förmlichen Wiederaufnahmeverfahrens zulässig (§ 373 a StPO).

269   Auch noch nach Vorliegen des gerichtlichen Eröffnungsbeschlusses kann auf Antrag der Staatsanwaltschaft ein Strafbefehl erlassen werden (§ 408 a StPO).

X. Verteidigertätigkeit nach dem Hauptverfahren

1. Wiederaufnahme des Verfahrens

a) Allgemeines   270

§ 359 StPO normiert die Voraussetzungen, unter denen zugunsten des Verurteilten die Wiederaufnahme eines durch rechtskräftiges Urteil abgeschlossenen Verfahrens zulässig ist. Der praktisch häufigste Fall ist in § 359 Ziffer 5 StPO geregelt. Danach findet eine Wiederaufnahme statt, wenn neue Tatsachen oder Beweismittel beigebracht werden, die geeignet sind, entweder allein oder in Verbindung mit früher erhobenen Beweisen einen Freispruch, durch Anwendung eines milderen Strafgesetzes eine geringere Bestrafung oder eine wesentlich andere Entscheidung über Sicherungsmaßregeln zu begründen.

Tatsachen ud Beweismittel sind neu, wenn sie erst nach dem Urteil eintreten oder bekanntwerden[230].

Tatsachen sind beigebracht, wenn das Vorliegen mit Bestimmtheit behauptet wird. Beweismittel müssen so konkret bezeichnet sein, daß sie vom Gericht ohne weiteres beigezogen werden können. Die Geeignetheit der neuen Tatsachen und Beweismittel ist darzulegen, wenn sie nicht ohne weiteres erkennbar ist[231].

In dem Antrag auf Wiederaufnahme des Verfahrens muß der gesetzliche   271
Grund der Wiederaufnahme schlüssig dargetan werden (§ 366 Abs. 1 StPO). Der Antrag ist formgebunden (§ 366 Abs. 2 StPO).

Zuständig für das Wiederaufnahmeverfahren ist ein anderes Gericht mit gleicher sachlicher Zuständigkeit als das Gericht, gegen dessen Entscheidung sich der Antrag auf Wiederaufnahme des Verfahrens richtet (§ 140 a GVG).

Muster 14

Antrag auf Wiederaufnahme des Verfahrens

An das Amtsgericht
4000 Düsseldorf
In der Strafsache
g e g e n
Hans Müller

---

230 Vgl. BGH NJW 1963, 1019.
231 Vgl. KK-*Stackelberg*, § 359 Rdnr. 34.

Karl-Heinz Göpfert   105

– AG Ratingen – 4 Ls 24/86 –

bestelle ich mich unter Überreichung einer schriftlichen Vollmacht für den Verurteilten.

Ich beantrage die

Wiederaufnahme des Verfahrens,

das durch rechtskräftiges Urteil des Amtsgerichts Ratingen vom 1. 3. 1986 – Aktenzeichen 4 Ls 24/86 – abgeschlossen worden ist.

Mein Mandant ist durch das vorstehend näher bezeichnete Urteil des Amtsgerichts Ratingen wegen Diebstahls zu einer Freiheitsstrafe von 9 Monaten verurteilt worden. Die Vollstreckung der Strafe ist zur Bewährung ausgesetzt worden. Das Gericht hat sich in dem Urteil namentlich auf die Aussage des Zeugen Bernd Meier gestützt. Dieser hat bekundet, er habe den Verurteilten bei der Tat beobachtet. Der Verurteilte hat bestritten, die Tat begangen zu haben oder an ihr beteiligt gewesen zu sein.

Der Zeuge Bernd Meier hat nunmehr vor einigen Tagen den nachbenannten Zeugen gegenüber geäußert, er habe seinerzeit falsch ausgesagt, nicht der Verurteilte habe den Diebstahl begangen, sondern er selbst.

Beweis: 1. Zeugnis der Frau Helene Kurze, Ackerstraße 10, 4000 Düsseldorf;

               2. Zeugnis Karl Kampf, Ulmenstraße 5, 4000 Düsseldorf.

Rechtsanwalt

272 b) Verfahren

Vom Wiederaufnahmegericht wird zunächst geprüft, ob Form und Inhalt des Antrages dem Gesetz entsprechen (§ 366 StPO). Im Anschluß an diese Prüfung ergeht ein Beschluß, der den Antrag auf Wiederaufnahme des Verfahrens entweder für zulässig erklärt oder als unzulässig verwirft.

Wird der Wiederaufnahmeantrag für zulässig erklärt, so beauftragt das Gericht im Regelfalle einen Richter mit der Aufnahme der angetretenen Beweise (§ 369 Abs. 1 StPO). Das Gericht kann die Beweise aber auch in voller Besetzung erheben. Der Staatsanwalt, der Angeklagte und der Verteidiger haben bei der Beweisaufnahme ein Anwesenheitsrecht. Für den Angeklagten gelten Ausnahmen (§§ 168 c Abs. 3, 369 Abs. 3 StPO). Finden die im Antrag auf Wiederaufnahme aufgestellten Tatsachenbehauptungen keine ausreichende Bestätigung oder ist in den Fällen des § 359 Ziffer 1 und 2 StPO ausgeschlossen, daß die dort bezeichneten Handlungen auf das angefochtene Urteil Einfluß genommen haben, so wird der Wiederaufnahmeantrag ohne mündliche Verhandlung als unbegründet durch Beschluß verworfen (§ 370 Abs. 1 StPO). Andernfalls ordnet das Gericht die Wiederaufnahme des Verfahrens und die Erneuerung der Hauptverhandlung an (§ 370

Abs. 2 StPO). Unter bestimmten Voraussetzungen, namentlich bei eindeutiger Beweislage, kann das Gericht mit Zustimmung der Staatsanwaltschaft den Verurteilten auch ohne Hauptverhandlung freisprechen (§ 371 StPO). Die Entscheidungen, die aus Anlaß eines Antrages auf Wiederaufnahme des Verfahrens von dem zuständigen Gericht erlassen werden, können mit der sofortigen Beschwerde angefochten werden (§ 372 StPO). Für die neue Hauptverhandlung gilt das Verbot der reformatio in peius (§ 373 StPO).

2. Gnadenverfahren 273

Dem Bund steht das Begnadigungsrecht in Staatsschutzstrafsachen zu, in denen die Oberlandesgerichte nach § 120 Abs. 1, Abs. 2 GVG, aufgrund der Organleihe nach Artikel 96 Abs. 5 GG (vgl. § 120 Abs. 6 GVG) auf Anklage des Generalbundesanwalts (§ 142 a GVG) im ersten Rechtszug entschieden haben[232]. Im übrigen steht das Begnadigungsrecht den Ländern zu. Die Milderung oder Aufhebung von rechtskräftig ausgesprochenen Sanktionen kann nur in Ausnahmesituationen erreicht werden, etwa wenn nach der rechtskräftigen Verurteilung wesentliche neue Umstände eingetreten sind.

3. Strafaussetzung zur Bewährung

a) Aussetzung des Strafrestes bei zeitiger Freiheitsstrafe 274

§ 57 StGB regelt die Strafaussetzung einer Reststrafe zur Bewährung nach Verbüßung von 2/3 oder der Hälfte der verhängten Strafe. Nach § 57 Abs. 1 StGB wird die Vollstreckung des Restes einer zeitigen Freiheitsstrafe zur Bewährung ausgesetzt, wenn 2/3 der verhängten Strafe, mindestens jedoch 2 Monate verbüßt sind, verantwortet werden kann zu erproben, ob der Verurteilte außerhalb des Strafvollzuges keine Straftaten mehr begehen wird und der Verurteilte einwilligt. Eine Aussetzung der Vollstreckung des Restes der Freiheitsstrafe zur Bewährung schon nach Verbüßung der Hälfte einer zeitigen Freiheitsstrafe setzt zusätzlich voraus, daß der Verurteilte erstmals eine Freiheitsstrafe verbüßt und diese zwei Jahre nicht übersteigt oder eine Gesamtwürdigung von Tat und Persönlichkeit des Verurteilten und seiner Entwicklung während des Strafvollzugs den Schluß zuläßt, daß besondere Umstände vorliegen (§ 57 Abs. 2 StGB).

Muster 15

Aussetzung einer Reststrafe zur Bewährung

232 Vgl. *Kleinknecht/Meyer*, § 452 Rdnr. 11.

Karl-Heinz Göpfert   107

An das Landgericht
– Strafvollstreckungskammer –
4000 Düsseldorf
In der Strafsache
g e g e n
Wolfgang Müller
– 13 KLs 18 Js 44/83 StA Düsseldorf –

nehme ich Bezug auf meine bei den Akten befindliche Vollmacht und beantrage,
die durch Urteil der X. Großen Strafkammer des Landgerichts Düsseldorf am
2. 1. 1984 verhängte Freiheitsstrafe nach Verbüßung von ²/₃ der verhängten Strafe
zur Bewährung auszusetzen.
Mein Mandant ist am 2. 1. 1984 zu einer Freiheitsstrafe von 3 Jahren verurteilt
worden. Am 1. 10. 1986 sind ²/₃ der Strafe verbüßt. Persönlichkeit meines Mandan-
ten, sein Vorleben, die Tatumstände, sein Verhalten im Vollzug, seine Lebensver-
hältnisse und die Wirkungen, die von der Strafaussetzung zur Bewährung zu
erwarten sind, lassen es angezeigt erscheinen, daß verantwortet werden kann zu
erproben, ob er außerhalb des Strafvollzuges keine Straftaten mehr begehen wird.
(Dies ist näher auszuführen.)

Rechtsanwalt

275 b) Widerruf der Strafaussetzung

Das Gericht kann eine gewährte Strafaussetzung widerrufen, wenn der Verurteilte in der Bewährungszeit eine Straftat begeht und hierdurch zeigt, daß
sich die der Strafaussetzung zugrundeliegende Erwartung nicht erfüllt hat,
oder wenn er gegen Weisungen und Auflagen für die Strafaussetzung
beharrlich und gröblich vertößt (§ 56 f StGB).

276 c) Rechtsmittel

Der Widerruf der Strafaussetzung zur Bewährung sowie die Zurückweisung
eines Antrages auf Aussetzung des Strafrestes sind mit der sofortigen
Beschwerde anfechtbar; gegen die übrigen nachträglichen gerichtlichen Entscheidungen, die sich auf eine Strafaussetzung zur Bewährung beziehen, ist
die einfache Beschwerde zulässig (§§ 453 Abs. 2, 454 Abs. 2 StPO).

277 *4. Vorzeitige neue Fahrerlaubnis*

Eine Entziehung der Fahrerlaubnis durch das Gericht hat zur Folge, daß
dem Betroffenen für die Dauer von 6 Monaten bis zu 5 Jahren keine neue
Fahrerlaubnis erteilt werden darf, falls sie nicht für immer angeordnet wird
(§ 69 a Abs. 1 StGB). Ergibt sich später ein Grund zur Annahme, daß der

Verurteilte zum Führen von Kraftfahrzeugen nicht mehr ungeeignet ist, kann das Gericht die Sperre vorzeitig aufheben (§ 69 a Abs. 7 StGB). Voraussetzung ist, daß die Sperre mindestens 6 Monate, im Falle eines Wiederholungstäters (§ 69 a Abs. 3 StGB) ein Jahr gedauert hat. Erhebliche neue Tatsachen müssen zur Annahme führen, daß der Verurteilte nicht mehr zum Führen von Kraftfahrzeugen ungeeignet ist. Hierbei kann u. a. eine »Nachschulung« Berücksichtigung finden[233].

Gegen eine ablehnende Entscheidung kann der Verurteilte Beschwerde einlegen (§§ 463 Abs. 5, 462 StPO).

5. Tilgung der strafgerichtlichen Verurteilung im Zentralregister 278

§ 4 Bundeszentralregistergesetz (BZRG) bestimmt, daß u. a. rechtskräftige Entscheidungen eingetragen werden, durch die auf Strafe erkannt worden ist. Eintragungen über Verurteilung werden nach Ablauf einer bestimmten Frist getilgt (§ 45 Abs. 1 BZRG). Dies gilt nicht bei Verurteilungen zu lebenslanger Freiheitsstrafe und bei der Anordnung und der Unterbringung in Sicherungsverwahrung oder in einem psychiatrischen Krankenhaus (§ 45 Abs. 3 BZRG). Die Länge der Tilgungsfrist richtet sich nach der Höhe der Strafe (§ 46 BZRG). In Ausnahmefällen kann der Generalbundesanwalt auf Antrag oder von Amts wegen anordnen, daß Eintragungen vorzeitig zu tilgen sind, falls die Vollstreckung erledigt ist und ein öffentliches Interesse dieser Anordnung nicht entgegensteht (§ 49 BZRG). Gegen die Ablehnung einer Anordnung des Generalbundesanwalts kann innerhalb von 2 Wochen Beschwerde eingelegt werden. Es entscheidet der Bundesminister der Justiz, wenn der Generalbundesanwalt der Beschwerde nicht abhilft. Im übrigen ist gegen ablehnende Entscheidungen der Antrag auf gerichtliche Entscheidung gemäß § 23 EGGVG zulässig.

6. Entschädigung für Strafverfolgungsmaßnahmen 279

Erleidet jemand durch strafgerichtliche Verurteilung oder durch eine andere Strafverfolgungsmaßnahme (z. B. Untersuchungshaft, Beschlagnahme, Durchsuchung, vorläufige Entziehung der Fahrerlaubnis, vorläufiges Berufsverbot) einen Schaden und stellt sich im nachhinein diese Maßnahme als nicht gerechtfertigt heraus, so kann nach Maßgabe des Gesetzes über die Entschädigung für Strafverfolgungsmaßnahmen (StrEG) von der Staatskasse Entschädigung verlangt werden (§§ 1, 2 StrEG).

Gegenstand des Entschädigungsanspruchs ist der durch die Strafverfolgungsmaßnahme verursachte materielle Schaden, im Falle der Freiheitsent-

---

233 Vgl. *Dreher-Tröndle*, § 69 a Rdnr. 15 b.

Karl-Heinz Göpfert   109

ziehung aufgrund gerichtlicher Entscheidung auch der Nichtvermögensschaden (§ 7 StrEG). Für den Schaden, der nicht Vermögensschaden ist, beträgt die Entschädigung 10,– Deutsche Mark für jeden angefangenen Tag der Freiheitsentziehung (§ 7 Abs. 3 StrEG). Der materielle Schaden ist in voller Höhe zu erstatten, soweit er 50,– Deutsche Mark übersteigt (§ 7 Abs. 2 StrEG).

Eine Entschädigung ist insbesondere ausgeschlossen, wenn und soweit der Beschuldigte die Strafverfolgungsmaßnahme vorsätzlich oder grob fahrlässig verursacht hat (§ 5 Abs. 2 StrEG). In einigen gesetzlich geregelten Fällen kann die Entschädigung ganz oder teilweise versagt werden, wenn der Beschuldigte z. B. wahrheitswidrige Angaben in wesentlichen Punkten gemacht hat (§ 6 Abs. 1 Nr. 1 StrEG).

Über die Entschädigungspflicht entscheidet das Gericht im Urteil oder in einem späteren Beschluß (§ 8 Abs. 1 StrEG). Steht die Entschädigungspflicht der Staatskasse rechtskräftig fest, so muß der Entschädigungsanspruch innerhalb von 6 Monaten bei der Staatsanwaltschaft geltend gemacht werden; die Staatsanwaltschaft hat den Berechtigten über sein Antragsrecht und die Frist zu belehren (§ 10 Abs. 1 StrEG).

Der Entschädigungsanspruch kann nicht mehr geltend gemacht werden, wenn nach rechtskräftiger Feststellung der Entschädigungspflicht ein Jahr verstrichen ist (§ 12 StrEG).

Gegen die Entscheidung der Staatsanwaltschaft über den Entschädigungsanspruch kann binnen einer Frist von 3 Monaten seit Zustellung Klage erhoben werden. Zuständig sind die Zivilkammern der Landgerichte ohne Rücksicht auf den Wert des Streitgegenstandes (§ 13 StrEG).

280 XI. Kosten im Strafverfahren

Das Gericht muß in einer das Verfahren abschließenden Entscheidung auch darüber befinden, wer die Kosten des Verfahrens und die notwendigen Auslagen zu tragen hat (§ 464 Abs. 1, Abs. 2 StPO).

Kosten des Verfahrens sind die Gebühren und Auslagen der Staatskasse; zu den notwendigen Auslagen eines Beteiligten gehören insbesondere die erstattungsfähigen Gebühren und Auslagen eines Rechtsanwalts (§ 91 Abs. 2 ZPO) sowie Verdienstausfall (§ 464 a StPO).

Wird der Angeklagte verurteilt oder gegen ihn eine Maßregel der Besserung und Sicherung angeordnet, so hat er insoweit die Kosten zu tragen (§ 465 StPO). Wird der Angeschuldigte freigesprochen oder die Eröffnung des Hauptverfahrens abgelehnt oder das Verfahren gegen ihn eingestellt, so fallen die Kosten des Verfahrens und die notwendigen Auslagen des Angeschuldigten der Staatskasse zur Last (§ 467 StPO). Nimmt die Staatsanwaltschaft die Anklage zurück und stellt sie das Verfahren ein, so hat das Gericht, bei dem die Klage erhoben war, auf Antrag der Staatsanwaltschaft

Karl-Heinz Göpfert

oder des Angeschuldigten dessen notwendige Auslagen der Staatskasse aufzuerlegen (§ 467 a StPO).

Das Gericht entscheidet über die Verpflichtung zur Kostentragung dem Grunde nach. Im Kostenansatzverfahren (§ 4 GKG) sowie im Kostenfestsetzungsverfahren (§ 464 b StPO) wird der Betrag sodann ziffernmäßig festgelegt.

Gegen die Grundentscheidung über die Kosten und die notwendigen Auslagen ist die sofortige Beschwerde zulässig (§ 464 Abs. 3 S. 1 StPO).

Karl-Heinz Göpfert

C. Ordnungswidrigkeitenrecht

I. Vorbemerkung

281 *1. Straftat und Ordnungswidrigkeit*

Die Entwicklung zum modernen sozialen Verwaltungsstaat mit einer Vielzahl von Vorschriften in den einzelnen Verwaltungszweigen, die sich mit Geboten und Verboten an den Bürger wenden, hat die Notwendigkeit mit sich gebracht, Verstöße, die nicht von der Qualität strafwürdigen Unrechts sind, die aber nicht hingenommen werden können und der staatlichen Sanktionen bedürfen, aus dem allgemeinen Strafrecht herauszulösen und einem besonderen rechtlichen Bereich, dem Ordnungswidrigkeitenrecht, zu unterstellen [234].

Dieser Rechtszweig hat sich in Deutschland erst nach dem Zweiten Weltkrieg herausgebildet. Bis dahin wurden alle mit einer staatlichen Sanktion versehenen Tatbestände als Straftaten eingestuft. Eine Änderung brachte erst das Gesetz zur Vereinfachung des Wirtschaftsstrafrechts vom 26. 7. 1949 (Wirtschaftsstrafgesetz) [235]. Dieses Gesetz brachte den Durchbruch für das Ordnungswidrigkeitenrecht, [236].

Mit der Schaffung des Ordnungswidrigkeitenrechtes ist der Bereich der strafrechtlichen Tatbestände eingeengt und das Strafrecht auf die strafwürdigen Fälle beschränkt worden; herausgenommen worden sind die Verstöße, die wegen ihres minderen Unwertgehaltes nicht mit einer Kriminalstrafe belegt werden müssen, sondern bei denen eine Ahndung durch Geldbuße ausreichend ist.

Auf der Grundlage einer Trennung zwischen Strafrecht und Ordnungswidrigkeitenrecht wurde das Gesetz über Ordnungswidrigkeiten vom 25. 3. 1952 geschaffen. Es stellte ein Rahmengesetz mit materiellen und verfahrensrechtlichen Regelungen dar. An die Stelle des Ordnungswidrigkeitengesetzes vom 25. 3. 1952 ist sodann am 24. 5. 1968 das jetzige Ordnungswidrigkeitengesetz getreten [237].

Seit der Einführung des Ordnungswidrigkeitenrechts trifft der Gesetzgeber die Unterscheidung, ob eine bestimmte Verhaltensweise Straftat oder

---

234 Vgl. *Göhler*, Ordnungswidrigkeitenrecht, 7. Aufl., Einl. Rdnr. 3.
235 Verordnungsblatt für die Britische Zone, S. 313 ff.
236 Vgl. *Göhler*, Einl. Rdnr. 6.
237 BGBl. I S. 481.

Karl-Heinz Göpfert

Ordnungswidrigkeit ist, danach, ob er als Sanktion eine Strafe oder eine Geldbuße bestimmt. Im letzteren Falle sind der Verstoß und die hieran geknüpfte Sanktion dem Ordnungswidrigkeitenrecht zuzurechnen.

Die Verfolgung und Ahndung von Ordnungswidrigkeiten obliegt der zuständigen Verwaltungsbehörde. Sie hat hierbei mithin eine Doppelfunktion. Die Entscheidung der Verwaltungsbehörde unterliegt indes der gerichtlichen Kontrolle, wenn der Betroffene mit ihr nicht einverstanden ist.

2. Gliederung des Ordnungswidrigkeitengesetzes

282

Das Gesetz über Ordnungswidrigkeiten besteht aus drei Teilen. Der 1. Teil enthält die grundlegenden materiell-rechtlichen Vorschriften für die Ahndung einer Ordnungswidrigkeit, vergleichbar mit dem Allgemeinen Teil des StGB. Der 2. Teil regelt das Verfahren in Bußgeldsachen, vergleichbar mit der StPO, auf die vielfach verwiesen wird. Der 3. Teil schließlich enthält einzelne (wenige) Ordnungswidrigkeitentatbestände. Die Ordnungswidrigkeiten im übrigen sind in zahllosen Gesetzen verstreut.

II. Materiell-rechtliche Vorschriften

1. Begriffsbestimmung der Ordnungswidrigkeit

283

Eine Ordnungswidrigkeit ist eine tatbestandsmäßige, rechtswidrige und vorwerfbare Handlung, die den Tatbestand eines Gesetzes verwirklicht, das die Ahndung mit einer Geldbuße zuläßt (§ 1 Abs. 1 OWiG). Diese Begriffsbestimmung ist ähnlich derjenigen der strafbaren Handlung[238]. Das Ordnungswidrigkeitengesetz ersetzt lediglich den strafrechtlichen Begriff »schuldhaft« durch den Begriff »vorwerfbar« und ordnet eine andere Rechtsfolge als das Strafrecht an. Mit »vorwerfbar« ist aber ebenso wie mit »schuldhaft« Vorsatz und Fahrlässigkeit gemeint (vgl. §§ 10–12 OWiG).

§ 1 Abs. 2 OWiG bestimmt, daß eine mit Geldbuße bedrohte Handlung vorliegt, wenn die konkrete Handlung eines Menschen tatbestandsmäßig und rechtswidrig, indes nicht vorwerfbar ist. Soweit mithin im Gesetz die Formulierung »mit Geldbuße bedrohte Handlung« verwendet ist, kommt es danach nur auf eine tatbestandsmäßige und rechtswidrige, nicht aber vorwerfbar begangene Handlung an (vgl. z. B. § 116 Abs. 1 OWiG).

238 Vgl. Rz. 4 ff.

284   *2. Allgemeine Vorschriften*

Der materielle Teil des Gesetzes über Ordnungswidrigkeiten stimmt in Inhalt und Aufbau weitgehend mit dem Allgemeinen Teil des StGB überein (Unterlassen, Irrtum, Versuch, Notwehr, rechtfertigender Notstand).

Abweichend von den Vorschriften des StGB regelt § 14 OWiG die Teilnahme mehrerer Personen an einer Ordnungswidrigkeit. Das StGB unterscheidet bekanntlich zwischen dem Täter und verschiedenen Beteiligungsformen (Mittäter, Anstifter, Gehilfe). § 14 OWiG bestimmt demgegenüber, daß jeder, der sich an einer Ordnungswidrigkeit beteiligt, ordnungswidrig handelt, und zwar unabhängig von seinem Tatbeitrag. Im Ordnungswidrigkeitenrecht gilt demnach ein einheitlicher Täterbegriff[239]. Die Vorschrift soll die Rechtsanwendung erleichtern und vereinfachen. Für eine Beteiligung reicht es aus, wenn jemand an einer Handlung bewußt und gewollt mitwirkt. Erforderlich ist ein vorsätzlicher Tatbeitrag[240]. Nicht anwendbar ist die Vorschrift bei einem nur fahrlässigen Tatbeitrag. In einem solchen Fall kann aber fahrlässige Nebentäterschaft vorliegen.

Einem unterschiedlichen Tatbeitrag mehrerer Beteiligter kann durch eine entprechende Bemessung der Geldbuße Rechnung getragen werden.

285   *3. Geldbuße, Einziehung und Fahrverbot*

Die Geldbuße beträgt mindestens 5,– DM und, wenn das Gesetz nichts anderes bestimmt, höchstens 1000,– DM (§ 17 Abs. 1 OWiG). Häufig drohen Gesetze, die Ordnungswidrigkeitentatbestände enthalten, wesentlich höhere Geldbußen an, z. B. das Bundesbaugesetz und das Aktiengesetz bis zu 50 000,– DM, die Abgabenordnung sowie das Außenwirtschaftsgesetz bis zu 100 000,– DM.

Droht das Gesetz Geldbuße für vorsätzliches und fahrlässiges Handeln an, ohne im Höchstmaß zu unterscheiden, so kann fahrlässiges Handeln im Höchstmaß nur mit der Hälfte des angedrohten Höchstbetrages der Geldbuße geahndet werden (§ 17 Abs. 2 OWiG). Grundlage für die Bemessung der Geldbuße sind die Bedeutung der Ordnungswidrigkeit und der Vorwurf, der dem Täter zu machen ist. Auch die wirtschaftlichen Verhältnisse des Täters sind zu berücksichtigen. Bei geringfügigen Ordnungswidrigkeiten bleiben sie indes außer Betracht (§ 17 Abs. 3 OWiG).

Die Geldbuße soll den wirtschaftlichen Vorteil, den der Täter aus der Tat gezogen hat, übersteigen; reicht das gesetzliche Höchstmaß hierzu nicht aus, so kann es überschritten werden (§ 17 Abs. 4 OWiG).

239 Vgl. *Göhler*, § 14 Rdnr. 1.
240 Vgl. KG NJW 1976, 1465.

Karl-Heinz Göpfert

Das Gesetz über Ordnungswidrigkeiten enthält in den §§ 22 ff. Rahmenvorschriften für die Einziehung, die anwendbar sind, soweit in Gesetzen des Bundes oder der Länder die Einziehung zugelassen ist (vgl. z. B. §§ 123, 129 OWiG, § 23 Abs. 3 StVG).

Hat jemand unter grober oder beharrlicher Verletzung der Pflichten eines Kraftfahrzeugführers eine Verkehrsordnungswidrigkeit (§ 24 StVG) begangen, so kann ihm neben der Geldbuße für die Dauer von einem Monat bis zu drei Monaten ein Fahrverbot auferlegt werden (§ 25 StVG).

Eine Eintragung von Geldbußen im Bundeszentralregister erfolgt nicht. Bei Verkehrsordnungswidrigkeiten werden jedoch alle Geldbußen von mindestens 80,– DM und Fahrverbote in ein Verkehrszentralregister aufgenommen (§ 28 StVG).

III. Bußgeldverfahren

1. Vorverfahren

a) Zuständigkeit der Verwaltungsbehörde   286

§ 35 OWiG bestimmt die grundsätzliche Zuständigkeit der Verwaltungsbehörde zur Verfolgung und Ahndung von Ordnungswidrigkeiten. Diese besteht, soweit des OWiG nicht die Zuständigkeit von Staatsanwaltschaft oder Gericht bestimmt.

Für das Bußgeldverfahren gelten, soweit das OWiG nichts anderes bestimmt, sinngemäß die Vorschriften der allgemeinen Gesetze über das Strafverfahren (§ 46 Abs. 1 OWiG). Bei der Verfolgung hat die Behörde im Bußgeldverfahren grundsätzlich dieselben Rechte und Pflichten wie die Staatsanwaltschaft bei der Verfolgung von Straftaten (§ 46 Abs. 2 OWiG). Schwerwiegende Grundrechtseingriffe wie Anstaltsunterbringung, Verhaftung und vorläufige Festnahme, Beschlagnahme von Postsendungen und Telegrammen, sind unzulässig (§ 46 Abs. 3 OWiG). § 46 Abs. 4 OWiG läßt indes geringfügige körperliche Eingriffe (z. B. Entnahme von Blutprobe – vgl. § 24 a StVG) zu.

b) Opportunitätsprinzip   287

Die Staatsanwaltschaft ist nach Maßgabe des Legalitätsprinzips (152 Abs. 2 StPO) zur Verfolgung einer strafbaren Handlung verpflichtet. Demgegenüber liegt es im pflichtgemäßen Ermessen der Verwaltungsbehörde, Ordnungswidrigkeiten zu verfolgen. Ein anhängiges Verfahren kann die Behörde einstellen. Selbstverständlich dürfen nur sachliche Gründe dafür maßgeblich sein, ob eine Ordnungswidrigkeit verfolgt oder das Verfahren eingestellt wird. Die Verwaltungsbehörde darf nicht willkürlich handeln. Gleichgelagerte Fälle sind gleichmäßig zu behandeln. Ist das Verfahren bei

Gericht anhängig, so kann es das Verfahren mit Zustimmung der Staatsanwaltschaft in jeder Lage einstellen, wenn es eine Ahndung nicht für geboten hält. Die Verfahrenseinstellung darf nicht von der Zahlung eines Geldbetrages abhängig gemacht oder damit in Zusammenhang gebracht werden (§ 47 OWiG).

288   c) Aufgaben der Polizei

Soweit die Polizei nicht selbst Verwaltungsbehörde im Sinne von § 36 OWiG ist, wird sie als Ermittlungsorgan der Verfolgungsbehörde bei der Erforschung von Ordnungswidrigkeiten tätig. Die Polizei muß hierbei dem Ersuchen der Verfolgungsbehörde zur Vornahme von Ermittlungshandlungen entsprechen (z. B. Zeugenvernehmung, Betroffenenanhörung). Stellt die Polizei zuerst Verdachtsgründe fest, so hat sie das Recht des ersten Zugriffs[241]. Eine förmliche Vernehmung oder Anhörung des Betroffenen ist nicht vorgeschrieben. Es genügt, wenn ihm Gelegenheit gegeben wird, sich zur Beschuldigung zu äußern (§ 55 Abs. 1 OWiG). Er braucht hierbei nicht darauf hingewiesen zu werden, daß er auch schon vor seiner Vernehmung einen Verteidiger befragen kann. § 136 Abs. 1 S. 3 StPO ist nicht anzuwenden (§ 55 Abs. 2 OWiG).

289   d) Verteidigung im Vorverfahren

Wirkt ein Verteidiger im Bußgeldverfahren mit, so wird er sich hier vordringlich für die Einsicht in die Verwaltungsakten interessieren. Diese sind ihm spätestens dann zur Einsichtnahme auszuhändigen, sobald die Verwaltungsbehörde in den Akten vermerkt hat, daß sie die Ermittlungen abgeschlossen hat und sie die weitere Verfolgung der Ordnungswidrigkeit erwägt (§ 61 OWiG i. V. m. § 147 StPO). Bei der Überprüfung der Rechtslage hat der Verteidiger auf die verhältnismäßig kurzen Fristen für die Verfolgungsverjährung zu achten. Gemäß § 31 OWiG verjähren Ordnungswidrigkeiten je nach Höhe der Geldbuße in 6 Monaten bis 3 Jahren.

Zahlreiche Ordnungswidrigkeiten unterscheiden sich lediglich im subjektiven Bereich von Straftaten. Für vorsätzliches Handeln ist eine Strafe und für fahrlässiges Handeln eine Geldbuße angedroht (vgl. z. B. §§ 370, 378 AO). Der Verteidiger mußt den Mandanten ggf. darüber belehren, daß die Verteidigung gegen eine Ordnungswidrigkeit unter Umständen den Vorwurf einer strafbaren Handlung heraufbeschwören kann. Denn weder die Verwaltungsbehörde noch das Gericht sind an die ursprüngliche rechtliche Qualifizierung der Vorwürfe gebunden. Auch ist darauf hinzuweisen, daß das Gericht nach einem Einspruch die Möglichkeit hat, die Geldbuße zu erhöhen oder das Fahrverbot zu verlängern.

241 Vgl. *Göhler*, § 53 Rdnr. 4.

Karl-Heinz Göpfert

Anordnungen, Verfügungen und sonstige Maßnahmen der Verwaltungsbehörde im Bußgeldverfahren, soweit sie selbständige Bedeutungen haben und nicht nur der Vorbereitung einer das Verfahren abschließenden Entscheidung dienen, sind anfechtbar, und zwar durch einen Antrag auf gerichtliche Entscheidung (§ 62 OWiG). Als solche Maßnahmen mit selbständiger Bedeutung kommen in Betracht z. B. die Beschlagnahme von Gegenständen oder die Anordnung der körperlichen Untersuchung.

2. *Verwarnungsverfahren* 290

Bei geringfügigen Ordnungswidrigkeiten kann die Verwaltungsbehörde den Betroffenen verwarnen und ein Verwarnungsgeld erheben. Mit dem Verwarnungverfahren soll einerseits die Durchführung eines Bußgeldverfahrens im Bagatellbereich vermieden, andererseits aber eine präventive Maßnahme (Verwarnungsgeld) als Sanktion verhängt werden. Das Verwarnungsgeld beträgt mindestens 5,– DM und, falls das Gesetz nichts anderes bestimmt, höchstens 75,– DM (§ 56 Abs. 1 OWiG). Wirksamkeitsvoraussetzung der Verwarnung ist, daß der Betroffene nach Belehrung über sein Weigerungsrecht einverstanden ist und das Verwarnungsgeld nach Maßgabe der Bestimmungen der Verwaltungsbehörde entweder sofort oder innerhalb einer Frist, die eine Woche betragen soll, zahlt (§ 56 Abs. 2 OWiG). Ist die Verwarnung wirksam, so ist für die Verfolgung der Handlung ein Verfahrenshindernis geschaffen. Die Tat kann nicht mehr unter den tatsächlichen und rechtlichen Gesichtspunkten verfolgt werden, unter denen die Verwarnung erteilt worden ist (§ 56 Abs. 4 OWiG). Die Beamten des Polizeidienstes haben die Befugnis zur Erteilung der Verwarnung, soweit sie hierzu ermächtigt sind (§§ 57 Abs. 2, 58 Abs. 1 OWiG).

3. *Bußgeldbescheid und Einspruch* 291

Sieht die zuständige Verwaltungsbehörde die Ordnungswidrigkeit als nachgewiesen an und hält sie eine Ahndung für geboten, so erläßt sie einen Bußgeldbescheid. Dieser muß insbesondere die Bezeichnung der Tat, die dem Betroffenen zur Last gelegt wird, Zeit und Ort der Begehung, die gesetzlichen Merkmale der Ordnungswidrigkeit und die angewendeten Bußgeldvorschriften, die Beweismittel sowie die Geldbuße und die Nebenfolgen enthalten (§ 66 OWiG).

Der Betroffene kann gegen den Bußgeldbescheid innerhalb von zwei 292 Wochen nach Zustellung schriftlich oder zur Niederschrift bei der Verwaltungsbehörde, die den Bußgeldbescheid erlassen hat, Einspruch einlegen (§ 67 OWiG). Für den Betroffenen kann auch der Verteidiger den Einspruch einlegen (§ 67 S. 2 OWiG i. V. m. § 297 StPO). Der Einspruch braucht weder Antrag noch Begründung zu enthalten.

Karl-Heinz Göpfert 117

Die Verwaltungsbehörde verwirft den Einspruch als unzulässig, wenn er nicht rechtzeitig, nicht in der vorgeschriebenen Form oder sonst nicht wirksam eingelegt worden ist (§ 69 Abs. 1 S. 1 OWiG). Gegen eine solche Entscheidung ist innerhalb von zwei Wochen nach Zustellung der Antrag auf gerichtliche Entscheidung nach § 62 OWiG zulässig (§ 69 Abs. 1 S. 2 OWiG).

Nach zulässigem Einspruch hat die Verwaltungsbehörde zu prüfen, ob sie den Bußgeldbescheid aufrechterhält oder zurücknimmt. Hierzu kann sie weitere Ermittlungen veranlassen oder von Behörden und sonstigen Stellen die Abgabe von Erklärungen über dienstliche Wahrnehmungen, Untersuchungen und Erkenntnisse verlangen; auch kann dem Betroffenen Gelegenheit gegeben werden, sich innerhalb einer Frist zu äußern, ob und welche Tatsachen und Beweismittel er im weiteren Verfahren zu seiner Entlastung vorbringen will (§ 69 Abs. 2 OWiG).

Nimmt die Verwaltungsbehörde den Bußgeldbescheid nicht zurück und verwirft sie den Einspruch auch nicht als unzulässig, so übersendet sie die Akten an die Staatsanwaltschaft (§ 69 Abs. 3 OWiG).

Die Staatsanwaltschaft legt die Akten dem Amtsgericht vor, wenn sie das Verfahren nicht einstellt und weitere Ermittlungen nicht für erforderlich hält. Bei offensichtlich ungenügender Sachaufklärung durch die Verwaltungsbehörde kann die Staatsanwaltschaft die Akten auch unter Angabe der Gründe an diese zurückgeben (§ 69 Abs. 4 OWiG).

293   Das Gericht verwirft einen Einspruch, der nicht rechtzeitig oder nicht in der vorgeschriebenen Form eingelegt worden ist, als unzulässig (§ 70 Abs. 1 OWiG). Gegen den Beschluß kann der Betroffene sofortige Beschwerde erheben (§ 70 Abs. 2 OWiG).

4. Hauptverfahren

294   a) Entscheidung ohne mündliche Verhandlung

Hält das Gericht nach einem zulässigen Einspruch eine Hauptverhandlung für entbehrlich, so kann es durch Beschluß entscheiden. Dies ist häufig dann der Fall, wenn der Sachverhalt nach Aktenlage geklärt ist, etwa wenn der Betreffende den Vorwurf eingestanden hat, und nur eine relativ geringe Geldbuße in Frage kommt oder wenn es lediglich um Rechtsfragen geht. Das Gericht weist den Betroffenen und die Staatsanwaltschaft auf die Möglichkeit eines solchen Verfahrens und des Widerspruchs hin und gibt Gelegenheit, sich innerhalb einer Frist von zwei Wochen nach Zustellung des Hinweises zu äußern (§ 72 Abs. 1 S. 2 OWiG). Das Gericht kann von einem Hinweis an den Betroffenen absehen und auch gegen seinen Widerspruch durch Beschluß entscheiden, wenn es ihn freispricht (§ 72 Abs. 1 S. 3 OWiG). Entscheidet das Gericht über den Einspruch durch Beschluß, darf es von dem Bußgeldbescheid nicht zum Nachteil des Betroffenen abweichen.

Karl-Heinz Göpfert

Der Verteidiger wird seinem Mandanten regelmäßig nicht empfehlen können, auf die Hauptverhandlung zu verzichten.

Erfahrungsgemäß ist ein Freispruch im Beschlußverfahren nicht gerade häufig. Zudem sind der persönliche Eindruck des Richters vom Betroffenen und dessen Darstellung des Sachverhalts sowie der Vortrag des Verteidigers in der Regel wirksamer als eine schriftliche Darstellung. Das Beschlußverfahren kann dann vorzuziehen sein, wenn der Betroffene eine Hauptverhandlung oder eine längere Anreise zu einem entfernten Gericht vermeiden möchte.

b) Hauptverhandlung   295

Das gerichtliche Verfahren nach zulässigem Einspruch richtet sich nach den Vorschriften der Strafprozeßordnung, die nach zulässigem Einspruch gegen einen Strafbefehl gelten, soweit das OWiG nichts anderes bestimmt (§ 71 Abs. 1 OWiG).

Der Betroffene ist grundsätzlich nicht verpflichtet, in der Hauptverhandlung zu erscheinen (§ 73 Abs. 1 OWiG). Zur Aufklärung des Sachverhalts kann das Gericht jedoch das persönliche Erscheinen des Betroffenen anordnen (§ 73 Abs. 2 OWiG). Erscheint der Betroffene trotz Anordnung des Gerichts ohne genügende Entschuldigung nicht, so kann das Gericht den Einspruch durch Urteil verwerfen; nach Beginn der Hauptverhandlung ist hierfür die Zustimmung der Staatsanwaltschaft erforderlich (§ 74 Abs. 2 OWiG). Das Gericht kann indes auch die Vorführung des Betroffenen anordnen oder ohne ihn verhandeln (§ 74 Abs. 2 S. 2 OWiG). Ist der Betroffene in diesem Fall durch einen Verteidiger vertreten, so hat dieser außer seinen Verteidigerrechten zusätzlich die Befugnis, die Einlassung des Mandanten an dessen Stelle vorzutragen. Ist der Betroffene nicht verteidigt, so werden der wesentliche Inhalt einer früheren Vernehmung und etwaiger schriftlicher oder protokollarischer Erklärungen, die der Betroffene zur Sache abgegeben hat, bekannt gegeben oder aber festgestellt, daß er sich nicht geäußert hat, obwohl ihm dazu Gelegenheit gegeben war (§ 74 Abs. 1 OWiG).

Im Regelfall macht die Staatsanwaltschaft von ihrem Recht zur Teilnahme an der Hauptverhandlung keinen Gebrauch. Das Gericht benötigt dann auch nicht die Zustimmung der Staatsanwaltschaft für eine Einstellung des Verfahrens nach § 47 Abs. 2 OWiG, eine Verwerfung des Einspruchs nach § 74 Abs. 2 S. 1 OWiG oder eine Rücknahme des Einspruchs gegen den Bußgeldbescheid nach Beginn der Hauptverhandlung.

In der Beweisaufnahme ist das Gericht freier als im Strafprozeß.   296

§ 77 Abs. 1 OWiG in der vor dem 1. 4. 1987 geltenden Fassung schrieb vor, daß das Gericht, unbeschadet des § 244 Abs. 2 der Strafprozeßordnung, den Umfang der Beweisaufnahme bestimmte. Danach galt zunächst einmal

Karl-Heinz Göpfert   119

der Grundsatz der Amtsaufklärungspflicht auch im Bußgeldverfahren. Dieser war verletzt, wenn das Gericht Beweise nicht erhob, deren Benutzung sich nach der Sachlage aufgedrängt oder nahegelegen hat[242]. Eine Verletzung der Aufklärungspflicht konnte mit der Aufklärungsrüge beanstandet werden, wenn die Entscheidung rechtsmittelfähig, d. h. mit der Rechtsbeschwerde angreifbar war. Im übrigen sollte in der Hauptverhandlung aber nicht das Beweisantragsrecht der Strafprozeßordnung gelten. Das Gericht sollte beim Umfang der Beweisaufnahme freier gestellt sein als im Strafverfahren, indem Beweisanträge über die Ablehnungsgründe des § 244 Abs. 3–Abs. 5 StPO hinaus abgelehnt werden konnten. So wurde es etwa als zulässig angesehen, einen Beweisantrag dann abzulehnen, wenn der Sachverhalt aufgrund verläßlicher und eindeutiger Beweismittel so geklärt war, daß die beantragte Beweiserhebung an der Überzeugungsbildung des Gerichts nichts ändern würde[243].

Das am 1. 4. 1987 in Kraft getretene Gesetz zur Änderung des Gesetzes über Ordnungswidrigkeiten, des Straßenverkehrsgesetzes und anderer Gesetze v. 7. 7. 1986 (BGBl. I S. 977) hat einige bedeutsame Änderungen des Beweisrechts im Bußgeldverfahren gebracht.

Während § 77 OWiG a. F. davon sprach, daß das Gericht die Beweisaufnahme »unbeschadet des § 244 Abs. 2 der StPO« bestimme, vermeidet § 77 Abs. 1 S. 1 OWiG nunmehr diese Bezugnahme auf die Strafprozeßordnung. Nach der jetzt geltenden Fassung bestimmt das Gericht den Umfang der Beweisaufnahme »unbeschadet der Pflicht, die Wahrheit von Amts wegen zu erforschen«. Damit soll schon sprachlich eine gewisse Auflockerung der Beweiserhebungspflicht gegenüber den strafprozessualen Grundsätzen verdeutlicht werden[244].

Dies wird sodann zunächst durch den neu in § 77 Abs. 1 OWiG eingefügten Satz 2 konkretisiert, der bestimmt, daß das Gericht bei der Entscheidung über den Umfang der Beweisaufnahme auch die Bedeutung der Sache berücksichtigt. Mit dieser Regelung soll bei geringfügigen Sachen eine Begrenzung der Beweisaufnahme erreicht werden[245]

Eine weitere Konkretisierung des in § 77 Abs. 1 S. 2 OWiG ausgesprochenen Grundsatzes findet sich sodann in § 77 Abs. 2 Nr. 1 OWiG. Hält das Gericht danach den Sachverhalt nach dem bisherigen Ergebnis der Beweisaufnahme für geklärt, so kann es außer in den Fällen des § 244 Abs. 3 StPO einen Beweisantrag auch dann ablehnen, wenn nach seinem pflichtgemäßen Ermessen die Beweiserhebung zur Erforschung der Wahrheit nicht erforderlich ist.

242 Vgl. OLG Hamm JMBlNW 1980, 76.
243 Vgl. OLG Stuttgart, VRS 1962, 459; KG VRS 1965, 212.
244 Vgl. BT-Drucks. 10/2652, S. 39 ff.; vgl. auch *Böttcher,* Das neue Beweisrecht im Verfahren nach dem OWiG, NStZ 1986, 393.
245 Vgl. BT-Drucks. 10/2652, S. 39 ff.

Karl-Heinz Göpfert

§ 77 Abs. 2 Nr. 1 OWiG wird ergänzt durch § 77 Abs. 3 OWiG, wonach die Begründung für die Ablehnung eines Beweisantrages in dem Gerichtsbeschluß in der Regel auf den Gesetzeswortlaut beschränkt werden kann. Dies gilt indes nur für den Ablehnungsbeschluß, nicht aber für das Urteil. Dort bleibt es bei der Begründungspflicht. Es ist im einzelnen darzulegen, warum der Sachverhalt nach dem bisherigen Ergebnis der Beweisaufnahme geklärt ist und die beantragte Beweiserhebung an der Überzeugung des Gerichts nichts ändern würde[246].

Eine begehrte Beweiserhebung kann in einem Verfahren wegen einer geringfügigen Ordnungswidrigkeit auch dann abgelehnt werden, wenn das Gericht den Sachverhalt nach dem bisherigen Ergebnis der Beweisaufnahme für geklärt hält und nach seiner freien Würdigung das Beweismittel oder die zu beweisende Tatsache ohne verständigen Grund so spät vorgebracht wird, daß die Beweiserhebung zur Aussetzung der Hauptverhandlung führen würde (§ 77 Abs. 2 Nr. 2 OWiG).

§ 77 a OWiG sieht eine vereinfachte Form der Beweiserhebung bei Zustimmung der in der Hauptverhandlung anwesenden Verfahrensbeteiligten vor[247].

Danach kann die Vernehmung eines Zeugen, Sachverständigen oder Mitbetroffenen durch Verlesung von Niederschriften über eine frühere Vernehmung sowie von Urkunden, die eine von ihnen stammende schriftliche Äußerung enthalten, ersetzt werden (§ 77 a Abs. 1 OWiG). Weiter können Erklärungen von Behörden und sonstigen Stellen über ihre dienstlichen Wahrnehmungen, Untersuchungen und Erkenntnisse sowie über diejenigen ihrer Angehörigen unabhängig von den Voraussetzungen des § 256 StPO verlesen werden (§ 77 a Abs. 2 OWiG). Schließlich kann das Gericht eine behördliche Erklärung auch fernmündlich einholen und deren wesentlichen Inhalt in der Hauptverhandlung bekannt geben (§ 77 a Abs. 3 OWiG).

Gemäß § 78 Abs. 1 OWiG kann das Gericht statt der Verlesung eines Schriftstückes dessen wesentlichen Inhalt bekannt geben, falls es nicht auf den Wortlaut des Schriftstücks ankommt. Haben der Betroffene, der Verteidiger und der in der Hauptverhandlung anwesende Vertreter der Staatsanwaltschaft vom Wortlaut des Schriftstücks Kenntnis genommen oder hierzu Gelegenheit gehabt, so genügt es, die Feststellung hierüber in das Protokoll aufzunehmen.

5. Rechtsbeschwerde   297

Die Entscheidung des Gerichts durch Urteil oder Beschluß ist unter bestimmten Voraussetzungen mit der Rechtsbeschwerde anfechtbar. Die

---

246 Vgl. *Böttcher*, a.a.O., S. 394.
247 Vgl. hierzu *Kempf*, Das neue Ordnungswidrigkeitenverfahren, StV 1986, 364.

Rechtsbeschwerde ermöglicht eine Nachprüfung der Entscheidung und des gerichtlichen Verfahrens nur in rechtlicher Hinsicht. Für das Rechtsmittel und das weitere Verfahren gelten die Vorschriften über die Revision in Strafsachen entsprechend, soweit das OWiG nichts anderes bestimmt (§ 79 Abs. 3 OWiG).

Die Rechtsbeschwerde ist binnen einer Woche seit Zustellung des Beschlusses oder des in Abwesenheit des Beschwerdeführers verkündeten Urteils einzulegen. War der Beschwerdeführer bei der Urteilsverkündung anwesend, beginnt die Frist mit der Verkündung. Hinsichtlich der Form und der notwendigen Begründung der Rechtsbeschwerde wird auf die Ausführungen zur Revision verwiesen[248]. Über die Rechtsbeschwerde entscheidet das Oberlandesgericht (Senat für Bußgeldsachen) grundsätzlich durch Beschluß. Richtet sich die Rechtsbeschwerde gegen ein Urteil, so kann das Beschwerdegericht aufgrund einer Hauptverhandlung durch Urteil entscheiden.

Voraussetzung für eine Rechtsbeschwerde ist, daß gegen den Betroffenen durch Urteil oder Beschluß eine Geldbuße von mehr als 200,– DM festgesetzt worden ist (§ 79 Abs. 1 S. 1 Nr. 1 OWiG). Beschränkt ist die Rechtsbeschwerde im übrigen auf die in § 79 Abs. 1 S. 1 Nr. 2–5 und S. 2 OWiG aufgeführten Fälle. Nach § 79 Abs. 1 S. 2 OWiG ist die Rechtsbeschwerde zulässig, wenn sie zugelassen wird. Die Zulassungsvoraussetzungen finden sich in § 80 OWiG. Die Rechtsbeschwerde wird demnach vom Beschwerdegericht auf Antrag zugelassen, wenn es geboten ist, die Nachprüfung des Urteils zur Rechtsfortbildung oder zur Sicherung einer einheitlichen Rechtsprechung zu ermöglichen (§ 80 Abs. 1 Nr. 1 OWiG) oder das Urteil wegen Versagung des rechtlichen Gehörs aufzuheben (§ 80 Abs. 1 Nr. 2 OWiG).

Zur Fortbildung des Rechts wird die Rechtsbeschwerde wegen der Anwendung von Verfahrensvorschriften nicht und wegen der Anwendung anderer Rechtsvorschriften nur zugelassen, wenn gegen den Betroffenen eine Rechtsfolge von nicht mehr als 75,– DM festgesetzt worden ist oder der Betroffene wegen einer Ordnungswidrigkeit freigesprochen oder das Verfahren eingestellt worden ist und wegen der Tat im Bußgeldbescheid oder im Strafbefehl eine Geldbuße von nicht mehr als 200,– DM festgesetzt oder eine solche Geldbuße von der Staatsanwaltschaft beantragt worden war (§ 80 Abs. 2 OWiG).

Der Zulassungsantrag gilt als vorsorglich eingelegte Rechtsbeschwerde. Er ist binnen Wochenfrist einzulegen und zu begründen. Es ist zweckmäßig, indes nicht zwingend, darzulegen, inwieweit die Zulassung der Rechtsbeschwerde der Rechtsfortbildung oder der Sicherung einer einheitlichen Rechtsprechung dient.

---

248 Vgl. Rz. 243 ff.

Karl-Heinz Göpfert

6. Kosten 298

Im Verfahren der Verwaltungsbehörde und im gerichtlichen Bußgeldverfahren gelten im wesentlichen die Kostenvorschriften der StPO und des JGG sinngemäß (vgl. §§ 105 ff. OWiG). Eine Besonderheit findet sich in § 109 a OWiG. War gegen den Betroffenen lediglich eine Geldbuße bis zu 20,– DM verhängt worden, so gehören die Gebühren und Auslagen eines Rechtsanwalts nur dann zu den notwendigen Auslagen (§ 464 a Abs. 2 Nr. 2 der Strafprozeßordnung), wenn wegen der schwierigen Sach- oder Rechtslage oder der Bedeutung der Sache für den Betroffenen die Beauftragung eines Anwalts geboten war. Sind dem Betroffenen Auslagen entstanden, die er durch rechtzeitiges Vorbringen entlastender Umstände hätte vermeiden können, kann davon abgesehen werden, diese der Staatskasse aufzuerlegen (§ 109 a Abs. 2 OWiG).

7. Entschädigung für Verfolgungsmaßnahmen 299

§ 110 OWiG geht davon aus, daß das Gesetz über die Entschädigung von Strafverfolgungsmaßnahmen (StrEG) für das Bußgeldverfahren der Verwaltungsbehörde und für das gerichtliche Verfahren sinngemäß gilt. Die Vorschrift trifft lediglich ergänzende Regelungen für das Verfahren der Verwaltungsbehörde [249].

---

249 Vgl. *Göhler*, § 110 Rdnr. 1.

2. Abschnitt Verwaltungsverfahren und Verwaltungsprozeß

Konrad Redeker　　　　　　　　　　125

Konrad Redeker

Verzeichnis der Muster

Konrad Redeker

Das Verwaltungsverfahren

A. Die gesetzliche Regelung

I. Bundesrecht

Durch das Verwaltungsverfahrensgesetz vom 25. 5. 1976 (BGBl. I, 1253) – **1**
nachstehend VwVfG – ist für den Bereich der Bundesverwaltung ein einheitliches Verfahrensrecht geschaffen worden. Das Gesetz, dem umfangreiche
Vorarbeiten vorangegangen sind und das auf dem Musterentwurf des Jahres
1963 aufbaut[1], regelt in 103 Paragraphen die Grundlagen des Verfahrens,
nach dem die Verwaltung des Bundes zu arbeiten hat. Die Länder haben
sich, nachdem Schleswig-Holstein schon 1967 vorangegangen war[2], dem
Bundesrecht durch eigene Gesetze angeschlossen, wie unten noch kurz darzustellen sein wird.

Das VwVfG umfaßt dabei nicht nur reine Verfahrensbestimmungen, es
enthält auch die wesentlichen Grundsätze der Lehre vom Erlaß, den Feh-
lern, der Zurücknahme und des Widerrufs von Verwaltungsakten sowie
einige Bestimmungen über Zulässigkeit, Form und Fehler des öffentlich-
rechtlichen Vertrages.

Das Gesetz hat nur langsam die Bedeutung gewonnen, die der Gesetzgeber
von ihm erwartet hatte. Das beruht darauf, daß einmal für zahlreiche breite
Rechtsmaterien das Gesetz nicht anzuwenden ist, zum anderen auf der Subsi-
diaritätsklausel, wonach Verfahrensregelungen in speziellen Gesetzen dem
VwVfG vorausgehen. Schließlich ist der Begriff des Verwaltungsverfahrens in
§ 9 verhältnismäßig eng gefaßt, so daß auch hier nicht geregelte Lücken bleiben.
Dennoch setzen sich zunehmend besonders die materiellrechtlichen Regelungen des Gesetzes durch; die Judikatur ist inzwischen umfangreich geworden.

1. Nichterfaßte Gebiete:

Nach § 2 VwVfG gilt es nicht für: **2**
a) Verfahren der Bundes- und Landesfinanzbehörden, für die die AO anzuwenden ist.

---

[1] Musterentwurf eines Verwaltungsverfahrensgesetzes, Köln/Berlin 1964; zur Ent-
stehungsgeschichte des VwVfG vgl. besonders *Stelkens/Bonk/Leonhardt*, Verwaltungsverfahrensgesetz, S. 47 ff.
[2] Allgemeines Verwaltungsgesetz für das Land Schleswig-Holstein (LVwG) vom
18. 4. 1967 (GVOBl. S. 131).

b) Strafverfolgungsmaßnahmen
c) Verfahren vor dem Patentamt
d) Verfahren im Bereich des Sozialrechts, für die das SGB 10. Teil anzuwenden ist.
e) das Recht des Lastenausgleichs
f) das Recht der Wiedergutmachung.

Besondere Bedeutung hat die *Exemtion des Finanz- und des Sozialrechts,* weil in beiden Bereichen eigene verfahrensrechtliche Kodifikationen vorhanden sind. Der Gesetzgeber hat zwar bei der Novellierung der AO[3] und der Erarbeitung des SGB Teil X[4] sich um möglichst gleichlautende Regelungen bemüht. Viele Einzelheiten sind aber doch unterschiedlich ausgestaltet, so daß die selbständige Heranziehung von AO und SGB Teil X für ihre Bereiche unumgänglich notwendig ist. Im übrigen ist ein Vergleich der einzelnen Bestimmungen in den drei Verfahrensordnungen oft zu ihrem Verständnis nützlich.

2. Subsidiarität

3   Nach § 1 gilt das VwVfG für die öffentlich-rechtliche Verwaltungstätigkeit der Behörden des Bundes usw., soweit nicht Rechtsvorschriften des Bundes inhaltsgleiche oder entgegenstehende Bestimmungen enthalten.

Das VwVfG ist also nur anzuwenden, wenn nicht in speziellen Gesetzen bereits verfahrensrechtliche Regelungen vorhanden sind. Ist dies der Fall, so gehen sie dem VwVfG voraus, das VwVfG füllt lediglich, aber auch immer bestehende Lücken aus[5]. Ursprünglich war vorgesehen, daß im Laufe einer bestimmten Frist (zuletzt acht Jahre) das entgegenstehende Recht außer Kraft treten und das VwVfG dann allein maßgeblich sein solle. Der Gesetzgeber hat sich hierzu dann doch nicht entschlossen und lediglich die Hoffnung ausgedrückt, daß das VwVfG auf die Dauer sich gegenüber speziellen gesetzlichen Regelungen durchsetzen werde. Es spricht inzwischen einiges dafür, daß sich diese Hoffnung erfüllen wird, zumal die Gerichte bei Zweifelsfragen zum Rückgriff auf das VwVfG neigen.

Die Subsidiarität bedeutet, daß in jedem Einzelfall zunächst geprüft werden muß, ob für bestimmte Verfahrenshandlungen das spezielle Gesetz Regelungen enthält. Soweit dies der Fall ist, sind nur sie anzuwenden. Die besondere Schwierigkeit besteht darin, daß solche spezielle Regelungen oft nur unvollständig sind, so daß sie insoweit durch das VwVfG zu ergänzen sind. Nicht selten ist aber dunkel, ob die spezielle Regelung tatsächlich

---

3 Abgabenordnung v. 16. 3. 1976 (BGBl. I, 613).
4 Sozialgesetzbuch, Teil X v. 18. 4. 1980 (BGBl. I, 1469).
5 *Kopp,* VwVfG Vorbem. 21 ff. vor § 1.

Konrad Redeker

unvollständig ist, ob nicht die anscheinend fehlende Bestimmung bewußt nicht in das Gesetz aufgenommen worden ist. Gegenüber einer solchen bewußten Abstinenz kann sich das VwVfG nicht durchsetzen; im Zweifel spricht freilich mehr für die analoge Anwendung.

In der Literatur sind zu zahlreichen speziellen Materien Beiträge erschie- **4** nen, welche die Zusammensetzung der Verfahrensbestimmungen aus speziellem Gesetz und VwVfG erörtern. Auf sie kann es für die Bearbeitung des einzelnen Falles durchaus ankommen. Das gilt sowohl für die zentralen Bestimmungen über die Heilung von Verfahrens- und Formfehlern (§ 45), die Rücknahme eines rechtswidrigen (§ 48) oder den Widerruf eines rechtmäßigen VA (§ 49), wie auch für die Gestaltung der besonderen Verfahrensarten, insbesondere das Planfeststellungsverfahren (§§ 72 ff.).

Die Kommentare zum VwVfG behandeln die Subsidiarität zu den einzelnen Materien in der Regel nicht, was auch ihren Umfang sprengen würde. Der Anwalt muß deshalb auf die Kommentare zu den speziellen Gesetzen zurückgreifen, die langsam diese Fragestellung aufgreifen. Darüber hinaus müssen Rechtsprechung und Literatur jeweils, meist auch noch für jedes einzelne Bundesland, nachgelesen werden.

3. Begriff des Verwaltungsverfahrens

Nach § 9 behandelt das VwVfG als Verwaltungsverfahren »die nach außen **5** wirkende Tätigkeit der Behörde, die auf die Prüfung der Voraussetzungen, die Vorbereitung und den Erlaß eines VA oder auf den Abschluß eines öffentlich-rechtlichen Vertrages gerichtet ist«.

Die Verwaltung tritt dem Bürger aber auch mit *anderen Aufgaben und Zielsetzungen* gegenüber, etwa in der Erteilung von Auskünften, in der Androhung von Maßnahmen, in dem Erlaß von Plänen, insbesondere Bauleitplänen, die inhaltlich nicht selten nur ein Bündel von Verwaltungsakten darstellen, nach der gesetzlichen Regelung aber entweder Norm oder bloße Verwaltungsvorschriften, also nicht Verwaltungsakte sind. Hierauf bezieht sich das VwVfG nicht[6]; die Verfahren bewegen sich nach allgemeinen Vorschriften, Verwaltungspraxis oder Richterrecht.

II. Landesrecht

Das VwVfG gilt als solches nur für die bundeseigene und die Bundesauf- **6** tragsverwaltung. Die Länder haben aber ihre VwVfG fast übereinstimmend mit dem Text des Bundes-VwVfG erlassen[7].

---

6 *Stelkens/Bonk/Leonhardt*, VwVfG, Anm. 2 ff. zu § 9.
7 *Von Oertzen*, Verwaltungsverfahrensgesetze, Stuttgart 1977, gibt die Texte aller VwVfG wieder.

Konrad Redeker   131

Diese *Landes-VwVfG* haben an sich naturgemäß in der Praxis stärkere Bedeutung als das VwVfG selbst, weil der Vollzug auch der Bundesgesetze in der Regel Sache der Länder ist, dann aber hierfür das jeweilige Landes-VwVfG – subsidiär – anzuwenden ist. Rechtsprechung und Literatur nehmen aber auch da, wo an sich dieses Landes-VwVfG heranzuziehen ist, in ihren Erörterungen in der Regel auf die Bundesfassung Bezug, wie auch die Kommentierungen fast ausschließlich an diese anknüpfen. Da die Landes-VwVfG auch im Revisionsverfahren geprüft werden können (§ 137 Abs. 1 Nr. 2 VwGO), läßt sich im wesentlichen eine bundeseinheitliche Handhabung feststellen. Immerhin gibt es aber einige abweichende Regelungen, worauf hier wenigstens hingewiesen werden muß.

B. Gestaltung des Verwaltungsverfahrens

I. Beteiligte

7 Das VwVfG enthält eingehende Bestimmungen über die Stellung der Beteiligten. Sie knüpfen in der Klärung der Beteiligungs- und Handlungsfähigkeit (§§ 11, 12) an die Bestimmungen der VwGO an. Wichtig ist, daß die Beteiligten eines Verwaltungsverfahrens in § 13 selbst aufgeführt sind und daß hierzu gemäß § 13 Abs. 2 auch diejenigen Personen gehören, deren rechtliche Interessen durch den Ausgang des Verfahrens berührt werden können. Hat der Ausgang des Verfahrens rechtsgestaltende Wirkung für einen Dritten, so ist dieser auf Antrag oder, wenn er der Behörde bekannt ist, von Amts wegen zu beteiligen. Damit wird die *Rechtsfigur des einfachen und des notwendigen Beigeladenen* aus der VwGO (§ 65)[8] in das VwVfG übernommen. Die wichtigste Konsequenz hieraus zieht § 28. Hiernach ist die Verwaltung zur vorherigen Anhörung gegenüber jedem Beteiligten, also bei VA mit Drittwirkung auch gegenüber dem Dritten verpflichtet. § 28 Abs. 2 kennt hiervon zwar Ausnahmen, aber ihre Voraussetzungen liegen nur selten vor. Der Anwalt sollte die Beteiligung bei Vertretung eines Dritten immer sofort durch Antrag herbeiführen; sie wird auch heute noch von den Behörden nicht ganz selten übersehen. Das alles gilt um so mehr, als mit der Stellung des Beteiligten auch das Recht auf Akteneinsicht nach § 29 verbunden ist.

8 Das *Akteneinsichtsrecht* des § 29 ist in seiner praktischen Handhabung noch vielfältig umstritten. Die Behörden neigen zu restriktiver Auslegung, auch wenn sie in einem Streitverfahren die Akten sicher vorlegen und damit zur Einsicht freigeben müssen. Die Übersendung der Akten wird oft abgelehnt, ebenso die Anfertigung von Fotokopien. Insbesondere werden Akten,

---

8 Vgl. hierzu unten Randziffer 114 ff.

Konrad Redeker

die nicht unmittelbar auf einen Verwaltungsakt bezogen sind, zurückgehalten, wobei sich der enge Begriff des Verwaltungsverfahrens ungünstig auswirkt. Leider werden die Behörden bei dieser Handhabung nicht selten durch die Rechtsprechung unterstützt, die eine Durchsetzung des Akteneinsichtsrechts durch selbständige Entscheidung ablehnt[9], weil dem § 44 a VwGO entgegenstehen soll; eine mißliche, illoyales Verhalten der Behörde prämierende Auslegung.

Auf die Möglichkeit der *Bestellung eines Vertreters* bei mehr als 50 gleichförmigen Eingaben oder bei Beteiligung von mehr als 50 Personen im gleichen Interesse sei hingewiesen (§§ 17, 18); der Anwalt sollte sich solcher Einbeziehung durch sinnvolle Formulierung seiner Anträge tunlichst entziehen.   9

II. Formen und Fristen

Das VwVfG unterscheidet zwischen dem Regelfall des nichtförmlichen Verfahrens in §§ 10 ff. und dem förmlichen Verfahren in §§ 63 ff. sowie in den jeweiligen Spezialgesetzen.   10

Wenn nicht ausdrücklich anders vorgeschrieben ist, kann an sich ein *Antrag* auch formlos mündlich gestellt werden. Bei anwaltlicher Beratung sollte jeder Antrag aber schriftlich formuliert werden, um auch die Behörde zu schriftlichen Erklärungen und Auskünften sowie Bescheiden zu veranlassen und für ein etwaiges Vorverfahren oder einen Verwaltungsprozeß klare Unterlagen zu schaffen.

Nicht selten sind Anträge *fristgebunden*. Die Bindung ergibt sich meist aus Spezialgesetzen. Vielfach sind Klienten hierüber nicht unterrichtet. In jeder Sache, die dem Anwalt anvertraut wird, ist deshalb die sofortige Prüfung, ob Fristen laufen, erforderlich. Die Feststellung ist oft mühsam. Es ist notwendig, nicht nur das in Frage kommende Spezialgesetz als solches zu ermitteln, sondern insbesondere die jeweils gegenwärtige Fassung aufzufinden. Der ständige Blick in die Gesetzesweiser kann nur dringend empfohlen werden.   11

Für den ersten Antrag in der Leistungsverwaltung fehlt es regelmäßig an einer Rechtsbehelfsbelehrung, aus der sich ein Fristlauf ergeben könnte. Selbst wenn es behördliche Hinweise auf Fristen gibt, müssen sie tunlichst nachgeprüft werden; denn sie sind nicht selten unzutreffend. In der Rechtsprechung ist die Frage der Zulässigkeit der *Wiedereinsetzung* in den vorigen Stand bei sogenannten *materiellrechtlichen Fristen* weitgehend ungeklärt (vgl. § 32 VwVfG)[10]. Hier bleibt dann oft nur der Amtshaftungsanspruch.   12

---

9 *Kopp*, VwGO, Anm. 5 zu § 44 a mit Belegen und kritischer Stellungnahme.
10 Vgl. BVerwGE 13, 209; 17, 199; 21, 258; 24, 154; *Kopp*, VwVfG, Anm. 6 zu § 32.

Konrad Redeker   133

III. Formulierung des Antrages

13   Der Schriftwechsel mit der Behörde entbehrt oft des präzisen Antrages. Vielfach ist das Petitum nicht einmal sicher zu erkennen. Das mag im Einzelfall aus taktischen Erwägungen zweckmäßig sein. In der Regel ist aber zu empfehlen, im Schriftwechsel dieses Petitum durch einen *eindeutig formulierten Antrag* klarzustellen. Wird eine Leistung der Verwaltung begehrt, so ist diese Leistung im Antrag zu fixieren. Der Antrag entspricht insoweit dem später etwa zu stellenden Verpflichtungsantrag im Verwaltungsprozeß. Es ist deshalb erforderlich, bereits im Verwaltungsverfahren sich darüber klarzuwerden, welche Leistung gefordert wird, um damit den möglicherweise folgenden Verwaltungsprozeß bereits vorzubereiten. Dabei ist darauf hinzuweisen, daß ein reiner Zahlungsantrag oder mindestens ein Zahlungsantrag für die Vergangenheit im Verwaltungsrecht nur selten am Platze ist, weil zwischen Forderung und Leistungsgewährung der diese Gewährung erst begründende Verwaltungsakt steht. Wird etwa eine Subvention begehrt oder eine Erhöhung der Versorgungsbezüge eines Beamten, so geht der Antrag auf Erlaß eines entsprechenden VA, nicht auf Zahlung bezifferter, etwa seit einem bestimmten Datum bereits angefallener Beträge.

IV. Begründung des Antrages

14   Jeder Antrag sollte begründet werden. Die Einschaltung des Rechtsanwalts dient der Sicherstellung, daß die sachlich und rechtlich erheblichen Gesichtspunkte der Verwaltung nahegebracht werden. Die Erfahrung lehrt, daß die Mehrzahl der Behörden an einer solchen Begründung interessiert ist, da in der Flut der täglichen Entscheidungen sehr leicht die Besonderheiten des Einzelfalles übersehen werden, deren Darstellung gerade Aufgabe des Anwalts ist.

15   Der *Inhalt der Begründung* hat von der Entscheidungsbreite auszugehen, die der Behörde für die beantragte Maßnahme zukommt.
1. Wird eine *rechtlich gebundene Entscheidung* erbeten, bei der es ausschließlich um die Auslegung bestimmter oder unbestimmter Rechtsbegriffe und ihre Subsumtion unter den konkreten Sachverhalt geht, entspricht die anwaltliche Begründung des Antrages der üblichen schriftsätzlichen Tätigkeit. Die tatbestandlichen Voraussetzungen, aus denen die gewünschte Rechtsfolge hergeleitet wird, sind im einzelnen darzulegen und nachzuweisen. Ist die Auslegung des Begriffes selbst zweifelhaft, wird sich der Anwalt hiermit auseinandersetzen müssen.

Konrad Redeker

Handelt es sich um einen unbestimmten Rechtsbegriff, für dessen Handhabung der Behörde eine *Beurteilungsermächtigung*[11] zusteht, so wird er sich schriftsätzlich gegebenenfalls zunächst mit der Auslegung des Begriffes zu befassen haben, dann aber für den Bereich der Beurteilungsermächtigung die gewünschte Entscheidung in einer Erörterung mit der behördlichen Praxis zu belegen haben.

2. Die Begründung dagegen für eine *Ermessensentscheidung*[12] muß weitergehende Aufgaben erfüllen. Auch hier sind zunächst die Tatbestandselemente der Entscheidung nachzuweisen. Anschließend muß aber erörtert werden, warum angesichts dieses Sachverhalts die an sich mögliche, aber nicht zwingend vorgeschriebene beantragte Entscheidung richtig und zweckmäßig ist. Der Anwalt muß sich in die Vorstellungen der Behörde hineindenken. Es genügt nicht, das besondere Interesse seines Mandanten an der Entscheidung darzulegen. Er muß vielmehr nachzuweisen suchen, daß auch das öffentliche Interesse für eine solche Entscheidung spricht, mindestens ihr aber nicht entgegensteht. Dabei muß er sich insbesondere mit dem *Gleichheitssatz* auseinandersetzen. In Anwendung des Gleichheitssatzes nimmt die Rechtsprechung eine Ermessensbindung der Behörde an, wenn gleiche oder ähnlich gelagerte Fälle bereits in einem bestimmten Sinn entschieden worden sind, sei es in bloßer ständiger Praxis, sei es auf der Grundlage von VerwVorschriften, Richtlinien u. ä. m[13]. In solchen Fällen verengt sich der Ermessensspielraum möglicherweise so weit, daß die Behörde zu gleicher Entscheidung auch in dem beantragten Fall verpflichtet ist. Aus dem Gleichheitssatz kann deshalb möglicherweise ein unmittelbarer Anspruch hergeleitet werden. Es kann aber auch am Platze sein, durch Darlegung der Besonderheiten des Falles der Sorge der Behörde zu begegnen, durch eine positive Entscheidung ein Präjudiz zu schaffen.

3. Steht der Behörde ein *Planungsermessen oder planerische Gestaltungsfreiheit* zu, wie etwa im gesamten Bereich der Planfeststellung oder aber auch der Bauleitplanung – die Rechtsnatur des Planes ist für diese Fragen ohne wesentliche Bedeutung –, so muß die Begründung des Anwalts sich insbesondere mit den Voraussetzungen des *Abwägungsgebotes* sowohl im Abwägungsvorgang wie im Abwägungsergebnis befassen. Das Abwägungsgebot als solches wird vom Bundesverwaltungsgericht als verfassungsfest angese-

16

17

---

11 Hierzu die Übersicht bei *Redeker/von Oertzen*, VwGO, Anm. 14 ff. zu § 114.

12 Wann eine Ermessensentscheidung vorliegt, bedarf oft genauer Prüfung; vgl. hierzu *Kopp*, VwGO, § 114, Anm. 21 ff.; *Redeker/von Oertzen*, a.a.O., § 114, Anm. 7 ff.

13 Hierzu umfangreiche Rechtsprechung und Literatur, vgl. *Kopp*, Anm. 41 ff. zu § 114; *Redeker/von Oertzen*, Anm. 148 ff. zu § 42.

Konrad Redeker

10*

hen[14], ist deshalb notwendiger Bestandteil des Planrechts; seine Auswertung für den Einzelfall ist im wesentlichen Maße Aufgabe des Anwalts. Gerade hier kann er durch sorgfältige Zusammenstellung der für die Abwägung maßgeblichen Umstände und ihre Abwägung miteinander auf die Entscheidung der planenden Behörde oft maßgeblichen Einfluß nehmen.

V. Verfahrensablauf

1. Das allgemeine Verwaltungsverfahren

18 Verwaltungsverfahren entstehen entweder auf Antrag des Bürgers oder aber durch behördliche Maßnahmen von Amts wegen.

Der *Antrag* ist typischer Verfahrensbeginn im Rahmen der *Leistungsverwaltung*. Er ist es in der Eingriffsverwaltung, wenn ein Dritter rechtliche Benachteiligungen durch einen anderen, sei es durch dessen tatsächliches Verhalten, sei es durch seine Begünstigung mit einem Verwaltungsakt, behauptet und behördliches Einschreiten hiergegen verlangt. Der formulierte Antrag ist dabei nicht selten Ansatzpunkt für Schriftwechsel und insbesondere mündliche Verhandlungen mit der Behörde. Gerade hier kann der Anwalt den einzelnen Fall gestalten und zur Lösung bringen. Dabei hat er zu prüfen, ob er von einem Rechtsanspruch seines Klienten ausgehen kann, der gegebenenfalls streitig durchsetzbar ist, oder ob eine behördliche Ermessensentscheidung ansteht, die im Rechtsmittelwege nur begrenzt nachprüfbar ist. Im letzteren Falle – Beispiel: Antrag auf Baudispens nach § 31 Abs. 2 BBauG – sind unmittelbare Verhandlungen oft notwendig, wenn die Behörde erkennbar Schwierigkeiten sieht. Hier ist der Kompromiß oft die für den Klienten beste Lösung. § 25 VwVfG verpflichtet die *Behörde* dem Bürger und ebenso dem Anwalt gegenüber zur *Beratung* und zur *Betreuung* bei der Vorbereitung und Stellung von Anträgen. Die hier gesetzlich anerkannte Beratungs- und Verhandlungsbereitschaft der Behörde sollte der Anwalt in die Mandatsführung einbeziehen.

19 Im Bereich der *Eingriffsverwaltung* ist die Behörde nach § 28 für den Regelfall verpflichtet, dem Bürger die Absicht eines belastenden VA unter Angabe von Gründen anzukündigen, damit er sich hierzu äußern kann. In der Regel ist dies der Anlaß zur Beauftragung des Anwalts. Nicht selten wird der Anwalt hier feststellen, daß der behördlichen Absicht rechtlich nur begrenzt entgegengetreten werden kann, daß auf der anderen Seite Gründe der Opportunität, vielleicht auch des Verhältnismäßigkeitsgrundsatzes für den Klienten angeführt werden können. Auch hier sind Verhandlungen um den Kompromiß geboten.

14 Vgl. etwa BVerwGE 34, 301; 41, 67; 48, 56 ff.

Konrad Redeker

2. Die allgemeinen Rechtsbehelfe

Die *unförmlichen Rechtsbehelfe* wie Gegenvorstellung, Dienstaufsichtsbe- 20
schwerde und weitere Dienstaufsichtsbeschwerde haben auch heute noch
trotz der besonderen Regelung des Verwaltungsvorverfahrens ihre Bedeutung. Ihre Einlegung kann dann in Frage kommen, wenn die Rechtsmittel
des Verwaltungsvorverfahrens ausnahmsweise nicht gegeben sind oder aber
aussichtslos erscheinen. Es gibt Fälle, in denen die Behandlung eines Antrages Anlaß zu Beanstandungen gibt, ohne daß im förmlichen Verfahren hiergegen vorgegangen werden kann. Ebenso kann eine Ermessensentscheidung
unzweckmäßig erscheinen, ohne daß sie ermessensfehlerhaft wäre. Hier
kann ausnahmsweise die Anrufung der vorgesetzten Behörde am Platze
sein, da eine Verwaltungsklage kaum Aussichten hat.

Es gibt schließlich die Fälle, in denen rechtlich durchsetzbar dem Klienten 21
nicht geholfen werden kann, dennoch aber die ihm von der Behörde zuge-
dachte Benachteiligung unvertretbar erscheint. Hier sollte sich der Anwalt
nicht vor der *Anrufung der Petitionsausschüsse* der Landtage, gegebenenfalls
soweit vorhanden, oder Anrufung kommunaler Beschwerdestellen nicht
scheuen oder sie dem Mandanten zu eigener Initiative empfehlen.

3. Die förmlichen Rechtsbehelfe

Hier handelt es sich primär um den *Widerspruch*, der das Verwaltungsvor- 22
verfahren im Sinne der §§ 68 ff. VwGO einleitet, dazu noch um parallele
andere förmliche Rechtsbehelfe mit ähnlicher Funktion, etwa die *Beschwerde*
nach der Wehr-Beschwerdeordnung. Diese Rechtsbehelfe sind im Zusammenhang mit dem Verwaltungsprozeß zu erörtern.

Die Klagemöglichkeiten des Verwaltungsprozesses

A. Anfechtungs- und Verpflichtungsklage

23 Die Anfechtungs- und die Verpflichtungsklage sind die häufigsten Formen des Verwaltungsprozesses.

Anfechtungsklage ist die Klage mit dem Ziel, einen den Kläger in seinen Rechten verletzenden Akt durch das Gericht aufheben zu lassen. Sie ist typische Erscheinungsform der Eingriffsverwaltung und richtet sich gegen den belastenden Akt. Prozessual ist sie eine Gestaltungsklage, sie erschöpft sich in der Beseitigung des VA. Gegenstand der *Verpflichtungsklage* ist der Anspruch des Klägers gegen die öffentliche Hand auf Erlaß eines bestimmten VA, dessen Erteilung die Behörde abgelehnt oder unterlassen hat. Die Verpflichtungsklage gehört primär zum Bereich der Leistungsverwaltung, mit ihr strebt der Kläger einen ihn begünstigenden VA an. Prozessual ist die Verpflichtungsklage eine Leistungsklage. Für beide Klagen ist die Rechtsfigur des VA von entscheidender Bedeutung. Fehlt es an einem VA, so ist die Klage mindestens in dieser Form unzulässig. Denkbar bleibt hier lediglich die Umdeutung in ein Klageverfahren anderen Inhalts.

I. Der Verwaltungsakt als Voraussetzung der Anfechtungs- und Verpflichtungsklage

1. Begriff des Verwaltungsaktes

24 Die früheren Streitfragen um den Begriff des VA haben sich durch § 35 VwVfG zunächst erledigt. Nach dieser Bestimmung ist VA jede Verfügung, Entscheidung oder andere hoheitliche Maßnahme, die eine Behörde zur Regelung eines Einzelfalles auf dem Gebiet des öffentlichen Rechts trifft und die auf unmittelbare Rechtswirkung nach außen gerichtet ist. In der gleichen Bestimmung (§ 35) wird auch der Begriff der *Allgemeinverfügung* als eines Verwaltungsaktes definiert, der sich an einen nach allgemeinen Merkmalen bestimmten oder bestimmbaren Personenkreis richtet oder die öffentlich-rechtliche Eigenschaft einer Sache oder ihre Benutzung durch die Allgemeinheit betrifft.

Diese Definitionen knüpfen an die herrschende Praxis und Lehre an, sie haben deshalb keine Änderungen zur Folge gehabt, die Abgrenzungsfragen auf der anderen Seite naturgemäß auch nicht klären können[15].

15 Zum Gesamtkomplex des Verwaltungsaktes vgl. etwa *Stelkens/Bonk/Leonhardt*, Anm. 6 ff. zu § 35; *Kopp*, VwGO, § 42 Anm. 36 ff.; *Redeker/von Oertzen*, a.a.O., § 42 Anm. 32 ff.

　　　　　　　　　　　　　　　　　　　　　Konrad Redeker

Das gilt insbesondere für die Abgrenzung des VA von der Norm und von den behördeninternen Maßnahmen. Sie sollen nachstehend kurz umrissen werden. Für den Einzelfall ist die Prüfung anhand von Rechtsprechung und Literatur fast immer erforderlich.

2. *Verwaltungsakt und Norm*

Die Unterscheidung zwischen VA und Norm ist für den Verwaltungsprozeß 25 von grundlegender Bedeutung.

Den Verwaltungsgerichten ist die Überprüfung des materiellen Rechts, soweit es in Gesetzen im formellen Sinn seinen Niederschlag gefunden hat, untersagt, wobei offenbares gesetzliches Unrecht hier ausgenommen sein mag. Die Gerichte haben das materielle Recht lediglich am Grundgesetz zu messen. Halten sie es für verfassungswidrig, so sind sie zu eigener Entscheidung hierzu nicht berechtigt, sondern müssen das Verfahren in solchen Fällen dem Bundesverfassungsgericht, gegebenenfalls auch dem Staatsgerichtshof eines Landes, zur Klärung der Frage der Verfassungsmäßigkeit vorlegen.

Abgeleitetes Recht, insbesondere Verordnungen und Satzungen, können die Verwaltungsgerichte dagegen sowohl materiell-rechtlich, insbesondere hinsichtlich seiner Verfassungsmäßigkeit als auch darauf überprüfen, ob sie sich im Rahmen der gesetzlichen Ermächtigung halten oder ob die Formalien ihres Zustandekommens gewahrt sind. Insoweit besteht keine Vorlagepflicht.

Unter einer *Norm* wird nach üblicher Definition eine abstrakte, an die Allgemeinheit gerichtete Regelung verstanden, während sich der VA auf einen konkreten Einzelfall bezieht. So eindeutig diese begrifflichen Abgrenzungen zu sein scheinen, so bleiben doch erhebliche Unklarheiten in den Grenzbereichen.

a) Eine *Norm* kann inhaltlich so verengt sein, daß auch sie nur bestimmte 26 konkrete *Einzelfälle regelt*, ihr also die Abstraktion fehlt. Bleibt sie dennoch Norm, weil sie im Verfahren der Normsetzung erlassen worden ist, oder wird sie anfechtbarer VA? Rechtsprechung und Rechtslehre haben sich mit diesen Fragen unter den Begriffen »*Maßnahme- und Einzelfallgesetz*« befaßt[16]. Die Rechtsprechung neigt dazu, die rechtliche Einordnung nach Form und äußerem Erscheinungsbild vorzunehmen, den VA also zu verneinen, wenn die Entscheidung in der Form der Norm erlassen worden ist. Das gleiche gilt auch für die gerichtliche Kontrolle von Planungsentscheidungen, die auch dann als Norm behandelt werden, wenn sie inhaltlich einem oder

16 BVerfGE 4, 18 f.; 8, 333; 10, 108; 15, 146 f.; 25, 396 f.; 31, 263 f.; 36, 90, 400; 44, 92.

mehreren Verwaltungsakten entsprechen, aber in der Form der Norm erlassen worden sind[17].

27   b) Zahlreiche Gesetze schalten in das Gesetzgebungsverfahren unteren Ranges, insbesondere die Entstehung gemeindlicher Satzungen, Genehmigungserfordernisse ein. Die *Norm* ist als solche erst *wirksam* erlassen, wenn sie *von der Aufsichtsbehörde genehmigt* wird. Hier entsteht die Frage, ob die Genehmigung ein anfechtbarer VA ist, weil durch ihn die Wirksamkeit der Norm herbeigeführt wird, die wiederum in Rechte des Betroffenen eingreifen kann. Die Rechtsprechung ist restriktiv. Sie hält die Genehmigung für einen Bestandteil des Gesetzgebungsverfahrens und meint, daß sich aus der Unanfechtbarkeit der Norm selbst auch die Unanfechtbarkeit der Vorgänge ergeben müsse, die zur Entstehung der Norm geführt hätten, soweit es sich nicht um Verfahrensfehler handele. Nur gegenüber dem Normgeber selbst gilt die Genehmigung als Verwaltungsakt, kann er deshalb die Versagung der Genehmigung mit der Verpflichtungsklage angreifen. Der gleiche Vorgang soll danach also einmal VA, im anderen Fall bloßer unselbständiger Bestandteil der Normsetzung sein[18].

28   c) Der Anwalt steht nicht selten vor der Frage, die *Rechtswirksamkeit* einer *unmittelbar eingreifenden Norm* gerichtlich klären zu lassen, ohne daß die Möglichkeit der Verfassungsbeschwerde gegeben ist. Die Formen, in denen eine solche Überprüfung erreicht werden kann, sind später im Zusammenhang mit dem Normenkontrollverfahren des § 47 VwGO kurz zu erörtern.

3. Verwaltungsakt und behördeninterne Maßnahme

29   In der rechtlichen Regelung eines Einzelfalles sehen Rechtsprechung und Lehre das Unterscheidungsmerkmal zu *Anordnungen und Weisungen im Rahmen bestehender Befehlsverhältnisse.*

Der VA hat Außenwirkung, behördeninternen Maßnahmen fehlt sie. Die Weisung des Vorgesetzten an den ihm untergebenen Beamten, der Aufsichtsbehörde an die Gemeinde im Rahmen von Auftragsverwaltung, des Bademeisters an den Benutzer einer städtischen Badeanstalt, des Lehrers an den Schüler sind zunächst keine Verwaltungsakte, und zwar weder gegenüber dem Weisungsempfänger noch gegenüber irgendeinem hiervon berührten Dritten.

Die Frage, wann der Weisungsempfänger oder ein Dritter nicht mehr innerhalb der Befehls-, Anstaltsgewalt oder eines besonderen Pflichtverhältnisses angesprochen wird, sondern als Träger eigener Rechte, damit also die

---

17   Im einzelnen vgl. *Redeker/von Oertzen,* a.a.O., Anm. 40 ff. zu § 42.
18   BVerwGE 7, 354; 16, 83; 27, 350; 34, 301; VG Freiburg, DVBl. 1974, 916; OVG Lüneburg, OVGE 10, 351; OVG Münster, OVGE 11, 16; BFHE 78, 116.

Konrad Redeker

Weisung regelt, Außenwirkung erhält und ein anfechtbarer VA ist, beschäftigt Rechtsprechung und Wissenschaft seit langem. Sie hat zu einer umfangreichen Judikatur geführt. Die Judikatur ist in weitem Maße Kasuistik geblieben, da sich sichere begriffliche Abgrenzungen nur zum Teil haben finden lassen. Der Anwalt muß vor Erhebung einer Klage diese Judikatur deshalb sorgfältig durchsehen. Dabei handelt es sich vielfach um Landesrecht, hat deshalb die Auffassung des für das Land maßgeblichen OVG als letzter Instanz besondere Bedeutung. Die Rechtsprechung ist überwiegend nur an versteckter Stelle, meist nur in den Fachzeitschriften der jeweiligen besonderen Rechtsgebiete hinreichend vollständig veröffentlicht.

Erwähnt seien hier kurz drei in der Praxis bedeutsame Fallgruppen:

a) *Innerdienstliche Anweisungen der Zentralbehörde* an nachgeordnete Behörden, bestimmte Sachverhalte in bestimmter Weise zu entscheiden, sind in der Regel noch nicht angreifbare VA, da sie diese nur vorbereiten. So unangenehm im Einzelfall dies sein mag, empfiehlt es sich deshalb, den Erlaß des VA aufgrund der Weisung abzuwarten, ehe gerichtliche Schritte eingeleitet werden. Anders ist dies dann, wenn die Weisung der Zentralbehörde veröffentlicht oder den Betroffenen bekanntgegeben worden ist. In diesen Fällen wird man bereits in der Weisung die Regelung des Einzelfalles sehen können, da ihr Außenwirkung zukommt[19].   **30**

b) Im *besonderen Pflichtverhältnis*, früher als besonderes Gewaltverhältnis bezeichnet, wird heute Rechtsschutz in erheblichem Umfange gewährt. Für die Unterscheidung zwischen unangreifbarer Weisung und anfechtbarem VA hat sich die Differenzierung zwischen Grund- und Betriebsverhältnis als nützlich erwiesen, die Ule begründet hat[20]. Unter Grundverhältnis versteht Ule alle Fragen, die Begründung und Bestand des besonderen Pflichtenverhältnisses betreffen, unter dem Betriebsverhältnis dagegen alle Fragen innerhalb dieses begründeten Verhältnisses. Akte im Grundverhältnis sind anfechtbare VA, Maßnahmen im Betriebsverhältnis dagegen nur ausnahmsweise. Freilich ist auch hier wieder nur der Hinweis auf eine breite Judikatur möglich, die im Anschluß an Ausführungen von Kellner (DÖV 1963, 418) entstanden ist, ihre besonderen Akzente im Beamten- und im Schulverhältnis gesetzt und zu weitgehenden Klärungen der Grundvoraussetzungen geführt hat. Der Einzelfall ist aber ohne Studium dieser Judikatur nicht hinreichend zu bearbeiten.   **31**

c) Setzt ein VA die Zustimmung einer anderen Behörde voraus, so spricht man von *mehrstufigen VA*. Das BVerwG hat in einer Reihe von Entscheidungen solche Zustimmungen als Verwaltungsinternum behandelt, das nicht selbständig anfechtbar ist. Nach außen geltender VA bleibt die Entschei-   **32**

---

[19] Hierzu etwa *Redeker/von Oertzen*, a.a.O., Anm. 48 f. zu § 42; BVerwGE 35, 159; 39, 345; OVG Koblenz, AS 8, 52; OVG Lüneburg, NJW 1961, 936.
[20] *Ule*, VVDStRL 15, 132 ff.

Konrad Redeker   141

dung der hierfür allein berufenen Behörde, selbst wenn diese Entscheidung inhaltlich in dem Bezug auf die Verweigerung der Zustimmung sich erschöpft. Die Klage ist deshalb nur gegen diese Behörde zu richten[21]. Leider wird dieser Grundsatz der Konzentrationsmaxime, der sich in der modernen Gesetzgebung immer stärker durchgesetzt hat, nicht überall durchgehalten. Ausnahmegenehmigungen etwa nach § 9 Bundesfernstraßengesetz, die für die Erteilung einer Baugenehmigung erforderlich sind, werden ebenso als selbständige VA beurteilt wie etwa Ausnahmegenehmigungen nach Landschaftsschutzverordnungen. Hier können also mehrere Streitverfahren nacheinander entstehen, so mißlich dies schon aus Zeitgründen ist.

II. Die Rechtsverletzung durch Erlaß oder Ablehnung eines Verwaltungsaktes

1. Begriff der Rechtsverletzung

33   § 42 VwGO versteht unter einer Rechtsverletzung nicht mehr wie früher die Verletzung eines subjektiven öffentlichen Rechts. Als Rechtsverletzung genügt vielmehr, daß der Kläger *in seiner Rechtsstellung* oder seinen *schutzwürdigen rechtlichen Interessen beeinträchtigt* wird. Maßgeblich ist also, daß ein rechtlich geschütztes Interesse betroffen wird. Das ist dann der Fall, wenn ein Gesetz im materiellen Sinn dem Schutz dieser Interessen zu dienen bestimmt ist.

Der Schutz der Interessen durch die Rechtsordnung kann materiellrechtlicher Natur sein. Die rechtliche Position wird als solche vom Gesetz als schützenswert anerkannt. Dabei reicht es aus, daß dieser Schutz individuelle Interessen zusammen mit der Erfüllung öffentlich-rechtlicher Ziele Zweck des Gesetzes ist.

34   Der Schutz kann sich aber auch nur darauf beziehen, die Entziehung der Rechtsposition von der *Beachtung bestimmter Verfahrensregelungen* abhängig zu machen, insbesondere etwa der vorherigen Anhörung des Betroffenen. Auch ein nur verfahrensrechtlich geschütztes Interesse ist als Recht im Sinne des § 42 VwGO anzusehen. Die Bedeutung dieser verfahrensrechtlichen Position ist aber durch die Heilungsmöglichkeiten der §§ 45, 46 VwVfG gering geworden. Sie besteht im wesentlichen nur noch im Bereich der Ermessensentscheidungen, da § 46 VwVfG sich hierauf nicht bezieht, übrigens auch nicht auf Entscheidungen, für welche der Behörde eine Beurteilungsermächtigung zukommt[22]. Der von der Rechtsprechung anerkannte

---

21 BVerwGE 16, 116; 21, 354; 19, 94; 22, 342; 28, 145; 26, 31; 36, 188; im einzelnen *Redeker/von Oertzen*, a.a.O., Anm. 83 ff. zu § 42.
22 BVerwGE 65, 289; *Kopp*, VwVfG, Anm. 24 zu § 46; kaum eine Forschrift des VwVfG ist inhaltlich so umstritten wie § 46; genaue Prüfung im Einzelfall ist immer notwendig.

Anspruch auf ermessensfehlerfreie Bescheidung besteht deshalb auch heute noch fort[23].

Das Gegenstück zu diesen rechtlich geschützten Interessen ist der bloße 35 *Rechtsreflex*. Hiervon wird gesprochen, wenn ein Gesetz allein öffentlichen Interessen zu dienen bestimmt ist, nicht dagegen Individualinteressen, mögliche Auswirkungen auf diese Interessen lediglich ein Reflex des Gesetzes und seiner Anwendung sind. Die Beeinträchtigung solcher Rechtsreflexe, im Ergebnis meist die Beeinträchtigung bloßer wirtschaftlicher Interessen reicht nicht zur Begründung eines Rechts aus, dessen Verletzung die Klage nach § 42 VwGO rechtfertigt.

§ 42 VwGO setzt nicht nur den Nachweis des Rechts, sondern auch den seiner Verletzung voraus. Eine Verletzung liegt immer vor, wenn der in das Recht eingreifende VA oder die Ablehnung eines beantragten VA rechtswidrig ist. Hierbei handelt es sich in der Regel um die eigentliche Streitfrage des Prozesses; sie ist rein materiellrechtlicher Art, deshalb hier nicht näher zu erörtern.

2. Der Verwaltungsakt mit Doppelwirkung

Ein *VA mit Doppelwirkung* – manche sprechen von Drittwirkung – liegt vor, 36 wenn der VA gleichzeitig einen Adressaten begünstigt und einen anderen benachteiligt. Während die begünstigende Seite des Aktes in der Regel unproblematisch ist, bereitet die Frage, ob durch die Begünstigung gleichzeitig die Rechte eines anderen verletzt werden, erhebliche Schwierigkeiten. An einer Rechtsverletzung fehlt es, wenn der Begünstigte einen Anspruch auf Begünstigung hat, da in einem solchen Fall das Recht eines anderen nicht verletzt werden kann. Ist dagegen ein Anspruch auf die Begünstigung zu verneinen, ist der VA deshalb inhaltlich rechtswidrig, belastet er aber gleichzeitig einen Dritten, besonders im Eigentum, aber auch in anderen Rechten, so ist diese Belastung rechtswidrig und kann der Dritte ihre Aufhebung verlangen. Schließlich kann eine Ermessensentscheidung, die den Adressaten begünstigt, gleichzeitig die rechtlich geschützte Position eines Dritten beeinträchtigen. Für die zweite Gruppe der Fälle sind etwa Entscheidungen des Immissionsschutzrechts oder im straßenrechtlichen Planfeststellungsverfahren beispielhaft, für die dritte Gruppe der Baudispens.

Die Besonderheit des VA mit Doppelwirkung besteht darin, daß *Rechtsbe-* 37 *einträchtigung und Rechtsverleihung in einem Akt* erfolgen. Während früher dieser Akt vielfach nur gegenüber dem Begünstigten als Antragsteller erlassen wurde, zwingt jetzt § 28 VwVfG die Behörde dazu, den möglicherweise belasteten Dritten vor Erlaß des VA zu hören und ihm diesen VA später auch zuzustellen. In der Praxis wird man sagen können, daß überall da, wo

---

23 BVerwGE 2, 163; 3, 279; 3, 297; 19, 252; 39, 235.

die Rechtsnatur eines Verwaltungsaktes als solche mit Doppelwirkung inzwischen anerkannt ist, die Behörden auch entsprechend verfahren. Nur weitet sich diese Anerkennung zunehmend aus und werden immer neue Bereiche und Verwaltungsakte als solche mit Drittwirkung anerkannt[24]. Hier kann es durchaus sein, daß der Dritte weder vor Erlaß des Verwaltungsaktes gehört noch ihm dieser bekanntgegeben wird mit der Folge, daß ihm gegenüber auch Fristen fü:r etwaige Rechtsmittel nicht laufen.

Probleme des Verwaltungsaktes mit Drittwirkung beschäftigen die Rechtsprechung seit langem. Ihre besondere Bedeutung liegt im Bereich der Herstellung der aufschiebenden Wirkung des Rechtsmittels des Dritten. Hierauf wird später noch einzugehen sein.

3. Die Rechtsbeeinträchtigung als Sachurteilsvoraussetzung

38 Auch der Verwaltungsprozeß unterscheidet zwischen *Zulässigkeit und Begründetheit der Klage.* Eine Klage ist unzulässig, wenn es an den Sachurteilsvoraussetzungen fehlt. Die Sachurteilsvoraussetzungen sind im wesentlichen mit denen des Zivilprozesses identisch.

Im Rahmen des § 42 VwGO gehört zu den Sachurteilsvoraussetzungen, daß um einen Verwaltungsakt gestritten wird. Die Anfechtungs- oder Verpflichtungsklage ist unzulässig, wenn es an einem eingreifenden oder einem angestrebten VA überhaupt fehlt.

Nach überwiegender Meinung muß der Kläger darüber hinaus behaupten, durch den VA oder seine Ablehnung in seinen Rechten rechtswidrig betroffen worden zu sein. Dabei genügt nicht die einfache Behauptung; umgekehrt ist ein Nachweis der Betroffenheit nicht erforderlich. Nach der gegenwärtig herrschenden Meinung muß aus dem Sachvortrag des Klägers in Verbindung mit dem Akteninhalt sich ergeben, daß eine Rechtsverletzung denkbar ist[25]. Ob sie tatsächlich vorliegt, ist dann im Rahmen der Entscheidung über die Begründetheit der Klage zu prüfen.

Im Zusammenhang mit diesen Fragen werden vielfach die Begriffe *Aktivlegitimation, Sachlegitimation* und *Klagebefugnis* benutzt. Da es eine einheitliche Auffassung über Bedeutung und Inhalt dieser Begriffe nicht gibt, muß davon abgeraten werden, im Verwaltungsprozeß mit ihnen zu arbeiten.

III. Das Vorverfahren

1. Notwendigkeit des Vorverfahrens

39 Für Anfechtungs- und Verpflichtungsklage schreibt die VwGO in §§ 68 ff. das *Vorverfahren* als *zwingende Voraussetzung* vor. Fehlt es an diesem Ver-

---

24 Zum gegenwärtigen Stand vgl. etwa *Redeker/von Oertzen*, a.a.O., Anm. 16 ff. zu § 42; Anm. 7 ff., zu § 80; *Kopp*, VwGO, Anm. 22 f. zu § 80.

25 Vgl. die Rechtsprechungshinweise bei *Kopp*, VwGO, Anm. 138 ff. zu § 42, und *Redeker/von Oertzen*, a.a.O., Anm. 15 ff. zu § 42.

Konrad Redeker

fahren, so ist die Klage nach h. M. unzulässig. Allerdings besteht die Möglichkeit, daß das Widerspruchsverfahren während der Anhängigkeit des Rechtsstreites noch nachgeholt wird. Die Klage wird dann in dem Zeitpunkt zulässig, in dem der Widerspruchsbescheid ergeht.

Von der Notwendigkeit des Vorverfahrens sieht das Gesetz folgende Ausnahmen vor:

a) Der *VA* ist von *einer obersten Bundes- oder einer obersten Landesbehörde*   40 erlassen worden, in erster Linie also von der Ministerialinstanz. In diesen Fällen ist der Widerspruch nicht reforderlich, wenn er nicht durch Gesetz auch hierfür ausdrücklich vorgeschrieben wird. Das ist insbesondere in Beamtensachen gemäß § 126 BRRG mit § 191 VwGO der Fall.

b) Der *Widerspruchsbescheid beschwert* einen *Dritten erstmals*[26]. Beispiel: Der   41 Bauherr beantragt einen Dispens, der nach Anhörung des Nachbarn abgewiesen wird. Auf den Widerspruch des Bauherrn erteilt die Widerspruchsbehörde diesen Dispens. Hierdurch wird der Nachbar erstmals beschwert. Er kann sofort klagen, braucht also nicht seinerseits nochmals Widerspruch einzulegen.

c) Ein nach der VwGO erlassenes neues *Bundes- oder Landesgesetz* bestimmt   42 für besondere Fälle, daß das *Vorverfahren nicht erforderlich* ist. Von dieser Möglichkeit haben Bund und Länder in einer Reihe von Fällen Gebrauch gemacht.

d) Die *in § 190 VwGO* aufgeführten *Sondergesetze* regeln das Vorverfahren   43 abweichend oder schließen es aus. Sachverhalte aus dem Bereich dieser Gesetze bedürfen deshalb stets besonderer Prüfung der Verfahrensbestimmungen[27].

e) Die *Behörde entscheidet* ohne zureichenden Grund *nicht innerhalb angemessener Frist* über den Antrag (§ 75 VwGO).   44

f) Aus Gründen der Prozeßökonomie wird in der Rechtsprechung nicht selten   45 auf das Vorverfahren verzichtet, wenn die *Behörde* sich auf eine Klage zur Sache einläßt und *Klageabweisung beantragt* und damit klargestellt wird, daß sie das Vorverfahren negativ beschieden hätte[28].

Ein genereller Grundsatz dieses Inhalts ist freilich bisher nicht anerkannt, so daß der Anwalt sich auf eine solche Handhabung nicht verlassen kann.

2. *Einlegung des Widerspruchs*

Das Widerspruchsverfahren ist durch §§ 68 ff. VwGO bundeseinheitlich   46 gestaltet und entzieht sich mit Ausnahme der Bestimmungen des § 73 Abs. 2 VwGO abweichender Regelung durch den Landesgesetzgeber. Das VwVfG

---

26 § 79 Abs. 1 Nr. 2.
27 Eine Übersicht – Stand 1984 – bei *Redeker/von Oertzen*, a.a.O., Anm. 10 ff. zu § 68; Überprüfung nach jeweiligem Stand ist notwendig.
28 BVerwG 10, 82; 15, 307; 27, 181; BSG, NJW 1964, 1046.

findet auf das Vorverfahren gemäß § 79 nur subsidiär Anwendung, eine in ihren einzelnen Konsequenzen noch wenig geklärte Regelung. Hier muß auf die umfangreichen Kommentierungen hingewiesen werden. Wichtig ist, daß in § 80 VwVfG die *Erstattungspflicht hinsichtlich der Kosten* bei erfolgreichem Widerspruchsverfahren nunmehr gesetzlich normiert ist, so daß die von der Rechtsprechung[29] in der Auslegung des § 73 Abs. 3 VwGO geschaffene Lücke weitgehend geschlossen wird. Die Kostenfestsetzung bedarf noch eines besonderen Antrages.

a) Antrag

47 Als förmliches Rechtsmittel *soll* der *Widerspruch stets* einen *Antrag* enthalten. Wird gegen einen belastenden VA Widerspruch eingelegt, so wird die Aufhebung dieses Aktes, ist ein Leistungsbegehren abgelehnt, so wird die Abänderung des ablehnenden Bescheides und die Erteilung des gewährenden VA beantragt.

Zweckmäßig wird auch ein Kostenantrag im Hinblick auf § 80 VwVfG gestellt.

b) Form und Frist

48 Der Widerspruch muß schriftlich oder zur Niederschrift bei der Behörde erhoben werden, die den Verwaltungsakt erlassen hat. Die Einlegung bei der Widerspruchsbehörde reicht aus.

Die *Widerspruchsfrist* beträgt einen Monat. Der Fristablauf setzt eine ordnungsgemäße Rechtsmittelbelehrung gemäß § 58 VwGO voraus. Fehlt es hieran, so muß der Widerspruch binnen einem Jahr eingelegt werden. Die Frist beginnt mit der Bekanntgabe des VA. Unter der Bekanntgabe (§ 41 VwVfG) ist sowohl die Zustellung, die öffentliche Bekanntgabe, die Verkündung wie auch die formlose Eröffnung zu verstehen. Die bloße zufällige Kenntnisnahme ersetzt die Bekanntgabe nicht. Die Widerspruchsfrist ist Ausschlußfrist. Die Wiedereinsetzung in den vorigen Stand ist unter den Voraussetzungen des § 60 VwGO möglich.

49 Die Rechtsprechung hat die Möglichkeit der *Verwirkung des Widerspruchs* und des *Klagerechts* unabhängig von dem Ablauf der Jahresfrist anerkannt. Ist dem Betroffenen der Erlaß eines ihn belastenden Verwaltungsaktes, insbesondere als eines VA mit Drittwirkung, bekanntgeworden, so kann er verpflichtet sein, auch vor Ablauf der Jahresfrist bereits Rechtsmittel einzulegen, wenn sonst ihm Verwirkung entgegengehalten werden könnte[30].

c) Begründung

50 Der Widerspruch bedarf an sich keiner Begründung. Selbstverständlich sollte er aber stets begründet werden. Die Widerspruchsbehörde ist nicht

---

29 BVerwGE 22, 181; 40, 313.
30 BVerwGE 44, 298; 44, 343; DÖV 1968, 346; *Kopp*, VwGO, Anm. 18 ff. zu § 74 mit weiteren Belegen.

Konrad Redeker

verpflichtet, ohne jeden Hinweis den angefochtenen VA nach allen Richtungen zu überprüfen.

3. Der Widerspruchsbescheid

a) Zuständigkeit
Die Behörde, die den ursprünglichen VA erlassen hat, kann dem Widerspruch abhelfen. Geschieht dies nicht, so ist die Widerspruchsbehörde zur Entscheidung berufen.

51

Widerspruchsbehörde ist in der Regel die nächsthöhere Behörde (§ 73 Abs. 1 Satz 1 VwGO).
Es ist die Behörde des ursprünglichen VA selbst, wenn
aa) die nächsthöhere Behörde eine oberste Bundes- oder Landesbehörde ist (ausgenommen Beamtensachen, § 191 VwGO),
bb) es sich um Selbstverwaltungssachen handelt. Hier kann allerdings durch Landesgesetz eine andere Regelung getroffen werden.
In einzelnen Ländern sind zur Enscheidung über den Widerspruch besondere Ausschüsse eingesetzt. Diese landesrechtlichen Regelungen, die sich in der Praxis bewährt haben, werden durch § 73 Abs. 2 VwGO ausdrücklich aufrechterhalten.

b) Inhalt
Der *Widerspruchsbescheid* muß eindeutig über den gestellten Antrag befinden und diesen Ausspruch begründen. Die *Begründung* ist *zwingend vorgeschrieben.*

52

Die Frage, ob die Widerspruchsentscheidung den Widerspruchsführer schlechter stellen kann, ob also das *Verbot der reformatio in peius* für das Widerspruchsverfahren nicht gilt, ist seit langem *streitig*. Das Bundesverwaltungsgericht und eine Mehrheit von Rechtsprechung und Literatur halten eine solche Verböserung für zulässig. Ob und wieweit dieser Auffassung zuzustimmen ist, kann hier nicht näher erörtert werden[31]. Die Zulässigkeit einer Verböserung muß auf jeden Fall in die Überlegungen einbezogen werden, wenn Widerspruch gegen einen VA eingelegt wird, der dem eigenen Antrag wenigstens zum Teil stattgegeben hat.

c) Zustellung
Der Widerspruchsbescheid wird zugestellt. Ist ein *Bevollmächtigter bestellt* und hat er eine schriftliche Vollmacht vorgelegt, so ist gemäß § 8 Abs. 1 Satz 2 VwZG die *Zustellung an diesen* Bevollmächtigten vorzunehmen. Das ist auch inzwischen gesetzliche Regelung in allen Landes-VwZG geworden. § 41 Abs. 1 Satz 2 VwVfG, wonach die Bekanntgabe eines VA dem Bevollmächtigten gegenüber vorgenommen werden kann, gilt für die Zustellung

53

---

31 Vgl. hierzu *Stelken/Bonk/Leonhardt,* a.a.O., Anm. 10 zu § 48; *Redeker/von Oertzen,* Anm. 20 f. zu § 73.

nicht. Die Zustellung des Widerspruchsbescheides gegenüber dem Klienten setzt deshalb die Klagefrist nicht in Lauf.

IV. Untätigkeit der Behörde

54   § 75 VwGO befaßt sich mit den Fällen, daß *die Behörde* entweder über einen gestellten Antrag oder aber über einen eingelegten Widerspruch *nicht entscheidet*. Die Regelung galt früher als mißglückt, weil sie mit einer Klagefrist von einem Jahr in § 76 VwGO verbunden war, die sich oft für den Bürger als Fallstrick erwies. § 76 ist aber durch Gesetz vom 24. 8. 1976 aufgehoben worden.
Damit ergeben sich folgende Überlegungen:

1. Grundsatz

Als Grundsatz ist für beide Fälle in § 75 VwGO ausgesprochen, daß der Betroffene ohne Vorverfahren oder ohne den Widerspruchsbescheid abzuwarten, Klage erheben kann, wenn ohne zureichenden Grund nicht innerhalb angemessener Frist von der Behörde eine Entscheidung getroffen worden ist. Der Gesetzgeber wollte damit eine Möglichkeit eröffnen, sofort die gerichtliche Sachentscheidung herbeizuführen, wenn die Bearbeitung unangemessen lange dauert.

2. Sperrfristen

55   a) Die Klage kann frühestens *drei Monate nach Einlegung* des Widerspruchs oder Stellung eines Antrages erhoben werden, wenn bis dahin eine Entscheidung nicht vorliegt.
b) Auch nach Ablauf dieser Frist ist die Klage nicht sofort zulässig. Vielmehr muß »*ohne zureichenden Grund in angemessener Frist*« sachlich nicht entschieden worden sein. Die Rechtsprechung hat sich mit der Begründung dieser Frist nur selten zu befassen gehabt, weil von der Anhängigkeit des Verfahrens bis zur gerichtlichen Entscheidung in der Regel soviel Zeit abläuft, daß entweder die Behörde nunmehr eine Entscheidung getroffen hat, die in das Verfahren eingeführt worden ist, oder aber nunmehr endgültig es an einem zureichenden Grund für die Verweigerung der Entscheidung fehlt.
56   c) Wegfall der Jahresfrist des § 76 VwGO bedeutet nicht, daß bei Untätigkeit der Behörde auf unbegrenzte Zeit Klage erhoben werden kann. Das *Klagerecht* kann vielmehr *verwirkt* werden, es spricht auch viel dafür, daß eine solche Verwirkung etwa nach einem Jahr nach Antragstellung eingetreten sein dürfte[32]. Gegenüber dem früheren Zustand besteht die positive Wir-

---

[32] Vgl. Anm. 30; dazu auch *Redeker/von Oertzen*, a.a.O., Anm. 15 zu § 75.

kung der Aufhebung des § 76 VwGO aber darin, daß in allen Fällen, in denen Antragsteller und Behörde über den Antrag verhandeln, was oft lange Zeit in Anspruch nimmt, nicht vorsorlich im Hinblick auf die Jahresfrist Klage erhoben werden muß. Verwirkung kann nicht eintreten, solange solche Verhandlungen laufen.

2. Verfahrensgang

a) Ist Untätigkeitsklage erhoben, so kann die Behörde von der Entschei- 57
dung überhaupt absehen, so daß die erste Sachentscheidung durch das Gericht erfolgt. Dabei hat das *Gericht* nicht nur auf eine Bescheidung durch die Behörde zu erkennen, sondern *in der Sache selbst zu befinden.*

b) *Erläßt die Behörde* nach Erhebung der Untätigkeitsklage einen *positiven* 58
Bescheid, so ist der Rechtsstreit in der Hauptsache erledigt und sind die Kosten der Behörde aufzuerlegen. Erläßt sie einen *negativen Bescheids* so wird er in das Verfahren einbezogen. Eines Vorverfahrens gegen den nun vorliegenden Bescheid bedarf es zur Weiterführung des Rechtsstreites nicht.

Die Untätigkeitsklage ist oft ein sinnvolles Mittel, um ein langwieriges Vorverfahren zu vermeiden, dessen negativer Ausgang feststeht. Verweigert etwa die Gemeinde das Einvernehmen zu einem Bauvorhaben nach § 34 oder § 35 Abs. 1 BBauG, kann das Vorverfahren zu keinem Erfolg führen. Hier ist deshalb die alsbaldige Untätigkeitsklage für den Antragsteller nützlich, da sie Zeit spart.

Von diesen Ausnahmefällen abgesehen, bietet die Untätigkeitsklage als Gegenmittel gegen die Verschleppung des Verfahrens nur geringen Schutz, weil sie von den Gerichten wie jede andere Klage behandelt wird, deshalb es zur Terminierung vielfach erst nach 12 bis 24 Monaten kommt. Der gesetzlich gewünschte Beschleunigungseffekt ist deshalb meist illusorisch.

V. Gegenstand der Anfechtungs- oder Verpflichtungsklage

Was *Gegenstand der Verpflichtungsklage* ist, bedarf keiner Erörterung. Sie ist 59
auf den Erlaß des beantragten, aber nicht gewährten VA gerichtet.

Gegenstand der Anfechtungsklage ist der ursprüngliche VA in der Gestalt 60
des Widerspruchsbescheides (§ 79 VwGO). Ursprünglicher VA und Widerspruchsbescheid bilden hiernach eine Einheit. Enthalten sie in Begründung oder Tenor Unterschiede oder Widersprüche, so ist der Widerspruchsbescheid maßgeblich. Die Klage richtet sich gegen beide Bescheide. Im Antrag wird die Aufhebung beider Bescheide begehrt.

Der *Widerspruchsbescheid* kann auch *allein Gegenstand der Anfechtungs-* 61
klage sein, wenn nämlich entweder ein Dritter erstmals hierdurch beschwert wird oder wenn der Widerspruchsbescheid gegenüber dem ursprünglichen VA eine selbständige Beschwer enthält (§ 79 Abs. 2 VwGO). Letzterer Fall soll dem Betroffenen ermöglichen, lediglich den Widerspruchsbescheid zu

Konrad Redeker 149

beseitigen, um auf diesem Wege ein erneutes Verwaltungsvorverfahren zu erzwingen. Denn mit der Aufhebung des Widerspruchsbescheides wird das Vorverfahren wieder anhängig, für dessen Abschluß es an dem Widerspruchsbescheid alsdann fehlt. An ein solches Vorgehen ist etwa bei Ermessensentscheidungen zu denken. Ist der ursprüngliche Verwaltungsakt zwar ermessensfehlerfrei, inhaltlich aber unzweckmäßig, so kann allein im Vorverfahren eine Änderung erreicht werden; eine Klage ist gemäß § 114 VwGO aussichtslos. Unterliegt der negative Widerspruchsbescheid Verfahrensfehlern, so kann die Klage auf die Aufhebung dieses Bescheides beschränkt werden, um in einem neuen Vorverfahren neue Argumente vortragen zu können.

62   Kommt es *zwischen VA und richterlicher Entscheidung zu Änderungen der Sach- oder Rechtslage,* so ist es von Bedeutung, von welcher Situation bei dieser richterlichen Entscheidung auszugehen ist.

Für die *Anfechtungsklage* ist grundsätzlich die Sach- und Rechtslage im Zeitpunkt der letzten Verwaltungsentscheidung maßgeblich. Auf den Zeitpunkt der letzten mündlichen Verhandlung, ggf. auch in der Revisionsinstanz, kommt es an bei

- Aufhebungsanträgen ex nunc und Verpflichtung der Behörde zu solcher Aufhebung infolge neuer Umstände,
- Anfechtung von VA mit Dauerwirkung,
- rechtsgestaltenden VA, die noch keine Gestaltungswirkung entfaltet haben, wenn mit ihnen nicht ein Status entzogen wird, auf den der Kläger keinen Anspruch hat[33].

63   Für die *Verpflichtungsklage* ist maßgeblich der Zeitpunkt der letzten mündlichen Verhandlung, ggf. auch in der Revisionsinstanz. Ein früherer Zeitpunkt kann maßgebend sein, wenn ein VA nach einem inzwischen aufgehobenen oder abgeänderten Gesetz beantragt wird und der Kläger einen Anspruch hierauf hatte.

64   Nicht selten ist der VA oder seine Ablehnung unzulänglich begründet, so daß eine Klage aussichtsreich erscheint. Im Laufe des Verfahrens werden dann von der Verwaltung weitere tatsächliche oder rechtliche Gründe für die Entscheidung vorgebracht, die der Klage die Aussichten nehmen. Dieses *Nachschieben und Nachholen von Gründen* wird von der Rechtsprechung nur dann für unzulässig gehalten, wenn hierdurch der VA in seinem Wesen und Ausspruch geändert wird. Hinzu tritt der Ausnahmefall, daß ein Ausschuß den VA als Ermessensentscheidung erlassen hat, weil hier der Ausschuß die von der Verwaltung nachgeschobenen Gründe möglicherweise bei seinen

---

33 Hier sind viele Einzelfragen streitig; die Rechtsprechung differenziert stark; vgl. *Redeker/von Oertzen,* a.a.O., Anm. 16 ff. zu § 108; *Kopp,* VwGO, Anm. 23 ff.; 95 ff. zu § 113.

Konrad Redeker

Beratungen nicht erwogen hat. Das gleiche gilt bei Entscheidungen im Rahmen einer Beurteilungsermächtigung[34].

Der Anwalt tut also gut daran, bei der Prüfung der Klageaussichten sich nicht allein auf die Begründung des ursprünglichen VA und des Widerspruchsbescheides zu verlassen, sondern die Sach- und Rechtslage unabhängig hiervon selbst zu untersuchen. Die VG sehen oft andere Rechtsgründe als entscheidungserheblich an.

B. Die einfache Leistungsklage

I. Wesen und Bedeutung

Bereits früher ist bemerkt worden, daß die Verpflichtungsklage prozessual 65
als Fall der Leistungsklage anzusehen ist. Die Behörde wird verurteilt, eine bestimmte Leistung zu erbringen, nämlich einen bestimmten VA zu erlassen.

Die *einfache Leistungsklage* unterscheidet sich von der Verpflichtungsklage durch das Klageziel. Es wird nicht der Erlaß eines VA, sondern anderes Verwaltungshandeln begehrt.

Anwendungsfälle sind etwa Zahlungs- und Schadensersatzansprüche von Beamten, Ansprüche auf Zinszahlungen, Forderung von Entschädigungsleistungen, soweit der Verwaltungsrechtsweg zulässig ist, Ansprüche auf Widerruf ehrenkränkender oder berufsschädigender Behauptungen, für die der Zivilrechtsweg gemäß § 839 Art. 34 GG nach der Rechtsprechung des BGH nicht offensteht.

Die Zulässigkeit der einfachen Leistungsklage ist heute außer Streit. In ihrer prozessualen Behandlung unterscheidet sie sich von der Verpflichtungsklage dadurch, daß für die letztere das Vorverfahren als Sachurteilsvoraussetzung zwingend vorgeschrieben ist, für die Leistungsklage es dagegen nicht erforderlich ist. Freilich verlangt § 126 Abs. 3 BRRG für den Hauptfall der einfachen Leistungsklage, die Zahlungsklage des Beamtenrechts, die vorherige Durchführung des Vorverfahrens.

II. Die Unterlassungsklage

Besondere Bedeutung hat die einfache Leistungsklage in der Form der 66
Unterlassungsklage. Seit BVerwGE 7, 30 ist ihre grundsätzliche Zulässigkeit außer Streit. Freilich ist ihre Reichweite begrenzt.

Hat die Behörde einen VA erlassen, so ist allein die Anfechtungsklage das

---

34 Hierzu liegt eine fast unübersehbare Kasuistik vor, zumal die Auswirkungen der
§§ 39, 45, 46 VwVfG noch nicht hinreichend durchdacht sind; vgl. auch *Redeker/
von Oertzen*, Anm. 28 ff. zu § 108.

Konrad Redeker

11*

zulässige Rechtsmittel. Neben ihr kann nicht noch auf – zukünftige – Unterlassung des VA Klage erhoben werden. Hat eine Behörde einen belastenden VA angekündigt oder ist er sonst zu erwarten, so ist die vorbeugende Unterlassungsklage gegen einen solchen VA nur in *seltenen Ausnahmefällen* zulässig, weil generell die VwGO vom System des repressiven Rechtsschutzes ausgeht[35].

67   Die Unterlassungklage, auch in der vorbeugenden Form, hat ihren Platz da, wo *hoheitliches Handeln ohne Verwaltungsaktqualität* in Frage steht. Sie kann Rechtsschutzmittel bei ehr- und berufsschädigenden behördlichen Äußerungen sein, etwa wenn in hoheitlichen Äußerungen, die nicht VA sind, unzutreffende schädigende Angaben über den Kläger gemacht werden. Sie setzt den materiellrechtlichen Unterlassungsanspruch voraus, zum anderen die Wiederholungsgefahr, entspricht also der Unterlassungsklage des Zivilrechts weitgehend, von der sie sich nur dadurch unterscheidet, daß sie sich nicht gegen privates, sondern gegen hoheitliches Handeln wendet. Eines Vorverfahrens bedarf die Klage nicht. Daß ggf. hier auch der Weg der einstweiligen Anordnung nach § 123 VwGO gegeben sein kann, sei erwähnt.

C. Die Feststellungsklage

68   Der Verwaltungsprozeß kennt die Feststellungsklage unter ähnlichen Voraussetzungen wie der Zivilprozeß.

Mit der Klage kann die Feststellung des Bestehens oder Nichtbestehens eines Rechtsverhältnisses begehrt werden, wenn ein berechtigtes Interesse an der alsbaldigen Feststellung besteht. Zu diesen § 256 ZPO entsprechenden Voraussetzungen tritt weiter die Möglichkeit einer Feststellung der Nichtigkeit eines VA.

I. Materiellrechtliche Voraussetzungen

1. Bestehen oder Nichtbestehen eines Rechtsverhältnisses

69   Unter einem *öffentlich-rechtlichen Rechtsverhältnis* sind die Rechtsbeziehungen einer Person zu einer anderen Person oder zu einer Sache zu verstehen, die sich aus einem konkreten Sachverhalt aufgrund einer Norm des öffentlichen Rechts ergeben.

Die besonderen Schwierigkeiten für den Nachweis eines solchen Rechtsverhältnisses bestehen im öffentlichen Recht darin, daß zwischen der öffentlichen Hand und dem Bürder eine Vielzahl unmittelbar wirkender Rechtsnormen besteht, die öffentliche Hand dem Bürger sozusagen unaufhörlich

---

35 Vgl. etwa BVerwGE 34, 69; 40, 323; BVerwG, DVBl. 1971, 746; OVG Berlin, NJW 1973, 2172; OVG Bremen, NJW 1967, 222 als Beispiele zulässiger vorbeugender Unterlassungsklage gegen Erlaß eines VA.

Konrad Redeker

entweder durch Normen stillschweigend oder aber durch ausdrückliche Erklärungen gegenübertritt. Im Zivilrecht dagegen bestehen zwischen zwei Parteien zunächst keine Rechtsbeziehungen. Die Entstehung bedarf vielmehr erst besonderer Sachverhaltsumstände, so daß das Rechtsverhältnis von dem allgemeinen Zustand in der Regel ohne Schwierigkeiten zu trennen ist. Die allgemeine Rechtsunterworfenheit des Bürgers unter die Normen des öffentlichen Rechts ist noch kein *Rechtsverhältnis*. Das Rechtsverhältnis muß vielmehr spezieller individueller Natur sein. Es ist erst dann *anzunehmen*, wenn *aufgrund konkreter Tatsachen die Norm* auf einen *besonderen Sachverhalt angewandt* wird oder werden soll. Das allgemeine muß sich zu einem besonderen konkreten Rechtsverhältnis verdichtet haben. Diese Verdichtung beruht in der Regel auf behördlichen Erklärungen oder Handlungen. Die Behörde berühmt sich etwa eines Rechts zu bestimmter Entscheidung. Dabei kann sich die Berühmung sowohl auf einen bereits gegebenen wie aber auch auf einen noch eintretenden Zustand beziehen. Eine Erklärung der Behörde etwa, sie behandele eine Person nicht als Beamten, da er niemals wirksam zum Beamten erkannt worden sei, stellt den Status dieser Person in Frage. Der konkrete Status als ein Bündel von Rechtsnormen, aus denen sich Rechte und Pflichten zwischen öffentlicher Hand und der betreffenden Person ergeben, ist ein Rechtsverhältnis, das der verwaltungsrechtlichen Feststellung offensteht. Die Erklärung einer Behörde, bei bestimmtem zukünftigen Handeln einer Person, etwa der Eröffnung eines bestimmten Gewerbebetriebes oder dem Vertrieb bestimmter Lebensmittel, Verbote zu erlassen, weil diese Handlungen gesetzlich unzulässig seien, verdichtet die allgemeine Unterworfenheit des Handelnden unter die Norm zu einem konkreten Rechtsverhältnis und eröffnet damit den Weg der Feststellungsklage. In Fällen dieser Art ist zwar nicht die vorbeugende Unterlassungsklage möglich, wie oben bereits dargelegt, wohl aber die *vorbeugende Feststellungsklage.* Ein Rechtsverhältnis wird naturgemäß besonders deutlich durch den Erlaß eines VA geschaffen. Der Bestand dieses Rechtsverhältnisses hängt dann von der Rechtswirksamkeit des VA ab. Hier steht der Weg der Feststellungsklage aber in der Regel nicht offen, weil Anfechtungs- und Verpflichtungsklage gegeben sind, denen gegenüber die Feststellungsklage subsidiär ist, wenn nicht die Nichtigkeit des VA behauptet wird.

Im übrigen können mit der Feststellungsklage weder die Klärung einer abstrakten Rechtsfrage noch bestimmter rechtlicher Vorfragen eines Rechtsverhältnisses verlangt werden. Insoweit gelten die gleichen Überlegungen wie zu § 256 ZPO.

2. Nichtigkeit eines Verwaltungsakts

Mit der Feststellungsklage kann auch die Feststellung veralngt werden, daß ein VA nichtig oder nicht nichtig sei.

70

Konrad Redeker 153

Diese Klageform ist verhältnismäßig selten. Zwar sind die *Gründe* für die *Nichtigkeit eines VA* jetzt in *§ 44 VwVfG zusammengestellt. Sie liegen aber nur selten vor.* Es *wird sich fast immer um Grenzfälle* handeln, so daß streitig ist, ob der VA wirklich nichtig ist, ob nicht vielmehr nur Rechtswidrigkeit anzunehmen ist. Dann ist es *richtiger,* den Weg der *Anfechtungsklage* zu gehen, also nicht auf das für die Feststellungsklage nicht erforderliche Vorverfahren zu verzichten. Es besteht sonst die Gefahr, daß das Gericht die Nichtigkeit verneint, über seine Anfechtbarkeit aber nicht entscheiden kann, weil es am Vorverfahren fehlt und die Fristen hierfür abgelaufen sind.

II. Prozessuale Erfordernisse

1. Berechtigtes Interesse an der Feststellung

71   § 43 VwGO fordert ein berechtigtes Interesse an der gewünschten Feststellung. Der Begriff ist weiter als der des rechtlichen Interesses in § 256 ZPO. Ein berechtigtes Interesse liegt vor, wenn aus rechtlichen, wirtschaftlichen oder ideellen Erwägungen ein Bedürfnis an der gerichtlichen Feststellung des Rechtsverhältnisses oder der Nichtigkeit eines VA anzuerkennen ist. Es kann sich auch um privatrechtliche Interessen handeln.

Das berechtigte Interesse setzt einmal voraus, daß über das Rechtsverhältnis oder die Nichtigkeit des VA Streit oder Unklarheit besteht. Es setzt weiter voraus, daß nicht vom Gesetz ein anderer Weg der gerichtlichen Klärung vorgeschrieben ist. Nach § 43 Abs. 2 VwGO ist die *Feststellungsklage unzulässig, wenn die Gestaltungs- oder Leistungsklage gegeben* ist oder hätte erhoben werden können, es sei denn, es wird die Nichtigkeit eines VA geltend gemacht. Ist ein belastender VA erlassen worden, so ist für die Klärung seiner Rechtswidrigkeit der Weg der Anfechtungsklage vorgesehen. Eine Klage auf Feststellung der Rechtswidrigkeit des VA ist unzulässig. Das gilt auch dann, wenn die Frist für eine solche Anfechtungsklage abgelaufen ist. Das Fristversäumnis kann nicht durch eine Feststellungsklage umgangen werden. Infolge des Fristversäumnisses ist vielmehr der VA formell rechtsbeständig, diese Rechtsbeständigkeit steht aber der Feststellungsklage entgegen. Das gleiche gilt für die Ablehnung oder Unterlassung eines beantragten VA.

2. Notwendigkeit alsbaldiger Feststellung

72   § 43 VwGO hat dieses prozessuale Erfordernis aus § 256 ZPO übernommen. Nennenswerte praktische Bedeutung hat es nicht, da bereits im Begriff des »berechtigten Interesses« notwendig das zeitliche Moment ebenfalls enthalten sein muß. Die Feststellungsklage setzt voraus, daß die Unklarheit des Rechtsverhältnisses oder der Nichtigkeit des VA bei ihrer Erhebung besteht oder fortbesteht. Es genügt nicht, daß sie einmal bestanden hat, inzwischen

aber entfallen ist. Ebensowenig genügt, daß eine Unklarheit später entstehen kann, im Zeitpunkt der Klage aber noch nicht vorliegt.

III. Die Fortsetzungsfeststellungsklage nach § 113 Abs. 1 Satz 4 VwGO

Erledigt sich im Zivilprozeß die Hauptsache, so wird dies von den Parteien erklärt, und das Gericht hat lediglich über die Kosten zu entscheiden. Auch der Verwaltungsprozeß kennt diese Form der Erledigung der Hauptsache.   73

Zusätzlich hat die VwGO die Möglichkeit geschaffen, anstelle der Erledigungserklärung den Antrag zu stellen, den erledigten VA für rechtswidrig zu erklären *(Fortsetzungsfeststellungsklage)*.   74

Dieser Feststellungsantrag ist in der Praxis von erheblicher Bedeutung. Wird der angefochtene VA zurückgenommen, hat er sich durch Zeitablauf erledigt oder ist er durch neue gesetzliche Bestimmungen gegenstandslos geworden und dadurch die Erledigung der Hauptsache eingetreten, so kann der Kläger ein Interesse an der Feststellung der Rechtswidrigkeit des VA haben, um einer Wiederholung vorzubeugen[36], eine notwendige Rehabilitation zu erreichen[37] oder aber die Vorfrage der Rechtswidrigkeit für einen beabsichtigten Schadensersatzanspruch zu klären[38]. Das gleiche gilt, wenn die Behörde im Falle der Verpflichtungsklage den Kläger durch Erlaß des gewünschten VA klaglos stellt. Der Antrag ist nach der Rechtsprechung des BVerwG auch dann – als selbständige Klage – zulässig, wenn die Erledigung vor Klageerhebung eintritt[39].

Verfahrensmäßig hat der Kläger nach der Erledigung, aber ohne vorherige prozessuale Erledigungserklärung, die den Antrag unzulässig machen würde, den Klageantrag auf die Feststellung umzustellen, daß der VA rechtswidrig war. Ohne Antragsumstellung ist eine entsprechende Entscheidung des Gerichts nicht möglich.   75

D. Normenkontrollverfahren

I. Gegenstand des Verfahrens

1. Die bundesrechtliche Regelung

Durch das Gesetz vom 24. 8. 1976 ist § 47 VwGO neu gefaßt worden. Mit der Neufassung ist das bisher fakultative, von entsprechenden landesrechtli-   76

---

36 BVerwGE 12, 306; 16, 312; OVG Hamburg, VRspr. 15, 287.
37 BVerwGE 12, 87; 26, 161; aber auch BVerwG, NJW 1977, 2228.
38 Hierzu liegt eine differenzierende Rechtsprechung vor, da die Verwaltungsgerichte das Feststellungsinteresse verneinen, wenn sie die Amtshaftungsklage für aussichtslos halten: BVerwGE 4, 177; 9, 196; 10, 274; BVerwG, NJW 1960, 1363; DVBl. 1973, 366; NJW 1980, 2426; OVG Koblenz, NJW 1977, 72.
39 BVerwGE 15, 132; 16, 194.

chen Regelungen abhängige *Normenkontrollverfahren* für bestimmte Materien *zwingend vorgeschrieben* worden.

Im Normenkontrollverfahren entscheidet das OVG über die Gültigkeit von Satzungen, die nach den Vorschriften des BauGB erlassen worden sind, sowie von Rechtsverordnungen nach § 246 Abs. 2 BauGB. Planungsentscheidungen, die in der Form der Satzung oder Rechtsverordnung im Bauplanungsrecht getroffen werden und nach der gesetzlichen Regelung überwiegend in der Form der Rechtsnorm ergehen, können damit *unmittelbar* einer *gerichtlichen Überprüfung* zugeführt werden, ohne daß es eines vorherigen Vollzugsaktes bedarf, bei dessen Anfechtung die Verwaltungsgerichte inzidenter auch über die Wirksamkeit der Rechtsnorm zu befinden haben.

2. Die landesrechtliche Regelungsmöglichkeit

77 § 47 Abs. 1 Ziff. 2 gestattet es den Ländern, auch für *andere* im Rang unter dem Landesgesetz stehende *Rechtsverordnungen* das Normenkontrollverfahren zuzulassen. Das ist ohne jede Einschränkung in Baden-Württemberg, Bayern, Bremen, Hessen, Niedersachsen und Schleswig-Holstein geschehen. Rheinland-Pfalz läßt das Verfahren nur dann nicht zu, wenn es um Rechtsverordnungen geht, die Handlungen eines Verfassungsorgans im Sinne des Art. 130 Abs. 1 der Landesverfassung sind. In den anderen Bundesländern, also Berlin, Hamburg, Nordrhein-Westfalen und Saarland, bleibt es bisher lediglich bei der bundesrechtlich zwingend vorgeschriebenen Regelung.

3. Nicht erfaßte Bereiche

78 a) Nur *landesrechtliche,* nicht bundesrechtliche Verordnungen usw. können Gegenstand des Normenkontrollverfahrens sein. Erfaßt werden aber Rechtsvorschriften der Länder oder Satzungen der Gemeinden, die in Ausführung von Bundesrecht erlassen worden sind.

79 b) Nur auf Rechtsnormen bezieht sich das Verfahren; *nicht* erfaßt werden *Verwaltungsvorschriften,* auch wenn ihnen begrenzte Außenwirkung zukommt. Ebenso werden nicht Planungsentscheidungen erfaßt, die zwar in weiterem oder engerem Maße Bindungswirkungen haben, aber nicht als Rechtsnorm erlassen werden; so etwa Flächennutzungspläne, Raumordnungspläne, Gebietsentwicklungspläne usw.[40].

---

40 Vgl. etwa OVG Lüneburg, DÖV 1971, 492; VGH Mannheim, ESVGH 18, 23; VGH München, BayVBl. 1975, 168; *Kopp,* VwGO, Anm. 15 zu § 47; *Redeker/von Oertzen,* Anm. 16 f. zu § 47.

Konrad Redeker

c) Rechtsnormen, deren Rechtswirksamkeit ausschließlich durch das Ver-   80
fassungsgericht eines Landes nachgeprüft werden darf. § 47 Abs. 3 übernimmt mit dieser Ausschlußklausel die Abgrenzung der Verwaltungs- von
der Verfassungsgerichtsbarkeit in § 40. Die Vorbehaltsklausel hat aber nur
geringe Bedeutung, weil nach § 47 von der konkreten Betrachtungsweise
auszugehen ist, ob also es dem Antragsteller möglich oder gewesen ist, die
Gültigkeit der von ihm zur Überprüfung gestellten Norm durch ein Verfas-
sungsgericht kontrollieren zu lassen; die bloße Möglichkeit der Kontrolle
durch andere Personen, Organe oder Institutionen reicht nicht aus.

II. Antragsbefugnis

Zur Antragstellung ist *jede natürliche oder juristische* Person befugt, die gel-   81
tend machen kann, daß sie durch die Rechtsvorschrift oder deren Anwendung einen Nachteil erleidet oder in absehbarer Zeit zu erwarten hat. Die
Bedeutung dieser Voraussetzung ist umstritten. Die überwiegende Meinung
versteht sie ähnlich wie die Rechtsbeeinträchtigung im Sinne des § 42, verlangt also, daß der Antragsteller in irgendeiner Weise in seinen rechtlich
geschützten Interessen beeinträchtigt worden ist. Mit dem Wortlaut des
§ 47, der von § 42 abweicht, ist das schwerlich vereinbar. Das BVerwG [41]
sieht einen Nachteil für gegeben an, wenn der Antragsteller in einem Interesse getroffen wird oder werden kann, das bei der Entscheidung über die
Norm hätte berichtigt werden müssen.
Antragsbefugt ist auch *jede Behörde*. Hier wird das Vorliegen eines Nach-   82
teils vom Gesetz nicht verlangt. Ist also etwa der Bestand eines Bebauungs-
planes streitig und will die Gemeinde hierzu eine baldige abschließende Klärung herbeiführen, so kann sie selbst einen Normenkontrollantrag stellen.

III. Verfahren

1. *Zuständig* zur Entscheidung ist *das OVG*.   83
   Es entscheidet grundsätzlich nach mündlicher Verhandlung durch Urteil;
eine Entscheidung durch Beschluß ist in Ausnahmefällen zulässig. *Gibt* das
OVG dem Antrag *statt*, so stellt es die Nichtigkeit der Rechtsvorschrift fest.
Diese Feststellung ist allgemein verbindlich; mit ihr steht die Nichtigkeit der
Norm für jedermann fest. Dabei wirkt die Entscheidung ex tunc. Noch
nicht unanfechtbare VA auf der Grundlage der Norm sind deshalb von der
Behörde aufzuheben. Gerichtlich bestätigte, aber auch sonst rechtsbestän-
dige VA bleiben weiter bestehen, sind aber nicht mehr vollzugsfähig. Begünstigt der VA, so kann von ihm weiter Gebrauch gemacht werden, wenn er
nicht zurückgenommen wird.

41 BVerwGE 59, 87 ff. mit krit. Anm. v. *Bettermann*, DVBl. 1980, 315.

Wird der *Antrag zurückgewiesen,* so wirkt diese Entscheidung nur zwischen den Beteiligten. Ein Dritter kann deshalb einen neuen Antrag stellen; ebenso kann er inzidenter die Unwirksamkeit der Norm geltend machen.

84   2. Bei einer Überprüfung der Norm hat das OVG *alle rechtlichen Gesichtspunkte zu berücksichtigen.* Es kann insbesondere uneingeschränkt Bundesrecht anwenden. Ein Bebauungsplan etwa ist also anhand des BBauG, anderen einschlägigen Bundesrechts einschließlich des GG sowie aller hierzu ergangenen landesrechtlichen Bestimmungen zu überprüfen.

85   3. Gegen die Entscheidung des OVG ist ein *Rechtsmittel an sich nicht gegeben.* Das OVG ist aber zur Vorlage der Sache an das *Bundesverwaltungsgericht* verpflichtet, wenn in der Auslegung revisiblen Rechts
   – die Rechtssache grundsätzliche Bedeutung hat,
   – das OVG von der Entscheidung eines anderen OVG, des BVerwG oder des Gemeinsamen Senats der obersten Gerichtshöfe des Bundes abweichen will.
   Auf die Vorlage entscheidet das BVerwG nur über die Rechtsfrage, nicht in der Sache selbst. Die Beteiligten sind vom Bundesverwaltungsgericht zu hören. Legt das OVG verfahrensfehlerhaft nicht vor, so ist gemäß neuem § 47 Abs. 7 die Beschwerde an das BVerwG zulässig, das ggf. bei anderer Rechtsauffassung die Sache an das OVG mit der Folge zurückverweist, daß dieses seine Entscheidung aufhebt und in der Sache neu entscheidet.

86   4. Für das *Verfahren* selbst gilt die VwGO. Eine Beiladung ist unzulässig; will das OVG andere Personen oder Einrichtungen hören, so wird es hierzu ähnlich wie das Bundesverfassungsgericht berechtigt sein. Die Normenkontrollantrag hat keine aufschiebende Wirkung. Es besteht aber die Möglichkeit einer einstweiligen Anordnung. Die Voraussetzungen hierfür (§ 47 Abs. 8) werden von den OVG in entsprechender Anwendung des § 32 BVerfGG eng aufgefaßt. Insbesondere wird der Antrag als unzulässig angesehen, wenn vorläufiger Rechtsschutz bei den Verwaltungsgerichten erreicht werden kann [42].

IV. Bedeutung

87   Das Normenkontrollverfahren ist ein wichtiges Rechtsschutzinstrument, das überall da, wo es zulässig ist, vom Anwalt in seine Überlegungen einbezogen werden sollte. Steht im Mittelpunkt einer Auseinandersetzung die Rechtswirksamkeit einer nach § 47 kontrollierbaren Norm, so führt das Verfahren zu einer abschließenden Klärung. An sich müßte diese Klärung auch verhältnismäßig schnell erreicht werden können. Es muß aber nach der

---

42 VGH München, BayVBl. 1976, 725; VGH Mannheim, NJW 1977, 1212; *Zuck,* DÖV 1977, 848; *Kopp,* VwGO, Anm. 76 zu § 47.

Konrad Redeker

gegenwärtigen Praxis von nicht unerheblichen Zeiträumen ausgegangen werden; Normenkontrollverfahren dauern bei manchen Oberverwaltungsgerichten zwei bis drei Jahre. Das kann im Einzelfall Veranlassung geben, die Inzident-Entscheidung des VG vorzuziehen. Für die baurechtliche Nachbarklage sind vielfach drei Verfahren nebeneinander zweckmäßig.

In den Ländern, die sich auf die bundesgesetzliche Regelung beschränken, bleibt im übrigen die *Rechtsschutzlücke,* daß eine Rechtsvorschrift außerhalb des Baurechts nicht unmittelbar angegriffen werden kann, weil § 42 die Anfechtung auf Verwaltungsakte beschränkt und der Weg der einfachen Leistungs- oder generellen Feststellungsklage von der Rechtsprechung verworfen wird. Der Anwalt muß hier die Rechtsschutzmöglichkeit dadurch herbeiführen, daß er entweder möglichst bald einen Vollzugsakt veranlaßt oder durch entsprechend provozierte Erklärungen der Behörde ein konkretes Rechtsverhältnis im Sinne des § 43 für eine Feststellungsklage mit Inzidentprüfung der Norm begründet oder aber ein Statusverhältnis zum Gegenstand der Überprüfung macht, in das durch die Rechtsnorm eingegriffen oder das durch sie begründet werden soll. Das BVerfG (DVBl. 1987, 362) hält eine solche Feststellungsklage fast unbegrenzt für zulässig.

88

Konrad Redeker   159

Der vorläufige Rechtsschutz

A. Die aufschiebende Wirkung des Widerspruchs und der Anfechtungsklage

I. Der Grundsatz des § 80 Abs. 1 VwGO und seine Ausnahmen

89 Angesichts der Vollziehbarkeit eines Verwaltungsakts bedarf es anders als im Zivilprozeß der gesetzlichen Klärung, wieweit durch die Einlegung von Rechtsmitteln diese Vollziehungsmöglichkeit gehemmt wird, also zunächst die Klärung der Rechtmäßigkeit des VA abgewartet werden muß, ehe eine Vollziehung zulässig ist. Nach § 80 Abs. 1 VwGO haben die förmlichen Rechtsmittel gegen einen belastenden VA aufschiebende Wirkung. Ein VA darf deshalb nach Einlegung eines Rechtsmittels grundsätzlich erst vollzogen werden, wenn das Rechtsmittel zurückgewiesen worden ist.

1. Wesen der aufschiebenden Wirkung

90 Die *aufschiebende Wirkung hindert* nur *die Vollziehbarkeit* des angefochtenen VA, macht ihn dagegen nicht vorläufig rechtsunwirksam. Die Unterscheidung ist wesentlich, wenn auch die dogmatische Begründung streitig ist[43]. Bleibt das Rechtsmittel erfolglos, so wird der Akt rückwirkend mit dem Zeitpunkt seines Erlasses vollziehbar. Wird etwa der Widerruf eines Beamtenverhältnisses angegriffen und Klage erhoben, so sind die Bezüge zunächst weiterzuzahlen. Sie sind also rückwirkend bis zum Zeitpunkt des Widerrufs zu erstatten, wenn die Klage rechtskräftig abgewiesen wird. Der Anwalt muß auf diese oft unbekannte Rechtslage den Klienten aufmerksam machen, damit nicht nach längerer Prozeßdauer Beträge auflaufen, deren Erstattung Schwierigkeiten macht. Die aufschiebende Wirkung ist die Folge der Einlegung eines Rechtsmittels. Bis zu dieser Einlegung bleibt der VA vollziehbar. Das gleiche gilt für die Zeit zwischen Zurückweisung des Widerspruchs und Klageerhebung. In der Regel wird eine Behörde erst die formelle Rechtskraft des VA abwarten, ehe sie ihn vollzieht, da eine vorzeitige Vollziehung unter dem Risiko der Einlegung eines Rechtsmittels und damit der aufschiebenden Wirkung steht. Die Behörde muß in diesem Falle die Vollziehung rückgängig machen.

---

43 Zum Meinungsstand umfassend *Kopp*, VwGO, Anm. 2 ff. zu § 80.

Konrad Redeker

Ob und wieweit bei *VA mit Doppelwirkung* das Rechtsmittel des Begün- **91**
stigten hat, ist streitig und Gegenstand umfangreicher Rechtsprechung[44].
Der Anwalt muß für den konkreten Fall stets die Rechtsprechung des hierfür zuständigen OVG feststellen.

Die *aufschiebende Wirkung* ist nur bei Rechtsmitteln gegen einen belasten- **92**
den VA möglich. Sie bietet deshalb vorläufigen *Rechtsschutz nur* im Bereich
der *Anfechtungsklage.* Wird ein Leistungsantrag abgelehnt und gegen die
Ablehnung ein Rechtsmittel eingelegt oder Verpflichtungsklage erhoben, so
kann vorläufiger Rechtsschutz nur im Wege der einstweiligen Anordnung
nach § 123 VwGO gewährt werden. Für das Rechtsmittel gegen den ablehnenden Akt ist die aufschiebende Wirkung ohne Bedeutung, sie hat insbesondere nicht irgendwelche Ansprüche auf vorläufige Leistungen zur Folge.

Die aufschiebende Wirkung tritt auch bei Rechtsmitteln gegen Gestal-
tungs- und Feststellungsakte ein. Besonderheiten sind hiermit nicht verbunden.

2. Die generellen Ausnahmen der aufschiebenden Wirkung

§ 80 Abs. 2 VwGO regelt eine Reihe von *Ausnahmefällen,* bei denen das **93**
Rechtsmittel allein noch keine aufschiebende Wirkung zur Folge hat, der
VA deshalb trotz Einlegung vollzogen werden kann. Es handelt sich um:
a) die *Anforderung von öffentlichen Abgaben und Kosten.* Das Verwaltungsgericht kann hier gemäß § 80 Abs. 5 VwGO die sofortige Vollziehung bis
zur Entscheidung über das Rechtsmittel ganz oder teilweise aussetzen,
wenn ernstliche Zweifel an der Rechtmäßigkeit des angegriffenen VA
bestehen. Die Gerichte machen von dieser Möglichkeit regelmäßig
Gebrauch. Die Behörden sind deshalb auf entsprechende Vorstellung in
der Regel bereit, die Vollziehung auch ohne gerichtlichen Beschluß
zurückzustellen. Eine entsprechende Vereinbarung zur Vermeidung
eines besonderen Aussetzungsverfahrens ist zu empfehlen.
b) unaufschiebbare Anordnungen und Maßnahmen von Polizeivollzugsbe- **94**
amten,
c) die ausdrückliche *Beseitigung* der aufschiebenden Wirkung in durch *Bun-* **95**
desgesetz geregelten Fällen. Der Bundesgesetzgeber hat hiervon in einer
Reihe von Gesetzen Gebrauch gemacht, die ggf. nachgeprüft werden
müssen.

---

44 Übersicht zur Rechtsprechung nach Materien und Gerichten bei *Redeker/von*
Oertzen, a.a.O., Anm. 7 ff. zu § 80.

3. Die besondere Anordnung der sofortigen Vollziehung

96   Neben den generellen Ausnahmen von der aufschiebenden Wirkung eines Rechtsmittels sieht die VwGO die Möglichkeit für die den VA erlassende Behörde vor, die sofortige Vollziehung dieses VA anzuordnen. Die Möglichkeit ist das Korrelat zum Grundsatz des § 80 Abs. 1 VwGO; sie besteht deshalb für alle VA, für welche die aufschiebende Wirkung durch Einlegung eines Rechtsmittels eintritt.

Eine solche *Anordnung*, welche die Vollziehung des Aktes ungeachtet der Einlegung eines Rechtsmittels ermöglicht, *setzt ein besonderes öffentliches Interesse voraus*, das das Individualinteresse an der aufschiebenden Wirkung überwiegt. Zur Frage, wann ein besonderes öffentliches Interesse vorliegt, die sofortige Vollziehung also berechtigt angeordnet werden kann, hat sich eine umfangreiche Rechtsprechung entwickelt, deren Kasuistik im Einzelfall nachgelesen werden muß. Als Grundsatz ist festzustellen, daß die Anordnung der sofortigen Vollziehung nur zulässig ist, wenn über das allgemeine öffentliche Interesse hinaus, das mit jedem VA verbunden ist, im konkreten Fall besondere öffentliche Interessen die sofortige Vollziehung erforderlich machen. Dabei ist eine Interessenabwägung vorzunehmen. Für diese Interessenabwägung ist die Schwere des belastenden Eingriffs von besonderer Bedeutung. Existenzvernichtende Eingriffe, wie etwa Berufsverbote oder die Entziehung von Konzessionen, ebenso irreparable Eingriffe, wie der Abbruch eines Gebäudes, sind regelmäßig so schwerwiegend, daß eine sofortige Vollziehung nur in seltenen Ausnahmefällen berechtigt ist.

97   In der Anordnung der sofortigen Vollziehung muß das besondere öffentliche Interesse von der Behörde schriftlich dargelegt werden. Fehlt die Begründung oder wird sie lediglich formelhaft mit dem Gesetzeswortlaut gegeben, so ist die Anordnung wegen Verstoßes gegen § 80 Abs. 3 aufzuheben [45].

II. Die Wiederherstellung der aufschiebenden Wirkung des Rechtsmittels

98   Hat ein Rechtsmittel generell keine aufschiebende Wirkung oder ist die sofortige Vollziehung des VA angeordnet, so kann die *aufschiebende Wirkung wiederhergestellt* werden. Diese Wiederherstellung ist für den Betroffenen vielfach von entscheidender Bedeutung, da ohne eine solche Entscheidung der VA vollzogen wird und damit vollendete Tatsachen geschaffen werden, die den Hauptprozeß überflüssig werden lassen. Der Antrag auf Wiederherstellung der aufschiebenden Wirkung ist aus diesem Grunde wesentliche Aufgabe des Anwalts. Er bedarf besonders sorgfältiger Prüfung und Begründung. Dabei wird der Anwalt außer einer Darstellung der für die

---

45 OVG Bremen, NJW 1968, 1539; VGH Kassel, DÖV 1974, 606; OVG Koblenz, VRspr. 21, 877; a. A. OVG Münster, MDR 1970, 174.

Konrad Redeker

Interessenabwägung maßgeblichen Umstände auch die Frage der Klageaussichten zu erörtern haben. Ist der VA offensichtlich rechtswidrig, die Klage also besonders eindeutig aussichtsreich, so ist regelmäßig die Aussetzung auszusprechen[46]. Aber auch dann, wenn dies nicht der Fall ist, wird das Gericht bei der Entscheidung über die Aussetzung ausdrücklich oder stillschweigend die Aussichten des Verfahrens nicht unberücksichtigt lassen. Es empfiehlt sich deshalb, mit dem Antrag gleichzeitig Abschrift der Widerspruchs- oder der Klagebegründung einzureichen. Die Gerichte behandeln das Aussetzungsverfahren überwiegend als selbständige Akte, so daß Schriftsatzwechsel in der Hauptsache bei der Entscheidung über die Aussetzung nicht notwendig zur Verfügung steht, im übrigen infolge des Rechtsmittelzuges das Aussetzungsverfahren auch von der Hauptsache endgültig getrennt werden kann.

1. Zuständigkeit

Zur Wiederherstellung der aufschiebenden Wirkung sind gemäß § 80 Abs. 4 **99** VwGO nach Einlegung des Widerspuchs die Widerspruchsbehörden befugt, soweit dies nicht bundesgesetzlich ausgeschlossen ist. Entsprechende Anträge können zwar gestellt werden; die Bereitschaft der Widerspruchsbehörden zur Aussetzung ist aber gering.

Mindestens gleichzeitig muß deshalb bei dem *VG* die Wiederherstellung der aufschiebenden Wirkung beantragt werden, *bei dem* die *Hauptsache anhängig* ist oder bei Durchführung der Klage nach Abschluß des Widerspruchsverfahrens anhängig werden würde.

2. Inhalt der Entscheidung

Das Gericht entscheidet über den Aussetzungsantrag durch Beschluß. Es hat **100** bei dieser Entscheidung die gleiche Interessenabwägung vorzunehmen, die bereits der Verwaltungsbehörde aufgegeben worden ist. Die herrschende Meinung sieht die gerichtliche Anordnung als eine *richterliche Ermessensentscheidung* an. Das Gericht kann die Wiederherstellung auch aussprechen, wenn der Verwaltungsakt bereits vollzogen ist oder der Betroffene ihm freiwillig vor Einlegung des Rechtsmittels entsprochen hat. In diesen Fällen hat das Gericht die Beseitigung der Vollziehung anzuordnen. Das Gericht ist im Inhalt seiner Entscheidung frei. Die Entscheidung kann lauten auf
a) volle Wiederherstellung der aufschiebenden Wirkung mit etwaiger Beseitigung bereits durchgeführter Vollziehung,

---

46 OVG Berlin, NJW 1970, 2278; OVG Hamburg, DVBl. 1975, 102; OVG Lüneburg, DVBl. 1976, 81; OVG Koblenz, NJW 1976, 908; OVG Münster, NJW 1976, 1227; 1978, 510.

Konrad Redeker

b) teilweise Wiederherstellung, also etwa die Anordnung, daß bei Klagen gegen den Widerruf eines Beamtenverhältnisses nur die Hälfte der Bezüge weiterzuzahlen ist,

c) volle oder teilweise Aussetzung unter Anordnung von Sicherheitsleistungen,

d) Ablehnung der Aussetzung.

Das Gericht kann seine Entscheidung auf das Verfahren seiner Instanz beschränken oder aber sie bis zur rechtskräftigen Entscheidung in der Hauptsache treffen.

3. Rechtsmittel

101   Gegen die Entscheidung eines VG im Aussetzungsverfahren ist die Beschwerde innerhalb einer Frist von zwei Wochen (§ 146 VwGO) zulässig[47]. Entscheidungen des OVG oder des BVerwG sind unanfechtbar.

102   Unabhängig von der Rechtskraft der Entscheidung ist das Gericht *jederzeit* zur *Abänderung* in der einen oder anderen Richtung berechtigt. Der Anwalt wird also, wenn die Wiederherstellung der aufschiebenden Wirkung zunächst abgelehnt worden ist, während des Hauptverfahrens prüfen müssen, ob ein solcher Antrag auf Abänderung der Ablehnung gestellt werden soll und kann. Über einen solchen Antrag muß ein selbständiger Beschluß ergehen, gegen den ggf. erneut Beschwerde eingelegt werden kann.

B. Die einstweilige Anordnung

I. Wesen und Bedeutung

103   § 123 VwGO regelt unter wesentlicher Bezugnahme auf §§ 920 ff. ZPO Voraussetzungen und Verfahren der einstweiligen Anordnung.

Die *einstweilige Anordnung* bietet die *Möglichkeit vorläufigen Rechtsschutzes* für alle Klagearten, *ausgenommen* die *Anfechtungsklage.* Bei dieser ergibt sich der vorläufige Rechtsschutz bereits aus der aufschiebenden Wirkung des Rechtsmittels. Für alle anderen Bereiche kann dagegen eine vorläufige Regelung nur durch eine einstweilige Anordnung getroffen werden. Die VwGO hat sich in der Regelung dieser einstweiligen Anordnung weitgehend dem Vorbild der ZPO angeschlossen, ohne freilich den Zusammenhang mit dem vorläufigen Rechtsschutz des § 80 VwGO immer hinreichend gesehen zu haben. In der *Rechtsprechung* bestehen deshalb zwischen den einzelnen Oberverwaltungsgerichten – eine Zuständigkeit des Bundesverwaltungsgerichts ist nicht gegeben – viele *Kontroversen.* Dies gilt insbesondere deshalb,

---

47 Der frühere Beschwerdeausschluß gegen eine die Aussetzung anordnende Entscheidung ist durch Gesetz v. 20. 12. 1982 (BGBl. I, 1834) beseitigt worden.

weil im Aussetzungsverfahren nach § 80 die Interessenabwägung für die richterliche Entscheidung maßgeblich ist, die im wesentlichen der Prüfung des Arrestgrundes der ZPO entspricht. Die ZPO verlangt in §§ 920 ff. den Nachweis oder die Glaubhaftmachung des Arrestanspruches, die Rechtsfrage kann deshalb nicht dahingestellt bleiben. Das muß auch für die einstweilige Anordnung im Verwaltungsprozeß gelten[48], obwohl ein innerer Grund für diese unterschiedliche Behandlung des Aussetzungs- und Anordnungsverfahrens kaum erkennbar ist, zumal in manchen Fällen die Frage, welche der beiden Formen des vorläufigen Rechtsschutzes anzuwenden ist, streitig ist. Der Anwalt muß den Verfahrensunterschied aber auf jeden Fall beachten und bei der Begründung seiner Anträge hierauf abstellen. Im Verfahren der einstweiligen Anordnung müssen die Rechtsfragen wesentlich eingehender erörtert und dargestellt werden.

II. Die prozessualen Voraussetzungen

Die einstweilige Anordnung kann vom Gericht aus den gleichen Gründen 104
erlassen werden, wie sie bereits in der ZPO vorgesehen sind.

Sie ist zulässig, wenn
1. in bezug auf den Streitgegenstand die Gefahr besteht, daß durch eine Änderung des bestehenden Zustandes die Verwirklichung eines Rechts des Antragstellers vereitelt oder wesentlich erschwert wird,
2. ein vorläufiger Zustand in bezug auf ein streitiges Rechtsverhältnis geregelt werden muß, um wesentliche Nachteile abzuwenden oder drohende Gewalt zu verhindern oder die Anordnung aus anderen Gründen notwendig erscheint.

Praktische Bedeutung hat nur der zweite Fall. Hier gilt für die einstweilige Anordnung wie in der ZPO der Grundsatz, daß sie die endgültige Entscheidung nicht vorwegnehmen darf. Freilich bleibt auch hier die *Möglichkeit*, durch einstweilige Anordnung eine *vorläufige Gewährung* anzuordnen, eine Möglichkeit, von der die Gerichte nicht selten Gebrauch machen. Hiergegen bestehen Bedenken solange nicht, als die Gewährung rücknehmbar ist. Das Gericht kann deshalb die Behörde zur Bewilligung einer bis zur rechtskräftigen Entscheidung in der Hauptsache befristeten Leistung, etwa einer Rente, einer vorläufigen Konzession u. ä. m. verurteilen, nicht aber etwa zur Erteilung einer Baugenehmigung, die nach Errichtung des Bauwerks nicht mehr aufgehoben werden könnte.

48 Die Praxis der Gerichte ist sehr unterschiedlich; nicht selten wird die Rechtsfrage doch offengelassen und eine Interessenabwägung vorgenommen.

III. Verfahren

1. Zuständigkeit

105   Der Antrag auf Erlaß einer einstweiligen Anordnung ist bei dem *Gericht der Hauptsache* zu stellen. Der Antrag setzt weder die Anhängigkeit eines Verwaltungsprozesses noch eines Vorverfahrens voraus. Für Verpflichtungssachen ist die vorherige Antragstellung bei der Behörde aber notwendig. Ist die Hauptsache in der Revision anhängig, so ist die einstweilige Anordnung bei dem Gericht 1. Instanz zu beantragen.

2. Inhalt der Entscheidung

106   Die *Entscheidung* ergeht *ohne mündliche Verhandlung* durch Beschluß. Das Gericht ist freilich nicht gehindert, einen Erörterungstermin vor Erlaß der Entscheidung abzuhalten.

Das Gericht kann, wenn es dem Antrag inhaltlich stattgibt, die Entscheidungsformel frei formulieren. Es kann den Vollzug seiner Entscheidung von einer Sicherheitsleistung abhängig machen.

3. Rechtsmittel

107   Nach § 3 des Entlastungsgesetzes vom 31. 3. 1978 (BGBL. I, 446) ist *Rechtsmittel* gegen die Entscheidung über den Antrag auf Erlaß einer einstweiligen Anordnung stets die *Beschwerde* innerhalb von zwei Wochen nach Zustellung, über die das Oberverwaltungsgericht zu entscheiden hat. Die Entscheidung des Oberverwaltungsgerichts ist stets unanfechtbar. § 123 VwGO selbst sieht ein kompliziertes Rechtsmittelsystem vor, auf das hier nur verwiesen werden soll.

4. Anordnung der Hauptklage

108   Auf Antrag des Antragsgegners ist dem Antragsteller, falls die Hauptsache noch nicht anhängig ist, eine *Frist zur Erhebung* der Hauptklage aufzugeben. Das gilt freilich nicht für Verpflichtungsklagen, da hier die Hauptsache erst nach Durchführung des Vorverfahrens anhängig gemacht werden kann, die Fristen des Vorverfahrens aber gewährleisten, daß die Klage ohne Verzögerung erhoben werden muß.

IV. Die Anwendbarkeit des § 945 ZPO

109   Nach § 123 VwGO findet auch § 945 ZPO im Verwaltungsprozeß Anwendung. § 945 ordnet eine Schadensersatzpflicht des Gläubigers einer einstweiligen Verfügung an, wenn diese einstweilige Verfügung vollzogen, später aber aufgehoben wird und durch die Vollziehung Nachteile bei dem Schuldner entstanden sind. Im Verwaltungsprozeß tritt solcher Schaden im Ver-

hältnis zwischen Antragsteller und der Behörde als Antragsgegner kaum ein. Nicht selten aber wird von der einstweiligen Anordnung ein Dritter betroffen, insbesondere bei VA mit Doppelwirkung. Wird vorläufiger Rechtsschutz bei Verwaltungsakten mit Doppelwirkung über § 123 VwGO gewährt, so entsteht die Frage, ob der bei dem Dritten entstehende Schaden durch den Antragsteller ersetzt werden muß. Typischer Fall ist die einstweilige Anordnung, mit der ein Bauvorhaben stillgelegt wird, das letztlich sich aber doch als rechtmäßig erweist. Der Bundesgerichtshof hat in solchen Fällen eine Schadensersatzpflicht des Antragstellers gegenüber dem betroffenen Dritten verneint[49].

Nachbemerkung

Angesichts der Dauer verwaltungsgerichtlicher Prozesse in der Hauptsache hat der vorläufige Rechtsschutz ganz anders als im Zivilprozeß zentrale Bedeutung. Ein großer Teil der Streitigkeiten endet hier, weil auf die Entscheidung in der Hauptsache nicht gewartet werden kann. Es liegt deshalb eine kaum noch übersehbare Judikatur zu §§ 80, 123 vor, die für einzelne Rechtsmaterien sich geradezu verselbständigt hat. Der Anwalt muß sie genau beachten. Den besten Überblick findet er bei *Finkelnburg/Jantz*, Vorläufiger Rechtsschutz im Verwaltungsstreitverfahren, 3. Aufl., München 1986.

---

49 BGH, DVBl. 1962, 218; DVBl. 1981, 28.

Konrad Redeker   167

Besonderheiten des Verwaltungsprozesses gegenüber dem Zivilprozeß

A. VwGO und ZPO

110 Die VwGO ist ein selbständiges Verfahrensgesetz. Sie läßt sich aber in vieler Beziehung auf die ZPO zurückführen. Nach § 173 VwGO ist deshalb vorgesehen, daß die *ZPO entsprechend anzuwenden* ist, soweit nicht die VwGO ausdrücklich Bestimmungen über das Verfahren enthält. Das gilt etwa für die Bestimmungen über den Verfahrensstillstand: Unterbrechung, Aussetzung, Ruhen. Darüber hinaus werden ganze Abschnitte der ZPO ausdrücklich für den Verwaltungsprozeß übernommen, so etwa die Bestimmungen über die Ausschließung und Ablehnung von Gerichtspersonen (§ 54), die Bestimmungen über die Beweisaufnahme (§ 98), die Regelung der Prozeßkostenhilfe (§ 166), die Grundsätze der Zwangsvollstreckung (§ 167).

Für das Verfahren kann deshalb zunächst auf die Darstellungen dieses Werkes zur ZPO verwiesen werden. In den folgenden Abschnitten sollen die wesentlichen Abweichungen, die in der anwaltlichen Praxis beachtet werden müssen, umrissen werden.

B. Die Prozeßbeteiligten

111 Die VwGO spricht nicht von den Parteien, sondern von den *Beteiligten des Verfahrens.* Dieser abweichende Begriff ist gewählt worden, weil im Verwaltungsprozeß die Einbeziehung Dritter neben dem Kläger und dem Beklagten viel häufiger ist als im Zivilprozeß, sei es als Beigeladener, sei es als Vertreter des öffentlichen Interesses in seinen vielfältigen Erscheinungsformen. In § 63 VwGO werden als Beteiligte am Verfahren deshalb der Kläger, der Beklagte, der Beigeladene und der Oberbundesanwalt bzw. der Vertreter des öffentlichen Interesses aufgeführt, falls letzterer von seinem Beteiligungsrecht Gebrauch macht.

Freilich ist die Stellung dieser Beteiligten zum Verfahren unterschiedlich. Die Verfahrensrechte von Kläger und Beklagten gehen weiter als die der anderen Beteiligten, insbesondere ist ihre Dispositionsbefugnis im Rahmen der Prozeßordnung unbegrenzt, die der anderen Beteiligten dagegen unterschiedlich eingeengt. Man spricht deshalb auch bei Kläger und Beklagten von den *Hauptbeteiligten.*

I. Beteiligungs- und Prozeßfähigkeit

Der Begriff der *Beteiligungsfähigkeit* entspricht dem der *Parteifähigkeit* des **112**
Zivilprozesses. Man versteht hierunter die Fähigkeit, an einem Verwaltungsprozeß beteiligt zu sein.

Diese Fähigkeit haben alle natürlichen und juristischen Personen. Darüber hinaus sind nach § 61 Ziff. 2 VwGO auch *Vereinigungen* beteiligungsfähig, soweit ihnen ein Recht zustehen kann. Diese Regelung geht über die
des § 50 ZPO wesentlich hinaus[50]. Sie erfaßt insbesondere auch die politischen Parteien als nicht rechtsfähiger Verein auf der Klägerseite, darüber
hinaus auch Gruppen ohne besondere körperschaftliche Organisation, etwa
Parlamentsfraktionen, soweit sie eigene Rechte haben, in denen sie verletzt
werden können, ebenso Erben- oder Gesamthandgemeinschaften, wenn
ihnen, wie etwa in den Landesbauordnungen oder dem Bundesleistungsgesetz, besondere Rechte und Pflichten obliegen. Schließlich sind *Behörden*
anstelle der Körperschaften beteiligungsfähig, wenn dies durch Landesrecht
angeordnet ist.

Unter *Prozeßfähigkeit* wird wie im Zivilprozeß die Fähigkeit verstanden, **113**
Verfahrensverhandlungen rechtswirksam vorzunehmen. Hier kennt die
VwGO keine Abweichungen. Für Vereinigungen und Behörden, die nach
§ 61 Ziff. 2 und 3 VwGO beteiligungsfähig sind, handeln die gesetzlichen
Vertreter, die Vorstände oder besondere Beauftragte.

II. Die Beiladung

1. Wesen der Beiladung

Weit häufiger als im Zivilprozeß werden durch einen Verwaltungsprozeß **114**
Interessen eines Dritten berührt. Die Rechtsfiguren der Nebenintervention
und der Streitverkündung des Zivilprozesses reichen deshalb für den Verwaltungsprozeß nicht aus. An ihre Stelle tritt im Verwaltungsprozeß die Beiladung.

Durch die *Beiladung* werden Dritte, deren rechtliche Interessen durch die
Entscheidung berührt werden, in das Verfahren einbezogen und ihnen
damit Gelegenheit gegeben, sich zur Sach- und Rechtslage zu äußern und
ggf. bestimmende Verfahrenshandlungen vorzunehmen, insbesondere
Rechtsmittel einzulegen; gleichzeitig wird mit der Beiladung die Rechtskraft
der Entscheidung auf sie erstreckt.

Ein rechtliches Interesse eines Dritten wird berührt, wenn der Beigeladene zu einem oder beiden Hauptbeteiligten oder zu dem Streitgegenstand
in einer solchen Beziehung steht, daß das Unterliegen eines Hauptbeteilig-

---

50 Die umfangreiche Judikatur wird bei *Kopp,* VwGO, Anm. 12 ff. zu § 61, und *Rede-*
ker/von Oertzen, a.a.O., Anm. 4 zu § 61 wiedergegeben.

ten seine Rechtslage verbessert, insbesondere das Obsiegen des anderen Hauptbeteiligten drohende Nachteile von ihm abwenden würde. Ob es sich bei dem berührten Recht um ein privates oder ein öffentliches handelt, ist ohne Bedeutung. Die Berührung wirtschaftlicher, sozialer oder kultureller Interessen dagegen genügt nicht. Auch reicht zur Beiladung eine gleichgelagerte Auseinandersetzung mit dem Beklagten etwa in den Fällen von Musterprozessen nicht aus.

115 Das rechtliche Interesse des Beigeladenen kann sich so verdichten, daß die Entscheidung ihm gegenüber nur einheitlich mit den beiden Hauptbeteiligten ergehen kann. In einem solchen Falle liegt die sogenannte *notwendige Beiladung* vor (§ 65 Abs. 2 VwGO). Typischer Fall ist der VA mit Doppelwirkung. Ist er Gegenstand einer Anfechtungs- oder Verpflichtungsklage, so muß das Gerichtsurteil notwendig in die rechtliche Position des Klägers oder des Dritten unmittelbar eingreifen. Die Entscheidung kann deshalb nur einheitlich ergehen, der Dritte muß aus diesem Grunde an dem Verfahren beteiligt werden, seine Beiladung ist notwendig.

116 Die *Beiladung* ist von *großer praktischer Bedeutung*. Vielfach kann der Anwalt durch die Beiladung sich erst die Möglichkeit verschaffen, im Verfahren die Auffassung seines Mandanten geltend zu machen und damit die Entscheidung des Gerichts maßgeblich zu beeinflussen. Der Anwalt muß deshalb überall, wo eine Beiladung in Frage kommen kann, prüfen, ob entsprechende Anträge auf Beiladung zu stellen sind. Dabei ist freilich auf die Kostensituation hinzuweisen, die unten bei Randziffer 122 dargestellt ist.

2. Prozessuale Voraussetzungen der Beiladung

117 Die *Beiladung* ist erst und nur solange *möglich*, als ein *Verfahren anhängig* und noch nicht rechtskräftig abgeschlossen ist. Sie kann auch nach Erlaß eines Urteils bis zum Ablauf der Rechtsmittelfrist oder der Einlegung des Rechtsmittels vom Gericht dieser Instanz angeordnet werden. Der Anwalt muß deshalb bei Übernahme eines Mandats für einen Beizuladenden, dessen Beiladung aber noch nicht beschlossen worden ist, ggf. bei dem Gericht 1. Instanz den Beiladungsantrag stellen, um mit Hilfe eines vor Rechtskraft zugestellten Beiladungsbeschlusses seinem Klienten die Möglichkeit zu eröffnen, ein Rechtsmittel einzulegen.

Beigeladen kann werden, wer beteiligungsfähig ist. Die Beteiligung als Kläger oder Beklagter am Verfahren schließt die Beiladung aus.

3. Der Beiladungsbeschluß

118 Die *Beiladung* erfolgt durch *Gerichtsbeschluß*, steht also nicht zur Disposition der Hauptbeteiligten. Das Gericht hat von Amts wegen zu prüfen, ob die Voraussetzungen der Beiladung vorliegen. Sind die der einfachen Beiladung gegeben, so steht die Beiladung im Ermessen des Gerichts. Ist die Beiladung notwendig, so muß sie angeordnet werden, unterbleibt eine solche

                                                           Konrad Redeker

notwendige Beiladung, so liegt ein Verfahrensfehler vor, der in den Tatsacheninstanzen zur Aufhebung des Urteils führen muß.

Obwohl die *Beiladung* von Amts wegen erfolgt, können entsprechende Anträge gestellt werden. *Antragsberechtigt* sind sowohl die Beteiligten wie auch der Beizuladende selbst. Wird die Beiladung ausgesprochen, ist dieser Beschluß unanfechtbar. Wird sie abgelehnt, so können die Beteiligten oder der Dritte, der den Antrag auf Beiladung gestellt hat, hiergegen Beschwerde einlegen.

Die *Beiladung* kann vom Gericht bei Änderung der Verhältnisse *aufgehoben*[51], ebenso eine frühere Ablehnung geändert und die Beiladung beschlossen werden, wenn das Gericht die Voraussetzungen nunmehr anders sieht.

4. Die Stellung des Beigeladenen

Der *einfache Beigeladene* ist gemäß § 66 VwGO *an den Streitgegenstand gebunden*. Im Rahmen der Anträge der Beteiligten kann er selbständig Angriffs- und Verteidigungsmittel geltend machen und Verfahrenshandlungen wirksam vornehmen. Er ist Verfahrensbeteiligter, hat deshalb ein Recht auf Ladung zu allen Terminen, Zugang aller Schriftsätze sowie Zustellung aller Entscheidungen. Er kann Anträge im Rahmen des Streitgegenstandes stellen, Akten einsehen und überhaupt alle Rechte eines Beteiligten ausüben. Er braucht Sachanträge nicht zu stellen und nicht auf einer Seite dem Verfahren beizutreten. Er kann sich auch gegen beide Hauptbeteiligte stellen oder zum Teil dem einen, im übrigen dem anderen Hauptbeteiligten beitreten. Von besonderer Bedeutung ist, daß der Beigeladene Rechtsmittel einlegen kann, auch wenn er im Verfahren 1. Instanz keinen Sachantrag gestellt hat, ja auch wenn erst nach der Entscheidung überhaupt beigeladen worden ist. Dagegen steht der Streitgegenstand nicht zu seiner Disposition. Er kann weder über die Sache selbst noch über das Verfahren verfügen und deshalb weder eine Rücknahme der Klage noch den Abschluß eines Vergleiches zwischen den Hauptbeteiligten verhindern. Er muß den Prozeß auch in der Lage übernehmen, in der er zur Zeit seiner Beiladung sich befindet. 119

Der *notwendig Beigeladene* hat *weitergehende Rechte*. Seine Stellung ist der eines Hauptbeteiligten angenähert. Er kann Anträge stellen, die von dem Streitgegenstand abweichen und für den nichtvertretenen Hauptbeteiligten handeln, insbesondere für diesen auch Fristen wahren. Allerdings fehlt auch ihm die Verfügungsbefugnis über den Streit selbst, er kann nicht gegen den Willen eines Hauptbeteiligten einen Vergleich abschließen oder sonst über das Verfahren disponieren. Ebensowenig kann er die Klage zurücknehmen, 120

---

51 Zu den damit verbundenen Fragen, insbesondere der Kostensituation, vgl. *Redeker/von Oertzen*, a.a.O., Anm. 17 zu § 65.

Konrad Redeker 171

die Klaglosstellung oder sonst die Erledigung des Hauptverfahrens verhindern. Ein Prozeßvergleich setzt aber seine Mitwirkung voraus[52].

121   Die *Rechtskraft des Urteils* erstreckt sich gemäß § 122 VwGO auf den Beigeladenen. Hinsichtlich des notwendig Beigeladenen entspricht sie der gegenüber dem Hauptbeteiligten. Der einfache Beigeladene wird dagegen nur soweit gebunden, als er auf das Verfahren Einfluß nehmen konnte. Insoweit gilt die Entscheidung ihm gegenüber als richtig.

5. Kosten des Beigeladenen

122   Der Beigeladene braucht keine Anträge zu stellen. Unterläßt er Anträge, so können ihm keine Verfahrenskosten auferlegt werden. Entspricht die Entscheidung seiner Prozeßeinlassung, so kann das Gericht die Erstattung seiner außergerichtlichen Kosten gemäß § 162 Abs. 3 VwGO anordnen, wenn dies billig erscheint. In der Regel ist das nicht der Fall, wenn Anträge nicht gestellt worden sind. Stellt der Beigeladene Anträge oder legt er ein Rechtsmittel ein, so werden ihm im Falle des Unterliegens die Kosten ggf. anteilig auferlegt. Im Falle des Obsiegens ist es wiederum eine Frage der Billigkeit, ob die außergerichtlichen Kosten ihm zu erstatten sind. Die Gerichte verfahren hier unterschiedlich und oft eng, so daß die *Erstattung der außergerichtlichen Kosten* des Beigeladenen auch dann, wenn er sich im Verfahren durchsetzt, *keineswegs die Regel* ist. Eine entsprechende Belehrung des Mandanten ist aus diesem Grunde erforderlich.

C. Die Klageschrift

I. Notwendiger Inhalt der Klageschrift

Die §§ 81, 82 VwGO stellen für Inhalt und Form der Klageschrift zwingende Mindesterfordernisse auf, die notfalls aber auch noch durch ergänzende Angaben auf richterliche Aufforderung hin – nach Fristablauf – erfüllt werden können:

1. Bezeichnung von Kläger und Beklagten

123   Die Klage muß den Kläger und den Beklagten bezeichnen. *Beklagter* in Anfechtungs- und Verpflichtungssachen ist die *Körperschaft*, deren Behörde den ursprünglichen VA erlassen oder seinen Erlaß abgelehnt oder unterlas-

---

52 Die Fragen sind z. T. streitig; vgl. etwa BVerwGE 30, 27; OVG Münster, OVGE 9, 177; *Kopp*, VwGO, Anm. 10 zu § 66; *Redeker/von Oertzen*, a.a.O., Anm. 10 zu § 66.

Konrad Redeker

sen hat, nicht die Körperschaft der Widerspruchsbehörde. Letztere ist nur dann Beklagter, wenn die Klage sich gegen den Widerspruchsbescheid richtet. Landesrechtlich kann gemäß § 78 Abs. 1 Ziff. 2 bestimmt werden, daß die Klage nicht gegen die Körperschaft, sondern gegen die *Behörde* zu richten ist (so in Nordrhein-Westfalen, Saarland, Niedersachsen und Schleswig-Holstein). Die Bezeichnung der Behörde genügt aber in jedem Falle, auch wenn solche landesrechtliche Regelung nicht getroffen ist. Die Verwaltungsgerichte pflegen das Rubrum der jeweils geltenden Regelung von selbst anzupassen.

2. Benennung des Streitgegenstandes

Die *Klage* muß den *Streitgegenstand angeben.* Hierunter wird der Gegenstand **124** der Klage im Sinne des § 79 VwGO verstanden. Es muß also der VA, der angefochten oder dessen Erlaß begehrt wird, ebenso wie der Widerspruchsbescheid bestimmbar angegeben werden.

3. Schriftform

Die Klage muß *schriftlich* oder zur Niederschrift des Urkundsbeamten der **125** Geschäftsstelle erhoben werden. *Telegrafische* oder *fernmündliche Klageerhebung* ist in Ausnahmefällen zulässig; auf die hierfür ergangene umfangreiche Judikatur wird verwiesen. Sie ist von Bedeutung, da wegen der oft erst verspäteten Mandatserteilung von dieser Möglichkeit nicht selten Gebrauch gemacht werden muß.

II. Der Klageantrag

Im Zivilprozeß ist die Formulierung des Klageantrages Aufgabe der Par- **126** teien und ihrer Vertreter. Der Klageantrag ist zwingende Formvoraussetzung der Klage überhaupt (§ 253 ZPO). Das Gericht kann lediglich im Rahmen des § 139 ZPO auf Inhalts- und Zweckmäßigkeitsfragen hinweisen. Im Verwaltungsprozeß wird die *Formulierung eines Klageantrages* nur als *Soll-Vorschrift* verlangt. Auch ohne einen solchen Antrag ist die Klage zulässig erhoben. Auf Inhalt und Formulierung des Antrages nimmt der Vorsitzende gemäß § 86 Abs. 3 VwGO maßgeblichen Einfluß. *Anregungen des Vorsitzenden* in dieser Hinsicht wird der Anwalt sorgfältig zu prüfen haben. Er sollte ihnen nur dann nicht entsprechen, wenn wirklich gewichtige Gründe hiergegen vorliegen. Der Verwaltungsprozeß kennt gerade in den formalen Fragen noch zahlreiche Unklarheiten. Die Frage, ob eine Anfechtungs- oder eine Verpflichtungsklage vorliegt oder zweckmäßig ist, kann nicht selten streitig sein und gibt, wenn das Gericht seine Auffassung hierzu dargelegt hat, Anlaß, ggf. den Klageantrag umzustellen. Das ist um so mehr zu empfehlen, als die Verwaltungsgerichte einschließlich der Rechtsmittelgerichte dem Antrag wesentlich elastischer gegenüberstehen als die Zivilgerichte, erneute Umstellungen auch in der Berufungsinstanz bei anderer Rechtsauffassung deshalb kaum Schwierigkeiten machen, was bis zur Grenze der Klageänderung (§ 142) auch für die Revisionsinstanz gilt.

1. Anfechtungsklage

127   Bei einer Anfechtungsklage gegen den Bescheid eines Oberstadtdirektors nach vorausgegangenem Vorverfahren ist der Klageantrag etwa wie folgt zu formulieren:

Muster 1

Die Bescheide des Beklagten vom 1. März 1967 – AZ _____ – sowie des Regierungspräsidenten in X-Stadt vom 10. Juli 1967 – AZ _____ –, letzterer zugestellt am 14. Juli 1967 – aufzuheben.

2. Verpflichtungsklage

128   Nach vergeblichem Antrag an den Oberstadtdirektor und ablehnendem Widerspruchsbescheid ist der Klageantrag wie folgt zu formulieren:

Muster 2

Unter Aufhebung der Bescheide des Beklagten vom 1. März 1967 – AZ _____ – sowie des Regierungspräsidenten in X-Stadt vom 7. Juli 1967 – AZ _____ – letzterer zugestellt am 14. Juli 1967 – den Beklagten für verpflichtet zu erklären, dem Kläger die Baugenehmigung gemäß Antrag vom 21. Januar 1967 zu erteilen.

3. Untätigkeitsklage

129   Ist in einer *Anfechtungssache* wie im Falle zu Rdz. 54 über den Widerspruch nicht entschieden worden und wird deshalb Klage erhoben, so lautet der Klageantrag:

Muster 3

den Bescheid des Beklagten vom 1. März 1967 – AZ _____ – zugestellt am 14. März 1967 – aufzuheben.

Konrad Redeker

b) Wird in einer *Verpflichtungssache* wie im vorstehenden Fall über den 130
Widerspruch nicht in angemessener Zeit entschieden, so lautet der Antrag:

Muster 4

**Unter Aufhebung seines Bescheides vom 1. März 1967 – AZ _____ – zugestellt
am 14. März 1967 – den Beklagten für verpflichtet zu erklären, dem Kläger die Baugenehmigung gemäß seinem Antrag vom 21. Januar 1967 zu erteilen.**

4. Sonstige Klagen

In allen sonstigen Fällen – einfache Leistungsklage einschließlich Unterlas- 131
sungsklage, Feststellungsklage usw. – entspricht der Klageantrag dem Zivilprozeß.

III. Sonstige Erfordernisse der Klageschrift

1. Prozeßvollmacht 132

Mit der Klageschrift ist gemäß § 67 Abs. 3 VwGO eine schriftliche Vollmacht vorzulegen, sie kann nachgereicht werden. Ihre *Bedeutung* ist im Verwaltungsprozeß *größer als im Zivilprozeß*. Wird nicht innerhalb einer vom
Gericht gesetzten Frist nachgereicht, so kann die Klage durch Prozeßurteil
abgewiesen werden, wobei die Kosten dem Anwalt auferlegt werden[53].

2. Klagefrist

Die Klage muß binnen einem Monat nach Zustellung des Widerspruchsbe- 133
scheides erhoben werden. Ist der Bescheid ohne oder mit unrichtiger
Rechtsbelehrung ergangen, beträgt die Klagefrist ein Jahr. Es handelt sich
um Ausschlußfristen, die entsprechend im Fristenkalender einzutragen und
abzusichern sind.

3. Unterlagen

Nach § 82 VwGO sollen die angefochtenen Verfügungen und der Wider- 134
spruchsbescheid in Urschrift oder Abschrift beigefügt werden. In einer vom
Anwalt gefertigten *Klageschrift dürfen* diese *Unterlagen nicht fehlen*. Auch
sonstige Unterlagen werden zweckmäßig möglichst bald in Abschrift oder
Fotokopie eingereicht. Die frühzeitige Vorlage erleichtert es dem Gericht,

---

53 BVerwG, NVwZ 1982, 499.

das erforderliche Aktenmaterial beizuziehen, das zur weiteren Verfahrens-
bearbeitung – auch durch den Anwalt – benötigt wird.

4. Inhalt der Klageschrift

135 Die zur Begründung der Klage dienenden Tatsachen und Beweismittel sollen angegeben werden.

Die *schriftsätzliche Bearbeitung des Verwaltungsprozesses* unterscheidet sich
im Grundsatz von der des Zivilprozesses nicht. Aus tatsächlicher Darstellung und rechtlicher Ableitung ist der gestellte Antrag zu begründen. Freilich ist der Sachverhalt im Verwaltungsprozeß viel häufiger unstreitig, während umgekehrt die Rechtsfragen in einer großen Zahl der Fälle Schwierigkeiten aufweisen. Der Akzent der Bearbeitung gerade durch den Anwalt
wird deshalb stärker auf den rechtlichen Erörterungen liegen. Man sollte
aber auch im Verwaltungsprozeß nicht die Klärung des Sachverhalts übersehen. Trotz der schon im Verwaltungsverfahren geltenden Untersuchungsmaxime ist der Sachverhalt oft nicht hinreichend aufgeklärt und ist die
gewünschte Entscheidung in erster Linie mit einer umfassenden Darstellung
und Ergänzung des Sachverhalts zu erreichen.

136 Besondere Bedeutung kommt dabei der *Einsicht in die Akten der Behörden*
zu. Das Verwaltungsgericht zieht diese Akten regelmäßig gemäß § 99
VwGO nach Eingang der Klage bei. Sie stehen den Beteiligten gemäß § 100
VwGO zur Einsicht offen. Ihre Einsicht ist unabdingbar. Vielfach ergeben
sich hieraus wesentliche Hinweise zur Sach- und Rechtslage, oft auch zu
Verfahrensfragen und -fehlern.

Der Anwalt wird nur selten in der Lage sein, die Klagebegründung innerhalb der Monatsfrist für Anfechtungs- oder Verpflichtungssachen vorzulegen. Eine ratenweise Begründung ist unzweckmäßig, zumal sich hierdurch
auch leicht Unebenheiten ergeben können. Es empfiehlt sich deshalb, in der
Regel die *Klageschrift zur Wahrung der Monatsfrist* auf den *notwendigen
Inhalt* der Klage zu beschränken. Die *eingehende Begründung* der Klage kann
bis zur Prüfung der Sach- und Rechtslage und zur Akteneinsicht zurückgestellt werden. Bedenken gegen dieses Verfahren bestehen nicht, zumal durch
die geschlossene Darstellung der Sach- und Rechtsfragen *in einem Schriftsatz* auch die Vorbereitung der mündlichen Verhandlung durch das Gericht
erleichtert wird.

IV. Anträge auf vorläufigen Rechtsschutz

137 1. Ist die *sofortige Vollziehung* einer Verfügung durch die Verwaltungsbehörde *angeordnet* worden, so lautet der Antrag auf Wiederherstellung der
aufschiebenden Wirkung (Aussetzungsantrag):

Muster 5

Die aufschiebende Wirkung des Widerspruchs (Klage) gegen die Verfügung des Antragsgegners vom 1. August 1967, deren sofortige Vollziehung durch den Antragsgegner ebenfalls am 1. August 1967 angeordnet worden ist, wiederherzustellen.

2. Wird eine *einstweilige Anordnung* beantragt, durch welche etwa die   **138** Durchführung eines Bauvorhabens bis zur Entscheidung über die Nachbarklage verhindert werden soll, so lautet der Antrag gegen die Behörde:

Muster 6

Dem Antragsgegner aufzugeben, bis zur rechtskräftigen Entscheidung des Verfahrens in der Hauptsache die Einstellung aller Bauarbeiten auf dem Grundstück _____ anzuordnen.

D. Die Untersuchungsmaxime

Im Verwaltungsprozeß erforscht das Gericht gemäß § 86 den Sachverhalt   **139** von Amts wegen. Es ist an das Vorbringen und an die Beweisanträge der Beteiligten nicht gebunden. Dieser Grundsatz der *Untersuchungsmaxime* steht im Gegensatz zur *Verhandlungsmaxime* des Zivilprozeßrechts, bei der das Gericht über Vortrag und Beweisanträge der Parteien nicht hinausgehen kann, seine Entscheidung deshalb nur in den Grenzen dieses beiderseitigen Vortrages ergeht. Untersuchungs- und Verhandlungsmaxime kommen in reiner Ausprägung in keiner Prozeßordnung mehr vor. In die Verhandlungsmaxime des Zivilprozesses sind fast mit jeder Novelle zur ZPO zunehmend Formen richterlicher Amtsaufklärung eingefügt worden. Umgekehrt hat die Verrechtlichung der Stellung der Beteiligten im Verfahren der VwGO nicht nur Mitwirkungsrechte, sondern erhebliche Mitwirkungspflichten zur Folge, deren Beachtung von entscheidender Bedeutung für den Prozeßerfolg sein kann.

Für die anwaltliche Praxis sind folgende Grundsätze wesentlich:

I. Dispositions- und Untersuchungsmaxime

Der VwGO liegt die Unterscheidung zwischen Dispositions- und Untersu- **140** chungsmaxime zugrunde. Nur die *Sachaufklärung* des Verfahrens erfolgt *von Amts wegen*, hier gilt die Untersuchungsmaxime. Die Disposition über das Verfahren selbst dagegen ist den Beteiligten allein vorbehalten. Sie *entscheiden über Aufnahme und Beendigung des Verfahrens.* Klageerhebung und Rechtsmitteleinlegung, Klagerücknahme und Verzicht, Anerkenntnis und Klaglosstellung, Erledigungserklärung und Vergleich stehen allein zur Verfügung der Beteiligten und müssen vom Gericht ohne Nachprüfung auf sachliche und rechtliche Richtigkeit hingenommen werden.

Dagegen kennt die VwGO kein Geständnis der Beteiligten noch eine Bindung des Gerichts an die Erklärung der Beteiligten, ein Sachverhalt sei unstreitig.

II. Der Beweisantrag

141   Sicher ist der Beweisantrag im Verwaltungsprozeß angesichts der Untersuchungsmaxime von geringerer Bedeutung als im Zivilprozeß. Aber auch hier hat er seine Funktion. Wird er gestellt, kann er nur aus den gleichen Gründen wie im Zivilprozeß abgelehnt werden. Eine besondere Bedeutung im Rahmen des § 86 Abs. 2 VwGO wird noch zu erwähnen sein.

III. Akteneinsicht

142   Nach § 100 VwGO haben *alle Beteiligten das Recht auf Einsicht in die beigezogenen Akten* und sonstigen Unterlagen. Dieses *Recht muß stets wahrgenommen* werden. Die Akten müssen möglichst noch vor der eingehenden Klagebegründung von dem Anwalt durchgearbeitet werden. Das Gericht pflegt fast immer zunächst den Akteninhalt seiner Vorbereitung der mündlichen Verhandlung zugrunde zu legen. Die Klagebegründung muß sich deshalb hiermit stets auseinandersetzen. § 100 Abs. 2 VwGO schafft die Möglichkeit, die Akteneinsicht in der Kanzlei durchzuführen. Die *Überlassung der Akten in die Kanzlei* muß allerdings ausdrücklich beantragt werden. Wird sie, was nur noch selten vorkommt, abgelehnt, so kann der Anwalt die Anfertigung von Fotokopien des gesamten Akteninhalts – freilich auf seine Kosten – verlangen. Eine solche Forderung führt fast stets zur Übersendung der Akten. Einspruchsrechte der Behörde gegen die Übersendung bestehen nicht, auch wenn sie nicht ganz selten immer noch wieder geltend gemacht werden[54].

IV. Mündliche Verhandlung

143   Die *mündliche Verhandlung* steht regelmäßig im *Mittelpunkt des Verwaltungsprozesses.* In ihr wird die Sach- und Rechtslage zwischen Gericht und Betei-

---

54 Zu Einzelheiten des Akteneinsichts- und -überlassungsrechts vgl. *Kopp,* VwGO, Anm. 5 f. zu § 100; *Redeker/von Oertzen,* a.a.O., Anm. 4 f. zu § 100.

Konrad Redeker

ligten erörtert. Der Anwalt muß deshalb auf die Verhandlung sorgfältig vorbereitet sein. Vielfach gibt bereits der die Verhandlung einleitende Sachvortrag des Berichterstatters Hinweise darauf, welche Sach- oder Rechtsfragen das Gericht für wesentlich hält und wozu deshalb Ausführungen notwendig sind. Das setzt freilich genaue Kenntnis nicht nur des Sachverhalts, sondern auch der materiellen Rechtsfragen voraus. Kommt es nicht zum *Rechtsgespräch* und bleibt die Auffassung des Gerichs verborgen, was leider gerade in der Berufungsinstanz nicht ganz selten der Fall ist, so gibt das Recht auf *Vorabentscheidung über* einen in der mündlichen Verhandlung gestellten *Beweisantrag* nach § 86 Abs. 2 VwGO die Möglichkeit, durch diese Entscheidung vor Stellung der Schlußanträge etwa notwendige Fingerzeige zu erhalten, um die eigene Position nochmals zu überprüfen. Das Gericht muß über den so gestellten Beweisantrag vor dem Urteil gesondert entscheiden, so daß der Anwalt hieraus Schlüsse für das weitere Verfahren ziehen kann [55]

§ 101 Abs. 2 VwGO sieht eine *Entscheidung ohne mündliche Verhandlung* 144 vor, wenn die Beteiligten hierauf verzichten. Ein solcher Verzicht ist nur am Platze, wenn die Sachlage eindeutig ist, die Rechtsfragen aber unproblematisch und schriftsätzlich erörtert worden sind. Sind Sach- oder Rechtsfragen schwierig gelagert, so ist zu einem Verzicht nur selten zu raten. Vielfach wird die eigene Auffassung erst aus der mündlichen Erörterung so deutlich, daß das Gericht sich hiermit auseinandersetzen kann.

Gegenwärtig können VG oder OVG gemäß §§ 1, 5 des Entlastungsgesetzes vom 31. 3. 1978 unter bestimmten Voraussetzungen auch ohne Verzicht auf die mündliche Verhandlung ohne diese durch *Gerichtsbescheid* in 1. Instanz oder durch Beschluß über die Berufung entscheiden. Die Beteiligten sind zu dieser Absicht vorher zu hören.

E. Rechtsmittel

I. Berufung

Entscheidungen der VG – auch Gerichtsbescheide – können durch Berufung 145 angefochten werden. Gemäß § 131 VwGO kann die *Berufung* für *besondere Rechtsgebiete von* einer *besonderen Zulassung abhängig* gemacht werden. Das ist in einigen Fällen bisher geschehen. Größere Bedeutung hat gegenwärtig die Einschränkung der Berufung gemäß § 4 des Entlastungsgesetzes. Danach bedarf die Berufung der besonderen Zulassung, wenn der Wert des Beschwerdegegenstandes bei einer Klage, die eine Geldleistung oder einen

---

55 BVerwGE 12, 268; 21, 184.

hierauf gerichteten Verwaltungsakt betrifft, 500,– DM oder bei einer Erstattungsstreitigkeit zwischen juristischen Personen des öffentlichen Rechts oder Behörden 5000,– DM nicht übersteigt. Das gilt aber nicht, wenn die Berufung wiederkehrende Leistungen für mehr als ein Jahr betrifft.

II. Revision

146   Die Revision ist, abgesehen von den seltenen Fällen der Zulassungsfreiheit des § 133 VwGO, *nur aufgrund besonderer Zulassung* möglich, die durch das OVG oder aufgrund Zulassungsbeschwerde durch das BVerwG ausgesprochen wird. Die Zulassungsgründe sind im einzelnen in § 132 VwGO geregelt. Dabei ist wesentlich, daß das BVerwG nur Bundesrecht nachprüfen. kann. In allen landesrechtlichen Materien entscheidet das OVG des Landes in letzter Instanz.

147   Ist die Revision nicht zugelassen, so kann gegen diese Entscheidung innerhalb eines Monats *Zulassungsbeschwerde* eingelegt werden. Sie muß innerhalb der gleichen Monatsfrist auch begründet werden (§ 132 Abs. 3 VwGO). Ein Nachschieben von Gründen ist nicht möglich, Fristverlängerung gilt als unzulässig. Mandate, die erst für die Zulassungsbeschwerde übernommen werden, stehen deshalb regelmäßig unter erheblichem Zeitdruck. Der Anwalt sollte solche Mandate nur annehmen, wenn er zeitlich dazu in der Lage ist. Denn die Begründung einer Zulassungsbeschwerde ist vielfach sehr schwierig; sie hat mit der eigentlichen Revisionsbegründung kaum etwas zu tun. Das Bundesverwaltungsgericht hat für die Erfüllung des Nachweises der Zulassungsgründe strenge Anforderungen entwickelt, denen die Beschwerde entsprechen muß[56].

In Beamtensachen kann die Revision auch bei Verletzung von Landesrecht zugelassen werden.

III. Beschwerde

148   Die Beschwerde des Verwaltungsprozesses ist immer befristet. Sie muß innerhalb von zwei Wochen (Ausschlußfrist) nach Bekanntgabe der Entscheidung, die angefochten wird, eingelegt werden. Einreichung bei dem Beschwerdegericht genügt.

Trotz der Fristgebundenheit entspricht das Rechtsmittel der einfachen Beschwerde des Zivilprozesses. Der Beschwerde kann deshalb vom iudex a quo abgeholfen werden.

---

56 Hierzu instruktiv die Zusammenstellung von *Weyreuther:* Revisionszulassung und Nichtzulassungsbeschwerde in der Rechtsprechung der obersten Bundesgerichte, Schriftenreihe NJW, Heft 14.

Konrad Redeker

F. Vollstreckung

Vollstreckungsverfahren sind im Verwaltungsprozeß selten. Auf ihre Darstellung kann deshalb hier verzichtet werden. Es genügt der Hinweis, daß die *verwaltungsgerichtlichen Entscheidungen* in gleicher Weise wie im Zivilprozeß *Vollstreckungstitel* sind. Das Vollstreckungsverfahren selbst ist in §§ 168 ff. VwGO geregelt. Es ist wenig glücklich gestaltet, weil es durch zahlreiche Verweisungen und Weiterverweisungen belastet wird. Vollstreckungsbehörde ist der Vorsitzende der zuständigen Kammer des VG.

Wird tatsächlich eine Vollstreckungsmaßnahme erforderlich, so genügt es, daß der Anwalt den Vollstreckungstitel einreicht und um die Durchführung der Vollstreckung bittet. Er wird das weitere Verfahren abwarten können. Für streitige Vollstreckungsverfahren muß im übrigen auf die Kommentierungen verwiesen werden.

149

G. Kosten

I. Kosten des Verwaltungsverfahrens

Wie oben bereits ausgeführt, besteht gemäß § 80 VwVfG ein *Kostenerstattungsanspruch,* soweit der *Widerspruch erfolgreich* ist. Kostenschuldner ist der Rechtsträger, dessen Behörde den angefochtenen Verwaltungsakt erlassen hat. Zu erstatten sind die Kosten, die zur zweckentsprechenden Rechtsverfolgung oder auch Rechtsverteidigung notwendig waren. Das gilt auch für die Anwaltskosten. Sie werden regelmäßig erstattungsfähig sein. Denn es dürfte kaum eine Fallgestaltung denkbar sein, in der dem Bürger unterstellt werden darf, daß er die Sach- und Rechtslage besser beurteilen könne als die zuständige Behörde [57].

150

Bleibt der Widerspruch erfolglos, kann nach § 80 Abs. 1 Satz 2 ein Kostenerstattungsanspruch der Ausgangsbehörde bestehen, während für die Widerspruchsbehörde ein Gebühren- und Auslagenanspruch nach Verwaltungskostenrecht in der Regel gegeben sein wird. Dieser *Erstattungsanspruch der Ausgangsbehörde* hat bisher keine nennenswerte Bedeutung gewonnen.

II. Kosten des Verwaltungsprozesses

1. Grundsatz

§ 154 Abs. 1 VwGO entspricht § 91 ZPO. Die Kostenentscheidung richtet sich nach dem Prozeßausgang. *Wer unterliegt, trägt* die *Kosten* des Verfah-

151

---

[57] *Redeker/von Oertzen,* a.a.O., Anm. 35 zu § 73 VwGO; *Kopp,* VwVfG, Anm. 30 zu § 80; z. T. einschränkend BVerwGE 61, 101.

rens. § 155 Abs. 1 VwGO greift § 92 ZPO auf. Ein Beteiligter, der zum Teil obsiegt, zum Teil unterliegt, muß die Kosten anteilig tragen. Für Klage- oder Rechtsmittelrücknahme, Anerkenntnis, Verweisung und Erledigung entspricht die Kostenregelung der ZPO.

2. Die Ausnahme des § 155 Abs. 5 VwGO

152 Sind *Kosten durch Verschulden* eines Beteiligten *verursacht* worden, so hat dieser die Kosten unabhängig vom Ausgang des Verfahrens zu tragen. Diese Regelung ist in mancher Hinsicht von Bedeutung. Ist die Rechtsmittelbelehrung unzutreffend gewesen, sind durch Befolgung der Rechtsmittelbelehrung deshalb überflüssige Kosten entstanden, so sind sie gemäß § 155 Abs. 5 dem Beklagten aufzuerlegen [58]. Ebenso ist § 155 Abs. 5 anzuwenden, wenn Kosten durch falsche Ausdrucksweise in VA oder aufgrund unrichtiger Auskünfte der Behörde verursacht worden sind [59]. § 155 Abs. 5 ist auch anwendbar, wenn erst das Gericht Aufklärungsmaßnahmen durchführt, die an sich aber bereits im Verwaltungsverfahren von der Behörde hätten erledigt werden müssen. Das ist von besonderer Bedeutung, wenn es sich um umfangreiche und kostspielige Beweisanordnungen handelt, die an sich das Kostenrisiko des Verfahrens unangemessen für den Bürger erhöhen würden [60].

3. Unanfechtbarkeit der Kostenentscheidung

153 Die isolierte Anfechtung einer Kostenentscheidung ist gemäß § 158 VwGO ebenso wie im Zivilprozeß unzulässig. Dagegen kann die *isolierte,* durch Beschluß ergehende *Kostenentscheidung* durch befristete Beschwerde gemäß § 146 VwGO angegriffen werden. Die Kostenentscheidung nach Erledigung der Hauptsache (§ 161 Abs. 2) ist gegenwärtig gemäß § 8 des Entlastungsgesetzes ebenfalls unanfechtbar.

III. Erstattungsfähige Kosten

Die zu erstattenden Kosten setzen sich wie im Zivilprozeß aus drei Gruppen zusammen:

---

58 Ob stets Verschulden anzunehmen ist, wird unterschiedlich beurteilt; wird es verneint, so wird die Kostenerstattungspflicht aus bloßer Verursachung durch fehlerhafte Rechtsmittelbelehrung abgeleitet, vgl. OVG Berlin, NJW 1963, 2044; DÖV 1977, 376; OVG Münster, OVGE 17, 254; OVGE 10, 225; *Sauer,* DVBl. 1969, 633.
59 OVG Münster, DVBl. 1959, VGH Stuttgart, VRspr. 5, 398.
60 *Redeker/von Oertzen,* a.a.O., Anm. 7 zu § 155.

Konrad Redeker

1. Die Gerichtskosten

Ihr Ansatz macht in der Regel keine Schwierigkeiten. **154**

2. Die Parteiauslagen

Anerkennung und Ansatz dieser Kosten entsprechen der Rechtsprechung **155** der Zivilgerichte. Auf die reichhaltige Kasuistik kann verwiesen werden.

3. Die Rechtsanwaltsgebühren

Hier ergeben sich Schwierigkeiten dadurch, daß wesentlich häufiger als im **156** Zivilprozeß Reisekosten entstehen, da für die Anwaltschaft keine Lokalisation am Sitz des Gerichtes besteht und möglich ist. Es hat sich folgende Auffassung durchgesetzt:
a) Wird ein *Anwalt am Wohnsitz des Mandanten* beauftragt und entstehen Kosten für Reisen zum anderweitigen Gerichtssitz, so sind diese erstattungsfähig[61].
b) Wird ein *Anwalt am Sitz des Gerichts* beauftragt und entstehen Reisekosten des Mandanten zu diesem Anwalt oder umgekehrt des Anwalts zu dem Mandanten (etwa zur Durchführung einer Ortsbesichtigung), so sind diese mindestens einmal in jeder Instanz erstattungsfähig[62].
c) Wird ein *Anwalt* beauftragt, dessen Kanzlei *weder am Sitz des Gerichts noch am Wohnsitz des Mandanten* sich befindet, so sind hierdurch verursachte zusätzliche Kosten nur dann erstattungsfähig, wenn es sich um Spezialmaterien handelt und der beauftragte Anwalt über besondere Sachkunde auf diesem Gebiet verfügt[63].

4. Gegenstandswert

Der Streitwert ist gemäß § 13 GKG auf der Grundlage der sich aus dem **157** Antrag des Klägers für ihn ergebenden Bedeutung der Sache nach Ermessen des Gerichts zu bestimmen. Es kommt also ausschließlich auf die Bedeutung der Sache für den Kläger an.

Dabei ist die Ermittlung dieser Bedeutung naturgemäß schwierig. Erge- **158** ben sich überhaupt keine brauchbaren Anhaltspunkte, so ist der Streitwert auf 6000,– DM festzusetzen. *Anhaltspunkte für die Bedeutung* finden sich im Vermögensinteresse, das sich in vielen Fällen ziffermäßig berechnen oder

---

61 VGH Kassel, NJW 1962, 1835; OVG Koblenz, NJW 1963, 1796; OVG Lüneburg, NJW 1962, 462; OVG Hamburg, NJW 1966, 1770; VGH Mannheim, ESVGH 13, 240.
62 *Redeker/von Oertzen*, a.a.O., Anm. 10 f. zu § 162.
63 OVG Koblenz, NJW 1963, 1796; VG Hamburg, JR 1964, 398; VG Stuttgart, NJW 1971, 2190.

Konrad Redeker **183**

mindestens schätzen läßt, im wirtschaftlichen Hintergrund, wenn mit der Klage erkennbar wirtschaftliche oder vermögensmäßige Interessen verfolgt werden, und in der Zuordnung eines bestimmten Rechts zu einem bestimmten Kläger[64]. In §§ 14 ff. GKG werden Sonderregelungen durch einzelne Klagetypen geschaffen. Wichtig ist, daß nach § 20 Abs. 3 GKG die gleichen Grundsätze für den *Streitwert* im *Verfahren nach § 80* Abs. 5–7 VwGO anzuwenden sind. In der Praxis wird der Wert des Streitgegenstandes auf etwa ¹/₃ oder die Hälfte der Hauptsache angesetzt.

159   Für die Festsetzung des Streitwertes gilt ausschließlich das GKG, so daß hier auch die *Beschwerdefrist* binnen sechs Monaten gemäß § 25 Abs. 2 Satz 3 GKG anzuwenden ist, nicht die Zweiwochenfrist des § 146 VwGO.

H. Allgemeine Sachüberlegungen zum verwaltungsrechtlichen Mandat

160   Materielles und Verwaltungsprozeßrecht sind heute so weit entwickelt, daß im allgemeinen der Mandant vor Verwaltungsunrecht geschützt werden kann, wenn er rechtzeitig den Anwalt aufsucht. Neben den Besonderheiten des Einzelfalles und der speziellen Rechtsmaterie müssen freilich die Möglichkeiten und Grenzen des Rechtsschutzes gesehen und beachtet werden. Hierzu gehören:

1. Bundesrecht und Landesrecht

161   Bei der Prüfung der Rechtsfragen ist zunächst zu klären, ob die für die Rechtslage wesentlichen Bestimmungen dem Landesrecht oder dem Bundesrecht angehören. Handelt es sich um Bundesrecht, so kommt den Entscheidungen des BVerwG besonderes Gewicht zu, da bei abweichender Auffassung des OVG der Weg zum BVerwG gemäß § 132 Abs. 2 Nr. 2 VwGO offensteht. Handelt es sich um Landesrecht, so ist die Rechtsauffassung des für das Land zuständigen OVG von maßgeblicher Bedeutung. Die Einsicht in seine Amtliche Sammlung, mindestens aber in größere Rechtsprechungssammlungen wie »Fundhefte für Öffentliches Recht«, »Rechtsprechungsübersicht der NJW« oder »Deutsche Rechtsprechung« ist in diesen Fällen unabdingbar.

2. Ermessen und unbestimmter Rechtsbegriff

162   Grundlegend ist weiter die Feststellung, ob ein rechtlich gebundener VA oder eine Ermessensentscheidung der Behörde vorliegt oder beantragt wer-

---

64 Hier ist in der Praxis noch vieles unklar. Für den Anwalt empfiehlt sich oft eine Honorarvereinbarung in der Form einer einverständlichen Festlegung des Streitwertes, wobei eine etwa höhere Festsetzung durch das Gericht vorbehalten bleiben muß.

den soll. *Beide Fälle* sind *unterschiedlich zu bearbeiten.* Im Falle einer Ermessensentscheidung sind die prozessualen Möglichkeiten von vornherein begrenzt. Hier kommt deshalb dem Vorverfahren besondere Bedeutung zu. Vielfach genügt die schriftsätzliche Bearbeitung nicht, sondern muß mit der Behörde persönlicher Kontakt aufgenommen werden. Möglichkeiten einer vergleichsweisen Regelung sind besonders auszuschöpfen.

Besondere Beachtung müssen Einschränkungen der gerichtlichen Kontrolldichte finden, die von der – insoweit oft streitigen – Rechtsprechung dem materiellen Recht entnommen und unter den Begriffen »Beurteilungsermächtigung«, »Beurteilungsspielraum«, »Vertretbarkeit« oder »Einschätzungspräsogative« behandelt werden[65].

3. *Zeitfaktor und Vergleich*

Der Verwaltungsprozeß ist zeitraubend. Für ein zweiinstanzliches Verfahren müssen nicht selten zwei bis vier Jahre an Dauer zugrunde gelegt werden. Das seit 1978 geltende Entlastungsgesetz hat hieran kaum etwas geändert. Der *Zeitfaktor* ist bei der Führung des Mandats oft von *wesentlicher Bedeutung.*

Handelt es sich um eine *Anfechtungsklage,* so hindert die aufschiebende Wirkung während der Dauer des Verfahrens die Vollziehung des VA. Die Zeit wirkt also zugunsten des Klienten. Man wird auch als legitim ansehen können, daß eine Anfechtungsklage vorwiegend nur aus diesem Grunde erhoben wird, wenn die Aussicht besteht, daß innerhalb des Zeitablaufs der beanstandete Zustand abgestellt oder die gewünschte Handlung vorgenommen werden wird. Handelt es sich um eine *Verpflichtungsklage,* so kann ein Zeitverlust von mehreren Jahren zu schweren Einbußen für den Mandanten führen. Ergibt sich keine Möglichkeit einer vorläufigen Regelung nach § 123 VwGO, so muß geprüft und erwogen werden, ob eine *vergleichsweise Regelung* möglich ist und die hierfür erforderlichen Konzessionen an die Behörde tragbar erscheinen.

Das gilt nicht nur für Ermessensentscheidungen. Auch wenn der Anwalt den Rechtsanspruch seines Mandanten bejaht, wird er die Möglichkeit vergleichsweiser Lösungen prüfen müssen, wenn erkennbar die Behörde einen abweichenden Standpunkt durch die Instanzen verfolgen wird. Für den Klienten ist es nicht selten besser, den erstrebten VA mit bestimmten Einschränkungen oder Auflagen sofort als uneingeschränkt nach Jahren zu erhalten.

65 Vgl. die Übersicht bei *Redeker/von Oertzen*, a.a.O., Anm. 14 ff. zu § 114.

Konrad Redeker

4. Die Prozeßaussichten

164 Nur ein recht begrenzter Teil der verwaltungsgerichtlichen Klagen ist erfolgreich. Die *Quote schwankt zwischen 20 bis 25 %.* Die Zahl der erfolgreichen Berufungen ist noch wesentlich geringer. Die nicht zuletzt hieraus abgeleitete, in der Anwaltschaft nicht selten zu hörende Skepsis gegenüber einer »Verwaltungsnähe« der Verwaltungsgerichte ist dennoch in dieser Form sicher unberechtigt. Denn durch das Verwaltungsvorverfahren werden eine Reihe von Fehlentscheidungen vor Anrufung der Gerichte ausgeräumt. Auch hat der Gesetzgeber nicht selten bürgerfreundliche Rechtsprechung durch Novellen unterbunden. Die eigentliche Problematik liegt in der Schwierigkeit der Prozeßprognose. Die VG neigen schon in der ersten Instanz zu wissenschaftlichen Vertiefungen, die nicht selten am Prozeßziel aller Beteiligten vorbeigehen und zu kaum erwarteten Ergebnissen führen. Die Vorhersehbarkeit der Entscheidungen ist deshalb gering; der Prozeß sollte deshalb hier noch mehr ultima ratio sein als sonst.

5. Kommentarliteratur zum Verwaltungsverfahren und zum Verwaltungsprozeß

1. Zum VwVfG liegen insbesondere gegenwärtig folgende Kommentare vor:
   Kopp, 4. Aufl., München 1986
   Meyer/Borgs, 2. Aufl., Frankfurt 1982
   Stelkens/Bonk/Leonhardt, 2. Aufl., München 1983
2. Den gegenwärtigen Stand der Verwaltungsgerichtsordnung kommentieren folgende Werke:
   Kopp, 7. Aufl., München 1986
   Redeker/von Oertzen, 9. Aufl., Stuttgart 1988

Konrad Redeker

Die Verfassungsbeschwerde

A. Bedeutung in der anwaltlichen Praxis

Es gibt kaum einen Rechtsbehelf, der dem Klienten dem Namen nach so geläufig und von ihm so häufig gewünscht wird wie die Verfassungsbeschwerde, der auf der anderen Seite aber so selten wirklich in Frage kommt und darüber hinaus noch so selten erfolgreich ist.

Der Anwalt muß deshalb, wenn er vor der Frage steht, ob eine Verfassungsbeschwerde zu erheben ist, besonders sorgfältig vorgehen und nicht selten bis zur Grenze der Vertrauenskrise im Verhältnis zum Klienten sich gegen dessen Vorstellungen und Hoffnungen durchsetzen.

Er muß insbesondere bedenken, daß

1. Verfassungsbeschwerden zwar in immer größerer Zahl eingelegt werden, daß aber zwischen *97 und 98 %* dieser Verfassungsbeschwerden *nicht angenommen* werden und kaum *1 % Erfolg* hat;

2. die Verfassungsbeschwerde ein *außerordentlicher Rechtsbehelf* ist, der nur ganz selten unmittelbar gegen eine rechtliche Beeinträchtigung des Klienten eingelegt werden kann, sondern fast stets die vorherige Ausschöpfung des Rechtsweges, also das ganze Verfahren durch die Instanzen der speziellen Gerichtsbarkeiten voraussetzt;

3. die Verfassungsbeschwerde nach Ausschöpfung des Rechtsweges *keinesfalls* wie eine *Superrevision* zur vollen Nachprüfung der bisherigen Entscheidungen führt, sondern sie sich ausschließlich auf die Feststellung einer Grundrechtsverletzung beschränkt;

4. das Bundesverfassungsgericht über den Wortlaut der §§ 90 ff. BVerfGG hinaus ein *enges Geflecht von Verfahrensvoraussetzungen* entwickelt hat, an denen die Verfassungsbeschwerde scheitern kann, und daß dieses Geflecht nicht einmal voll nachlesbar ist, weil es zum Teil lediglich in Entscheidungen der Dreimännerausschüsse, jetzt der Kammern, erarbeitet ist, die nicht veröffentlicht werden;

5. die Verfassungsbeschwerde auch *erfolglos* bleiben kann, *obwohl* der *Grundrechtsverstoß evident* ist, wenn nämlich die verfassungsrechtliche Streitfrage bereits geklärt ist oder aber wenn der Wert, um den es für den Beschwerdeführer geht, gering erscheint; wieweit der erste Ablehnungsgrund durch § 93 b Abs. 2 BVerfGG nunmehr entfallen ist, läßt sich noch nicht voraussagen;

6. die *Kostenfreiheit* der Verfassungsbeschwerde mit der Novelle vom 12. 12. 1985 (BGBl. I, 2225) *entfallen* ist, jetzt vielmehr mit einer *Unterliegensgebühr* bis zu 1000,– DM (§ 34 Abs. 2) und einer *Mißbrauchsgebühr* bis zu 5000,– DM (§ 34 Abs. 3) gerechnet werden muß.

All das muß mit dem Klienten ebenso offen besprochen werden wie die Problematik der eigentlichen materiellrechtlichen Fragen. Die Verfassungsbeschwerde hat es mindestens in der größeren Zahl der Fälle mit schwierigen Problemen der Grundrechtsauslegung zu tun. Zur Interpretation der Grundrechte liegt inzwischen eine reichhaltige Judikatur des Bundesverfassungsgerichts selbst vor, ohne deren Kenntnis und Prüfung eine Verfassungsbeschwerde nicht erhoben werden sollte. Wie anhand dieser Judikatur der konkrete Fall zu entscheiden ist, läßt sich kaum mit hinreichender Sicherheit voraussagen. Der Anwalt wird deshalb in seiner Beratung in der Regel dem Klienten gegenüber nicht davon ausgehen können, daß eine Verfassungsbeschwerde aussichtsreich sei. Er hat vielmehr zu *unterscheiden, ob* sie *aussichtslos oder* ob sie *vertretbar* ist. Ist das letztere der Fall – das ist sicher die Ausnahme –, kann er sie ernsthaft mit dem Klienten erörtern.

B. Materiellrechtliche Voraussetzungen

I. Grundrechtsverletzung

Mit der Verfassungsbeschwerde kann nur geltend gemacht werden, daß der Beschwerdeführer in einem seiner Grundrechte oder in einem seiner in Art. 20 Abs. 4, 33, 38, 101, 103 und 104 GG enthaltenen Rechte verletzt sei (§ 90 Abs. 1 BVerfGG). Es geht immer und *ausnahmslos um Grundrechtsverletzungen;* nur wenn sie gegeben sind, kann die Verfassungsbeschwerde Erfolg haben. Die Verletzung einfachen Rechts oder auch anderer verfassungsrechtlicher Bestimmungen reicht zur Begründung der Verfassungsbeschwerde nicht aus.

II. Grundrechtsverletzungen durch die öffentliche Gewalt

Nicht jede *Grundrechtsverletzung* kann Gegenstand der Verfassungsbeschwerde sein. Sie muß vielmehr *durch* die *öffentliche Gewalt* erfolgt sein. Das können sein:

a) der Gesetzgeber

Die Verfassungsbeschwerde kann sich gegen bundes- oder landesrechtliche Rechtsetzungsakte jeder Art wenden, also sich auf Gesetze im formellen und im materiellen Sinn, also auch auf Rechtsverordnungen, kommunale Satzungen usw. beziehen. Der unmittelbare *Angriff gegen einen Akt des*

Gesetzgebers ist aber nur selten zulässig, weil er *voraussetzt, daß* der *Beschwerdeführer* durch den Rechtsetzungsakt *selbst, gegenwärtig* und *unmittelbar betroffen* ist. Besonders an die Unmittelbarkeit des Betroffenseins richtet das BVerfG strenge Anforderungen; sie wird nur selten bejaht. In der Regel sieht das Gericht eine solche Betroffenheit erst durch Vollzugsakte als gegeben an mit der Folge, daß erst dieser Vollzugsakt Gegenstand der Verfassungsbeschwerde sein kann, hierfür aber zunächst der Rechtsweg vor den Sachgerichten erschöpft sein muß. Die Verfassungsbeschwerde wird dann als unzulässig verworfen;

b) **gerichtliche Entscheidungen**

Zur Anfechtbarkeit von gerichtlichen Entscheidungen mit der Verfassungsbeschwerde liegt inzwischen eine breite Judikatur vor. Im Grundsatz gilt, daß *jede Gerichtsentscheidung,* insbesondere auch Zwischenentscheidungen, *angegriffen* werden können, letztere mindestens dann, wenn hierfür ein dringendes Bedürfnis besteht. Immer muß aber zunächst der Rechtsmittelzug nach der jeweiligen Verfahrensordnung erschöpft sein. In zahlreichen Fällen hat das BVerfG die Verletzung des Art. 103 GG durch die Instanzgerichte gerügt; die hierzu erlassene Judikatur sollte der Anwalt kennen, zumal sie auch im Instanzverfahren selbst oft mit Nutzen herangezogen werden kann;

c) **Entscheidungen der Exekutive**

Daß *Verwaltungsakte* mit der Verfassungsbeschwerde angegriffen werden können, ist selbstverständlich; sie sind typische Maßnahme der öffentlichen Gewalt. Das BVerfG hat aber darüber hinaus eine Reihe *weiterer Verwaltungsmaßnahmen* seiner Judikatur unterworfen, bei denen mindestens zweifelhaft ist, ob sie als VA anzusehen sind. Es entspricht dies der Ausweitung der Zuständigkeit der Verwaltungsgerichte über die Anfechtungs- und Verpflichtungsklage hinaus. Vorherige Erschöpfung des Rechtsweges ist aber auch hier erforderlich.

C. Form, Fristen und Verfahren

Das BVerfG hat sehr strenge Voraussetzungen für Form und Fristen der Verfassungsbeschwerde entwickelt, die beachtet werden müssen.

I. Form

a) Die Verfassungsbeschwerde muß *schriftlich* eingelegt werden. Sie muß die *Maßnahme der öffentlichen Gewalt bezeichnen,* gegen die sie sich richtet. Sie muß erkennen lassen, welches Ziel sie hat; in der Regel wird deshalb ein formulierter Antrag zu stellen sein.

Konrad Redeker   189

b) Die *Verfassungsbeschwerde* muß – *innerhalb der Frist* – *begründet* werden. Diese ·Begründungspflicht macht nicht selten besondere Schwierigkeiten, wenn das Mandat erst kurz vor Fristablauf erteilt wird. Hier genügt es, daß sich die Begründung auf die Wiedergabe der tatsächlichen Vorgänge und die Klarstellung beschränkt, welche Grundrechtsverletzungen gerügt werden. Eine ergänzende Begründung durch späteren Schriftsatz ist zulässig; sie sollte aber angekündigt werden. Es darf aber nicht nach Fristablauf mit dieser ergänzenden Begründung ein neuer Sachverhalt zum Gegenstand der Verfassungsbeschwerde gemacht werden.

c) Mit der Verfassungsbeschwerde und innerhalb der Frist muß der Anwalt eine *schriftliche Vollmacht* des Klienten vorlegen, die sich *speziell* auf das Verfahren der *Verfassungsbeschwerde* bezieht.

II. Fristen

§ 93 schreibt für die Erhebung der Verfassungsbeschwerde *Ausschlußfristen* vor, deren Einhaltung vom Gericht restriktiv gehandhabt wird, die deshalb besonders genau beachtet werden müssen, zumal das Gericht eine *Wiedereinsetzung* in den vorigen Stand bei Fristversäumnis für *unzulässig* hält.

a) Richtet sich die Verfassungsbeschwerde gegen ein *Gesetz* oder gegen einen sonstigen Hoheitsakt, gegen den ein Rechtsweg nicht offensteht, so kann die Verfassungsbeschwerde nur *binnen einem Jahr* erhoben werden. Maßgeblich für den Fristbeginn ist hier der Zeitpunkt des Inkrafttretens des Gesetzes.

b) In allen anderen Fällen ist die *Verfassungsbeschwerde innerhalb von einem Monat* zu erheben, wobei die Frist mit der Zustellung oder formlosen Mitteilung der in vollständiger Form abgefaßten Entscheidung beginnt, wenn diese nach den maßgeblichen Verfahrensvorschriften von Amts wegen vorzunehmen ist. In allen anderen Fällen beginnt die Frist mit der Verkündung der Entscheidung oder, wenn sie nicht zu verkünden ist, mit der Bekanntgabe. Diese in § 93 Abs. 1 BVerfGG enthaltenen Grundsätze haben zu einer umfangreichen Judikatur geführt, die freilich nicht einmal erschöpfend bekannt ist, weil sie durch die Praxis der Dreimännerausschüsse, jetzt der Kammer nach § 15 a BVerfGG, ergänzt wird, die nur selten veröffentlicht wird.

Wesentlich ist, daß überall da, wo nach den Verfahrensordnungen ohne Zustellung von Amtswegen eine Entscheidung verkündet werden kann, auch wenn sie noch nicht abgesetzt ist oder sonst die Gründe bei der Verkündung noch nicht bekanntgegeben werden, die Frist an sich zu laufen beginnt. Hier muß der Anwalt den *Fristlauf durch* den *schriftlichen Antrag unterbrechen,* ihm eine in vollständiger Form abgefaßte Entscheidung zu erteilen. Aufgrund dieses Antrages läuft dann die Frist erst von der Erteilung ab.

c) Wegen des *Gebotes der Rechtswegerschöpfung* muß in der Regel zunächst

Konrad Redeker

eine letztinstanzliche Entscheidung im Rechtsweg herbeigeführt werden.
Das Bundesverfassungsgericht macht von diesem Grundsatz bei Unzumut-
barkeit eine *Ausnahme,* wenn eine einheitliche gefestigte höchstrichterliche
Rechtsprechung vorliegt, von der eine Abweichung nicht erwartet werden
kann. Aber dieser Ausnahmetatbestand ist selten. Das gleiche gilt, wenn von
der Rechtswegerschöpfung abgesehen werden soll, weil die Verfassungsbeschwerde von allgemeiner Bedeutung ist, sie also grundsätzlich verfassungsrechtliche Fragen aufwirft oder die Entscheidung über den Einzelfall hinaus
Klarheit über die Rechtslage in einer Vielzahl gleichgelagerter Fälle und
über ähnliche Bestimmungen schafft. Auch auf diesen Ausnahmetatbestand
wird sich der Beschwerdeführer in der Regel nicht verlassen können.
Schließlich kann er ohne Rechtswegerschöpfung das Gericht anrufen, wenn
er schwere und unabwendbare Nachteile befürchten muß, wenn man ihn
erst auf den Rechtsweg verweist.

Zu allen diesen Ausnahmetatbeständen liegt Judikatur vor, auf die verwiesen werden muß.

III. Verfahren

Nach Einlegung und Begründung der Verfassungsbeschwerde überprüft
zunächst der *Berichterstatter* der Kammer mit seinen Mitarbeitern die formellen und materiellen Voraussetzungen. Ist er der Auffassung, daß die
Verfassungsbeschwerde aus dem einen oder anderen Grunde erfolglos bleiben wird, so empfiehlt er der Kammer die *Nichtannahme.* Teilt die Kammer
diese Auffassung, so ergeht ein entsprechender Beschluß, der dem
Beschwerdeführer zugestellt wird. Wieweit er begründet wird, steht im
Ermessen der Kammer und wird unterschiedlich gehandhabt. Der Beschluß
ist endgültig, ein Rechtsmittel hiergegen besteht nicht.

Entscheidet sich die Kammer *nicht* einstimmig für die *Annahmeverweige-
rung,* so wird die Verfassungsbeschwerde dem *Senat* vorgelegt, der wiederum noch sich gegen die Annahme aussprechen kann, was zwar selten ist,
aber immerhin geschieht.

Die Kammer kann nunmehr gemäß § 93 b Abs. 2 BVerfGG durch einstim-
migen Beschluß auch einer *Verfassungsbeschwerde stattgeben,* wenn sie offensichtlich begründet ist, weil das BVerfG die maßgebliche verfassungsrechtliche Frage bereits entschieden hat.

Wird die *Verfassungsbeschwerde angenommen,* so erfolgt hierzu kein besonderer Beschluß, wird also insbesondere auch nicht der Beschwerdeführer
förmlich unterrichtet. Die Entscheidung über die Annahme kann sehr
schnell ergehen, aber auch lange auf sich warten lassen; die Zeitdauer der
Anhängigkeit besagt deshalb über die Annahme wenig. Indirekt erfährt der
Beschwerdeführer von der Annahme dadurch, daß nunmehr zur Beschwerde *Stellungnahmen von Organen* des Bundes oder der Länder oder

aber auch von anderen Einrichtungen *eingeholt* werden, die für die Materie zuständig sind und auf die der Senat Wert legt. Über die Tatsache dieser Einholung wird der Beschwerdeführer in der Regel informiert, die eingegangenen Stellungnahmen werden ihm, mindestens auf Anforderung, zur Kenntnis gegeben, und er kann sich hierzu äußern.

Die Entscheidung über die Verfassungsbeschwerde erfolgt fast stets ohne mündliche Verhandlung.

D. Literatur

Speziell zur anwaltlichen Handhabung der Verfassungsbeschwerde wird auf die Schrift von Zuck, Die Verfassungsbeschwerde, Schriftenreihe NJW Nr. 15, 2. Aufl. 1988, verwiesen. Hierfür sollten weiter insbesondere die Kommentierungen zu §§ 90 ff. bei Maunz/Schmidt-Bleibtreu/Klein/Ulsamer, Bundesverfassungsgerichtsgesetz, und Leibholz/Ruprecht, Bundesverfassungsgerichtsgesetz, herangezogen werden; schließlich sei auf Schlaich, Das Bundesverfassungsgericht, München 1985, S. 98 ff., verwiesen. Wichtig ist auf jeden Fall die Einsicht in die jeweilige einschlägige Judikatur des Gerichts selbst. Ein Anwalt sollte keine Verfassungsbeschwerde ohne Kenntnis und Auswertung der Judikatur einlegen.

Konrad Redeker

3. Abschnitt   Überblick über das Steuerrecht der Bundesrepublik Deutschland

Stand 1. Januar 1988

Gliederung

Heinrich Günther

Heinrich Günther

Heinrich Günther

Heinrich Günther   197

Heinrich Günther

Abkürzungen

Abs.	=	Absatz
a. F.	=	alte Fassung
AfA	=	Absetzung für Abnutzung
AG	=	Aktiengesellschaft
AktG	=	Aktiengesetz
Anm.	=	Anmerkung
AO	=	Abgabenordnung
Art.	=	Artikel
B	=	Der Betrieb
BB	=	Der Betriebs-Berater
BMF	=	Bundesminister der Finanzen
BP-Kartei	=	Betriebsprüfungs-Kartei
BewG	=	Bewertungsgesetz
BFH	=	Bundesfinanzhof
BGB	=	Bürgerliches Gesetzbuch
BGBl	=	Bundesgesetzblatt
BGH	=	Bundesgerichtshof
BStBl	=	Bundessteuerblatt
BVerfG	=	Bundesverfassungsgericht
BVerwG	=	Bundesverwaltungsgericht
DStZ (A)	=	Deutsche Steuer-Zeitung, Ausgabe A
DStZ (B)	=	Deutsche Steuer-Zeitung, Ausgabe B
DV (DVO)	=	Durchführungsverordnung
EFG	=	Entscheidungen der Finanzgerichte
EStG	=	Einkommensteuergesetz
EStR	=	Einkommensteuer-Richtlinien
FG	=	Finanzgericht
FGO	=	Finanzgerichtsordnung
GG	=	Grundgesetz
GewStG	=	Gewerbesteuergesetz
GewStR	=	Gewerbesteuerrichtlinien
GmbH	=	Gesellschaft mit beschränkter Haftung
GmbHG	=	Gesetz betreffend die GmbH
GrEStG	=	Grunderwerbsteuergesetz
GrS	=	Großer Senat
GrSt	=	Grundsteuer
HFR	=	Höchstrichterliche Finanzrechtsprechung
HGB	=	Handelsgesetzbuch
InvZulG	=	Investitionszulagengesetz
KG	=	Kommanditgesellschaft
KGaA	=	Kommanditgesellschaft auf Aktien

Heinrich Günther

14*

KiSt	=	Kirchensteuer
KStG	=	Körperschaftsteuergesetz
KStR	=	Körperschaftsteuerrichtlinien
KVStG	=	Kapitalverkehrsteuergesetz
OFD	=	Oberfinanzdirektion
OHG	=	Offene Handelsgesellschaft
RFH	=	Reichsfinanzhof
RG	=	Reichsgericht
RZ	=	Randziffer
StBerG	=	Steuerberatungsgesetz
StBp	=	Die steuerliche Betriebsprüfung
StBJb	=	Steuerberater-Jahrbuch
StH	=	Steuerlicher Hinweis
StRK	=	Steuerrechtsprechung in Karteiform
StuW	=	Steuer und Wirtschaft
UmwG	=	Umwandlungsgesetz
UmwStG	=	Umwandlungssteuergesetz
UStDB	=	Durchführungsbestimmungen zur Umsatzsteuer
UStG	=	Umsatzsteuergesetz
UStR	=	Umsatzsteuer-Richtlinien
vGA	=	verdeckte Gewinnausschüttung
v. H.	=	vom Hundert
VSt	=	Vermögensteuer
VStG	=	Vermögensteuergesetz
VStR	=	Vermögensteuerrichtlinien
WPO	=	Wirtschaftsprüferordnung
Wpg	=	Die Wirtschaftsprüfung

Heinrich Günther

Überblick über das Steuerrecht
der Bundesrepublik Deutschland

Stand 1. Januar 1988

Einleitung

Das Steuerrecht hat sich neben dem Zivilrecht, dem Strafrecht und dem Verwaltungsrecht in den letzten Jahrzehnten zu einem zunehmend verselbständigten Rechtsgebiet entwickelt. Wirtschaftsprüfer, Steuerberater und Steuerbevollmächtigte haben sich dieses so bedeutsamen Rechtsgebietes bemächtigt. Es hat bei den Rechtsanwälten und Notaren bisher nicht die ihm gebührende Beachtung gefunden. Diesen beiden Berufen ist damit ein Rechtsgebiet verlorengegangen, das nicht nur von außerordentlicher Bedeutung für die wirtschaftliche Beratungstätigkeit ist, sondern darüber hinaus auch zu nicht unbeträchtlichen Gebühreneinnahmen verhilft.

Das Steuerrecht ist von weitreichendem Einfluß auf die Gestaltung zahlreicher zivilrechtlicher Rechtsverhältnisse. Viele Arten von Verträgen, insbesondere Gesellschaftsverträge, Lizenzverträge, Auseinandersetzungsverträge usw., darüber hinaus Testamente und Erbverträge haben Folgewirkungen für die steuerrechtliche Behandlung, die, wenn die maßgeblichen steuerrechtlichen Vorschriften nicht beachtet werden, für den Klienten überraschende und unliebsame steuerrechtliche Mehrbelastungen mit sich bringen können. Dabei können sich für den Rechtsanwalt und Notar Haftungsverpflichtungen ergeben, die bei Kenntnis des Steuerrechts vermeidbar wären.

Das Steuerrecht unterliegt einem schnellen Wandel. Seit der Vorauflage mit dem Stand vom 1. 7. 1981 haben bestehende Steuergesetze grundlegende Änderungen erfahren oder sind neue Steuergesetze erlassen worden. Schon jetzt steht fest, daß mit weiteren wesentlichen Änderungen und Neufassungen von Steuergesetzen im Rahmen der Steuerreform ab dem 1. 1. 1990 zu rechnen sein wird. Insbesondere das Steuerrecht der laufend veranlagten Steuern für die jeweils in Betracht kommenden Veranlagungszeiträume ist immer unübersichtlicher geworden.

Die nachstehenden Ausführungen können dem Rechtsanwalt und Notar nur einen ersten Überblick und damit eine vorläufige Unterrichtung über das weite Gebiet des Steuerrechts der Bundesrepublik Deutschland geben. Im Einzelfall müssen Gesetz, Rechtsprechung und Schrifttum herangezogen werden.

A. Materielles Steuerrecht

I. Einkommensteuer und ihre besonderen Erhebungsformen

1. Einkommensteuer (mit Tabellen-Auszug)

Rechtsgrundlagen: Einkommensteuergesetz 1987 (EStG 1987) in der Fassung vom 27. 2. 1987 (BGBl. 1987 I S. 657), geändert durch Gesetz zur Änderung des Einkommensteuergesetzes (Steuersenkungs-Erweiterungsgesetz 1988) vom 14. 7. 1987 (BGBl. 1987 I S. 1629), Einkommensteuer-Durchführungsverordnung 1986 (EStDV 1986) in der Fassung vom 24. 7. 1986 (BGBl. 1986 I S. 1239), Einkommensteuer-Richtlinien (EStR) in der jeweils für jeden Veranlagungszeitraum geltenden Fassung, zur Zeit EStR 1987 in der Fassung der Bekanntmachung vom 24. 2. 1988 (BStBl Sonder-Nr. 1/1988 vom 5. 2. 1988)

Kommentare: *Blümich/Falk/Uelner/Haas*, Einkommensteuergesetz; *Hartmann/Böttcher*, Einkommensteuer; *Herrmann/Heuer/Raupach*, Einkommen- und Körperschaftsteuergesetz mit Nebengesetzen; *Kirchhof/Söhn*, Einkommensteuergesetz; *Lademann/Söffing/Brockhoff*, Einkommen- und Körperschaftsteuer; *Littmann/Bitz/Meincke*, Das Einkommensteuerrecht; *Schmidt*, Einkommensteuergesetz

a) *Unbeschränkte und beschränkte Steuerpflicht*

2 Nach § 1 Abs. 1 EStG sind natürliche Personen, die im Inland einen Wohnsitz oder ihren gewöhnlichen Aufenthalt haben, *unbeschränkt* steuerpflichtig.

§ 1 Abs. 2 und 3 EStG erweitert die unbeschränkte Steuerpflicht. Nach § 1 Abs. 2 EStG sind auch deutsche Staatsangehörige, die im Inland weder einen Wohnsitz noch ihren gewöhnlichen Aufenthalt haben und zu einer inländischen juristischen Person des öffentlichen Rechts in einem Dienstverhältnis stehen und dafür Arbeitslohn aus einer inländischen öffentlichen Kasse beziehen – einschließlich der zu ihrem Haushalt gehörenden Angehörigen deutscher Staatsangehörigkeit – unbeschränkt einkommensteuerpflichtig.

Die unbeschränkte Steuerpflicht nach § 1 Abs. 2 EStG setzt jedoch voraus, daß die betreffenden Personen in dem Staat, in dem sie ihren Wohnsitz oder ihren gewöhnlichen Aufenthalt haben, lediglich in einem der beschränkten Einkommensteuerpflicht ähnlichen Umfang zu einer Einkommensbesteuerung herangezogen werden. § 1 Abs. 3 EStG fingiert darüber

Heinrich Günther

hinaus für deutsche Staatsangehörige in einigen Sonderfällen die unbeschränkte Steuerpflicht.

Die *unbeschränkte* Steuerpflicht erstreckt sich auf sämtliche inländischen und ausländischen Einkünfte. Die unbeschränkte Steuerpflicht umfaßt somit das gesamte Welteinkommen eines Steuerpflichtigen, soweit die Besteuerung nicht durch besondere innerstaatliche Bestimmungen oder zwischenstaatliche Vereinbarungen, z. B. Doppelbesteuerungsabkommen, ausgeschlossen ist.

Beschränkt einkommensteuerpflichtig sind nach § 1 Abs. 4 EStG vorbehaltlich der Absätze 2 und 3 natürliche Personen, die im Inland weder einen Wohnsitz noch ihren gewöhnlichen Aufenthalt haben, wenn sie inländische Einkünfte im Sinne des § 49 EStG beziehen (z. B. Einkünfte aus einer im Inland betriebenen Land- und Forstwirtschaft, Einkünfte aus einem Gewerbebetrieb, für den im Inland eine Betriebsstätte unterhalten wird oder ein ständiger Vertreter bestellt ist, Einkünfte aus selbständiger Arbeit, die im Inland ausgeübt oder verwertet wird, Einkünfte aus nichtselbständiger Arbeit, die im Inland ausgeübt oder verwertet wird). Zu den beschränkt steuerpflichtigen Personen gehören auch natürliche Personen mit Wohnsitz oder gewöhnlichem Aufenthalt in der Deutschen Demokratischen Republik oder in Berlin (Ost). 3

b) *Einkunftsarten, Einkünfte, Einkommen*
Der Einkommensteuer unterliegen nach § 2 Abs. 1 EStG nur die folgenden sieben Einkunftsarten: 4
1. Einkünfte aus Land- und Forstwirtschaft,
2. Einkünfte aus Gewerbebetrieb,
3. Einkünfte aus selbständiger Arbeit,
4. Einkünfte aus nichtselbständiger Arbeit,
5. Einkünfte aus Kapitalvermögen,
6. Einkünfte aus Vermietung und Verpachtung,
7. Sonstige Einkünfte im Sinne des § 22 EStG (Einkünfte aus wiederkehrenden Bezügen, aus Unterhaltsleistungen nach § 10 Abs. 1 Nr. 1 EStG, aus Spekulationsgeschäften im Sinne des § 23 EStG, aus Leistungen, soweit sie nicht zu anderen Einkunftsarten gehören).

Einkommensteuerpflichtig sind nur diejenigen Einkünfte, die unter eine der sieben Einkunftsarten fallen. Was nicht zu diesen Einkunftsarten gehört, ist nicht steuerpflichtig. Einmalige Vermögensanfälle, soweit sie nicht im Rahmen eines Betriebsvermögens entstehen, insbesondere also Schenkungen, Erbschaften, Aussteuern, Ausstattungen, Rennwett-, Toto-, Lotto- oder Lotteriegewinne sind demgemäß nicht steuerpflichtig. 5

Nach § 2 Abs. 2 EStG sind Einkünfte 6
1. bei den Einkunftsarten Land- und Forstwirtschaft, Gewerbebetrieb und selbständiger Arbeit der *Gewinn* (§§ 4 bis 7 g EStG),

2. bei den anderen Einkunftsarten der *Überschuß der Einnahmen über die Werbungskosten* (§§ 8 bis 9 a EStG).

7 Die Summe der Einkünfte, vermindert um den Altersentlastungsbetrag, den Ausbildungsplatz-Abzugsbetrag und die nach § 34 c Abs. 2 und 3 EStG abgezogene Steuer ist der *Gesamtbetrag der Einkünfte.* Der Gesamtbetrag der Einkünfte, vermindert um die Sonderausgaben und die außergewöhnlichen Belastungen, ist das *Einkommen.*

Das Einkommen, vermindert um den Kinderfreibetrag nach § 32 Abs. 6 EStG, die Sonderfreibeträge im Sinne des § 32 Abs. 7 und 8 EStG und um die sonstigen vom Einkommen abzuziehenden Beträge, ist das zu *versteuernde Einkommen.* Dieses bildet die *Bemessungsgrundlage für die tarifliche Einkommensteuer.*

8 Schematisch ist das zu versteuernde Einkommen danach wie folgt zu ermitteln (Abschn. 3 EStR):

1 Summe der Einkünfte aus den Einkunftsarten

2 – nachzuversteuernder Betrag (§ 10 a EStG)

3 – Verlustabzugsbetrag (§ 2 Abs. 1 Satz 1 Auslandsinvestitionsgesetz)

4 – Hinzurechnungsbetrag (§ 2 Abs. 1 Satz 3 Auslandsinvestitionsgesetz)

5 = Summe der Einkünfte
6 – Altersentlastungsbetrag (§ 24 a EStG)
7 – Ausbildungsplatz-Abzugsbetrag (§ 24 b EStG)
8 – Freibetrag für Land- und Forstwirte (§ 13 Abs. 3 EStG)
9 – ausländische Steuern vom Einkommen (§ 34 c Abs. 2, 3 und 6 EStG)

10 = Gesamtbetrag der Einkünfte (§ 2 Abs. 3 EStG)
11 – Sonderausgaben (§§ 10, 10 b, 10 c, 10 e EStG)

12 = Zwischensumme
13 – – steuerbegünstigter nicht entnommener Gewinn (§ 10 a EStG)
14 – Freibetrag für freie Berufe (§ 18 Abs. 4 EStG)
15 – außergewöhnliche Belastungen (§§ 33 bis 33 c EStG, §§ 33 a EStG 1953 in Verbindung mit § 52 Abs. 23 EStG)
16 – Steuerbegünstigung der zu eigenen Wohnzwecken genutzten Wohnung im eigenen Haus (§ 10 e EStG)
17 – Verlustabzug (§ 10 d EStG, § 2 Abs. 1 Satz 2 Auslandsinvestitionsgesetz)

18 = Einkommen (§ 2 Abs. 4 EStG)
19 – Kinderfreibetrag (§ 32 Abs. 6 EStG), Haushaltsfreibetrag (§ 32 Abs. 7 EStG)

Heinrich Günther

20 – Altersfreibetrag (§ 32 Abs. 8 EStG)[1]
21 — freibleibender Betrag nach § 46 Abs. 3, § 70 EStDV

22 = zu versteuerndes Einkommen (§ 2 Abs. 5, § 32 Abs. 1 EStG)

Bei der Ermittlung des zu versteuernden Einkommens ist zu beachten, daß **9**
nach § 2 a EStG *negative ausländische Einkünfte*
1. aus einer in einem ausländischen Staat gelegenen land- und forstwirtschaftlichen Betriebsstätte,
2. aus einer in einem ausländischen Staat belegenen gewerblichen Betriebsstätte,
3. aus der Beteiligung an einem Handelsgewerbe als stiller Gesellschafter und aus partiarischen Darlehen, wenn der Schuldner Wohnsitz, Sitz oder Geschäftsleitung in einem ausländischen Staat hat, und
4. aus der Vermietung oder Verpachtung unbeweglichen Vermögens oder von Sachinbegriffen, wenn diese in einem ausländischen Staat gelegen sind,
nur mit ausländischen Einkünften der jeweils selben Art aus demselben Staat ausgeglichen werden dürfen. Wegen Ausnahmeregelungen wird auf § 2 a Abs. 2 EStG verwiesen.

Nachstehend werden die *einzelnen Einkunftsarten* kurz erläutert: **10**
Einkünfte aus Land- und Forstwirtschaft sind nach § 13 Abs. 1 und 2 EStG im wesentlichen die Einkünfte aus dem Betrieb von Landwirtschaft, Forstwirtschaft, Weinbau, Gartenbau, Obstbau, Gemüsebau, Baumschulen und aus allen Betrieben, die Pflanzen und Pflanzenteile mit Hilfe der Naturkräfte gewinnen, die Einkünfte aus der Tierzucht und Tierhaltung, aus Binnenfischerei, Teichwirtschaft, Fischzucht für Binnenfischerei und Teichwirtschaft, Imkerei und Wanderschäferei, die Einkünfte aus Jagd, wenn diese mit dem Betrieb einer Landwirtschaft oder einer Forstwirtschaft im Zusammenhang steht, die Einkünfte von Hauberg-, Wald-, Forst- und Landgenossenschaften und ähnlichen Realgemeinden, außerdem Einkünfte aus einem land- und forstwirtschaftlichen Nebenbetrieb sowie (letztmals für 1986) der Nutzungswert der Wohnung des Steuerpflichtigen, wenn die Wohnung die bei Betrieben gleicher Art übliche Größe nicht überschreitet. Land- und Forstwirte haben nach § 13 Abs. 3 EStG einen Freibetrag von 2000 DM, der sich im Falle der Zusammenveranlagung mit dem Ehegatten auf 4000 DM erhöht. § 13 a EStG regelt die Ermittlung des Gewinnes aus Land- und Forstwirtschaften nach Durchschnittssätzen. Zu den Einkünften aus Land- und Forstwirtschaft gehören nach § 14 EStG auch Gewinne, die bei der Veräußerung eines land- oder forstwirtschaftlichen Betriebes oder Teilbetriebes

---

1 nicht belegt

Heinrich Günther

oder eines Anteils an einem land- und forstwirtschaftlichen Betriebsvermögen erzielt werden. § 14 a EStG gewährt im Falle der Veräußerung bestimmter land- und forstwirtschaftlicher Betriebe sowie bei der Veräußerung oder Entnahme von Teilen des zum Betrieb gehörenden Grund und Bodens einkommensteuerrechtliche Vergünstigungen.

11   Zu den *Einkünften aus Gewerbebetrieb* gehören nach § 15 EStG insbesondere Einkünfte aus gewerblichen Unternehmen einschließlich der Einkünfte aus gewerblicher Bodenbewirtschaftung, z. B. aus Bergbauunternehmen und aus Betrieben zur Gewinnung von Torf, Steinen und Erden, soweit sie nicht land- oder forstwirtschaftlicher Nebenbetriebe sind, vor allem aber auch die Gewinnanteile der Gesellschafter einer offenen Handelsgesellschaft, einer Kommanditgesellschaft oder einer ähnlichen Gesellschaft, bei der der Gesellschafter als Unternehmer (Mitunternehmer) anzusehen ist, z. B. bei der atypischen Unterbeteiligungsgesellschaft oder der atypischen stillen Gesellschaft, ferner die Vergütungen, die der Gesellschafter von der Gesellschaft für seine Tätigkeit im Dienst der Gesellschaft oder für die Hingabe von Darlehen oder für die Überlassung von Wirtschaftsgütern bezogen hat, außerdem die Gewinnanteile der persönlich haftenden Gesellschafter einer Kommanditgesellschaft auf Aktien, soweit sie nicht auf Anteile am Grundkapital entfallen, und die Vergütungen, die der persönlich haftende Gesellschafter von der Gesellschaft für seine Tätigkeit im Dienst der Gesellschaft oder für die Hingabe von Darlehen oder für die Überlassung von Wirtschaftsgütern bezogen hat.

12   § 15 Abs. 2 EStG *definiert den Gewerbebetrieb* als eine selbständige nachhaltige Betätigung, die mit der Absicht, Gewinn zu erzielen, unternommen wird und sich als Beteiligung am allgemeinen wirtschaftlichen Verkehr darstellt, wenn die Betätigung weder als Ausübung von Land- und Forstwirtschaft noch als eine andere selbständige Arbeit anzusehen ist. Eine durch die Betätigung verursachte Minderung der Steuern vom Einkommen ist kein Gewinn im Sinne des Satzes 1 (Abschreibungsgesellschaften!).

13   Nach § 15 Abs. 3 EStG gilt als Gewerbebetrieb in vollem Umfang (Fiktion!) die mit Einkünfteerzielungsabsicht unternommene Tätigkeit
1. einer offenen Handelsgesellschaft, einer Kommanditgesellschaft oder einer Personengesellschaft (z. B. Handwerker-BGB-Gesellschaft), wenn die Gesellschaft auch eine gewerbliche Tätigkeit im Sinne des § 15 Abs. 1 Nr. 1 EStG ausübt,
2. einer Personengesellschaft, die zwar keine gewerbliche Tätigkeit im Sinne des § 15 Abs. 1 Nr. 1 EStG ausübt (z. B. reine Vermögensverwaltung), bei der aber ausschließlich eine oder mehrere Kapitalgesellschaften persönlich haftende Gesellschafter sind und nur diese oder Personen, die nicht Gesellschafter sind, zur Geschäftsführung befugt sind (gesetzlich definiert als *gewerblich geprägte Personengesellschaften*). Mit dieser Bestimmung, eingefügt nach Aufhebung der Geprägerechtsprechung durch

Beschluß des Großen Senates des BFH vom 24. 6. 1984 durch Gesetz vom 19. 12. 1985, will der Gesetzgeber vor allem diejenigen GmbH & Co. KG's treffen, die lediglich eine verwaltende Tätigkeit ausüben und z. B. Einkünfte aus Vermietung und Verpachtung oder aus Kapitalvermögen beziehen.

§ 15 a EStG schränkt bei *beschränkt haftenden Unternehmern, soweit ein negatives Kapitalkonto entsteht oder sich erhöht,* insbesondere also bei sogenannten Abschreibungsgesellschaften *die Verlustverrechnung ein.* Dazu gehören vor allem Kommanditisten, aber auch andere Unternehmer, soweit deren Haftung der eines Kommanditisten vergleichbar ist, und zwar nach § 15 a Abs. 5 EStG insbesondere

14

1. stille Gesellschafter, die steuerlich als Mitunternehmer anzusehen sind,
2. Gesellschafter einer Gesellschaft im Sinne des bürgerlichen Gesetzbuches, bei welcher der Gesellschafter als Unternehmer (Mitunternehmer) anzusehen ist, soweit die Inanspruchnahme des Gesellschafters für Schulden im Zusammenhang mit dem Betrieb durch Vertrag ausgeschlossen oder nach Art und Weise des Geschäftsbetriebes unwahrscheinlich ist,
3. Gesellschafter einer ausländischen Personengesellschaft, bei welcher der Gesellschafter als Unternehmer (Mitunternehmer) anzusehen ist, soweit die Haftung des Gesellschafters für Schulden im Zusammenhang mit dem Betrieb der eines Kommanditisten oder eines stillen Gesellschafters entspricht oder soweit die Inanspruchnahme des Gesellschafters für Schulden im Zusammenhang mit dem Betrieb durch Vertrag ausgeschlossen oder nach Art und Weise des Geschäftsbetriebes unwahrscheindlich ist,
4. Unternehmer, soweit Verbindlichkeiten nur in Abhängigkeit von Erlösen oder Gewinnen aus der Nutzung, Veräußerung oder sonstigen Verwertung von Wirtschaftsgütern zu tilgen sind,
5. Mitreeder einer Reederei im Sinne des § 489 HGB, bei welcher der Mitreeder als Unternehmer (Mitunternehmer) anzusehen ist, wenn die persönliche Haftung des Mitreeders für Verbindlichkeiten der Reederei ganz oder teilweise ausgeschlossen ist oder soweit die Inanspruchnahme des Mitreeders für Verbindlichkeiten der Reederei nach Art und Weise des Geschäftsbetriebes unwahrscheinlich ist.

Nach § 15 a Abs. 1 EStG darf der einem Kommanditisten zuzurechnende Anteil am Verlust der Kommanditgesellschaft (und der übrigen in § 15 a Abs. 5 EStG genannten Unternehmerformen) weder mit anderen Einkünften aus Gewerbebetrieb noch mit Einkünften aus anderen Einkunftsarten ausgeglichen werden, soweit ein negatives Kapitalkonto des Kommanditisten entsteht oder sich erhöht. Haftet der Kommanditist am Bilanzstichtag den Gläubigern der Gesellschaft aufgrund des § 171 Abs. 1 HGB, so können abweichend von Satz 1 Verluste des Kommanditisten bis zur Höhe des

Betrages, um den die im Handelsregister eingetragene Einlage des Kommanditisten seine geleistete Einlage übersteigt, auch ausgeglichen oder abgezogen werden, soweit durch den Verlust ein negatives Kapitalkonto entsteht oder sich erhöht.

Nach § 15 a Abs. 2 EStG mindert der Verlust, soweit er nach § 15 a Abs. 1 EStG nicht ausgeglichen oder abgezogen werden darf, die Gewinne, die dem Kommanditisten in späteren Wirtschaftsjahren aus seiner Beteiligung an der Kommanditgesellschaft zuzurechnen sind.

Der nicht ausgleichs- oder abzugsfähige Verlust eines Kommanditisten ist jährlich gesondert festzustellen. Dabei ist von dem verrechenbaren Verlust des vorangegangenen Wirtschaftsjahres auszugehen.

Im einzelnen muß auf die komplizierte Regelung des § 15 a EStG und die kaum verständlichen Übergangsregelungen des § 52 Abs. 19 EStG verwiesen werden.

Diese Bestimmung hat bereits zahlreiche ungeklärte Zweifelsfragen ausgelöst.

15 Zu den Einkünften aus Gewerbebetrieb gehören auch die *Gewinne, die erzielt werden bei der Veräußerung*

1. des ganzen Gewerbebetriebes oder eines Teilbetriebes,
2. des Anteiles eines Gesellschafters, der als Unternehmer (Mitunternehmer) des Betriebes anzusehen ist (z. B. der offene Handelsgesellschafter, der Kommanditist, der atypisch still Beteiligte),
3. des Anteiles eines persönlich haftenden Gesellschafters einer Kommanditgesellschaft auf Aktien.

Veräußerungsgewinn im Sinne des § 16 Abs. 1 EStG ist dabei derjenige Betrag, um den der Veräußerungspreis nach Abzug der Veräußerungskosten den Wert des Betriebsvermögens oder den Wert des Anteils am Betriebsvermögen übersteigt. Dabei ist der Wert des Betriebsvermögens oder des Anteiles für den Zeitpunkt der Veräußerung nach § 4 Abs. 1 oder § 5 EStG zu ermitteln.

Als Veräußerung gilt nach § 16 Abs. 3 EStG auch die Aufgabe des Gewerbebetriebes.

16 Der *Veräußerungsgewinn* wird zur Einkommensteuer nach § 16 Abs. 4 EStG nur herangezogen, soweit er bei der Veräußerung des ganzen Gewerbebetriebes 30 000 DM oder bei der Veräußerung eines Teilbetriebes oder eines Anteiles am Betriebsvermögen den entsprechenden Teil von 30 000 DM übersteigt. Der Freibetrag ermäßigt sich um den Betrag, um den der Veräußerungsgewinn bei der Veräußerung des ganzen Gewerbebetriebes 100 000 DM und bei der Veräußerung eines Teilbetriebes oder eines Anteils am Betriebsvermögen den entsprechenden Teil von 100 000 DM übersteigt. An die Stelle der Beträge von 30 000 DM tritt jeweils der Betrag von 120 000 DM und an die Stelle der Beträge von 100 000 DM jeweils der Betrag von 300 000 DM, wenn der Steuerpflichtige nach Vollendung seines

55. Lebensjahres oder wegen dauernder Berufsunfähigkeit seinen Gewerbebetrieb veräußert oder aufgibt.

Im Einzelfall können sich schwierige Fragen zur Abgrenzung des Gewerbebetriebes gegenüber der Land- und Forstwirtschaft, der selbständigen Arbeit, der nichtselbständigen Arbeit und der Vermögensverwaltung ergeben. Wegen Einzelheiten kann auf die Abschnitte 134 bis 136 EStR verwiesen werden.

Zu den Einkünften aus Gewerbebetrieb gehört nach § 17 EStG auch der **17** *Gewinn aus der Veräußerung von Anteilen an einer Kapitalgesellschaft*, wenn der Veräußerer innerhalb der letzten fünf Jahre am Kapital der Gesellschaft wesentlich beteiligt war und die innerhalb eines Veranlagungszeitraumes veräußerten Anteile 1 v. H. des Kapitals der Gesellschaft übersteigen. Eine wesentliche Beteiligung ist nur gegeben, wenn der Veräußerer an der Gesellschaft zu mehr als einem Viertel unmittelbar oder mittelbar beteiligt war. Wenn der Veräußerer den veräußerten Anteil innerhalb der letzten fünf Jahre vor der Veräußerung unentgeltlich erworben hat, so liegt ein steuerpflichtiger Veräußerungsgewinn nur dann vor, wenn der Veräußerer zwar nicht selbst, aber sein Rechtsvorgänger oder, sofern der Anteil nacheinander unentgeltlich übertragen worden ist, einer der Rechtsvorgänger innerhalb der letzten fünf Jahre wesentlich beteiligt war. Der Veräußerungsgewinn wird zur Einkommensteuer nur herangezogen, soweit er den Teil von 20 000 DM übersteigt, der dem veräußerten Anteil an der Kapitalgesellschaft entspricht. Der Freibetrag ermäßigt sich um den Betrag, um den der Veräußerungsgewinn den Teil von 80 000 DM übersteigt, der dem veräußerten Anteil an der Kapitalgesellschaft entspricht

Einkünfte aus selbständiger Arbeit sind nach § 18 EStG u. a. die Einkünfte **18** aus freiberuflicher Tätigkeit, insbesondere die selbständig ausgeübte wissenschaftliche, künstlerische, schriftstellerische, unterrichtende oder erzieherische Tätigkeit, die selbständige Berufstätigkeit der Ärzte, Zahnärzte, Tierärzte, Rechtsanwälte, Notare, Patentanwälte, Vermessungsingenieure, Ingenieure, Architekten, Handelschemiker, Wirtschaftsprüfer, Steuerberater, beratende Volks- und Betriebswirte, vereidigte Buchprüfer, Steuerbevollmächtigte, Heilpraktiker, Dentisten, Krankengymnasten, Journalisten, Bildberichterstatter, Dolmetscher, Übersetzer, Lotsen und ähnliche Berufe. Zu den Einkünften aus sonstiger selbständiger Arbeit gehören u. a. auch Vergütungen für die Vollstreckung von Testamenten, für Vermögensverwaltung und für die Tätigkeit als Aufsichtsratmitglied.

Diese Einkünfte sind auch dann steuerpflichtig, wenn es sich nur um eine vorübergehende Tätigkeit handelt.

Zu den Einkünften aus selbständiger Arbeit gehört auch der Gewinn, der **19** bei der Veräußerung des Vermögens oder eines selbständigen Teiles des Vermögens oder eines Anteils am Vermögen, z. B. durch Praxisverkauf oder Verkauf eines Anteiles an einer Praxis erzielt wird.

Heinrich Günther

§ 16 Abs. 2 bis 4 EStG gilt für die Ermittlung der Höhe des steuerpflichtigen Veräußerungsgewinns entsprechend.

Nach § 16 Abs. 4 EStG sind bei der Ermittlung des Einkommens 5 v. H. der Einnahmen aus freier Berufstätigkeit, höchstens jedoch 1200 DM jährlich, abzusetzen, wenn die Einkünfte aus der freien Berufstätigkeit die anderen Einkünfte überwiegen.

20 Zu den *Einkünften aus nichtselbständiger Arbeit* gehören nach § 19 EStG insbesondere Gehälter, Löhne, Gratifikationen, Tantiemen und andere Bezüge und Vorteile, die für eine Beschäftigung im öffentlichen oder privaten Dienst gewährt werden, Wartegelder, Ruhegelder, Witwen- und Waisengelder und andere Bezüge und Vorteile aus früheren Dienstleistungen. Es ist dabei gleichgültig, ob es sich um laufende oder einmalige Bezüge handelt und ob ein Rechtsanspruch auf sie besteht. Wegen weiterer Einzelheiten wird auf die Ausführungen zur Lohnsteuer (RZ 111 ff.) verwiesen.

Bei der Ermittlung der Einkünfte aus nichtselbständiger Arbeit ist jährlich nach § 9 a Nr. 1 EStG ein Pauschbetrag für Werbungskosten von 564 DM, nach § 19 Abs. 3 EStG ein Weihnachtsfreibetrag von 600 DM und nach § 19 Abs. 4 EStG ein Arbeitnehmer-Freibetrag von 480 DM abzuziehen.

Darüber hinaus sind Versorgungsbezüge, gleichgültig, ob sie auf beamtenrechtlichen Vorschriften oder privatrechtlichen Vereinbarungen beruhen, insoweit begünstigt, als ein Betrag in Höhe von 40 v. H. dieser Bezüge, höchstens jedoch insgesamt ein Betrag von 4800 DM im Veranlagungszeitraum steuerfrei bleibt, Versorgungsbezüge aus Altersrenten jedoch erst dann, wenn der Steuerpflichtige das 62. Lebensjahr oder, wenn er Schwerbehinderter ist, das 60. Lebensjahr vollendet hat.

Eine weitere Begünstigung stellt nach § 19 a EStG die *Überlassung von Vermögensbeteiligungen an Arbeitnehmer* dar. Wenn ein Arbeitnehmer unentgeltlich oder verbilligt Kapitalbeteiligungen oder Darlehensforderungen im Rahmen seines Dienstverhältnisses erhält, so ist der Vorteil steuerfrei, soweit er nicht höher ist als der halbe Wert der Vermögensbeteiligung und insgesamt 300 DM im Kalenderjahr nicht übersteigt. Wegen der Einzelheiten dieser Regelung muß auf die Besimmung verwiesen werden.

21 Zu den *Einkünften aus Kapitalvermögen nach § 20 Abs. 1 EStG*, soweit diese Einkünfte nicht den Einkünften aus Land- und Forstwirtschaft, aus Gewerbebetrieb, aus selbständiger Arbeit oder aus Vermietung und Verpachtung zuzurechnen sind, gehören insbesondere Gewinnanteile (Dividenden), Zinsen, Ausbeuten und sonstige Bezüge aus Aktien, Genußscheinen, Anteilen an Gesellschaften mit beschränkter Haftung, an Erwerbs- und Wirtschaftsgenossenschaften, ferner die Einkünfte aus der Beteiligung an einem Handelsgewerbe als typischer stiller Gesellschafter oder aus partiarischen Darlehen, Zinsen aus Hypotheken und Grundschulden sowie Renten aus Rentenschulden, Zinsen aus sonstigen Kapitalforderungen jeder Art, z. B. Einlagen und Guthaben bei Kreditinstituten, vereinnahmten Stückzin-

Heinrich Günther

sen, Diskontbeträge von Wechseln und Anweisungen einschließlich der Schatzwechsel, darüber hinaus auch Entgelte oder Vorteile, die neben den genannten Einkünften oder an deren Stelle gewährt werden, Einkünfte aus der Veräußerung von Dividendenscheinen, Zinsscheinen und sonstigen Ansprüchen, wenn die dazugehörigen Aktien, Schuldverschreibungen oder sonstigen Anteile nicht mitveräußert werden, insbesondere nach § 20 Abs. 1 Nr. 3 EStG die anzurechnende oder zu vergütende Körperschaftsteuer, die zusammen mit den Einnahmen aus den vorstehend genannten Gewinnanteilen insbesondere aus Kapitalgesellschaften als bezogen gilt, außerdem unter bestimmten Voraussetzungen auch Zinsen aus Sparanteilen, die in den Beiträgen zu Versicherungen auf den Erlebens- oder Todesfall enthalten sind.

Zu den Einkünften aus Kapitalvermögen gehören auch besondere Entgelte oder Vorteile, die neben den in § 20 Abs. 1 EStG bezeichneten Einkünften oder an deren Stelle gewährt werden. Darunter fallen insbesondere Freiaktien und auch sonstige Anteile (vgl. Abschn. 156 Abs. 1 EStR).

Wenn eine Kapitalgesellschaft (Aktiengesellschaft, Kommanditgesellschaft auf Aktien gemäß §§ 207 ff. AktG, Gesellschaft mit beschränkter Haftung nach den Vorschriften des Gesetzes über die Kapitalerhöhung aus Gesellschaftsmitteln und über die Verschmelzung von Gesellschaften mit beschränkter Haftung) das Nennkapital erhöht, so unterliegt der Erwerb der neuen Anteilsrechte nicht der Einkommensteuer.

Bei der Ermittlung der Einkünfte aus Kapitalvermögen sind zunächst die Werbungskosten, gegebenenfalls ein *Werbungskosten-Pauschbetrag gemäß § 9 a Ziff. 2 EStG* in Höhe von 100 DM, für zusammenveranlagte Ehegatten von 200 DM, abzusetzen. Darüber hinaus ist nach Abzug der Werbungskosten außerdem noch ein Betrag von 300 DM als *Sparerfreibetrag* abzuziehen, der sich für Ehegatten, die zusammenveranlagt werden, auf 600 DM erhöht (§ 20 Abs. 4 EStG). **22**

Einkünfte aus Vermietung und Verpachtung sind nach § 21 EStG die Einkünfte aus Vermietung und Verpachtung von unbeweglichem Vermögen, insbesondere von Grundstücken, Gebäuden, Gebäudeteilen, Schiffen, die in ein Schiffsregister eingetragen sind, und Rechten, die den Vorschriften des bürgerlichen Rechtes über Grundstücke unterliegen (z. B. Erbbaurecht, Erbpachtrecht, Mineralgewinnungsreche), ferner von Sachinbegriffen, insbesondere von beweglichem Betriebsvermögen, außerdem aus zeitlich begrenzter Überlassung von Rechten, insbesondere von schriftstellerischen, künstlerischen und gewerblichen Urheberrechten, von Erfahrungen und von Gerechtigkeiten und Gefällen, außerdem die Einkünfte aus der Veräußerung von Miet- und Pachtzinsforderungen, auch dann, wenn die Einkünfte im Veräußerungspreis von Grundstücken enthalten sind und die Miet- oder Pachtzinsen sich auf einen Zeitraum beziehen, in dem der Veräußerer noch Besitzer war. § 15 a EStG (Verlustbeschränkung) ist sinngemäß anzuwenden. **23**

24   Die *Besteuerung des Nutzungswertes der selbstgenutzten Wohnung*, bisher geregelt in § 21 Abs. 2 EStG und § 21 a) EStG, ist ab dem 1. 1. 1987 entfallen. Dies gilt für alle zu eigenen Wohnzwecken selbstgenutzten Wohnungen im eigenen Hause, die nach dem 31. 12. 1986 hergestellt oder angeschafft worden sind. Im Zusammenhang mit dieser Neuregelung ist auch § 7 b) EStG, der die erhöhten Absetzungen für Einfamilienhäuser, Zweifamilienhäuser und Eigentumswohnungen geregelt hat, ab dem 1. 1. 1987 entfallen.

25   Anstelle der bisherigen Nutzungswertbesteuerung besteht seit dem 1. 1. 1987 *gemäß § 10 e) EStG eine besondere Steuerbegünstigung*. Danach kann der Steuerpflichtige von den Herstellungskosten einer Wohnung in einem im Inland gelegenen eigenen Haus oder einer im Inland gelegenen eigenen Eigentumswohnung zuzüglich der Hälfte der Anschaffungskosten für den dazu gehörigen Grund und Boden (Bemessungsgrundlage) im Jahre der Fertigstellung und in den sieben folgenden Jahren jeweils bis zu 5%, höchstens jeweils 15 000 DM, wie Sonderausgaben abziehen. Voraussetzung ist, daß der Steuerpflichtige die Wohnung hergestellt und in dem jeweiligen Jahr des Zeitraumes (Abzugszeitraum) zu eigenen Wohnzwecken genutzt hat und die Wohnung keine Ferienwohnung oder Wochenendwohnung ist. Diese Begünstigung, die in etwa derjenigen des § 7 b) EStG entspricht, wird für jeden Steuerpflichtigen nur einmal gewährt, für Ehegatten zweimal, wobei der Objektverbrauch des § 7 b) EStG angerechnet wird.

Nachholmöglichkeiten, Übertragungen auf ein Folgeobjekt sowie nachträgliche Anschaffungs- und Herstellungskosten werden nach dem Vorbild des früheren § 7 b) EStG gewährt.

Zu beachten ist, daß nach § 10 e) Abs. 6 EStG Aufwendungen des Steuerpflichtigen, die bis zum Beginn der erstmaligen Nutzung der Wohnung im Sinne des Abs. 1 zu eigenen Wohnzwecken entstehen, unmittelbar mit der Herstellung oder Anschaffung des Gebäudes oder der Eigentumswohnung oder der Anschaffung des dazu gehörigen Grund und Bodens zusammenhängen, nicht zu den Herstellungskosten oder zu den Anschaffungskosten des Grund und Bodens gehören und die im Falle der Vermietung oder Verpachtung der Wohnung als Werbungskosten abgezogen werden könnten, wie Sonderausgaben abgezogen werden können.

26   Im Zusammenhang mit der Steuerbegünstigung nach § 10 e) EStG oder nach § 15 b) des Berlin-Förderungsgesetzes steht auch die Bestimmung des § 34 f) EStG. Danach ermäßigt sich bei Steuerpflichtigen, welche die vorstehend genannte Steuerbegünstigung in Anspruch nehmen, die tarifliche Einkommensteuer, vermindert um die sonstigen Steuerermäßigungen, ausgenommen § 34 e) EStG und § 35 e) EStG, auf Antrag um je 600 DM für jedes Kind des Steuerpflichtigen oder seines Ehegatten. Dabei ist Voraussetzung, daß das Kind zum Haushalt des Steuerpflichtigen gehört und in dem für die

Steuerbegünstigung maßgebenen Zeitraum gehört hat, wenn diese Zugehörigkeit auf Dauer angelegt ist oder war (*Baukindergeld*).

Steuerpflichtige, welche die Einkünfte aus Vermietung und Verpachtung **27** für vor dem 1. 1. 1987 hergestellte oder angeschaffte Häuser durch Überschußrechnung ermitteln, können diese Überschußrechnung für eine *Übergangsfrist* bis maximal zum Veranlagungszeitraum 1998 auch dann beibehalten, wenn sie eine Wohnung zu eigenen Wohnzwecken selbst nutzen. Im einzelnen muß hierzu auf die komplizierte Übergangsregelung in § 52 Abs. 21 EStG 1987 verwiesen werden (vergl. dazu auch Mitteilung des BdF vom 15. 9. 1987, BStBl 1987 I S. 434).

Zu den *sonstigen Einkünften* gehören
a) nach § 22 EStG insbesondere *die Einkünfte aus wiederkehrenden Bezügen,* **28** soweit sie nicht bereits zu den in § 2 Abs. 1 Nr. 1 bis 6 EStG bezeichneten Einkunftsarten gehören. Zu diesen wiederkehrenden Bezügen gehören insbesondere Leibrenten, bei denen gemäß einer besonderen Tabelle nur der Ertragsanteil des Rentenrechts der Einkommensteuer unterliegt, ferner Einkünfte aus Zuschüssen und sonstigen Vorteilen, die als wiederkehrende Bezüge gewährt werden, und Einkünfte aus Unterhaltsleistungen, soweit sie von dem Geber nach § 10 Abs. 1 Nr. 1 EStG abgezogen werden können, außerdem Einkünfte aus sonstigen Leistungen, die nicht zu den anderen Einkunftsarten (§ 2 Abs. 1 Nr. 1 bis 6 EStG) gehören, z. B. Einkünfte aus gelegentlichen Vermittlungen und aus der Vermietung beweglicher Gegenstände. Solche Einkünfte sind nicht steuerpflichtig, wenn sie weniger als 500 DM im Kalenderjahr betragen haben. Steuerpflichtig sind auch Entschädigungen, Amtszulagen, Zuschüsse zu Krankenversicherungsbeiträgen, Übergangsgelder, Sterbegelder, Versorgungsabfindungen, Versorgungsbezüge unter den im einzelnen in § 22 Nr. 4 EStG genannten Voraussetzungen.

b) nach § 23 EStG *Spekulationsgeschäfte;* Spekulationsgeschäfte sind **29**
1. Veräußerungsgeschäfte, bei denen der Zeitraum zwischen Anschaffung und Veräußerung beträgt:
(a) bei Grundstücken und Rechten, die den Vorschriften des bürgerlichen Rechtes über Grundstücke unterliegen (z. B. Erbbaurecht, Erbpachtrecht, Mineralgewinnungsrecht), nicht mehr als 2 Jahre,
(b) bei anderen Wirtschaftsgütern, insbesondere bei Wertpapieren, nicht mehr als 6 Monate;
2. Veräußerungsgeschäfte, bei denen die Veräußerung der Wirtschaftsgüter früher erfolgt als der Erwerb.

Kein Spekulationsgeschäft stellt es dar, wenn ein Wirtschaftsgut aus dem Betriebsvermögen in das Privatvermögen oder umgekehrt aus dem Privatvermögen in das Betriebsvermögen überführt wird. Ein Spekulationsgeschäft liegt auch dann nicht vor, wenn der Veräußerer den veräußerten Gegenstand unentgeltlich (z. B. durch Erbschaft, Vermächtnis, Schenkung) erworben hat oder wenn der Steuerpflichtige ein von ihm errichtetes Hausgrundstück veräußert, dessen Grund und Boden er vor mehr als zwei Jahren angeschafft hat, auch wenn die Frist zwischen der Fertigstellung des Hauses und der Veräußerung des Hausgrundstückes weniger als zwei Jahre beträgt. Ein Spekulationsgeschäft liegt aber vor, wenn erworbener Grund und Boden einschließlich eines darauf errichteten Gebäudes vor Ablauf einer zweijährigen Frist veräußert wird. Bei der Ermittlung des Spekulationsgewinnes ist der gesamte Veräußerungserlös, auch soweit er auf das Gebäude entfällt, zugrunde zu legen.

Gemeinsame Vorschriften:

30 Nach § 24 EStG gehören zu den Einkünften des § 2 Abs. 1 EStG auch
1. Entschädigungen, die gewährt worden sind
   a) als Ersatz für entgangene oder entgehende Einnahmen oder
   b) für die Aufgabe oder Nichtausübung einer Tätigkeit, für die Aufgabe einer Gewinnbeteiligung oder einer Anwartschaft auf eine solche,
   c) als Ausgleichszahlungen an Handelsvertreter nach § 89 b des Handelsgesetzbuches;
2. Einkünfte aus einer ehemaligen Tätigkeit im Sinne des § 2 Abs. 1 Nr. 1 bis 4 EStG oder aus einem früheren Rechtsverhältnis im Sinne des § 2 Abs. 1 Nr. 5 bis 7 EStG, und zwar auch dann, wenn sie dem Steuerpflichtigen als Rechtsnachfolger zufließen;
3. Nutzungsvergütungen für die Inanspruchnahme von Grundstücken für öffentliche Zwecke sowie Zinsen auf solche Nutzungsvergütungen und auf Entschädigungen, die mit der Inanspruchnahme von Grundstücken für öffentliche Zwecke zusammenhängen.

c) Ermittlung der Einkünfte

31 Das Einkommensteuergesetz unterscheidet in § 2 Abs. 2 EStG bei den sieben genannten Einkünften *zwei Arten der Ermittlung dieser Einküfte,* und zwar
(a) *den Gewinn*
   bei Land- und Forstwirtschaft, Gewerbebetrieb und selbständiger Arbeit (§§ 4 bis 7 g EStG),
(b) den *Überschuß der Einnahmen über die Werbungskosten*
   bei nichtselbständiger Arbeit, Kapitalvermögen, Vermietung und Verpachtung sowie sonstigen Einkünften (§§ 8 bis 9 a EStG).
Wegen des Zeitpunktes der Vereinnahmung (Zufluß) und der Verausgabung (Leistung) ist auf § 11 EStG zu verweisen.

32 Zu (a) *Ermittlung des Gewinnes*
Das EStG kennt folgende Arten der Gewinnermittlung:
1. den allgemeinen Betriebsvermögensvergleich nach § 4 Abs. 1 EStG,

2. den Überschuß der Betriebseinnahmen über die Betriebsausgaben nach
   § 4 Abs. 3 EStG,
3. den Betriebsvermögensvergleich bei Vollkaufleuten nach § 5 EStG,
4. die Ermittlung des Gewinnes aus Land- und Forstwirtschaft nach Durchschnittssätzen nach § 13 a EStG,
5. die Ermittlung des Gewinnes durch Schätzung nach § 162 AO.

Zu 1. *Allgemeiner Betriebsvermögensvergleich nach § 4 Abs. 1 EStG*

Gewinn ist der Unterschiedsbetrag zwischen dem Betriebsvermögen am **33** Schluß des Wirtschaftsjahres und dem Betriebsvermögen am Schluß des vorangegangenen Wirtschaftsjahres, vermehrt um den Wert der Entnahmen und vermindert um den Wert der Einlagen. Entnahmen sind alle Wirtschaftsgüter (Barentnahmen, Waren, Erzeugnisse, Nutzung und Leistungen), die der Steuerpflichtige dem Betrieb für sich, für seinen Haushalt oder für andere betriebsfremde Zwecke im Laufe des Wirtschaftsjahres entnommen hat. Einlagen sind alle Wirtschaftsgüter (Bareinzahlungen und sonstige Wirtschaftsgüter), die der Steuerpflichtige dem Betrieb im Laufe des Wirtschaftsjahres zugeführt hat.

Bei der Ermittlung des Gewinnes sind die Vorschriften über die Betriebsausgaben (§ 4 Abs. 4 bis 7 EStG), über die Bewertung (§§ 6 a bis d EStG) und über die Absetzung für Abnutzung (AfA) oder Substanzverringerung (§ 7 bis § 7 g EStG) zu befolgen.

Die Gewinnermittlung durch Vermögensvergleich erfordert eine ordnungsmäßige Buchführung mit der Erstellung regelmäßiger Jahresabschlüsse.

Zu 2. *Überschuß der Betriebseinnahmen über die Betriebsausgaben nach § 4 Abs. 3 EStG*

Steuerpflichtige, die nicht aufgrund gesetzlicher Vorschriften verpflichtet **34** sind, Bücher zu führen und regelmäßig Abschlüsse zu machen, und die auch keine Bücher führen und keine Abschlüsse machen, können als Gewinn den Überschuß der Betriebseinnahmen über die Betriebsausgaben ansetzen. Hierbei scheiden Betriebseinnahmen und Betriebsausgaben aus, die im Namen und für Rechnung eines anderen vereinnahmt und verausgabt werden (durchlaufende Posten). Die Vorschriften über die Absetzung für Abnutzung oder Substanzverringerung nach § 7 bis § 7 g EStG sind zu befolgen.

Diese Art der Gewinnermittlung kommt insbesondere in Betracht für freiberuflich Tätige, Handwerker und Kleingewerbetreibende. Dabei sind die Betriebseinnahmen in dem Wirtschaftsjahr anzusetzen, in dem sie zugeflossen sind, und die Betriebsausgaben in dem Wirtschaftsjahr anzusetzen, in dem sie geleistet worden sind. Dies gilt auch für Vorschüsse (z. B. Kostenvorschüsse), Teil- und Abschlagszahlungen. Zu den Betriebseinnahmen gehören auch die Einnahmen aus der Veräußerung von abnutzbaren und

Heinrich Günther

nicht abnutzbaren Anlagegütern sowie vereinnahmte Umsatzsteuerbeträge. Betriebsausgaben für die Anschaffungs- oder Herstellungskosten von Anlagegütern, die der Abnutzung unterliegen, z. B. Einrichtungsgegenstände, Maschinen, Praxiswert der freien Berufe, dürfen nur im Wege der Absetzung für Abnutzung auf die Nutzungsdauer des Wirtschaftsgutes verteilt werden. Zu den Betriebsausgaben gehören auch die mitbezahlten Vorsteuerbeträge.

Die Überschußrechnung erfordert keine eigentliche Buchführung. Es genügen Aufzeichnungen. Alle Betriebseinnahmen und Betriebsausgaben sind täglich und fortlaufend in einem Kassenbuch festzuhalten. Die Rechnungsbelege sind aufzubewahren.

Wegen weiterer Einzelheiten ist auf Abschn. 17 EStR zu verweisen.

Zu 3. Betriebsvermögensvergleich bei Vollkaufleuten nach § 5 EStG

35   Bei Gewerbetreibenden, die aufgrund gesetzlicher Vorschriften verpflichtet sind, Bücher zu führen und regelmäßig Abschlüsse zu machen, oder die ohne eine solche Verpflichtung Bücher führen und regelmäßig Abschlüsse machen, ist für den Schluß des Wirtschaftsjahres das Betriebsvermögen anzusetzen (§ 4 Abs. 1 Satz 1 EStG), das nach den handelsrechtliche Grundsätzen ordnungsmäßiger Buchführung auszuweisen ist. Die Vorschriften über die Entnahmen und Einlagen (§ 4 Abs. 1 EStG), über die Zulässigkeit der Bilanzänderung (§ 4 Abs. 2 EStG), über die Betriebsausgaben (§ 4 Abs. 4 bis 7 EStG), über die Bewertung (§§ 6 bis 6 d EStG) und über die Absetzung für Abnutzung oder Substanzverringerung (§ 7 bis § 7 g EStG) sind zu befolgen.

36   Grundlage für den Betriebsvermögensvergleich bei Vollkaufleuten bildet der Jahresabschluß, der nach den Grundsätzen ordnungsmäßiger Buchführung unter Beachtung der handelsrechtlichen Buchführungs- und Bewertungsvorschriften aufzustellen ist. Diese Gewinnermittlungsart nach § 5 EStG unterscheidet sich von dem allgemeinen Betriebsvermögensvergleich nach § 4 Abs. 1 EStG dadurch, daß neben den steuerlichen auch noch die handelsrechtlichen Bewertungsvorschriften zu beachten sind. Ausdrücklich übernimmt § 5 Abs. 2 EStG die Bestimmung des § 248 Abs. 2 HGB, wonach für *immaterielle Wirtschaftsgüter* des Anlagevermögens ein Aktivposten nur anzusetzen ist, wenn sie entgeltlich erworben wurden, ferner § 5 Abs. 4 EStG die Bestimmung des § 250 Abs. 1 HGB, wonach als *Rechnungsabgrenzungsposten* nur anzusetzen sind

1. auf der Aktivseite Ausgaben vor dem Abschlußstichtag, soweit sie Aufwand für eine bestimmte Zeit nach diesem Tag darstellen;
2. auf der Passivseite Einnahmen vor dem Abschlußstichtag, soweit sie Ertrag für eine bestimmte Zeit nach diesem Tag darstellen.

Darüber hinaus bestimmt § 5 Abs. 4 Satz 2 EStG für die steuerliche Bilanzierung, daß ferner auf der Aktivseite anzusetzen sind als Aufwand berücksichtigte Zölle und Verbrauchsteuern, soweit sie auf am Abschlußstichtag auszuweisende Wirtschaftsgüter des Vorratsvermögens entfallen, und als Aufwand berücksichtigte Umsatzsteuer auf am Abschlußstichtag auszuweisende Anzahlungen.

Gesetzliche Vorschriften im Sinne des § 5 EStG sind die handelsrechtlichen Vorschriften (§§ 238 ff. HGB) und die Vorschriften des § 141 AO.

Wegen der Anwendung des § 5 EStG, der Grundsätze für eine ordnungsmäßige Buchführung (u. a. Offene-Posten-Buchhaltung, Speicherbuchführung), der Bestandsaufnahme des Vorratsvermögens, der bestandsmäßigen Erfassung des beweglichen Anlagevermögens, der immateriellen Wirtschaftsgüter, der Rechnungsabgrenzungsposten und der Rückstellung für unterlassene Instandhaltung ist auf die Abschn. 28 bis 31 a EStR zu verweisen.

Zu 4. Gewinnermittlung aus Land- und Forstwirtschaft nach Durchschnittssätzen gemäß § 13 a EStG

Nach § 13 a EStG ist der Gewinn für einen Betrieb der Land- und Forst-   **37** wirtschaft, wenn der Betriebsinhaber nicht auf Grund gesetzlicher Vorschriften verpflichtet ist, Bücher zu führen und regelmäßige Abschlüsse zu machen, und wenn der in Abs. 4 definierte Ausgangswert nicht mehr als 32 000 DM beträgt und die Tierbestände 3 Vieheinheiten je Hektar regelmäßig landwirtschaftlich genutzter Fläche oder insgesamt 30 Vieheinheiten nicht übersteigen, nach einem Durchschnittssatz zu ermitteln. Wegen der näheren Einzelheiten muß auf die komplizierten gesetzlichen Vorschriften verwiesen werden.

Zu 5. Gewinnermittlung durch Schätzung nach § 162 AO

Nach § 162 AO hat die Finanzbehörde, soweit sie die Besteuerungsgrund-   **38** lagen nicht ermitteln oder berechnen kann, insbesondere also auch nicht den Gewinn feststellen kann, diese zu schätzen. Diese Schätzung kommt auch dann in Betracht, wenn der Steuerpflichtige Bücher oder Aufzeichnungen, die er nach den Steuergesetzen zu führen hat, nicht vorlegen kann oder wenn die Buchführung oder die Aufzeichnungen der Besteuerung nicht nach § 158 AO zugrundegelegt werden, weil die Beweiskraft der Buchführung und der Aufzeichnungen nach den §§ 140 bis 148 AO nicht gegeben ist und deshalb die sachliche Richtigkeit zu beanstanden ist.

Zu (b) Überschuß der Einnahmen über die Werbungskosten nach §§ 8, 9 und 9 a EStG

Bei den Einkünften aus nichtselbständiger Arbeit, Kapitalvermögen, Ver-   **39** mietung und Verpachtung und den sonstigen Einkünften bildet der Überschuß der Einnahmen über die Werbungskosten nach § 2 Abs. 2 Nr. 2 EStG die Grundlage für die Ermittlung der Einkünfte.

Dabei sind nach § 8 EStG Einnahmen aller Güter, die in Geld oder Geldeswert bestehen. Einnahmen, die nicht in Geld bestehen (Wohnung, Kost,

Waren und sonstige Sachbezüge) sind mit den üblichen Mittelpreisen des Verbrauchsortes anzusetzen.

40 Von den Einnahmen sind abzusetzen die Werbungskosten. Werbungskosten sind nach § 9 EStG Aufwendungen zur Erwerbung, Sicherung und Erhaltung der Einnahmen. Werbungskosten sind nach der ausdrücklichen gesetzlichen Bestimmung auch Schuldzinsen und auf besonderen Verpflichtungsgründen beruhende Renten und Dauerlasten, soweit sie mit einer Einkunftsart in wirtschaftlichem Zusammenhang stehen, Steuern vom Grundbesitz, sonstige öffentliche Abgaben und Versicherungsbeiträge, soweit solche Ausgaben sich auf Gebäude oder auf Gegenstände beziehen, die dem Steuerpflichtigen zur Einnahmeerzielung dienen, Beiträge zu Berufsständen und sonstigen Berufsverbänden, deren Zweck nicht auf einen wirtschaftlichen Geschäftsbetrieb gerichtet ist, Aufwendungen des Steuerpflichtigen für Fahrten zwischen Wohnung und Arbeitsstätte, notwendige Mehraufwendungen, die einem Arbeitnehmer aus Anlaß einer doppelten Haushaltsführung entstehen, Aufwendungen für Arbeitsmittel (Werkzeuge und Berufskleidung) sowie die Absetzungen für Abnutzung und Substanzverringerung nach § 7 Abs. 1 und 4 bis 6, § 7 a Abs. 1 bis 3, 5 und 7 sowie den §§ 7 b EStG, ferner Mehraufwendungen für Verpflegung (§ 24 EStDV).

d) *Steuerfreie Einnahmen*

41 Der Gesetzgeber hat in § 3 EStG verschiedenste Einkünfte, die an sich als unter eine der sieben Einkunftsarten fallend der Einkommensteuer unterliegen würden, aus bestimmten Gründen steuerfrei gelassen (Ziff. 1 bis 68). Zu den wichtigsten steuerfreien Einnahmen gehören:

Leistungen aus einer Krankenversicherung und aus der gesetzlichen Unfallversicherung,

das Mutterschaftsgeld nach dem Mutterschutzgesetz und anderen Gesetzen, das Arbeitslosengeld, das Kurzarbeitergeld, das Schlechtwettergeld, die Arbeitslostenhilfe und das Unterhaltsgeld sowie die übrigen Leistungen nach dem Arbeitsförderungsgesetz, soweit sie Arbeitnehmern oder Arbeitsuchenden oder zur Förderung der Ausbildung oder Fortbildung der Empfänger gewährt werden,

Kapitalabfindungen aufgrund der gesetzlichen Rentenversicherung,

gewisse Geld- und Sachbezüge bei Angehörigen der Bundeswehr, des Bundesgrenzschutzes, der Bereitschaftspolizei, der Länder und der Vollzugspolizei der Länder und Gemeinden und bei Vollzugsbeamten der Kriminalpolizei des Bundes, der Länder und Gemeinden,

Bezüge für Wehrdienst- und Kriegsbeschädigte, der Kriegshinterbliebenen und ihnen gleichgestellte Personen,

Ausgleichsleistungen nach dem Gesetz über den Lastenausgleich,

Abfindungen wegen einer vom Arbeitgeber veranlaßten oder gerichtlich ausgesprochenen Auflösung des Dienstverhältnisses, höchstens jedoch

24 000 DM. Hat der Arbeitnehmer das 50. Lebensjahr vollendet und hat das Dienstverhältnis mindestens 15 Jahre bestanden, so beträgt der Höchstbetrag 30 000 DM; hat der Arbeitnehmer das 55. Lebensjahr vollendet und hat das Dienstverhältnis mindestens 20 Jahre bestanden, so beträgt der Höchstbetrag 36 000 DM; wegen weiterer Einzelheiten ist auf Abschn. 4 LStR zu verweisen.

Übergangsgelder und Übergangsbeihilfen aufgrund gesetzlicher Vorschriften wegen Entlassung aus einem Dienstverhältnis,

aus einer Bundeskasse oder Landeskasse gezahlte Bezüge, die in einem Bundesgesetz oder Landesgesetz oder in einer auf bundesgesetzlicher oder landesgesetzlicher Ermächtigung beruhenden Bestimmung oder von der Bundesregierung oder einer Landesregierung als Aufwandsentschädigung festgesetzt sind und als Aufwandsentschädigung im Haushaltsplan ausgewiesen werden,

Heiratsbeihilfen und Geburtsbeihilfen, die an Arbeitnehmer von dem Arbeitgeber gezahlt werden, soweit die Heiratsbeihilfe den Betrag von 700 DM und die Geburtsbeihilfe den Betrag von 500 DM nicht übersteigt,

die aus öffentlichen Kassen gezahlten Reisekostenvergütungen und Umzugskostenvergütungen sowie Beträge, die den im privaten Dienst angestellten Personen für Reisekosten und für dienstlich veranlaßte Umzugskosten gezahlt werden, soweit sie die durch die Reise oder den Umzug entstandenen Mehraufwendungen und bei den Verpflegungsmehraufwendungen die Höchstbeträge nach § 9 Abs. 4 EStG nicht übersteigen,

Entschädigungen aufgrund des Gesetzes über die Entschädigung ehemaliger deutscher Kriegsgefangener,

die aus öffentlichen Mitteln des Bundespräsidenten aus sittlichen oder sozialen Gründen gewährten Zuwendungen an besonders verdiente Personen oder ihre Hinterbliebenen,

Zinsen aus Schuldbuchforderungen im Sinne des § 35 Abs. 1 des allgemeinen Kriegsfolgengesetzes,

der Ehrensold, der aufgrund des Gesetzes über Titel, Orden und Ehrenzeichen gewährt wird,

Leistungen nach dem Häftlingshilfegesetz,

Leistungen, die aufgrund des Bundeskindergeldgesetzes oder nachträglich aufgrund der durch das Bundeskindergeldgesetz aufgehobenen Kindergeldgesetze gewährt werden,

Aufwandsentschädigungen für nebenberufliche Tätigkeiten als Übungsleiter, Ausbilder, Erzieher oder für eine vergleichbare nebenberufliche Tätigkeit bis zu 2400 DM im Jahr,

Gehälter und Bezüge ausländischer Diplomaten und der ihnen gleichgestellten Personen, gewisse Stipendien aus öffentlichen Mitteln,

Bergmannsprämien,

Auslagenersatz bei Arbeitnehmern,

Trinkgelder bei Arbeitnehmern, soweit sie 1200 DM im Kalenderjahr nicht übersteigen,

Wohngeld nach der Wohngeldgesetzgebung,

gewisse Leistungen nach dem Entwicklungshelfergesetz,

Ausgaben des Arbeitgebers für die Zukunftssicherung des Arbeitnehmers (Hinweis auf die in Abschn. 11 LStR erläuterten Einzelheiten),

in der DDR oder in Berlin (Ost) bezogene Einkünfte der in § 49 EStG bezogenen Art,

der Kaufkraftausgleich (Hinweis auf Abschn. 12 LStR),

die Beiträge des Trägers der Insolvenzversicherung nach § 14 des Gesetzes zur Verbesserung der betrieblichen Altersversorgung (Hinweis auf Abschn. 13 LStR),

Erhöhungen des Betriebsvermögens aus dem Erlaß von Schulden zum Zweck der Sanierung (Sanierungsgewinn),

das Erziehungsgeld nach dem Bundeserziehungsgeldgesetz und vergleichbare Leistungen der Länder,

Zinsersparnisse bei einem unverzinslichen oder zinsverbilligten Arbeitgeberdarlehen sowie Zinszuschüsse des Arbeitgebers bis höchstens 2000 DM im Kalenderjahr, wenn die Darlehen mit der Errichtung oder dem Erwerb einer eigengenutzten Wohnung in einem im Inland belegenen Gebäude zusammenhängen.

Ferner sind nach § 3 a EStG bestimmte Zinsen und § 3 b EStG gesetzliche oder tarifvertragliche Zuschläge, die für tatsächlich geleistete Sonntags-, Feiertags- oder Nachtarbeit neben dem Grundlohn gezahlt werden, steuerfrei, in anderen Fällen für tatsächlich geleistete Sonntags-, Feiertags- und Nachtarbeit nur in begrenzter Höhe des Grundlohnes.

e) Betriebsausgaben

42   Nach § 4 Abs. 4 EStG sind Betriebsausgaben die Aufwendungen, die durch den Betrieb veranlaßt sind. Solche Betriebsausgaben können nur bei der Gewinnermittlung der Einkünfte aus Land- und Forstwirtschaft, Gewerbebetrieb oder selbständiger Arbeit abgezogen werden. Dagegen stellen die Kosten der Lebensführung keine Betriebsausgaben dar.

43   Gewisse Betriebsausgaben, welche die Lebensführung des Steuerpflichtigen oder anderer Personen berühren und nach der allgemeinen Verkehrsauffassung als unangemessen anzusehen sind, scheiden nach der ausdrücklichen Anordnung des § 4 Abs. 5 EStG bei der Gewinnermittlung aus. Hierbei handelt es sich um die folgenden, in der Abzugsfähigkeit eingeschränkten Betriebsausgaben:

1. Aufwendungen für Geschenke an Personen, die nicht Arbeitnehmer des

Heinrich Günther

Steuerpflichtigen sind. Das gilt nicht, wenn die Anschaffungs- oder Herstellungskosten der dem Empfänger im Wirtschaftsjahr zugewendeten Gegenstände insgesamt 50 DM nicht übersteigen;

2. Aufwendungen für die Bewirtung von Personen, die nicht Arbeitnehmer des Steuerpflichtigen sind, soweit sie als unangemessen anzusehen sind oder ihre Höhe und ihre betriebliche Veranlassung nicht nachgewiesen sind;

3. Aufwendungen für Einrichtungen des Steuerpflichtigen, soweit sie der Bewirtung, Beherbergung oder Unterhaltung von Personen, die nicht Arbeitnehmer des Steuerpflichtigen sind, dienen (Gästehäuser) und sich außerhalb des Ortes eines Betriebes des Steuerpflichtigen befinden;

4. Aufwendungen für Jagd oder Fischerei, für Segel- oder Motorjachten;

5 Mehraufwendungen für Verpflegung, soweit sie die durch Rechtsverordnung der Bundesregierung mit Zustimmung des Bundesrates bestimmten Höchstbeträge übersteigen; diese Höchstbeträge dürfen 140 v. H. der pauschalen Tagegeldbeträge des Bundesreisekostengesetzes nicht übersteigen;

6. Aufwendungen für Fahrten des Steuerpflichtigen zwischen Wohnung und Betriebsstätte und Familienheimfahrten, soweit sie die sich in entsprechender Anwendung von § 9 Abs. 1 Nr. 4 und 5 und Abs. 2 EStG ergebenden Beträge übersteigen;

7. andere als die in der Nr. 1 bis 6 bezeichneten Aufwendungen, welche die Lebensführung des Steuerpflichtigen oder anderer Personen berühren, soweit sie nach allgemeiner Verkehrsauffassung als unangemessen anzusehen sind;

8. von einem Gericht oder einer Behörde oder von Organen der Europäischen Gemeinschaften festgesetzten Geldbußen, Ordnungsgelder und Verwarnungsgelder;

9. Ausgleichszahlungen, die in den Fällen der §§ 14, 17 und 18 des Körperschaftsteuergesetzes an außenstehende Anteilseigner geleistet werden.

f) *Zum Bilanzsteuerrecht*

Für Gewerbetreibende, die aufgrund gesetzlicher Vorschriften verpflichtet sind, Bücher zu führen und regelmäßig Abschlüsse zu machen, oder die ohne eine solche Verpflichtung Bücher führen und regelmäßig Abschlüsse machen, gilt § 5 EStG. Nach § 160 Abs. 1 AO hat, wer nach anderen Gesetzen als den Steuergesetzen Bücher und Aufzeichnungen zu führen hat, die für die Besteuerung von Bedeutung sind, die Verpflichtungen, die ihm nach den anderen Gesetzen obliegen, auch für die Besteuerung zu erfüllen. Für den Vollkaufmann ergeben sich die auch steuerrechtlich maßgebenden Verpflichtungen zur Buchführung aus den handelsrechtlichen Rechnungslegungsvorschriften der §§ 238 ff. HGB. Daneben gibt es für bestimmte

44

Betriebe und Berufe in einer Vielzahl von Gesetzen und Verordnungen geregelte Buchführungs- und Aufzeichnungspflichten.

45 Erwähnt seien lediglich die Buch- oder Aufzeichnungsverpflichtungen für Lohnsteuerhilfevereine nach § 21 des StBerG vom 4. 11. 1975, BGBl. I, 2735; von Maklern, Darlehens- und Anlagevermittlern, Bauträgern und Baubetreuern nach § 10 der Makler- und Bauträger-VO vom 11. 6. 1975, BGBl. I, 1351; von Pfandleihern nach § 3 Abs. 1 der VO über den Geschäftsbetrieb der gewerblichen Pfandleiher vom 1. 6. 1976, BGBl. I, 1334, von Versteigerern nach § 21 Abs. 1 der VO über gewerbsmäßige Versteigerungen vom 1. 6. 1976, BGBl. I, 1345; von Verwaltern des gemeinschaftlichen Eigentums der Wohnungseigentümer nach § 28 Abs. 1, 3 und 4 des Wohnungseigentumsgesetzes vom 15. 3. 1951, BGBl. I, 175; von Wohnungsunternehmen nach § 23 Abs. 1 und 2 der VO zur Durchführung des Wohnungsgemeinnützigkeitsgesetzes in der Fassung vom 24. 11. 1969, BGBl. I, 2141 u. a.

46 Für andere gewerbliche Unternehmer, die nicht Vollkaufleute sind, sowie für Land- und Forstwirte schreibt § 141 Abs. 1 AO die Führung von Büchern und die Erstellung von Jahresabschlüssen in sinngemäßer Anwendung der §§ 238, 240 bis 242 Abs. 1 und die §§ 243 bis 256 HGB für die Zwecke der Besteuerung vor, wenn sie für den einzelnen Betrieb folgende Größenordnungen gehabt haben:

1. Umsätze einschließlich der steuerfreien Umsätze, ausgenommen die Umsätze nach § 4 NR. 8 bis 10 des Umsatzsteuergesetzes, von mehr als 500 000 DM im Kalenderjahr oder
2. ein Betriebsvermögen von mehr als 125 000 DM oder
3. selbstbewirtschaftete land- und forstwirtschaftliche Flächen mit einem Wirtschaftswert von mehr als 40 000 DM oder
4. einen Gewinn aus Gewerbebetrieb von mehr als 36 000 DM im Wirtschaftsjahr oder
5. einen Gewinn aus Land- und Forstwirtschaft von mehr als 36 000 DM im Kalenderjahr.

Diese steuerlichen Rechnungslegungsvorschriften sind erst von dem Beginne des Wirtschaftsjahres an zu erfüllen, das auf die Bekanntgabe der Mitteilung folgt, durch welche die Finanzbehörde auf den Beginn dieser Verpflichtung hingewiesen hat. Die Verpflichtung endet auch erst wieder mit dem Ablauf des Wirtschaftsjahres, das auf das Wirtschaftsjahr folgt, in dem die Finanzbehörde feststellt, daß die Buchführungsverpflichtung nicht mehr vorliegen (§ 141 Abs. 2 AO).

47 *Anwälte und Anwaltssozietäten* sowie alle sonstigen Freiberufler brauchen nur Aufzeichnungen über ihre Einnahmen und Ausgaben zu fertigen und daraus den Überschuß als Gewinn gemäß § 4 Abs. 3 EStG ermitteln.

48 Für buchführungspflichtige gewerbliche Unternehmer sowie für buchführungspflichtige Land- und Forstwirte bildet die nach den *Grundsätzen ord-*

nungsmäßiger Buchführung und Bilanzierung aufgestellte Handelsbilanz auch die Grundlage für die Steuerbilanz. Die Steuerbilanz ist demnach nur eine aus der Handelsbilanz abgeleitete Bilanz, die den besonderen Bewertungsvorschriften des Steuerrechts Rechnung trägt. Soweit in der Handelsbilanz Bewertungen vorgenommen sind, dürfen in der Steuerbilanz keine niedrigeren Werte ausgewiesen werden. Die buchführungspflichtigen Steuerpflichtigen sind demgemäß hinsichtlich der in der Handelsbilanz ausgewiesenen Wertansätze grundsätzlich auch für die Steuerbilanz gebunden (Grundsatz der Maßgeblichkeit der Handelsbilanz für die Steuerbilanz). Umgekehrt gilt für die Inanspruchnahme von Steuervergünstigungen, daß diese grundsätzlich nur dann zu gewähren sind, wenn die begünstigten niedrigeren Wertansätze bereits für die Handelsbilanz ausgeübt worden sind (vgl. z. B. § 6 Nr. 3 EStG, §§ 247 Abs. 3, 254 HGB).

Gewinnermittlungszeitraum ist der nach dem Wirtschaftsjahr ermittelte 49 Gewinn (§ 4 a EStG). Das Wirtschaftsjahr ist
1. bei Land- und Forstwirten grundsätzlich der Zeitraum vom 1. 7. bis 30. 6.;
2. bei Gewerbetreibenden, deren Firma im Handelsregister eingetragen ist, der Zeitraum, für den sie regelmäßig Abschlüsse machen (Kalenderjahr oder abweichendes Wirtschaftsjahr). Die Umstellung des Wirtschaftsjahres auf einen vom Kalenderjahr abweichenden Zeitpunkt ist steuerlich nur wirksam, wenn sie im Einvernehmen mit dem Finanzamt vorgenommen wird;
3. bei anderen Gewerbetreibenden das Kalenderjahr.
Bei abweichendem Kalenderjahr ist der Gewinn wie folgt zu berücksichtigen:
1. Bei Land- und Forstwirten ist der Gewinn auf das Kalenderjahr, in dem das Wirtschaftsjahr beginnt, und auf das Kalenderjahr, in dem das Wirtschaftsjahr endet, entsprechend dem zeitlichen Anteil aufzuteilen, somit zeitanteilig bei Land- und Forstwirten 1. 7. bis 30. 6., bei reiner Weidewirtschaft und reiner Viehzucht 1. 5. bis 30. 4. und bei reiner Forstwirtschaft 1. 10. bis 30. 9.
2. Bei Gewerbetreibenden gilt der Gewinn des Wirtschaftsjahres als in dem Kalenderjahr bezogen, in dem das Wirtschaftsjahr endet.

g) *Buchführung und Aufzeichnungen*
Die Buchführung muß einem sachverständigen Dritten innerhalb angemes- 50 sener Zeit einen Überblick über die Geschäftsvorfälle und über die Lage des Unternehmens vermitteln können. Die einzelnen Geschäftsvorfälle müssen sich in ihrer Entstehung und Abwicklung verfolgen lassen. Aufzeichnungen sind so vorzunehmen, daß der Zweck, den sie für die Besteuerung erfüllen sollen, erreicht wird (§ 145 AO, § 238 Abs. 1 Satz 2 und 3 HGB). Nach § 239 Abs. 2 HGB und § 146 Abs. 1 AO sind die Buchungen und die sonst erfor-

derlichen Aufzeichnungen vollständig, richtig, zeitgerecht und geordnet vorzunehmen. Kasseneinnahmen und Kassenausgaben sollen täglich festgehalten werden. Die Buchungen und die sonst erforderlichen Aufzeichnungen sind in einer lebenden Sprache vorzunehmen. Bei der Verwendung von Fremdsprachen kann die Finanzbehörde Übersetzungen verlangen. Bei Abkürzungen, Ziffern und Buchstaben oder Symbolen muß deren Bedeutung eindeutig festliegen.

51 Die Bücher und die sonst erforderlichen Aufzeichnungen können auch in der geordneten Ablage von Belegen bestehen oder auf Datenträgern geführt werden, soweit diese Formen der Buchführung einschließlich des dabei angewandten Verfahrens den Grundsätzen ordnungsmäßiger Buchführung entsprechen. § 146 Abs. 5 AO enthält die gesetzliche Grundlage für die sogenannte Offene-Posten-Buchhaltung sowie für die Führung der Bücher und sonst erforderlichen Aufzeichnungen auf Datenträgern (z. B. Lochkarten, Lochstreifen, Magnetplatten, Magnetbänder, Disketten). Bei einer Buchung auf Datenträgern müssen die Daten jederzeit innerhalb angemessener Frist lesbar gemacht werden können (Ausdrucksbereitschaft). Es wird nicht verlangt, daß der Buchungsstoff zu einem bestimmten Zeitpunkt ausgedruckt wird. Nur auf Verlangen der Finanzbehörde ist er ganz oder teilweise auszudrucken. Die Finanzverwaltung hat hierzu besondere Verwaltungsvorschriften erlassen (Grundsätze ordnungsmäßiger Speicherbuchführung vom 5. 7. 1978, BStBl. I S. 250 ff.).

h) Zur steuerlichen Bewertung

52 Grundlage für die steuerliche Bewertung bildet die nach § 240 Abs. 1 HGB: auch steuerlich verbindliche Verpflichtung des Kaufmanns, zu Beginn seines Handelsgewerbes und für den Schluß eines jeden Geschäftsjahres seine Grundstücke, seine Forderungen und Schulden, den Betrag seines baren Geldes sowie seine sonstigen Vermögensgegenstände genau zu verzeichnen und dabei den Wert der einzelnen Vermögensgegenstände und Schulden anzugeben. In das Inventarverzeichnis (Bestandsverzeichnis) sind insbesondere sämtliche beweglichen Gegenstände des Anlagevermögens, auch wenn sie in voller Höhe abgeschrieben sind, aufzunehmen. Gegenstände, die eine geschlossene Anlage bilden, können statt in ihren Einzelteilen als Gesamtanlage in das Bestandsverzeichnis eingetragen werden. Ausgenommen von der Aufnahme des Bestandsverzeichnisses sind die geringwertigen Wirtschaftsgüter im Sinne des § 6 Abs. 2 EStG, wenn ihre Anschaffungs- oder Herstellungskosten nicht mehr als 800 DM ohne Vorsteuer betragen haben, auf einem besonderen Konto verbucht oder bei ihrer Anschaffung oder Herstellung in einem besonderen Verzeichnis erfaßt worden sind.

53 Insbesondere für das Vorratsvermögen (Roh-, Hilfs- und Betriebsstoffe, unfertige Erzeugnisse, fertige Erzeugnisse) ist die Aufstellung eines Verzeichnisses aufgrund einer körperlichen Bestandsaufnahme (Inventur)

Heinrich Günther

erforderlich, in dem die einzelnen Gegenstände des Vorratsvermögens nach Art und Menge unter Angabe ihres Wertes zu erfassen sind. Die Inventur für den Bilanzstichtag braucht nicht am Bilanzstichtag selbst vorgenommen zu werden. Sie muß aber zeitnah, in der Regel innerhalb einer Frist von 10 Tagen vor oder nach dem Bilanzstichtag, durchgeführt werden. Daneben gibt es noch einige Erleichterungen für die Bestandsaufnahme des Vorratsvermögens. So ist nach § 241 Abs. 1 HGB die Bestandsaufnahme des Vorratsvermögens nach Art, Menge und Wert auch mit Hilfe anerkannter mathematisch-statistischer Methoden aufgrund von Stichproben zulässig, nach § 241 Abs. 2 HGB auch aufgrund einer sogenannten permanenten Inventur, nach § 241 Abs. 3 HBG aufgrund eines besonderen Inventurverzeichnisses, das für einen Tag innerhalb der letzten drei Monate vor oder der ersten beiden Monate nach dem Bilanzstichtag mit entsprechender Fortschreibung oder Zurückrechnung des Bestandswertes auf den Bilanzstichtag aufgestellt ist.

Die in der Handelsbilanz erfaßten Wirtschaftsgüter (Aktivposten und **54** Passivposten) sind nach § 6 EStG einzeln zu bewerten (*Grundsatz der Einzelbewertung*).

Die *abnutzbaren* Wirtschaftsgüter des *Anlagevermögens* (§ 6 Abs. 1 Nr. 1 **55** EStG) sind mit den Anschaffungs- oder Herstellungskosten, vermindert um die Absetzungen für Abnutzung, anzusetzen. Ist der *Teilwert* (= Marktpreis = Wiederbeschaffungspreis) niedriger, so kann dieser angesetzt werden. Der Wertansatz in der Schlußbilanz des Vorjahres darf mit Ausnahme der Zuschreibung nach § 6 Abs. 3 Satz 2 EStG nicht überschritten werden.

Bei *nicht abnutzbaren* Wirtschaftsgütern (Grund und Boden, Beteiligun- **56** gen, Umlaufvermögen) sind die Anschaffungs- oder Herstellungskosten anzusetzen (§ 6 Abs. 1 Nr. 2 EStG). Ist der Teilwert niedriger oder höher als der Wertansatz in der Schlußbilanz des Vorjahres, so kann auch dieser angesetzt werden. In keinem Falle dürfen die Anschaffungs- oder Herstellungskosten überschritten werden, ausgenommen bei land- und forstwirtschaftlichen Betrieben.

Das *Vorratsvermögen* ist ebenfalls mit den Anschaffungs- oder Herstellungskosten zu bewerten, höchstens jedoch mit dem niedrigeren Markt- oder Börsenpreis (strenges Niederstwertprinzip).

Verbindlichkeiten sind sinngemäß nach den Grundsätzen über die Bewer- **57** tung von nicht abnutzbaren Wirtschaftsgütern anzusetzen.

Der Steuerpflichtige hat *Entnahmen* für sich, für seinen Haushalt oder für **58** andere betriebsfremde Zwecke mit dem Teilwert anzusetzen.

Einlagen sind mit dem Teilwert für den Zeitpunkt der Zuführung anzuset- **59** zen; sie sind jedoch höchstens mit den Anschaffungs- oder Herstellungskosten anzusetzen, wenn das zugeführte Wirtschaftsgut
a) innerhalb der letzten drei Jahre vor dem Zeitpunkt der Zuführung angeschafft oder hergestellt worden ist,

b) ein Anteil an einer Kapitalgesellschaft ist und der Steuerpflichtige an der Gesellschaft im Sinne des § 17 Abs. 1 EStG wesentlich beteiligt ist. Bei unentgeltlich erworbenen Anteilen sind die Anschaffungskosten des Rechtsvorgängers maßgebend.

60 Nach der Sonderbestimmung des § 6 Abs. 2 EStG können Steuerpflichtige die Anschaffungs- oder Herstellungskosten von beweglichen Wirtschaftsgütern des Anlagevermögens, die der Abnutzung unterliegen und die einer selbständigen Nutzung fähig sind, im Wirtschaftsjahre der Anschaffung oder Herstellung, vermindert um den darin enthaltenen Vorsteuerabzug, in voller Höhe als Betriebsausgaben absetzen, wenn die Anschaffungs- oder Herstellungskosten für das einzelne Wirtschaftsgut 800 DM nicht übersteigen (*geringwertige Wirtschaftsgüter*).

61 Für die *Bildung von Pensionsrückstellungen* hat der Gesetzgeber in § 6 a EStG besondere Bestimmungen getroffen. Eine Pensionsrückstellung darf nur gebildet werden, wenn eine rechtsverbindliche Pensionsverpflichtung (Rechtsanspruch auf einmalige oder laufende Pensionsleistungen) vorliegt[1]. *Vorbehalte*, die den Widerruf der Pensionszusage bei geänderten Verhältnissen nur nach billigem Ermessen unter verständiger Abwägung der berechtigten Interessen des Pensionsberechtigten einerseits und des Unternehmers andererseits gestatten, schließen die Rechtsverbindlichkeit der Pensionsverpflichtung und damit die Rückstellungsbildung nicht aus. Die Finanzverwaltung sieht z. B. folgenden allgemeinen Vorbehalt als steuerunschädlich an:

»Die Firma behält sich vor, die Leistungen zu kürzen oder einzustellen, wenn die bei Erteilung der Pensionszusage maßgebenden Verhältnisse sich nachteilig so wesentlich geändert haben, daß der Firma die Aufrechterhaltung der zugesagten Leistungen auch unter objektiver Beachtung der Belange des Pensionsberechtigten nicht mehr zugemutet werden kann.«

oder folgenden speziellen Vorbehalt:

»Die Firma behält sich vor, die zugesagten Leistungen zu kürzen oder einzustellen, wenn
a) die wirtschaftliche Lage des Unternehmens sich nachhaltig so wesentlich verschlechtert hat, daß ihm eine Aufrechterhaltung der zugesagten Leistungen nicht mehr zugemutet werden kann, oder
b) der Personenkreis, die Beiträge, die Leistungen oder das Pensionierungsalter bei der gesetzlichen Sozialversicherung oder anderen Versorgungseinrichtungen mit Rechtsanspruch sich wesentlich ändern, oder
c) die rechtliche, insbesondere die steuerrechtliche Behandlung der Aufwendungen, die zur planmäßigen Finanzierung der Versorgungsleistungen von der

---

1 Beachte dazu auch das Gesetz zur Verbesserung der betrieblichen Altersversorgung (Betriebsrentengesetz vom 19. 12. 1974, BGBl. 1974 I S. 3610), zuletzt geändert durch Gesetz vom 20. 2. 1986 (BGBl. 1986 I S. 297), das u. a. die Unverfallbarkeit betrieblich zugesagter Altersversorgung, deren Insolvenzsicherung durch den Pensionssicherungsverein und die Rentenanpassung regelt.

Heinrich Günther

Firma gemacht werden oder gemacht worden sind, sich so wesentlich ändert, daß der Firma die Aufrechterhaltung der zugesagten Leistungen nicht mehr zugemutet werden kann, oder

d) der Pensionsberechtigte Handlungen begeht, die in grober Weise gegen Treu und Glauben verstoßen oder zu einer fristlosen Entlassung berechtigen würden.«

Für die Pensionszusage ist Schriftform vorgeschrieben nach § 6 a Abs. 1 Nr. 3 EStG. Hierfür kommt jede schriftliche Festlegung in Betracht, aus der sich der Pensionsanspruch nach Art und Höhe ergibt, z. B. Einzelvertrag, Gesamtzusage (Pensionsordnung), Betriebsvereinbarung, Tarifvertrag, Gerichtsurteil.

Pensionsrückstellungen dürfen nach der Rechtsprechung des BFH auch für beherrschende Gesellschafter-Geschäftsführer von Kapitalgesellschaften gebildet werden.

Nach § 6 a Abs. 3 EStG darf eine Pensionsrückstellung nur mit dem Teilwert angesetzt werden. Die Berechnungsgrundlagen sind im einzelnen in § 6 a Abs. 3 und 4 EStG geregelt.

Besondere steuerliche Begünstigungen sind in § 4 b EStG für die *Direktversicherung*, in § 4 c EStG für *Zuwendungen an Pensionskassen* und in § 4 d EStG für *Zuwendungen an Unterstützungskassen* geregelt. **62**

Nach § 6 b und § 6 c EStG können Gewinne, die bei der Veräußerung bestimmter Wirtschaftsgüter des Anlagevermögens entstehen, von den Anschaffungs- oder Herstellungskosten eines neu angeschafften oder hergestellten Wirtschaftsgutes des Anlagevermögens abgezogen werden. Die in dem veräußerten Wirtschaftsgut enthaltenen stillen Reserven können auf das neue Wirtschaftsgut übertragen werden. Es kann eine *steuerfreie fristgebundene Rücklage für Ersatzbeschaffung* gebildet werden. Der Veräußerungsgewinn braucht demnach zunächst nicht versteuert zu werden. Dadurch, daß der Gewinn von den Anschaffungs- oder Herstellungskosten abzusetzen ist, wird jedoch die Bemessungsgrundlage für die Abschreibungen gekürzt, so daß die künftigen steuerpflichtigen Gewinne entsprechend höher sein werden. Die begünstigten Vorgänge sind im einzelnen aus den genannten Bestimmungen ersichtlich. **63**

Nach *Abschn. 35 EStR* ist ähnlich wie bei der Bestimmung des § 6 b EStG die *Bildung einer steuerfreien Rücklage für Ersatzbeschaffung möglich*. Nach der Rechtsprechung führt die Auflösung stiller Reserven bei buchführenden Land- und Forstwirten, Gewerbetreibenden und selbständig Tätigen, deren Gewinn durch Vermögensvergleich ermittelt wird, dann nicht zu einem steuerpflichtigen Gewinn, wenn das Wirtschaftsgut im Laufe eines Wirtschaftsjahres infolge höherer Gewalt (z. B. Brand, Diebstahl) oder infolge oder zur Vermeidung eines behördlichen Eingriffs (z. B. drohende Enteignung, Inanspruchnahme für Verteidigungszwecke) gegen Entschädigung aus dem Betriebsvermögen ausscheidet und im Laufe desselben Wirtschaftsjahres ein **64**

Ersatzwirtschaftsgut angeschafft oder hergestellt wird. Die steuerfreie Rücklage darf in diesem Falle auf das Ersatzwirtschaftsgut übertragen werden. Wegen der Einzelheiten ist auf Abschn. 35 EStR zu verweisen.

65 Nach § 74 EStDV in Verbindung mit Abschn. 228 EStR kann ein Steuerpflichtiger, der den Gewinn aufgrund ordnungsmäßiger Buchführung nach § 5 EStG ermittelt, für die Roh-, Hilfs- und Betriebsstoffe, halbfertigen und fertigen Erzeugnisse und Waren (Vorratsvermögen), die vertretbare Wirtschaftsgüter sind, sofern deren Börsen- oder Marktpreis am Schluß des Wirtschaftsjahres gegenüber dem Börsen- oder Marktpreis am Schluß des vorangegangenen Wirtschaftsjahres um mehr als 10 v. H. gestiegen ist, im Wirtschaftsjahr der Preissteigerung eine den steuerlichen *Gewinn mindernde Rücklage für Preissteigerung bilden.*

66 Daneben gibt es *steuerliche Begünstigungen für den Wertansatz bestimmter metallhaltiger Wirtschaftsgüter des Vorratsvermögens* (Gold, Silber, Platin, Palladium, Rhodium, Kupfer) für Steuerpflichtige, die den Gewinn nach § 5 EStG ermitteln (§ 74 a EStDV), bei der *Anschaffung oder Herstellung bestimmter Wirtschaftsgüter und der Vornahme bestimmter Baumaßnahmen durch Land- und Forstwirte* (§§ 76 bis 78 EStDV), für bestimmte Wirtschaftsgüter des Umlaufvermögens ausländischer Herkunft (*Importwarenabschlag* § 80 EStDV), für bestimmte Wirtschaftsgüter des *Anlagevermögens im Kohlen- und Erzbergbau* (§ 81 EStDV), für erhöhte Absetzungen von Herstellungskosten und Sonderbehandlung von Erhaltungsaufwand für *bestimmte Anlagen und Einrichtungen bei Gebäuden, befristet bis 31. 12. 1991,* z. B. Anschluß an Fernwärmeversorgung, Einbau von Wärmepumpenanlagen, Solaranlagen, Windkraftanlagen, zentrale Warmwasser- und Heizungsanlagen (§ 82 a EStDV), für die Behandlung *größeren Erhaltungsaufwandes bei Wohngebäuden* (§ 82 b EStDV), für abnutzbare Wirtschaftsgüter des Anlagevermögens, die der *Forschung und Entwicklung* dienen (§ 82 d EStDV), für *Handelsschiffe,* für *Schiffe, die der Seefischerei dienen,* und für *Luftfahrzeuge* (§ 82 f EStDV), für bestimmte *Baumaßnahmen im Sinne des Bundesbaugesetzes* und des Städtebauförderungsgesetzes (§§ 82 g, 82 h EStDV) und von *Baudenkmälern* (§§ 82 i, 82 k EStDV).

67 Nach dem *Berlinförderungsgesetz* – BerlinFG – in der Fassung vom 10. 12. 1986 (BGBl. 1986 I S. 24/5) sind bei abnutzbaren Wirtschaftsgütern, die zum Anlagevermögen einer in Berlin (West) gelegenen Betriebsstätte gehören, unter im einzelnen aufgeführten Voraussetzungen erhöhte Absetzungen bis zur Höhe von insgesamt 75 v. H. der Anschaffungs- und Herstellungskosten sowohl für bewegliche Wirtschaftsgüter als auch für unbewegliche Wirtschaftsgüter, Gebäude, Gebäudeteile, Eigentumswohnungen oder im Teileigentum stehende Räume (§ 14 BerlinFG), ferner erhöhte Absetzungen für Mehrfamilienhäuser (§ 14 a BerlinFG) und erhöhte Absetzungen für Einfamilienhäuser, Zweifamilienhäuser und Eigentumswohnungen (§ 15 BerlinFG) zulässig. § 15 b BerlinFG sieht darüberhinaus bei zu

eigenen Wohnzwecken genutzten Wohnungen oder Eigentumswohnungen in Berlin (West), die nach dem 31. 12. 1986 angeschafft oder hergestellt sind, eine Steuerbegünstigung in der Weise vor, daß in den ersten beiden Jahren 10 v. H., höchstens je 30 000 DM, und in den folgenden zehn Jahren 3 v. H. der Bemessungsgrundlage, höchstens je 9 000 DM wie Sonderausgaben abgezogen werden können.

Nach dem Gesetz über steuerliche Maßnahmen bei *Auslandsinvestitionen* **68** *der deutschen Wirtschaft* vom 18. 8. 1969 (BGBl. 1969 I S. 1211), zuletzt geändert durch Gesetz vom 22. 12. 1981 (BGBl. 1981 I S. 1523), können Steuerpflichtige, die den Gewinn aufgrund ordnungsmäßiger Buchführung ermitteln, nach § 1 eine *steuerfreie Rücklage* bei Überführung bestimmter Wirtschaftsgüter in Gesellschaften, Betriebe oder Betriebsstätten im Ausland und nach § 3 eine steuerfreie Rücklage für Verluste von ausländischen Tochtergesellschaften bilden. Außerdem sieht § 2 einen Verlustausgleich bzw. einen beschränkten Verlustabzug für ausländische Verluste aus ausländischen Betriebsstätten bei Doppelbesteuerungsabkommen vor.

i) Absetzungen für Abnutzung (Abschreibungen) und Substanzverringerung
Die zutreffende Ermittlung des Gewinns und des Überschusses der Einnah- **69** men über die Werbungskosten erfordert die Verteilung der Anschaffungs- oder Herstellungskosten von Wirtschaftsgütern, die der Abnutzung unterliegen und deren Nutzungsdauer über ein Jahr hinausgeht, auf die Jahre der Nutzung. Diese Verteilung der Kosten geschieht in Form *jährlicher Absetzungen für Abnutzung* (AfA), deren Einzelheiten § 7 und § 7 a EStG regeln. **70**

§ 7 Abs. 1 EStG bestimmt, daß bei Wirtschaftsgütern, deren Verwendung und Nutzung durch den Steuerpflichtigen zur Erzielung von Einkünften sich erfahrungsgemäß auf einen Zeitraum von mehr als einem Jahr erstreckt, jeweils für ein Jahr der Teil der Anschaffungs- oder Herstellungskosten abzusetzen ist, der bei gleichmäßiger Verteilung dieser Kosten auf die Gesamtdauer der Verwendung oder Nutzung auf ein Jahr entfällt (*Absetzung für Abnutzung in gleichen Jahresbeträgen*). Die Absetzung bemißt sich hierbei nach der betriebsgewöhnlichen Nutzungsdauer des Wirtschaftsgutes. Als betriebsgewöhnliche Nutzungsdauer des erworbenen *Geschäfts- oder Firmenwertes* eines Gewerbebetriebes oder eines Betriebes der Land- und Forstwirtschaft gilt steuerlich ein Zeitraum von 15 Jahren (höchstzulässige Abschreibungsdauer nach § 255 Abs. 4 Satz 2 HGB 4 Jahre). Bei beweglichen Wirtschaftsgütern des Anlagevermögens, bei denen es wirtschaftlich begründet ist, die Absetzung für Abnutzung nach Maßgabe der Leistung des Wirtschaftsgutes vorzunehmen, kann der Steuerpflichtige dieses Verfahren statt der Absetzung für Abnutzung in gleichen Jahresbeträgen anwenden, wenn er den auf das einzelne Jahr entfallenden *Umfang der Leistung* nachweist (z. B. nach den jährlich gefahrenen Kilometern eines Kraftfahrzeuges).

Heinrich Günther

71   Neben der normalen AfA ist auch eine *AfA wegen der außergewöhnlichen technischen oder wirtschaftlichen Abnutzung zulässig.*

72   Als weitere Abschreibungsmethode sieht § 7 Abs. 2 EStG bei *beweglichen Wirtschaftsgütern des Anlagevermögens* statt der AfA in gleichen Jahresbeträgen die AfA in *fallenden Jahresbeträgen (degressive AfA)* vor.

Die AfA in fallenden Jahresbeträgen kann nach einem unveränderlichen Hundertsatz vom jeweiligen Buchwert (Restwert) vorgenommen werden. Der dabei anzuwendende Hundertsatz darf aber höchstens das Dreifache des bei der AfA in gleichen Jahresbeträgen in Betracht kommenden Hundertsatzes betragen und 30 v. H. nicht übersteigen. Bei Wirtschaftsgütern, bei denen die AfA in fallenden Jahresbeträgen bemessen wird, sind jedoch Absetzungen für außergewöhnliche technische oder wirtschaftliche Abnutzung nicht zulässig.

73   Der Bundesminister für Finanzen hat im Einvernehmen mit verschiedenen Wirtschaftsverbänden für eine große Anzahl von Branchen *amtliche AfA-Tabellen* herausgegeben, die auf Erfahrungen der betreffenden Branchen über die Bemessung der AfA beruhen. Sie sind jedoch für den Steuerpflichtigen nicht rechtsverbindlich. Bei entsprechendem Nachweis des Steuerpflichtigen, daß die betriebsgewöhnliche Nutzungsdauer eines bestimmten Wirtschaftsgutes kürzer ist, kann auch eine entsprechende höhere AfA. angesetzt werden.

74   Bei *Gebäuden* gelten Sonderregelungen. Nach § 7 Abs. 4 EStG sind als Absetzung für Abnutzung die folgenden Beträge bis zur vollen Absetzung abzuziehen:

1. bei Gebäuden, soweit sie zu einem Betriebsvermögen gehören und nicht Wohnzwecken dienen und für die der Antrag auf Baugenehmigung noch vor dem 31. 3. 1985 gestellt worden ist, jährlich 4 v. H.;

2. bei Gebäuden, soweit sie die Voraussetzungen der Nr. 1 nicht erfüllen und die
   a) nach dem 31. 12. 1924 fertiggestellt worden sind, jährlich 2 v. H.,
   b) vor dem 1. 1. 1925 fertiggestellt worden sind, jährlich 2,5 v. H.,
   der Anschaffungs- oder Herstellungskosten.

75   Wenn die tatsächliche Nutzungsdauer eines Gebäudes in den Fällen der Nr. 1 weniger als 25 Jahre, in den Fällen der Nr. 2 a weniger als 50 Jahre, in den Fällen der Nr. 2 b weniger als 40 Jahre beträgt, so können anstelle der genannten Absetzungen die der tatsächlichen Nutzungsdauer entsprechenden Absetzungen für Abnutzung vorgenommen werden.

76   Abweichend von § 7 Abs. 4 EStG kann der Steuerpflichtige bei von ihm hergestellten oder bis zum Ende des Jahres der Fertigstellung angeschafften Gebäuden nach § 7 Abs. 5 EStG anstelle der linearen AfA die degressive Absetzung für Abnutzung wählen, und zwar

Heinrich Günther

1. bei Gebäuden im Sinne des Abs. 4 Satz 1 Nr. 1
im Jahr der Fertigstellung oder Anschaffung und in den folgenden 3 Jahren jeweils 10 v. H.
in den darauffolgenden 3 Jahren jeweils 5 v. H.
in den darauffolgenden 18 Jahren jeweils 2,5 v. H.
2. bei Gebäuden im Sinne des Abs. 4 Satz 1 Nr. 2
im Jahr der Fertigstellung oder Anschaffung und in den folgenden 7 Jahren jeweils 5 v. H.
in den darauffolgenden 6 Jahren jeweils 2,5 v. H.
in den darauffolgenden 36 Jahren jeweils 1,25 v. H.
der Herstellungskosten oder der Anschaffungskosten.

Im Falle der Anschaffung ist Satz 1 nur anzuwenden, wenn der Hersteller für das veräußerte Gebäude weder Absetzungen für Abnutzung nach Satz 1 vorgenommen noch erhöhte Absetzungen oder Sonderabschreibungen in Anspruch genommen hat.

Nach § 7 Abs. 5 a) EStG sind die Absätze 4 und 5 auf Gebäudeteile, die selbständige unbewegliche Wirtschaftsgüter sind, sowie auf Eigentumswohnungen und auf im Teileigentum stehende Räume entsprechend anzuwenden.

Die linearen oder degressiven *AfA-Sätze für Gebäude sind zwingend.* Der 77
Steuerpflichtige ist an die gewählte AfA-Methode gebunden.

Bei dem *Firmenwert (Geschäftswert)* ist zu unterscheiden zwischen dem 78
ursprünglichen, von dem Unternehmer selbst geschaffenen Firmenwert und dem von dem Unternehmer erworbenen Firmenwert.

Nur der erworbene (abgeleitete) Firmenwert bei einem Gewerbebetrieb oder einem Betrieb der Land- und Forstwirtschaft ist handelsrechtlich und steuerrechtlich zu aktivieren und abzuschreiben nach § 255 Abs. 4 HGB handelsrechtlich mit mindestens einem Viertel, nach § 7 Abs. 1 Satz 3 EStG auf eine Nutzungsdauer von 15 Jahren. Daneben ist der Ansatz des niedrigeren Teilwertes zulässig, falls dieser nicht mehr den Anschaffungskosten entspricht. Bei Übernahme einer Praxis (Arzt- oder Anwaltspraxis) kann der Erwerber den Wert der Praxis regelmäßig innerhalb von drei Jahren abschreiben.

Nach § 6 Abs. 2 EStG können, worauf oben bereits hingewiesen wurde, 79
Steuerpflichtige die Anschaffungs- oder Herstellungskosten von beweglichen Wirtschaftsgütern des Anlagevermögens, die der Abnutzung unterliegen und die einer selbständigen Nutzung fähig sind, im Jahr der Anschaffung oder Herstellung in voller Höhe als Betriebsausgaben absetzen, wenn die Anschaffungs- oder Herstellungskosten für das einzelne Wirtschaftsgut (ohne abzugsfähige Vorsteuer) 800 DM (*geringwertige Wirtschaftsgüter*) nicht übersteigen.

Bei im Inland gelegenen Einfamilienhäusern, Zweifamilienhäusern und 80
Eigentumswohnungen, die zu mehr als 66 ²/₃ v. H. Wohnzwecken dienen

und die vor dem 1. 1. 1987 hergestellt oder angeschafft worden sind, können nach § 7 b EStG der Bauherr und ein Erwerber erhöhte Absetzungen geltend machen.

An die Stelle dieser Regelung ist im Zusammenhang mit dem Wegfall der Pauschalierung des Nutzungswertes der selbstgenutzten Wohnung im eigenen Haus (bisher § 21 Abs. 2 und § 21 a EStG) ab dem 1. 1. 1987 die Steuerbegünstigung nach § 10 e EStG getreten. Auf die Ausführungen zu RZ 24 ff. wird verwiesen.

81   Darüber hinaus können nach den folgenden *Sonderregelungen erhöhte Absetzungen für Abnutzung* in Anspruch genommen werden:

a) nach § 7 d) EStG für Wirtschaftsgüter, die dem Umweltschutz dienen, im Jahr der Anschaffung oder Herstellung bis zu 60 v. H. und in den folgenden Wirtschaftsjahren bis zur vollen Absetzung jeweils bis zu 10 v. H.;

b) nach § 7 e) EStG bei Vertriebenen oder rassisch oder politisch Verfolgten als Bewertungsfreiheit für Fabrikgebäude, Lagerhäuser und landwirtschaftliche Betriebsgebäude unter den in dieser Bestimmung im einzelnen geregelten Voraussetzungen,

c) nach § 7 f) EStG für abnutzbare Wirtschaftsgüter des Anlagevermögens privater Krankenhäuser und zwar
   1. bei beweglichen Wirtschaftsgütern des Anlagevermögens bis zur Höhe von insgesamt 50 v. H.,
   2. bei unbeweglichen Wirtschaftsgütern des Anlagevermögens bis zur Höhe von insgesamt 30 v. H. der Anschaffungs- oder Herstellungskosten und zwar in den vier folgenden Jahren.

d) nach § 7 g) EStG als Sonderabschreibung zur Förderung kleiner und mittlerer Betriebe für neue bewegliche Wirtschaftsgüter des Anlagevermögens, die im Jahr der Anschaffung oder Herstellung im Betrieb des Steuerpflichtigen ausschließlich oder fast ausschließlich betrieblich genutzt werden, im Jahr der Anschaffung oder Herstellung (ab 1988: und in den folgenden vier Jahren) neben den Absetzungen für Abnutzung nach § 7 Abs. 1 oder 2 EStG von 10 v. H. (ab 1988: 20 v. H.) der Anschaffungs- oder Herstellungskosten unter der Voraussetzung, daß
   1. im Zeitpunkt der Anschaffung oder Herstellung des Wirtschaftsgutes
      a) der Einheitswert des Betriebes, zu dessen Anlagevermögen das Wirtschaftsgut gehört, nicht mehr als 120 000 DM (ab 1988: 240 000 DM) beträgt und
      b) bei Gewerbetrieben im Sinne des Gewerbesteuergesetzes das Gewerbekapital nicht mehr als 500 000 DM beträgt und
   2. das Wirtschaftsgut mindestens ein Jahr nach seiner Anschaffung oder Herstellung in einer inländischen Betriebsstätte dieses Betriebes verbleibt (ab 1988: und im Jahr der Inanspruchnahme um Son-

derabschreibungen im Betrieb des Steuerpflichtigen ausschließlich oder fast ausschließlich betrieblich genutzt wird.)

j) Sonderausgaben
Von dem Gesamtbetrag der sich aus den sieben Einkunftsarten ergebenden Reineinkünfte können bestimmte Aufwendungen als *Sonderausgaben,* und zwar
(a) als beschränkt abzugsfähige Sonderausgaben
(b) als Spenden
(c) als unbeschränkt abzugsfähige Sonderausgaben
abgezogen werden, soweit die entsprechenden Aufwendungen weder Betriebsausgaben noch Werbungskosten sind.

Zu (a) *beschränkt abzugsfähige Sonderausgaben*
Folgende Sonderausgaben sind mit bestimmten Höchstbeträgen nur beschränkt abzugsfähig: 82
aa) nach § 10 Abs. 1 Ziff. 1 EStG Unterhaltsleistungen eines geschiedenen oder dauernd getrennt lebenden unbeschränkt einkommensteuerpflichtigen Ehegatten, wenn der Geber dies mit Zustimmung des Empfängers beantragt. Die Unterhaltsleistungen können bis zu 18 000 DM im Kalenderjahr abgezogen werden, werden aber bei dem Empfänger steuerpflichtig.
bb) nach § 10 Abs. 1 Ziff. 1 a EStG auf besonderen Verpflichtungsgründen beruhende Renten und dauernde Lasten, die nicht mit Einkünften in wirtschaftlichem Zusammenhang stehen, die bei der Veranlagung außer Betracht bleiben. Bei Leibrenten kann nur der Anteil abgezogen werden, der sich aus der in § 22 Nr. 1 Satz 3 a EStG aufgeführten Tabelle ergibt.
cc) nach § 10 Abs. 1 Ziff. 2 EStG Beiträge zu Kranken-, Unfall- und Haftpflichtversicherungen, zu den gesetzlichen Rentenversicherungen und an die Bundesanstalt für Arbeit, ferner Beiträge zu Versicherungen auf Lebens- oder Todesfall;
dd) Nach § 10 Abs. 1 Ziff. 3 EStG Beiträge an Bausparkassen zur Erlangung von Baudarlehen. Beiträge, die nach Ablauf von 4 Jahren seit Vertragsabschluß geleistet werden, können nur insoweit abgezogen werden, als sie das 1 ½-fache des durchschittlichen Jahresbetrages der in den ersten 4 Jahren geleisteten Beiträge im Veranlagungszeitraum nicht übersteigen.
ee) Voraussetzung für die Abzugsfähigkeit der Beiträge nach § 10 Abs. 1 Nr. 2 und 3 EStG (vorstehend unter cc und dd), die auch als Vorsorgeaufwendungen bezeichnet werden, ist, daß sie, wenn es sich um Versicherungsbeiträge mit Sparanteil oder Bausparverträge handelt, weder unmittelbar noch mittelbar in wirtschaftlichem Zusammenhang mit der Aufnahme eines Kredites stehen, nicht in unmittelbarem Zusammenhang mit steuerfreien Einnahmen stehen und an Versicherungsunter-

nehmen oder Bausparkassen, die ihren Sitz oder ihre Geschäftsleitung im Inland haben oder denen die Erlaubnis zum Geschäftsbetrieb im Inland erteilt ist, oder an einen Sozialversicherungsträger geleistet werden und nicht vermögenswirksame Leistungen darstellen.

83 Die als *Vorsorgeaufwendungen* in Betracht kommenden Sonderausgaben im Sinne des § 10 Abs. 1 Nr. 2 und 3 EStG können je Kalenderjahr nur bis zur Höhe bestimmter fester *Höchstbeträge* abgezogen werden. Diese betragen 2340 DM für den Steuerpflichtigen, im Falle einer Zusammenveranlagung mit dem Ehegatten 4680 DM.

84 Für *Beiträge zu Versicherungen* im Sinne des § 10 Abs. 1 Nr. 2 EStG können zusätzlich abgezogen werden für den Steuerpflichtigen selbst bis zu 3000 DM und im Falle der Zusammenveranlagung von Ehegatten bis zu 6000 DM jedoch mit der Maßgabe, daß diese Beträge sich mindern um den vom Arbeitgeber geleisteten gesetzlichen Beitrag zur gesetzlichen Rentenversicherung sowie um steuerfreie Zuschüsse des Arbeitgebers oder bei Steuerpflichtigen, die versicherungsfrei sind oder der gesetzlichen Rentenversicherungspflicht nicht unterliegen, um 9 v. H. der Einnahmen aus der Beschäftigung oder Tätigkeit, höchstens jedoch in Höhe des Jahresbetrages der Beitragsbemessungsgrenze in der gesetzlichen Rentenversicherung der Angestellten.

85 Die Beiträge im Sinne des § 10 Abs. 1 EStG Nr. 2 (Versicherungsbeiträge) und Nr. 3 (Beiträge an Bausparkassen), welche die abziehbaren Beträge übersteigen, können zur Hälfte, jedoch höchstens nur bis zu 50 v. H. des Höchstbetrages abgezogen werden.

86 Steuerpflichtige, die Anspruch auf eine Prämie nach dem Wohnungsbau-Prämiengesetz haben, können für jedes Kalenderjahr wählen, ob sie für die Bausparbeiträge den Sonderausgabenabzug oder eine Prämie nach dem Wohnungsbau-Prämiengesetz erhalten wollen. Es besteht ein Kumulierungsverbot. Das Wahlrecht ist bis zur rechtskräftigen Veranlagung ausübbar.

87 Nach § 10 Abs. 1 Nr. 7 EStG sind Aufwendungen des Steuerpflichtigen für seine Berufsausbildung oder seine Weiterbildung in einem nicht ausgeübten Beruf bis zu 900 DM im Kalenderjahr abzugsfähig. Dieser Betrag erhöht sich auf 1200 DM, wenn der Steuerpflichtige wegen der Ausbildung oder Weiterbildung außerhalb des Ortes untergebracht ist, in dem er seinen eigenen Haushalt unterhält.

88 Unter bestimmten Voraussetzungen, die im einzelnen in § 10 Abs. 6 EStG sowie in §§ 30, 31 EStDV geregelt sind, ist bei Versicherungsverträgen und bei Bausparverträgen bei vorzeitiger Zahlung eine *Nachversteuerung* durchzuführen.

zu (b) *Spenden*

89 Nach § 10 b EStG in Verbindung mit §§ 48 bis 50 EStDV sind Ausgaben zur Förderung mildtätiger, kirchlicher, religiöser, wissenschaftlicher und

staatspolitischer[2] Zwecke bis zur Höhe von insgesamt 5 v. H. des Gesamtbetrages der Einkünfte oder 2 v. H. der Summe der gesamten Umsätze und der im Kalenderjahr aufgewendeten Löhne und Gehälter als Sonderausgaben abzugsfähig. Für wissenschaftliche und als besonders förderungswürdig anerkannte staatspolitische Zwecke erhöht sich der vom Hundertsatz von 5 auf weitere 5 vom Hundert. Der Spender hat durch eine Spendenbestätigung die Voraussetzungen für den Abzug der Spenden als Sonderausgaben nachzuweisen. Einzelheiten ergeben sich aus § 48 EStDV sowie den Abschnitten 111 bis 113 EStR.

zu (c) *Unbeschränkt abzugsfähige Sonderausgaben*
   Zu den unbeschränkt abzugsfähigen Sonderausgaben rechnen   **90**
aa) nach § 10 Abs. 1 Nr. 4 EStG gezahlte Kirchensteuern (Landeskirchensteuern, Ortskirchensteuern) mit der Maßgabe, daß die im Kalenderjahr erstatteten Beträge die in demselben Kalenderjahr geleisteten abzugsfähigen Beträge mindern,
bb) nach § 10 Abs. 1 Nr. 5 EStG die nach § 211 Abs. 1 Nr. 1 und 2 des Lastenausgleichsgesetzes abzugsfähigen Teile der Vermögensabgabe, der Hypothekengewinnabgabe und der Kreditgewinnabgabe, und zwar hinsichtlich des Zinsanteils dieser Abgabe, der mit $^1/_3$ oder $^1/_4$ der Vierteljahresbeträge je nach der Art des abgabepflichtigen Vermögens zu ermitteln ist. Die Vermögensabgabe ist mit dem Ablauf des 31. 3. 1979 weggefallen.
cc) nach § 10 Abs. 1 Nr. 6 EStG Steuerberatungskosten. Sind Steuerberatungskosten teils Betriebsausgaben, teils Werbungskosten oder Sonderausgaben und ist eine einwandfreie Abgrenzung nicht möglich, so sind die Kosten durch Schätzung aufzuteilen.
   Wenn nicht höhere Sonderausgaben nachgewiesen werden können, so   **91**
sind für Sonderausgaben bestimmte *Pauschbeträge* nach § 10 c EStG abzuziehen, und zwar
1. für Sonderausgaben im Sinne des § 10 Abs. 1 Nr. 1, 1 a, 4 bis 7 und des § 10 b EStG 270 DM als Sonderausgaben-Pauschbetrag;
2. für Vorsorgeaufwendungen im Sinne des § 10 Abs. 1 Nr. 2 und 3 EStG als Vorsorge-Pauschbetrag 300 DM;
3. anstelle des in 2. bezeichneten Vorsorge-Pauschbetrages tritt, wenn der Steuerpflichtige Arbeitslohn bezogen hat, eine Vorsorgepauschale. Diese beträgt
   a) 9 v. H. des Arbeitslohnes, höchstens 2340 DM zuzüglich
   b) 9 v. H. des Arbeitslohns, höchstens 1170 DM

---

2 Nach dem Urteil des BVerfG vom 14. 7. 1986 – 2 BvEZ/84 – (BGBl. I S. 1279) ist die steuerliche Abzugsfähigkeit von Ausgaben zur Förderung staatspolitischer Zwecke auf höchstens 100 000 DM beschränkt.

Heinrich Günther

c) mindestens jedoch 300 DM.

d) Werden Ehegatten zusammenveranlagt, so verdoppeln sich die vorstehend genannten Beträge.

92 Nach § 10 d EStG können *Verluste,* die bei der Ermittlung des Gesamtbetrages der Einkünfte nicht ausgeglichen werden, bis zu einem Betrag von 10 Mio. DM wie Sonderausgaben vom Gesamtbetrag der Einkünfte des zweiten, dem Veranlagungszeitraum vorangegangenen Veranlagungszeitraums abgezogen werden *(Verlustabzug, Verlustrücktrag).* Soweit die nicht ausgeglichenen Verluste den Betrag von insgesamt 10 Mio. DM übersteigen oder ein Abzug der nicht ausgeglichenen Verluste nicht möglich ist, sind diese in den folgenden fünf Veranlagungszeiträumen wie Sonderausgaben vom Gesamtbetrag der Einkünfte abzuziehen. Wegen weiterer Einzelheiten ist auf Abschn. 115 und 116 EStR zu verweisen.

Wegen der Steuerbegünstigung der zu eigenen Wohnzwecken genutzten Wohnung im eigenen Haus nach § 10 e EStG wird auf RZ 24 ff. verwiesen.

k) Nicht abzugsfähige Ausgaben

93 Nach der ausdrücklichen Bestimmung des § 12 EStG dürfen weder bei den einzelnen Einkunftsarten noch vom Gesamtbetrag der Einkünfte abgezogen werden:

1. die für den Haushalt des Steuerpflichtigen und für den Unterhalt seiner Familienangehörigen aufgewendeten Beträge,

2. freiwillige Zuwendungen, Zuwendungen aufgrund einer freiwillig begründeten Rechtspflicht und Zuwendungen an eine gegenüber dem Steuerpflichtigen oder seinem Ehegatten gesetzlich unterhaltsberechtigte Person oder deren Ehegatten, auch wenn diese Zuwendungen auf einer besonderen Vereinbarung beruhen;

3. die Steuern vom Einkommen und sonstige Personensteuern sowie die Umsatzsteuer auf den Eigenverbrauch und für Lieferungen oder sonstige Leistungen, die Entnahmen sind;

4. in einem Strafverfahren festgesetzte Geldstrafen.

l) Veranlagung von Ehegatten, verwitweten Personen, Kindern

94 Ehegatten, die beide unbeschränkt steuerpflichtig sind und nicht dauernd getrennt leben und bei denen diese Voraussetzungen zu Beginn des Veranlagungszeitraumes vorgelegen haben oder im Laufe des Veranlagungszeitraumes eingetreten sind, können nach § 26 Abs. 1 EStG zwischen getrennter Veranlagung gemäß § 26 a EStG und Zusammenveranlagung gemäß § 26 b EStG wählen.

95 Ehegatten werden *getrennt veranlagt,* wenn einer der Ehegatten die getrennte Veranlagung wählt. Ehegatten werden *zusammen veranlagt,* wenn beide Ehegatten die Zusammenveranlagung wählen. Werden die erforderlichen Erklärungen nicht abgegeben, so wird unterstellt, daß die Ehegatten die Zusammenveranlagung wählen (§ 26 Abs. 3 EStG). Die getroffene Wahl gilt immer nur für einen Veranlagungszeitraum.

Bei der Wahl der *getrennten* Veranlagung nach § 26 a EStG sind jedem Ehegatten die von ihm bezogenen Einkünfte zuzurechnen. Die Sonderausgaben sind aufzuteilen.

Bei der Wahl der *Zusammenveranlagung* von Ehegatten nach § 26 b EStG sind alle Einkünfte zusammenzurechnen ohne Rücksicht darauf, welchem Ehegatten sie zugeflossen sind. Die Ehegatten werden gemeinsam als Steuerpflichtiger behandelt.

Die *Einkommensteuer* wird nach § 32 a Abs. 5 EStG in der Weise ermittelt, **96** daß von der Hälfte des zu versteuernden Einkommensbetrages die Steuer aus der Einkommensteuer-Grundtabelle entnommen und der sich ergebende Steuerbetrag sodann verdoppelt wird (*Splittingverfahren*). Der eherechtliche Güterstand ist für die Frage der Zusammenveranlagung ohne Bedeutung.

Das Splittingverfahren gilt auch

1. bei verwitweten Personen nach § 32 a Abs. 6 EStG, die im Zeitpunkt des Todes ihres Ehegatten von diesem nicht dauernd getrennt gelebt haben, in dem Veranlagungszeitraum, in dem der Ehegatte verstorben ist, und in dem folgenden Veranlagungszeitraum;

2. bei einem Steuerpflichtigen, dessen Ehe im Kalenderjahr, in dem er sein Einkommen bezogen, durch Tod, Scheidung oder Aufhebung aufgelöst worden ist, wenn in diesem Kalenderjahr
   a) der Steuerpflichtige und sein bisheriger Ehegatte die Voraussetzungen des § 26 Abs. 1 Satz 1 EStG erfüllt haben,
   b) der bisherige Ehegatte wieder geheiratet hat und
   c) der bisherige Ehegatte und dessen neuer Ehegatte ebenfalls die Voraussetzungen des § 26 Abs. 1 Satz 1 EStG erfüllen.

Kinder werden mit ihren eigenen Einkünften veranlagt. Daraus folgt, daß **97** Eltern ihren Kindern Vermögenswerte auch mit steuerlicher Wirkung z. B. schenkungsweise übertragen können, aus denen den Kindern eigene und von ihnen zu versteuernde Einkünfte zufließen. Bei hohen zu versteuernden Einkommensbeträgen der Eltern kann dies wegen der progressiven Wirkung des Einkommensteuertarifes zu erheblichen Steuereinsparungen führen. Steuerlich werden aber solche Vermögensübertragungen nur dann anerkannt, wenn sie bürgerlich-rechtlich wirksam zustandegekommen sind und tatsächlich durchgeführt werden.

Verträge zwischen Ehegatten, insbesondere Arbeits-, Darlehens-, Gesell- **98** schafts- oder Pachtverträge sind auch steuerlich anzuerkennen, wenn sie ernsthaft vereinbart sind und tatsächlich durchgeführt werden. Maßstab für die Ernsthaftigkeit ist, daß die gegenseitigen Beziehungen der Ehegatten im Rahmen des Vertragsverhältnisses im wesentlichen die gleichen sind, wie sie zwischen Fremden bestehen würden.

Verträge, bei denen keine klaren und eindeutigen Regelungen bestehen oder die tatsächlich bestehenden Verhältnisse mit den vertraglichen Abmachungen nicht übereinstimmen, sind steuerlich unbeachtlich. Bei rückwirkend abgeschlossenen Verträgen kann die Rückwirkung steuerlich nicht anerkannt werden.

m) Zu versteuerndes Einkommen, Sonderfreibeträge, Kinder

99 Das zu versteuernde Einkommen ergibt sich aus dem Gesamtbetrag der Einkünfte nach Abzug der Sonderausgaben sowie nach dem Abzug der in Betracht kommenden Sonderfreibeträge und der sonstigen, vom Einkommen abzuziehenden Beträge.

n) Altersfreibetrag

100 Nach § 32 Abs. 8 EStG wird einem Steuerpflichtigen, der vor Beginn des Kalenderjahres, in dem er sein Einkommen bezogen hat, das 64. Lebensjahr vollendet hatte, ein Altersfreibetrag von 720 DM gewährt, der sich bei zusammenveranlagten Ehegatten verdoppelt.

o) Sonstige Tariffreibeträge

101 (a) Der Steuerpflichtige erhält für jedes nach § 32 Abs. 1 bis 6 EStG zu berücksichtigende Kind einen Kinderfreibetrag von 1242 DM, bei Zusammenveranlagung 2484 DM, ferner ebenfalls 2484 DM, wenn

1. der andere Elternteil verstorben oder während des ganzen Kalenderjahres nicht unbeschränkt steuerpflichtig ist,
2. der Steuerpflichtige das Kind allein angenommen hat oder es nur zu ihm in einem Pflegeverhältnis steht,
3. besondere Fälle nach § 32 Abs. 6 EStG vorliegen.

(b) Der alleinstehende Steuerpflichtige mit Kindern erhält einen Haushaltsfreibetrag von 4536 DM (ab 1988: 4752 DM) gemäß § 32 Abs. 7 EStG

(c) Jeder Steuerpflichtige erhält nach § 24 a EStG einen Alterentlastungsbetrag zu 40 v. H. seiner Einkünfte, höchstens jedoch 3000 DM ab dem vollendeten 64. Lebensjahr, ausgenommen Versorgungsbezüge und Leibrenten.

p) Einkommensteuerbemessungsgrundlagen

102 Für die Veranlagungszeiträume 1986 und 1987 einerseits und für die Veranlagungszeiträume ab 1988 gilt ein unterschiedlicher Einkommensteuertarif. Die unterschiedliche tarifliche Einkommensteuer ergibt sich aus der in § 32 a Abs. 1 bis Abs. 4 EStG dargestellten Formel und der dem EStG beigefügten Anlage 1 (Einkommensteuer-*Grundtabelle* RZ 110).

Bei zusammenveranlagten Ehegatten beträgt die tarifliche Einkommensteuer das Zweifache des Steuerbetrages, der sich für die Hälfte ihres gemeinsam zu versteuernden Einkommens (Splitting-Verfahren) ergibt aus der dem EStG beigefügten Anlage 2 (Einkommensteuer-*Splittingtabelle* RZ 110).

Das Splitting-Verfahren ist nach § 32 Abs. 6 EStG auch anzuwenden bei der Ermittlung der Einkommensteuer

aa) bei verwitweten Personen gemäß § 32 a Abs. 6 Ziff. 1 EStG,

bb) bei verstorbenen Personen und bei Personen, deren Ehe geschieden oder aufgehoben worden ist, nach § 32 a Abs. 6 Ziff. 2 EStG.

q) Progressionsvorbehalt

Nach § 32 b EStG ist auf das nach § 32 a Abs. 1 zu versteuernde Einkommen ein besonderer Steuersatz anzuwenden, wenn ein unbeschränkt Steuerpflichtiger bezogen hat

1. Arbeitslosengeld, Kurzarbeitergeld, Schlechwettergeld, Arbeitslosenhilfe oder

2. ausländische Einkünfte, die nach einem Abkommen zur Vermeidung der Doppelbesteuerung steuerfrei sind.

Der Progressionsvorbehalt bedeutet, daß die Einkommensteuer nach dem Steuersatz zu berechnen ist, der sich ergibt, wenn dem steuerpflichtigen Einkommen die genannten Einkünfte hinzugerechnet werden.

Dabei können sich auch ausländische Verluste auf das für den Steuersatz maßgebende zu versteuernde Einkommen auswirken, indem der dadurch anzuwendende Steuersatz niedriger wird.

Wegen weiterer Einzelheiten ist auf den Gesetzeswortlaut Abschn. 185 EStR und die Doppelbesteuerungsabkommen (vgl. die Übersicht bei RZ 832) zu verweisen.

r) Außergewöhnliche Belastungen

In den Fällen, in denen einem Steuerpflichtigen zwangsläufig größere Aufwendungen als der überwiegenden Mehrzahl der Steuerpflichtigen gleicher Einkommensverhältnisse, gleicher Vermögensverhältnisse und gleichen Familienstandes erwachsen, wird auf Antrag die Einkommensteuer nach § 33 Abs. 1 EStG dadurch ermäßigt, daß ein Teil der nicht abziehbaren Aufwendungen, der die dem Steuerpflichtigen zumutbare Eigenbelastung laut Tabelle übersteigt, vom Einkommen abgezogen wird.

Zu den außergewöhnlichen Belastungen rechnen insbesondere Aufwendungen, die durch Krankheit, Tod, Unfall, Unwetterschäden, Unterstützung von Angehörigen in der DDR, entstehen.

§ 33 a EStG sieht darüber hinaus in besonderen Fällen das Vorliegen von außergewöhnlichen Belastungen vor, und zwar für Aufwendungen

a) für den Unterhalt und eine etwaige Berufsausbildung von Personen, für die weder der Steuerpflichtige noch eine andere Person einen Kinderfreibetrag hat (vergl. § 32 Abs. 6 EStG), und die zu unterhaltende Person nur geringes Vermögen oder nicht ausreichende andere Einkünfte oder Ver-

103

104

105

106

mögen hat, den Abzug eines Betrages im Kalenderjahr
1. bis zu höchstens 4500 DM, wenn die unterhaltene Person das 18. Lebensjahr vollendet hat,
2. bis zu höchstens 2484 DM, wenn die unterhaltene Person das 18. Lebensjahr noch nicht vollendet hat,
b) für die Unterhaltsverpflichtung gegenüber einem Kinde, das dem anderen Elternteil zuzuordnen und bei diesem zu berücksichtigen ist, den Abzug von 600 DM;
c) für die Berufsausbildung eines Kindes, für das der Steuerpflichtige den Abzug folgender Ausbildungsfreibeträge:
  1. für ein Kind, das das 18. Lebensjahr vollendet hat
    (a) einen Betrag von 1800 DM (ab 1988: 2400 DM) im Kalenderjahr, wenn das Kind im Haushalt des Steuerpflichtigen untergebracht ist,
    (b) einen Betrag von 3000 DM (ab 1988: 4200 DM) im Kalenderjahr, wenn das Kind zur Berufsausbildung auswärts untergebracht ist,
  2. für ein Kind, das das 18. Lebensjahr noch nicht vollendet hat, einen Betrag von 1200 DM (ab 1988: 1800 DM) im Kalenderjahr, wenn das Kind zur Berufsausbildung auswärts untergebracht ist;
    die Ausbildungsfreibeträge vermindern sich um die eigenen Einkünfte und Bezüge des Kindes, die zur Bestreitung seines eigenen Unterhalts oder seiner Berufsausbildung bestimmt sind, soweit diese 2480 DM (ab 1988: 3600 DM) im Kalenderjahr übersteigen sowie um öffentliche Ausbildungszuschüsse;
d) durch die Beschäftigung einer Hausgehilfin oder Haushaltshilfe den Abzug eines Betrages von höchstens 1200 DM im Kalenderjahr, wenn (1) der Steuerpflichtige oder sein Ehegatte das 60. Lebensjahr vollendet hat oder (2) sie oder haushaltsangehörige Kinder im Sinne des § 32 Abs. 1 Satz 1 EStG oder andere im Haushalt unterhaltene Personen für die eine Ermäßigung nach § 32 a Abs. 1 EStG körperlich hilflos oder schwer körperbehindert sind oder die Beschäftigung einer Hausgehilfin oder Haushaltshilfe wegen Krankheit einer der genannten Personen erforderlich ist;
e) Körperbehinderte erhalten auf Antrag wegen der außergewöhnlichen Belastungen, die ihnen unmittelbar infolge der Körperbehinderung erwachsen, einen bestimmten Pauschbetrag abgezogen, dessen Höhe sich nach der dauernden Minderung der Erwerbsfähigkeit richtet (§ 33 b Abs. 1 bis 6 EStG und § 65 EStDV);
f) Personen, denen laufende Hinterbliebenenbezüge bewilligt worden sind, erhalten auf Antrag einen Pauschbetrag von 720 DM (§ 33 b Abs. 4 EStG), wenn die Hinterbliebenenbezüge nach bestimmten gesetzlichen Vorschriften (z. B. nach dem Bundesversorgungsgesetz, den Vorschriften über die gesetzliche Unfallversicherung, des Bundesentschädigungsgeset-

zes, des Soldatenversorgungsgesetzes und des Häftlingshilfegesetzes) gewährt werden.

g) Nach § 33 c EStG können Alleinstehende und unter bestimmten Voraussetzungen auch Verheiratete wegen Aufwendungen für Dienstleistungen zur Betreuung von zum Haushalt gehörenden unbeschränkt einkommensteuerpflichtigen Kindern (Kinderbetreuungskosten) als außergewöhnliche Belastungen absetzen für ein Kind mit höchstens 4000 DM, für jedes weitere Kind 2000 DM, mindestens jedoch einen Pauschbetrag von 480 DM für jedes Kind. Diese Aufwendungen müssen dem Steuerpflichtigen wegen (1) Erwerbstätigkeit, (2) körperlicher, geistiger oder seelischer Behinderung oder (3) Krankheit erwachsen.

s) Einkommensteuertarife
Die zu veranlagende Einkommensteuer ergibt sich nach § 32 a EStG aus der Grundtabelle sowie bei zusammen zu veranlagenden Ehegatten und den diesen gleichgestellten Personen im Sinne des § 32 a Abs. 6 EStG aus der Splittingtabelle. **107**

Beide Tabellen befinden sich – auszugsweise – am Schluß der Abhandlung über die Einkommensteuer (RZ 110). Die Tabellen gelten für die Veranlagungszeiträume 1986/1987 und ab 1988.

Für bestimmte Einkünfte sind auf Antrag ermäßigte Steuersätze anzuwenden, und zwar **108**

a) nach § 34 EStG bei außerordentlichen Einkünften (Veräußerungsgewinne im Sinne des §§ 14, 14 a Abs. 1, 16, 17 und 18 Abs. 3 EStG, Entschädigungen im Sinne des § 24 Nr. 1 EStG, Nutzungsvergütungen und Zinsen im Sinne des § 24 Nr. 3 EStG, soweit sie für einen Zeitraum von mehr als drei Jahren nachgezahlt werden);

b) nach § 34 b EStG bei außerordentlichen Einkünften aus Forstwirtschaft (außerordentliche Holznutzungen, Kalamitätsnutzungen);

c) nach § 34 c EStG bei ausländischen Einkünften mit der Möglichkeit der Anrechnung der in dem ausländischen Staat gezahlten, der deutschen Einkommensteuer entsprechenden Steuer auf die deutsche Einkommensteuer oder des Abzuges bei der Ermittlung des Gesamtbetrages der Einkünfte, sofern mit dem betreffenden ausländischen Land kein Doppelbesteuerungsabkommen besteht; § 34 d EStG definiert die ausländischen Einkünfte im Sinne des § 34 c Abs. 1 bis 5 EStG;

d) nach § 34 e EStG bei Einkünften aus Land- und Forstwirtschaft höchstens um 2000 DM;

e) nach § 34 f EStG für Steuerpflichtige mit Kindern bei Inanspruchnahme erhöhter Absetzungen für Wohngebäude oder Steuerbegünstigungen für eigengenutztes Wohneigentum je Kind 600 DM (sogenanntes Baukindergeld);

Heinrich Günther   241

f) nach § 34 g EStG bei Ausgaben zur Förderung staatspolitischer Zwecke um 50% solcher Ausgaben, höchstens 600 DM bei Ledigen, 1200 DM bei Zusammenveranlagung von Ehegatten.
g) nach § 35 EStG bei Belastung mit Erschaftsteuer in bestimmten Fällen;
h) nach § 21 des Berlinförderungsgesetzes in der Fassung vom 10. 12. 1986 (BGBl. 1986 I S. 2415) bei Einkünften aus Berlin (West) um 30 v. H.

109
t) Erhebung der Einkommensteuer
Die Einkommensteuer entsteht nach § 36 Abs. 1 EStG mit dem Ablauf des Veranlagungszeitsraumes (= Kalenderjahr). Auf die Einkommensteuer werden angerechnet (§ 36 Abs. 2 EStG):
1. die für den Veranlagungszeitraum entrichteten Einkommensteuervorauszahlungen,
2. die durch den Steuerabzug erhobene Einkommensteuer (Lohnsteuer, Kapitalertragsteuer),
3. die Körperschaftsteuer in Höhe von $^9/_{16}$ der Einnahmen im Sinne des § 20 Abs. 1 Nr. 1 und 2 EStG.
Der Steuerpflichtige hat nach § 37 EStG am 10. 3., 10. 6., 10. 9. und 10. 12. eines jeden Kalenderjahres Vorauszahlungen auf die Einkommensteuer zu entrichten. Diese Vorauszahlungen bemessen sich grundsätzlich nach der Einkommensteuer, die sich nach Anrechnung der Steuerabzugsbeträge bei der letzten Veranlagung ergeben hat.
Beschränkt Steuerpflichtige unterliegen nur mit den in § 49 EStG genannten inländischen Einkünften der beschränkten Einkommensteuerpflicht. Für beschränkt Steuerpflichtige gilt im übrigen die Sondervorschrift des § 50 EStG und hinsichtlich des Steuerabzuges bei beschränkt Steuerpflichtigen § 50 a EStG.

110
u) Auszüge aus den Einkommensteuertabellen
Einkommensteuer-Grundtabelle und Einkommensteuer-Splittingtabelle
1. für 1986 und 1987 (Tabelle 1)
2. ab 1. 1. 1988 (Tabelle 2)
mit Durchschnitts- und Grenzsteuersätzen

Heinrich Günther

Tabelle 1 (Auszug)

Einkommensteuer sowie Durchschnitts- und Grenzsteuersätze nach der Grundtabelle
und Splittingtabelle des Einkommensteuertarifs 1986/1987

Zu versteuerndes Einkommen	Einkommensteuer Grundtabelle	Splitting-tabelle	Durchschnittssteuersatz* Grundtabelle	Splitting-tabelle	Grenzsteuersatz** Grundtabelle	Splitting-tabelle
(1)	(2)	(3)	(4)	(5)	(6)	(7)
DM	DM	DM	%	%	%	%
5 000	94	0	1,9	0,0	22,0	0,0
6 000	320	0	5,3	0,0	22,0	0,0
7 000	534	0	7,6	0,0	22,0	0,0
8 000	760	0	9,5	0,0	22,0	0,0
9 000	974	0	10,8	0,0	22,0	0,0
10 000	1 199	188	12,0	1,9	22,0	22,0
11 000	1 413	402	12,8	3,7	22,0	22,0
12 000	1 639	640	13,7	5,3	22,0	22,0
13 000	1 853	854	14,3	6,6	22,0	22,0
14 000	2 078	1 068	14,8	7,6	22,0	22,0
15 000	2 292	1 282	15,3	8,5	22,0	22,0
16 000	2 518	1 520	15,7	9,5	22,0	22,0
17 000	2 732	1 734	16,1	10,2	22,0	22,0
18 000	2 958	1 948	16,4	10,8	22,0	22,0
19 000	3 177	2 162	16,7	11,4	23,2	22,0
20 000	3 420	2 398	17,1	12,0	24,3	22,0
22 000	3 928	2 826	17,9	12,8	26,5	22,0
24 000	4 479	3 278	18,7	13,7	28,6	22,0
26 000	5 070	3 706	19,5	14,3	30,6	22,0
28 000	5 699	4 156	20,4	14,8	32,4	22,0
30 000	6 363	4 584	21,2	15,3	34,1	22,0
35 000	8 175	5 702	23,4	16,3	38,0	22,0
40 000	10 142	6 840	25,4	17,1	41,2	24,3
45 000	12 277	8 116	27,3	18,0	43,8	27,1
50 000	14 507	9 522	29,0	19,0	45,9	29,6
55 000	16 858	11 084	30,7	20,2	47,6	32,2
60 000	19 286	12 726	32,1	21,2	49,0	34,1
65 000	21 745	14 470	33,5	22,3	50,0	36,1
70 000	24 276	16 350	34,7	23,4	50,8	38,0
80 000	29 404	20 284	36,8	25,4	51,8	41,2
90 000	34 620	24 554	38,5	27,3	52,6	43,8
100 000	39 920	29 014	39,9	29,0	53,5	45,9
120 000	50 802	38 572	42,3	32,1	55,2	49,0
140 000	61 949	48 552	44,2	34,7	56,0	50,8
160 000	73 137	58 808	45,7	36,8	56,0	51,8
180 000	84 356	69 240	46,9	38,5	56,0	52,6
200 000	95 545	79 840	47,8	39,9	56,0	53,5
220 000	106 764	90 666	48,5	41,2	56,0	54,3
240 000	117 953	101 604	49,1	42,3	56,0	55,2
260 000	129 142	112 708	49,7	43,3	56,0	56,0

* **Durchschnittsteuersatz** = Einkommensteuer im Verhältnis zum zu versteuernden
Einkommen.
** **Grenzsteuersatz** = Prozentsatz, mit dem Einkommenszuwächse oder Einkommensverringerungen gegenüber der vorangegangenen Stufe be- oder entlastet
sind.

Heinrich Günther

Tabelle 2 (Auszug)

Einkommensteuer sowie Durchschnitts- und Grenzsteuersätze nach der Grundtabelle und Splittingtabelle des Einkommensteuertarifs 1988

Zu versteuerndes Einkommen	Einkommensteuer Grundtabelle	Splitting-tabelle	Durchschnittssteuersatz* Grundtabelle	Splitting-tabelle	Grenzsteuersatz** Grundtabelle	Splitting-tabelle
(1)	(2)	(3)	(4)	(5)	(6)	(7)
DM	DM	DM	%	%	%	%
5 000	47	0	0,9	0,0	22,0	22,0
6 000	273	0	4,6	0,0	22,0	22,0
7 000	487	0	7,0	0,0	22,0	22,0
8 000	713	0	8,9	0,0	22,0	22,0
9 000	927	0	10,3	0,0	22,0	22,0
10 000	1 152	94	11,5	0,9	22,0	22,0
11 000	1 366	308	12,4	2,8	22,0	22,0
12 000	1 592	546	13,3	4,6	22,0	22,0
13 000	1 806	760	13,9	5,8	22,0	22,0
14 000	2 031	974	14,5	7,0	22,0	22,0
15 000	2 245	1 188	15,0	7,9	22,0	22,0
16 000	2 471	1 426	15,4	8,9	22,0	22,0
17 000	2 685	1 640	15,8	9,6	22,0	22,0
18 000	2 911	1 854	16,2	10,3	22,0	22,0
19 000	3 128	2 068	16,5	10,9	22,2	22,0
20 000	3 366	2 304	16,8	11,7	24,1	22,0
22 000	3 851	2 732	17,5	12,4	25,9	22,0
24 000	4 365	3 184	18,9	13,3	25,9	22,0
26 000	4 908	3 612	18,9	13,9	27,8	22,0
28 000	5 478	4 062	19,6	14,5	29,6	22,0
30 000	6 075	4 490	20,3	15,0	31,5	22,0
35 000	7 684	5 608	22,0	16,0	35,2	22,0
40 000	9 438	6 732	23,6	16,8	37,0	24,1
45 000	11 301	7 946	25,1	17,7	37,0	24,1
50 000	13 280	9 252	26,6	18,5	40,7	27,8
55 000	15 383	10 674	28,0	19,4	42,6	27,8
60 000	17 578	12 150	29,3	20,3	44,4	31,4
65 000	19 826	13 702	30,5	21,1	46,3	31,4
70 000	22 165	15 368	31,7	22,0	46,3	35,9
80 000	26 974	18 836	33,7	23,5	48,1	37,0
90 000	31 938	22 602	35,5	25,1	50,0	37,0
100 000	37 043	26 560	37,0	26,6	51,9	40,7
120 000	47 701	35 156	39,8	29,3	53,7	44,4
140 000	58 839	44 330	42,0	31,7	56,0	46,2
160 000	70 039	53 948	43,8	33,7	56,0	48,1
180 000	81 239	63 876	45,1	35,5	56,0	51,9
200 000	92 439	74 086	46,2	37,0	56,0	51,9
220 000	103 639	84 632	47,1	38,5	56,0	51,9
240 000	114 839	95 402	47,8	39,8	56,0	53,7
260 000	126 039	106 452	48,5	40,9	56,0	56,0

* Durchschnittssteuersatz = Einkommensteuer im Verhältnis zum zu versteuernden Einkommen.
** Grenzsteuersatz = Prozentsatz, mit dem Einkommenzuwächse oder Einkommensverringerungen gegenüber der vorangegangenen Tabellen-Stufe be- oder entlastet sind.

Heinrich Günther

2. Lohnsteuer

Rechtsgrundlagen: §§ 38 bis 42 f EStG Lohnsteuer-Durchführungsverordnung (LStDV 1984) in der Fassung vom 23. 10. 1984 (BGBl. 1984 I S. 1313) zuletzt geändert durch VO vom 23. 10. 1987 (BGBl. 1987 I S. 2325) Lohnsteuer-Richtlinien 1987 (LStR) vom 9. 12. 1986 (BStBl. 1986 I Sonder-Nr. 4/1986 vom 21. 12. 1986)
Kommentare: *Hartz/ Meeßen/ Wolf,* ABC-Führer Lohnsteuer, *Oeftering/ Görbing/ Weymeyer,* Das gesamte Lohnsteuerrecht, ferner die in Rz 1 genannten ESt-Kommentare

a) Erhebung der Lohnsteuer

Die Lohnsteuer ist eine Erhebungsform der Einkommensteuer. Nach § 38 **111** EStG wird bei den Einkünften aus nichtselbständiger Arbeit die Einkommensteuer durch Abzug vom Arbeitslohn erhoben (Lohnsteuer). Der Arbeitnehmer ist Schuldner der Lohnsteuer. Sie entsteht in dem Zeitpunkt, in dem der Arbeitslohn dem Arbeitnehmer zufließt. Der Arbeitgeber hat die Lohnsteuer für Rechnung des Arbeitnehmers bei jeder Lohnzahlung vom Arbeitslohn einzubehalten. Der Arbeitgeber haftet für die einzubehaltende und abzuführende Lohnsteuer.

b) Arbeitslohn

Arbeitslohn sind nach § 2 Abs. 1 LStDV alle Einnahmen, die dem Arbeitneh- **112** mer aus dem Dienstverhältnis oder einem früheren Dienstverhältnis zufließen. Einnahmen sind alle Güter, die in Geld oder Geldeswert bestehen. Es ist gleichgültig, ob es sich um einmalige oder laufende Einnahmen handelt, ob ein Rechtsanspruch auf sie besteht oder unter welcher Bezeichnung oder in welcher Form sie gewährt werden. Zum Arbeitslohn gehören Gehälter, Löhne, Provisionen, Gratifikationen, Tantiemen und andere Bezüge sowie Vorteile aus einem Dienstverhältnis, Wartegelder, Ruhegelder, Witwen- und Waisengelder und andere Bezüge und Vorteile für eine frühere Dienstleistung, gleichgültig, ob sie dem zunächst Bezugsberechtigten oder seinem Rechtsnachfolger zufließen, ferner Entschädigungen, die dem Arbeitnehmer oder seinem Rechtsnachfolger als Ersatz für entgangenen oder entgehenden Arbeitslohn oder für die Aufgabe oder Nichtausübung seiner Tätigkeit gewährt werden.

Zu den Gütern, die in Geldeswert bestehen, gehört insbesondere der **113** Bezug von freier Kleidung, freier Wohnung, Heizung, Beleuchtung, Kost, Deputaten und sonstigen Sachbezügen, die aus einem Dienstverhältnis gewährt werden. Für die Bewertung der Sachbezüge sind die üblichen Mittelpreise des Verbrauchsortes maßgebend (§ 3 Abs. 1 LStDV).

Zum steuerpflichtigen Arbeitslohn gehören nicht aus öffentlichen Kassen **114** gewährte Aufwandsentschädigungen, Reisekostenvergütungen der im privaten Dienst angestellten Personen, Umzugskostenvergütung, durchlaufende

Gelder, Trinkgelder bis 1200 DM im Kalenderjahr. Zum steuerpflichtigen Arbeitslohn gehören auch nicht Jubiläumsgeschenke des Arbeitgebers an Arbeitnehmer anläßlich eines Arbeitnehmerjubiläums, soweit sie die folgenden Beträge nicht übersteigen:

1. bei einem 10jährigen Arbeitnehmerjubiläum   600 DM,
2. bei einem 25jährigen Arbeitnehmerjubiläum   1200 DM,
3. bei einem 40-, 50- oder 60jährigen Arbeitnehmerjubiläum   2400 DM,

ferner nicht Jubiläumsgeschenke anläßlich eines Geschäftsjubiläums, soweit sie bei dem einzelnen Arbeitnehmer 1200 DM nicht übersteigen und gegeben werden, weil das Geschäft 25 Jahre oder ein Mehrfaches von 25 Jahren besteht.

115 Für Verpflegungsmehraufwendungen bei Inlands- und Auslandsdienstreisen sowie bei Dienstgängen und für Verpflegungsmehraufwendungen bei doppelter Haushaltsführung sind in den §§ 5 und 6 LStDV Höchstbeträge als abzugsfähige Werbungskosten festgelegt.

116 Vom Arbeitslohn ist ferner ein Weihnachtsfreibetrag von 600 DM (§ 19 Abs. 3 EStG) und ein Arbeitnehmer-Freibetrag von 480 DM (§ 19 Abs. 4 EStG) abzusetzen. Darüber hinaus bleibt von Versorgungsbezügen ein Betrag in Höhe von 40 v. H. dieser Bezüge, höchstens jedoch insgesamt ein Betrag von 4800 DM im Veranlagungszeitraum steuerfrei (Versorgungs-Freibetrag nach § 19 Abs. 2 EStG).

c) Überlassung von Vermögensbeteiligungen an Arbeitnehmer

117 Nach § 19 a EStG ist der Vorteil, wenn ein Arbeitnehmer im Rahmen eines gegenwärtigen Dienstverhältnisses unentgeltlich oder verbilligt Kapitalbeteiligungen oder Darlehensforderungen (Vermögensbeteiligungen) erhält, die in Abs. 3 aufgeführt sind, steuerfrei, soweit er nicht höher ist als der halbe Wert der Vermögensbeteiligung und insgesamt 500 DM im Kalenderjahr nicht übersteigt. Auf die Einzelheiten der komplizierten Regelung muß verwiesen werden.

d) Förderung der Vermögensbildung der Arbeitnehmer

118 Nach dem 5. Vermögensbildungsgesetz in der Fassung vom 19. 2. 1987 (BGBl. 1987 I S. 630), der dazu ergangenen DVO vom 31. 10. 1987 (BGBl. 1987 I S. 2327) und den Richtlinien zu dem Gesetz wird die Vermögensbildung der Arbeitnehmer steuerlich dadurch gefördert, daß der Arbeitnehmer Teile seines Arbeitslohnes, soweit sie 624 DM – bei Wertpapier- oder Vermögensbeteiligungs-Sparverträgen, bei Wertpapier-Kaufverträgen, bei Beteiligungsverträgen oder bei Beteiligungs-Kaufverträgen 936 DM – im Kalenderjahr nicht übersteigen, als vermögenswirksame Leistungen im Sinne des § 2 des Gesetzes anlegen kann. Der Arbeitnehmer erhält hierfür eine von dem Arbeitgeber auszuzahlende Arbeitnehmer-Sparzulage von 16 %/23 %, die sich, wenn der Arbeitnehmer drei oder mehr Kinder hat, auf

26 %/33 % erhöht. Wegen weiterer Einzelheiten wird auf RZ 150 ff. verwiesen.

e) Lohnsteuerkarte
Der Arbeitnehmer hat die von der Gemeindebehörde auszuschreibende 119
Lohnsteuerkarte seinem Arbeitgeber vor Beginn des Kalenderjahres oder
vor Beginn des Dienstverhältnisses auszuhändigen. Der Arbeitgeber hat die
Lohnsteuerkarte während der Dauer des Dienstverhältnisses aufzubewahren und nach Beendigung des Dienstverhältnisses dem Arbeitnehmer die
Lohnsteuerkarte zurückzugeben.

f) Lohnsteuerklassen
Im Gegensatz zur Einkommensteuer bestehen bei der Lohnsteuer sechs 120
Steuerklassen, die bereits von der Gemeinde auf der Lohnsteuerkarte einzutragen sind. Weitere Einzelheiten ergeben sich aus § 39 EStG.

g) Lohnsteuerberechnung
Die Lohnsteuer bemißt sich nach dem Arbeitslohn, den der Arbeitnehmer 121
im Kalenderjahr (Erhebungszeitraum) bezogen hat (Jahresarbeitslohn). Die
Jahreslohnsteuer ergibt sich aus der *Jahreslohnsteuertabelle,* aus der für jede
der *sechs Steuerklassen* die in Betracht kommenden Lohnsteuerbeträge
abgelesen werden können. In die Jahreslohnsteuertabelle ist abweichend von
den Einkommensteuertabellen bereits der Arbeitnehmer-Freibetrag, der
Werbungskosten-Pauschbetrag, der Sonderausgaben-Pauschbetrag, die
Vorsorge-Pauschale und der Haushaltsfreibetrag eingearbeitet. Die Höhe
der vom Arbeitgeber im Laufe des Kalenderjahres einzubehaltenden Lohnsteuer richtet sich nach den für den jeweiligen *Lohnzahlungszeitraum*
(Monat, Woche, Tag) maßgebenden Lohnsteuertabellen, nach denen für
den Monat ein Zwölftel, die Woche mit $^7/_{360}$ und den Tag mit $^1/_{360}$ der Jahresbeträge anzusetzen ist. Die Lohnsteuer, die auf Einkünfte aus Berlin
(West) entfällt, ermäßigt sich bei Arbeitnehmern, die einen Wohnsitz in Berlin (West) haben, um 30 v. H.

h) Freibeträge
Zur Berücksichtigung der besonderen Verhältnisse sind auf Antrag des 122
Arbeitnehmers für die Berechnung der Lohnsteuer vom Arbeitslohn
bestimmte Beträge abzuziehen, die als Freibeträge auf der Lohnsteuerkarte
vom Finanzamt einzutragen sind. Dabei handelt es sich insbesondere um
1. den Altersfreibetrag nach § 32 Abs. 8 EStG,
2. Beträge für außergewöhnliche Belastungen nach §§ 33, 33 a und 33 c
   EStG, Pauschbeträge für Körperbehinderte und Hinterbliebene nach
   § 33 b EStG,

Heinrich Günther   247
17*

3. Werbungskosten und Sonderausgaben, welche die in die Lohnsteuertabelle eingearbeiteten Pauschbeträge übersteigen,
4. den Betrag der negativen Einkünfte aus Vermietung und Verpachtung, der sich in einem Kalenderjahr bei Inanspruchnahme der erhöhten Absetzungen nach § 7 b oder § 14 a oder § 15 des Berlinförderungsgesetzes voraussichtlich ergeben wird, ferner die Beträge, die nach den §§ 10 e, 52 Abs. 21 Satz 4 oder nach § 15 b des Berlinförderungsgesetzes abgezogen werden können.

i) Sonstige Bezüge

123 Von sonstigen, insbesondere einmaligen Bezügen des Arbeitnehmers (z. B. Weihnachts- und Neujahrszuwendungen, Gratifikationen, Tantiemen, 13. Monatsgehalt, Urlaubsabfindungen, Jubiläumszuwendungen, soweit sie nicht steuerfrei sind) ist die Lohnsteuer mit dem Unterschiedsbetrag zu erheben, der sich bei Anwendung der Jahreslohnsteuertabelle auf die Bemessungsgrundlage einschließlich des sonstigen Bezuges und auf die Bemessungsgrundlage ohne den sonstigen Bezug ergibt. Bei Ermittlung der Bemessungsgrundlage ist vom voraussichtlichen Jahresarbeitslohn auszugehen, der um den etwa in die Lohnsteuerkarte eingetragenen steuerfreien Jahresbetrag zu kürzen ist. Wegen Einzelheiten ist auf § 39 b Abs. 3 EStG und Abschn. 87 LStR zu verweisen.

j) Durchführung des Lohnsteuerabzugs; Pauschalierung

124 Der Arbeitgeber hat die ermittelte Lohnsteuer vom Arbeitslohn einzubehalten, spätestens am 10. Tag nach Ablauf eines jeden Lohnsteuer-Anmeldezeitraumes eine Lohnsteuer-Anmeldung dem Betriebsstättenfinanzamt einzureichen und die Lohnsteuer an das Betriebsstättenfinanzamt abzuführen.

Lohnsteuer-Anmeldungszeitraum ist grundsätzlich der Kalendermonat, ausnahmsweise das Kalendervierteljahr, wenn die abzuführende Lohnsteuer für das vorangegangene Kalenderjahr mehr als 600 DM, aber nicht mehr als 6000 DM betragen hat, das Kalenderjahr, wenn die abzuführende Lohnsteuer für das vorangegangene Kalenderjahr nicht mehr als 600 DM betragen hat.

125 Die *Pauschalierung* der Lohnsteuer ist möglich
a) nach § 40 EStG in besonderen Fällen, soweit von dem Arbeitgeber sonstige Bezüge in einer größeren Zahl von Fällen gewährt werden oder in einer größeren Zahl von Fällen Lohnsteuer nachzuerheben ist, weil der Arbeitgeber die Lohnsteuer nicht vorschriftsmäßig einbehalten hat;
b) nach § 40 a EStG für teilzeitbeschäftigte Arbeitnehmer, die nur kurzfristig oder in geringem Umfang und gegen geringen Arbeitslohn beschäftigt werden, mit einem Pauschalsteuersatz von 10 v. H. des Arbeitslohnes. Dabei gilt folgendes:
1. Eine *kurzfristige* Beschäftigung liegt vor, wenn der Arbeitnehmer bei

Heinrich Günther

dem Arbeitgeber gelegentlich, nicht regelmäßig wiederkehrend beschäftigt wird, die Dauer der Beschäftigung 18 zusammenhängende Arbeitstage nicht übersteigt und

(a) der Arbeitslohn während der Beschäftigungsdauer 42 DM durchschnittlich je Arbeitstag nicht übersteigt oder

(b) die Beschäftigung zu einem unvorhergesehenen Zeitpunkt sofort erforderlich wird.

2. Eine Beschäftigung in *geringem Umfang und gegen geringen Arbeitslohn* liegt vor, wenn der Arbeitnehmer bei dem Arbeitgeber laufend beschäftigt wird, die Tätigkeit jedoch während der Beschäftigungsdauer 20 Stunden und der Arbeitslohn 120 DM wöchentlich nicht übersteigt.

c) nach § 40 b EStG bei bestimmten Zukunftssicherungsleistungen, und **126** zwar von den Beiträgen für eine Direktversicherung des Arbeitnehmers und von den Zuwendungen an eine Pensionskasse mit einem Pauschsteuersatz von 10 v. H. der Beiträge und Zuwendungen. Die Beiträge und Zuwendungen des Arbeitgebers für den Arbeitnehmer dürfen jedoch 2400 DM im Kalenderjahr nicht übersteigen. Bei mehreren Arbeitnehmern, die gemeinsam in einem Direktversicherungsvertrag oder in einer Pensionskasse versichert sind, gilt als Beitrag oder Zuwendung für den einzelnen Arbeitnehmer der Teilbetrag, der sich bei einer Aufteilung der gesamten Beiträge oder der gesamten Zuwendungen durch die Zahl der begünstigten Arbeitnehmer ergibt, wenn dieser Teilbetrag 2400 DM übersteigt. Hierbei sind Arbeitnehmer, für die Beiträge und Zuwendungen von mehr als 3600 DM im Kalenderjahr geleistet werden, nicht einzubeziehen. Bei dieser Durchschnittsberechnung können demnach bis zu 3600 DM mit 10 v. H. Lohnsteuer pauschaliert werden.

Für Beiträge und Zuwendungen, die der Arbeitgeber für den Arbeitnehmer aus Anlaß der Beendigung des Dienstverhältnisses erbracht hat, vervielfältigt sich der Betrag von 2400 DM mit der Anzahl der Kalenderjahre, in denen das Dienstverhältnis des Arbeitnehmers zu dem Arbeitgeber bestanden hat.

Von besonderer Bedeutung ist die von der Finanzverwaltung zugelassene **127** Möglichkeit, daß der Arbeitnehmer die Beiträge zur Direktversicherung selbst in der Weise zahlt, daß er auf einen entsprechenden Teil seines Arbeitslohnes, meistens im Zusammenhang mit der Auszahlung der Weihnachtsgratifikation, verzichtet, so daß der Arbeitnehmer seinen Arbeitslohn mit entsprechender progressiver Minderung der Lohnsteuer um 2400 DM mindert, der Arbeitgeber diesen Betrag nach Abzug der darauf ruhenden Lohnsteuer mit 10 v. H. von 240 DM zuzüglich Kirchensteuer an den Versicherer für den Abschluß einer Lebensversicherung abführt. Der Arbeitnehmer spart somit die Lohnsteuer und die Lohnkirchensteuer in Höhe des Unterschiedsbetrages zwischen dem normalen Lohnsteuersatz und der

Lohnsteuerpauschale. Diese Regelung ist besonders vorteilhaft bei Arbeitnehmern mit hohen lohnsteuerpflichtigen Einkünften.

k) Lohnsteuer-Jahresausgleich

128 Bei unbeschränkt einkommensteuerpflichtigen Arbeitnehmern, die nicht zur Einkommensteuer veranlagt werden, wird für das abgelaufene Kalenderjahr auf Antrag ein Lohnsteuer-Jahresausgleich durchgeführt und die einbehaltene Lohnsteuer insoweit erstattet, als sie die auf den Jahresarbeitslohn entfallende Jahreslohnsteuer übersteigt. Die Einzelheiten ergeben sich aus §§ 42 bis 42 b EStG in Verbindung mit den Abschn. 107 bis 109 LStR.

129 Ehegatten haben einen gemeinsamen Lohnsteuer-Jahresausgleich zu beantragen.

130 Unter bestimmten Voraussetzungen, die im einzelnen in § 42 b EStG geregelt sind, ist der Arbeitgeber berechtigt und, wenn er am 31. 12. des Ausgleichsjahres mindestens 10 Arbeitnehmer beschäftigt hat, auch verpflichtet, für unbeschränkt einkommensteuerpflichtige Arbeitnehmer, die während des Ausgleichsjahres ständig in einem Dienstverhältnis gestanden haben, oder, wenn dies nicht der Fall ist, sie jedoch die Dauer der dienstfreien Zeiträume durch amtliche Unterlagen lückenlos nachweisen, den Lohnsteuergesetzausgleich durchzuführen.

l) Anrufungsauskunft

131 Auf Anfrage eines Beteiligten hat das Betriebsstättenfinanzamt Auskunft über die Anwendung der Lohnsteuer-Vorschriften zu geben.

m) Haftung des Arbeitgebers und Haftung bei Arbeitnehmerüberlassung

132 Der Arbeitgeber haftet nach § 42 d EStG
1. für die Lohnsteuer, die er einzubehalten und abzuführen hat,
2. für die Lohnsteuer, die er beim Lohnsteuer-Jahresausgleich zu Unrecht erstattet hat,
3. für die Einkommensteuer (Lohnsteuer), die auf Grund fehlerhafter Angaben im Lohnkonto, in der Lohnsteuerbescheinigung oder im Lohnzettel verkürzt wird.

Soweit einem Dritten als Entleiher Arbeitnehmer gewerbsmäßig zur Arbeitsleistung überlassen werden, haftet der Entleiher unter bestimmten Voraussetzungen ebenfalls (vergl. § 49 d Abs. 6 und 7 EStG).

3. Kapitalertragsteuer

Rechtsgrundlagen: §§ 43 bis 45 b EStG

a) Steuerabzug vom Kapitalertrag

133 Die Kapitalertragsteuer ist eine Erhebungsform der Einkommensteuer. Bei bestimmten inländischen Kapitalerträgen ist die Einkommensteuer zunächst

im Wege des Steuerabzuges an der Quelle zu Lasten des Beziehers der Erträge einzubehalten und vom Schuldner dieser Erträge an das Finanzamt abzuführen. Der Bezieher der Erträge erhält nicht den Bruttobetrag ausgezahlt, sondern nur den um die Kapitalertragsteuer verminderten Betrag. Er hat jedoch in seiner Einkommensteuererklärung den Bruttoertrag der inländischen Kapitalerträge anzusetzen. Dafür wird die einbehaltene Kapitalertragsteuer als Einkommensteuervorauszahlung auf seine Einkommensteuerschuld angerechnet.

b) Kapitalerträge mit Steuerabzug
Die Kapitalertragsteuer wird bei den folgenden inländischen Kapitalerträgen gemäß § 43 Abs. 1 EStG durch Abzug vom Kapitalertrag erhoben: **134**
1. Kapitalerträgen im Sinne des § 20 Abs. 1 Nr. 1 und 2 EStG, insbesondere Gewinnanteilen (Dividenden), Zinsen, Ausbeuten und sonstigen Bezügen aus Aktien, Kuxen, Genußscheinen, Anteilen an Gesellschaften mit beschränkter Haftung, an Erwerbs- und Wirtschaftsgenossenschaften und an Bergbau treibenden Vereinigungen, die die Rechte einer juristischen Person haben;
2. Zinsen aus Teilschuldverschreibungen, bei denen neben der festen Verzinsung ein Recht auf Umtausch in Gesellschaftsanteile (Wandelanleihen) oder eine Zusatzverzinsung, die sich nach der Höhe der Gewinnausschüttungen des Schuldners richtet (Gewinnobligationen) eingeräumt ist, und Zinsen aus Genußscheinen, mit denen nicht das Recht am Gewinn und am Liquidationserlös einer Kapitalgesellschaft verbunden ist;
3. Einnahmen aus der Beteiligung an einem Handelsgewerbe als stiller Gesellschafter und Zinsen aus einem partiarischen Darlehen;
4. Kapitalerträgen im Sinne des § 20 Abs. 1 Nr. 6 EStG;
5. bestimmte Zinsen aus in der Bundesrepublik Deutschland oder in Berlin (West) nach dem 31. 3. 1952 und vor dem 1. 1. 1955 ausgegebenen festverzinslichen Wertpapieren;
6. Einnahmen aus der Vergütung von Körperschaftsteuer nach § 36 e EStG oder nach § 52 KStG.

Zu den steuerabzugspflichtigen Kapitalerträgen gehören auch besondere **135**
Entgelte oder Vorteile im Sinne des § 20 Abs. 2 Nr. 1 EStG, die neben den vorstehend bezeichneten Kapitalerträgen oder an deren Stelle gewährt werden.

c) Steuersätze
Die Kapitalertragsteuer beträgt, ausgenommen die Fälle des § 43 Abs. 1 **136**
Nr. 4 EStG, also bei den Erträgen von Aktien, Kuxen, Genußscheine, Anteilen an Gesellschaften mit beschränkter Haftung und den übrigen oben ange-

führten Wertpapieren sowie aus Beteiligungen als stiller Gesellschafter und aus Wandelanleihen und Gewinnobligationen 25 v. H. des Kapitalertrages.

137 Bei Kapitalerträgen nach § 43 Abs. 1, Nr. 3 und 4 EStG ist der Steuerabzug nicht vorzunehmen, wenn der Gläubiger unbeschränkt einkommensteuerpflichtig ist und er dem Schuldner oder dem die Kapitalerträge auszahlenden inländischen Kreditinstitut eine Bescheinigung des Finanzamtes vorlegt, daß für ihn eine Veranlagung zur Einkommensteuer nicht in Betracht kommt. Eine solche Bescheinigung wird auf Antrag von dem zuständigen Finanzamt erteilt, wenn anzunehmen ist, daß für den Gläubiger eine Veranlagung zur Einkommensteuer für die Kalenderjahre, für welche die Bescheinigung gelten soll, nicht oder nur auf Antrag durchzuführen sein wird oder nicht zur Festsetzung einer Steuer führen wird (§ 44 a Abs. 2 und 3 EStG).

138 Die Kapitalertragsteuer beträgt 33 ^{1}/₃ v. H. des tatsächlich ausgezahlten Betrages, wenn der Schuldner die Kapitalertragsteuer übernimmt.

139 Die Kapitalertragsteuer beträgt in den Fällen des § 43 Abs. 1 Nr. 5 EStG für bestimmte, nach dem 31. 3. 1952 und vor dem 1. 1. 1955 ausgegebene Wertpapiere 30 v. H. Durch diese Kapitalertragsteuer ist nach § 46 a EStG die Einkommensteuer für Einkünfte aus Land- und Forstwirtschaft, Gewerbebetrieb oder Kapitalvermögen und nach § 9 Ziff. 6 GewStG auch die Gewerbesteuer und darüber hinaus auch die Kirchensteuer abgegolten. Auf Antrag des Steuerpflichtigen ist jedoch von der Anwendung abzusehen und die Veranlagung der Einkünfte zusammen mit den übrigen Einkünften vorzunehmen. Dieser Antrag auf Veranlagung empfiehlt sich immer dann, wenn die sich aus der Einkommensteuertabelle ergebende Spitzenbelastung in der entsprechenden Progressionsstufe unter 30 v. H. liegt.

140 Der Schuldner hat nach § 44 EStG die Kapitalertragsteuer für den Gläubiger einzubehalten. Er hat den Steuerabzug in dem Zeitpunkt vorzunehmen, in dem die Kapitalerträge zufließen und die innerhalb eines Monats einbehaltene Steuer bis zum 10. des folgenden Monats an das Finanzamt abzuführen. Der Schuldner haftet für die Einbehaltung und Entrichtung der Kapitalertragsteuer neben dem Gläubiger.

141 Gewinnanteile (Dividenden) und andere Kapitalerträge, deren Ausschüttung von einer Körperschaft beschlossen wird, fließen dem Gläubiger an dem Tag zu, der im Beschluß als Tag der Auszahlung bestimmt worden ist. Ist die Ausschüttung nur festgesetzt, ohne daß über den Zeitpunkt der Auszahlung ein Beschluß gefaßt worden ist, so gilt als Zeitpunkt des Zufließens der Tag nach der Beschlußfassung.

142 Ist bei Einkünften aus der Beteiligung an einem Handelsgewerbe als stiller Gesellschafter in dem Beteiligungsvertrag über den Zeitpunkt der Ausschüttung keine Vereinbarung getroffen, so gilt der Kapitalertrag am Tag nach der Aufstellung der Bilanz oder einer sonstigen Feststellung des Gewinnanteils des stillen Gesellschafters, spätestens 6 Monate nach Ablauf

Heinrich Günther

des Wirtschaftsjahres als zugeflossen. Das gilt für partiarische Darlehen entsprechend.

Der Schuldner der Kapitalerträge ist nach § 45 a Abs. 2 EStG verpflichtet, **143** dem Gläubiger der Kapitalerträge eine Bescheinigung nach amtlich vorgeschriebenem Muster über die Höhe der Kapitalerträge, des Steuerbetrages, über den Zahlungstag und über die Zeit, für welche die Kapitalerträge, gezahlt sind, zu erteilen, damit der Gläubiger als Steuerpflichtiger einen Nachweis für die auf seine Einkommensteuer anzurechnende Kapitalertragsteuer hat. Mit dieser Bescheinigung wird in der Regel auch zugleich die Bescheinigung über die nach § 36 Abs. 2 Ziff. 3 Nr. 1 EStG anrechenbare Körperschaftsteuer verbunden (vgl. § 44 und § 45 KStG). Werden die Kapitalerträge durch ein inländisches Kreditinstitut gezahlt, so erteilt dieses die Bescheinigung.

4. Besondere Einkommensteuer-Vergünstigungen

a) Freie Erfinder
Rechtsgrundlage: Verordnung über die einkommensteuerliche Behandlung der freien Erfinder vom 30. 5. 1951 (BGBl. 1951 I S. 387), Gesetzeskraft durch Gesetz vom 20. 2. 1969 (BGBl. 1969 I S. 144), zuletzt geändert durch Gesetz vom 14. 12. 1984 (BGBl. 1984 I S. 1493), Abschn. 149 EStR; zunächst gültig bis 31. 12. 1988.

Erfinder, die ihre Erfindertätigkeit nicht im Rahmen eines Arbeitsverhältnisses ausüben (freie Erfinder), sind mit ihren Einkünften aus der Erfindertätigkeit nach Maßgabe der genannten Verordnung vom 30. 5. 1951 begünstigt. Diese Einkünfte gehören zu den Einkünften aus selbständiger Arbeit oder, soweit sie im Rahmen eines Gewerbebetriebes anfallen, zu den Einkünften aus Gewerbebetrieb. **144**

Zu den Voraussetzungen für die Begünstigung der freien Erfinder gehört, **145** daß die Erfindung oder der Versuch volkswirtschaftlich wertvoll ist. Der Antrag auf Anerkennung dieser Voraussetzung ist bei der obersten Wirtschaftsbehörde des Landes, in dem die Erfindertätigkeit ausgeübt wird, zu stellen. Weitere Voraussetzung ist, daß die Betriebseinnahmen und Betriebsausgaben, die sich auf Versuche und Erfindungen beziehen, gesondert aufgezeichnet werden.

Wird die Erfindung nicht im eigenen gewerblichen Betrieb verwertet, so **146** darf der Steuerpflichtige Aufwendungen, die durch seine Erfindertätigkeit veranlaßt sind, und Verluste, die sich durch die steuerliche Behandlung der Aufwendungen in den fünf vorangegangenen Veranlagungszeiträumen ergeben haben, unter bestimmten Voraussetzungen absetzen. Der Erfinder ist darüber hinaus in diesem Falle nach § 4 Ziff. 3 der genannten Verordnung einkommensteuerlich insoweit begünstigt, daß die anteilige Einkommensteuer, die sich für die Einkünfte aus freier Erfindertätigkeit im Verhältnis zum Gesamtbetrag der Einkünfte aufgrund der Steuer, die für das gesamte Einkommen nach der Einkommensteuertabelle festzusetzen wäre, ergibt, auf Antrag für die Versuchszeit und für den Veranlagungszeitraum, in dem die Verwertung beginnt, und für die acht folgenden Veranlagungszeiträume, bei patentierten Erfindungen höchstens aber für die Laufzeit des Patentes nur zur Hälfte erhoben wird.

Verwertet der Erfinder die Erfindung im eigenen gewerblichen Betrieb, so findet die Tarifbegünstigung des § 4 Ziff. 3 der genannten Verordnung keine Anwendung.

Das Gesetz ist – wohl vorläufig – gültig letztmals für den Veranlagungszeitraum 1988.

b) Arbeitnehmer-Erfindungen

Rechtsgrundlage: Verordnung über die steuerliche Behandlung der Vergütungen für Arbeitnehmer-Erfindungen vom 6. 6. 1951 (BGBl. 1951 I S. 388); Gesetzeskraft durch das Gesetz vom 20. 2. 1969 (BGBl. 1969 I S. 144), geändert durch Gesetz vom 19. 12. 1975 (BGBl. I S. 3157) und vom 14. 12. 1984 (BGBl. 1984 I S. 1493), Abschn. 52 d LStR, zunächst gültig bis zum 31. 12. 1988.

147 Wenn ein Arbeitgeber aufgrund gesetzlicher Vorschriften seinem Arbeitnehmer Vergütungen für eine schutzfähige Erfindung, die aus der Arbeit des Arbeitnehmers im Betrieb entstanden ist, zahlt, so werden der Steuerabzug vom Arbeitslohn und die Veranlagung zur Einkommensteuer nach Maßgabe der genannten Verordnung steuerlich begünstigt.

Die Lohnsteuer von den gesamten Vergütungen des Kalenderjahres für Arbeitnehmer-Erfindungen ist nach den Anordnungen zu berechnen, die für sonstige, insbesondere einmalige Bezüge bei der Aufteilung dieser Bezüge auf ein volles Jahr getroffen sind. Die so errechnete Lohnsteuer wird nur zur Hälfte erhoben.

148 Durch den Steuerabzug vom Arbeitslohn ist die auf die Vergütungen für Arbeitnehmer-Erfindungen entfallende Einkommensteuer abgegolten. Die Vergütungen bleiben bei der Veranlagung des Arbeitnehmers zur Einkommensteuer außer Betracht. Die von den Vergütungen einbehaltene Lohnsteuer wird auf die Einkommensteuerschuld des Arbeitnehmers nicht angerechnet. Der Arbeitnehmer kann aber beantragen, daß die Vergütungen für Arbeitnehmer-Erfindungen in eine nach § 46 EStG vorzunehmende Veranlagung einbezogen werden. In diesem Fall ist die anteilige Einkommensteuer, die sich für die Vergütungen für Arbeitnehmer-Erfindungen im Verhältnis zum Gesamtbetrag der Einkünfte aufgrund der Steuer ergibt, die für das gesamte Einkommen nach der Einkommensteuertabelle festzusetzen wäre.. nur zur Hälfte zu erheben. Die von den Vergütungen einbehaltene Lohnsteuer ist auf die Einkommensteuerschuld des Arbeitnehmers abzurechnen.

Heinrich Günther

Das Gesetz ist – wohl vorläufig – letztmals für den Veranlagungszeitraum 1988 gültig.

c) Prämien für Verbesserungsvorschläge
Rechtsgrundlage: Verordnung über die steuerliche Behandlung von Prämien für Verbesserungsvorschläge vom 18. 2. 1957 (BGBl. 1957 I S. 33), Gesetzeskraft durch das Gesetz vom 20. 2. 1969 (BGBl. 1969 I S. 144), zuletzt geändert durch Gesetz vom 14. 12. 1984 (BGBl. 1984 I S. 1493), zunächst gültig bis 31. 12. 1988

Bei Prämien, die der Arbeitgeber für Verbesserungsvorschläge nach einem in § 2 der genannten Verordnung festgelegten Verfahren gewährt, ergeben sich für den Arbeitnehmer folgende Einkommensteuerbegünstigungen: 149
a) Übersteigt die Prämie für einen Verbesserungsvorschlag nicht 200 DM, so gehört sie nicht zum steuerpflichtigen Arbeitslohn.
b) Übersteigt die Prämie 200 DM, so gehören ein Betrag von 200 DM und die Hälfte des darüber hinausgehenden Betrages, höchstens jedoch ein Betrag von insgesamt 500 DM nicht zum steuerpflichtigen Arbeitslohn.

d) Förderung der Vermögensbildung der Arbeitnehmer
Rechtsgrundlage: siehe RZ 118.

Nach dem 5. Vermögensbildungsgesetz stehen nicht nur dem Arbeitnehmer, der Teile seines Arbeitslohnes in vermögenswirksame Leistungen anlegt, einkommensteuerliche Vergünstigungen zu, sondern auch denjenigen Arbeitgebern, die ihren Arbeitnehmern vermögenswirksame Leistungen nach dem 3. Vermögensbildungsgesetz gewähren.   150

Vermögenswirksame Leistungen sind Leistungen, die der Arbeitgeber für den Arbeitnehmer erbringt. Die ab dem 1. 7. 1987 hierfür möglichen Anlageformen mit ihren zum Teil unübersichtlichen Regelungen ergeben sich aus dem Überblick in der nachstehenden Tabelle 3:   151

Tabelle 3*

Anlageformen 5. VermBG, Festlegungsfristen, Höchstvolumen und Arbeitnehmer-Sparzulagen ab 1987

Anlageformen nach § 2 des 5. VermBG (Einzelheiten in den erwähnten §§ des Gesetzes)	Festle-gungs-bzw. Sperrfrist	Höchstvolu-men begün-stigter VL je Kalenderjahr und Arbeit-nehmer	Prozentsatz der Arbeitnehmer-Sparzulage	
			bis zu 2 Kinder	3 und mehr Kin-der
	Jahre	DM	%	%
1. Konten-Sparvertrag (§ 4)	7	624	16	26
2. Wertpapier- oder Vermögensbe-teiligungs-Sparvertrag (§ 5) a) Aktien des Arbeitgebers u. a.	6	936	23	33
b) Kuxen, Wandel- und Gewinnschuldverschreibun-gen				
c) Anteilscheine an Wertpapier-Sondervermögen				
d) Anteilscheine an Beteili-gungs-Sondervermögen				
e) Anteilscheine an Wertpapier-vermögen ausländischen Rechts				
f) Genußscheine mit Gewinnan-spruch				
g) Geschäftsguthaben bei Genossenschaften				
h) GmbH-Stammeinlage oder -Geschäftsanteil				
i) Beteiligung als stiller Gesell-schafter				
k) Darlehensforderung gegen Arbeitgeber				
l) Genußrecht am Arbeitgeber-Unternehmen mit Gewinnan-spruch				
3. Wertpapier-Kaufvertrag (§ 6) i. S. Nr. 2 Buchst. a bis f	6	936	23	33
4. Beteiligungsvertrag (§ 7) oder Beteiligungs-Kaufvertrag (§ 8) i. S. Nr. 2 Buchst. g bis l	6	936	23	33
5. Aufwendungen gemäß WoPG (Bausparbeiträge)	7	624	23	33
6. Unmittelbare wohnungswirt-schaftliche Aufwendungen	–	624	23	33
7. Vermögensbildender Kapitalver-sicherungsvertrag (§ 9)	12	624	16	26

* Aus: DATEV, Tabellen und Informationen für den steuerlichen Berater, Ausgabe 1988.

Heinrich Günther

Der Arbeitgeber hat die vermögenswirksamen Leistungen für den Arbeit- **152** nehmer unmittelbar an das Unternehmen oder Institut zu überweisen, bei dem sie angelegt werden sollen. Auf Verlangen des Arbeitnehmers hat der Arbeitgeber einen Vertrag über die vermögenswirksame Anlage von Teilen des Arbeitslohnes abzuschließen. Wegen weiterer Einzelheiten muß auf den Gesetzeswortlaut verwiesen werden.

Nach § 13 des Gesetzes erhält der Arbeitnehmer, wenn das zu ver- **153** steuernde Einkommen 24 000 DM, bei einer Zusammenveranlagung 48 000 DM, nicht übersteigt, wobei sich die Einkommensgrenze für jeden Kinderfreibetrag von 1242 DM um 900 DM und für jeden Kinderfreibetrag von 2484 DM um 1800 DM erhöht, eine *Arbeitnehmer-Sparzulage* in der aus dem Gesetz ersichtlichen unterschiedlichen Bemessungsgrundlage (624 DM bzw. 936 DM) mit unterschiedlichen Sparzulage-Prozentsätzen (16, 23 und 33 v. H.) je nach Art der Anlageform und der Zahl der Kinder. Die Arbeit-nehmer-Sparzulage hat der Arbeitgeber an den Arbeitnehmer auszuzahlen (z. B. im Falle der Anlage als Vermögensbeteiligung nach § 2 des Gesetzes mit 23 v. H. von 936 DM = 215,30 DM).

Für Arbeitgeber, die in dieser Weise ihren Arbeitnehmern vermögenswirk- **154** same Leistungen gewähren, ermäßigt sich die Einkommensteuer oder Körperschaftsteuer für den Veranlagungszeitraum, in dem die Leistungen gewährt worden sind, um 15 v. H. der Summe der vermögenswirksamen Leistungen, höchstens aber um 3000 DM. Für vermögenswirksame Leistungen, die eine offene Handelsgesellschaft, eine Kommanditgesellschaft oder eine andere Gesellschaft, bei der die Gesellschafter als Unternehmer (Mitunternehmer) anzusehen sind, ihren Arbeitnehmern gewährt, ermäßigt sich die Einkommensteuer oder Körperschaftsteuer für alle Gesellschafter zusammen um höchstens 3000 DM. Voraussetzung für die Gewährung der Steuerermäßigung ist, daß der Steuerpflichtige oder die Gesellschaft am 1. 10. des Kalenderjahres, das dem Veranlagungszeitraum vorausgegangen ist, nicht mehr als 60 Arbeitnehmer (ohne Auszubildende und Schwerbeschädigte) beschäftigt hat.

e) Unterstützungskassen
Rechtsgrundlagen: § 5 Abs. 1 Nr. 3 des Körperschaftsteuergesetzes (KStG 1984) in der Fassung vom 10. 2. 1984 (BGBl. 1984 I S. 217), zuletzt geändert durch Gesetz vom 20. 2. 1986 (BGBl. 1986 I S. 297), § 1 Abs. 4 des Gesetzes zur Verbesserung der betrieblichen Altersversorgung (BetrAVG) vom 19. 12. 1974 (BGBl. I S. 3610), § 4 d EStG, Abschn. 27 a EStR

Nach § 4 d Abs. 1 EStG dürfen Zuwendungen an eine Unterstützungs- **155** kasse von dem Unternehmen, das die Zuwendungen leistet (Trägerunternehmen), als Betriebsausgaben unter den im einzelnen festgelegten Voraussetzungen abgezogen werden. Eine Unterstützungskasse ist eine rechtsfähige Versorgungseinrichtung, z. B. in der Rechtsform eines eingetragenen

Vereins, einer GmbH oder Stiftung, die auf ihre Leistungen keinen Rechtsanspruch gewährt. Es wird nur darauf abgestellt, ob die Kasse lebenslänglich laufende Leistungen oder nicht lebenslänglich laufende Leistungen gewährt.

156   Zu den lebenslänglich laufenden Leistungen gehören alle laufenden (wiederkehrenden) Leistungen, soweit sie nicht von vornherein nur für eine bestimmte Anzahl von Jahren oder bis zu einem bestimmten Lebensalter des Leistungsberechtigten vorgesehen sind. Es können zugewendet werden
a) das Deckungskapital für die laufenden Leistungen nach der dem Gesetz als Anlage 3 beigefügten Tabelle,
b) in jedem Wirtschaftsjahr für jeden Leistungsanwärter
   aa) wenn die Kasse nur Invaliditätsversorgung oder nur Hinterbliebenenversorgung gewährt, jeweils 6 v. H.,
   bb) wenn die Kasse Altersversorgung mit oder ohne Einschluß von Invaliditätsversorgung oder Hinterbliebenenversorgung gewährt, 25 v. H.
des Durchschnittsbetrages der von der Kasse im Wirtschaftsjahr gewährten Leistungen,
c) der Betrag der Jahresprämie, den die Kasse an einen Versicherer zahlt, soweit sie sich die Mittel für ihre Leistungen durch Abschluß einer Versicherung verschafft,
d) der Betrag, den die Kasse einem Leistungsanwärter vor Eintritt des Versorgungsfalles als Abfindung für künftige Versorgungsleistungen gewährt oder den sie an einen anderen Versorgungsträger zahlt, der eine ihr obliegende Versorgungsverpflichtung übernommen hat.
Zuwendungen nach den Buchstaben a und b dürfen nicht als Betriebsausgaben abgezogen werden, wenn das Vermögen der Kasse ohne Berücksichtigung künftiger Kassenleistungen am Schluß des Wirtschaftsjahres das zulässige Kassenvermögen übersteigt. Zulässiges Kassenvermögen ist die Summe aus dem Deckungskapital für alle am Schluß des Wirtschaftsjahres laufenden Leistungen nach der dem Gesetz als Anlage 3 beigefügten Tabelle und dem 8-fachen der nach Buchstabe b abzugsfähigen Zuwendungen.

157   Bei Kassen, die keine lebenslänglich laufenden Leistungen gewähren, können für jedes Wirtschaftsjahr 0,2 v. H. der Lohn- und Gehaltssumme des Trägerunternehmens, mindestens jedoch der Betrag der von der Kasse in einem Wirtschaftsjahr erbrachten Leistungen, soweit dieser Betrag höher ist als die in den vorangegangenen 5 Wirtschaftsjahren vorgenommenen Zuwendungen, abzüglich der in dem gleichen Zeitraum erbrachten Leistungen zugewendet werden.

158   Gewährt eine Kasse lebenslänglich laufende und nicht lebenslänglich laufende Leistungen, so gelten für beide Fälle unter den genannten Voraussetzungen die Zuwendungen als abzugsfähige Betriebsausgaben.

Heinrich Günther

Der Vorteil der den Gewinn des Betriebes mindernden steuerfreien 159
Zuwendungen an Unterstüzungskassen liegt einmal darin, daß entsprechende Minderungen der Einkommen- und Körperschaftsteuer sowie der Gewerbesteuer und Kirchensteuer bei den Trägerunternehmen oder deren Inhabern eintreten, zum anderen darin, daß das auf diese Weise angesammelte Kassenvermögen langfristig dem Trägerunternehmen darlehensweise gegen angemessene Verzinsung wieder zur Verfügung gestellt werden kann und damit zur Liquiditätsverbesserung und Finanzierung des Trägerunternehmens wegen der Langfristigkeit der Anlage wesentlich beiträgt.

f) Entwicklungshilfe
Rechtsgrundlage: Gesetz über steuerliche Maßnahmen zur Förderung von privaten Kapitalanlagen in Entwicklungsländern, Entwicklungsländer-Steuergesetz (EntwLStG) in der Fassung vom 21. 5. 1979 (BGBl. 1979 I S. 564), zuletzt geändert durch Gesetz vom 22. 12. 1981 (BGBl. 1981 I S. 1923)

Nach § 1 Abs. 1 des genannten Gesetzes können Steuerpflichtige, die mit 160
Mitteln eines inländischen Betriebs, dessen Gewinn nach § 4 Abs. 1 oder § 5 EStG ermittelt wird, Kapitalanlagen in Entwicklungsländern vornehmen, zu Lasten des Gewinns des inländischen Betriebs eine steuerliche Rücklage bilden. Die Rücklage darf bei Kapitalanlagen

1. in den Entwicklungsländern
der in § 6 Abs. 1 genannten Gruppe 1   100 v. H.
2. in Entwicklungsländern der in § 6 Abs. 1 genannten Gruppe 2   40 v. H.
der Anschaffungs- oder Herstellungskosten der Kapitalanlagen nicht übersteigen.

Die Rücklage ist spätestens vom sechsten auf ihre Bildung folgenden Wirtschaftsjahr an gewinnerhöhend aufzulösen

1. bei Kapitalanlagen in Entwicklungsländern der Gruppe 1
jährlich mit mindestens $1/12$;
2. bei Kapitalanlagen in Entwicklungsländern der Gruppe 2
jährlich mit mindestens $1/12$, in besonderen Fällen jährlich mit $1/6$.

Kapitalanlagen in Entwicklungsländern sind: 161
1. Beteiligungen an Kapitalgesellschaften in Entwicklungsländern, die anläßlich der Gründung oder einer Kapitalerhöhung erworben worden sind,
2. Darlehen, die an Kapitalgesellschaften in Entwicklungsländern im Zusammenhang mit der Gründung oder einer erheblichen Erweiterung des Unternehmens hingegeben worden sind, wenn die vertraglichen Vereinbarungen bestimmte Voraussetzungen erfüllen,
3. Einlagen in Personengesellschaften in Entwicklungsländern zum Zweck der Gründung oder einer erheblichen Erweiterung des Unternehmens,

4. Betriebsvermögen, das einem Betrieb oder einer Betriebsstätte des Steuerpflichtigen in Entwicklungsländern zum Zweck der Gründung oder einer erheblichen Erweiterung zugeführt worden ist,

wenn die Gesellschaft, der Betrieb oder die Betriebsstätte in Entwicklungsländern ausschließlich oder fast ausschließlich

die Herstellung oder Lieferung von Waren außer Waffen oder die Gewinnung von Bodenschätzen oder

die Bewirkung gewerblicher Leistungen, soweit diese nicht in der Errichtung oder dem Betrieb von Anlagen, die dem Fremdenverkehr dienen, oder in der Vermietung und Verpachtung von Wirtschaftsgütern einschließlich der Überlassung der Nutzung von Rechten, Plänen, Mustern, Verfahren, Erfahrungen und Kenntnissen bestehen, oder

den Betrieb einer Landwirtschaft oder Forstwirtschaft

zum Gegenstand hat.

Wegen weiterer Einzelheiten ist auf das Gesetz zu verweisen.

II. Kirchensteuer

Rechtsgrundlagen: § 31 AO; Landesgesetzliche Vorschriften über die Erhebung von Kirchensteuern

162   Nach den landesgesetzlichen Vorschriften sind die öffentlich-rechtlichen Religionsgesellschaften berechtigt, Kirchensteuern zu erheben. Die Erhebung der Kirchensteuern erfolgt unter Mitwirkung der Finanzämter in der Weise, daß bei der Einkommensteuerveranlagung gleichzeitig auch die Kirchensteuer, die sich in einem bestimmten Hundertsatz der Einkommensteuer bemißt, mit festgesetzt wird. Bei den Arbeitnehmern wird die Kirchensteuer wie die Lohnsteuer im Abzugsverfahren einbehalten.

Die nachstehende Tabelle 4 gibt eine Übersicht über die landesgesetzlich geregelten Kirchensteuersätze (Stand 1988 [1]) wieder:

---

1 *Meyer*, Kirchensteuersätze 1988, aus: NWB Fach 12, Seite 1337.

           Heinrich Günther

Tabelle 4

Land Kirche/ Kultusgemeinde	Zuschlag zur ESt/LSt	Kappung bei v.H.	Zuschlag bei pauschalierter LSt	Allgemeines Kirchgeld	Besonderes Kirchgeld in glaubensverschiedenen Ehen	Zuschlag zur GrSt A	B	Mindestbetrag an KiSt	Mindest-KiSt jährlich
Baden-Württemberg									
Ev. Landeskirche in Baden	8 v.H.	keine	7 v.H.	kein	kein	bis 20 v.H.²	bis 20 v.H.²	j 7,20 DM / vj 1,80 DM / m 0,60 DM / w 0,14 DM / t 0,02 DM³	keine
Ev. Landeskirche in Württemberg	8 v.H.	keine	7 v.H.	7 DM	kein	kein	kein		keine
Erzbistum Freiburg	8 v.H.	keine	7 v.H.	kein	kein	kein	kein		keine
Bistum Rottenburg-Stutg.	8 v.H.	keine	7 v.H.	7,20 DM¹	kein	bis 35 v.H.	bis 25 v.H.		keine
Altkath. Kirche	8 v.H.	keine	kein	7 DM	kein	kein	kein		keine
Is. Religionsgemeinschaft	8 v.H.	keine	kein	kein	kein	kein	kein		keine
Freirelig. Landesgemeinde Baden	8 v.H.	keine	7 v.H.	kein	kein	kein	kein		keine
Bayern									
Ev. luth. Kirche in Bayern	8 v.H.	keine	7 v.H.	3–30 DM	kein	10 v.H.	kein	kein	keine
(Erz-)Diözesen Augsburg, Bamberg, Eichstätt, München-Freising, Passau, Regensburg, Würzburg	8 v.H.	keine	7 v.H.	3–30 DM	kein	10 v.H.	kein	kein	keine
Altkath. Kirche	8 v.H.	keine	kein	ab 6 DM	kein	kein	kein	kein	keine
Landesverband der Is. Kultusgemeinden	8 v.H.	keine	7 v.H.	kein	kein	kein	kein	kein	keine

Land Kirche/ Kultusgemeinde	Zuschlag zur ESt/LSt	Kappung bei v.H.	Zuschlag bei pauschalierter LSt	Allgemeines Kirchgeld	Besonderes Kirchgeld in glaubensverschiedenen Ehen	Zuschlag zur GrSt A	B	Mindestbetrag an KiSt	Mindest-KiSt jährlich
Berlin (West)									
Ev. Kirche in Berlin-Brandenburg, (Berlin-West)	9 v.H.	3 v.H.	4 v.H.[4]	kein	216–3996 DM	kein	kein	kein	keine
Bistum Berlin	9 v.H.	3 v.H.	7 v.H.[4]	kein	216–3996 DM	kein	kein	kein	keine
Hugenottenkirche	9 v.H.	3 v.H.[5]	kein[5]	kein	kein	kein	kein	kein	keine
Jd. Gemeinde[6]	9 v.H.	3 v.H.[5]	kein[5]	kein	kein	20 v.H.	20 v.H.[6a]	kein	keine
Bremen									
Brem. Ev. Kirche	8 v.H.	3 v.H.	7 v.H.	kein	kein	kein	kein	kein	keine
Ev.-ref. Kirchengemeinde	8 v.H.	3 v.H.	7 v.H.	kein	kein	kein	kein	kein	keine
Kath. Kirchengemeinden	8 v.H.	3 v.H.	7 v.H.	kein	kein	kein	kein	kein	keine
Israel. Gemeinde	5 v.H.	3 v.H.	7 v.H.	kein	kein	kein	kein	kein	keine
Bremerhaven									
Ev.-luth. Gesamtverband	8 v.H.	3 v.H.	7 v.H.	kein	kein	kein	kein	kein	keine
Ev.-ref. Kirchengemeinde	8 v.H.	3 v.H.	7 v.H.	kein	kein	kein	kein	kein	keine
Verein. Protest. Gemeinde	8 v.H.	3 v.H.	7 v.H.	kein	kein	kein	kein	kein	keine
Kath. Kirchengemeinden	8 v.H.	3 v.H.	7 v.H.	kein	kein	kein	kein	kein	keine

Land Kirche/ Kultusgemeinde	Zuschlag zur ESt/LSt	Kappung bei v.H.	Zuschlag bei pauschalierter LSt	Allgemeines Kirchgeld	Besonderes Kirchgeld in glaubensverschiedenen Ehen	Zuschlag zur GrSt A	B	Mindestbetrag an KiSt	Mindest-KiSt jährlich
Hamburg									
Nordelbische Ev.-luth. Kirche	8 v.H.	3 v.H.	5,5 v.H.	kein	240–4800 DM[10]	kein	kein	7,20 DM	keine
Ev.-luth. Landeskirche Hannovers	8 v.H.	3 v.H.	5,5 v.H.	kein	240–4800 DM[10]	kein	kein	7,20 DM	keine
Röm.-kath. Kirchengemeinden	8 v.H.	3 v.H.	5,5 v.H.	kein	240–4800 DM[10]	kein	kein	7,20 DM	keine
Ev.-ref. Kirche	8 v.H.[7]	keine	kein	kein	kein	kein	kein	kein	keine
Mennonitengemeinde	10 v.H.[7]	keine	kein	16 DM	10 DM[12]	kein	kein	kein	1 v.H. des Einkommens[13]
Hessen									
Ev. Kirche in Hessen und Nassau	9 v.H.	4 v.H.[8]	7 v.H.	kein	240–4800 DM	kein	kein	3,60 DM[9]	keine
Ev. Kirche von Kurhessen-Waldeck	9 v.H.	4 v.H.[8]	7 v.H.	6–30 DM[11]	240–4800 DM	bis 33¹/₃ v.H.	kein	3,60 DM[9]	keine
Ev. Kirche im Rheinland	9 v.H.	4 v.H.[8]	7 v.H.	6–30 DM[11]	kein	bis 20 v.H.	kein	3,60 DM[9]	keine
Diözese Fulda	9 v.H.	4 v.H.[8]	7 v.H.	6–60 DM	240–4800 DM	bis 20 v.H.	bis 20 v.H.	3,60 DM[9]	keine
Diözese Limburg	9 v.H.	4 v.H.[8]	7 v.H.	6–60 DM	240–4800 DM	bis 20 v.H.	bis 20 v.H.	3,60 DM[9]	keine
Diözese Mainz	9 v.H.	4 v.H.[8]	7 v.H.	kein[14]	240–4800 DM	kein	kein	3,60 DM[9]	keine
Erzdiözese Paderborn	9 v.H.	4 v.H.[8]	7 v.H.	kein	240–4800 DM	kein	kein	3,60 DM[8]	keine
Altkath. Kirche	9 v.H.	4 v.H.[8]	7 v.H.	kein	240–4800 DM	kein	kein	3,60 DM[9]	keine
Freirelig. Gemeinden Mainz u. Offenbach	9 v.H.	4 v.H.[8,15]	7 v.H.		240–4800 DM	kein	kein	3,60 DM[9]	keine
Jd. Gemeinde Frankfurt	9 v.H.[16]	keine	7 v.H.	ab 48 DM	240–4800 DM	10 v.H.	20 v.H.	3,60 DM[9]	keine
Jd. Gemeinde Gießen	9 v.H.	keine	7 v.H.	bis 30 DM	240–4800 DM	kein	kein	3,60 DM	keine
Jd. Gemeinde Kassel	9 v.H.	keine	7 v.H.	bis 30 DM	240–4800 DM	kein	kein	3,60 DM	keine
Jd. Gemeinde Bad Nauheim	9 v.H.	keine	7 v.H.	bis 30 DM	240–4800 DM	kein	kein	3,60 DM	keine

Land/Kirche/Kultusgemeinde	Zuschlag zur ESt/LSt	Kappung bei v.H.	Zuschlag bei pauschalierter LSt	Allgemeines Kirchgeld	Besonderes Kirchgeld in glaubensverschiedenen Ehen	Zuschlag zur GrSt A	Zuschlag zur GrSt B	Mindestbetrag an KiSt	Mindest-KiSt jährlich
Niedersachsen									
Ev.-luth. Landeskirche in Braunschweig	9 v.H.	3,5 v.H.	6 v.H.	6–120 DM	kein	kein	kein		keine
Ev.-luth. Landeskirche Hannovers	9 v.H.	3,5 v.H.	6 v.H.	bis 120 DM	kein	kein	kein		keine
Ev.-luth. Kirche in Oldenburg	9 v.H.	3,5 v.H.	6 v.H.	6–60 DM	kein	kein	kein		keine
Ev.-luth. Landeskirche Schaumburg-Lippe	9 v.H.	3,5 v.H.	6 v.H.	kein	kein	kein	kein		keine
Ev.-ref. Kirche	9 v.H.	3,5 v.H.	6 v.H.	6–120 DM	kein	kein	kein	j 7,20 DM vj 1,80 DM m 0,60 DM w 0,14 DM t 0,02 DM[17]	keine
(Erz-)Diözesen Fulda, Hildesheim, Münster, Osnabrück, Paderborn	9 v.H.	3,5 v.H.	6 v.H.	6–120 DM[17a]		kein	kein		keine
Altkatholische Kirche	9 v.H.	3,5 v.H.	6 v.H.		kein	kein	kein		keine
Nordrhein-Westfalen									
Ev. Kirche im Rheinland	9 v.H.	4 v.H.[18]	7 v.H.	bis 60 DM[11]	kein	bis 20 v.H.	kein	kein	keine
Ev. Kirche von Westfalen	9 v.H.	4 v.H.[18]	7 v.H.	bis 30 DM	kein	bis 20 v.H.	kein	kein	keine
Lippische Landeskirche	9 v.H.	4 v.H.[18]	7 v.H.	kein	kein	kein	kein	kein	keine
Erzdiözese Köln	9 v.H.	4 v.H.[18]	7 v.H.	kein	kein	kein	kein	kein	keine
Erzdiözese Paderborn	9 v.H.	4 v.H.[18]	7 v.H.	kein	kein	kein	kein	kein	keine
Diözese Aachen	9 v.H.	keine	7 v.H.	kein	kein	kein	kein	kein	keine
Diözese Essen	9 v.H.	4 v.H.[18]	7 v.H.	kein	kein	kein	kein	kein	keine
Diözese Münster	9 v.H.	4 v.H.[18]	7 v.H.	kein	kein	kein	kein	kein	keine
Altkatholische Kirche	9 v.H.	keine	7 v.H.	3–30 DM	kein	kein	kein	kein	keine
Jd. Kultusgemeinden	9 v.H.	4 v.H.[19]	7 v.H.	3–20 DM[20]	kein	kein	kein	kein	keine

Heinrich Günther

Land / Kirche / Kultusgemeinde	Zuschlag zur ESt/LSt	Kappung bei v.H.	Zuschlag bei pauschalierter LSt	Allgemeines Kirchgeld	Besonderes Kirchgeld in glaubensverschiedenen Ehen	Zuschlag zur GrSt A	Zuschlag zur GrSt B	Mindestbetrag an KiSt	Mindest-KiSt jährlich
Rheinland-Pfalz									
Ev. Kirche in Hessen und Nassau	9 v.H.	4 v.H.[21]	7 v.H.	kein	240–4800 DM	kein	kein[23]	kein	keine
Protest. Landeskirche der Pfalz	9 v.H.	4 v.H.[21]	7 v.H.	6–60 DM[22]	kein	15 v.H.[22]	10 v.H.[22]	kein	keine
Ev. Kirche im Rheinland	9 v.H.	4 v.H.[21]	7 v.H.	bis 60 DM[22]	kein	bis 25 v.H.	kein	kein	keine
Erzdiözese Köln	9 v.H.	4 v.H.	7 v.H.	kein	kein	bis 20 v.H.	kein	kein	keine
Diözese Limburg	9 v.H.	4 v.H.[21]	7 v.H.	bis 60 DM	240–4800 DM	bis 20 v.H.	bis 20 v.H.	kein	keine
Diözese Mainz	9 v.H.	4 v.H.[21]	7 v.H.	kein[22]	240–4800 DM	kein	kein	kein	keine
Diözese Speyer	9 v.H.	4 v.H.[21]	7 v.H.	kein	kein	bis 15 v.H.	bis 10 v.H.	kein	keine
Diözese Trier	9 v.H.	keine	7 v.H.	kein	240–4800 DM	bis 20 v.H.	kein	kein	keine
Altkatholische Kirche	9 v.H.	keine	7 v.H.	kein	kein	kein	kein	kein	keine
Freirelig. Gemeinde Mainz	9 v.H.	keine	7 v.H.	kein	kein	kein	kein	kein	keine
Freirelig. Landesgemeinde Pfalz	9 v.H.	keine	7 v.H.	kein	kein	kein	kein	kein	keine
Jd. Kultusgem. Koblenz	9 v.H.	keine	7 v.H.	kein	kein	kein	kein	kein	keine
Unit. Rel. Gemeinschaft Freie Protestanten	9 v.H.	keine	7 v.H.	bis 110 DM	kein	kein	kein	kein	keine

Land Kirche/ Kultusgemeinde	Zuschlag zur ESt/LSt	Kappung bei v.H.	Zuschlag bei pauschalierter LSt	Allgemeines Kirchgeld	Besonderes Kirchgeld in glaubensverschiedenen Ehen	Zuschlag zur GrSt A	B	Mindestbetrag an KiSt	Mindest-KiSt jährlich
Saarland									
Ev. Landeskirche im Rheinland	9 v.H.	4 v.H.[21]	7 v.H.	bis 60 DM[22]	kein	bis 25 v.H.	kein	kein	keine
Protest. Landeskirche der Pfalz	9 v.H.	4 v.H.[21]	7 v.H.	6–60 DM[22]	kein	15 v.H.	10 v.H.[22]	kein	keine
Diözese Speyer	9 v.H.	4 v.H.[21]	7 v.H.	kein	kein	15 v.H.	kein	kein	keine
Diözese Trier	9 v.H.	keine	7 v.H.	kein	kein	bis 20 v.H.	kein	kein	keine
Altkatholische Kirche	9 v.H.	keine	7 v.H.	6–40 DM	kein	kein	kein	kein	keine
Synagogengemeinde Saar	9 v.H.	keine	7 v.H.	kein	kein	kein	kein	kein	keine
Schleswig-Holstein									
Nordelbische Ev. luth. Kirche	9 v.H.	3,5 v.H.	7 v.H.	12–60 DM-[22]	240–4800 DM	bis 15 v.H.[22]	bis 15 v.H.[22]	7,20 DM	ja[26]
Diözese Osnabrück	9 v.H.	3,5 v.H.	7 v.H.	kein	240–4800 DM	kein	kein	7,20 DM	ja[25]

Heinrich Günther

1 Wenn die KiSt nicht mindestens 7,20 DM beträgt.
2 Nur noch vereinzelt.
3 Auch wenn veranlagte ESt/LSt infolge Kürzung nach § 51 a EStG 0 DM, also immer, wenn Maßstabsteuer einbehalten oder festgesetzt.
4 Bei Arbeitslohn i. S. des § 23 Nr. 4 BerlinFG 10 v.H.
5 Kein LSt-Abzug.
6 10 v.H. Zuschlag zur VSt.
6a Umrechnung auf Steuer vom Vermögen.
7 Kein LSt-Abzug.
8 Nur auf Antrag.
9 Nur, wenn KiSt einbehalten oder festgesetzt wird.
10 In entsprechender Anwendung des § 51 a Nr. 1 und 2 EStG Kürzung um 12,– DM bzw. 24,– DM.
11 Nur noch vereinzelt.
12 Von der nicht verdienenden Ehefrau, wenn der verdienende Ehemann der Gemeinde nicht angehört.
13 Wenn nicht einkommensteuerbelastet, bei Einzelpersonen ohne Einkommen 10,– DM.
14 Vereinzelte Ausnahmen.
15 Nur fs. Gemeinde Offenbach.
16 Zuschlag 8 v.H. zur VSt.
17 Auch wenn die veranlagte ESt/LSt nach Abzug des Kinderkürzungsbetrags 0 DM beträgt, also immer, wenn Maßstabsteuer einbehalten oder festgesetzt.
17a Fulda bis 60 DM.
18 Auf Antrag.
19 Nur im Bereich Westfalen, im Bereich Nordrhein keine Kappung.
20 Nur vereinzelt bei Rentnern.
21 Nur auf Antrag aus Billigkeitsgründen.
22 Vereinzelt.
23 Mit Ausnahmen.
24 Nur vereinzelt auf Antrag.
25 Mit Freigrenze nach besonderer Tabelle; Mindestbetrag also auch, wenn keine Maßstabsteuer einbehalten oder festgesetzt.

III. Körperschaftsteuer

Rechtsgrundlagen: Körperschaftsteuergesetz (KStG 1984), in der Fassung vom 10. 2. 1984 (BGBl. 1984 I S. 217), zuletzt geändert durch Gesetz vom 20. 2. 1986 (BGBl. 1986 I S. 297); Körperschaftsteuer-Durchführungsverordnung (KStDV 1984) vom 31. 7. 1984 (BGBl. 1984 I S. 1095); Körperschaftsteuer-Richtlinien 1985 (KStR) vom 30. 12. 1985 (BStBl. 1986 I Sondernummer 1).

Kommentare: *Herrmann/ Heuer/ Ranpach*, Kommentar zum Einkommensteuer- und Körperschaftsteuergesetz; *Felix/ Streck*, Körperschaftsteuergesetz; *Greif/ Münzner/ Krebs*, Körperschaftsteuer; *Kläschen*, Kommentar zum Körperschaftsteuergesetz; *Gail/ Gentier/ Grützner/ Lange/ Schultze/ Schwarz/ Wilke*, Körperschaftsteuergesetz 1977; *Dötsch/ Eversberg/ Jost/ Witt*, Die Körperschaftsteuer.

163 Das KStG gilt ab dem 1. 1. 1977. Es stellt im Rahmen der Körperschaftsteuerreform 1977 eine völlige Neuregelung des Körperschaftsteuerrechts dar und hat dementsprechend auch eine völlige Neufassung des Körperschaftsteuergesetzes erforderlich gemacht. Kernstück des Körperschaftsteuerrechts ist das sogenannte Anrechnungsverfahren, mit dem die Doppelbelastung von ausgeschütteten Gewinnen durch die Körperschaftsteuer und die Einkommensteuer beseitigt worden ist. Das System der Vollanrechnung der Körperschaftsteuer auf die ausgeschütteten Gewinne hat komplizierte gesetzliche Regelungen erforderlich gemacht, die in den §§ 27 ff. KStG im einzelnen geregelt sind.

1. Steuerpflicht

164 Die Körperschaftsteuer ist die Einkommensteuer der Körperschaften.

Unbeschränkt körperschaftsteuerpflichtig sind die folgenden Körperschaften, Personenvereinigungen und Vermögensmassen, die ihre Geschäftsleitung oder ihren Sitz im Inland haben (§ 1 KStG):
1. Kapitalgesellschaften (Aktiengesellschaften, Kommanditgesellschaften auf Aktien, Gesellschaften mit beschränkter Haftung, bergrechtliche Gesellschaften);
2. Erwerbs- und Wirtschaftsgenossenschaften;
3. Versicherungsvereine auf Gegenseitigkeit;
4. sonstige juristische Personen des privaten Rechtes;
5. nicht rechtsfähige Vereine, Anstalten, Stiftungen und anderes Zweckvermögen;
6. Betriebe gewerblicher Art von Körperschaften des öffentlichen Rechtes; einem solchen Betrieb steht die Verpachtung eines Betriebes gewerblicher Art gleich.

Heinrich Günther

Die unbeschränkte Körperschaftsteuerpflicht erstreckt sich auf sämtliche inländische und ausländische Einkünfte, soweit nicht für bestimmte Einkünfte abweichende Regelungen bestehen, z. B. Doppelbesteuerungsabkommen.

Beschränkt körperschaftsteuerpflichtig sind (§ 2 KStG)   **165**

1. Körperschaften, Personenvereinigungen und Vermögensmassen, die weder ihre Geschäftsleitung noch ihren Sitz im Inland haben, mit ihren inländischen Einkünften;
2. sonstige Körperschaften, Personenvereinigungen und Vermögensmassen, die nicht unbeschränkt steuerpflichtig sind, mit den inländischen Einkünften, von denen ein Steuerabzug zu erheben ist.

Dazu gehören auch Körperschaften, Personenvereinigungen und Vermögensmassen mit Geschäftsleitung oder Sitz in der Deutschen Demokratischen Republik oder in Berlin (Ost).

Nicht rechtsfähige Personenvereinigungen, Anstalten, Stiftungen und   **166** andere Zweckvermögen sind dann körperschaftsteuerpflichtig, wenn ihr Einkommen weder nach diesem Gesetz noch nach dem Einkommensteuergesetz unmittelbar bei einem anderen Steuerpflichtigen zu versteuern ist.

Von der Körperschaftsteuer sind u. a. *befreit* (§ 5 KStG):   **167**

1. die Deutsche Bundespost, die Deutsche Bundesbahn, die Monopolverwaltungen des Bundes, die staatlichen Lotterieunternehmen und der Erdölbevorratungsverband;
2. die Deutsche Bundesbank, die Kreditanstalt für Wiederaufbau, die Lastenausgleichsbank, die Deutsche Siedlungs- und Landesrentenbank, die Landwirtschaftliche Rentenbank sowie verschiedene sonstige öffentlich-rechtliche Banken;
3. rechtsfähige Pensions-, Sterbe- und Krankenkassen, die den Personen, denen die Leistung der Kasse zugutekommen oder zugutekommen sollen (Leistungsempfängern), einen Rechtsanspruch gewähren, und rechtsfähige Unterstützungskassen, die den Leistungsempfängern keinen Rechtsanspruch gewähren, unter im einzelnen in § 5 Abs. 1 Nr. 3 KStG genannten Voraussetzungen;
4. kleine Versicherungsvereine auf Gegenseitigkeit;
5. Berufsverbände ohne öffentlich-rechtlichen Charakter, deren Zweck nicht auf einen wirtschaftlichen Geschäftsbetrieb gerichtet ist;
6. Körperschaften oder Personenvereinigungen, deren Hauptzweck die Verwaltung des Vermögens für einen nicht rechtsfähigen Berufsverband der in Nr. 5 bezeichneten Art ist;
7. politische Parteien im Sinne des § 2 des Parteiengesetzes und politische Vereine, deren Zweck nicht auf einen wirtschaftlichen Geschäftsbetrieb gerichtet ist;
8. öffentlich-rechtliche Versicherungs- und Versorgungseinrichtungen;

9. Körperschaften, Personenvereinigungen und Vermögensmassen, die nach der Satzung, dem Stiftungsgeschäft oder der sonstigen Verfassung und tatsächlichen Geschäftsführung ausschließlich und unmittelbar gemeinnützugen, mildtätigen oder kirchlichen Zwecken dienen;
10. Wohnungsunternehmen, die als gemeinnützig anerkannt sind;
11. Unternehmen sowie betriebswirtschaftlich und organisatorisch getrennte Teile von Unternehmen, solange sie als Organe der staatlichen Wohnungspolitik anerkannt sind;
12. öffentlich-rechtliche gemeinnützige Siedlungsunternehmen;
13. die zur Ausgabe von Heimstätten zugelassenen gemeinnützigen Unternehmen im Sinne des Reichsheimstättengesetzes;
14. Erwerbs- und Wirtschaftsgenossenschaften sowie Vereine, wenn sich ihr Geschäftsbetrieb beschränkt auf die gemeinschaftliche Benutzung land- und forstwirtschaftlicher Betriebseinrichtungen oder Betriebsgegenstände, Leistungen im Rahme von Dienst- oder Werkverträgen für die Produktion land- und forstwirtschaftlicher Erzeugnisse für die Betriebe der Mitglieder, auf die Bearbeitung oder Verwertung der von den Mitgliedern selbst gewonnenen land- und forstwirtschaftlichen Erzeugnisse oder auf die Beratung für die Produktion oder Verwertung land- und forstwirtschaftlicher Erzeugnisse der Betriebe der Mitglieder;
15. der Pensions-Sicherungs-Verein Versicherungsverein auf Gegenseitigkeit;
16. Körperschaften, Personenvereinigungen und Vermögensmassen, die als Sicherungseinrichtungen eines Verbandes der Kreditinstitute nach ihrer Satzung oder sonstigen Verfassung ausschließlich den Zweck haben, bei Gefahr für die Erfüllung der Verpflichtung eines Kreditinstitutes Hilfe zu leisten.

Die Befreiungen gelten nicht
1. für inländische Einkünfte, die dem Steuerabzug unterliegen,
2. soweit nach den Vorschriften des 4. Teils die Ausschüttungsbelastung im Sinne des § 27 KStG herzustellen ist,
3. für beschränkt Steuerpflichtige im Sinne des § 2 Nr. 1 KStG.
Weitere Einzelheiten sind in den §§ 1 bis 3 der KStDV und in § 6 KStG geregelt.

2. Einkommen

168 Nach § 7 Abs. 1 KStG bemißt sich die Körperschaftsteuer nach dem zu versteuernden Einkommen, im Fall des § 23 Abs. 7 KStG nach den Entgelten (§ 10 Abs. 1 des Umsatzsteuergesetzes) aus Werbesendungen. Das zu versteuernde Einkommen ist das Einkommen im Sinne des § 8 Abs. 1 KStG,

vermindert um die Freibeträge der §§ 24 und 25 KStG. Die Körperschaftsteuer ist eine Jahressteuer.

a) Besteuerungsgrundlagen
Bei Steuerpflichtigen, die Bücher nach den Vorschriften des HGB zu führen   **169**
verpflichtet sind, ist der Gewinn nach dem Wirtschaftsjahr, für das sie regelmäßig Abschlüsse machen, zu ermitteln. Weicht bei diesen Steuerpflichtigen das Wirtschaftsjahr, für das sie regelmäßig Abschlüsse machen, vom Kalenderjahr ab, so gilt der Gewinn aus Gewerbebetrieb als in dem Kalenderjahr bezogen, in dem das Wirtschaftsjahr endet.

b) Ermittlung des Einkommens
Was als körperschaftsteuerpflichtiges Einkommen gilt und wie das körper-   **170**
schaftsteuerpflichtige Einkommen zu ermitteln ist, bestimmt sich nach den Vorschriften des EStG und den §§ 8 bis 13 KStG. Hierbei sind auch *verdeckte Gewinnausschüttungen* zu berücksichtigen. Abschnitt 26 KStR führt diejenigen Vorschriften des EStG auf, die auch bei der Veranlagung zur Körperschaftsteuer anzuwenden sind. Nach der Rechtsprechung liegt immer dann eine verdeckte Gewinnausschüttung vor, wenn eine Kapitalgesellschaft zu Lasten des Gewinnes ihren Gesellschaftern mit Rücksicht auf das Gesellschaftsverhältnis Vorteile gewährt, die sie einer gesellschaftsfremden Person nicht gewähren würde. Der *Verlustrücktrag* nach § 10 d S. 1 EStG ist bei Kapitalgesellschaften und sonstigen Körperschaften im Sinne des § 43 KStG nur vorzunehmen, soweit im Abzugsjahr das Einkommen den ausgeschütteten Gewinn übersteigt, der sich vor Abzug der Körperschaftsteuer ergibt und für den die Ausschüttungsbelastung nach § 27 KStG herzustellen ist.

c) Abziehbare Aufwendungen
Nach § 9 KStG sind außer nach den Vorschriften des EStG abziehbare Auf-   **171**
wendungen auch:
1. bei Kommanditgesellschaften auf Aktien
   der Teil des Gewinns, der an persönlich haftende Gesellschafter auf ihre nicht auf das Grundkapital gemachten Einlagen oder als Vergütung (Tantieme) für die Geschäftsführung verteilt wird;
2. vorbehaltlich des § 8 Abs. 3 KStG
   Ausgaben zur Förderung mildtätiger, kirchlicher, religiöser, wissenschaftlicher und staatspolitischer Zwecke und der als besonders förderungswürdig anerkannten gemeinnützigen Zwecke bis zur Höhe von insgesamt 5 v. H. des Einkommens oder 2 v. T. der Summe der gesamten Umsätze und der im Kalenderjahr aufgewendeten Löhne und Gehälter. Für wissenschaftliche Zwecke erhöht sich der Vomhundersatz von 5 v. H. um weitere 5. v. H. Ausgaben zur Förderung staatspolitischer Zwecke sind Spenden an politische Parteien im Sinne des § 2 des Par-

teiengesetzes[2]. Als Ausgabe im Sinne der Vorschrift gilt auch die Zuwendung von Wirtschaftsgütern mit Ausnahme von Nutzungen und Leistungen.

d) Nichtabziehbare Aufwendungen

172 Nicht abziehbar sind nach § 10 KStG

1. die Aufwendungen für die Erfüllung von Zwecken des Steuerpflichtigen, die durch Stiftungsgeschäft, Satzung oder sonstige Verfassung vorgeschrieben sind. § 9 Nr. 3 KStG bleibt unberührt;

2. die Steuern vom Einkommen und sonstige Personensteuern sowie die Umsatzsteuer für den Eigenverbrauch; das gilt auch für damit im Zusammenhang stehenden Säumniszuschläge, Verspätungszuschläge, Zwangsgelder und Zinsen (Abschnitt 43 KStR);

3. in einem Strafverfahren festgesetzte Geldstrafen, sonstige Rechtsfolgen vermögensrechtlicher Art, bei denen der Strafcharakter überwiegt, und Leistungen zur Erfüllung von Auflagen oder Weisungen, soweit solche nicht lediglich der Wiedergutmachung des durch die Tat verursachten Schadens dienen;

4. die Hälfte der Vergütungen jeder Art, die an Mitglieder des Aufsichtsrates, Verwaltungsrates, Grubenvorstands oder andere mit der Überwachung der Geschäftsführung beauftragte Personen gewährt werden.

e) Auflösung und Abwicklung (Liquidation)

173 Für die Ermittlung des körperschaftsteuerpflichtigen Einkommens im Falle der Auflösung und Abwicklung (Liquidation) ist nach § 11 Abs. 1 KStG der im Zeitraum der Abwicklung erzielte Gewinn der Besteuerung zugrundezulegen. Der Besteuerungszeitraum soll 3 Jahre nicht übersteigen. Dabei ist zur Ermittlung des Gewinns das Abwicklungs-Endvermögen dem Abwicklungs-Anfangsvermögen gegenüberzustellen. Wegen weiterer Einzelheiten ist auf § 11 KStG zu verweisen.

f) Sondervorschriften für die Organschaft

174 Die körperschaftsteuerliche Organschaft ist in den §§ 14 bis 19 KStG und in den Abschnitten 48 bis 65 KStR geregelt. Sie liegt vor, wenn eine Kapitalgesellschaft mit Geschäftsleitung und Sitz im Inland (Organgesellschaft) sich durch einen Gewinnabführungsvertrag verpflichtet, ihren ganzen Gewinn an ein anderes inländisches gewerbliches Unternehmen (Organträger) abzuführen. Dabei müssen die nachfolgenden Voraussetzungen erfüllt sein:

175 1. *finanzielle Eingliederung.* Der Organträger muß an der Organgesellschaft vom Beginn ihres Wirtschaftsjahres an ununterbrochen und unmittelbar

---

2 Nach dem Urteil des BVerfG vom 14. 7. 1986 – 2 BvE 2/84 – (BGBl. I S. 1279) ist die steuerliche Abzugsfähigkeit von Ausgaben zur Förderung staatspolitischer Zwecke auf höchstens 100 000 DM beschränkt.

Heinrich Günther

in einem solchen Maße beteiligt sein, daß dem Organträger die Mehrheit der Stimmrechte aus den Anteilen an der Organgesellschaft zusteht. Eine mittelbare Beteiligung genügt, wenn jede der Beteiligungen, auf denen die mittelbare Beteiligung beruht, die Mehrheit der Stimmrechte gewährt.

2. *wirtschaftliche Eingliederung.* Die Organgesellschaft muß nach dem Gesamtbild der tatsächlichen Verhältnisse auch wirtschaftlich in das Unternehmen des Organträgers eingegliedert sein. Was unter wirtschaftlicher Eingliederung zu verstehen ist, ist im Gesetz nicht näher bestimmt. Die Frage, wann dieser Tatbestand verwirklicht ist, hat in der Verwaltungspraxis und in der Rechtsprechung schon bisher zu Schwierigkeiten geführt. Die wirtschaftliche Eingliederung ist gegeben, wenn die beherrschte Gesellschaft (Organgesellschaft) im Unternehmensaufbau des herrschenden Unternehmens (Organträger) nach Art einer unselbständigen Betriebsabteilung eingeordnet ist und in dieser Funktion die gewerbliche Betätigung des herrschenden Unternehmens (Organträgers) wirtschaftlich fördert oder ergänzt. Die Verwaltungspraxis legt bei der Beurteilung, ob die Voraussetzungen der wirtschaftlichen Eingliederung erfüllt sind, keine engen Maßstäbe an. Bei einer Holding-Gesellschaft wird bereits in deren geschäftsleitender Tätigkeit der Tatbestand der wirtschaftlichen Eingliederung als erfüllt angesehen. **176**

3. *organisatorische Eingliederung.* Die organisatorische Eingliederung bei einer Aktiengesellschaft ist stets gegeben, wenn die Organgesellschaft durch einen Beherrschungsvertrag im Sinne des § 291 Abs. 1 AktG die Leitung ihres Unternehmens dem Unternehmen des Organträgers unterstellt oder wenn die Organgesellschaft eine nach den Vorschriften der §§ 319 bis 327 des AktG eingegliederte Gesellschaft ist. Die organisatorische Eingliederung muß ebenfalls vom Beginn des Wirtschaftsjahres der Organgesellschaft an ununterbrochen bestehen. Soweit nicht bereits die organisatorische Eingliederung aufgrund der aktienrechtlichen Regelungen gegeben ist, muß für die organisatorische Eingliederung in anderer Weise gewährleistet sein, daß in der Geschäftsleitung der Organgesellschaft der Wille des Organträgers tatsächlich durchgeführt wird (z. B. personelle Verflechtung, Bindung an Weisungen). **177**

4. *Organträger.* Der Organträger muß eine unbeschränkt steuerpflichtige natürliche Person oder eine nicht steuerbefreite Körperschaft, Personenvereinigung oder Vermögensmasse im Sinne des § 1 KStG mit Geschäftsleitung und Sitz im Inland oder eine Personengesellschaft im Sinne des § 15 Abs. 1 Nr. 2 EStG mit Geschäftsleitung und Sitz im Inland sein. An der Personengesellschaft dürfen nur Gesellschafter beteiligt sein, die mit dem auf sie entfallenen Teil des zuzurechnenden Einkommens im Geltungsbereich des KStG der Einkommen- oder der Körperschaftsteuer unterliegen. Sind ein oder mehrere Gesellschafter der Personengesell- **178**

schaft beschränkt einkommensteuerpflichtig, so müssen die Voraussetzungen der Eingliederung im Verhältnis zur Personengesellschaft selbst erfüllt sein. Das gleiche gilt, wenn an der Personengesellschaft ein oder mehrere Körperschaften, Personenvereinigungen oder Vermögensmassen beteiligt sind, die ihren Sitz oder ihre Geschäftsleitung nicht im Inland haben. Eine körperschaftsteuerliche Organgesellschaft zwischen einer Personengesellschaft, an der beschränkt steuerpflichtige Gesellschafter beteiligt sind, und einer unbeschränkt steuerpflichtigen Kapitalgesellschaft, wenn die Mehrheit der Stimmrechte aus den Anteilen an der Organgesellschaft nicht der Personengesellschaft selbst, sondern den beschränkt steuerpflichtigen Gesellschaftern zustehen, ist demnach nicht möglich. Die gesetzliche Vorschrift stellt sicher, daß die Voraussetzungen der Organgesellschaft auch dann nachprüfbar sind, wenn die Gesellschafter der Personengesellschaft (Organträger) nicht unbeschränkt steuerpflichtig sind.

179   5. *Ergebnisabführungsverträge.* Ergebnisabführungsverträge sind Verträge, nach denen sich eine Organgesellschaft verpflichtet, ihren ganzen Gewinn an einen Organträger abzuführen, und der Organträger sich verpflichtet, einen Verlust der Organgesellschaft zu übernehmen.
Handelt es sich um eine andere Kapitalgesellschaft als eine Aktiengesellschaft oder Kommanditgesellschaft auf Aktien mit Geschäftsleitung und Sitz im Inland, die sich zur Abführung ihres ganzen Gewinnes an ein anderes Unternehmen verpflichtet hat, z. B. eine GmbH, so müssen folgende Voraussetzungen erfüllt sein:
a) Der Vertrag muß in schriftlicher Form abgeschlossen werden.
b) Die Gesellschafter müssen dem Gewinnabführungsvertrag mit einer Mehrheit von drei Vierteln der abgegebenen Stimmen zustimmen.
c) Es muß eine Verlustübernahme entsprechend den Vorschriften des § 302 AktG vereinbart werden.
d) Die Abführung von Erträgen aus der Auflösung von freien vorvertraglichen Rücklagen muß ausgeschlossen werden.

180   6. *Bildung freier Rücklagen bei der Organgesellschaft.* Die Organgesellschaft darf Beträge aus dem Jahresüberschuß nur insoweit in freie Rücklagen einstellen, als dies bei vernünftiger kaufmännischer Beurteilung wirtschaftlich begründet ist (z. B. Werkserneuerung, Betriebsverlegung).

181   Die steuerliche Anerkennung des Ergebnisabführungsvertrages hat die Wirkung, daß das nach den steuerlichen Vorschriften des KStG festgestellte Einkommen der Organgesellschaft (Gewinn oder Verlust) dem Organträger zur Besteuerung zuzurechnen ist. Dadurch wird allerdings die persönliche Steuerpflicht der Organgesellschaft nicht berührt.

182   Da Organträger auch eine natürliche Person oder eine Personengesellschaft sein kann, vorausgesetzt, daß diese Organträger steuerlich einen Gewerbebetrieb unterhalten, kann aufgrund des Organschaftsverhältnisses

                                  Heinrich Günther

dadurch, daß das Einkommen der Organgesellschaft dem Organträger in vollem Umfange zugerechnet wird, eine Doppelbesteuerung des Einkommens der Organgesellschaft bei dem Einzelunternehmer oder den Gesellschaftern der Personengesellschaften vermieden werden. Das Organschaftsverhältnis eröffnet in diesem Falle auch die Möglichkeit dem Einzelunternehmer oder den Gesellschaftern der Personengesellschaft, die zugleich Geschäftsführer oder Vorstandsmitglieder der Organgesellschaft sind, sich von dieser Pensionszusagen geben zu lassen, die zu gewinnmindernden Rückstellungen bei der Organgesellschaft führen. Eine solche Möglichkeit besteht für sie im Falle einer Pensionszusage seitens einer Personengesellschaft an ihren geschäftsführenden Gesellschafter mit steuerlicher Wirkung nicht.

Nach § 15 Nr. 1 KStG darf ein Verlustabzug nach § 10 d EStG das Einkommen der Organgesellschaft, das sie während der Geltungsdauer des Gewinnabführungsvertrages bezieht, nicht mindern. **183**

Das KStG kennt das nach den Vorschriften eines Abkommens zur Vermeidung der Doppelbesteuerung bestehende *internationale Schachtelprivileg*. § 15 Nr. 2 KStG bestimmt deshalb, daß die Anwendung des internationalen Schachtelprivileges bei der Ermittlung des Einkommens der Organgesellschaft ausgeschlossen ist, wenn der Organträger nicht zu den durch diese Vorschriften begünstigten Steuerpflichtigen gehört. Ist der Organträger eine Personengesellschaft, so ist das internationale Schachtelprivileg insoweit anzuwenden, als das zuzurechnende Einkommen auf einen Gesellschafter entfällt, der zu den begünstigten Steuerpflichtigen gehört. **184**

Nach § 16 KStG hat die Organgesellschaft ihr Einkommen in Höhe der geleisteten *Ausgleichszahlungen* (an außenstehende Anteilseigner) und der darauf entfallenden Ausschüttungsbelastung im Sinne des § 27 KStG selbst zu versteuern. Ist die Verpflichtung zum Ausgleich vom Organträger erfüllt worden, so hat die Organgesellschaft die Summe der geleisteten Ausgleichszahlungen zuzüglich der darauf entfallenden Ausschüttungsbelastung anstelle des Organträgers zu versteuern. **185**

Organträger kann auch ein ausländisches gewerbliches Unternehmen sein, das im Inland eine im Handelsregister eingetragene Zweigniederlassung unterhält (§ 18 KStG). Voraussetzungen für die Anerkennung eines körperschaftsteuerlichen Organverhältnisses sind folgende: **186**

1. Der Gewinnabführungsvertrag muß unter der Firma der Zweigniederlassung abgeschlossen sein.
2. Die für die finanzielle Eingliederung erforderliche Beteiligung muß zum Betriebsvermögen der Zweigniederlassung gehören.
3. Die wirtschaftliche und organisatorische Eingliederung muß im Verhältnis zur Zweigniederlassung selbst gegeben sein.
4. Im übrigen gelten die Vorschriften der §§ 14 bis 17 KStG sinngemäß.

187   Wenn bei der Organgesellschaft die Voraussetzungen für die Anwendung besonderer Tarifvorschriften erfüllt sind, die einen Abzug von der Körperschaftsteuer vorsehen, so sind diese Tarifvorschriften nach § 19 KStG beim Organträger anzuwenden, wenn er selbst der Körperschaftsteuer unterliegt. Als besondere Tarifvorschriften kommen im wesentlichen in Betracht: direkte oder indirekte Anrechnung ausländischer Steuern nach § 26 KStG, Steuerermäßigung für den Arbeitgeber nach § 15 des 5. Vermögensbildungsgesetzes, Steuerermäßigung für Darlehen nach §§ 16 und 17 des Berlin-Förderungsgesetzes, Steuerermäßigung für Investitionen im Kohlebergbau. Ist der Organträger eine natürliche Person und unterliegt deshalb das ihr zuzurechnende Einkommen der Organgesellschaft der Einkommensteuer, so sind etwaige Tarifermäßigungen, für welche die Organgesellschaft die Voraussetzungen erfüllt, nur zu gewähren, wenn diese Tarifermäßigungen auch für die Einkommensteuer vorgesehen sind. Entsprechendes gilt für die einzelnen Gesellschafter einer Personengesellschaft, die Organträger ist.

188   *g) Sondervorschriften für Versicherungsunternehmen und Genossenschaften*
Besondere Vorschriften gelten nach den §§ 20 bis 22 KStG für Versicherungsunternehmen hinsichtlich der versicherungstechnischen Rückstellungen und Beitragsrückerstattungen sowie für Genossenschaften hinsichtlich der genossenschaftlichen Rückvergütungen.

3. Tarif; Besteuerung bei ausländischen Einkunftsteilen

189   Nach dem seit 1977 geltenden *Körperschaftsteuertarif* beträgt
a) der allgemeine Körperschaftsteuersatz nach § 23 Abs. 1 KStG 56 v. H. (= Tarifbelastung) des zu versteuernden Einkommens,
b) für den ausgeschütteten Gewinn nach § 27 Abs. 1 KStG 36 v. H. (= Ausschüttungsbelastung),
c) die einzubehaltende Kapitalertragsteuer in der Regel 25 v. H. des ausgeschütteten Gewinns (§ 43 a EStG).
Neben dem allgemeinen Körperschaftsteuersatz von 56 v. H., der dem Einkommensteuerspitzensatz entspricht, gilt nach § 23 Abs. 2 KStG ein ermäßigter Steuersatz von 50 v. H. für die im § 1 Abs. 1 Nr. 3 bis 6 KStG genannten Körperschaften, Personenvereinigungen und Vermögensmassen (mit einigen Ausnahmen).
Daneben gelten besondere Steuerermäßigungen z. B. für Einkünfte aus Betriebsstätten in Berlin nach §§ 16 und 17 des Berlinförderungsgesetzes und nach § 15 des 5. Vermögensbildungsgesetzes.

190   Für kleinere unbeschränkt steuerpflichtige Körperschaften wird ein Einkommens-Freibetrag von 5000 DM gewährt. Übersteigt das Einkommen 10 000 DM, wird der Freibetrag um die Hälfte des übersteigenden Betrages gekürzt. Auch für unbeschränkt steuerpflichtige Erwerbs- und Wirtschafts-

genossenschaften sowie Vereine, die Land- und Forstwirtschaft betreiben, ist ein Freibetrag von 30 000 DM, höchstens jedoch in Höhe des Einkommens unter bestimmten Voraussetzungen abzuziehen (§ 25 KStG).

Bei unbeschränkt Steuerpflichtigen, die mit ihren aus einem *ausländischen* Staat stammenden Einkünften in diesem Staat zu einer der inländischen Körperschaftsteuer entsprechenden Steuer herangezogen werden, ist die festgesetzte und gezahlte *ausländische Steuer* auf die inländische Körperschaftsteuer anzurechnen, die auf die Einkünfte aus diesem Staat entfällt. Wegen weiterer Einzelheiten u. a. bei einer Beteiligung mit mindestens 10 v. H. am Nennkapital einer ausländischen Kapitalgesellschaft ist auf § 26 Abs. 2 bis Abs. 6 KStG sowie Abschnitt 76 KStR zu verweisen.   **191**

4. Anrechnungsverfahren

1. Körperschaftsteuerbelastung des ausgeschütteten Gewinns unbeschränkt körperschaftsteuerpflichtiger Körperschaften und Personenvereinigungen

Kernstück des KStG bildet das *Anrechnungsverfahren*, mit dem die Doppelbelastung von ausgeschütteten Gewinnanteilen mit Körperschaftsteuer und Einkommensteuer vermieden wird (§§ 27 bis 43 KStG). Diese Entlastung vollzieht sich in folgender Weise: **192**

a) *Auf der Ebene der Körperschaft* wird anstelle der Tarifbelastung in der Regel von 56 v. H. diese um 20 v. H. auf die Ausschüttungsbelastung von 36 v. H. ermäßigt oder es ist, sofern keine mit der Tarifbelastung belasteten Gewinne vorhanden sind, die Ausschüttungsbelastung mit 36 v. H. herzustellen.

b) *Auf der Ebene des anrechnungsberechtigten Anteilseigners* (natürliche Personen oder Körperschaften) wird die bei der Körperschaft anfallende Ausschüttungsbelastung von 36 v. H. auf seine Einkommen- oder Körperschaftsteuer nach dem jeweiligen Steuersatz des Anteilseigners angerechnet oder zurückvergütet.

Sinn dieser Zweistufigkeit des Anrechnungsverfahrens ist es, den Liquiditätsentzug in Höhe von 56 v. H. für den ausgeschütteten Gewinn bei den Körperschaften zu vermeiden und außerdem die nichtanrechnungsberechtigten Anteilseigner, insbesondere also ausländische Anteilseigner, gegenüber den anrechnungsberechtigen Anteilseignern vor einer zu starken Ertragseinbuße zu schützen.   **193**

Für die ausgeschütteten Gewinne ist, auch soweit sie bei der Körperschaft nicht steuerpflichtig sind, in jedem Falle eine Ausschüttungsbelastung mit 36 v. H. herzustellen. Der ausgeschüttete Gewinn vor Körperschaftsteuer (Bruttodividende) ist die Bemessungsgrundlage für den Ausschüttungsteuersatz.   **194**

195   Der ausgeschüttete Gewinn unterliegt nach wie vor der Kapitalertragsteuer mit 25 v. H. Bemessungsgrundlage für die Kapitalertragsteuer ist aber lediglich der ausgeschüttete Gewinn (Bardividende).

196   Da somit die Ausschüttungsbelastung nach § 27 Abs. 1 KStG stets 36 v. H. des Gewinns, der sich vor Abzug der Körperschaftsteuer ergibt, beträgt, muß die Körperschaft ihre Körperschaftsteuer um den Unterschiedsbetrag zwischen der bei ihr eingetretenen Belastung des Eigenkapitals (Tarifbelastung, in der Regel 56 v. H.) und der Belastung, die sich hierfür bei Anwendung eines Körperschaftsteuersatzes von 36 v. H. des Gewinns vor Abzug der Körperschaftsteuer ergibt (Ausschüttungsbelastung), mindern oder erhöhen.

Beruht die Ausschüttung auf einem den gesellschaftsrechtlichen Vorschriften entsprechenden Beschluß für ein abgelaufenes Wirtschaftsjahr, so tritt die Minderung oder Erhöhung für den Veranlagungszeitraum ein, in dem das Wirtschaftsjahr endet, für das die Ausschüttung erfolgt. In den übrigen Fällen ändert sich die Körperschaftsteuer für den Veranlagungszeitraum, in dem das Wirtschaftsjahr endet, in dem die Ausschüttung erfolgt.

197   Das *Anrechnungsverfahren* läßt sich für den Normalfall an folgendem allgemein gebräuchlichen Beispiel verdeutlichen:

a) *auf der Ebene der Körperschaft*
   Dividende vor Abzug der Körperschaftsteuer
   (Bruttodividende) 100
   Körperschaftsteuer bei Vollausschüttung
   (Ausschüttungsbelastung 56 ./. 20 =) 36
   Bardividende 64
   ./. Kapitalertragsteuer 25 v. H. aus der
   Bardividende von 64 = 16
   Nettodividende an den Anteilseigner 48

b) *auf der Ebene des Anteilseigners*
   Bardividende 64
   Steuergutschrift in Höhe der Ausschüttungsbelastung 36
   Bruttodividende 100

c) *Beispiel*
   Einkommensteuer Höchstsatz 56 v. H.,
   hier angenommen mit 40
   vorzunehmende Anrechnung
   Körperschaftsteuer 36
   Kapitalertragsteuer 16   52

   mithin Erstattungsanspruch 12

Die Bruttodividende des Anteilseigners von 100 entspricht also der ausgeschütteten Bruttodividende der Körperschaft von 100 vor Abzug der Körperschaftsteuer. Bei dem Anteilseigner selbst entspricht die steuerliche Entlastung seinem individuellen Steuersatz.

Aus dem vorstehenden Zahlenverhältnis lassen sich einige Formeln ableiten, die sich nachstehend lediglich für den Regelfall einer Tarifbelastung mit 56 v. H. des Gewinns, der sich vor Abzug der Körperschaftsteuer ergibt, wie folgt darstellen lassen:

198

a) Die tarifliche Körperschaftsteuer mindert sich von 56 v. H. auf 36 v. H., mithin um 20 v. H.

b) Entsprechend erhöht sich der zur Ausschüttung verfügbare Betrag bei der Körperschaft um 20 v. H. (100 ./. 56 + 20) auf 64 v. H.

c) Die Minderung der Körperschaftsteuer beträgt demnach bezogen

auf die Ausschüttung von 64 v. H. $\frac{20}{64} = \frac{5}{16}$.

auf das für die Ausschüttung als verwendet geltende, mit 56 v. H. belastete Eigenkapital von 44 v. H. $\frac{20}{44} = \frac{5}{11}$.

Berechnungsbeispiel
auf der Ebene der GmbH

199

Körperschaftsteuerpflichtiges Einkommen 1987	200 000 DM
Gewinnausschüttung (Dividende) in 1988 für 1987	80 000 DM
Körperschaftsteuer bei Anwendung des Steuersatzes von 56 v. H. (Tarifbelastung) von 200 000 DM =	112 000 DM
./. Körperschaftsteuerminderung nach § 27 KStG $^5/_{16}$ von 80 000 DM =	./. 25 000 DM
Körperschaftsteuerschuld	87 000 DM

auf der Ebene des Anteilseigners

Bardividende in 1988 für 1987 vor Kapitalertragsteuer	80 000 DM
Gutschrift Körperschaftsteuer $^9/_{16}$ =	45 000 DM
einkommensteuerpflichtige Bruttodividende	125 000 DM
angenommener Einkommensteuersatz 40 % =	50 000 DM
darauf anzurechnende Körperschaftsteuer	45 000 DM
Kapitalertragsteuer 25 % von 80 000 =	20 000 DM
mithin Erstattungsanspruch	15 000 DM
erhaltene Nettodividende 75 % von 80 000 =	60 000 DM
verbleibende Bardividende	75 000 DM

= 60 % der Bruttodividende von 125 000 DM.

Heinrich Günther

19*

200   Die Finanzverwaltung läßt es nach Abschn. 77 Abs. 6 KStR ausdrücklich zu, daß Gesellschafter den verteilten Gewinn im Zusammenhang mit der Ausschüttung zur Hingabe von Darlehen an die Körperschaft, zur Beteiligung als stiller Gesellschafter oder zur Leistung von Einlagen, welche die Körperschaft einer freien Rücklage zuführt, verwenden. Dies gilt selbst dann, wenn schon vor dem Gewinnverteilungsbeschluß eine Verpflichtung des Gesellschafters zur Darlehenshingabe oder zur Einlage bestanden hat (sogenanntes *Schütt-aus-Hol-zurück-Verfahren*).

Es sollte allerdings im Gesellschaftsvertrag der Körperschaft, insbesondere bei einer GmbH, eine entsprechende gesellschaftsvertragliche Regelung enthalten sein. Dieses Verfahren ist dann für die Körperschaft und für die Anteilseigner von besonderem Interesse, wenn der individuelle Steuersatz der Anteilseigner unter dem Regelsteuersatz der Körperschaft von 56 v. H. liegt.

201   Um die *Ausschüttungsbelastung* von 36 v. H. durch eine Minderung oder Erhöhung der Körperschaftsteuer herzustellen, und zwar unabhängig davon, ob der auszuschüttende Gewinn aus dem Gewinn der Körperschaft des betreffenden Geschäftsjahres oder aus früheren Jahren (z. B. aus Auflösung von Rücklagen oder aus Gewinnvorträgen) stammt, ist es notwendig, die auf der Ebene der Körperschaft entstandenen unterschiedlichen steuerlichen Vorbelastungen des Gewinns außerhalb der Buchführung und des Jahresabschlusses durch eine besondere Belastungsberechnung, welche die Vorbelastung festhält, zu ermitteln. Das komplizierte Verfahren zur Feststellung der Vorbelastung und zur Gliederung des für die Ausschüttungen verwendbaren Eigenkapitals ist in den §§ 29 bis 43 KStG im einzelnen geregelt.

202   Für diese Belastungsrechnungen hat die Finanzverwaltung besondere Vordrucke entwickelt, die eine wesentliche Erleichterung der außerhalb des Rechnungswesens zu erstellenden Belastungsrechnung darstellen.

Für eine Gewinnausschüttung ist im Grundsatz verfügbar das gesamte nach Abzug der Körperschaftsteuer (und aller übrigen Steuern) verbleibende Eigenkapital, soweit dieses das Nennkapital der Körperschaft übersteigt. § 29 Abs. 1 KStG definiert demgemäß als Eigenkapital den Unterschiedsbetrag zwischen dem auf der Aktivseite und dem auf der Passivseite der Steuerbilanz ausgewiesenen Betriebsvermögen, das sich ohne Änderung der Körperschaftsteuer nach § 27 KStG ergeben würde. Dieses Eigenkapital ist zum Schluß eines jeden Wirtschaftsjahres in das für Ausschüttungen verwendbare *(verwendbares Eigenkapital)* und in das übrige Eigenkapital (Nennkapital) aufzuteilen. Das verwendbare Eigenkapital ist der das Nennkapital übersteigende Teil des Eigenkapitals.

203   Um festzustellen, ob die Ausschüttungsbelastung mit 36 v. H. durch Minderung oder Erhöhung der Körperschaftsteuer herzustellen ist, kommt es darauf an, aus welchen Teilen des verwendbaren Eigenkapitals die Gewinnausschüttung erfolgt. Der Gesetzgeber hat deshalb in § 30 KStG eine Glie-

                    Heinrich Günther

derung des verwendbaren Eigenkapitals vorgesehen, die nach § 47 Abs. 1 Nr. 1 KStG durch einen besonderen Bescheid festzustellen ist. Danach sind die einzelnen Teilbeträge des verwendbaren Eigenkapitals gesondert auszuweisen, die entstanden sind aus

1. Einkommensteilen, die nach dem 31. 12. 1976 der Körperschaftsteuer ungemildert, also in der Regel mit 56 v. H., unterliegen (EK 56),
2. Einkommensteilen, die nach dem 31. 12. 1976 ermäßigter Körperschaftsteuer unterliegen (EK 36),
3. Vermögensmehrungen, die der Körperschaftsteuer nicht unterliegen oder die das Eigenkapital der Gesellschaft in vor dem 1. 1. 1977 abgelaufenen Wirtschaftsjahren erhöht haben (EK 0).

Der unter 3. bezeichnete Teilbetrag ist seinerseits noch zu unterteilen in

1. Eigenkapitalanteile, die in den nach dem 31. 12. 1976 abgelaufenen Wirtschaftsjahren aus ausländischen Einkünften entstanden sind (EK 01),
2. sonstige Vermögensmehrungen, die der Körperschaftsteuer nicht unterliegen und nicht unter die nachstehenden Nr. 3 und 4 einzuordnen sind (EK 02),
3. verwendbares Eigenkapital, das bis zum Ende des letzten vor dem 1. 1. 1977 abgelaufenen Wirtschaftsjahres entstanden ist (EK 03),
4. Einlagen der Anteilseigner, die das Eigenkapital in nach dem 31. 12. 1976 abgelaufenen Wirtschaftsjahren erhöht haben (EK 04).

Zu den nicht belasteten Eigenkapitalanteilen im Sinne des § 30 Abs. 2 Nr. 1 KStG (EK 01), die aus ausländischen Einkünften entstanden sind, gehören **204**

1. Vermögensmehrungen, die aufgrund eines Abkommens zur Vermeidung der Doppelbesteuerung nicht der Körperschaftsteuer unterliegen,
2. Vermögensmehrungen, die der Körperschaftsteuer unterliegen, wenn die auf die Körperschaftsteuer anzurechnende ausländische Steuer mindestens so hoch ist oder nach § 26 Abs. 3 KStG als so hoch gilt wie die Körperschaftsteuer,
3. Vermögensmehrungen, die infolge einer Aufteilung ermäßigt belasteter Eigenkapitalanteile nach § 32 Abs. 2 Nr. 1 KStG als nicht mit Körperschaftsteuer belastet gelten (§ 32 Abs. 4 Nr. 3 KStG).

Zu den unbelasteten Vermögensmehrungen (EK 02) gehören insbesondere **205** die in den §§ 3 und 3 a EStG aufgeführten steuerfreien Einnahmen und Zinsen einschließlich der nach § 3 Ziff 66 EStG steuerfreien Sanierungsgewinne, die Investitionszulagen nach § 19 Berlinförderungsgesetz und §§ 1, 4, 4 a, 4 b des Investitionszulagengesetzes sowie die durch Verlustabzug entstehenden steuerfreien Gewinne.

In der Handels- und Steuerbilanz ist der um die nichtabziehbaren Ausga- **206** ben, z. B. Körperschaftsteuer, Vermögensteuer, überhöhte Spenden, verdeckte Gewinnausschüttung usw. als Aufwendungen geminderte Gewinn ausgewiesen. Dieser Gewinn ist nach den vorstehenden Bemerkungen dem verwendbaren Eigenkapital zuzuordnen und nach § 30 KStG zu gliedern. § 31 KStG schreibt im Zusammenhang damit vor, wie die nicht abziehbaren Ausgaben bei der Ermittlung des verwendbaren Eigenkapitals abzuziehen sind, und zwar wie folgt:

1. die Körperschaftsteuererhöhung von dem Teilbetrag, auf den sie entfällt,
2. die tarifliche Körperschaftsteuer von dem Einkommensteil, der ihr unterliegt,
3. ausländische Steuer von den ihr unterliegenden ausländischen Einkünften,
4. sonstige nicht abziehbare Ausgaben von den Einkommensteilen, die nach dem 31. 12. 1976 ungemildert der Körperschaftsteuer unterliegen.

207 Wegen der übrigen komplizierten Zuordnungsvorschriften wird verwiesen auf die in den nachstehenden Vorschriften behandelten Sonderfälle:

a) § 32 KStG Einordnung bestimmter ermäßigt belasteter Eigenkapitalanteile,
b) § 33 KStG Verluste,
c) § 34 KStG Gliederung bei Erlaß,
d) § 35 KStG fehlendes verwendbares Eigenkapital,
e) § 36 KStG Gliederung des Eigenkapitals bei dem Organträger,
f) § 37 KStG Gliederung des Eigenkapitals der Organgesellschaft,
g) § 38 KStG Tarifbelastung bei Vermögensübernahme,
h) § 40 KStG Ausnahmen von der Körperschaftsteuererhöhung,
i) § 41 KStG sonstige Leistungen,
k) § 42 KStG Körperschaftsteuerminderung und Körperschaftsteuererhöhung bei Vermögensübertragung auf eine steuerbefreite Übernehmerin,
l) § 43 KStG Körperschaftsteuerminderung und Körperschaftsteuererhöhung bei sonstigen Körperschaften.

208 § 28 KStG stellt eine Verwendungsfiktion bezüglich des verwendeten Eigenkapitals bei Gewinnausschüttungen auf. Danach gelten mit Körperschaftsteuer belastete Teilbeträge des Eigenkapitals in der Reihenfolge als für eine Ausschüttung verwendet, in der die Belastung abnimmt. Für den nicht belasteten Teil ist die in § 30 Abs. 2 KStG bezeichnete Reihenfolge seiner Unterteilung maßgebend. In welcher Höhe ein Teilbetrag als verwendet gilt, ist aus seiner Tarifbelastung abzuleiten. Als für die Ausschüttung verwendet gilt auch der Betrag, um den sich die Körperschaftsteuer mindert. Erhöht sie sich, so gilt ein Teilbetrag des Eigenkapitals höchstens als verwendet, soweit er den nach § 31 Abs. 1 Nr. 1 KStG von ihm abzuziehenden Erhöhungsbetrag übersteigt.

209 § 78 KStR Abs. 3 enthält hierfür ein Beispiel, das zur Erläuterung der nur schwer nachvollziehbaren abstrakten Vorschriften wiedergegeben wird:

(1) Sachverhalt

Für den Veranlagungszeitraum 02 beträgt das zu versteuernde Einkommen einer Kapitalgesellschaft 320 000 DM. Es unterliegt dem Steuersatz von 56 v. H. Die nichtabziehbaren Aufwendungen belaufen sich ohne die Körperschaftsteuer auf 30 800 DM. Für das im Veranlagungszeitraum endende Wirtschaftsjahr 02 schüttet die Kapitalgesellschaft im folgenden Jahr 300 000 DM Gewinn aus. Das verwendbare Eigenkapital zum 31. 12. 01 setzt sich aus einem ungemildert mit Körperschaftsteuer belasteten Teilbetrag (EK 56) in Höhe von 20 000 DM und den nicht belasteten Altrücklagen im Sinne des § 30 Abs. 2 Nr. 3 KStG (EK 03) in Höhe von 290 000 DM zusammen.

(2) Ermittlung des verwendbaren Eigenkapitals zum 31. 12. 02

	DM	EK 56 DM	EK 03 DM
a) Bestand 31. 12. 01		20 000	290 000
b) Zugang aus dem Einkommen:			
Einkommen	320 000		
Körperschaftsteuer 56 v. H.	− 179 200	+ 140 800	
c) Sonstige nichtabziehbare Ausgaben	− 30 800		
d) Bestand 31. 12. 02		130 000	290 000

3. Für die Ausschüttung gelten als verwendet:

a) das gesamte EK 56	130 000 DM
b) der darauf entfallende Betrag der Körperschaftsteuer-Minderung ($^{20}/_{44}$ = $^{5}/_{11}$ von 130 000 DM	59 091 DM)
c) EK 03 in Höhe der restlichen Gewinnausschüttung	110 909 DM
Gewinnausschüttung	300 000 DM

4. Berechnung der Körperschaftsteuer 02

56 v. H. des Einkommens (320 000 DM)	179 200 DM
Minderung der Körperschaftsteuer auf Grund der Verwendung des EK 56 ($^{20}/_{44}$ = $^{5}/_{11}$ von 130 000 DM	− 59 091 DM
Erhöhung der Körperschaftsteuer auf Grund der Verwendung des EK 03 ($^{36}/_{64}$ = $^{9}/_{16}$ von 110 909 DM)	+ 62 386 DM
Körperschaftsteuer 02	182 495 DM

Heinrich Günther

5. Auswirkungen der Gewinnausschüttung auf das verwendbare Eigenkapital

	EK 56 DM	EK 03 DM
a) Bestand 31. 12. 02	130 000	290 000
b) Gewinnausschüttung 300 000		
Dafür gelten als verwendet:		
aa) das gesamte EK 56 . . . . −130 000	−130 000	
bb) die darauf entfallende Körperschaftsteuer-Minderung ($^{20}/_{44} = {}^5/_{11}$ von 130 000 DM) . .	− 59 091	−
cc) für den Restbetrag gilt EK 03 als verwendet . −110 909		−110 909
	0	
c) Auf die Gewinnauschüttung entfallende Körperschaftsteuer-Erhöhung ($^{36}/_{64} = {}^9/_{16}$ von 110 909 DM; § 31 Abs. 1 Nr. 1 KStG)		− 62 386
d) Bestand nach der Gewinnausschüttung	0	116 705

2. Bescheinigungen; gesonderte Feststellung

210 Nach § 44 Abs. 1 KStG hat die unbeschränkt steuerpflichtige Körperschaft, die an ihre Anteilseigner Gewinne ausschüttet, diesen auf Verlangen folgende Angaben nach amtlich vorgeschriebenem Muster zu bescheinigen:
1. den Namen und die Anschrift des Anteilseigners;
2. die Höhe der Leistungen;
3. den Zahlungstag;
4. den Betrag der nach § 36 Abs. 2 Ziff. 3 Satz 1 EStG anrechenbaren Körperschaftsteuer;
5. den Betrag der zu vergütenden Körperschaftsteuer im Sinne des § 52 KStG; dabei genügt es, wenn sich die Angabe auf eine einzelne Aktie, ein einzelnes Genußrecht oder einen einzelnen Genußschein bezieht;
6. die Höhe des für die Leistungen als verwendet geltenden Eigenkapitals im Sinne des § 30 Abs. 2 Nr. 4 KStG, soweit es auf den Anteilseigner entfällt.

§ 45 KStG regelt die Einzelheiten über die Ausstellung der Bescheinigung eines Kreditinstitutes und § 46 KStG eines Notars.

Vorgeschriebene Formblätter sind als Anlagen zu Abschn. 97, 99 und 100 KStR bekannt gemacht worden. Die Kreditinstitute können anstelle von Einzelsteuerbescheinigungen auch eine Jahressteuerbescheinigung ausstellen.

211 Um die außerhalb der Handels- und Steuerbilanz für die Belastungsrechnung erforderlichen Einzelheiten neben dem Körperschaftsteuerbescheid festzuhalten, sieht § 47 KStG die gesonderte Feststellung der Besteuerungsgrundlagen vor, indem gesondert festgestellt werden

Heinrich Günther

1. die nach § 30 KStG ermittelten Teilbeträge des verwendeten Eigenkapitals,
2. der für Ausschüttungen verwendbare Teil des Nennkapitals im Sinne des § 29 Abs. 3 KStG.

Der betreffende Feststellungsbescheid ist zu ändern, wenn der Körperschaftsteuerbescheid geändert wird und die Änderung die Höhe des Einkommens oder der Tarifbelastung berührt. Der KSt-Bescheid gilt insoweit als Grundlagenbescheid.

5. Entstehung, Veranlagung, Erhebung und Vergütung der Steuer

Nach § 48 KStG *entsteht* die Körperschaftsteuer   **212**
1) für Steuerabzugsbeträge (Kapitalertragsteuer) in dem Zeitpunkt, in dem steuerpflichtige Einkünfte zufließen;
b) für Vorauszahlungen mit Beginn des Kalendervierteljahres, in dem die Vorauszahlungen zu entrichten sind, oder, wenn die Steuerpflicht erst im Laufe des Kalenderjahres begründet wird, mit der Begründung der Steuerpflicht;
c) für die veranlagte Steuer mit Ablauf des Veranlagungszeitraumes, soweit nicht die Steuer nach Buchstabe a) oder b) schon früher entstanden ist.

Nach § 49 KStG sind auf die Veranlagung zur Körperschaftsteuer sowie   **213** auf die Anrechnung, Entrichtung und Vergütung der Körperschaftsteuer die Vorschriften des Einkommensteuergesetzes sinngemäß anzuwenden. Bei einem vom Kalenderjahr abweichenden Wirtschaftsjahr gilt § 37 Abs. 1 EStG mit der Maßgabe, daß die Vorauszahlungen auf die Körperschaftsteuer bereits während des Wirtschaftsjahres zu entrichten sind, das im Veranlagungszeitraum endet.

Veranlagung ist die Ermittlung der Besteuerungsgrundlagen in einem besonders vorgeschriebenen förmlichen Verfahren. Die Körperschaft hat demgemäß eine *Körperschaftsteuererklärung* abzugeben. Das Finanzamt veranlagt aufgrund eigener Feststellungen und Nachprüfungen die Körperschaft zur Körperschaftsteuer in einem besonderen, gesetzlich vorgeschriebenen Steuerbescheid. Die Veranlagung der Körperschaftsteuer erfolgt jeweils für das abgelaufene Kalenderjahr. Das Kalenderjahr ist der Veranlagungszeitraum.

Bei einer Körperschaft, die ein vom Kalenderjahr abweichendes Geschäftsjahr hat, gilt als Veranlagungszeitraum dasjenige Kalenderjahr, in dem das Geschäftsjahr endet.

Besondere Vorschriften gelten für den Steuerabzug vom Kapitalertrag (§ 50   **214** KStG), den Ausschluß der Anrechnung und Vergütung von Körperschaftsteuer (§ 51 KStG) und die Vergütung der nach § 51 KStG nicht anzurechnenden Körperschaftsteuer (§ 52 KStG). Wegen der Einzelheiten muß auf

Heinrich Günther   285

die gesetzlichen Vorschriften verwiesen werden. Für den Fall der Vergütung nach § 52 KStG ist das Bundesamt für Finanzen zuständig. Dieses Amt hat folgende Anschrift:

Bundesamt für Finanzen
Kennedy-Allee 22–24
5300 Bonn-Bad Godesberg

IV. Bewertung; Vermögen- und Erbschaftsteuer

1. Bewertungsrecht

Rechtsgrundlagen: Bewertungsgesetz (BewG) in der Fassung vom 30. 5. 1985 (BGBl. 1985 I S. 845), zuletzt geändert durch das Gesetz vom 16. 12. 1986 (BGBl. 1986 I S. 2478); Durchführungsverordnung zum Bewertungsgesetz (BewDV) vom 2. 2. 1935 (RGBl. 1935 I S. 81), zuletzt geändert durch VO vom 19. 1. 1977 (BGBl. 1977 I S. 171); Verordnung zur Durchführung des § 81 des Bewertungsgesetzes vom 2. 9. 1966 (BGBl. 1966 I S. 550), Verordnung zur Durchführung des § 90 des Bewertungsgesetzes vom 2. 9. 1966 in der Fassung der VO vom 25. 2. 1970 (BGBl. 1970 I 1861), Verordnung zur Durchführung des § 122 Abs. 3 des Bewertungsgesetzes vom 2. 9. 1966 (BGBl. 1966 I S. 555), Verordnung zur gesonderten Feststellung des gemeinen Wertes nicht notierter Anteile an Kapitalgesellschaften (Anteilsbewertungsverordnung) vom 19. 1. 1977 (BGBl. 1977 I S. 171); Vermögensteuer-Richtlinien für die Vermögensteuer-Hauptveranlagung auf 1. 1. 1986 in der Fassung der Bekanntmachung vom 22. 1. 1986 (BStBl. 1986 I Sondernummer 2), abgekürzt VStR 1986; Richtlinien für die Bewertung des Grundvermögens vom 19. 9. 1966 (BAnz. Nr. 183, Beilage).

Kommentare: *Rössler/ Troll,* Bewertungsgesetz und Vermögensteuergesetz, *Gürsching/ Stenger,* Kommentar zum Bewertungsgesetz und Vermögensteuergesetz.

215   Das Bewertungsgesetz bildet die Grundlage für eine Reihe von durch andere Steuergesetze geregelten öffentlich-rechtlichen Abgaben, z. B. Vermögensteuer, Erbschaftsteuer, Grundsteuer, Gewerbekapitalsteuer usw.

a) Allgemeine Bewertungsvorschriften

216   Jede wirtschaftliche Einheit ist für sich zu bewerten. Ihr Wert ist im ganzen festzustellen. Was als wirtschaftliche Einheit zu gelten hat, ist nach den Anschauungen des Verkehrs zu entscheiden. Die örtliche Gewohnheit, die tatsächliche Übung, die Zweckbestimmung und die wirtschaftliche Zusammengehörigkeit der einzelnen Wirtschaftsgüter sind zu berücksichtigen (§ 2 Abs. 1 BewG).

Heinrich Günther

Steht ein Wirtschaftsgut mehreren Personen zu, so ist nach § 3 BewG sein 217
Wert im ganzen zu ermitteln. Der Wert ist auf die Beteiligten nach dem Verhältnis ihrer Anteile zu verteilen, soweit nicht nach dem maßgebenden Steuergesetz die Gemeinschaft selbständig steuerpflichtig ist.

Wirtschaftsgüter, deren Erwerb vom Eintritt einer aufschiebenden Bedin- 218
gung abhängt, werden erst berücksichtigt, wenn die Bedingung eingetreten
ist. Wirtschaftsgüter, die unter einer auflösenden Bedingung erworben worden sind, werden wie unbedingt erworbene behandelt. Lasten, deren Entstehung vom Eintritt einer aufschiebend bedingten Bedingung abhängt, werden
nicht berücksichtigt. Lasten, deren Fortdauer auflösend bedingt ist, werden,
soweit nicht ihr gegenwärtiger Kapitalwert zu berechnen ist, wie unbedingte
abgezogen. Diese Vorschriften gelten auch, wenn der Erwerb des Wirtschaftsgutes oder die Entstehung der Last von einem Ereignis abhängt, bei
dem nur der Zeitpunkt ungewiß ist (§§ 4 bis 8 BewG).

Bei Bewertungen ist der gemeine Wert zugrunde zu legen. Nach § 9 219
Abs. 2 BewG wird der gemeine Wert durch den Preis bestimmt, der im
gewöhnlichen Geschäftsverkehr nach der Beschaffenheit des Wirtschaftsgutes bei einer Veräußerung zu erzielen wäre. Ungewöhnliche oder persönliche Verhältnisse sind nicht zu berücksichtigen.

Wirtschaftsgüter, die einem Unternehmen dienen, sind in der Regel mit 220
dem Teilwert anzusetzen. Teilwert ist der Betrag, den ein Erwerber des ganzen Unternehmens im Rahmen des Gesamtkaufpreises für das einzelne
Wirtschaftsgut ansetzen würde. Dabei ist davon auszugehen, daß der
Erwerber das Unternehmen fortführt (§ 10 BewG).

Wertpapiere und Schuldbuchforderungen, die am Stichtag an einer deut- 221
schen Börse zum amtlichen Handel zugelassen sind, werden mit dem niedrigsten, am Stichtag für sie im amtlichen Handel notierten Kurs angesetzt.
Anteile an Kapitalgesellschaften (Aktiengesellschaften, Kommanditgesellschaften auf Aktien, Gesellschaften mit beschränkter Haftung, bergrechtliche Gewerkschaften), die nicht an der Börse gehandelt werden, sind mit
dem gemeinen Wert anzusetzen. Läßt sich der gemeine Wert nicht aus Ver-
käufen ableiten, die weniger als ein Jahr zurückliegen, so ist der Wert unter
Berücksichtigung des Vermögens und der Ertragsaussichten der Kapitalgesellschaft nach dem sogenannten Stuttgarter Verfahren zu schätzen (Steuerkurswert). § 11 BewG regelt Einzelheiten.

In den Abschn. 77 bis 99 VStR sind die Grundlagen der Ermittlung des 222
Steuerkurswertes im einzelnen festgelegt. Stichtag für die Bewertung von
Wertpapieren und Anteilen an Kapitalgesellschaften ist nach § 112 BewG
jeweils der 31. 12. des Jahres, das dem für die Hauptveranlagung, Neuveranlagung und Nachveranlagung zur Vermögensteuer maßgebenden Zeitpunkt
vorangeht. Der Bundesminister der Finanzen stellt die nach § 11 Abs. 1
BewG maßgebenden Börsenkurse und die nach § 11 Abs. 4 BewG maßgebenden Rücknahmepreise von Fonds-Anteilen jeweils zum 1. 1. eines Kalen-

derjahres in einer im Bundesanzeiger und Bundessteuerblatt Teil I zu veröffentlichenden Liste zusammen.

223 Kapitalforderungen und Schulden sind mit dem Nennwert anzusetzen, wenn nicht besondere Umstände einen höheren oder geringeren Wert begründen. Forderungen, die uneinbringlich sind, bleiben außer Ansatz. Der Wert unverzinslich befristeter Forderungen oder Schulden ist der Betrag, der vom Nennwert nach Abzug von Zwischenzinsen unter Berücksichtigung von Zinseszinsen bei Ansatz eines Zinssatzes von 5,5 v. H. verbleibt (§ 12 Abs. 1 bis 3 BewG).

224 Noch nicht fällige Ansprüche aus Lebens-, Kapital- oder Rentenversicherungen werden mit zwei Dritteln der in Deutscher Mark oder einer ausländischen Währung eingezahlten Prämien oder Kapitalbeiträge bewertet, falls nicht der nachgewiesene Rückkaufswert niedriger ist (§ 12 Abs. 4 BewG).

225 Der Gesamtwert von Nutzungen oder Leistungen, die auf bestimmte Zeit beschränkt sind, ist die Summe der einzelnen Jahreswerte abzüglich der Zwischenzinsen unter Berücksichtigung von Zinseszinsen bei Ansatz eines Zinssatzes von 5,5 v. H., höchstens jedoch das Achtzehnfache des Jahreswertes. Immerwährende Nutzungen oder Leistungen sind mit dem Achtzehnfachen des Jahreswertes, Nutzungen oder Leistungen von unbestimmter Dauer vorbehaltlich der Regelung des § 14 BewG mit dem Neunfachen des Jahreswertes zu bewerten (§ 13 BewG).

226 Der Wert von Renten und anderen auf die Lebenszeit einer Person beschränkten Nutzungen und Leistungen bestimmt sich nach dem Lebensalter dieser Person mit dem sich aus den Tabellen zu § 14 BewG ergebenden Vervielfachern.

227 Bei der Ermittlung des Kapitalwertes der Nutzungen eines Wirtschaftsgutes kann der Jahreswert dieser Nutzungen nicht mehr als den achtzehnten Teil des Wertes betragen, der sich nach den Vorschriften des Bewertungsgesetzes für das genutzte Wirtschaftsgut ergibt. Bei der Ermittlung des Kapitalwertes des Erbbauzinses kann der Jahreswert des Erbbauzinses nicht mehr als den achtzehnten Teil des Wertes betragen, der sich nach den Vorschriften des Bewertungsgesetzes für den Grund und Boden des mit dem Erbbaurecht belasteten Grundstücks ergibt.

b) Besondere Bewertungsvorschriften
aa) Allgemeines

228 Das BewG enthält in seinen Bestimmungen der §§ 18 bis 121 *besondere Vorschriften* für die Bewertung der folgenden Vermögensarten:
1. Land und forstwirtschaftliches Vermögen (§§ 33 bis 67, § 31)
2. Grundvermögen (§§ 68 bis 94, § 31)
3. Betriebsvermögen (§§ 95 bis 109, § 31)
4. Sonstiges Vermögen (§§ 110 bis 113)

Heinrich Günther

Nach § 180 Abs. 1 Nr. 1 AO in Verbindung mit §§ 19, 20 BewG werden   **229**
gesondert festgestellt die der Besteuerung zugrunde zu legenden *Einheits-*
werte nach dem im BewG vorgeschriebenen Verfahren für
1. inländischen Grundbesitz, und zwar für
   Betriebe der Land- und Forstwirtschaft (§§ 33, 48 a und 51 a BewG),
   Grundstücke (§§ 68, 70 BewG),
   Betriebsgrundstücke (§ 99 BewG),
2. inländische gewerbliche Betriebe (§ 95 BewG),
3. inländische Mineralgewinnungsrechte (§ 100 BewG).

In dem nach § 179 AO ergehenden Feststellungsbescheid sind auch Fest-   **230**
stellungen zu treffen
1. über die *Art* der wirtschaftlichen Einheit (§ 19 Abs. 3 Nr. 1 BewG),
   a) bei Grundstücken auch über die Grundstücksart (§§ 72, 74 und 75
      BewG),
   b) bei Betriebsgrundstücken und Mineralgewinnungsrechten, die zu
      einem gewerblichen Betrieb gehören (wirtschaftliche Untereinheiten),
      auch über den gewerblichen Betrieb;
2. über die *Zurechnung* der wirtschaftlichen Einheit und bei mehreren Beteiligten über die Höhe ihrer Anteile (§ 19 Abs. 3 Nr. 2 BewG).

Die Einheitswerte werden nach § 21 BewG allgemein festgestellt *(Haupt-*   **231**
feststellung):
1. in Zeitabständen von je sechs Jahren:
   für den Grundbesitz und für die Mineralgewinnungsrechte,
2. in Zeitabständen von je drei Jahren:
   für die wirtschaftlichen Einheiten des Betriebsvermögens.

Der Einheitswert wird im Wege der Wertfortschreibung nach § 22 BewG   **232**
neu festgestellt *(Wertfortschreibung):*
1. beim Grundbesitz, wenn der festgestellte Wert nach oben um mehr als
   den zehnten Teil, mindestens aber 5000 DM, oder um mehr als
   100 000 DM, nach unten um mehr als den zehnten Teil, mindestens aber
   um 500 DM, oder um mehr als 5000 DM von dem Einheitswert des letzten Feststellungszeitpunktes abweicht;
2. bei einem gewerblichen Betrieb oder einem Mineralgewinnungsrecht,
   wenn der Wert, der sich für den Beginn eines Kalenderjahres ergibt, entweder um mehr als ein Fünftel, mindestens aber um 5000 DM, oder um
   mehr als 100 000 DM von dem Einheitswert des letzten Feststellungszeitpunktes abweicht.
3. bei Änderung der Art oder Zurechnung des Gegenstandes *(Art- oder*
   Zurechnungsfortschreibung).

Für wirtschaftliche Einheiten oder Untereinheiten, für die ein Einheits-   **233**
wert festzustellen ist, wird der Einheitswert nachträglich *(Nachfeststellung)*
nach § 23 BewG festgestellt, wenn nach dem Hauptfeststellungszeitpunkt

1. die wirtschaftliche Einheit oder Untereinheit neu entsteht,
2. eine bereits bestehende wirtschaftliche Einheit oder Untereinheit erstmals zu einer Steuer herangezogen werden soll;
3. für eine bereits bestehende wirtschaftliche Einheit oder Untereinheit erstmals für die Zwecke der Vermögensbesteuerung ein besonderer Einheitswert festzustellen ist (§ 91 Abs. 2 BewG).

234   Bei Wertfortschreibungen oder Nachfeststellungen der Einheitswerte für Grundbesitz und für Mineralgewinnungsrechte sind die Wertverhältnisse im Hauptfeststellungszeitpunkt zugrunde zu legen, wie sie zuletzt zum 1. 1. 1964 maßgebend waren.

bb) Land- und forstwirtschaftliches Vermögen

235   Das land- und forstwirtschaftliche Vermögen behandeln die §§ 33 bis 67 BewG. Zum land- und forstwirtschaftlichen Vermögen gehören alle Wirtschaftsgüter, die einem Betrieb der Land- und Forstwirtschaft dauernd zu dienen bestimmt sind, insbesondere der Grund und Boden, die Wohn- und Wirtschaftsgebäude, die stehenden Betriebsmittel und ein normaler Bestand an umlaufenden Betriebsmitteln. Dagegen gehören nicht zum land- und forstwirtschaftlichen Vermögen Zahlungsmittel, Geldforderungen, Geschäftsguthaben und Wertpapiere, Geldschulden, über den normalen Bestand hinausgehende Bestände an umlaufenden Betriebsmitteln und gewisse Überstände an Tierbeständen. Die Bewertung des land- und forstwirtschaftlichen Vermögens erfolgt nach einem im einzelnen bestimmten Ertragswertverfahren. Der Ertragswert wird dabei durch ein vergleichendes Verfahren ermittelt, wobei der Wert für den Wohnteil sich nach dem Ertragswertverfahren für die Bewertung von Mietwohngrundstücken richtet.

cc) Grundvermögen

236   Für die Ermittlung des Wertes des Grundvermögens gelten die Bestimmungen der §§ 68 bis 94 BewG. Zum Grundvermögen gehören
1. der Grund und Boden, die Gebäude, die sonstigen Bestandteile und das Zubehör,
2. das Erbbaurecht,
3. das Wohnungseigentum, Teileigentum, Wohnungserbbaurecht und Teilerbbaurecht nach dem Wohnungseigentumsgesetz,

soweit es sich nicht um land- und forstwirtschaftliches Vermögen oder Betriebsgrundstücke handelt.

237   Das BewG unterscheidet beim Grundvermögen die unbebauten Grundstücke (§§ 72 bis 73 BewG) und die bebauten Grundstücke (§§ 74 bis 77 BewG). Bei der Bewertung der bebauten Grundstücke sind folgende Grundstücksarten zu unterscheiden (§ 75 BewG):

Heinrich Günther

1. Mietwohngrundstücke
2. Geschäftsgrundstücke
3. gemischt genutzte Grundstücke
4. Einfamilienhäuser
5. Zweifamilienhäuser
6. sonstige bebaute Grundstücke

Der Wert der unter Ziff. 1 bis 5 genannten Grundstücke ist grundsätzlich **238** im Wege des *Ertragswertverfahrens* zu ermitteln (§§ 78 bis 82 BewG).

Für die sonstigen bebauten Grundstücke Ziff. 6 ist der Wert im Wege des *Sachwertverfahrens* zu ermitteln (§§ 83 bis 90 BewG).

Beim *Ertragswertverfahren* ergibt sich der Grundstückswert durch Anwen- **239** dung eines Vervielfältigers, der aus den Anlagen 3 bis 8 zu § 80 BewG zu entnehmen ist, auf die Jahresrohmiete unter Berücksichtigung einer außergewöhnlichen Grundsteuerbelastung sowie wertmindernder und werterhöhender Umstände (§§ 81 und 82 BewG). Der so ermittelte Grundstückswert umfaßt den Bodenwert, den Gebäudewert und den Wert der Außenanlagen.

Bei dem *Sachwertverfahren* ist der Grundstückswert vom Bodenwert, vom **240** Gebäudewert und vom Wert der Außenanlage abzuleiten (Ausgangswert). Dieser Ausgangswert ist sodann an den gemeinen Wert anzugleichen. Wegen der Einzelheiten ist auf §§ 84 bis 90 BewG zu verweisen.

Wenn ein Grundstück mit einem *Erbbaurecht* belastet ist, so ist sowohl für **241** die wirtschaftliche Einheit des Erbbaurechtes als auch für die wirtschaftliche Einheit des belasteten Grundstückes jeweils ein Einheitswert festzustellen. Bei der Ermittlung der Einheitswerte ist von einem Gesamtwert auszugehen, der für den Grund und Boden einschließlich der Gebäude und Außenanlagen festzustellen wäre, wenn die Belastung nicht bestünde. Beträgt die Dauer des Erbbaurechtes in dem für die Bewertung maßgebenden Zeitpunkt noch fünfzig Jahre oder mehr, so fällt der Gesamtwert allein auf die wirtschaftliche Einheit des Erbbaurechtes. Beträgt dagegen die Dauer des Erbbaurechtes weniger als fünfzig Jahre, so ist der Gesamtwert ensprechend der restlichen Dauer des Erbbaurechtes nach einer in § 92 Abs. 3 BewG aufgeführten Tabelle auf die wirtschaftliche Einheit des Erbbaurechtes sowie auf die wirtschaftliche Einheit des belasteten Grundstücks zu verteilen.

Jedes *Wohnungseigentum* und jedes *Teileigentum* bildet ebenfalls eine wirt- **242** schaftliche Einheit (§ 93 BewG).

Bei *Gebäuden auf fremdem Grund und Boden* ist der Bodenwert dem Eigen- **243** tümer des Grund und Bodens und der Gebäudewert dem wirtschaftlichen Eigentümer des Gebäudes zuzurechnen. Außenanlagen (z. B. Umzäunungen, Wege, Befestigungen), auf die sich das wirtschaftliche Eigentum am Gebäude erstreckt, sind in die wirtschaftliche Einheit des Gebäudes einzubeziehen (§ 94 BewG).

dd) Betriebsvermögen

244 Die §§ 95 bis 109 BewG regeln die Ermittlung des Betriebsvermögens. Zum Betriebsvermögen gehören alle Teile einer wirtschaftlichen Einheit, die dem Betrieb eines Gewerbes als Hauptzweck dient, soweit die Wirtschaftsgüter dem Betriebsinhaber gehören (*gewerblicher Betrieb*). Für die Ermittlung des Einheitswertes des gewerblichen Betriebes ist eine besondere Vermögensaufstellung zu fertigen, in der die am Bewertungsstichtag vorhandenen Besitz- und Schuldposten mit den sich nach den Bestimmungen des BewG ergebenden Werten anzusetzen sind.

245 Ein *verpachtetes gewerbliches Unternehmen* ist bewertungsrechtlich immer dann ein gewerblicher Betrieb des Verpächters, wenn die wesentlichen Betriebsgegenstände (Gegenstände des Anlagevermögens) mit verpachtet sind. Bei einer *Betriebsaufspaltung* bleiben die Gegenstände des Anlagevermögens, die von dem bisherigen Betriebsinhaber an eine zur Fortführung des Betriebs gegründete Kapitalgesellschaft vermietet oder verpachtet werden, auch dann Betriebsvermögen, wenn die verpachteten Wirtschaftsgüter eine wesentliche Betriebsgrundlage darstellen und der bisherige Betriebsinhaber zu mehr als 50 v. H. an der Kapitalgesellschaft beteiligt ist. Auch die Anteile an der Kapitalgesellschaft gehören dann zu seinem Betriebsvermögen. Gleiches gilt auch, wenn an dem verpachteten Besitzunternehmen und an der Kapitalgesellschaft die gleichen Gesellschafter jeweils mit insgesamt mehr als 50 v. H. an beiden Unternehmen beteiligt sind. Dagegen ist die bloße Nutzung von Grundvermögen, z. B. die Vermietung von Gebäuden zu Wohnzwecken oder Betriebszwecken, in der Regel kein gewerblicher Betrieb.

246 Nach § 96 Abs. 1 BewG steht dem Betriebe eines Gewerbes die Ausübung eines freien Berufes im Sinne des § 18 Abs. 1 Nr. 1 EStG gleich. Demgemäß ist auch für *das dem freien Beruf dienende Betriebsvermögen* ein besonderer Einheitswert festzustellen. Zu dem einer freien Berufstätigkeit dienenden Betriebsvermögen gehören auch Honoraransprüche, die am Bewertungsstichtag entstanden sind, und zwar unabhängig von der Art der Gewinnermittlung. Der Honoraranspruch ist in dem Zeitpunkt entstanden, in dem der freiberuflich Tätige die von ihm zu erbringende Leistung vollendet hat. Honoraransprüche für Teilleistungen sind insoweit entstanden, als auf ihre Vergütung nach einer Gebührenordnung oder aufgrund von Sonderabmachungen zwischen den Beteiligten ein Anspruch besteht (BFH vom 13. 3. 1964, BStBl. 1964 III S. 297).

247 Nach § 97 BewG bilden einen gewerblichen Betrieb mit einem dementsprechend festzustellenden *Einheitswert des Betriebsvermögens* alle Wirtschaftsgüter, die Körperschaften, Personenvereinigungen und Vermögensmassen gehören. Darunter fallen insbesondere, vorausgesetzt, daß sich ihre Geschäftsleitung oder ihr Sitz im Inland befindet,
1. Kapitalgesellschaften;

Heinrich Günther

2. Erwerbs- und Wirtschaftsgenossenschaften;
3. Versicherungsvereine auf Gegenseitigkeit;
4. Kreditanstalten des öffentlichen Rechts;
5. a) offene Handelsgesellschaften, Kommanditgesellschaften und ähnliche Gesellschaften, bei denen die Gesellschafter als Unternehmer (Mitunternehmer) anzusehen sind,
   b) Personengesellschaften, die keine gewerbliche Tätigkeit im Sinne des § 15 Abs. 1 Nr. 1 EStG ausüben und bei denen ausschließlich eine oder mehrere Kapitalgesellschafter persönlich haftende Gesellschafter sind und nur diese oder Personen, die nicht Gesellschafter sind, zur Geschäftsführung befugt sind (gewerblich geprägte Personengesellschaft).

Bei der Ermittlung des *Einheitswertes des Betriebsvermögens von Personengesellschaften* sind Besonderheiten zu beachten. Bei Personengesellschaften und den diesen ähnlichen Gesellschaften entstehen im Verhältnis zwischen der Gesellschaft und den Mitunternehmern (Gesellschaftern) ebenso wie beim Betriebsvermögen und sonstigen Vermögen des Einzelkaufmanns steuerrechtlich regelmäßig weder Forderungen noch Schulden. Dies gilt insbesondere für bürgerlich-rechtlich begründete Darlehen, die ein Mitunternehmer der Gesellschaft oder umgekehrt die Gesellschaft einem Mitunternehmer gewährt. Sie berühren ebenso wie andere für die Mitunternehmer geführte Sonderkonten (Privatkonten oder ähnliche Hilfskonten) nur das Eigenkapital des Mitunternehmers und sind deshalb lediglich bei der Aufteilung des Einheitswertes des Betriebsvermögens zu berücksichtigen. Der Einheitswert des Betriebsvermögens von Personengesellschaften wird nach § 179 Abs. 2 Satz 2 AO einheitlich festgestellt. In dem Feststellungsbescheid ist nach § 19 Abs. 3 Nr. 2 BewG in Verbindung mit § 39 Abs. 2 Nr. 2 AO und § 3 BewG gleichzeitig die Verteilung des Einheitswertes auf die Mitunternehmer nach dem Verhältnis ihrer Anteile vorzunehmen. Bei der Feststellung des Einheitswertes wird auch über die sachliche Steuerfreiheit anderer Wirtschaftsgüter entschieden. Das gleiche gilt jedoch nicht für Wirtschaftsgüter, die voll im Einheitswert erfaßt werden müssen und erst bei der Ermittlung des Gesamtvermögens außer Betracht bleiben können. Einzelheiten über die Ermittlung des zum Betriebsvermögen gehörenden Vermögens bei einer Personengesellschaft sowie die Aufteilung des Einheitswertes des Betriebsvermögens auf die Personengesellschafter ergeben sich aus den Abschn. 14 bis 19 VStR 1986 zu § 97 BewG. Bei einer atypischen stillen Gesellschaft oder einer atypischen Unterbeteiligung an einer Personengesellschaft ist die Verteilung des anteiligen Einheitswertes im Betriebsvermögen auf die stillen oder unterbeteiligten Gesellschafter entsprechend vorzunehmen.

Bei einer Personengesellschaft rechnen alle Wirtschaftsgüter, die den Personengesellschaftern als Gesamthandsvermögen gehören, zum Betriebsver-

248

249

mögen. Das gilt auch für Wirtschaftsgüter, die nur einem Mitunternehmer gehören, wenn sie aber überwiegend dem Betrieb der Personengesellschaft gewidmet sind. Auch die GmbH-Anteile eines Gesellschafters, die den Betriebszwecken der Personengesellschaft dienen, unabhängig davon, ob sie aus einer Betriebsaufspaltung hervorgegangen sind, gehören ebenfalls zum Betriebsvermögen, und zwar zum sogenannten *Sonderbetriebsvermögen.* Das gleiche gilt bei einer GmbH & Co. KG, deren Komplementär eine GmbH ist und deren Kommanditisten die Gesellschafter der GmbH sind, hinsichtlich der GmbH-Anteile der Kommanditisten. Ein Pachtverhältnis zwischen der Gesellschaft und dem Mitunternehmer wird in der Regel bewertungsrechtlich nicht anerkannt. Überläßt ein Mitunternehmer ihm gehörende Maschinen, Kraftwagen oder sonstige Wirtschaftsgüter der Gesellschaft zur Nutzung, so rechnen sie zum Betriebsvermögen der Gesellschaft, und zwar als Sonderbetriebsvermögen des betreffenden Gesellschafters.

250   Das einem Mitunternehmer gehörende Grundstück, das zu mehr als der Hälfte seines Wertes betrieblichen Zwecken der Gesellschaft dient, gehört als Betriebsgrundstück ebenfalls zum Betriebsvermögen der Gesellschaft.

251   Das dem Betrieb dienende Vermögen des Ehegatten eines Mitunternehmers, der mit diesem zusammenveranlagt wird, ist wie Vermögen des Mitunternehmers zu behandeln und rechnet deshalb gemäß § 26 Nr. 1 BewG ebenfalls zum Betriebsvermögen des anderen Ehegatten.

252   Zum Betriebsvermögen gehören u. a. nicht die Wirtschaftsgüter, die nach den Vorschriften des Vermögensteuergesetzes oder anderer Gesetze von der Vermögensteuer befreit sind. Hierunter fallen insbesondere auch diejenigen Wirtschaftsgüter, deren Befreiung sich aus einer Regelung gibt, die mit einem ausländischen Staat zur Vermeidung der Doppelbesteuerung getroffen worden ist (§ 101 BewG).

253   Für Schachtelgesellschaften, die an einer anderen inländischen Kapitalgesellschaft mindestens zu einem Zehntel unmittelbar beteiligt sind, besteht die Vergünstigung, daß die Beteiligung insoweit nicht zum gewerblichen Betrieb gehört, als sie ununterbrochen seit mindestens zwölf Monaten vor dem maßgebenden Abschlußzeitpunkt besteht (§ 102 BewG, Abschn. 25 VStR).

254   Zur Ermittlung des Einheitswertes des gewerblichen Betriebes sind vom Rohvermögen diejenigen Schulden abzuziehen, die mit der Gesamtheit oder mit einzelnen Teilen des gewerblichen Betriebes im Zusammenhang stehen. Dies gilt auch für Pensionsverpflichtungen und Steuerschulden. Pensionsverpflichtungen von Steuerpflichtigen, die ihren Gewinn nach § 4 Abs. 1 oder § 5 EStG ermitteln, sind mit dem ertragsteuerlichen Wert anzusetzen. Das gilt auch für andere insolvenzgesicherte Pensionsverpflichtungen. Wegen der Einzelheiten ist auf §§ 103 bis 105 BewG sowie die Abschn. 26 bis 38 VStR zu verweisen.

255   Für den Bestand und die Bewertung sind die Verhältnisse im Feststellungszeitpunkt maßgebend. Für Betriebe, die regelmäßig jährliche

Abschlüsse auf einen anderen Tag als den Schluß des Kalenderjahres machen, wird auf Antrag in der Regel zugelassen, daß der Schluß des Wirtschaftsjahres zugrunde gelegt wird, das dem Feststellungszeitpunkt vorangeht (§ 106 BewG).

Bei Betrieben mit einem abweichenden Wirtschaftsjahr regelt § 107 BewG **256** den Ausgleich von Vermögensveränderungen nach dem Abschlußzeitpunkt.

Die zu einem gewerblichen Betrieb gehörigen Wirtschaftsgüter sind nach **257** § 109 BewG in der Regel mit dem *Teilwert* nach § 19 BewG, die Betriebsgrundstücke mit dem *Einheitswert* und die Wertpapiere, Anteile und Genußscheine an Kapitalgesellschaften mit dem *Steuerkurswert* anzusetzen.

ee) Sonstiges Vermögen, Gesamtvermögen, Inlandsvermögen

Die Bestimmungen der §§ 110 bis 121 BewG enthalten die Vorschriften über **258** Begriff und Umfang des sonstigen Vermögens, die Ermittlung des Gesamtvermögens bei unbeschränkt Steuerpflichtigen, die bei der Ermittlung des Wertes des Gesamtvermögens abzusetzenden Schulden und sonstigen Abzüge, die Zusammenrechnung des Vermögens von Ehegatten bei der Zusammenveranlagung, die Zurechnung bei fortgesetzter Gütergemeinschaft sowie das bei beschränkt Steuerpflichtigen zu ermittelnde Inlandsvermögen.

Sonstiges Vermögen

Als *sonstiges Vermögen* kommen, soweit die einzelnen Wirtschaftsgüter nicht **259** zum land- und forstwirtschaftlichen Vermögen, zum Grundvermögen oder zum Betriebsvermögen gehören, insbesondere in Betracht:

1. verzinsliche und unverzinsliche Kapitalforderungen jeder Art;
2. Spareinlagen, Bankguthaben, Postscheckguthaben und sonstige laufende Guthaben, inländische und ausländische Zahlungsmittel. Lauten die Beträge auf DM, so gehören sie bei natürlichen Personen nur insoweit zum sonstigen Vermögen, als sie insgesamt 1000 DM übersteigen;
3. Aktien und Anteilscheine, Kuxe, Geschäftsanteile, andere Gesellschaftseinlagen und Geschäftsguthaben bei Genossenschaften. Anteile an offenen Handelsgesellschaften, Kommanditgesellschaften und ähnlichen Gesellschaften, bei denen die Gesellschafter als Unternehmer (Mitunternehmer) anzusehen sind, sind nicht sonstiges Vermögen, sondern Betriebsvermögen des Gesellschafters, ebenso Anteile an gewerblich geprägten Personengesellschaften (§ 97 Abs. 1 Nr. 5 BewG),
4. der Kapitalwert von Nießbrauchsrechten und Rechten auf Renten und andere wiederkehrende Nutzungen und Leistungen;
5. Erfindungen und Urheberrechte, ausgenommen eigene Erfindungen, Ansprüche auf Vergütungen für eigene Diensterfindungen und eigene Urheberrechte sowie Originale urheberrechtlich geschützter Werke;

6. noch nicht fällige Ansprüche aus Lebens- und Kapitalversicherungen oder Rentenversicherungen, aus denen der Berechtigte noch nicht in den Rentenbezug eingetreten ist, ausgenommen
   a) Rentenversicherungen, die mit Rücksicht auf ein Arbeits- oder Dienstverhältnis abgeschlossen worden sind,
   b) Rentenversicherungen, bei denen die Ansprüche erst fällig werden, wenn der Berechtigte das 60. Lebensjahr vollendet hat oder erwerbsunfähig ist,
   c) alle übrigen Lebens-, Kapital- und Rentenversicherungen, soweit ihr Wert nach § 12 Abs. 4 BewG insgesamt 10 000 DM nicht übersteigt;
7. der Überbestand an umlaufenden Betriebsmitteln eines Betriebes der Land- und Forstwirtschaft im Sinne des § 33 Abs. 3 Nr. 3 BewG;
8. Wirtschaftsgüter, die einem Betrieb der Land- und Forstwirtschaft oder einem gewerblichen Betrieb zu dienen bestimmt sind, tatsächlich an dem für die Veranlagung zur Vermögensteuer maßgebenden Zeitpunkt aber einem derartigen Betrieb des Eigentümers nicht dienen, wenn ihr Wert insgesamt 10 000 DM nicht übersteigt;
9. Wirtschaftsgüter in möblierten Wohnungen, die Nichtgewerbetreibenden gehören und ständig zusammen mit den Wohnräumen vermietet werden, soweit sie nicht als Bestandteil oder Zubehör bei der Grundstücksbewertung berücksichtigt werden und wenn ihr Wert insgesamt 10 000 DM übersteigt;
10. Edelmetalle, Edelsteine, Perlen, Münzen und Medaillen jeglicher Art, wenn ihr Wert insgesamt 1000 DM übersteigt;
11. Schmuckgegenstände, Gegenstände aus edlem Metall, mit Ausnahme der in Nr. 10 genannten Münzen und Medaillen, sowie Luxusgegenstände, auch wenn sie zur Ausstattung der Wohnung des Steuerpflichtigen gehören, wenn ihr Wert insgesamt 10 000 DM übersteigt;
12. Kunstgegenstände und Sammlungen, wenn ihr Wert insgesamt 20 000 DM übersteigt, mit Ausnahme von Sammlungen der in Nr. 10 genannten Gegenstände. Nicht zum sonstigen Vermögen gehören Kunstgegenstände ohne Rücksicht auf den Wert, wenn sie von Künstlern geschaffen sind, die im Zeitpunkt der Anschaffung noch leben. Dabei bleiben die in § 115 BewG genannten Gegenstände, deren Erhaltung im öffentlichen Interesse liegt, unberührt.

Bei der Ermittlung des Wertes des sonstigen Vermögens bleibt der Wert der vorstehend unter Ziff. 1 bis 3 genannten Wirtschaftsgüter bis zum Betrag von insgesamt 10 000 DM außer Betracht.

260 Wenn mehrere Steuerpflichtige zusammenveranlagt werden nach § 14 des Vermögensteuergesetzes, so werden die Freibeträge und Freigrenzen nach den Absätzen 1 und 2 mit der Zahl vervielfacht, die der Anzahl der zusammenveranlagten Steuerpflichtigen entspricht. Bei der Zusammenveranlagung

Heinrich Günther

von Ehegatten erhöhen sich demgemäß die Freibeträge und Freigrenzen auf den doppelten Betrag.

Nach § 111 BewG gehören *nicht zum sonstigen Vermögen:* 261

1. Ansprüche an Witwen-, Waisen- und Pensionskassen sowie Ansprüche auf Renten und ähnliche Bezüge, die auf ein früheres Arbeits- und Dienstverhältnis zurückzuführen sind;

2. Ansprüche aus der Sozialversicherung, der Arbeitslosenversicherung und einer sonstigen Kranken- oder Unfallversicherung;

3. fällige Ansprüche aus Rentenversicherungen, wenn der Versicherungsnehmer das 60. Lebensjahr vollendet hat oder voraussichtlich für mindestens 3 Jahre arbeitsunfähig ist.

4. Ansprüche auf gesetzliche Versorgungsbezüge ohne Rücksicht darauf, ob diese laufend oder in Form von Kapitalabfindungen gewährt werden;

5. Ansprüche aus
   a) dem Lastenausgleichsgesetz,
   b) dem allgemeinen Kriegsfolgengesetz,
   c) dem Kriegsgefangenenentschädigungsgesetz;

6. Ansprüche auf Leistungen aufgrund gesetzlicher Vorschriften zur Wiedergutmachung nationalsozialistischen Unrechts;

7. Ansprüche auf Renten,
   a) die auf gesetzlicher Unterhaltpflicht beruhen, wenn Unterhaltsverpflichteter und Unterhaltsberechtigter nach § 14 des Vermögensteuergesetzes zusammenveranlagt werden, in anderen Fällen, soweit der Kapitalwert 20 000 DM übersteigt;
   b) die dem Steuerpflichtigen als Entschädigung für den durch Körperverletzung oder Krankheit herbeigeführten gänzlichen oder teilweisen Verlust der Erwerbsfähigkeit zustehen. Das gleiche gilt für Ansprüche auf Renten, die den Angehörigen einer in dieser Weise geschädigten Person aufgrund der Schädigung zustehen;

8. Ansprüche auf eine Kapitalabfindung, die dem Berechtigten anstelle einer in Nr. 7 bezeichneten Rente zustehen;

9. Ansprüche auf Renten und andere wiederkehrende Nutzungen und Leistungen, soweit der Jahreswert der Nutzungen oder Leistungen insgesamt 4800 DM nicht übersteigt, wenn der Berechtigte über 60 Jahre alt ist oder voraussichtlich für mindestens 3 Jahre erwerbsunfähig ist;

10. Hausrat und andere bewegliche körperliche Gegenstände, soweit sie nicht in § 110 BewG besonders als zum sonstigen Vermögen gehörig bezeichnet sind.

Gesamtvermögen

Bei unbeschränkt Steuerpflichtigen im Sinne des Vermögensteuergesetzes 262
wird der Wert des *gesamten Vermögens* (Gesamtvermögen) ermittelt. Zum

Gesamtvermögen gehören nicht diejenigen Wirtschaftsgüter, die nach den Vorschriften des Vermögensteuergesetzes oder anderer Gesetze von der Vermögensteuer befreit sind. Bei der Bewertung des Gesamtvermögens sind diejenigen Wirtschaftsgüter, für die ein Einheitswert festzustellen ist, mit dem festgestellten Einheitswert anzusetzen (§ 114 BewG).

263 Grundbesitz oder Teile von Grundbesitz und solche beweglichen Gegenstände, die zum sonstigen Vermögen gehören, sind mit 40 v. H. des Wertes anzusetzen, wenn ihre Erhaltung wegen ihrer Bedeutung für Kunst, Geschichte oder Wissenschaft im öffentlichen Interesse liegt (§ 115 Abs. 1 BewG).

264 Grundbesitz oder Teile von Grundbesitz, Kunstgegenstände, Kunstsammlungen, wissenschaftliche Sammlungen, Bibliotheken und Archiv werden nicht angesetzt, wenn folgende Voraussetzungen erfüllt sind:
1. Die Erhaltung der Gegenstände muß wegen ihrer Bedeutung für Kunst, Geschichte oder Wissenschaft im öffentlichen Interesse liegen;
2. die Gegenstände müssen in einem den Verhältnissen entsprechenden Umfang den Zwecken der Forschung oder der Volksbildung nutzbar gemacht werden;
3. der Steuerpflichtige muß bereit sein, die Gegenstände den geltenden Bestimmungen der Denkmalspflege zu unterstellen;
4. die Gegenstände müssen sich, wenn sie älter als 30 Jahre sind, mindestens seit 20 Jahren im Besitz der Familie befinden oder in das Verzeichnis nationalen wertvollen Kulturgutes oder national wertvoller Archive nach dem Gesetz zum Schutz deutschen Kulturgutes gegen Abwanderung vom 6. 8. 1955 (BGBl. I S. 501) eingetragen sein.

Grundbesitz oder Teile von Grundbesitz werden nicht angesetzt, wenn sie für Zwecke der Volkswohlfahrt der Allgemeinheit zur Benutzung zugänglich gemacht und ihre Erhaltung im öffentlichen Interesse liegt (§ 115 Abs. 2 und Abs. 3 BewG).

Die Befreiungsvorschriften gelten nur dann, wenn die jährlichen Kosten in der Regel die erzielten Einnahmen übersteigen.

Für Krankenhäuser sowie für Versorgungs- und Verkehrsunternehmen gelten besondere Vorschriften (§§ 116 und 117 BewG).

265 Nach § 118 Abs. 1 BewG sind zur Ermittlung des Wertes des Gesamtvermögens *von dem Rohvermögen abzuziehen:*
1. Schulden und Lasten, soweit sie nicht mit einem gewerblichen Betrieb in wirtschaftlichem Zusammenhang stehen. Dazu gehören auch Schulden aus laufend veranlagten persönlichen Steuern sowie der Kapitalwert von Renten und anderen wiederkehrenden Nutzungen und Leistungen, die dem Steuerpflichtigen obliegen.
2. Pensionsverpflichtungen gegenüber Personen, bei denen der Versorgungsfall noch nicht eingetreten ist, soweit sie nicht mit einem gewerblichen Betrieb in wirtschaftlichem Zusammenhang stehen;

3. bei Inhabern von Betrieben der Land- und Forstwirtschaft zur Abgeltung des Überschusses der laufenden Betriebseinnahmen über die laufenden Betriebsausgaben, der nach dem Ende des vorangegangenen Wirtschaftsjahres entstanden ist, ein Achtzehntel des Wirtschaftswertes des Betriebes der Land- und Forstwirtschaft;
bei buchführenden Land- und Forstwirten kann statt dessen auf Antrag der nachgewiesene Überschuß der laufenden Betriebseinnahmen über die laufenden Betriebsausgaben abgezogen werden, soweit er am Veranlagungszeitpunkt noch vorhanden ist oder zur Tilgung von Schulden verwendet worden ist, die am Ende des vorangegangenen Wirtschaftsjahres bestanden haben und mit dem Wirtschaftsteil des Betriebes in wirtschaftlichem Zusammenhang stehen.

Entsprechend der Regelung des § 111 Nr. 7 a) BewG, nach der gesetzliche **266** Unterhaltsansprüche im Falle der Zusammenveranlagung des Berechtigten und des Verpflichteten beim Berechtigten nicht zum sonstigen Vermögen gehören, ist die ihre entsprechende Unterhaltsverpflichtung auch nicht als Last abzugsfähig (§ 118 Abs. 3 BewG). Werden der Berechtigte und der Verpflichtete nicht zusammenveranlagt, so ist die einzelne Unterhaltsverpflichtung höchstens bis zu einem Kapitalwert von 20 000 DM, bei einer gemeinsamen Unterhaltsverpflichtung von Ehegatten höchstens bis zu einem Kapitalwert von 40 000 DM abzugsfähig. Der darüber hinausgehende Teil des Kapitalwertes kann dagegen nicht abgezogen werden.

Das Vermögen von zusammenveranlagten Ehegatten wird für die Ermitt- **267** lung des Gesamtvermögens zusammengerechnet. Das gleiche gilt für das Vermögen von Eltern und Kindern, das für die Ermittlung des Gesamtvermögens ebenfalls zusammengerechnet wird.

Inlandsvermögen
§ 121 BewG regelt die Ermittlung des steuerpflichtigen Inlandsvermögens **268** bei *beschränkt Steuerpflichtigen.* Danach gehören zum steuerpflichtigen Inlandsvermögen
1. das inländische land- und forstwirtschaftliche Vermögen;
2. das inländische Grundvermögen;
3. das inländische Betriebsvermögen. Als solches gilt das Vermögen, das einem im Inland betriebenen Gewerbebetrieb dient, wenn hierfür im Inland eine Betriebsstätte unterhalten oder ein ständiger Vertreter bestellt ist;
4. Anteile an einer Kapitalgesellschaft, wenn die Gesellschaft Sitz oder Geschäftsleitung im Inland hat und der Gesellschafter am Grund- oder Stammkapital der Gesellschaft mindestens zu einem Viertel unmittelbar oder mittelbar beteiligt ist;
5. nicht unter Nr. 3 fallende Erfindungen und Gebrauchsmuster, die in ein inländisches Buch oder Register eingetragen sind;

6. Wirtschaftsgüter, die nicht unter die Nr. 1, 2 und 5 fallen und einem inländischen gewerblichen Betrieb überlassen, insbesondere an ihn vermietet oder verpachtet sind;
7. Hypotheken, Grundschulden, Rentenschulden und andere Forderungen oder Rechte, wenn sie durch inländischen Grundbesitz, durch inländische grundstücksgleiche Rechte oder durch Schiffe, die in inländisches Schiffsregister eingetragen sind, unmittelbar oder mittelbar gesichert sind. Ausgenommen sind Anleihen und Forderungen, über die Teilschuldverschreibungen ausgegeben worden sind;
8. Forderungen aus der Beteiligung an einem Handelsgewerbe als stiller Gesellschafter und aus partiarischen Darlehen, wenn der Schuldner Wohnsitz oder gewöhnlichen Aufenthalt, Sitz oder Geschäftsleitung im Inland hat;
9. Nutzungsrechte an einem der in den Nr. 1 bis 8 genannten Vermögensgegenstände.

c) Sondervorschriften des Bewertungsgesetzes

269 Nach § 121 a BewG sind die auf den Wertverhältnissen am 1. 1. 1964 beruhenden Einheitswerte des Grundbesitzes für die Feststellung der Einheitswerte des Betriebsvermögens, für die Vermögensteuer, die Erbschaftsteuer, die Gewerbesteuer, die Ermittlung des Nutzungswertes der selbstgenutzten Wohnung im eigenen Einfamilienhaus und die Grunderwerbsteuer mit 140 v. H. des Einheitswertes anzusetzen.

270 Nach § 122 BewG gelten für Berlin (West) besondere Begünstigungsvorschriften.

2. Vermögensteuer

Rechtsgrundlagen: Vermögensteuergesetz (VStG) in der Fassung vom 14. 3. 1985 (BGBl. 1985 I S. 558), zuletzt geändert durch Gesetz vom 17. 12. 1986 (BGBl. 1986 I S. 2488); Vermögensteuer-Richtlinien (VStR) vom 16. 7. 1986 (BStBl. 1986 I Sondernummer 2), Abschnitte 104 bis 127.

Kommentare: siehe Bewertungsrecht.

a) Steuerpflicht, Bemessungsgrundlage
aa) Steuerpflicht
271 *Unbeschränkt* vermögensteuerpflichtig sind nach § 1 VStG
1. natürliche Personen, die im Inland einschließlich Berlin (West) einen Wohnsitz oder ihren gewöhnlichen Aufenthalt haben,
2. die in § 1 Abs. 1 Ziff. 2 VStG genannten Körperschaften, Personenvereinigungen und Vermögensmassen, die ebenfalls im Inland einschließlich Berlin (West) ihre Geschäftsleitung oder ihren Sitz haben,

3. auch deutsche Staatsangehörige ohne Wohnsitz oder gewöhnlichen Aufenthaltsort im Inland, die zu einer inländischen juristischen Person des öffentlichen Rechts in einem Dienstverhältnis stehen und dafür Arbeitslohn aus einer inländischen öffentlichen Kasse beziehen, wenn sie im Ausland in einem der beschränkten Steuerpflicht ähnlichen Umfang zu Personensteuern herangezogen werden.

Die unbeschränkte Steuerpflicht erstreckt sich auf das Gesamtvermögen. **272** Sie erstreckt sich nicht auf Vermögensgegenstände, die auf das Währungsgebiet der Mark der Deutschen Demokratischen Republik entfallen. Das gleiche gilt für Nutzungsrechte an solchen Gegenständen.

Zum Inland im Sinne des VStG gehört auch der der Bundesrepublik **273** Deutschland zustehende Anteil am Festlandsockel, soweit dort Naturschätze des Meeresgrundes und des Meeresuntergrundes erforscht oder ausgebeutet werden (§ 1 Abs. 4 VStG).

Beschränkt steuerpflichtig sind nach § 2 VStG natürliche Personen, die im **274** Inland weder einen Wohnsitz noch ihren gewöhnlichen Aufenthalt haben; Körperschaften, Personenvereinigungen und Vermögensmassen, die im Inland weder ihre Geschäftsleitung noch ihren Sitz haben. Die beschränkte Steuerpflicht erstreckt sich nur auf Vermögen der in § 121 BewG genannten Art, das auf das Inland entfällt.

Von der Vermögensteuer sind u. a. *befreit* die Deutsche Bundespost, die **275** Deutsche Bundesbahn, die Monopolverwaltungen des Bundes und die staatlichen Lotterieunternehmen, die Deutsche Bundesbank, die Kreditanstalt für Wiederaufbau, die Deutsche Ausgleichsbank, Kredit- und Finanzierungsinstitute, Körperschaften, die ausschließlich und unmittelbar kirchlichen, gemeinnützigen oder mildtätigen Zwecken dienen (§ 51 AO), rechtsfähige Pensions-, Sterbe-, Kranken- und Unterstützungskassen, der Pensionssicherungsverein, Berufsverbände ohne öffentlich-rechtlichen Charakter, politische Parteien und politische Vereine sowie weitere in § 3 Abs. 1 VStG und in anderen Gesetzen geregelte Befreiungen.

bb) Bemessungsgrundlage
Nach § 4 Abs. 1 VStG unterliegt der Vermögensteuer **276**
1. bei unbeschränkt Steuerpflichtigen das Gesamtvermögen (§§ 114 bis 120 BewG);
2. bei beschränkt Steuerpflichtigen das Inlandsvermögen (§ 121 BewG).

Der Wert des Gesamtvermögens oder des Inlandsvermögens wird auf volle Tausend DM abgerundet.

cc) Stichtag; Entstehung der Steuer
Die Vermögensteuer wird nach den Verhältnissen zu Beginn des Kalender- **277** jahres (Veranlagungszeitpunkt) festgesetzt. Die Steuer entsteht mit dem Beginn des Kalenderjahres, für das die Steuer festgesetzt ist.

b) Steuerberechnung

278 Nach § 6 VStG bleiben bei der Veranlagung einer unbeschränkt steuerpflichtigen natürlichen Person 70 000 DM und im Falle der Zusammenveranlagung von Ehegatten 140 000 DM vermögensteuerfrei. Für jedes Kind, das mit einem Steuerpflichtigen oder mit Ehegatten zusammenveranlagt wird, sind weitere 70 000 DM vermögensteuerfrei. Kinder im Sinne des VStG sind eheliche Kinder, für ehelich erklärte Kinder, nichteheliche Kinder, Stiefkinder, Adoptivkinder und Pflegekinder.

Nach § 6 Abs. 3 VStG sind weitere 10 000 DM steuerfrei, wenn

1. der Steuerpflichtige das 60. Lebensjahr vollendet hat oder voraussichtlich für mindestens 3 Jahre erwerbsunfähig ist und

2. das Gesamtvermögen (§ 4 VStG) nicht mehr als 150 000 DM, bei Zusammenveranlagung von Ehegatten nicht mehr als 300 000 DM beträgt, auch wenn nur ein Ehegatte das 60. Lebensjahr vollendet hat. Haben beide Ehegatten das 60. Lebensjahr vollendet, so erhöht sich der Freibetrag auf 20 000 DM.

Nach § 5 Abs. 4 VStG erhöht sich der Freibetrag auf 50 000 DM, wenn
1. der Steuerpflichtige das 65. Lebensjahr vollendet hat oder voraussichtlich für mindestens 3 Jahre erwerbsunfähig ist,
2. das Gesamtvermögen nicht mehr als 150 000 DM beträgt und
3. die steuerfreien Ansprüche des Steuerpflichtigen nach § 111 Abs. 1 bis 4 und 9 (Renten) insgesamt jährlich 4800 DM nicht übersteigen.

279 Werden Ehegatten zusammenveranlagt, so wird der Freibetrag gewährt, wenn bei einem der Ehegatten die Voraussetzungen der Nr. 1 gegeben sind, das Gesamtvermögen nicht mehr als 300 000 DM beträgt und die Ansprüche dieses Ehegatten nach § 111 Nr. 1 bis 4 und 9 BewG insgesamt jährlich 4800 DM nicht übersteigen. Der Freibetrag erhöht sich auf 100 000 DM, wenn bei beiden Ehegatten die Voraussetzungen der Nr. 1 gegeben sind, das Gesamtvermögen nicht mehr als 300 000 DM beträgt und die Ansprüche nach § 111 Nr. 1 bis 4 und 9 BewG insgesamt jährlich 9600 DM nicht übersteigen.

280 Nach § 8 VStG wird von unbeschränkt steuerpflichtigen Körperschaften, Personenvereinigungen und Vermögensmassen im Sinne des § 1 Abs. 1 Nr. 2 VStG die Vermögensteuer nur erhoben, wenn das Gesamtvermögen (§ 4 VStG) mindestens 10 000 DM beträgt.

Von den beschränkt Steuerpflichtigen wird die Vermögensteuer nur erhoben, wenn das Inlandsvermögen (§ 4 VStG) mindestens 10 000 DM beträgt.

281 Steuerpflichtiges Vermögen ist

1. bei unbeschränkt Steuerpflichtigen
   a) bei natürlichen Personen der Vermögensbetrag, der nach Abzug der Freibeträge vom Gesamtvermögen verbleibt,

b) im Falle der unbeschränkt steuerpflichtigen Körperschaften, Personenvereinigungen, Vermögensmassen mit mindestens 20 000 DM Gesamtvermögen das Gesamtvermögen,

2. bei beschränkt Steuerpflichtigen mit mindestens 20 000 DM Inlandsvermögen das Inlandsvermögen.

Die *Vermögensteuer* beträgt (§ 10 VStG) jährlich 282
1. für natürliche Personen 0,5 v. H. des steuerpflichtigen Vermögens,
2. für die in § 1 Abs. 1 Nr. 2 und § 2 Abs. 1 Nr. 2 bezeichneten Körperschaften, Personenvereinigungen und Vermögensmassen 0,6 v. H. des steuerpflichtigen Vermögens.

§ 11 VStG regelt die *Anrechnung ausländischer Steuern*. Bei unbeschränkt 283 Steuerpflichtigen, die in einem ausländischen Staat mit ihrem in diesem Staat belegenen Vermögen (Auslandsvermögen) zu einer der inländischen Vermögensteuer entsprechenden Steuer (ausländischen Steuer) herangezogen werden ist, sofern nicht die Vorschriften eines Abkommens zur Vermeidung der Doppelbesteuerung anzuwenden sind, die festgesetzte und gezahlte und keinem Ermäßigungsanspruch unterliegende ausländische Steuer auf den Teil der Vermögensteuer anzurechnen, der auf dieses Auslandsvermögen entfällt. Das gleiche gilt, wenn nach einem Abkommen zur Vermeidung der Doppelbesteuerung in einem ausländischen Staat erhobene Steuern auf die Vermögensteuer anzurechnen sind. Der Steuerpflichtige hat den Nachweis über die Höhe des Auslandsvermögens und über die Festsetzung und Zahlung der ausländischen Steuern durch Vorlage entsprechender Urkunden zu führen.

Nach § 12 VStG ist auf Antrag anstelle einer Anrechnung ausländischer 284 Steuern nach § 11 VStG die auf ausländisches Betriebsvermögen entfallende Vermögensteuer (§ 11 Abs. 1 Satz 2 und 3 VStG) unter im einzelnen aufgeführten Voraussetzungen auf die Hälfte zu ermäßigen. Die Steuerermäßigung nach § 12 Abs. 1 VStG setzt voraus, daß in der ausländischen Betriebsstätte eine aktive Tätigkeit im Sinne des § 8 Abs. 1 Nr. 1 bis 6 des Außensteuergesetzes vom 8. 9. 1972 (BGBl. I S. 1713), zuletzt geändert durch das Gesetz vom 20. 8. 1980 (BGBl. I S. 1545) ausgeübt wird.

Nach § 13 VStG können die für die Finanzverwaltung zuständigen ober- 285 sten Landesbehörden die Steuer bei Personen, die durch Zuzug aus dem Ausland unbeschränktkt steuerpflichtig werden, bis zur Dauer von 10 Jahren seit Begründung der unbeschränkten Steuerpflicht in einem Pauschbetrag festsetzen.

c) Veranlagung
aa) Zusammenveranlagung
Nach § 14 VStG werden zusammenveranlagt nur Personen, die unbe- 286 schränkt steuerpflichtig sind, und zwar

1. Ehegatten, wenn sie nicht dauernd getrennt leben,
2. Ehegatten und Kinder oder Einzelpersonen und Kinder, wenn diese eine Haushaltsgemeinschaft bilden und die Kinder das 18. Lebensjahr noch nicht vollendet haben.

Auf gemeinsamen Antrag werden ferner Ehegatten oder Einzelpersonen zusammenveranlagt
1. mit unverheirateten oder von ihren Ehegatten dauernd getrennt lebenden Kindern, die das 18., aber noch nicht das 27. Lebensjahr vollendet haben, wenn die Antragsteller eine Haushaltsgemeinschaft bilden und die Kinder sich noch in der Berufsausbildung befinden oder ein freiwilliges soziales Jahr im Sinne des Gesetzes zur Förderung eines freiwilligen sozialen Jahres ableisten; über das 27. Lebensjahr hinaus, wenn der Abschluß der Berufsausbildung durch Umstände verzögert worden ist, die keiner der Antragsteller zu vertreten hat (z. B. Grundwehrdienst oder Zivildienst);
2. mit Kindern, wenn diese wegen körperlicher oder geistiger Gebrechen dauernd außerstande sind, sich selbst zu unterhalten.

287 Bei der Zusammenveranlagung ist
1. das Vermögen aller beteiligten Personen zu einem einheitlichen Gesamtvermögen zusammenzurechnen. Dabei sind die Freibeträge und Freigrenzen mit der Zahl zu vervielfachen, die der Zahl der Beteiligten entspricht;
2. für jede beteiligte Person die ihr zustehende Tarifvergünstigung nach § 10 Abs. 2 VStG zu berücksichtigen und
3. für jede beteiligte Person der ihr zustehende persönliche Freibetrag (§ 6 Abs. 1 und 2 VStG) und der Altersfreibetrag (§ 6 Abs. 3 und 4 VStG) zu berücksichtigen.

Bei der Ermittlung des Gesamtvermögens sind Forderungen und Schulden zwischen den beteiligten Personen getrennt anzusetzen.

Für die Zusammenveranlagung sind jeweils die Verhältnisse im Veranlagungszeitpunkt maßgebend (§ 5 Abs. 1 VStG). Ändern sie sich nach dem Veranlagungszeitpunkt, so sind Neuveranlagungen durchzuführen.

bb) Hauptveranlagung

288 Nach § 15 VStG wird die Vermögensteuer für drei Kalenderjahre allgemein festgesetzt (Hauptveranlagung). Der Zeitraum, für den die Hauptveranlagung gilt, ist der Hauptveranlagungszeitraum; der Beginn dieses Zeitraumes ist der Hauptveranlagungszeitpunkt. Der nächste Hauptfeststellungszeitpunkt ist der 1. 1. 1989.

cc) Neuveranlagung

289 Nach § 16 Abs. 1 VStG wird die Vermögensteuer neu veranlagt (Neuveranlagung), wenn dem Finanzamt bekannt wird,

1. daß der nach § 4 Abs. 2 VStG abgerundete Wert des Gesamtvermögens oder des Inlandsvermögens, der sich für den Beginn eines Kalenderjahres ergibt, entweder um mehr als ein Fünftel oder um mehr als 150 000 DM von dem nach § 4 Abs. 2 VStG abgerundeten Wert des letzten Veranlagungszeitraumes abweicht. Weicht der Wert nach oben ab, so muß die Wertabweichung mindestens 50 000 DM betragen; weicht der Wert nach unten ab, so muß die Wertabweichung mindestens 10 000 DM betragen;
2. daß sich die Verhältnisse für die Gewährung von Freibeträgen oder für die Veranlagung ändern; eine neue Ermittlung des Gesamtvermögens wird nur vorgenommen, wenn die Wertgrenzen der Nr. 1 überschritten sind.

Um festzustellen, ob die Wertgrenzen überschritten sind, ist es notwen- **290** dig, das Gesamtvermögen vom Neuveranlagungszeitpunkt mit dem Gesamtvermögen vom letzten Veranlagungszeitpunkt zu vergleichen. Bei der Prüfung, ob die Wertgrenzen des § 16 Abs. 1 Nr. 1 VStG überschritten werden, ist von dem Gesamtvermögen auszugehen, das sich unter Berücksichtigung der Freibeträge und Freigrenzen in § 110 BewG ergibt.

dd) Nachveranlagung
Nach § 17 Abs. 1 VStG wird die Vermögensteuer nachträglich festgesetzt **291** (Nachveranlagung), wenn nach dem Hauptveranlagungszeitpunkt
1. die persönliche Steuerpflicht neu begründet wird oder
2. ein persönlicher Befreiungsgrund wegfällt oder
3. ein beschränkt Steuerpflichtiger unbeschränkt steuerpflichtig oder ein unbeschränkt Steuerpflichtiger beschränkt steuerpflichtig wird.

Nachveranlagt wird mit Wirkung vom Beginn des Kalenderjahres an, der dem maßgebenden Ereignis folgt.

ee) Aufhebung der Veranlagung
Nach § 18 Abs. 1 VStG ist die Veranlagung aufzuheben, wenn dem Finanz- **292** amt bekannt wird, daß
1. die Steuerpflicht erloschen (z. B. Tod) oder ein persönlicher Befreiungsgrund eingetreten ist oder
2. die Veranlagung fehlerhaft ist.
Die Veranlagung wird aufgehoben,
1. in den Fällen des Abs. 1 Nr. 1 mit Wirkung vom Beginn des Kalenderjahres an, der auf den Eintritt des maßgebenden Ereignisses folgt;
2. in den Fällen des Abs. 1 Nr. 2 mit Wirkung vom Beginn des Kalenderjahres an, in dem der Fehler dem Finanzamt bekannt wird.

ff) Pflicht zur Abgabe von Vermögensteuererklärungen
Nach § 19 Abs. 1 VStG sind Vermögensteuererklärungen auf jeden Haupt- **293** veranlagungszeitpunkt abzugeben. Für andere Veranlagungszeitpunkte hat

Heinrich Günther 305

eine Erklärung nur abzugeben, wer von der Finanzbehörde dazu aufgefordert wird (§ 149 AO).

294   Nach § 19 Abs. 2 VStG haben von den *unbeschränkt* Steuerpflichtigen eine Vermögensteuererklärung über ihr Gesamtvermögen abzugeben

1. natürliche Personen
   a) die allein veranlagt werden, wenn ihr Gesamtvermögen 70 000 DM übersteigt;
   b) die mit anderen Personen zusammenveranlagt werden, wenn das Gesamtvermögen der zusammenveranlagten Personen den Betrag übersteigt, der sich ergibt, wenn für jede der zusammenveranlagten Personen 70 000 DM überschritten werden;
2. die Körperschaften, Personenvereinigungen, Vermögensmassen, wenn ihr Gesamtvermögen mindestens 10 000 DM beträgt.

295   *Beschränkt* Steuerpflichtige haben eine Vermögensteuererklärung über ihr Inlandsvermögen abzugeben, wenn dieses mindestens 20 000 DM beträgt.

d) Steuerentrichtung

296   Die Vermögensteuer wird zu je einem Viertel der Jahressteuer am 10. 2., 10. 5., 10. 8. und 10. 11. fällig. Eine Jahressteuer bis zu 500 DM ist in einem Betrag am 10. 11. zu entrichten.

Der Steuerpflichtige hat, solange die Jahressteuer noch nicht bekannt gegeben ist, Vorauszahlungen auf die Jahressteuer zu entrichten zu den vorstehend genannten Stichtagen. Das Finanzamt kann die Vorauszahlungen der Steuer anpassen, die sich für das Kalenderjahr voraussichtlich ergeben wird.

Sind die geleisteten Vorauszahlungen geringer oder höher als die nach dem Bescheid festgesetzten Vermögensteuerbeträge, so sind entsprechende Nachzahlungen zu entrichten oder der Unterschiedsbetrag wird durch Aufrechnung oder Zurückzahlung ausgeglichen.

297   Hatte der Steuerpflichtige bisher keine Vorauszahlungen zu entrichten, so hat er die Vermögensteuer, die sich nach dem bekanntgegebenen Steuerbescheid für die vorangegangenen Fälligkeitstage im Sinne des § 20 VStG ergibt, innerhalb eines Monats nach Bekanntgabe des Steuerbescheids nachzuentrichten.

3. Erbschaftsteuer- und Schenkungsteuer

Rechtsgrundlagen: Erbschaftsteuer- und Schenkungsteuer (ErbStG) vom 17. 4. 1974 (BGBl. I S. 933), zuletzt geändert durch Gesetz vom 19. 12. 1985 (BGBl. I S. 2436); Erbschaftsteuer-Durchführungsverordnung (ErbStDV) vom 19. 1. 1962 (BGBl. I S. 22), geändert durch Gesetz vom 17. 4. 1974 (BGBl. I S. 933); gleichlautende Erlasse (Entschließung) der obersten

Finanzbehörden der Länder betreffend Zweifelsfragen bei Anwendung des neuen Erbschaftsteuer- und Schenkungsteuergesetzes vom 20.12.1974/ 10. 3. 1976 (BStBl. 1975 I S. 42/1976 I S. 145)

Kommentare: *Kapp*, Kommentar zum Erbschaftsteuer- und Schenkungsteuergesetz; *Meincke/Michel*, Kommentar zum Erbschaftsteuer- und Schenkungssteuergesetz; *Petzoldt*, Erbschaftsteuer- und Schenkungsteuergesetz; *Troll*, Erbschaftsteuer- und Schenkungsteuergesetz.

a) Steuerpflicht

Nach § 1 Abs. 1 ErbStG unterliegen als *steuerpflichtige Vorgänge* der Erbschaftsteuer (Schenkungsteuer)   **298**

1. der Erwerb von Todes wegen,
2. die Schenkungen unter Lebenden,
3. die Zweckzuwendungen,
4. das Vermögen einer Stiftung, sofern sie wesentlich im Interesse einer Familie oder bestimmter Familie errichtet ist, und eines Vereins, dessen Zweck wesentlich im Interesse einer Familien oder bestimmten Familien auf die Bindung von Vermögen gerichtet ist, in Zeitabständen von je 30 Jahren seit dem in § 9 Abs. 1 Nr. 4 ErbStG bestimmten Zeitpunkt.

Nach § 1 Abs. 2 ErbStG gelten, soweit nichts anderes bestimmt ist, die   **299**
Vorschriften des Gesetzes auch für Schenkungen und Zweckzuwendungen, die Vorschriften über Schenkungen auch über Zweckzuwendungen unter Lebenden.

Die *persönliche Steuerpflicht* tritt ein gemäß § 2 Abs. 1 ErbStG   **300**

1. in den Fällen des § 1 Abs. 1 Nr. 1 bis 3 ErbStG, wenn der Erblasser zur Zeit seines Todes, der Schenker zur Zeit der Ausführung der Schenkung oder der Erwerber zur Zeit der Entstehung der Steuer ein Inländer ist. Als Inländer gelten dabei
   a) natürliche Personen mit Wohnsitz oder gewöhnlichem Aufenthalt im Inland,
   b) deutsche Staatsangehörige, die sich nicht länger als fünf Jahre dauernd im Ausland aufgehalten haben, ohne im Inland einen Wohnsitz zu haben, also z. B. bei Wohnsitzverlegung in das Ausland,
   c) unabhängig von der Fünfjahresfrist deutsche Staatsangehörige, die
      aa) im Inland weder einen Wohnsitz noch ihren gewöhnlichen Aufenthalt haben und
      bb) zu einer inländischen juristischen Person des öffentlichen Rechts in einem Dienstverhältnis stehen und dafür Arbeitslohn aus einer inländischen öffentlichen Kasse beziehen, einschließlich ihrer zum Haushalt gehörenden Angehörigen, die die deutsche Staatsangehörigkeit besitzen. Dies gilt jedoch nur für solche Personen, deren Nachlaß oder Erwerb in dem Staat, in dem sie ihren Wohnsitz oder gewöhnlichen Aufenthalt haben, lediglich in einem der

Steuerpflicht nach Nr. 3 ähnlichen Umfang zu einer Nachlaß-
oder Erbanfallsteuer herangezogen wird;

d) Körperschaften, Personenvereinigungen und Vermögensmassen, die
ihre Geschäftsleitung oder ihren Sitz im Inland haben;

2. in den Fällen des § 1 Abs. 1 Nr. 4 ErbStG, wenn die Stiftung oder der
Verein die Geschäftsleitung oder den Sitz im Inland hat;

3. in allen anderen Fällen für den Vermögensanfall, der in Inlandsvermögen
im Sinne des § 121 BewG oder in einem Nutzungsrecht an solchen Ver-
mögensgegenständen besteht.

301 Ähnlich wie bei der Vermögensbesteuerung gehört zum Inland im Sinne
des ErbStG auch der der Bundesrepublik Deutschland zustehende Anteil am
Festlandsockel, soweit dort Naturschätze des Meeresgrundes und des Meeresuntergrundes erforscht oder ausgebeutet werden.

302 Ausgenommen ist nach § 2 Abs. 3 ErbStG die Steuerpflicht für Vermögensgegenstände, die auf das Währungsgebiet der Mark der Deutschen
Demokratischen Republik entfallen.

303 Was im einzelnen als *steuerpflichtiger Erwerb* gilt, regelt § 3 ErbStG für
den Erwerb von Todes wegen, § 7 ErbStG für Schenkungen unter Lebenden
und § 8 ErbStG für Zweckzuwendungen.

304 Als *Erwerb von Todes* wegen gilt u. a. der Erwerb durch Erbfall aufgrund Erbersatzanspruchs, durch Vermächtnis oder aufgrund eines geltend-
gemachten Pflichtteilspruches, der Erwerb durch Schenkung auf den
Todesfall, jeder Vermögensvorteil, der aufgrund eines vom Erblasser
geschlossenen Vertrages bei dessen Tode von einem Dritten unmittelbar
erworben wird (z. B. Lebensversicherungen), Erwerb infolge Vollziehung
einer angeordneten Auflage oder Bedingung, Abfindung für einen Verzicht
auf den entstandenen Pflichtteilsanspruch oder Ausschlagung einer Erbschaft, eines Ersatzanspruches oder eines Vermächtnisses, Entgelt für die
Übertragung der Anwartschaft eines Nacherben.

305 Nach § 7 ErbStG gelten als *Schenkungen unter Lebenden* u. a. jede freige-
bige Zuwendung unter Lebenden, soweit der Bedachte durch sie auf Kosten
des Zuwendenden bereichert wird, was infolge Vollziehung einer von dem
Schenker angeordneten Auflage oder Erfüllung einer Bedingung ohne entsprechende Gegenleistung erlangt wird, die Bereicherung, die ein Ehegatte
bei Vereinbarung der Gütergemeinschaft (§ 1415 BGB) erfährt, was als
Abfindung für einen Erbverzicht (§§ 2346 und 2352 BGB) gewährt wird,
was durch vorzeitigen Erbausgleich (§ 1934 b BGB) erworben wird, u. a.

306 Von besonderer Bedeutung sind die Bestimmungen im Zusammenhang
mit dem Erwerb von Gesellschaftsanteilen.

a) Nach § 3 Abs. 1 Nr. 2 ErbStG wird auch der Vermögenserwerb erfaßt,
der sich beim Tod eines Gesellschafters dadurch ergibt, daß aufgrund
des Gesellschaftsvertrages sein Anteil am Gesellschaftsvermögen nicht
auf seine Erben, sondern auf die verbleibenden Gesellschafter oder die

Gesellschaft übergeht und die Abfindung, die diese dafür zu leisten haben, geringer ist als der Steuerwert des Anteils. Dies gilt sowohl für die Beteiligung an einer Personengesellschaft als auch für die Beteiligung an einer Kapitalgesellschaft.

b) Nach § 7 Abs. 5 ErbStG bleibt, wenn bei der Schenkung eines Anteils an einer Personengesellschaft für den Fall des Ausscheidens die sogenannte Buchwertklausel vereinbart wird, dies bei der Feststellung der Bereicherung zunächst unberücksichtigt. Die den Buchwert der Beteiligung übersteigende Bereicherung gilt vielmehr als auflösend bedingt erworben. Tritt die Bedingung ein, so kann der Erwerber nach § 5 Abs. 2 BewG eine Berichtigung der Steuerfestsetzung beantragen. Die Bedingung tritt dann ein, wenn im Zeitpunkt des Ausscheidens des Gesellschafters der Steuerwert seines Anteils über der Abfindung liegt. Der auflösend bedingte Teil seines Erwerbes entspricht dann dem Steuerwert des bei der Schenkung angesetzten Anteils abzüglich des Buchwertes im Zeitpunkt der Schenkung. Auf Antrag ist in diesem Fall die Steuer zu erstatten, die auf diesen Unterschiedsbetrag entfällt, höchstens jedoch die Steuer, die auf den Unterschiedsbetrag zwischen der Abfindung und dem höheren Steuerwert vom Zeitpunkt des Ausscheidens entfällt.

c) Nach § 7 Abs. 6 ErbStG gilt, wenn eine Beteiligung an einer Personengesellschaft mit einer überhöhten Gewinnbeteiligung ausgestattet ist, das Übermaß an Gewinnbeteiligung als selbständige Schenkung, die mit dem Kapitalwert anzusetzen ist. Wenn bei den Ertragsteuern eine Entscheidung über das Vorliegen und den Umfang eines überhöhten Gewinnanteils getroffen worden ist, so ist diese Entscheidung auch für die Schenkungsteuer zu übernehmen. Soweit keine anderen Anhaltspunkte für die Laufzeit gegeben sind, ist für die Berechnung des Kapitalwertes davon auszugehen, daß der überhöhte Gewinnanteil dem Bedachten für die Dauer von fünf Jahren in gleichbleibender Höhe zufließen wird.

d) § 7 Abs. 7 ErbStG enthält eine Parallelvorschrift zu § 3 Abs. 1 Nr. 2 Satz 2 ErbStG (vgl. die vorstehenden Ausführungen zu a) für den Fall des Ausscheidens eines Gesellschafters noch zu seinen Lebzeiten. Danach gilt als Schenkung auch der auf einem Gesellschaftsvertrag beruhende Übergang des Anteils oder des Teils eines Anteils eines Gesellschafters bei dessen Ausscheiden auf die anderen Gesellschafter oder die Gesellschaft, soweit der Wert, der sich für seinen Anteil zur Zeit seines Ausscheidens nach § 12 ErbStG ergibt, den Abfindungsanspruch übersteigt.

Sondervorschriften gelten   307
a) nach § 4 ErbStG für die fortgesetzte Gütergemeinschaft,
b) nach § 5 für die Zugewinngemeinschaft,
c) nach § 6 für die Vor- und Nacherbschaft.

Heinrich Günther   309

Zu a)

308 Bei der *fortgesetzten Gütergemeinschaft* wird der Anteil des verstorbenen Ehegatten am Gesamtgut so behandelt, wie wenn er ausschließlich den anteilsberechtigten Abkömmlingen zugefallen wäre.

Zu b)

309 Bei der *Zugewinngemeinschaft* gilt, wenn dieser Güterstand durch den Tod eines Ehegatten beendet und der Zugewinn nicht nach § 1371 Abs. 2 BGB ausgeglichen wird, beim überlebenden Ehegatten der Betrag, den er im Falle des § 1371 Abs. 2 BGB als Ausgleichsforderung geltend machen könnte, nicht als Erwerb im Sinne des Abs. 3 ErbStG. Soweit der Nachlaß des Erblassers bei der Ermittlung des als Ausgleichsforderung steuerfreien Betrages mit einem höheren Wert als dem nach den steuerlichen Bewertungsgrundsätzen maßgebenden Wert angesetzt worden ist, gilt höchstens der dem Steuerwert des Nachlasses entsprechende Betrag nicht als Erwerb im Sinne des § 3 ErbStG.

Wird der Güterstand der Zugewinngemeinschaft in anderer Weise als durch den Tod eines Ehegatten beendet oder wird der Zugewinn nach § 1371 Abs. 2 BGB ausgeglichen, gehört die Ausgleichsforderung nach § 1378 BGB nicht zum Erwerb im Sinne der §§ 3 und 7 ErbStG.

Der Zugewinn macht eine komplizierte Berechnung nach den Vorschriften des BGB erforderlich mit einer Ermittlung des Anfangs- und Endvermögens für jeden Ehegatten nach Verkehrswerten. Dabei sollen ehevertragliche Vereinbarungen hinsichtlich der Berechnung der Ausgleichsforderung für das Finanzamt nicht bindend sein. Die Vermutungen des § 1377 BGB sollen außerdem für das Finanzamt widerlegbar sein.

Die Ermittlung der fiktiven Ausgleichsforderung ist oftmals nur mit erheblichen Schwierigkeiten möglich. Gegenüber der früheren pauschalen Regelung kann sie von Vorteil oder auch von Nachteil sein.

Zu c)

310 Nach § 6 ErbStG gilt der *Vorerbe* immer als Erbe. Bei Eintritt der *Nacherbfolge* haben diejenigen, auf die das Vermögen übergeht, den Erwerb als vom Vorerben stammend zu versteuern. Dabei ist auf Antrag der Versteuerung das Verhältnis des Nacherben zum Erblasser zugrundezulegen. Geht in diesem Fall auch eigenes Vermögen des Vorerben auf den Nacherben über, so sind beide Vermögensanfälle hinsichtlich der Steuerklasse getrennt zu behandeln.

Tritt die Nacherbfolge nicht durch den Tod des Vorerben ein, so gilt die Vorerbfolge als auflösend bedingter, die Nacherbfolge als aufschiebend bedingter Anfall. In diesem Fall ist dem Nacherben die von dem Vorerben entrichtete Steuer abzüglich desjenigen Steuerbetrages anzurechnen, welche der tatsächlichen Bereicherung des Vorerben entspricht.

Heinrich Günther

Nachvermächtnisse und beim Tod des Beschwerten fällige Vermächtnisse stehen den Nacherbschaften gleich.

Nach § 9 Abs. 1 ErbStG *entsteht die Steuer*

311

1. bei Erwerb von Todes wegen regelmäßig mit dem Tod des Erblassers unter Beachtung der Sonderregelung für einzelne Erbanfälle gemäß Abs. 1 a) bis i),
2. bei Schenkungen unter Lebenden mit dem Zeitpunkt der Ausführung der Zuwendung,
3. bei Zweckzuwendungen mit dem Zeitpunkt des Eintritts der Verpflichtung des Beschwerten,
4. in den Fällen der Stiftungsbesteuerung in Zeitabständen von 30 Jahren seit dem Zeitpunkt des ersten Übergangs vom Vermögen auf die Stiftung oder auf den Verein. Fällt bei Stiftungen oder Vereinen der Zeitpunkt des ersten Übergangs von Vermögen auf den 1. 1. 1954 oder auf einen früheren Zeitpunkt, so entsteht die Steuer erstmals am 1. 1. 1984. Bei Stiftungen und Vereinen, bei denen die Steuer erstmals am 1. 1. 1984 entsteht, richtet sich der Zeitraum von 30 Jahren nach diesem Zeitpunkt.

b) Wertermittlung

§ 10 ErbStG regelt den Umfang, § 12 ErbStG die Bewertung des steuerpflichtigen Erwerbs.

Nach § 10 ErbStG gilt als *steuerpflichtiger Erwerb* die Bereicherung des Erwerbers, soweit sie nicht steuerfrei ist. Als Bereicherung gilt der Wert des gesamten steuerpflichtigen Vermögensanfalls nach Abzug der Nachlaßverbindlichkeiten. Dazu gehören

312

1. die vom Erblasser herrührenden Schulden;
2. die Verbindlichkeiten aus Vermächtnissen, Auflagen und geltend gemachten Pflichtteilen und Erbersatzansprüchen;
3. die Kosten der Bestattung, die Kosten für ein angemessenes Grabdenkmal, für die übliche Grabpflege sowie für Kosten, die dem Erwerber unmittelbar im Zusammenhang mit der Abwicklung, Regelung oder Verteilung des Nachlasses oder mit der Erlangung des Erwerbs entstehen. Für diese Kosten kann ohne Nachweis ein Betrag von 10 000 DM abgezogen werden.

Nach § 12 ErbStG richtet sich die *Bewertung* grundsätzlich nach den Vorschriften des ersten Teils des Bewertungsgesetzes. Dies bedeutet, daß der steuerpflichtige Erwerb mit dem im Zeitpunkt der Entstehung der Steuerschuld maßgebenden Wert (Zeitwert, Verkehrswert) anzusetzen ist. Ausgenommen davon sind folgende mit dem Einheitswert anzusetzende Vermögen:

313

a) der Grundbesitz und die Mineralgewinnungsrechte
b) das land- und forstwirtschaftliche Vermögen
c) die Betriebsgrundstücke

Heinrich Günther

Hierfür ist maßgebend der Einheitswert, der auf den der Entstehung der Steuerschuld vorangegangenen Zeitpunkt zuletzt festgestellt worden ist.

Ausländischer Grundbesitz und ausländisches Betriebsvermögen ist mit dem gemeinen Wert anzusetzen.

314 Für Wertpapiere, Anteile und Genußscheine von Kapitalgesellschaften sind die auf den Zeitpunkt der Entstehung der Steuerschuld maßgebenden gemeinen Werte nach § 11 oder § 12 des Bewertungsgesetzes anzusetzen.

315 § 13 ErbStG regelt die verschiedenen *Steuerbefreiungen*:

a) Steuerfrei bleiben u. a. der Hausrat einschließlich Wäsche und Kleidungsstücke sowie Kunstgegenstände und Sammlungen beim Erwerb durch Personen der Steuerklasse I oder II, soweit der Wert insgesamt 40 000 DM nicht übersteigt, der übrigen Steuerklassen, soweit der Wert nicht 10 000 DM übersteigt;

b) andere bewegliche körperliche Gegenstände beim Erwerb durch Personen der Steuerklasse I oder II, soweit der Wert insgesamt 5 000 DM nicht übersteigt, der übrigen Steuerklassen, soweit der Wert insgesamt 2000 DM nicht übersteigt;

c) Grundbesitz oder Teile von Grundbesitz, Kunstgegenstände, Kunstsammlungen, wissenschaftliche Sammlungen, Bibliotheken und Archive unter bestimmten Voraussetzungen mit 60 v. H. oder 100 v. H., wenn die Erhaltung dieser Gegenstände wegen ihrer Bedeutung für die Kunst, Geschichte oder Wissenschaft im öffentlichen Interesse liegt;

d) Grundbesitz oder Teile von Grundbesitz, der für die Zwecke der Volkswohlfahrt der Allgemeinheit zugänglich gemacht ist und dessen Erhaltung im öffentlichen Interesse liegt;

e) ein Erwerb nach § 1969 BGB;

f) die Befreiung von einer Schuld gegenüber dem Erblasser, sofern die Schuld durch Gewährung von Mitteln zum Zweck des angemessenen Unterhalts oder zur Ausbildung des Bedachten begründet worden ist oder der Erblasser die Befreiung mit Rücksicht auf die Notlage des Schuldners angeordnet hat und diese auch durch die Zuwendung nicht beseitigt wird;

g) ein Erwerb, der Eltern, Adoptiveltern, Stiefeltern oder Großeltern anfällt, sofern der Erwerb zusammen mit dem übrigen Vermögen des Erwerbers 40 000 DM nicht übersteigt und der Erwerber infolge körperlicher oder geistiger Gebrechen und unter Berücksichtigung seiner bisherigen Lebensstellung als erwerbsunfähig anzusehen ist oder durch die Führung eines gemeinsamen Hausstandes mit erwerbsunfähigen oder in der Ausbildung befindlichen Abkömmlingen an der Ausübung einer Erwerbstätigkeit gehindert ist;

h) Ansprüche aus bestimmten Gesetzen, z. B. dem Lastenausgleichsgesetz, dem allgemeinen Kriegsfolgengesetz und dem Kriegsgefangenenentschädigungsgesetz sowie nach dem Bundesgesetz zur Entschädigung für Opfer der nationalsozialistischen Verfolgung;

i) ein steuerpflichtiger Erwerb bis zu 2000 DM, der Personen anfällt, die dem Erblasser unentgeltlich oder gegen unzureichendes Entgelt Pflege oder Unterhalt gewährt haben;

k) Vermögensgegenstände, die Eltern oder Voreltern ihren Abkömmlingen durch Schenkung oder Übergabevertrag zugewandt hatten und die an diese Personen von Todes wegen zurückfallen;

l) der Verzicht auf die Geltendmachung des Pflichtteilsanspruches oder des Erbersatzanspruches;

m) Zuwendungen unter Lebenden zum Zwecke des angemessenen Unterhalts und der Ausbildung der Bedachten;

n) Zuwendungen an Pensions- und Unterstützungskassen, die nach § 3 des Vermögenssteuergesetzes steuerfrei sind;

o) die üblichen Gelegenheitsgeschenke;

p) Anfälle an den Bund, ein Land oder eine inländische Gemeinde sowie solche Anfälle, die ausschließlich Zwecken des Bundes, eines Landes oder einer inländischen Gemeinde dienen;

q) Zuwendungen an inländische Religionsgesellschaften des öffentlichen Rechts oder an inländische jüdische Kultusgemeinden, an inländische Körperschaften, Personenvereinigungen, Vermögensmassen, die nach der Satzung, dem Stiftungsgeschäft oder der sonstigen Verfassung und nach ihrer tatsächlichen Geschäftsführung ausschließlich und unmittelbar kirchlichen, gemeinnützigen oder mildtätigen Zwecken dienen;

r) Zuwendungen, die ausschließlich kirchlichen, gemeinnützigen oder mildtätigen Zwecken gewidmet sind, sofern die Verwendung zu diesen bestimmten Zwecken gesichert ist;

s) Zuwendungen an politische Parteien im Sinne des § 2 des Parteiengesetzes.

c) Berechnung der Steuer

Nach § 14 ErbStG sind mehrere, innerhalb von zehn Jahren von derselben Person anfallende Vermögensvorteile in der Weise zusammenzurechnen, daß dem letzten Erwerb die früheren Erwerbe nach ihrem früheren Wert zugerechnet werden und von der Steuer für den Gesamtbetrag die Steuer abgezogen wird, welche für die früheren Erwerbe zur Zeit des letzten zu erheben gewesen wäre. **316**

§ 15 ErbStG regelt die verschiedenen *Steuerklassen*. Danach werden nach den persönlichen Verhältnissen der Erwerber zum Erblasser oder Schenker die folgenden vier Steuerklassen unterschieden: **317**

Steuerklasse I
1. der Ehegatte,
2. die Kinder und Stiefkinder,
3. die Kinder verstorbener Kinder und Stiefkinder.

Steuerklasse II
1. die Abkömmlinge der in Steuerklasse I Nr. 2 genannten Kinder, soweit sie nicht zur Steuerklasse I Nr. 3 gehören,
2. die Eltern und Voreltern bei Erwerben von Todes wegen.

Steuerklasse III
1. die Eltern und Voreltern, soweit sie nicht zur Steuerklasse II gehören,
2. die Geschwister,
3. die Abkömmlinge ersten Grades von Geschwistern,
4. die Stiefeltern,
5. die Schwiegerkinder,
6. die Schwiegereltern,
7. der geschiedene Ehegatte.

Steuerklasse IV
alle übrigen Erwerber und die Zweckzuwendungen

318 § 16 ErbStG regelt die *Freibeträge.* Danach bleiben steuerfrei in den Fällen des § 2 Abs. 1 Nr. 1 ErbStG der Erwerb
1. des Ehegatten in Höhe von 250 000 DM;
2. der übrigen Personen der Steuerklasse I in Höhe von 90 000 DM;
3. der Personen der Steuerklasse II in Höhe von 50 000 DM;
4. der Personen der Steuerklasse III in Höhe von 10 000 DM;
5. der Personen der Steuerklasse IV in Höhe von 3000 DM.

319 Daneben gewährt § 17 ErbStG träge besondere *Versorgungsfreibeträge.* Nach § 17 Abs. 1 ErbStG wird dem überlebenden Ehegatten neben dem Freibetrag nach § 16 Abs. 1 Nr. 1 ErbStG ein besonderer Versorgungsfreibetrag von 250 000 DM gewährt. Der Freibetrag wird bei Ehegatten, denen aus Anlaß des Todes des Erblassers nicht der Erbschaftsteuer unterliegende Versorgungsbezüge zustehen, um den nach § 14 des Bewertungsgesetzes zu ermittelnden Kapitalwert die Versorgungsbezüge gekürzt.

320 Nach § 17 Abs. 2 ErbStG wird Kindern im Sinne der Steuerklasse I Nr. 2 neben dem Freibetrag nach § 16 Abs. 1 Nr. 2 ErbStG für Erwerbe von Todes wegen ein besonderer Versorgungsfreibetrag unter bestimmten Einschränkungen in folgender Höhe gewährt:
1. bei einem Alter bis zu 5 Jahren in Höhe von 50 000 DM;
2. bei einem Alter von mehr als 5 bis zu 10 Jahren in Höhe von 40 000 DM;
3. bei einem Alter von mehr als 10 bis zu 15 Jahren in Höhe von 30 000 DM;
4. bei einem Alter von mehr als 15 Jahren bis zu 20 Jahren in Höhe von 20 000 DM;

Heinrich Günther

5. bei einem Alter von mehr als 20 Jahren bis zur Vollendung des
27. Lebensjahres in Höhe von 10 000 DM.

Mitgliederbeiträge an Personenvereinigungen, die nicht lediglich die För- **321**
derung ihrer Mitglieder zum Zweck haben, sind steuerfrei, soweit die von
einem Mitglied im Kalenderjahr der Vereinigung geleisteten Beiträge
500 DM nicht übersteigen.

d) Steuersätze
Die Erbschaft- und Schenkungsteuer wird nach Vomhundertsätzen erho- **322**
ben, die im § 19 Abs. 1 ErbStG für die 4 Steuerklassen gemäß der nachstehenden Tabelle 5 festgelegt sind:

Tabelle 5

Wert des steuerpflichtigen Erwerbs (§ 10) bis einschließlich Deutsche Mark	Vomhundertsatz in der Steuerklasse			
	I	II	III	IV
50 000	3	6	11	20
75 000	3,5	7	12,5	22
100 000	4	8	14	24
125 000	4,5	9	15,5	26
150 000	5	10	17	28
200 000	5,5	11	18,5	30
250 000	6	12	20	32
300 000	6,5	13	21,5	34
400 000	7	14	23	36
500 000	7,5	15	24,5	38
600 000	8	16	26	40
700 000	8,5	17	27,5	42
800 000	9	18	29	44
900 000	9,5	19	30,5	46
1 000 000	10	20	32	48
2 000 000	11	22	34	50
3 000 000	12	24	36	52
4 000 000	13	26	38	54
6 000 000	14	28	40	56
8 000 000	16	30	43	58
10 000 000	18	33	46	60
25 000 000	21	36	50	62
50 000 000	25	40	55	64
100 000 000	30	45	60	67
über 100 000 000	35	50	65	70

Nach § 19 Abs. 3 ErbStG wird der Unterschied zwischen der Steuer, die **323**
sich bei Anwendung des § 19 Abs. 1 ErbStG ergibt, und der Steuer, die sich

Heinrich Günther

berechnen würde, wenn der Erwerb die letztvorhergehende Wertgrenze nicht überstiegen hätte, nur insoweit erhoben, als er
a) bei einem Steuersatz bis zu 30 v. H. aus der Hälfte,
b) bei einem Steuersatz über 30 v. H. bis 50 v. H. aus drei Vierteln,
c) bei einem Steuersatz über 50 v. H. aus neun Zehntel
des die Wertgrenze übersteigenden Betrages gedeckt werden kann.

324   Ist bei einem Erwerb von Todes wegen ein Teil des Vermögens der inländischen Besteuerung aufgrund des Abkommens zur Vermeidung der Doppelbesteuerung entzogen, so ist die Steuer nach § 19 Abs. 2 ErbStG nach dem Steuersatz zu erheben, der für den ganzen Erwerb gelten würde (Progressionsvorbehalt).

e) Steuerfestsetzung und -erhebung
aa) Steuerschuldner

325   Steuerschuldner ist nach § 20 Abs. 1 ErbStG der Erwerber, bei einer Schenkung auch der Schenker, bei einer Zweckzuwendung der mit der Ausführung der Zuwendung Beschwerte und in den Fällen des § 1 Abs. 1 Nr. 4 ErbStG die Stiftung oder der Verein.

Im Falle der fortgesetzten Gütergemeinschaft (§ 4 ErbStG) sind die Abkömmlinge im Verhältnis der auf sie entfallenen Anteile, der überlebende Ehegatte für den gesamten Steuerbetrag Steuerschuldner. Darüber hinaus haftet der Nachlaß bis zur Auseinandersetzung (§ 2042 BGB) für die Steuer der am Erbfall Beteiligten.

Der Vorerbe hat die durch die Vorerbschaft veranlaßte Steuer aus den Mitteln der Vorerbschaft zu entrichten.

bb) Anrechnung ausländischer Erbschaftsteuer

326   Nach § 21 ErbStG ist unter bestimmten Voraussetzungen bei Erwerbern, die in einem ausländischen Staat mit ihrem Auslandsvermögen zu einer der deutschen Erbschaftsteuer entsprechenden Steuer herangezogen werden, in Erbfällen, sofern nicht die Vorschrift eines Doppelbesteuerungsabkommens anzuwenden sind, auf Antrag die festgesetzte, auf den Erwerber entfallende, gezahlte und keinem Ermäßigungsanspruch unterliegende ausländische Steuer insoweit auf die deutsche Erbschaftsteuer anzurechnen, als das Auslandsvermögen auch der deutschen Erbschaftsteuer unterliegt. Wegen der weiteren Einzelheiten ist auf § 21 ErbStG zu verweisen.

cc) Besteuerung von Renten, Nutzungen und Leistungen

327   Steuern, die vom Kapitalwert von Renten und nach anderen wiederkehrenden Nutzungen oder Leistungen zu entrichten sind, können nach § 23 ErbStG nach Wahl des Erwerbers statt vom Kapitalwert jährlich im voraus von dem Jahreswert entrichtet werden. Die Steuer wird in diesem Fall nach

dem Steuersatz erhoben, der sich nach § 19 ErbStG für den gesamten Erwerb einschließlich des Kapitalwertes der Renten oder anderen wiederkehrenden Nutzungen oder Leistungen ergibt. Der Erwerber hat dabei das Recht, die Jahressteuer zum jeweils nächsten Fälligkeitstermin mit ihrem Kapitalwert abzulösen.

dd) Besteuerung bei Nutzungs- und Rentenlast

Die Vorschrift des § 25 Abs. 1 ErbStG bestimmt, daß der Erwerb von Vermögen, **328**

a) dessen Nutzungen dem Schenker oder dem Ehegatten des Erblassers (Schenkers) zustehen oder
b) das mit einer Rentenverpflichtung oder
c) mit der Verpflichtung zu sonstigen wiederkehrenden Leistungen zugunsten dieser Personen belastet ist,

ohne Berücksichtigung dieser Belastungen besteuert wird. Die Steuer, die auf den Kapitalwert dieser Belastungen entfällt, ist jedoch bis zu deren Erlöschen zinslos zu stunden. Die gestundete Steuer kann auf Antrag des Erwerbers jederzeit mit ihrem Barwert nach § 12 Abs. 3 BewG abgelöst werden.

Im Falle der zinslosen Stundung der Steuer nach § 25 Abs. 1 ErbStG ist **329** zur Berechnung der Steuer, die auf die Belastung entfällt, von der zu veranlagenden Steuer die Steuer abzuziehen, die sich ergeben würde, wenn bei der Veranlagung der Erwerb um die nicht abzugsfähigen Belastungen gekürzt worden wäre. Zinslos zu stunden ist dann der Unterschied zwischen den beiden Steuerbeträgen. Dies zeigt folgendes Beispiel:

Der Erwerb von 240 000 DM ist mit einem Rentenrecht belastet, dessen Kapitalwert 100 000 DM beträgt. Der Erwerber gehört zur Steuerklasse I.
Steuer für Bruttoerwerb:
240 000 DM ./. 90 000 DM (Freibetrag) = 150 000 DM
Steuer 5 % =   7500 DM
Steuer für den Nettoerwerb
240 000 DM ./. 100 000 DM ./. 90 000 DM (Freibetrag) = 50 000 DM
Steuer 3 % und sofort zu entrichten   1500 DM
mithin zinslos zu stunden   6000 DM

Die Stundung läuft bis zum Zeitpunkt des Wegfalls der Belastung (§ 25 **330** Abs. 1 ErbStG) oder bis zum Zeitpunkt einer Veräußerung des belasteten Vermögens (§ 25 Abs. 2 ErbStG). Die Belastung entfällt somit

a) bei einer Rente und bei anderen wiederkehrenden Nutzungen und Lasten, die vom Leben einer Person abhängen, mit dem Tod der Person,

b) bei einer Zeitrente oder bei anderen befristeten wiederkehrenden Nutzungen und Lasten mit dem Ende der Laufzeit,
c) bei einer vorzeitigen Ablösung durch den Verpflichteten,
d) bei einem vorzeitigen Verzicht durch den Berechtigten,
e) bei einer Veräußerung des belasteten Vermögens.

Die gestundete Steuer kann auf Antrag des Steuerpflichtigen jederzeit abgelöst werden.

ff) Mehrfacher Erwerb desselben Vermögens

331 Wenn Personen der Steuerklasse I oder II von Todes wegen Vermögen anfällt, das in den letzten 10 Jahren vor dem Erwerb bereits von Personen dieser Steuerklassen erworben worden ist und für das von diesen eine Steuer zu erheben wäre, so ermäßigt sich der auf dieses Vermögen entfallende Steuerbetrag nach § 27 Abs. 1 ErbStG gemäß der nachstehenden Tabelle 6 in der Regel wie folgt:

Tabelle 6

um vom Hundert	wenn zwischen den beiden Zeitpunkten der Entstehung der Steuer liegen
50	nicht mehr als 1 Jahr
45	mehr als 1 Jahr, aber nicht mehr als 2 Jahre
40	mehr als 2 Jahre, aber nicht mehr als 3 Jahre
35	mehr als 3 Jahre, aber nicht mehr als 4 Jahre
30	mehr als 4 Jahre, aber nicht mehr als 5 Jahre
25	mehr als 5 Jahre, aber nicht mehr als 6 Jahre
20	mehr als 6 Jahre, aber nicht mehr als 8 Jahre
10	mehr als 8 Jahre, aber nicht mehr als 10 Jahre

332 Zur Ermittlung des Steuerbetrages, der auf das begünstigte Vermögen entfällt, ist die Steuer für den Gesamterwerb in dem Verhältnis aufzuteilen, in dem der Wert des begünstigten Vermögens zu dem Wert des steuerpflichtigen Gesamterwerbs ohne Abzug des dem Erwerber zustehenden Freibetrages steht.

gg) Stundung

333 Nach § 28 ErbStG ist, wenn zum Erwerb Betriebsvermögen oder land- und forstwirtschaftliches Vermögen gehört, dem Erwerber die darauf entfal-

lende Erbschaftsteuer auf Antrag bis zu 7 Jahre insoweit zu stunden, als dies zur Erhaltung des Betriebes notwendig ist. Dies gilt auch bei der sich nach 30 Jahren wiederholenden Steuerpflicht für das Vermögen einer Stiftung nach § 1 Abs. 1 Nr. 4 ErbStG.

hh) Anzeige- und Erklärungspflichten

Um die Erfassung der erbschaft- und schenkungsteuerpflichtigen Erwerbe sicherzustellen, bestehen nach den §§ 30 bis 34 ErbStG Anzeige- und Erklärungspflichten. Die Beteiligten haben binnen einer Frist von drei Monaten nach Erlangung der Kenntnis von dem Anfall oder von dem Eintritt der Verpflichtung dem für die Verwaltung der Erbschaftsteuer zuständigen Finanzamt den Erwerb anzuzeigen. Einer Anzeige bedarf es nur dann nicht, wenn der Erwerb auf eine von einem deutschen Gericht, einem deutschen Notar oder einem Konsul eröffneten Verfügung von Todes wegen beruht und sich aus der Verfügung das Verhältnis des Erwerbers zum Erblasser unzweifelhaft ergibt. Das Gleiche gilt, wenn eine Schenkung unter Lebenden oder eine Zweckzuwendung errichtet oder notariell beurkundet ist. **334**

Das zuständige Finanzamt kann von jedem an einem Erbfall, an einer Schenkung oder an einer Zweckzuwendung Beteiligten ohne Rücksicht darauf, ob er selbst steuerpflichtig ist, die Abgabe einer Steuererklärung innerhalb der von ihm zu bestimmenden Frist verlangen. Die Frist muß mindestens einen Monat betragen. Ist ein Testamentsvollstrecker oder ein Nachlaßverwalter oder Nachlaßpfleger vorhanden, so sind diese zur Abgabe der Steuererklärung verpflichtet. Die Steuererklärung ist auf einem Vordruck nach amtlich bestimmtem Muster abzugeben. **335**

Eine Anzeigepflicht haben auch die Vermögensverwahrer, Vermögensverwalter und Versicherungsunternehmen. Dazu gehören auch alle Geldinstitute hinsichtlich des Vermögens, das sie beim Tod des Eigentümers in Gewahrsam haben. Wer auf den Namen lautende Aktien oder Schuldverschreibungen ausgegeben hat, hat dem Finanzamt von dem Antrag, solche Wertpapiere eines Verstorbenen auf den Namen anderer umzuschreiben, vor der Umschreibung Anzeige zu erstatten. Versicherungsunternehmen haben, bevor sie Versicherungssummen oder Leibrenten einem anderen als dem Versicherungsnehmer auszahlen oder zur Verfügung stellen, hiervon ebenfalls dem Finanzamt Anzeige zu erstatten. **336**

Eine Anzeigepflicht haben auch die Gerichte, Behörden, Beamten und Notare über diejenigen Beurkundungen, Zeugnisse und Anordnungen, die für die Festsetzung einer Erbschaftsteuer von Bedeutung sein können. **337**

ii) Erbschaftsteuerversicherungen

Nach Art. 6 ErbStRG vom 17. 4. 1974 (BGBl. I S. 933) besteht für Erbschaftsteuerversicherungen eine Übergangsregelung. Unter diese Über- **338** gangsregelung fallen alle Lebensversicherungsverträge, für die der Antrag noch vor dem 3. 10. 1973 bei dem Versicherungsunternehmen eingegangen ist.

Ab dem 1. 1. 1975 mindert sich der Teil der Versicherungssumme, der bei der Feststellung des steuerpflichtigen Erwerbs unberücksichtigt bleibt, für jedes dem Kalenderjahr 1973 bis zum Eintritt des Versicherungsfalles folgende Jahr um jeweils 5 v. H.

V. Realsteuern

1. Grundsteuer

Rechtsgrundlagen: Grundsteuergesetz (GrStG) vom 7. 8. 1973 (BGBl. 1973 I S. 965), geändert durch das Einführungsgesetz zur Abgabenordnung vom 14. 12. 1976 (BGBl. 1976 I S. 3341)
Grundsteuervergünstigung nach §§ 92 bis 94 a des 2. Wohnungsbaugesetzes in der Fassung vom 11. 7. 1985 (BGBl. I S. 1284), geändert durch Gesetz am 8. 12. 1986 (BGBl. 1986 I S. 2191)
Grundsteuer-Richtlinien 1978 (GrStR 1978) vom 9. 12. 1978 (BStBl. 1978 I S. 553)

Kommentar: *Troll,* Kommentar zum Grundsteuergesetz und zum II. Wohnungsbaugesetz

a) Steuerpflicht

339   Die Gemeinde bestimmt, ob von dem in ihrem Gebiet liegenden Grundbesitz Grundsteuer zu erheben ist. *Steuergegenstand* ist der Grundbesitz und zwar die Betriebe der Land- und Forstwirtschaft, die bebauten und unbebauten Grundstücke sowie die Betriebsgrundstücke.

340   Nach § 3 und 4 GrStG sind u. a. *befreit* von der Grundsteuer der Grundbesitz, der von einer inländischen juristischen Person des öffentlichen Rechts für einen öffentlichen Dienst oder Gebrauch genutzt wird, der Deutschen Bundesbahn, der für gemeinnützige oder mildtätige Zwecke benutzte Grundbesitz, Grundbesitz der öffentlich-rechtlichen Religionsgesellschaften, Dienstgrundstücke und Dienstwohnungen der Geistlichen und Kirchendiener, Religionsgesellschaften, Grundbesitz, der dem Gottesdienst einer Religionsgesellschaft oder einer jüdischen Kultusgemeinde gewidmet ist, Bestattungsplätze, dem öffentlichen Verkehr dienende Straßen, Wege, Plätze, Wasserstraßen, Häfen und Schienenwege, auch Verkehrsflughäfen und Verkehrslandeplätze, alle Fläche, die unmittelbar zur Gewährleistung eines ordnungsgemäßen Flugbetriebes notwendig sind, Grundbesitz, der für Zwecke der Wissenschaft, des Unterrichts oder der Erziehung benutzt wird,

Heinrich Günther

wenn der Benutzungszweck im Rahmen der öffentlichen Aufgaben durch die Behörden anerkannt ist, Grundbesitz, der für die Zwecke eines Krankenhauses benutzt wird. Dient der steuerbegünstigte Grundbesitz zugleich Wohnzwecken, so gilt die Befreiung nur für Gemeinschaftsunterkünfte der Bundeswehr, der ausländischen Streitkräfte, der internationalen militärischen Hauptquartiere, des Bundesgrenzschutzes, der Polizei und des sonstigen Schutzdienstes des Bundes und der Gebietskörperschaften sowie ihrer Zusammenschlüsse, ferner für Wohnräume in Schülerheimen, Ausbildungs- und Erziehungsheimen sowie Prediger- und Priesterseminaren (§ 5 GrStG), ferner für land- und forstwirtschaftlich benutzten Grundbesitz, wenn er Lehr- oder Versuchszwecken dient oder der Grundbesitz von der Bundeswehr, den ausländischen Streitkräften, den internationalen militärischen Hauptquartieren oder den besonderen Schutzdiensten als Übungsplatz oder Flugplatz benutzt wird (§ 6 GrStG).

Stichtag für die Festsetzung der Grundsteuer sind die Verhältnisse zu Beginn des Kalenderjahres. Die Grundsteuer entsteht mit dem Beginn des Kalenderjahres, für das die Steuern festzusetzen sind (§ 9 GrStG). **341**

Schuldner der Grundsteuer ist derjenige, dem der Steuergegenstand bei der Feststellung des Einheitswertes des Grundbesitzes zugerechnet ist. Derjenige, dem ein Erbbaurecht, ein Wohnungserbbaurecht oder ein Teilerbbaurecht zugerechnet ist, ist auch Schuldner der Grundsteuer für die wirtschaftliche Einheit des belasteten Grundstücks. **342**

Ist der Steuergegenstand mehreren Personen zuzurechnen, so sind sie Gesamtschuldner (§ 10 GrStG).

Neben dem Steuerschuldner *haften* nach § 11 GrStG der Nießbraucher des Steuergegenstandes und derjenige, dem ein dem Nießbrauch ähnliches Recht zusteht. Wird ein Steuergegenstand ganz oder zu einem Teil einer anderen Person übereignet, so haftet der Erwerber neben dem früheren Eigentümer für die auf den Steuergegenstand oder Teil des Steuergegenstandes gefallene Grundsteuer, die für die Zeit seit dem Beginn des letzten vor der Übereignung liegenden Kalenderjahres zu entrichten ist. **343**

Nach § 12 GrStG ruht die Grundsteuer auf dem Gegenstand als öffentliche Last. **344**

b) Bemessung der Grundsteuer
Bei der Berechnung der Grundsteuer ist von einem Steuermeßbetrag auszugehen. Dieser ist durch Anwendung eines Tausendsatzes (Steuermeßzahl) auf den Einheitswert des Grundbesitzes oder seinen steuerpflichtigen Teil zu ermitteln, der nach den Vorschriften des Bewertungsgesetzes maßgebend ist. **345**

Die Steuermeßzahl beträgt **346**
a) für Betriebe der Land- und Forstwirtschaft nach § 14 GrStG 6 v. T.,
b) für Grundstücke nach § 15 Abs. 1 GrstG 3,5 v. T.

Nach § 15 Abs. 2 GrStG beträgt die Steuermeßzahl abweichend von der Steuermeßzahl 3,5 v. T.

1. für Einfamilienhäuser mit Ausnahme des Wohnungseigentums und des Wohnungserbbaurechtes einschließlich des damit belasteten Grundstücks 2,6 v. T. für die ersten 75 000 DM des Einheitswertes und seines steuerpflichtigen Teils und 3,5 v. T für den Rest des Einheitswertes oder seines steuerpflichtigen Teils,

2. für Zweifamilienhäuser 3,1 v. T.

347 Die Steuermeßbeträge werden auf den Hauptfeststellungszeitpunkt (in der Regel zusammen mit der Feststellung des Einheitswertes) allgemein festgesetzt (Neuveranlagung).

Wird eine Wertfortschreibung oder eine Artfortschreibung oder Zurechnungsfortschreibung des Grundbesitzes durchgeführt, so wird der Steuermeßbetrag auf den Fortschreibungszeitpunkt des Einheitswertes ebenfalls neu festgesetzt (Neuveranlagung).

Wird eine Nachfeststellung durchgeführt, so wird der Steuermeßbetrag auf den Nachfeststellungszeitpunkt des Einheitswertes des Grundbesitzes ebenfalls nachträglich festgesetzt.

348 Erstreckt sich der Steuergegenstand über mehrere Gemeinden, so ist der Steuermeßbetrag in die auf die einzelnen Gemeinden entfallenden Anteile zu zerlegen (Zerlegungsanteil). Stichtag für die Zerlegung sind die Verhältnisse in dem Feststellungszeitpunkt, auf den der für die Festsetzung des Steuermeßbetrages maßgebende Einheitswert festgestellt worden ist.

c) Festsetzung und Entrichtung der Grundsteuer

349 Nach § 25 GrStG bestimmt die Gemeinde, mit welchem Hundertsatz des Steuermeßbetrages oder des Zerlegungsanteils die Grundsteuer zu erheben ist (Hebesatz). Die Grundsteuer wird für das Kalenderjahr festgesetzt.

350 Die Grundsteuer wird zu je einem Viertel des Jahresbetrages am 15. 2., 15. 5., 15. 8. und 15. 11. fällig. Die Gemeinden können bestimmen, daß Kleinbeträge, wenn diese 30 DM nicht übersteigen, am 15. 8. mit dem Jahresbetrag, und wenn diese 60 DM nicht übersteigen, am 15. 2. und 15. 8. zu je einer Hälfte des Jahresbetrages fällig werden.

d) Erlaß der Grundsteuer

351 Nach § 32 GrStG ist die Grundsteuer für Kulturgut und Grünanlagen zu erlassen. Außerdem wird auf Antrag nach § 33 GrStG die Grundsteuer wegen wesentlicher Ertragsminderung erlassen, wenn bei Betrieben der Land- und Forstwirtschaft und bei bebauten Grundstücken der normale Rohertrag des Steuergegenstandes um mehr als 20 v. H. gemindert ist und der Steuerschuldner die Minderung des Rohertrages nicht zu vertreten hat. Die Grundsteuer wird in Höhe des Prozentsatzes erlassen, der vier Fünftel des Prozentsatzes der Minderung entspricht.

Heinrich Günther

Bei Betrieben der Land- und Forstwirtschaft und bei eigengewerblich genutzten bebauten Grundstücken wird der Erlaß nur gewährt, wenn die Einbeziehung der Grundsteuer nach den wirtschaftlichen Verhältnissen des Betriebes unbillig wäre. Im einzelnen ist auf die in § 33 GrStG geregelten Voraussetzungen zu verweisen.

Der Erlaß wird jeweils nach Ablauf eines Kalenderjahres für die Grund-   352
steuer ausgesprochen, die für das Kalenderjahr festgesetzt worden ist (Erlaßzeitraum). Der Erlaß wird nur auf Antrag gewährt. Der Erlaß ist bis zu dem auf den Erlaßzeitraum folgenden 31. März zu stellen. Es handelt sich hierbei um eine Ausschlußfrist.

e) Grundsteuervergünstigungen für Wohngebäude
Für Grundstücke mit öffentlich geförderten oder steuerbegünstigten Woh-   353
nungen (begünstigte Wohnungen), die nach dem 31. 12. 1973 bezugsfertig geworden sind, bemißt sich nach § 92 a des 2. Wohnungsbaugesetzes der Steuermeßbetrag der Grundsteuer auf die Dauer von 10 Jahren nur nach dem Teil des jeweils maßgebenden Einheitswertes, der auf den Grund und Boden entfällt (Bodenwertanteil).

Neugeschaffene steuerbegünstigte Wohnungen sind diejenigen Wohnungen, für die keine öffentlichen Mittel eingesetzt werden. Voraussetzung ist, daß die Wohnungen folgende Wohnflächen um nicht mehr als 20 % überschreiten (§ 82 und § 39 Abs. 1 des 2. Wohnungsbaugesetzes):

a) Familienheime mit nur 1 Wohnung	130 qm
b) Familienheime mit 2 Wohungen	200 qm
c) eigengenutzte Eigentumswohnungen und Kaufeigentumswohnungen	120 qm
d) andere Wohnungen in der Regel	90 qm

2. Gewerbesteuer

Rechtsgrundlagen: Gewerbesteuergesetz (GewStG) 1984 in der Fassung vom 14. 5. 1984 (BGBl. I S. 657), zuletzt geändert durch Gesetz vom 17. 12. 1986 (BGBl. I S. 2488)
    Gewerbesteuer-Durchführungsverordnung (GewStDV) in der Fassung vom 24. 11. 1986 (BGBl. I S. 2074)
    Gewerbesteuer-Richtlinien 1984 (GewStR) in der Fassung vom 18. 12. 1984 (BStBl. 1985 I Sondernummer 1)

Kommentare: *Müthling*, Gewerbesteuergesetz; *Blümich/ Boyens/ Klein/ Steinbring/ Hübl*, Kommentar zum Gewerbesteuergesetz; *Lenski/ Steinberg*, Kommentar zum Gewerbesteuergesetz; *Glanegger/ Güroff*, Kommentar zum Gewerbesteuergesetz

a) Allgemeines

Die Berechtigung zur Erhebung der Gewerbesteuer steht nach § 1 GewStG nur den Gemeinden zu.

aa) Steuergegenstand

354 Der Gewerbesteuer unterliegt jeder stehende Gewerbebetrieb, soweit er im Inland betrieben wird. Dabei ist unter Gewerbebetrieb ein gewerbliches Unternehmen im Sinne des Einkommensteuergesetzes zu verstehen.

355 Als Gewerbebetrieb gilt stets und in vollem Umfang nach § 2 Abs. 2 GewStG die Tätigkeit der Kapitalgesellschaften (Aktiengesellschaften, Kommanditgesellschaften auf Aktien, Gesellschaften mit beschränkter Haftung, bergrechtliche Gewerkschaften), der Erwerbs- und Wirtschaftsgenossenschaften und der Versicherungsvereine auf Gegenseitigkeit. Ist eine solche Kapitalgesellschaft in ein anderes inländisches gewerbliches Unternehmen in der Weise eingegliedert, daß die Kapitalgesellschaft als Organgesellschaft die Voraussetzungen des § 14 Nr. 1 und 2 des Körperschaftsteuergesetzes erfüllt, so gilt sie als Betriebsstätte des anderen Unternehmens.

Als Gewerbebetrieb gilt auch die Tätigkeit der sonstigen juristischen Personen des privaten Rechtes und der nicht rechtsfähigen Vereine, soweit sie einen wirtschaftlichen Geschäftsbetrieb (ausgenommen Land- und Forstwirtschaft) unterhalten.

356 Ein wirtschaftlicher Geschäftsbetrieb ist nach § 14 AO eine selbständige nachhaltige Tätigkeit, durch die Einnahmen oder andere wirtschaftliche Vorteile erzielt werden und die über den Rahmen einer Vermögensverwaltung hinausgeht. Die Absicht, Gewinn zu erzielen, ist nicht erforderlich.

357 Ein wirtschaftlicher Geschäftsbetrieb ist nur insoweit gewerbesteuerpflichtig, als er über den Rahmen einer Vermögensverwaltung hinausgeht. Eine Vermögensverwaltung liegt in der Regel dann vor, wenn Vermögen genutzt, z. B. Kapitalvermögen verzinslich angelegt, unbewegliches Vermögen vermietet oder verpachtet wird.

Im einzelnen ergeben sich oftmals schwierige Abgrenzungsfragen des Gewerbebetriebes gegenüber der Land- und Forstwirtschaft, gegenüber der selbständigen Arbeit und gegenüber der Vermögensverwaltung. Wegen Einzelheiten ist hierzu auf die Abschn. 13 bis 15 GewStR zu verweisen.

Vorübergehende Unterbrechungen im Betrieb eines Gewerbes, die durch die Art des Betriebs veranlaßt sind, heben die Steuerpflicht für die Zeit bis zur Wiederaufnahme des Betriebes nicht auf.

358 Unternehmen von Körperschaften des öffentlichen Rechtes sind gewerbesteuerpflichtig, wenn sie als stehende Gewerbebetriebe anzusehen sind. Das gilt auch für Versorgungsbetriebe von Körperschaften des öffentlichen Rechtes und öffentlich-rechtliche Versicherungsanstalten auch dann, wenn sie mit Zwangs- oder Monopolrechten für ein Gebiet im Geltungsbereich des Gewerbesteuergesetzes ausgestattet sind.

Heinrich Günther

Bei Einzelgewerbetreibenden und bei Personengesellschaften beginnt die 359
Gewerbesteuerpflicht in dem Zeitpunkt, in dem erstmals alle Voraussetzungen für das Vorliegen eines Gewerbebetriebes erfüllt sind. Die Steuerpflicht kraft Rechtsreform beginnt bei Kapitalgesellschaften mit der Eintragung in das Handelsregister, bei Erwerbs- und Wirtschaftsgenossenschaften mit der Eintragung in das Genossenschaftsregister und bei Versicherungsvereinen auf Gegenseitigkeit mit der aufsichtsbehördlichen Erlaubnis zum Geschäftsbetrieb (vergl. Abschnitt 21 GewStR).

Die Gewerbesteuerpflicht erlischt bei Einzelgewerbetreibenden und bei 360
Personengesellschaften mit der tatsächlichen Einstellung des Betriebes. Die Einstellung liegt nicht erst dann vor, wenn der Betrieb für alle Zeiten, sondern schon dann, wenn er für eine gewisse Dauer aufgegeben wird. Die tatsächliche Einstellung des Betriebes ist anzunehmen mit der völligen Aufgabe jeder werbenden Tätigkeit. Bei den Kapitalgesellschaften und den anderen Unternehmen im Sinne des § 2 Abs. 2 Ziff. 2 GewStG erlischt die Gewerbesteuerpflicht anders als bei Einzelkaufleuten und Personengesellschaften nicht schon mit dem Aufhören der gewerblichen Betätigung, sondern mit dem Aufhören jeglicher Tätigkeit überhaupt. Das ist grundsätzlich der Zeitpunkt, in dem das Vermögen an die Gesellschafter verteilt worden ist (vergl. Abschnitt 22 GewStR).

Was als eine Betriebsstätte im Sinne des § 2 Abs. 1 GewStG anzusehen ist, 361
ergibt sich aus § 12 AO und Abschnitt 24 GewStR. Danach ist Betriebsstätte jede feste Anlage, die der Tätigkeit eines Unternehmes dient. Als Betriebsstätte sind insbesondere anzusehen die Stätte der Geschäftsleitung, Zweigniederlassungen, Geschäftsstellen, Fabrikationsstätten oder -werke, Warenlager, Ein- und Verkaufsstellen, Bergwerke, Steinbrüche oder andere stehenden, örtlich fortschreitende oder schwimmende Stätten der Gewinnung von Bodenschätzen, ferner Bauausführungen oder Montagen, auch örtlich fortschreitende oder schwimmende, wenn
a) die einzelne Bauausführung oder Montage oder
b) eine von mehreren zeitlich nebeneinander bestehenden Bauausführungen oder Montagen oder
c) mehrere ohne Unterbrechung aufeinander folgende Bauausführungen oder Montagen
länger als 6 Monate dauern.

Von der Gewerbesteuer sind nach § 3 GewStG u. a. *befreit*: die Deutsche 362
Bundespost, die Deutsche Bundesbahn, die Monopolverwaltungen des Bundes, die staatlichen Lotterieunternehmen und der Erdölbevorratungsverband, die Deutsche Bundesbahn, die Kreditanstalt für Wiederaufbau, Staatsbanken, soweit sie Aufgaben staatswirtschaftlicher Art erfüllen, Unternehmen, die ausschließlich und unmittelbar gemeinnützigen, mildtätigen oder kirchlichen Zwecken dienen, rechtsfähige Pensions-, Sterbe-, Kranken- und Unterstützungskassen, soweit sie die für die Befreiung von der Körper-

schaftsteuer erforderlichen Voraussetzungen erfüllen, der Pensionssicherungsverein, Krankenhäuser unter bestimmten Voraussetzungen usw.

bb) Steuerschuldner

363 Nach § 5 Abs. 1 GewStG ist Steuerschuldner der Unternehmer. Als Unternehmer gilt der, für dessen Rechnung das Gewerbe betrieben wird. Ist die Tätigkeit einer Personengesellschaft Gewerbebetrieb, so ist Steuerschuldner die Gesellschaft.

Geht ein Gewerbebetrieb im ganzen auf einen anderen Unternehmer über, so ist der bisherige Unternehmer bis zum Zeitpunkt des Übergangs Steuerschuldner. Der andere Unternehmer ist von diesem Zeitpunkt an Steuerschuldner (§ 5 Abs. 2 GewStG).

cc) Besteuerungsgrundlagen

364 Besteuerungsgrundlagen für die Gewerbesteuer sind nach § 6 der *Gewerbeertrag* und das *Gewerbekapital.*

b) Gewerbesteuer nach dem Gewerbeertrag

365 Besteuerungsgrundlage für die Gewerbesteuer nach dem Gewerbeertrag bildet der nach den Vorschriften des Einkommensteuergesetzes oder des Körperschaftsteuergesetzes ermittelte steuerliche Gewinn aus dem Gewerbebetrieb, vermehrt um bestimmte Hinzurechnungen und vermindert um bestimmte Kürzungen (§ 7 GewStG).

366 a) Dem Gewinn aus Gewerbebetrieb werden nach § 8 GewStG folgende Beträge wieder *hinzugerechnet,* soweit sie bei der Ermittlung des Gewinnes abgesetzt worden sind:

1. Die Hälfte der Zinsen für Schulden, die wirtschaftlich mit der Gründung oder dem Erwerb des Betriebs (Teilbetriebs) oder eines Anteils am Betrieb oder mit einer Erweiterung oder Verbesserung des Betriebs zusammenhängen oder der nicht nur vorübergehenden Verstärkung des Betriebskapitals dienen (sogenannte Dauerschuldzinsen);
2. Renten und dauernde Lasten, die wirtschaftlich mit der Gründung oder dem Erwerb des Betriebs (Teilbetriebs) oder eines Anteils am Betrieb zusammenhängen. Das gilt nicht, wenn diese Beträge beim Empfänger zur Steuer nach dem Gewerbeertrag heranzuziehen sind;
3. die Gewinnanteile des stillen Gesellschafters, wenn sie beim Empfänger nicht zur Steuer nach dem Gewerbeertrag heranzuziehen sind;
4. die Gewinnanteile, die an persönlich haftende Gesellschafter einer Kommanditgesellschaft auf Aktien auf ihre nicht auf das Grundkapital gemachten Einlagen oder als Vergütung (Tantieme) für die Geschäftsführung verteilt worden sind;
5. die Hälfte der Miet- und Pachtzinsen für die Benutzung der nicht in

Grundbesitz bestehenden Wirtschaftsgüter des Anlagevermögens, die im Eigentum eines anderen stehen. Das gilt nicht, soweit die Miet- oder Pachtzinsen beim Vermieter oder Verpächter zur Gewerbesteuer nach dem Gewerbeertrag heranzuziehen sind, es sei denn, daß ein Betrieb oder ein Teilbetrieb vermietet oder verpachtet wird und der Betrag der Miet- oder Pachtzinsen 250 000 DM übersteigt;

6. die Anteile am Verlust einer offenen Handelsgesellschaft, einer Kommanditgesellschaft oder einer anderen Gesellschaft, bei der die Gesellschafter als Unternehmer (Mitunternehmer) des Gewerbebetriebes anzusehen sind;

7. bei den der Körperschaftsteuer unterliegenden Gewerbebetrieben die Ausgaben im Sinne des § 9 Nr. 3 des Körperschaftsteuergesetzes mit Ausnahme der bei der Ermittlung des Einkommens abgezogenen Ausgaben zur Förderung wissenschaftlicher Zwecke.

b) Die Summe des Gewinnes und der Hinzurechnungen wird nach § 9 GewStG *gekürzt* um: **367**

1. 1,2 v. H. des Einheitswertes des zum Betriebsvermögen des Unternehmens gehörenden Grundbesitzes; als Bemessungsgrundlage sind 140 v. H. des auf den Wertverhältnissen vom 1. 1. 1964 beruhenden Einheitswertes anzusetzen (§ 121 a BewG), bei land- und forstwirtschaftlichen Grundstücken 100 v. H. Anstelle dieser Kürzung tritt auf Antrag bei Unternehmen, die ausschließlich eigenen Grundbesitz oder neben eigenem Grundbesitz eigenes Kapitalvermögen verwalten und nutzen oder daneben Wohnungsbauten betreuen oder Einfamilienhäuser, Zweifamilienhäuser oder Eigentumswohnungen errichten und veräußern, die Kürzung um den Teil des Gewerbeertrages, der auf die Verwaltung und Nutzung des eigenen Grundbesitzes entfällt;

2. die Anteile am Gewinn einer offenen Handelsgesellschaft, einer Kommanditgesellschaft oder einer anderen Gesellschaft, bei der die Gesellschafter als Unternehmer (Mitunternehmer) des Gewerbebetriebes anzusehen sind, wenn die Gewinnanteile bei Ermittlung des Gewinnes nach § 7 GewStG angesetzt worden sind;

3. die Gewinne aus Anteilen an einer nicht steuerbefreiten inländischen Kapitalgesellschaft, einer Kreditanstalt des öffentlichen Rechtes, einer Erwerbs- und Wirtschaftsgenossenschaft oder einer Unternehmensbeteiligungsgesellschaft im Sinne des § 3 Nr. 23 GewStG, wenn die Beteiligung zu Beginn des Erhebungszeitraums mindestens ein Zehntel des Grund- oder Stammkapitals beträgt und die Gewinnanteile bei Ermittlung des Gewinns (§ 7 GewStG) angesetzt worden sind.

4. den Teil des Gewerbeertrages eines inländischen Unternehmens, der auf eine nicht im Inland belegene Betriebsstätte entfällt;

5. die bei der Ermittlung des Gewinnes aus Gewerbebetrieb des Vermieters oder Verpächters berücksichtigten Miet- oder Pachtzinsen für die Überlassung von nicht in Grundbesitz bestehenden Wirtschaftsgütern des Anlagevermögens, soweit sie nach § 8 Nr. 7 GewStG dem Gewinn aus Gewerbebetrieb des Mieters oder Pächters hinzugerechnet worden sind;

6. die nach den Vorschriften des Einkommensteuergesetzes bei der Ermittlung des Einkommens abgezogenen Ausgaben zur Förderung wissenschaftlicher Zwecke, soweit sie aus Mitteln des Gewerbebetriebes einer natürlichen Person oder Personengesellschaft im Sinne des § 2 Abs. 2 Nr. 1 GewSt entnommen worden sind;

7. die Zinsen aus den in § 43 Abs. 1 Nr. 5 des Einkommensteuergesetzes bezeichneten festverzinslichen Wertpapieren, bei denen die Einkommensteuer (Körperschaftsteuer) durch Abzug vom Kapitalertrag (Kapitalertragsteuer) erhoben worden ist;

8. die Gewinne aus Anteilen an einer Kapitalgesellschaft mit Geschäftsleitung und Sitz außerhalb des Geltungsbereiches des GewStG, an deren Nennkapital das Unternehmen seit Beginn des Erhebungszeitraumes ununterbrochen mindestens zu einem Zehntel beteiligt ist (Tochtergesellschaft), und die ihre Bruttoerträge ausschließlich oder fast ausschließlich aus unter § 8 Abs. 1 Nr. 1 bis 6 des Außensteuergesetzes fallenden Tätigkeiten und aus den unter § 8 Abs. 2 des Außensteuergesetzes fallenden Beteiligungen bezieht, wenn die Gewinnanteile bei der Ermittlung des Gewinns (§ 7 GewStG) angesetzt worden sind;

9. die Gewinne aus Anteilen an einer ausländischen Gesellschaft, die nach einem Doppelbesteuerungsabkommen von der Gewerbesteuer befreit sind, wenn die Beteiligung mindestens ein Zehntel beträgt;

10. den Ausbildungsplatz-Abzugsbetrag nach § 24 b EStG in Höhe der für den Gewerbebetrieb geleisteten finanziellen Hilfe.

368 Maßgebend ist nach § 10 GewStG der Gewerbeertrag, der in dem *Erhebungszeitraum* bezogen ist, für den der einheitliche Steuermeßbetrag festgesetzt wird. Weicht bei Unternehmen, die Bücher nach den Vorschriften des Handelsgesetzbuches zu führen verpflichtet sind, das Wirtschaftsjahr, für das sie regelmäßig Abschlüsse machen, vom Kalenderjahr ab, so gilt der Gewerbeertrag als in dem Erhebungszeitraum bezogen, in dem das Wirtschaftsjahr endet.

369 Nach § 10 a GewStG wird der maßgebende Gewerbeertrag um die *Fehlbeträge* (Gewerbeverluste) gekürzt, die sich bei der Ermittlung des maßgebenden Gewerbeertrages für die fünf vorangegangenen Erhebungszeiträume ergeben haben, soweit die Fehlbeträge nicht bei der Ermittlung des Gewerbeertrages für die vier vorangegangenen Erhebungszeiträume berücksichtigt worden sind.

Bei der Berechnung der Gewerbesteuer nach dem Gewerbeertrag ist von einem *Steuermeßbetrag* auszugehen, der durch Anwendung eines Hundertsatzes (Steuermeßzahl) auf den Gewerbeertrag zu ermitteln ist. Dabei ist der Gewerbeertrag auf volle 100 DM nach unten abzurunden und bei natürlichen Personen und bei Personengesellschaften um einen Freibetrag von 36 000 DM zu kürzen (§ 11 GewStG). 370

Die *Steuermeßzahl* für den Gewerbeertrag beträgt 5 v. H. Die Steuermeßzahl ermäßigt sich auf 2,5 v. H. bei Hausgewerbetreibenden und ihnen nach § 1 Abs. 2 Buchst. b) und d) des Heimarbeitsgesetzes gleichgestellten Personen sowie bei bestimmten Seeschiffahrtsunternehmen im Sinne des § 34 Abs. 4 EStG. 371

c) Gewerbesteuer nach dem Gewerbekapital

Als Gewerbekapital gilt der Einheitswert des gewerblichen Betriebes im Sinne des Bewertungsgesetzes mit den sich aus § 12 Abs. 2 bis 4 GewStG ergebenden Änderungen. 372

a) Dem Einheitswert des gewerblichen Betriebes werden folgende Beträge *hinzugerechnet*: 373
  1. die Verbindlichkeiten, die den Schuldzinsen, den Renten und den dauernden Lasten und Gewinnanteilen im Sinne des § 8 Ziff. 1 bis 3 GewStG entsprechen, soweit sie bei der Feststellung des Einheitswertes abgezogen worden sind (sogenannte Dauerschulden). Verbindlichkeiten im Sinne des § 8 Nr. 1 GewStG werden nur hinzugerechnet, soweit der abgezogene Betrag 50 000 DM übersteigt. Der übersteigende Betrag wird nur zur Hälfte angerechnet.
  2. die Werte (Teilwerte) der nicht in Grundbesitz bestehenden Wirtschaftsgüter, die dem Betrieb dienen, aber im Eigentum eines Mitunternehmers oder eines Dritten stehen, soweit sie nicht im Einheitswert des gewerblichen Betriebs enthalten sind. Das gilt nicht, wenn die Wirtschaftsgüter zum Gewerbekapital des Vermieters oder Verpächters gehören, es sei denn, daß ein Betrieb oder ein Teilbetrieb vermietet oder verpachtet wird und die im Gewerbekapital des Vermieters oder Verpächters enthaltenen Werte (Teilwerte) der überlassenen Wirtschaftsgüter des Betriebes (Teilbetriebes) 2,5 Millionen DM übersteigen. Maßgebend ist dabei jeweils die Summe der Werte der Wirtschaftsgüter, die ein Vermieter oder Verpächter dem Mieter oder Pächter zur Benutzung in den Betriebsstätten eines Gemeindebezirkes überlassen hat.

b) Die Summe des Einheitswertes des gewerblichen Betriebes und der Hinzurechnung wird *gekürzt* um 374
  1. die Summe der Einheitswerte, mit denen die Betriebsgrundstücke in dem Einheitswert des gewerblichen Betriebes enthalten sind;

2. den Wert (Teilwert) einer zum Gewerbekapital gehörenden Beteiligung an einer in- oder ausländischen offenen Handelsgesellschaft, einer Kommanditgesellschaft oder einer anderen Gesellschaft, bei der die Gesellschafter als Unternehmer (Mitunternehmer) des Gewerbebetriebes anzusehen sind;
3. den Wert (Teilwert) einer zum Gewerbebetrieb gehörenden Beteiligung an einer nicht steuerbefreiten inländischen Kapitalgesellschaft im Sinne des § 2 Abs. 2 Nr. 2 GewStG, einer Kreditanstalt des öffentlichen Rechts, einer Erwerbs- und Wirtschaftsgenossenschaft oder einer Unternehmerbeteiligungsgesellschaft im Sinne des § 3 Nr. 23 GewStG, wenn die Beteiligung mindestens ein Zehntel des Grund- oder Stammkapitals beträgt;
4. die nach Abs. 2 Nr. 2 GewStG dem Gewerbekapital eines anderen hinzugerechneten Werte (Teilwerte), soweit sie im Einheitswert des gewerblichen Betriebs des Eigentümers enthalten sind;
5. den Wert (Teilwert) einer zum Betriebsvermögen gehörenden Beteiligung an einer ausländischen Kapitalgesellschaft, wenn die Beteiligung mindestens ein Zehntel des Nennkapitals beträgt. Diese Schachtelvergünstigung steht jedem gewerblichen Unternehmen, also auch Einzelunternehmen und Personengesellschaften zu.

375 c) Nur das inländische, innerhalb des Geltungsbereiches des Grundgesetzes befindliche Gewerbekapital von Betriebsstätten unterliegt der Besteuerung nach dem Gewerbekapital, nicht dagegen das auf ausländischem Gebiet oder in der DDR und in Berlin (Ost) gelegene oder entfallende Gewerbekapital.

376 Beim Vorliegen eines Organschaftsverhältnisses sind die Gewerbekapitalien des Organträgers und der Organgesellschaft getrennt zu ermitteln. Die so ermittelten Gewerbekapitalien werden zusammengerechnet. Wegen der weiteren Einzelheiten ist auf Abschn. 83 GesStR zu verweisen.

377 Bei der Berechnung der Gewerbesteuer nach dem Gewerbekapital ist von einem *Steuermeßbetrag* auszugehen. Dieser ist durch Anwendung eines Tausendsatzes (Steuermeßzahl) auf das Gewerbekapital zu ermitteln. Dabei ist das Gewerbekapital auf volle Tausend Deutsche Mark nach unten abzurunden und um einen Freibetrag von 120 000 DM zu kürzen.

378 Die *Steuermeßzahl* für das Gewerbekapital beträgt 2 v. T.

d) Einheitlicher Steuermeßbetrag

379 Nach § 14 GewStG wird durch Zusammenrechnung der Steuermeßbeträge, die sich nach dem Gewerbeertrag und dem Gewerbekapital ergeben, ein *einheitlicher Steuermeßbetrag* gebildet. Dieser einheitliche Steuermeßbetrag wird für den Erhebungszeitraum (= Kalenderjahr) nach dessen Ablauf durch Bescheid aufgrund der abzugebenden Gewerbesteuererklärung festgesetzt.

e) Entstehung, Festsetzung und Erhebung der Steuer
Die Gewerbesteuer wird sodann aufgrund des einheitlichen Steuermeßbetrages von der Gemeinde nach dem Hebesatz festgesetzt und erhoben, den die hebeberechtigte Gemeinde für das dem Erhebungszeitraum entsprechende Rechnungsjahr (= Haushaltsjahr = Kalenderjahr) festgesetzt hat. Der Hebesatz muß für alle in der Gemeinde vorhandenen Unternehmen der gleiche sein (§ 16 GewStG). 380

Auf die Gewerbesteuer sind am 15. 2., 15. 5., 15. 8. und 15. 11. vierteljährliche Vorauszahlungen grundsätzlich in Höhe eines Viertels derjenigen Gewerbesteuer zu entrichten, die sich bei der letzten Veranlagung ergeben hat (§ 19 GewStG). Die Gemeinde kann die Gewerbesteuervorauszahlungen an die sich für den laufenden Erhebungszeitraum sich ergebende Gewerbesteuer anpassen. 381

VI. Verkehrsteuern

1. Umsatzsteuer

Rechtsgrundlagen: Umsatzsteuergesetz (UStG 1980) vom 26. 11. 1979 (BGBl. I S. 1953), zuletzt geändert durch Gesetz vom 17. 12. 1986 (BGBl. I S. 2488); Umsatzsteuer-Durchführungsverordnung (UStDV 1980) vom 21. 12. 1979 (BGBl. I S. 2259), zuletzt geändert durch VO vom 19. 12. 1985 (BGBl. I S. 2461); Einfuhrumsatzsteuer-Befreiungsordnung (EU-StBV vom 5. 6. 1984 [BGBl. I S. 747/750]), geändert durch 1. VO vom 21. 11. 1985 (BGBl. I S. 2116); Umsatzsteuer-Richtlinien 1988 vom 30. 7. 1987 (UStR 1988) Sondernummer 2/1987 zu BStBL 1987 I; Umsatzsteuerkartei, herausgegeben vom BMF.

Verordnung zur Durchführung der umsatzsteuerlichen Vorschriften des Zusatzabkommens vom 3. 8. 1959 zu dem Abkommen zwischen den Parteien des Nordatlantikvertrages vom 19. 6. 1951 über die Rechtstellung ihrer Truppen – NATO-Truppenstatut – (NATO-ZAbk-UStDV) vom 30. 9. 1963 (BGBl. I S. 769), geändert durch die VOen vom 24. 4. 1964 (BGBl. I S. 302) und vom 20. 12. 1967 (BGBl. I S. 1296);

Verordnung zur Durchführung der umsatzsteuerlichen Bestimmungen des am 15. 10. 1954 abgeschlossenen Offshore-Steuerabkommens vom 30. 9. 1955 (BGBl. I S. 659), in der Fassung der VOen vom 16. 7. 1958, (BGBl. I S. 521) vom 10. 11. 1961, (BGBl. I S. 1922) vom 8. 7. 1964, (BGBl. I S. 452) und vom 20. 12. 1967 (BGBl. I S. 1297).

Kommentare: *Plückebaum-Malitzky*, Kommentar zum Umsatzsteuergesetz; *Hartmann / Metzenmacher*, Kommentar zum Umsatzsteuergesetz; *Sölch / Ringleb / List*, Kommentar zum Umsatzsteuergesetz; *Rau / Dürrwächter/ Flick/ Geist*, Kommentar zum Umsatzsteuergesetz.

Allgemeines

382 Seit dem 1. 1. 1980 gilt das neugefaßte UStG 1980. Es beruht auf der vom EG-Ministerrat am 17. 5. 1977 beschlossenen 6. Richtlinie zur Harmonisierung der Umsatzsteuern in den Mitgliedstaaten der Gemeinschaft (Amtsblatt der EG 1977 L 145, S. 1). Die 6. Richtlinie bedeutet einen weiteren Schritt auf dem Weg zu einem einheitlichen Umsatzsteuerrecht für den gesamten EG-Bereich. Sie will die Bemessungsgrundlage für die Erhebung der Einnahmen aus der Umsatzsteuer in den EG-Staaten vereinheitlichen und die Harmonisierung der Mehrwertsteuer im EG-Raum weiterführen. Den EG-Mitgliedstaaten ist ab dem 1. 1. 1980 im wesentlichen nur noch die innergesetzliche Festlegung der Höhe der Steuersätze und des Umfangs der Steuerermäßigungen verblieben.

383 Das seit dem 1. 1. 1968 geltende Umsatzsteuersystem – Nettoumsatzsteuer mit Vorsteuerabzug – erfaßt und besteuert die Wertschöpfung auf jeder Wirtschaftsstufe und führt dazu, daß der Endverbraucher die Umsatzsteuer zu tragen hat.

Für den Unternehmer stellt die Umsatzsteuer nur einen durchlaufenden Posten dar. Sie hat deshalb bei der Preisbildung für die Kalkulation auch keine Bedeutung.

384 Die den Unternehmern von den Vorunternehmern gesondert in Rechnung gestellten Vorsteuern stellen Forderungen an das Finanzamt dar, die der Unternehmer sofort bei seiner nächsten Umsatzsteuervoranmeldung von seiner Umsatzsteuer wieder absetzen kann. Ihrem Wesen nach ist deshalb die Mehrwertsteuer, weil sie den Letztverbraucher trifft, eine Einzelhandelssteuer. Lediglich die Zahllast wird auf alle Wirtschaftsstufen verteilt.

385 Steuerbefreiungen innerhalb der Unternehmerkette wirken sich bei dem Mehrwertsteuersystem nachteilig aus. Sie werden auf den folgenden Stufen wieder aufgehoben. Sie bewirken darüber hinaus eine Kumulation, weil der Unternehmer die auf steuerfreie Umsätze entfallenden Vorsteuern nicht absetzen darf.

Erster Abschnitt: Steuergegenstand und Geltungsbereich

a) Steuerbare Umsätze

386 Nach § 1 Abs. 1 UStG unterliegen der Umsatzsteuer die folgenden Umsätze:
1. die Lieferungen und sonstigen Leistungen, die ein Unternehmer im Erhebungsgebiet gegen Entgelt im Rahmen seines Unternehmes ausführt. Die Steuerpflicht enfällt nicht, wenn
   a) der Umsatz aufgrund gesetzlicher oder behördlicher Anordnung ausgeführt wird oder nach gesetzlicher Vorschrift als ausgeführt gilt oder
   b) ein Unternehmer Lieferungen oder sonstige Leistungen an seine Arbeitnehmer oder deren Angehörige aufgrund des Dienstverhältnisses ausführt, für die die Empfänger der Lieferung oder sonstigen Lei-

Heinrich Günther

stungen (Leistungsempfänger) kein gesondert berechnetes Entgelt aufwenden (z. B. unentgeltliche Essensabgabe, Überlassung eines firmeneigenen PKW's zur Privatbenutzung). Steuerbar sind auch die Leistungen an die Angehörigen der Arbeitnehmer und die Leistungen, die im Hinblick auf ein früheres Dienstverhältnis erbracht werden. Nicht besteuert werden dagegen Aufmerksamkeiten.

2. der Eigenverbrauch im Erhebungsgebiet. Eigenverbrauch liegt vor, wenn ein Unternehmer

   a) Gegenstände aus seinem Unternehmen für Zwecke entnimmt, die außerhalb des Unternehmens liegen,

   b) im Rahmen seines Unternehmens sonstige Lieferungen der in § 3 Abs. 9 UStG bezeichneten Art für Zwecke ausführt, die außerhalb des Unternehmens liegen,

   c) Aufwendungen tätigt, die unter das Abzugsverbot des § 4 Abs. 5 Nr. 1 bis 7 und Abs. 7 des Einkommensteuergesetzes (nicht abziehbare Betriebsausgaben) fallen. Das gilt nicht für Geldgeschenke;

3. die Lieferungen und sonstigen Leistungen, die Körperschaften und Personenvereinigungen im Sinne des § 1 Nr. 1 bis 5 des Körperschaftsteuergesetzes, nicht rechtsfähige Personenvereinigungen sowie Gemeinschaften im Erhebungsgebiet im Rahmen ihres Unternehmens an ihre Anteilseigner, Gesellschafter, Mitglieder, Teilhaber oder diesen nahestehende Personen ausführen, für die die Leistungsempfänger kein Entgelt aufwenden (z. B. Bewirtung von Gesellschaftern anläßlich von Gesellschafterversammlungen);

4. die Einfuhr von Gegenständen in das Zollgebiet (Einfuhrumsatzsteuer).

b) Räumlicher Geltungsbereich

Nach § 1 Abs. 2 UStG ist unter *Erhebungsgebiet* im Sinne des UStG der Geltungsbereich des Gesetzes mit Ausnahme der Zollausschlüsse und der Zollfreigebiete zu verstehen. *Außengebiet* im Sinne des UStG ist das Gebiet, das weder zum Erhebungsgebiet noch zum Gebiet der DDR und von Berlin (Ost) gehört. Wird ein Umsatz im Erhebungsgebiet ausgeführt, so kommt es für die Besteuerung nicht darauf an, ob der Unternehmer deutscher Staatsangehöriger ist, seinen Wohnsitz oder Sitz im Erhebungsgebiet hat, im Erhebungsgebiet eine Betriebsstätte unterhält, die Rechnung erteilt oder die Zahlungen empfängt. Die DDR und Berlin (Ost) nehmen, da diese Gebiete weder zum Erhebungsgebiet noch zum Außengebiet gehören, eine Sonderstellung ein. Die Umsätze in der DDR und Berlin (Ost) unterliegen, auch wenn sie von bundesdeutschen Unternehmern bewirkt werden, nicht der Umsatzsteuer. Außerdem kommt für Lieferungen in die DDR und Berlin (Ost), da diese Gebiete nicht zum Außengebiet gehören, die Ausfuhrbefreiung auch weiterhin nicht in Betracht. Wie schon bisher unterliegen diese Umsätze im allgemeinen dem Steuersatz 6 v. H. Die Bezüge aus der DDR

387

und Berlin (Ost) sind keine Einfuhren in das Zollgebiet. Einfuhrumsatz-steuer wird dafür also nicht erhoben. Im Rahmen des innerdeutschen Waren- und Dienstleistungsverkehrs kann also insoweit künftig der Kür-zungsbetrag im allgemeinen von 11 v. H. in Anspruch genommen werden. Neu ist jedoch, daß nunmehr auch die DDR-Unternehmer mit ihren im Erhebungsgebiet bewirkten Umsätzen der Umsatzsteuer unterliegen. Im Zusammenhang mit diesen Umsätzen steht ihnen jetzt auch der Vorsteuer-abzug zu. Einzelheiten ergeben sich aus der zu § 26 Abs. 4 UStG erlassenen allgemeinen Verwaltungsvorschrift über die umsatzsteuerliche Behandlung des innerdeutschen Waren- und Dienstleistungsverkehrs vom 18. 7. 1984 (BStBL. 1984 I S. 425).

388   Nach § 1 Abs. 3 UStG sind bestimmte Umsätze, die in den Freihäfen und in den Gewässern und Watten zwischen der Hoheitsgrenze und der Zoll-grenze an der Küste bewirkt werden, wie Umsätze im Erhebungsgebiet zu behandeln. Wegen der Einzelheiten ist auf § 1 Abs. 3 UStG zu verweisen.

c) Begriffe

Für die Zwecke der Umsatzbesteuerung schafft das UStG eine Reihe von Begriffen, von denen die wichtigsten folgende sind:

389   a) »Unternehmer« ist nach § 2 UStG, wer eine gewerbliche oder berufliche Tätigkeit selbständig ausübt. Das Unternehmen umfaßt die gesamte gewerbliche oder berufliche Tätigkeit des Unternehmers. Gewerblich oder beruflich ist jede nachhaltige Tätigkeit zur Erzielung von Einnah-men, auch wenn die Absicht, Gewinn zu erzielen, fehlt oder eine Perso-nenvereinigung nur gegenüber ihren Mitgliedern tätig wird. Die gewerbliche oder berufliche Tätigkeit wird nicht selbständig ausge-übt,

1. soweit natürliche Personen, einzeln oder zusammengeschlossen, einem Unternehmen so eingegliedert sind, daß sie den Weisungen des Unternehmers zu folgen verpflichtet sind,

2. wenn eine juristische Person nach dem Gesamtbild der tatsächlichen Verhältnisse finanziell, wirtschaftlich und organisatorisch in ein Unternehmen eingegliedert ist (Organgesellschaft).

Die juristischen Personen des öffentlichen Rechts sind nur im Rahmen ihrer Betriebe gewerblicher Art und ihrer land- und forstwirtschaftlichen Betriebe gewerblich oder beruflich tätig. Für diese juristischen Personen gelten jedoch als gewerbliche oder berufliche Tätigkeit

1. die Beförderung von Personen mit Kraftomnibussen sowie die Über-lassung und Unterhaltung von Fernsprech-Nebenstellenanlagen durch die Deutsche Bundespost;

2. die Tätigkeit der Notare im Landesdienst und der Ratsschreiber im Land Baden-Württemberg, soweit Leistungen ausgeführt werden, für die nach der Bundesnotarordnung die Notare zuständig sind;

          Heinrich Günther

3. die Abgabe von Brillen und Brillenteilen einschließlich der Reparaturarbeiten durch Selbstabgabestellen der gesetzlichen Träger der Sozialversicherung.
4. die Leistungen der Vermessungs- und Katasterbehörden.

b) »Lieferungen« sind nach § 3 Abs. 1 UStG Leistungen, durch die der Unternehmer oder in seinem Auftrag ein Dritter den Abnehmer oder in dessen Auftrag einen Dritten befähigt, im eigenen Namen über einen Gegenstand zu verfügen (Verschaffung der Verfügungsmacht). 390

c) Ein »Reihengeschäft« liegt nach § 3 Abs. 2 UStG vor, wenn mehrere Unternehmer über denselben Gegenstand Umsatzgeschäfte abschließen und sie diese Geschäfte dadurch erfüllen, daß der erste Unternehmer dem letzten Abnehmer in der Reihe unmittelbar die Verfügungsmacht über den Gegenstand verschafft. In diesem Falle gilt die Lieferung an den letzten Abnehmer gleichzeitig als Lieferung eines jeden Unternehmers der Reihe. 391

d) Beim »Kommissionsgeschäft« nach § 383 HGB liegt nach § 3 Abs. 3 UStG zwischen dem Kommittenten und dem Kommissionär eine Lieferung vor. Bei der Verkaufskommission gilt der Kommissionär, bei der Einkaufskommission der Kommittent als Abnehmer. 392

e) Eine »Werklieferung« liegt nach § 3 Abs. 4 UStG vor, wenn der Unternehmer die Bearbeitung oder Verarbeitung eines Gegenstandes übernommen hat und hierbei Stoffe verwendet, die er selbst beschafft hat. Dabei darf es sich bei den Stoffen nicht nur um Zutaten oder sonstige Nebensachen handeln. 393

f) Bei einer »Gehaltslieferung« beschränkt sich nach § 3 Abs. 5 UStG die Lieferung, wenn ein Abnehmer dem Lieferer die Nebenerzeugnisse oder Abfälle, die bei der Bearbeitung oder Verarbeitung des ihm übergebenen Gegenstandes entstehen, zurückzugeben hat, auf den Gehalt des Gegenstandes an den Bestandteilen, die dem Abnehmer verbleiben. 394

g) Eine Lieferung wird dort »ausgeführt«, wo sich der Gegenstand zur Zeit der Verschaffung der Verfügungsmacht befindet (§ 3 Abs. 6 UStG). 395

h) Die Ausführung einer Lieferung durch »Beförderung« oder »Versendung« regelt § 3 Abs. 7 UStG. Befördert der Unternehmer den Gegenstand der Lieferung an den Abnehmer oder in dessen Auftrag an einen Dritten, so gilt die Lieferung mit dem Beginn der Beförderung als ausgeführt. Befördern ist jede Fortbewegung eines Gegenstandes, also auch dann, wenn der Liefergegenstand selbst ohne ein besonderes Beförderungsmittel mittels eigener oder fremder Kraft fortbewegt wird. Versendet der Unternehmer den Gegenstand der Lieferung an den Abnehmer oder in dessen Auftrag an einen Dritten, so gilt die Lieferung mit der Übergabe des Gegenstandes an den Beauftragten als ausgeführt. Versenden liegt vor, wenn jemand die Beförderung eines Gegenstandes durch eine selbständigen Beauftragten ausführen oder besorgen läßt. Diese 396

Bestimmung hat Bedeutung für die Steuerbefreiung von Ausfuhrlieferungen nach § 6 UStG.

397 i) § 3 Abs. 8 UStG regelt den Ort der Lieferung bei »Einfuhren und Ausfuhren innerhalb der EG«. Wenn der Gegenstand der Lieferung bei der Beförderung oder Versendung an den Abnehmer in dessen Auftrag an einen Dritten vom Außengebiet in das Erhebungsgebiet oder vom Erhebungsgebiet in einen Mitgliedstaat der Europäischen Wirtschaftsgemeinschaft gelangt, so ist abweichend von § 3 Abs. 7 UStG diese Lieferung als im Einfuhrland ausgeführt zu behandeln, wenn der Lieferer, sein Beauftragter oder in den Fällen des Reihengeschäftes ein vorangegangener Lieferer oder dessen Beauftragter Schuldner der bei der Einfuhr zu entrichtenden Umsatzsteuer ist.

398 k) »Sonstige Leistungen« sind Leistungen, die keine Lieferungen sind. Sie können auch in einem Unterlassen oder im Dulden einer Handlung oder eines Zustandes bestehen (§ 3 Abs. 9 UStG).

399 l) Eine »Werkleistung« liegt vor, wenn ein Unternehmer einem Auftraggeber, der ihm einen Stoff zur Herstellung eines Gegenstandes übergeben hat, anstelle des herzustellenden Gegenstandes einen gleichartigen Gegenstand überläßt, wie er ihn in seinem Unternehmen aus solchem Stoff herzustellen pflegt, und wenn das Entgelt für die Leistung nach Art eines Werklohnes unabhängig vom Unterschied zwischen dem Marktpreis des empfangenen Stoffes und dem des überlassenen Gegenstandes berechnet wird.

400 m) Nach § 3 Abs. 11 UStG sind, wenn ein Unternehmer für Rechnung eines anderen im eigenen Namen eine sonstige Leistung »besorgt«, die für die besorgte Leistung geltenden Vorschriften auf die Besorgungsleistung entsprechend anzuwenden. Diese Bestimmung ist dahin zu verstehen, daß die Besorgungsleistung, z. B. Beförderung durch einen Spediteur, der Beförderung gleichgestellt ist. Erfolgt z. B. die Beförderungsleistung im Außengebiet, so gilt diese Beurteilung auch für die Besorgung, und zwar unabhängig davon, wo der Spediteur seinen Sitz hat oder wo er tätig wird.

401 n) Ein »Tausch« liegt vor, wenn das Entgelt für eine Lieferung in einer Lieferung besteht. Ein tauschähnlicher Umsatz liegt vor, wenn das Entgelt für eine sonstige Leistung in einer Lieferung oder sonstigen Leistung besteht.

d) Ort der sonstigen Leistung

402 § 3 a UStG regelt den Ort der sonstigen Leistung im grenzüberschreitenden Dienstleistungsverkehr. Die allgemeinen Fälle regelt § 3 a Abs. 1 UStG. Ausnahmeregelungen enthalten die Abs. 2 bis 4. Die Ausnahmevorschriften sind kompliziert und überschneiden sich zum Teil.

Heinrich Günther

Nach § 3 a Abs. 1 UStG wird eine sonstige Leistung an dem Ort ausge-   403
führt, von dem aus der Unternehmer sein Unternehmen betreibt. Wird die
sonstige Leistung von einer Betriebsstätte ausgeführt, so gilt die Betriebsstätte als Ort der Leistung.

Die Ausnahmeregelung des § 3 a Abs. 2 UStG umfaßt im wesentlichen   404
1. sonstige Leistungen im Zusammenhang mit einem Grundstück,
2. Beförderungsleistungen,
3. sonstige Leistungen im Zusammenhang mit einem Leistungsort, wo der
   Unternehmer jeweils ausschließlich oder zum wesentlichsten Teil tätig
   wird.

Weitere Ausnahmeregelungen gelten nach § 3 a Abs. 3 und Abs. 4 UStG.   405
Nach diesen Vorschriften wird der Ort der sonstigen Leistungen an den Ort
des Leistungsempfängers verlegt. Die Ausnahmeregelungen für die sonstigen Leistungen sind in § 3 a Abs. 4 UStG abschließend aufgeführt. Es handelt sich dabei um folgende sonstige Leistungen:
1. die Einräumung, Übertragung und Wahrnehmung von Patenten, Urheberrechten, Warenzeichenrechten und ähnlichen Rechten;
2. die sonstigen Leistungen, die der Werbung oder der Öffentlichkeitsar-
   beit dienen, einschließlich der Leistungen der Werbung, Vermittler und
   der Werbeagenturen;
3. die sonstigen Leistungen aus der Tätigkeit als Rechtsanwalt, Patentanwalt, Steuerberater, Wirtschaftsprüfer, Sachverständiger, Ingenieur und
   Aufsichtsratsmitglied sowie die rechtliche, wirtschaftliche und technische Beratung durch andere Unternehmer;
4. die Datenverarbeitung;
5. die Überlassung von Informationen einschließlich gewerblicher Verfahren und Erfahrungen;
6. die sonstigen Leistungen der in § 4 Nr. 8 Buchstaben a) bis g) und
   Nr. 10 UStG bezeichneten Art sowie die sonstigen Leistungen im
   Geschäft mit Gold, Silber und Platin. Diese Bestimmung bezieht sich
   insbesondere auf Kreditgewährungen, Umsätzen von Wertpapieren und
   Gesellschaftsanteilen, auch wenn diese Umsätze steuerpflichtig sind,
   sowie auf die Übertragung von Miteigentumsanteilen an den Beständen
   von Edelmetallen.
7. die Gestellung von Personal;
8. der Verzicht auf Ausübung eines der in Nr. 1 bezeichneten Rechte;
9. der Verzicht, ganz oder teilweise eine gewerbliche oder berufliche
   Tätigkeit auszuüben;
10. die Vermittlung der in diesem Absatz bezeichneten Leistungen;
11. die Vermietung beweglicher körperlicher Gegenstände, ausgenommen
    Beförderungsmittel.

Im einzelnen ist wegen dieser Vorschriften über den Ort der sonstigen
Leistungen auf die gesetzlichen Regelungen zu verweisen.

Heinrich Günther   337

Zweiter Abschnitt: Steuerbefreiungen und Steuervergütungen
a) Steuerbefreiungen bei Lieferungen, Leistungen und Eigenverbrauch

406   § 4 UStG regelt in den Nr. 1 bis 28 die Steuerbefreiungen bei Lieferungen, sonstigen Leistungen und Eigenverbrauch. Dabei sind für die Steuerbefreiungen drei Gruppen zu unterscheiden:

407   a) Die *erste Gruppe* mit den Nummern 1 bis 6 betrifft die Befreiung für die Ausfuhr im weitesten Sinne. Diese Steuerbefreiungen führen nicht zum Ausschluß des Vorsteuerabzugs nach § 15 UStG. Danach sind steuerbefreit die Ausfuhrlieferungen und die Lohnveredlung an Gegenständen der Ausfuhr (§ 4 Nr. 1 in Verbindung mit §§ 6 und 7 UStG), die Umsätze für die Seeschiffahrt und die Luftfahrt nach § 4 Nr. 2 UStG in den in § 8 UStG im einzelnen bezeichneten Fällen, die Beförderungen im grenzüberschreitenden Güterverkehr (§ 4 Nr. 3 UStG), die Lieferungen von Gold an Zentralbanken (§ 4 Nr. 4 UStG), die Vermittlung der unter Nr. 1 bis 4 fallenden Umsätze (§ 4 Nr. 5 UStG) sowie nach § 4 Nr. 6 a) UStG die Lieferungen und sonstigen Leistungen der Deutschen Bundesbahn auf Gemeinschaftsbahnhöfen, Betriebswechselbahnhöfen, Grenzbetriebsstrecken und Durchgangsstrecken an Eisenbahnverwaltungen mit Sitz im Außengebiet, nach b) die Lieferungen und sonstigen Leistungen an andere Vertragsparteien des Nordatlantikvertrages, wenn die Umsätze für den Gebrauch oder Verbrauch durch die Streitkräfte der gemeinsamen Verteidigungsanstrengung dienen, soweit nicht die Umsätze nach § 26 Abs. 5 UStG befreit sind, nach c) unter bestimmten Voraussetzungen die Lieferungen von eingeführten Gegenständen an außergebietliche Abnehmer (§ 6 Abs. 2 UStG).
Einzelheiten für den Ausfuhrnachweis und den buchmäßigen Nachweis bei Ausfuhrlieferungen und Lohnveredelungen an Gegenständen der Ausfuhr im Sinne des § 4 Nr. 1 und §§ 6 und 7 UStG regelt die UStDV in den §§ 8 bis 13.

408   b) die *zweite Gruppe* der Steuerbefreiungen umfaßt die Nummern 8 Buchstabe a) bis g), Nr. 9, Buchstabe a), Nr. 12, 13 und 19. Danach sind steuerbefreit die Umsätze des Geld- und Kapitalverkehrs (Nr. 8 a) bis g)), die unter das Grunderwerbsteuergesetz fallenden Umsätze (Nr. 9 a)), die Umsätze aus der Vermietung und Verpachtung von Grundstücken, grundstücksgleichen Rechten und staatlichen Hoheitsrechten, die Überlassung von Grundstücken und Grundstückteilen zur Nutzung aufgrund eines zur Übertragung des Eigentums gerichteten Vertrages oder Vorvertrages sowie die Bestellung, die Übertragung und Überlassung von dringlichen Nutzungsrechten an Grundstücken mit Ausnahme der kurzfristigen Vermietung von Plätzen für das Abstellen von Fahrzeugen und auf Campingplätzen sowie der Vermietung und Verpachtung von Maschinen und sonstigen Vorrichtungen aller Art, die zu einer Betriebsanlage gehören (Nr. 12), die Umsätze aus Leistungen, welche die

Gemeinschaften der Wohnungseigentümer und Teileigentümer erbringen, soweit die Leistungen in der Überlassung des gemeinschaftlichen Eigentums zum Gebrauch, seiner Instandhaltung, Instandsetzung und sonstigen Verwaltung sowie der Lieferung von Wärme und ähnlichen Gegenständen bestehen (Nr. 13), und die Umsätze der Blinden und Blindenwerkstätten (Nr. 19).

Diese steuerbefreiten Umsätze können die Unternehmer, wenn der Umsatz an einen anderen Unternehmer für dessen Unternehmen ausgeführt wird, als umsatzsteuerpflichtig behandeln (§ 9 UStG), bei Umsätzen nach § 4 Nr. 9 a), 12 a), b) und c) nur unter eingeschränkten Voraussetzungen.

Der Verzicht auf die Steuerbefreiung vermeidet nach dem System des Umsatzsteuergesetzes die nachteiligen Auswirkungen, daß die nicht abzugsfähigen Vorsteuern in die Kosten des steuerbefreiten Unternehmers und damit in die Bemessungsgrundlage der auf der nächsten Wirtschaftsstufe nachgeholten Umsatzsteuer eingehen.

c) Die *dritte Gruppe* umfaßt alle übrigen in § 4 UStG aufgeführten und abschließend geregelten Umsätze: die Verwaltung von Sondervermögen nach dem Gesetz über Kapitalanlagegesellschaften (Nr. 8 h), die Umsätze der im Erhebungsgebiet gültigen amtlichen Wertzeichen zum aufgedruckten Wert (Nr. 8 i), die Beteiligung als stiller Gesellschafter an dem Unternehmen oder an dem Gesellschaftsanteil eines anderen (Nr. 8 j), die unter das Rennwett- und Lotteriegesetz fallenden Umsätze sowie die Umsätze der zugelassenen öffentlichen Spielbanken (Nr. 9 b), die Leistungen aus Versicherungs- und Rückversicherungsverhältnissen (Nr. 10), die Umsätze aus der Tätigkeit als Bausparkassenvertreter, Versicherungsvertreter und Versicherungsmakler (Nr. 11), die Umsätze aus der Tätigkeit als Arzt, Zahnarzt, Heilpraktiker, Krankengymnast, Hebamme oder aus einer ähnlichen heilberuflichen Tätigkeit und aus der Tätigkeit als klinischer Chemiker (Nr. 14) mit folgenden Ausnahmen:

409

aa) Betreibt der Arzt ein Krankenhaus, so sind die Leistungen daraus nur steuerfrei, wenn die in Nr. 16 Buchstabe b) bezeichneten Voraussetzungen erfüllt sind. Diese Einschränkung führt zu einer gleichen Behandlung mit den nicht von Ärzten betriebenen privaten Krankenhäusern.

bb) Die Umsätze aus der Tätigkeit als Tierarzt und von Gemeinschaften, deren Mitglieder Tierärzte sind, sind nicht steuerbefreit. Die Tierärzte bewirken überwiegend Leistungen an Unternehmer (Landwirte).

cc) Die Lieferung oder Wiederherstellung von Zahnprothesen und kieferorthopädischen Apparaten, wenn sie der Zahnarzt als Unternehmer in seinem Unternehmen hergestellt oder wieder hergestellt hat, ist nicht steuerfrei.

410 d) Die *vierte Gruppe* umfaßt die nach Nr. 15 bis 28 steuerfreien Umsätze, die aus sozialpolitischen oder sonstigen förderungswürdigen Gründen von der Umsatzbesteuerung freigestellt worden sind und bei denen der Gesichtspunkt der Wettbewerbsneutralität nur eine untergeordnete Rolle spielt: Umsätze der gesetzlichen Träger der Sozialversicherung (Nr. 15), Umsätze der Einrichtungen ärztlicher Heilbehandlung sowie der Alten- und Pflegeheime (Nr. 16), Lieferungen menschlicher Organe (Nr. 17 a), Beförderung von Kranken und Verletzten (Nr. 17 b), Umsätze der Wohlfahrtsverbände und der Blinden (Nr. 18 und 19), Umsätze kultureller Einrichtungen (Nr. 20), dem Schul- und Bildungszweck dienende Leistungen (Nr. 21), Vorträge, Kurse und andere Veranstaltungen (Nr. 22), Leistungen an Jugendliche und Leistungen des Deutschen Jugendherbergswerks (Nr. 23 und 24), Leistungen der Jugendhilfeeinrichtungen (Nr. 25), ehrenamtliche Tätigkeiten (Nr. 26), Personalgestellung durch Orden und Mutterhäuser (Nr. 27) sowie der Verkauf, die Entnahme und die private Verwendung nicht entlasteter Investitionsgüter in den im einzelnen bezeichneten Fällen (Nr. 28).

411 Nach § 4 a UStG wird Körperschaften, die ausschließlich und unmittelbar gemeinnützige, mildtätige oder kirchliche Zwecke verfolgen, und juristischen Personen des öffentlichen Rechtes für die Lieferung von Gegenständen, die im Außengebiet zu humanitären, caritativen oder tierischen Zwecken verwendet werden oder die für die Einfuhr solcher Gegenstände entrichtet worden sind, eine Steuervergütung gewährt.

b) Steuerbefreiungen bei der Einfuhr

412 § 5 UStG regelt den Umfang der Steuerbefreiung bei der Einfuhr. Steuerfrei ist die Einfuhr solcher Gegenstände, deren Lieferung auch im Erhebungsgebiet steuerfrei ist. Befreit ist demnach die Einfuhr folgender Gegenstände:

a) Wertpapiere (§ 4 Nr. 8 Buchstabe e),
b) Wasserfahrzeuge für die Schiffahrt, die dem Erwerb durch die Seeschifffahrt oder der Rettung Schiffbrüchiger bestimmt sind, sowie von
c) Ausrüstungsgegenständen für diese Wasserfahrzeuge (§ 8 Abs. 1 Nr. 1 und 2),
d) ferner unter bestimmten Voraussetzungen Gold bei der Einfuhr an die Zentralbanken (§ 4 Nr. 4), gesetzliche Zahlungsmittel, soweit sie nicht wegen ihres Metallgehaltes oder ihres Sammelwertes eingeführt werden (§ 4 Nr. 8 b), im Erhebungsgebiet gültige Wertzeichen zum aufgedruckten Wert (§ 4 Nr. 8 i),
e) Luftfahrzeuge und dafür bestimmte Ausrüstungsgegenstände, wenn sie zur Verwendung durch Unternehmer bestimmt sind, die im entgeltlichen Luftverkehr überwiegend grenzüberschreitende oder ausschließlich Beförderungen im Außengebiet durchführen (§ 8 Abs. 2 Nr. 1 und 2).

Heinrich Günther

Dritter Abschnitt: Bemessungsgrundlagen

a) Lieferungen, sonstige Leistungen, Eigenverbrauch

Bemessungsgrundlage für *Lieferungen und sonstige Leistungen* ist nach § 10 Abs. 1 bis 3 UStG das *Entgelt*. Entgelt ist alles, was der Leistungsempfänger aufwendet, um die Leistung zu erhalten, jedoch abzüglich der Umsatzsteuer. Zum Entgelt gehört auch, was ein anderer als der Leistungsempfänger dem Unternehmer für die Leistung gewährt. Dagegen gehören die Beträge, die der Unternehmer im Namen und für Rechnung eines anderen vereinnahmt und verausgabt (durchlaufende Posten), nicht zum Entgelt. **413**

Bemessungsgrundlage beim *Eigenverbrauch* bilden nach § 10 Abs. 4 UStG **414**
1. bei der Entnahme von Gegenständen im Sinne des § 1 Abs. 1 Nr. 2 a) UStG sowie bei Lieferungen an die Arbeitnehmer des Unternehmers im Sinne des § 1 Abs. 1 Nr. 1 b) UStG und bei Lieferungen und sonstigen Leistungen von Körperschaften, Personenvereinigungen, nicht rechtsfähigen Personenvereinigungen sowie Gemeinschaften an ihre Anteilseigner, Gesellschafter, Mitglieder, Teilhaber oder diesen nahestehenden Personen, für welche die Leistungsempfänger kein Entgelt aufwenden, im Sinne des § 1 Abs. 1 Nr. 3 UStG der *Teilwert*, wenn dieser nach den einkommensteuerrechtlichen Vorschriften bei der Gewinnermittlung anzusetzen ist, im übrigen der *gemeine Wert;*
2. bei der privaten Verwendung betrieblicher Gegenstände im Sinne des § 1 Abs. 1 Nr. 2 b) UStG sowie bei den entsprechenden sonstigen Leistungen im Sinne des § 1 Abs. 1 Nr. 1 b) und Nr. 3 UStG die bei der Ausführung dieser Umsätze entstandenen Kosten;
3. bei unter das Abzugsverbot des § 4 Abs. 5 Nr. 1 bis 7 und Abs. 6 des EStG fallenden Betriebsausgaben die *entstandenen Aufwendungen.*

Nach § 10 Abs. 5 UStG gilt § 10 Abs. 4 UStG entsprechend für **415**
1. Lieferungen und sonstige Leistungen, die Körperschaften und Personenvereinigungen, nicht rechtsfähige Personenvereinigungen sowie Gemeinschaften im Rahmen ihres Unternehmens an ihre Anteilseigner, Gesellschafter, Mitglieder, Teilhaber oder diesen nahestehenden Personen ausführen,
2. Lieferungen und sonstige Leistungen, die ein Unternehmer an seine Arbeitnehmer oder deren Angehörige aufgrund des Dienstverhältnisses ausführt,

wenn die Bemessungsgrundlage nach Abs. 4 das Entgelt nach Abs. 1 übersteigt.

Bei Beförderungen von Personen durch ausländische Beförderer im Gelegenheitsverkehr mit Kraftomnibussen tritt in den Fällen des grenzüberschreitenden Beförderungsverkehrs an die Stelle des vereinbarten Entgeltes ein Durchschnittsentgelt. Das Durchschnittsbeförderungsentgelt beträgt zur Zeit 5 Pfennig je Personenkilometer der inländischen Beförderungsstrecke und die Umsatzsteuer darauf 14 % = 0,700 Pfennig (§ 25 UStDV). **416**

Heinrich Günther

b) Einfuhrumsatzsteuer

417   Nach § 1 Abs. 1 Nr. 4 UStG unterliegt die Einfuhr von Gegenständen in das Zollgebiet der Einfuhrumsatzsteuer. Bemessungsgrundlage für die Einfuhr ist nach § 11 Abs. 1 UStG grundsätzlich der *Zollwert*. Unterliegen einfuhrumsatzsteuerpflichtige Gegenstände nicht dem Wertzoll, so wird der Umsatz bei der Einfuhr nach dem Entgelt (§ 10 Abs. 1 UStG) dieser Gegenstände bemessen. Bei Fehlen eines Entgeltes gilt der Zollwert.

418   Bei dem sogenannten passiven Veredelungsverkehr im Außengebiet für Rechnung des Ausführers mit Wiedereinfuhr wird der Umsatz bei der Einfuhr nach dem für die Veredelung zu zahlenden Entgelt, oder falls ein solches Entgelt nicht gezahlt wird, nach der durch die Veredelung eingetretenen Wertsteigerung bemessen.

419   Nach § 11 Abs. 3 UStG sind für die Erhebung der Einfuhrumsatzsteuer dem Entgelt oder dem Zollwert Beträge hinzuzurechnen, damit eine volle Belastung der eingeführten Gegenstände sichergestellt ist. Es handelt sich hierbei um

1. die außerhalb des Zollgebietes für den eingeführten Gegenstand geschuldeten Beträge an Eingangsabgaben, Steuern und sonstige Abgaben;
2. die aufgrund der Einfuhr im Zeitpunkt des Entstehens der Einfuhrumsatzsteuer auf den Gegenstand entfallenden Beträge an Zoll einschließlich der Abschöpfung und an Verbrauchssteuern außer der Einfuhrumsatzsteuer, soweit die Steuern unbedingt entstanden sind;
3. die auf den Gegenstand entfallenden Kosten für die Vermittlung der Lieferung und für die Beförderung bis zum ersten Bestimmungsort im Erhebungsgebiet;
4. auf Antrag die auf den Gegenstand entfallenden
   a) Kosten für die Vermittlung der Lieferung und für die Beförderung bis zu einem im Zeitpunkt des Entstehens der Einfuhrumsatzsteuer feststehenden weiteren Bestimmungsort im Erhebungsgebiet und
   b) Kosten für andere sonstige Leistungen bis zu dem in Nr. 3 oder Buchstabe a) bezeichneten Bestimmungsort.

Nach § 11 Abs. 4 UStG gehören zur Bemessungsgrundlage nicht Preisermäßigungen und Vergütungen, die sich auf den eingeführten Gegenstand beziehen und die im Zeitpunkt des Entstehens der Einfuhrumsatzsteuer feststehen.

§ 11 Abs. 5 UStG regelt die Umrechnung von Werten in fremder Währung.

Vierter Abschnitt: Steuer und Vorsteuer

a) Umsatzsteuer

420   Das Umsatzsteuergesetz kennt nur zwei *Steuersätze*, die einheitlich sowohl bei Umsätzen im Inland als auch bei der Einfuhr von Gegenständen aus dem Ausland gelten:

a) Nach § 12 Abs. 1 UStG beträgt die Umsatzsteuer für jeden steuerpflichtigen Umsatz ab 1. 7. 1983 14 v. H. der Bemessungsgrundlage. Dieser Steuersatz gilt demnach auch für den Eigenverbrauch z. B. aus privater Kfz-Nutzung bei Angehörigen der freien Berufe. **421**

b) Die Umsatzsteuer *ermäßigt* sich nach § 12 Abs. 2 UStG auf 7 v. H. für **422**

1. die Lieferungen, den Eigenverbrauch und die Einfuhr der in der Anlage 1 zum UStG bezeichneten Gegenstände mit Ausnahme der Lieferungen von Speisen und Getränken zum Verzehr an Ort und Stelle. Dabei handelt es sich im wesentlichen um Lebensmittel, inländische landwirtschaftliche Erzeugnisse, Futtermittel, Bücher, Zeitungen, Noten, kartographische Erzeugnisse, Briefmarken und dergleichen als Sammlungsstücke, Fahrstühle für Kranke oder Körperbehinderte, Körperersatzstücke, Kunstgegenstände und Sammlungsstücke:

2. die Vermietung der in Anlage 1 zum UStG bezeichneten Gegenstände, z. B. Reitpferde, Krankenfahrstühle;

3. die Aufzucht und das Halten von Vieh, die Anzucht von Pflanzen und die Teilnahme an Leistungsprüfungen für Tiere;

4. bestimmte Leistungen im Zusammenhang mit der Tierzucht in der Landwirtschaft und die Gestellung von Arbeitskräften für land- und forstwirtschaftliche Betriebe;

5. die Leistungen und den Eigenverbrauch aus der Tätigkeit als Zahntechniker sowie die in § 4 Nr. 14 Satz 4 Buchstabe b bezeichneten Leistungen der Zahnärzte;

6. die Leistungen der Theater, Orchester, Kammermusikensembles, Chöre und Museen sowie die Veranstaltungen von Theatervorführungen und Konzerten durch andere Unternehmer, die Überlassung von Filmen zur Auswertung und Vorführung sowie die Filmvorführung, die Einräumung, Übertragung und Wahrnehmung von Rechten, die sich aus dem Urheberrechtsgesetz ergeben, die Zirkusvorführungen, die Leistungen aus der Tätigkeit als Schausteller sowie die unmittelbar mit dem Betrieb der zoologischen Gärten verbundenen Umsätze;

7. die Leistungen der Körperschaften, die ausschließlich und unmittelbar gemeinnützige, mildtätige oder kirchliche Zwecke verfolgen (§§ 51 bis 68 AO), ausgenommen Leistungen, die im Rahmen eines wirtschaftlichen Geschäftsbetriebes ausgeführt werden;

8. die unmittelbar mit dem Betrieb der Schwimmbäder verbundenen Umsätze sowie die Verabreichung von Heilerde. Das gleiche gilt für die Bereitstellung von Kureinrichtungen, soweit als Entgelt eine Kurtaxe zu entrichten ist;

9. die Beförderungen von Personen a) mit Schiffen, b) im Schienenbahnverkehr mit Ausnahme der Bergbahnen, im Verkehr mit Ober-

leitungsomnibussen, im genehmigten Linienverkehr mit Kraftfahrzeugen, im Kraftdroschkenverkehr und die Beförderung im Fährverkehr innerhalb einer Gemeinde oder wenn die Beförderungsstrecke nicht mehr als 50 km beträgt;

10. die Gestellung von Betriebshelfern und Haushaltshilfen an die gesetzlichen Träger der Sozialversicherung.

b) Entstehung der Umsatzsteuer und Steuerschuldner

423 Nach § 13 Abs. 1 Nr. 1 a) UStG entsteht die Steuer für Lieferungen und sonstige Leistungen bei der Berechnung nach *vereinbarten* Entgelten (§ 16 Abs. 1 Satz 1 UStG) mit Ablauf des Voranmeldungszeitraumes, in dem die Leistungen ausgeführt worden sind. Dies gilt auch für Teilleistungen. Sie liegen vor, wenn für bestimmte Teile einer wirtschaftlich teilbaren Leistung das Entgelt gesondert vereinbart wird.

Für Zahlungen, die der leistende Unternehmer vor der Ausführung seiner Leistungen vereinnahmt, gleichgültig, ob nur für einen Teil oder für das gesamte Entgelt, ist die Besteuerung grundsätzlich auf den Zeitpunkt der Vereinnahmung abzustellen. Für verbleibende Zahlungen gilt jedoch weiterhin die Umsatzausführung, und zwar unabhängig davon, wann diese Restzahlungen eingehen (sogenannte Mindest-Istbesteuerung). Eine Erleichterung gilt, wenn das jeweils vereinnahmte Entgelt oder Teilentgelt (Anzahlung) weniger als 10 000 DM beträgt und der Unternehmer keine Rechnung mit gesondertem Ausweis der Steuer (§ 14 Abs. 1 UStG) erteilt hat. Demgemäß kommt für Anzahlungen mit einem allgemeinen Steuersatz von 14 % die vorgezogene Besteuerung ab 11 400 DM und bei einem ermäßigten Steuersatz von 7 % bei einem Betrag ab 10 700 DM in Betracht.

424 Bei der Berechnung der Steuern nach *vereinnahmten* Entgelten in den Fällen des § 20 UStG entsteht die Steuer mit Ablauf des Voranmeldungszeitraumes, in dem die Entgelte vereinnahmt worden sind.

425 Für *unentgeltliche Leistungen* des Unternehmens an seine Arbeitnehmer oder von Vereinigungen an ihre Mitglieder, bei denen der leistende Unternehmer somit kein oder kein besonders berechnetes Entgelt aufwendet (§ 1 Abs. 1 Nr. 1 b) und Nr. 3 UStG) entsteht die Steuer mit Ablauf des Voranmeldungszeitraumes, in dem diese Leistungen ausgeführt sind. Diese Umsätze unterliegen demnach wie Umsätze nach vereinbarten Entgelten der Sollbesteuerung.

426 Für den *Eigenverbrauch* entsteht nach § 13 Abs. 1 Nr. 2 UStG die Steuer mit Ablauf des Voranmeldungszeitraumes, in dem der Unternehmer Gegenstände aus seinem Unternehmen für Zwecke entnimmt, die außerhalb des Unternehmens liegen (§ 1 Abs. 1 Nr. 2 a UStG), sonstige Leistungen für außerhalb des Unternehmens liegende Zwecke (§ 1 Abs. 1 Nr. 2 b UStG) ausgeführt oder unter das Abzugsverbot des § 4 Abs. 5 Nr. 1 bis 7 und

Abs. 6 des EStG fallende Aufwendungen (§ 1 Abs. 1 Nr. 2 c UStG) gemacht hat.

Nach § 13 Abs. 1 Nr. 3 bis 5 UStG entsteht die Steuer für den in einer Rechnung zu hoch ausgewiesenen Steuerbetrag zu demselben Zeitpunkt wie der auf den betreffenden Umsatz entfallende Steuerbetrag (§ 14 Abs. 2 UStG), im Fall der unberechtigten Ausstellung von Rechnungen mit gesondertem Steuerausweis (§ 14 Abs. 3 UStG) im Zeitpunkt der Ausgabe der Rechnung und, wenn der Leistungsempfänger bei einer Entgeltsminderung die Berichtigung des Vorsteuerabzugs unterläßt, aber ein dritter Unternehmer den auf die Minderung entfallenden Vorsteuerabzug an das Finanzamt als eigene Steuer entrichtet (§ 17 Abs. 1 Satz 2 UStG) mit dem Ablauf des Voranmeldungszeitraumes, in dem die Änderung der Bemessungsgrundlage eingetreten ist.

Steuerschuldner ist der Unternehmer, lediglich in dem vorstehend dargestellten Fall des § 14 Abs. 3 der Aussteller der Rechnung (§ 13 Abs. 2 UStG). **427**

Für die Einfuhrumsatzsteuer regelt § 21 Abs. 2 UStG, wer bei der Einfuhr Steuerschuldner ist (§ 13 Abs. 3 UStG). **428**

c) Ausstellung von Rechnungen
Nach § 14 Abs. 1 UStG ist der Unternehmer, wenn er steuerpflichtige Lieferungen oder sonstige Leistungen nach § 1 Abs. 1 Nr. 1 UStG ausführt, berechtigt und, soweit er die Umsätze an einen anderen Unternehmer für dessen Unternehmen ausführt, auf Verlangen des anderen Unternehmers verpflichtet, Rechnungen auszustellen, in denen die Steuer gesondert ausgewiesen ist. Welche Angaben die Rechnungen im einzelnen enthalten müssen, ist in § 14 Abs. 1 UStG bestimmt. **429**

Bei steuerpflichtigen Umsätzen an Nichtunternehmer ist der Unternehmer zwar berechtigt, aber nicht verpflichtet, Rechnungen mit offenem Steuerausweis zu erteilen.

Entsprechend der vorgezogenen Besteuerung der Anzahlungen nach § 13 Abs. 1 Nr. 1 a) UStG ist der leistende Unternehmer ganz allgemein berechtigt, über die Anzahlungen eine Rechnung mit Steuerausweis auszustellen. Wenn aber die Anzahlung, also das Entgelt ohne die Umsatzsteuer, mindestens 10 000 DM beträgt, kann der Empfänger der Leistung von dem Unternehmer eine Rechnung mit Steuerausweis verlangen. Erteilt der leistende Unternehmer eine Endrechnung, so sind in ihr die vor Ausführung der Lieferungen oder sonstigen Leistungen vereinnahmten Teilentgelte und die auf sie entfallenden Steuerbeträge abzusetzen, wenn über die Teilentgelte Rechnungen ausgestellt sind.

Hat der Unternehmer in einer Rechnung für eine Lieferung oder sonstige Leistung einen höheren Steuerbetrag, als er nach dem UStG für den Umsatz schuldet, gesondert ausgewiesen, so schuldet er auch den Mehrbetrag (§ 14 Abs. 2 UStG). **430**

Heinrich Günther   345

431   Wer in einer Rechnung einen Steuerbetrag gesondert ausweist, obwohl er zum gesonderten Ausweis der Steuer nicht berechtigt ist, schuldet diesen Betrag, auch wenn er nicht Unternehmer ist (§ 14 Abs. 3 UStG).

432   Was als *Rechnung* anzusehen ist, bestimmt § 14 Abs. 4 UStG. Danach ist Rechnung jede Urkunde, mit der ein Unternehmer oder in seinem Auftrag ein Dritter über eine Lieferung oder sonstige Leistung gegenüber einem Leistungsempfänger abrechnet, gleichgültig, wie die Urkunde im Geschäftsverkehr bezeichnet wird.

433   Nach § 14 Abs. 5 UStG gilt auch eine *Gutschrift als Rechnung*, mit der ein Unternehmer über eine steuerpflichtige Lieferung oder eine sonstige Leistung abrechnet, die an ihn ausgeführt wird. Dabei müssen jedoch die folgenden Voraussetzungen vorliegen:
Der Empfänger der Gutschrift muß zum gesonderten Ausweis der Steuer in einer Rechnung berechtigt sein; zwischen dem Aussteller und dem Empfänger der Gutschrift muß Einverständnis darüber bestehen, daß mit einer Gutschrift über die Lieferung oder sonstige Leistung abgerechnet wird; die Gutschrift muß die für die Ausstellung einer Rechnung in § 14 Abs. 1 Satz 2 UStG vorgeschriebenen Angaben enthalten; die Gutschrift muß dem leistenden Unternehmer zugeleitet worden sein.
Weitere Einzelheiten über die Ausstellung von Rechnungen sind in den §§ 31 bis 34 der UStDV geregelt.

d) Vorsteuerabzug

434   Der in § 15 UStG geregelte Vorsteuerabzug stellt nach dem geltenden Umsatzsteuersystem das Kernstück dar und bewirkt, daß eine Kumulation der Umsatzsteuer vermieden wird. Zum Vorsteuerabzug sind alle Unternehmer berechtigt, die im Erhebungsgebiet oder im Außengebiet Lieferungen oder sonstige Leistungen ausführen. Diese Unternehmer können die folgenden Vorsteuerbeträge von ihrer eigenen Umsatzsteuer abziehen:
1. nach § 15 Abs. 1 Nr. 1 UStG die ihnen von anderen Unternehmern gesondert in Rechnung gestellte Steuer für Lieferungen und sonstige Leistungen, die für ihre Unternehmen ausgeführt worden sind. Soweit dem Unternehmer auf eine Zahlung vor Ausführung der Umsätze, also auf Anzahlungen, die Umsatzsteuer in Rechnung gestellt ist, kann dieser Unternehmer die Umsatzsteuer als Vorsteuer bereits abziehen, wenn die Rechnung vorliegt und die Zahlung geleistet worden ist. Bei Rechnungen über Kleinbeträge, Fahrausweisen, bei Reisekosten nach Pauschbeträgen, Geschäftsreisen, Dienstreisen, bei Umzugskosten, bei unfreien Versendungen, bei Einfuhren durch nicht im Erhebungsgebiet ansässige Unternehmer, bei Ordergeschäften gelten nach §§ 35 bis 42 UStDV Erleichterungen.
2. nach § 15 Abs. 1 Nr. 2 UStG die entrichtete Einfuhrumsatzsteuer für Gegenstände, die für das Unternehmen des Unternehmers in das Erhe-

bungsgebiet eingeführt worden sind oder die der Unternehmer zur Ausführung der in § 1 Abs. 3 UStG bezeichneten Umsätze (Besteuerung unentgeltlicher Leistungen an Gesellschafter, Mitglieder von Vereinigungen usw.) verwendet.

Nach § 15 Abs. 2 UStG ist vom *Vorsteuerabzug ausgeschlossen* die Steuer **435** für Lieferungen und die Einfuhr von Gegenständen sowie für die sonstigen Leistungen, die der Unternehmer zur Ausführung folgender Umsätze verwendet:

1. steuerfreie Umsätze,
2. Umsätze außerhalb des Erhebungsgebietes, die steuerfrei wären, wenn sie im Erhebungsgebiet ausgeführt würden, z. B. im Zusammenhang mit einer Wohnungsvermietung im Außengebiet,
3. unentgeltliche Lieferungen und sonstige Leistungen, die steuerfrei wären, wenn sie gegen Entgelt ausgeführt würden.

Von dem in § 15 Abs. 2 UStG geregelten Ausschluß vom Vorsteuerabzug **436** gibt es eine Reihe von Ausnahmen für Umsätze, die in § 15 Abs. 3 UStG bei Verweisung auf die dort erwähnten Vorschriften des UStG geregelt sind. Die Ausnahmen betreffen im wesentlichen:

1. die Ausfuhrumsätze nach § 4 Nr. 1 bis 6 UStG, die Umsätze, die als einheitliche Reiseleistungen nach § 25 Abs. 2 UStG steuerfrei sind, die Umsätze an die Stationierungsstreitkräfte, wenn für sie nach den in § 26 Abs. 5 UStG bezeichneten Vorschriften Steuerfreiheit gegeben ist, die in den Befreiungsvorschriften des § 4 Nr. 8 a) bis g) und Nr. 10 a) UStG genannten Befreiungsvorschriften für bestimmte Geld- und Versicherungsumsätze, wenn diese Umsätze sich unmittelbar auf Gegenstände beziehen, die in ein Gebiet außerhalb der europäischen Wirtschaftsgemeinschaft ausgeführt werden, z. B. wenn eine deutsche Bank dem Lieferer für eine Lieferung an einen Abnehmer in einen solchen Drittstaat einen Kredit gewährt.
2. Die gleiche Regelung gilt auch für die Fälle des § 15 Abs. 2 Nr. 2 und 3 UStG.

Allgemein kann zu diesen Ausschlußregelungen gesagt werden, daß sie infolge der Verweisungen nur schwer verständlich sind.

In § 15 Abs. 4 bis 7 UStG ist die *Aufteilung der Vorsteuerbeträge* in einen **437** abziehbaren und in einen nichtabziehbaren Teil geregelt. Die zugelassenen zwei Aufteilungsmethoden sind folgende:

Nach § 15 Abs. 4 UStG ist der Teil der jeweiligen Vorsteuerbeträge nicht abziehbar, der den zum Ausschluß vom Vorsteuerabzug führenden Umsätzen wirtschaftlich zuzurechnen ist. Der Unternehmer kann die nichtabziehbaren Teilbeträge im Wege einer sachgerechten Schätzung ermitteln. Auf die in den §§ 35 ff. UStDV vorgesehenen Vereinfachungsregeln wird verwiesen.

Heinrich Günther

Nach § 15 Abs. 5 UStG kann anstelle der Aufteilung nach § 15 Abs. 4 UStG der Unternehmer die aufzuteilenden Vorsteuerbeträge einheitlich nach dem Verhältnis der zum Ausschluß vom Vorsteuerabzug führenden Umsätze zu den übrigen Umsätzen ermitteln. Dabei sind Einfuhren nicht Umsätze im Sinne dieser Vorschrift. Der Unternehmer darf allerdings diese Vorschrift nicht anwenden, wenn sie für ihn zu ungerechtfertigten Steuervorteilen führt (§ 15 Abs. 6 UStG). Wann dies der Fall ist, bedarf noch der Klarstellung durch die Verwaltung oder die Rechtsprechung. Die Aufteilungsmethode des § 15 Abs. 5 UStG kann auf Antrag auf einzelne, in der Gliederung des Unternehmens gesondert geführte Betriebe neu beschränkt werden (§ 15 Abs. 7 UStG).

438 § 15 a UStG regelt die *Berichtigung des Vorsteuerabzuges.* Einer Berichtigung des Vorsteuerabzuges bedarf es deshalb, weil der Vorsteuerabzug sich nach den Verhältnissen im Kalenderjahr der erstmaligen Verwendung beurteilt, sich aber die auf dieser Grundlage getroffene Entscheidung über den Vorsteuerabzug bei Wirtschaftsgütern, die der Unternehmer über das Kalenderjahr der erstmaligen Verwendung hinaus zur Ausführung von Umsätzen verwendet, nach Maßgabe der Verhältnisse nach Ablauf des Kalenderjahres ändern kann. Wegen der Einzelheiten ist auf den Wortlaut dieser Bestimmung sowie auf die Vereinfachungsregelung in den §§ 44 und 45 UStDV zu verweisen.

Fünfter Abschnitt: Besteuerung

a) Steuerberechnung, Besteuerungszeitraum und Einzelbesteuerung

439 Die Umsatzsteuer ist nach *vereinbarten* Entgelten und in den Fällen des § 20 UStG auf Antrag nach den *vereinnahmten* Entgelten zu berechnen. *Besteuerungszeitraum ist das Kalenderjahr.* Bei der Berechnung der Steuer ist von der Summe der in dem Besteuerungszeitraum entstandenen Umsätze auszugehen. Beträge, die der Unternehmer wegen zu hohen Steuerausweises nach § 14 Abs. 2 und Abs. 3 UStG sowie nach § 17 Abs. 1 Satz 2 UStG schuldet, sind hinzuzurechnen.

440 Von dieser Umsatzsteuer sind nach § 16 Abs. 2 UStG die nach § 15 UStG abziehbaren Vorsteuerbeträge unter Berücksichtigung der Berichtigung des Vorsteuerabzuges nach § 15 a UStG abzuziehen. Hierzu gehört auch die abziehbare Einfuhrumsatzsteuer mit der Maßgabe, daß die bis zum 15. Tage nach Ablauf des Besteuerungszeitraumes zu entrichtende Einfuhrumsatzsteuer bereits von der Umsatzsteuer für diesen Besteuerungszeitraum abgesetzt werden kann, wenn sie in ihm entstanden ist. Damit vermeidet der Unternehmer eine Vorfinanzierung der abziehbaren Einfuhrumsatzsteuer.

441 Ändert sich die Bemessungsgrundlage, so ist diese nach § 17 UStG zu berichtigen, z. B. Skonti, uneinbringliches Entgelt, Annullierung der Lei-

stung, Jahresboni, Jahresrückvergütungen u. a. Eine Berichtigung des Vorsteuerabzuges ist nach § 17 Abs. 3 UStG ferner vorzunehmen, wenn die Einfuhrumsatzsteuer, die als Vorsteuer abgezogen worden ist, herabgesetzt, erlassen oder erstattet worden ist.

b) Besteuerungsverfahren

Der Unternehmer hat bis zum 10. Tag nach Ablauf jedes Kalendermonats (Voranmeldungszeitraum) eine *Voranmeldung* nach amtlich vorgeschriebenem Vordruck abzugeben und die Steuer selbst zu berechnen. Beträgt die Umsatzsteuer für das vorangegangene Kalenderjahr nicht mehr als 6 000 DM, so ist das Kalendervierteljahr Voranmeldungszeitraum.   **442**

Nach den §§ 46 bis 48 UStDV hat das Finanzamt dem Unternehmer auf   **443** Antrag die Frist für die Abgabe der Voranmeldungen und für die Entrichtung der Vorauszahlungen um einen Monat zu verlängern (Dauerfristverlängerung) unter der Auflage, daß der Unternehmer eine Sondervorauszahlung auf die Umsatzsteuer eines jeden Kalenderjahres von einem Elftel der Summe der Vorauszahlungen für das vorangegangene Kalenderjahr entrichtet (z. B. zum 10. 2. für den Monat Januar in Höhe eines Elftels der Vorauszahlungen für das vorangegangene Kalenderjahr).

Dieses Elftel kann der Unternehmer bei der Abgabe der Umsatzsteuervoranmeldung für den Monat Dezember des laufenden Jahres als bereits entrichtet wieder abzusetzen. Der Antrag ist auf einem amtlich vorgeschriebenen Vordruck zu stellen.

Nach § 18 Abs. 3 UStG hat der Unternehmer für das Kalenderjahr oder   **444** für den kürzeren Besteuerungszeitraum eine Umsatzsteuerjahreserklärung abzugeben und darin die zu entrichtende Umsatzsteuer oder den Überschuß, der sich zu seinen Gunsten ergibt, selbst zu berechnen (Steueranmeldung). Eine sich in der Steueranmeldung ergebende Umsatzsteuernachzahlung hat der Unternehmer einen Monat nach dem Eingang der Steueranmeldung an das Finanzamt zu entrichten.

§ 18 Abs. 5 UStG regelt das Verfahren der Einzelbesteuerung im Gelegen-   **445** heitsverkehr mit den nicht im Erhebungsgebiet zugelassenen Kraftomnibussen.

Von der in § 18 Abs. 7 UStG vorgesehenen Ermächtigung, auf die Erhe-   **446** bung der Umsatzsteuer für Umsätze aus Lieferungen von Gold, Silber oder Platin oder sonstigen Leistungen im Geschäft mit diesen Edelmetallen sowie aus auf die Einfuhr folgenden Lieferungen zu verzichten, hat der Bundesminister der Finanzen in den Fällen der §§ 49 und 50 UStDV Gebrauch gemacht. Dasselbe gilt für das in § 18 Abs. 8 und 9 UStG vorgesehene Abzugsverfahren bei nicht im Erhebungsgebiet ansässigen Unternehmern in den §§ 51 bis 62 UStDV.

Heinrich Günther   349

c) Besteuerung der Kleinunternehmer

447 § 19 UStG bezieht ab dem 1. 1. 1980 die Kleinunternehmer in die Regelbesteuerung wie folgt ein:

Nach § 19 Abs. 1 UStG unterliegen *Kleinstunternehmer* aus Vereinfachungsgründen nicht der Umsatzsteuer, wenn der Umsatz zuzüglich der darauf entfallenden Steuern im vorangegangenen Kalenderjahr 20 000 DM nicht überstiegen hat und im laufenden Kalenderjahr 100 000 DM voraussichtlich nicht übersteigen wird. Umsatz im Sinne dieser Bestimmung ist der nach vereinnahmten Entgelten bemessene Gesamtumsatz, gekürzt um die darin enthaltenen Umsätze von Wirtschaftsgütern des Anlagevermögens. Der Kleinstunternehmer wird somit wie eine private Person behandelt. Er hat demnach auch nicht das Recht der Geltendmachung des Vorsteuerabzugs. Er kann auch nicht in den Rechnungen die Umsatzsteuer gesondert ausweisen. Tut er dies trotzdem, so hat er ohne Rücksicht auf seine Nichtbesteuerung die gesondert in Rechnung gestellte Umsatzsteuer zu entrichten.

Um die damit für die Kleinstunternehmer verbundenen umsatzsteuerlichen Nachteile zu vermeiden, sieht § 19 Abs. 2 UStG vor, daß der Unternehmer bis zur Unanfechtbarkeit der Steuerfestsetzung erklären kann, daß er auf die Anwendung des § 19 Abs. 1 UStG verzichtet. Diese Verzichtserklärung bindet den Unternehmer mindestens für fünf Kalenderjahre.

448 § 19 Abs. 3 UStG regelt den Steuerabzugsbetrag für *Kleinunternehmer*. Im Hinblick darauf, daß die Kleinunternehmer in das Umsatzsteuersystem ab dem 1. 1. 1980 einbezogen sind, erhalten sie einen Steuerabzugsbetrag, wenn der Gesamtumsatz im laufenden Kalenderjahr 60 000 DM nicht übersteigt und sie nicht Kleinstunternehmer im Sinne des § 19 Abs. 1 UStG sind. Maßgebend ist der Gesamtumsatz zuzüglich der entsprechenden Umsätze, die der Unternehmer außerhalb des Erhebungsgebietes, also im Außengebiet und in der DDR, ausführt.

Der Steuerabzugsbetrag berechnet sich nach einer in § 19 Abs. 3 UStG dargestellten Formel, auf die verwiesen wird.

449 § 19 Abs. 4 UStG bestimmt für alle Vorschriften des UStG, was als *Gesamtumsatz* anzusehen ist. Danach ist der Gesamtumsatz die Summe der steuerbaren Umsätze im Sinne des § 1 Abs. 1 Nr. 1 bis 3 UStG, also ohne unentgeltliche Umsätze, Umsätze außerhalb des Erhebungsgebietes und ohne Einfuhrumsätze. Außerdem sind folgende Umsätze abzuziehen:

1. die Umsätze, die nach § 4 Nr. 7, Nr. 8 i, Nr. 9 b und Nr. 11 bis 28 UStG steuerfrei sind,

2. die Umsätze, die nach § 4 Nr. 8 a bis h, Nr. 9 a und Nr. 10 UStG steuerfrei sind, wenn sie Hilfsumsätze sind.

Heinrich Günther

d) Berechnung der Steuer nach vereinnahmten Entgelten
Abweichend von der Berechnung der Umsatzsteuer nach den vereinbarten **450**
Entgelten (Soll-Versteuerung nach § 16 Abs. 1 S. 1 UStG) kann das Fina-
nazamt nach § 20 Abs. 1 UStG auf Antrag gestatten, daß ein Unternehmer
die Umsatzsteuer nach vereinnahmten Entgelten (Ist-Versteuerung) berechnet, und zwar,

1. wenn sein Gesamtumsatz im Sinne des § 19 Abs. 4 UStG im vorangegangenen Kalenderjahr nicht mehr als 250 000 DM betragen hat oder
2. er von der Verpflichtung, Bücher zu führen und aufgrund jährlicher
   Bestandsaufnahmen regelmäßig Abschlüsse zu machen, nach § 148 AO
   befreit ist, oder
3. soweit er Umsätze aus seiner Tätigkeit als Angehöriger eines freien Berufes im Sinne des § 18 Abs. 1 Nr. 1 EStG ausführt.

Nach § 20 Abs. 2 UStG ist die Besteuerung nach Ist-Einnahmen für
Geschäftsveräußerungen ausgeschlossen.

e) Besondere Vorschriften für die Einfuhrumsatzsteuer
Die Einfuhrumsatzsteuer (EUSt) ist trotz ihrer Regelung im UStG eine Ver- **451**
brauchsteuer im Sinne der AO. Für sie gelten die Vorschriften für Zölle und
für die Einfuhr abschöpfungspflichtiger Gegenstände die Vorschriften des
Abschöpfungserhebungsgesetzes sinngemäß. Zölle und Verbrauchsteuern
gehören somit zur Bemessungsgrundlage für die EUSt.

f) Aufzeichnungspflicht
§ 22 UStG enthält eingehende Vorschriften über die Aufzeichnungen, die **452**
der Unternehmer zur Feststellung der Steuer und der Grundlagen ihrer
Berechnung zu machen hat. Ergänzungen dazu sind in den §§ 63 bis 68
UStDV geregelt. Auf die Vorschriften muß verwiesen werden.

Sechster Abschnitt: Besondere Besteuerungsformen

a) Allgemeine Durchschnittssätze
Nach § 23 UStG in Verbindung mit §§ 69 und 70 UStDV gelten für Unter- **453**
nehmer, deren Umsatz im vorangegangenen Kalenderjahr 100 000 DM
nicht überstiegen hat, Durchschnittssätze zur Berechnung der abziehbaren
Vorsteuerbeträge. Die in Betracht kommenden Unternehmer und die Vor-
steuer-Durchschnittssätze sind in Abschn. A (Durchschnittssätze für die
Berechnung sämtlicher Vorsteuerbeträge) und Abschn. B (Durchschnittssätze für die Berechnung eines Teils der Vorsteuerbeträge) der Anlage zu
§ 70 UStDV geregelt. Hierauf muß verwiesen werden.

Heinrich Günther

b) Durchschnittssätze für land- und forstwirtschaftliche Betriebe

454 Die in § 24 UStG geregelte Durchschnittsbesteuerung im Bereich der Land-
und Forstwirtschaft will die Erfüllung der umsatzsteuerlichen Verpflichtungen erleichtern, indem der festgesetzten Umsatzsteuer gleich hohe Vorsteuerbeträge gegenüberstehen. Damit entsteht für die Land- und Forstwirte
weder eine Zahllast noch ein Vorsteuerüberschuß. Die Ermittlung der
Umsatzsteuer und ihrer Berechnungsunterlagen kann daher unterbleiben.

455 Für die im Rahmen eines land- und forstwirtschaftlichen Betriebes ausgeführten Umsätze ist die Umsatzsteuer in der Zeit vom 1. 7. 1984 bis
31. 12. 1991 wie folgt festgesetzt:

1. für die Lieferungen und den Eigenverbrauch von forstwirtschaftlichen
   Erzeugnissen, ausgenommen Sägewerkerzeugnisse, auf 5 v. H.,
2. für die Lieferungen und den Eigenverbrauch der in der Anlage zum
   UStG aufgeführten Sägewerkserzeugnisse einschließlich der Hilfsumsätze auf 8 v. H.,
3. für die Lieferungen und den Eigenverbrauch der in der Anlage zum
   UStG nicht aufgeführten Sägewerkserzeugnisse und Getränke sowie von
   allen alkoholischen Flüssigkeiten, ausgenommen die Ausfuhrlieferung
   und die im Außengebiet bewirkten Umsätze, auf 14 v. H.,
4. für die Ausfuhrlieferungen und die im Außengebiet bewirkten Lieferungen
   a) der in der Anlage nicht aufgeführten Sägewerkserzeugnisse auf
      8 v. H.,
   b) von Getränken und alkoholischen Flüssigkeiten vom 1. 7. 1984 bis
      31. 12. 1988 auf 13 v. H., vom 1. 1. 1989 bis 31. 12. 1991 auf 11 v. H.
5. für die übrigen Umsätze im Sinne des § 1 Abs. 1 Nr. 1 bis 3 UStG auf
   13 v. H., vom 1. 1. 1989 bis 31. 12. 1991 auf 11 v. H.

Die pauschalierte Vorsteuer beträgt für die Umsätze im Fall Nr. 1 ebenfalls 5 v. H., in den übrigen Fällen Nr. 2 bis 5 8 v. H.

Führt der Unternehmer neben den in § 24 Abs. 1 UStG bezeichneten
Umsätzen auch andere Umsätze aus, so ist der land- und forstwirtschaftliche Betrieb als gesondert geführter Betrieb im Sinne des § 15 Abs. 7 UStG
zu behandeln.

456 Was als land- und forstwirtschaftlicher Betrieb gilt, bestimmt § 24 Abs. 2
UStG. Darunter fällt auch ein Nebenbetrieb, der dem land- und forstwirtschaftlichen Betrieb zu dienen bestimmt ist, sowie ein Gewerbebetrieb kraft
Rechtsform, wenn im übrigen die Merkmale eines land- und forstwirtschaftlichen Betriebes vorliegen.

457 Auch dem Land- und Forstwirt ist nach § 24 Abs. 4 UStG die Möglichkeit
eingeräumt worden, durch eine entsprechende Erklärung gegenüber dem
Finanzamt seine Umsätze nach den allgemeinen Vorschriften des UStG zu
besteuern (vgl. auch § 71 UStDV). Er kann darüber hinaus nach § 24 a
UStG, wenn er § 19 Abs. 1 UStG nicht anwendet, unter den im einzelnen

bestimmten Voraussetzungen Kürzungsansprüche von 5 v. H. bis
31. 12. 1988 und 3 v. H. vom 1. 1. 1989 bis 31. 12. 1991 der Bemessungsgrundlage nach § 10 UStG geltend machen.

c) Besteuerung von Reiseleistungen
Die in § 25 UStG geregelte Besteuerung von Reiseleistungen beruht auf 458
Artikel 26 der 6. EG-Richtlinie und stellt eine Sonderregelung dar, deren
Zweck es ist, bei Reiseleistungen Wettbewerbsverzerrungen auszuschließen
und eine einheitliche Besteuerung innerhalb der EG sicherzustellen. Wegen
der Einzelheiten, insbesondere des Umfangs der Sonderregelung, der
Bemessungsgrundlage, des Vorsteuerabzuges, der Aufzeichnungspflichten
ist auf § 25 UStG und § 72 UStDV zu verweisen.

d) Steuerbefreiung bei Leistungen an ausländische Streitkräfte
§ 26 Abs. 5 UStG in Verbindung mit § 73 UStDV regelt den Nachweis der 459
Voraussetzungen der in bestimmten Abkommen enthaltenen Steuerbefreiungen. Dabei handelt es sich um folgende Abkommen:

1. Artikel III Nr. 1 des Abkommens zwischen der Bundesrepublik Deutschland und den Vereinigten Staaten von Amerika über die von der Bundesrepublik zu gewährenden Abgabenvergünstigungen für die von den Vereinigten Staaten im Interesse der gemeinsamen Verteidigung geleisteten
   Ausgaben (BGBl. 1955 II S. 823);

2. Artikel 67 Abs. 3 des Zusatzabkommens zu dem Abkommen zwischen
   den Parteien des Nordatlantikvertrages über die Rechtsstellung ihrer
   Truppen hinsichtlich der in der Bundesrepublik stationierten ausländischen Truppen (BGBl. 1961 II S. 1183, 1280);

3. Artikel 14 Abs. 2 b und d des Abkommens zwischen der Bundesrepublik
   Deutschland und dem Obersten Hauptquartier der alliierten Mächte,
   Europa, über die besonderen Bedingungen für die Einrichtung und den
   Betrieb internationaler militärischer Hauptquartiere in der Bundesrepu-
   blik Deutschland (BGBl. 1969 II S. 1997, 2009).

e) Provision des Handelsvertreters
§ 87 Abs. 2 S. 3 HGB bestimmt: »Die Umsatzsteuer, die lediglich aufgrund 460
der steuerrechtlichen Vorschriften in der Rechnung gesondert ausgewiesen
ist, gilt nicht als besonders in Rechnung gestellt.« Damit ist handelsrechtlich
klargestellt, daß die Provision eines Handelsvertreters vom Bruttopreis
(Entgelt zuzüglich Umsatzsteuer) zu berechnen ist, auch wenn er für die
vermittelte Lieferung oder sonstige Leistung eine Rechnung mit gesondertem Steuerausweis im Sinne des § 14 Abs. 1 UStG ausgestellt hat.

Heinrich Günther

f) Umsatzbesteuerung der Rechtsanwälte*

aa) Leistungen an Klienten im Erhebungsgebiet (Inland)

461   Die Umsätze der Rechtsanwälte (auch der freiberuflichen Notare, Wirtschaftsprüfer und Steuerberater) für die von ihnen erbrachten Leistungen aus Einnahmen der in § 18 Abs. 1 Nr. 1 EStG aufgeführten Tätigkeiten unterliegen dem *allgemeinen Steuersatz von 14 v. H.*

462   Für den Rechtsanwalt gelten ebenfalls die Vorschriften über die Besteuerung der Kleinunternehmer nach § 19 UStG.

a) Hat der Umsatz zuzüglich der darauf entfallenden Steuer im vorangegangenen Kalenderjahr 20 000 DM nicht überstiegen und übersteigt er im Laufe des Kalenderjahres voraussichtlich nicht 100 000 DM, so bleibt der Rechtsanwalt als Kleinstunternehmer nach § 19 Abs. 1 UStG umsatzsteuerfrei.

b) Übersteigt der Umsatz zwar 20 000 DM, nicht aber 60 000 DM, so erhält der Rechtsanwalt nach § 19 Abs. 2 UStG als Kleinunternehmer einen Steuerabzugsbetrag nach der in dieser Bestimmung festgelegten Formel.

c) Auf die Steuerbefreiung nach § 19 Abs. 1 UStG kann der Rechtsanwalt verzichten. Er hat dann auch das Recht des Vorsteuerabzuges nach § 15 Abs. 1 UStG.

463   Für den Rechtsanwalt und Notar gelten im übrigen u. a. die Vorschriften über den pauschalierten Vorsteuerabzug für seine Mehraufwendungen für Verpflegung (§ 36 Abs. 1 UStDV). Hierfür kann er 11,4 v. H. und für aus Anlaß einer Geschäftsreise entstandene Reisekosten 9,2 v. H. (§ 37 Abs. 1 UStDV) als Vorsteuer abziehen.

464   Rechtsanwälte und Notare, deren Umsatz im vorangegangenen Kalenderjahr 100 000 DM nicht überstiegen hat, können nach § 70 Abs. 2 UStDV in Verbindung mit Abschn. B Nr. 4 der Anlage zu §§ 69 und 70 UStDV 1,3 v. H. des Umsatzes, Patentanwälte nach Nr. 3 1,5 v. H. des Umsatzes als Vorsteuer-Durchschnittssatz abziehen.

bb) Leistungen am Klienten mit Sitz oder Wohnsitz im Ausland

465   Wenn ein Rechtsanwalt mit einer Kanzlei im Inland für einen ausländischen Klienten mit Sitz oder Wohnsitz im Ausland Beratungsleistungen erbringt, stellt sich die Frage, ob er für seine Leistungsrechnungen Umsatzsteuer gesondert ausweisen darf oder nicht. Dies hängt ab von der *Art der Leistung*, ferner ob der Klient *Unternehmer oder Nichtunternehmer* ist und oder seinen Sitz oder Wohnsitz *innerhalb oder außerhalb* der EWG hat. Gegenüber der Grundregel des § 3 a Abs. 1 UStG (Leistungsort Kanzlei) gelten vorrangig für die Bestimmungen des Leistungsortes komplizierte und unübersichtliche Ausnahmevorschriften. Die nachstehende Tabelle 7 gibt eine Übersicht:

---

* *Dornbusch-Jasper,* Die Besteuerung der Rechtsanwälte und Notare, Verlag C. H. Beck 1987.

Tabelle 7*

Übersicht über den Leistungsort

	Empfänger ist	
	Unternehmer	kein Unternehmer

1. Leistung eines deutschen RA an einen Empfänger in einem anderen EG-Land

Ort der Anwaltslei-stung	a) Betriebsstätte des Empfängers, sonst	a) 0
	b) Ort der Unternehmensführung des E m p f ä n g e r s (§ 3 a Abs. 3 Satz 1 und 2, Abs. 4 Nr. 3 UStG)	b) Kanzleiort des deutschen RA (§ 3 Abs. 1 UStG)
	c) bei Leistung im Zusammenhang mit einem Grundstück: Ort der belegenen Sache (§ 3 a Abs. 2 UStG)	c) bei Leistung im Zusammenhang mit einem Grundstück: Ort der belegenen Sache (§ 3 a Abs. 2 UStG)

2. Leistung eines deutschen RA an einen Empfänger in einem Drittland

Ort der Anwaltslei-tung	a) Betriebsstätte des Empfängers, sonst	a) 0
	b) Ort der Unternehmensführung des E m p f ä n g e r s (§ 3 a Abs. 3 Satz 1 und 2, Abs. 4 Nr. 3 UStG)	b) Ort des Wohnsitzes oder Sitzes des E m p f ä n g e r s (§ 3 a Abs. 3 Satz 4, Abs. 4 Nr. 3 UStG)
	c) Bei Leistung im Zusammenhang mit einem Grundstück: Ort der belegenen Sache (§ 3 a Abs. 2 UStG)	c) bei Leistung im Zusammenhang mit einem Grundstück: Ort der belegenen Sache (§ 3 a Abs. 2 UStG)

3. Leistung aus einem EG-Land oder Drittland an einen deutschen RA

Ort der Anwaltslei-stung	a) Kanzleiort des deutschen RA (§ 3 a Abs. 3 Satz 1 und 2, Abs. 4 Nr. 3 UStG)	a) 0
	b) bei Leistung im Zusammenhang mit einem Grundstück: Ort der belegenen Sache (§ 3 a Abs. 2 UStG)	b) 0

---

* Aus Anwaltsblatt 1980 S. 113; ferner *Hansch,* Der gesonderte Ausweis von Umsatzsteuer in Anwaltsrechnungen an ausländische Klienten, Anwaltsblatt 1987 S. 527 mit tabellarischem Überblick.

Heinrich Günther

cc) Vorsteuer

466   Der Rechtsanwalt oder Notar kann nach § 15 Abs. 1 Nr. 1 UStG die ihm von anderen Unternehmen gesondert in Rechnung gestellte Steuer für Lieferungen oder sonstige Leistungen, die für sein Unternehmen ausgeführt worden sind, als Vorsteuer abziehen (z. B. Anschaffungskosten für PKW, Büroeinrichtung, Büromaterial usw., Mieten für Büroräume, Fernsprecheinrichtung, Fernschreibeinrichtung, Fotokopiergeräte usw.).

dd) Kosten*

467   Rechtsanwälte und Notare dürfen Kosten (Gebühren und Auslagen), die sie bei Gericht oder bei Behörden für ihre Auftraggeber auslegen und diesen in derselben Höhe gesondert in Rechnung stellen, auch dann als durchlaufenden Posten umsatzsteuerneutral behandeln (§ 10 Abs. 1 Satz 4 UStG), wenn sie dem Zahlungsempfänger Namen und Anschrift ihrer Auftraggeber nicht mitteilen. Voraussetzung ist, daß die Gebühren und Kosten nach verbindlichen Gebühren- oder Kosten-Ordnungen berechnet werden, nach denen der Auftraggeber Kostenschuldner ist (vgl. BFH vom 24. 8. 1967, BStBl. 1967 III S. 719 = NJW 1968 S. 423). Liegen diese Voraussetzungen nicht vor, dann muß der Anwalt oder Notar, wie jeder andere Vertreter auch, Name und Anschrift des Vertretenen bekannt geben, wenn die von ihm verauslagten Beträge durchlaufende Posten sein sollen (BFH vom 24. 5. 1960, BStBl. 1960 III S. 374; OLG Düsseldorf MDR 1974 S. 540).

468   Die Frage, ob die obsiegende Partei die ihr von ihrem Rechtsanwalt gesondert in Rechnung gestellte Umsatzsteuer von der unterlegenen Partei im Kostenfestsetzungsverfahren als Auslagen auch dann erstattet verlangen kann, wenn sie die Steuer im Wege des Vorsteuerabzuges von ihrer eigenen Steuerschuld absetzen kann, ist gesetzlich nicht ausdrücklich geregelt, wird aber im Schrifttum und in der Rechtsprechung bejaht (a.a.O. § 25 BRAGO* RZ 7).

469   Nach § 25 Abs. 2 Satz 1 BRAGO hat der Rechtsanwalt Anspruch auf Ersatz der auf seine Vergütung entfallenden Umsatzsteuer, sofern diese nicht nach § 19 Abs. 1 UStG unerhoben bleibt und er für die Regelbesteuerung nach § 19 Abs. 2 UStG nicht optiert hat.

2. Grunderwerbsteuer

Rechtsgrundlage: Grunderwerbsteuergesetz (GrEStG) vom 17. 12. 1982 (BGBl. I S. 1777); Einführungserlaß zum Grunderwerbsteuergesetz vom 21. 12. 1982 (BStBl. I S. 968); Erlaß betreffend Treuhandgeschäfte, die ein

---

* Siehe hierzu *Gerold/Schmidt/von Eicken/Mader,* Bundesgebührenordnung für Rechtsanwälte, Kommentar, 9. Aufl. 1987 Verlag C. H. Beck zu § 25 Abs. 2 S. 1, RZ 5 bis 10.

Heinrich Günther

inländisches Grundstück zum Gegenstand haben, vom 25. 5. 1984 (BStBl. I S. 378); Erlaß betreffend Beurteilung von Erbbaurechtsvorgängen vom 8. 7. 1985 (StZBln. S. 1236); Erlaß betreffend Erschließungsbeiträge und andere Anliegerkosten als Teil der Gegenleistung vom 28. 6. 1985 (DB S. 1619).

Kommentar: *Boruttau/Egly/Sigloch*, Grunderwerbsteuergesetz.

a) Gegenstand der Steuer

Nach § 1 GrEStG unterliegen der Grunderwerbsteuer als Erwerbsvorgänge die folgenden, sich auf inländische Grundstücke beziehenden Rechtsvorgänge und zwar zunächst nach Abs. 1:   **470**

1. ein Kaufvertrag oder ein anderes Rechtsgeschäft, das den Anspruch auf Übereignung begründet;
2. die Auflassung, wenn kein Rechtsgeschäft vorausgegangen ist, das den Anspruch auf Übereignung begründet;
3. der Übergang des Eigentums, wenn kein den Anspruch auf Übereignung begründendes Rechtsgeschäft vorausgegangen ist und es auch keiner Auflassung bedarf. Ausgenommen sind
   a) der Übergang des Eigentums durch die Abfindung in Land und die unentgeltliche Zuteilung von Land für gemeinschaftliche Anlagen im Flurbereinigungsverfahren sowie durch die entsprechenden Rechtsvorgänge im beschleunigten Zusammenlegungsverfahren und im Landtauschverfahren nach den Flurbereinigungsgesetz in seiner jeweils gültigen Fassung,
   b) der Übergang des Eigentums im Umlegungsverfahren nach dem Bundesbaugesetz in seiner jeweils gültigen Fassung, wenn der neue Eigentümer in diesem Verfahren als Eigentümer eines im Umlegungsgebiet gelegenen Grundstücks Beteiligter ist,
   c) der Übergang des Eigentums im Zwangsversteigerungsverfahren;
4. das Meistgebot im Zwangsversteigerungsverfahren;
5. ein Rechtsgeschäft, das den Anspruch auf Abtretung eines Übereignungsanspruches oder der Rechte aus einem Meistgebot begründet;
6. ein Rechtsgeschäft, das den Anspruch auf Abtretung der Rechte aus einem Kaufangebot begründet. Dem Kaufangebot steht ein Angebot zum Abschluß eines anderen Vertrages gleich, kraft dessen die Übereignung verlangt werden kann;
7. die Abtretung eines der in den Nummern 5 und 6 bezeichneten Rechte, wenn kein Rechtsgeschäft vorausgegangen ist, das den Anspruch auf Abtretung der Rechte begründet.

Der Grunderwerbsteuer unterliegen auch Rechtsvorgänge, die es ohne Begründung eines Anspruches auf Übereignung einem anderen rechtlich oder wirtschaftlich ermöglichen, ein inländisches Grundstück auf eigene Rechnung zu verwerten (§ 1 Abs. 2 GrEStG).   **471**

Heinrich Günther   357

472   Gehört zum Vermögen einer Gesellschaft (Beispiel: Aktiengesellschaft, Gesellschaft mit beschränkter Haftung, bergrechtliche Gewerkschaft, offene Handelsgesellschaft, Gesellschaft des bürgerlichen Rechtes) ein inländisches Grundstück, so unterliegen der Steuer außerdem nach § 1 Abs. 3 GrEStG:

1. ein Rechtsgeschäft, das den Anspruch auf Übertragung eines oder mehrerer Anteile der Gesellschaft begründet, wenn durch die Übertragung alle Anteile in der Hand des Erwerbers oder in der Hand von herrschenden oder abhängigen Unternehmen oder abhängigen Personen allein vereinigt werden würden;
2. die Vereinigung aller Anteile der Gesellschaft, wenn kein schuldrechtliches Geschäft im Sinne der Nummer 1 vorausgegangen ist;
3. ein Rechtsgeschäft, das den Anspruch auf Übertragung aller Anteile der Gesellschaft begründet;
4. der Übergang aller Anteile der Gesellschaft auf einen anderen, wenn kein schuldrechtliches Geschäft im Sinne der Nummer 3 vorausgegangen ist.

473   Nach § 1 Abs. 4 GrEStG gelten im Sinne des Abs. 3
1. als Gesellschaften auch die bergrechtlichen Gewerkschaften und
2. als abhängig
   1) natürliche Personen, soweit sie einzeln oder zusammengeschlossen einem Unternehmen eingegliedert sind, daß sie den Weisungen des Unternehmers in bezug auf die Anteile zu folgen verpflichtet sind;
   b) juristische Personen, die nach dem Gesamtbild der tatsächlichen Verhältnisse finanziell, wirtschaftlich und organisatorisch in ein Unternehmen eingegliedert sind.

474   Bei einem Tauschvertrag, der für beide Vertragsteile den Anspruch auf Übereignung eines Grundstückes begründet, unterliegt der Steuer sowohl die Vereinbarung über die Leistung des einen als auch die Vereinbarung über die Leistung des anderen Vertragsteiles (§ 1 Abs. 5 GrEStG).

475   Nach § 1 Abs. 6 GrEStG unterliegt ein in den Absätzen 1, 2 oder 3 bezeichneter Rechtsvorgang der Steuer auch dann, wenn ihm ein in einem anderen dieser Absätze bezeichneter Rechtsvorgang vorausgegangen ist. Die Steuer wird jedoch nur insoweit erhoben, als die Bemessungsgrundlage für den späteren Rechtsvorgang den Betrag übersteigt, von dem bei dem vorangegangenen Rechtsvorgang die Steuer berechnet worden ist.

476   Wenn ein Erbbauberechtigter das mit dem Erbbaurecht belastete Grundstück erwirbt, so wird die Steuer nur insoweit erhoben, als die Bemessungsgrundlage für den Erwerb des Grundstückes den Betrag übersteigt, von dem für die Begründung oder den Erwerb des Erbbaurechts, soweit er auf das unbebaute Grundstück entfällt, die Steuer berechnet worden ist.

477   Unter *Grundstücken im Sinne des GrEStG* sind nach § 2 Grundstücke im Sinne des bürgerlichen Rechts, auch Wohnungs- und Teileigentum, zu verstehen. Den Grundstücken stehen gleich

1. Erbbaurechte,
2. Gebäude auf fremdem Boden.

Dagegen gehören nicht zu den Grundstücken

1. Maschinen und sonstige Vorrichtungen aller Art, die zu einer Betriebsanlage gehören,
2. Mineralgewinnungsrechte und sonstige Gewerbeberechtigungen.

b) Steuervergünstigungen

Allgemein sind von der *Besteuerung ausgenommen und demnach befreit* nach § 3 GrEStG

478

1. der Erwerb eines Grundstücks, wenn der für die Berechnung der Steuer maßgebende Wert 5000 DM nicht übersteigt;
2. der Grundstückserwerb von Todes wegen und Grundstücksschenkungen unter Lebenden im Sinne des Erbschaftsteuer- und Schenkungssteuergesetzes. Schenkungen unter einer Auflage sind nur so weit von der Besteuerung ausgenommen, als der Wert des Grundstücks den Wert der Auflage übersteigt;
3. der Erwerb eines zum Nachlaß gehörigen Grundstücks durch Miterben zur Teilung des Nachlasses. Den Miterben steht der überlebende Ehegatte gleich, wenn er mit den Erben des verstorbenen Ehegatten gütergemeinschaftliches Vermögen zu teilen hat oder wenn ihm in Anrechnung auf eine Ausgleichsforderung am Zugewinn des verstorbenen Ehegatten ein zum Nachlaß gehöriges Grundstück übertragen wird. Den Miterben stehen außerdem ihre Ehegatten gleich;
4. der Grundstückserwerb durch Ehegatten des Veräußerers;
5. der Grundstückserwerb durch den früheren Ehegatten des Veräußerers im Rahmen der Vermögensauseinandersetzung nach der Scheidung;
6. der Erwerb eines Grundstücks durch Personen, die mit dem Veräußerer in gerader Linie verwandt sind. Den Abkömmlingen stehen die Stiefkinder gleich. Den Verwandten in gerader Linie sowie den Stiefkindern stehen deren Ehegatten gleich;
7. der Erwerb eines zum Gesamtgut gehörigen Grundstücks durch Teilnehmer an einer fortgesetzten Gütergemeinschaft zur Teilung des Gesamtgutes. Den Teilnehmern an der fortgesetzten Gütergemeinschaft stehen ihre Ehegatten gleich;
8. der Rückerwerb eines Grundstücks durch den Treugeber bei Auflösung des Treuhandverhältnisses, wenn der Treuhänder bereits bei Erwerb des Grundstückes Steuer entrichtet hatte.

Weitere Ausnahmen *von der Besteuerung* bestehen:

479

a) Nach § 4 GrEStG ist u. a. der Erwerb eines Grundstücks durch einen ausländischen Staat für Botschaften, Gesandschaften oder Konsulate grunderwerbsteuerfrei.

b) Wenn ein Grundstück von mehreren Miteigentümern auf eine Gesamthand (Gemeinschaft zur gesamten Hand) übergeht, so wird die Steuer nach § 5 Abs. 1 GrEStG nicht erhoben, soweit der Anteil des einzelnen am Vermögen der Gesamthand Beteiligten seinem Bruchteil am Grundstück entspricht. Geht ein Grundstück von einem Alleineigentümer auf eine Gesamthand über, so wird nach § 5 Abs. 2 GrEStG die Steuer in Höhe des Anteils ebenfalls nicht erhoben, zu dem der Veräußerer am Vermögen der Gesamthand beteiligt ist.

c) Wenn ein Grundstück von einer Gesamthand in das Miteigentum mehrerer an der Gesamthand beteiligter Personen übergeht, so wird die Steuer nach § 6 Abs. 1 S. 1 GrEStG nicht erhoben, soweit der Bruchteil, den der einzelne Bewerber erhält, dem Anteil entspricht, zu dem er am Vermögen der Gesamthand beteiligt ist. Wenn umgekehrt ein Grundstück von einer Gesamthand in das Alleineigentum einer an der Gesamthand beteiligten Person übergeht, so wird ebenfalls die Steuer nach § 6 Abs. 2 S. 1 GrEStG nicht erhoben, zu dem der Erwerber am Vermögen der Gesamthand beteiligt ist.

d) Nach § 7 GrEStG wird, wenn ein im Miteigentum oder im Gesamthandeigentum stehendes Grundstück von den Beteiligten flächenweise geteilt wird, so wird die Grunderwerbsteuer nicht erhoben, wenn die zugeteilte Fläche dem Wert der Beteiligung entspricht.

Wegen der weiteren Einzelheiten, unter denen die Steuervergünstigungen gewährt werden, muß auf die betreffenden Bestimmungen verwiesen werden.

c) Besteuerungsgrundlage

480   Bemessungsgrundlage bildet der Wert nach § 8 Abs. 1 GrEStG der Gegenleistung. Die Steuer wird dagegen vom Wert des Grundstückes nach Abs. 2 bemessen:

1. wenn eine Gegenleistung nicht vorhanden oder nicht zu ermitteln ist;
2. in den Fällen des § 1 Abs. 3 .

481   Als Gegenleistung gelten nach § 8 GrEStG
1. bei einem Kauf:
   der Kaufpreis einschließlich der von dem Käufer übernommenen sonstigen Leistungen und der dem Verkäufer vorbehaltenen Nutzungen;
2. bei einem Tausch:
   die Tauschleistung des anderen Vertragsteils einschließlich einer vereinbarten zusätzlichen Leistung;
3. bei einer Leistung an Erfüllung statt:
   der Wert, zu dem die Leistung an Erfüllung statt angenommen wird;

4. beim Meistgebot im Zwangsversteigerungsverfahren:
   das Meistgebot einschließlich der Rechte, die nach den Versteigerungsbedingungen bestehen bleiben;
5. bei der Abtretung der Rechte aus dem Meistgebot:
   die Übernahme der Verpflichtung aus dem Meistgebot;
6. bei der Abtretung des Übereignungsanspruches:
   die Übernahme der Verpflichtung aus dem Rechtsgeschäft, das den Übereignungsanspruch begründet hat;
7. bei einer Enteignung:
   die Entschädigung.

Zur Gegenleistung gehören auch

1. Leistungen, die der Erwerber des Grundstücks dem Veräußerer neben der bei dem Erwerbsvorgang vereinbarten Gegenleistungen zusätzlich gewährt;
2. die Belastungen, die auf dem Grundstück ruhen, soweit sie auf den Erwerber kraft Gesetzes übergehen. Zur Gegenleistung gehören jedoch nicht die auf dem Grundstück ruhenden dauernden Lasten. Der Erbbauzins gilt nicht als dauernde Last;
3. Leistungen, die der Erwerber des Grundstücks anderen Personen als dem Veräußerer dafür gewährt, daß sie auf den Erwerb des Grundstücks verzichten;
4. Leistungen, die ein anderer als der Erwerber des Grundstücks dafür gewährt, daß der Veräußerer dem Erwerber das Grundstück überläßt.

Für den Fall, daß nach § 8 Abs. 2 GrEStG die Steuer nach dem Wert des Grundstücks zu bemessen ist, ist dieser nach § 10 GrEStG in der Regel der Einheitswert, der Teileinheitswert oder, wenn nicht vorhanden, Ersatz-Stichtagswert.

d) Steuerberechnung

Die Steuer beträg 2 v. H. (§ 11 Abs. 1 GrEStG).

 Das Finanzamt kann im Einvernehmen mit dem Steuerpflichtigen von der genauen Ermittlung des Steuerbetrages absehen und die Steuer in einem Pauschbetrag festsetzen.

482

e) Steuerschuldner und Fälligkeit

Steuerschuldner sind regelmäßig die an einem Erwerbsvorgang als Vertragsteile beteiligten Personen, im übrigen beim Erwerb kraft Gesetzes der bisherige Eigentümer und der Erwerber, beim Meistgebot im Zwangsversteigerungsverfahren der Meistbietende, bei der Vereinigung aller Anteile einer Gesellschaft derjenige, in dessen Hand die Anteile vereinigt werden (§ 13 GrEStG).

483

 Die Steuer wird binnen eines Monats nach der Bekanntgabe des Steuerbescheides fällig. Das Finanzamt darf eine längere Zahlungsfrist setzen (§ 15 GrEStG).

484

Heinrich Günther

f) Nichtfestsetzung der Steuer, Aufhebung oder Änderung der Steuerfestsetzung (§ 16 GrEStG).

485   Wenn ein Erwerbsvorgang rückgängig gemacht wird, bevor das Eigentum am Grundstück auf den Erwerber übergegangen ist, so wird auf Antrag die Steuer nicht festgesetzt oder die Steuerfestsetzung aufgehoben, wenn die Aufhebung durch Vereinbarung, durch Ausübung eines vorbehaltenen Rücktrittsrechtes oder eines Wiederkaufsrechtes innerhalb von 2 Jahren seit der Entstehung der Steuerschuld stattfindet oder wenn die Vertragsbedingungen nicht erfüllt werden und der Erwerbsvorgang deshalb aufgrund eines Rechtsanspruches rückgängig gemacht wird.

Außerdem wird, sofern der Veräußerer das Eigentum an dem veräußerten Grundstück zurückerwirbt, auf Antrag sowohl die Steuer für den Rückerwerb als auch die Steuer für den vorausgegangenen Erwerbsvorgang nicht festgesetzt oder die Steuerfestsetzung aufgehoben, wenn der Rückerwerb innerhalb von 2 Jahren seit der Entstehung der Steuerschuld für den vorausgegangenen Erwerbsvorgang stattfindet, wenn das Rechtsgeschäft nichtig oder infolge einer Anfechtung als von Anfang an nichtig anzusehen ist oder wenn die Vertragsbedingungen des Rechtsgeschäftes nicht erfüllt werden und das Rechtsgeschäft deshalb aufgrund eines Rechtsanspruches rückgängig gemacht wird.

Auch bei einer nachträglichen Herabsetzung der Gegenleistung wird die Steuer auf Antrag ermäßigt oder erstattet, wenn die Herabsetzung innerhalb von 2 Jahren seit der Entstehung der Steuer stattfindet oder wenn die Herabsetzung (Minderung) aufgrund der §§ 459 und 460 BGB vollzogen wird.

g) sonstige Vorschriften

486   Die sonstigen Vorschriften regeln im wesentlichen
   a) nach § 17 GrEStG die örtliche Zuständigkeit und die Feststellung von Besteuerungsgrundlagen,
   b) nach § 18 bis 20 GrEStG die Anzeigepflichten der Gerichte, Behörden und Notare sowie der Beteiligten,
   c) nach § 21 GrEStG die Urkundenaushändigung,
   d) nach § 22 GrEStG die Erteilung und Vorlage von Unbedenklichkeitsbescheinigungen als Voraussetzung für die Eintragung im Grundbuch.

3. Kapitalverkehrsteuer

Rechtsgrundlagen: Kapitalverkehrsteuergesetz (KVStG 1972) in der Fassung vom 17. 11. 1972 (BGBl. I S. 2129), zuletzt geändert durch Gesetz vom 8. 12. 1986 (BGBl. I S. 2191); Kapitalverkehrsteuer-Durchführungsverordnung (KVStDV 1960) in der Fassung vom 20. 4. 1960 (BGBl. 1960 I S. 244), geändert durch Gesetz vom 4. 7. 1980 (BGBl. I S. 836).

Heinrich Günther

Kommentare: *Egly,* Gesellschaftsteuerkommentar; *Kinnebrock,* Kommentar zum Kapitalverkehrsteuergesetz; *Klein,* Kommentar zum Kapitalverkehrsteuergesetz; *Brunner/Kamprad,* Kommentar zum Kapitalverkehrsteuergesetz

Kapitalverkehrsteuern sind (§ 1 KVStG):   **487**
1. die Gesellschaftsteuer,
2. die Börsenumsatzsteuer.

Unterliegt ein Vorgang der Gesellschaftsteuer und der Börsenumsatzsteuer, so wird nach § 26 KVStG die Börsenumsatzsteuer neben der Gesellschaftsteuer erhoben.

Die Steuer wird 2 Wochen nach Entstehung der Steuerschuld fällig.

a) Gesellschaftsteuer

Nach § 2 Abs. 1 KVStG unterliegen der Gesellschaftsteuer: **488**
1. der Erwerb von Gesellschaftsrechten an einer inländischen Kapitalgesellschaft durch den ersten Erwerber;
2. Leistungen, die von den Gesellschafter einer inländischen Kapitalgesellschaft aufgrund einer im Gesellschaftsverhältnis begründeten Verpflichtung bewirkt werden (Beispiele: weitere Einzahlungen, Nachschüsse, Zubußen);
3. freiwillige Leistungen eines Gesellschafters an eine inländische Kapitalgesellschaft, wenn das Entgelt in der Gewährung erhöhter Gesellschaftsrechte besteht (Beispiel: Zuzahlung bei Umwandlung von Aktien in Vorzugsaktien);
4. die folgenden freiwilligen Leistungen eines Gesellschafters an eine inländische Kapitalgesellschaft:
   a) Zuschüsse,
   b) Verzicht auf Forderungen,
   c) Überlassung von Gegenständen an die Gesellschaft zu einer den Wert nicht erreichenden Gegenleistung,
   d) Übernahme von Gegenständen der Gesellschaft zu einer den Wert übersteigenden Gegenleistung.
   Voraussetzung ist, daß die Leistung geeignet ist, den Wert der Gesellschaftsrechte zu erhöhen;
5. die Verlegung der Geschäftsleitung oder eines satzungsmäßigen Sitzes einer ausländischen Kapitalgesellschaft in den Geltungsbereich des KVStG, wenn die Kapitalgesellschaft durch diese Verlegung zu einer inländischen wird. Dies gilt nicht, wenn die Kapitalgesellschaft vor der Verlegung der Geschäftsleitung oder des satzungsmäßigen Sitzes in einem Mitgliedstaat der Europäischen Wirtschaftsgemeinschaft für die Erhebung der Gesellschaftsteuer als Kapitalgesellschaft angesehen wurde;

Heinrich Günther   **363**

6. die Zuführung von Anlage- oder Betriebskapital durch eine ausländische Kapitalgesellschaft an ihre inländische Niederlassung, auch wenn sie rechtlich selbständig ist. Dies gilt nicht, wenn

a) die ausländische Kapitalgesellschaft ihre Geschäftsleitung oder ihren satzungsmäßigen Sitz in einem Mitgliedstaat der Europäischen Wirtschaftsgemeinschaft hat und auch in diesem Mitgliedstaat für die Erhebung der Gesellschaftsteuer als Kapitalgesellschaft angesehen wird, oder

b) die Niederlassung eine inländische Kapitalgesellschaft ist.

489   Besteht zwischen einer Kapitalgesellschaft und einem Gesellschafter ein schriftlicher Ergebnisabführungsvertrag, so gilt nach § 2 Abs. 2 KVStG

1. die Übernahme eines Verlustes der Kapitalgesellschaft durch den Gesellschafter als eine gesellschaftsteuerpflichtige Leistung;
2. der Verzicht des Gesellschafters auf einen Teil des Jahresüberschusses der Kapitalgesellschaft nicht als freiwillige Leistung im Sinne des § 2 Abs. 1 Nr. 4 b) KVStG, soweit dieser Teil des Jahresüberschusses in freie Rücklagen eingestellt wird und dies bei vernünftiger kaufmännischer Beurteilung wirtschaftlich begründet ist.

490   Nach § 5 Abs. 1 KVStG *sind* Kapitalgesellschaften
1. Aktiengesellschaften,
2. Kommanditgesellschaften auf Aktien,
3. Gesellschaften mit beschränkter Haftung
sowie die Gesellschaften, die nach dem Recht eines Mitgliedstaates der Europäischen Wirtschaftsgemeinschaft gegründet worden sind und den in den Nr. 1 bis 3 bezeichneten Gesellschaften entsprechen.

491   Nach § 5 Abs. 2 KVStG *gelten* als Kapitalgesellschaften auch
1. Gesellschaften, Personenvereinigungen und juristische Personen, deren Anteile in einem der Mitgliedstaaten der Europäischen Wirtschaftsgemeinschaft börsenfähig sind;
2. Gesellschaften, Personenvereinigungen und juristische Personen, die Erwerbszwecke verfolgen und deren Mitglieder
a) ihre Anteile ohne vorherige Zustimmung an Dritte veräußern können und
b) für Schulden der Gesellschaft, Personenvereinigung und juristischen Personen nur bis zur Höhe ihrer Beteiligung haften;
3. Kommanditgesellschaften, zu deren persönlich haftenden Gesellschaftern eine der in Abs. 1 oder Nr. 1 und 2 bezeichneten Gesellschaften gehört. Dies gilt entsprechend für Kommanditgesellschaften, zu deren persönlich haftenden Gesellschaftern eine als Kapitalgesellschaft geltende Kommanditgesellschaft gehört (wesentlichste Erscheinungsform: GmbH & Co. KG).

Nach § 5 Abs. 3 KVStG gelten Kapitalgesellschaften als *inländische*, wenn   492
1. der Ort ihrer Geschäftsleitung sich im Inland befindet oder
2. sie ihren satzungsmäßigen Sitz im Inland haben und der Ort ihrer Geschäftsleitung sich nicht in einem Mitgliedstaat der Europäischen Wirtschaftsgemeinschaft befindet.

Als *Gesellschaftsrechte an Kapitalgesellschaften gelten* nach § 6 Abs. 1   493
KVStG
1. Aktien, Kuxe und sonstige Anteile, ausgenommen die Anteile der persönlich haftenden Gesellschafter einer Kommanditgesellschaft im Sinne des § 5 Abs. 2 Nr. 3 KVStG, z. B. der GmbH bei der GmbH & Co. KG,
2. Genußrechte,
3. Forderungen, die eine Beteiligung am Gewinn- oder Liquidationserlös der Gesellschaft gewähren, z. B. stille Beteiligung an einer Kapitalgesellschaft oder an einer GmbH & Co. KG, partiarische Darlehen, die einer der vorstehend genannten Kapitalgesellschaften oder einer GmbH & Co. KG gewährt worden sind.

Nach § 7 Abs. 1 KVStG sind *von der Besteuerung* bei inländischen Kapital-   494
gesellschaften *ausgenommen* die in § 2 KVStG bezeichneten Rechtsvorgänge bei inländischen Kapitalgesellschaften,

1. die nach der Satzung und nach ihrer tatsächlichen Geschäftsführung ausschließlich und unmittelbar gemeinnützigen oder mildtätigen Zwecken dienen,
2. die der Versorgung der Bevölkerung mit Wasser, Gas, Elektrizität oder Wärme, dem öffentlichen Verkehr und dem Hafenbetrieb dienen (Versorungsbetriebe), wenn die Anteile an der Gesellschaft zu mindestens 90 v. H. dem Bund, einem Land, einer Gemeinde, einem Gemeindeverband oder einem Zweckverband gehören und die Erträge der Gesellschaft zu mindestens 90 v. H. diesen Körperschaften zufließen,
3. deren Hauptzweck die Verwaltung des Vermögens für einen nicht rechtsfähigen Berufsverband ist, wenn ihre Erträge im wesentlichen aus der Vermögensverwaltung herrühren und ausschließlich dem Berufsverband zufließen und wenn der Zweck des Berufsverbands nicht auf einen wirtschaftlichen Geschäftsbetrieb gerichtet ist.

Von der Besteuerung sind ferner nach § 7 Abs. 3 KVStG Rechtsvorgänge   495
im Sinne des § 2 Abs. 1 Nr. 1 KVStG (Ersterwerb) ausgenommen, wenn und soweit der Erwerb der Gesellschaftsrechte beruht auf

1. der Umwandlung einer Kapitalgesellschaft in eine Kapitalgesellschaft anderer Rechtsform, z. B. AG in GmbH,
2. einer Erhöhung des Nennkapitals durch Umwandlung von
   a) offenen Rücklagen, auch bei der GmbH & Co. KG,
   b) Rechten und Forderungen im Sinne des § 6 Abs. 1 Nr. 2 und 3

KVStG, deren Erwerb der Gesellschaftsteuer unterlegen hat, z. B. stille Beteiligung an einer Kapitalgesellschaft oder einer GmbH & Co. KG,

c) Darlehen eines Gesellschafters, deren Gewährung der Gesellschaftsteuer unterlegen hat, z. B. nach dem alten KVStG 1959.

Ferner sind nach § 7 Abs. 4 KVStG von der Besteuerung ausgenommen

1. Rechtsvorgänge nach § 2 Abs. 1 Nr. 1 bis 4 KVStG zur Deckung einer Überschuldung oder des Verlustes des Kapitals,
2. Zuflüsse an inländische bergrechtliche Gewerkschaften zur Deckung von Bergwerkschäden oder Bergschäden,
3. Rechtsvorgänge nach § 2 Abs. 1 Nr. 1 KVStG bei Übertragung des gesamten Vermögens, eines Betriebs oder eines Teilbetriebs einer Kapitalgesellschaft auf eine andere Kapitalgesellschaft (z. B. Verschmelzung) mit höchstens einer baren Zuzahlung von nicht mehr als 10 v. H.,
4. ferner nach Abs. 5 Rechtsvorgänge nach § 2 KVStG, die ausschließlich der Vorbereitung oder der Durchführung von städtebaulichen Sanierungs- oder Entwicklungsmaßnahmen dienen.

496 Nach § 8 KVStG wird die *Steuer berechnet*

1. beim Erwerb von Gesellschaftsrechten (Ersterwerb im Sinne des § 2 Abs. 1 Nr. 1 KVStG),

   a) wenn eine Gegenleistung zu bewirken ist, vom Wert der Gegenleistung, z. B. Bareinlagen, Sacheinlagen, bei Umwandlung einer Personenhandelsgesellschaft in eine Kapitalgesellschaft oder eine GmbH & Co. KG vom Verkehrswert des Unternehmens, entsprechend auch bei Kapitalerhöhungen bestehender Kapitalgesellschaften oder einer GmbH & Co.,

   b) wenn eine Gegenleistung nicht zu bewirken ist, vom Wert der Gesellschaftsrechte;

2. bei Leistungen nach § 2 Abs. 1 Nr. 2 bis 4 KVStG vom Wert der Leistung;
3. bei Verlegung der Geschäftsleitung oder des satzungsmäßigen Sitzes einer ausländischen Kapitalgesellschaft nach § 2 Abs. 1 Nr. 5 KVStG vom Wert der Gesellschaftsrechte;
4. bei der Zuführung von Anlage- oder Betriebskapital an inländische Niederlassungen ausländischer Schuldner nach § 2 Abs. 1 Nr. 6 KVStG vom Wert des Anlage- oder Betriebskapitals.

497 Nach § 9 KVStG beträgt die *Gesellschaftsteuer* 1 v. H.

498 Nach § 10 KVStG ist *Steuerschuldner* die Kapitalgesellschaft. Für die Steuer *haften*

1. beim Erwerb von Gesellschaftsrechten der Erwerber,
2. bei Leistungen, wer die Leistung bewirkt.

Heinrich Günther

b) Börsenumsatzsteuer

Der Börsenumsatzsteuer unterliegt nach § 17 KVStG der Abschluß von   499
Anschaffungsgeschäfte über Wertpapiere, wenn die Geschäfte im Inland
oder unter Beteiligung wenigstens eines Inländers im Ausland abgeschlossen
werden.

Anschaffungsgeschäfte sind entgeltliche Verträge, die auf den Erwerb des   500
Eigentums an Wertpapieren gerichtet sind (§ 18 KVStG).

Anschaffungsgeschäfte sind auch Geschäfte, die das Einbringen von
Wertpapieren in eine Kapitalgesellschaft oder eine andere Personenvereinigung zum Gegenstand haben, Geschäfte, durch die bei der Auseinandersetzung einer Kapitalgesellschaft mit ihren Gesellschaftern, bei der Auflösung
einer anderen Personenvereinigung oder beim Ausscheiden eines Gesellschafters aus einer Personenvereinigung den Gesellschaftern Wertpapiere
aus dem Vermögen der Gesellschaft überwiesen werden, bedingte oder
befristete Anschaffungsgeschäfte, die Versicherung von Wertpapieren gegen
Verlosung, wenn der Versicherungsfall eintritt.

Als Anschaffungsgeschäfte *gelten* ferner bei Tauschgeschäften sowohl die
Vereinbarung über die Leistung als auch die Vereinbarung über die Gegenleistung, bei Kommissionsgeschäften sowohl das Geschäft, das der Kommissionär zur Ausführung des Kommissionsauftrages mit dem Dritten
abschließt, als auch das Abwicklungsgeschäft zwischen dem Kommissionär
und seinem Kommittenten sowie bei Geschäften für gemeinschaftliche
Rechnung die Abrechnung zwischen den Beteiligten.

Als *Wertpapiere* gelten Schuldverschreibungen und Dividendenwerte   501
(z. B. Aktien, Kuxe, GmbH-Anteile) einschließlich der Bezugsrechte auf
Dividendenwerte.

Von der Börsenumsatzsteuer sind *befreit* u. a. Händlergeschäfte, ausge-   502
nommen die Geschäfte über Anteile an Gesellschaften mit beschränkter
Haftung, die Annahme von Schuldverschreibungen des Bundes, eines Landes, einer Gemeinde, eines Gemeindeverbandes oder eines Zweckverbandes,
wenn die Schuldverschreibungen zur Entrichtung öffentlicher Abgaben an
Zahlungs Statt hingegeben werden, Anschaffungsgeschäfte über Schatzan-
weisungen des Bundes oder eines Landes, Tauschgeschäfte über Wertpapiere der gleichen Gattung, wenn der Austausch Zug um Zug ohne andere
Gegenleistung geschieht.

Die *Steuer* wird berechnet nach § 23 KVStG   503
1. regelmäßig von dem vereinbarten Preis, wobei die Abschlußkosten und
   die berechneten Stückzinsen dem Preis nicht hinzuzurechnen sind;
2. wenn ein Preis nicht vereinbart ist, von dem mittleren Börsen- oder
   Marktpreis am Tag des Geschäftsabschlusses;
3. wenn es sowohl an einer Preisvereinbarung als auch an einem Börsen-
   oder Marktpreis fehlt, nach dem Wert des Wertpapiers;

4. wenn einem Vertragsteil ein Wahlrecht oder die Befugnis, innerhalb gewisser Grenzen den Umfang der Leistung zu bestimmen, zugestanden worden ist, nach dem höchstmöglichen Wert des Gegenstandes.

504   Die *Steuer* beträgt nach § 24 KVStG

1. bei Anschaffungsgeschäften über Schuldverschreibungen des Bundes, eines Landes, einer inländischen Gemeinde, eines Gemeindeverbandes, eines Zweckverbandes, des Umschuldungsverbandes deutscher Gemeinden, der inländischen öffentlich-rechtlichen Kreditanstalten, der inländischen Hypothekenbanken, der inländischen Schiffspfandbriefbanken, der inländischen Eisenbahngesellschaften, der Wohnungsunternehmen, die als gemeinnützig oder als Organ der staatlichen Wohnungspolitik anerkannt sind, und der Industriekreditbank Aktiengesellschaft   1 v. T.
2. bei Anschaffungsgeschäften über Bezugsrechte auf Dividendenwerte im Sinne des § 19 Abs. 1 Nr. 3 KVStG   2 v. T.
3. bei Anschaffungsgeschäften über andere Schuldverschreibungen und über Dividendenwerte   2,5 v. T.

Die Steuer ermäßigt sich bei Anschaffungsgeschäften, die im Ausland abgeschlossen werden, auf die Hälfte, wenn nur der eine Vertragsteil Inländer ist.

505   § 20 KVStG unterscheidet folgende *Geschäftsarten:*

1. Händlergeschäfte sind Anschaffungsgeschäfte, bei denen alle Vertragsteilnehmer Händler sind;
2. Kundengeschäfte sind Anschaffungsgeschäfte, bei denen nur ein Vertragsteil inländischer Händler ist;
3. Privatgeschäfte sind alle übrigen Anschaffungsgeschäfte.

Steuerschuldner sind bei Kundengeschäften die Händler, bei Privatgeschäften die Vertragsteile als Gesamtschuldner (§ 25 KVStG).

4. Versicherungsteuer

Rechtsgrundlagen: Versicherungsteuergesetz (VersStG) in der Fassung vom 24. 7. 1959 (BGBl. I S. 539), zuletzt geändert durch Gesetz vom 14. 12. 1984 (BGBl. I S. 1493); Versicherungsteuer-Durchführungsverordnung (Vers StDV) 1960 vom 20. 4. 1960 (BGBl. I S. 279), geändert durch Gesetz vom 14. 12. 1984 (BGBl. I S. 1493)

Kommentar: *Gambke/ Flick/ Rössler,* Versicherungsteuergesetz

506   Nach § 1 VersStG unterliegt der Versicherungsteuer die Zahlung des Versicherungsentgeltes aufgrund eines durch Vertrag oder auf sonstige Weise entstandenen Versicherungsverhältnisses,

1. wenn der Versicherungsnehmer bei der jeweiligen Zahlung des Versicherungsentgeltes seinen Wohnsitz (Sitz) oder seinen gewöhnlichen Aufenthalt im Inland hat, oder

2. wenn ein Gegenstand versichert ist, der zur Zeit der Begründung des Versicherungsverhältnisses im Inland war.

Als Versicherungsvertrag gilt nach § 2 VersStG auch eine Vereinbarung zwischen mehreren Personen oder Personenvereinigungen, solche Verluste oder Schäden gemeinsam zu tragen, die den Gegenstand der Versicherung bilden können.

Als Versicherungsvertrag gilt nicht ein Vertrag, durch den der Versicherer sich verpflichtet, für den Versicherungsnehmer Bürgschaft oder sonstige Sicherheit zu leisten.

Von der Besteuerung ausgenommen ist nach § 4 VersStG die Zahlung des **507** Versicherungsentgeltes

1. für eine Rückversicherung,
2. für eine Versicherung, die bei Vereinigungen öffentlich-rechtlicher Körperschaften genommen wird, um Aufwendungen der öffentlich-rechtlichen Körperschaft für Ruhegehalt und Hinterbliebenenversorgung ihrer Mitglieder auszugleichen;
3. für eine Unfallversicherung nach der Reichsversicherungsordnung, soweit sie nicht auf den §§ 843, 1029, 1198 beruht;
4. für eine Versicherung nach dem Gesetz über Arbeitsvermittlung und Arbeitslosenversicherung;
5. für eine Versicherung, durch die Ansprüche auf Kapital-, Renten- oder sonstige Leistungen im Falle des Erlebens, der Krankheit, der Berufs- oder Erwerbsunfähigkeit, des Alters, des Todes oder in besonderen Notfällen begründet werden. Dies gilt jedoch nicht für die Unfallversicherung, die Haftpflichtversicherung und die sonstigen Sachversicherungen;
6. für eine Versicherung bei einer Lohnausgleichskasse, die von Tarifvertragsparteien errichtet worden ist;
7. für eine Vereinbarung im Sinne des § 2 Abs. 1 VersStG, soweit sie die Gewährung von Rechtsschutz oder von Unterstützungen bei Streik, Aussperrung oder Maßregelung durch einen Berufsverband zum Gegenstand hat;
8. für bestimmte Versicherungen, die diplomatische oder konsularische Vertretungen außerdeutscher Staaten berühren, wenn die Gegenseitigkeit gewährt wird;
9. für eine Versicherung von Vieh, wenn die Versicherungssumme 7500 DM nicht übersteigt.

Die Versicherungsteuer wird für die einzelnen Versicherungen berechnet, **508** und zwar

1. regelmäßig vom Versicherungsentgelt. Versicherungsentgelt ist dabei im Sinne des § 3 Abs. 1 VersStG jede Leistung, die für die Begründung und zur Durchführung des Versicherungsverhältnisses an den Versicherer zu bewirken ist (Prämien, Beiträge, Vorschüsse, Nachschüsse usw.);

2. bei der Hagelversicherung und bei der im Betrieb der Landwirtschaft oder Gärtnerei genommenen Versicherung von Glasdeckungen über Bodenerzeugnissen gegen Hagelschaden von der Versicherungssumme und für jedes Versicherungsjahr.

509   Der Steuersatz beträgt 5 v. H. des Versicherungsentgeltes. Bei der Hagelversicherung und bei der im Betrieb der Landwirtschaft oder Gärtnerei genommenen Versicherung von Glasdeckungen über Bodenerzeugnissen gegen Hagelschäden beträgt die Steuer für jedes Versicherungsjahr 20 Pfennig je 1 000 DM der Versicherungssumme oder einen Teil davon.

510   Steuerschuldner ist der Versicherungnehmer. Für die Steuer haftet daneben der Versicherer, der die Steuer für Rechnung des Versicherungsnehmers zu entrichten hat.

5. Wechselsteuer

Rechtsgrundlagen: Wechselsteuergesetz (WStG 1959) in der Fassung vom 24. 7. 1959 (BGBl. I S. 537), zuletzt geändert durch Gesetz vom 17. 7. 1985 (BGBl. I S. 1507); Wechselsteuer-Durchführungsverordnung (WStDV 1960) in der Fassung vom 20. 4. 1960 (BGBl. I S. 274)

511   Der Wechselsteuer unterliegt nach § 1 WStG
1. die Aushändigung
   a) eines im Inland ausgestellten Wechsels durch den Aussteller,
   b) eines im Ausland ausgestellten Wechsels durch den ersten inländischen Inhaber. Dies gilt nicht, wenn der Wechsel lediglich zur Annahme im Inland verwendet oder vorgelegt wird und mit einem inländischen Indossament noch nicht versehen ist;
2. die Rückgabe oder anderweitige Aushändigung eines mit einem inländischen Indossament noch nicht versehenen Wechsels durch den inländischen Annehmer, dem der Wechsel lediglich zur Annahme übersandt oder vorgelegt war;
3. die Aushändigung eines mit einer Annahmeerklärung versehenen unvollständigen Wechsels durch den inländischen Annehmer.

512   Wechsel sind gezogene und eigene Wechsel. Als Wechsel im Sinne des WStG gilt auch eine unvollständige Urkunde, wenn vereinbart ist, daß sie vervollständigt werden darf (unvollständiger Wechsel).

513   Die für Wechsel gegebenen Vorschriften gelten nach § 5 WStG entsprechend für
1. eine Anweisung über die Zahlung von Geld, die
   a) durch Indossament übertragen werden kann oder
   b) auf den Inhaber lautet oder
   c) an jeden Inhaber bezahlt werden kann;

Heinrich Günther

2. einen Verpflichtungsschein über die Zahlung von Geld, der durch Indossament übertragen werden kann.

Von der Besteuerung ausgenommen ist nach § 6 WStG die Aushändigung

1. eines vom Ausland auf das Ausland gezogenen Wechsels und eines im Ausland ausgestellten Wechsel, wenn die Wechsel im Ausland zahlbar sind;

2. eines vom Inland auf das Ausland gezogenen Wechsels, wenn er nur im Ausland, und zwar auf Sicht oder innerhalb von 10 Tagen nach dem Ausstellungstag zahlbar ist und vom Aussteller unmittelbar ins Ausland versendet wird;

3. eines Schecks, der den Vorschriften des Scheckgesetzes entspricht;

4. einer auf Sicht zahlbaren Platzanweisung, die eine Barzahlung ersetzt und kein Scheck ist. Dieser Platzanweisung steht eine auf Sicht zahlbare Anweisung gleich, die an einem Nachbarort des Ausstellungsortes zahlbar ist; als Nachbarort gelten Orte, die im Artikel 88 Abs. 1 des Wechselgesetzes gemäß als benachbart anzusehen sind.

Die Ausnahme von der Besteuerung gilt nicht für die Aushändigung von Schecks und Platzanweisungen, die mit einer rechtlich wirksamen Annahmeerklärung versehen sind. Die Ausnahme gilt jedoch für die Aushändigung eines bestätigten Schecks der Deutschen Bundesbank.

Die Wechselsteuer wird von der Wechselsumme berechnet. Die Wechselsteuer beträgt 15 Pfennig für je 100 DM oder eines Bruchteils dieses Betrages. **514**

Die Wechselsteuer ermäßigt sich auf die Hälfte

1. bei einem Wechsel, der vom Inland auf das Ausland gezogen und im Ausland zahlbar ist;

2. bei einem Wechsel, der vom Ausland auf das Inland gezogen und im Inland zahlbar ist.

Wenn in einem unvollständigen Wechsel die Wechselsumme nicht angegeben ist, ist die Steuer nach einer Wechselsumme von 10 000 DM zu berechnen.

Steuerschuldner ist, wer den Wechsel im Zeitpunkt der Entstehung der Steuerschuld aushändigt. **515**

Behörden des Bundes, eines Landes oder einer Gemeinde und Beamte, denen eine richterliche oder polizeiliche Gewalt anvertraut ist, müssen die ihnen vorgelegten Wechsel und wechselähnlichen Urkunden darauf prüfen, ob die Wechselsteuer entrichtet ist. Die gleiche Verpflichtung haben Notare, Postbeamte und andere Beamten, die Wechselproteste aufnehmen. **516**

6. Kraftfahrzeugsteuer

Rechtsgrundlagen: Kraftfahrzeugsteuergesetz (KraftStG 1979) in der Fassung vom 1. 2. 1979 (BGBl. I S. 132), zuletzt geändert durch Gesetz vom

24. 7. 1986 (BGBl. I S. 1110); Kraftfahrzeugsteuer-Durchführungsverordnung (KraftStDV 1979) vom 3. 7. 1979 (BGBl. I S. 764); Erlaß vom 9. 7.1979 (BStBl. I S. 463)

517 Nach § 1 Abs. 1 KraftStG *unterliegt der Kraftfahrzeugsteuer*
1. das Halten von einheimischen Fahrzeugen zum Verkehr auf öffentlichen Straßen;
2. das Halten von gebietsfremden Fahrzeugen zum Verkehr auf öffentlichen Straßen, solange die Fahrzeuge sich im Geltungsbereich dieses Gesetzes befinden;
3. die widerrechtliche Benutzung von Fahrzeugen;
4. die Zuteilung von roten Kennzeichen, die von einer Zulassungsbehörde im Geltungsbereich dieses Gesetzes zur wiederkehrenden Verwendung für Probe- und Überführungsfahrten ausgegeben werden.

518 Nach § 2 KraftStG fallen unter den *Begriff Fahrzeuge* Kraftfahrzeuge und Fahrzeuganhänger. Einheimisch ist ein Fahrzeug dann, wenn es unter die Vorschriften des inländischen Zulassungsverfahrens fällt, gebietsfremd, wenn es im Zulassungsverfahren eines anderen Staates zugelassen wird.

Widerrechtlich ist eine Benutzung, wenn ein Fahrzeug auf öffentlichen Straßen im Geltungsbereich des KraftStG ohne die verkehrsrechtliche vorgeschriebene Zulassung benutzt wird.

Für die Beurteilung eines Personenkraftwagens als schadstoffarm oder bedingt schadstoffarm Stufe A, B oder C sind die Feststellungen der Zulassungsbehörden maßgebend.

519 Nach § 3 KraftStG bestehen zahlreiche *Ausnahmen von der Besteuerung.* U. a. ist befreit das Halten von Fahrzeugen, die von den Vorschriften über das Zulassungsverfahren ausgenommen sind, Fahrzeugen, solange sie ausschließlich im Dienst der Bundeswehr, des Bundesgrenzschutzes, der Polizei oder des Zollgrenzdienstes verwendet werden, Fahrzeugen, solange sie für den Bund, ein Land, eine Gemeinde, einen Gemeindeverband oder einem Zweckverband zugelassen sind und ausschließlich zum Wegebau verwendet werden, Fahrzeugen, solange sie ausschließlich verwendet werden zur Reinigung von Straßen oder Abwasseranlagen, zur Abfallbeseitigung im Sinne des Abfallgesetzes vom 5. 1. 1977, auch zur Beseitigung von Fäkalien, Fahrzeugen, solange sie ausschließlich im Feuerwehrdienst, im Katastrophenschutz, für Zwecke des zivilen Luftschutzes, bei Unglücksfällen, im Rettungsdienst oder zur Krankenbeförderung verwendet werden, Kraftomnibussen und Personenkraftwagen mit 8 oder 9 Sitzplätzen einschließlich Führersitz sowie von Kraftfahrzeuganhängern, die hinter diesen Fahrzeugen mitgeführt werden, wenn das Fahrzeug während des Zeitraums, für den die Steuer zu entrichten wäre, zu mehr als 50 v. H. der insgesamt gefahrenen Strecke wie im Verkehr verwendet wird, von Zugmaschinen, Sonderfahrzeugen, Kraftfahrzeuganhängern hinter Zugmaschinen oder Sonderfahrzeugen und einachsigen Kraftfahrzeuganhängern, solange diese Fahrzeuge ausschließlich

a) in land- oder forstwirtschaftlichen Betrieben,

b) zur Durchführung von Lohnarbeiten für land- oder forstwirtschaftliche Betriebe,

c) zur Beförderung für land- und forstwirtschaftliche Betriebe, wenn diese Beförderung in einem land- oder forstwirtschaftlichen Betrieb beginnen oder enden, oder

d) zur Beförderung von Milch, Magermilch, Molke oder Rahm verwendet werden,

Zugmaschinen, solange sie ausschließlich für den Betrieb eines Schaustellergewerbes verwendet werden, einschließlich Wohnwagen mit mehr als 3500 kg und Packwagen mit einem zulässigen Gesamtgewicht von mehr als 2500 kg, ferner gebietsfremde Fahrzeuge, die für ausländische, diplomatische oder konsularische Vertretungen zugelassen sind.

Vergünstigungen bestehen nach § 3 a KraftStG für Schwerbehinderte. Sie sind befreit, wenn sie hilflos, blind oder außergewöhnlich gehbehindert sind, sonst in Höhe von 50 v. H. **520**

Nach § 3 b KraftStG sind schadstoffarme Personenkraftwagen nach Maßgabe einer Tabelle ab 1. 7. 1985, nach § 3 c und d KraftStG bedingt schadstoffarme Personenkraftwagen Stufe C und nach § 3 d KraftStG auch Elektrofahrzeuge ebenfalls nach Maßgabe einer Tabelle von der Steuer befreit. **521**

Für den sogenannten Huckepackverkehr wird die Steuer unter im einzelnen aufgeführten Fahrten mit der Eisenbahn erstattet (§ 4 KraftStG). **522**

Nach § 5 Abs. 1 KraftStG *dauert die Steuerpflicht* **523**

1. bei einem einheimischen Fahrzeug solange es zum Verkehr zugelassen ist, mindestens einen Monat;

2. bei einem gebietsfremden Fahrzeug solange sich das Fahrzeug im Geltungsbereich des KraftStG befindet;

3. bei einem widerrechtlich benutzten Fahrzeug solange die widerrechtliche Benutzung dauert, mindestens jedoch einen Monat;

4. bei einem roten Kennzeichen solange das Kennzeichen benutzt werden darf, jedoch mindestens einen Monat.

Wenn ein einheimisches Fahrzeug veräußert wird, so endet die Steuerpflicht für den Veräußerer in dem Zeitpunkt, in dem die verkehrsrechtlich vorgeschriebene Veräußerungsanzeige bei der Zulassungsbehörde eingeht, spätestens mit der Aushändigung des neuen Fahrzeugscheines an den Erwerber; gleichzeitig beginnt die Steuerpflicht für den Erwerber.

Heinrich Günther 373

524   Die *Steuer bemißt* sich
1. bei Krafträdern und Personenkraftwagen nach dem Hubraum, soweit diese Fahrzeuge durch Hubkolbenmotoren angetrieben werden,
2. bei anderen Fahrzeugen nach dem verkehrsrechtlich zulässigen Gesamtgewicht und der Anzahl der Achsen.

525   Die *Jahressteuer* beträgt nach § 9 KraftStG für
1. Krafträder 3,60 DM je 25 ccm Hubraum oder einen Teil davon,
2. Personenkraftwagen mit Hubkolbenmotoren, die
   a) schadstoffarm oder bedingt schadstoffarm Stufe C sind   13,20 DM

   b) bedingt schadstoffarm Stufe A oder B sind, soweit sie vor dem 1. 10. 1986 erstmalig zum Verkehr zugelassen und vor dem 1. 1. 1988 als bedingt schadtstoffarm anerkannt werden, ab diesem Tag der Anerkennung, frühestens ab 1. 7. 1985, im Falle der Stufe B bis zum Ablauf der folgenden Jahre   13,20 DM

   c) nicht die Voraussetzungen für die Anwendung des Steuersatzes nach Buchstabe a oder b erfüllen,
   aa) bei erstmaliger Zulassung vor dem 1. 1. 1986 bis
       zum 31. 12. 1985   14,40 DM
       ab 1. 1. 1986   18,80 DM
   bb) bei erstmaliger Zulassung nach dem 1. 1. 1985   21,60 DM

3. alle anderen Fahrzeuge unterschiedlich, ob sie nicht mehr oder mehr als zwei Achsen haben, für je 200 kg Gesamtgewicht oder einen Teil davon je nach dem gestaffelten Gesamtgewicht von bis zu 2000 kg bis über 22 000 kg von 22,– DM bis höchstens 11 000 DM.

Für Elektrofahrzeuge ermäßigt sich die Jahressteuer um 50 v. H. der vorstehenden Sätze.

Für Kraftfahrzeuganhänger, ausgenommen Wohnwagenanhänger, wird auf Antrag eine um einen Anhängerzuschlag, der gestaffelt ist, erhöhte Steuer erhoben.

Für gebietsfremde Fahrzeuge sowie bei der Zuteilung eines Kennzeichens für Probe- und Überführungsfahrten gelten nach § 9 Abs. 3 und Abs. 4 KraftStG besondere Steuersätze.

526   Die Steuer ist nach § 11 Abs. 1 KraftStG jeweils für die Dauer eines Jahres im voraus zu entrichten. Sie darf, wenn die Jahressteuer mehr als 1 000 DM beträgt, auch für die Dauer eines Halbjahres und, wenn die Jahressteuer mehr als 2000 DM beträgt, auch für die Dauer eines Vierteljahres entrichtet werden mit jeweils der Hälfte bzw. einem Viertel der Jahressteuer zuzüglich eines Aufgeldes von 6 v. H.

Heinrich Günther

7. Sonstige Verkehr- und Verbrauchsteuern

Zu den sonstigen Verkehrsteuern gehören u. a.:

527

a) Rennwett- und Lotteriegesetz vom 8. 4. 1922 (RGBl. I S. 393) mit zahlreichen Änderungen, zuletzt durch Gesetz vom 16. 12. 1986 (BGBl. I S. 2441). Nach dem Rennwett- und Lotteriegesetz wird von den am Totalisator gewetteten Beträgen eine Steuer von 16 $^2/_3$ v. H. sowie bei den im Inland veranstalteten öffentlichen Lotterien und Ausspielungen eine Steuer von 20 v. H. des planmäßigen Preises (Nennwert) sämtlicher Lose einschließlich der Steuer erhoben.

b) Mineralölsteuergesetz (MinöStG) in der Fassung vom 11. 10. 1978 (BGBl. I S. 1669), zuletzt geändert durch Gesetz vom 6. 12. 1985 (BGBl. I S. 2142)

c) Feuerschutzsteuergesetz (FeuerSchStG) vom 21. 12. 1979 (BGBl. I S. 2353), geändert durch Gesetz vom 13. 2. 1984 (BGBl. I S. 241). Nach dem Feuerschutzgesetz unterliegt die Entgegennahme von Versicherungsentgelten aus Feuerversicherungen für im Inland versicherte Gebäude der Steuer.

Die Steuer beträgt vom Versicherungsentgelt

1. bei öffentlich-rechtlichen Versicherungsunternehmen
   a) wenn das Versicherungsverhältnis aufgrund eines gesetzlichen Zwangs- oder eines Versicherungsmonopols entsteht,   12 v. H.
   b) in den übrigen Fällen   6 v. H.
2. bei privaten Versicherungsunternehmen   4 v. H.

d) Kaffee- und Teesteuergesetz vom 5. 5. 1980 (BGBl. I S. 497), Durchführungsverordnung vom 2. 6. 1980 (BGBl. I S. 651) und ÄndVO v. 10. 12. 1985 (BGBl. I S. 2186)

e) Biersteuergesetz in der Neufassung vom 15. 4. 1986 (BGBl. I S. 527)

f) Tabaksteuergesetz (TabStG 1980) vom 13. 12. 1979 (BGBl.I S. 2118) zuletzt geändert durch Gesetz vom 22. 12. 1981 (BGBl. I S. 1562)

g) Leuchtmittelsteuergesetz in der Fassung vom 22. 7. 1959 (BGBl. I 613), zuletzt geändert durch Gesetz vom 12. 9. 1980 (BGBl. I S. 1695)

h) Salzsteuergesetz in der Fassung vom 25. 1. 1960 (BGBl. I S. 50), zuletzt geändert durch Gesetz vom 12. 9. 1980 (BGBl. I S. 1695)

i) Schaumweinsteuergesetz in der Fassung vom 26. 10. 1958 (BGBl. I 764), zuletzt geändert durch Gesetz vom 22. 12. 1981 (BGBl. I S. 1562)

k) Zuckersteuergesetz in der Fassung vom 13. 10. 1983 (BGBl. I S. 1245)

l) Zollgesetz (ZG) in der Fassung vom 18. 5. 1970 (BGBl. I S. 529), zuletzt geändert durch Gesetz vom 16. 12. 1986 (BGBl. I S. 2441) mit zahlreichen zum Teil grundlegenden Änderungen des bisherigen Zollgesetzes; dazu die Allgemeine Zollordnung in der Fassung vom 18. 5. 1970 (BGBl. I S. 560, 1221, 1977 S. 287, 1982 S. 667, 1984 S. 107), zuletzt geändert durch die Verordnung vom 4. 2. 1987 (BGBl. I S. 520).

Heinrich Günther   375

VII. Sonstige Abgabengesetze

1. Lastenausgleich

528   Das Gesetz über den Lastenausgleich (LAG) in der Fassung vom 1. 10. 1969
(BGBl. I S. 1909), zuletzt geändert durch Gesetz vom 20. 12. 1982 (BGBl. I
S. 1857), nach dem erhoben wurde
a) eine Vermögensabgabe (§§ 16 bis 90 LAG),
b) eine Hypothekengewinnabgabe (§§ 91 bis 160 LAG),
c) eine Kreditgewinnabgabe (§§ 161 bis 197 LAG),
ist mit dem Ablauf des 31. 3. 1979 ausgelaufen.

2. NATO-Truppenstatut

529   Rechtsgrundlagen: Abkommen zwischen den Parteien des Nordatlantikvertrages über die Rechtstellung ihrer Truppen – NATO-Truppenstatut – vom
19. 6. 1951 mit Zustimmungsgesetz der Bundesrepublik vom 18. 8. 1961
(BGBl. II S. 1183); dazu das am 3. 8. 1959 unterzeichnete Zusatzabkommen
zu dem Abkommen zwischen den Parteien des Nordatlantikvertrages über
die Rechtstellung ihrer Truppen hinsichtlich der in der Bundesrepublik
Deutschland stationierten ausländischen Truppen (BGBl. II S. 1218); dazu
ferner § 26 Abs. 5 UStG.

530   Das NATO-Truppenstatut befreit die Mitglieder einer Truppe oder eines
zivilen Gefolges in dem Aufnahmestaat von jeder Steuer auf Bezüge und
Einkünfte, die ihnen in ihrer Eigenschaft als derartige Mitglieder von dem
Entsendestaat gezahlt werden, sowie von jeder Steuer auf die ihnen gehörenden beweglichen Sachen, die sich nur deshalb in dem Aufnahmestaat
befinden, weil sich das Mitglied vorübergehend dort aufhält. Eine ausländische Truppe unterliegt nicht der Steuerpflicht in der Bundesrepublik aufgrund von Tatbeständen, die ausschließlich in den Bereich ihrer dienstlichen
Tätigkeit fallen, und hinsichtlich des dieser Tätigkeit gewidmeten Vermögens. Dies gilt jedoch nicht, soweit die Steuern durch eine Beteiligung der
Truppe am deutschen Wirtschaftsverkehr und hinsichtlich des diesem Wirtschaftsverkehr gewidmeten Vermögens entstehen. Lieferungen und sonstige
Leistungen der Truppe an ihre Mitglieder, an die Mitglieder des zivilen
Gefolges sowie an deren Angehörige werden nicht als Beteiligung am deutschen Wirtschaftsverkehr angesehen.
Das NATO-Truppenstatut und das Zusatzabkommen haben besondere
Bedeutung für die Freistellung von Zöllen und sonstigen Ein- und Ausfuhr-
abgaben, darüber hinaus aber insbesondere auch für die Befreiung für Lieferungen und sonstige Leistungen an eine Truppe oder ein ziviles Gefolge von
der Umsatzsteuer.

Artikel 67 Abs. 2 des Zusatzabkommens sieht besondere Befreiungstatbestände für die Umsatzsteuer, Zölle und sonstige Verbrauchsteuern vor.
Wegen der Einzelheiten und der für die Befreiungstatbestände zu beachtenden Verfahrensvorschriften muß auf das NATO-Truppenstatut, das Zusatzabkommen sowie die Erlasse des Bundesministers der Finanzen verwiesen werden.

3. Berlinförderungsgesetz

Rechtsgrundlage: Gesetz zur Förderung der Berliner Wirtschaft (Berlinförderungsgesetz 1987 – BerlinFG 1987 –) in der Fassung vom 10. 12. 1986 (BGBl. 1986 I S. 2415)   **531**
Das BerlinFG räumt bei der Umsatzsteuer und bei den Steuern vom Einkommen und Ertrag erhebliche Vergünstigungen ein, gewährt eine Investitionszulage und schafft Steuererleichterungen und Arbeitnehmer-Vergünstigungen. Die Einzelregelungen sind zum Teil außerordentlich kompliziert und werden nur in ihren Grundzügen erläutert.

a) Vergünstigungen bei der Umsatzsteuer:
Nach § 1 Abs. 1 bis 5 BerlinFG ist ein Berliner Unternehmer berechtigt, die   **532**
von ihm geschuldete Umsatzsteuer um 4,5 v. H. zu kürzen
a) von dem Entgelt für an einen westdeutschen Unternehmer gelieferte Gegenstände, wenn die Gegenstände in Berlin (West) hergestellt worden und aus Berlin (West) in das übrige Bundesgebiet gelangt sind,
b) von dem Entgelt für Teile aus einer Werklieferung an einen westdeutschen Unternehmer, wenn die Teile in Berlin (West) hergestellt sind,
c) von dem Entgelt für Werkleistungen, die in einer Bearbeitung oder Verarbeitung von Gegenständen bestehen, für einen westdeutschen Unternehmer, sofern sie in Berlin (West) ausgeführt sind,
d) für Entgelte aus der Vermietung oder Verpachtung von Gegenständen an einen westdeutschen Unternehmer, wenn die Gegenstände von dem Berliner Unternehmer nach dem 31. 12. 1961 in Berlin (West) hergestellt worden sind und im übrigen Bundesgebiet genutzt werden.
In den Fällen a) bis d) erhöht sich bei Vorliegen bestimmter Voraussetzungen der Kürzungssatz auf 5 v. H. bzw. 6 v. H., ab dem 1. 1. 1985 um einen progressiv gestaffelten Kürzungssatz, bezogen auf eine sogenannte Berliner Wertschöpfungsquote (§ 6 a und § 6 b BerlinFG).
Wenn ein Berliner Unternehmer für einen westdeutschen Unternehmer   **533**
bestimmte Leistungen ausführt, die im einzelnen in § 1 Abs. 5 (Überlassung von Filmen zur Auswertung im übrigen Geltungsbereich des BerlinFG) und 6 BerlinFG bezeichnet sind (u. a. technische und wirtschaftliche Beratung,

Planung für Anlagen außerhalb von Berlin, Überlassung von gewerblichen Verfahren, Erfahrungen und Datenverarbeitungsprogrammen, Datenverarbeitung mit in Berlin (West) installierten Anlagen, Überlassung von in Berlin (West) selbst hergestellten Entwürfen für Werbezwecke, Modellskizzen und Modefotografien usw.), so ist der Berliner Unternehmer berechtigt, die von ihm geschuldete Umsatzsteuer nach Abs. 5 um 6 v. H. und nach Abs. 6 um 10 v. H. des vereinbarten Entgeltes zu kürzen.

534   In entsprechender Weise hat der westdeutsche Unternehmer einen Kürzungsanspruch auf 4,2 v. H. der von ihm geschuldeten Umsatzsteuer

a) aus dem ihm in Rechnung gestellten Entgelt für Gegenstände, die in Berlin (West) hergestellt worden sind und aus Berlin (West) in das übrige Bundesgebiet gelangt sind,

b) für das Entgelt aus den bei einer Werklieferung im übrigen Bundesgebiet als Teile verwendeten Gegenständen, soweit das Entgelt auf diese Gegenstände entfällt, wenn die Gegenstände besonders berechnet worden sind,

c) aus dem Entgelt für Werkleistungen, die in einer Bearbeitung oder Verarbeitung von Gegenständen besteht, sofern diese durch einen Berliner Unternehmer in Berlin (West) ausgeführt werden,

d) für das Entgelt aus der Vermietung oder Verpachtung von Gegenständen seitens eines Berliner Unternehmers an einen westdeutschen Unternehmer, wenn die Gegenstände von dem Berliner Unternehmer nach dem 31. 12. 1961 in Berlin (West) hergestellt worden sind und im übrigen Bundesgebiet genutzt werden,

e) für das Entgelt, das dem westdeutschen Unternehmer für die Überlassung der Auswertung von Filmen, die nach dem 31. 12. 1961 in Berlin (West) hergestellt worden sind, in Rechnung gestellt ist.

Für gewisse Gegenstände, die in § 4 BerlinFG genannt sind, ist der Kürzungsanspruch ausgeschlossen oder eingeschränkt.

535   Weitere Einzelheiten, insbesondere zum Begriff Berliner Unternehmer, westdeutscher Unternehmer, Herstellung in Berlin (West), Bemessungsgrundlage, Ursprungsbescheinigung, Versendungs- und Beförderungsnachweis, buchmäßiger Nachweis, Verfahren bei der Kürzung, Wegfall der Kürzungsansprüche und besonderer Kürzungsanspruch für Unternehmer in Berlin (West) sind in den §§ 5 bis 13 BerlinFG geregelt.

b) Vergünstigung bei den Steuern vom Einkommen und Ertrag:

536   a) § 14 BerlinFG gewährt erhöhte Absetzungen für Abnutzung bei abnutzbaren Wirtschaftsgütern, die zum Anlagevermögen einer in Berlin (West) gelegenen Betriebsstätte gehören, und zwar

aa) für bewegliche Wirtschaftsgüter, die mindestens drei Jahr nach ihrer Anschaffung oder Herstellung in einer in Berlin (West) belegenen Betriebsstätte verbleiben;

Heinrich Günther

bb) für in Berlin (West) belegene unbewegliche Wirtschaftsgüter, die Gebäude, Gebäudeteile, Eigentumswohnungen oder im Teileigentum stehende Räume sind, wenn sie im eigenen gewerblichen Betrieb mindestens drei Jahre nach ihrer Anschaffung oder Herstellung zu mehr als 80 v. H. für betriebliche Zwecke oder zu Wohnzwecken von Angehörigen des eigenen gewerblichen Betriebes zu mehr als 80 v. H. dienen;

cc) anstelle der nach § 7 EStG zu bemessenden Absetzung für Abnutzung können im Wirtschaftsjahr der Anschaffung oder Herstellung und in den vier folgenden Wirtschaftsjahren Absetzungen bis zur Höhe von insgesamt 75 v. H. der Anschaffungs- oder Herstellungskosten vorgenommen werden. Die erhöhten Absetzungen können bereits für Anzahlungen auf Anschaffungskosten und für Teilherstellungskosten in Anspruch genommen werden;

b) nach § 14 a BerlinFG können erhöhte Absetzungen für in Berlin (West) belegene Mehrfamilienhäuser sowie deren Ausbauten und Erweiterungen im Jahre der Fertigstellung oder Anschaffung und in dem darauffolgenden Jahr jeweils bis zu 10 v. H. und sodann in den 10 darauffolgenden Jahren jeweils bis zu 3 v. H. in Anspruch genommen werden. Das gilt auch für Teilherstellungskosten oder für Anzahlungen auf Anschaffungskosten;

c) nach § 14 b BerlinFG können erhöhte Absetzungen für Modernisierungsmaßnahmen bei in Berlin (West) belegenen Mehrfamilienhäusern im Jahre der Beendigung der Modernisierungsarbeiten und in den beiden darauffolgenden Jahren bis zur Höhe von insgesamt 50 v. H. neben den Absetzungen für Abnutzung für das Gebäude nach Maßgabe der in § 14 b BerlinFG im einzelnen bezeichneten Modernisierungsmaßnahmen vorgenommen werden;

d) nach § 15 BerlinFG können erhöhte Absetzungen für Einfamilienhäuser, Zweifamilienhäuser und Eigentumswohnungen im Jahr der Fertigstellung oder Anschaffung und in dem darauffolgenden Jahr jeweils bis zu 10 v. H., ferner in den darauffolgenden zehn Jahren jeweils bis zu 3 v. H. der Anschaffungs- oder Herstellungskosten vorgenommen werden;

e) nach § 15 a BerlinFG gilt § 15 a EStG nicht für Verluste bei den Einkünften aus Land- und Forstwirtschaft, Gewerbebetrieben oder selbständiger Arbeit aus erhöhten Absetzungen nach den §§ 14, 14 a, 14 b oder 15 BerlinFG;

f) nach § 15 b BerlinFG gibt es eine erhöhte Steuerbegünstigung der ab dem 1. 1. 1987 zu eigenen Wohnzwecken genutzten Wohnung im eigenen Haus oder in der eigenen Eigentumswohnung;

g) § 16 BerlinFG gewährt Steuerermäßigung für Darlehen zur Finanzierung von betrieblichen Investitionen an die Berliner Industriebank AG oder die Niederlassung Berlin der Industriebank AG – Deutsche Industriebank, Berlin – bei der Einkommen- oder Körperschaftsteuer für den Veranlagungszeitraum der Hingabe um 12 v. H. der hingegebenen Darlehen unter den im einzelnen bestimmten Voraussetzungen;

h) § 17 BerlinFG gewährt Steuerermäßigung für Darlehen zur Finanzierung von Baumaßnahmen, bei unverzinslich in gleichen Jahresraten zu tilgenden Darlehen mit einer Laufzeit von mindestens zehn Jahren zur Förderung des Baues von Wohnungen in Berlin (West) in Höhe von 20 v. H. der hingegebenen Darlehen, bei verzinslichen Darlehen mit einer Laufzeit von mindestens 25 Jahren zur Förderung des Baues, des Umbaues, der Erweiterung, der Modernisierung und der Instandsetzung von Gebäuden in Berlin (West) bei der Einkommen- oder Körperschaftsteuer für den Veranlagungszeitraum der Hingabe in Höhe von 20 v. H. der hingegebenen Darlehen.

Die Ermäßigung der Einkommen- oder Körperschaftsteuer darf zusammen mit der Ermäßigung der Einkommen- oder Körperschaftsteuer nach § 16 BerlinFG 50 v. H. der Einkommensteuer oder Körperschaftsteuer nicht übersteigen, die sich ohne Ermäßigung ergeben würde.

c) Investitionszulage

537 Nach § 19 BerlinFG können Steuerpflichtige für einen in Berlin (West) unterhaltenen Betrieb (Betriebsstätte) für abnutzbare Wirtschaftsgüter des Anlagevermögens und Ausbauten, Erweiterungen und andere nachträgliche Herstellungsarbeiten an abnutzbaren unbeweglichen Wirtschaftsgütern des Anlagevermögens (Gebäude, Gebäudeteile, Eigentumswohnungen, im Teileigentum stehende Räume) eine Investitionszulage erhalten, die bei den beweglichen Wirtschaftsgütern 10 v. H. der Anschaffungs- oder Herstellungskosten, bei unbeweglichen Wirtschaftsgütern 20 v. H. der Herstellungskosten beträgt. Die Investitionszulage erhöht sich unter bestimmten im einzelnen genannten Voraussetzungen für abnutzbare bewegliche Wirtschaftsgüter des Anlagevermögens, die mindestens drei Jahre nach ihrer Anschaffung oder Herstellung den gesetzlich festgelegten Zwecken dienen.

d) Einkommen- und Körperschaftsteuerermäßigung

538 Nach § 21 BerlinFG ermäßigt sich die veranlagte tarifliche Einkommensteuer und die tarifliche Körperschaftsteuer, soweit sie auf Einkünfte aus Berlin (West) im Sinne des § 23 BerlinFG entfällt,

1. bei natürlichen Personen um 30 v. H., wenn sie
    a) ihren ausschließlichen Wohnsitz in Berlin (West) zu Beginn des Veranlagungszeitraumes haben oder ihn im Laufe des Veranlagungszeitraumes begründen oder
    b) bei mehrfachem Wohnsitz während des ganzen Veranlagungszeitraumes einen Wohnsitz in Berlin (West) haben und sich dort vorwiegend aufhalten oder

c) – ohne einen Wohnsitz im Geltungsbereich des BerlinFG zu haben – ihren gewöhnlichen Aufenthalt in Berlin (West) haben;

2. bei Körperschaften, Personenvereinigungen und Vermögensmassen, die ihre Geschäftsleitung und ihren Sitz ausschließlich in Berlin (West) haben, um 22,5 v. H., in besonderen Fällen nur um 10 v. H.;

3. bei Steuerpflichtigen, die eine oder mehrere Betriebsstätten eines Gewerbebetriebes in Berlin (West) unterhalten, in denen während des Veranlagungszeitraumes im Durchschnitt insgesamt mindestens 25 Arbeitnehmer beschäftigt worden sind, die tarifliche Einkommensteuer um 30 v. H., soweit sie auf Einkünfte aus diesen Betriebsstätten entfällt.

Bei zur Einkommensteuer veranlagten Arbeitnehmern, die in Berlin **539** (West) ihren Aufenthalt begründen und dort eine nichtselbständige Beschäftigung für einen zusammenhängenden Zeitraum von mindestens drei Monaten aufnehmen, ermäßigt sich die tarifliche Einkommensteuer unter bestimmten Voraussetzungen ebenfalls um 30 v. H.

Bei in Berlin (West) ansässigen Rentenempfängern ermäßigt sich nach **540** § 26 BerlinFG und § 23 Nr. 4 BerlinFG die Lohnsteuer ebenfalls um 31 v. H.

Nach § 28 BerlinFG erhalten Arbeitnehmer in Berlin (West) unbeschadet **541** der Steuererleichterungen nach den §§ 21, 22 und 26 BerlinFG eine Vergünstigung durch Gewährung von Zulagen in Höhe von 8 v. H. der Bemessungsgrundlage nach den im einzelnen festgelegten Voraussetzungen.

4. Außensteuergesetz

Rechtsgrundlagen: Gesetz über die Besteuerung bei Auslandsbeziehungen (AStG) vom 8. 9. 1972 (BGBl. I S. 1713) mehrfach geändert, zuletzt durch Gesetz vom 14. 12. 1984 (BGBl. I S. 1493); dazu Schreiben des BMF betreffend Grundsätze zur Anwendung des Außensteuergesetzes vom 11. 7. 1974 (BStBl. I S. 442); Schreiben des BMF betreffend Grundsätze zur Anwendung des Außensteuergesetzes vom 11. 7. 1974 (BStBl. I S. 442); BMF betreffend Grundsätze für die Prüfung der Einkunftsabgrenzung bei international verbundenen Unternehmen (Verwaltungsgrundsätze) vom 23. 2. 1983 (BStBl. I S. 218); Überblick über die Zuständigkeiten im Finanzamt und Grundinformation über die Durchführung der Zugriffsbesteuerung vom 11. 7. 1974 (BStBl. 1974 I S. 493)

Kommentar: *Flick/ Wassermeyer/ Becker*, Kommentar zum Außensteuergesetz

Mit dem Außensteuergesetz versucht der Steuerfiskus, die Verlagerung **542** von Einkünften und Vermögen vom Inland in das Ausland in den Griff zu bekommen und nach Möglichkeit den Steuerpflichtigen auch mit verlagerten Einkünften und Vermögen noch in der Bundesrepublik Deutschland zur

Besteuerung heranzuziehen. Das Außensteuergesetz ist eines der kompliziertesten Steuergesetze und für den steuerlichen Laien nur schwer verständlich.

Es stellt zum Teil auch nur eine Kodifizierung der durch die Rechtsprechung und durch die Verwaltungspraxis entwickelten Grundsätze (z. B. sogenannter Oasenerlaß) dar. Das Außensteuergesetz regelt eine Reihe von unterschiedlichen Tatbeständen, die nur wenig miteinander zu tun haben.

a) Internationale Verflechtungen

543 § 1 Abs. 1 AStG regelt die Berichtigung von Einkünften. Danach hat ein Steuerpflichtiger, wenn seine Einkünfte aus Geschäftsbeziehungen mit einer ihm nahestehenden Person dadurch gemindert werden, daß er im Rahmen solcher Geschäftsbeziehungen zum Ausland Bedingungen vereinbart, die von denen abweichen, die voneinander unabhängige Dritte unter gleichen oder ähnlichen Verhältnissen vereinbart hätten, seine Einkünfte unbeschadet anderer Vorschriften so anzusetzen, wie sie unter den zwischen unabhängigen Dritten vereinbarten Bedingungen angefallen wären (z. B. Verlagerung von Gewinnen vom Inland ins Ausland dadurch, daß eine deutsche Tochtergesellschaft ihrer ausländischen Muttergesellschaft Waren zu einem unter dem Weltmarktpreis liegenden Preis liefert).

Gesetzliche Regeln, wie z. B. solche angemessenen Preise zu ermitteln sind, gibt es nicht. In der Praxis der Finanzverwaltung (vergl. die eingangs erwähnten Verwaltungsvorschriften) kommt es auf Preisvergleiche, Absatzpreise oder Kalkulationen an. Helfen diese Methoden nicht weiter, so kann gemäß § 1 Abs. 3 AStG nach § 162 AO mangels anderer geeigneter Anhaltspunkte eine Schätzung durchgeführt werden. Dafür ist als Anhaltspunkt von einer Verzinsung für das im Unternehmen eingesetzte Kapital oder einer Umsatzrendite auszugehen, die nach Erfahrung und Üblichkeit unter normalen Umständen zu erwarten ist.

544 Nach § 1 Abs. 2 AStG ist dem Steuerpflichtigen eine Person nahestehend, wenn
1. die Person an dem Steuerpflichtigen mindestens zu einem Viertel unmittelbar oder mittelbar beteiligt (wesentlich beteiligt) ist oder auf den Steuerpflichtigen unmittelbar oder mittelbar einen beherrschenden Einfluß ausüben kann oder umgekehrt der Steuerpflichtige an der Person wesentlich beteiligt ist oder auf diese Person unmittelbar oder mittelbar einen beherrschenden Einfluß ausüben kann oder
2. eine dritte Person sowohl an der Person als auch an dem Steuerpflichtigen wesentlich beteiligt ist und auf beide unmittelbar oder mittelbar einen beherrschenden Einfluß ausüben kann oder
3. die Person oder der Steuerpflichtige imstande ist, bei der Vereinbarung der Bedingungen einer Geschäftsbeziehung auf den Steuerpflichtigen oder die Person einen außerhalb dieser Geschäftsbeziehung begründeten

Heinrich Günther

Einfluß auszuüben oder wenn einer von ihnen ein eigenes Interesse an
der Erzielung der Einkünfte des anderen hat.

b) Wohnsitzwechsel in niedrig besteuernde Gebiete
Nach den §§ 2 bis 5 AStG wird bei einem Wohnsitzwechsel in niedrig   545
besteuernde Gebiete die für eine natürliche Person eingetretene beschränkte
Steuerpflicht (bisher unbeschränkt steuerpflichtig) bei der Einkommensteuer, der Vermögensteuer, Erbschaftsteuer und bei einer Beteiligung an
zwischengeschalteten Gesellschaften erweitert. Die Voraussetzungen für
diese erweiterte beschränkte Steuerpflicht sind folgende:

aa) nach § 2 AStG hinsichtlich der Einkommensteuer
Eine natürliche Person, die in den letzten zehn Jahren vor dem Ende ihrer   546
unbeschränkten Steuerpflicht als Deutscher insgesamt mindestens fünf Jahre
unbeschränkt einkommensteuerpflichtig war und
1. in einem ausländischen Gebiet ansässig ist, in dem sie mit ihrem Einkommen nur einer niedrigeren Besteuerung unterliegt, oder in keinem ausländischen Gebiet ansässig ist und
2. wesentliche wirtschaftliche Interessen im Geltungsbereich des AStG hat,
ist bis zum Ablauf von zehn Jahren nach Ende des Jahres, in dem ihre unbeschränkte Steuerpflicht geendet hat, über die beschränkte Steuerpflicht im
Sinne des Einkommensteuergesetzes hinaus beschränkt einkommensteuerpflichtig mit allen Einkünften im Sinne des § 2 Abs. 1 Satz 1 erster Halbsatz
des Einkommensteuergesetzes, die bei unbeschränkter Einkommensteuerpflicht nicht ausländische Einkünfte im Sinne des § 34 c Abs. 1 des Einkommensteuergesetzes sind. Diese Bestimmung soll jedoch nur Anwendung finden für Veranlagungszeiträume, in denen die hiernach insgesamt beschränkt
einkommensteuerpflichtigen Einkünfte mehr als 32 000 DM betragen.

Nach § 2 Abs. 2 AStG liegt eine niedrigere Besteuerung vor, wenn   547
1. die Belastung durch die in dem ausländischen Gebiet erhobene Einkommensteuer – nach dem Tarif unter Einbeziehung von tariflichen Freibeträgen – bei einer in diesem Gebiet ansässigen unverheirateten natürlichen Personen, die ein steuerpflichtiges Einkommen von 150 000 DM
   bezieht, um mehr als ein Drittel geringer ist als die Belastung einer im
   Geltungsbereich dieses Gesetzes ansässigen natürlichen Person durch die
   deutsche Einkommensteuer unter sonst gleichen Bedingungen, es sei
   denn, die Person weist nach, daß die von ihrem Einkommen insgesamt zu
   entrichtenden Steuern mindestens zwei Drittel der Einkommmensteuer
   betragen, die sie bei unbeschränkter Einkommensteuerpflicht zu entrichten hätte, oder
2. die Belastung der Person durch die in dem ausländischen Gebiet erhobene Einkommensteuer aufgrund einer gegenüber der allgemeinen

Besteuerung eingeräumten Vorzugsbesteuerung erheblich gemindert sein kann, es sei denn, die Person weist nach, daß die von ihrem Einkommen zu entrichtende Steuer mindestens zwei Drittel der Einkommensteuer betragen, die sie bei unbeschränkter Einkommensteuerpflicht zu entrichten hätte.

548 Was wesentliche wirtschaftliche Interessen im Geltungsbereich des AStG bedeuten, definiert § 2 Abs. 3 AStG. Danach hat eine Person wesentliche wirtschaftliche Interessen, wenn

1. sie zu Beginn des Veranlagungszeitraumes Unternehmer oder Mitunternehmer eines im Geltungsbereich des AStG belegenen Gewerbebetriebes ist oder, sofern sie Kommanditist ist, mehr als 25 v. H. der Einkünfte aus der Gesellschaft auf sie entfallen oder ihr eine wesentliche Beteiligung im Sinne des § 17 Abs. 1 Satz 3 des EStG an einer inländischen Kapitalgesellschaft gehört (mehr als 25 v. H.) oder

2. ihre Einkünfte, die bei unbeschränkter Einkommensteuerpflicht nicht ausländische Einkünfte im Sinne des § 34 c Abs. 1 des Einkommensteuergesetzes sind, im Veranlagungszeitraum mehr als 30 v. H. ihrer sämtlichen Einkünfte betragen oder 120 000 DM übersteigen oder

3. zu Beginn des Veranlagungszeitraumes ihr Vermögen, dessen Erträge bei unbeschränkter Einkommensteuerpflicht nicht ausländischer Einkünfte im Sinne des § 34 c Abs. 1 EStG wären, mehr als 30 v. H. ihres Gesamtvermögens beträgt oder 300 000 DM übersteigt.

Dabei sind die Vorschriften über Art der Einkünfte und des Vermögens nach § 2 Abs. 4 AStG und über den anzuwendenden Steuersatz nach § 2 Abs. 5 AStG zu beachten.

bb) nach § 3 AStG hinsichtlich der Vermögensteuer

549 Trifft § 2 Abs. 1 Satz 1 AStG auf die Person zu, so ist diese über das Inlandsvermögen hinaus mit allem Vermögen beschränkt vermögensteuerpflichtig, dessen Erträge bei unbeschränkter Einkommensteuerpflicht nicht ausländische Einkünfte wären. Von dem Vermögen, auf das sich die erweiterte beschränkte Vermögensteuerpflicht erstreckt, bleiben 60 000 DM steuerfrei.

cc) nach § 4 AStG hinsichtlich der Erbschaftsteuer

550 Wenn bei einem Erblasser oder Schenker zur Zeit der Entstehung der Erbschaftsteuer oder Schenkungsteuer § 2 Abs. 1 Satz 1 AStG anzuwenden war, so tritt bei Erbschaftsteuerpflicht nach § 2 Abs. 1 Nr. 3 des ErbStG die Steuerpflicht über den dort bezeichneten Umfang hinaus für alle Teile des Erwerbs ein, deren Erträge bei unbeschränkter Einkommensteuerpflicht nicht ausländische Einkünfte im Sinne des § 34 c Abs. 1 EStG wären. Diese Vorschrift findet jedoch keine Anwendung, wenn nachgewiesen wird, daß für die Teile des Erwerbs, die der erweiterten beschränkten Erbschaftsteuer-

pflicht unterliegen, im Ausland eine der deutschen Erbschaftsteuer entsprechende Steuer zu entrichten ist, die mindestens 30 v. H. der deutschen Erbschaftsteuer beträgt.

dd) nach § 5 AStG hinsichtlich zwischengeschalteter Gesellschaften
Wenn natürliche Personen, die in den letzten zehn Jahren vor dem Ende 551
ihrer unbeschränkten Steuerpflicht als Deutscher insgesamt mindestens fünf
Jahre unbeschränkt einkommensteuerpflichtig waren, und die Voraussetzungen des § 2 Abs. 1 Satz 1 Nr. 1 AStG erfüllen, allein oder zusammen mit
unbeschränkt Steuerpflichtigen an einer ausländischen Gesellschaft (Zwischengesellschaft im Sinne des § 7 AStG) beteiligt sind, so sind Einkünfte,
mit denen diese Personen bei unbeschränkter Steuerpflicht steuerpflichtig
wären, die nicht ausländische Einkünfte im Sinne des § 34 c Abs. 1 des EStG
sind, diesen Personen zuzurechnen.

c) Behandlung wesentlicher Beteiligungen bei Wohnsitzwechsel ins Ausland
Nach § 6 Abs. 1 AStG ist bei einer natürlichen Person, die insgesamt mindestens zehn Jahre unbeschränkt einkommensteuerpflichtig war und deren 552
unbeschränkte Steuerpflicht durch Aufgabe des Wohnsitzes oder gewöhnlichen Aufenthaltes endet, auf Anteile an einer inländischen Kapitalgesellschaft § 17 des EStG im Zeitpunkt der Beendigung der unbeschränkten
Steuerpflicht ohne Veräußerung anzuwenden, wenn im übrigen für die
Anteile zu diesem Zeitpunkt die Voraussetzungen des § 17 des EStG erfüllt
sind, also die natürliche Person mit mehr als 25 v. H. an einer inländischen
Kapitalgesellschaft wesentlich beteiligt ist. Der Gesetzgeber will damit bei
wesentlicher Beteiligung einkommensteuerlich den Vermögenszuwachs
noch erfassen, der bei einer Beendigung der unbeschränkten Steuerpflicht
durch Wegzug in das Ausland sonst nicht mehr steuerlich erfaßbar wäre.
Dabei ist der Unterschiedsbetrag zwischen den Anschaffungskosten der
Anteile an der Kapitalgesellschaft (der gemeine Wert im Zeitpunkt der erstmaligen Begründung der unbeschränkten Steuerpflicht) zu dem gemeinen
Wert der Anteile im Zeitpunkt der Beendigung der unbeschränkten Steuerpflicht als steuerpflichtiges Einkommen anzusetzen. Der entstandene als
steuerpflichtiges Einkommen zu behandelnde Unterschiedsbetrag unterliegt
mit dem hälftigen Steuersatz nach § 34 des EStG der Einkommensteuer.

Wenn der unbeschränkt Steuerpflichtige die Anteile durch ganz oder teil- 553
weise unentgeltliches Rechtsgeschäft (Erbfall, Schenkung) erworben hat, so
sind für die Errechnung der nach Abs. 1 maßgebenden Dauer der unbeschränkten Steuerpflicht auch Zeiträume einzubeziehen, in denen der
Rechtsvorgänger bis zur Übertragung der Anteile unbeschränkt steuerpflichtig war.

§ 6 Abs. 3 AStG unterwirft auch Umgehungstatbestände der Steuerpflicht. 554
Auf die Einzelregelungen muß verwiesen werden.

d) Beteiligung an ausländischen Zwischengesellschaften

555   Sind nach § 7 Abs. 1 AStG unbeschränkt Steuerpflichtige zu mehr als der Hälfte an einer ausländischen Kapitalgesellschaft beteiligt, so sind die Einkünfte, für die diese ausländische Gesellschaft Zwischengesellschaft (z. B. Holding) ist, bei jedem von ihnen mit dem Teil steuerpflichtig, der auf die ihm zuzurechnende Beteiligung am Nennkapital der ausländischen Gesellschaft entfällt. Nach § 7 Abs. 2 AStG sind unbeschränkt Steuerpflichtige an einer ausländischen Gesellschaft dann zu mehr als der Hälfte beteiligt, wenn ihnen allein oder zusammen mit Personen im Sinne des § 2 AStG am Ende des Wirtschaftsjahres der Gesellschaft, in dem sie die Einkünfte nach § 7 Abs. 1 AStG bezogen haben (maßgebendes Wirtschaftsjahr), mehr als 50 v. H. der Anteile oder der Stimmrechte an der ausländischen Gesellschaft zuzurechnen sind.

Dabei sind auch Anteile oder Stimmrechte zu berücksichtigen, die durch eine andere Gesellschaft vermittelt werden, und zwar in dem Verhältnis, das den Anteilen und Stimmrechten an der zu vermittelnden Gesellschaft zu den gesamten Anteilen oder Stimmrechten an dieser Gesellschaft entspricht. Wenn unbeschränkt Steuerpflichtige unmittelbar oder über Personengesellschaften an einer Personengesellschaft beteiligt sind, die ihrerseits an einer ausländischen Gesellschaft beteiligt ist, so gelten sie als an der ausländischen Gesellschaft beteiligt.

556   § 8 AStG bestimmt, was zuzurechnende Einkünfte von Zwischengesellschaften sind. Danach müssen die zuzurechnenden Einkünfte einer niedrigeren Besteuerung unterliegen und nicht stammen aus:

1. der Land- und Forstwirtschaft,

2. der Herstellung, Bearbeitung, Verarbeitung oder Montage von Sachen, der Erzeugung von Energie sowie dem Aufsuchen und der Gewinnung von Bodenschätzen,

3. dem Betrieb von Kreditinstituten oder Versicherungsunternehmen, die für ihre Geschäfte einen in kaufmännischer Weise eingerichteten Betrieb unterhalten,

4. dem Handel, soweit nicht
   a) ein unbeschränkt Steuerpflichtiger, der gemäß § 7 AStG an der ausländischen Gesellschaft beteiligt ist, oder eine einem solchen Steuerpflichtigen im Sinne des § 1 Abs. 2 AStG nahestehende Person die gehandelten Güter oder Waren aus dem Inland an die ausländische Gesellschaft liefert, oder
   b) die Güter oder Waren von der ausländischen Gesellschaft in das Inland an einen solchen Steuerpflichtigen oder eine solche nahestehende Person geliefert werden,
   es sei denn, daß der Steuerpflichtige nachweist, daß die ausländische Gesellschaft einen für derartige Handelsgeschäfte in kaufmännischer

Weise eingerichteten Geschäftsbetrieb unter Teilnahme am allgemeinen wirtschaftlichen Verkehr unterhält und die zur Vorbereitung, dem Abschluß und der Ausführung der Geschäfte gehörenden Tätigkeiten ohne Mitwirkung eines solchen Steuerpflichtigen oder einer solchen nahestehenden Person ausübt,

5. Dienstleistungen, soweit nicht
   a) die ausländische Gesellschaft für die Dienstleistung sich eines unbeschränkt Steuerpflichtigen, der gemäß § 7 AStG an ihr beteiligt ist, oder einer einem solchen Steuerpflichtigen im Sinne des § 1 Abs. 2 AStG nahestehenden Person bedient, die mit ihren Einkünften aus der von ihr beigetragenen Leistung im Geltungsbereich dieses Gesetzes steuerpflichtig ist, oder
   b) die ausländische Gesellschaft die Dienstleistung eines solchen Steuerpflichtigen oder einer solchen nahestehenden Person erbringt, es sei denn, der Steuerpflichtige weist nach, daß die ausländische Gesellschaft einen für das Bewirken der derartiger Dienstleistungen eingerichteten Geschäftsbetrieb unter Teilnahme am allgemeinen wirtschaftlichen Verkehr unterhält und die zu der Dienstleistung gehörenden Tätigkeiten ohne Mitwirkung eines solchen Steuerpflichtigen oder einer solchen nahestehenden Person ausübt,

6. der Vermietung und Verpachtung, ausgenommen
   a) die Überlassung der Nutzung von Rechten, Plänen, Mustern, Verfahren, Erfahrungen und Kenntnissen, es sei denn, der Steuerpflichtige weist nach, daß die ausländische Gesellschaft die Ergebnisse eigener Forschungs- oder Entwicklungsarbeit auswertet, die ohne Mitwirkung eines Steuerpflichtigen, der gemäß § 7 AStG an der Gesellschaft beteiligt ist, oder einer einem solchen Steuerpflichtigen im Sinne des § 1 Abs. 2 AStG nahestehenden Person unternommen worden ist,
   b) die Vermietung oder Verpachtung von Grundstücken, es sei denn, der Steuerpflichtige weist nach, daß die Einkünfte daraus nach einem Abkommen zur Vermeidung der Doppelbesteuerung steuerbefreit wären, wenn sie von den beschränkt Steuerpflichtigen, die gemäß § 7 AStG an der ausländischen Gesellschaft beteiligt sind, unmittelbar bezogen worden wären und
   c) die Vermietung oder Verpachtung von beweglichen Sachen, es sei denn, der Steuerpflichtige weist nach, daß die ausländische Gesellschaft einen Geschäftsbetrieb gewerbsmäßiger Vermietung oder Verpachtung unter Teilnahme am allgemeinen wirtschaftlichen Verkehr unterhält und alle zu einer solchen gewerbsmäßigen Vermietung oder Verpachtung gehörenden Tätigkeiten ohne Mitwirkung eines unbeschränkt Steuerpflichtigen, der gemäß § 7 AStG an ihr beteiligt ist, oder einer einem solchen Steuerpflichtigen im Sinne des § 1 Abs. 2 AStG nahestehenden Person ausübt,

7. der Aufnahme und darlehensweisen Vergabe von Kapital, für das der Steuerpflichtige nachweist, daß es ausschließlich auf inländischen Kapitalmärkten aufgenommen und auf Dauer im Ausland gelegenen Betrieben oder Betriebsstätten, die ihre Bruttoerträge ausschließlich oder fast ausschließlich aus einer der vorstehend unter Nr. 1 bis 6 genannten Tätigkeiten beziehen, zugeführt wird.

557   Nach § 8 Abs. 3 AStG liegt eine niedrigere Besteuerung vor, wenn die Einkünfte weder im Staat der Geschäftsleitung noch im Staat des Sitzes der ausländischen Gesellschaft einer Belastung durch Ertragsteuern von 30 v. H. oder mehr unterliegen, ohne daß dies auf einem Ausgleich mit Einkünften aus anderen Quellen beruht, oder wenn die danach in Betracht zu ziehende Steuer nach dem Recht des betreffenden Staates um Steuern gemindert wird, welche die Gesellschaft, von der die Einkünfte stammen, zu tragen hat. Soweit also die Belastung durch Ertragsteuer im Ausland bei der betreffenden ausländischen Gesellschaft mehr als 30 v. H. beträgt, entfällt schon deshalb die Zugriffsbesteuerung nach § 7 AStG. Da z. B. die Ertragsteuerbelastung von Kapitalgesellschaften in den einzelnen Kantonen der Schweiz schon heute in der Regel über 30 v. H. liegt, ist die Zugriffsbesteuerung auf den in der ausländischen Gesellschaft entstandenen Gewinn bei dem inländischen Steuerpflichtigen heute schon oftmals überholt.

558   Wegen der Bestimmungen des § 9 AStG betreffend die Freigrenze bei gemischten Einkünften, des § 10 AStG betreffend den Hinzurechnungsbetrag, des § 11 AStG betreffend die Behandlung der ausgeschütteten Gewinnanteile, § 12 AStG betreffend die Steueranrechnung, § 13 AStG betreffend die Schachteldividenden und § 14 AStG betreffend nachgeschaltete Zwischengesellschaften muß auf den Wortlaut verwiesen werden.

559   Das AStG ist nur sehr schwer verständlich. Finanzgerichtliche Rechtsprechung liegt, obwohl das Gesetz bereits seit 1972 in Kraft ist, zur Frage der Zugriffsbesteuerung mit den hinzuzurechnenden ausländischen Gewinnen kaum vor.

e) Familienstiftung

560   Nach § 15 Abs. 1 AStG werden Vermögen und Einkommen einer Familienstiftung, die Geschäftsleitung und Sitz im Ausland hat, dem Stifter, wenn er unbeschränkt steuerpflichtig ist, sonst den unbeschränkt steuerpflichtigen Personen, die bezugsberechtigt oder anfallsberechtigt sind, entsprechend ihrem Anteil zugerechnet.

f) Ermittlung und Verfahren

561   Für den Steuerpflichtigen bestehen erweiterte Pflichten zur Mitwirkung und zur Sachverhaltsaufklärung. Der Steuerpflichtige hat nach § 17 AStG die notwendigen Auskünfte zu erteilen und auf Verlangen der Finanzverwaltung insbesondere

Heinrich Günther

1. die Geschäftsbeziehungen zu offenbaren, die zwischen der Gesellschaft und einem so beteiligten unbeschränkt Steuerpflichtigen oder einer einem solchen im Sinne des § 1 Abs. 2 AStG nahestehenden Person bestehen,
2. die für die Anwendung der §§ 7 bis 14 AStG sachdienlichen Unterlagen einschließlich der Bilanzen und der Erfolgsrechnung vorzulegen.

Muß eine Schätzung nach § 162 AO für die Ermittlung der Einkünfte 562 durchgeführt werden, so ist mangels anderer geeigneter Anhaltspunkte bei der Schätzung als Anhaltspunkt von mindestens 20 v. H. des gemeinen Wertes der von den unbeschränkt Steuerpflichtigen gehaltenen Anteile auszugehen.

Die Besteuerungsgrundlagen für die Anwendung der §§ 7 bis 14 AStG 563 werden nach § 18 AStG gesondert festgestellt. Sind an der ausländischen Gesellschaft mehrere unbeschränkt Steuerpflichtige beteiligt, so wird die gesonderte Feststellung ihnen gegenüber einheitlich vorgenommen.

Die Finanzverwaltung hat für den Bereich einzelner Oberfinanzdirektionsbezirke jeweils ein Finanzamt für die gesonderte Feststellung als zuständig bestimmt.

5. Entwicklungshilfe

Rechtsgrundlagen: Gesetz über steuerliche Maßnahmen zur Förderung von privaten Kapitalanlagen in Entwicklungsländern (Entwicklungsländer-Steuergesetz – EntwLStG) in der Fassung vom 21. 5. 1979 (BGBl. I S. 564), zuletzt geändert durch Gesetz vom 22. 12. 1981 (BGBl. I S. 1523)

Nach dem EntwLStG können Steuerpflichtige mit ordnungsmäßiger 564 Buchführung Kapitalanlagen in Entwicklungsländern in der Weise vornehmen, daß sie zu Lasten des Gewinns des inländischen Betriebes eine Rücklage bilden.

Die Rücklage darf bei Kapitalanlagen
1. in Entwicklungsländern der Gruppe 1 (§ 6 Abs. 1 des Gesetzes) 100 v. H. und
2. in Entwicklungsländern der Gruppe 2 (§ 6 Abs. 1 des Gesetzes)   40 v. H. der Anschaffungs- oder Herstellungskosten der Kapitalanlagen nicht übersteigen.

Die Rücklage muß spätestens vom sechsten auf ihre Bildung folgenden 565 Wirtschaftsjahr an gewinnerhöhend aufgelöst werden
1. bei Kapitalanlagen in Entwicklungsländern der Gruppe 1 jährlich mit mindestens einem Zwölftel
2. bei Kapitalanlagen in Entwicklungsländern der Gruppe 2 unter bestimmten Voraussetzungen mit jährlich mindestens einem Zwölftel, im übrigen jährlich mit mindestens einem Sechstel.

Heinrich Günther   389

Die Bildung und die Auflösung der Rücklage müssen in der Buchführung verfolgt werden können.

566 Nach § 1 Abs. 2 des Gesetzes können bei Kapitalanlagen in Entwicklungsländern der Gruppe 2, bei denen die besondere Förderungswürdigkeit für die Rohstoff- oder energiepolitische Zusammenarbeit bestätigt worden ist, Rücklagen bis zur Höhe von 60 v. H. der Anschaffungs- oder Herstellungskosten gebildet werden, die spätestens vom sechsten auf ihre Bildung folgenden Wirtschaftsjahr an jährlich mit mindestens einem Zwölftel aufzulösen ist.

567 Was Kapitalanlagen in Entwicklungsländern im einzelnen sind, bestimmt § 1 Abs. 3 des Gesetzes.

568 Nach § 2 des Gesetzes ist ferner die Bildung einer steuerfreien Rücklage für Beteiligungen an Kapitalgesellschaften in Entwicklungsländer möglich, die von der Entwicklungsgesellschaft erworben werden.

569 Die Vorschriften des EntwLStG gelten auch für die Ermittlung des Gewerbeertrages und für die Vermögensteuer.

6. Kapitalerhöhung aus Gesellschaftsmitteln

Rechtsgrundlagen: Gesetz über die Kapitalerhöhung aus Gesellschaftsmitteln und über die Verschmelzung von Gesellschaften mit beschränkter Haftung vom 23. 12. 1959 (BGBl. I S. 789), zuletzt geändert durch das Bilanzrichtlinien-Gesetz vom 19. 12. 1985 (BGBl. I S. 2355); für Aktiengesellschaften: §§ 207 bis 220 AktG; Gesetz über steuerrechtliche Maßnahmen bei Erhöhung des Nennkapitals aus Gesellschaftsmitteln in der Fassung vom 10. 10. 1967 (BGBl. I S. 977), zuletzt geändert durch Gesetz vom 22. 12. 1983 (BGBl. I S. 1592)

570 Nach § 1 des Gesetzes vom 10. 10. 1967 gehört, wenn eine Kapitalgesellschaft (Aktiengesellschaft, Kommanditgesellschaft auf Aktien, Gesellschaft mit beschränkter Haftung) das Nennkapital durch Umwandlung von Rücklagen in Nennkapital erhöht, der Wert der neuen Anteilsrechte nicht zu den Einkünften nach § 2 Abs. 1 EStG und unterliegt nicht der Gesellschaftsteuer nach § 2 Abs. 1 Nr. 1 des Kapitalverkehrsteuergesetzes.

571 Wenn für die Erhöhung des Nennkapitals eine Rücklage als verwendet gilt, die aus dem Gewinn eines vor dem 1. 1. 1977 abgelaufenen Wirtschaftsjahres gebildet worden ist, und wenn das Nennkapital innerhalb von fünf Jahren nach der Erhöhung herabgesetzt wird, so gilt die Rückzahlung dieses Teils des Nennkapitals als Gewinnanteil. § 41 Abs. 2 KStG ist anzuwenden. Die auf diese Gewinnanteile entfallenden Steuern vom Einkommen der Gesellschafter werden im Wege der Pauschbesteuerung von der Kapitalgesellschaft mit 30 v. H. der Gewinnanteile erhoben (§ 5 des Gesetzes).

Heinrich Günther

Wenn eine Kapitalgesellschaft innerhalb von fünf Jahren nach Erhöhung des Nennkapitals ihr Nennkapital herabsetzt und sie die dadurch frei werdenden Mittel ganz oder teilweise an die Gesellschafter zurückzahlt, so gelten als Anschaffungskosten der nach der Kapitalherabsetzung verbleibenden Anteilsrechte die Beträge, die sich für die einzelnen Anteilsrechte ergeben, wenn die Anschaffungskosten der vor der Kapitalherabsetzung verbleibenden Anteilsrechte nach dem Verhältnis der Nennbeträge verteilt werden (§ 6 des Gesetzes). **572**

Die steuerrechtlichen Vorschriften über die Erhöhung des Nennkapitals aus Gesellschaftsmitteln gelten auch für Anteilsrechte an ausländischen Gesellschaften, wenn gemäß § 7 des Gesetzes eine Vergleichbarkeit und Entsprechung mit den entsprechenden ausländischen Maßnahmen besteht. **573**

7. Andere Gesetze

a) *Investitionszulagengesetz* (InvZulG) in der Fassung vom 28. 1. 1986 (BGBl. I S. 231) **574**

Das InvZulG gewährt Investitionszulagen für Investitionen im Zonenrandgebiet mit 10 v. H. und in anderen förderungsbedürftigen Gebieten in Höhe von 8,75 v. H. aus den Anschaffungs- oder Herstellungskosten der im Wirtschaftsjahr angeschafften oder hergestellten Wirtschaftsgüter einschließlich Ausbauten und Erweiterungen, ferner für bestimmte Investitionen im Bereich der Forschung und Entwicklung sowie der Energieerzeugung und -Verteilung. **575**

b) *Gesetz über eine Investitionszulage für Investitionen in der Eisen- und Stahlindustrie* vom 22. 12. 1981 (BGBl. I S. 1523), zuletzt geändert durch Gesetz am 19. 12. 1985 (BGBl. I S. 2436). **576**

c) *Gesetz zur Förderung des Zonenrandgebietes* (Zonenrandförderungsgesetz) vom 5. 8. 1971 (BGBl. I S. 1237), zuletzt geändert durch das Gesetz vom 19. 12. 1985 (BGBl. I S. 2436) **577**

Das Gesetz gewährt für die in der Anlage zu § 9 des Gesetzes aufgeführten Zonenrandgebiete insbesondere Sonderabschreibungen
aa) bei beweglichen Wirtschaftsgütern des Anlagevermögens von 50 v. H.,
bb) bei unbeweglichen Wirtschaftsgütern des Anlagevermögens von 50 v. H. der Anschaffungs- oder Herstellungskosten für das Jahr der Anschaffung oder Herstellung und in den vier folgenden Jahren neben den normalen Absetzungen für Abnutzung nach § 7 Abs. 1 oder Abs. 4 EStG.

d) *Bundesbaugesetz* in der Fassung vom 8. 12. 1986 (BGBl. I S. 2253, in Kraft ab 1. 7. 1987) **578**

Das Gesetz sieht unter bestimmten Voraussetzungen die Befreiung von der Grunderwerbsteuer, den Erlaß von Grundsteuer und Gewerbesteuer, die

Gesellschaftssteuerfreiheit sowie die Begünstigung von Veräußerungsgewinnen durch Rücklagenbildung nach § 6 b EStG vor.

579   e) *Gesetz über steuerliche Maßnahmen bei Auslandsinvestitionen der deutschen Wirtschaft* vom 18. 8. 1969 (BGBl. I S. 1211, 1214), zuletzt geändert durch Gesetz vom 22. 12. 1981 (BGBl. I S. 1523)

Das Gesetz ermöglicht die Bildung steuerfreier Rücklagen bei Überführung bestimmter Wirtschaftsgüter in Gesellschaften, Betriebe und Betriebsstätten im Ausland, den Abzug ausländischer Verluste bei Doppelbesteuerungsabkommen, die Bildung von steuerfreien Rücklagen für Verluste von ausländischen Tochtergesellschaften und deren Anwendung auch bei der Ermittlung des Gewerbeertrages bei der Gewerbesteuer.

580   f) *Gesetz über Kapitalanlagegesellschaften* vom 14. 1. 1980 (BGBl. I S. 127), zuletzt geändert durch Gesetz vom 19. 12. 1986 (BGBl. I S. 2595)

Das Gesetz befreit unter bestimmten Voraussetzungen das Wertpapier-Sondervermögen von der Körperschaft-, Gewerbe- und Vermögensteuer.

581   g) *Gesetz über Unternehmensbeteiligungsgesellschaften* vom 17. 12. 1986 (BGBl. I S. 2488)

Das Gesetz sieht Vergünstigungen bei der Vermögen-, Gewerbe- und Umsatzsteuer vor.

582   h) *Gesetz zur Verbesserung der betrieblichen Altersversorgung* vom 19. 12. 1974 (BGBl. I S. 3610), zuletzt geändert durch Gesetz vom 8. 12. 1986 (BGBl. I S. 2317), mit den in die Steuergesetze eingearbeiteten Änderungen der steuerlichen Vorschriften des EStG, KStG, GewStG, Versicherungssteuergesetz, UStG.

B. Formelles Steuerrecht

I. Gesetzgebungskompetenz

Rechtsgrundlage: Artikel 104 a bis Artikel 115 des Grundgesetzes für die Bundesrepublik Deutschland vom 23. 5. 1949 (BGBl. I S. 1), zuletzt geändert durch das Gesetz vom 21. 12. 1983 (BGBl. I S. 1481)

Das Grundgesetz regelt die Zuständigkeit für die Gesetzgebung über Zölle, Monopole und Steuern (Artikel 105). Es regelt ferner in Artikel 106, welches Steueraufkommen dem Bund zusteht (im wesentlichen Zölle, Kapitalverkehrsteuern, Versicherungssteuer, Wechselsteuer, Abgaben im Rahmen der Europäischen Gemeinschaften), welches Aufkommen den Ländern zusteht (Vermögensteuer, Erbschaftsteuer, Kraftfahrzeugsteuer, Biersteuer, Abgabe von Spielbanken), welches Aufkommen dem Bund und den Ländern gemeinsam zusteht (Einkommensteuer, Körperschaftsteuer und Umsatzsteuer) und welches Aufkommen den Gemeinden zusteht (im wesentlichen Gewerbesteuer, Grundsteuer, örtliche Verbrauchs- und Aufwandsteuern). Darüber hinaus regelt das Grundgesetz in Artikel 107 den Finanzausgleich, in Artikel 108 die Finanzverwaltung, in Artikel 109 die Haushaltstrennung von Bund und Ländern, in Artikel 110 den Haushaltsplan des Bundes sowie in Artikel 114 die Rechnungslegung und den Rechnungshof. **583**

II. Behördenorganisation

Rechtsgrundlage: Gesetz über die Finanzverwaltung (FVG) in der Fassung vom 30. 8. 1971 (BGBl. I S. 1426), zuletzt geändert durch Gesetz vom 19. 12. 1986 (BGBl. I S. 2436); Verordnung zur Durchführung des § 5 Abs. 2 des Finanzverwaltungsgesetzes vom 22. 8. 1987 (BGBl. I S. 1678)

Bundesfinanzbehörden sind **584**
1. *als oberste Behörde:*
   der Bundesminister der Finanzen;
2. *als Oberbehörden:*
   die Bundesschuldenverwaltung, die Bundesmonopolverwaltung für Branntwein, das Bundesamt für Finanzen, das Bundesaufsichtsamt für das Kreditwesen und das Bundesaufsichtsamt für das Versicherungswesen;

3. *als Mittelbehörden:*
die Oberfinanzdirektionen;
4. *als örtliche Behörden:*
die Hauptzollämter einschließlich ihrer Dienststellen (Zollämter, Grenz-
kontrollstellen, Zollkommissariate, die Zollfahndungsämter, die Bundes-
vermögensämter und die Bundesforstämter).

585 *Landesfinanzbehörden* sind
1. *als oberste Behörde:*
die für die Finanzverwaltung zuständige oberste Landesbehörde;
2. *als Mittelbehörden:*
die Oberfinanzdirektionen;
3. *als örtliche Behörden:*
die Finanzämter

586 Die Oberfinanzdirektion leitet die Finanzverwaltung des Bundes und des
Landes in ihrem Bezirk. Die Oberfinanzdirektion gliedert sich in eine Zoll-
und Verbrauchsteuerabteilung, eine Bundesvermögensabteilung und eine
Besitz- und Verkehrsteuerabteilung. Außerdem kann eine Landesvermö-
gens- und Bauabteilung eingerichtet werden.

Die Hauptzollämter sind als örtliche Bundesbehörden für die Verwaltung
der Zölle, der bundesgesetzlich geregelten Verbrauchsteuern einschließlich
der Einfuhrumsatzsteuer und der Biersteuer, für die zollamtliche Überwachung des Warenverkehrs über die Grenze, für die Grenzaufsicht und für
die ihnen sonst übertragenen Aufgaben zuständig.

Die Finanzämter sind als örtliche Landesbehörden für die Verwaltung der
Steuern mit Ausnahme der Zölle und der bundesgesetzlich geregelten Ver-
brauchsteuern sowie für die ihnen sonst übertragenen Aufgaben zuständig.
Ihnen obliegt die Veranlagung aller Steuern.

III. Abgabenordnung und Nebengesetze

Rechtsgrundlagen:

1. Abgabenordnung (AO 1977) in der Fassung vom 16. 3. 1976 (BGBl. I
S. 613), zuletzt geändert durch Gesetz vom 27. 1. 1987 (BGBl. I S. 2355)
2. Verwaltungszustellungsgesetz (VwZG) vom 3. 7. 1952, zuletzt geändert
durch Gesetz vom 14. 12. 1976 (BGBl. I S. 3341)
3. Gesetz über die Steuerberechtigung und Zerlegung bei der Einkommensteuer und Körperschaftsteuer (Zerlegungsgesetz) in der Fassung vom
25. 2. 1971 (BGBl. I S. 145), zuletzt geändert durch Gesetz vom
22. 1. 1987 (BGBl. I S. 470)
4. Gesetz zur Durchführung der EG-Richtlinie über die gegenseitige Amtshilfe im Bereich der direkten Steuern und der Mehrwertsteuer (EG-
Amtshilfe-Gesetz) vom 19. 12. 1985 (BGBl. 1985 I S. 2436)

Heinrich Günther

5. Dazu ergänzend:
   a) Anwendungserlaß zur AO (AEAO) vom 24. 9. 1987 (BStBl. 1987 I S. 664)
   b) Allgemeine Verwaltungsvorschrift für die Betriebsprüfung – Betriebsprüfungsordnung – vom 17. 12. 1987 (BAnz. Nr. 241 a vom 24. 12. 1987)
   c) sogenannter Bankenerlaß, Schreiben des Bundesministers der Finanzen vom 31. 8. 1979 (BStBl. 1979 I S. 590)

Kommentare: *Ax/Fuchs,* Abgabenordnung und Finanzgerichtsordnung; *Bekker/Riewald/Koch,* Kommentar zur Abgabenordnung; *Koch,* Abgabenordnung; *Kühn/Kutter/Hofmann,* Kommentar zur Abgabenordnung, Finanzgerichtsordnung mit Finanzverwaltungsgesetz und Nebengesetzen; *Hübschmann/Hepp/Spitaler,* Kommentar zur Abgabenordnung, Finanzgerichtsordnung mit den Nebengesetzen; *Tipke/Kruse,* Kommentar zur Abgabenordnung und Finanzgerichtsordnung

Erster Teil: Einleitende Vorschriften

Nach § 1 AO gilt diese für alle Steuern einschließlich der Steuervergütungen, die durch Bundesrecht oder Recht der europäischen Gemeinschaften geregelt sind, soweit sie durch Bundesfinanzbehörden oder durch Landesfinanzbehörden verwaltet werden. Sie gilt entsprechend auch für die den Gemeinden übertragene Verwaltung der Realsteuern (Grundsteuer und Gewerbesteuer). 587

Nach § 3 Abs. 1 sind Steuern Geldleistungen, die nicht eine Gegenleistung für eine besondere Leistung darstellen und von einem öffentlich-rechtlichen Gemeinwesen zur Erzielung von Einnahmen allen auferlegt werden, bei denen der Tatbestand zutrifft, an den das Gesetz die Leistungspflicht knüpft. Die Erzielung von Einnahmen kann Nebenzweck sein. Zölle und Abschöpfungen sind Steuern im Sinne der AO. 588

Folgende steuerliche *Begriffsbestimmungen* gelten für das *gesamte* Steuerrecht: 589

a) § 8 AO *Wohnsitz:*
Einen Wohnsitz hat jemand dort, wo er eine Wohnung unter Umständen inne hat, die darauf schließen lassen, daß er die Wohnung beibehalten wird.

b) § 9 AO *Gewöhnlicher Aufenthalt:*
Den gewöhnlichen Aufenthalt hat jemand dort, wo er sich unter Umständen aufhält, die erkennen lassen, daß er an diesem Ort oder in diesem Gebiet nicht nur vorübergehend verweilt.

c) § 10 AO *Geschäftsleitung:*
Geschäftsleitung ist der Mittelpunkt der geschäftlichen Oberleitung.

d) § 11 AO *Sitz:*
Den Sitz hat eine Körperschaft, Personenvereinigung oder Vermögensmassen an dem Ort, der durch Gesetz, Gesellschaftsvertrag, Satzung, Stiftungsgeschäft oder dergleichen bestimmt ist.

e) § 12 AO *Betriebsstätte:*
Betriebsstätte ist jede feste Geschäftseinrichtung oder Anlage, die der Tätigkeit eines Unternehmens dient. Dazu gehören auch Bauausführungen oder Montagen, die länger als sechs Monate dauern.

f) § 13 AO *ständiger Vertreter:*
Ständiger Vertreter ist eine Person, die nachhaltig die Geschäfte des Unternehmens besorgt und dabei dessen Sachweisungen unterliegt.

g) § 14 AO *wirtschaftlicher Geschäftsbetrieb:*
Wirtschaftlicher Geschäftsbetrieb ist eine selbständige nachhaltige Tätigkeit, durch die Einnahmen oder andere wirtschaftliche Vorteile erzielt werden und die über den Rahmen einer Vermögensverwaltung hinausgeht. Die Absicht, Gewinn zu erzielen, ist nicht erforderlich. Eine *Vermögensverwaltung* liegt in der Regel vor, wenn Vermögen genutzt, z. B. Kapitalvermögen verzinslich angelegt oder unbewegliches Vermögen vermietet oder verpachtet wird.

h) § 15 AO *Angehörige:*
Angehörige sind
1. der Verlobte,
2. der Ehegatte,
3. Verwandte oder Verschwägerte in gerader Linie,
4. Geschwister,
5. Kinder der Geschwister,
6. Ehegatten der Geschwister und Geschwister der Ehegatten,
7. Geschwister der Eltern,
8. Personen, die durch ein auf längere Dauer angelegtes Pflegeverhältnis mit häuslicher Gemeinschaft wie Eltern und Kinder miteinander verbunden sind (Pflegeeltern und Pflegekinder).

590　Die *sachliche* Zuständigkeit der Finanzbehörden richtet sich, soweit nichts anderes bestimmt ist, nach dem Gesetz über die Finanzverwaltung.

591　Die *örtliche* Zuständigkeit bestimmt sich nach den §§ 18 bis 29 AO.
Nach § 18 AO ist für gesonderte Feststellungen zuständig
1. bei Betrieben der Land- und Forstwirtschaft das Lagefinanzamt,
2. bei gewerblichen Betrieben das Betriebsfinanzamt,
3. bei freiberuflicher Tätigkeit das Finanzamt, von dessen Bezirk aus die Berufstätigkeit vorwiegend ausgeübt wird,
4. bei einer Beteiligung mehrerer Personen an anderen Einkünften aus Einkünften aus Land- und Forstwirtschaft, aus Gewerbebetrieb oder freibe-

ruflicher Arbeit das Finanzamt, von dessen Bezirk die Verwaltung dieser Einkünfte ausgeht (z. B. Verwaltung durch einen Testamentsvollstrcker).

Für die Besteuerung *natürlicher Personen* nach dem Einkommen und Ver- **592** mögen ist das Finanzamt *örtlich* zuständig, in dessen Bezirk der Steuerpflichtige seinen Wohnsitz oder in Ermangelung eines Wohnsitzes seinen gewöhnlichen Aufenthalt hat (Wohnsitzfinanzamt), für die Besteuerung von *Körperschaften, Personenvereinigungen und Vermögensmassen* nach dem Einkommen und Vermögen das Finanzamt, in dessen Bezirk sich die Geschäftsleitung befindet.

§ 30 AO regelt das *Steuergeheimnis.* Die Verhältnisse eines Steuerpflichti- **593** gen sollen vor der Offenbarung geschützt werden. Amtsträger (Finanzbeamte, Richter und sonstige Personen, die dazu bestellt sind, öffentliche Aufgaben wahrzunehmen), haben das Steuergeheimnis zu wahren (§ 30 Abs. 1 AO).

Ein Amtsträger verletzt das Steuergeheimnis, wenn er
1. die Verhältnisse eines anderen, die ihm
   a) in einem Verwaltungsverfahren oder einem gerichtlichen Verfahren in Steuersachen,
   b) in einem Strafverfahren oder in einem Steuerstrafverfahren oder einem Bußgeldverfahren wegen einer Steuerordnungswidrigkeit,
   c) aus anderem Anlaß durch Mitteilung einer Finanzbehörde oder durch die gesetzlich vorgeschriebene Vorlage eines Steuerbescheides oder einer Bescheinigung über die bei der Besteuerung getroffenen Feststellungen
   bekannt geworden sind, oder
2. ein fremdes Betriebs- oder Geschäftsgeheimnis, das ihm in einem der in Nr. 1 genannten Verfahren bekannt geworden ist,
   unbefugt offenbart oder verwertet.

Die Pflicht, das Steuergeheimnis zu bewahren, gilt für den Amtsträger **594** nicht, soweit eine Offenbarung der erlangten Kenntnisse der Durchführung eines Besteuerungsverfahrens, Steuerstrafverfahrens oder Bußgeldverfahrens dient und durch Gesetz ausdrücklich zugelassen ist oder der Betroffene zustimmt. Die Zulässigkeit von sogenannten Kontrollmitteilungen findet in diesen Bestimmungen ihre Rechtsgrundlage. Die Offenbarung ist auch dann zulässig, wenn an ihr ein zwingendes öffentliches Interesse besteht. Dies ist insbesondere dann gegeben, wenn
a) Verbrechen oder vorsätzliche schwere Vergehen gegen Leib und Leben oder gegen den Staat und seine Einrichtungen verfolgt werden oder verfolgt werden sollen,
b) Wirtschaftsstraftaten verfolgt werden oder verfolgt werden sollen, die nach ihrer Begehungsweise oder wegen des Umfanges des durch sie verursachten Schadens geeignet sind, die wirtschaftliche Ordnung erheblich zu stören und das Vertrauen der Allgemeinheit auf Redlichkeit des

geschäftlichen Verkehrs oder auf die ordnungsgemäße Arbeit der Behörden und der öffentlichen Einrichtungen erheblich zu erschüttern oder

c) die Offenbarung erforderlich ist zur Richtigstellung in der Öffentlichkeit verbreiteter unwahrer Tatsachen, die geeignet sind, das Vertrauen in die Verwaltung erheblich zu erschüttern.

595   Nach § 31 AO sind die Finanzbehörden auch berechtigt, Besteuerungsgrundlagen, Steuermeßbeträge und Steuerbeträge an Körperschaften des öffentlichen Rechts einschließlich der Religionsgemeinschaften, die Körperschaften des öffentlichen Rechts sind, zur Festsetzung von solchen Abgaben mitzuteilen, die an diese Besteuerungsgrundlagen, Steuermeßbeträge oder Steuerbeträge anknüpfen. Entsprechendes gilt auch für die Mitteilung an die Träger der gesetzlichen Sozialversicherungen zum Zwecke der Festsetzung von Beiträgen.

Zweiter Teil: Steuerschuldrecht

596   Nach § 33 Abs. 1 ist *Steuerpflichtiger,* wer eine Steuer schuldet, für eine Steuer haftet, eine Steuer für Rechnung eines Dritten einzubehalten und abzuführen hat, wer eine Steuererklärung abzugeben hat, Sicherheit zu leisten, Bücher und Aufzeichnungen zu führen oder andere ihm durch die Steuergesetze auferlegte Verpflichtungen zu erfüllen hat.

Die steuerlichen Pflichten einer natürlichen Person, die nicht geschäftsfähig ist, sowie juristischer Personen haben deren gesetzliche Vertreter zu erfüllen sowie die Geschäftsführer von nicht rechtsfähigen Personenvereinigungen und Vermögensmassen. Steht eine Vermögensverwaltung anderen Personen als den Eigentümern des Vermögens oder deren gesetzlichen Vertretern zu, so haben die Vermögensverwalter die Steuerpflichten zu erfüllen, soweit ihre Verwaltung reicht.

597   Nach § 37 Abs. 1 AO sind Ansprüche aus dem *Steuerschuldverhältnis* der Steueranspruch, der Steuervergütungsanspruch, der Haftungsanspruch, der Anspruch auf steuerliche Nebenleistungen, der Erstattungsanspruch sowie in einzelnen Steuergesetzen geregelte Steuererstattungsansprüche.

Die Ansprüche aus dem Steuerschuldverhältnis entstehen, sobald der Tatbestand verwirklicht ist, an den das Gesetz die Leistungspflicht knüpft (§ 38 AO). Diese Bestimmung verweist auf das einzelne Steuergesetz, in dem die Entstehung der Steuerschuld jeweils geregelt ist.

598   Nach § 39 AO sind die Wirtschaftsgüter dem Eigentümer zuzurechnen. Davon gibt es nach § 39 Abs. 2 AO zwei Ausnahmen:

1. Übt ein anderer als der Eigentümer die tatsächliche Herrschaft über ein Wirtschaftsgut in der Weise aus, daß er den Eigentümer im Regelfall für die gewöhnliche Nutzungsdauer von der Einwirkung auf das Wirtschaftsgut wirtschaftlich ausschließen kann, so ist ihm das Wirtschaftsgut

zuzurechnen (wirtschaftliches Eigentum). Bei Treuhandverhältnissen sind die Wirtschaftsgüter dem Treugeber, beim Sicherungseigentum dem Sicherungsgeber und beim Eigenbesitz dem Eigenbesitzer zuzurechnen.
2. Wirtschaftsgüter, die mehreren zur gesamten Hand zustehen, werden den Beteiligten anteilig zugerechnet, soweit eine getrennte Zurechnung für die Besteuerung erforderlich ist.

Für die Besteuerung ist es unerheblich, ob ein Verhalten, das den Tatbestand eines Steuergesetzes ganz oder zum Teil erfüllt, gegen ein gesetzliches Verbot oder Gebot oder gegen die guten Sitten verstößt (§ 40 AO). Ist ein Rechtsgeschäft unwirksam oder wird es unwirksam, so ist es für die Besteuerung unerheblich, soweit und solange die Beteiligten das wirtschaftliche Ergebnis dieses Rechtsgeschäftes gleichwohl eintreten und bestehen lassen. Dies gilt nicht, soweit sich aus den Steuergesetzen etwas anderes ergibt (§ 41 Abs. 1 AO). Scheingeschäfte und Scheinhandlungen sind für die Besteuerung unerheblich. Wird durch ein Scheingeschäft ein anderes Rechtsgeschäft verdeckt, so ist das verdeckte Rechtsgeschäft für die Besteuerung maßgebend (§ 40 Abs. 2 AO). **599**

Durch Mißbrauch von Gestaltungsmöglichkeiten des Rechts kann das Steuergesetz nicht umgangen werden (§ 42 AO). Liegt ein Mißbrauch vor, so entsteht der Anspruch so, wie er bei einer den wirtschaftlichen Vorgängen angemessenen rechtlichen Gestaltung entsteht. Jeder Steuerpflichtige hat das Recht, seine steuerlichen Verhältnisse so einzurichten, wie dies für ihn steuerlich am günstigsten ist. Dies wird dem Steuerpflichtigen nur verwehrt, wenn ein mißbräuchliches unangemessenes Verhalten vorliegt. Die Bestimmung ist eng anzulegen. Im Einzelfall ist es schwierig, die Grenzen des Mißbrauchs zu bestimmen. Die bisherige Rechtsprechung ist auf den Einzelfall abgestellt und hat noch keine klaren eindeutigen Abgrenzungsmerkmale gefunden. **600**

Wer Steuerschuldner oder Gläubiger einer Steuervergütung ist, bestimmt das einzelne Steuergesetz. Es bestimmt auch, ob ein Dritter die Steuer für Rechnung des Steuerschuldners zu entrichten hat (§ 43 AO). **601**

Personen, die nebeneinander dieselbe Leistung aus dem Steuerschuldverhältnis schulden oder für sie haften oder die zusammen zu einer Steuer zu veranlagen sind, sind Gesamtschuldner. Soweit nichts anderes bestimmt ist, schuldet jeder Gesamtschuldner die gesamte Leistung. Die Vorschriften über §§ 268 bis 280 AO über die Beschränkung der Vollstreckung in den Fällen der Zusammenveranlagung bleiben unberührt (§ 44 AO). **602**

Bei der Gesamtrechtsnachfolge gehen die Forderungen und Schulden aus dem Steuerschuldverhältnis auf den Rechtsnachfolger über (§ 45 Abs. 1 AO). Ansprüche auf Erstattung von Steuern, Haftungsbeträgen, steuerlichen Nebenleistungen und auf Steuervergütung können abgetreten, verpfändet und gepfändet werden. Weitere Einzelheiten ergeben sich aus § 46 AO. **603**

Heinrich Günther

604 Die Ansprüche aus dem Steuerschuldverhältnis erlöschen insbesondere durch Zahlung, Aufrechnung, Erlaß, Verjährung (im Gegensatz zum bürgerlichen Recht), ferner durch Eintritt der Bedingung bei auflösend bedingten Ansprüchen (§ 47 AO).

605 Wenn das Gesetz eine Steuervergünstigung gewährt, weil eine Körperschaft ausschließlich oder unmittelbar gemeinnützige, mildtätige oder kirchliche Zwecke (steuerbegünstigte Zwecke) verfolgt, so gelten nach § 51 AO die Vorschriften der §§ 52 bis 68 AO, in denen die Voraussetzungen geregelt sind, unter denen steuerbegünstigte Zwecke vorliegen. Auf die betreffenden Bestimmungen wird verwiesen.

606 Die Bestimmungen der §§ 69 bis 77 AO regeln die Haftung des Vertreters, des Vertretenen, des Steuerhinterziehers und des Steuerhehlers, die Haftung bei Verletzung der Pflicht zur Kontenwahrheit, bei Organschaft, die Haftung des Eigentümers von Gegenständen, die Haftung des Betriebsübernehmers, die Sachhaftung und die Duldungspflicht bei einer Vollstreckung in das Vermögen. Der Eigentümer hat die Zwangsvollstreckung in den Grundbesitz wegen einer Steuer zu dulden, die als öffentliche Last auf dem Grundbesitz ruht. Zugunsten der Finanzbehörde gilt als Eigentümer, der als solcher im Grundbuch eingetragen ist (§ 77 Abs. 2 AO).

Dritter Teil: Allgemeine Verfahrensvorschriften

Erster Abschnitt: Verfahrensgrundsätze

607 Die §§ 78 bis 81 AO behandeln die am Verfahren Beteiligten (§ 78 AO), die Fähigkeit zur Vornahme von Verfahrenshandlungen (§ 79 AO), die Bevollmächtigten und Beistände (§ 80 AO) sowie die Bestellung eines Vertreters von Amts wegen (§ 81 AO).

608 Ein Beteiligter kann zu Verhandlungen und Besprechungen mit einem Beistand erscheinen. Das von dem Beistand Vorgetragene gilt als von dem Beteiligten vorgebracht, soweit dieser nicht unverzüglich widerspricht (§ 80 Abs. 4 AO).

609 Für eine Finanzbehörde darf in einem Verwaltungsverfahren nicht tätig werden nach § 82 Abs. 1 AO,
1. der Selbstbeteiligte,
2. wer Angehöriger (§ 15 AO) eines Beteiligten ist,
3. wer einen Beteiligten kraft Gesetzes oder Vollmacht allgemein oder in diesem Verfahren vertritt,
4. wer Angehöriger (§ 15 AO) einer Person ist, die für einen Beteiligten in diesem Verfahren Hilfe in Steuersachen leistet,
5. wer bei einem Beteiligten gegen Entgelt beschäftigt ist oder bei ihm als Mitglied des Vorstandes, des Aufsichtsrates oder eines gleichartigen Organs tätig ist,

Heinrich Günther

6. wer außerhalb einer amtlichen Eigenschaft in der Angelegenheit ein Gutachten abgegeben hat oder sonst tätig geworden ist.

Liegt ein Grund vor, der geeignet ist, Mißtrauen gegen die Unparteilichkeit des Amtsträgers zu rechtfertigen oder wird von einem Beteiligten das Vorliegen eines solchen Grundes behauptet, so hat der Amtsträger den Leiter der Behörde oder den von ihm Beauftragten zu unterrichten und sich auf dessen Anordnung der Mitwirkung zu enthalten. Betrifft die Besorgnis der Befangenheit den Leiter der Behörde, so trifft diese Anordnung die Aufsichtsbehörde, sofern sich der Behördenleiter nicht selbst einer Mitwirkung enthält (§ 83 Abs. 1 AO).

Die §§ 85 bis 107 AO regeln die Besteuerungsgrundsätze, die Erhebung von Beweisen durch Auskünfte und Sachverständigengutachten, den Beweis durch Urkunden und Augenschein, Auskunfts- und Vorlageverweigerungsrechte sowie die Entschädigung der Auskunftspflichtigen und der Sachverständigen. **610**

Die Finanzbehörden haben Steuern nach Maßgabe der Gesetze gleichmäßig festzusetzen und zu erheben. Insbesondere haben sie sicherzustellen, daß Steuern nicht verkürzt, zu Unrecht erhoben oder Steuererstattungen und Steuervergütungen nicht zu Unrecht gewährt oder versagt werden (§ 85 AO). **611**

Die Finanzbehörde hat nach § 88 AO den Sachverhalt von Amts wegen zu ermitteln. Sie bestimmt Art und Umfang der Ermittlungen. An das Vorbringen und an die Beweisanträge der Beteiligten ist sie nicht gebunden. Der Umfang dieser Pflichten richtet sich nach den Umständen des Einzelfalles. Die Finanzbehörde hat alle für den Einzelfall bedeutsamen, auch die für die Beteiligten günstigen Umstände zu berücksichtigen. **612**

Die Aufklärungspflicht der Finanzbehörden wird durch die Mitwirkungspflicht der Beteiligten nach § 90 AO begrenzt. Die Finanzbehörden sind nicht verpflichtet, den Sachverhalt auf alle möglichen Ausnahmen hin zu erforschen. Für den Regelfall kann davon ausgegangen werden, daß die Angaben in der Steuererklärung vollständig und richtig sind. Zugunsten des Steuerpflichtigen ist auch die Verjährung von Amts wegen zu berücksichtigen.

Die Beteiligten sind zur Mitwirkung bei der Mitwirkung des Sachverhalts verpflichtet (§ 90 Abs. 1 AO). Sie kommen der Mitwirkungspflicht insbesondere dadurch nach, daß sie die für die Besteuerung erheblichen Tatsachen vollständig und wahrheitsgemäß offenlegen und die ihnen bekannten Beweismittel angeben. Bevor ein Verwaltungsakt erlassen wird, der in die Rechte eines Beteiligten eingreift, soll diesem Gelegenheit gegeben werden, sich zu den für die Entscheidung erheblichen Tatsachen zu äußern. **613**

Dies gilt insbesondere, wenn von dem in der Steuererklärung erklärten Sachverhalt zu Ungunsten des Steuerpflichtigen wesentlich abgewichen werden soll (§ 89 Abs. 1 AO). Ein Recht auf Akteneinsicht ist den Beteiligten im Steuerfestsetzungsverfahren nicht eingeräumt.

Die Finanzbehörde kann sich der Beweismittel bedienen, die sich nach pflichtgemäßem Ermessen zur Ermittlung des Sachverhaltes erforderlich hält. Sie kann insbesondere

1. Auskünfte jeder Art von den Beteiligten und anderen Personen einholen (§ 93 AO),
2. Sachverständige zuziehen (§ 96 AO),
3. Urkunden und Akten beiziehen (§ 97 AO),
4. den Augenschein einnehmen (§ 98 AO).

614 Die von der Finanzbehörde mit der Einnahme des Augenscheins betrauten Amtsträger und die Sachverständigen sind berechtigt, Grundstücke, Gebäude, Schiffe, umschlossene Betriebsvorrichtungen und ähnliche Einrichtungen während der üblichen Geschäfts- und Arbeitszeit zu betreten, soweit dies erforderlich ist, um im Besteuerungsinteresse Feststellungen zu treffen. Die betroffenen Personen sollen angemessene Zeit vorher benachrichtigt werden. Wohnräume dürfen gegen den Willen des Inhabers nur zur Verhütung dringender Gefahren für die öffentliche Sicherheit und Ordnung betreten werden (§ 99 Abs. 1 AO).

Maßnahmen nach § 99 Abs. 1 AO dürfen nicht zum Zweck angeordnet werden, nach unbekannten Gegenständen zu forschen.

615 Der Beteiligte und andere Personen haben der Finanzbehörde auf Verlangen Wertsachen (Geld, Wertpapiere, Kostbarkeiten) vorzulegen, soweit dies erforderlich ist, um im Besteuerungsinteresse Feststellungen über die Beschaffenheit und ihren Wert zu treffen. Dabei können auch Sachverständige zugezogen werden. Jedoch darf die Vorlage von Wertsachen nicht angeordnet werden, um nach unbekannten Gegenständen zu forschen (§ 100 AO).

616 In den §§ 101 bis 106 AO sind Auskunfts- und Vorlageverweigerungsrechte geregelt.

Nach § 101 AO können die Angehörigen (§ 15 AO) eines Beteiligten die Auskunft verweigern, soweit sie nicht selbst als Beteiligte über ihre eigenen steuerlichen Verhältnisse auskunftspflichtig sind oder die Auskunftspflicht für einen Beteiligten zu erfüllen haben. Die Angehörigen sind über das Auskunftsverweigerungsrecht zu belehren. Sie haben ferner das Recht, die Beeidigung ihrer Auskunft zu verweigern.

617 Nach § 102 Abs. 1 AO können ferner die Auskunft verweigern

1. Geistliche über das, was ihnen in ihrer Eigenschaft als Seelsorger anvertraut worden oder bekannt geworden ist,
2. Mitglieder des Bundestages, eines Landtages oder einer zweiten Kammer über Personen, die ihnen in ihrer Eigenschaft als Mitglieder dieser Organe oder denen sie in dieser Eigenschaft Tatsachen anvertraut haben, sowie über diese Tatsachen selbst,

Heinrich Günther

3. a) Verteidiger,
   b) Rechtsanwälte, Patentanwälte, Notare, Steuerberater, Wirtschaftsprüfer, Steuerbevollmächtigte, vereidigte Buchprüfer,
   c) Ärzte, Zahnärzte, Apotheker und Hebammen,
   über das, was ihnen in dieser Eigenschaft anvertraut oder bekannt geworden ist,
4. Personen, die bei der Vorbereitung, Herstellung oder Verbreitung von periodischen Druckwerken oder Rundfunksendungen berufsmäßig mitwirken oder mitgewirkt haben, über die Person des Verfassers, Einsenders, Gewährsmannes von Beiträgen und Unterlagen sowie über die ihnen im Hinblick auf ihre Tätigkeit gemachten Mitteilungen, soweit es sich um Beiträge, Unterlagen und Mitteilungen über den redaktionellen Teil handelt.

Nach § 102 Abs. 2 AO stehen den in Abs. 1 Nr. 1 bis 3 genannten Personen ihre Gehilfen und Personen gleich, die zur Vorbereitung auf den Beruf an der berufsmäßigen Tätigkeit teilnehmen.

Die in Abs. 1 Nr. 1 bis 3 genannten Personen dürfen die Auskunft nicht verweigern, wenn sie von der Verpflichtung zur Verschwiegenheit entbunden sind. Die Entbindung von der Verpflichtung zur Verschwiegenheit gilt auch für die Hilfspersonen.

Die gesetzlichen Anzeigepflichten der Notare bleiben unberührt. Soweit Anzeigepflichten bestehen, sind die Notare auch zur Vorlage von Urkunden und Erteilung weiterer Auskünfte verpflichtet (§ 102 Abs. 4 AO).

§ 103 AO regelt das Auskunftsverweigerungsrecht bei Gefahr der Verfolgung wegen einer Straftat oder Ordnungswidrigkeit und § 104 AO die Verweigerung der Erstattung eines Gutachtens und der Vorlage von Urkunden. Nach § 104 Abs. 2 AO kann die Vorlage von Urkunden und Wertsachen, die für den Beteiligten aufbewahrt werden, nicht verweigert werden, soweit der Beteiligte bei eigenem Gewahrsam zur Vorlage verpflichtet wäre. Für den Beteiligten aufbewahrt werden auch die für ihn geführten Geschäftsbücher und sonstige Aufzeichnungen. Daraus folgt, daß trotz ihres Auskunftsverweigerungsrechtes z. B. die Angehörigen der steuerberatenden Berufe verpflichtet sind, alle Urkunden und Wertsachen, insbesondere Geschäftsbücher und sonstige Aufzeichnungen, die sie für den Steuerpflichtigen aufbewahren oder führen, auf Verlangen der Finanzbehörde unter den gleichen Voraussetzungen vorzulegen haben wie der Steuerpflichtige selbst. 618

Für die Berechnung von Fristen und für die Bestimmung von Terminen gelten die §§ 187 bis 193 BGB entsprechend (§ 108 Abs. 1 AO). Für besondere Fälle gelten Sonderregelungen (§ 108 Abs. 2 bis 6 AO). 619

Nach § 109 Abs. 1 AO können Fristen zur Einreichung von Steuererklärungen und Fristen, die von einer Finanzbehörde gesetzt sind, verlängert werden. Sind solche Fristen bereits abgelaufen, so können sie rückwirkend verlängert werden, insbesondere wenn es unbillig wäre, die durch den Frist- 620 ablauf eingetretenen Rechtsfolgen bestehen zu lassen. In der Regel erhalten die Angehörigen der steuerberatenden Berufe, zu denen auch Anwälte gehören, allgemein verlängerte Einreichungsfristen.

621 Ebenso wie im Prozeß oder im allgemeinen Verwaltungsverfahrensrecht kennt auch die AO die Wiedereinsetzung in den vorigen Stand. Nach § 110 Abs. 1 AO ist, wenn jemand ohne Verschulden verhindert war, eine gesetzliche Frist einzuhalten, ihm auf Antrag Wiedereinsetzung in den vorigen Stand zu gewähren. Das Verschulden eines Vertreters ist dem Vertretenen zuzurechnen. Der Antrag ist innerhalb eines Monats nach Wegfall des Hindernisses zu stellen. Die Tatsachen zur Begründung des Antrages sind bei der Antragstellung oder im Verfahren über den Antrag glaubhaft zu machen. Innerhalb der Antragsfrist ist die versäumte Handlung nachzuholen. Ist dies geschehen, so kann Wiedereinsetzung auch ohne Antrag gewährt werden. Nach einem Jahr seit Ende der versäumte Frist kann die Wiedereinsetzung nicht mehr beantragt werden oder die versäumte Handlung nicht mehr nachgeholt werden, außer wenn dies vor Ablauf der Jahresfrist infolge höherer Gewalt unmöglich war. Über den Antrag auf Wiedereinsetzung entscheidet die Finanzbehörde, die über die versäumte Handlung zu befinden hat.

622 Die §§ 111 bis 116 AO regeln die innerstaatliche Rechts- und Amtshilfe der Gerichte und Behörden sowie der Finanzbehörden untereinander. Darüberhinaus regelt § 117 AO die zwischenstaatliche Rechts- und Amtshilfe in Steuersachen. Auf die ergänzenden Anweisungen in dem AO-Anwendungserlaß des BMF vom 24. 9. 1987 (BSTBl. I S. 664) und die dort aufgeführten Rechtsgrundlagen über Rechts- und Amtshilfe (Doppelbesteuerungsabkommen, Rechtsakte der EG im Zollbereich, EG-Amtshilfegesetz vom 19. 12. 1985 BGBl. I S. 2436) muß verwiesen werden.

Zweiter Abschnitt: Verwaltungsakte

623 Die §§ 118 bis 133 AO regeln die Vorschriften über die Verwaltungsakte. *Verwaltungsakt* ist jede Verfügung, Entscheidung oder andere hoheitliche Maßnahme, die eine Behörde zur Regelung eines Einzelfalles auf dem Gebiet des öffentlichen Rechts trifft und die auf unmittelbare Rechtswirkung nach außen gerichtet ist. Allgemeine Verfügung ist ein Verwaltungsakt, der sich an einen nach allgemeinen Merkmalen bestimmten oder bestimmbaren Personenkreis richtet oder die öffentlich-rechtliche Eigenschaft einer Sache oder ihre Benutzung durch die Allgemeinheit betrifft (§ 118 AO). Zu den Verwaltungsakten gehören insbesondere auch Steuerbescheide, soweit in den §§ 155 ff. AO nichts anderes bestimmt ist.

624 Ein Verwaltungsakt muß inhaltlich hinreichend bestimmt sein (§ 119 Abs. 1 AO). Ein Verwaltungsakt kann schriftlich, mündlich oder in anderer Weise erlassen werden. Ein mündlicher Verwaltungsakt ist schriftlich zu bestätigen, wenn hieran ein berechtigtes Interesse besteht und der Betrof-

fene dies unverzüglich verlangt (§ 119 Abs. 2 AO). Ein schriftlicher Verwaltungsakt muß die erlassende Behörde erkennen lassen und die Unterschrift oder die Namenswiedergabe des Behördenleiters, seines Vertreters oder seines Beauftragten enthalten (§ 119 Abs. 3 AO). Bei einem schriftlichen Verwaltungsakt, der formularmäßig oder mit Hilfe automatischer Einrichtungen erlassen wird (z. B. Steuerbescheide, Mahnbescheide usw.) können abweichend von Abs. 3 Unterschrift und Namenswiedergabe fehlen. Zur Inhaltsangabe können Schlüsselzeichen verwendet werden, wenn derjenige, für den der Verwaltungsakt bestimmt ist oder der von ihm betroffen wird, aufgrund der dazu gegebenen Erläuterungen den Inhalt des Verwaltungsaktes eindeutig erkennen kann (§ 119 Abs. 4 AO).

Soweit dies zu seinem Verständnis erforderlich ist, ist ein schriftlicher **625** oder schriftlich bestätigter Verwaltungsakt schriftlich zu begründen (§ 121 Abs. 1 AO). Einer Begründung bedarf es nach § 121 Abs. 2 AO nicht,
1. soweit die Finanzbehörde einem Antrag entspricht oder einer Erklärung folgt und der Verwaltungsakt nicht in Rechte eines anderen eingreift,
2. soweit demjenigen, für den der Verwaltungsakt bestimmt ist und der von ihm betroffen wird, die Auffassung der Finanzbehörde über die Sach- und Rechtslage bereits bekannt oder auch ohne schriftliche Begründung für ihn ohne weiteres erkennbar ist,
3. wenn die Finanzbehörde gleichartige Verwaltungsakte in größerer Zahl oder Verwaltungsakte mit Hilfe automatischer Einrichtungen erläßt und die Begründung nach den Umständen des Einzelfalles nicht geboten ist,
4. wenn sich dies aus einer Rechtsvorschrift ergibt,
5. wenn eine Allgemeinverfügung öffentlich bekannt wird.

Ein Verwaltungsakt ist dem Beteiligten bekanntzugeben, für den er **626** bestimmt ist oder der von ihm betroffen wird. Der Verwaltungsakt kann auch gegenüber einem Bevollmächtigten bekanntgegeben werden (§ 122 Abs. 1 AO). Wird ein schriftlicher Verwaltungsakt durch die Post übermittelt, so gilt er mit dem dritten Tag nach der Aufgabe zur Post als bekanntgeben, bei einer Übermittlung an einen Beteiligten außerhalb des Geltungsbereiches der AO einen Monat nach der Aufgabe zur Post, außer wenn er nicht oder zu einem späteren Zeitpunkt zugegangen ist; im Zweifel hat die Behörde den Zugang des Verwaltungsaktes und den Zeitpunkt des Zuganges nachzuweisen (§ 122 Abs. 2 AO). Ein Verwaltungsakt darf öffentlich bekanntgegeben werden, wenn dies durch Rechtsvorschriften zugelassen ist. Eine allgemeine Verfügung darf auch dann öffentlich bekanntgegeben werden, wenn eine Bekanntgabe an die Beteiligten untunlich ist (§ 122 Abs. 3 AO).

Die öffentliche Bekanntgabe wird dadurch bewirkt, daß er ortsüblich bekanntgemacht wird (§ 122 Abs. 4 AO).

Wenn ein Beteiligter ohne Wohnsitz oder gewöhnlichen Aufenthaltsort, **627** Sitz oder Geschäftsleitung im Geltungsbereich der Abgabenordnung ist, hat

Heinrich Günther 405

er der Finanzbehörde auf Verlangen innerhalb einer angemessenen Frist einen Empfangsbevollmächtigen (sogenannter Fiskalvertreter) zu benennen. Unterläßt er dies, so gilt ein an ihn gerichtetes Schriftstück am siebten Tag nach der Aufgabe zur Post als zugegangen.

628 Nach § 124 AO wird ein Verwaltungsakt gegenüber demjenigen, für den er bestimmt ist oder der von ihm betroffen wird, in dem Zeitpunkt wirksam, in dem er ihm bekanntgegeben wird. Der Verwaltungsakt bleibt wirksam, solange und soweit er nicht zurückgenommen, widerrufen, anderweitig aufgehoben oder durch Zeitablauf oder auf andere Weise erledigt ist. Ein nichtiger Verwaltungsakt ist unwirksam. Maßgebend für die Wirksamkeit eines Verwaltungsaktes ist nicht die Aktenverfügung der Finanzbehörde, sondern die Fassung, die dem Beteiligten zugegangen ist. Bis zur Bekanntgabe wird der Verwaltungsakt somit nicht wirksam. Der BMF hat mit seinem umfangreichen Schreiben vom 14. 8. 1986 (BStBl. I S. 458) die Voraussetzungen für die Wirksamkeit der Bekanntgabe von Verwaltungsakten im einzelnen geregelt. Hierauf wird verwiesen.

629 § 125 AO regelt die Nichtigkeit des Verwaltungsaktes. Ein Verwaltungsakt ist nichtig, soweit er an einem besonders schwerwiegenden Fehler leidet und dies bei verständiger Würdigung aller in Betracht kommenden Umstände offenkundig ist. In § 126 AO werden die Heilung von Verfahrens-Formfehlern, in § 127 AO die Folgen von Verfahrens- und Formfehlern, in § 128 AO die Umdeutung eines fehlerhaften Verwaltungsaktes, in § 129 AO offenbare Unrichtigkeiten beim Erlaß eines Verwaltungsaktes, in § 131 AO der Widerruf eines rechtmäßigen Verwaltungsaktes, in § 130 AO die Rücknahme eines rechtswidrigen Verwaltungsaktes, in § 132 AO die Rücknahme, Widerruf, Aufhebung und Änderung im Rechtsbehelfsverfahren sowie in § 133 AO die Rückgabe von Urkunden und Sachen behandelt.

Vierter Teil: Durchführung der Besteuerung

Erster Abschnitt: Erfassung der Steuerpflichtigen

630 Die AO sieht in den §§ 134 bis 139 die Durchführung von Personenstands- und Betriebsaufnahmen durch die Gemeinde, die Mitwirkungspflicht bei der Personenstands- und Betriebsaufnahme, Änderungsmitteilungen für die Personenbestandsaufnahme sowie Anzeigepflichten über die steuerliche Erfassung von Körperschaften, Vereinigungen und Vermögensmassen und Anzeigen über die Erwerbstätigkeit, ferner die Anmeldung von Betrieben in besonderen Fällen vor.

Zweiter Abschnitt: Mitwirkungspflichten

631 Der Steuerpflichtige ist verpflichtet, bei der Durchführung der Besteuerung mitzuwirken (§ 140 AO). Diese Mitwirkungspflichten umfassen zunächst die *Führung von Büchern und Aufzeichnungen.* Danach hat, wer nach anderen Gesetzen als den Steuergesetzen Bücher und Aufzeichnungen zu führen hat, die für die Bestimmung von Bedeutung sind, die Verpflichtungen, die ihm nach den anderen Gesetzen obliegen, auch für die Besteuerung zu erfüllen. Die außersteuerlichen Buchführungs- und Aufzeichnungsvorschriften werden damit für das Steuerrecht nutzbar gemacht. Bei diesen abgeleiteten Buchführungspflichten, die in anderen Gesetzen geregelt sind, handelt es sich u. a. um solche für alle Kaufleute (Minderkaufleute, Vollkaufleute, Handelsgesellschaften) gemäß §§ 238 ff. HGB in der Fassung des Bilanzrichtlinien-Gesetzes vom 19. 12. 1985 (BGBl. I S. 2355) sowie die Regelungen für zahlreiche sonstige Betriebe und Berufe, die in einer Vielzahl von Gesetzen und Verordnungen festgelegt sind.

Sofern nicht bereits außersteuerliche Aufzeichnungs- und Buchführungspflichten bestehen, sind nach § 141 Abs. 1 AO gewerbliche Unternehmer sowie Land- und Forstwirte, die nach den Feststellungen der Finanzbehörde für den einzelnen Betrieb

1. Umsätze einschließlich der steuerfreien Umsätze, ausgenommen die Umsätze nach § 4 Nr. 8 und 9 des UStG, von mehr als 500 000 DM im Kalenderjahr oder
2. ein Betriebsvermögen von mehr als 125 000 DM oder
3. selbstbewirtschaftete land- und forstwirtschaftliche Flächen mit einem Wirtschaftswert (§ 46 BewG) von mehr als 40 000 DM oder
4. einen Gewinn aus Gewerbebetrieb von mehr als 36 000 DM im Wirtschaftsjahr oder
5. einen Gewinn aus Land- und Forstwirtschaft von mehr als 36 000 DM im Kalenderjahr

gehabt haben, auch dann verpflichtet, für diesen Betrieb Bücher zu führen und aufgrund jährlicher Bestandsaufnahmen Abschlüsse zu machen, wenn eine Buchführungspflicht sich nicht aus § 140 AO ergibt. §§ 238, 240 bis 242 Abs. 1 und die §§ 243 bis 255 HGB gelten sinngemäß.

Nach § 140 Abs. 2 AO ist die Buchführungspflicht vom Beginn des Wirtschaftsjahres an zu erfüllen, das auf die Bekanntgabe der Mitteilung folgt, durch die die Finanzbehörde auf den Beginn dieser Verpflichtung hingewiesen hat. Diese Mitteilung kann in einem Steuerbescheid oder gesondert ergehen.

Darüber hinaus bestehen für gewerbliche Unternehmer, also nicht für Land- und Forstwirte, Verpflichtungen zur Aufzeichnung des Wareneingangs (§ 143 AO), und des Warenausgangs (§ 144 AO), soweit sich die in diesen Bestimmungen geforderten Angaben nicht bereits aus der Buchführung – was die Regel ist – ergeben. **632**

Zur Buchführung verpflichtete Land- und Forstwirte brauchen neben den Büchern keine Bestandsaufnahme für das stehende Holz zu machen. **633**

Nach § 145 AO muß die Buchführung so beschaffen sein, daß sie einem **634** sachverständigen Dritten innerhalb angemessener Zeit einen Überblick über die Geschäftsvorfälle und über die Lage des Unternehmens vermitteln kann. Die Geschäftsvorfälle müssen sich in ihrer Entstehung und Abwicklung verfolgen lassen. Die Aufzeichnungen sind so vorzunehmen, daß der Zweck, den sie für die Besteuerung erfüllen sollen, erreicht wird.

635   § 146 AO enthält Ordnungsvorschriften für die Buchführung und für die Aufzeichnungen. Danach sind die Buchungen und die sonst erforderlichen Aufzeichnungen vollständig, richtig, zeitgerecht und geordnet vorzunehmen. Kasseneinnahmen und Kassenausgaben sollen täglich festgehalten werden (§ 146 Abs. 1 AO). Eine zeitgerechte und geordnete Buchführung liegt auch dann vor, wenn beim Einsatz moderner elektronischer Datenverarbeitungsanlagen die Speicherung der einzelnen Daten zeitgerecht erfolgt, sofern die Daten auf Verlangen der Verwaltung jederzeit optisch lesbar gemacht werden können und eine Prüfung des einzelnen Geschäftsvorfalles von seiner Entstehung bis zur Abwicklung möglich ist. Dazu hat der Bundesminister der Finanzen in seinem Schreiben vom 5. 7. 1978 (BStBl. 1978 I S. 250) Grundsätze ordungsmäßiger Speicherbuchführung (GoS) aufgestellt.

636   Bücher und die sonst erforderlichen Aufzeichnungen sind grundsätzlich im Geltungsbereich der AO zu führen und aufzubewahren (§ 146 Abs. 2 S. 1 AO). Die Buchungen und die sonst erforderlichen Aufzeichnungen sind in einer lebenden Sprache vorzunehmen. Wird eine andere als die deutsche Sprache verwendet, so kann die Finanzbehörde Übersetzungen verlangen. Werden Abkürzungen, Ziffern, Buchstaben oder Symbole verwendet, muß im Einzelfall deren Bedeutung eindeutig festliegen (§ 146 Abs. 3 AO). Die Bücher und die sonst erforderlichen Aufzeichnungen können auch in der geordneten Ablage von Belegen bestehen oder auf Datenträgern geführt werden, soweit diese Form der Buchführung einschließlich des dabei angewandten Verfahrens den Grundsätzen ordnungsmäßiger Buchführung entsprechen (§ 146 Abs. 5 AO). Diese Bestimmung enthält die gesetzliche Grundlage für die sogenannte offene Posten-Buchhaltung sowie für die Führung der Bücher und sonst erforderlichen Aufzeichnungen auf Datenträgern (z. B. Magnetplatten, Magnetbänder, Disketten). Die Daten müssen jedoch während der Dauer der Aufbewahrungsfrist verfügbar sein und jederzeit innerhalb angemessener Frist lesbar gemacht werden können (z. B. durch Ausdruck, Bildschirm).

637   Die in § 147 AO geregelte Pflicht für die Aufbewahrung von Unterlagen ist Bestandteil der ordnungsmäßigen Buchführungs- und Aufzeichnungspflicht. Nach § 147 Abs. 1 AO sind gesondert aufzubewahren:
1. Bücher und Aufzeichnungen, Inventare, Jahresabschlüsse, Lageberichte, die Eröffnungsbilanz sowie die zu ihrem Verständnis erforderlichen Arbeitsanweisungen und sonstige Organisationsunterlagen,
2. die empfangenen Handels- oder Geschäftsbriefe,

Heinrich Günther

3. Wiedergaben der abgesandten Handels- oder Geschäftsbriefe,
4. Buchungsbelege,
5. sonstige Unterlagen, soweit sie für die Besteuerung von Bedeutung sind.

Mit Ausnahme der Jahresabschlüsse und der Eröffnungsbilanz können die aufgeführten Unterlagen auch als Wiedergabe auf einem Bildträger oder auf anderen Datenträgern aufbewahrt werden, wenn dies den Grundsätzen ordnungsmäßiger Buchführung entspricht und sichergestellt ist, daß die Wiedergabe oder die Daten

1. mit den empfangenen Handels- oder Geschäftsbriefen und den Buchhaltungsbelegen bildlich und mit den anderen Unterlagen inhaltlich übereinstimmen, wenn sie lesbar gemacht werden,
2. während der Dauer der Aufbewahrungsfrist verfügbar sind und jederzeit innerhalb angemessener Frist lesbar gemacht werden können.

Die in § 147 Abs. 1 Nr. 1 AO aufgeführten Unterlagen (Bücher, Aufzeichnungen, Inventare, Jahresabschlüsse, Lageberichte, die Eröffnungsbilanz) sind zehn Jahre, die sonstigen in Abs. 1 aufgeführten Unterlagen sechs Jahre aufzubewahren, sofern nicht in anderen Steuergesetzen kürzere Aufbewahrungsfristen zugelassen sind. Die Aufbewahrungsfrist läuft jedoch nicht ab, soweit und solange die Unterlagen für die Steuern von Bedeutung sind, für welche die Festsetzungsfrist noch nicht abgelaufen ist (§ 147 Abs. 3 AO). **638**

Die Aufbewahrungsfrist beginnt mit dem Schluß des Kalenderjahres, in dem die letzte Eintragung in das Buch gemacht, das Inventar, die Eröffnungsbilanz, der Jahresabschluß oder der Lagebericht aufgestellt, der Handels- oder Geschäftsbrief empfangen oder abgesandt oder der Buchungsbeleg entstanden ist, ferner die Aufzeichnungen vorgenommen oder die sonstigen Unterlagen entstanden sind.

Neben den Melde-, Anzeige- und Mitwirkungspflichten bei der Führung von Büchern und Aufzeichnungen enthalten die §§ 149 bis 153 AO Vorschriften über die *Steuererklärung*. **639**

Die Steuergesetze bestimmen im einzelnen, wer zur Abgabe einer Steuererklärung verpflichtet ist und wann die Steuererklärung abzugeben ist. Dazu ist auch verpflichtet, wer hierzu von der Finanzbehörde aufgefordert wird. Die Aufforderung kann durch öffentliche Bekanntmachung erfolgen (§ 149 AO).

Die Steuererklärungen sind nach amtlich vorgeschriebenen Vordrucken abzugeben, soweit nicht eine mündliche Steuererklärung zugelassen ist (§ 150 Abs. 1 AO). Der Steuerpflichtige hat in der Steuererklärung die Steuer selbst zu berechnen, soweit dies gesetzlich vorgeschrieben ist (Steueranmeldung, z. B. monatliche Umsatzsteuervoranmeldungen, Lohnsteueranmeldungen usw.). Die Angaben in den Steuererklärungen sind wahrheitsgemäß nach bestem Wissen und Gewissen zu machen. Dies ist, wenn der Vordruck dies vorsieht, schriftlich zu versichern (§ 150 Abs. 2 AO).

Heinrich Günther

Ordnen die Steuergesetze an, daß der Steuerpflichtige die Steuererklärung eigenhändig zu unterschreiben hat, so ist die Unterzeichnung durch einen Bevollmächtigten (z. B. Anwalt, Steuerberater) nur dann zulässig, wenn der Steuerpflichtige infolge seines körperlichen oder geistigen Zustandes oder durch längere Abwesenheit an der Unterschrift gehindert ist. Die Finanzverwaltung kann die eigenhändige Unterschrift nachträglich verlangen, wenn der Hinderungsgrund weggefallen ist (§ 150 Abs. 3 AO).

Den Steuererklärungen müssen die Unterlagen beigefügt werden, die nach den Steuergesetzen vorzulegen sind. Dritte Personen sind verpflichtet, hierfür erforderliche Bescheingungen auszustellen (z. B. Jahreslohnsteuerbescheinigung, Kapitalertragssteuerbescheinigung usw.).

640   Nach § 151 AO können Steuererklärungen, die schriftlich abzugeben sind, bei der zuständigen Finanzbehörde zur Niederschrift erklärt werden, wenn die Schriftform dem Steuerpflichtigen nach seinen persönlichen Verhältnissen nicht zugemutet werden kann, insbesondere, wenn er nicht in der Lage ist, eine gesetzlich vorgeschriebene Selbstberechnung der Steuer vorzunehmen oder durch einen Dritten vornehmen zu lassen.

641   Wird eine Steuererklärung nicht oder nicht fristgemäß abgegeben, kann ein Verspätungszuschlag festgesetzt werden. Davon ist abzusehen, wenn die Versäumnis entschuldbar erscheint. Das Verschulden eines gesetzlichen Vertreters oder eines Erfüllungsgehilfen steht dem eigenen Verschulden gleich (§ 152 Abs. 1 AO). Der Verspätungszuschlag darf 10 v. H. der festgesetzten Steuer des festgesetzten Meßbetrages nicht übersteigen und höchstens 10 000 DM betragen.

642   Wenn ein Steuerpflichtiger nachträglich vor Ablauf der Festsetzungsfrist (§ 169 AO) erkennt,
1. daß eine von ihm oder für ihn abgegebene Erklärung unrichtig oder unvollständig ist und daß es dadurch zu einer Verkürzung von Steuern kommen kann oder bereits gekommen ist, oder
2. daß eine durch Verwendung von Steuerzeichen oder Steuerstemplern zu entrichtende Steuer nicht in der richtigen Höhe entrichtet worden ist,
ist er verpflichtet, dies unverzüglich anzuzeigen und die erforderliche Richtigstellung vorzunehmen (§ 153 Abs. 1 AO).

643   § 154 AO statuiert die *Kontenwahrheit*. Danach darf niemand auf einen falschen oder erdichteten Namen für sich oder einen Dritten ein Konto errichten oder Buchungen vornehmen lassen, Wertsachen (Geld, Wertpapiere, Kostbarkeiten) in Verwahrung geben oder verpfänden oder sich ein Schließfach geben lassen (§ 154 Abs. 1 AO). Es ist jedoch zulässig, Konten auf den Namen Dritter zu errichten. Hierbei ist die Existenz des Dritten nachzuweisen. Der ausdrücklichen Zustimmung des Dritten bedarf es aber nicht. Die Vorschrift des § 154 Abs. 1 AO ist nicht auf Kreditinstitute beschränkt, sondern gilt auch im gewöhnlichen Geschäftsverkehr und für Privatpersonen.

Wer ein Konto führt, Wertsachen verwahrt oder als Pfand nimmt oder ein Schließfach überläßt, hat sich zuvor Gewißheit über die Person und die Anschrift des Verfügungsberechtigten zu verschaffen und die entsprechenden Angaben in geeigneter Form, bei Konten auf dem Konto, festzuhalten. Er hat sicherzustellen, daß er jederzeit Auskunft darüber geben kann, über welche Konten und Schließfächer eine Person verfügungsberechtigt ist (§ 154 Abs. 2 AO).

Wenn gegen die Vorschrift des § 154 Abs. 1 AO verstoßen worden ist, so dürfen Guthaben, Wertsachen und der Inhalt eines Schließfaches nur mit Zustimmung des für die Einkommen- und Körperschaftsteuer des Verfügungsberechtigten zuständigen Finanzamtes herausgegeben werden (§ 154 Abs. 3 AO).

Dritter Abschnitt: Festsetzungs- und Feststellungsverfahren

1. Steuerfestsetzung

Die Steuern werden, soweit nichts anderes vorgeschrieben ist, von der Finanzbehörde durch *Steuerbescheid* festgesetzt. Steuerbescheid ist der nach § 122 Abs. 1 AO bekanntgegebene Verwaltungsakt. Dies gilt auch für die volle oder teilweise Freistellung von einer Steuer und für die Ablehnung eines Antrages auf Steuerfestsetzung (§ 155 Abs. 1 AO). | **644**

Schulden mehrere Steuerpflichtige eine Steuer eines Gesamtschuldners, so können gegen sie zusammengefaßte Steuerbescheide ergehen. Das gilt auch dann, wenn die Steuer nach dem zwischen ihnen bestehenden Rechtsverhältnis nicht von allen Gesamtschuldnern zu tragen ist. | **645**

Die Bekanntgabe eines Steuerbescheides an einen Beteiligten zugleich mit Wirkung für und gegen andere Beteiligte ist zulässig, soweit die Beteiligten einverstanden sind (§ 155 Abs. 4 AO). Bei Ehegatten oder Ehegatten mit ihren Kindern oder Alleinstehende mit ihren Kindern reicht ein zusammengefaßter schriftlicher Bescheid für die Bekanntgabe an alle Beteiligten aus, wenn dieser unter ihrer gemeinsamen Anschrift übermittelt wird (§ 155 Abs. 5 AO).

Die für das Steuerfestsetzungsverfahren geltenden Vorschriften sind sinngemäß anzuwenden für | **646**
die gesonderte Feststellung (§ 181 Abs. 1 AO),
die Festsetzung von Steuermeßbeträgen (§ 184 Abs. 1 AO),
die Zerlegung von Steuermeßbeträgen (185 AO),
die Zuteilung von Steuermeßbeträgen (§ 190 AO),
Zinsbescheide (§ 239 AO).

Die Festsetzung von Steuern und steuerlichen Nebenleistungen kann unterbleiben, wenn feststeht, daß die Einziehung keinen Erfolg haben wird oder wenn die Kosten der Einziehung einschließlich der Festsetzung außer Verhältnis zu dem Betrag stehen (§ 156 Abs. 2 AO). Nach der inzwischen hierzu ergangenen Kleinbetragsverordnung (KBV) vom 10. 12. 1980 (BGBl. I S. 2255), geändert durch Gesetz vom 14. 12. 1984 (BGBl. I S. 1493), werden Steuerfestsetzungen zum Nachteil des Steuerpflichtigen nur geändert oder berichtigt, wenn die Abweichung mindestens 20 DM beträgt.

647   Steuerbescheide sind schriftlich zu erteilen. Sie müssen die festgesetzte Steuer nach Art und Betrag bezeichnen und angeben, wer die Steuer schuldet. Ihnen ist außerdem eine Belehrung darüber beizufügen, welcher Rechtsbehelf zulässig ist und binnen welcher Frist und bei welcher Behörde er einzulegen ist (§ 157 Abs. 1 AO). Die Feststellung der Besteuerungsgrundlagen bildet einen mit Rechtsbehelfen nicht selbständig anfechtbaren Teil des Steuerbescheides, soweit die Besteuerungsgrundlagen nicht gesondert festgestellt werden (§ 157 Abs. 2 AO).

648   Die Buchführung und die Aufzeichnungen des Steuerpflichtigen, die den Vorschriften der §§ 140 bis 148 AO entsprechen, sind der Besteuerung zugrundezulegen, soweit nach den Umständen des Einzelfalles kein Anlaß ist, ihre sachliche Richtigkeit zu beanstanden (§ 158 AO). Die Beweiskraft der Buchführung wird somit gesetzlich vermutet. Wer behauptet, daß er Rechte, die auf seinen Namen lauten, oder Sachen, die er besitzt, als Treuhänder, Vertreter eines anderen oder Pfandgläubiger inne habe oder besitze, hat auf Verlangen nachzuweisen, wem die Rechte oder die Sachen gehören; anderenfalls sind sie ihm regelmäßig zuzurechnen (vgl. § 39 AO). Das Recht der Finanzbehörde, den Sachverhalt zu ermitteln, wird dadurch nicht eingeschränkt (§ 159 AO). Schulden und andere Lasten, Betriebsausgaben, Werbungskosten und andere Angaben sind steuerlich regelmäßig nicht zu berücksichtigen, wenn der Steuerpflichtige dem Verlangen der Finanzbehörde nicht nachkommt, die Gläubiger oder Empfänger genau zu benennen; das Auskunftsverweigerungsrecht nach § 102 AO wird hierdurch nicht berührt (§ 160 AO). Bei Zahlungen an ausländische Empfänger kann das Finanzamt auf den Empfängernachweis verzichten, wenn feststeht, daß die Zahlung im Rahmen eines üblichen Handelsgeschäftes erfolgt, der Geldbetrag ins Ausland abgeflossen ist und der Empfänger nicht der deutschen Steuerpflicht unterliegt (z. B. sogenannte Schmiergelder).

649   Soweit die Finanzbehörde die Besteuerungsgrundlagen nicht ermitteln oder berechnen kann, hat sie sie zu schätzen. Dabei sind alle Umstände zu berücksichtigen, die für die Schätzung von Bedeutung sind (§ 162 Abs. 1 AO), insbesondere bei nicht ausreichenden Aufklärungen, bei Verweigerung der Auskunft, der Verletzung der Mitwirkungspflicht, bei nicht ordnungsmäßiger Buchführung u. a.

650   Aus Billigkeitsgründen kann nach § 163 AO eine abweichende Festsetzung von Steuern erfolgen. Steuern können danach niedriger festgesetzt werden. Einzelne Besteuerungsgrundlagen, welche die Steuern erhöhen, können bei der Festsetzung der Steuer unberücksichtigt bleiben, wenn die

Erhebung der Steuern nach Lage des Einzelfalles unbillig wäre. Der Erlaß von Steuern aus Billigkeitsgründen ist in § 227 AO geregelt.

Nach § 164 Abs. 1 AO können die Steuern, solange der Steuerfall nicht **651** abschließend geprüft ist, allgemein oder im Einzelfall unter dem Vorbehalt der Nachprüfung festgesetzt werden, ohne daß dies einer Begründung bedarf. Solange dieser Vorbehalt wirksam ist, kann die Steuerfestsetzung aufgehoben oder geändert werden. Auch der Steuerpflichtige kann die Aufhebung oder Änderung der Steuerfestsetzung jederzeit beantragen. Die Entscheidung hierüber kann jedoch bis zur abschließenden Prüfung des Steuerfalles, die innerhalb angemessener Frist vorzunehmen ist, hinausgeschoben werden. Wird der Vorbehalt nicht ausdrücklich aufgehoben, so entfällt der Vorbehalt mit Ablauf der allgemeinen Festsetzungsfrist (§ 169 Abs. 2 Satz 1 AO). Neben der Steuerfestsetzung unter dem Vorbehalt der Nachprüfung kann eine Steuer vorläufig festgesetzt werden, ungewiß ist, ob soweit die Voraussetzungen für ihre Entstehung eingetreten sind. Dabei sind Umfang und Grund der Vorläufigkeit anzugeben (§ 165 AO). Ist die Steuer dem Steuerpflichtigen gegenüber unanfechtbar festgesetzt, so hat dies auch ein Gesamtrechtsnachfolger gegen sich gelten zu lassen (§ 166 AO).

Die Ansprüche aus dem Steuerschuldverhältnis erlöschen durch Verjäh- **652** rung (§ 47 AO). Hierzu gehören auch die Erstattungs- und Vergütungsansprüche des Steuerpflichtigen. Die AO unterscheidet dabei zwischen der Verjährung der noch nicht festgesetzten Steuer (Festsetzungsverjährung §§ 169 bis 171 AO) und der Verjährung des Zahlungsanspruches (Zahlungsverjährung §§ 228 bis 232 AO). Die Bestimmungen über die Festsetzungsverjährung gelten sinngemäß auch bei allen Festsetzungen, für welche die Vorschriften über das Steuerfestsetzungsverfahren anzuwenden sind.

Nach § 169 Abs. 1 AO sind eine Steuerfestsetzung sowie ihre Aufhebung **653** oder Änderung nicht mehr zulässig, wenn die Festsetzungsfrist abgelaufen ist. Dies gilt auch für die Berichtigung wegen offenbarer Unrichtigkeit nach § 129 AO. Die Frist ist gewahrt, wenn vor Ablauf der Festsetzungsfrist
1. der Steuerbescheid den Bereich der für die Steuerfestsetzung zuständigen Finanzbehörde verlassen hat oder
2. bei öffentlicher Zustellung der Steuerbescheid oder eine Benachrichtigung nach § 15 Abs. 2 des Verwaltungszustellungsgesetzes ausgehängt wird.

Die Festsetzungsfrist beträgt nach § 169 Abs. 2 AO:
1. ein Jahr
   für Zölle und Verbrauchsteuern, Zollvergütungen und Verbrauchsteuervergütungen,
2. vier Jahre
   für die nicht unter Nr. 1 genannten Steuern und Steuervergütungen.

Die Festsetzungsfrist beträgt zehn Jahre, soweit eine Steuer hinterzogen, **654** und fünf Jahre, soweit sie leichtfertig verkürzt worden ist.

Heinrich Günther 413

Die Festsetzungsfrist beginnt nach § 170 Abs. 1 AO mit dem Ablauf des Kalenderjahres, in dem die Steuer entstanden oder eine bedingt entstandene Steuer unbedingt geworden ist. Der Zeitpunkt der Entstehung der Ansprüche aus dem Steuerschuldverhältnis ist in § 38 AO und in den einzelnen Steuergesetzen (z. B. § 36 Abs. 1 EStG; § 5 Abs. 2 VStG; § 18 GewStG; § 48 KStG; § 9 Abs. 2 GrStG) geregelt.

655 Die in § 170 Abs. 2 bis 6 AO geregelte Anlaufhemmung schiebt den Beginn der Festsetzungsfrist hinaus. Danach beginnt abweichend von Abs. 1 die Festsetzungsfrist

1. mit Ablauf des Kalenderjahres, in dem die Steuererklärung, die Steueranmeldung oder die Anzeige eingereicht wird, spätestens jedoch mit Ablauf des dritten Kalenderjahres, das auf das Kalenderjahr folgt, in dem die Steuer entstanden ist,

2. wenn eine Steuer durch Verwendung von Steuerzeichen oder Steuerstempeln zu zahlen ist, mit Ablauf des Kalenderjahres, in dem für den Steuerausfall Steuerzeichen oder Steuerstempler verwendet worden sind, spätestens jedoch mit Ablauf des dritten Kalenderjahres, das auf das Kalenderjahr folgt, in dem die Steuerzeichen oder Steuerstempler hätten verwendet werden müssen.

Für die Erschaftsteuer (Schenkungsteuer) beginnt nach § 170 Abs. 5 AO die Festsetzungsfrist

1. bei einem Erwerb von Todes wegen nicht vor Ablauf des Kalenderjahres, in dem der Erwerber Kenntnis von dem Erwerb erlangt hat,

2. bei einer Schenkung nicht vor Ablauf des Kalenderjahres, in dem der Schenker gestorben ist oder die Finanzbehörde von der vollzogenen Schenkung Kenntnis erlangt hat,

3. bei einer Zweckzuwendung unter Lebenden nicht vor Ablauf des Kalenderjahres, in dem die Verpflichtung erfüllt worden ist.

Für die Wechselsteuer beginnt nach § 170 Abs. 6 die Festsetzungsfrist nicht vor Ablauf des Kalenderjahres, in dem der Wechsel fällig geworden ist.

656 Die Festsetzungsfrist läuft nicht ab (Ablaufhemmung), solange die Steuerfestsetzung wegen höherer Gewalt innerhalb der letzten sechs Monate des Fristablaufs nicht erfolgen kann (§ 171 Abs. 1 AO). Weitere Fälle der Ablaufhemmung, die das Ende der Festsetzungsfrist hinausschiebt, sind in § 171 Abs. 2 bis Abs. 14 AO geregelt. Insbesondere gilt nach § 179 Abs. 10 AO, daß der Ablauf der Festsetzungsfrist bis zum Ablauf eines Jahres nach Bekanntgabe des Grundlagenbescheides hinausgeschoben wird.

657 Die §§ 172 bis 177 AO regeln die *Bestandskraft von Steuerbescheiden.* Die Bestandskraft wird durchbrochen, soweit das Gesetz die Durchbrechung zuläßt. Die Zulässigkeit ergibt sich nicht nur aus der AO selbst (z. B. §§ 129, 132, 164, 165, 172 bis 175 AO), sondern auch aus anderen Steuergesetzen (z. B. § 10 d EStG; § 35 b GewStG; § 18 VStG; § 24 und § 24 a BewG; § 20 GrStG).

Nach § 172 Abs. 1 AO darf ein Steuerbescheid, soweit er nicht vorläufig **658** oder unter dem Vorbehalt der Nachprüfung ergangen ist, nur aufgehoben oder geändert werden,

1. wenn er Zölle oder Verbrauchsteuern betrifft,
2. wenn er andere Steuern betrifft,

    a) soweit der Steuerpflichtige zustimmt oder seinem Antrag der Sache nach entsprochen wird; dies gilt jedoch zugunsten des Steuerpflichtigen nur, soweit er vor Ablauf der Rechtsbehelfsfrist zugestimmt oder den Antrag gestellt hat,

    b) soweit er von einer sachlich unzuständigen Behörde erlassen worden ist,

    c) soweit er durch unlautere Mittel, durch arglistige Täuschung, Drohung oder Bestechung erwirkt worden ist,

    d) soweit dies nicht sonst gesetzlich zugelassen ist; die §§ 130 und 131 AO gelten nicht.

Der Steuerbescheid ist jedoch nach § 173 Abs. 1 AO immer aufzuheben **659** oder zu ändern,

1. soweit Tatsachen oder Beweismittel nachträglich bekannt werden, die zu einer höheren Steuer führen,
2. soweit Tatsachen oder Beweismittel nachträglich bekannt werden, die zur einer niedrigeren Steuer führen und den Steuerpflichtigen kein grobes Verschulden daran trifft, daß die Tatsachen oder Beweismittel erst nachträglich bekannt werden. Das Verschulden ist unbeachtlich, wenn die Tatsachen oder Beweismittel in einem unmittelbaren oder mittelbaren Zusammenhang mit Tatsachen und Beweismitteln im Sinne der Nr. 1 stehen.

Tatsachen oder Beweismittel werden nachträglich bekannt, wenn sie einem für die Steuerfestsetzung zuständigen Beamten bekannt werden, nachdem die Willensbildung über die Steuerfestsetzung abgeschlossen ist (Abzeichnung der Verfügung). Grobes Verschulden umfaßt Vorsatz und grobe (= leichtfertige) Fahrlässigkeit.

Steuerbescheide, soweit sie aufgrund einer Außenprüfung ergangen sind, können nach § 173 Abs. 2 AO nur aufgehoben oder geändert werden, wenn eine Steuerhinterziehung oder eine leichtfertige Steuerverkürzung vorliegt.

Bei widerstreitenden Steuerfestsetzungen ist nach § 174 AO der fehler- **660** hafte Steuerbescheid auf Antrag aufzuheben oder zu ändern. Eine widerstreitende Steuerfestsetzung liegt u. a. vor, wenn ein bestimmter Sachverhalt in mehreren Steuerbescheiden zu Ungunsten eines oder mehrerer Steuerpflichtiger berücksichtigt worden ist, obwohl er nur einmal hätte berücksichtigt werden dürfen. Wegen weiterer widerstreitender Steuerfestsetzungsfälle ist auf den Wortlaut des § 174 AO zu verweisen.

Heinrich Günther

661　　Nach § 175 AO ist ein Steuerbescheid zu erlassen, aufzuheben oder zu ändern,

1. soweit ein Grundlagenbescheid (§ 171 Abs. 10 AO), dem Bindungswirkung für diesen Steuerbescheid zukommt, erlassen, aufgehoben oder geändert wird (Folgeberichtigung),
2. soweit ein Ereignis eintritt, das steuerliche Wirkung für die Vergangenheit hat (rückwirkendes Ereignis). In diesem Falle beginnt die Festsetzungsfrist mit dem Ablauf des Kalenderjahres, in dem das Ereignis eintritt.

662　　§ 176 AO begründet einen Vertrauensschutz bei der Aufhebung und Änderung von Steuerbescheiden. Bei der Aufhebung oder Änderung eines Steuerbescheides darf nicht zu Ungunsten des Steuerpflichtigen berücksichtigt werden, daß

1. das Bundesverfassungsgericht die Nichtigkeit eines Gesetzes feststellt, auf dem die bisherige Steuerfestsetzung beruht,
2. ein oberster Gerichtshof des Bundes eine Norm, auf der die bisherige Steuerfestsetzung beruht, nicht anwendet, weil er sie für verfassungswidrig hält,
3. sich die Rechtsprechung eines obersten Gerichtshofes des Bundes geändert hat, die bei der bisherigen Steuerfestsetzung von der Finanzbehörde angewandt worden ist.

663　　Bei jeder Aufhebung oder Änderung eines Steuerbescheides sind solche Rechtsfehler zugunsten oder zuungunsten des Steuerpflichtigen zu berücksichtigen, die nicht Anlaß der Aufhebung der Änderung gewesen sind (§ 177 AO).

2. Gesonderte Feststellung von Besteuerungsgrundlagen, Festsetzung von Steuermeßbeträgen

Die §§ 179 bis 183 AO regeln die gesonderte Feststellung von Besteuerungsgrundlagen und die §§ 184 bis 190 AO die Festsetzung von Steuermeßbeträgen.

664　　Nach § 180 Abs. 1 AO werden insbesondere gesondert festgestellt:

1. die Einheitswerte nach Maßgabe des Bewertungsgesetzes,
2. a) die einkommensteuerpflichtigen und körperschaftsteuerpflichtigen Einkünfte, wenn an den Einkünften mehrere Personen beteiligt sind und die Einkünfte diesen Personen steuerlich zuzurechnen sind,
   b) in anderen als den in a) genannten Fällen die Einkünfte aus Land- und Forstwirtschaft, Gewerbebetrieb oder einer freiberuflichen Tätigkeit, wenn das für die gesonderte Feststellung zuständige Finanzamt nicht auch für die Steuern vom Einkommen zuständig ist,
3. der Wert der vermögensteuerpflichtigen Wirtschaftsgüter (§ 114 bis 117 a des Bewertungsgesetzes) und der Wert der Schulden und sonstigen Abzüge (§ 118 des Bewertungsgesetzes), wenn die Wirtschaftsgüter,

Schulden oder sonstigen Abzüge mehreren Personen zuzurechnen sind, die nicht zusammen veranlagt werden.

Der Feststellungsbescheid richtet sich gegen den Steuerpflichtigen, dem **665** der Gegenstand der Feststellung bei der Besteuerung zuzurechnen ist. Sind dies mehrere Personen, so wird die gesonderte Feststellung ihnen gegenüber einheitlich vorgenommen. Ist eine dieser Personen an dem Gegenstand der Feststellung nur über eine andere Person beteiligt, so kann insoweit eine besondere gesonderte Feststellung vorgenommen werden (z. B. im Falle einer Unterbeteiligung an einem Anteil an einer Personengesellschaft) (§ 179 AO).

Zu § 180 Abs. 2 ist eine Rechtsverordnung vom 25. 12. 1986 (BGBl. I **666** S. 2663) zur gesonderten Feststellung von Einkünften ergangen, in denen die Voraussetzungen des § 180 Abs. 1 Nr. 2 a A nicht vorliegen (siehe dazu auch das Schreiben des BMF vom 27. 2. 1987 (BStBl. I S. 362)).

3. Zerlegung

Steuermeßbeträge werden nach dem Gewerbe- und Grundsteuergesetz **667** ermittelt. Sie sind durch einen Steuermeßbescheid festzusetzen. In diesem Steuermeßbescheid wird auch über die persönliche und sachliche Steuerpflicht entschieden (§ 184 Abs. 1 AO). Für die Zerlegung von Steuermeßbeträgen sind die für Steuermeßbescheide geltenden Vorschriften entsprechend anzuwenden (§ 185 AO). Die Zerlegung von Steuermeßbeträgen ist nach dem Gewerbesteuergesetz dann erforderlich, wenn mehrere Betriebsstätten desselben Unternehmens in verschiedene Gemeinden unterhalten werden. Einzelheiten des Zerlegungsverfahrens sind in §§ 186 bis 190 AO geregelt.

4. Haftung

Wer kraft Gesetzes für eine Steuer haftet (Haftungsschuldner, z. B. der **668** Arbeitgeber für die Lohnsteuer), kann durch Haftungsbescheid, wer kraft Gesetzes verpflichtet ist, die Vollstreckung zu dulden, kann durch Duldungsbescheid in Anspruch genommen werden. Die Bescheide sind schriftlich zu erteilen (§ 191 Abs. 1 AO). Die materiell-rechtlichen Voraussetzungen ergeben sich aus den §§ 69 bis 77 AO, den Einzelsteuergesetzen oder aus zivilrechtlichen Vorschriften (z. B. § 419 BGB; §§ 25, 128 HGB).

Bevor gegen einen Rechtsanwalt oder Patentanwalt, Notar, Steuerberater, **669** Steuerbevollmächtigten, Wirtschaftsprüfer oder vereidigten Buchprüfer wegen einer Handlung im Sinne des § 69 AO (Haftung als Vertreter), die er in Ausübung seines Berufes vorgenommen hat, ein Haftungsbescheid erlassen wird, gibt die Finanzbehörde der zuständigen Berufskammer Gelegenheit, die Gesichtspunkte vorzubringen, die von ihrem Standpunkt für die Entscheidung von Bedeutung sind.

Heinrich Günther

670   Nach § 192 AO kann, wer sich aufgrund eines Vertrages verpflichtet hat, für die Steuer eines anderen einzustehen, nur nach den Vorschriften des bürgerlichen Rechtes in Anspruch genommen werden. Eine Inanspruchnahme durch Haftungsbescheid ist in diesem Fall nicht zulässig.

Vierter Abschnitt: Außenprüfung

Kommentare: *Blumers/Frick/Müller,* Betriebsprüfungshandbuch; *Kellerbach,* Die Betriebsprüfung; *Schröder/Muuss,* Handbuch der steuerlichen Betriebsprüfung, Die Außenprüfungen

1. Allgemeine Vorschriften

671   Die AO regelt die *Außenprüfung* (früher Betriebsprüfung) in den §§ 193 bis 203 AO. Ergänzend dazu hat die Bundesregierung als allgemeine Verwaltungsordnung die Betriebsprüfungsordnung (BpO) vom 17. 12. 1987 (BAnz. Nr. 241 a vom 24. 12. 1987) erlassen. Die Außenprüfung bildet den Schwerpunkt bei der Ermittlung der steuerlichen Verhältnisse des Steuerpflichtigen.

672   Nach § 193 Abs. 1 AO ist eine Außenprüfung zulässig bei Steuerpflichtigen, die einen gewerblichen oder land- und forstwirtschaftlichen Betrieb unterhalten oder die freiberuflich tätig sind. Nach § 193 Abs. 2 AO ist bei anderen als den in Abs. 1 bezeichneten Steuerpflichtigen eine Außenprüfung zulässig,

1. soweit sie die Verpflichtung dieser Steuerpflichtigen betrifft, für Rechnung eines anderen Steuern zu entrichten oder Steuern einzubehalten und abzuführen oder

2. wenn die für die Besteuerung erheblichen Verhältnisse der Aufklärung bedürfen und eine Prüfung an Amtsstelle nach Art und Umfang des zu prüfenden Sachverhaltes nicht zweckmäßig ist. In der Regel wird diese Bestimmung dazu benutzt, bei Außenprüfungen von in § 193 Abs. 1 AO genannten Betrieben auch die persönlichen Verhältnisse der Betriebsinhaber oder der an den Einkünften Mitbeteiligten mitzuprüfen (z. B. Einkünfte aus Vermietung und Verpachtung, Kapitalvermögen).

673   Nach § 194 Abs. 1 AO dient die Außenprüfung der Ermittlung der steuerlichen Verhältnisse des Steuerpflichtigen. Sie kann eine oder mehrere Steuerarten, einen oder mehrere Besteuerungszeiträume umfassen oder sich auf bestimmte Sachverhalte beschränken. Die Außenprüfung bei einer Personengesellschaft umfaßt die steuerlichen Verhältnisse des Gesellschafters insoweit, als diese Verhältnisse für die zu überprüfenden einheitlichen Feststellungen von Bedeutung sind. Die steuerlichen Verhältnisse anderer Personen können insoweit geprüft werden, als der Steuerpflichtige verpflichtet war oder verpflichtet ist, für Rechnung dieser Personen Steuern zu entrichten oder Steuern einzubehalten und abzuführen; dies gilt auch dann, wenn

etwaige Steuernachforderungen den anderen Personen gegenüber geltend zu machen sind.

Die steuerlichen Verhältnisse von Gesellschaftern und Mitgliedern sowie von Mitgliedern der Überwachungsorgane (z. B. Mitglieder eines Aufsichtsrates) können über die in Abs. 1 geregelten Fälle hinaus in die bei einer Gesellschaft durchzuführende Außenprüfung einbezogen werden, wenn dies im Einzelfall zweckmäßig ist. Nach § 194 Abs. 3 AO ist, wenn anläßlich einer Außenprüfung Verhältnisse anderer als der in Abs. 1 genannten Personen festgestellt werden, die Auswertung der Feststellungen insoweit zulässig, als ihre Kenntnis für die Besteuerung dieser anderen Personen von Bedeutung ist oder die Feststellung eine unerlaubte Hilfeleistung in Steuersachen betreffen. § 194 Abs. 3 AO bildet damit die gesetzliche Grundlage für die sogenannten Kontrollmitteilungen.

Das zuständige Finanzamt (§ 195 AO) bestimmt nach § 196 AO den **674** Umfang der Außenprüfung in einer schriflich zu erteilenden *Prüfungsanordnung* mit Rechtsmittelbelehrung. Die Prüfungsanordnung sowie der voraussichtliche Prüfungsbeginn und die Namen der Prüfer sind dem Steuerpflichtigen, bei dem die Außenprüfung durchgeführt werden soll, angemessene Zeit vor Beginn der Prüfung bekanntzugeben, wenn der Prüfungszweck dadurch nicht gefährdet wird (§ 197 Abs. 1 AO). Nach § 197 Abs. 2 AO soll auf Antrag der Steuerpflichtigen der Beginn der Außenprüfung auf einen anderen Zeitpunkt verlegt werden, wenn dafür wichtige Gründe glaubhaft gemacht werden (z. B. Urlaubsabwesenheit des Leiters des Rechnungswesens, Jahresabschlußarbeiten usw.).

Nach § 198 Abs. 1 AO hat der Außenprüfer die tatsächlichen und rechtli- **675** chen Verhältnisse, die für die Steuerpflicht und für die Bemessung der Steuer maßgebend sind (Besteuerungsgrundlagen), zu Gunsten wie zu Ungunsten des Steuerpflichtigen zu prüfen. Der Steuerpflichtige ist nach § 199 Abs. 2 AO während der Außenprüfung über die festgestellten Sachverhalte und die möglichen steuerlichen Auswirkungen zu unterrichten, wenn dadurch Zweck und Ablauf der Prüfung nicht beeinträchtigt werden.

Nach § 200 Abs. 1 AO hat der Steuerpflichtige bei der Feststellung der **676** Sachverhalte, die für die Besteuerung erheblich sein können, mitzuwirken. Er hat insbesondere Auskünfte zu erteilen, Aufzeichnungen, Bücher, Geschäftspapiere und andere Urkunden zur Einsicht und Prüfung vorzulegen und die zum Verständnis der Aufzeichnungen erforderlichen Erläuterungen zu geben. Sind der Steuerpflichtige oder die von ihm benannten Personen nicht in der Lage, Auskünfte zu erteilen, oder sind die Auskünfte zur Klärung des Sachverhaltes unzureichend oder versprechen Auskünfte des Steuerpflichtigen keinen Erfolg, so kann der Außenprüfer auch andere Betriebsangehörige um Auskunft ersuchen.

Nach § 200 Abs. 2 AO hat der Steuerpflichtige die in § 200 Abs. 1 AO **677** genannten Unterlagen in seinen Geschäftsräumen, oder wenn ein zur

Durchführung der Außenprüfung geeigneter Geschäftsraum nicht vorhanden ist, in seinen Wohnräumen oder an Amtsstelle vorzulegen. Ein zur Durchführung der Außenprüfung geeigneter Raum oder Arbeitsplatz sowie die erforderlichen Hilfsmittel sind unentgeltlich zur Verfügung zu stellen. Nach § 200 Abs. 3 AO findet die Außenprüfung während der üblichen Geschäfts- und Arbeitszeit statt. Die Prüfer sind berechtigt, Grundstücke und Betriebsräume zu betreten und zu besichtigen. Bei der Betriebsbesichtigung soll der Betriebsinhaber oder sein Beauftragter hinzugezogen werden.

678 Über das Ergebnis der Außenprüfung ist nach § 201 Abs. 1 AO eine Besprechung abzuhalten *(Schlußbesprechung)*, es sei denn, daß sich nach dem Ergebnis der Außenprüfung keine Änderung der Besteuerungsgrundlagen ergibt oder daß der Steuerpflichtige auf die Besprechung verzichtet. Bei der Schlußbesprechung sind insbesondere strittige Sachverhalte sowie die rechtliche Beurteilung der Prüfungsfeststellungen und ihre steuerlichen Auswirkungen zu erörtern.

679 Besteht die Möglichkeit, daß aufgrund der Prüfungsfeststellungen ein Straf- oder Bußgeldverfahren durchgeführt werden muß, soll der Steuerpflichtige nach § 201 Abs. 2 AO darauf hingewiesen werden, daß die straf- oder bußgeldrechtliche Würdigung einem besonderen Verfahren vorbehalten bleibt.

680 Nach § 202 Abs. 1 AO ergeht über das Ergebnis der Außenprüfung ein schriftlicher Bericht *(Prüfungsbericht)*. Im Prüfungsbericht sind die für die Besteuerung erheblichen Prüfungsfeststellungen in tatsächlicher und rechtlicher Hinsicht sowie die Änderungen der Besteuerungsgrundlagen darzustellen. Führt die Außenprüfung zu keiner Änderung der Besteuerungsgrundlagen, so genügt es, wenn dies dem Steuerpflichtigen schriftlich mitgeteilt wird. Die Finanzbehörde hat dem Steuerpflichtigen auf Antrag den Prüfungsbericht vor seiner Auswertung zu übersenden und ihm Gelegenheit zu geben, in angemessener Zeit dazu Stellung zu nehmen.

681 § 203 AO sieht eine abgekürzte Außenprüfung vor in den Fällen, in denen die Finanzbehörde eine Außenprüfung in regelmäßigen Zeitabständen nach den Umständen des Falles nicht für erforderlich hält. Die Prüfung hat sich auf die wesentlichen Besteuerungsgrundlagen zu beschränken. In der Regel werden in diesen Fällen die letzten drei Veranlagungszeiträume ohne Anschluß an vorangegangene Prüfungszeiträume geprüft.

2. Verbindliche Zusagen aufgrund einer Außenprüfung

682 Nach §§ 204 bis 207 AO soll im Anschluß an eine Außenprüfung die Finanzbehörde dem Steuerpflichtigen auf Antrag eine verbindliche Zusage erteilen, wie ein für die Vergangenheit geprüfter und im Prüfungsbericht dargestellter Sachverhalt in Zukunft steuerrechtlich behandelt wird, wenn die Kenntnis der künftigen steuerrechtlichen Behandlung für die geschäftlichen Maß-

Heinrich Günther

nahmen des Steuerpflichtigen von Bedeutung ist. Die verbindliche Zusage wird schriftlich erteilt und als verbindlich gekennzeichnet. Die verbindliche Zusage ist für die Besteuerung bindend, wenn sich der später verwirklichte Sachverhalt mit dem der verbindlichen Zusage zugrundegelegten Sachverhalt deckt. Darüberhinaus sieht das Schreiben das BMF vom 24. 6. 1987 (BStBl. I S. 474) im Vorgriff auf eine beabsichtigte gesetzliche Regelung ganz allgemein eine *verbindliche Auskunft* vor.

Fünfter Abschnitt: Steuerfahndung (Zollfahndung)

Nach § 208 Abs. 1 AO ist Aufgabe der Steuerfahndung (Zollfahndung)   683
1. die Erforschung von Steuerstraftaten und Steuerordnungswidrigkeiten,
2. die Ermittlung der Besteuerungsgrundlagen in den in Nr. 1 bezeichneten Fällen,
3. die Aufdeckung und Ermittlung unbekannter Steuerfälle.

Die mit der Steuerfahndung betrauten Dienststellen der Landesfinanzbehörden und die Zollfahndungsämter haben bei der Fahnung außer den Befugnissen nach § 404 Satz 2 erster Halbsatz AO dieselben Befugnisse wie die Hilfsbeamten der Staatsanwaltschaft, außerdem auch die den Finanzämtern (Hauptzollämtern) zustehenden Ermittlungsbefugnisse der §§ 193 ff. AO.

Sechster Abschnitt: Steueraufsicht in besonderen Fällen

Die in den §§ 209 bis 217 AO behandelten Vorschriften über die Steueraufsicht in besonderen Fällen regeln insbesondere die zollamtliche Überwachung (Steueraufsicht) des Warenverkehrs über die Grenze und in den Zollfreigebieten. Wegen der Einzelheiten ist auf den Wortlaut der Bestimmungen zu verweisen.   684

Fünfter Teil: Erhebungsverfahren

Erster Abschnitt: Verwirklichung, Fälligkeit und Erlöschen von Ansprüchen aus dem Steuerschuldverhältnis

1. Verwirklichung und Fälligkeit von Ansprüchen aus dem Steuerschuldverhältnis

Nach § 218 Abs. 1 AO sind Grundlage für die Verwirklichung von Ansprüchen aus dem Steuerschuldverhältnis (§ 37 AO) die Steuerbescheide, die Steuervergünstigungsbescheide, die Haftungsbescheide und die Verwaltungsakte, durch die steuerliche Nebenleistungen festgesetzt werden; bei den Säumniszuschlägen genügt die Verwirklichung des gesetzlichen Tatbestandes (§ 240 AO). Die Steueranmeldung (§ 168 AO) steht den Steuerbescheiden gleich.   685

Heinrich Günther

686 Nach § 218 Abs. 2 AO entscheidet über Streitigkeiten, welche die Verwirklichung der Ansprüche im Sinne des Abs. 1 betreffen, die Finanzbehörde durch Verwaltungsakt. Dies gilt auch, wenn die Streitigkeit einen Erstattungsanspruch (§ 37 Abs. 2 AO) betrifft.

687 Ein Haftungsschuldner darf auf Zahlung nur in Anspruch genommen werden, soweit die Vollstreckung in das bewegliche Vermögen des Steuerpflichtigen ohne Erfolg geblieben oder anzunehmen ist, daß die Vollstreckung aussichtslos sein würde (§ 219 AO). Die subsidiäre Haftung gilt jedoch nicht in den Fällen des § 219 Satz 2 AO (Haftung nach dem Zollgesetz, bei Steuerhinterziehung oder Steuerhehlerei, Verpflichtung zum Einbehalt und zur Abführung von Steuern, z. B. Lohnsteuer, Kapitalertragsteuer).

688 Die Fälligkeit von Ansprüchen aus dem Steuerschuldverhältnis richtet sich gemäß § 220 Abs. 1 AO nach den Vorschriften der Steuergesetze. Fehlt es an einer besonderen gesetzlichen Regelung über die Fälligkeit, so wird nach § 220 Abs. 2 AO der Anspruch mit seiner Entstehung fällig, es sei denn, daß in einem nach § 254 AO erforderlichen Leistungsgebot eine Zahlungsfrist eingeräumt worden ist. Hat ein Steuerpflichtiger eine Verbrauchsteuer oder die Umsatzsteuer mehrfach nicht rechtzeitig entrichtet, so kann die Finanzbehörde verlangen, daß die Steuer jeweils zu einem von der Finanzbehörde zu bestimmenden, vor der gesetzlichen Fälligkeit aber nach Entstehung der Steuer liegenden Zeitpunkt, entrichtet wird (§ 221 AO).

689 Die Finanzbehörden können Ansprüche aus dem Steuerschuldverhältnis nach § 222 AO ganz oder teilweise stunden, wenn die Einzahlung bei Fälligkeit eine erhebliche Härte für den Schuldner bedeuten würde und der Anspruch durch die Stundung nicht gefährdet erscheint. Die Stundung soll in der Regel nur auf Antrag und gegen Sicherheitsleistung gewährt werden.

Nach § 223 AO kann bei Zöllen und Verbrauchsteuern die Zahlung fälliger Beträge auf Antrag des Steuerschuldners gegen Sicherheitsleistung hinausgeschoben werden, soweit die Steuergesetze dies bestimmen.

2. Zahlung, Aufrechnung, Erlaß

690 Nach § 224 Abs. 1 AO sind Zahlungen an Finanzbehörden an die zuständige Stelle zu entrichten. Nach Abs. 2 gilt eine wirksam geleistete Zahlung als entrichtet:
1. bei Übergabe oder Übersendung von Zahlungsmitteln
    am Tage des Eingangs,
2. bei Überweisung oder Einzahlung auf ein Konto der Finanzbehörde und bei Einzahlung mit Zahlschein, Zahlkarte oder Postanweisung
    an dem Tag, an dem der Betrag der Finanzbehörde gutgeschrieben wird,
3. bei Vorliegen der Einzugsermächtigung   am Fälligkeitstag.
Nach § 224 Abs. 3 AO sind Zahlungen der Finanzbehörden unbar zu leisten.

Heinrich Günther

Schuldet ein Steuerpflichtiger mehrere Beträge und reicht bei freiwilliger **691** Zahlung der gezahlte Betrag zur Tilgung sämtlicher Schulden aus, so wird nach § 225 Abs. 1 AO die Schuld getilgt, die der Steuerpflichtige bei der Zahlung bestimmt. Trifft der Steuerpflichtige keine Bestimmung, so werden nach § 225 Abs. 2 AO mit einer freiwilligen Zahlung, die nicht sämtliche Schulden deckt, zunächst die Geldbußen, sodann nacheinander die Zwangsgelder, die Steuerabzugsbeträge, die übrigen Steuern, die Kosten, die Verspätungszuschläge, die Zinsen und die Säumniszuschläge getilgt.

Nach § 226 Abs. 1 AO gelten für die Aufrechnung mit Ansprüchen aus **692** dem Steuerschuldverhältnis sowie für die Aufrechnung gegen diese Ansprüche sinngemäß die Vorschriften des bürgerlichen Rechts, soweit nichts anderes bestimmt ist. Mit Ansprüchen aus dem Steuerschuldverhältnis kann nicht aufgerechnet werden, wenn sie durch Verjährung oder Ablauf einer Ausschlußfrist erloschen sind (§ 226 Abs. 1 AO). Die Steuerpflichtigen können nach § 226 Abs. 3 AO gegen Ansprüche aus dem Steuerverhältnis nur mit unbestrittenen oder rechtskräftig festgestellten Gegenansprüchen aufrechnen.

Nach § 227 Abs. 1 AO können die Finanzbehörden Ansprüche aus dem **693** Steuerschuldverhältnis ganz oder zum Teil erlassen, wenn deren Einziehung nach Lage des einzelnen Falles unbillig wäre; unter gleichen Voraussetzungen können bereits entrichtete Beträge erstattet oder angerechnet werden.

3. Zahlungsverjährung

Nach § 228 AO unterliegen Ansprüche aus dem Steuerschuldverhältnis einer **694** besonderen Zahlungsverjährung. Die Verjährungsfrist beträgt fünf Jahre.

Nach § 229 Abs. 1 AO beginnt die Verjährung mit dem Ablauf des Kalen- **695** derjahres, in dem der Anspruch erstmals fällig geworden ist. Sie beginnt jedoch nicht vor Ablauf des Kalenderjahres, in die die Festsetzung oder die Aufhebung oder Änderung der Festsetzung eines Anspruchs aus dem Steuerschuldverhältnis wirksam geworden ist, aus der sich der Anspruch ergibt. Eine Steueranmeldung steht einer Steuerfestsetzung gleich.

Wenn ein Haftungsbescheid ohne Zahlungsaufforderung ergangen ist, beginnt die Verjährung mit dem Ablauf des Kalenderjahres, in dem der Haftungsbescheid wirksam geworden ist (§ 229 Abs. 2 AO).

Die Verjährung ist nach § 230 AO gehemmt, solange der Anspruch wegen **696** höherer Gewalt innerhalb der letzten sechs Monate der Verjährungsfrist nicht verfolgt werden kann.

Nach § 231 Abs. 1 AO wird die Verjährung unterbrochen durch schrift- **697** liche Geltendmachung des Anspruches, durch Zahlungsaufschub, durch Stundung, durch Aussetzung der Vollziehung, durch Sicherheitsleistung, durch Vollstreckungsaufschub, durch eine Vollstreckungsmaßnahme, durch

Anmeldung des Konkurses und durch Ermittlungen der Finanzbehörde nach dem Wohnsitz oder dem Aufenthaltsort des Steuerpflichtigen.

Mit dem Ablauf des Kalenderjahres, in dem die Unterbrechung geendet hat, beginnt eine neue Verjährungsfrist (§ 231 Abs. 3 AO). Die Verjährung wird nur in Höhe des Betrages unterbrochen, auf den sich die Unterbrechungshandlung bezieht (§ 231 Abs. 4 AO).

698   Im Gegensatz zu den Vorschriften des BGB hat die Zahlungsverjährung die Wirkung, daß dadurch der Anspruch aus dem Steuerschuldverhältnis und die von ihm abhängigen Zinsen erlöschen (§§ 47, 232 AO).

Zweiter Abschnitt: Verzinsung, Säumniszuschläge

1. Verzinsung

699   Die §§ 233 bis 239 AO regeln die Verzinsung von Ansprüchen aus dem Steuerschuldverhältnis, und zwar
a) § 234 AO die Stundungszinsen, auf die ganz oder teilweise verzichtet werden kann, wenn ihre Erhebung nach Lage des Einzelfalles unbillig wäre;
b) § 235 AO die Verzinsung von hinterzogenen Steuern;
c) § 236 AO die Zinsen auf Erstattungsbeträge;
d) § 237 AO die Zinsen bei Aussetzung der Vollziehung.

700   Nach § 238 AO betragen die Zinsen für jeden Monat einhalb v. H. Sie sind von dem Tage an, an dem Zinslauf beginnt, nur für volle Monate zu zahlen; angefangene Monate bleiben außer Ansatz. Für die Berechnung der Zinsen wird der zu verzinsende Betrag jeder Steuerart auf volle hundert DM nach unten abgerundet.

701   Auf die Zinsen sind nach § 239 AO die für Steuern geltenden Vorschriften entsprechend anzuwenden, jedoch beträgt die Festsetzungsfrist ein Jahr.

Zinsen werden nur dann festgesetzt, wenn sie mindestens 20 DM betragen.

2. Säumniszuschläge

702   Nach § 240 Abs. 1 AO ist, wenn eine Steuer nicht bis zum Ablauf des Fälligkeitstages entrichtet wird, für jeden angefangenen Monat der Säumnis ein Säumniszuschlag von 1 v. H. des rückständigen, auf hundert DM nach unten abgerundeten Steuerbetrages zu entrichten.

Dritter Abschnitt: Sicherheitsleistung

703   Die §§ 241 bis 248 AO regeln die Arten der Sicherheitsleistung. Auf die einzelnen Bestimmungen ist zu verweisen.

Sechster Teil: Vollstreckung

Die AO enthält in den §§ 249 bis 346 AO eingehende Vorschriften über die   704
Vollstreckung von Verwaltungsakten, mit denen eine Geldleistung, eine sonstige Handlung, eine Duldung oder Unterlassung gefordert werden. Von
Bedeutung sind dabei die Vorschriften über die Aufteilung einer Gesamt-
schuld für den Fall, daß Personen Gesamtschuldner sind, weil sie zusammen
zu einer Steuer vom Einkommen oder zur Vermögensteuer veranlagt worden sind (z. B. Ehegatten), mit den im einzelnen in den §§ 268 bis 280 AO
geregelten Aufteilungsmaßstäben.

Das Vollstreckungsverfahren der Bundes- und Landesfinanzbehörden ist
in der umfangreichen allgemeinen Verwaltungsvorschrift über die Durchführung der Vollstreckung nach der Abgabenordnung vom 13. 3. 1980
(BStBl. I S. 112), geändert durch Vorschrift vom 19. 3. 1987 (BSTBl. I
S. 370) geregelt.

Siebenter Teil: Außergerichtliches Rechtsbehelfsverfahren

Erster Abschnitt: Zulässigkeit der Rechtsbehelfe

Nach § 347 Abs. 1 AO sind die *Rechtsbehelfe* gegeben: 705
1. in Abgabenangelegenheiten, auf die die AO Anwendung findet,
2. in Verfahren zur Vollstreckung von Verwaltungsakten in anderen als den
   in Nr. 1 bezeichneten Angelegenheiten, soweit die Verwaltungsakte
   durch Bundesfinanzbehörden oder Landesfinanzbehörden nach den
   Vorschriften der AO zu vollstrecken sind,
3. in öffentlich-rechtlichen und berufsrechtlichen Streitigkeiten über Angelegenheiten, die im Steuerberatungsgesetz vom 4. 11. 1975 (BGBl. I
   S. 2735), zuletzt geändert durch Gesetz vom 18. 8. 1980 (BGBl. I
   S. 1537), geregelt werden,
4. in anderen durch die Finanzbehörden verwalteten Angelegenheiten,
   soweit die Vorschriften über die außergerichtlichen Rechtsbehelfe durch
   Gesetz für anwendbar erklärt worden sind oder erklärt werden.

Nach § 347 Abs. 2 AO sind Abgabenangelegenheiten alle mit der Verwal-   706
tung der Abgaben einschließlich der Abgabenvergütungen oder sonst mit
der Anwendung der abgabenrechtlichen Vorschriften durch die Finanzbehörden zusammenhängenden Angelegenheiten einschließlich der Maßnahmen der Bundesfinanzbehörden und der Finanzbehörden des Landes Berlin
zur Beachtung der Verbote und Beschränkungen für den Warenverkehr
über die Grenze; den Abgabenangelegenheiten stehen die Angelegenheiten
der Verwaltung der Finanzmonopole gleich. Die Vorschriften des § 347
Abs. 1 AO finden auf das Straf- und Bußgeldverfahren keine Anwendung.

707 Nach § 348 Abs. 1 AO ist gegen die folgenden Verwaltungsakte, auch soweit sie für die Zwecke der Vorauszahlungen erteilt werden, als Rechtsbehelf der *Einspruch* gegeben:

1. Steuerbescheide und Steuervergütungsbescheide (§ 155 AO) sowie Steueranmeldungen (§ 168 AO), auch Vorauszahlungsbescheide,
2. Feststellungsbescheide (§ 179 AO), Steuermeßbescheide (§ 184 AO), Zerlegungsbescheide (§ 188 AO) und Zuteilungsbescheide (§ 190 AO) sowie alle anderen Verwaltungsakte, die für die Festsetzung von Steuern verbindlich sind, ausgenommen die Billigkeitsmaßnahmen nach § 163 AO,
3. Verwaltungsakte über Steuervergünstigungen, auf deren Gewährung oder Belassung ein Rechtsanspruch besteht,
4. Haftungsbescheide und Duldungsbescheide (§ 181 AO),
5. verbindliche Zolltarifauskünfte,
6. verbindliche Zusagen nach § 204 AO,
7. Verwaltungsakte, durch die aufgrund des Gesetzes über das Branntweinmonopol ein Kontingent festgesetzt wird (Kontingentbescheide),
8. Aufteilungsbescheide (§ 279 AO),
10. Veraltungsakte über Zinsen und Kosten,
11. Verwaltungsakte nach § 251 Abs. 3 AO.

708 Nach § 348 Abs. 2 AO ist in den Fällen des Abs. 1 der Einspruch auch gegeben, wenn ein Verwaltungsakt aufgehoben oder geändert oder ein Antrag auf Erlaß, Aufhebung oder Änderung eines Verwaltungsaktes abgelehnt wird.

709 Nach § 349 Abs. 1 AO ist gegen andere als die in § 348 AO aufgeführten Verwaltungsakte als Rechtsbehelf die *Beschwerde* gegeben. Dies gilt nicht für Entscheidungen über einen außergerichtlichen Rechtsbehelf.

710 Nach § 349 Abs. 2 AO ist die Beschwerde außerdem gegeben, wenn jemand geltend macht, daß über einen von ihm gestellten Antrag auf Erlaß eines Verwaltungsaktes ohne Mitteilung eines zureichenden Grundes binnen angemessener Frist sachlich nicht entschieden worden ist. Entscheidungen über einen außergerichtlichen Rechtsbehelf gelten nicht als Verwaltungsakte in diesem Sinne.

711 Nach § 349 Abs. 3 AO ist die Beschwerde nicht gegeben gegen

1. Verwaltungsakte der Obersten Finanzbehörden des Bundes und der Länder sowie der Bundesmonopolverwaltung für Branntwein und der Monopolverwaltung für Branntwein Berlin,
2. Entscheidungen des Zulassungsausschusses und des Prüfungsausschusses der Oberfinanzdirektion in Angelegenheiten des Steuerberatungsgesetzes.

712 Nach § 350 AO ist nur der befugt, Rechtsbehelfe einzulegen, wer geltend macht, durch einen Verwaltungsakt oder dessen Unterlassung beschwert zu sein.

Heinrich Günther

Nach § 351 Abs. 2 AO können Entscheidungen in einem Grundlagenbescheid (§ 171 Abs. 10 AO) nur durch Anfechtung dieses Bescheides, nicht auch durch Anfechtung des Folgebescheides, angegriffen werden. **713**

Nach § 352 Abs. 1 AO können einen Einspruch in Angelegenheiten, die einen einheitlichen Feststellungsbescheid über Einkünfte aus Gewerbebetrieb, über den Einheitswert eines gewerblichen Betriebes oder über wirtschaftliche Untereinheiten von gewerblichen Betrieben betreffen, die folgenden Personen einlegen: **714**

1. soweit es sich darum handelt, wer an dem festgestellten Betrag beteiligt ist und wie dieser sich auf die einzelnen Beteiligten verteilt: jeder Gesellschafter oder Gemeinschafter, der durch die Feststellungen hierzu berührt wird,

2. soweit es sich um eine Frage handelt, die einen Gesellschafter oder einen Gemeinschafter persönlich angeht: der Gesellschafter oder Gemeinschafter, der durch die Feststellung über die Frage berührt wird,

3. im übrigen: nur die zur Geschäftsführung berufenen Gesellschafter oder Gemeinschafter.

Nach § 352 Abs. 2 AO ist jeder Mitberechtigte, wenn in anderen als in den Fällen des Abs. 1 einheitliche Feststellungsbescheide gegen Mitberechtigte ergangen sind, befugt, Einspruch einzulegen.

Nach § 353 AO kann, wenn ein Feststellungsbescheid über einen Einheitswert, einen Grundsteuermeßbescheid oder einen Zerlegungs- oder Zuteilungsbescheid über einem Grundsteuermeßbetrag gegenüber dem Rechtsnachfolger, ohne daß er diesem bekanntgegeben worden ist, wirkt, der Rechtsnachfolger nur innerhalb der für den Rechtsvorgänger maßgebenden Rechtsbehelfsfrist Einspruch einlegen. **715**

Auf die Einlegung eines Rechtsbehelfs kann nach Erlaß des Verwaltungsaktes verzichtet werden. Der Verzicht kann auch bei Abgabe einer Steueranmeldung (z. B. Lohnsteuer, Umsatzsteuer) für den Fall ausgesprochen werden, daß die Steuer nicht abweichend von der Steueranmeldung festgesetzt wird. Durch den Verzicht wird der Rechtsbehelf unzulässig. Der Verzicht ist gegenüber der zuständigen Finanzbehörde schriftlich oder zur Niederschrift zu erklären; er darf keine weiteren Erklärungen enthalten. **716**

Zweiter Abschnitt: Allgemeine Verfahrensvorschriften

Nach § 355 Abs. 1 AO sind die Rechtsbehelfe gegen einen Verwaltungsakt (Einspruch, Beschwerde) innerhalb eines Monats nach Bekanntgabe des Verwaltungsaktes einzulegen. Ein Rechtsbehelf gegen eine Steueranmeldung ist innerhalb eines Monats nach Eingang der Steueranmeldung bei der Finanzbehörde, in den Fällen des § 178 Satz 2 AO innerhalb eines Monats **717** nach Bekanntwerden der Zustimmung einzulegen. Die Beschwerde nach § 149 Abs. 2 AO ist nach § 355 Abs. 2 AO unbefristet.

718 Wenn ein Verwaltungsakt schriftlich ergeht, so beginnt die Frist für die Einlegung des Rechtsbehelfs nur, wenn der Beteiligte über den Rechtsbehelf und über die Finanzbehörde, bei der er einzulegen ist, deren Sitz und die einzuhaltende Frist schriftlich belehrt worden ist (§ 356 Abs. 1 AO). Ist diese Belehrung unterblieben oder unrichtig erteilt, so ist die Einlegung des Rechtsbehelfs nur binnen eines Jahres seit Bekanntgabe des Verwaltungsaktes zulässig, es sei denn, daß die Einlegung vor Ablauf der Jahresfrist infolge höherer Gewalt unmöglich war oder eine schriftliche Belehrung dahin erfolgt ist, daß ein Rechtsbehelf nicht gegeben sei (§ 356 Abs. 2 AO).

719 Was die Form der Einlegung anbetrifft, so bestimmt § 357 Abs. 1 AO, daß die Rechtsbehelfe schriftlich einzureichen oder zur Niederschrift zu erklären sind. Es genügt, wenn aus dem Schriftstück hervorgeht, wer den Rechtsbehelf erlassen hat. Einlegung durch Telegramm ist zulässig. Unrichtige Bezeichnung des Rechtsbehelfs schadet nicht.

720 Nach § 357 Abs. 2 AO ist der Einspruch oder die Beschwerde bei der Finanzbehörde anzubringen, deren Verwaltungsakt angefochten wird oder bei der ein Antrag auf Erlaß eines Verwaltungsaktes gestellt worden ist. Die Beschwerde kann auch bei der zur Entscheidung berufenen Finanzbehörde eingelegt werden. Ferner genügt es, wenn ein Rechtsbehelf, der sich gegen die Feststellung von Besteuerungsgrundlagen oder geben die Festsetzung eines Steuermeßbetrages richtet, bei der zur Erteilung berufenen Finanzbehörde eingelegt werden. Ferner genügt es, wenn ein Rechtsbehelf, der sich gegen die Feststellung von Besteuerungsgrundlagen oder gegen die Festsetzung eines Steuermeßbetrages richtet, bei der zur Erteilung des Steuerbescheides zuständigen Behörde angebracht wird. Bei der Einlegung soll der Verwaltungsakt bezeichnet werden, gegen den der Rechtsbehelf gerichtet ist. Es soll angegeben werden, inwieweit der Verwaltungsakt angefochten und seine Aufhebung beantragt wird. Ferner sollen die Tatsachen, die zur Begründung dienen, und die Beweismittel angeführt werden (§ 357 Abs. 3 AO).

721 Zunächst hat die Finanzbehörde nach § 358 AO zu prüfen, ob der Rechtsbehelf zulässig, insbesondere in der vorgeschriebenen Form und Frist eingelegt ist. Mangelt es an einem dieser Erfordernisse, so ist der Rechtsbehelf als unzulässig zu verwerfen.

722 Nach § 359 AO sind am *Verfahren Beteiligte:*
1. wer den Rechtsbehelf eingelegt hat,
2. wer zum Verfahren hinzugezogen worden ist.

723 Nach § 360 Abs. 1 AO kann die Finanzbehörde von Amts wegen oder auf Antrag andere hinzuziehen, deren rechtliche Interessen nach den Steuergesetzen durch die Entscheidung berührt werden, insbesondere solche, die nach den Steuergesetzen neben dem Steuerpflichtigen haften. Wenn an dem

Heinrich Günther

streitigen Rechtsbehelf Dritte derart beteiligt sind, daß die Entscheidung auch ihnen gegenüber nur einheitlich ergehen kann, so sind sie hinzuzuziehen. Wer zum Verfahren hinzugezogen worden ist, kann dieselben Rechte geltend machen, wie derjenige, der den Rechtsbehelf eingelegt hat.

Durch die Einlegung eines Rechtsbehelfs wird die Vollziehung des angefochtenen Bescheides nicht gehemmt, insbesondere die Erhebung der Steuer nicht aufgehalten. Entsprechendes gilt bei Anfechtung von Grundlagenbescheiden für die darauf beruhenden Folgebescheide (§ 361 Abs. 1 AO). 724

Nach § 361 Abs. 2 AO kann allerdings die Finanzbehörde, die den angefochtenen Verwaltungsakt erlassen hat, die Vollziehung ganz oder teilweise aussetzen. Auf Antrag soll die *Aussetzung* erfolgen, wenn ernstliche Zweifel an der Rechtmäßigkeit des angefochtenen Verwaltungsaktes bestehen oder wenn die Vollziehung für den Betroffenen eine unbillige, nicht durch überwiegende öffentliche Interessen gebotene Härte zur Folge hätte. Die Aussetzung kann von einer Sicherheitsleistung abhängig gemacht werden. Soweit die Vollziehung eines Grundlagenbescheides ausgesetzt wird, ist auch die Vollziehung eines Folgebescheides auszusetzen.

Nach § 362 AO kann der Rechtsbehelf bis zur Bekanntgabe der Entscheidung über den Rechtsbehelf zurückgenommen werden. Die Rücknahme hat den Verlust des eingelegten Rechtsbehelfs zur Folge. 725

Die Finanzbehörde kann, wenn die Entscheidung des Rechtsbehelfes ganz oder zum Teil von dem Bestehen oder Nichtbestehen eines Rechtsverhältnisses abhängt, das den Gegenstand eines anhängigen Rechtsstreites bildet, oder von einem Gericht oder einer Verwaltungsbehörde festzustellen ist, anordnen, daß die Entscheidung bis zur Erledigung des anderen Rechtsstreites oder bis zur Entscheidung des Gerichtes oder der Verwaltungsbehörde ausgesetzt wird. Die zur Entscheidung berufene Finanzbehörde kann das Verfahren mit Zustimmung des Beteiligten, der den Rechtsbehelf eingelegt hat, ruhen lassen, wenn das aus wichtigen Gründen zweckmäßig erscheint (§ 363 AO). 726

Die Entscheidung über den Rechtsbehelf ist schriftlich abzufassen und den Beteiligten zuzustellen. Sie ist zu begründen und mit einer Rechtsbehelfsbelehrung zu versehen (§ 366 AO). Für die Zustellung von Rechtsbehelfsentscheidungen gelten die Vorschriften des Verwaltungszustellungsgesetzes (VwZG), in der Regel die Zustellung per Post mit Zustellungsurkunde oder Zustellung mittels eingeschriebenen Briefes. Wenn der Bevollmächtigte eine schriftliche Vollmacht vorgelegt hat, darf die Zustellung an ihn erfolgen. 727

Dritter Abschnitt: Besondere Verfahrensvorschriften

Nach § 367 Abs. 1 AO entscheidet über den Einspruch die Finanzbehörde, die den Verwaltungsakt erlassen hat, durch Einspruchsentscheidung. Einer 728

Einspruchsentscheidung bedarf es nur insoweit, als die Finanzbehörde dem Einspruch nicht abhilft (§ 367 Abs. 2 AO). Die Finanzbehörde, die über den Einspruch entscheidet, hat die Sache in vollem Umfang erneut zu prüfen. Der Verwaltungsakt kann auch zum Nachteil dessen, der den Einspruch eingelegt hat, geändert werden, wenn dieser auf die Möglichkeit einer nachteiligeren Entscheidung unter Angabe von Gründen hingewiesen und ihm Gelegenheit gegeben worden ist, sich hierzu zu äußern.

729   Nach § 368 AO kann die Finanzbehörde, deren Verwaltungsakt mit der Beschwerde angefochten ist oder von der mit der Beschwerde der Erlaß eines Verwaltungsaktes begehrt wird, der Beschwerde abhelfen. Wird der Beschwerde nicht abgeholfen, so ist sie der zur Entscheidung berufenen Finanzbehörde vorzulegen. Über die Beschwerde entscheidet die nächst höhere Behörde durch Beschwerdeentscheidung (in der Regel die Oberfinanzdirektion). Eine Verböserung im Beschwerdeverfahren ist unzulässig.

Achter Teil: Straf- und Bußgeldvorschriften; Straf- und Bußgeldverfahren

Kommentare: *Ehlers/Lohmeyer,* Steuerstraf- und Steuerordnungswidrigkeitsrecht; *Henneberg,* Entscheidungen zum Recht der Steuerverfehlungen; *Hübschmann/Hepp/Spitaler,* Kommentar zur Abgabenordnung und Finanzgerichtsordnung; *Kohlmann,* Steuerstrafrecht; *Troeger/Meyer,* Steuerstrafrecht; *Coring/Vogel,* Entscheidungen zum Steuer- und Zollstrafrecht
Die AO behandelt die materiellen Steuerstrafrechtsvorschriften in §§ 369 bis 376, die Strafverfahrensvorschriften in §§ 385 bis 408, die materiellen Bußgeldvorschriften in §§ 377 bis 384 und die Bußgeldverfahrensvorschriften in §§ 409 bis 412.

Erster Abschnitt: Steuerstraftaten

730   *Steuerstraftaten* im Sinne der AO sind nach § 369 Abs. 1 AO
1. Taten, die nach den Steuergesetzen strafbar sind,
2. der Bannbruch,
3. die Wertzeichenfälschung und deren Verbreitung, soweit die Tat Steuerzeichen betrifft,
4. die Begünstigung einer Person, die eine mit Strafe bedrohte Handlung im Sinne der Nummern 1 bis 3 begangen hat.

Für Steuervergehen gelten die allgemeinen Gesetze über das Strafrecht, soweit die Strafvorschriften der Steuergesetze nichts anderes bestimmen (§ 369 Abs. 2 AO).

731   Der bedeutsamste Steuerstraftatbestand ist die *Steuerhinterziehung* (§ 370 Abs. 1 AO). Danach wird wegen Steuerhinterziehung mit Freiheitsstrafe bis zu fünf Jahren oder mit Geldstrafe bestraft, wer

Heinrich Günther

1. den Finanzbehörden oder anderen Behörden über steuerlich erhebliche Tatsachen unrichtige oder unvollständige Angaben macht,
2. die Finanzbehörden pflichtwidrig über steuerlich erhebliche Tatsachen in Unkenntnis läßt oder
3. pflichtwidrig die Verwendung von Steuerzeichen oder Steuerstemplern unterläßt

und dadurch Steuern verkürzt oder für sich oder einen anderen nicht gerechtfertigte Steuervorteile erlangt.

Der Versuch ist strafbar (§ 370 Abs. 2 AO).

Nach § 370 Abs. 3 AO ist in besonders schweren Fällen die Strafe Freiheitsstrafe von sechs Monaten bis zehn Jahren.

Ein besonders schwerer Fall liegt in der Regel vor, wenn der Täter
1. aus grobem Eigennutz in großem Ausmaß Steuern verkürzt oder nicht gerechtfertigte Steuervorteile erlangt,
2. seine Befugnisse oder seine Stellung als Amtsträger mißbraucht,
3. die Mithilfe eines Amtsträgers ausnutzt, der seine Befugnisse oder seine Stellung mißbraucht, oder
4. unter Verwendung nachgemachter oder verfälschter Belege fortgesetzt Steuern verkürzt oder nicht gerechtfertigte Steuervorteile erlangt.

Nach § 370 Abs. 4 AO sind Steuern namentlich dann verkürzt, wenn sie nicht, nicht in voller Höhe oder nicht rechtzeitig festgesetzt werden; dies gilt auch dann, wenn die Steuer vorläufig oder unter Vorbehalt der Nachprüfung festgesetzt wird oder eine Steueranmeldung einer Steuerfestsetzung unter Vorbehalt der Nachprüfung gleichsteht. Steuervorteile sind auch Steuervergütungen; nicht gerechtfertigte Steuervorteile sind erlangt, wenn sie zu Unrecht gewährt oder belassen werden. Die Tat kann auch hinsichtlich solcher Waren begangen werden, deren Einfuhr, Ausfuhr oder Durchführung verboten ist (§ 370 Abs. 5 AO). 732

Nach § 370 Abs. 6 AO gelten die vorstehenden Vorschriften auch dann, wenn sich die Tat auf Eingangsabgaben bezieht, die von einem anderen Mitgliedstaat der Europäischen Gemeinschaft verwaltet werden oder die einem Mitgliedstaat der Europäischen Freihandelsassoziation oder die einem mit diesem assoziierten Staat zustehen. Sie gelten unabhängig von dem Recht des Tatortes auch für Taten, die außerhalb des Geltungsbereiches dieses Gesetzes begangen werden. 733

In den Fällen der Steuerhinterziehung nach § 370 AO wird, wer unrichtige oder unvollständige Angaben bei der Finanzbehörde berichtigt oder ergänzt oder unterlassene Angaben nachholt *(Selbstanzeige)* insoweit steuerfrei (§ 371 Abs. 1 AO). Das gilt jedoch nach § 371 Abs. 2 AO nicht, wenn 734
1. vor der Berichtigung, Ergänzung oder Nachholung
   a) ein Amtsträger der Finanzbehörde zur steuerlichen Prüfung oder zur Ermittlung der Steuerstraftat oder einer Steuerordnungswidrigkeit erschienen ist oder

b) dem Täter oder seinem Vertreter die Einleitung eines Straf- oder Bußgeldverfahrens wegen der Tat bekanntgegeben worden ist oder

2. die Tat im Zeitpunkt der Berichtigung, Ergänzung oder Nachholung
ganz oder zum Teil bereits entdeckt war und der Täter das wußte oder
bei vollständiger Würdigung damit rechnen mußte.

Sind Steuerverkürzungen bereits eingetreten oder Steuervorteile erlangt,
so tritt für einen an der Tat Beteiligten die Straffreiheit nur ein, soweit er
die zu seinen Gunsten hinterzogenen Steuern innerhalb der ihm bestimmten
Frist entrichtet (§ 371 Abs. 3 AO).

735   Nach § 371 Abs. 4 AO wird, wenn die in § 153 AO vorgesehene Anzeige
rechtzeitig und ordnungsmäßig erstattet wird, ein Dritter, der die in § 153
AO bezeichneten Erklärungen abzugeben unterlassen oder unrichtig oder
unvollständig abgegeben hat, strafrechtlich nicht verfolgt, es sei denn, daß
ihm oder seinem Vertreter vorher die Einleitung eines Straf-oder Bußgeldverfahrens wegen der Tat bekanntgegeben worden ist. Hat der Dritte zum
eigenen Vorteil gehandelt, so gilt § 371 Abs. 3 AO entsprechend.

736   Weitere Steuerstraftatbestände sind der *Bannbruch* (§ 372 AO), der
gewerbsmäßige, gewaltsame und bandenmäßige *Schmuggel* (§ 373 AO) und
die *Steuerhehlerei* (§ 374 AO).

737   Als Nebenfolgen neben einer Freiheitsstrafe von mindestens einem Jahr
wegen Steuerhinterziehung, Bannbruchs, Steuerhehlerei oder Begünstigung
einer Person, die eine der vorstehenden Taten begangen hat, kann das
Gericht nach § 375 Abs. 1 AO die Fähigkeit, öffentliche Ämter zu bekleiden,
und die Fähigkeit, Rechte aus öffentlichen Wahlen zu erlangen, aberkennen.
Daneben können bei einer Steuerhinterziehung, einem Bannbruch oder
einer Steuerhehlerei die betreffenden Erzeugnisse, Waren und andere
Sachen sowie Beförderungsmittel, die zur Tat benutzt worden sind, eingezogen werden (§ 375 Abs. 2 AO).

Zweiter Abschnitt: Steuerordnungswidrigkeiten

738   Die §§ 377 bis 384 AO regeln die materiellen Bußgeldvorschriften, die
§§ 409 bis 412 AO die Verfahrensvorschriften. Nach § 377 Abs. 1 AO sind
Steuerordnungswidrigkeiten (Zollordnungswidrigkeiten) Zuwiderhandlun-
gen, die nach den Steuergesetzen mit Geldbuße geahndet werden können.
Für Steuerordnungswidrigkeiten gelten die Vorschriften des ersten Teiles
des Gesetzes über Ordnungswidrigkeiten (OWiG) in der Fassung der
Bekanntmachung vom 19. 2. 1987 (BGBl. I S. 602), soweit die Bußgeldvorschriften der Steuergesetze nichts anderes bestimmen.

Steuerordnungswidrigkeiten sind
739   a) die *leichtfertige Steuerverkürzung* (§ 378 AO).
Danach handelt ordnungswidrig, wer als Steuerpflichtiger oder bei Wahrnehmung der Angelegenheit eines Steuerpflichtigen eine der in § 370 Abs. 1

AO bezeichneten Taten leichtfertig begeht, also leichtfertig Steuern verkürzt, oder für sich oder einen anderen ungerechtfertigte Steuervorteile erlangt. Die Steuerordnungswidrigkeit kann mit einer Geldbuße bis zu 100 000 DM geahndet werden.

b) die *Steuergefährdung* (§ 379 AO). 740

Nach § 379 Abs. 1 AO handelt vorsätzlich oder leichtfertig, wer

1. Belege ausstellt, die in tatsächlicher Hinsicht unrichtig sind, oder
2. nach Gesetz buchungs- und aufzeichnungspflichtige Geschäftsvorfälle oder Betriebsvorgänge nicht oder in tatsächlicher Hinsicht unrichtig verbucht oder verbuchen läßt

und dadurch ermöglicht, Steuern zu verkürzen oder nicht gerechtfertigte Steuervorteile zu erlangen. Satz 1 Nr. 1 gilt auch dann, wenn Eingangsabgaben verkürzt werden können, die von einem anderen Mitgliedstaat der Europäischen Gemeinschaften verwaltet werden oder die einem Staat zustehen, der für Waren aus den Europäischen Gemeinschaften aufgrund eines Assoziations- oder Präferenzabkommens eine Vorzugsbehandlung gewährt.

Ordnungswidrig handelt auch (§ 379 Abs. 2 AO), wer vorsätzlich oder leichtfertig

1. der Mitteilungspflicht nach § 138 Abs. 2 AO nicht, nicht vollständig oder nicht rechtzeitig nachkommt.
2. die Pflicht zur Kontenwahrheit nach § 154 Abs. 1 verletzt.

Ferner handelt ordnungswidrig (§ 379 Abs. 3 AO), wer vorsätzlich oder fahrlässig einer Auflage nach § 120 Abs. 2 Nr. 4 AO zuwiderhandelt, die einem Verwaltungsakt für Zwecke der besonderen Steueraufsicht (§§ 209 bis 217 AO) beigefügt worden sind.

Die Ordnungswidrigkeit kann mit einer Geldbuße bis zu 10 000 DM geahndet werden, wenn die Handlung nach § 378 AO als leichtfertige Steuerverkürzung geahndet werden kann.

c) die *Gefährdung der Abzugssteuern* (§ 380 AO). 741

Nach § 380 AO handelt ordnungswidrig, wer vorsätzlich oder leichtfertig seiner Verpflichtung, Steuerabzugsbeträge einzubehalten und abzuführen, nicht, nicht vollständig oder nicht rechtzeitig nachkommt (z. B. Lohnsteuer, Kapitalertragsteuer). Die Ordnungswidrigkeit kann mit einer Geldbuße bis zu 10 000 DM geahndet werden, wenn die Handlung nicht nach § 378 AO (leichtfertige Steuerverkürzung) geahndet werden kann.

d) die *Verbrauchsteuergefährdung* (§ 381 AO). 742

Nach § 381 AO handelt wegen Verbrauchsteuergefährdung ordnungswidrig, wer vorsätzlich oder leichtfertig Vorschriften der Verbrauchsteuergesetze oder der dazu erlassenen Rechtsverordnungen

1. über die zur Vorbereitung, Sicherung oder Nachprüfung der Besteuerung auferlegten Pflichten,

Heinrich Günther 433

2. über Verpackung und Kennzeichnung verbrauchsteuerpflichtiger Erzeugnisse oder Waren, die solche Erzeugnisse enthalten, oder über Verkehrs- oder Verwendungsbeschränkungen für solche Erzeugnisse oder Waren oder

3. über den Verbrauch unversteuerter Waren in den Freihäfen zuwiderhandelt, soweit die Verbrauchsteuergesetze oder die dazu erlassenen Rechtsverordnungen für einen bestimmten Tatbestand auf diese Bußgeldvorschrift verweisen.

Die Ordnungwidrigkeit kann mit einer Geldbuße bis zu 10 000 DM geahndet werden, wenn die Tat nicht nach § 378 AO (leichtfertige Steuerverkürzung) geahndet wird.

743   e) die *Gefährdung der Eingangsabgaben* (§ 382 AO)
Nach § 382 AO handelt ordnungswidrig, wer vorsätzlich oder leichtfertig unter im einzelnen näher bezeichneten Voraussetzungen Eingangsabgaben gefährdet. Die Ordnungswidrigkeit kann mit einer Geldbuße bis zu 10 000 DM geahndet werden, wenn die Handlung nicht nach § 378 AO geahndet werden kann.

744   f) der *unzulässige Erwerb von Steuererstattungs- und Vergütungsansprüchen* (§ 383 AO)

745   g) die *materiellen Vorschriften des OWiG* (§§ 1 bis 16)
Von den im OWiG enthaltenen besonderen Bußgeldtatbeständen der §§ 8 und 9 kann die Bestimmung des § 9 OWiG wegen Verletzung des Handelns für einen anderen auch für Steuerordnungswidrigkeiten Bedeutung erlangen. Hiernach ist, wenn jemand
1. als vertretungsberechtigtes Organ einer juristischen Person oder als Mitglied eines solchen Organs,
2. als vertretungsberechtigter Gesellschafter einer Personenhandelsgesellschaft, oder
3. als gesetzlicher Vertreter eines anderen
handelt, ein Gesetz, nach dem besondere persönliche Eigenschaften, Verhältnisse oder Umstände die Möglichkeit der Ahndung begründen, auch auf den Vertreter anzuwenden, wenn diese Merkmale zwar nicht bei ihm, aber bei dem Vertretenen vorliegen.

Das gilt auch für denjenigen, der von dem Inhaber eines Betriebes oder Unternehmens oder einem sonst dazu Befugten
1. beauftragt ist, den Betrieb ganz oder zum Teil zu leiten, oder
2. ausdrücklich beauftragt ist, in eigener Verantwortung Aufgaben wahrzunehmen, die dem Inhaber des Betriebes oder Unternehmens obliegen.

746   Die *Verfolgung von Steuerordnungswidrigkeiten* nach den Vorschriften der §§ 378 bis 380 AO verjährt in 5 Jahren (§ 384 AO).

Dritter Abschnitt: Steuerstrafverfahren (§§ 385 bis 408 AO)

1. *Allgemeine Vorschriften*

Für das Strafverfahren wegen *Steuerstraftaten gelten,* soweit die besonderen Vorschriften der AO nichts anderes bestimmen, die allgemeinen Gesetze über das Strafverfahren, namentlich die Strafprozeßordnung, das Gerichtsverfassungsgesetz und das Jugendgerichtsgesetz (§ 385 Abs. 1 AO). Nach § 385 Abs. 2 AO können die Finanzbehörden auch dann strafrechtliche Ermittlungen durchführen, wenn jemand unter Vortäuschung eines steuerlich erheblichen Sachverhalts (z. B. Betrug) gegenüber der Finanzbehörde oder einer anderen Behörde Vermögensvorteile erlangt, jedoch kein Steuergesetz verletzt.

747

Die *Zuständigkeit* für die Ermittlung des Sachverhaltes bei dem Verdacht einer Steuerstraftat liegt nach § 386 Abs. 1 AO bei der Finanzbehörde (Hauptzollamt, Finanzamt, Bundesamt für Finanzen).

748

Nach § 386 Abs. 2 AO führt die Finanzbehörde das Ermittlungsverfahren selbständig durch, wenn die Tat
1. ausschließlich eine Steuerstraftat darstellt oder
2. zugleich andere Strafgesetze verletzt und deren Verletzung Kirchensteuern oder andere öffentlich-rechtliche Abgaben betrifft, die an Besteuerungsgrundlagen, Steuermeßbeträge oder Steuerbeträge anknüpft.

Die Ermittlungsbefugnis des Finanzamtes entfällt, sobald gegen einen Beschuldigten wegen der Tat ein Haftbefehl oder ein Unterbringungsbefehl erlassen ist (§ 386 Abs. 3 AO).

Darüber hinaus kann das Finanzamt die Strafsache jederzeit an die Staatsanwaltschaft abgeben. Die Staatsanwaltschaft kann ihrerseits die Strafsache jederzeit an sich ziehen. In diesen beiden Fällen kann die Staatsanwaltschaft im Einvernehmen mit dem Finanzamt die Strafsache wieder an das Finanzamt abgeben (§ 386 Abs. 4 AO).

Die §§ 387 bis 391 AO regeln die *sachliche und örtliche Zuständigkeit* der Finanzbehörden sowie des zuständigen Gerichts.

749

Abweichend von § 138 Abs. 1 StPO kann der Beschuldigte, soweit die Finanzbehörde Strafverfahren selbständig durchführt, auch Steuerberater, Steuerbevollmächtigte, Wirtschaftsprüfer oder vereidigte Buchprüfer zum Verteidiger wählen (§ 392 Abs. 1 AO). Im übrigen kann der steuerliche Berater die Verteidigung nur in Gemeinschaft mit einem Rechtsanwalt oder Rechtslehrer an einer deutschen Hochschule durchführen. Andere Personen, z. B. Rechtsbeistände, können auch im Ermittlungsverfahren des Finanzamtes nur mit Genehmigung des Gerichtes zugelassen werden (§ 138 Abs. 2 StPO).

Für das Akteneinsichtsrecht des Verteidigers gelten die Vorschriften des § 147 StPO und § 169 a StPO.

750

Heinrich Günther

751   Nach § 395 AO ist auch das Finanzamt befugt, die Akten, die dem Gericht vorliegen oder im Falle der Erhebung der Anklage vorzulegen wären, einzusehen sowie beschlagnahmte oder sonst sichergestellte Gegenstände zu besichtigen. Die Akten werden dem Finanzamt auf Antrag zur Einsichtnahme übersandt.

752   Nach den Bestimmungen der StPO hat der Verteidiger kein Recht auf Anwesenheit bei kommissarischer Vernehmung des Beschuldigten durch das Amtsgericht (§§ 169, 192 Abs. 2 StPO) und auch nicht bei Vernehmung des Beschuldigten und von Zeugen im Vorverfahren durch dieses.

753   Nach § 396 AO kann das Strafverfahren ausgesetzt werden, bis das Besteuerungsverfahren rechtskräftig abgeschlossen ist, wenn die Beurteilung der Tat als Steuerhinterziehung davon abhängt, ob ein Steueranspruch besteht, ob Steuern verkürzt oder ob nicht gerechtfertigte Steuervorteile erlangt sind.

2. Ermittlungsverfahren

754   Das Ermittlungsverfahren beginnt mit der Einleitung des Strafverfahrens (§ 397 AO). Das Strafverfahren ist eingeleitet, sobald die Finanzbehörde, die Polizei, die Staatsanwaltschaft, einer ihrer Hilfsbeamten oder der Strafrichter eine Maßnahme trifft, die erkennbar darauf abzielt, gegen jemanden wegen einer Steuerstraftat strafrechtlich vorzugehen. Die Maßnahme ist unter Angabe des Zeitpunktes unverzüglich in den Akten zu vermerken. Die Einleitung des Strafverfahrens ist dem Beschuldigten spätestens mitzuteilen, wenn er dazu aufgefordert wird, Tatsachen darzulegen oder Unterlagen vorzulegen, die im Zusammenhang mit der Straftat stehen, derer er verdächtig ist.

755   Die Einleitung des Strafverfahrens hat zur Folge: Ausschluß der Selbstanzeige (§ 371 AO), Möglichkeit der Verfolgung anderer aktenkundiger Straftaten (§ 393 Abs. 2 AO), Unterbrechung der Verfolgungsverjährung (§ 376 AO), Verbot der Anwendung von Zwangsmitteln (§ 393 Abs. 2 AO), Aussageverweigerungsrecht und die Regelung der örtlichen Zuständigkeit des Finanzamtes (§ 388 Abs. 2 AO).

756   Ist das Finanzamt zur selbständigen Durchführung des Ermittlungsverfahrens befugt, so nimmt es die Rechte und Pflichten wahr, die der Staatsanwaltschaft im Ermittlungsverfahren zustehen (§ 399 Abs. 1 AO).

Führt die Staatsanwaltschaft das Ermittlungsverfahren durch, so hat die sonst zuständige Finanzbehörde dieselben Rechte und Pflichten wie die Behörden des Polizeidienstes nach der StPO sowie die Befugnisse nach § 399 Abs. 2 Satz 2 AO. Die Finanzämter können Beschlagnahmen, Notveräußerungen, Durchsuchungen, Untersuchungen und sonstige Maßnahmen nach den für Hilfsbeamte der Staatsanwaltschaft nach der StPO geltenden Vorschriften anordnen.

Wenn die Ermittlungen genügenden Anlaß zur Erhebung der öffentlichen   757
Klage bieten, so beantragt die Finanzbehörde beim Amtsgericht den Erlaß
eines Strafbefehls, wenn die Strafsache zur Behandlung im Strafbefehlsverfahren geeignet erscheint (§ 400 AO). Das Strafbefehlsverfahren verschont
den Beschuldigten vor einer öffentlichen Hauptverhandlung.

Erscheint die Strafsache zur Behandlung im Strafbefehlsverfahren nicht
geeignet, so legt die Finanzbehörde die Akten der Staatsanwaltschaft vor.

Für das Strafbefehlsverfahren gelten die Vorschriften der StPO. Die   758
Finanzbehörde nimmt die Rechte der Staatsanwaltschaft wahr bis zur Einlegung des Einspruches oder Anberaumung der Hauptverhandlung.

Legt die Finanzbehörde nach § 400 AO bei Abstandnahme vom Strafbe-   759
fehlsverfahren die Akten der Staatsanwaltschaft vor und führt die Staatsanwaltschaft eigene Ermittlungen durch, so ist nach § 403 Abs. 1 AO die
Finanzbehörde befugt, daran teilzunehmen. Sie kann im Einvernehmen mit
der Finanzbehörde die Strafsache auch noch in diesem Verfahrensstadium
an das Finanzamt zurückgeben (§ 386 Abs. 4 AO).

Die Staatsanwaltschaft erhebt, falls sie das Steuerstrafverfahren nicht   760
mangels Tatverdachtes (§ 170 Abs. 2 StPO) oder wegen Geringfügigkeit
(§ 398 AO) einstellt, Anklage oder kann selbst einen Strafbefehl beantragen.

Eine Bindung der Strafgerichte an die Entscheidungen der Steuergerichte   761
ist nicht vorgesehen. Nach § 396 Abs. 1 AO kann, wenn die Beurteilung der
Tat als Steuerhinterziehung davon abhängt, ob ein Steueranspruch besteht,
ob Steuern verkürzt oder ob nicht gerechtfertigte Steuervorteile erlangt
sind, das Strafverfahren ausgesetzt werden, bis das Besteuerungsverfahren
rechtskräftig abgeschlossen ist. Nach § 396 Abs. 2 AO entscheidet über die
Aussetzung im Ermittlungsverfahren die Staatsanwaltschaft, im Verfahren
nach Erhebung der öffentlichen Klage das Gericht, das mit der Sache befaßt
ist.

Vierter Abschnitt: Bußgeldverfahren

Bei Steuerordnungswidrigkeiten ist zuständige Verwaltungsbehörde im   762
Sinne des § 36 Abs. 1 Nr. 1 OWiG die nach § 387 Abs. 1 AO sachlich
zuständige Finanzbehörde.

Für das Bußgeldverfahren gelten nach § 410 Abs. 1 AO außer den verfah-   763
rensrechtlichen Vorschriften des OWiG die im einzelnen aufgeführten
Bestimmungen über das Steuerstrafverfahren entsprechend.

§ 411 AO regelt das Bußgeldverfahren gegen Rechtsanwälte, Steuerbera-   764
ter, Steuerbevollmächtigte, Wirtschaftsprüfer oder vereidigte Buchprüfer.
Bevor gegen einen dieser Berufsangehörigen wegen einer Steuerordnungswidrigkeit, die er in Ausübung seines Berufs bei der Beratung in Steuersachen begangen hat, ein Bußgeldbescheid erlassen wird, gibt die Finanzbehörde der zuständigen Berufskammer Gelegenheit, die Gesichtspunkte vor-

Heinrich Günther   437

zubringen, die von ihrem Standpunkt für die Entscheidung von Bedeutung sind.

765   Für die Zustellung, Vollstreckung und Kosten gilt § 412 AO. Danach gelten für das Zustellungsverfahren die Vorschriften des Verwaltungszustellungsgesetzes, für die Vollstreckung von Bescheiden der Finanzbehörden im Bußgeldverfahren die Vorschriften des 6. Teils der AO (§§ 249 bis 346 AO), für die Kosten des Bußgeldverfahrens § 107 Abs. 4 OWiG sowie § 227 Abs. 1 und § 261 AO.

IV. Finanzgerichtsbarkeit

Rechtsgrundlagen: Finanzgerichtsordnung (FGO) vom 6. 10. 1965 (BGBl. 1965 I S. 1477), wiederholt geändert, zuletzt durch Gesetz vom 13. 6. 1980 (BGBl. 1980 I S. 677); Gesetz zur Entlastung der Gerichte in der Verwaltungs- und Finanzgerichtsbarkeit vom 31. 3. 1978 (BGBl. 1978 I S. 446, zuletzt geändert durch Gesetz vom 4. 7. 1985 (BGBl. I S. 1274); Gesetz zur Entlastung des Bundesfinanzhofes vom 8. 7. 1975 (BGBl. 1975 I S. 1861, zuletzt geändert durch Gesetz 3. 12. 1987 (BGBl. 1987 I S. 2442).

Kommentare: *Gräber,* Finanzgerichtsordnung mit Nebengesetzen; *Tipke/ Kruse,* Abgabenordnung – Finanzgerichtsordnung; *Hübschmann/Hepp/Spitaler,* Kommentar zur Abgabenordnung und Finanzgerichtsordnung; *Ziemer/ Birkholz,* Kommentar zur FGO; *Ziemer/Haarmann,* Einspruch, Beschwerde, Klage in Steuersachen (Handbuch)

766   Neben den in der AO geregelten außergerichtlichen Rechtsbehelfen (Einspruch, Beschwerde) sind die gerichtlichen Rechtsbehelfe in der FGO festgelegt, die weitgehend mit der VwGO übereinstimmt.

Erster Teil: Gerichtsverfassung

767   Der *Finanzrechtsweg* ist gegeben nach § 33 Abs. 1 FGO
1. in öffentlich-rechtlichen Streitigkeiten über Abgabenangelegenheiten, soweit die Abgaben der Gesetzgebung des Bundes unterliegen und durch Bundesfinanzbehörden oder Landesfinanzbehörden verwaltet werden;
2. in öffentlich-rechtlichen Streitigkeiten über die Vollziehung von Verwaltungsakten in anderen als den in Nummer 1 bezeichneten Angelegenheiten, soweit die Verwaltungsakte durch Bundesfinanzbehörden oder Landesfinanzbehörden nach den Vorschriften der Abgabenordnung zu vollziehen sind und soweit nicht ein anderer Rechtsweg ausdrücklich gegeben ist;

    Heinrich Günther

3. in öffentlich-rechtlichen und berufsrechtlichen Streitigkeiten über Angelegenheiten, die durch den Ersten Teil, den Zweiten und den Sechsten Abschnitt des Zweiten Teils und ersten Abschnitt des Dritten Teils des Steuerberatungsgesetzes geregelt werden,

4. in anderen als den in den Nr. 1 bis 3 bezeichneten öffentlich-rechtlichen Streitigkeiten, soweit für diese durch Bundesgesetz oder Landesgesetz der Finanzrechtsweg eröffnet ist.

Von dieser, nicht der Gesetzgebungshoheit des Bundes unterliegenden Zuständigkeitsregelung bei Landessteuern haben in den Ausführungsgesetzen zur FGO alle Länder Gebrauch gemacht (z. B. Grunderwerbsteuer). Dagegen können gegen Steuerverwaltungsakte der Gemeinden (z. B. Gewerbesteuer, Grundsteuer) nur die Verwaltungsgerichte angerufen werden (Ausnahme Hamburg, wo Finanzämter auch die Gewerbesteuer festsetzen und demnach der Finanzrechtsweg zum Finanzgericht gegeben ist). Soweit die Landesfinanzbehörden die Besteuerungsgrundlagen selbst feststellen und die Meßbeträge festsetzen, sie zerlegen und zuteilen, ist hiergegen der Finanzrechtsweg gegeben.

Die *Finanzgerichtsbarkeit* wird durch unabhängige, von den Verwaltungsbehörden getrennte, besondere Verwaltungsgerichte ausgeübt (§ 1 FGO). Gerichte der Finanzgerichtsbarkeit sind in den Ländern die Finanzgerichte als oberste Landesgerichte, im Bund der Bundesfinanzhof mit dem Sitz in München (§ 2 FGO).   768

Für die Gerichte der Finanzgerichtsbarkeit gelten die Vorschriften des 2. Titels des Gerichtsverfassungsgesetzes entsprechend (§ 4 FGO).   769

a) Bei den Finanzgerichten bestehen Senate. Die Senate entscheiden in der Besetzung mit drei Richtern und zwei ehrenamtlichen Richtern. Bei Beschlüssen außerhalb der mündlichen Verhandlung und bei Vorbescheiden (§ 90 Abs. 3 FGO) wirken die ehrenamtlichen Richter nicht mit (§ 5 FGO).

b) Beim Bundesfinanzhof bestehen Senate. Die Senate des Bundesfinanzhofes entscheiden in der Besetzung von fünf Richtern, bei Beschlüssen außerhalb der mündlichen Verhandlung in der Besetzung von drei Richtern (§ 10 FGO).

c) Bei dem Bundesfinanzhof ist ein Großer Senat gebildet. Er besteht aus dem Präsidenten und sechs Richtern. Außerdem kann jeder beteiligte Senat einen weiteren abstimmungsberechtigten Richter zu den Sitzungen des Großen Senats entsenden (§ 11 Abs. 1 und 2 FGO). Der Große Senat entscheidet, wenn in einer Rechtsfolge ein Senat des Bundesfinanzhofes von der Entscheidung eines anderen Senates oder des Großen Senates abweichen will. Die Entscheidung des Großen Senates in der vorliegenden Sache ist für den erkennenden Senat bindend (§ 11 Abs. 3 bis 5 FGO).

Heinrich Günther   439

770   Für die Ausschließung und Ablehnung der Gerichtspersonen gelten die §§ 41 bis 49 ZPO sinngemäß (§ 51 Abs. 1 FGO) mit der in § 51 Abs. 2 und 3 FGO vorgesehenen Ergänzung.

771   *Sachlich* sind in der 1. Instanz die Finanzgerichte zuständig für die Entscheidung über alle Streitigkeiten, für die der Finanzrechtsweg gegeben ist, soweit nicht nach § 37 FGO der Bundesfinanzhof zuständig ist (§ 35 FGO). Die erstinstanzliche Zuständigkeit des Bundesfinanzhofes ist nach § 37 FGO nur gegeben bei Klagen wegen erstinstanzlicher Verwaltungsakte des Bundesministers der Finanzen auf dem Gebiet der Eingangsabgaben, Klagen wegen verbindlicher Zolltarifauskünfte und Rechtsstreitigkeiten aufgrund des Zerlegungsgesetzes, soweit die zugrundeliegenden Feststellungen durch die obersten Finanzbehörden der Länder getroffen sind.

In der 2. Instanz entscheidet der Bundesfinanzhof über das Rechtsmittel der Revision gegen Urteile des Finanzgerichtes und gegen Entscheidungen, die Urteilen des Finanzgerichtes gleichstehen, sowie über die Rechtsmittel der Beschwerde gegen andere Entscheidungen des Finanzgerichtes oder des Vorsitzenden des Senats (§ 36 FGO).

772   *Örtlich* zuständig ist das Finanzgericht, in dessen Bezirk die Behörde ihren Sitz hat, gegen welche die Klage gerichtet ist (§ 38 Abs. 1 AO).

Ist die vorstehend bezeichnete Behörde eine oberste Finanzbehörde, so ist das Finanzgericht zuständig, in dessen Bezirk der Kläger seinen Wohnsitz hat; bei Zöllen, Verbrauchsteuern und Monopolabgaben ist das Finanzgericht zuständig, in dessen Bezirk ein Tatbestand verwirklicht wird, an den das Gesetz die Abgabe knüpft. Hat der Kläger im Bezirk der obersten Finanzbehörde keinen Wohnsitz, keine Geschäftsleitung und keinen gewöhnlichen Aufenthalt, so ist örtlich zuständig das Finanzgericht, in dessen Bezirk die Behörde ihren Sitz hat.

Nach § 39 FGO bestimmt der Bundesfinanzhof bei einem positiven oder negativen Kompetenzkonflikt oder, wenn eine örtliche Zuständigkeit nach § 38 FGO nicht gegeben ist, das zuständige Finanzgericht.

Zweiter Teil: Verfahren

1. Klagearten, Klagebefugnis, Klagevoraussetzungen, Klagefrist

773   Soweit der Finanzrechtsweg (§ 33 Abs. 1 FGO) zulässig ist, unterscheidet die FGO folgende *Klagearten:*
a) Anfechtungsklage (Aufhebung oder Änderung eines Verwaltungsaktes, § 40 Abs. 1 FGO 1. Alternative). Die Anfechtungsklage richtet sich insbesondere gegen die belastenden Steuerverwaltungsakte, vor allem also Steuerbescheide. Die Anfechtungsklage ist, da sie auf eine Rechtsänderung gerichtet ist, eine Gestaltungsklage;

Heinrich Günther

b) Verpflichtungsklage (Verurteilung einer Behörde zum Erlaß eines abgelehnten oder unterlassenen Verwaltungsaktes, § 40 Abs. 1 FGO 2. Alternative). Bei der Verpflichtungsklage kann es sich um eine Vornahmeklage oder um eine Untätigkeitsklage handeln. Mit der Verpflichtungsklage wird eine Leistung verlangt. Die Verpflichtungsklage gehört deshalb zu den Leistungsklagen;

c) sonstige Leistungsklagen (Verurteilung zu einer anderen Leistung, § 40 Abs. 1 FGO 3. Alternative). Die sonstige Leistungsklage ist auf die Verurteilung der Behörde zu einem Tun, Dulden oder Unterlassen gerichtet, soweit dieses Begehren nicht schon durch die Verpflichtungsklage geltend gemacht werden kann. Die Abgrenzung zwischen der Verpflichtungsklage und der sonstigen Leistungsklage ist schwierig;

d) Feststellungsklage (Beurteilung des Bestehens oder Nichtbestehens eines Rechtsverhältnisses oder der Nichtigkeit eines Verwaltungsaktes, § 41 FGO);

e) Sprungklage ohne außergerichtliches Vorverfahren, wenn die Behörde, die den angefochtenen Verwaltungsakt erlassen hat, innerhalb eines Monats nach Zustellung der Klage zustimmt – sonst ist die Klage als Einspruch zu behandeln – oder wenn die Rechtswidrigkeit der Anordnung eines Sicherungsverfahrens geltend gemacht wird (§ 45 FGO);

f) besondere Untätigkeitsklage, falls die Behörde über einen außergerichtlichen Rechtsbehelf ohne Mitteilung eines zureichenden Grundes in angemessener Frist sachlich nicht entschieden hat (§ 46 FGO) unter den im einzelnen bestimmten Voraussetzungen.

Die Klage ist nur zulässig, wenn der Kläger geltend macht, durch den **774** Verwaltungsakt oder durch die Ablehnung oder Unterlassung eines Verwaltunsaktes oder einer anderen Leistung in seinen Rechten verletzt zu sein (§ 40 Abs. 2 FGO) unter der weiteren Voraussetzung, daß das außergerichtliche Vorverfahren (von einigen Ausnahmen abgesehen) ganz oder zum Teil erfolglos geblieben ist (§ 44 FGO).

Die *Frist* für die Erhebung der Anfechtungsklage beträgt nach § 47 Abs. 1 **775** FGO einen Monat; sie beginnt mit der Bekanntgabe der Entscheidung über den außergerichtlichen Rechtsbehelf, in den Fällen des § 45 FGO und in den Fällen, in denen ein außergerichtlicher Rechtsbehelf nicht gegeben ist, mit der Bekanntgabe des Verwaltungsaktes. Dies gilt für die Verpflichtungsklage sinngemäß, wenn der Antrag auf Vornahme des Verwaltungsaktes abgelehnt worden ist.

2. Allgemeine Verfahrensvorschriften

Wegen der allgemeinen Verfahrensvorschriften (§§ 51 bis 62 FGO), insbe- **776** sondere wegen der am Verfahren Beteiligten (§ 57 FGO), der Verfahrenshandlungsfähigkeit (§ 58 FGO), der Streitgenossenschaft (§ 59 FGO), der

Beiladungen (§ 60 FGO) und des Beitritts von Behörden (§ 61 FGO) muß auf die genannten Bestimmungen verwiesen werden.

777 Das Verfahren vor dem Finanzgericht kennt keinen Vertretungszwang. Der Steuerpflichtige kann daher vor dem Finanzgericht selbst auftreten.

778 Die Beteiligten (Kläger, Beklagter, Beigeladener, beigetretene Behörde) können sich durch Bevollmächtigte vertreten lassen und sich in der mündlichen Verhandlung eines Beistandes bedienen. Durch Beschluß kann angeordnet werden, daß ein Bevollmächtigter bestellt oder ein Beistand hinzugezogen werden muß (§ 62 Abs. 1 FGO).

779 Die Vollmacht ist schriftlich zu erteilen. Sie kann nachgereicht werden. Hierfür kann das Gericht eine Frist bestimmen. Ist ein Bevollmächtigter bestellt, so sind die Zustellungen oder Mitteilungen des Gerichtes an ihn zu richten (§ 62 Abs. 3 FGO). Nach § 62 Abs. 2 FGO können Bevollmächtigte oder Beistände, denen die Fähigkeit zum geeigneten schriftlichen und mündlichen Vortrag fehlt, zurückgewiesen werden. Dies gilt nicht für die in §§ 3 und 4 Nr. 1 und 2 des Steuerberatungsgesetzes bezeichneten natürlichen Personen (§ 62 Abs.2 FGO).

780 Vor dem Bundesfinanzhof muß nach Artikel 1 Nr. 1 des Entlastungsgesetzes, zunächst bis zum 31. 12. 1989 befristet, sich jeder Beteiligte durch einen Rechtsanwalt, Steuerberater oder Wirtschaftsprüfer als Bevollmächtigten vertreten lassen. Dies gilt auch für die Einlegung der Revision sowie der Beschwerde. Juristische Personen des öffentlichen Rechts und Behörden können sich auch durch Beamte oder Angestellte, welche die Befähigung zum Richteramt besitzen, vertreten lassen. Steuerbevollmächtigte, Steuerberatungsgesellschaften und Wirtschaftprüfungsgesellschaften können demnach als Bevollmächtigte vor dem Bundesfinanzhof nicht auftreten.

3. Verfahren im ersten Rechtsweg

781 Die §§ 63 bis 94 FGO regeln das Verfahren im ersten Rechtszug.

Die Klage ist nach § 63 Abs. 1 FGO gegen die Behörde zu richten,

1. die den ursprünglichen Vewaltungsakt erlassen oder
2. die den beantragten Verwaltungsakt oder eine andere Leistung unterlassen oder abgelehnt hat oder
3. der gegenüber die Feststellung des Bestehens oder Nichtbestehens eines Verwaltungsaktes begehrt wird.

782 Nach § 64 Abs. 1 FGO ist die Klage bei dem Gericht schriftlich zu erheben. Bei dem Finanzgericht kann sie auch zur Niederschrift des Urkundsbeamten der Geschäftsstelle erhoben werden.

Die Klage muß den Kläger, den Beklagten und den Streitgegenstand, bei Anfechtungsklagen auch den angefochtenen Verwaltungsakt oder die angefochtene Entscheidung bezeichnen und soll einen bestimmten Antrag enthalten. Ferner sollen die zur Begründung dienenden Tatsachen und Beweismittel angegeben werden. Bei Fehlen dieser Anforderungen hat der Vorsitzende den Kläger zu der erforderlichen Ergänzung innerhalb einer bestimmten Frist aufzufordern (§ 65 FGO).

Eine *Klageänderung* ist zulässig, wenn die übrigen Beteiligten einwilligen 783 oder das Gericht die Änderung für sachdienlich hält (§ 67 FGO).

Es gelten folgende allgemeine *Verfahrensgrundsätze:* 784

a) Das Gericht hat den Sachverhalt von Amts wegen zu erforschen (§ 76 Abs. 1 FGO). Dazu sind die Beteiligten heranzuziehen. Das Gericht kann deren persönliches Erscheinen anordnen (§ 80 Abs. 1 Satz 1 FGO) und Beweis erheben (§ 81 FGO). Der Amtsermittlungspflicht entspricht die Mitwirkungspflicht der Beteiligten. Der Vorsitzende hat darauf hinzuwirken, daß Formfehler beseitigt, sachdienliche Anträge gestellt, unklare Anträge erläutert, ungenügende tatsächliche Angaben ergänzt, ferner alle für die Feststellung und Beurteilung des Sachverhaltes wesentlichen Erklärungen abgegeben werden (§ 76 Abs. 2 FGO).

b) Die Beweisaufnahme richtet sich nach den Vorschriften der ZPO (§ 82 FGO). Auf die besonderen ergänzenden Vorschriften der §§ 84 bis 89 FGO muß verwiesen werden.

c) Die Herrschaft über das Besteuerungsverfahren verbleibt bei dem Finanzamt. Es kann den angefochtenen Verwaltungsakt noch nach Klageerhebung durch einen anderen Verwaltungsakt ändern oder ersetzen oder zurücknehmen. Das Finanzgericht muß dann entweder den Rechtsstreit in der Hauptsache für erledigt erklären, das bisherige Verfahren mit dem geänderten oder neuen Verwaltungsakt fortführen (§ 68 FGO) oder das Verfahren für erledigt erklären und gegen den geänderten Verwaltungsakt in einem neuen Verfahren beginnen.

Auf Antrag kann das Gericht auch schon vor Klageerhebung eine einstweilige Anordnung in bezug auf den Streitgegenstand treffen, wenn die 785 Gefahr besteht, daß durch eine Veränderung des bestehenden Zustandes die Verwirklichung eines Rechts des Antragstellers vereitelt oder wesentlich erschwert werden könnte. Einstweilige Anordnungen sind auch zur Regelung eines vorläufigen Zustandes in bezug auf ein streitiges Rechtsverhältnis zulässig, wenn diese Regelung, vor allem bei dauernden Rechtsverhältnissen, um wesentliche Nachteile abzuwenden oder drohende Gewalt zu verhindern oder aus anderen Gründen nötig erscheint (§ 114 Abs. 1 FGO).

Durch die Erhebung der Klage wird die Vollziehung des angefochtenen 786 Verwaltungsaktes (ausgenommen Untersagung des Gewerbebetriebes oder der Berufsausübung) nicht gehemmt, insbesondere die Erhebung einer Abgabe nicht aufgehalten. Die Behörde, die den Verwaltungsakt erlassen hat, kann die Vollziehung ganz oder teilweise aussetzen. Auf Antrag soll die Aussetzung erfolgen, wenn ernsthafte Zweifel an der Rechtmäßigkeit des angefochtenen Verwaltungsaktes bestehen oder wenn die Vollziehung für den Betroffenen eine unbillige, nicht durch überwiegende öffentliche Interessen gebotene Härte zur Folge hätte (§ 69 Abs. 1 und 2 FGO).

Auf Antrag kann auch das Gericht der Hauptsache oder der Vorsitzende die Vollziehung ganz oder teilweise aussetzen. Im einzelnen ist hierzu auf die Bestimmung der dem § 80 VwGO nachgebildeten Vorschrift des § 69 FGO zu verweisen.

787   Nach Art. 3 § 7 des Gesetzes zur Entlastung der Gerichte in der Verwaltungs- und Finanzgerichtsbarkeit ist abweichend von § 69 Abs. 3 FGO, vorerst befristet bis zum 31. 12. 1990, ein Antrag auf Aussetzung der Vollziehung an das Gericht nur zulässig, wenn die Finanzbehörde einen Antrag nach § 69 Abs. 2 FGO ganz oder zum Teil abgelehnt hat. Dies gilt nur dann nicht, wenn

1. die Finanzbehörde zu erkennen gegeben hat, daß sie die Vollziehung nicht aussetzen werde,
2. die Finanzbehörde über den Antrag ohne Mitteilung eines zureichenden Grundes in angemessener Frist sachlich nicht entschieden hat,
3. eine Vollstreckung droht,
4. es den Beteiligten wegen der besonderen Umstände des Einzelfalles oder aus sonstigen Gründen nicht zumutbar ist, zunächst einen Antrag bei der Finanzbehörde zu stellen.

788   Jeder Beteiligte kann die Änderung oder Aufhebung des Beschlusses über einen Antrag nach § 69 Abs. 3 FGO wegen veränderter oder im ursprünglichen Verfahren ohne Verschulden nicht geltend gemachter Umstände beantragen.

789   Das Gericht entscheidet aufgrund mündlicher Verhandlung (§ 90 Abs. 1 FGO). Von ihr kann im Einverständnis der Beteiligten abgesehen werden (§ 90 Abs. 2 FGO); ohne Einverständnis der Beteiligten kann ein Vorbescheid erlassen werden, gegen den die Beteiligten binnen eines Monats mündliche Verhandlung beantragen können (§ 90 Abs. 3 FGO). Es empfiehlt sich oftmals, den Erlaß eines Vorbescheides anzuregen, da hierdurch praktisch eine Instanz gewonnen wird, indem der Vorbescheid bereits die möglicherweise erfolgreich zu bekämpfende Meinung des Gerichts erkennen läßt.

4. Urteile und andere Entscheidungen

790   Über die Klage wird, soweit nichts anderes bestimmt ist, durch Urteil entschieden (§ 95 FGO). Möglich ist auch ein Teilurteil (§ 98 FGO) und ein Zwischenurteil über eine Vorabentscheidung dem Grunde nach (§ 99 FGO).

791   Das Finanzgericht ist bei der Nachprüfung der Rechtmäßigkeit des angefochtenen Verwaltungsaktes jedoch wie folgt gebunden:

Heinrich Günther

a) Es darf über das Klagebegehren nicht hinausgehen (§ 96 Abs. 1 Satz 2 FGO), ist aber an der Fassung der Anträge nicht gebunden. Es kann also keinen niedrigeren Steuerbetrag festsetzen als begehrt wird, kann aber den Kläger nach § 76 Abs. 2 FGO auf die Stellung eines sachdienlicheren Antrages hinweisen.

b) Eine in dem Steuerverwaltungsakt zu niedrig festgesetze Steuer darf das Finanzgericht nicht hinaufsetzen (Verbot der Verböserung). Das Finanzgericht muß in einem solchen Falle vielmehr die Klage als unbegründet abweisen.

Wegen weiterer Einzelheiten ist auf die §§ 100 bis 114 FGO zu verweisen.

5. Revision, Beschwerde und Wiederaufnahme des Verfahrens

a) Revision

Die Revision gegen das Urteil eines Finanzgerichtes ist nach § 115 Abs. 1 792
FGO zulässig, wenn der Wert des Streitgegenstandes 1000 DM übersteigt oder wenn das Finanzgericht die Revision zugelassen hat. Nach Artikel 1 Nr. 5 des Gesetzes zur Entlastung des Bundesfinanzhofes findet abweichend von § 115 Abs. 1 FGO die Revision bei einer Befristung bis zum 31. 12. 1989 nur statt, wenn das Finanzgericht oder auf Beschwerde gegen die Nichtzulassung der Bundesfinanzhof sie zugelassen hat.

Das Finanzgericht darf nach § 115 Abs. 2 FGO die Revision zulassen, 793
wenn die Rechtssache grundsätzliche Bedeutung hat oder das Urteil von einer Entscheidung des Bundesfinanzhofes abweicht und auf dieser Abweichung beruht oder bei einem geltend gemachten Verfahrensmangel die angefochtene Entscheidung auf dem Verfahrensmangel beruhen kann. Die Nichtzulassung der Revision kann selbständig durch Beschwerde innerhalb eines Monats angefochten werden. Die Nichtzulassungsbeschwerde hemmt die Rechtskraft des Urteils.

Der Zulassung der Revision bedarf es nicht, wenn wesentliche Verfah- 794
rensmängel (absolute Revisionsgründe) gerügt werden, die im einzelnen in § 116 Abs. 1 FGO genannt sind, oder es sich um eine Revision gegen Urteile in Zolltarifsachen handelt (§ 116 Abs. 2 FGO).

Die Revision kann nur auf Rechtsfehler und Verfahrensmängel gestützt 795
werden. Dem Bundesfinanzhof ist die Nachprüfung der Tatsachenfeststellung entzogen, ausgenommen der Fall, daß in bezug auf die Tatsachenfeststellungen zulässige und begründete Revisionsgründe vorgebracht werden können (§ 118 Abs. 2 FGO). Die Rechtsfehler müssen Bundesrecht betreffen. Verletzungen von Landesrechten sind mit der Revision nur anfechtbar, wenn die FGO durch Landesgesetz für anwendbar erklärt worden ist (§ 118 Abs. 1 FGO).

796   Die Revisionsfrist beträgt einen Monat nach Zustellung des vollständigen Urteils oder nach Zustellung des Beschlusses über die Zulassung der Revision. Sie ist schriftlich einzulegen und spätestens innerhalb eines weiteren Monats zu begründen. Die Frist für die Revisionsbegründung kann auf einen vor ihrem Ablauf gestellten Antrag durch den Vorsitzenden des zuständigen Senats des Bundesfinanzhofes verlängert werden. Die Revision muß das angefochtene Urteil angeben. Die Revisionsbegründung oder die Revision müssen einen bestimmten Antrag enthalten, die verletzte Rechtsnorm und, soweit Verfahrensmängel gerügt werden, die Tatsachen bezeichnen, die den Mangel ergeben (§ 120 Abs. 1 und 2 FGO).

797   Auch während des Revisionsverfahrens kann das Finanzamt den angefochtenen Verwaltungsakt noch zurücknehmen, ändern oder ersetzen. In diesem Falle kann der Kläger entweder die Hauptsache für erledigt erklären und den geänderten Verwaltungsakt anfechten oder aber die Klage abändern und beantragen, daß dieser Verwaltungsakt Gegenstand des Verfahrens wird. In letzterem Falle kann der Bundesfinanzhof das angefochtene Urteil aufheben und die Sache zur anderweitigen Verhandlung an das Finanzgericht zurückverweisen (§ 127 FGO). Im übrigen kann die Revision bis zur Rechtskraft des Urteils zurückgenommen werden, nach Schluß der mündlichen Verhandlung, bei Verzicht auf die mündliche Verhandlung und nach Ergehen eines Vorbescheides jedoch nur mit Einwilligung des Revisionsbeklagten (§ 125 Abs. 1 FGO).

798   Über die Revision entscheidet der Bundesfinanzhof grundsätzlich durch Urteil oder durch Vorbescheid. Gegen letzteren kann innerhalb eines Monats nach Zustellung mündliche Verhandlung beantragt werden. Unter Umständen empfiehlt sich bei schwierigen Rechtsfragen die Anregung an den Bundesfinanzhof, einen Vorbescheid zu erlassen, der bereits die Auffassung des erkennenden Senates deutlich macht.

799   Ist die Revision unzulässig, so verwirft der Bundesfinanzhof sie durch Beschluß. Ist die Revision unbegründet, so weist der Bundesfinanzhof sie zurück. Ist die Revision begründet, so kann der Bundesfinanzhof in der Sache selbst entscheiden oder das angefochtene Urteil aufheben und die Sache zur anderweitigen Verhandlung und Entscheidung zurückverweisen (§ 126 FGO).

800   Nach § 115 Abs. 3 FGO kann die Nichtzulassung der Revision selbständig durch Beschwerde innerhalb eines Monats nach Zustellung des Urteils angefochten werden. Die Einlegung der Beschwerde hemmt die Rechtskraft des Urteils (§ 115 Abs. 4 AO). Wird der Beschwerde nicht abgeholfen, so entscheidet der Bundesfinanzhof durch Beschluß. Der Beschluß bedarf keiner Begründung, wenn die Beschwerde einstimmig verworfen oder zurückgewiesen wird. In diesem Falle sind dem Beschwerdeführer vorher die Bedenken gegen die Zulässigkeit oder die Begründetheit seiner Beschwerde mit dem Hinweis mitzuteilen, daß er sich innerhalb eines Monats nach

Zustellung der Mitteilung äußern könne. Mit der Ablehnung der Beschwerde durch den Bundesfinanzhof wird das Urteil rechtskräftig. Wird der Beschwerde stattgegeben, so beginnt mit der Zustellung des Beschwerdebescheides der Lauf der Revisionsfrist (§ 115 Abs. 5 FGO).

Abweichend hiervon gilt, zunächst befristet bis zum 31. 12. 1989, nach dem Gesetz zur Entlastung des Bundesfinanzhofes folgendes: **801**

a) Nach Artikel 1 Nr. 6 bedarf der Beschluß des Bundesfinanzhofes über die Beschwerde gegen die Nichtzulassung der Revision keiner Begründung.

b) Nach Artikel 1 Nr. 7 kann der Bundesfinanzhof über die Revision in der Besetzung von fünf Richtern durch Beschluß entscheiden, wenn er einstimmig die Revision für unbegründet und eine mündliche Verhandlung nicht für erforderlich hält. Die Beteiligten sind vorher davon zu unterrichten und zu hören. Die Voraussetzungen dieses Verfahrens sind im Beschluß festzustellen. Einer weiteren Begründung bedarf es nicht.

c) Nach Artikel 1 Nr. 8 braucht die Entscheidung über die Revision nicht begründet zu werden, soweit der Bundesfinanzhof Rügen von Verfahrensmängeln nicht für durchgreifend hält. Dies gilt nicht für Rügen nach § 119 FGO.

b) Beschwerde

Gegen die Entscheidungen des Finanzgerichtes, die nicht Urteile oder Vorbescheide sind, und gegen Entscheidungen des Vorsitzenden dieses Gerichtes steht den Beteiligten oder den sonst von der Entscheidung Betroffenen die Beschwerde an den Bundesfinanzhof zu, soweit nicht in der FGO etwas anderes bestimmt ist (§ 128 Abs. 1 FGO). **802**

Die Beschwerde ist beim Finanzgericht schriftlich oder zur Niederschrift des Urkundsbeamten der Geschäftsstelle innerhalb von zwei Wochen nach Bekanntgabe der Entscheidung einzulegen. Die Beschwerdefrist ist auch gewahrt, wenn die Beschwerde innerhalb der Frist beim Bundesfinanzhof eingeht (§ 129 FGO).

Falls das Finanzgericht oder dessen Vorsitzender der Beschwerde nicht abhilft, ist sie dem Bundesfinanzhof vorzulegen, der über die Beschwerde durch Beschluß entscheidet (§ 130 bis 132 FGO).

c) Wiederaufnahme des Verfahrens

Ein rechtskräftig beendetes Verfahren kann nach § 134 FGO wieder aufgenommen werden. Hierfür gelten die Vorschriften der §§ 478 bis 591 ZPO. Die Wiederaufnahme erfolgt entweder durch Nichtigkeitsklage oder Restitutionsklage. **803**

Heinrich Günther 447

Dritter Teil. Kosten und Vollstreckung

Die §§ 135 bis 149 FGO regeln die Kosten und die §§ 150 bis 154 FGO die Vollstreckung.

1. Kosten

804   Nach § 135 Abs. 1 FGO trägt der unterliegende Beteiligte die Kosten des Verfahrens und nach Abs. 2 fallen demjenigen, der das Rechtsmittel eingelegt hat, die Kosten eines ohne Erfolg eingelegten Rechtsmittels zur Last. Besteht der kostenpflichtige Teil aus mehreren Personen, so haften diese in der Regel nach Kopfteilen (§ 135 Abs. 5 FGO). Wenn ein Beteiligter teils obsiegt, so sind die Kosten gegeneinander aufzuheben oder verhältnismäßig zu teilen. Sind die Kosten gegeneinander aufgehoben, so fallen die Gerichtskosten jedem Teil zur Hälfte zur Last. Einem Beteiligten können die Kosten ganz auferlegt werden, wenn der andere nur zu einem geringen Teil unterlegen ist (§ 136 Abs. 1 FGO). Wer einen Antrag, eine Klage, ein Rechtsmittel oder einen anderen Rechtsbehelf zurücknimmt, hat die Kosten zu tragen (§ 136 Abs. 2 FGO). Einem Beteiligten können die Kosten ganz oder teilweise auch dann auferlegt werden, wenn er obsiegt hat, die Entscheidung aber auf Tatsachen beruht, die er früher hätte geltend machen oder beweisen können und sollen. Kosten, die durch Verschulden eines Beteiligten entstanden sind, können diesem auferlegt werden (§ 137 FGO).

805   Ist der Rechtsstreit in der Hauptsache erledigt, so entscheidet das Gericht nach billigem Ermessen über die Kosten des Verfahrens durch Beschluß. Der bisherige Sach- und Streitstand ist zu berücksichtigen (§ 138 Abs. 1 FGO). Soweit die Erledigung des Rechtsstreites dadurch erfolgt, daß dem Antrag des Steuerpflichtigen durch Rücknahme oder Änderung des angefochtenen Verwaltungsaktes stattgegeben wird oder der beantragte Verwaltungsakt erlassen wird, sind die Kosten der Behörde aufzuerlegen. Das gleiche gilt, wenn die angefochtene Einspruchsentscheidung oder der angefochtene Verwaltungsakt nach § 100 Abs. 2 Satz 2 FGO vom Gericht ohne eigene Entscheidung in der Sache aufgehoben wird (§ 138 Abs. 2 FGO).

806   § 139 Abs. 2 FGO regelt die Erstattungsfähigkeit von Kosten. Nach § 139 Abs. 1 FGO sind Kosten die Gerichtskosten (Gebühren und Auslagen) und die zur zweckentsprechenden Rechtsverfolgung oder Rechtsverteidigung notwendigen Aufwendungen der Beteiligten einschließlich der Kosten des Vorverfahrens. Die Aufwendungen der Finanzbehörde sind jedoch nicht zu erstatten (§ 139 Abs. 2 FGO). Dagegen sind gesetzlich vorgesehene Gebühren und Auslagen eines Bevollmächtigten oder Beistandes, der nach den Vorschriften des Steuerberatungsgesetzes zur geschäftsmäßigen Hilfeleistung in Steuersachen befugt ist, stets erstattungsfähig. Aufwendungen für einen Bevollmächtigten oder Beistand, für den Gebühren und Auslagen gesetzlich nicht vorgesehen sind, können bis zur Höhe der gesetzlichen

Gebühren und Auslagen der Rechtsanwälte erstattet werden. Soweit ein Vorverfahren geschwebt hat, sind die Gebühren und Auslagen erstattungsfähig, wenn das Gericht die Zuziehung eines Bevollmächtigten oder Beistandes für das Vorverfahren für notwendig erklärt. Ein entsprechender Antrag sollte in jedem finanzgerichtlichen Verfahren gestellt werden.

Das Gericht hat im Urteil oder, wenn das Verfahren in anderer Weise beendet worden ist, durch Beschluß über die Kosten zu entscheiden (§ 143 Abs. 1 FGO). Wird eine Sache vom Bundesfinanzhof an das Finanzgericht zurückverwiesen, so kann diesem die Entscheidung über die Kosten des Verfahrens übertragen werden.

807

Wenn ein Rechtsbehelf seinem vollem Umfange nach zurückgenommen worden ist, so wird nach § 144 FGO über die Kosten des Verfahrens nur entschieden, wenn ein Beteiligter Kostenerstattung beantragt.

808

Die Anfechtung der Entscheidung über den Kostenpunkt ist unzulässig, wenn nicht gegen die Entscheidung in der Hauptsache ein Rechtsmittel eingelegt wird (§ 145 Abs. 1 FGO). Ist jedoch eine Entscheidung in der Hauptsache nicht ergangen, so findet gegen die Entscheidung über den Kostenpunkt die Beschwerde statt (§ 145 Abs. 2 FGO).

809

§ 149 FGO regelt die Kostenfestsetzung. Die den Beteiligten zu erstattenden Aufwendungen werden auf Antrag von dem Urkundsbeamten des Gerichts des ersten Rechtszuges festgesetzt. Gegen die Festsetzung ist die Erinnerung an das Gericht gegeben. Die Frist für die Einlegung der Erinnerung beträgt zwei Wochen. Über die Zulässigkeit der Erinnerung sind die Beteiligten zu belehren. Über die Erinnerung entscheidet das Gericht durch Beschluß. Gegen den Beschluß steht den Beteiligten die Beschwerde zu, wenn eine der Voraussetzungen des § 115 Abs. 2 Nr. 1 bis 3 FGO vorliegt.

810

Auch im finanzgerichtlichen Verfahren ist die Bewilligung der Prozeßkostenhilfe vorgesehen (§ 142 FGO). Hierfür gelten die Vorschriften der §§ 114 ff. ZPO über die Prozeßkostenhilfe sinngemäß. Ist die Prozeßkostenhilfe bewilligt, so kann ein Rechtsanwalt oder ein Steuerberater beigeordnet werden, wenn die Vertretung durch eine solche Person erforderlich erscheint. Die Bewilligung der Prozeßkostenhilfe ist unanfechtbar.

811

2. Vollstreckung

Wenn zugunsten des Bundes, eines Landes, eines Gemeindeverbandes, einer Gemeinde oder einer Körperschaft, Anstalt oder Stiftung des öffentlichen Rechts als Abgabeberechtigte vollstreckt wird, so richtet sich die Vollstreckung nach den Bestimmungen der AO, soweit nicht durch Gesetz etwas anderes bestimmt ist. Vollstreckungsbehörden sind die Finanzämter (§ 150 FGO).

812

Soll dagegen gegen den Bund, ein Land, einen Gemeindeverband, eine Gemeinde, eine Körperschaft, eine Anstalt oder Stiftung des öffentlichen

813

Rechts vollstreckt werden, so gilt für die Zwangsvollstreckung das 8. Buch der Zivilprozeßordnung sinngemäß. Vollstreckungsgericht ist das Finanzgericht (§ 151 Abs. 1 FGO).

814   Kommt die Finanzbehörde der gegen sie angeordneten Vollstreckung nicht nach, so kann das Gericht des ersten Rechtszuges gegen die Finanzbehörde ein Zwangsgeld bis zu 2000 DM androhen, nach fruchtlosem Fristablauf festsetzen und auch von Amts wegen vollstrecken (§ 154 FGO).

III. Berufsgesetzliche Regelungen

1. Steuerberatungsgesetz

Rechtsgrundlagen: Steuerberatungsgesetz (StBerG) in der Fassung vom 4. 11. 1980 (BGBl. I S. 1537),

Verordnung zur Durchführung der Vorschriften über Steuerberater, Steuerbevollmächtigte und Steuerberatungsgesellschaften (DVStB) vom 12. 11. 1975 (BGBl. I S. 2735), zuletzt geändert mit Gesetz vom 18. 8. 1979 (BGBl. I S. 1922),

Verordnung zur Durchführung des § 157 des Steuerberatungsgesetzes (DV § 157 StBerG) 9. 3. 1973 (BGB. I S. 199), geändert durch VO vom 24. 6. 1977 (BGBl. I S. 1027).

Verordnung zur Durchführung der Vorschrift über die Lohnsteuerhilfevereine (DVLStHV) vom 15. 7. 1975 (BGBl. I S. 1906).

Gebührenverordnung für Steuerberater, Steuerbevollmächtigte und Steuerberatungsgesellschaften vom 17. 12. 1981 (BGBl. I S. 1442).

815   *Zur geschäftsmäßigen unbeschränkten Hilfeleistung in Steuersachen* sind befugt (§ 3 StBerG):
1. Steuerberater, Steuerbevollmächtigte und Steuerberatungsgesellschaften,
2. Rechtsanwälte, Wirtschaftsprüfer, Wirtschaftsprüfungsgesellschaften, vereidigte Buchprüfer und Buchprüfungsgesellschaften.

Daneben sind zur geschäftsmäßigen beschränkten Hilfeleistung in Steuersachen eine Reihe von in § 4 StBerG genannten Personen befugt, u. a. z. B. Notare, Patentanwälte, Verwahrer und Verwalter fremden oder zu treuen Händen oder zu Sicherungszwecken übereigneten Vermögens, Speditionsunternehmen, Arbeitgeber in Lohnsteuersachen, Lohnsteuerhilfevereine.

816   Nach dem in § 33 StBerG festgelegten *Inhalt ihrer Tätigkeit* haben Steuerberater und Steuerbevollmächtigte die Aufgabe, im Rahmen ihres Auftrages ihre Auftraggeber in Steuersachen zu beraten, sie zu vertreten und ihnen bei der Bearbeitung ihrer Steuerangelegenheiten und bei der Erfüllung ihrer steuerlichen Pflichten Hilfe zu leisten. Dazu gehören auch die Hilfeleistungen in Steuerstrafsachen und in Bußgeldsachen wegen einer Steuerord-

nungswidrigkeit sowie die Hilfeleistung bei der Erfüllung von Buchführungspflichten, die aufgrund von Steuergesetzen bestehen, insbesondere die Aufstellung von Steuerbilanzen und deren steuerrechtliche Beurteilung.

Die Steuerberater werden durch die für die Finanzverwaltung zuständige 817 oberste Landesbehörde, die Steuerbevollmächtigten durch die Oberfinanzdirektion als Landesbehörde *bestellt.* Voraussetzung für die Bestellung ist die Ablehnung von Prüfungen. Von der Prüfung sind befreit:

1. Professoren, die an einer deutschen wissenschaftlichen Hochschule oder Fachhochschule mindestens fünf Jahre auf dem Gebiet des Steuerwesens gelehrt haben,
2. ehemalige Finanzrichter, die mindesstens zehn Jahre auf dem Gebiet des Steuerwesens tätig gewesen sind,
3. ehemalige Beamte und Angestellte des höheren Dienstes der Finanzverwaltung, die mindestens zehn Jahre auf dem Gebiet des Steuerwesens als Sachgebietsleiter oder mindestens in gleichwertiger Stellung tätig gewesen sind, ferner der gesetzgebenden Körperschaften des Bundes und der Länder sowie der obersten Rechnungsprüfungsbehörden und der anderen obersten Behörden des Bundes und der Länder, die mindestens zehn Jahre überwiegend auf dem Gebiet der von den Bundes- und Finanzbehörden verwalteten Steuern als Sachgebietsleiter oder mindestens in gleichwertiger Stellung gewesen sind,
4. ehemalige Beamte und Angestellte des gehobenen Dienstes der Finanzverwaltung, die mindestens 15 Jahre auf dem Gebiet des Steuerwesens als Sachbearbeiter oder mindestens in gleichwertiger Stellung tätig gewesen sind und solche der gesetzgeberischen Körperschaften des Bundes und der Länder, der Finanzgerichte sowie der obersten Rechnungsprüfungsbehörde und der anderen obersten Behörden des Bundes und der Länder, die mindestens 15 Jahre überwiegend auf dem Gebiet der von den Bundes- und Landesfinanzbehörden verwalteten Steuern als Sachbearbeiter oder mindestens in gleichwertiger Stellung tätig gewesen sind.

Aktiengesellschaften, Kommanditgesellschaften auf Aktien, Gesellschaf- 818 ten mit beschränkter Haftung, offene Handelsgesellschaften und Kommanditgesellschaften können nach Maßgabe des StBerG als Steuerberatungsgesellschaften anerkannt werden. Voraussetzung dafür ist, daß die Mitglieder des Vorstandes, die Geschäftsführer oder die persönlich haftenden Gesellschafter Steuerberater sind und mindestens ein Mitglied des Vorstandes, ein Geschäftsführer oder ein persönlich haftender Gesellschafter seinen Wohnsitz am Sitz der Gesellschaft hat. Neben Steuerberatern können auch Rechtsanwälte, Wirtschaftsprüfer, vereidigte Buchprüfer und Steuerbevollmächtigte Mitglieder des Vorstandes, Geschäftsführer oder persönlich haftende Gesellschafter von Steuerberatungsgesellschaften sein. Mindestens die Hälfte der Vorstandsmitglieder, der Geschäftsführer oder der persönlich haftenden Gesellschafter müssen Steuerberater sein. Bei Aktiengesellschaften oder Kommanditgesellschaften auf Aktien müssen die Aktien außerdem auf den Namen lauten (§§ 49 und 50 StBerG).

819 Wegen der weiteren Einzelheiten ist auf das StBerG und die dazu ergangenen Durchführungsverordnungen zu verweisen.

2. Wirtschaftsprüferordnung

Rechtsgrundlagen: Gesetz über eine Berufsordnung der Wirtschaftsprüfer (Wirtschaftsprüferordnung – WPO –) in der Fassung vom 5. 11. 1975 (BGBl. I S. 2803), zuletzt geändert durch das Gesetz vom 24. 4. 1986 (BGBl. I S. 560); Prüfungsordnung für Wirtschaftsprüfer am 31. 7. 1962 (BGBl I S. 529) in der Fassung der DV Art. 6 BiRiLig vom 16. 6. 1986 (BGBl. I S. 904), die auch die Prüfung für die erleichterte Bestellung von vereidigten Buchprüfern, Steuerberatern und Rechtsanwälten zu Wirtschaftsprüfern (§ 1 bis § 4) und die Prüfung für die Bestellung von Steuerberatern und Rechtsanwälten zu vereidigten Buchprüfern regelt.

820 Die WPO regelt die Voraussetzungen für die Berufsausübung
1. der Wirtschaftsprüfer (Zulassung zur Prüfung, Prüfung, Bestellung)
2. der Wirtschaftsprüfungsgesellschaften (durch Anerkennung)
3. der vereidigten Buchprüfer (Zulassung zur Prüfung, Prüfung, Bestellung)
4. der Buchprüfungsgesellschaften (durch Anerkennung)

821 Nach § 2 WPO haben *Wirtschaftsprüfer* und *Wirtschaftsprüfungsgesellschaften* die berufliche Aufgabe, betriebswirtschaftliche Prüfungen, insbesondere von Jahresabschlüssen wirtschaftlicher Unternehmen, durchzuführen und Bestätigungsvermerke über die Vornahme und das Ergebnis solcher Prüfungen zu erteilen. Sie sind befugt, ihre Auftraggeber in steuerlichen Angelegenheiten nach Maßgabe der bestehenden Vorschriften zu beraten und zu vertreten. Wirtschaftsprüfer können unter Berufung auf ihren Berufseid auf den Gebieten der wirtschaftlichen Betriebsführung als Sachverständige auftreten.

822 Nach § 129 WPO haben *vereidigte Buchprüfer* die berufliche Aufgabe, Prüfungen auf dem Gebiet des betrieblichen Rechnungswesens, insbesondere Buch- und Bilanzprüfungen, durchzuführen. Sie können über das Ergebnis ihre Prüfungen Prüfungsvermerke erteilen. Zu den Prüfungsvermerken gehören auch Bestätigungen und Feststellungen, die vereidigte Buchprüfer auf Grund gesetzlicher Vorschriften vornehmen. Zu den beruflichen Aufgaben des vereidigten Buchprüfers gehört es insbesondere, die Prüfung des Jahresabschlusses mittelgroßen Gesellschaften mit beschränkter Haftung (§ 267 Abs. 2 HGB) nach § 316 Abs. 1 Satz 1 HGB durchzuführen.

Heinrich Günther

Vereidigte Buchprüfer sind befugt, ihre Autraggeber in steuerlichen Angelegenheiten nach Maßgabe der bestehenden Vorschriften zu beraten und zu vertreten. Sie können unter Berufung auf ihren Berufseid auf den Gebieten des betrieblichen Rechnungswesens als Sachverständige auftreten.

Nach § 131 f WPO können vereidigte Buchprüfer, Steuerberater und 823 Rechtsanwälte unter den im einzelnen näher bestimmten Voraussetzungen erleichtert als Wirtschaftsprüfer bestellt werden, wenn sie die in § 131 e WPO vorgesehene Prüfung bestanden haben. Die *erleichterte Bestellung* beruht auf dem Bilanzrichtlinien-Gesetz vom 19. 12. 1985 (BGBl. I S. 2355).

Für den ab dem 1. 1. 1986 neu eröffneten Beruf des *vereidigten Buchprüfers* gilt für Steuerberater und Rechtsanwälte, die sich bis zum 31. 12. 1989 zur Prüfung melden, eine *erleichterte Übergangsprüfung*. Für diese Bewerber entfällt die schriftliche Prüfung (§ 131 a, § 131 Abs. 1 Satz 2 WPO).

C. Das deutsche Außensteuerrecht

Kommentar: *Korn/Dietz,* Doppelbesteuerung

I. Allgemeine Grundsätze

824   Das deutsche Außensteuerrecht gewinnt bei der ständig stärker werdenden internationalen Verflechtung, insbesondere auch im Rahmen der EG, für die Beratungspraxis des Rechtsanwaltes und des Steuerberaters eine immer größere Bedeutung. Internationale Verträge (Gesellschaftsverträge mit Partnern aus verschiedenen Ländern, Lizenzverträge, Vertriebsverträge usw.) mit ihren vielfältigen Folgen für die steuerrechtliche Behandlung je nach ihrer Gestaltung erfordern mindestens gründliche Kenntnisse des deutschen und auch des internationalen Steuerrechts. Es empfiehlt sich, einen ausländischen Berater schon aus Haftungsgründen mit heranzuziehen, da der deutsche Rechtsanwalt oder Notar mit den ausländischen Steuerrechtsverhältnissen und ihren Feinheiten in der Regel nicht vertraut ist.

825.   Die Bundesrepublik Deutschland erfaßt bei der Besteuerung unbeschränkt Steuerpflichtiger deren gesamtes Welteinkommen und Weltvermögen. Infolge des Umstandes, daß auch andere ausländische Staaten, und zwar gerade die hochindustrialisierten Staaten, ebenfalls ihre eigenen Steuerpflichtigen mit ihrem Welteinkommen und Weltvermögen zur Besteuerung heranzuziehen pflegen, ergeben sich zwangsläufig gerade auf dem Gebiet der internationalen Besteuerung für solche Steuerpflichtige, die mit ihrem Einkommen und Vermögen den Steuergesetzen verschiedener Staaten unterliegen, oftmals erhebliche Doppel- oder Mehrfachbelastungen, die als ungerecht empfunden werden.

826   Um solche Doppelbelastungen auszuschließen, bestehen staatsrechtlich folgende Möglichkeiten:

1. Der Staat trifft für seine unbeschränkt Steuerpflichtigen einseitig besondere Regelungen, um die Doppelbesteuerung zu vermeiden, oder
2. die Staaten treffen unter sich besondere Abkommen zur Vermeidung der Doppelbesteuerung, indem sie durch völkerrechtliche Verträge ein sachgemäßes, auf Gegenseitigkeit gegründetes System von Steuerverzichten aufstellen, das die Eigenarten der beiden Steuersysteme berücksichtigt.

827   Die Bundesrepublik Deutschland hat *einseitig* in ihren Steuergesetzen zugunsten ihrer unbeschränkt Steuerpflichtigen u. a. folgende Regelungen getroffen:

a) Nach § 34 c Abs. 1 EStG erfolgt dadurch eine Steuerermäßigung bei ausländischen Einkünften im Sinne des § 34 d EStG, daß bei unbeschränkt Steuerpflichtigen, die mit ihren aus einem ausländischen Staat stammenden Einkünften in diesem Staat zu einer der deutschen Einkommensteuer entsprechenden Steuer herangezogen werden, die festgesetzte und gezahlte ausländische Steuer auf die deutsche Einkommensteuer anzurechnen ist, die auf die Einkünfte aus diesem Staat entfällt. Statt der Anrechnung ist die ausländische Steuer auf Antrag bei der Ermittlung des Gesamtbetrages der Einkünfte abzuziehen (§ 34 c Abs. 2 EStG). Wegen der Einzelheiten ist auf § 34 c und 34 d EStG in Verbindung mit §§ 68 a bis 68 c EStDV sowie auf die Abschnitte 212 a bis 212 f EStR zu verweisen.

b) Für die der Körperschaftsteuer unterliegenden unbeschränkt Steuerpflichtigen bestimmt § 26 Abs. 1 KStG, daß bei diesen die festgesetzte und gezahlte und keinem Ermäßigungsanspruch mehr unterliegende ausländische Steuer auf die deutsche Körperschaftsteuer anzurechnen ist. Darüber hinaus gelten besondere Anrechnungsbestimmungen nach § 26 Abs. 2 bis Abs. 6 KStG für den Fall, daß eine unbeschränkt steuerpflichtige Muttergesellschaft nachweislich ununterbrochen seit mindestens zwölf Monaten vor dem Ende des Veranlagungszeitraumes mindestens zu einem Zehntel unmittelbar am Nennkapital einer Kapitalgesellschaft mit Geschäftsleitung und Sitz außerhalb des Geltungsbereiches des KStG (Tochtergesellschaft) beteiligt war. Wegen der weiteren Einzelheiten muß auf die eingehenden gesetzlichen Bestimmungen verwiesen werden.

c) Bei unbeschränkt steuerpflichtigen Arbeitnehmern, die mit ihrem ausländischen Arbeitslohn zu einer der deutschen Einkommensteuer entsprechenden Steuer herangezogen werden, wird nach § 34 c EStG in Verbindung mit § 34 d Nr. 5 EStG die gezahlte ausländische Steuer auf die deutsche Lohnsteuer angerechnet. Wegen der Einzelheiten muß auf die gesetzlichen Vorschriften und Abschnitt 90 LSrR verwiesen werden.

d) Hinsichtlich der Vermögensteuerermäßigung bei Auslandsvermögen bestimmt § 11 VStG, daß, wenn zum Gesamtvermögen Auslandsvermögen gehört, das in einem ausländischen Staat zu einer der deutschen Vermögensteuer entsprechenden Steuer herangezogen wird, diese auf die deutsche Vermögensteuer anzurechnen ist. Anstelle einer Anrechnung ausländischer Steuern nach § 11 VStG ist nach § 12 VStG auf Antrag des Steuerpflichtigen die auf ausländisches Betriebsvermögen entfallende Vermögensteuer unter bestimmten Voraussetzungen auf die Hälfte zu ermäßigen. Die Einzelheiten der Anrechnung ausländischer Steuern nach § 11 VStG und der Steuerermäßigung bei Auslandsvermögen nach § 12 VStG ergeben sich aus den gesetzlichen Vorschriften in Verbindung mit den Abschnitten 124 und 124 a VStR.

e) Nach § 21 ErbStG ist bei inländischen steuerpflichtigen Erwerbern, die in einem ausländischen Staat mit ihrem Auslandsvermögen zu einer der deutschen Erbschaftsteuer entsprechenden Steuer (ausländische Steuer) herangezogen werden, auf Antrag die festgesetzte, auf den Erwerber entfallende, gezahlte und keinem Ermäßigungsanspruch unterliegende ausländische Steuer insoweit auf die deutsche Erbschafsteuer anzurechnen, als das Auslandsvermögen auch der deutschen Erbschaftsteuer unterliegt. Wegen der weiteren Einzelheiten ist auf den Wortlaut der genannten Bestimmung zu verweisen.

II. Doppelbesteuerungsregelungen

828 Neben den einseitig getroffenen Maßnahmen hat die Bundesrepublik Deutschland mit einer ganzen Reihe von ausländischen Staaten *Abkommen zur Vermeidung der Doppelbesteuerung (DBA)* meistens auf dem Gebiet der Einkommen-, Ertrag- und Vermögen-Steuer, teilweise auch auf dem Gebiet der Erbschaftsteuer, getroffen.

Dabei haben sich in der internationalen Vertragspraxis zwei Methoden im wesentlichen entwickelt:
1. die Teilung des Steuergutes;
2. die Steueranrechnung.

Zu 1. *Teilung des Steuergutes* (Freistellungsmethode)

829 Die Staaten zerlegen das Steuergut in seine einzelnen Bestandteile und teilen diese derart unter sich auf, daß nur einem von ihnen die Besteuerung gestattet ist, während der andere darauf verzichtet und damit also eine sachliche Steuerbefreiung gewährt. Dabei wird entweder nach dem Ursprungs- oder nach dem Wohnsitzprinzip verfahren.

a) An den *Ursprung* knüpft die Zuteilung des Besteuerungsrechts an nach folgender Einteilung:

Belegenheit
Der Staat, in dem sich der Vermögensgegenstand befindet, erhält das unbewegliche Vermögen und die Einkünfte daraus.

Betriebsstätte
Der Staat, in dem eine Betriebsstätte besteht, erhält das Betriebsvermögen und die darauf fließenden gewerblichen Einkünfte.

Arbeitsort
Der Staat, in dem die Arbeitstätigkeit ausgeübt wird, erhält die Einkünfte aus selbständiger oder nichtselbständiger Arbeit.

Kasse
Der Staat, in dem sich die öffentliche Kasse befindet, besteuert die daraus stammenden Einkünfte.

b) Nach dem *Wohnsitzprinzip* richtet sich die Zuteilung des Besteuerungsrechtes für

bb) alle Gegenstände des Kapitalvermögens und die Einkünfte daraus,

bb) die Einkünfte aus Lizenzen aller Art,

cc) alle sonstigen Vermögensgegenstände oder Einkünfte,

die nicht zu einer der vorgenannten Gruppen gehören.

Zu 2. *Steueranrechnung* (Anrechnungsmethode)

Die Anrechnungsmethode läßt die Besteuerungsgrundlage ungeschmälert, spaltet aber im Endergebnis die Steuerschuld auf. Der Wohnsitzstaat des Steuerpflichtigen ist in der steuerlichen Erfassung des gesamten Einkommens oder Vermögens durch das DBA nicht beschränkt. Er hat aber Steuern, die nachweislich auf einzelne Steuergegenstände im anderen Vertragsstaat bereits entrichtet worden sind, zur Anrechnung auf die ihm gegenüber entstandene Steuerschuld zuzulassen.   **830**

Die Steueranrechnung führt nur in seltenen Fällen zum vollen Ausschluß der Doppelbesteuerung. Meist bleibt es nur bei der Milderung, weil die Verschiedenheit der Bemessungsgrundlagen und Tarife sowie gewisse Vorsichtsmaßnahmen der Steuergläubiger keine weitergehende Wirkung zulassen.

In den seit 1954 abgeschlossenen Doppelbesteuerungsabkommen der Bundesrepublik Deutschland wird die nach der Teilung des Steuergutes vereinbarte Freistellungsmethode durch den sogenannten *Progressionsvorbehalt* modifiziert: Der steuerberechtigte Wohnsitzstaat soll das ihm zugewiesene Steuergut nach dem Steuertarif besteuern, der sich ergibt, wenn das seiner Besteuerung durch das Doppelbesteuerungsabkommen entzogene, dem anderen Staat als Ursprungsstaat zugewiesene Steuergut berücksichtigt wird.   **831**

Nach dem Stand vom 1. 1. 1988 bestehen gemäß Schreiben des BMF vom 8. 1. 1988 (BStBl. I S. 8) folgende *Doppelbesteuerungsabkommen* der Bundesrepublik Deutschland einschließlich Berlin (West) (Tabelle 9):   **832**

Tabelle 9 Stand der Doppelbesteuerungsabkommen 1. 1. 1988

Abkommen		Fundstelle				Inkrafttreten				Übernahme in Berlin	
		BGBl. II		BStBl. I		BGBl. II		BStBl. I		GVBl. Bln.	
mit	vom	Jg.	S.	Jg.	S.	Jg.	S.	Jg.	S.	Jg.	S.
1. Abkommen auf dem Gebiet der Steuern vom Einkommen und vom Vermögen											
Ägypten (VAR)[1,2]	17. 11. 59	61	420	61	365	61	742	61	413	61	1537
Argentinien	13. 7. 78	79	585	79	326	79	1332	80	51	79	1050
Australien	24. 11. 72	74	337	74	423	75	216	75	386	74	1348
Belgien	11. 4. 67	69	17	69	38	69	1465	69	468	69	388
Brasilien	27. 6. 75	75	2245	76	47	76	200	76	86	76	206
China	10. 6. 85	86	446	86	329	86	731	86	339	86	652
Dänemark	30. 1. 62	63	1311	63	756	64	216	64	236	63	1109
Ecuador	7. 12. 82	84	466	84	339	86	781	86	358	84	857
Elfenbeinküste	3. 7. 79	82	153	82	357	82	637	82	628	82	566
Finnland	5. 7. 79	81	1164	82	201	82	577	82	587	82	346
Frankreich	21. 7. 59/	61	397	61	342	61	1659	61	712	61	1537
	9. 6. 69	70	717	70	900	70	1189	70	1072	70	1695
Griechenland	18. 4. 66	67	852	67	50	68	30	68	296	67	870
Großbritannien	26. 11. 64/	66	358	66	729	67	828	67	40	66	1144
	23. 3. 70	71	45	71	139	71	841	71	340	71	740
Indien	18. 3. 59/	60	1828	60	428	60	2299	60	630	60	1047
	28. 6. 84	85	810	85	482	85	1097	85	612	85	2157
(Neufassung)	30. 5. 86	86	684	86	309	–	–	–	–	–	–
Indonesien	2. 9. 77	79	188	79	128	79	1284	80	50	79	764
Iran	20. 12. 68	69	2133	70	768	69	2288	70	777	70	305
						70	282				
Irland	17. 10. 62	64	266	64	320	64	632	64	366	64	659
Island	18. 3. 71	73	357	73	504	73	1567	73	730	73	1016
Israel	9. 7. 62/	66	329	66	700	66	767	66	946	66	1144
	20. 7. 77	79	181	79	124	79	1031	79	603	79	764
Italien	31. 10. 25	25	1145[3]	–	–	52	986	53	6	54	475
Jamaika	8. 10. 74	76	1194	76	407	76	1703	76	632	76	2144
Japan	22. 4. 66/	67	871	67	58	67	2028	67	336	67	870
	17. 4. 79/	80	1182	80	649	80	1426	80	772	80	2196
	17. 2. 83	84	194	84	216	84	567	84	388	84	766
Kanada	17. 7. 81	82	801	82	752	83	652	83	502	82	1913
Kenia	17. 5. 77	79	606	79	337	80	1357	80	792	79	1050
Korea (Republik)	14. 12. 76	78	191	78	148	78	861	78	230	78	982
Liberia	25. 11. 70	73	1285	73	615	75	916	75	943	73	2014
Luxemburg	23. 8. 58/	59	1269	59	1022	60	1532	60	398	60	444
	15. 6. 73	78	109	78	72	78	1396	79	83	78	901

1 Gilt nicht für die VSt.
2 Zur Freistellung für Lizenzen von der VSt siehe BMF-Schreiben vom 8. 4. 1970 – IV C 1 – S 1301 – Ägypten – 1/70.
3 Angabe bezieht sich auf RGBl.

Heinrich Günther

Abkommen mit	vom	Fundstelle BGBl. II Jg.	S.	BStBl. I Jg.	S.	Inkrafttreten BGBl. II Jg.	S.	BStBl. I Jg.	S.	Übernahme in Berlin GVBl. Bln. Jg.	S.
Malaysia	8. 4.77	78	925	78	324	79	288	79	196	79	877
Malta	17. 9.74	76	109	76	56	76	1675	76	497	76	349
Marokko	7. 6.72	74	21	74	59	74	1325	74	1009	74	526
Mauritius	15. 3.78	80	1261	80	667	81	8	81	34	80	2237
Neuseeland	20.10.78	80	1222	80	654	80	1485	80	787	80	2237
Niederlande	16. 6.59/	60	1781	60	381	60	2216	60	626	60	1047
	13. 3.80	80	1150	80	646	80	1486	80	787	80	2196
Norwegen	18.11.58	59	1280	59	1033	60	1505	60	286	60	444
Österreich	4.10.54	55	749	55	369	55	891	55	557	55	679
Pakistan[1]	7. 8.58/	60	1799	60	399	60	2349	60	814	60	1047
	27. 8.63/	71	25	71	134	71	1030	72	54	71	740
	24. 1.70	71	25	71	134	71	1030	72	54	71	740
Philippinen	22. 7.83	84	878	84	544	84	1008	84	612	84	1641
Polen	18.12.72/	75	645	75	665	75	1349	76	6	75	1481
	24.10.79	81	306	81	466	81	1075	81	778	81	798
Portugal	15. 7.80	82	129	82	347	82	861	82	763	82	566
Rumänien	29. 6.73	75	601	75	641	75	1495	75	1074	75	1481
Sambia	30. 5.73	75	661	75	688	75	2204	76	7	75	1481
Schweden	17. 4.59/	60	1814	60	414	60	2195	60	622	60	1047
	22. 9.78	80	747	80	396	80	1250	80	678	80	1415
Schweiz	11. 8.71/	72	1021	72	518	73	74	73	61	72	2138
	30.11.78	80	751	80	398	80	1281	80	678	80	1415
Singapur	19. 2.72	73	373	73	513	73	1528	73	688	73	1016
Sowjetunion	24.11.81	83	2	83	90	83	427	83	352	83	434
Spanien	5.12.66	68	9	68	296	68	140	68	544	68	396
Sri Lanka	13. 9.79	81	630	81	610	82	185	82	373	81	1333
Südafrika	25. 1.73	74	1185	74	850	75	440	75	640	74	2741
Thailand	10. 7.67	68	589	68	1046	68	1104	69	18	68	1454
Trinidad und Tobago	4. 4.73	75	679	75	697	77	263	77	192	75	1481
Tschechoslowakei	19.12.80	82	1022	82	904	83	692	83	486	83	278
Tunesien	23.12.75	76	1653	76	498	76	1927	77	4	76	2576
Ungarn	18. 7.77	79	626	79	348	79	1031	79	602	79	1050
USA	22. 7.54/	54	1117	55	69	55	6	55	79	55	221
	17. 9.65	65	1609	66	219	66	92	66	230	66	560
(Neufassung)	17. 8.66	66	745	66	865	–	–	–	–	–	–
Zypern	9. 5.74	77	488	77	340	77	1204	77	618	77	1505

2. Abkommen auf dem Gebiet der Erbschaftsteuern

Abkommen mit	vom	Fundstelle BGBl. II Jg.	S.	BStBl. I Jg.	S.	Inkrafttreten BGBl. II Jg.	S.	BStBl. I Jg.	S.	Übernahme in Berlin GVBl. Bln. Jg.	S.
Griechenland	18.11.10/ 1.12.10	12	173[1]	–	–	53	525	53	377	55	173
Israel[2]	29. 5.80/ 20. 1.84	85	394	85	99	85	1117	85	628	85	1095

1 Angabe bezieht sich auf RGBl.
2 Abkommen gilt nur bis zum 31. 3. 1981.

Heinrich Günther

| Abkommen | | Fundstelle | | | | Inkrafttreten | | | | Übernahme in Berlin | |
| | | BGBl. II | | BStBl. I | | BGBl. II | | BStBl. I | | GVBl. Bln. | |
mit	vom	Jg.	S.	Jg.	S.	Jg.	S.	Jg.	S.	Jg.	S.
Österreich	4. 10. 54	55	755	55	375	55	891	55	557	55	679
Schweden	14. 5. 35	35	859[1]	36	85[3]	51	151	51	284	52	287[4]
Schweiz	30. 11. 78	80	594	80	243	80	1341	80	786	80	990
USA	3. 12. 80	82	847	82	765	86	860	86	478	82	1913

3. Sonderabkommen betreffend Einkünfte und Vermögen von Schiffahrt (S) – und Luftfahrt (L) – Unternehmen[5]

Brasilien (S) (Protokoll)	17. 8. 50	51	11	–	–	52	604	–	–	54	474
Chile (S) (Handelsvertrag)	2. 2. 51	52	325	–	–	53	128	–	–	54	474
China (Volksrepublik) (S) (Seeverkehrsvertrag)	31. 10. 75	76	1521	76	496	77	428	77	452	76	2576
Italien (L)	17. 9. 68	70	723	70	904	73	969	73	614	70	1695
Jugoslawien (S)	26. 6. 54	59	735	–	–	59	1259	–	–	59	1181
Kolumbien (S, L)	10. 9. 65	67	762	67	24	71	855	71	340	67	476
Paraguay (L)	27. 1. 83	84	644	84	456	85	623	85	222	84	1363

3 Angabe bezieht sich auf RStBl.
4 Angabe bezieht sich auf StZBl. Bln.
5 Siehe auch Bekanntmachungen über die Steuerbefreiungen nach § 49 Abs. 4 EStG und § 2 Abs. 3 VStG:
Äthiopien L (BStBl. 1962 I S. 536), Afghanistan L (BStBl. 1964 I S. 411), Bulgarien L (BStBl. 1978 I S. 231), Chile L (BStBl. 1977 I S. 350), China (Volksrepublik) L (BStBl. 1980 I S. 284), Ghana S, L (BStBl. 1985 I S. 222), Irak S, L (BStBl. 1972 I S. 490), Jordanien L (BStBl. 1976 I S. 278), Jugoslawien S, L (BStBl. 1980 I S. 248), Kuwait L (BStBl. 1976 I S. 440), Libanon S, L (BStBl. 1959 I S. 198), Sudan L (BStBl. 1983 I S. 370), Syrien S, L (BStBl. 1974 I S. 510), Uruguay S, L (BStBl. 1963 I S. 622) und Zaire L (BStBl. 1978 I S. 230).

Heinrich Günther

II. Künftige Abkommen und laufende Verhandlungen[1]

Abkommen mit	Art des Abkommens[2]	Sachstand[3]	Geltung für Veranl.-Steuern[4] ab	Geltung für Abzugssteuern[5] ab	Bemerkungen
1. Abkommen auf dem Gebiet der Steuern vom Einkommen und vom Vermögen					
Ägypten	R–A	P: 14. 2. 1985	KR	KR	
Bangladesch	A	P: 28. 10. 1981	KR	KR	Abkommen gilt nicht für die VSt
Bulgarien	A	V	–	–	
Dänemark	R–A	V	–	–	
Frankreich	R–P	P: 11. 7. 1985	–	–	
Indonesien	R–A	V	–	–	
Italien	R–A	V	–	–	
Jugoslawien	A	P: 26. 9. 1985	–	–	
Kuwait	A	P: 29. 8. 1986	1984	1984	
Niederlande	R–A	V	–	–	
Nigeria	A	V	–	–	
Norwegen	R–A	V	–	–	
Österreich	R–A	V	–	–	
Pakistan	R–A	V	–	–	
Peru	A	V	–	–	
Schweden	R–A	P: 5. 7. 1985	KR	KR	(Weitere Verhandlungen sind erforderlich)
Simbabwe	A	V	–	–	
Türkei	A	U: 16. 4. 1985	KR	KR	
Uruguay	A	V	–	–	
2. Abkommen auf dem Gebiet der Erbschaftsteuern					
		–	–	–	
3. Sonderabkommen betreffend Einkünfte und Vermögen von Schiffahrt (S) – und Luftfahrt (L) – Unternehmen					
Algerien	A (L)	P: 10. 4. 1981	1969	–	
Venezuela	A (S, L)	U: 17. 3. 1978	1974	–	Neuverhandlungen sind erforderlich

1 Ohne Staaten, mit denen wegen der Auswirkungen der Körperschaftsteuerreform Revisionsgespräche notwendig sind.
2 A: Erstmaliges Abkommen
 R–A: Revisionsabkommen als Ersatz eines bestehenden Abkommens, R–P: Revisionsprotokoll zu einem bestehenden Abkommen, E–P: Ergänzungsprotokoll zu einem bestehenden Abkommen.
3 V: Verhandlung P: Paraphierung U: Unterzeichnung hat stattgefunden, Gesetzgebungsoder Ratifikationsverfahren noch nicht abgeschlossen.
4 Einkommen-, Körperschaft-, Gewerbe- und Vermögensteuer
 KR: Keine Rückwirkung vorgesehen.
5 Abzugsteuern von Dividenden, Zinsen und Lizenzgebühren
 KR: Keine Rückwirkung vorgesehen.

Heinrich Günther   461

D. Besteuerung der Gesellschaften

Standardwerke: *Brönner/Bareis/Rux:* Besteuerung der Gesellschaften, des Gesellschafterwechsels und der Umwandlungen; *Knobbe-Keuk:* Bilanz- und Unternehmenssteuerrecht.

I. Personengesellschaften

1. Allgemeines

833 Die Besteuerung der Personengesellschaften unterscheidet sich von derjenigen der Kapitalgesellschaften vor allem dadurch, daß die Personengesellschaften als solche nicht der Einkommen- und Vermögensteuer unterliegen. Vielmehr sind nur die einzelnen Gesellschafter mit den auf so entfallenden Anteilen am Gewinn oder am Vermögen der Personengesellschaft persönlich abgabepflichtig. Demgemäß werden nach den §§ 179 bis 182 AO die steuerpflichtigen Einkünfte aus Land- und Forstwirtschaft, aus Gewerbebetrieb, aus selbständiger Arbeit, aus Kapitalvermögen sowie aus Vermietung und Verpachtung bei Personengesellschaften gesondert festgestellt mit den jeweils auf die einzelnen Gesellschafter entfallenden Gewinn- und Überschußanteilen. Das gleiche gilt auch für die einheitliche Feststellung des Vermögens der Gesellschafter mit den auf die einzelnen Gesellschafter entfallenden Vermögensanteilen an der Gesellschaft. Steuerlich spricht man auch nicht von Personengesellschaftern, sondern von Mitunternehmern, deren Einkünfte und Vermögen im Rahmen besonderer steuerlicher Vorschriften gesondert festgestellt werden. Diese gesondert festgestellten Gewinn-/Überschuß- und Vermögensanteile sind für die Besteuerung des einzelnen Gesellschafters maßgebend und werden in dessen persönliche Veranlagungen aufgrund der Mitteilungen der Betriebsfinanzämter an die Wohnsitzfinanzämter übernommen.

2. Die Besteuerung der offenen Handelsgesellschaft (OHG)

a) Gründung

834 Wenn die Gesellschafter auf die im Gesellschaftsvertrag vereinbarten Anteile die zu erbringenden Einlagen *in bar* leisten, entstehen weder für die Gesellschafter noch für die Personengesellschaft irgendwelche Steuern.

Heinrich Günther

Leisten dagegen die Personengesellschafter *Sacheinlagen,* so sind steuer- 835
lich diese Sacheinlagen nach § 6 Abs. 1 Nr. 5 und 6 EStG mit dem Teilwert
(= Wiederbeschaffungswert oder Verkehrswert) für den Zeitpunkt der
Zuführung anzusetzen. Sie sind jedoch höchstens mit den Anschaffungs-
oder Herstellungskosten anzusetzen, wenn das zugeführte Wirtschaftsgut

aa) innerhalb der letzten 3 Jahre vor dem Zeitpunkt der Zuführung angeschafft oder hergestellt worden ist oder

bb) ein Anteil an einer Kapitalgesellschaft ist und der Steuerpflichtige an
der Gesellschaft im Sinne von § 17 Abs. 1 EStG wesentlich zu mehr als
einem Viertel beteiligt ist.

Ist die Einlage ein abnutzbares Wirtschaftsgut, so sind die Anschaffungs-
oder Herstellungskosten um Absetzungen für Abnutzung zu kürzen, die auf
den Zeitraum zwischen der Anschaffung oder Herstellung des Wirtschaftsgutes und der Einlage entfallen. Ist die Einlage ein Wirtschaftsgut, das vor
der Zuführung aus einem Betriebsvermögen des Steuerpflichtigen entnommen worden ist, so tritt an die Stelle der Anschaffungs- oder Herstellungskosten der Wert, mit dem die Entnahme angesetzt worden ist, und an die
Stelle des Zeitpunktes der Anschaffung oder Herstellung der Zeitpunkt der
Entnahme.

Werden Grundstücke von einem Gesellschafter in die Gesellschaft einge- 836
bracht, so fällt Grunderwerbsteuer an. Die Grunderwerbsteuer wird jedoch
bei dem Übergang von einem Alleineigentümer auf eine Personengesellschaft in Höhe desjenigen Anteils nicht erhoben, zu dem der einbringende
Gesellschafter am Vermögen der Personengesellschaft gesamthänderisch
beteiligt ist. Geht ein Grundstück von mehreren Miteigentümern auf eine
Gesamthand (Gemeinschaft zur gesamten Hand), also auch z. B. auf eine
offene Handelsgesellschaft über, so wird die Steuer ebenfalls nicht erhoben,
soweit der Anteil des einzelnen am Vermögen der Gesamthandbeteiligten
seinem Bruchteil am Grundstück entspricht.

Soweit bei der Gründung einer Personengesellschft Wertpapiere einge- 837
bracht werden, unterliegen diese Geschäfte als Anschaffungsgeschäfte im
Sinne des § 18 Abs. 2 Nr. 1 KVStG der Börsenumsatzsteuer.

b) Laufende Tätigkeit
aa) Einkommen- und Vermögensteuer
Die OHG ist also nicht einkommen- und vermögensteuerpflichtig. Vielmehr 838
werden die Anteile am steuerlichen Gewinn als Einkünfte aus Betriebsvermögen und vermögensteuerlich die Anteile am Einheitswert des Betriebsvermögens für jeden einzelnen Gesellschafter ermittelt und von ihm persönlich
versteuert. Dabei sind einkommensteuerlich auch diejenigen Anteile am
steuerlichen Gewinn mit zu erfassen, die von der OHG an die Gesellschafter nicht ausgeschüttet werden.

Heinrich Günther 463

bb) Gewerbesteuer

839   Der Gewerbesteuer unterliegt jeder stehende Gewerbebetrieb, soweit er im Inland betrieben wird. Als Gewerbebetrieb gilt stets und in vollem Umfang die Tätigkeit der OHG. Die OHG ist als solche gewerbesteuerpflichtig. Die Gewerbesteuer bemißt sich nach dem Gewerbeertrag und dem Gewerbekapital. Die Bemessungsgrundlagen hierfür sind im Gewerbesteuergesetz geregelt (vgl. RZ 354 ff.).

cc) Umsatzsteuer

840   Die OHG ist Unternehmer im Sinne des § 2 UStG. Bei ihr als selbständigem Unternehmer unterliegen der Umsatzsteuer gegen Entgelt ausgeführte Lieferungen und sonstige Leistungen, ferner der Eigenverbrauch, die unentgeltlich an ihre Gesellschafter ausgeführten Lieferungen sowie die Einfuhr (vgl. im einzelnen RZ 382 ff.).

dd) Grundsteuer

841   Besitzt die OHG unbebaute und/oder bebaute Grundstücke oder Gebäude auf fremdem Grund und Boden, deren wirtschaftlicher Eigentümer sie ist, so hat sie aufgrund der bei der Feststellung der Einheitswerte des Grundbesitzers festgesetzten Grundsteuermeßbeträge entsprechend den für die einzelnen Gemeinden maßgebenden Hebesätzen Grundsteuer zu zahlen.

ee) Grunderwerbsteuer

842   Erwirbt die OHG ein Grundstück, so unterliegt der Erwerb der Grunderwerbsteuer. Erwirbt die Personengesellschaft ein Grundstück von einem ihrer Gesellschafter, so wird die Grunderwerbsteuer in Höhe des Anteils nicht erhoben, zu dem der veräußernde Gesellschafter am Vermögen der OHG beteiligt ist.

ff) Kapitalverkehrsteuer

843   Wenn die OHG sich an der Gründung einer Kapitalgesellschaft beteiligt, wird sie neben der neugegründeten Kapitalgesellschaft Haftungsschuldnerin für die Gesellschaftsteuer. Schließt die OHG über Wertpapiere Anschaffungsgeschäfte ab, so unterliegt die OHG der Börsenumsatzsteuer.

gg) Sonstige Verkehrsteuern

844   Bei allen sonst noch in Betracht kommenden Verkehrsteuern wie Wechselsteuer, Kraftfahrzeugsteuer, Versicherungsteuer usw. ist die OHG als solche Steuerschuldnerin.

hh) Kapitalertragsteuer

845   Eine Besonderheit bildet bei der OHG die Behandlung der inländischen Kapitalerträge, die der Kapitalertragsteuer unterliegen. Die Kapitalertragsteuer ist eine besondere Erhebungsform der Einkommensteuer. Die bei

Heinrich Günther

dem Zufluß von inländischen Kapitalerträgen anfallende Kapitalertragsteuer, die bei der Ausschüttung einbehalten worden ist, erhöht insoweit die
auf die einzelnen Gesellschafter entfallenden steuerlichen Gewinnanteile.
Andererseits ist jedoch der Betrag der Kapitalertragsteuer, der bei der Ausschüttung von der Kapitalgesellschaft einbehalten worden ist, im Rahmen
der einheitlichen und gesonderten Feststellung des steuerlichen Gewinns auf
die einzelnen Gesellschafter der OHG aufzuteilen. Bei den einzelnen
Gesellschaftern wird im Rahmen ihrer persönlichen Einkommensteuerveranlagung der auf sie entfallende Anteil an der Kapitalertragsteuer auf die
Einkommensteuerschuld angerechnet. Das gleiche gilt für die anzurechnende Körperschaftsteuer.

c) Kapitalerhöhung und Kapitalherabsetzung
Die *Kapitalerhöhung* kann erfolgen, indem alle oder einzelne Gesellschafter 846
Einlagen in bar oder in Sachwerten leisten. Für die steuerliche Behandlung
gilt das oben schon zu a) Gesagte entsprechend (RZ 834 ff.).
Bei der *Kapitalherabsetzung* entnehmen der oder die Gesellschafter aus 847
der OHG Beträge in bar oder in Sachwerten. Soweit Beträge in bar entnom-
men werden, wird hierdurch keine Steuerpflicht ausgelöst. Soweit Entnahmen in Sachwerten getätigt werden, sind diese Entnahmen gemäß § 6 Abs. 1
Ziff. 4 EStG mit dem Teilwert (= Verkehrswert) anzusetzen. Soweit der
Teilwert über dem Buchwert liegt, stellt der Unterschiedsbetrag für den
betreffenden Gesellschafter einen steuerlichen Gewinn dar, der zusammen
mit seinem normalen steuerlichen Gewinnanteil bei dem Gesellschafter der
Einkommensbesteuerung unterliegt.
Außerdem wird bei der Entnahme von Sachwerten ein umsatzsteuer-
pflichtiger Umsatz der Gesellschaft an den Gesellschafter angenommen mit
der Folge, daß insoweit Umsatzsteuerpflicht entsteht.
Erfolgt die Herabsetzung in der Weise, daß ein Gesellschafter ein Grundstück oder ein grundstücksgleiches Recht aus dem Gesellschaftsvermögen in
sein persönliches Eigentum überträgt, so entsteht die Grunderwerbsteuerpflicht. Die Steuer wird jedoch in Höhe des Anteils nicht erhoben, zu dem
der entnehmende Gesellschafter am Vermögen der OHG beteiligt ist.
Bei einer Herabsetzung von Einlagen in der Weise, daß die Gesellschaft
aus ihrem Vermögen Wertpapiere an den Gesellschafter überträgt, entsteht
die Börsenumsatzsteuer.

d) Ein- und Austritt von Gesellschaftern
aa) Eintritt
Tritt ein weiterer Gesellschafter in die Gesellschaft ein, so kann sich dieser 848
Eintritt in der Regel in zwei Formen vollziehen:
1. Die Personengesellschaft nimmt den Gesellschafter ohne oder mit einer
   entsprechenden Einlage als weiteren Gesellschafter auf.

2. Einer oder mehrere Gesellschafter der Personengesellschaft veräußern ihren Anteil ganz oder teilweise, ohne daß sich das Gesellschaftskapital der Personengesellschaft ändert, an einen neuen Gesellschafter.

849 Im Fall 1. bedarf es zunächst der Vereinbarung unter den Gesellschaftern, ob, sofern stille Reserven bei der Personengesellschaft vorhanden sind, der eintretende Gesellschafter diese ohne Aufgeld zum Buchwert oder gegen ein Aufgeld anteilig erwerben soll.

Erwirbt der eintretende Gesellschafter zum Buchwert (Bilanzkurs), so entstehen einkommensteuerlich für ihn oder für die übrigen Gesellschafter keine Folgen.

Erwirbt der eintretende Gesellschafter seinen Anteil gegen ein Aufgeld wegen der bei der OHG vorhandenen stillen Reserven (im Anlagevermögen, Umlaufvermögen, Firmenwert), so entsteht in der Höhe des Aufgeldes für die OHG und damit für die bisherigen Gesellschafter ein Veräußerungsgewinn, der bei den bisherigen Gesellschaftern anteilig der normalen Besteuerung unterliegt. Der eintretende Gesellschafter hat dieses Aufgeld in einer positiven steuerlichen Ergänzungsbilanz unter gleichzeitiger Bildung eines gleichhohen Passivpostens »Mehrkapital« in der Regel als Anlagevermögen anteilig entsprechend dem Verhältnis der in Betracht kommenden Wirtschaftsgüter zu aktivieren und auf deren Nutzungsdauer verteilt abzuschreiben. Der eintretende Gesellschafter erhält damit neben seinem normalen steuerlichen Gewinn- oder Verlustanteil an der OHG noch einen zusätzlichen, seinen steuerlichen Gewinn mindernden Anteil aus den ihm persönlich zuzurechnenden Abschreibungsbeträgen aus dem aktivierten Aufgeld, soweit die in der Ergänzungsbilanz aktivierten Beträge steuerlich abschreibbar sind. Die bisherigen Gesellschafter können jedoch durch Aufstellung einer spiegelbildlichen negativen Ergänzungsbilanz die sofortige Besteuerung des Veräußerungsgewinnes vermeiden.

850 Im Fall 2. vollzieht sich der Gesellschaftswechsel wie bei einer Kapitalgesellschaft außerhalb der OHG. Zahlt der den Anteil erwerbende neue Gesellschafter dem veräußernden Gesellschafter für den Erwerb des Anteils einen über dem Buchwert des Anteils (Bilanzkurs) liegenden Kaufpreis, so entsteht bei dem veräußernden Gesellschafter ein steuerlicher Veräußerungsgewinn. Dieser ist nach § 16 Abs. 1 Nr. 2 EStG in Verbindung mit § 34 EStG einkommensteuerlich begünstigt in der Weise, daß ein ermäßigter Steuersatz in Höhe der Hälfte des durchschnittlichen Steuersatzes zu erheben ist, der sich ergeben würde, wenn die Einkommensteuertabelle auf den gesamten, zu versteuernden Einkommensbetrag anzuwenden wäre. Dieser Veräußerungsgewinn wird nach § 16 Abs. 4 EStG zur Einkommensteuer nur herangezogen, soweit er bei der Veräußerung des ganzen Gewerbebetriebes 30 000 DM und bei der Veräußerung eines Teilbetriebes oder eines Anteils am Betriebsvermögen den entsprechenden Teil von 30 000 DM übersteigt. Der Freibetrag ermäßigt sich um den Betrag, um den der Veräußerungsge-

Heinrich Günther

winn bei der Veräußerung des ganzen Gewerbebetriebes 100 000 DM und bei der Veräußerung eines Teilbetriebes oder eines Anteils am Betriebsvermögen den entsprechenden Teil von 100 000 DM übersteigt.

An Stelle der Beträge von 30 000 DM tritt jeweils der Betrag von 120 000 DM und an die Stelle der Beträge von 100 000 DM jeweils der Betrag von 300 000 DM, wenn der Steuerpflichtige nach Vollendung seines 55. Lebensjahres oder wegen dauernder Berufsunfähigkeit seinen Gewerbebetrieb veräußert oder aufgibt.

Die Einkommensteuer vom Veräußerungsgewinn kann nach § 35 EStG 851 bei Belastung mit Erbschaftsteuer auf Antrag ermäßigt werden.

Möglich ist auch der Fall, daß der Anteil an einer OHG von dem aus- 852 scheidenden Gesellschafter zu einem geringeren Betrag veräußert wird, als dieser dem Bilanzwert des Anteils in der Gesellschaftsbilanz entspricht. Zwar ist der Anschaffungswert des Anteils an der OHG geringer als der Bilanzwert des Anteils. Da jedoch für steuerliche Zwecke der Anschaffungswert maßgebend ist, muß der erwerbende Gesellschafter auch in diesem Falle eine steuerliche Sonderbilanz (Ergänzungsbilanz) aufstellen. In dieser erscheint der Unterschiedsbetrag zwischen dem Buchwert und dem Anschaffungswert des Anteils als Minderkapital auf der Aktivseite, während auf der Passivseite die dem Minderaufwand entsprechenden Bilanzposten anzusetzen sind, soweit die Minderbeträge mit einem geringeren Bewertungsansatz der Aktiven anteilig zusammenhängen. Die Ergänzungsbilanz hat steuerlich zur Folge, daß abweichend von dem Ansatz in der Gesellschaftsbilanz (Handelsbilanz) der OHG für steuerliche Zwecke der niedrigere Anschaffungspreis als steuerlicher Wert erfaßt wird.

Wird der Anteil eines Gesellschafters der OHG (Mitunternehmer) an 853 einem Betrieb unentgeltlich übertragen, so sind bei der Ermittlung des Gewinns des bisherigen Inhabers des Gesellschaftsanteils (Mitunternehmer) die Wirtschaftsgüter nach § 7 Abs. 1 EStDV mit den Werten anzusetzen, die sich nach den Vorschriften über die Gewinnermittlung ergeben (= Buchwerte). Der erwerbende Gesellschafter ist als Rechtsnachfolger an diese Werte gebunden.

bb) Austritt

Der Austritt eines Gesellschafters kann erfolgen: 854

1. indem die OHG den ausscheidenden Gesellschafter entsprechend den gesetzlichen oder im Gesellschaftsvertrag vereinbarten Regelungen für seinen Anteil abfindet;
2. indem ein Gesellschafter außerhalb der OHG seinen Anteil an einen neu eintretenden Gesellschafter kaufweise oder schenkungsweise veräußert.

Erfolgt im Falle 1. das Ausscheiden zum Buchwert des Gesellschaftsantei- 855 les (Kapitalkonto), so entstehen keine steuerlichen Folgen.

Heinrich Günther 467

856   Erfolgt die Abfindung des ausscheidenden Gesellschafters zu einem höheren Wert als dem Buchwert seines Anteils, so entsteht bei dem ausscheidenden Gesellschafter ein Veräußerungsgewinn, der nach § 16 Abs. 2 Nr. 2 EStG in Verbindung mit § 34 EStG mit dem hälftigen Durchschnittssteuersatz steuerlich begünstigt ist. Die Personengesellschaft hat dagegen den Mehrwert zu aktivieren und zwar in der Weise, daß anteilig eine entsprechende Aufteilung des Mehrwertes auf die in Betracht kommenden Wirtschaftsgüter bei der OHG erfolgt. Es empfiehlt sich deshalb, schon beim Ausscheiden zu vereinbaren, welchen Wirtschaftsgütern, in der Regel solchen des Anlagevermögens, der Veräußerungsgewinn als zu aktivierende Beträge anteilig zuzuschreiben ist.

857   Eine solche Aktivierungspflicht entfällt, wenn es sich bei dem Ausscheiden um die Abfindung eines »lästigen Gesellschafters« handelt. Soweit der Abfindungsbetrag aus diesem Grunde gezahlt wird, ist der über den steuerlichen Buchwert des Anteils hinausgehende Mehrbetrag im Zeitpunkt des Ausscheidens des »lästigen Gesellschafters« sofort als Betriebsausgabe abziehbar. An den Nachweis, daß die Abfindung an einen »lästigen Gesellschafter« gezahlt wird, sind nach der steuerlichen Rechtsprechung besondere Anforderungen zu stellen.

858   Im Fall 2. gilt das bereits zu aa) Fall 2. Gesagte entsprechend.

859   Soweit in den vorstehenden Fällen steuerliche Ergänzungsbilanzen aufzustellen sind, sind die sich daraus ergebenden steuerlichen Minderungen oder Erhöhungen des steuerlichen Gewinnanteils bereits bei der gesonderten Gewinnfeststellung der OHG zu erfassen. Die aufgrund der Ergänzungsbilanzen sich ergebenden Gewinne oder Verluste bilden einen Bestandteil der Ermittlung des steuerlichen Gewinns des Gewerbebetriebes der OHG.

e) Umwandlung

Rechtsgrundlagen:
Umwandlungsgesetz in der Fassung vom 6. 11. 1969 (BGBl. I S. 2081), zuletzt geändert durch Gesetz vom 19. 12. 1985 (BGBl. I S. 2355); Gesetz über steuerliche Maßnahmen bei Änderung der Unternehmensform (UmwStG 1977) vom 6. 9. 1976 (BGBl. 1976 I S. 2641), zuletzt geändert durch Gesetz vom 14. 12. 1984 (BGBl. I S. 1493).

Kommentare: *Widmann/Meyer,* Kommentar zum Umwandlungssteuergesetz; *Loos,* Umwandlungssteuergesetz; *Böttcher/Beinert/Hennerkes,* Umwandlungssteuergesetz; *Hermann/Heuer,* Kommentar zum Einkommen- und Körperschaftsteuergesetz, in dem auch das Umwandlungssteuergesetz kommentiert ist.

aa) *Einzelunternehmen in OHG* (§ 24 in Verbindung mit § 23 UmwStG) 860
Bringt ein Einzelunternehmen seinen Betrieb in eine OHG ein, so kann dies
dadurch erfolgen, daß die OHG das eingebrachte Betriebsvermögen in ihrer
Bilanz mit seinem Buchwert fortführt oder in ihrer Bilanz mit einem höheren Wert ansetzt. Buchwert ist dabei der Wert, mit dem der Einbringende
das eingebrachte Betriebsvermögen im Zeitpunkt der Einbringung nach den
steuerlichen Vorschriften über die Gewinnermittlung anzusetzen hat. Bei
dem Ansatz des eingebrachten Betriebsvermögens dürfen die Teilwerte der
einzelnen Wirtschaftsgüter nicht überschritten werden.

Wird der Weg der Weiterführung der Buchwerte gewählt, der steuerlich 861
meistens der günstigere ist, so liegt steuerlich in der Einbringung des Einzelunternehmens in die OHG regelmäßig keine Betriebsveräußerung oder
Betriebsaufgabe, wenn der bisherige Einzelkaufmann an der Personengesellschaft weiter wesentlich beteiligt bleibt. Dies ist gegeben, wenn der frühere
Einzelunternehmer wenigstens über den hälftigen Anteil der Personengesellschaft verfügt. Es findet in diesem Falle keine steuerliche Gewinnverwirkli-
chung statt.

Werden dagegen bei der Einbringung eines Einzelunternehmens die 862
Buchwerte in der Eröffnungsbilanz der Personengesellschaft wegen der vorhandenen stillen Reserven erhöht, z. B. um zu einem richtigen Verhältnis
der Kapitalkonten zu gelangen, so entsteht *einkommensteuerlich* für den einbringenden Einzelunternehmer ein steuerlicher Veräußerungsgewinn, der
nach § 34 EStG mit dem begünstigten Steuersatz zu versteuern ist. Voraussetzung ist allerdings, daß alle stillen Reserven einschließlich Firmenwert
realisiert werden. Werden die Buchwerte nur teilweise mit ihren darin stek-
kenden stillen Reserven erhöht, so liegt zwar insoweit auch die Realisierung
eines steuerlichen Veräußerungsgewinns vor. Dieser ist aber in diesem Falle
nicht einkommensteuerbegünstigt (§ 24 Abs. 3 Satz 2 UmwStG).

Erfolgt die Beteiligung an der zu errichtenden OHG in der Weise, daß 863
der bareinlegende Gesellschafter dem das Einzelunternehmen einbringenden Gesellschafter für den zu erwerbenden Anteil an den stillen Reserven
außerhalb der Verrechnung der Kapitalkonten eine Vergütung zahlt, so entsteht für den bisherigen Einzelunternehmer ein Veräußerungsgewinn, der
zum normalen Einkommensteuersatz zu versteuern ist (streitig). Der bareinlegende Gesellschafter hat die Vergütung steuerlich in einer Ergänzungsbilanz aktiv als Anteil an den stillen Reserven und passiv als steuerliches
Mehrkapital auszuweisen. Der Bareinleger kann diesen aktiven Mehrwert,
soweit er abschreibbar ist, abschreiben mit der Maßgabe, daß die Abschrei-
bungsbeträge ihm persönlich als gewinnmindernd bei der Ermittlung des auf
ihn entfallenden steuerlichen Gewinnanteiles an der OHG zugerechnet werden.

Gewerbesteuer fällt für den Veräußerungsgewinn des einbringenden Ein- 864
zelunternehmens nicht an.

Heinrich Günther 469

865   *Umsatzsteuerlich* stellt die Einbringung eines Einzelunternehmens in eine OHG eine Geschäftsveräußerung dar, die für den einbringenden Einzelunternehmer vorbehaltlich der allgemeinen Steuerbefreiungsbestimmung für den Umsatz von Geldforderungen, Grundstücken usw. Umsatzsteuerpflicht auslöst. Bemessungsgrundlage ist das Entgelt für die auf den Erwerber übergegangenen Gegenstände (Besitzposten). Die übernommenen Schulden können nicht abgezogen werden (§ 10 Abs. 3 UStG). Die Umsatzsteuer ist bei der OHG als Vorsteuer wieder abzugsfähig.

866   Werden von dem das Einzelunternehmen einbringenden Einleger Grundstücke miteingebracht, so fällt *Grunderwerbsteuer* an. Sie wird in Höhe des Anteiles nicht erhoben, zu dem der Einbringende am Vermögen der Gesamthand beteiligt ist. Die Grunderwerbsteuer entfällt, wenn die neu gegründete OHG ausschließlich aus dem einbringenden Einzelunternehmen und seinen Abkömmlingen oder aus diesen allein besteht.

bb) OHG in eine andere Personengesellschaft

867   Die Umwandlung einer OHG in eine andere Personengesellschaft (Kommanditgesellschaft, Gesellschaft bürgerlichen Rechts) bedeutet rechtlich lediglich die Änderung der Gesellschaftsform, wobei die Nämlichkeit (Identität) der Gesellschaft aufrechterhalten wird. Diese bloße Änderung der Rechtsform löst steuerlich keine Rechtsfolgen aus.

cc) OHG in eine Kapitalgesellschaft (§§ 20 bis 23 UmwStG 1977)
Rechtsgrundlagen:

868   Umwandlungsgesetz in der Fassung vom 6. 11. 1969 (BGBl. 1969 I S. 2081), zuletzt geändert durch Gesetz vom 19. 12. 1985 (BGBl. 1980 I S. 2355).
Gesetz über steuerliche Maßnahmen bei Änderung der Unternehmensform (UmwStG 1977) vom 6. 9. 1976 (BGBl. 1976 I S. 2641, zuletzt geändert durch Gesetz vom 14. 12. 1984 (BGBl. I S. 1413).

Kommentare siehe vor RZ 860

869   Die Umwandlung einer OHG in eine Kapitalgesellschaft bedeutet steuerlich die Auflösung der OHG verbunden mit einer Veräußerung der Vermögenswerte der OHG an die neu gegründete Kapitalgesellschaft gegen Gewährung von Gesellschaftsanteilen an der Kapitalgesellschaft (Sacheinlage). Die Einbringung des Betriebes der OHG als Sacheinlage in die Kapitalgesellschaft hat zu erfolgen aufgrund einer für die Gründung der Kapitalgesellschaft aufzumachenden Schlußbilanz (Umwandlungsbilanz) der OHG. Der bis dahin bei der OHG entstandene Gewinn ist noch als deren laufender Gewinn zu versteuern.
Die Einbringung des Betriebsvermögens erfolgt dabei mit steuerlicher Wirkung in der Weise, daß die OHG die steuerlichen Buchwerte in die Kapitalgesellschaft einbringt und die Kapitalgesellschaft diese als Ausgangs-

werte weiterführt. In diesem Falle entsteht für die Gesellschafter der OHG kein Veräußerungsgewinn.

Die Kapitalgesellschaft darf aber auch das eingebrachte Betriebsvermö- 870 gen anstelle der steuerlichen Buchwerte mit einem höheren Wert bis zur Höhe der Teilwerte der einzelnen Wirtschaftsgüter ansetzen. Die Kapitalgesellschaft muß das eingebrachte Betriebsvermögen mit seinem Teilwert ansetzen, wenn der Einbringende beschränkt einkommensteuerpflichtig oder beschränkt körperschaftsteuerpflichtig ist oder wenn das Besteuerungsrecht der Bundesrepublik Deutschland hinsichtlich des Gewinns aus einer Veräußerung der dem Einbringenden gewährten Gesellschaftsanteile im Zeitpunkt der Sacheinlage durch ein Abkommen zur Vermeidung der Doppelbesteuerung ausgeschlossen ist (§ 20 Abs. 2 und Abs. 3 UmwStG). Der Wert, mit dem die Kapitalgesellschaft das eingebrachte Betriebsvermögen ansetzt, gilt für den Einbringenden als Veräußerungspreis und als Anschaffungskosten der Gesellschaftsanteile.

Einkommensteuerlich ist auf einen bei der Sacheinlage entstehenden Ver- 871 äußerungsgewinn (Unterschied zwischen dem Buchwert des Betriebsvermögens und seinem höheren Wert) die Tarifbegünstigung des § 34 Abs. 1 EStG anzuwenden, wenn der Einbringende eine natürlich Person ist und die Kapitalgesellschaft das eingebrachte Betriebsvermögen mit dem Teilwert ansetzt. Werden dagegen die stillen Reserven nur teilweise realisiert, so unterliegt der entstehende Veräußerungsgewinn der tarifmäßigen Einkommensteuer (§ 20 Abs. 5 UmwStG).

Gewerbesteuer aus dem entstehenden Veräußerungsgewinn fällt nicht an. 872

Vermögensteuerlich ändert sich die Bemessungsgrundlage: An die Stelle 873 der auf die früheren Gesellschafter der OHG entfallenden Anteile am steuerlichen Betriebsvermögen treten deren Anteile an der Kapitalgesellschaft.

Umsatzsteuerrechtlich liegt nur ein einmaliger Umatz von der OHG an die 874 neu gegründete Kapitalgesellschaft vor. Dieser Umatz ist umsatzsteuerpflichtig.

Soweit bei der Umwandlung der OHG auch Grundstücke in die Kapital- 875 gesellschaft eingebracht werden, entfällt, sofern der Umwandlungsvorgang vor dem 1. 1. 1982 vollzogen wurde, die *Grunderwerbsteuer*. Gehören zum eingebrachten Betriebsvermögen der OHG auch Wertpapiere, so fällt die *Börsenumsatzsteuer* an.

Die Umwandlung der OHG in eine Kapitalgesellschaft unterliegt mit 1 876 v. H. aus dem Wert der Anteile der *Gesellschaftssteuer*.

Erfolgt die Sacheinlage durch Einbringung aufgrund des handelsrechtli- 877 chen Umwandlungsgesetzes, so gilt auf Antrag als Zeitpunkt der Einbringung der Stichtag, für den die Umwandlungsbilanz aufgestellt ist. Dieser Stichtag darf höchstens sechs Monate vor der Anmeldung des Umwandlungsbeschlusses zur Eintragung in das Handelsregister liegen. Das Einkommen und das Vermögen des Einbringenden und der Kapitalgesellschaft sind in diesem Fall so zu ermitteln, als ob der Betrieb mit Ablauf des Umwandlungsstichtages in die Kapitalgesellschaft eingebracht worden wäre (§ 20 Abs. 7 UmwStG). Es empfiehlt sich in der Regeln, die Umwandlungsbilanz aus der jeweiligen Jahresbilanz abzuleiten.

878 Werden Anteile an einer Kapitalgesellschaft veräußert, die der Veräußerer oder – bei unentgeltlichem Erwerb der Anteile – der Rechtsvorgänger durch eine Sacheinlage erworben hat, so gilt der Betrag, um den der Veräußerungspreis nach Abzug der Veräußerungskosten die Anschaffungskosten übersteigt, als Veräußerungsgewinn im Sinne des § 16 EStG. Die Tarifbegünstigung nach § 34 Abs. 1 EStG ist anzuwenden, wenn der Veräußerer eine natürliche Person ist (§ 21 Abs. 1 UmwStG). Die Anteile an der Kapitalgesellschaft bleiben somit steuerlich bis zu ihrer Veräußerung verhaftet. Wegen der weiteren Einzelheiten ist auf die oben genannten Vorschriften des UmwStG zu verweisen.

Die Umwandlung einer OHG in eine Kapitalgesellschaft unterliegt den Formvorschriften des Umwandlungsgesetzes.

f) Liquidation

879 Außer in den Fällen der Umwandlung kann die OHG auch im Wege der Liquidation aufgelöst werden. Die Liquidation bedeutet steuerlich die Aufgabe des Gewerbebetriebes.

880 *Einkommensteuerlich* wird die Aufgabe eines Gewerbebetriebes der Veräußerung eines Gewerbebetriebes oder der Veräußerung eines Anteiles an einer Personengesellschaft gleichgestellt (§ 16 Abs. 3 EStG). Der bei der Aufgabe des Betriebes im Weg der Liquidation erzielte Gewinn aus der Veräußerung der zum eingestellten Betrieb gehörenden Wirtschaftgüter an Dritte oder deren Übernahme in das Privatvermögen zu den steuerlichen Teilwerten ist steuerlich nach § 34 Abs. 1 EStG tariflich begünstigt. Voraussetzung ist jedoch, daß die Wirtschaftsgüter des Betriebes, welche die wesentlichen Grundlagen bilden, wenn nicht in einem einheitlichen Vorgang, so doch in einem zeitlich verhältnismäßig engen Zusammenhang veräußert oder ins Privatvermögen überführt werden. Die Praxis der Finanzverwaltung erkennt hierfür in der Regel eine Halbjahresfrist an.

Erfolgt die Veräußerung der Wirtschaftsgüter des Betriebes jedoch nach und nach im Laufe eines längeren Zeitraumes, so ist der in den einzelnen Wirtschaftsjahren entstandene Gewinn kein begünstigter Veräußerungsgewinn im Sinne der §§ 16 Abs. 3 und 34 Abs. 1 und 2 EStG.

881 Mit der Einstellung der gewerblichen Tätigkeit endet für die OHG die *Gewerbesteuerpflicht.* Die Einstellung des Betriebes der OHG ist anzunehmen mit der völligen Aufgabe jeder werbenden Tätigkeit. Die Versilberung der vorhandenen Wirtschaftsgüter und die Einziehung der Forderungen aus dieser Zeit vor der Einstellung des Betriebes gilt nicht als eine Fortsetzung der aufgegebenen Tätigkeit.

Heinrich Günther

Der sich bei der Auflösung der OHG ergebende Veräußerungsgewinn ist nicht gewerbesteuerpflichtig.

Die Entgelte für die im Liquidationszeitraum noch getätigten Lieferungen 882 oder Leistungen, z. B. aus der Veräußerung der vorhandenen Vermögenswerte, unterliegen wie bei einem laufenden Betrieb der *Umsatzsteuer*. Dies gilt auch im Falle einer Realteilung für die auf die einzelnen Gesellschafter übertragenen Wirtschaftsgüter, soweit nicht die allgemeinen Befreiungsvorschriften eingreifen.

Scheidet dagegen ein Gesellschafter aus einer zweigliederigen OHG aus 883 und führt der verbleibende Gesellschafter das Unternehmen im wesentlichen unverändert weiter, so wächst dem verbleibenden Gesellschafter der Anteil des ausscheidenden Gesellschafters zu. In diesem Fall führt die Liquidation der OHG nicht zu einer Umsatzsteuerpflicht.

Soweit im Rahmen der Liquidation Grundstücke veräußert werden, fällt 884 *Grunderwerbsteuer* an. Werden Grundstücke von der OHG in das Miteigentum mehrerer an der OHG beteiligt gewesener Gesellschafter übertragen, so wird die Grunderwerbsteuer nicht erhoben, soweit der Bruchteil, den der einzelne Erwerber erhält, dem Anteil entspricht, zu dem er am Vermögen der Gesamthand beteiligt war. Gehen Grundstücke von der OHG in das Alleineigentum eines an der OHG beteiligten Gesellschafters bei der Auflösung über, so wird die Steuer in Höhe des Anteiles nicht erhoben, zu dem der erwerbende, seitherige Gesellschafter am Vermögen der OHG beteiligt war.

Börsenumsatzsteuer fällt an, wenn bei Auflösung der OHG den Gesell 885 schaftern Wertpapiere aus dem Vermögen der Gesellschaft zugewiesen oder veräußert werden.

3. Besteuerung der Kommanditgesellschaft (KG)

Für die Besteuerung der Kommanditgesellschaft gilt das gleiche wie bei der 886 OHG Gesagte.

4. Besteuerung der GmbH & Co. KG

Zusammenfassende Darstellung bei *Hesselmann*, Handbuch der GmbH & 887 Co.; ferner *Schulze zur Wiesche*, GmbH & Co. KG.

Die GmbH & Co. KG ist handelsrechtlich und steuerrechtlich anerkannt. Sie ist in der Regel so gestaltet, daß die Kommanditisten gleichzeitig Gesellschafter der GmbH und einer oder mehrere von ihnen zugleich deren Geschäftsführer sind. Steuerrechtlich wird die GmbH & Co. KG wie die OHG behandelt.

Heinrich Günther

888   *Einkommensteuerlich* ist daher in gleicher Weise wie bei der OHG der steuerliche Gewinn mit den auf die Gesellschafter einschließlich der GmbH entfallenden steuerlichen Gewinnanteilen gesondert festzustellen. Dieser Gewinn unterliegt bei dem Kommanditisten, soweit es sich nicht um Kapitalgesellschaften handelt, der Einkommensteuer und bei der GmbH als Kapitalgesellschaft, wenn sie am Gewinn beteiligt ist, der Körperschaftsteuer.

889   Schwierigkeiten bereitet die einkommensteuerliche Behandlung der Geschäftsführerbezüge der GmbH-Geschäftsführer.

890   Ist der GmbH-Geschäftsführer, der als Organ der GmbH zugleich auch die Geschäfte der KG führt und hierfür Bezüge von der GmbH erhält, an der KG *nicht* beteiligt, so sind die Bezüge des Geschäftsführers der GmbH eine steuerlich abzugsfähige Betriebsausgabe der GmbH. Auf seiten des Geschäftsführers liegt lohnsteuerpflichtiger Arbeitslohn vor.

Wenn die GmbH & Co. KG dem Geschäftsführer unmittelbar für seine Geschäftsführertätigkeit Bezüge zahlt, so stellt deren Zahlung bei der GmbH & Co. KG eine steuerlich abzugsfähige Betriebsausgabe dar.

Ist dagegen ein Kommanditist *gleichzeitig* Geschäftsführer der GmbH, so sind die dem Gesellschafter-Geschäftsführer von der GmbH selbst oder von der GmbH & Co. KG gezahlten Bezüge ihm als persönlicher Gewinnanteil an der GmbH & Co. KG zuzurechnen. Einkommensteuerlich wird in diesem Falle die Zahlung der Bezüge seitens der GmbH an den Gesellschafter-Geschäftsführer der GmbH, der zugleich auch die Geschäfte der GmbH & Co. KG führt, als abzugsfähige Betriebsausgabe nicht anerkannt.

891   Die den Kommanditisten gehörenden Geschäftsanteile an der GmbH gehören zu ihrem notwendigen Sonderbetriebsvermögen. Dies hat zur Folge, daß etwaige von der GmbH ausgeschüttete Gewinnanteile den Gewinnanteilen der Kommanditisten aus der GmbH & Co. KG hinzuzurechnen sind und damit *gewerbesteuerpflichtig* werden, ebenso daß die GmbH-Anteile *vermögensteuerlich* bei der gesonderten Feststellung des Betriebsvermögens dem Anteil am Betriebsvermögen des einzelnen Kommanditisten hinzuzurechnen sind und daß bei einer etwaigen zukünftigen Veräußerung der GmbH-Anteile ein *einkommensteuerpflichtiger* Veräußerungsgewinn entsteht, wenn der Veräußerungserlös die Anschaffungskosten der GmbH-Anteile übersteigt.

892   Hinsichtlich der *Gesellschaftsteuer* bestimmt § 6 Abs. 1 Ziff. 4 KVStG, daß als Gesellschaftsrechte an Kapitalgesellschaften auch Anteile der Kommanditisten an einer Kommanditgesellschaft gelten, wenn zu den persönlich haftenden Gesellschaftern der Kommanditgesellschaft eine Kapitalgesellschaft gehört. Der Eintritt einer GmbH als persönlich haftende Gesellschafterin in eine KG macht die KG-Anteile in Höhe ihres gemeinen Wertes mit 1. v. H. hieraus gesellschaftsteuerpflichtig.

Es empfiehlt sich, die GmbH als persönlich haftende Gesellschafterin am 893
Gewinn und Verlust der GmbH & Co. KG nicht zu beteiligen und ihr deshalb auch keinen Anteil am Gesellschaftskapital der KG zuzuweisen. Die
GmbH sollte nur einen Anspruch haben auf Ersatz ihrer eigenen Aufwendungen, z. B. Gehälter ihrer Geschäftsführer, sowie einen Anspruch auf eine
angemessene Vergütung für ihre Tätigkeit als persönlich haftende Gesellschafterin. Diese Vergütung muß so bemessen sein, daß eine verdeckte
Gewinnausschütung seitens der GmbH an ihre Gesellschafter vermieden
wird. Ist die GmbH lediglich persönlich haftende Gesellschafterin, ohne
eine sonstige Funktion auszuüben, so genügt als angemessene Vergütung
ein Betrag in Höhe einer Risiko- oder Haftungsprämie von etwa drei v. H.
bis fünf v. H. des Stammkapitals der GmbH.

Die Errichtung einer GmbH & Co. KG besitzt nicht mehr das große steu- 894
erliche Interesse, nachdem ab dem 1. 1. 1977 im Rahmen der Körperschaftsteuerreform die Ausschüttungsbegünstigung mit der Anrechenbarkeit der
Körperschaftsteuer bei den Gesellschaftern von Kapitalgesellschaften eingeführt worden ist. Damit wird die einkommensteuerliche Doppelbelastung
weitgehend ausgeschaltet. Sind die GmbH-Gesellschafter auch gleichzeitig
Geschäftsführer der GmbH, so sind – im Gegensatz zu der GmbH & Co.
KG – die Geschäftsführerbezüge in vollem Umfang abzugsfähige Betriebsausgaben. Das gleiche gilt für etwaige Darlehenszinsen für Guthaben der
Gesellschafter-Geschäftsführer und für die Bildung von Pensionsrückstellungen. Praktisch verbleibt im gegenwärtigen Zeitpunkt lediglich die Doppelbelastung mit Vermögensteuer, indem die GmbH-Anteile ihrerseits bei
den Gesellschaftern zu ihrem steuerpflichtigen Vermögen gehören, während
die GmbH ihrerseits auch aus dem Betriebsvermögen noch Vermögensteuer
zu zahlen hat. Diese Doppelbelastung ist um so geringer, je geringer das
eigene Vermögen der GmbH ist.

Im übrigen weicht die Besteuerung der GmbH & Co. KG von derjenigen 895
der OHG nicht ab.

5. Besteuerung der Gesellschaft bürgerlichen Rechts

Eine Gesellschaft bürgerlichen Rechtes kann zur Erzielung von Einkünften 896
aus allen sieben Einkunftsarten des § 2 Abs. 3 EStG errichtet werden. Die
Besteuerung hinsichtlich der Einkommensteuer richtet sich je nach der Art
der Einkünfte. Die Einkünfte und das Vermögen sind gesondert durch das
Finanzamt mit den auf die einzelnen Gesellschafter entfallenden Anteilen
festzustellen. Die Gesellschaft bürgerlichen Rechtes ist nicht selbständig
einkommensteuerpflichtig. Es gelten für sie dieselben Regeln wie für die
OHG.

Heinrich Günther

897   Soweit eine bürgerlich-rechtliche Gesellschaft einen Gewerbebetrieb betreibt, unterliegt sie als solche der Gewerbesteuer.

898   Soweit die Umsätze aus Land- und Forstwirtschaft, Gewerbebetrieb oder selbständiger Arbeit umsatzsteuerpflichtige Entgelte enthalten, ist die Gesellschaft bürgerlichen Rechtes auch selbständig umsatzsteuerpflichtig.

899   Im übrigen gelten für die Gesellschaft bürgerlichen Rechtes keine Besonderheiten für die Besteuerung.

900   Die Gesellschafter unterliegen mit den auf sie entfallenden Anteilen am Gewinn oder Überschuß bei den verschiedenen Einkünften oder am Vermögen der persönlichen Einkommen- und Vermögensteuerpflicht.

6. Besteuerung der Unterbeteiligung

901   Die im Gesetz nicht geregelte Unterbeteiligung bedeutet begrifflich, daß ein Gesellschafter als Hauptbeteiligter einem Dritten als Unterbeteiligtem einen Anteil an seinem Gesellschaftsanteil einräumt und mit ihm die Gewinn- und Verlustaussichten des Gesellschaftsanteiles teilt. Notwendig ist die teilweise Übertragung der Rechte und Pflichten aus der Hauptbeteiligung. Die Unterbeteiligung ist daher eine Beteiligung an einer Beteiligung. Die Unterbeteiligung kann bestehen an einem Gesellschaftsanteil an einer OHG, einer KG, einer bürgerlich-rechtlichen Gesellschaft, aber auch an einer Aktie oder einem GmbH-Anteil. Die Unterbeteiligung ist eine Innengesellschaft, die nach außen hin nicht in Erscheinung tritt. Inhaber des Gesellschaftsanteils im Verhältnis zur Gesellschaft ist allein der Hauptbeteiligte.

902   Der Unterbeteiligte ist deshalb auch nicht unmittelbar dinglich an dem Vermögen des Hauptgesellschafters beteiligt. Zwischen dem Hauptbeteiligten und dem Unterbeteiligten bestehen nur obligatorische Ansprüche und Verpflichtungen. Der Unterbeteiligte steht zur Hauptgesellschaft in keiner rechtlichen Beziehung. Er hat gegenüber der Hauptgesellschaft keine Rechte und Pflichten. Er haftet auch nicht für den Hauptgesellschafter. Für die Unterbeteiligungsgesellschaft gelten die Vorschriften über die Gesellschaft bürgerlichen Rechtes, soweit einzelne Bestimmungen aus dem Wesen der Unterbeteilugungsgesellschaft keine Anwendung finden (z. B. Gesamthand). Rechtlich ist die Unterbeteiligung in ihren Grundzügen klar. Einzelheiten sind aber fraglich, insbesondere welche gesetzlichen Ansprüche dem Unterbeteiligten zustehen (Informationsrecht, Kontrollrecht, Aushändigung des Jahresabschlusses, Rechnungslegung, Kündigung, Auseinandersetzung usw.). Es empfiehlt sich daher, Unterbeteiligungsverträge nicht nur mündlich abzuschließen, sondern in allen Einzelheiten schriftlich genau festzulegen, damit bei Streitfällen eine klare Regelung vorliegt.

903   Unterbeteiligungen finden vor allem Anwendung bei Familien-Personengesellschaften, bei denen z. B. der Vater als Hauptgesellschafter seinen Kin-

dern frühzeitig Unterbeteiligungen einräumt, ohne daß die Kinder nach außen hin bereits Gesellschafter der Hauptgesellschaft werden.

Die Behandlung der Unterbeteiligung im Steuerrecht geht grundsätzlich von der zivilrechtlichen Lage aus. Steuerrechtlich kommt es jedoch darauf an, ob nach den getroffenen bürgerlich-rechtlichen Vereinbarungen der unterbeteiligte Gesellschafter als Mitunternehmer oder als Gläubiger anzusehen ist. Je nach den im Unterbeteiligungsvertrag getroffenen Vereinbarungen ergeben sich steuerrechtlich unterschiedliche Auswirkungen.

904

Ist der Unterbeteiligte nur am Gewinn und gegebenenfalls auch am Verlust, nicht jedoch an dem Vermögenswert des Hauptbeteiligten beteiligt, kann also der Unterbeteiligte im Falle der Auflösung der Unterbeteiligungsgesellschaft oder der Liquidation der Hauptgesellschaft oder bei Aufgabe der Unterbeteiligung keinen Anteil an den stillen Reserven verlangen, insbesondere auch nicht am Geschäftswert, sondern erhält er nur seine Einlage zurück, dann entspricht die Stellung des Unterbeteiligten nach der steuerlichen Rechtsprechung derjenigen eines typischen stillen Gesellschafters oder eines partiarischen Darlehensgebers. Dies hat steuerlich zur Folge, daß der Unterbeteiligte nur Einkünfte aus Kapitalvermögen im Sinne des § 20 Abs. 1 Ziff. 2 EStG bezieht. Der auf den Unterbeteiligten entfallende Gewinnanteil mindert den Gewinnanteil des Hauptbeteiligten. Vermögensteuerlich kann der Hauptbeteiligte den Wert der Unterbeteiligung wie eine Schuld bei einer stillen Gesellschaft absetzen.

905

Der Unterbeteiligte selbst hat in diesem Fall vermögensteuerlich die Unterbeteiligung als Kapitalforderung zu versteuern und kann hierfür die vermögensteuerlichen Freibeträge beanspruchen.

Hat dagegen der Unterbeteiligte bestimmte Mindestrechte als Gesellschafter, z. B. das Kontrollrecht, das Informationsrecht, und ist er im Innenverhältnis auch an den stillen Reserven beteiligt, z. B. im Falle seines Ausscheidens oder der Beendigung der Unterbeteiligung, nimmt also der Unterbeteiligte am Gedeih und Verderben wie ein Komplementär oder Kommanditist teil, dann wird der Unterbeteiligte nach der Rechtsprechung des Bundesfinanzhofes steuerrechtlich als Mitunternehmer angesehen, der wie der Hauptbeteiligte Einkünfte aus Gewerbebetrieb bezieht.

906

Der in diesem Falle auf den Unterbeteiligten entfallende Gewinnanteil wird wie bei einer Personengesellschaft im Rahmen der gesonderten Gewinnfeststellung mit dem auf ihn entfallenden Anteil einheitlich festgestellt. Handelt es sich um eine geheime Unterbeteiligung, die den übrigen Hauptgesellschaftern nicht bekannt werden soll, so kann zunächst der auf den Hauptgesellschafter entfallende Gewinnanteil im Rahmen der gesonderten Gewinnfeststellung der Personengesellschaft festgestellt werden. Daneben wird in einem weiteren gesonderten Gewinnfeststellungsverfahren der Gewinnanteil des Hauptbeteiligten in die einzelnen Gewinnanteile des

907

Hauptbeteiligten und der Unterbeteiligten nochmals aufgeteilt und einheitlich festgestellt.

908 Die entgeltliche Einräumung einer Unterbeteiligung kann einkommensteuerlich bei einem Hauptbeteiligten zu einem nach §§ 16 oder 17 in Verbindung mit § 34 Abs. 1 EStG zu versteuernden Veräußerungsgewinn führen.

909 Vermögensteuerlich wird der Anteil des Unterbeteiligten an dem Vermögensanteil des Hauptbeteiligten, sofern es sich um eine offene Unterbeteiligung handelt, bereits im Rahmen der einheitlichen Vermögensfeststellungsveranlagung mit festgestellt. Bei einer geheimen Unterbeteiligung wird zunächst der Vermögensanteil dem Hauptbeteiligten zugerechnet und erst in einem weiteren Feststellungsverfahren dieser Vermögensanteil aufgeteilt und mit den entfallenden anteiligen Beträgen für den Hauptbeteiligten und die Unterbeteiligten einheitlich und gesondert festgestellt. Das wegen des Verfahrens bei der einheitlichen Gewinnfeststellung Gesagte gilt entsprechend.

7. Besteuerung der stillen Gesellschaft

910 Die stille Gesellschaft ist eine Gesellschaft, bei der sich jemand an dem Handelsgewerbe eines anderen mit einer in dessen Vermögen übergehenden Einlage beteiligt. Sie kann bestehen an einem Einzelunternehmen, an einer Personengesellschaft oder an einer Kapitalgesellschaft. Steuerrechtlich werden folgende Formen der stillen Gesellschaft mit unterschiedlichen Auswirkungen für die steuerliche Behandlung unterschieden:
a) die typische stille Gesellschaft
b) die atypische stille Gesellschaft

911 Bei einer *typischen* stillen Gesellschaft bezieht der stille Gesellschafter Einkünfte aus Kapitalvermögen. Die inländischen Kapitalerträge unterliegen nach § 43 Abs. 1 EStG der Kapitalertragsteuer mit 25 v. H. und, wenn die Kapitalertragsteuer durch den Schuldner übernommen wird, mit 33$^{1}/_{3}$ v. H. der Ausschüttung. Ist der typische Gesellschafter auch am Verlust der Unternehmung beteiligt, so bildet der Anteil am Jahresverlust für ihn Werbungskosten oder bei Zugehörigkeit der stillen Beteiligung zu einem Betriebsvermögen Betriebsausgaben. Verluste aus der Einlage des stillen Gesellschafters, z. B. im Konkurs- oder Vergleichsverfahren, sind dagegen Vermögensverluste, die von den übrigen Einkünften des stillen Gesellschafters nicht einkommensmindernd abgesetzt werden können.

Vermögensteuerlich stellt der Wert der stillen Beteiligung bei der Unternehmung eine abzugsfähige Schuld, dagegen bei dem stillen Gesellschafter ein als Kapitalforderung zu versteuerndes Vermögen dar.

912 Die im Steuerrecht entwickelte Form der sogenannten *atypischen* stillen Gesellschaft stellt sich als eine Gesellschaft dar, bei der nach den getroffe-

nen Vereinbarungen der stille Gesellschafter im Innenverhältnis an den Anlagewerten der Unternehmung, im Falle der Beendigung der stillen Gesellschaft oder Auflösung der Unternehmung auch an den stillen Reserven beteiligt ist, er außerdem noch gewisse Kontrollrechte und Informationsrechte besitzt. Eine solche atypische stille Gesellschaft wird vom Steuerrecht wie eine Mitunternehmerschaft behandelt, bei welcher der Geschäftsinhaber und der stille Gesellschafter steuerrechtlich eine Personengesellschaft bilden und als Personengesellschafter angesehen werden. Es gelten im Falle der sogenannten atypischen stillen Gesellschaft die steuerrechtlichen Bestimmungen in gleicher Weise, wie sie für den in Form einer Personengesellschaft betriebenen Gewerbebetrieb gelten. Auf die vorstehenden Ausführungen zur OHG hierzu kann verwiesen werden.

II. Besteuerung der Kapitalgesellschaften

1. Gründung

a) Einkommen- und Körperschaftsteuer
Die Kapitalausstattung einer Kapitalgesellschaft seitens der Gesellschafter 913 durch Bar- oder Sacheinlagen stellt steuerlich nicht Einkommen der Kapitalgesellschaft dar. Es handelt sich vielmehr um eine Vermögenszuführung auf gesellschaftsrechtlicher Grundlage. Körperschaftsteuer wird dadurch nicht ausgelöst.

Wie schon früher ausgeführt, entsteht dadurch, daß ein Einzelunterneh- 914 mer oder eine Personengesellschaft das gesamte Betriebsvermögen unter Fortführung der Buchwerte in eine Kapitalgesellschaft einbringt, auch bei dem Einzelunternehmer und den Personengesellschaftern keine Einkommensteuer. Werden dagegen aus einem Betriebsvermögen nur einzelne Wirtschaftsgüter in die Kapitalgesellschaft als Sacheinlagen eingebracht, so entsteht bei den einbringenden Gesellschaftern in Höhe des Unterschiedsbetrages zwischen dem Buchwert und dem gemeinen Wert (Teilwert) der eingebrachten Sacheinlagen ein einkommensteuerpflichtiger Veräußerungsgewinn. Es empfiehlt sich daher, den Ausgabewert der neuen Gesellschaftsrechte dem Verkehrswert der Sacheinlage anzupassen, um Nachteile hinsichtlich der künftigen körperschaftssteuerlichen Auswirkung, insbesondere bei den Abschreibungsmöglichkeiten, zu vermeiden.

Die Körperschaftsteuerpflicht beginnt steuerrechtlich bereits mit dem 915 Abschluß des Gesellschaftsvertrages, jedoch nicht vorher, bevor eine nach außen in Erscheinung tretende geschäftliche Tätigkeit aufgenommen worden ist. Auf die Eintragung im Handelsregister kommt es demnach nicht an, vorausgesetzt, daß die Eintragung überhaupt erfolgt.

916   Hat die Gründergesellschaft sich bereits betätigt, ohne daß es zu einer Eintragung kommt, so wird sie bei einer Vielzahl von Gründern körperschaftsteuerlich wie ein nicht rechtsfähiger Verein besteuert. Handelt es sich dagegen nur um wenige Gesellschafter, so ist in der Gründergesellschaft regelmäßig eine Gesellschaft bürgerlichen Rechts zu sehen und ein etwaiger Gewinn bei den Gesellschaftern im Rahmen einer gesonderten Gewinnfeststellung zu erfasen.

b) Gewerbesteuer

917   Die Kapitalgesellschaften sind kraft Rechtsform ohne Rücksicht auf die Art der ausgeübten Tätigkeit im vollen Umfange gewerbesteuerpflichtig. Die Gewerbesteuerpflicht beginnt mit dem Tätigwerden der Kapitalgesellschaft. Auf den Zeitpunkt der Eintragung im Handelsregister kommt es nicht an.

c) Vermögensteuer

918   Die Kapitalgesellschft ist als solche im Gegensatz zur Personengesellschaft vermögensteuerpflichtig. Auf den Beginn des Kalenderjahres, das der Gründung der Kapitalgesellschaft folgt, erfolgt vermögensteuerlich eine Nachveranlagung auf diesen Nachveranlagungszeitpunkt. Ab diesem Zeitpunkt hat die Kapitalgesellschaft Vermögensteuer zu entrichten. Erfolgt also die Gründung im Laufe des Jahres 1988, so fällt Vermögensteuer erst ab dem 1. 1. 1989 an.

d) Umsatzsteuer

919   Bei der Gründung einer Kapitalgesellschaft liegt ein Leistungsaustausch zwischen der Gesellschaft und ihren Gesellschaftern vor. Die Gesellschafter führen der Kapitalgesellschaft Einlagen zu. Diese sind von der Umsatzsteuer befreit. Handelt es sich um Sacheinlagen, so ist deren Einbringung umsatzsteuerpflichtig, wenn sie durch einen Unternehmer im Sinne des UStG geschieht.
    Die Gesellschaft ihrerseits überträgt den Gesellschaftern Gesellschaftsrechte. Dieser Umsatz der Gesellschaft an die Gesellschafter ist gemäß § 4 Nr. 8 f UStG umsatzsteuerfrei.

e) Grunderwerbsteuer

920   Die Einbringung von Grundstücken oder von grundstücksgleichen Rechten als Sacheinlagen in eine Kapitalgesellschaft löst Grunderwerbsteuer aus.

f) Kapitalverkehrsteuer (Gesellschaftsteuer)

921   Der Ersterwerb von Gesellschaftsrechten an einer inländischen Kapitalgesellschaft durch den ersten Erwerber unterliegt nach § 2 Abs. 1 Nr. 1 KVStG der Gesellschaftsteuer. Die Steuer wird berechnet, wenn eine Gegenleistung zu bewirken ist, vom Wert der Gegenleistung (Geldbetrag, Sachwert). Wenn eine Gegenleistung nicht zu bewirken ist, wird die Steuer vom Wert der

Gesellschaftsrechte berechnet. Bei einer verschleierten Sachgründung (Bargründung mit anschließendem käuflichen Erwerb der Sacheinlagen) ist für die Bemessung der Gesellschaftsteuer eine einheitliche Sacheinlage anzunehmen.

Die Gesellschaftsteuer beträgt 1 v. H. Die Gesellschaftsteuer entfällt beim Erwerb von Gesellschaftsrechten an einer inländischen Kapitalgesellschaft, wenn und woweit auf diese Kapitalgesellschaft als Gegenleistung das gesamte Vermögen, ein Betrieb oder ein Teilbetrieb einer anderen Kapitalgesellschaft übertragen wird.

2. Laufende Tätigkeit

a) Körperschaftsteuer

Die Körperschaftsteuer bemißt sich nach dem zu versteuernden Einkommen. Wegen der Ermittlung des steuerpflichtigen Einkommens wird auf die Ausführungen zu RZ 163 ff. verwiesen.

922

Dabei sind körperschaftsteuerrechtlich die *sogenannten verdeckten Gewinnausschüttungen* von besonderer Bedeutung. Sie dürfen das steuerpflichtige Einkommen nicht mindern. Verdeckte Gewinnausschüttungen werden körperschaftsteuerlich genauso behandelt wie offene Gewinnausschüttungen. Sie führen außerdem dazu, daß dem durch die verdeckte Gewinnausschüttung begünstigten Gesellschafter wie bei einer offenen Ausschüttung eine Steuergutschrift über die anrechenbare Körperschaftsteuer zu erteilen ist. Dies kann somit dazu führen, daß der durch die verdeckte Gewinnausschüttung begünstigte Gesellschafter außerdem noch durch die Steuergutschrift begünstigt ist. Es wird die Meinung vertreten, daß, wenn in dem Gesellschaftsvertrag der GmbH keine klaren Regelungen darüber bestehen, wie verdeckte Gewinnausschüttungen zu behandeln sind, der begünstigte Gesellschafter mindestens um die Steuergutschrift ungerechtfertigt bereichert ist. Die Frage, ob aufgrund von entsprechenden Satzungsklauseln die im Rahmen einer steuerlichen Betriebsprüfung ermittelte verdeckte Gewinnausschüttung mit steuerlicher Wirkung rückgängig gemacht werden kann, ist offen. Als eine solche Satzungsklausel könnte etwa folgende Bestimmung in den Gesellschaftsvertrag aufgenommen werden:

923

»(1) Die Gewährung geldwerter Vorteile an Gesellschafter oder diesen nahestehende Dritte außerhalb satzungsmäßiger Gewinnverwendungsbeschlüsse ist nicht zulässig.

(2) Rechtsgeschäfte oder Rechtshandlungen der Gesellschaft, die der in Abs. 1 getroffenen Bestimmung widersprechen, sind insoweit unwirksam, als den genannten Personen ein Vorteil einschließlich der damit zusammenhängenden Steuergutschrift zugewendet wird. Der Begün-

stigte ist in solchen Fällen gegenüber der Gesellschaft zum Wertersatz in Höhe des gewährten Vorteils verpflichtet. Sollte bei einer Vorteilsgewährung an einen nahestehenden Dritten aus rechtlichen Gründen gegen diesen kein Anspruch gegeben sein, so richtet sich der Anspruch gegen die Gesellschafter, denen der Dritte nahesteht.

(3) Ob und in welcher Höhe die Zuwendung eines geldwerten Vorteils vorliegt, wird im Verhältnis zwischen der Gesellschaft und Gesellschaftern oder Dritten durch eine rechtskräftige Beurteilung der Finanzbehörde oder des Finanzgerichtes verbindlich festgestellt.«

924   Im Rahmen des neuen Körperschaftsteuergesetzes spielt auch das *sogenannte »Schütt-aus-Hol-zurück-Verfahren«* eine Rolle. Dies Verfahren, das auch körperschaftsteuerlich von der Finanzverwaltung anerkannt ist, bedeutet, daß auch im Rahmen von Satzungsklauseln festgelegt werden kann, daß die Gesellschaft ausgeschüttete Gewinnanteile ganz oder zum Teil einbehalten kann, die für eine gewisse Zeit bei der Gesellschaft fest anzulegen sind, z. B. als stille Beteiligungen oder Darlehen und bei Ansammlung entsprechender Beträge für eine echte Kapitalerhöhung verwendet werden können. Als Satzungsklausel könnte etwa folgende Bestimmung in den Gesellschaftsvertrag aufgenommen werden:

»Die Gesellschafterversammlung kann auch beschließen, daß die Gesellschafter von der auf sie jeweils entfallenden Bardividende (vor Kapitalertragsteuerabzug, jedoch ohne Steuergutschrift) einen Betrag bis zur Höhe von 50 v. H. der Gesellschaft für gegen angemessene Verzinsung zu gewährende Darlehen, für eine Beteiligung als stiller Gesellschafter oder für Einlagen, welche die Gesellschaft entweder einer freien Rücklage zuführt oder zu einer Kapitalerhöhung verwendet, zur Verfügung zu stellen haben. Die Gesellschaft hat die zu diesem Zweck zu verwendenden Gewinnbeträge einzubehalten und bis zur vorgesehenen Verwendung auf gesonderte, für jeden Gesellschafter einzurichtende, angemessen zu verzinsende Konten zu verbuchen.«

925   Die *Körperschaftsteuer* beträgt 56 v. H. des zu versteuernden körperschaftsteuerpflichtigen Einkommens. Sie ermäßigt sich auf 50 v. H. bei bestimmten Körperschaften, Personenvereinigungen und Vermögensmassen, die in § 23 Abs. 2 KStG genannt sind. Schüttet die unbeschränkt steuerpflichtige Kapitalgesellschaft Gewinn aus, so mindert sich ihre Körperschaftsteuer um den Unterschiedsbetrag zwischen der bei ihr eingetretenen Belastung des Eigenkapitals (Tarifbelastung) von 56 v. H. und der Belastung, die sich hierfür bei Anwendung eines Steuersatzes von 36 v. H. des Gewinns vor Abzug der Körperschaftsteuer ergibt (Ausschüttungsbelastung). In der Regel beträgt dieser Unterschiedsbetrag 56 v. H. ./. 36 v. H. = 20 v. H.

b) *Vermögensteuer*

Die Kapitalgesellschaft unterliegt der Vermögensteuer mit ihrem vermögen- **926**
steuerpflichtigen Gesamtvermögen. Wegen der Einzelheiten wird auf die
Ausführungen zu RZ 247 ff. verwiesen. Schachtelbeteiligungen gehören
nicht zum vermögensteuerlichen Gesamtvermögen der Kapitalgesellschaft.

Ansprüche der Kapitalgesellschaft gegen die Gesellschafter auf Einzah- **927**
lung des noch ausstehenden Grund- und Stammkapitals sind nur insoweit
mit dem Nennwert bei der Ermittlung des Gesamtvermögens zu bewerten,
als nach den Umständen des Einzelfalles mit ihrer Einforderung zu rechnen
ist. Hält die Kapitalgesellschaft eigene Anteile, so sind sie wie die Fremdan-
teile zu bewerten.

Die Vermögensteuer beträgt jährlich 0,6 v. H. des steuerpflichtigen Vermögens.

c) *Gewerbesteuer*

Jede Kapitalgesellschaft unterliegt ohne Rücksicht auf den Gegenstand des **928**
Unternehmens der Gewerbeertragsteuer und der Gewerbekapitalsteuer.
Wegen der Ermittlung des Gewerbeertrages und des Gewerbekapitals wird
auf die Ausführungen zu RZ 354 ff. verwiesen. Ist eine Kapitalgesellschaft dem
Willen eines anderen inländischen Unternehmens derart untergeordnet, daß
sie keinen eigenen Willen hat, so gilt die Kapitalgesellschaft als Betriebsstätte des übergeordneten Unternehmens. Eine derartige Betriebsstätte
unterliegt nicht selbständig der Gewerbesteuer. Vielmehr wird deren Gewerbeertrag und Gewerbekapital bei der Obergesellschaft miterfaßt.

Das Finanzamt ermittelt einen einheitlichen Steuermeßbetrag, der die
Grundlage für die Erhebung der Gewerbesteuer durch die Gemeinden bil-
det. Der Meßbetrag aus dem Gewerbeertrag beträgt 5 v. H. und aus dem
Gewerbekapital 2 v. H.

d) *Umsatzsteuer*

Die Kapitalgesellschaft unterliegt wie jedes andere Unternehmen der **929**
Umsatzsteuer (Mehrwertsteuer). Für die Kapitalgesellschaft gelten keine
Besonderheiten.

e) *Grunderwerbsteuer*

Der Erwerb und die Veräußerung von Grundstücken oder grundstücksglei- **930**
chen Rechten seitens einer Kapitalgesellschaft unterliegt der Grunderwerbsteuer.

Außerdem tritt, sofern die Kapitalgesellschaft über Grundbesitz oder
über grundstücksgleiche Rechte verfügt, die Grunderwerbsteuerpflicht dann
ein, wenn alle Anteile an der Kapitalgesellschaft in einer Hand vereint werden. Eine solche Vereinigung aller Anteile in einer Hand liegt auch dann
vor, wenn der Erwerber nur Treuhänder oder Strohmann des treugebenden

alleinigen Gesellschafters ist. Befinden sich die Anteile an der Kapitalgesellschaft bereits teilweise in ihrem Besitz, so liegt eine Vereinigung in einer Hand schon vor, wenn die nicht im Besitz der Kapitalgesellschaft befindlichen Anteile in einer Hand vereinigt werden.

Zwerganteile (etwa 1 v. H. des Kapitales), die in der Hand von anderen Gesellschaftern verbleiben, führen nicht zu einer Vereinigung von Anteilen in einer Hand.

f) *Übrige Steuerarten*

931 Wegen der übrigen Steuerarten gelten für die Besteuerung der Kapitalgesellschaft keine Besonderheiten. Auf die Ausführungen zur Besteuerung der Personengesellschaften kann verwiesen werden.

3. Kapitalerhöhung und Kapitalherabsetzung

a) *Kapitalerhöhung*

932 Erfolgt die Kapitalerhöhung in der Weise, daß eine Kapitalgesellschaft aufgrund eines entsprechenden Beschlusses *ihr Kapital durch Umwandlung von offenen Rücklagen erhöht*, so löst der Vorgang nach dem Gesetz über steuerrechtliche Maßnahmen bei Erhöhung des Nennkapitals aus Gesellschaftsmitteln in der Fassung vom 10. 10. 1967 (BGBl. 1967 I S. 977), zuletzt geändert durch Gesetz vom 22. 12. 1983 (BGBl. 1983 I S. 1592) keine Einkommensteuer und nach § 7 Abs. 3 Nr. 2 a KVStG auch keine Gesellschaftsteuer aus.

933 Erfolgt die Kapitalerhöhung dadurch, daß die Kapitalgesellschaft *neue Anteile gegen Bar- oder Sacheinlagen ausgibt*, so unterliegt dieser Vorgang in gleicher Weise der Besteuerung wie bei der Gründung von Kapitalgesellschaften. Auf die Ausführungen zu Ziff. 1 RZ 913 ff. wird verwiesen.

b) *Kapitalherabsetzung*

934 Die Kapitalherabsetzung aufgrund eines entsprechenden Beschlusses oder im Wege der Einziehung fremder oder eigener Anteile löst ebenfalls keine Körperschaftsteuer, Gewerbesteuer oder Gesellschaftsteuer aus.

935 Hat jedoch eine Kapitalgesellschaft ihr Nennkapital aus Rücklagen steuerfrei erhöht, die aus dem Gewinn eines vor dem 1. 1. 1977 abgelaufenen Wirtschaftsjahres gebildet worden sind, und setzt sie innerhalb von fünf Jahren nach der Erhöhung des Nennkapitals dieses herab und zahlt sie die dadurch frei werdenden Mittel ganz oder teilweise an die Gesellschafter zurück, so gelten die Rückzahlungen insoweit als Gewinnanteile (Dividenden). Die auf diese Gewinnanteile (Dividenden) entfallenden Steuern vom Einkommen der Gesellschafter werden im Wege der Pauschbesteuerung erhoben. Die Steuer ist von der Kapitalgesellschaft zu entrichten. Sie beträgt 30 v. H. der Gewinnanteile. Sie ist bei der Ermittlung des Einkommens der Kapitalgesellschaft nicht abzugsfähig.

Heinrich Günther

Soweit die Kapitalherabsetzung in der Weise vorgenommen wird, daß **936** Sachwerte an die Gesellschafter übertragen werden, so löst dieser Vorgang Umsatzsteuer aus, soweit nicht Umsatzsteuerbefreiungen (z. B. für Grundstücke und Wertpapiere) in Betracht kommen. Werden Grundstücke oder grundstücksgleiche Rechte auf einen Gesellschafter aus Anlaß der Kapitalherabsetzung übertragen, so entsteht die Grunderwerbsteuerpflicht. Werden Wertpapiere von der Kapitalgesellschaft an die Gesellschafter übereignet, so löst dieser Vorgang Börsenumsatzsteuerpflicht aus.

4. Liquidation

Für die Auflösung und Abwicklung (Liquidation) von Kapitalgesellschaften **937** gilt hinsichtlich der Körperschaftssteuer die in § 11 KStG vorgeschriebene Sonderregelung. An die Stelle des sonst üblichen Wirtschaftsjahres tritt für die Abwicklungszeit der Abwicklungszeitraum. Der Abwicklungszeitraum beginnt mit dem Schluß des Wirtschaftsjahres, das dem Auflösungsbeschluß vorangeht. Der Abwicklungszeitraum als Besteuerungszeitraum soll drei Jahre nicht übersteigen. Der körperschaftsteuerliche Gewinn während des Abwicklungszeitraumes umfaßt die sich aus der Liquidationsperiode ergebenden normalen Gewinne sowie die aus der Versilberung des Vermögens frei werdenden stillen Reserven. Für die Gewinnermittlung gelten die allgemeinen Gewinnermittlungsvorschriften des Körperschaftsteuerrechtes. Die Gewinnermittlung erfolgt durch Bestandsvergleich, und zwar durch Vergleich des Abwicklungs-Endvermögens mit dem Abwicklungs-Anfangsvermögen.

Abwicklungs-Endvermögen ist das zur Verteilung kommende Vermögen, **938** vermindert um die steuerfreien Vermögensvermehrungen, die dem Steuerpflichtigen in dem Abwicklungszeitraum zugeflossen sind. Abwicklungs-Anfangsvermögen ist das Betriebsvermögen, das am Schluß des der Auflösung vorangegangenen Wirtschaftsjahres der Veranlagung zur Körperschaftsteuer zugrundegelegt worden ist. Das Abwicklungs-Anfangsvermögen ist um den Gewinn des vorangegangenen Wirtschaftsjahres zu kürzen, der im Abwicklungszeitraum ausgeschüttet worden ist.

Das im Abwicklungszeitraum erzielte körperschaftsteuerliche Einkommen **939** unterliegt dem normalen Körperschaftsteuersatz.

Soweit im Abwicklungszeitraum Ausschüttungen an die Gesellschafter **940** erfolgen, stellen diese keine steuerpflichtigen Ausschüttungen, sondern nichtsteuerpflichtige Kapitalrückzahlungen dar.

Die sich in Auflösung befindliche Kapitalgesellschaft bleibt auch für die **941** während der Abwicklung erzielten Gewerberträge bis zur Beendigung der Abwicklung gewerbesteuerpflichtig.

Heinrich Günther   485

942   Die in Auflösung befindliche Kapitalgesellschaft bleibt auch vermögensteuerpflichtig. Die Vermögensteuerpflicht erlischt erst in dem Zeitpunkt, in dem das Vermögen wegfällt. In der Regel kann die Löschung im Handelsregister als Zeitpunkt des Erlöschens der Vermögensteuerpflicht der Kapitalgesellschaft angesehen werden.

943   Die Veräußerung der einzelnen Wirtschaftsgüter der Kapitalgesellschaft oder des gesamten Betriebes oder eines Teilbetriebes löst Umsatzsteuer aus. Dabei gelten auch die Vorschriften über die Umsatzsteuerbefreiung.

944   Soweit die Kapitalgesellschaft Grundstücke oder grundstücksgleiche Rechte besitzt, unterliegt deren Veräußerung an Gesellschafter oder außenstehende Dritte der Grunderwerbsteuer mit dem Satz von 7 v. H. aus dem Wert der Gegenleistung.

5. Umwandlung von Kapitalgesellschaften

Rechtsgrundlagen: §§ 339 ff. AktG 1965, Umwandlungsgesetz in der Neufassung vom 6. 11. 1969 (BGBl. 1969 I S. 2081), zuletzt geändert durch Gesetz vom 19. 12. 1985 (BGBl. 1985 I S. 2355); Gesetz über die Kapitalerhöhung aus Gesellschaftsmitteln und über die Verschmelzung von Gesellschaften mit beschränkter Haftung vom 23. 12. 1959 (BGBl. 1959 I S. 789), zuletzt geändert durch Gesetz vom 19. 12. 1985 (BGBl. 1980 I S. 2355), Gesetz über steuerliche Maßnahmen bei Änderung der Unternehmensform (UmwStG) vom 6. 9. 1976 (BGBl. 1976 I S. 2641), zuletzt geändert durch Gesetz vom 14. 12. 1984 (BGBl. I S. 1493).

945   Das Steuerrecht knüpft an die handelsrechtlichen Möglichkeiten der Umwandlung von Kapitalgesellschaften an. Dabei sind zwei verschiedene Grundformen zu unterscheiden:

a) die formwechselnde Umwandlung
b) die übertragende Umwandlung

Zu a) formwechselnde Umwandlung

946   Die formwechselnde Umwandlung einer Kapitalgesellschaft in eine andere Kapitalgesellschaft bedeutet lediglich die Änderung der Rechtsform. Die Identität der Gesellschaft wird nicht geändert. Die Rechtspersönlichkeit der juristischen Person bleibt die gleiche. Möglich ist nach dem AktG 1965 die Umwandlung einer Aktiengesellschaft in eine Kommanditgesellschaft auf Aktien und umgekehrt, die Umwandlung einer Aktiengesellschaft in eine Gesellschaft mit beschränkter Haftung und umgekehrt, die Umwandlung einer bergrechtlichen Gewerkschaft in eine Aktiengesellschaft oder eine Kommanditgesellschaft auf Aktien sowie die Umwandlung einer Kommanditgesellschaft auf Aktien in eine GmbH und umgekehrt.

Das Steuerrecht folgt der handelsrechtlich unter Wahrung der Personen- **947**
identität möglichen formwechselnden Umwandlung. Die steuerrechtliche
Personenidentität wird daher ebenfalls nicht unterbrochen. Die steuerrechtliche Behandlung der umgewandelten Kapitalgesellschaft wird ohne Unterbrechung fortgesetzt und löst steuerrechtlich keine besonderen Wirkungen
aus.

Zu b) *übertragende Umwandlung*
Die übertragende Umwandlung von Kapitalgesellschaften bedeutet, daß **948**
deren Vermögen ohne Abwicklung im ganzen unter Erlöschen der Rechtspersönlichkeit auf einen anderen Vermögensträger übergeht. Diese übertragende Umwandlung kann erfolgen
aa) nach §§ 339 ff. AktG 1965 und nach §§ 19 ff. des Kapitalerhöhungsge-
    setzes für die GmbH durch Vereinigung (Verschmelzung)
bb) nach dem handelsrechtlichen Umwandlungsgesetz vom 6. 11. 1969
    durch Übertragung des Vermögens auf eine Personengesellschaft oder
    einen Gesellschafter.

Zu aa) *Verschmelzung*
Nach §§ 339 ff. AktG 1965 und §§ 19 ff. des Kapitalerhöhungsgesetzes kann **949**
die Verschmelzung von Kapitalgesellschaften, von Kommanditgesellschaften auf Aktien sowie von Kommanditgesellschaften auf Aktien und Aktiengesellschaften, die Verschmelzung einer GmbH durch Aufnahme seitens
einer Aktiengesellschaft oder einer Kommanditgesellschaft auf Aktien, die
Verschmelzung einer bergrechtlichen Gewerkschaft durch Aufnahme seitens einer Aktiengesellschaft oder einer Kommanditgesellschaft auf Aktien,
die Verschmelzung von Gesellschaften mit beschränkter Haftung, die Verschmelzung einer Aktiengesellschaft oder einer Kommanditgesellschaft auf
Aktien mit einer Gesellschaft mit beschränkter Haftung und die Verschmelzung einer bergrechtlichen Gewerkschaft mit einer Gesellschaft mit
beschränkter Haftung erfolgen im Wege der echten Verschmelzung
1. durch Übertragung des Vermögens der Gesellschaft (übertragende
   Gesellschaft) als Ganzes auf eine andere bereits bestehende Gesellschaft
   (übernehmende Gesellschaft) gegen Gewährung von Aktien/Geschäfts-
   anteilen dieser Gesellschaft (Verschmelzung durch Aufnahme);
2. durch Bildung einer neuen Kapitalgesellschaft, auf die das Vermögen
   jeder der sich vereinigenden Gesellschaften als Ganzes gegen Gewährung
   von Aktien/Geschäftsanteilen der neuen Gesellschaft übergeht (Verschmelzung durch Neubildung).
Neben der gesetzlich vorgesehenen Verschmelzung im Wege der Gesamt- **950**
rechtsnachfolge kann die Verschmelzung auch im Rahmen einer Liquidation der übertragenden Gesellschaft mit Übergang des Vermögens im Wege
der Einzelrechtsnachfolge geschehen.

Steuerrechtlich gilt für die echte Verschmelzung folgendes:

(1) *Körperschafsteuer*

951 Bei dem Vermögensübergang auf eine andere Körperschaft ergeben sich folgende Auswirkungen auf den Gewinn der *übertragenden* Körperschaft:

952 Nach § 14 Abs. 1 UmwStG sind in der steuerlichen Schlußbilanz für das letzte Wirtschaftsjahr der übertragenden Körperschaft die übergegangenen Wirtschaftsgüter insgesamt mit dem Wert der für die Übertragung gewährten Gegenleistung anzusetzen. Wird eine Gegenleistung nicht gewährt, so sind nach § 3 UmwStG die nach den steuerrechtlichen Vorschriften über die Gewinnermittlung auszuweisenden Wirtschaftsgüter mit dem Teilwert (= Verkehrswert) anzusetzen.

Nach § 14 Abs. 2 UmwStG können auf Antrag die Buchwerte fortgeführt werden, soweit

1. sichergestellt ist, daß der bei seiner Anwendung sich ergebende Gewinn später bei der übernehmenden Körperschaft der Körperschaftssteuer unterliegt und

2. eine Gegenleistung nicht gewährt wird oder in Gesellschaftsrechten besteht.

953 Bei einem Vermögensübergang auf eine andere Körperschaft ergeben sich folgende Auswirkungen auf den Gewinn der *übernehmenden* Körperschaft:

Nach § 15 Abs. 1 UmwStG in Verbindung mit § 5 Abs. 1 Satz 1 UmwStG hat die übernehmende Körperschaft die auf sie übergegangenen Wirtschaftsgüter mit dem in der steuerlichen Schlußbilanz der übertragenden Körperschaft enthaltenen Wert zu übernehmen.

Nach § 15 Abs. 2 UmwStG bleibt bei der Ermittlung des Gewinns der übernehmenden Körperschaft der Übernahmegewinn oder der Übernahmeverlust im Sinne des § 5 Abs. 5 UmwStG außer Ansatz. Dabei ist Übernahmegewinn oder Übernahmeverlust der infolge des Vermögensüberganges sich ergebende Unterschiedsbetrag zwischen dem Buchwert der Anteile an der übertragenden Körperschaft und dem Wert, mit dem die übergegangenen Wirtschaftsgüter von der übernehmenden Körperschaft zu übernehmen sind. Der Buchwert ist der Wert, mit dem die Anteile nach den steuerrechtlichen Vorschriften über die Gewinnermittlung in einer für den steuerlichen Übertragungsstichtag aufzustellenden Steuerbilanz anzusetzen sind oder anzusetzen wären.

Übersteigen die tatsächlichen Anschaffungskosten den Buchwert der Anteile an der übertragenden Körperschaft, so ist der Unterschiedsbetrag dem Gewinn der übernehmenden Körperschaft hinzuzurechnen.

954 Nach § 2 Abs. 1 UmwStG sind das Einkommen und das Vermögen der übertragenden Körperschaft sowie der übernehmenden Körperschaft so zu ermitteln, als ob das Vermögen der Körperschaft mit Ablauf des Stichtages der Bilanz, die dem Vermögensübergang zugrundeliegt (steuerlicher Über-

tragungsstichtag), auf die Übernehmerin übergegangen wäre und die übertragende Körperschaft gleichzeitig aufgelöst worden wäre. Das gleiche gilt für die Ermittlung der Bemessungsgrundlagen bei der Gewerbesteuer. Bei einer Umwandlung nach den handelsrechtlichen Umwandlungsvorschriften kommt die steuerliche Rückwirkung nur dann in Betracht, wenn die bei der Anmeldung zur Eintragung in das Handelsregister einzureichende Bilanz für einen Stichtag aufgestellt ist, der höchstens sechs Monate vor der Anmeldung liegt.

Im übrigen muß auf den Wortlaut der betreffenden Bestimmungen des UmwStG und die Rechtsprechung des BFH verwiesen werden. **955**

(2) Gewerbesteuer
Wenn das Vermögen der übertragenden Körperschaft auf die übernehmende Körperschaft übergeht, so gelten nach § 19 UmwStG die §§ 14 bis 17 UmwStG auch für die Ermittlung des Gewerbeertrages. Der Verschmelzungsgewinn nach § 15 Abs. 2 UmwStG unterliegt daher in der Regel nicht der Gewerbeertragsteuer. Der Gewerbebetrieb der übertragenden Gesellschaft, die als Ganzes auf die übernehmende Gesellschaft übergeht, gilt im Zeitpunkt der Übertragung der Vermögenswerte als eingestellt (§ 5 Abs. 2 Satz 1 GewStG). Bis zu diesem Zeitpunkt ist die untergehende Gesellschaft Steuerschuldner. Die übernehmende Gesellschaft ist vom Zeitpunkt des Überganges an Steuerschuldner (§ 5 Abs. 2 GewStG). **956**

(3) Vermögensteuer
Die Vermögensteuerpflicht bei der Verschmelzung erlischt mit dem Tage der Beschlußfassung der Verschmelzung. Wird die Übertragung des Vermögens auf einen Zeitpunkt beschlossen, der nach dem Tage der Beschlußfassung liegt, so erlischt die Vermögensteuerpflicht erst ab diesem Zeitpunkt. Bei der aufnehmenden Gesellschaft wird eine Neuveranlagung zur Vermögensteuer erforderlich. **957**

(4) Grunderwerbsteuer
Gehen bei der Verschmelzung Grundstücke der übertragenden Gesellschaft auf die übernehmende Gesellschaft über, so fällt dafür Grunderwerbsteuer an. **958**

(5) Gesellschaftsteuer
Die übertragende Umwandlung unterliegt der Gesellschaftsteuer. Nach § 9 Abs. 2 Nr. 3 KVStG wird jedoch beim Erwerb von Gesellschaftsrechten an einer inländischen Kapitalgesellschaft, wenn und soweit auf diese Kapitalgesellschaft als Gegenleistung das gesamte Vermögen, ein Betrieb oder Teilbetrieb einer anderen Kapitalgesellschaft übertragen wird, die Gesellschaftsteuer nicht erhoben. Die Steuerermäßigung entfällt, wenn die Kapitalgesellschaft, an der Gesellschaftsrechte erworben werden, für die übernommenen Sacheinlagen bare Zuzahlungen von mehr als 10 v. H. des Nennwertes der Gesellschaftsrechte leistet oder sonstige Leistungen gewährt. **959**

Heinrich Günther   489

Zu bb) *Umwandlung durch Übertragung des Vermögens auf eine Personenge-sellschaft oder auf eine natürliche Person*

960 §§ 1 bis 13 UmwStG begünstigen alle Umwandlungen, die nach den Vor-schriften des ersten Abschnitts des Umwandlungsgesetzes vom 6. 11. 1969 erfolgen. Danach kann gemäß § 1 des Umwandlungsgesetzes eine Kapital-gesellschaft (Aktiengesellschaft, Kommanditgesellschaft auf Aktien, Gesell-schaft mit beschränkter Haftung) oder eine bergrechtliche Gewerkschaft in eine offene Handelsgesellschaft, in eine Kommanditgesellschaft, in eine Gesellschaft des bürgerlichen Rechts oder in der Weise umgewandelt wer-den, daß ihr Vermögen unter Ausschluß der Abwicklung im Wege der Gesamtrechtsnachfolge auf einen Aktionär (Gesellschafter, Gewerken) übertragen wird (§ 1 Abs. 1 des Umwandlungsgesetzes). Nach § 1 Abs. 2 Satz 2 des Umwandlungsgesetzes ist die Umwandlung nicht zulässig, wenn an der Gesellschaft, in welche die Kapitalgesellschaft oder die bergrechtli-che Gewerkschaft umgewandelt wird, eine Kapitalgesellschaft als Gesell-schafter beteiligt ist. Die Umwandlung auf einen Aktionär (Gesellschafter, Gewerken), der eine juristische Person ist, ist nicht zulässig, wenn dieser die Rechtsform einer Aktiengesellschaft oder Kommanditgesellschaft auf Aktien mit Sitz im Inland oder dieselbe Rechtsform wie das umzuwandelnde Unternehmen hat, oder wenn er von einer Aktiengesellschaft oder Kom-manditgesellschaft auf Aktien mit Sitz im Inland beherrscht wird.

961 Folgende Umwandlungsfälle sind demnach auch steuerlich begünstigt:
1. Umwandlung durch Übertragung des Vermögens einer Kapitalgesell-schaft auf eine bestehende offene Handelsgesellschaft, wenn sich alle Aktien in der Hand der offenen Handelsgesellschaft befinden (§§ 3 bis 7 des Umwandlungsgesetzes), oder durch Mehrheitsbeschluß, wenn sich mehr als neun Zehntel des Grundkapitals in der Hand der offenen Han-delsgesellschaft befinden(§§ 9 bis 14 des Umwandlungsgesetzes),
2. Umwandlung durch Übertragung des Vermögens der Aktiengesellschaft auf einen Gesellschafter, wenn sich alle Aktien in der Hand des Alleinge-sellschafters oder mehr als neun Zehntel des Grundkapitals in der Hand des Hauptgesellschafters befinden (§ 15 des Umwandlungsgesetzes),
3. Umwandlung durch Errichtung einer offenen Handelsgesellschaft mit Beteiligung aller bisherigen Aktionäre oder durch Mehrheitsbeschluß unter gleichzeitiger Übertragung des Vermögens auf die offene Handels-gesellschaft (§§ 16 bis 19 des Umwandlungsgesetzes),
4. Umwandlung einer Kapitalgesellschaft in eine Kommanditgesellschaft in entsprechender Anwendung der Umwandlungsmöglichkeiten wie in eine offene Handelsgesellschaft (§ 20 des Umwandlungsgesetzes),
5. Umwandlung einer Aktiengesellschaft durch Errichtung einer Gesell-schaft bürgerlichen Rechtes bei gleichzeitiger Übertragung des Vermö-gens auf die Gesellschafter unter Beteiligung aller bisherigen Aktionäre

Heinrich Günther

oder durch Mehrheitsbeschluß (§§ 21 und 22 des Umwandlungsgesetzes),

6. Umwandlung einer Kommanditgesellschaft auf Aktien, einer Gesellschaft mit beschränkter Haftung oder einer bergrechtlichen Gewerkschaft in entsprechender Anwendung der für eine Aktiengesellschaft bestehenden Möglichkeiten (§§ 24 bis 29 des Umwandlungsgesetzes).

Mit der Eintragung des Umwandlungsbeschlusses in das Handelsregister **962** geht das Vermögen der umgewandelten Kapitalgesellschaft auf die übernehmende Gesellschaft bzw. den übernehmenden Gesellschafter über. Die umgewandelte Kapitalgesellschaft gilt gleichzeitig als aufgelöst. Für die Umwandlung von bergrechtlichen Gewerkschaften mit eigener oder ohne eigene Rechtspersönlichkeit gelten die Sondervorschriften der §§ 25 bis 29 des Umwandlungsgesetzes.

Für die steuerrechtliche Behandlung gilt folgendes **963**

a) *Steuerlicher Umwandlungszeitpunkt*
Nach § 2 Abs. 1 des UmwStG ist das Einkommen und das Vermögen der übertragenden Körperschaft sowie der übernehmenden Personengesellschaft oder der natürlichen Person so zu ermitteln, als ob das Vermögen der Körperschaft mit Ablauf des Stichtages der Bilanz, die dem Vermögensübergang zugrundeliegt (steuerlicher Übertragungsstichtag), auf die Übernehmenden übergegangen wäre und die übertragende Körperschaft gleichzeitig aufgelöst wäre. Das gleiche gilt für die Ermittlung der Bemessungsgrundlagen bei der Gewerbesteuer.

Dies gilt nach § 2 Abs. 2 UmwStG nur, wenn die Umwandlung nach den Vorschriften des 1. Abschnittes des Umwandlungsgesetzes erfolgt ist und wenn die bei der Anmeldung zur Eintragung in das Handelsregister einzureichende Bilanz für einen Stichtag aufgestellt ist, der höchstens sechs Monate vor der Anmeldung liegt.

b) *Wertansätze in der steuerlichen Schlußbilanz*
In der steuerlichen Schlußbilanz für das letzte Wirtschaftsjahr der übertra- **964** genden Körperschaft sind die nach den steuerrechtlichen Vorschriften über die Gewinnermittlung auszuweisenden Wirtschaftsgüter mit dem Teilwert anzusetzen. Wirtschaftsgüter, die nicht in ein Betriebsvermögen übergehen, sind mit dem gemeinen Wert anzusetzen. Für die Bewertung von Pensionsverpflichtungen gilt § 6 des EStG (§ 3 UmwStG).

Der Teil des Gewinns der übertragenden Körperschaft, der sich infolge des Vermögensübergangs ergibt (Übertragungsgewinn), unterliegt nicht der Körperschaftsteuer (§ 4 UmwStG).

Heinrich Günther   491

965 Bei dem Vermögensübergang von der übertragenden Kapitalgesellschaft auf eine Personengesellschaft oder eine natürliche Person ergeben sich die folgenden Auswirkungen auf die Übernehmenden:

Nach § 5 Abs. 1 UmwStG haben die Personengesellschaft oder die natürliche Person die auf sie übergegangenen Wirtschaftsgüter mit dem in der steuerlichen Schlußbilanz der übertragenen Körperschaftsteuer enthaltenen Wert zu übernehmen. Die übergegangenen Wirtschaftsgüter gelten nach § 5 Abs. 2 UmwStG mit dem übernommenen Wert als angeschafft. Ist die Dauer der Zugehörigkeit eines Wirtschaftsgutes zum Betriebsvermögen für die Besteuerung bedeutsam, so ist der Zeitraum seiner Zugehörigkeit zum Betriebsvermögen der übertragenden Kapitalgesellschaft der übernehmenden Personengesellschaft oder der natürlichen Person zuzurechnen.

966 Bei dem Vermögensübergang auf eine Personengesellschaft oder eine natürliche Person kann sich ein Übernahmegewinn oder ein Übernahmeverlust ergeben. Nach § 5 Abs. 5 UmwStG ist Übernahmegewinn oder Übernahmeverlust der infolge des Vermögensübergangs sich ergebende Unterschiedsbetrag zwischen dem Buchwert der Anteile an der übertragenden Kapitalgesellschaft und dem Wert, mit dem die übergegangenen Wirtschaftsgüter zu übernehmen sind.

Der Buchwert ist der Wert, mit dem die Anteile nach den steuerrechtlichen Vorschriften über die Gewinnermittlung in einer für den steuerlichen Übertragungsstichtag aufzustellenden Steuerbilanz anzusetzen sind oder anzusetzen wären.

967 Hat die übernehmende Personengesellschaft oder die übernehmende natürliche Person Anteile an der übertragenden Körperschaft nach dem steuerlichen Übertragungsstichtag angeschafft oder finden sie einen Anteilseigner ab, so ist der Gewinn so zu ermitteln, als hätten sie die Anteile an diesem Stichtag angeschafft. Haben an dem steuerlichen Übertragungsstichtag Anteile an der übertragenden Körperschaft zu dem Betriebsvermögen eines Gesellschafters der übernehmenden Personengesellschaft gehört, so ist der Gewinn so zu ermitteln, als wären die Anteile an diesem Stichtag in das Betriebsvermögen der Personengesellschaft überführt worden. Anteile an der übertragenden Körperschaft, die an dem steuerlichen Übertragungsstichtag zu dem Privatvermögen eines Gesellschafters der übernehmenden Personengesellschaft oder der übernehmenden natürlichen Person gehört haben, gelten für die Ermittlung des Gewinns als an diesem Stichtag in das Betriebsvermögen der Personengesellschaft eingelegt. Dabei sind die Anteile in den Fällen des § 6 Abs. 1 Nr. 5 Buchstabe a) EStG stets mit dem Teilwert anzusetzen. Die Vorschriften des § 17 Abs. 4 und § 22 Ziff. 2 EStG sind nicht anzuwenden (§ 6 UmwStG).

968 Wegen der übrigen Bestimmungen betreffend die Stundung der auf den Übernahmegewinn entfallenden Steuern vom Einkommen (§ 7 UmwStG), die Gewinnerhöhung durch Vereinigung von Forderungen und Verbindlich-

keiten (§ 8 UmwStG), Ermittlung der Einkünfte wesentlich beteiligter Anteilseigner (§ 9 UmwStG), Vermögensübergang auf eine Personengesellschaft ohne Betriebsvermögen (§ 10 UmwStG), Körperschaftsteueranrechnung (§ 12 UmwStG) und Ausschluß der Anrechnung sowie Steuerpflicht für Übertragungsgewinn (§ 13 UmwStG) muß auf den Wortlaut der Vorschriften sowie die Erläuterungen in den maßgegenden Kommentaren verwiesen werden.

c) *Abschließende Bemerkungen*
Die auf dem handelsrechtlichen Umwandlungsgesetz aufbauenden Vorschriften des Umwandlungsteuergesetzes sind nur verständlich, wenn die bilanzmäßigen und steuerrechtlichen Zusammenhänge übersehen werden. Wegen Einzelfragen muß auf die gesetzlichen Regelungen und das Schrifttum hingewiesen werden.

969

6. Die Besteuerung der Kommanditgesellschaft auf Aktien

Die Besteuerung der Kommanditgesellschaft auf Aktien (KGaA §§ 278 bis 290 AktG 1965) stellt auch steuerrechtlich eine Mischform dar. Die persönlich haftenden Gesellschafter sind steuerrechtlich Mitunternehmer. Ihre Gewinnanteile unterliegen als Einkünfte aus Gewerbebetrieb unmittelbar der Einkommensteuer nach § 15 Ziff. 3 EStG. Das körperschaftsteuerliche Einkommen der KGaA ist nur der auf die Gesamtheit der Kommanditaktionäre entfallende Gewinnanteil. Der Teil des Gewinns, der an persönlich haftende Gesellschafter auf ihre nicht auf das Grundkapital gemachten Einlagen oder als Vergütung (Tantieme) für die Geschäftsführung verteilt wird, ist gemäß § 9 Ziff. 2 KStG abzusetzen und unmittelbar bei dem persönlich haftenden Gesellschafter als Einkünfte aus Gewerbebetrieb zu behandeln. Die Abzugsfähigkeit führt also zu einer Vermeidung der Doppelbelastung des Teiles des Gewinnes, der an persönlich haftende Gesellschafter auf ihre nicht auf das Grundkapital gemachten Einlagen oder als Vergütungen für die Geschäftsführung verteilt wird.

Im übrigen wird die KGaA steuerrechtlich wie eine Kapitalgesellschaft behandelt.

970

III. Betriebsaufspaltung

Rechtsgrundlage: §§ 4, 5, 15 Abs. 2 EStG; § 2 Abs. 1 GewStG; Rechtsprechung des Bundesfinanzhofes; Abschnitt 137 Abs. 5 EStR
Kommentare und Einzelschriften: *Brandmüller*, Die Betriebsaufspaltung nach Handels- und Steuerrecht; *Felix/Heinemann/Carlé/Korn/Streck/Richter,*

Heinrich Günther

Kölner Handbuch Betriebsaufspaltung und Betriebsverpachtung; *Fichtelmann*, Betriebsaufspaltung im Steuerrecht; *Herrmann/Heuer*, Kommentar zur Einkommensteuer und Körperschaftsteuer; *Knoppe*, Pachtverhältnisse gewerblicher Betriebe im Steuerrecht – Betriebsverpachtung, Betriebsaufspaltung; *Lenski/Steinberg*, Kommentar zum Gewerbesteuergesetz; *Müthling/Fock*, Kommentar zum Gewerbesteuergesetz.

971   Die Betriebsaufspaltung ist ein Geschöpf des Steuerrechts. Sie ist steuergesetzlich nicht geregelt. Der frühere Reichsfinanzhof hat vor etwa 50 Jahren die Betriebsaufspaltung, mit der kluge Steuerpflichtige die Belastung mit Gewerbesteuer und die Doppelbelastung mit Körperschaft- und Einkommensteuer vermeiden wollten, zum Steuergegenstand erhoben. Der Bundesfinanzhof hat die Rechtsprechung des Reichsfinanzhofes fortgesetzt und zum Nachteil der Steuerpflichtigen durch seine jüngste Rechtsprechung ständig verschärft. Die Folgen dieser Rechtsprechung sind nicht mehr berechenbar und voraussehbar. Trotz aller Bedenken wird jedoch die Betriebsaufspaltung auch von angesehenen Beratern nach wie vor empfohlen.

972   Begrifflich liegt eine Betriebsaufspaltung (früher auch Betriebsspaltung, Betriebsaufteilung, Doppelgesellschaft u. a. genannt) vor, wenn ein Unternehmen (Besitzunternehmen) Wirtschaftsgüter, die zu den wesentlichen Grundlagen des Betriebes gehören, z. B. Grundstücke und Maschinen, Patente, miet- oder pachtweise einer von ihm gegründeten und beherrschten Kapitalgesellschaft (Betriebsunternehmen) zum Zwecke der Weiterführung des Betriebes überläßt. Inhaber des Besitzunternehmens kann eine Einzelperson oder eine Personengesellschaft sein. Nach der steuerlichen Rechtsprechung bleibt auch im Fall der Betriebsaufspaltung das Besitzunternehmen weiterhin am allgemeinen wirtschaftlichen Verkehr beteiligt. Es stellt steuerlich einen Gewerbebetrieb dar. Die Folge davon ist, daß die Einkünfte des Besitzunternehmens aus den Miet- oder Pachteinnahmen steuerlich nicht Einkünfte aus Vermietung und Verpachtung sind, sondern aus Gewerbebetrieb erzielt werden und damit auch gewerbesteuerpflichtig sind.

973   Dazu kommt, daß die im Besitz der Gesellschafter der Besitzpersonengesellschaft oder des einzelnen Unternehmers befindlichen Anteile an der Kapitalgesellschaft nicht mehr zu ihrem Privatvermögen, sondern zu ihrem gewerblichen Betriebsvermögen gehören mit der Folge, daß auch die Gewinnausschüttungen, welche auf die Anteile entfallen, steuerlich keine Einkünfte aus Kapitalvermögen darstellen, sondern ebenfalls zu Einkünften aus Gewerbebetrieb werden.

974   Bei der Besteuerung der Betriebs-Kapitalgesellschaft, die der Körperschaftsteuer unterliegt, ergeben sich dagegen keine Besonderheiten.

975   Die steuerliche Betriebsaufspaltung entsteht dadurch, daß ein einheitliches Unternehmen (Einzelunternehmen, Personengesellschaft) den Betrieb dieses Unternehmens in der Weise aufspaltet, daß in der Regel das Anlage-

vermögen, insbesondere die Grundstücke, in dem bisherigen Unternehmen verbleiben, jedoch die Fortführung des Betriebes mit den erforderlichen Betriebsgrundlagen, im wesentlichen also das Umlaufvermögen, die damit zusammenhängenden Passivposten, Firmenwert, Kundenstamm und die gesamten Geschäftsbeziehungen in eine Kapitalgesellschaft eingebracht werden, an der im wesentlichen die gleichen Beteiligungsverhältnisse wie an dem verbleibenden Besitzunternehmen bestehen, und zwischen dem Besitzunternehmen und der Betriebs-Kapitalgesellschaft ein Miet- oder Pachtvertrag über die von dem Besitzunternehmen der Betriebs-Kapitalgesellschaft gegen angemessene Miet- oder Pachtzinsen zu überlassenden Vermögensgegenstände geschlossen wird. Dies ist der Fall der sogenannten *echten* oder *eigentlichen* Betriebsaufspaltung.

976

Eine Betriebsaufspaltung kann aber auch dadurch entstehen, daß die Gesellschafter einer Betriebs-Kapitalgesellschaft, die bisher keinen eigenen Grundbesitz gehabt hat und ihr Unternehmen auf fremdem Grundbesitz betrieben hat, ihrerseits Grundbesitz erwerben und diesen Grundbesitz der Betriebs-Kapitalgesellschaft miet- oder pachtweise zur Verfügung stellen. In diesem Fall handelt es sich um eine sogenannte *unechte oder uneigentliche* Betriebsaufspaltung. Schließlich kann die Betriebsaufspaltung auch zwangsläufig einfach dadurch entstehen, daß z. B. die Gesellschafter der Betriebs-Kapitalgesellschaft den Grundbesitz erben, der bisher bereits der Betriebs-Kapitalgesellschaft miet- oder pachtweise überlassen war. Auch in diesem Falle spricht man von einer unechten Betriebsaufspaltung. Steuerrechtlich macht jedoch die Rechtsprechung hinsichtlich der Folgen für die einkommensteuerliche und gewerbesteuerliche Seite keinen Unterschied zwischen einer eigentlichen und uneigentlichen Betriebsaufspaltung.

977

Die eigentliche oder uneigentliche (echte oder unechte) Betriebsaufspaltung wird durch die beiden folgenden durch die Rechtsprechung des Großen Senates sowie des 1. und 4. Senates des Bundesfinanzhofes entwickelten Merkmale gekennzeichnet:

a) Zwischen dem Besitzunternehmen (Einzelunternehmen, Personengesellschaft) und dem Betriebsunternehmen (Kapitalgesellschaft) muß infolge der miet- oder pachtweisen Überlassung einer wesentlichen Betriebsgrundlage eine *enge s a c h l i c h e Verflechtung* bestehen. Es reicht aus, wenn das überlassene Wirtschaftsgut bei dem Betriebsunternehmen nur eine der wesentlichen Betriebsgrundlagen darstellt. Die notwendige enge sachliche Verflechtung kann auch dann vorliegen, wenn Ehegatten, die bisher ihre Einzelunternehmen getrennt geführt haben, eine Betriebs-GmbH gründen, der sie wesentliche Teile des bisherigen Anlagevermögens der Einzelunternehmen verpachten.

b) Außerdem muß eine *enge p e r s o n e l l e Verflechtung* zwischen dem Besitzunternehmen und dem Betriebsunternehmen vorliegen. Dies bedeutet nach der steuerlichen Rechtsprechung, daß die hinter den beiden Unternehmen stehenden Personen einen einheitlichen geschäftlichen Betätigungswillen haben müssen. Hierfür ist nicht Voraussetzung, daß an beiden Unternehmen gleichhohe Beteiligungen derselben Personen bestehen. Es genügt vielmehr, daß die Person oder die Personen, die das Besitzunternehmen tatsächlich beherrschen, in der Lage sind, auch in dem Betriebsunternehmen z. B. als Gesellschafter der Betriebs-Kapitalgesellschaft ihren Willen durchzusetzen. Von besonderer Bedeutung ist dabei, in welcher Weise je nach den gesellschaftsrechtlichen Gestaltungen stimmrechtsmäßig der oder die Inhaber des Besitzunternehmens die Betriebskapitalgesellschaft beherrschen. Dies ist nach der Rechtsprechung grundsätzlich der Fall, wenn der Person oder der Personengruppe in beiden Unternehmen die Mehrheit der Anteile gehört. Dabei sind die Beteiligungen der Angehörigen des Besitzunternehmers, soweit es sich um den Ehemann oder die Ehefrau oder um deren minderjährige Kinder handelt, entgegen der bisherigen Auffassung der Verwaltung gemäß dem Beschluß des BVerfG vom 12. 3. 1985 (BGBl. II S. 475) nicht mehr ohne weiteres zusammenzurechnen. Ein einheitlicher geschäftlicher Betätigungswille ist auch dann nicht anzunehmen, wenn nachgewiesen wird, daß zwischen den an dem Besitzunternehmen und dem Betriebsunternehmen beteiligten Personen tatsächlich Interessengegensätze aufgetreten sind (siehe dazu auch das Schreiben des BMF vom 18. 11. 1986, BStBl. I S. 537).

978   Die steuerliche Rechtsprechung stützt die Betriebsaufspaltung und deren gewerbesteuerlichen sowie ertragsteuerlichen Folgen auf §§ 4, 5, 15 Abs. 2 EStG und auf § 2 Abs. 1 GewStG. Das Bundesverfassungsgericht selbst hat mit Beschluß vom 24. 6. 1980 (HFR 1980 S. 508) und vom 12. 3. 1985 (BStBl. II S. 475) erneut die Verfassungsmäßigkeit der Gewerbesteuerpflicht des Besitzunternehmens bei einer Betriebsaufspaltung bestätigt.

979   Die besonderen steuerrechtlichen Gefahren aus der Betriebsaufspaltung, die in aller Regel langfristig angelegt ist, zeigen sich oftmals erst nach vielen Jahren dann, wenn aus irgendwelchen Gründen, z. B. infolge Verkaufs oder Schenkung von Anteilen, oder aber zwangsläufig, z. B. im Erbwege, die Personenidentität bei den Gesellschaftern des Besitzunternehmens und der Betriebs-Kapitalgesellschaft so weit auseinanderfällt, daß anteilsmäßig die Beherrschung der Betriebs-Kapitalgesellschaft durch den Einzelunternehmer oder durch die Gesellschafter der Besitzpersonengesellschaft mangels entsprechender Mehrheitsverhältnisse nicht mehr besteht. In diesem Falle gilt nämlich das Besitzunternehmen steuerlich als Gewerbebetrieb aufgegeben mit der Folge, daß zwangsläufig in Höhe des Unterschiedsbetrages zwischen dem Buchwert des Besitzunternehmens und dessen Verkehrswert ein steuerpflichtiger Aufgabegewinn entsteht und daß ferner die Anteile an der Betriebs-Kapitalgesellschaft, die ebenfalls zum gewerblichen Sonderbetriebsvermögen der betreffenden Gesellschafter gehört haben, diese Eigen-

schaft verlieren und dadurch auch bei diesen Anteilen in Höhe des Unterschiedsbetrages zwischen den Anschaffungskosten der Anteile und dem Verkehrswert der Anteile ein steuerlicher Gewinn entsteht. Bei langfristigen, sich über viele Jahrzehnte bisher hinziehenden vertraglichen Verhältnissen im Rahmen einer Betriebsaufspaltung kann deren Auflösung zu steuerlich nicht mehr übersehbaren und berechenbaren Folgen führen.

Die Beteiligten kommen somit in der Regel ohne steuerliche Belastungen nicht mehr aus der Betriebsaufspaltung heraus. Die Betriebsaufspaltung sollte daher nicht empfohlen werden. Sie bringt, langfristig gesehen, keine steuerlichen Vorteile.

Um diese ungünstigen steuerlichen Folgen der Betriebsaufspaltung von vornherein auszuschalten, sollte eine Aufspaltung eines einheitlichen Unternehmens nach Möglichkeit vermieden werden. Statt der Betriebsaufspaltung bietet sich die Umwandlung in eine reine Kapitalgesellschaft, im wesentlichen wohl die einer GmbH, aber auch die Umwandlung nur des Besitzunternehmens in eine GmbH an. In diesem Falle entsteht keine steuerliche Betriebsaufspaltung.

980

4. Abschnitt Sozialversicherungsrecht und Verfahrensrecht in Sozialrechtssachen

Gliederung

Heinz-Werner Glücklich

Heinz-Werner Glücklich

Heinz-Werner Glücklich

Heinz-Werner Glücklich

Verzeichnis der Muster

Heinz-Werner Glücklich

Heinz-Werner Glücklich

Sozialversicherungsrecht

A. Einführung

I. Systematische Einordnung

Das Sozialversicherungsrecht ist ein Teil, und zwar der wesentlichste Teil 1
des Sozialrechts; dieses wiederum ist Verwaltungsrecht, und zwar Lei-
stungs-Verwaltungsrecht, also öffentliches Recht. Es ist nicht Arbeitsrecht;
mit ihm wird es zwar häufig in Verbindung gebracht, hat aber begrifflich
mit ihm nichts zu tun[1].

Das Verwaltungsrecht gliedert sich in das Recht der ordnenden Verwal- 2
tung, auch Eingriffsverwaltung genannt, und der leistenden Verwaltung
oder Leistungs-Verwaltung[2]. Die ordnende Verwaltung schränkt die
Rechtsunterworfenen ein, indem sie regelnde Maßnahmen trifft, um die
öffentliche Sicherheit und Ordnung zu erhalten. Die leistende Verwaltung
ist gerichtet auf unmittelbare Förderung der Interessen der Rechtsunterworfenen durch Vergabe von Geldmitteln und Bereitstellung öffentlicher
Sachen und öffentlicher Anstalten. Die Aufgaben der Leistungsverwaltung
lassen sich gliedern in Vorsorge-Verwaltung (Recht der öffentlichen Wege,
Bundespost, Bundesbahn usw., öffentliche Versorgungseinrichtungen,
Unterrichts- und Bildungswesen, Gesundheitspflege), Förderungs-Verwal-
tung (Subventionierungen, sonstige Förderungen, insbesondere mit gesell-
schafts-, wirtschafts- und kulturpolitischer Zielsetzung) und Sozialverwal-
tung. Mit dieser hat es das Sozialrecht zu tun.

Unter Sozialrecht werden die Gesetzesmaterien verstanden, die im Sozial- 3
gesetzbuch geregelt sind (vgl. §§ 18 ff. SGB I). Dies sind:
- Ausbildungsförderung,
- Arbeitsförderung einschl. Arbeitslosenversicherung
- Sozialversicherung, die gesetzl. Kranken-, Unfall- und Rentenversiche-
  rung,
- soziale Entschädigung, insbesondere die Kriegsopferversorgung,
- Wohngeld,
- Kindergeld,

---

1 Vgl. *Wilde*, Grundsätze des Sozialrechts, S. 12.
2 Vgl. *Wolff*, Verwaltungsrecht III, § 137; *Forsthoff*, Die Verwaltung als Leistungsträger, 1938.

- Jugendhilfe,
- Sozialhilfe und
- Schwerbehindertenrecht.

4   Sozialversicherung ist eine durch öffentliches Recht geregelte Zwangsversicherung, die auf dem Solidaritätsprinzip beruht. Sie ist nach dem Grundsatz der Selbstverwaltung aufgebaut und steht unter staatlicher Aufsicht. Zur Sozialversicherung werden im allgemeinen gerechnet: die Krankenversicherung, die Unfallversicherung, die Rentenversicherung und die Arbeitslosenversicherung. Die Sozialversicherung ist eine Mischform aus Versicherung, Versorgung und Fürsorge.

Sie verbindet Elemente der Privatversicherung, der Versorgung und der Fürsorge (Sozialhilfe) miteinander. Grundgedanke der Privatversicherung ist der freiwillige Zusammenschluß von Personen, die mit gleichartigen und schätzbaren Risiken belastet sind, zu einer Gefahrengemeinschaft zwecks Risikoausgleichs; sie erbringt die Versicherungsleistungen aus der Ansammlung von Prämien, die sich nach der Größe des Risikos richten. Hiervon weicht die Sozialversicherung in wesentlichen Punkten ab: Sie unterwirft bestimmte Personengruppen der Zwangsmitgliedschaft (Grund: Verhinderung von Leichtsinn und von Abwanderung günstiger Risiken). Die Beitragshöhe richtet sich nicht nur nach dem Risiko, sondern auch nach der Leistungsfähigkeit der Versicherten. Dadurch bewirkt sie neben dem Risikoausgleich einen sozialen Ausgleich. Während in der Privatversicherung nur der Versicherungsnehmer für die Prämien haftet, werden in der Sozialversicherung die Beiträge in der Regel vom Arbeitgeber und versicherten Arbeitnehmer je zur Hälfte erbracht. Während die Privatversicherung ihre Leistungen nur aus dem Prämienaufkommen der Gesamtheit der Versicherungsnehmer bestreiten kann, bezieht die Sozialversicherung erhebliche Zuschüsse vom Staat aus Steuermitteln. Dadurch nähert sich die Sozialversicherung der Versorgung an. Das hat weittragende rechtliche Folgen: Nach der Rechtsprechung des BVerfG sind subjektive öffentliche Rechte nur dann Eigentum im Sinn des Art. 14 GG, wenn sie auf der eigenen Leistung des Berechtigten beruhen, nicht also, wenn es sich um Versorgungsansprüche ohne Gegenleistung handelt[3]. Das BSG zieht Sozialversicherungsrenten in den Schutzbereich des Art. 14 GG ein[4]. Dagegen hat das BVerfG in der Verkürzung von Rentenanwartschaften durch den Gesetzgeber (sogenannte »Rentenköpfungen«[5]) keinen gegen Art. 14 GG verstoßenden Eingriff gesehen[6]. Wenn der versorgungsrechtliche Einschlag in der Sozialversicherung weiterhin zunehmen sollte, dann ist zu befürchten, daß den Sozialversicherungsrenten eines Tages der Schutz des Art. 14 GG versagt werde.

3 Vgl. BVerfG, NJW 1963, 1395.
4 Vgl. BSG, Breith. 1959, 725; BSGE 5, 40; 9. 128; *Berg*, Festschrift für Bogs, 1967, 13 ff.
5 § 32 Abs. 1 Halbsatz 2 AVG i. d. F. AVNG vom 23. 7. 1957 (BGBl. I S. 88).
6 Vgl. BVerfG, SGb. 1966, 214 mit ablehnender Anmerkung von Riegel.

Heinz-Werner Glücklich

II. Begriffliche Abgrenzung

Man unterscheidet Sozialversicherung im rechtswissenschaftlichen und im   5
gesetzlichen Sinn.

Sozialversicherung im rechtswissenschaftlichen Sinn ist jede öffentlich-   6
rechtliche Zwangsversicherung zur Daseinssicherung des Versicherten,
sonach Krankenversicherung, Unfallversicherung, Arbeiter-, Angestellten-
und knappschaftliche Rentenversicherung, Rentenversicherung der Handwerker, Altershilfe der Landwirte, Alterssicherung freier Berufe (z. B. Ver-
sorgungswerk der Rechtsanwälte in NRW), Arbeitslosenversicherung.

Der gesetzliche Begriff der Sozialversicherung ist nicht einheitlich. In § 1   7
SGB IV umfaßt er die gesetzliche Kranken-, Unfall- und Rentenversicherung einschließlich der Altershilfe für Landwirte, nicht dagegen die Arbeitslosenversicherung. In § 51 SGG umfaßt er auch das Kassenarztrecht. Art. 74   8
Nr. 12 GG versteht den Begriff der Sozialversicherung wiederum anders
und schließt die Arbeitslosenversicherung mit ein.

Der vorliegende Beitrag beschränkt sich auf die Grundsätze der Kranken-   9
versicherung, der Unfallversicherung und der Arbeiter-, Angestellten- und
knappschaftlichen Rentenversicherung.

III. Allgemeine Grundsätze der Sozialversicherung

Der allgemeine Teil des Sozialversicherungsrechts ist jetzt gesetzlich gere-   10
gelt im Buch IV des SGB. Er gliedert sich in Grundsätze und Begriffsbestimmungen (§§ 1–18 e), Leistungen und Beiträge (§§ 19–28), Träger der Sozialversicherung (§§ 29–90), Versicherungsbehörden (§§ 91–94), Bußgeldvorschriften (§§ 95, 96).

Die Sozialversicherung dient der Daseinssicherung der Versicherten und
im Todesfall der Hinterbliebenen bei Krankheit, Arbeitsunfall und Berufser-
krankung, Berufs- und Erwerbsunfähigkeit, Alter und Tod. Da ein öffentliches Interesse daran besteht, alle in Betracht kommenden Personen in diese
Sicherung einzubeziehen, besteht Versicherungszwang: Gesetzlich
bestimmte Personengruppen unterstehen der Versicherung schon dann,
wenn sie sich in einem bestimmten Beschäftigungsverhältnis befinden.

Pflichtversichert sind vor allem Arbeitnehmer, und zwar entweder als
Arbeiter, wenn sie vorwiegend körperliche Arbeit leisten, oder als Angestellte, wenn sie überwiegend geistige Arbeit verrichten.

Personen im Ausbildungsverhältnis werden je nach der Art ihrer Betätigung und dem Ausbildungszweck als Arbeiter oder Angestellte versichert.

Wer in der Krankenversicherung wegen Überschreitens der Jahresarbeitsverdienstgrenze aus der Pflichtversicherung ausscheidet, kann sich unter
bestimmten Voraussetzungen freiwillig weiterversichern (Versicherungsbe-

rechtigung). In der Rentenversicherung gibt es eine freiwillige Versicherung der Angehörigen freier Berufe und der Hausfrauen.

IV. Versicherungsträger

11 Die Versicherungsträger sind rechtsfähige Körperschaften des öffentlichen Rechts, denen die Durchführung der Sozialversicherung obliegt (vgl. § 29 SGB IV). Träger der Krankenversicherung sind die Ortskrankenkassen, Betriebskrankenkassen, Innungskrankenkassen, landwirtschaftliche Krankenkassen, die Seekrankenkasse und die Bundesknappschaft als Träger der knappschaftlichen Krankenversicherung. Außerdem gibt es noch die Ersatzkassen für Angestellte und für Arbeiter. Träger der gesetzlichen Unfallversicherung sind die gewerblichen Berufsgenossenschaften, die landwirtschaftlichen Berufsgenossenschaften, Gemeinde-Unfallversicherungsverbände, zu Versicherungsträgern erklärte Gemeinden, die Bundesanstalt für Arbeit, elf Bundesländer und der Bund selbst. Träger der Rentenversicherung der Arbeiter sind die Landesversicherungsanstalten, die Bundesbahn-Versicherungsanstalt für Arbeiter der Bundesbahn und die Seekasse für Seeleute, Küstenfischer und Küstenschiffer. Träger der Rentenversicherung der Angestellten ist die Bundesversicherungsanstalt für Angestellte, Träger der knappschaftlichen Rentenversicherung die Bundesknappschaft. Die Handwerkerversicherung wird durch die Träger der Rentenversicherung der Arbeiter, also die Landesversicherungsanstalten, durchgeführt. Träger der Rentenversicherung der Landwirte ist die bei jeder landwirtschaftlichen Berufsgenossenschaft errichtete landwirtschaftliche Alterskasse[7].

Die Träger der Sozialversicherung erfüllen im Rahmen des für sie maßgebenden Rechts ihre Aufgaben in eigener Verantwortung. Zusammensetzung, Wahl und Aufgaben der Selbstverwaltungsorgane der Versicherungsträger regeln sich nach §§ 29, 44 SGB IV.

V. Versicherungsbehörden

12 Versicherungsbehörden – nicht zu verwechseln mit den Versicherungsträgern – sind die Versicherungsämter und das Bundesversicherungsamt (§ 91 SGB IV). Die Versicherungsämter werden bei der unteren Verwaltungsbehörde (Kreis oder kreisfreie Stadt) als besondere Abteilungen eingerichtet. Sie erteilen Auskunft in Versicherungsangelegenheiten und unterstützen die Versicherungsträger in ihren Aufgaben.

7 *Thieler*, Sozialrecht, 2. Auflage, S. 14 ff.

Heinz-Werner Glücklich

VI. Beitreibung von Beiträgen, Verjährung und Verwirkung, Verzinsung

Beiträge zur Sozialversicherung werden im Verwaltungsvollstreckungsver- 13
fahren beigetrieben (§ 66 SGB X). Im Konkurs sind Beitragsansprüche nach
§ 141 n Nr. 2 AFG als bevorrechtigte Konkursforderungen im Sinne des
§ 61 Abs. 1 Nr. 1 e KO einzustufen.

Der Anspruch auf Rückstände von Beiträgen verjährt in vier Jahren nach 14
Ablauf des Kalenderjahres, in dem sie fällig geworden sind; Ansprüche auf
vorsätzlich vorenthaltene Beiträge verjähren in dreißig Jahren nach Ablauf
des Kalenderjahres, in dem sie fällig geworden sind, § 25 SGB IV.

Auch die Ansprüche auf Sozialleistungen verjähren in vier Jahren nach
Ablauf des Kalenderjahres, in dem sie entstanden sind, § 45 SGB I.

Neben der Verjährung gibt es auch im öffentlichen Recht das Rechtsinsti-
tut der Verwirkung. Auch ein öffentlich-rechtlicher Anspruch ist verwirkt,
wenn seit der Möglichkeit seiner Geltendmachung längere Zeit verstrichen
ist und besondere Umstände hinzutreten, aufgrund deren die verspätete
Geltendmachung gegen Treu und Glauben verstößt. Bei Leistungsansprü-
chen aus der Sozialversicherung kann jedoch Verwirkung kaum eintreten,
da die Versicherungsträger auch mit verzögerter Anspruchsgeltendmachung
rechnen und sich darauf einrichten müssen. Bei Beitragsschulden des Arbeitgebers kann zwar ein schutzwürdiger Vertrauenstatbestand gegeben sein,
der normalerweise zur Verwirkung führen könnte. Die Rechtsprechung
räumt jedoch hier dem entgegenstehenden Interesse des versicherten Arbeitnehmers an der Sicherung seiner Leistungsansprüche durch kontinuierliche
Beitragszahlung den Vorrang ein und schließt deshalb auch hier Verwirkung aus[8].

Ansprüche der Versicherten auf Geldleistung werden verzinst, § 44 SGB I. 15
Die Verzinsung beginnt nach Ablauf eines Kalendermonats nach dem Ein-
tritt der Fälligkeit und dauert bis zum Ablauf des Kalendermonats vor der
Zahlung; der Zinssatz beträgt 4 vom Hundert.

Die Verzinsung beginnt jedoch frühestens nach Ablauf von 6 Kalendermonaten nach Eingang des vollständigen Leistungsantrags beim zuständigen
Versicherungsträger, beim Fehlen eines Antrags nach Ablauf eines Kalendermonats nach der Bekanntgabe der Entscheidung über die Leistung.

Verzinst werden volle Deutsche-Mark-Beträge. Dabei ist der Kalendermonat mit dreißig Tagen zugrunde zu legen.

Verzinst werden auch Ansprüche auf Erstattung zu Unrecht entrichteter
Beiträge, § 27 SGB IV. Der Erstattungsanspruch ist nach Ablauf eines
Kalendermonats nach Eingang des vollständigen Erstattungsantrags, beim
Fehlen eines Antrags nach der Bekanntgabe der Entscheidung über die
Erstattung bis zum Ablauf des Kalendermonats vor der Zahlung mit 4 vom

8 Vgl. BSGE 21, 52.

Hundert zu verzinsen. Auch hier werden verzinst volle Deutsche-Mark-Beträge. Dabei ist auch hier der Kalendermonat mit dreißig Tagen zugrunde zu legen.

B. Schrifttum

I. Gesamtdarstellungen und Allgemeines

16   *1. Kommentare und Lehrbücher*

Aye/Bley/Göbelsmann/Burgel/Müller/Schröter, Sozialgesetzbuch – Sozialversicherung, Großkommentar, Loseblattausgabe; *Bogs,* Die Sozialversicherung im Staat der Gegenwart, 1973; *Brackmann,* Handbuch der Sozialversicherung einschließlich des Sozialgesetzbuchs, Loseblattausgabe; *Brackmann/Schulin,* Sozialversicherungsrecht, 2. Aufl. 1985; *Burdenski/v.Maydell/Schellhorn,* Gemeinschaftskommentar zum Sozialgesetzbuch; *Giese,* Kommentar zum Sozialgesetzbuch, Allgemeiner Teil und Verfahrensrecht, 2. Aufl.; *Grüner,* Kommentar zum Sozialgesetzbuch, Loseblattwerk, 1980; *Hauck/Haines,* Kommentar zum Sozialgesetzbuch; *Jahn,* Kommentar zum Sozialgesetzbuch, Loseblattwerk, 1976; *Martin,* Kommentar zum Sozialgesetzbuch – Gemeinsame Vorschriften für die Sozialversicherung, Loseblattwerk, 1977; *v. Maydell/Schellhorn,* Gemeinschaftskommentar zum Sozialgesetzbuch 1984, RVO-Gesamtkommentar (Kommentar zum Gesamtrecht der Reichsversicherungsordnung einschließlich zwischenstaatlicher Abkommen und internationaler Übereinkommen), Loseblattwerk, SGB-Gesamtkommentar (Kommentar zum Sozialgesetzbuch – Sozialversicherung), Loseblattwerk, 1975.

17   *2. Grundrisse*

Erlenkämper, Sozialrecht, 1984; *Jäger,* Einführung in die Sozialversicherung, 9. Aufl., Stand 1986; *Jäger,* Sozialversicherungsrecht und sonstige Bereiche des Sozialgesetzbuchs, Leitfaden für die Praxis und Ausbildung mit Schaubildern und Beispielen, Stand 1984; *Jäger,* Sozialrecht in Beispielen mit Lösungshinweisen, Lösungen und Schaubildern für Ausbildung und Praxis, Stand 1984; *Thieler,* Sozialrecht, 2. Auflage 1987.

18   *II. Krankenversicherung*

Krauskopf/Schroeder-Printzen, Soziale Krankenversicherung, Loseblatt-Kommentar, 2. Auflage, 1978; *Peters,* Handbuch der Krankenversicherung, Loseblatt-Kommentar, 4 Bände.

19   *III. Unfallversicherung*

Gitter, Schadensausgleich im Arbeitsunfallrecht, Die soziale Unfallversicherung als Teil des allgemeinen Schadensrechts, 1969; *Lauterbach/Watermann,* Unfallversicherung, Loseblatt-Kommentar, 3. Auflage; *Miesbach/Baumer,* Die gesetzliche Unfallversicherung, Loseblatt-Kommentar.

IV. Rentenversicherung   20

Bauer/Bergner/Fehn/Liebing/Scheerer, Kommentar zur RVO, Viertes und Fünftes Buch, herausgegeben vom Verband Deutscher Rentenversicherungsträger, Loseblatt-Werk in 3 Bänden (»Verbandskommentar«); *Eicher/Haase/Rauschenbach,* Die Rentenversicherung der Arbeiter und Angestellten, 5. Auflage 1973; *Koch/Hartmann,* fortgesetzt von *Casselmann,* Angestelltenversicherungsgesetz, Loseblatt-Kommentar in 7 Bänden, 1976; *Pelikan,* Rentenversicherung, Band 3 der Reihe »Sozialversicherung in Frage und Antwort«, 3. Auflage, 1975.

V. Entscheidungssammlungen   21

Amtliche Sammlung der Entscheidungen des Bundessozialgerichts (zitiert: BSG oder BSGE); Sozialrecht, bearbeitet von Richtern des Bundessozialgerichts, Loseblattausgabe, alte Folge bis 1973, neue Folge von 1974 an; *Straub/Ipsen,* Die Entscheidungen des Bundessozialgerichts – Fund-Verzeichnis EBSG, Loseblattwerk; Sammlung Breithaupt, Sammlung von Entscheidungen der Sozialversicherung, Versorgung und Arbeislosenversicherung, begründet von Hermann Breithaupt; Sozialrechtliche Entscheidungssammlung (zitiert: SozEntsch).

VI. Zeitschriften   22

Die Sozialgerichtsbarkeit mit Beilage »Der Sozialrichter« (SGb); Zentralblatt für Sozialversicherung, Sozialhilfe und Versorgung, Zeitschrift für das Recht der sozialen Sicherheit (ZfS); Zeitschrift für Sozialreform (ZSR); Vierteljahresschrift für Sozialrecht (VSSR); Die Sozialversicherung, Zeitschrift für die Angelegenheiten der Renten-, Kranken- und Unfallversicherung (SozVers); Wege zur Sozialversicherung (WzS); Blätter für Steuerrecht, Sozialversicherungsrecht und Arbeitsrecht (BlStSozArbR); Die Ortskrankenkasse, herausgegeben vom AOK-Bundesverband (DOK); Die Betriebskrankenkasse, herausgegeben vom Bundesverband für Betriebskrankenkassen (BKK); Die Krankenversicherung, herausgegeben vom Bundesverband der Innungskrankenkassen (KV); Die Berufsgenossenschaft, herausgegeben vom Hauptverband der gewerblichen Berufsgenossenschaften e. V. (BG); Die Rentenversicherung (RV); Deutsche Rentenversicherung, herausgegeben vom Verband Deutscher Rentenversicherungsträger (DRV); Die Angestelltenversicherung, Mitteilungsblatt der Bundesversicherungsanstalt für Angestellte (DAngVers); Neue Zeitschrift für Arbeits- und Sozialrecht (NZA).

VII. Formulare

Höhlmann/Binter, Formularbuch zum Arbeits- und Sozialrecht, 1959, 2. TeilSozial-   23
recht von Binter, S. 110–118.

Heinz-Werner Glücklich   513

C. Krankenversicherung

24 *I. Gesetzliche Grundlagen*

Zweites Buch der RVO (§§ 165–536), daneben das SGB, das BehVersG, das RehaG, die §§ 155–164 AFG, das KVLG und das RKG.

II. Organisation

25 Versicherungsträger der Krankenversicherung sind die gesetzlichen Krankenkassen und die Ersatzkassen.

26 Die Krankenkassen sind Körperschaften des öffentlichen Rechts mit weitgehender Selbstverwaltung. Gesetzliche Krankenkassen sind die Allgemeinen Ortskrankenkassen, Betriebskrankenkassen für größere Betriebe (regelmäßig mindestens 450 Versicherungspflichtige), Innungskrankenkassen für das Handwerk, eine Seekrankenkasse für die auf Seeschiffen Beschäftigten (besondere Abteilung der Seekasse).

Die Krankenversicherung für die im Bergbau Tätigen obliegt der Bundesknappschaft.

27 Neben den gesetzlichen Krankenkassen bestehen die Ersatzkassen. Sie sind keine gesetzlichen Krankenkassen, haben aber deren Aufgaben. Auch sie sind heute Körperschaften des öffentlichen Rechts und unterstehen der Aufsicht der Sozialversicherungsbehörden. Gegen ihre Verfügungen ist ebenso wie gegen diejenigen der Krankenkassen der Rechtsweg an die Sozialgerichte zulässig, § 51 SGG.

Es gibt sieben Ersatzkassen für Angestellte und acht Ersatzkassen für Arbeiter. Neue Ersatzkassen werden nicht mehr zugelassen. Mitglied einer Ersatzkasse wird man durch freiwilligen Beitritt. Versicherungspflichtige Mitglieder einer Ersatzkasse haben das Recht auf Befreiung von der Mitgliedschaft bei einer gesetzlichen Krankenkasse. Wollen sie von diesem Recht Gebrauch machen, haben sie ihrem Arbeitgeber eine Bescheinigung über ihre Zugehörigkeit zur Ersatzkasse vorzulegen.

Die Ersatzkassen haben ihren Mitgliedern und deren Angehörigen mindestens die Regelleistungen der gesetzlichen Krankenkasse zu gewähren; sie dürfen im wesentlichen nur die gleichen Mehrleistungen vorsehen.

28 Gesetzliche Krankenkassen sind Selbstverwaltungskörperschaften. Sie haben als Organe einen Vorstand und eine Vertreterversammlung, die sich je zur Hälfte aus gewählten Vertretern der Versicherten und der Arbeitgeber zusammensetzen. Die Organe der Knappschaften bestehen zu zwei Dritteln aus Vertretern der Versicherten und zu einem Drittel aus Vertretern der Arbeitgeber, diejenigen der Ersatzkassen nur aus Vertretern der Versicherten.

29 Die Vertreterversammlung beschließt über die Satzung der Krankenkasse und regelt darin die Höhe des Beitragssatzes und den Umfang der Mehrleistungen.

Heinz-Werner Glücklich

III. Aufgaben der Krankenversicherung

Die gesetzliche Krankenversicherung gewährt dem Versicherten und seinen   30
Familienangehörigen Hilfe bei Krankheit und krankheitsbedingter Arbeitsunfähigkeit sowie bei Schwangerschaft und Geburt. Durch Maßnahmen der
Gesundheitsvorsorge und Früherkennung schützt sie vor Krankheiten. Sie
gewährt Dienst- und Sachleistungen durch ambulante und stationäre ärztliche Behandlung, Versorgung mit Arznei- und sonstigen Heil- und Hilfsmitteln. Außerdem gewährt sie Geldleistungen in Form von Kranken-, Mutter-
schafts- und Sterbegeld.

IV. Versicherter Personenkreis

1. Versicherungspflicht

Versicherungspflichtig sind: 31
a) grundsätzlich alle Arbeitnehmer,
b) Personen, die in Einrichtungen der Jugendhilfe durch Beschäftigung zu
   einer Erwerbstätigkeit befähigt werden sollen oder die in Einrichtungen
   für Behinderte an einer berufsfördernden Maßnahme teilnehmen,
c) Rentner,
d) Rehabilitanden,
e) Studenten,
f) Personen in berufspraktischer Tätigkeit, die in Studien- oder Prüfungsordnungen vorgeschrieben ist,
g) arbeitnehmerähnliche Selbständige,
h) Bezieher von Unterhaltsgeld, Arbeitslosengeld oder -hilfe nach dem
   AFG.

a) Arbeitnehmer:

Versicherungspflichtig sind die Arbeiter, § 165 Abs. 1 Nr. 1 RVO; zu ihnen   32
gehören auch Gesellen, Hausgehilfen, Gehilfen und Auszubildende, Seeleute, § 165 a RVO. Auszubildende sind auch dann versicherungspflichtig,
wenn sie ohne Entgelt beschäftigt sind, § 165 Abs. 2 RVO. Sonst aber sind
versicherungspflichtig nur gegen Entgelt Beschäftigte, und zwar Arbeiter –
im Gegensatz zu Angestellten – ohne Rücksicht auf die Höhe des Entgelts,
§ 165 Abs. 2 RVO.
Die Versicherungspflicht nach § 165 Abs. 1 Nr. 1 RVO setzt voraus, daß ein
abhängiges entgeltliches Beschäftigungsverhältnis besteht. Eine Ausnahme von der
Entgeltlichkeit gilt für Lehrlinge, § 165 Abs. 2 RVO. Ein abhängiges Beschäftigungsverhältnis ist gegeben, wenn jemand eine Erwerbstätigkeit als Arbeitnehmer in persönlicher Abhängigkeit ausübt. Das Maß der Eingliederung des Arbeitnehmers in

einen Betrieb und das Maß seiner Unterwerfung unter das Weisungsrecht des Arbeitgebers bestimmt die persönliche Abhängigkeit[9].

33   Angestellte sind nur dann versicherungspflichtig, wenn ihr regelmäßiger Jahresarbeitsverdienst 75 v. H. der für Jahresbezüge in der gesetzlichen Rentenversicherung geltenden Beitragsbemessungsgrenze (vgl. § 1385 Abs. 2 RVO) nicht übersteigt. Die Beitragsbemessungsgrenze beläuft sich im Jahr 1988 auf 72 000,– DM. Es sind daher in 1988 Angestellte in der gesetzlichen Krankenversicherung nur pflichtversichert, wenn sie ein Gehalt von nicht mehr als 54 000,– DM beziehen. Künftige Anhebungen der Beitragsbemessungsgrenze ändern die Pflichtversicherungsgrenze für Angestellte entsprechend.

34   Zu den Angestellten gehören insbesondere Angestellte in leitender Stellung, Betriebsbeamte, Werkmeister, Büroangestellte, soweit sie nicht ausschließlich mit Botengängen, Reinigung, Aufräumung und ähnlichen Arbeiten beschäftigt werden, Handlungsgehilfen, Bühnenmitglieder und Musiker, Angestellte in Berufen der Erziehung, des Unterrichts, der Fürsorge, der Kranken- und Wohlfahrtspflege, Schiffsführer und Schiffsoffiziere von Binnenschiffen oder deutschen Seefahrzeugen. Für Angestellte auf Seefahrzeugen gilt die Jahresarbeitsverdienstgrenze nicht, § 165 Abs. 3 RVO.

35   Da die Jahresarbeitsverdienstgrenze nur für Angestellte gilt, bedarf es einer Abgrenzung zwischen Arbeitern und Angestellten. Diese Abgrenzung orientiert sich an der geltenden Verkehrsanschauung und den wirtschaftlichen Verhältnissen. Eine genaue gesetzliche Festlegung gibt es nicht. Der vorhandene Berufsgruppenkatalog gibt keine erschöpfende Aufzählung von Angestelltentätigkeiten. Gleiches gilt für § 3 AVG. Ob ein Arbeitnehmer als Arbeiter oder als Angestellter anzusehen ist, wird danach auch davon abhängen, ob der Betreffende eine überwiegend geistige Beschäftigung verrichtet oder ob er vorwiegend körperlich tätig ist. Die Zuordnung hat nach objektiven Merkmalen der verrichteten Tätigkeit zu erfolgen. Die Bezeichnung, die Vertragsform, Art und Höhe der Entgeltzahlung sind danach nicht entscheidend[10].

b) Rentner:

36   Nach § 165 Abs. 1 Nr. 3 RVO sind in der Krankenversicherung versichert Personen, die die Voraussetzungen für den Bezug einer Rente aus der Rentenversicherung der Arbeiter oder der Angestellten erfüllen und diese Rente beantragt haben. Ferner sind Hinterbliebene von Arbeitnehmern, Rentnern oder Selbständigen, die pflichtversichert waren, und von Angestellten, die der Krankenversicherung als freiwillige Mitglieder angehört haben, krankenversichert. Weitere Voraussetzung ist allerdings, daß der Rentner oder

---

9 *Peters,* § 165 Anm. 10.
10 *Erlenkämper,* Sozialrecht, S. 249.

die Person, aus deren Versicherung der Rentenanspruch abgeleitet wird, seit der erstmaligen Aufnahme einer Erwerbstätigkeit, frühestens seit dem 1. 1. 1950, bis zur Stellung des Rentenantrags mindestens die Hälfte der Zeit Mitglied der gesetzlichen Krankenversicherung oder mit einem Mitglied verheiratet und selbst nicht mehr als nur geringfügig beschäftigt oder selbständig tätig war.

Auch die Rentenantragsteller, die eine Rente aus der gesetzlichen Renten- **37** versicherung zwar beantragt haben und die vorgenannten Voraussetzungen, jedoch nicht die Bedingungen für den Bezug einer Rente erfüllen, gelten als in der gesetzlichen Krankenversicherung versichert, § 315 a RVO. Rentenantragsteller, die bei einem privaten Krankenversicherungsträger ausreichend versichert sind, können auf Antrag von der Versicherungspflicht befreit werden, § 173 a RVO.

c) Rehabilitanden:
Versicherungspflichtig sind die Rehabilitanden. Das sind diejenigen Perso- **38** nen, die wegen berufsfördernder Maßnahmen zur Erhaltung, Besserung und Wiederherstellung der Erwerbsfähigkeit (sogenannte Rehabilitation) Übergangsgeld erhalten, § 165 Abs. 1 Nr. 4 RVO, § 155 Abs. 1 AFG.

d) Studenten:
Pflichtversichert sind die Studenten. Das sind Personen, die als Studierende **39** der staatlichen und der staatlich anerkannten Hochschulen eingeschrieben sind, § 165 Abs. 1 Nr. 5 RVO. Hier besteht jedoch nur eine subsidiäre Versicherungspflicht, nämlich nur dann, wenn keine Versicherungspflicht nach anderen Vorschriften gegeben ist.

e) Praktikanten:
Als Praktikanten sind versicherungspflichtig Personen, die eine in Studien- **40** oder Prüfungsordnungen vorgeschriebene berufspraktische Tätigkeit verrichten. Auch hier gilt die Versicherungspflicht nur subsidiär.

f) Selbständige:
Versicherungspflichtig sind Hausgewerbetreibende, selbständige Lehrer und Erzie- **41** her, die in ihrem Betrieb keine Angestellten beschäftigen, freiberuflich tätige Hebammen und Entbindungshelfer sowie die in der Kranken-, Wochen-, Säuglings- und Kinderpflege selbständig tätigen Personen, die in ihrem Betrieb keine Angestellten beschäftigen, § 166 RVO.

g) Bezieher von Arbeitslosengeld:
Wer Arbeitslosengeld, Arbeitslosenhilfe oder Unterhaltsgeld bezieht, ist in **42** der Krankenversicherung pflichtversichert, § 155 Abs. 1 AFG. Da Empfänger von Kurzarbeiter- und Schlechtwettergeld aus ihrem ursprünglichen Beschäftigungsverhältnis nicht ausscheiden, bleibt ihre Mitgliedschaft in der Krankenversicherung erhalten, § 162 Abs. 1 AFG. Die Beiträge werden ganz oder zum Teil von der Bundesanstalt für Arbeit getragen, §§ 157, 163 AFG.

Heinz-Werner Glücklich 517

2. *Versicherungsfreiheit*

43 Versicherungsfrei sind nach §§ 168 bis 175 RVO folgende Personengruppen:

a) Geringfügig Beschäftigte,

b) Beamte und Arbeitnehmer in beamtenähnlicher oder sonst gesicherter Stellung,

c) Rentner, die bei einem privaten Krankenversicherungsunternehmen versichert sind,

d) die sonstigen in den §§ 173 b bis 173 f RVO genannten Personen, die bei einem privaten Krankenversicherungsunternehmen versichert sind.

a) Geringfügig Beschäftigte:

44 Versicherungsfreiheit besteht bei einer nur geringfügigen Beschäftigung oder Tätigkeit. Diese liegt nach § 8 Abs. 1 SGB IV dann vor, wenn die Beschäftigung regelmäßig weniger als 15 Stunden in der Woche ausgeübt wird und das Arbeitsentgelt regelmäßig im Monat $1/_7$ der monatlichen Bezugsgröße (1988: 440,– DM), bei höherem Arbeitsentgelt $1/_6$ des Gesamteinkommens nicht übersteigt. Eine geringfügige Beschäftigung liegt auch dann vor, wenn die Beschäftigung innerhalb eines Jahres seit ihrem Beginn auf längstens zwei Monate oder 50 Arbeitstage nach ihrer Eigenart begrenzt zu sein pflegt oder im voraus vertraglich begrenzt ist, es sei denn, daß die Beschäftigung berufsmäßig ausgeübt wird und ihr Entgelt die in § 8 Abs. 1 Nr. 1 SGB IV genannten Grenzen übersteigt. Mehrere geringfügige Beschäftigungen sind zusammenzurechnen, § 8 Abs. 2 SGB IV. Sind die einzelnen Arbeitsverhältnisse nicht im voraus vereinbart, sondern werden sie von Fall zu Fall entsprechend einem nicht vorhersehbaren Arbeitsanfall abgeschlossen, so sind sie auch dann geringfügige Beschäftigungen, wenn sie sich kurzfristig wiederholen[11].

b) Beamte und gleichbehandelte Personen:

45 Krankenversicherungsfrei sind Beamte, sonstige Beschäftigte im öffentlichen Dienst und Geistliche der als öffentlich-rechtliche Körperschaften anerkannten Religionsgesellschaften, wenn ihnen Anwartschaft auf Ruhegehalt und Hinterbliebenenversorgung gewährleistet ist. Krankenversicherungsfrei sind ferner Personen, die als Beamte oder Geistliche für ihren Beruf ausgebildet werden. Auf Antrag sind ferner versicherungsfrei Empfänger eines öffentlich-rechtlichen Ruhegehalts. Ferner sind versicherungsfrei Mitglieder geistlicher Genossenschaften, Diakonissen, Schwestern vom Deutschen Roten Kreuz und ähnliche Personen unter bestimmten Voraussetzungen, wenn sie sich aus überwiegend religiösen oder sittlichen Beweg-

---

11 BSG, SozR 2200 § 441 Nr. 2.

Heinz-Werner Glücklich

gründen mit der Krankenpflege oder anderen gemeinnützigen Tätigkeiten befassen[12].

c) *Rentner, die bei einem privaten Krankenversicherungsunternehmen versichert sind:*
Von der Krankenversicherungspflicht der Rentner gemäß § 165 Abs. 1 Nr. 3 RVO ist nach § 173 a Abs. 1 RVO auf Antrag zu befreien, wer bei einem privaten Krankenversicherungsunternehmen versichert ist und für sich und seine Angehörigen, für die ihm Familienkrankenpflege zusteht, Vertragsleistungen erhält, die der Art nach den Leistungen der Krankenhilfe entsprechen. Der Antrag kann nur binnen eines Monats nach Beginn der Mitgliedschaft bei der zuständigen Kasse gestellt werden. Die Befreiung wirkt vom Beginn der Versicherungspflicht an und kann nicht widerrufen werden, § 173 a Abs. 2 RVO.

46

3. *Versicherungsberechtigung*

Eine Versicherung kann durch freiwilligen Eintritt in die Versicherung begründet oder durch Weiterversicherung fortgeführt werden:
a) Nach §§ 176 ff. RVO können die dort bezeichneten Personengruppen in die gesetzliche Krankenversicherung neu eintreten.

47

48

Dazu gehören versicherungsfreie Beschäftigte der in § 165 Abs. 1 RVO bezeichneten Art, § 176 Abs. 1 Nr. 1 RVO. Das sind Personen, die in einem abhängigen Beschäftigungsverhältnis stehen (also nicht Selbständige), die jedoch nach den Ausnahmevorschriften der §§ 169 bis 174 RVO kraft Gesetzes versicherungsfrei sind oder auf Antrag von der Versicherungspflicht befreit worden sind. Für die in § 176 Abs. 1 RVO bezeichneten Personengruppen besteht jedoch die Möglichkeit der freiwilligen Versicherung dann nicht, wenn ihr jährliches Gesamteinkommen 75 vom Hundert der für Jahresbezüge in der Rentenversicherung der Arbeiter geltenden Beitragsbemessungsgrenze übersteigt. Diese Beitragsbemessungsgrenze beträgt für 1988 72 000,– DM jährlich, die Gehaltsgrenze, bei deren Überschreitung eine freiwillige Versicherung nicht möglich ist, sonach 54 000,– DM jährlich. Demgegenüber erlaubt es § 176 a RVO allen rentenversicherungspflichtigen Angestellten, der Krankenversicherung beizutreten, obwohl die Jahresarbeitsverdienstgrenze überschritten ist und sie deshalb nicht krankenversicherungspflichtig sind.

b) Scheidet ein Mitglied, das in den vorangegangenen 12 Monaten mindestens 26 Wochen oder unmittelbar vorher mindestens 6 Wochen versichert war, aus der versicherungspflichtigen Beschäftigung aus, so ist es innerhalb

49

---

12 Darunter fallen Ordensschwestern, die mit Einzelarbeitsverträgen im Schuldienst beschäftigt sind, auch dann nicht, wenn das Entgelt auf Anweisung der Schwestern dem Orden überwiesen wird und dieser den Schwestern nur freien Unterhalt gewährt, BSGE 13, 76 = SozR AVAVG § 56 Ba 1, 1 = Breith. 1961, 197.

von einem Monat nach dem Ausscheiden zur Weiterversicherung berechtigt, § 313 RVO. Dies gilt auch für den überlebenden Ehegatten eines verstorbenen Versicherten, auch eines freiwillig Weiterversicherten[13].

V. Leistungen der Krankenversicherung

1. Anspruchsvoraussetzungen

50 Anspruchsvoraussetzungen für die Leistungen der Krankenversicherung sind der Eintritt des Versicherungsfalls und für ärztliche Behandlung außerdem das Lösen eines Krankenscheins.

a) Der Versicherungsfall:

51 Der Versicherungsfall ist ein bestimmtes Ereignis im Leben des Versicherten, das spezifische Gefährdungen oder Nachteile für den Versicherten realisiert, gegen die die Versicherungen Schutz gewähren und deren Eintritt die Leistungspflicht der Versicherung jedenfalls dem Grunde nach auslösen soll. Unter einem Versicherungsfall versteht man damit jene Wechselfälle des Lebens, durch die der Versicherte oder seine Hinterbliebenen ohne Hilfe von außen in wirtschaftliche Not geraten würden. Diese Wechselfälle müssen nicht unbedingt unvorhersehbar und unvermeidbar sein. Es handelt sich vielmehr durchweg um die typischen, teilweise sogar häufig wiederkehrenden Risiken im Leben eines Versicherten, wie Krankheit, Unfall oder Tod. In der gesetzlichen Krankenversicherung begründet das Auftreten von Krankheit für sich allein noch nicht den Eintritt des Versicherungsfalls. Hinzutreten muß vielmehr die Behandlungsbedürftigkeit oder die Arbeitsunfähigkeit. Die krankheitsbedingte Arbeitsunfähigkeit löst den Anspruch auf Krankengeld daher nur aus, wenn Arbeitslohn durch den Versicherungsfall tatsächlich wegfällt, nicht dagegen für die Zeit der Entgeltfortzahlung.

Wichtig ist der Begriff der Krankheit im Sinne des Versicherungsfalls. Unter Krankheit ist zu verstehen ein regelwidriger Körper- oder Geisteszustand, der in der Notwendigkeit einer Krankenpflege oder in Arbeitsunfähigkeit wahrnehmbar zutage tritt. Schwächezustände und Beschwerden, die auf natürlicher Entwicklung beruhen und sich in den Grenzen des Regelmäßigen halten, sind nicht Krankheiten, so nicht Altersgebrechlichkeit, die auf dem allmählichen Verfall der Kräfte beruht, wohl aber damit verbundene Begleitumstände, die ärztlich behandelt werden können[14].

b) Der Krankenschein

52 Als Nachweis der Zugehörigkeit zur Krankenkasse dient der Krankenschein. Für die Inanspruchnahme von ärztlicher oder zahnärztlicher Behandlung hat der Versicherte einen Krankenschein zu lösen und dem Arzt (Zahnarzt) auszuhändigen, § 188 RVO.

---

13 Vgl. BSGE 15, 78.
14 Vgl. *Wilde,* Grundzüge des Sozialrechts, S. 107; RVO, GrundsEntsch. Nr. 2140, AN 1916, 341.

In dringenden Fällen kann der Krankenschein nachgereicht werden, so bei Unfällen, oder wenn wegen der mit der Abholung des Scheins verbundenen Umstände der Arzt nicht mehr rechtzeitig helfen könnte.

2. Arten der Leistungen

Die Leistungen der Krankenversicherung können Regelleistungen oder 53 Mehrleistungen sein, § 179 RVO. Die Regelleistungen müssen im gesetzlich festgelegten Umfang gewährt werden; Mehrleistungen werden durch die Satzung des Versicherungsträgers nach dessen Ermessen in den gesetzlich 54 zugelassenen Fällen und Grenzen bestimmt (z. B. längere Zahlungsdauer von Kranken-, Mutterschafts- oder Sterbegeld, Erweiterung des Kreises der Begünstigten für die Familienhilfe).

Die Regelleistungen der gesetzlichen Krankenversicherung sind:
– Maßnahmen zur Früherkennung von Krankheiten,
– Krankenpflege,
– Krankenhauspflege,
– Krankengeld,
– Mutterschaftshilfe,
– sonstige Hilfen,
– Sterbegeld und
– Familienhilfe.

Im einzelnen gilt hierzu:

a) Maßnahmen zur Früherkennung von Krankheiten

Gemäß § 181 RVO besteht zur Sicherung der Gesundheit ein Anspruch für 55 Kinder bis zur Vollendung des 4. Lebensjahres auf Untersuchungen zur Früherkennung von Krankheiten, die eine normale körperliche oder geistige Entwicklung des Kindes in besonderem Maße gefährden. Frauen vom Beginn des 20. Lebensjahres an haben Anspruch auf eine Untersuchung zur Früherkennung von Krebskrankheiten einmal jährlich. Männer vom Beginn des 45. Lebensjahres an haben einmal jährlich Anspruch auf eine Untersuchung zur Früherkennung von Krebskrankheiten. In besonderen Richtlinien sind die Einzelheiten über Art und Umfang der Untersuchungen bestimmt. Gemäß § 181 b RVO ist dem Arzt bei der Inanspruchnahme von Untersuchungen zur Früherkennung ein besonderer Berechtigungsschein vorzulegen, den die Krankenkasse ausstellt und der in der Regel im Krankenscheinheft enthalten ist.

b) Krankenpflege

Bei Krankheit gewährt die Krankenversicherung ärztliche Behandlung, Ver- 56 sorgung mit Arznei-, Verband- und Heilmitteln sowie Brillen, zahnärztliche Behandlung und Zuschüsse zu den zahntechnischen Leistungen und häusliche Krankenpflege (Krankenpflege). Krankenpflege wird ohne zeitliche Begrenzung gewährt. Wenn ein Mitglied während der Dauer der Krankenpflege aus der Versicherung ausscheidet, endet die Krankenpflege spätestens 26 Wochen danach. Die Leistungen der Krankenpflege sind Sachleistungen.

57 Der Versicherte hat daher grundsätzlich nur Anspruch auf die Gewährung dieser Sachleistungen selbst, nicht aber auf eine Kostenerstattung. Grundsätzlich unzulässig ist daher, daß sich der Versicherte die notwendigen Leistungen selbst beschafft und die ihm dadurch erwachsenen Kosten von der Krankenkasse ersetzt verlangt.

58 Die ärztliche Behandlung erfolgt durch die zugelassenen Kassenärzte. Sie umfaßt ärztliche Beratungen, Besuche, Operationen und sonstige Sonderbehandlungen sowie die sogenannten ärztlichen Sachleistungen, die zur Heilung oder Linderung nach dem Stand der Heilkunde zweckmäßig und ausreichend sind. Überflüssige oder unwirtschaftliche Leistungen dürfen nicht erbracht oder verordnet werden. Zur ärztlichen Behandlung zählen auch Überweisungen an Fachärzte und Krankenhäuser und Verordnung von Arzneien und Heilmitteln.

Der Versicherte und seine Familienangehörigen können den Arzt frei wählen; sie sollen ihn während eines Kalendervierteljahres nur aus triftigen Gründen wechseln, § 368 d Abs. 3 RVO. Die Krankenkasse muß die ärztliche Behandlung dem Versicherten und seinen mitversicherten Familienangehörigen unentgeltlich zur Verfügung stellen.

Die zahnärztliche Behandlung erfolgt durch zugelassene Kassenzahnärzte. Sie umfaßt die Behandlung aller Zahn-, Mund- und Kieferkrankheiten, insbesondere die konservierende Behandlung der Zähne. Für Zahnersatz, Zahnkronen und Stiftzähne kann die Krankenkasse Zuschüsse gewähren. Der Zuschuß zum Zahnersatz muß vorher von der Krankenkasse bewilligt werden.

59 Zur Krankenpflege gehört ferner die Versorgung mit notwendigen Arznei-, Verband- und Heilmitteln. Der Versicherte hat Anspruch auf die Arzneien, die ihm der Kassenarzt verordnet. Der Kassenarzt muß jedoch, wie erwähnt, bei der Verordnung von Arzneien wirtschaftlich vorgehen. Dafür wird zwischen der Kassenärztlichen Vereinigung und den Krankenkassen ein Regelbetrag vereinbart. Auf die Einhaltung des Regelbetrages im einzelnen Behandlungsfall kommt es nicht an. Überschreitet der Arzt jedoch den Regelbetrag im Durchschnitt seiner Verordnungen, so muß er die Wirtschaftlichkeit und Zweckmäßigkeit seiner teureren Arztverordnungen begründen.

Der Versicherte hat grundsätzlich für jedes Arznei- bzw. Heilmittel die sogenannte Verordnungsblattgebühr zu zahlen, § 182 a RVO. Diese beträgt derzeit
- bei Arznei- und Verbandmitteln für jedes verordnete Mittel 2,– DM,
- bei Heilmitteln (z. B. Massagen) je Verordnung 4,– DM und
- bei Brillen 4,– DM.
Bei unzumutbaren Belastungen z. B. infolge geringen Einkommens und bei längerem

Heinz-Werner Glücklich

Bezug derartiger Leistungen kann die Krankenkasse von der Zahlung der Verordnungsblattgebühr befreien, § 182 a Satz 2 RVO.

Zu den Heilmitteln gehören Bruchbänder, medizinische Bäder, Schuheinlagen, Massagen u. a. Der begriffliche Unterschied zwischen Heilmitteln und Arzneien besteht darin, daß die Heilmittel auf den Organismus von außen, die Arzneien von innen einwirken. Heilmittel werden wie Arzneien gewährt.

Der Versicherte hat Anspruch auf orthopädische Versorgung. Dazu gehört die Ausstattung mit Körperersatzstücken, orthopädischen und anderen Hilfsmitteln, die erforderlich sind, um einer drohenden Behinderung vorzubeugen, den Erfolg der Heilbehandlung zu sichern oder eine körperliche Behinderung auszugleichen. Der Anspruch umfaßt auch die notwendige Änderung, Instandhaltung und Ersatzbeschaffung sowie die Ausbildung im Gebrauch der Hilfsmittel, § 182 b RVO.

Unter häuslicher Krankenpflege im Sinne des § 182 Abs. 1 Nr. 1 f. RVO 60 versteht man Hilfe durch Krankenpfleger oder Krankenschwestern. Die Krankenkasse kann dem Kranken Hauspflege insbesondere dann gewähren, wenn er bettlägerig ist, die Aufnahme in ein Krankenhaus zwar geboten, aber nicht ausführbar ist oder wenn ein wichtiger Grund vorliegt, den Kranken in der Familie zu belassen.

Je nach Art und Verlauf der Krankheit und den Aussichten der Heilung gewährt die Krankenkasse Krankenhausbehandlung. Die Krankenhauspflege soll gewährt werden, wenn die Aufnahme in ein Krankenhaus erforderlich ist, um die Krankheit zu erkennen oder zu behandeln oder Krankheitsbeschwerden zu lindern.

Die Krankenhauspflege besteht in Behandlung, Verpflegung und Unterbringung im Krankenhaus. Krankenhauspflege ist dann erforderlich, wenn die medizinische Versorgung nur mit Hilfe der besonderen Mittel des Krankenhauses durchgeführt werden kann. Dies ist z. B. der Fall, wenn die Krankheit allein durch die besonderen diagnostischen und therapeutischen Maßnahmen mit Aussicht auf Erfolg im Krankenhaus beeinflußt werden kann. Kann demgegenüber die Behandlung auch ambulant durchgeführt werden, besteht kein Anspruch auf stationäre Behandlung.

Von der Behandlungsbedürftigkeit ist die Pflegebedürftigkeit zu unterscheiden. Dient die stationäre Behandlung in erster Linie dem Zweck, einem Zustand von Hilflosigkeit zu begegnen, so wird man von einem Pflegefall sprechen müssen.

Der Versicherte kann unter den Krankenhäusern wählen, mit denen Verträge über die Erbringung von Krankenhauspflege bestehen. Wird ohne zwingenden Grund ein anderes als eines der nächst erreichbaren geeigneten Vertragskrankenhäuser in Anspruch genommen, so hat der Versicherte die Mehrkosten zu tragen.

Heinz-Werner Glücklich 523

Die Kasse kann Behandlung mit Unterkunft und Verpflegung in Kur- und Spezialeinrichtungen gewähren, wenn diese erforderlich ist, um eine Krankheit zu heilen, zu bessern oder eine Verschlimmerung zu verhüten. Krankenpflege wird zeitlich unbegrenzt gewährt.

c) Krankengeld

61 Krankengeld erhalten bei Arbeitsunfähigkeit infolge von Krankheit Arbeiter und Angestellte, nicht jedoch Familienangehörige, §§ 182 Abs. 1 Nr. 2, Abs. 3 bis 9, 183 Abs. 2 bis 8 RVO. Freiwillig Versicherte können durch die Satzung von dieser Leistung ausgeschlossen werden.

Erkrankt ein Arbeitnehmer, so zahlt für die ersten sechs Wochen in der Regel der Arbeitgeber den vollen Arbeitslohn weiter, § 616 BGB, § 1 Abs. 1 LFZG, § 63 HGB, § 133 c GewO, § 12 Abs. 1 Nr. 2 b BBiG. Soweit der Versicherte Arbeitsentgelt erhält, ruht der Anspruch auf Krankengeld, § 189 RVO. Dasselbe gilt, solange der Versicherte Übergangsgeld, Verletztengeld, Arbeitslosengeld usw. bezieht, § 183 Abs. 6 RVO. Die Satzung der Krankenkasse kann ihren Mitgliedern ferner das Krankengeld ganz oder teilweise für die Dauer einer Krankheit versagen, die sie sich vorsätzlich zugezogen haben, § 192 RVO.

Die Arbeitsunfähigkeit infolge von Krankheit als Voraussetzung für Krankengeld muß durch Bescheinigung des behandelnden Arztes nachgewiesen werden. Die Krankenkasse kann die Arbeitsunfähigkeit des Versicherten durch den vertrauensärztlichen Dienst überprüfen lassen, § 369 b Abs. 1 Nr. 2 RVO. Die Krankenkasse kann das Krankengeld ganz oder teilweise versagen, wenn ein Versicherter trotz schriftlichen Hinweises darauf der Vorladung zum Vertrauensarzt ohne wichtigen Grund keine Folge leistet, §§ 66, 67 SGB I.

Bei Arbeitsunfall oder Berufsunfähigkeit im Sinne der gesetzlichen Unfallversicherung wird Krankengeld von dem Tage an gewährt, an dem die Arbeitsunfähigkeit ärztlich festgestellt wird. Im übrigen beginnt der Bezug des Krankengelds von dem darauffolgenden Tage an, § 182 Abs. 3 RVO.

Die Höhe des Krankengeldes richtet sich nach § 182 Abs. 4 bis 9 RVO. Zunächst ist nach § 182 Abs. 5, 6 und 9 RVO der Regellohn zu berechnen. Das Krankengeld beträgt nach § 182 Abs. 4 Satz 1 RVO einheitlich 80 % dieses Regellohnes.

Das Krankengeld ist nach § 182 Abs. 8 RVO dynamisch ausgestaltet. Es erhöht sich jeweils nach Ablauf eines Jahres seit dem Ende des Bemessungszeitraums um den Vomhundertsatz, um den die Renten der gesetzlichen Rentenversicherung zuletzt vor diesem Zeitpunkt nach dem jeweiligen Rentenanpassungsgesetz angepaßt worden sind; es darf aber nach der Anpassung 80 vom Hundert des in § 180 Abs. 1 Satz 3 RVO bezeichneten Betrages nicht übersteigen.

Regellohn ist das regelmäßige wegen der Arbeitsunfähigkeit entgangene Arbeitsentgelt und Arbeitseinkommen, soweit es der Beitragsberechnung unterliegt.

Heinz-Werner Glücklich

Krankengeld wird im Falle der Arbeitsunfähigkeit wegen derselben Krankheit höchstens 78 Wochen innerhalb von drei Jahren gezahlt. Unter derselben Krankheit ist der konkrete Krankheitszustand zu verstehen, der auf dieselbe Krankheitsursache zurückführbar sein muß. Notwendig ist Identität von Krankheitsursache und Krankheitsverlauf. Nicht um dieselbe Krankheit handelt es sich, wenn mehrere gleichartige Krankheiten jeweils nach Heilung der vorausgegangenen zeitlich hintereinander folgen. Wenn der Versicherte wieder arbeitsfähig geworden ist und wegen einer neuen Krankheit arbeitsunfähig wird, hat er erneut Anspruch für $1^1/_2$ Jahre. Tritt während der Arbeitsunfähigkeit eine weitere Krankheit hinzu, wird die Leistungsdauer nicht verlängert.

Der Anspruch auf Krankengeld endet mit der Bewilligung der Rente wegen Erwerbsunfähigkeit oder des Altersruhegeldes. Rente wegen Berufsunfähigkeit wird auf das Krankengeld angerechnet. Rentenempfänger, die krankenversicherungspflichtig beschäftigt sind, erhalten Rente und Krankengeld nebeneinander, jedoch Rentner wegen Erwerbsunfähigkeit und Empfänger von Altersruhegeld nur bis zu höchstens sechs Wochen. Die Krankenkasse kann nach sechs Wochen der Arbeitsunfähigkeit dem Versicherten eine Frist setzen, innerhalb deren er Antrag auf Rente zu stellen hat.

Arbeitslose erhalten als Krankengeld den Betrag des Arbeitslosengeldes, der Arbeitslosenhilfe oder des Unterhaltsgeldes, auf den der Versicherte zuletzt vor Eintritt der Arbeitsunfähigkeit Anspruch hatte, § 158 AFG.

Für Versicherte, die während des Bezuges von Kurzarbeiter- oder Schlechtwettergeld arbeitsunfähig erkranken, wird das Krankengeld nach dem regelmäßigen Arbeitsentgelt, das zuletzt vor Eintritt des Arbeitsausfalls erzielt wurde (Regellohn, § 182 RVO), berechnet, § 164 Abs. 1 AFG.

Wird einem Versicherten Krankenhauspflege gewährt, so ist daneben vom Beginn der Krankenhauspflege an Krankengeld zu zahlen. Dies gilt auch, wenn die Kasse dem Versicherten Behandlung und Unterkunft und Verpflegung in einer Kur- oder Spezialeinrichtung oder Genesendenfürsorge in einem Genesungsheim gewährt, § 186 Abs. 1 und 2 RVO.

Nach § 185 c RVO, der durch das Krankenversicherungs-Leistungsverbesserungsgesetz vom 19. 12. 1973 eingefügt worden ist, erhält ein Versicherter Krankengeld, wenn es nach ärztlichem Zeugnis erforderlich ist, daß er zur Beaufsichtigung, Betreuung oder Pflege eines erkrankten Kindes der Arbeit fernbleibt, eine andere im Haushalt lebende Person die Beaufsichtigung, Betreuung oder Pflege nicht übernehmen kann und das Kind das 8. Lebensjahr noch nicht vollendet hat. Dieser Anspruch besteht in jedem Kalenderjahr für jedes Kind längstens für 5 Arbeitstage. § 185 c Abs. 3 RVO räumt dem Versicherten gegen den Arbeitgeber einen Anspruch auf unbezahlte Freistellung von der Arbeitsleistung ein, soweit nicht aus einem gleichen Grunde Anspruch auf bezahlte Freistellung besteht. Der sozialversicherungsrechtliche Anspruch auf Krankengeld besteht insoweit nur subsi-

62

diär und ruht für die Zeit, in der der Arbeitnehmer Entgeltfortzahlung in Anspruch nehmen kann[15].

d) Mutterschaftshilfe

63   Bei normalverlaufender Schwangerschaft und Geburt ist die Mutterschaft keine Krankheit. Daher kommen Leistungen der Krankenhilfe aus diesem Anlaß nicht in Betracht. Im Gesetz bedurfte es daher für Leistungen aus Anlaß der Mutterschaft einer besonderen Regelung, § 195 RVO. Leistungen der Mutterschaftshilfe sind
– ärztliche Betreuung und Hilfe sowie Hebammenhilfe,
– Versorgung mit Arznei-, Verband- und Heilmitteln,
– Pauschbeträge bei Inanspruchnahme ärztlicher Betreuung während der Schwangerschaft und nach der Entbindung,
– Pflege in einer Entbindungs- oder Krankenanstalt sowie Hilfe durch Hauspflege und
– Mutterschaftsgeld.
Voraussetzung für diese Leistungen ist, daß die Empfängerin im Zeitpunkt der Leistung Mitglied der gesetzlichen Krankenversicherung oder als Familienangehörige anspruchsberechtigt nach § 205 a RVO ist.

64   Das Mutterschaftsgeld wird in Höhe des um die gesetzlichen Abzüge verminderten durchschnittlichen täglichen Arbeitsentgelts der letzten 3 Kalendermonate vor Beginn der Schutzfrist, jedoch mindestens in Höhe von kalendertäglich 3,50 DM, höchstens 25,– DM (= monatlich 750,– DM) gewährt, § 200 Abs. 2 RVO. Dies gilt für 6 Wochen vor und 8 Wochen nach der Entbindung. Das Mutterschaftsgeld erhöht sich bei beschäftigt gewesenen Frauen um einen Zuschuß des Arbeitgebers in Höhe der Differenz zum Nettolohn, § 14 Mutterschutzgesetz. Zahlungsvoraussetzung vor der Entbindung ist das Zeugnis eines Arztes oder einer Hebamme, in dem der mutmaßliche Entbindungstag angegeben ist.

e) Sonstige Hilfen

65   Versicherte haben Anspruch auf Beratung über Fragen der Empfängnisregelung einschließlich der hierfür erforderlichen Untersuchungen sowie auf Verordnung empfängnisregelnder Mittel, § 200 e RVO. Sie haben weiter Anspruch auf Leistungen bei einer nicht rechtswidrigen Sterilisation und bei einem nicht rechtswidrigen Schwangerschaftsabbruch durch einen Arzt, § 200 f RVO. Als Leistungen kommen hier in Betracht ärztliche Beratung über die Erhaltung und den Abbruch der Schwangerschaft, ärztliche Unter-

---

15 *Thieler,* Sozialrecht, 2. Auflage, S. 53 ff.

Heinz-Werner Glücklich

suchung und Begutachtung zur Feststellung der Voraussetzungen für eine nicht rechtswidrige Sterilisation oder einen nicht rechtswidrigen Schwangerschaftsabbruch, ärztliche Behandlung, Versorgung mit Arznei-, Verband- und Heilmitteln sowie auf Krankenhauspflege. Schließlich besteht gegebenenfalls Anspruch auf Krankengeld, sofern Arbeitsunfähigkeit besteht.

f) Sterbegeld

Beim Tod des Versicherten gewährt die Krankenversicherung ein Sterbegeld, und zwar als Regelleistung das 20fache des Grundlohns, mindestens jedoch 100,– DM. Für Personen, welche die Voraussetzungen für den Bezug einer Rente nach der Rentenversicherung der Arbeiter oder der Rentenversicherung der Angestellten erfüllen und diese Rente beantragt haben, gilt als Grundlohn der Betrag, der für die Bemessung der Beiträge maßgeblich ist. 66

Das Sterbegeld dient in erster Linie dazu, die Kosten der Bestattung zu bestreiten; es wird insoweit an den gezahlt, der für die Bestattung aufgekommen ist. Wenn danach ein Überschuß verbleibt, so sind nacheinander der Ehegatte, die Kinder, der Vater, die Mutter und die Geschwister bezugsberechtigt, wenn sie mit dem Verstorbenen in häuslicher Gemeinschaft gelebt haben. Fehlen solche Berechtigte, dann verbleibt der Überschuß der Krankenkasse, § 203 RVO.

g) Familienhilfe

Versicherte erhalten für den unterhaltsberechtigten Ehegatten und die unterhaltsberechtigten Kinder nach § 205 RVO Leistungen der Familienhilfe. Hierzu zählen Maßnahmen zur Früherkennung von Krankheiten, Kranken- und Krankenhauspflege, Mutterschaftshilfe, sonstige Hilfen und das Familiensterbegeld. Leistungsvoraussetzung ist, daß sich die Familienangehörigen gewöhnlich im Bundesgebiet aufhalten, ihr Gesamteinkommen nicht regelmäßig 1/6 der monatlichen Bezugsgröße überschreitet und sie nicht anderweitig einen gesetzlichen Anspruch auf Krankenpflege haben, § 205 Abs. 1 Satz 1 RVO. Grundsätzlich werden die Leistungen unter den gleichen Voraussetzungen und in gleichem Umfang gewährt wie für Versicherte. Ein Anspruch auf Krankengeld besteht jedoch nicht. Mutterschaftsgeld wird nur in Höhe von einmalig 35,– DM gewährt, diese Leistung kann jedoch durch die Satzung bis auf 150,– DM erhöht werden. Ein Familiensterbegeld in Höhe des halben satzungsmäßigen Mitgliedersterbegeldes, mindestens jedoch 50,– DM, erhält der Versicherte beim Tode des Ehegatten, eines lebend geborenen Kindes oder solcher Angehörigen, die mit ihm in häuslicher Gemeinschaft gelebt haben und von ihm überwiegend unterhalten worden sind, § 205 b RVO. 67

Heinz-Werner Glücklich   527

VI. Rechtsbeziehungen der Beteiligten

1. Rechtsbeziehungen der Kassenpatienten zu den Kassenärzten und Kassenzahnärzten

68   Nach § 368 d Abs. 4 RVO verpflichtet die Übernahme der Behandlung den Kassenarzt dem Kassenpatienten gegenüber zur Sorgfalt nach den Vorschriften des bürgerlichen Vertragsrechts. Das könnte auf den ersten Anschein zu der Annahme verführen, daß zwischen Kassenarzt oder Kassenzahnarzt und Kassenpatient ein Behandlungsvertrag abgeschlossen werde. Dies trifft indessen nicht zu. Wenn der Kassenarzt einen Kassenpatienten behandelt, so tut er das, weil er aufgrund seiner Zulassung zur kassenärztlichen Tätigkeit der Kassenärztlichen Vereinigung gegenüber zur Teilnahme an der kassenärztlichen Versorgung verpflichtet ist, § 368 a Abs. 4 RVO. Der Kassenärztlichen Vereinigung obliegt nach § 368 n Abs. 1 RVO die Pflicht, durch die Tätigkeit ihrer Mitglieder, der Kassenärzte, die ärztliche Versorgung der Versicherten sicherzustellen, die aufgrund des § 182 RVO Aufgabe der Krankenkassen ist. Zwischen den Kassenärztlichen Vereinigungen und den Krankenkassen und ihren Verbänden werden nach § 368 g RVO öffentlich-rechtliche Verträge abgeschlossen, die für die Kassenärzte nach § 368 a Abs. 4 RVO verbindlich sind. Die Tätigkeit des Kassenarztes dient sonach nicht der Erfüllung bürgerlichrechtlicher vertraglicher Verpflichtungen gegenüber dem einzelnen Kassenpatienten, sondern der Erfüllung der Pflichten des öffentlichen Rechts gegenüber derjenigen Kassenärztlichen Vereinigung, deren Mitglied er ist. Durch § 368 d Abs. 4 RVO wird angeordnet, daß durch den rein tatsächlichen Vorgang der Behandlungsübernahme für den Kassenarzt die Sorgfaltspflichten gegenüber dem Kassenpatienten erwachsen, als ob zwischen beiden ein bürgerlichrechtlicher Vertrag abgeschlossen worden wäre. Daraus ergibt sich insbesondere eine Haftung des Kassenarztes gegenüber dem Kassenpatienten nach den Grundsätzen über positive Vertragsverletzung und eine Haftung für Verschulden von Hilfskräften als Erfüllungsgehilfen nach § 278 BGB. Eine darüber hinausgehende Haftung des Kassenarztes gegenüber dem Kassenpatienten nach anderen Vorschriften, etwa aus unerlaubter Handlung (Anspruch auf Schmerzensgeld nach § 847 BGB) wird dadurch nicht ausgeschlossen[16].

2. Beziehungen der Krankenkasse zu den Kassenärzten und Kassenzahnärzten

69   Zur ärztlichen Versorgung der Krankenversicherten nach RVO sind diejenigen Ärzte (Zahnärzte) berechtigt und verpflichtet, die nach § 368 a RVO von den Krankenkassen als Kassenärzte (Kassenzahnärzte) zugelassen worden sind. Für die Zulassung

---

16 Vgl. zur Rechtsgrundlage der Beziehungen zwischen dem Kassenarzt und Kassenpatienten: *Haueisen,* NJW 1956, 1745 f.

Heinz-Werner Glücklich

von Kassenärzten (Kassenzahnärzten) bilden die Kassenärztlichen Vereinigungen (Kassenzahnärztlichen Vereinigungen) und die Landesverbände der Krankenkassen für jeden Zulassungsbezirk einen Zulassungsausschuß. Jeder frei praktizierende Arzt, der die gesetzlichen Voraussetzungen erfüllt, ist als Kassenarzt (Kassenzahnarzt) zuzulassen. Dagegen haben Krankenhausärzte keinen Rechtsanspruch auf Zulassung zur Krankenkasse, auch dann nicht, wenn sie nach ihren Anstellungsbedingungen berechtigt sind, Privatpraxis zu betreiben[17]. Leitende Krankenhausärzte (Chefärzte und Leiter selbständiger Fachabteilungen) sind aber auf ihren Antrag für die Dauer ihrer Tätigkeit an dem Krankenhaus von der kassenärztlichen Versorgung auf Überweisung durch Kassenärzte zu beteiligen, sofern dies notwendig ist, um eine ausreichende ärztliche Versorgung der Versicherten zu gewährleisten[18].

Muster 1

Gesuch um Beteiligung an der kassenärztlichen Versorgung

An den
Zulassungsausschuß für Ärzte in _____
Gesuch des Arztes für Orthopädie, Dr. med _____ **wohnhaft in** _____**, Antragstellers, vertreten durch Rechtsanwalt** _____ **auf Beteiligung an der Kassenärztlichen Versorgung.**
Für den Antragsteller beantrage ich:
ihn für die Dauer seiner Tätigkeit als leitender Arzt an der Orthopädischen Klinik in _____ **an der kassenärztlichen Versorgung für ambulante kassenärztliche Tätigkeiten auf Überweisung durch Kassenärzte zu beteiligen.**

Begründung:

Der Antragsteller ist Arzt für Orthopädie und beamteter Chefarzt der Orthopädischen Klinik in _____**. Er ist im Arztregister der Kassenärztlichen Vereinigung in** _____ **eingetragen. Er hat seit seiner Bestallung folgende ärztliche Tätigkeiten ausgeübt:** _____**.**
An einem Einführungslehrgang für kassenärztliche Tätigkeit hat er teilgenommen.
Die Beteiligung eines leitenden Krankenhausarztes der orthopädischen Fachrichtung an der kassenärztlichen Versorgung ist notwendig, um eine ausreichende ärztliche Versorgung der Versicherten zu gewährleisten:
Bei der ständig wachsenden Zahl von Verkehrsunfällen treten in großem Umfang Fragen aus der Fachrichtung der Orthopädie auf, die es notwendig machen, einen Arzt für Orthopädie zur Beratung und Behandlung hinzuzuziehen. In _____ **sind nur zwei freipraktizierende Ärzte für Orthopädie von den Krankenkassen als Kassen-**

---

17 Vgl. BVerfG NJW 1963, 1667.
18 Vgl. Zulassungsordnung für Kassenärzte; Zulassungsordnung für Kassenzahnärzte.

Heinz-Werner Glücklich 529

ärzte zugelassen. Diese sind bereits so überlastet, daß es geboten ist, einen weiteren Orthopäden an der kassenärztlichen Versorgung zu beteiligen. Der Antragsteller ist in der Lage und nach seinen Anstellungsbedingungen berechtigt, eine Beteiligung an der kassenärztlichen Versorgung auf orthopädischem Gebiet persönlich auszuüben.

Als Anlagen sind beigefügt:

1. Vollmacht des Antragstellers auf mich,
2. Auszug aus dem Arztregister,
3. Bescheinigung über die von dem Antragsteller seit der Bestallung ausgeübten ärztlichen Tätigkeiten,
4. Bescheinigung über die Teilnahme des Antragstellers an einem Einführungslehrgang für die kassenärztliche Tätigkeit.

gez. Unterschrift, _____

Rechtsanwalt

70   Durch die Zulassung wird der Kassenarzt (Kassenzahnarzt) Mitglied der für seinen Wohnort zuständigen Kassenärztlichen Vereinigung (§ 368 a Abs. 4 RVO). Die Kassenärztlichen Vereinigungen sind Körperschaften des öffentlichen Rechts, § 368 k RVO. Sie bilden mit den Landesverbänden der Krankenversicherungen den Zulassungsausschuß, regeln durch öffentlich-rechtliche Verträge mit ihnen die kassenärztliche Versorgung und verteilen die Gesamtvergütungen unter den Kassenärzten, § 368 f RVO. Die Vergütungsansprüche der Kassenärzte (Kassenzahnärzte) richten sich gegen ihre Kassenärztliche Vereinigung (Kassenzahnärztliche Vereinigung). Im Streitfall sind die Sozialgerichte zuständig[19].

71   Die Kassenarztzulassung kann, insbesondere wegen gröblicher Pflichtverletzung, entzogen werden, § 368 a Abs. 6 RVO. Die Pflichtverletzung muß den Arzt als ungeeignet für die Fortführung der kassenärztlichen Tätigkeit erweisen[20].

3. Rechtsbeziehungen der Krankenkasse zu den Krankenhäusern und Apotheken

72   Die Krankenkassen haben Krankenhauspflege durch die Hochschulkliniken sowie die Krankenhäuser zu gewähren, die in den Krankenhausbedarfsplan aufgenommen sind oder die sich gegenüber den Krankenkassen hierzu bereit erklärt haben. Die Landesverbände der gesetzlichen Krankenkassen sind berechtigt, die Erklärung binnen drei Monaten abzulehnen, wenn eine Gewähr für eine ausreichende, zweckmäßige und unter Berücksichtigung der Leistungsfähigkeit des Krankenhauses wirtschaftliche Krankenhauspflege nicht gegeben ist oder die Ziele des Krankenhausbedarfsplanes gefährdet werden. Die Ablehnung oder die Annahme der Bereiterklärung eines Krankenhauses und die Kündigung des Vertrages bedürfen der Zustimmung der zuständigen Aufsichtsbehörden. Die Kündigung ist nur

19 Vgl. BSGE 19, 270.
20 Vgl. BSGE 15, 177.

Heinz-Werner Glücklich

mit einer Frist von zwei Jahren möglich. Soweit möglich, ist den religiösen Bedürfnissen der Kranken Rechnung zu tragen.

Die Landesverbände der gesetzlichen Krankenkassen schließen mit Wirkung für ihre Mitgliedskassen mit den Krankenhäusern oder mit den sie vertretenden Vereinigungen im Lande Verträge, um sicherzustellen, daß Art und Umfang der Krankenhauspflege den Anforderungen des § 184 RVO in Verbindung mit § 182 Abs. 2 RVO entsprechen. Die Verträge haben Regelungen zu enthalten insbesondere über die allgemeinen Bedingungen der Krankenhauspflege, über Aufnahme und Entlassung, Bescheinigungen sowie Übernahme und Abwicklung der Kosten sowie die Überprüfung der Notwendigkeit und Dauer der Krankenhauspflege in geeigneten Fällen durch den Vertrauensarzt oder andere beauftragte Ärzte, § 372 RVO. Mit der Einweisung in ein Krankenhaus kommt zwischen der Krankenkasse und dem Rechtsträger des Krankenhauses ein Vertrag zugunsten des Kassenpatienten im Sinne des § 328 BGB zustande, so daß der Kassenpatient einen unmittelbaren Anspruch gegen den Träger des Krankenhauses auf sachgemäße Behandlung erlangt [21].

VII. Finanzierung

Die finanziellen Mittel der gesetzlichen Krankenversicherung werden im wesentlichen durch Beiträge aufgebracht. Beiträge haben die Versicherten, die Arbeitgeber, die Rehabilitationsträger, die Bundesanstalt für Arbeit, die Rentenversicherungsträger sowie der Bund zu zahlen.

Nach § 381 Abs. 1 RVO zahlen versicherungspflichtig beschäftigte Arbeitnehmer grundsätzlich die Hälfte des Beitrags, die andere Hälfte zahlt der Arbeitgeber. Bei geringverdienenden Arbeitnehmern trägt der Arbeitgeber den Beitrag allein; die Geringverdienergrenze beträgt $1/10$ der in der Rentenversicherung der Arbeiter für Monatsbezüge geltenden Beitragsbemessungsgrenze (§ 1385 Abs. 2 RVO), im Jahre 1988 sind dies 600,– DM.

Freiwillig Versicherte tragen den gesamten Beitrag. Allerdings haben diese einen sozialversicherungsrechtlichen Anspruch auf Zuschuß durch den Arbeitgeber, § 405 RVO.

In dem Fall, in dem der Beitragssatz bei der Ersatzkasse gegenüber dem Beitragssatz der zuständigen Pflichtkasse niedriger ist, hat der nach § 520 RVO bei einer Ersatzkasse pflichtversicherte Arbeitnehmer gegen den Arbeitgeber Anspruch in Höhe der Hälfte des Pflichtkassenbeitrags, also Anspruch auf einen Beitragsteil, der höher ist als der hälftige Beitrag zur Ersatzkasse [22].

73

21 Vgl. BSGE 15, 77.
22 BSG, Der Betrieb 1981, S. 2336; Breith. 1986, S. 107.

Heinz-Werner Glücklich

Die Höhe der Beiträge ist bei den einzelnen Krankenkassen unterschiedlich. Sie müssen so bemessen sein, daß sie für die Ausgaben der Krankenkassen ausreichen. Die Beiträge sind nicht von jedem Arbeitsverdienst zu zahlen, sondern nur bis zu einer bestimmten Höhe. Hierbei handelt es sich um die sogenannte Beitragsbemessungsgrenze. Diese beträgt in der Krankenversicherung 75 % der Beitragsbemessungsgrenze für die Rentenversicherung.

Bezüglich der beitragsrechtlichen Behandlung des Arbeitsentgelts wird zwischen laufendem Arbeitsentgelt und einmalig gezahltem Arbeitsentgelt unterschieden. Unter einmalig gezahltem Arbeitsentgelt sind alle diejenigen Bezüge zu verstehen, die nicht für die Arbeit in einem einzelnen Lohnabrechnungszeitraum gezahlt werden. Hierzu gehören z. B. Weihnachtsgeld, Urlaubsgeld, Tantiemen, Gratifikationen usw. Nach § 385 Abs. 1 a RVO wird einmalig gezahltes Arbeitsentgelt unter Außerachtlassung der monatlichen Beitragsbemessungsgrenze für die Beitragspflicht herangezogen. Anstelle der monatlichen Beitragsbemessungsgrenze tritt die anteilige Jahresarbeitsverdienstgrenze. Dies gilt gemäß §§ 1400 Abs. 2 RVO / 122 Abs. 2 AVG / 175 Abs. 1 Nr. 1 a AFG auch für die Renten- und Arbeitslosenversicherung.

D. Unfallversicherung

I. Gesetzliche Grundlagen

74 Drittes Buch RVO, §§ 537 ff.; Berufskrankheiten-Verordnung und VO über die orthopädische Versorgung Unfallverletzter.

II. Organisation

75 Träger der gesetzlichen Unfallversicherung sind 35 gewerbliche (allgemeine) Berufsgenossenschaften, eine See-Berufsgenossenschaft, 19 landwirtschaftliche Berufsgenossenschaften, 13 Gemeindeunfallversicherungsverbände, sechs Feuerwehrunfallversicherungskassen, sechs zu Versicherungsträgern erklärte Gemeinden, die Bundesanstalt für Arbeit, der Bund und 11 Bundesländer als Träger einer Eigenunfallversicherung für ihre Unternehmen.

76 In der allgemeinen Unfallversicherung sind Versicherungsträger die gewerblichen (allgemeinen) Berufsgenossenschaften. Sie sind Zwangszusammenschlüsse der Unternehmer gleichartiger Gewerbe- bzw. Industriebereiche. Sie sind Körperschaften des öffentlichen Rechts und überwiegend ebenso organisiert wie die Krankenversicherungsträger. Da es sich bei ihnen aber um Zusammenschlüsse der Unternehmen handelt, sind ihre Mitglieder, anders als bei den Krankenkassen, nur die Unternehmer, §§ 658–669 RVO.

Mitglied der Berufsgenossenschaften ist jeder Unternehmer, dessen **77** Unternehmen zu den ihr zugewiesenen Betriebszweigen gehört. Die Mitgliedschaft beginnt mit der Eröffnung des Unternehmens oder der Aufnahme der vorbereitenden Arbeiten für das Unternehmen und endet mit der Überweisung an eine andere Berufsgenossenschaft, die auf Antrag oder von Amts wegen erfolgen kann, oder durch Löschung.

Obwohl Mitglieder der Berufsgenossenschaften nur die Unternehmer **78** sind, sind in der Vertreterversammlung außer den Unternehmern auch die versicherten Arbeitnehmer vertreten. Organe der Berufsgenossenschaft sind die Vertreterversammlung, die auch die Satzung erläßt, der Vorstand und der Geschäftsführer, §§ 29–79 SGB IV.

Träger der landwirtschaftlichen Unfallversicherung sind die landwirtschaftlichen Berufsgenossenschaften. Bei ihnen handelt es sich um regionale Unternehmenszwangszusammenschlüsse. Mitglied einer landwirtschaftlichen Berufsgenossenschaft ist jeder in der landwirtschaftlichen Unfallversicherung versicherungspflichtige Betrieb, der in ihrem Bezirk seinen Sitz hat, §§ 792–797 RVO. Die Organisation entspricht derjenigen der gewerblichen Berufsgenossenschaften. In den landwirtschaftlichen Berufsgenossenschaften werden Vertreterversammlung und Vorstand je zu einem Drittel von den versicherten Arbeitnehmern, Selbständigen ohne fremde Arbeitskräfte und Arbeitgebern gestellt, §§ 44, 52 SGB IV.

Der Eigenversicherungsträger für die Bundesrepublik Deutschland ist die Bundesausführungsbehörde für Unfallversicherung in Wilhelmshaven. Daneben besteht beim Bundesministerium für Verkehr die Ausführungsbehörde für Unfallversicherung – Abteilung Wasserbau – in Bonn. Eigenversicherungsträger sind ferner die Bundesbahn (Ausführungsbehörde für Unfallversicherung in Frankfurt am Main) und die Bundespost (Ausführungsbehörde für Unfallversicherung in Stuttgart). Für jedes Bundesland bestehen Ausführungsbehörden für die Unfallversicherung, die von den obersten Landesbehörden bestimmt werden. Sechs Städte mit je über 500 000 Einwohnern haben eine eigene Unfallversicherung eingerichtet; alle übrigen Gemeinden sind zu Gemeindeunfallversicherungsverbänden zusammengeschlossen. In der gemeindlichen Unfallversicherung sind nicht nur die Verwaltung und die Betriebe der Gemeinden versichert, sondern auch die privaten Haushaltungen für ihre Hausgehilfen.

III. Aufgaben der Unfallversicherung

Das Recht der gesetzlichen Unfallversicherung wird hauptsächlich bestimmt **79** durch drei Aufgabenbereiche. Die systematische Gliederung der Aufgaben läßt erkennen, welche Rangordnung der Gesetzgeber den einzelnen Aufgaben hat zukommen lassen, § 537 RVO. An erster Stelle steht die Unfallverhütung. Die gesetzliche Unfallversicherung soll mit allen geeigneten Mitteln Arbeitsunfälle verhüten und für eine wirksame Erste Hilfe sorgen. Zum

Heinz-Werner Glücklich 533

zweiten dient die Unfallversicherung dem Ziel, nach Eintritt eines Arbeitsunfalls den Verletzten, seine Angehörigen und seine Hinterbliebenen zu entschädigen. Schließlich befreit die gesetzliche Unfallversicherung die Unternehmer und die im Unternehmen tätigen Mitarbeiter weitgehend von Schadenersatzansprüchen wegen verschuldeter Arbeitsunfälle.

Die Berufsgenossenschaften erlassen durch ihre Vertreterversammlung Unfallverhütungsvorschriften über Einrichtungen, Anordnungen und Maßnahmen, die die Unternehmer zur Verhütung von Arbeitsunfällen und Berufskrankheiten zu treffen haben, und über das Verhalten, das die Versicherten zur Verhütung von Arbeitsunfällen und Berufskrankheiten zu beobachten haben, sowie über ärztliche Untersuchungen von Versicherten, die vor der Beschäftigung mit gefährlichen Arbeiten durchzuführen sind, und Maßnahmen, die der Unternehmer zur Erfüllung der Pflichten aus dem Gesetz über Betriebsärzte, Sicherheitsingenieure und andere Fachkräfte zur Arbeitssicherheit zu treffen hat, § 708 RVO. Zur Überwachung der Einhaltung der Unfallverhütungsvorschriften stellen die Berufsgenossenschaften die technischen Aufsichtsbeamten ein. Diese sind berechtigt, die in der Berufsgenossenschaft zusammengeschlossenen Unternehmen während der Arbeitszeit zu besichtigen, Auskünfte über Einrichtungen, Arbeitsverfahren und Arbeitsstoffe zu verlangen, Proben von Arbeitsstoffen zu fordern oder zu entnehmen und bei Gefahr im Verzuge sofort vollziehbare Anordnungen zur Beseitigung von Unfallgefahren zu treffen, §§ 712–714 RVO.

Schuldhafte Verweigerung der Duldung der Betriebsbesichtigung durch einen technischen Aufsichtsbeamten und schuldhafte Ablehnung der von ihm getroffenen Anordnungen zur Beseitigung von Unfallgefahren wird als Ordnungswidrigkeit mit Bußgeld geahndet, § 717 a RVO.

In Unternehmen mit mehr als 20 Beschäftigten hat der vom Unternehmer zu bestellende Sicherheitsbeauftragte die Aufgabe, den Unternehmer bei der Durchführung des Unfallschutzes zu unterstützen, sich von dem Vorhandensein und der ordnungsmäßigen Benutzung der vorgeschriebenen Schutzvorrichtungen fortlaufend zu überzeugen. In Großbetrieben wird diese Aufgabe von hauptamtlichen Sicherheitsingenieuren wahrgenommen. In größeren Unternehmungen, in denen mehr als drei Sicherheitsbeauftragte bestellt sind, bilden diese aus ihrer Mitte einen Sicherheitsausschuß, § 719 RVO.

Zum Zwecke der gesetzgeberischen Planung erstattet die Bundesregierung alljährlich dem Bundestag den Unfallverhütungsbericht, der den Stand der Unfallverhütung und das Unfallgeschehen in der Bundesrepublik darstellt, § 722 RVO.

Die Träger der Unfallversicherung haben weiter für eine wirksame »Erste Hilfe« zu sorgen, § 546 Abs. 1 RVO. Sie steht in der Mitte zwischen Unfallverhütung und Entschädigung. Die Vertreterversammlungen der Berufsgenossenschaften beschließen Vorschriften über geeignete Maßnahmen, die die Unternehmer für die Erste Hilfe zu treffen haben. Ihre Einhaltung wird durch die technischen Aufsichtsbeamten überwacht, § 721 Abs. 2 i. V. m. §§ 172–714 RVO.

Heinz-Werner Glücklich

IV. Versicherter Personenkreis

1. Versicherungspflicht

Die Unfallversicherung ist nicht nur eine Betriebsversicherung, sondern eine Personenversicherung. Das Gesetz zählt deshalb nicht die versicherten Unternehmen, sondern die versicherten Personen auf. Versicherte Personen sind:
80

– alle Arbeitnehmer, also alle aufgrund eines Arbeits-, Dienst- oder Lehrverhältnisses Beschäftigten, § 539 Abs. 1 Nr. 1 RVO,
– Heimarbeiter, Zwischenmeister, Hausgewerbetreibende und die in ihrem Unternehmen tätigen Ehegatten sowie die sonstigen mitarbeitenden Personen, § 539 Abs. 1 Nr. 2 RVO,
– Personen, die zur Schaustellung oder Vorführung künstlerischer oder artistischer Leistungen vertraglich verpflichtet sind, § 539 Abs. 1 Nr. 3 RVO,
– Personen, die nach den Vorschriften des Arbeitsförderungsgesetzes oder im Vollzug des Bundessozialhilfegesetzes der Meldepflicht unterliegen oder nach Aufforderung die hierfür bestimmten Stellen aufsuchen, § 539 Abs. 1 Nr. 4 RVO,
– landwirtschaftliche Unternehmer, die Mitglied einer landwirtschaftlichen Berufsgenossenschaft sind, ihre mit ihnen in häuslicher Gemeinschaft lebenden Ehegatten und die in landwirtschaftlichen Unternehmen tätigen Personen, § 539 Abs. 1 Nr. 5 RVO,
– Küstenschiffer und -fischer unter bestimmten Voraussetzungen, § 539 Abs. 1 Nr. 6 RVO,
– die im Gesundheits- oder Veterinärwesen oder in der Wohlfahrtspflege Tätigen, § 539 Abs. 1 Nr. 7 RVO,
– die in einem Unternehmen zur Hilfe bei Unglücksfällen Tätigen sowie die Teilnehmer an Ausbildungsveranstaltungen dieser Unternehmen einschließlich der Lehrenden, § 539 Abs. 1 Nr. 8 RVO,
– Personen, deren Tätigkeit im öffentlichen Interesse liegt, § 539 Abs. 1 Nr. 9–13, 16 RVO,
– Kinder, Schüler, Lernende und Studierende, § 539 Abs. 1 Nr. 14 RVO,
– Personen, die beim Bau eines Familienheimes usw. im Rahmen der Selbsthilfe tätig sind, wenn durch das Bauvorhaben öffentlich geförderte oder steuerbegünstigte Wohnungen geschaffen werden sollen, § 539 Abs. 1 Nr. 15 RVO,
– Personen, denen von einem Sozialversicherungsträger stationäre Behandlung gewährt wird oder die an berufsfördernden Maßnahmen zur Rehabilitation teilnehmen, § 539 Abs. 1 Nr. 17 RVO,

Gegen Arbeitsunfälle sind ferner versichert Personen, die wie ein nach § 539 Abs. 1 RVO Versicherter tätig werden, auch bei nur vorübergehender Tätigkeit, § 539 Abs. 2 RVO.

Heinz-Werner Glücklich

535

Im einzelnen ist zu bemerken:

81 *a) Arbeitnehmer und arbeitnehmerähnliche Personen*
Pflichtversichert sind alle aufgrund eines Arbeits-, Dienst- oder Ausbildungsverhältnisses Beschäftigten, und zwar ohne Rücksicht auf die Höhe ihres Arbeitseinkommens. Unter den aufgrund eines Arbeitsverhältnisses Beschäftigten versteht man die Arbeiter, unter den aufgrund eines Dienstverhältnisses Beschäftigten die Angestellten[24]. Die Rechtsprechung hat diesen Personenkreis dahin erweitert, daß auch betriebsförderliche Tätigkeiten vor Abschluß eines Arbeitsvertrages, die dem mutmaßlichen Willen des Unternehmers entsprechen und die in der Erwartung des nahe bevorstehenden Abschlusses eines Arbeitsvertrages verrichtet werden, dem Versicherungsschutz unterliegen[25]. Begriffswesentlich ist, daß keine selbständige Tätigkeit ausgeübt, sondern eine persönliche Abhängigkeit von einem Arbeitgeber vorliegt. Kennzeichen der persönlichen Abhängigkeit ist das Weisungsrecht des Arbeitgebers bei der Durchführung der Arbeit. Die Grenzen zwischen abhängiger und selbständiger Berufstätigkeit sind flüssig. Von Bedeutung sind die Art der Einordnung in den fremden Betrieb, die Pflicht zur Befolgung von Weisungen, Regelung und Überwachung der Arbeitszeit, Verrichtung der Arbeit in fremder Arbeitsstätte. Die rechtliche Form des Beschäftigungsverhältnisses und der Abschluß eines wirksamen Arbeitsvertrages sind nicht entscheidend. Die Vereinbarung von Zeitlohn spricht für abhängige Arbeit.

Pflichtversichert sind wegen Arbeitnehmerähnlichkeit Heimarbeiter, Zwischenmeister, Hausgewerbetreibende, ihre im Unternehmen tätigen Ehegatten und die sonstigen mitarbeitenden Personen, weiterhin Personen, die zur Schaustellung oder Vorführung künstlerischer oder artistischer Leistungen vertraglich verpflichtet sind.

82 *b) Personen, die abhängige Arbeit anstreben*
Pflichtversichert sind Personen, bei denen unterstellt wird, daß sie eine abhängige Beschäftigung anstreben, nämlich Personen, die nach den Vorschriften des AFG oder im Vollzug des Bundessozialhilfegesetzes der Meldepflicht unterliegen, wenn sie zur Erfüllung ihrer Meldepflicht die hierfür bestimmte Stelle aufsuchen oder auf Aufforderung einer Dienststelle der Arbeitslosenversicherung oder einer seemännischen Heuerstelle diese oder andere Stellen aufsuchen. Weiter fallen darunter Personen, denen von einem Versicherungsträger stationäre Behandlung im Sinne des § 559 RVO gewährt wird, die an einer berufsfördernden Maßnahme zur Rehabilitation teilnehmen oder die zur Vorbereitung von berufsfördernden Maßnahmen zur Rehabilitation auf Aufforderung eines Versicherungsträgers diese oder eine andere Stelle aufsuchen.

23 Fußnote nicht belegt.
24 Vgl. *Brackmann*, Handbuch, S. 470 d I; *Schulin*, Sozialversicherungsrecht, Randnummer 140.
25 BSGE 10, 94 = Breith., 1960, 17.

Heinz-Werner Glücklich

c) Unternehmer, bei denen ein Bedürfnis nach Unfallversicherungsschutz   83
   gesetzlich vermutet wird

Darunter fallen landwirtschaftliche Unternehmer und die mit ihnen in häuslicher Gemeinschaft lebenden Ehegatten, sofern sie Mitglied einer landwirtschaftlichen Berufsgenossenschaft sind[26].

Weiter besteht Versicherungspflicht für Küstenschiffer und Küstenfischer als Unternehmer gewerblicher Betriebe der Seefahrt (Seeschiffahrt und Seefischerei), die zur Besatzung ihrer Fahrzeuge gehören oder als Küstenfischer ohne Fahrzeug fischen und die bei dem Betrieb regelmäßig keine oder höchstens zwei pflichtversicherte Arbeitnehmer entgeltlich beschäftigen, sowie deren im Unternehmen tätige Ehegatten.

d) Versicherungspflicht wegen Tätigkeit im öffentlichen Interesse   84

Hierzu gehören die im Gesundheits- oder Veterinärwesen, in der Wohlfahrtspflege, in einem Unternehmen zur Hilfe bei Unglücksfällen, im Luftschutzdienst Tätigen, Lebensretter, Personen, die einem Bediensteten des Staates, von dem sie zur Unterstützung bei einer Diensthandlung zugezogen werden, Hilfe leisten, Personen, die sich bei Verfolgung oder Festnahme einer Person, die einer strafbaren Handlung verdächtig ist, oder zum Schutze eines widerrechtlich Angegriffenen persönlich einsetzen. Pflichtversichert sind weiter Blutspender und Spender körpereigener Gewebe, ferner Personen, die aufgrund von Arbeitsschutz- oder Unfallverhütungsvorschriften ärztlich untersucht oder behandelt werden. Ferner sind Personen versichert, die für den Bund, ein Land, eine Gemeinde, einen Gemeindeverband oder eine andere Körperschaft, Anstalt oder Stiftung des öffentlichen Rechts ehrenamtlich tätig werden, wenn ihnen nicht durch Gesetz eine laufende Entschädigung zur Sicherstellung ihres Lebensunterhalts gewährt wird, sowie die von einem Gericht, einem Staatsanwalt oder einer sonst dazu berechtigten Stelle zur Beweiserhebung herangezogenen Zeugen. Pflichtversichert sind schließlich Entwicklungshelfer, die im Ausland eine begrenzte Zeit beschäftigt sind oder im Ausland oder im Inland für eine solche Beschäftigung vorbereitet werden.

e) Sondergruppen   85

Zu den versicherten Personen gehören diejenigen, die sich in den dafür vorgesehenen Einrichtungen um ihre berufliche Aus- und Fortbildung bemühen, sowie diejenigen, die an diesen Einrichtungen ehrenamtlich lehren. Weiter sind Personen versichert, die im Rahmen der Selbsthilfe beim Hausbau, bei der Aufschließung und Kultivierung des Geländes, der Herrichtung von Wirtschaftsanlagen und der Herstellung von Gemeinschaftsanlagen mitwirken, wenn durch das Bauvorhaben öffentlich geförderte oder steuerbegünstigte Wohnungen geschaffen werden sollen.

f) Tätigwerden wie ein Versicherter   86

Um den Versicherungsschutz nach § 539 Abs. 2 RVO zu begründen, muß eine solche Tätigkeit in einem inneren, rechtlich wesentlichen Zusammenhang mit dem unterstützten Unternehmen stehen. Ein abhängiges Beschäfti-

---

26 Dahin gehören auch Jagdpächter, BSG, Der Betrieb, Beil. 5/63 zu Heft 13.

Heinz-Werner Glücklich

gungsverhältnis oder eine andere persönliche oder wirtschaftliche Abhängigkeit vom Unternehmer ist nicht erforderlich. Es muß sich aber um eine ernstliche, dem Unternehmen dienliche arbeitnehmerähnliche Tätigkeit handeln[27]. Diese Tätigkeit muß dem wirklichen oder zumindest mutmaßlichen Willen des Unternehmers entsprechen[28]. Der nicht pflicht- oder freiwillig versicherte Ehegatte des Unternehmers, der nur ab und zu mithilft, dann aber nach außen wie der Unternehmer handelt, ist nicht nach dieser Vorschrift versichert[29]. Der wirtschaftliche Wert und die Beweggründe sind unerheblich[30]. Reine Gefälligkeitshandlungen wie z. B. das Öffnen einer Tür, Ausrichten einer telefonischen Nachricht unter Nachbarn begründen keinen Versicherungsschutz[31].

Gesetzlicher Unfallversicherungsschutz bei ehrenamtlicher Tätigkeit als Vorstandsmitglied eines Arbeitgeberverbandes besteht nur unter engen Voraussetzungen. Die ehrenamtliche Tätigkeit ist als versichert anzusehen, wenn die einschlägigen Bestimmungen des Verbandes diese Tätigkeit in hauptamtlicher Funktion nicht ausschließen und sie ihrer Art nach auch in einem Arbeitsverhältnis ausgeübt werden kann[32]. Ohne Bedeutung ist dabei, ob diese Funktion tatsächlich auch hauptamtlich wahrgenommen wird. Es reicht allein die Möglichkeit aus, daß nach den gegebenen Umständen eine hauptamtliche Tätigkeit nicht ausgeschlossen ist[33].

Wie ein Versicherter sind ferner zu Arbeiten eingesetzte Gefangene tätig; für sie hat das Gesetz in § 540 RVO ausdrücklich angeordnet, daß sie versichert sind.

g) Versicherungspflicht kraft Satzung

87 Die Satzung eines Unfallversicherungsträgers kann nach § 543 RVO den versicherten Personenkreis ausdehnen auf Unternehmer, die nicht schon kraft Gesetzes versichert sind, jedoch ausgenommen Haushaltsvorstände, die in § 542 RVO bezeichneten Unternehmen sowie Reeder, die nicht zur Besatzung der Fahrzeuge gehören. Wird die Versicherungspflicht kraft Satzung auf Unternehmer ausgedehnt, so kann sie weiter ausgedehnt werden auf den im Unternehmen tätigen Ehegatten des Unternehmers. Weiter kann die Versicherungspflicht kraft Satzung ausgedehnt werden auf Personen, die nicht im Unternehmen beschäftigt sind, aber die Stätte des Unternehmens besuchen oder auf ihr verkehren, und auf die Mitglieder der Organe und Ausschüsse der Versicherungsträger bei ihrer Tätigkeit in den Organen und Ausschüssen der Verbände der Versicherungsträger, § 544 RVO.

---

27 *Thieler,* Sozialrecht, 2. Auflage, S. 72.
28 BSGE 5, 168 ff.
29 LSG Mainz, 19. 1. 1983 – L 3 U 69/82.
30 *Erlenkämper,* Sozialrecht, S. 293.
31 *Lauterbach/Watermann,* aaO, § 539 Anm. 101.
32 BSGE 16, 73 ff.
33 BSGE 42, 36 ff.

Heinz-Werner Glücklich

Die Pflichtversicherung kraft Satzung ist subsidiär; sie besteht nur, wenn eine Versicherungspflicht nach anderen Vorschriften nicht besteht.

2. Versicherungsfreiheit

Unter bestimmten Voraussetzungen bleiben Personen, die an sich versiche- 88
rungspflichtig wären, versicherungsfrei, §§ 541, 542 RVO. Es handelt sich
um solche Personen, bei denen wegen anderweitiger Versorgung oder aus
ähnlichen Gründen kein Bedürfnis für gesetzlichern Unfallversicherungsschutz besteht. Hierunter fallen insbesondere Beamte oder andere Personen
hinsichtlich der Unfälle im Rahmen eines Dienst- oder Arbeitsverhältnisses,
für das beamtenrechtliche Unfallfürsorgevorschriften oder entsprechende
Grundsätze gelten, ferner Personen, die bei Arbeitsunfällen Versorgung
nach dem Bundesversorgungsgesetz erhalten, Mitglieder geistlicher Genossenschaften, Mutterhausschwestern und ähnliche, soweit lebenslange Versorgung gewährleistet ist, Ärzte, Heilpraktiker, Zahnärzte und Apotheker
bei ihrer freiberuflichen Tätigkeit, Verwandte und Verschwägerte des Haus-
haltungsvorstands bei unentgeltlicher Beschäftigung im Haushalt mit Ausnahme landwirtschaftlicher Haushaltungen.

3. Freiwillige Versicherung

Der Unfallversicherung können freiwillig beitreten, soweit sie nicht schon 89
kraft Gesetzes oder kraft Satzung versichert sind, Unternehmer mit Ausnahme der Haushaltsvorstände und der in § 542 RVO bezeichneten Personen sowie ihre im Unternehmen tätigen Ehegatten, § 545 RVO.

Die freiwillige Versicherung erlischt, wenn der Beitrag oder Beitragsvorschuß binnen zweier Monate nach Zahlungsaufforderung nicht gezahlt
worden ist. Eine Neuversicherung bleibt solange unwirksam, bis der rück-
ständige Beitrag oder Beitragsvorschuß entrichtet worden ist, § 545 RVO.

V. Der Versicherungsfall

Versicherungsfälle der Unfallversicherung sind Arbeitsunfälle, Wegeunfälle 90
und Berufskrankheiten.

1. Der Arbeitsunfall

Der Versicherungsschutz der gesetzlichen Unfallversicherung wird dem 91
Versicherten für den Arbeitsunfall gewährt. Damit scheiden aus die eigenwirtschaftliche Tätigkeit und die Gefahren, die in den persönlichen Verhältnissen des Versicherten begründet sind (Beispiel: Ein Arbeiter stürzt infolge
eines plötzlichen Herzinfarkts und zieht sich dabei Verletzungen zu).
Ebenso sind nicht versichert allgemeine Gefahren, denen der Verletzte auch
ohne Ausübung der versicherten Tätigkeit ausgesetzt gewesen wäre (Bei-

spiel: Erdbeben). Es fehlt hier am ursächlichen Zusammenhang zwischen der Gesundheitsschädigung und der versicherten Tätigkeit.

92 Nicht versicherte eigenwirtschaftliche Tätigkeit des Versicherten liegt vor, wenn auf den Entschluß und das Verhalten des Versicherten nicht die Absicht, die berufliche Tätigkeit zu fördern, sondern die Verfolgung persönlicher Interessen derart eingewirkt hat, daß die Beziehung der unfallbringenden Tätigkeit zu einer versicherten Tätigkeit als unerheblich ausscheidet. Wenn bei sogenannten gemischten Tätigkeiten, die sich nicht in einen unternehmensbedingten und einen unternehmensfremden Teil zerlegen lassen, die Tätigkeit für das Unternehmen wesentlich war, so liegt ein Arbeitsunfall vor.

93 Eigenwirtschaftlich sind reine Vermögensangelegenheiten. Die Rechtsprechung hat jedoch beim regelmäßigen Lohnempfang eine betriebliche, also nicht eigenwirtschaftliche Tätigkeit angenommen; beim Abheben eines Geldbetrages bei einem Geldinstitut, an das der Lohn oder das Gehalt überwiesen worden ist, liegt nach ausdrücklicher gesetzlicher Bestimmung eine versicherte Tätigkeit vor, wenn der Versicherte erstmals nach Ablauf eines Lohn- oder Gehaltszahlungszeitraumes das Geldinstitut persönlich aufsucht, § 548 Abs. 1 Satz 2 RVO.

Die Einnahme der Mahlzeiten ist regelmäßig eigenwirtschaftlich. Davon gibt es jedoch Ausnahmen. Wenn beispielsweise ein Kraftfahrer eine Betriebsfahrt unterbricht, um etwas zu essen, und die Nahrungsaufnahme wesentlich der Wiedererlangung oder Erhaltung seiner Fahrfähigkeit dient, so steht er auch während einer solchen Fahrpause unter Versicherungsschutz [34]. Ebenso ist versichert die Nahrungsaufnahme in der Werkskantine, unter Umständen sogar während einer Dienstreise in der Kantine eines fremden Betriebes [35].

Ein Unfall bei einer eigenwirtschaftlichen Tätigkeit gilt jedoch immer dann als Betriebsunfall, wenn eine Betriebseinrichtung für das Zustandekommen oder die Schwere des Unfalls wesentlich war, weil in einem solchen Fall eine wirkliche Lösung vom Betrieb nicht stattgefunden hat. Dagegen löst eine selbstgeschaffene Gefahr jeden Zusammenhang mit der versicherten Tätigkeit; in diesem Falle bleibt sogar die Mitwirkung einer Betriebseinrichtung am Unfall oder an den Unfallfolgen ohne Bedeutung.

94 Verbotswidriges Handeln schließt die Annahme eines Arbeitsunfalls jedoch nicht aus, § 548 Abs. 3 RVO.

Für die Praxis wichtig ist die Frage, welche Bedeutung dem Alkoholeinfluß für das Vorliegen eines Arbeitsunfalls zukommt. Hier erhebt sich insbesondere die Frage, ob Unfälle von Kraftfahrern, die durch Alkoholeinwirkung fahruntüchtig geworden sind, als Arbeitsunfälle zu gelten haben. Nach der Rechtsprechung schließt die auf

---

34 BSG, SozR, RVO § 542 A a 33, 40.
35 BSGE 12, 247 = SozR, RVO § 542 A a 16, 28 = Breith. 1971, 15.

Heinz-Werner Glücklich

Alkohol beruhende Fahruntüchtigkeit des Kraftfahrers den Versicherungsschutz nur aus, wenn sie die unternehmensbedingten Umstände derart in den Hintergrund drängt, daß sie als rechtlich allein wesentliche Ursache des Unfalls anzusehen ist[36]. Das ist in der Regel der Fall, wenn nach der Erfahrung des täglichen Lebens ein nicht alkoholisierter Kraftfahrer wahrscheinlich nicht verunglückt wäre[37]. In gleicher Weise entscheidet das BSG bei Alkoholeinfluß auf der Arbeitsstätte[38].

In der landwirtschaftlichen Unfallversicherung ist die Grenze zwischen betrieblicher Tätigkeit und eigenwirtschaftlicher Tätigkeit wesentlich zugunsten der betrieblichen Tätigkeit erweitert, weil dort nicht wie in gewöhnlichen Verhältnissen Betrieb und Haushalt scharf unterschieden werden können.

Nicht jede Gesundheitsschädigung, die ein Verletzter im Zusammenhang mit der betrieblichen Tätigkeit, also nach Ausscheidung eigenwirtschaftlicher Tätigkeit und nach Ausscheidung allgemeiner Gefahren, erlitten hat, gilt jedoch im Sinne des Gesetzes als Arbeitsunfall. Um einen Arbeitsunfall annehmen zu können, muß es sich neben dem Zusammenhang mit der betrieblichen Tätigkeit um ein körperlich schädigendes, zeitlich höchstens auf eine Arbeitsschicht begrenztes, während der Arbeit von außen auf den Körper einwirkendes Ereignis handeln. Eine Häufung kleinerer Schädigungen, die erst in längerer Zeit einen meßbaren Grad erreicht haben, ist kein Unfall[39]. Andererseits braucht weder der genaue Zeitpunkt des Unfalls festgestellt zu werden, wenn nur die Schädigung innerhalb eines kurzen Zeitraums eingetreten ist, noch muß es sich um einen plötzlichen, ganz kurzen Vorgang handeln. Deshalb kann auch Einatmen von Gasen und Dämpfen, Erkältung, Erfrierung und Infektion mit einer Krankheit ein versicherter Unfall sein, sofern nur wahrscheinlich gemacht werden kann, daß die schädlichen Folgen während der versicherten Tätigkeit innerhalb einer Arbeitsschicht eingetragen sind. 95

Ein Arbeitsunfall liegt nur vor, wenn ein örtlicher und zeitlicher Zusammenhang mit der versicherten Tätigkeit besteht. Die Rechtsprechung hat indessen den Begriff der versicherten Tätigkeit großzügig ausgeweitet. Insbesondere bei der Unfallversicherung der Arbeitnehmer sind durch die Praxis Tätigkeiten dem Versicherungsschutz unterstellt worden, an die der Gesetzgeber ursprünglich nicht gedacht hat. Hier kommen vor allem in Betracht betriebliche Gemeinschaftsveranstaltungen und Betriebssport. Unter den Begriff der betrieblichen Gemeinschaftsveranstaltung fallen Zusammenkünfte kameradschaftlicher Art, Erntefeste, Richtfeste, Weihnachtsfeiern, Betriebsausflüge usw. Sie genießen Unfallversicherungsschutz, 96

36 *Brackmann*, S. 487 e.
37 St. Rechtsprechung, vgl. BSG vom 25. 1. 1983 – 2 RU 35/82 –.
38 BSGE 13, 9 = SozR, RVO § 542 A a 19, 29 = Breith. 1961, 13.
39 BSG, SozR, RVO § 542 A a 4, 6.

wenn der Betriebsleiter sie veranstaltet oder billigt und fördert, seine Autorität sie trägt und er selbst anwesend ist oder sich durch einen Beauftragten vertreten läßt, alle Betriebsangehörigen, wenn auch ohne Teilnahmepflicht, daran teilnehmen sollen und die Veranstaltungen der Pflege der Betriebsverbundenheit dienen; gleiches gilt auch für Veranstaltungen in Abteilungen, wenn es sich um größere Betriebe handelt oder die Erfordernisse des Betriebes keine gemeinschaftliche Veranstaltung erlauben [40].

97   Betriebssport als Maßnahme zur Gesunderhaltung der Beschäftigten und zur Wiederherstellung ihrer Arbeitskraft steht unter Unfallversicherungsschutz, wenn folgende Merkmale gegeben sind: Die Leibesübungen müssen dem Ausgleich für die Belastung durch die Betriebstätigkeit dienen, nicht dagegen der Teilnahme am allgemeinen sportliche Wettkampfsverkehr oder der Erzielung von Spitzenleistungen; die Übungen müsse mit einer gewissen Regelmäßigkeit stattfinden; der Teilnehmerkreis muß im wesentlichen auf die Beschäftigten des veranstaltenden Unternehmens oder der an der gemeinsamen Durchführung des Betriebssports beteiligten Unternehmen beschränkt sein; die Übungszeiten und die jeweilige Dauer der Übung müssen in einem dem Ausgleichszweck entsprechenden Zusammenhang mit der Betriebstätigkeit stehen; die Übungen müssen im Rahmen einer unternehmensbezogenen Organisation statfinden, zu der sich auch mehrere Unternehmen zusammenschließen können; die Organisation kann dabei auf einen aus Betriebsangehörigen bestehenden Verein übertragen werden, der die soziale Betreuung der Belegschaft bezweckt und insoweit in enger Zusammenarbeit mit dem Unternehmen steht [41]

2. Der Wegeunfall

98   Dem Arbeitsunfall steht gleich der Wegeunfall. Darunter ist zu verstehen der Unfall, der sich auf dem Weg oder der Reise zum, vom oder für den Betrieb oder die Ausbildungsstätte ereignet, § 550 RVO.

Die Einbeziehung des Wegeunfalls in den Versicherungsschutz stellt eine Erweiterung der Grundgedanken der Unfallversicherung in doppelter Hinsicht dar: Die Unfallversicherung soll die Haftpflicht des Unternehmers ablösen. Beim Wegeunfall kommt eine zivilrechtliche Haftung des Unternehmers von vornherein nicht in Betracht. Zum anderen ist die eigenwirtschaftliche Tätigkeit nicht versichert; versichert ist nur der wirtschaftliche Bereich. Der Weg wird vom Versicherten selbst gewählt, der Unternehmer hat regelmäßig keinen Einfluß darauf.

Die Schwierigkeit bei der rechtlichen Beurteilung des Wegeunfalls besteht vor allem darin, den versicherten Bereich von dem nichtversicherten Bereich abzugrenzen.

---

40 BSGE 1, 179 = SozR., RVO § 542 A a 1, 1 = SGb. 1956, 222; BSGE 7, 249 = NJW 1958, 1511; BSGE 8, 170; BSGE 17, 280; LSG Mainz, Breith. 1983, S. 682.
41 BSG, SozR, RVO § 548 Nr. 37.

Heinz-Werner Glücklich

Versicherungsschutz besteht nur für Wege, die mit der versicherten Tätig- **99** keit zusammenhängen.

Der versicherte Weg beginnt und endet mit dem häuslichen Bereich. Bei städtischen Mehrfamilienhäusern mit Einzelwohnungen wird der häusliche Bereich im allgemeinen durch die Haustür des Gebäudes begrenzt, in dem der Versicherte wohnt[42]. Bei einem Eigenheim ist die Tür der neben dem Wohnhaus erreichbaren Garage als Grenze des unversicherten häuslichen Bereichs anzusehen[43]. Da das Gesetz indessen nicht ausdrücklich verlangt, daß der Weg zur versicherten Tätigkeit von der Wohnung ausgeht oder daß der Rückweg zur Wohnung zurückführen muß, hat die Rechtsprechung Ausnahmen von den vorstehenden Grundsätzen zugelassen, so in einem Falle, in dem sich ein Versicherter vor der Arbeit zunächst von der Wohnung aus zu einer Wäscherei begab, um dort Wäsche zu plätten und zu mangeln, und danach auf der Fahrt zur Arbeitsstätte vor Erreichen der üblicherweise benutzten Wegstrecke verunglückte[44]. Der innere Zusammenhang mit der versicherten Tätigkeit und sonach Versicherungsschutz werden bejaht für Wege in der Arbeitspause, um in einer Gaststätte das Mittagessen einzunehmen oder Nahrungsmittel zum sofortigen Verzehr zu kaufen; erforderlich ist hier, daß Essen und Trinken der Erhaltung oder Wiederherstellung der Arbeitskraft dienen[45]. Selbst bei Wegen zur Beschaffung reiner Genußmittel während der Arbeitspause (z. B. Besorgen von Zigaretten) wird je nach der Lage des Falls ein Wegeunfall angenommen, und zwar dann, wenn das Rauchen für den Beschäftigten eine Notwendigkeit bedeutete, die in ihrer Unabweisbarkeit etwa der Stillung des Hungergefühls gleichkam[46]. Wenn der Versicherte eine Gaststätte oder die Wohnung eines Bekannten aufsucht, kommt es darauf an, ob ihn lediglich private Motive davon abhalten, seine eigene Wohnung aufzusuchen (dann kein Versicherungsschutz) oder ob hierfür auch Gründe der versicherten Tätigkeit eine Rolle spielen, weil z. B. wegen auswärtiger Arbeiten dem Versicherten eine Heimkehr nicht zumutbar ist (dann Versicherungsschutz)[47]. Die Wahl des Beförderungsmittels steht dem Versicherten frei, sofern es sich nur um ein allgemein übliches Verkehrsmittel handelt. Die plötzlich notwendig werdende Reparatur am eigenen Beförderungsmittel steht unter Versicherungschutz, dagegen nicht das Auftanken eines Kraftfahrzeugs in der Arbeitspause[48]. Mitfahrer auf fremden Fahrzeugen sind auch während der erforderlichen Wartezeit versichert.

Der Versicherungsschutz des Wegeunfalls entfällt mit dem Wegfall des **100** inneren Zusammenhangs mit der betrieblichen Tätigkeit. Dies ist der Fall beim Umweg, bei der Unterbrechung und bei der Lösung vom Unternehmen.

Ein Umweg liegt vor, wenn ein Versicherter nicht die unmittelbare Wegstrecke zu oder von dem Ort der versicherten Tätigkeit zurücklegt. Hier bleibt der Versiche-

42 BSG, SozR, RVO § 543, A a 1, 3; BSGE 2, 239; 22, 240.
43 BSG, SGb. 1966, 354 = Der Betrieb 1966, 1524.
44 BSG, SozR, RVO § 543 A a 25, 32.
45 RVA, EuM 21, 281; 48, 162; BSGE 12, 254 = SozR, RVO § 543 A a 20, 27.
46 BSG a.a.O.; LSG Nordrhein-Westfalen, SGb. 1954, 18 = Breith. 1956, 596.
47 BSGE 22, 60.
48 BSGE 16, 77 = SozR, RVO § 543, A a 28, 35.

rungsschutz dann erhalten, wenn der Umweg durch die versicherte Tätigkeit bedingt oder nicht erheblich ist. Die Unterscheidung, ob der Umweg erheblich oder nicht erheblich ist, ist deshalb gerechtfertigt, weil ein Umweg aus eigenwirtschaftlichen Gründen immer eine sogenannte gemischte Tätigkeit ist, die sich nicht in einen unternehmensbedingten und einen unternehmensfremden Teil zerlegen läßt. Daraus ergibt sich dann nach allgemeinen Grundsätzen Versicherungsschutz, solange nicht die eigenwirtschaftlichen Zwecke überwiegen, was bei erheblichen Umwegen angenommen wird[49].

Der Versicherungsschutz entfällt während Wegeunterbrechungen. Zu den Wegeunterbrechungen zählt der Abweg, bei dem die übliche Wegstrecke etwa an derselben Stelle verlassen und wieder erreicht wird. Dahin gehört ferner die Unterbrechung des Weges aus eigenwirtschaftlichen Gründen, z. B. zum Einkauf von Lebensmitteln für die Familie, zum Besuch von Bekannten oder einer Gaststätte. Während der Unterbrechung entfällt der Versicherungsschutz; mit der Fortsetzung des Weges lebt er wieder auf[50].

101

Der Versicherungsschutz des Wegeunfalls entfällt bei der Lösung vom Unternehmen. Eine Lösung vom Unternehmen wird angenommen, wenn der Versicherte eigenwirtschaftliche Tätigkeit in solchem Ausmaß und Umfang vorgenommen hat, daß bei dem Weg ein Zusammenhang mit der versicherten Tätigkeit endgültig und nicht nur, wie bei der Wegeunterbrechung, vorübergehend entfällt. Eine endgültige Lösung vom Unternehmen liegt z. B. vor, wenn sich der Versicherte nicht nur zur Erholung und Nahrungsaufnahme, sondern einige Stunden lang in ein Wirtshaus begibt oder gar mehrere Wirtshäuser nacheinander besucht. Ebenso liegt eine Lösung vom Unternehmen vor, wenn der Versicherte fast drei Stunden lang private Einkäufe macht, daher für die Fortsetzung des Weges dieser privat-eigenwirtschaftliche Zweck im Vordergrund steht[51].

Der Wegfall des Versicherungsschutzes für Wegeunfälle bei der Lösung vom Unternehmen wird teils damit begründet, daß die unternehmensbezogenen Wegemotive hier zurückgedrängt seien[52], teils damit, daß der ursächliche Zusammenhang mit der betrieblichen Tätigkeit entfalle[53].

Lösung vom Betrieb liegt auch vor, wenn die alkoholbedingte Fahruntüchtigkeit die allein wesentliche Ursache des Unfalls ist[54].

102

3. Die Berufskrankheit

Dem Arbeitsunfall stehen nach § 551 RVO die Berufskrankheiten gleich. Berufskrankheiten sind Krankheiten, welche die Bundesregierung durch

---

49 Vgl. *Lauterbach/Watermann*, Unfallversicherung, § 550 RVO, Anm. 15; *Brackmann*, Handbuch S. 486 q ff.
50 BSG, SozR, RVO § 543 A a 2, 5; BSG, Breith. 1969, S. 937.
51 BSG, Breith. 1972, 914.
52 Vgl. *Bley*, Sozialrecht, C III 4 b cc (S. 140).
53 Vgl. *Miesbach-Baumer*, Die gesetzliche Unfallversicherung, Kommentar, § 550 RVO, Anm. 4 d.
54 BSG, Der Betrieb 1966, 156; BSG, SGb. 1966, 259 = Der Betrieb 1966, 1524.

Rechtsverordnung bezeichnet hat und die ein Versicherter bei einer versicherten Tätigkeit erleidet.

Berufskrankheiten sind grundsätzlich nur solche Krankheiten, die in die Verordnung aufgenommen worden sind[55]. Maßgebend für die Bezeichnung als Berufskrankheit durch Verordnung der Bundesregierung ist, daß es sich um eine Zwischen- oder Enderkrankung handelt, die durch allmähliche, stetige Einwirkung des betreffenden Berufes auf den Arbeitnehmer hervorgerufen wird und bei Angehörigen der jeweiligen Berufsgattung häufiger auftritt als bei anderen Personen.

Die Aufzählung in der Berufskrankheitenverordnung ist jedoch insoweit nicht erschöpfend, als nach § 551 Abs. 2 RVO die Träger der Unfallversicherung im Einzelfall eine Krankheit, auch wenn sie nicht in der Rechtsverordnung bezeichnet ist oder die dort bestimmten Voraussetzungen nicht vorliegen, wie eine Berufskrankheit entschädigen sollen, wenn nach neuen Erkenntnissen eine Bewertung als Berufskrankheit als gerechtfertigt erscheint. Die Verwendung des Wortes »sollen« im gesetzlichen Tatbestand zeigt zwar, daß die Versicherungsträger bei Anerkennung einer Berufskrankheit, die nicht in der Rechtsverordnung der Bundesregierung enthalten ist, nach Ermessensgrundsätzen handeln. Es handelt sich jedoch um ein gebundenes Ermessen. Der Gebrauch des Ermessens kann nach § 54 Abs. 2 Satz 2 SGG vom Sozialgericht daraufhin überprüft werden, ob von ihm in einer dem Zweck der Ermächtigung entsprechenden Weise Gebrauch gemacht worden ist. Praktisch wird danach in den meisten Fällen der Gebrauch des Ermessens gerichtlich nachgeprüft werden können[56].

IV. Der ursächliche Zusammenhang

Der Versicherungsfall in der gesetzlichen Unfallversicherung tritt nicht schon ein, wenn sich ein Unfall bei einer versicherten Tätigkeit ereignet hat. Erforderlich ist vielmehr, daß der Versicherte den Unfall *durch* die versicherte Tätigkeit oder wenigstens die dem Betrieb eigentümlichen Gefahren erleidet. Für die rechtliche Beurteilung des Kausalzusammenhangs ist die naturwissenschaftliche Kausallehre ungeeignet. Nach naturwissenschaftlicher Betrachtung sind ursächlich für einen Erfolg alle solchen Ereignisse oder Zustände, die nicht hinweggedacht werden können, ohne daß der Erfolg entfiele. Nicht jede solche Erfolgsbedingung ist damit jedoch schon Ursache im Rechtssinn. Nach der im Zivilrecht herrschenden Lehre vom adäquaten Kausalzusammenhang gelten als Ursache im Rechtssinne nur die-

103

---

55 Vgl. Anlage zur BKVO; *Erlenkämper*, a.a.O., S. 309 ff.
56 Vgl. *Göbelsmann/Barzenberg*, RVO Gesamtkommentar, § 551, Anm. 7; *Erlenkämper*, a.a.O., S. 70 ff. mit weiteren Nachweisen.

jenigen Bedingungen (Zustände, Handlungen, Unterlassungen) als ursächlich, die dem eingetretenen Erfolge adäquat sind. Danach sind solche Bedingungen im Rechtssinne nicht ursächlich, die bei vernünftiger Betrachtung für den Erfolgseintritt ganz gleichgültig und nicht geeignet sind, den Erfolgseintritt zu begünstigen. Das Sozialrecht begrenzt diejenigen Bedingungen, die als Ursachen im Rechtssinne angesehen werden, durch die vom RVA entwickelte und vom BSG fortgesetze Lehre der *wesentlichen* Bedingung noch stärker als das Zivilrecht. Während nach der im Zivilrecht herrschenden Lehre vom adäquaten Kausalzusammenhang alle Bedingungen als ursächlich gelten, soweit sie nicht nach natürlicher Betrachtungsweise ganz ungeeignet sind, einen solchen Erfolg herbeizuführen, sind im Sozialrecht nur ursächlich wesentliche Bedingungen des Erfolgs. Danach wird nur diejenige Bedingung als ursächlich angesehen, die nach der Auffassung des praktischen Lebens wegen ihrer besonderen Beziehung zum Erfolg zu dessen Eintritt wesentlich mitgewirkt hat[57]. Der Begriff der wesentlichen Ursache ist ein Wertbegriff; ob eine Ursache für den Erfolg wesentlich ist, beurteilt sich nach dem Wert, den sie bei vernünftiger Betrachtungsweise hat. Sind mehrere Ereignisse als gleichwertige Ursachen für einen Unfall anzusehen, so ist jedes Ereignis, sofern es als Ursache an sich wesentlich ist, für sich allein Ursache im Sinne der Unfallversicherung.

104   Um den Tatbestand eines Versicherungsfalles im Sinne der Unfallversicherung zu erfüllen, muß ein solcher ursächlicher Zusammenhang in doppelter Weise gegeben sein. Er muß einmal gegeben sein zwischen der unfallbringenden Tätigkeit und dem Unfallereignis (haftungsbegründende Kausalität), zum anderen zwischen dem Unfallereignis und der Gesundheitsschädigung (haftungsausfüllende Kausalität).

105   Man unterscheidet zwischen unmittelbarem und mittelbarem Schaden. Von unmittelbarem Schaden spricht man, wenn sich der Gesundheitsschaden ohne jeden Zutritt einer weiteren Verletzung aus dem angeschuldigten Unfall ergeben hat. Dafür ist nicht erforderlich, daß der Gesundheitsschaden sofort nach dem Unfall eintritt. Auch wenn der Gesundheitsschaden erst nach Jahren entdeckt wird, wie das mitunter bei Herzschäden der Fall ist, kann noch immer ein unmittelbarer Schaden vorliegen. Von mittelbarem Schaden spricht man dann, wenn der Gesundheitsschaden erst durch das Hinzutreten einer späteren neuen Verletzung, etwa eines neuen Unfalls, eingetreten ist. Man spricht dann von mittelbarer Unfallfolge. Ein späterer Unfall ist jedoch nur dann Folge eines früheren Unfalls, wenn die aus der

---

57 Vgl. BSGE 1, 76; 1, 150; 1, 254; 3, 240; 8, 48; 11, 50; 12, 242; 14, 296; 30, 167; BSG NJW 1958; 1206; *Pesch*, NJW 1956, 1974 ff.; *Haueisen*, JZ 1961, 9 ff. *Brackmann*, Handbuch, S. 480 d ff.; *Klingmüller*, Der Kausalitätsbegriff in der Rechtsprechung des BSG – Handlungen und Tendenzen: Rechtsschutz im Sozialrecht, herausgegeben von *Weber, Ule* und *Bachof,* 1965, S. 127 ff.

ersten Verletzung herrührende Beeinträchtigung des körperlichen Zustands bei der Entstehung des späteren Unfalls wesentlich mitgewirkt hat.

Auch wenn der Unfall den geltend gemachten Gesundheitsschaden nicht **106** hervorgerufen, sondern ihn nur verschlimmert hat, liegt ein Versicherungsfall im Sinne des Unfallversicherungsrechts vor. Entschädigt wird dann aber nicht der Gesundheitsschaden im Ganzen, sondern nur der Verschlimmerungsanteil. Die Abgrenzung des Verschlimmerungsanteils vom Gesundheitsschaden im Ganzen ist eine medizinische Frage, die durch Zuhilfenahme von Sachverständigen zu klären ist.

Bei der Verschlimmerung eines Leidens unterscheidet man zwischen vor- **107** übergehender und bleibender Verschlimmerung, bei der bleibenden Verschlimmerung wieder zwischen einer abgrenzbaren und einer richtunggebenden Verschlimmerung. Eine Verschlimmerung, die nach einiger Zeit abklingt oder sich wegen der ohnehin gegebenen schicksalsmäßigen Entwicklung des Leidens nicht mehr auswirkt, bezeichnet man als vorübergehend. Sie wird nur solange entschädigt, wie sie vorhanden ist.

Die bleibende Verschlimmerung kann den Gesundheitszustand zwar einmal, dann aber dauernd und gleichbleibend beeinflussen. Dann liegt eine **108** bleibende, abgrenzbare Verschlimmerung vor. Der Unfall kann aber auch bewirken, daß dadurch der gesamte weitere Krankheitsverlauf beeinflußt wird; diese Einwirkungen sind dann auch für die im Laufe der Jahre eintretenden weiteren Verschlimmerungen der Gesundheitsschädigung ursächlich und geben ihr die Richtung. Hier spricht man von einer richtunggebenden Verschlimmerung.

Im allgemeinen wird sich alsbald nach dem Unfall noch nicht entscheiden lassen, ob eine bleibende Verschlimmerung abgrenzbar oder richtunggebend ist. Diese Frage erhebt sich auch im allgemeinen erst, wenn später eine weitere Verschlimmerung des Leidens eintritt und nun zu entscheiden ist, ob diese noch durch den Unfall verursacht ist, d. h. ob sie richtunggebend war.

Eine ähnliche Bedeutung hat der Begriff der richtunggebenden Verschlimmerung beim Todesfall. Ein Versicherungsfall liegt vor, wenn der Tod als unmittelbare oder auch mittelbare Folge des Unfalls eintritt. Bei einem anlagebedingten Leiden, das schicksalsmäßig zum Tode führt, liegt richtunggebende Verschlimmerung und damit Ursächlichkeit für den Tod vor, wenn der Unfall den Eintritt des Todes um mindestens ein Jahr beschleunigt hat[58].

Zur Beweislast für den ursächlichen Zusammenhang:

Unter (objektiver) Beweislast versteht man den Nachteil, den eine Partei **109** deshalb trägt, weil ein rechtserheblicher Umstand nicht aufgeklärt werden kann. Die vielfach vertretene Meinung, im Sozialrecht gebe es keine Beweislast, ist falsch. Auch im Sozialrecht lassen sich mitunter rechtserhebliche

---

58 BSG, SozR, RVO § 542, A a 5, 10.

Umstände nicht aufklären, also weder mit Sicherheit bejahen, noch mit Sicherheit verneinen. Dann ist zum Nachteil derjenigen Partei zu entscheiden, die für diesen Umstand die Beweislast trägt. Im Unfallversicherungsrecht trägt der Versicherte die Beweislast für den ursächlichen Zusammenhang. Das Bundesversorgungsgesetz hat hier für das Recht der Kriegsopferversorgung in § 1 Abs. 3 BVG eine Beweiserleichterung geschaffen. Danach genügt zur Anerkennung einer Gesundheitsstörung als Folge einer Schädigung bereits die Wahrscheinlichkeit des ursächlichen Zusammenhangs. Im Unfallversicherungsrecht gibt es keine entsprechende Bestimmung. Im Ergebnis ist der praktische Unterschied aber deshalb nicht groß, weil die Rechtsprechung mit Beweiserleichterungen für den Verletzten arbeitet. Danach ist ursächlicher Zusammenhang anzunehmen, wenn bei vernünftiger Abwägung aller für den Zusammenhang sprechenden Umstände die für den Zusammenhang sprechenden so stark überwiegen, daß die dagegenstehenden billigerweise für die richterliche Überzeugung außer Betracht bleiben können [59].

VII. Leistungen der Unfallversicherung nach Eintritt des Versicherungsfalles

110   Die Unfallversicherung ersetzt Schäden, die durch Körperverletzung, durch Tötung oder durch Beschädigung eines Körperersatzstücks entstehen. Dabei werden die Leistungen abstrakt nach allgemeinen Merkmalen, insbesondere nach den Verhältnissen des allgemeinen Arbeitsmarktes berechnet. Es wird also auch Rente gezahlt, wenn der Verletzte nach dem Unfall gar keinen Verdienstausfall erleidet, und zwar bis zu seinem Lebensende. Ebenso wird Witwenrente gezahlt für Zeiten, in denen der tödlich verunglückte Ehemann nach dem normalen Verlauf der Dinge ohnehin keinen Unterhalt mehr hätte leisten können. Der Nachweis eines konkreten Schadens ist nicht erforderlich. Dafür gibt es aber keinen vollen Schadenersatz und auch kein Schmerzensgeld.

Die Leistungen der Unfallversicherung werden von Amts wegen gewährt; es bedarf keines Antrags des Versicherten oder seiner Angehörigen. Der Unternehmer hat jeden Unfall in seinem Betrieb anzuzeigen, wenn durch den Unfall ein im Betrieb Beschäftigter getötet oder so verletzt ist, daß er stirbt oder für mehr als drei Tage arbeitsunfähig wird, § 1552 Abs. 1 RVO.

Verbotswidriges oder fahrlässiges Verhalten des Versicherten hindert die Leistungen nicht. Der Entschädigungsanspruch entfällt aber, wenn ein Versicherter den Arbeitsunfall vorsätzlich herbeigeführt hat, § 553 RVO.

---

59 Vgl. *Wilde*, Grundzüge des Sozialrechts, S. 55; *Schulin*, Sozialversicherungsrecht, Randnummer 182; *Brackmann*, Handbuch, S. 480 o I; *Erlenkämper*, a.a.O., S. 97 ff. mit weiteren Nachweisen.

Heinz-Werner Glücklich

Die Leistungen aus der Unfallversicherung werden auch dann gewährt, wenn der Unfall im Ausland eingetreten ist und ein deutscher Versicherungsträger zu leisten hat. In bestimmten Fällen wird Entschädigung auch dann gewährt, wenn der Verletzte bei einem nichtdeutschen Versicherungsträger oder überhaupt nicht versichert war. Hierdurch sollen die durch Kriegs- und Nachkriegsereignisse benachteiligten Personen, insbesondere Vertriebene und heimatlose Ausländer, so gestellt werden, als ob sie den Unfall im Bundesgebiet erlitten hätten.

Bei den Leistungen aus der Unfallversicherung unterscheidet man Leistungen zur Wiederherstellung der Erwerbsfähigkeit, Geldleistungen an Verletzte und Geldleistungen an Hinterbliebene.

1. Leistungen zur Wiederherstellung der Erwerbsfähigkeit

Leistungen zur Wiederherstellung der Erwerbsfähigkeit des Verletzten werden in der Fachsprache der Sozialversicherung als Rehabilitationsmaßnahmen bezeichnet. Sie beziehen sich auf die medizinische und auf die berufliche Wiederherstellung. Dahin gehören vor allem die Heilbehandlung, die Geldleistungen während der Heilbehandlung (Verletzten- und Übergangsgeld) und die Berufshilfe (berufliche Rehabilitation): 111

a) Heilbehandlung

Anspruch auf Heilbehandlung und Übergangsgeld besteht nicht für Versicherte der gesetzlichen Krankenversicherung. Insoweit sind die Krankenkassen leistungspflichtig. Der Träger der Unfallversicherung kann jedoch ein berufsgenossenschaftliches Heilverfahren einleiten, d. h. die Heilbehandlung und die Zahlung der während der Heilbehandlung zu gewährenden Geldleistungen übernehmen, § 565 RVO. Im Innenverhältnis zwischen Unfall- und Krankenversicherung muß der Träger der Unfallversicherung an den Träger der Krankenversicherung alle Aufwendungen mit Ausnahme des Sterbegeldes, die nach Ablauf des 18. Tages nach dem Arbeitsunfall entstehen, erstatten. 112

Seit jeher haben sich die Träger der Unfallversicherung auf besondere Heilverfahren bei bestimmten Verletzungsarten, vor allem in entsprechenden Spezialkrankenanstalten, spezialisiert. Zu diesem Zwecke unterhalten Berufsgenossenschaften oft eigene Unfallkliniken und eine Klinik für Berufskrankheiten, ferner Sonderstationen in anderen Kliniken[60].

Die Heilbehandlung in der Unfallversicherung umfaßt ärztliche Behandlung mit freier Arztwahl, Versorgung mit Arznei und Verbandmitteln, Heilmittel einschließlich Krankengymnastik, Bewegungstherapie, Sprachtherapie, Beschäftigungstherapie, Ausstattung mit Körperersatzstücken, orthopä-

---

60 Vgl. *Lauterbach*, Unfallversicherung, § 557 RVO, Anm. 41; *Bürkle de la Camp*, Entwicklungen auf dem Gebiete der Unfallheilkunde, Festschrift für Lauterbach, 1961, S. 213 ff.; *Lindemann*, Fortschritte der Behandlung Schwerunfallversehrter, Festschrift für Lauterbach, 1961, S. 225 ff.

Heinz-Werner Glücklich 549

dischen und anderen Hilfsmitteln einschließlich der notwendigen Änderung, Instandsetzung und Ersatzbeschaffung sowie der Ausbildung im Gebrauch der Hilfsmittel sowie Belastungserprobung und Arbeitstherapie, § 557 Abs. 1 Nr. 1 bis 5 RVO. Ein durch den Arbeitsunfall beschädigtes Körperersatzstück oder größeres orthopädisches Hilfsmittel hat der Träger der Unfallversicherung wiederherzustellen oder zu erneuern, § 557 Abs. 4 RVO.

b) Pflege

113 Die Gewährung von Pflege gilt als Teil der Heilbehandlung, § 557 Abs. 1 Nr. 6 RVO. Pflege wird gewährt, solange der Verletzte infolge des Unfalls oder der Berufskrankheit so hilflos ist, daß er nicht ohne Wartung und Pflege sein kann, § 558 Abs. 1 RVO. Hilflos ist ein Verletzter, wenn er für zahlreiche Verrichtungen des Lebens Hilfe bedarf. Die Pflege wird entweder gewährt durch Hauspflege (Stellung der erforderlichen Hilfe und Wartung durch Krankenpfleger, Krankenschwestern oder auf andere Weise) oder durch Anstaltspflege (Gewährung von Unterkunft mit Verpflegung in einem Krankenhaus oder in einer Kur- oder Spezialeinrichtung mit stationärer Behandlung), § 559 RVO.

Während der Pflege kann ein Pflegegeld gezahlt werden, das nach dem RAG 1986 vom 1. 7. 1986 an zwischen 402,– DM und 1607,– DM monatlich beträgt, § 558 Abs. 3 RVO.

114 c) Verletztengeld

Wenn ein Versicherter infolge Arbeitsunfalles arbeitsunfähig ist, hat er Anspruch auf das Verletztengeld, soweit er kein Arbeitsentgelt erhält, § 560 RVO. Das Verletztengeld ist sonach Lohnersatz und entspricht dem Krankengeld in der Krankenversicherung. Kein Anspruch auf Verletztengeld besteht, soweit ein Träger der Krankenversicherung Krankengeld zahlt, § 565 Abs. 1 RVO. Soweit Verletztengeld gezahlt wird, entfallen Ansprüche auf Krankengeld, § 565 Abs. 2 Satz 2 RVO.

Das Verletztengeld wird im wesentlichen nach denselben Grundsätzen berechnet wie das Krankengeld, § 561 Abs. 1 RVO mit Verweisung auf § 182 RVO.

Dem Verletzten kann jedoch neben dem Krankengeld noch Verletztengeld zustehen, soweit der gesetzliche Betrag des Verletztengeldes das Krankengeld übersteigt. Das Krankengeld wird nach dem Regellohn berechnet. Jedoch wird nach §§ 182 Abs. 9, 180 Abs. 1 Satz 3, 165 Abs. 1 Nr. 2, 1385 Abs. 2 RVO der Regellohn nur bis zu einem Betrag von 4500,– DM monatlich (gilt für 1988!) berücksichtigt. Das Krankengeld beträgt daher im Höchstfall 80 % von 4500,– DM. Das sind monatlich 3600,– DM. Dagegen kann in der Unfallversicherung die Satzung der Berufsgenossenschaft nach § 575 Abs. 2 einen höheren Betrag als 4500,– DM monatlich als Regellohn bestimmen. Soweit sonach im Einzelfall das Verletztengeld das Krankengeld übersteigt, hat der Verletzte Anspruch auf Zahlung des Differenzbetrages neben dem Krankengeld.

Das Verletztengeld endet mit der Gewährung der Verletztenrente. Wenn jedoch bei einer späteren Wiedererkrankung an Unfallfolgen erneut Arbeitsunfähigkeit eintritt, so ist Verletztengeld auch neben der Verletztenrente zu zahlen; es berechnet sich in diesem Falle nach dem Entgelt, das der Verletzte vor der Wiedererkrankung erzielt hatte.

d) Berufshilfe
115

Die Berufshilfe dient dazu, dem Verletzten nach seiner Leistungsfähigkeit unter Berücksichtigung seiner Eignung, Neigung und bisherigen Tätigkeit möglichst auf Dauer beruflich einzugliedern, § 556 Abs. 1 Nr. 2 RVO. Die Berufshilfe umfaßt die Maßnahmen zur Wiedergewinnung der Fähigkeit, den bisherigen oder einen möglichst gleichwertigen Beruf oder eine entsprechende Erwerbstätigkeit auszuüben. Während einer Maßnahme der Berufshilfe muß für die wirtschaftliche Sicherheit des Verletzten und seiner Angehörigen besonders gesorgt werden. Nach § 568 Abs. 1 RVO erhält er daher über § 560 RVO hinaus Übergangsgeld auch dann, wenn er wegen der Teilnahme an einer Maßnahme der Berufshilfe daran gehindert ist, eine ganztägige Erwerbstätigkeit auszuüben. Dieser Anspruch ist jedoch subsidiär gegenüber dem Anspruch auf Verletztengeld nach § 560 RVO.

2. Renten an Verletzte

Dem Ausgleich der durch den Arbeitsunfall oder die Berufskrankheit erlittenen Einbuße an beruflicher Leistungsfähigkeit dient die Verletztenrente; sie erhöht sich bei Schwerverletzten um die Kinderzulage, §§ 580 ff. RVO.
116

Zu unterscheiden ist die vorläufige Rente und die Dauerrente, § 1585 RVO. Voraussetzung für die Gewährung von Rente ist, daß die zu entschädigende Minderung der Erwerbsfähigkeit über die 13. Woche nach dem Arbeitsunfall hinaus andauert und daß sie mindestens 20 v. H. beträgt. Die Verletztenrente beginnt grundsätzlich mit dem Tage nach dem Wegfall der Arbeitsunfähigkeit im Sinne der Krankenversicherung, § 580 RVO.
117

Hat Arbeitsunfähigkeit im Sinne der Krankenversicherung nicht vorgelegen, so beginnt die Verletztenrente schon mit dem Tage nach dem Arbeitsunfall, § 580 Abs. 4 RVO.

Die Verletztenrente der Unfallversicherung wird im allgemeinen nach dem Jahresarbeitsverdienst des Verletzten errechnet, § 581 RVO. Jahresarbeitsverdienst ist grundsätzlich das Arbeitseinkommen, das der Verletzte im letzten Jahr vor dem Unfall bezogen hat, §§ 570 ff. RVO.

Der Jahresarbeitsverdienst ist nach unten und nach oben begrenzt. Er beträgt nach § 575 Abs. 1 RVO mindestens für Personen, die das 18. Lebensjahr vollendet haben, 60 v. H., für Personen, die das 18. Lebensjahr nicht vollendet haben, 40 v. H. der im Zeitpunkt des Arbeitsunfalls maßgebenden Bezugsgröße nach § 18 SGB IV. Bezugsgröße ist danach das durchschnittliche Arbeitsentgelt aller Versicherten der Rentenversicherung der Arbeiter und der Angestellten ohne Auszubildende im vorvergange-

nen Kalenderjahr, aufgerundet auf den nächsthöheren, durch 840 teilbaren Betrag. Der Bundesminister für Arbeit und Sozialordnung gibt die Bezugsgröße alljährlich bekannt.
Danach beträgt die Bezugsgröße
– für 1986: jährlich 34 440 DM, monatlich 2870 DM[61],
– für 1987: jährlich 36 120 DM, monatlich 3010 DM[62],
– für 1988: jährlich 36 960 DM, monatlich 3080 DM[63].

Der der Rentenberechnung zugrundezulegende Jahresbetrag ist nach oben durch den Betrag von 36 000,– DM im Jahre begrenzt, § 575 Abs. 2 RVO. Durch Satzung der Berufsgenossenschaft, durch Verordnung der Bundesregierung oder der Landesregierung oder durch Ortssatzung der Gemeinde, soweit diese Träger der Versicherung ist, kann auch ein höherer Betrag bestimmt werden, § 575 Abs. 2 RVO.

Ist der danach zu berechnende Jahresarbeitsverdienst in erheblichem Maße unbillig, so ist der Jahresarbeitsverdienst im Rahmen des § 575 RVO nach billigem Ermessen festzustellen, § 577 RVO. Hierbei ist außer den Fähigkeiten, der Ausbildung und der Lebensstellung des Verletzten seine Erwerbsfähigkeit z. Z. des Arbeitsunfalls oder, soweit er nicht gegen Entgelt tätig war, eine gleichartige oder vergleichbare Erwerbstätigkeit zu berücksichtigen, § 577 Satz 2 RVO.

Die Renten werden als Vollrente oder Teilrente je nach dem Maß der Minderung der Erwerbsfähigkeit (MdE) gewährt. Vollrente erhält ein Verletzter, der infolge des Arbeitsunfalls seine Erwerbsfähigkeit völlig verloren hat (MdE 100 v. H.). Ist die Erwerbsfähigkeit des Verletzten nicht völlig verloren, beträgt ihre Minderung aber mindestens 20 v. H., erhält er eine Teilrente in Höhe desjenigen Teils der Vollrente, die dem Grad der MdE entspricht. Die Vollrente beläuft sich auf $^2/_3$ des Jahresarbeitsverdienstes; die Teilrente ist entsprechend geringer, § 581 Abs. 1 RVO.

Abstrakte Erwerbsminderungen von weniger als 20 v. H. wirken sich im konkreten Fall im allgemeinen nicht als entgeltmindernd aus, weil die Verletzten eine so geringe körperliche Minderung durch Gewöhnung ausgleichen können. Deshalb wird für eine abstrakt berechnete Minderung der Erwerbsfähigkeit von weniger als 20 v. H. keine Rente gewährt.

Muster 2

Gesuch um Gewährung von Verletztenrente

An die
Hessische Ausführungsbehörde für Unfallversicherung
Frankfurt am Main

Gesuch um Gewährung von Verletztenrente des Konzertmeisters N. N. _____,
Antragstellers, vertreten durch Rechtsanwalt _____. Namens des Antragstellers,

61 Bundesanzeiger vom 11. 1. 1986.
62 Bundesanzeiger vom 31. 12. 1986.
63 Bundesanzeiger vom 17. 12. 1987.

Heinz-Werner Glücklich

dessen Vollmacht ich überreiche, beantrage ich in dem von Amts wegen eingeleiteten Verwaltungsverfahrens:
dem Antragsteller aus Anlaß der Beeinträchtigung des Sehvermögens durch
Arbeitsunfall vom _____ Verletztenrente zu gewähren.

Begründung

Der Antragsteller war als Orchestermusiker am Hessischen Staatstheater in _____
angestellt und als solcher beim Lande Hessen gesetzlich unfallversichert.
Am _____ fand eine Orchesterprobe statt, an welcher der Antragsteller mitwirkte.
Da der Orchesterraum des Staatstheaters wegen anderweitiger Inanspruchnahme
der Bühne für die Probe nicht zur Verfügung stand, wurde sie im Foyer abgehal-
ten. An diesem Tage war trübes Wetter. Die Tagesbeleuchtung reichte nicht aus.
Die Probe begann deshalb mit der im Foyer installierten normalen Beleuchtung.
Diese Beleuchtung reichte zur genügenden Erhellung der Notenpulte nicht aus.
Das führte zu einer übernormalen Ermüdung der Orchestermitglieder und zu laufenden Beanstandungen. Die Probe wurde deshalb unterbrochen. Zur Verbesserung der Beleuchtungsverhältnisse wurden zwei Tiefstrahler von je 2000 Watt auf-
gehängt, und zwar nur wenige Meter von den Notenpulten entfernt. Als sie plötzlich eingeschaltet wurden, gaben sie ein außergewöhnlich grelles Licht. Als das
Scheinwerferlicht den Antragsteller plötzlich aus nächster Nähe anstrahlte, wurde
er geblendet. Er konnte nur mit Mühe die Probe bis zum Ende mitmachen. Es tra-
fen Kopfschmerzen auf, die immer heftiger wurden. Auf dem Heimweg flimmerte
es ihm stark vor den Augen. Zu Hause angekommen, war sein Sehvermögen so
beeinträchtigt, daß er nicht mehr lesen konnte. Da der Zustand sich nicht
besserte, begab er sich am _____ in die Behandlung des Augenarztes Dr.
med. _____.
Seitdem ist beim Antragsteller eine Sehstörung zurückgeblieben, die ihn in seinem Beruf als Orchestermusiker berufsunfähig macht und eine MdE von weit mehr
als 20 v. H. bewirkt. Der Antragsteller hat nämlich beiderseits dicht neben dem
Fixationspunkt einen kleinen Gesichtsfeldausfall. Er kann deshalb nicht mehr
Noten vom Blatt abspielen. Der Antragsteller sieht in den Vorgängen bei der
Orchesterprobe vom _____ einen Arbeitsunfall, der im ursächlichen Zusammenhang mit der eingetretenen MdE steht.
Nach fachärztlichen Gutachten stellt der aufgetretene Gesichtsfeldausfall die
erste Manifestation einer schon vorher vorhanden gewesenen Gefäßerkrankung
dar. Diese selbst wurde durch die Orchesterprobe richtunggebend verschlimmert.
Nur die außergewöhnliche Überanstrengung der Augen bei der Orchesterprobe
hat es vermocht, an dem nur latent erkrankten Gehirn eine pathologische Reaktion auszulösen. Das schädigende Ereignis – Orchesterprobe – war ein wesentlicher Faktor für das Eintreten dieser pathologischen Reaktion. Die Grundkrankheit
befand sich im Zeitpunkt des Unfalls noch in einem Vorstadium, so daß ohne eine
außergewöhnliche Beanspruchung des Gefäßsystems, wie sie bei der Orchester-

probe vom _____ stattfand, eine Manifestation überhaupt nicht oder jedenfalls auf lange Zeit hinaus nicht eingetreten sein würde.
Beweis: das vom Antragsteller eingeholte, beiliegende Gutachten der Professoren Dr. _____ und Dr. _____ von der Universitäts-Augenklinik in _____

gez. Unterschrift,
Rechtsanwalt

118   Das Maß der dem Verletzten nach dem Unfall verbliebenen Erwerbsfähigkeit, das, wie dargelegt, für die Höhe der Rente von entscheidender Bedeutung ist, da sie sich aus der zu entschädigenden Erwerbsminderung ergibt, erstreckt sich auf den für den Verletzten zumutbaren Bereich des allgemeinen Arbeitsmarktes. Als Anhaltspunkt für den Grad der Erwerbsminderung dient die sogenannte »Gliedertaxe«, die für bestimmte Schädigungen feste Prozentsätze nennt. Sie hat jedoch nur die Bedeutung eines Anhaltspunktes; bei der Bemessung der MdE ist sie nicht bindend, da die individuellen Auswirkungen des Unfalls bei dem Verletzten zu berücksichtigen sind.

119   Solange der Verletzte infolge des Arbeitsunfalls ohne Arbeitseinkommen ist, wird die Teilrente auf die Vollrente erhöht. Die Leistungen werden auf das Arbeitslosengeld und die Arbeitslosenhilfe nicht angerechnet, § 587 RVO.

120   Der Verletzte erhält Kinderzulage, solange er eine Rente von mindestens 50 v.H. der Vollrente oder mehrere Verletztenrenten für eine Minderung der Erwerbsfähigkeit von zusammen mindestens 50 v. H. bezieht, sofern der Verletzte für das Kind vor dem 1. 1. 1984 einen Anspruch auf Kinderzulage gehabt hat, § 583 RVO. Die Kinderzulage ist Bestandteil der Verletztenrente. Sie kann deshalb nur von dem Verletzten, nicht aber von einem Kind geltend gemacht werden.

In der Regel erhöht sich die Verletztenrente für jedes Kind bis zur Vollendung des 18. Lebensjahres um 10 v. H. Die Kinderzulage wird längstens bis zur Vollendung des 25. Lebensjahres für ein unverheiratetes Kind gewährt, das sich in Schul- oder Berufsausbildung befindet, das ein freiwilliges soziales Jahr leistet oder das nach Vollendung des 18. Lebensjahres infolge körperlicher und geistiger Gebrechen außerstande ist, sich selbst zu unterhalten. Ausnahmen gelten im Falle der Unterbrechung oder der Verzögerung der Schul- oder Berufsausbildung durch Erfüllung der gesetzlichen Wehr- oder Ersatzdienstpflicht, § 583 Abs. 1 und 3 RVO.

Als Kinder gelten eheliche Kinder, die in den Haushalt des Verletzten aufgenommenen Stiefkinder, für ehelich erklärte Kinder, die an Kindes Statt angenommenen Kinder, die nichtehelichen Kinder eines männlichen Verletzten, wenn seine Vaterschaft oder seine Unterhaltpflicht festgestellt ist, die nichtehelichen Kinder einer Verletzten, § 583 Abs. 5 RVO.

3. Abfindung für Verletztenrenten

121   In bestimmten Fällen kann der Verletzte anstelle der Renten eine Kapitalabfindung erhalten, §§ 603 bis 613 RVO. Ist unter Berücksichtigung der besonderen Verhältnisse des Einzelfalles nur eine vorläufige Rente zu

Heinz-Werner Glücklich

gewähren, d. h. eine solche, die höchstens zwei Jahre lang zu zahlen ist, so kann der Träger der Unfallversicherung den Verletzten nach Abschluß der Heilbehandlung durch eine Gesamtvergütung in Höhe des voraussichtlichen Rentenaufwands abfinden. Nach Ablauf des Zeitraums, für den die Abfindung bestimmt war, ist auf Antrag Verletztenrente zu gewähren, wenn der Mindestgrad der erforderlichen MdE erreicht ist, § 603 RVO.

Dauerrenten bei einer MdE um weniger als 30 v. H. können auf Antrag des Verletzten mit einem dem Kapitalwert der Rente entsprechenden Betrag abgefunden werden. Tritt als Folge des Arbeitsunfalls eine Verschlimmerung mit einer Erhöhung der MdE ein, so kann trotz der Abfindung bei Erhöhung der MdE für länger als einen Monat um mindestens weitere 10 v. H. Verletztenrente verlangt werden. Wird der Abgefundene später zum Schwerverletzten, so lebt der Anspruch auf Schwerverletztenrente in vollem Umfang wieder auf, wenn der Verletzte das beantragt. Die Abfindung ist in bestimmtem Umfang und auf bestimmte Art und Weise anzurechnen, § 606 RVO. Dauerrenten mit einer MdE von 30 v. H. oder mehr können auf Antrag zum Erwerb oder zur wirtschaftlichen Stärkung eigenen Grundbesitzes oder grundstücksgleicher Rechte oder zum Erwerb eines Dauerwohnrechts nach dem WEG oder zum Erwerb einer eigenen Mitgliedschaft in einem als gemeinnützig anerkannten Wohnungs- oder Siedlungsunternehmen oder zur Finanzierung eines Bauvertrages mit einer Bausparkasse oder dem Beamtenheimstättenwerk abgefunden werden, § 607 RVO. Voraussetzung ist, daß der Verletzte das 21., in der Regel aber noch nicht das 55. Lebensjahr vollendet hat, § 608 RVO. Die auf längstens zehn Jahre beschränkte Abfindung kann in diesen Fällen die Verletztenrente ohne die Kinderzulage bis zur Hälfte umfassen, § 609 Abs. 1 RVO. Als Abfindung wird das Neunfache des der Abfindung zugrunde liegenden Jahresbetrages der Rente gezahlt, § 609 Abs. 2 RVO. Nach Ablauf des zehnjährigen Zeitraums lebt der Anspruch auf den abgefundenen Teil der Rente wieder auf. Wegen der Einzelheiten wird verwiesen auf §§ 607–612 RVO.

Eine Abfindung unter ähnlichen Bedingungen, aber nur für einen Zeitraum von fünf Jahren, kann dem Verletzten zur Begründung oder Stärkung einer Existenzgrundlage gewährt werden, sofern dies in seinem Interesse liegt. Der Abfindungsbetrag ist das 4¹/₂fache des Rentenjahresbetrages, § 613 RVO. Eine Kapitalabfindung ist ferner möglich, wenn der Berechtigte seinen gewöhnlichen Aufenthalt im Inland aufgibt und sich gewöhnlich im Ausland aufhält, § 616 RVO.

4. Geldleistungen an Hinterbliebene

Es kommen in Betracht Sterbegeld, Hinterbliebenenrente und Abfindung der Witwen- und Witwerrente. **122**

Wenn der Tod des Versicherten durch einen Arbeitsunfall oder eine Berufskrankheit eingetreten ist, so erhalten die Hinterbliebenen ein Sterbegeld in Höhe des 12. Teiles des Jahresarbeitsverdienstes, mindestens aber den Betrag von 400,– DM, § 589 RVO. Vom Sterbegeld werden zunächst die Kosten der Bestattung bestritten; es wird insoweit an den gezahlt, der die Bestattung besorgt hat. Bleibt ein Überschuß, so sind nacheinander der Ehegatte, die Kinder, die Geschwister bezugsberechtigt, wenn sie mit dem Ver- **123** storbenen z. Z. des Todes in häuslicher Gemeinschaft gelebt haben, § 589 Abs. 1 Nr. 1 RVO i. V. m. § 203 RVO. Sterbegelder aus der Krankenversicherung und aus der Unfallversicherung können nebeneinander gezahlt werden, wenn die jeweiligen Anspruchsvoraussetzungen gegeben sind. Man geht davon aus, daß bei doppelter Zahlung des Sterbegeldes die Berechtigten in der Regel keine unbilligen Überschüsse erzielen, weil der einzelne Sterbegeldbetrag ohnehin die entstandenen Kosten gewöhnlich nicht deckt.

Die Unfallversicherung trägt außerdem dann, wenn der Versicherte außerhalb seines Wohnortes tödlich verunglückt ist, die Kosten für die Überführung an den Ort der Bestattung.

124   Hinterbliebenenrente erhalten der Ehegatte, der frühere Ehegatte, die Kinder und die Verwandten der aufsteigenden Linie eines durch Arbeitsunfall oder infolge einer Berufskrankheit verstorbenen Versicherten vom Todestag an; dasselbe gilt bei Verschollenheit des Versicherten. Die Hinterbliebenenrente der Witwe oder des Witwers beträgt $^3/_{10}$ des Jahresarbeitsverdienstes des verstorbenen Ehegatten, und zwar bis zum Tode des Hinterbliebenen oder seiner Wiederverheiratung. Die Hinterbliebenenrente erhöht sich auf $^3/_5$, wenn der Berechtigte das 45. Lebensjahr vollendet hat oder solange er mindestens ein waisenrentenberechtigtes Kind erzieht oder berufs- oder erwerbsunfähig im Sinne der Rentenversicherung ist. Berufsunfähigkeit muß mindestens drei Monate bestehen. Für die ersten drei Monate nach dem Tod erhält der Berechtigte eine Überbrückungshilfe, §§ 590, 591 RVO.

Früheren Ehegatten des verstorbenen Versicherten wird auf Antrag Rente gewährt, wenn der Verstorbene z. Z. seines Todes unterhaltpflichtig war oder während des letzten Jahres vor seinem Tod Unterhalt geleistet hat. Von mehreren Berechtigten erhält jeder nur den Rentenanteil, der im Verhältnis zu den anderen Berechtigten der Dauer der Ehe mit dem Versicherten entspricht, § 592 RVO.

Waisenrente erhält ein Kind des an den Folgen eines Arbeitsunfalls oder einer Berufskrankheit verstorbenen Versicherten. Dabei gelten die Vorschriften über die Kinderzulage entsprechend. Waisenrente erhalten auch Pflegekinder im Sinne des § 2 Abs. 1 Satz 1 Nr. 2 des Bundeskindergeldgesetzes sowie Enkel und Geschwister des verstorbenen Versicherten, die er in seinen Haushalt aufgenommen oder überwiegend unterhalten hat, § 595 RVO. Die Waisenrente beträgt bei Halbwaisen $^1/_5$, bei Vollwaisen $^3/_{10}$ des Jahresarbeitsverdienstes, § 595 RVO.

Hinterläßt der Verstorbene Verwandte der aufsteigenden Linie, die er wesentlich aus seinem Arbeitsverdienst unterhalten hat oder ohne den Arbeitsunfall wesentlich unterhalten würde, wird ihnen eine Rente von $^1/_5$ des Jahresarbeitsverdienstes für einen Elternteil, von $^3/_{10}$ des Jahresarbeitsverdienstes für ein Elternpaar gewährt, solange sie ohne den Arbeitsunfall

Heinz-Werner Glücklich

gegen den Verstorbenen einen Unterhaltsanspruch hätten geltend machen können. Eltern haben hier den Vorrang vor Großeltern, § 596 RVO.

Die Renten der Hinterbliebenen dürfen insgesamt ⁴/₅ des Jahresarbeitsverdienstes des verstorbenen Versicherten nicht übersteigen, sonst werden sie gekürzt, § 598 RVO.

War der Tod eines Schwerverletzten nicht Folge des Arbeitsunfalls oder der Berufskrankheit, so erhalten Witwen, Witwer und Waisen eine einmalige Beihilfe von ⁴/₁₀ des Jahresarbeitsverdienstes, §§ 600, 601 RVO. In besonderen Härtefällen kann eine laufende Beihilfe gewährt werden, § 602 RVO.

Wenn die Witwe oder der Witwer wieder heiraten, wird das Fünffache des Rentenjahresbetrages als Abfindung gewährt, § 615 RVO. Die Rente kann wieder aufleben, wenn die Ehe, die zur Abfindung geführt hat, aufgelöst oder für nichtig erklärt wird, § 615 Abs. 2 RVO.

125

Muster 3

Gesuch um Gewährung von Witwenrente und Sterbegeld

An die Berufsgenossenschaft für Fahrzeughaltungen (gesetzliche Unfallversicherung), Bezirksverwaltung Wiesbaden

Gesuch um Gewährung von Witwenrente und Sterbegeld der Witwe NN geborene XY in _____, Antragstellerin,
vertreten durch Rechtsanwalt _____
Namens der Antragstellerin, Vollmacht liegt bei, beantrage ich in dem von Amts wegen eingeleiteten Verwaltungsverfahren:
der Antragstellerin Witwenrente in Höhe von jährlich ³/₁₀ des Jahresarbeitsverdienstes und Sterbegeld in Höhe von ¹/₁₂ des Jahresarbeitsverdienstes hinter ihrem am _____ infolge Wegeunfalls verstorbenen Ehemann NN zu gewähren und der Berechnung der Witwenrente und des Sterbegeldes einen Jahresarbeitsverdienst in Höhe von 24 000 DM zugrunde zu legen.

Begründung

Der Ehemann NN der Antragstellerin war bis zum 21. 2. 19 _____ als Volontär ohne Entgelt in einer Fahrschule in _____ tätig. Am 26. Februar 19 _____ wurde ihm auf Antrag der Fahrlehrerschein erteilt. Er verlegte seinen Wohnsitz nach _____, wo seine Familie bereits wohnte. Ende Februar 19 _____ nahm er mit der Fahrschule _____ GmbH in _____ , die Mitglied Ihrer Berufsgenossenschaft ist, Verhandlungen auf. Am 5. März 19 _____ sollte zwischen der GmbH und dem Ehemann der Antragstellerin ein Anstellungsvertrag abgeschlossen werden. Der Geschäftsführer der GmbH und der Ehemann der Antragstellerin einigten sich über die Einzelpunkte des Anstellungsvertrages. Der Geschäftsführer der GmbH füllte ein Antragsformular aus und legte es dem Ehemann der Antragstellerin zur

Unterschrift vor. Dieser unterschrieb das Formular, wonach der Ehemann der Antragstellerin vom 5. 3. 19 _____ an als Fahrlehrer bei der GmbH beschäftigt werden sollte. Der Geschäftsführer der GmbH hatte diesen Vertrag in dieser Zeit nicht unterschrieben und unterschrieb ihn auch später nicht. Er stellte aber dem Ehemann der Antragstellerin eine Bescheinigung dahin aus, daß er bei der GmbH seit dem 5. 3. 19 _____ angestellt sei.

Beweis: das in Ablichtung beiliegende, vom Ehemann der Antragstellerin unterzeichnete Arbeitsvertragsformular und die in Ablichtung beiliegende Anstellungsbescheinigung des Geschäftsführers der _____ GmbH.

Am 8. 3. 19 _____ rief die _____ GmbH beim Ehemann der Antragstellerin an und beorderte ihn zur Besprechung der Arbeitseinteilung nach _____

Beweis: Zeugnis des Geschäftsführers _____

Auf dem Wege dorthin verunglückte der Ehemann der Antragstellerin mit seinem Pkw tödlich.

Beweis: beiliegende Sterbeurkunde und polizeilicher Unfallbericht.

Der geschilderte Sachverhalt ergibt, daß bereits ein Arbeitsverhältnis mündlich fest begründet war. Die Fahrt, auf der sich der Unfall ereignete, war eine Fahrt von der Wohnung zur Arbeitsstätte im Rahmen des bestehenden Arbeitsverhältnisses, sonach ein Wegeunfall.

Der Berechnung der Witwenrente und des Sterbegeldes ist ein Jahresarbeitsverdienst von 24 000 Mark zugrundezulegen. Der Versicherte bezog im letzten Jahr vor dem Wegeunfall kein Arbeitseinkommen, da er in _____ unentgeltlich als Volontär tätig war. Der Versicherte war früher nicht tätig gewesen. Aus seiner Tätigkeit bei der _____ GmbH würde er einen Jahresarbeitsverdienst von mindestens 24000 Mark erzielt haben. Nach dem von dem Versicherten am 5.3.19 _____ unterschriebenen Arbeitsvertragsformular war ihm ein garantiertes Monatsgehalt von 1200 DM zugesagt worden. Dafür hatte er 140 Fahrstunden im Monat zu leisten. Für jede weitere Fahrstunde sollte er zusätzlich 10 DM erhalten. Bei diesen besonders zu vergütenden zusätzlichen Fahrstunden handelte es sich nicht nur um unbestimmte Aussichten. Bei der Berufsausübung eines Fahrlehrers lassen sich regelmäßige zusätzliche Fahrstunden nicht vermeiden. Sie sind in seine Arbeitstätigkeit eingeplant. Bei einem Garantiegehalt von monatlich 1200 DM wäre der Versicherte auf mindestens 2000 DM monatlich gekommen. Im Bundesdurchschnitt verdient ein Fahrlehrer 2400 bis 2500 DM monatlich.

Die Bestattung des Versicherten wurde von der Antragstellerin besorgt.

Beweis: die beiligende Bescheinigung des Bestattungsinstituts.

gez. Unterschrift

Rechtsanwalt

5. Anpassung der Geldleistungen

126 Die erforderliche Anpassung der Geldleistungen an die Einkommensentwicklung erfolgt ab 1984 dadurch, daß der maßgebende Jahresarbeitsver-

dienst zum 1. 7. eines jeden Jahres mit dem Prozentsatz vervielfältigt wird, um den sich die Renten der gesetzlichen Rentenversicherung nach Abzug des Krankenversicherungsbeitrages der Rentner zum gleichen Zeitpunkt verändern[64]. Der Anpassungsfaktor wird durch das jeweilige Rentenanpassungsgesetz festgestellt, § 579 RVO.

VIII. Finanzierung

Die Mittel für die Aufgaben der Berufsgenossenschaften werden allein durch Beiträge der Unternehmer, die versichert sind oder Versicherte beschäftigen, aufgebracht. Die Beiträge müssen den Bedarf des abgelaufenen Geschäftsjahres und der zur Ansammlung der Rücklagen nötigen Beträge decken. Darüber hinaus dürfen sie nur zur Beschaffung der Betriebsmittel der Berufsgenossenschaften erhoben werden. Die Satzung kann bestimmen, daß der Jahresbedarf nach den Aufwendungen für die Monate Januar bis September des Geschäftsjahres vorausgeschätzt wird, §§ 723, 724 RVO.   **127**

In den gewerblichen Unternehmen und in der Seeschiffahrt werden die Beiträge überwiegend nach der Lohnsumme, den Arbeitsverdiensten der Versicherten, berechnet, jedoch abgestuft nach Gefahrklassen, die in dem von der Vertreterversammlung der Berufsgenossenschaften beschlossenen Gefahrtarif gebildet werden; die einzelnen Unternehmer werden in die Gefahrklassen nach Zahl und Schwere der in den Unternehmen vorgekommenen Arbeitsunfälle eingestuft, §§ 730 bis 734 RVO. Der einzelne Unternehmer hat sonach Aussicht, mit erfolgreichen Unfallverhütungsmaßnahmen in seinem Betrieb Beitragsnachlaß zu erhalten.   **128**

In der landwirtschaftlichen Unfallversicherung bemessen die landwirtschaftlichen Berufsgenossenschaften die Beiträge nach dem Arbeitsbedarf des Unternehmens, dem Einheitswert der Grundstücke des Unternehmens oder einem anderen in der Satzung bestimmten Maßstab.

Der Bund, die Länder, die Gemeinden mit Eigenunfallversicherung, die Gemeindeunfallversicherungsverbände, die Feuerwehrunfallversicherungskassen und die Bundesanstalt für Arbeit finanzieren ihre Unfallversicherung aus ihren Haushaltsmitteln.

Im Bergbau ist eine besondere Regelung für die Rentenlast der Bergbau-Berufsgenossenschaft erfolgt. Renten, die auf Versicherungsfällen aus der Zeit vor dem 1. Januar 1953 beruhen, werden seit dem 1. Januar 1963 gemeinschaftlich von den gewerblichen Berufsgenossenschaften und der Seeberufsgenossenschaft getragen. Die Aufteilung unter den einzelnen gewerblichen Berufsgenossenschaften und der See-Berufsgenossenschaft erfolgt nach den Lohnsummen der einzelnen Berufsgenossenschaften. Ren-

---

64 *Erlenkämper,* aaO, S. 324.

ten aus Versicherungsfällen im Bergabbau nach dem 31. Dezember 1952 werden seit dem 1. Januar 1965 zu ²/₅ vom Bund getragen.

Außerdem trägt oder erstattet der Bund die Mehraufwendungen bei bestimmten Leistungen an Fremdrentner und an die landwirtschaftlichen Berufsgenossenschaften aus Mitteln des Grünen Planes.

E. Die Arbeiter-, Angestellten- und knappschaftliche Rentenversicherung

I. Gesetzliche Grundlagen

129 Die gesetzlichen Vorschriften über die Arbeiterrentenversicherung befinden sich im Vierten Buch der RVO (§§ 1226–1437), diejenigen der Angestellten-Rentenversicherung im AVG, diejenigen der knappschaftlichen Rentenversicherung im Reichsknappschaftsgesetz. Die jeweils entsprechenden Vorschriften dieser Gesetze haben in der Regel den gleichen Wortlaut. Zu beachten sind ferner § 166 AFG, das BehVersG, das HwVG, das RehaG und das SGB.

II. Organisation

130 Träger der Arbeiter-, Angestellten- und knappschaftlichen Rentenversicherung sind:

18 Landesversicherungsanstalten,
die Bundesbahnversicherungsanstalt,
die Seekasse,
die Bundesversicherungsanstalt für Angestellte,
die Bundesknappschaft.

131   Die Landesversicherungsanstalten sind die Träger der Rentenversicherung derjenigen Arbeiter, die nicht in der Bundesbahnversicherungsanstalt, in der Seekasse oder in einer Knappschaft rentenversichert sind. Sie sind durch Staatsakt je für ein Land oder andere Gebietsteile (Provinzen) errichtet worden, § 1326 RVO. Die Landesversicherungsanstalten waren bis 1951 als Anstalten organisiert (§§ 1338 ff. RVO a. F.). Durch das Selbstverwaltungsgesetz vom 22. Februar 1951 (BGBl. I, S. 124) in der Fassung des 7. Gesetzes zur Änderung des Selbstverwaltungsgesetzes vom 3. August 1967 (BGBl. I, S. 845) sind sie Körperschaften geworden[65].

---

65 Vgl. *Schewe/Nordborn*, Soziale Sicherung, 6. Aufl., S. 56; *Wolff*, Verwaltungsrecht II, 2. Aufl., S. 290; *Wilde*, Grundriß des Sozialrechts, S. 114; a. M. *Enneccerus/Nipperdey*, Lb. des Bürgerl. R. Bd. I, 15. Bearb. § 119 B II; *Brackmann*, Handbuch der Sozialversicherung, 154 b; vgl. auch § 29 SGB IV.

Heinz-Werner Glücklich

Mitglieder der LVA sind die versicherten Arbeiter und deren Arbeitgeber. Sie wählen die Vertreterversammlung. Organe der Selbstverwaltung sind die Vertreterversammlung, der Vorstand und die Geschäftsführung (§ 31 Abs. 1 SGB IV).
Der Vorstand und die Mitglieder der Geschäftsführung – gewöhnlich drei – werden von der Vertreterversammlung gewählt. Der Geschäftsführer und sein Stellvertreter werden auf Vorschlag des Vorstandes von der Vertreterversammlung gewählt, § 36 Abs. 2 SGB IV.

Die Bundesbahnversicherungsanstalt ist der Träger der Rentenversicherung für die **132** Arbeiter der Bundesbahn. Sie ist eine nicht rechtsfähige Sonderanstalt der Bundesbahn für alle Versicherungszweige, § 1360 RVO in Verbindung mit § 26 Bundesbahngesetz.

Die Seekasse ist Träger der Rentenversicherung der Seeleute, Küstenschiffer und **133** Küstenfischer. Sie ist eine für die Rentenversicherung eingerichtete, nicht rechtsfähige Sonderanstalt der Seeberufsgenossenschaft, § 1360 RVO.

Träger der Rentenversicherung der Angestellten ist die Bundesversiche- **134** rungsanstalt für Angestellte in Berlin-Wilmersdorf (BfA). Sie ist eine bundesunmittelbare Personalkörperschaft des öffentlichen Rechts[66]. Ihre Organisation entspricht derjenigen der LVA.

Der Versicherungsträger der Bergleute ist die Bundesknappschaft. **135**
Die Vertreterversammlung wird zu $^2/_3$ aus Vertretern der Arbeitnehmer, zu $^1/_3$ aus Vertretern der Arbeitgeber gebildet, § 44 Abs. 1 Nr. 3 SGB IV. Außerdem ist die Wahl von Versichertenältesten vorgesehen, § 61 Abs. 1 SGB IV.

Die Träger der Rentenversicherung unterstehen staatlicher Aufsicht. Versiche- **136** rungsträger, deren Geschäftsbereich sich nur auf das Gebiet eines einzigen Bundeslandes erstreckt, unterstehen der Aufsicht der obersten Arbeitsbehörde des Landes. Versicherungsträger, deren Geschäftsbereich sich auf mehrere Bundesländer erstreckt, unterstehen der Aufsicht des Bundes. Diese Aufsicht wird ausgeübt durch das Bundesversicherungsamt, eine selbständige obere Bundesbehörde.

Die Träger der Rentenversicherung sind im Verband deutscher Rentenversiche- **137** rungsträger, einem eingetragenen Verein privaten Rechts, zusammengeschlossen.

III. Aufgaben der Rentenversicherung

Die Zahlung von Renten an Arbeiter, Angestellte und sonstige Versicherte **138** im Falle der Berufs- oder Erwerbsunfähigkeit sowie im Falle des Alters ist nur eine der Aufgaben der Rentenversicherung. Weitere Aufgaben sind vor allem Maßnahmen zur Erhaltung, Besserung und Wiederherstellung der Erwerbsfähigkeit der Versicherten. Renten werden ferner nicht nur an die Versicherten selbst, sondern im Falle ihres Todes auch an die Hinterbliebenen gezahlt. Von der Rentenversicherung werden als Pflichtleistungen auch Zuschüsse zu den Aufwendungen für die Krankenversicherung der Rentner erbracht, § 1235 RVO, § 12 AVG.

---

66 Streitig, vgl. *Wolff,* Verwaltungsrecht II, 2. Aufl., S. 290; *Wilde,* Grundzüge des Sozialrechts, S. 114.

Heinz-Werner Glücklich 561

IV. Versicherter Personenkreis

139   Die soziale Rentenversicherung ist eine Pflichtversicherung. Die Versicherungspflicht knüpft an das Beschäftigungsverhältnis an und tritt ohne Rücksicht auf den Willen des Arbeitnehmers ein. Von der Versicherungspflicht
gibt es Ausnahmen: Versicherungsfreiheit und Versicherungsbefreiung; sie
können durch Nachversicherung wieder rückwirkend aufgehoben werden.
Eine Versicherungsberechtigung besteht in der Form der freiwilligen
Höherversicherung. Darüber hinaus stellt die Rentenversicherung heute
eine Art Volksversicherung dar, da ihr fast jeder, wenn er nicht bereits
pflichtversichert ist, freiwillig beitreten kann. Die entscheidende »Öffnung«
hat das Rentenreformgesetz von 1972 (RRG) gebracht. Bis dahin war die
Rentenversicherung im wesentlichen den Arbeitnehmern vorbehalten. Nunmehr wurde es vor allem auch Selbständigen und Hausfrauen ermöglicht,
sich eine Alterssicherung in der Rentenversicherung aufzubauen. Damit ist
die Rentenversicherung derjenige Teil der Sozialversicherung, bei dem die
Möglichkeit zum freiwilligen Beitritt eine besonders große Rolle spielt.
  Der Kreis der versicherungspflichtigen Personen weicht in der Rentenversicherung
von dem in der Krankenversicherung ab, so daß im Einzelfall die Frage der Versicherungspflicht für die beiden Versicherungszweige getrennt zu prüfen ist; Entsprechendes gilt für die Versicherungspflicht in der Arbeitslosenversicherung.

1. Versicherungspflicht

140   Die Versicherungspflicht besteht in erster Linie für Arbeitnehmer. In der
Rentenversicherung sind wie in der Krankenversicherung und der Unfallversicherung diejenigen Personen pflichtversichert, die als Arbeitnehmer
gegen Entgelt beschäftigt sind, einschließlich derer, die in einem entsprechenden Ausbildungsverhältnis stehen, § 1227 Abs. 1 Satz 1 Nr. 1 RVO, § 2
Abs. 1 Nr. 1 AVG. Die Versicherungspflicht besteht für alle Arbeitnehmer
unabhängig von der Höhe des Einkommens; die frühere Versicherungs-
pflichtgrenze für Angestellte wurde 1967 durch das Finanzänderungsgesetz
abgeschafft.

141   Da für Angestellte und Arbeiter verschiedene Versicherungsträger zuständig sind, kommt der Unterscheidung zwischen den beiden Arbeitnehmer-
gruppen praktische Bedeutung zu.
  In der Rentenversicherung der Angestellten (geregelt im Angestelltenversicherungsgesetz = AVG) sind versichert alle Personen, die als Angestellte
gegen Entgelt oder als Auszubildende oder sonst in ihrer Ausbildung für
den Beruf eines Angestellten beschäftigt sind, § 2 Abs. 1 Nr. 1 AVG.
  Wer zu den Angestellten gehört, ist im einzelnen in § 3 AVG bestimmt. Daneben
sind in der Rentenversicherung für Angestellte auch einige Selbständige versicherungspflichtig, so vor allem selbständige Lehrer, Erzieher, Musiker, Architekten und
Hebammen, sowie in der Kranken- und Kinderpflege selbständig ohne Angestellte

tätige Personen. Nach Einführung des Finanzänderungsgesetzes 1967 war zunächst streitig, ob auch die Vorstände juristischer Personen unter die Versicherungspflicht fallen. Hier hat § 3 Abs. 1 a AVG, eingefügt mit Wirkung vom 1. 1. 1968, durch Art. I § 2 Nr. 2, Art. 5 § 3 Abs. 2 des Gesetzes vom 20. 7. 1969, für die Vorstände von Aktiengesellschaften eine Sonderregelung getroffen: Zu den Angestellten im Sinne des § 3 Abs. 1 AVG gehören nicht die Mitglieder des Vorstandes einer Aktiengesellschaft. Diese Regelung ist aber auf die Vorstände anderer juristischer Personen auch nicht entsprechend anwendbar. Bei den Geschäftsführern einer GmbH ist Versicherungspflicht zu bejahen, sofern sie funktionsgerecht dienend am Arbeitsprozeß des Betriebes teilhaben, eine Vergütung für ihre Tätigkeit erhalten und keinen maßgeblichen Einfluß auf die Geschicke der Gesellschaft kraft eines etwaigen Anteils am Stammkapital geltend machen können; Organmitglieder anderer vergleichbarer juristischer Personen (Vorstandsmitglieder von eingetragenen Genossenschaften, Vorstandsmitglieder von eingetragenen Vereinen usw.) und Vertreter von Personengesamtheiten (z. B. Vorstandsmitglieder nicht eingetragener Vereine) sind unter sinngemäßen Voraussetzungen versicherungspflichtig. Die persönlich haftenden Gesellschafter von handelsrechtlichen Personengesellschaften (offene Handelsgesellschaft und Kommanditgesellschaft) sind, da sie für die Verbindlichkeit der Gesellschaft unbeschränkt haften, niemals abhängig beschäftigt und daher stets versicherungsfrei. Im übrigen kommt es darauf an, ob solche Gesellschafter bei ihrer Tätigkeit die Geschicke der Gesellschaft maßgeblich steuern können (dann keine Versicherungspflicht) oder ob sie keinen solchen beherrschenden Einfluß haben (dann Versicherungspflicht)[67]. Der Chefarzt eines Krankenhauses gilt als abhängig beschäftigt[68]. Schwierigkeiten bereitet mitunter die begriffliche Abgrenzung zwischen Angestellten und Arbeitern. Im allgemeinen gehören die überwiegend geistig Tätigen der Rentenversicherung der Angestellten an, so insbesondere die Angehörigen der Büro- und kaufmännischen Berufe, einschließlich der leitenden Angestellten. Aus der umfangreichen Rechtsprechung zum Begriff der Angestellten seien folgende Fälle herausgegriffen: Als Angestellte wurden anerkannt Geldbriefträger[69], Arbeitnehmer eines Gaswerks, die damit beschäftigt sind, die Schuldnerliste zu führen, Rückstände beizutreiben, mit den Schuldnern zu verhandeln, die Gasleitung zu sperren usw.[70], die in einem Theater beschäftigten Maskenbildner[71], ein staatlich geprüfter Masseur in einer Krankenanstalt[72], der Bade- und staatlich geprüfte Schwimmeister eines städtischen Schwimmbades, wenn ihm auch die Verwaltung des Bades obliegt und er die dabei anfallenden schriftlichen Arbeiten selbständig zu erledigen hat[73], Vertragsfußballspieler[74]. Zur Abgrenzung gegen Selbständige sind als zur Angestelltenversiche-

---

67 Vgl. BSGE 38, 53.
68 Vgl. BSGE 32, 38.
69 BSGE 10, 163.
70 BSGE, SozR, AVG § 3 A a 1.
71 BSG, SozR, AVG § 3 A a 4, 7 = Breith. 1962, 1045.
72 BSGE 10, 82 = Breith. 1960, 47; BSG, SozR, AVG § 3 A a 2, 4.
73 BSG, SozR, AVG § 3 A a 3.
74 BSGE 16; 98 = SozR, RVO § 165 A a 30, 29.

rung gehörig angesehen worden: Anwaltsassessoren[75], Versicherungsvertreter[76]. Dagegen sind z. B. nicht Angestellte wegen vorwiegend manueller Tätigkeit und gehören daher nicht zur Angestelltenversicherung, sondern zur Arbeiterrentenversicherung, die Zählerableser städtischer Versorgungsbetriebe[77], Zahntechniker, die in einem zahntechnischen Laboratorium mit der handwerklichen Herstellung von Zahnersatz nach Gipsabdrücken unter der Aufsicht und Anleitung eines Handwerksmeisters beschäftigt sind[78].

142   Der knappschaftlichen Rentenversicherung gehören an alle als Arbeitnehmer in einem knappschaftlichen Betrieb gegen Entgelt Beschäftigten sowie die dort als Auszubildende oder sonst zu ihrer Berufsausbildung tätigen Personen, und zwar ohne Unterscheidung, ob es sich um Angestellte oder Arbeiter handelt. Hier erfolgt sonach die Abgrenzung der Versicherten allein durch die Betriebszugehörigkeit. Auch der Büroangestellte eines solchen Betriebes ist demnach nicht Angestellter, sondern knappschaftlich Versicherter. Knappschaftlich ist ein Betrieb, in welchem Kohle, sonstige Mineralien oder ähnliche Stoffe bergmännisch gewonnen werden, einschließlich der Nebenbetriebe knappschaftlicher Betriebe.

Die Knappschaftsversicherung ist geregelt im Reichsknappschaftsgesetz (RKG) vom 23. Juni 1923 (RGBl. I S. 431) in der Fassung der Bekanntmachung vom 1. 7. 1926 (RGBl. I S. 369) inzwischen wiederholt geändert.

143   Alle nicht zur Angestelltenversicherung oder zur knappschaftlichen Rentenversicherung gehörenden pflichtversicherten Arbeitnehmer fallen unter die Arbeiterrentenversicherung, die geregelt ist im 4. Buch der RVO (§§ 1226–1437) in der Fassung des am 1. 1. 1957 in Kraft getretenen Arbeiter-Versicherungsneuregelungsgesetzes nebst weiteren Änderungen, insbesondere im Rentenversicherungsänderungsgesetz von 1965 und im Rentenreformgesetz von 1972. Zur Arbeiterrentenversicherung gehören insbesondere alle wirtschaftlich abhängigen, entgeltlich tätigen Arbeitnehmer ohne Rücksicht auf die Höhe ihres Verdienstes, ferner Auszubildende und sonstige in der Berufsausbildung befindliche Personen, auch wenn sie kein Entgelt erhalten; erforderlich ist aber zur Abgrenzung gegen Angestellte, daß sie überwiegend manuelle Arbeit verrichten. Auf Vorbildung, Verantwortlichkeit der Stellung und Qualifikation kommt es für die Einordnung in die Arbeiterrentenversicherung nicht an.

Neben den manuell tätigen, unselbständig Beschäftigten sind wegen Arbeitnehmerähnlichkeit und gleichen Schutzbedürfnissen in der Arbeiterrentenversicherung auch gewisse Selbständige pflichtversichert, deren soziale Stellung und Interessen denen der unselbständigen Versicherten gleichkommen, so z. B. Hausgewerbetreibende,

75 BSG MDR 1964, 791.
76 BSGE 13, 130.
77 BSGE 4, 17.
78 BSG, SozR, RVO § 1227, a 1, 3.

Heinz-Werner Glücklich

Heimarbeiter, soweit sie nicht schon als Arbeitnehmer versicherungspflichtig sind, Küstenschiffer und Küstenfischer als Unternehmer gewerblicher Betriebe der Seeschiffahrt und Seefischerei, die zur Besatzung ihres Fahrzeuges gehören oder als Küstenfischer ohne Fahrzeug fischen und bei dem Betrieb regelmäßig keine oder höchstens zwei versicherungspflichtige Arbeitnehmer gegen Entgelt beschäftigen.

Außerdem sind in der Rentenversicherung der Angestellten oder der Arbeiter, je nachdem, ob sie vorwiegend geistige oder manuelle Tätigkeit ausüben, versicherungspflichtig: Deutsche, die im Ausland bei einer amtlichen Vertretung des Bundes oder bei deren Angehörigen beschäftigt sind; Mitglieder geistiger Genossenschaften, Diakonissen, Schwestern vom Deutschen Roten Kreuz und Angehörige ähnlicher Genossenschaften, während der Zeit ihrer Ausbildung oder wenn sie neben dem freien Unterhalt Bezüge von mehr als einem Achtel der monatlichen Beitragsbemessungsgrenze, das sind für 1988 750,– DM, erhalten; Personen, die in Einrichtungen für Behinderte, insbesondere in Berufsbildungswerken, an einer berufsfördernden Maßnahme teilnehmen.

Versicherungspflichtig zu Lasten des Bundes ist, wer eine gesetzliche Dienstpflicht ableistet. Sind diese Dienstpflichtigen Beschäftigte des öffentlichen Dienstes, so gilt im allgemeinen das Beschäftigungsverhältnis durch die Erfüllung der gesetzlichen Dienstpflicht als nicht unterbrochen.

Versicherungspflichtig sind Deutsche, die im Ausland für eine begrenzte Zeit beschäftigt sind, wenn diejenige Stelle, die den Deutschen in das Ausland entsenden will, einen entsprechenden Antrag stellt.

Versicherungspflichtig sind schließlich Personen, die von der Bundesanstalt für Arbeit Arbeitslosengeld, Arbeitslosenhilfe oder Unterhaltsgeld erhalten, wenn sie vor Beginn dieser Leistung zuletzt nach RVO oder nach dem Handwerkerversicherungsgesetz versichert waren.

Durch das Rentenreformgesetz ist eine besonders wichtige Gruppe der Versicherungspflicht eingeführt worden: Versicherungspflicht auf Antrag, vgl. § 1227 Abs. 1 Satz 1 Nr. 9 RVO, § 2 Abs. 1 Nr. 11 AVG. Wer eine selbständige Erwerbstätigkeit ausübt und nicht schon kraft Gesetzes versicherungspflichtig ist, wie z. B. als Hausgewerbetreibender, Hebamme, Küstenschiffer, Küstenfischer, kann innerhalb von zwei Jahren nach Aufnahme dieser Tätigkeit die Aufnahme in die Pflichtversicherung beantragen. Er steht dann kraft Gesetzes Pflichtversicherten in vollem Umfange gleich. Erforderlich ist, daß die Erwerbstätigkeit nicht nur vorübergehend ausgeübt wird. Wenn erst während der selbständigen Erwerbstätigkeit Versicherungsfreiheit eintritt, so läuft die 2-Jahres-Frist von diesem Zeitpunkt an.

144

Die Versicherungspflicht auf Antrag darf nicht mit der freiwilligen Versicherung nach § 1233 RVO, § 10 AVG verwechselt werden. Während bei der Pflichtversicherung auf Antrag die Beitragspflicht wie bei den anderen Tatbeständen der Versicherungspflicht besteht, die sich – bis zur Erreichung der Beitragsbemessungsgrenze – nach dem Bruttoeinkommen des Versicherten richtet, § 1385 Abs. 1, Abs. 3 b RVO, § 112 Abs. 1, Abs. 3 b AVG, steht es dem Versicherten bei der freiwilligen Versicherung frei, in welcher Höhe er Beiträge leistet. Dagegen werden Ersatz- und Ausfallzeiten nur bei der Pflichtversicherung, nicht bei der freiwilligen Versicherung angerechnet[79]. Wer sonach als selbständiger Erwerbstätiger den Antrag auf Pflichtversicherung stellt, wird echter Pflichtversicherter, nicht freiwillig Versicherter.

Unter den Begriff der selbständigen Erwerbstätigkeit fällt eine gewerbliche oder freiberufliche Tätigkeit, bei der keine persönliche Abhängigkeit zu einem anderen besteht. Darunter fallen z. B. Unternehmer von Gewerbebetrieben, Handwerker, soweit sie nicht nach HwVG versicherungspflichtig sind, Angehörige von freien Berufen wie Rechtsanwälte, Notare, Steuerberater, Wirtschaftsprüfer, Ärzte, Schriftsteller, Künstler usw. Selbständig Tätige, die einen Antrag auf Pflichtversicherung stellen, werden im allgemeinen in der Angestelltenversicherung versichert, § 2 Abs. 1 Nr. 11 AVG. Dies gilt nicht für solche Antragsberechtigte, die bereits Beiträge für die Arbeiterrentenversicherung entrichtet haben. Für sie bleibt der frühere Rentenversicherungsträger auch für die Pflichtversicherung auf Antrag zuständig, § 1227 Abs. 1 Satz 1 Nr. 9 RVO.

2. Versicherungsfreiheit kraft Gesetzes

145 Versicherungsfrei kraft Gesetzes sind bestimmte Beschäftigungen. Darunter fallen insbesondere geringfügige Beschäftigung oder geringfügige selbständige Tätigkeit, § 1228 Abs. 1 Nr. 4 RVO, § 4 Abs. 1 Nr. 5 AVG, sofern es sich nicht um Beschäftigungen oder Tätigkeiten im Rahmen der betrieblichen Berufsbildung, um Beschäftigung von Behinderten in geschützten Einrichtungen oder Personen handelt, die ein freiwilliges soziales Jahr ableisten. Als geringfügig gilt z. B. eine Beschäftigung, die nicht länger als 2 Monate in einem Jahr oder insgesamt mehr als 50 Arbeitstage beträgt, vgl. § 8 SGB IV.

In der Rentenversicherung ist versicherungsfrei, wer als Entgelt für eine Beschäftigung, die nicht nur zur Berufsausbildung ausgeübt wird, nur freien Unterhalt erhält, es sei denn, er ist zur Berufsausbildung beschäftigt, § 1228 Abs. 1 Nr. 2 RVO, § 4 Abs. 1 Nr. 3 AVG.

146 Versicherungsfrei sind nach § 1228 Abs. 1 Nr. 3 RVO, § 4 Abs. 1 Nr. 4 AVG Werkstudenten. Das sind Studierende, die neben dem vollen Studium eine Tätigkeit ausüben, um die Mittel für das Studium zu erwerben; das Studium muß also Zeit und Arbeitskraft des Studierenden überwiegend in Anspruch nehmen[80]. Versicherungsfreiheit besteht nicht, wenn der Student für die Tätigkeit bereits eine abgeschlossene Berufsausbildung besitzt[81].

147 Außer den vorstehend erörterten versicherungsfreien Beschäftigungsverhältnissen gibt es versicherungsfreie Personen, nämlich Altersruhegeldempfänger und Beamte und beamtenähnliche Personen.

---

79 *Erlenkämper,* aaO, S. 348.
80 BSG, SozR Nr. 3 § 1228 RVO; BSG, SozR, 2400, § 2 Nr. 3.
81 BSGE 18, 254.

Heinz-Werner Glücklich

Nach § 1229 Abs. 1 Nr. 1 RVO, § 6 Abs. 1 Nr. 1 AVG, § 31 RKG sind ver- **148**
sicherungsfrei Personen, die zwar eine versicherungspflichtige Beschäftigung oder Tätigkeit ausüben, die jedoch bereits ein Altersruhegeld aus der
sozialen Rentenversicherung beziehen. In diesen Fällen muß jedoch unter
Umständen der Arbeitgeber Beiträge leisten, § 1386 RVO, § 113 AVG.

Nach § 1229 Abs. 1 Nr. 2–5 RVO und § 6 Abs. 1 Nr. 2 bis 6 AVG sind **149**
versicherungsfrei die meisten Beamten, Geistliche und Soldaten einschließlich derjenigen, die sich in einer entsprechenden Berufsausbildung befinden.
Grund: Die Altersversorgung dieser Personen ist regelmäßig anderweitig
gesichert.

3. Versicherungsfreiheit auf Antrag

Es gibt Tatbestände, bei denen ein Schutzbedürfnis durch Rentenversicherung zwar **150**
nicht schlechthin verneint werden kann, bei denen aber dieses Schutzbedürfnis so
gemindert ist, daß man es den Betroffenen überlassen kann, selbst darüber zu entscheiden, ob sie pflichtversichert bleiben oder von der Versicherungspflicht freigestellt werden wollen. In solchen Fällen hat der Gesetzgeber grundsätzlich die Versicherungspflicht angeordnet, dem Versicherten jedoch die Befugnis gegeben, sich auf
Antrag von der Versicherungspflicht befreien zu lassen.

Ohne zeitliche Befristung können sich auf Antrag von der gesetzlichen Rentenversicherung aller Zweige befreien lassen Empfänger eines Ruhegehalts nach beamtenrechtlichen Vorschriften oder Grundsätzen oder entsprechenden kirchenrechtlichen
Regelungen, wenn die Versorgung lebenslänglich bewilligt worden und Hinterbliebenenversorgung gewährleistet ist, § 1230 Abs. 1 RVO, § 7 Abs. 1 AVG.

Antrag auf Befreiung können ferner Personen stellen, die aufgrund unmittelbaren
oder mittelbaren gesetzlichen Zwangs Mitglieder einer öffentlich-rechtlichen Versi-
cherungs- oder Versorgungseinrichtung ihrer Berufsgruppen sind (Angehörige der
sogenannten kammerfähigen Berufe)[82]. Der rechtspolitische Grund für die
Befreiungsmöglichkeit nach § 7 Abs. 2 AVG ist: Die Angehörigen der kammerfähigen
freien Berufe üben ihre Berufstätigkeit gewöhnlich selbständig aus und sind dann
ohnehin versicherungsfrei. Die Regelung des § 7 Abs. 2 AVG will den Wechsel zwischen Angestelltenversicherung und berufsständischer Versicherung vermeiden. Sie
will es den Personen, die meist nur vorübergehend und in Vorbereitung auf eine spä-
tere freiberufliche Tätigkeit eine sozialversicherungspflichtige Beschäftigung durch-
laufen, ermöglichen, von vornherein der Angestelltenversicherung fernzubleiben und
eine durchgängige und einheitliche Alters- und Hinterbliebenenversorgung bei ihrer
Standesversorgungseinrichtung zu begründen.

Eine dem § 7 Abs. 2 AVG entsprechende Vorschrift fehlt im Reichsknappschaftsgesetz. Auf diese Personen ist jedoch § 7 Abs. 2 AVG entsprechend anzuwenden. Sie
können sonach Befreiung von der knappschaftlichen Rentenversicherungspflicht

---

[82] Vgl. *Hahn*, Die öffentlich-rechtliche Alterssicherung der verkammerten freien
Berufe, Berlin, 1974 (Schriften zum öffentlichen Recht, Band 243).

Heinz-Werner Glücklich 567

beantragen, wenn sie eine dem Grunde nach knappschaftliche versicherungspflichtige Beschäftigung ausüben[83].

Anders als die noch im Dienst befindlichen Beamten und beamtenähnlichen Personen sowie Altersruhegeldempfänger der Sozialversicherung, die bereits kraft Gesetzes versicherungsfrei sind, sind frühere Beamte, die ein Ruhegehalt beziehen, oder denen ein Ruhegehalt bewilligt worden ist, für den Fall, daß sie eine nach § 1227 RVO, § 2 AVG versicherungspflichtige Beschäftigung oder Tätigkeit ausüben, nicht schon kraft Gesetzes, sondern nur auf Antrag versicherungsfrei, § 1230 Abs. 1 RVO, § 7 Abs. 1 AVG. Gleiches gilt für die weiteren in diesen Vorschriften genannten Personen.

Antragsberechtigt zur Befreiung ihrer Arbeitnehmer von der Versicherungspflicht sind ferner öffentlich-rechtliche Körperschaften und Verbände oder Verbände der Träger der Sozialversicherung für deren Bedienstete, soweit sie nicht schon kraft Gesetzes versicherungsfrei sind, § 1231 RVO. Hierher gehören auch Lehrer und Erzieher an nichtöffentlichen Schulen oder Anstalten. Voraussetzung für die Befreiung ist sowohl in der Arbeiterrentenversicherung wie in der Angestelltenversicherung, daß die Versorgung und Hinterbliebenenversorgung nach beamtenrechtlichen Vorschriften oder Grundsätzen oder entsprechenden kirchenrechtlichen Regelungen und Zusagen gesichert sind. Reeder deutscher Seefahrzeuge können Befreiung von der Versicherungspflicht für staatenlose oder ausländische Besatzungsmitglieder ihrer Schiffe beantragen, wenn diese während einer Seereise im Ausland angeheuert wurden und zwischenstaatliche oder internationale Versicherungsabkommen nicht entgegenstehen, § 1231 Abs. 2 RVO. Geistliche Genossenschaften, Diakonieverbände, das Deutsche Rote Kreuz und ähnliche Gemeinschaften können Antrag auf Befreiung von der Versicherungspflicht für diejenigen ihrer Mitglieder stellen, für die die in der Gemeinschaft übliche lebenslängliche Versorgung gewährleistet ist.

Auf Antrag des Arbeitgebers werden nach § 8 Abs. 1 AVG von der Versicherungspflicht Personen befreit, die in Betrieben oder im Dienst der Verbände von Gemeinden, Gemeindeverbänden einschließlich der Spitzenverbände sowie des Spitzenverbandes der Kommunalen Unternehmen beschäftigt sind, wenn ihnen Anwartschaft auf lebenslängliche Versorgung und Hinterbliebenenversorgung nach beamtenrechtlichen Grundsätzen gewährleistet ist.

Durch Art. 3 § 2 Nr. 1 FinanzänderungsG 1967 war Angestellten, die am 31. Dezember 1967 wegen Überschreitung der Jahresarbeitsverdienstgrenze von 21 600,– DM von der Versicherungspflicht befreit waren, durch Antrag, der bis zum 30. Juni 1968 gestellt werden mußte, ermöglicht, sich von der Pflichtversicherung in der Angestelltenversicherung befreien zu lassen. Voraussetzung war, daß der Angestellte am 31. Dezember 1967 das 50. Lebensjahr vollendet hatte oder daß er in einem öffentlichen oder privaten Versicherungsunternehmen für sich und seine Hinterbliebenen einen Versicherungsvertrag für den Fall des Todes und des Erlebens des 65. oder eines niedrigeren Lebensjahres mit Wirkung vom 1. Januar 1968 oder früher abschloß und dafür mindestens ebensoviel aufwendete, wie im Januar 1968 zur Rentenversicherung der Angestellten zu zahlen war; das waren 240,– DM monatlich.

---

83 Vgl. *Hahn*, a.a.O., S. 85, und die dort angeführten Schreiben des Bundesversicherungsamtes und der Bundesknappschaft.

Heinz-Werner Glücklich

Muster 4

**Antrag auf Befreiung von der Versicherungspflicht
in der Angestelltenversicherung**

An den Herrn Hessischen Kultusminister
6200 Wiesbaden

Namens und im Auftrag des Herrn Direktor G. _____ , Inhabers und Leiters der
H. _____ -Schule in Wiesbaden, beantrage ich:
die in der H. _____ -Schule jetzt und künftig als Lehrkräfte nebenberuflich
beschäftigten öffentlichen Beamten von der Versicherungspflicht nach dem Angestelltenversicherungsgesetz zu befreien.

Begründung:

Der Antragsteller ist Inhaber und Leiter der H. _____ -Schule in Wiesbaden, eines
staatlich anerkannten privaten Gymnasiums, das als Gesamtschule betrieben
wird. In der H. _____ -Schule waren seit 1974 bis heute in jedem Schuljahr etwa
80 bis 100 nebenberufliche Lehrkräfte, die hauptsächlich als Beamte an einer
staatlichen Schule eingesetzt waren, tätig.
Alle Lehrkräfte werden im Rahmen ihrer Nebentätigkeit in die Versorgungszusage
der H. _____ -Schule aufgenommen. Diese Versorgungszusage füge ich in einem
Muster bei. Wie aus diesem Muster ersichtlich ist, umfaßt die Versorgungszusage:
a) eine Rente bei Erreichung der Altersgrenze,
b) eine Witwenrente,
c) eine Waisenrente,
d) eine Invalidenrente.
Für die Lehrkräfte, denen die H. _____ -Schule Versorgungszusagen erteilt hat,
werden entsprechende Lebensversicherungen bei der Frankfurter und Allianz
sowie bei der Berlinischen Lebensversicherung abgeschlossen. Die Lebensversi-
cherungsbeiträge werden den jeweiligen Gehältern angepaßt. Die jährlichen Beiträge an die Lebensversicherungsgesellschaften betragen etwa 80 000 DM.
Die Schulleitung hat die Einrichtung der betrieblichen Altersversorgung seit 1959
begründet. Sie gewährt auch den nebenberuflich in der Schule beschäftigten Lehr-
kräften eine Altersversorgung im Rahmen ihrer Nebentätigkeit.
Die Zahlung der danach zugesagten Renten ist gesichert: Für den Fall, daß die
Schule ihren Zahlungsverpflichtungen nicht nachkommen sollte, tritt der gesetzlich bestimmte Pensionssicherungsverein, bei dem die H. _____ -Schule die festgesetzten Beiträge regelmäßig einzahlt, an ihre Stelle und zahlt die fälligen Renten weiter. Unter diesen Umständen erweist sich eine Versicherungspflicht für
nebenberuflich tätige beamtete Lehrkräfte, die mehr als $1/5$ ihrer Gesamteinnah-

men in der H. _____ **-Schule verdienen und danach in der Angestelltenversicherung pflichtversichert sein würden, als nicht gerechtfertigt und außergewöhnliche Härte. Der Antrag auf Befreiung nach § 8 AVG ist danach begründet.**

gez. Unterschrift
Rechtsanwalt

4. Nachversicherung

151 Ein versicherungsfreies Beschäftigungsverhältnis, z. B. bei Beamten oder Soldaten, kann rückwirkend versicherungspflichtig werden. Das sind die Fälle der sogenannten Nachversicherung (§ 1232 RVO, § 9 AVG). Nachversicherung erfolgt in den gesetzlich vorgesehenen Fällen dann, wenn ein Beschäftigter, dessen in der Vergangenheit liegendes Beschäftigungsverhältnis wegen Gewährleistung von Versorgungsanwartschaften versicherungsfrei war, aus der versicherungsfreien Beschäftigung ohne Versorgung ausscheidet. Hierdurch sollen die Folgen, die für den Beschäftigten durch Wegfall der Versorgung eintreten, ausgeglichen werden. Die Nachversicherung ist an bestimmte tatbestandsmäßige Voraussetzungen geknüpft. Sie ist möglich für Beamte und Berufssoldaten, Mitglieder geistlicher Gemeinschaften, Diakonissen, Schwestern vom Deutschen Roten Kreuz und Angehörige ähnlicher Gemeinschaften.

Die Nachversicherung für Übergangsfälle ist in Art. 2 § 3 ArVNG geregelt. Auch § 62 des Gesetzes zur Regelung der Rechtsverhältnisse der unter Art. 131 GG fallenden Personen in der Fassung des Gesetzes vom 13. Oktober 1965 (BGBl. I, 1686) kann von Bedeutung sein. Danach fallen unter die Nachversicherung Personen, die vor dem 9. Mai 1945 aus dem öffentlichen Dienst außerhalb des Bundesgebiets ausgeschieden sind, Deutsche, die vor dem 9. Mai 1945 außerhalb des öffentlichen Dienstes in den unter fremder Verwaltung stehenden deutschen Ostgebieten oder in Mitteldeutschland beschäftigt waren, heimatlose Ausländer, die am 1. September 1939 Angehörige eines ausländischen öffentlichen Dienstes waren oder während des Zweiten Weltkrieges als ausländische Arbeitskräfte im Gebiet des deutschen Reiches beschäftigt waren. Als nachversichert gelten die unter Art. 131 GG fallenden Personen, die keinen Anspruch und keine Anwartschaft auf Alters- oder Hinterbliebenenversorgung haben. Die Nachversicherung entfällt, wenn bei dem Ausscheiden des Beschäftigten durch Tod keine Hinterbliebenen vorhanden sind oder auch bei Durchführung der Nachversicherung keine Hinterbliebenenrente zu zahlen wäre.

Bei der Nachversicherung sind für den einzelnen Berechtigten Beiträge nachträglich an den Rentenversicherungsträger zu zahlen. In den Fällen der fiktiven Nachversicherung werden die durch eine Rentenzahlung entstehenden Aufwendungen dem Träger der Rentenversicherung erstattet.

Heinz-Werner Glücklich

5. Freiwillige Versicherung

Schon nach früherem Recht gab es in der sozialen Rentenversicherung eine freiwillige **152** Selbstversicherung. In die Selbstversicherung konnte jeder bis zum 40. Lebensjahr eintreten, auch wenn er weder Arbeiter, noch Angestellter, noch eine hinsichtlich der Versicherungspflicht gleichgestellte Person war. Der Grundgedanke dieser Regelung war: Aus der Rentenversicherung der Arbeiter und Angestellten sollte eine allgemeine Volksversicherung werden. Man hat diesen Gedanken bei Erlaß des Versicherungs-Neuregelungsgesetzes vom 23. 2. 1957 (ArVNG: BGBl. I, S. 45; AnVNG: BGBl. I, S. 88) aufgegeben, weil die Selbstversicherung vor allem von Personen mit ungünstigen Versicherungsrisiken oder mit niedrigen Beiträgen gewählt wurde.

Inzwischen ist die freiwillige Versicherung durch das Rentenreformgesetz vom 16. Oktober 1972 (BGBl. I, 1965) in Kraft getreten am 19. 10. 1972, wieder eingeführt worden. Sie ist jetzt geregelt in § 1233 RVO, § 10 AVG. Danach kann, wer nicht versicherungspflichtig ist, sich in der Rentenversicherung freiwillig versichern. Dies gilt vor allem für selbständige Erwerbstätige, soweit sie nicht bereits die Versicherungspflicht auf Antrag gewählt haben, und alle Nichterwerbstätigen, z. B. Hausfrauen. Einschränkungen dieser Möglichkeiten sind enthalten in § 1233 Abs. 1 a, 2, 2 a RVO in § 10 Abs. 1 a, 2, 2 a AVG.

Wer sich freiwillig versichert, kann die Höhe der Beiträge frei wählen. Diese Beiträge müssen aber, wenn sie später bei der Rente voll berücksichtigt werden sollen, in gewisser Höhe und mit gewisser Regelmäßigkeit entrichtet werden, §§ 1255 b RVO/ 32 b AVG. Für die Ermittlung der Rentenhöhe werden nämlich freiwillige Beiträge seit 1979 nur noch berücksichtigt, wenn sie für einen zusammenhängenden Zeitraum von drei Kalenderjahren entrichtet worden sind, von denen jedes Kalenderjahr grundsätzlich mit freiwilligen Beiträgen in einer Gesamthöhe belegt sein muß, die dem Gesamtbeitrag von wenigstens 12 Beiträgen nach der niedrigsten monatlichen Beitragsberechnungsgrundlage entspricht. Freiwillige Beiträge, die insoweit nicht berücksichtigt werden können, gelten bei der Berechnung und Anpassung der Renten als Beiträge der Höherversicherung. Diese werden dann nur noch mit bestimmten festen Werten angerechnet und nehmen an den jährlichen Rentenanpassungen nicht teil[84].

Eine besondere Form der freiwilligen Versicherung in der Rentenversi- **153** cherung ist die freiwillige Höherversicherung (§ 1234 RVO, § 11 AVG). Danach kann der Versicherte neben Beiträgen, die aufgrund der Versicherungspflicht oder der Berechtigung zur freiwilligen Versicherung entrichtet sind, zusätzlich Beiträge zum Zwecke der Höherversicherung entrichten. Bei der Höherversicherung sind Beitragshöhe und Leistung nach privatversicherungsrechtlichen Methoden berechnet. Derselbe Beitrag erbringt sonach mit steigendem Lebensalter einen geringeren Rentenbetrag. Der Pflichtversicherte oder freiwillig Versicherte in der Angestelltenversicherung oder in der Arbeiterrentenversicherung kann sonach neben den Pflicht- oder freiwilligen Beiträgen zusätzliche Beiträge zur Höherversicherung leisten. Bei-

---

84 *Erlenkämper*, aaO, S. 347 ff.

träge zur Höherversicherung können die knappschaftlichen Versicherten nicht zur Knappschaftsversicherung, sondern nur zur Rentenversicherung der Arbeiter oder Angestellten leisten.

Für jeden Beitrag wird ein Steigerungsbetrag gewährt, § 1261 RVO, § 38 AVG. Ersatz-, Ausfall- und Zurechnungszeiten werden bei der Höherversicherung ebensowenig wie bei der freiwilligen Versicherung berücksichtigt. Auch eine Rentenanpassung findet bei der Höherversicherung nicht statt, § 1272 Abs. 3 RVO, § 49 Abs. 3 AVG.

V. Leistungen der Rentenversicherung

1. Übersicht

154   In der Rentenversicherung unterscheidet man Regelleistungen und zusätzliche Leistungen. Regelleistungen sind nach § 1235 RVO, § 12 AVG, § 34 RKG:

a) medizinische, berufsfördernde und ergänzende Leistungen zur Rehabilitation,

b) Renten,

c) Witwen- und Witwerrentenabfindungen,

d) Beitragserstattungen,

e) Zuschüsse zu den Aufwendungen für die Krankenversicherung.

Zusätzliche Leistungen können in einer vorbeugenden Gesundheitsfürsorge, in bestimmten wirtschaftlichen Maßnahmen (Wohnungsbau) und in der Unterbringung in Heimen (Altenheimen, Kinderheimen) bestehen, §§ 1305–1307 RVO.

2. Rehabilitationsmaßnahmen

155   Als Rehabilitationsmaßnahmen sind im Gesetz aufgeführte Maßnahmen zur Erhaltung, Besserung und Wiederherstellung der Erwerbsfähigkeit, § 1236 RVO, § 13 AVG, § 35 RKG. Wenn die Erwerbsfähigkeit eines Versicherten, in bestimmten Fällen auch eines Rentners, einer Witwe oder eines Witwers, durch Krankheit oder andere Gebrechen gefährdet oder gemindert ist, können mit Zustimmung des Betroffenen Maßnahmen zur Besserung und Wiederherstellung der Erwerbsfähigkeit durchgeführt werden. Voraussetzung ist, daß die Maßnahmen im Einzelfall nach Art und Umfang Erfolg versprechen und erforderlich und für den Versicherungsträger möglich sind. Auch wenn die Besserung des gesundheitlichen Zustandes voraussichtlich nicht so weit gehen wird, daß Rente eingespart wird, sind Maßnahmen geboten[85].

85 Vgl. *Brockhoff/Müller/Wiester,* Gesamtkommentar, Viertes Buch, Rentenversicherung der Arbeiter, § 1236 RVO Anm. 3.

Heinz-Werner Glücklich

Regelung und Durchführung der Rehabilitationsmaßnahmen obliegt den Selbstverwaltungsorganen der Versicherungsträger; diese erlassen dafür die allgemeinen Richtlinien und Grundsätze. Die Maßnahmen sind Kannleistungen. Die Versicherungsträger sind damit ermächtigt, nach ihrem Ermessen zu handeln, müssen aber die gesetzlichen Grenzen des Ermessens einhalten und von dem Ermessen in einer seinem Zweck entsprechenden Weise Gebrauch machen.

Die Maßnahmen können auf Antrag oder von Amts wegen durchgeführt werden; sie bedürfen in jedem Falle der Zustimmung des Versicherten. Wenn der Versicherte ohne triftigen Grund seine Zustimmung verweigert, sich der Durchführung der Maßnahmen entzieht oder den Erfolg der Maßnahmen durch sein Verhalten vereitelt, kann ihm der Leistungsträger die Rente bis zur Nachholung der Mitwirkung ganz oder teilweise versagen oder entziehen, §§ 62–65, 66 Abs. 2 SGB I. Wann der Betroffene einen triftigen Grund zur Ablehnung der Maßnahme hat, ist im Gesetz selbst bestimmt.

Nicht zumutbar ist eine Heilbehandlung, die mit einer erheblichen Gefahr für Leben und Gesundheit des Versicherten verbunden ist, eine Operation auch dann, wenn sie einen erheblichen Eingriff in die körperliche Unversehrtheit bedeutet. Was für Operationen gilt, muß auch für gleichgelagerte Untersuchungsmaßnahmen rechtens sein. Der Versicherte darf zu nicht ungefährlichen Eingriffen in die körperliche Unversehrtheit seine Zustimmung verweigern[86]. Während Rehabilitationsmaßnahmen im allgemeinen vom Ermessen des Versicherungsträgers abhängen, hat der Versicherte für sich, seinen Ehegatten und seine Kinder einen Anspruch auf Heilbehandlung bei aktiver, behandlungsbedürftiger Tuberkulose, §§ 132, 136 BSHG.

Bei den Rehabilitationsmaßnahmen unterscheidet man zwischen Heilbehandlung, Berufsförderung und sozialer Betreuung.

Die Heilbehandlung umfaßt alle erforderlichen medizinischen Maßnahmen, insbesondere Behandlung in Kur- und Badeorten und Spezialanstalten, § 1237 RVO, § 14 AVG, § 36 RKG.

Berufsförderung sind Hilfen zur Erhaltung oder Erlangung eines Arbeitsplatzes einschließlich Leistungen zur Förderung der Arbeitsaufnahme und Eingliederungshilfen an Arbeitgeber, Berufsfindung und Arbeitserprobung, Berufsvorbereitung einschließlich der wegen einer Behinderung erforderlichen Grundausbildung, berufliche Anpassung, Fortbildung, Ausbildung und Umschulung, einschließlich eines zur Teilnahme an diesen Maßnahmen erforderlichen schulischen Beschlusses, sonstige Hilfen der Arbeits- und Berufsförderung, um dem Betreuten eine angemessene und geeignete Erwerbs- oder Berufstätigkeit auf dem allgemeinen Arbeitsmarkt oder in einer Werkstatt für Behinderte zu ermöglichen, § 1237 a RVO, § 14 a AVG, § 36 a RKG. Die Berufsförderung muß wegen Krankheit oder anderer Gebrechen oder Schwäche der körperlichen oder geistigen Kräfte des Versicherten notwendig sein. Für ungenügende berufliche Leistungsfähigkeit wegen mangelnder Anpassung an die technische

156

157

---

86 Vgl. RVA, EuM, Bd. 46, 263 ff., BSGE 4, 116.

Heinz-Werner Glücklich

Fortentwicklung wird sie nicht gewährt. Wesentlicher Teil der Berufsförderung ist die Umschulung.

158   Die soziale Betreuung (ergänzende Leistungen zur Rehabilitation) erfolgt durch Gewährung von Übergangsgeld während der Durchführung von Maßnahmen der Heilbehandlung und Berufsförderung, durch Übernahme der Kosten, die mit einer berufsfördernden Leistung zusammenhängen, insbesondere für Prüfungsgebühren, Lernmittel, Arbeitskleidung und Arbeitsgeräte sowie Ausbildungszuschüsse an Arbeitgeber, durch Übernahme der erforderlichen Reisekosten, auch für Familienheimfahrten, durch ärztlich verordneten Behindertensport, durch Haushaltshilfe und durch sonstige Leistungen, § 1237 b RVO, § 14 b AVG, § 36 b RKG. Das Übergangsgeld dient dem Unterhalt während der Krankheit oder der Berufsförderung, sofern der Versicherte arbeitsunfähig ist oder wegen der Teilnahme an der Maßnahme keine ganztägige Erwerbstätigkeit ausüben kann, § 1240 RVO, § 17 AVG, § 39 RKG. Wegen der Berechnung des Übergangsgeldes sei verwiesen auf § 1241 RVO, § 18 AVG, § 40 RKG. Das Übergangsgeld entfällt, wenn der Betreute Arbeitsentgelt, anderes Erwerbseinkommen oder eine Rente aus der sozialen Rentenversicherung bezieht. Für die Dauer der Maßnahmen besteht Anspruch auf Rente nur, wenn sie bereits bewilligt war, in diesem Fall wird sie auf das Übergangsgeld angerechnet.

3. Die Rentenarten

159   Man unterscheidet Renten für die Versicherten und Renten für die Hinterbliebenen.

In der Angestelltenversicherung und in der Arbeiterrentenversicherung gibt es für die Versicherten Rente wegen Berufsunfähigkeit, Renten wegen Erwerbsunfähigkeit und Altersruhegeld. In der Knappschaftsversicherung gibt es für die Versicherten die Bergmannsrente wegen verminderter bergmännischer Berufsfähigkeit oder Vollendung des 50. Lebensjahres, die Knappschaftsrente wegen Berufsunfähigkeit und wegen Erwerbsunfähigkeit (entsprechend der Rente wegen Berufsunfähigkeit oder wegen Erwerbsunfähigkeit in der Angestellten- und in der Arbeiterrentenversicherung) und das Knappschaftsruhegeld nach Erreichen der Altersgrenze (entsprechend dem Altersruhegeld in der Angestellten- und in der Arbeiterrentenversicherung).

Hinterbliebene des Versicherten erhalten Rente als Witwenrente, Witwerrente, Rente an einen früheren (geschiedenen) Ehegatten des verstorbenen Versicherten und Waisenrente für Voll- und Halbwaisen.

Renten werden gewährt, wenn der Versicherungsfall eingetreten und die Wartezeit erfüllt ist. Versicherungsfall sind Invalidität, Alter, Tod.

4. Rente wegen vorzeitiger Berufs- oder Erwerbsunfähigkeit

160   In der Angestellten- und in der Arbeiterrentenversicherung gibt es zwei Invaliditätsgrade, die jeweils zu Renten in verschiedener Höhe führen: Berufsunfähigkeit und Erwerbsunfähigkeit. Die Knappschaftsversicherung

kennt außer diesen beiden Graden der Invalidität noch einen weiteren Grad: die verminderte bergmännische Berufsfähigkeit.

Vermindert bergmännisch berufsfähig ist ein Versicherter, der infolge von Krankheit oder anderen Gebrechen oder Schwäche seiner körperlichen oder geistigen Kräfte weder imstande ist, die von ihm bisher verrichtete knappschaftliche Arbeit auszuüben, noch imstande ist, andere im wesentlichen wirtschaftlich gleichwertige Arbeiten von Personen mit ähnlicher Ausbildung sowie gleichwertigen Kenntnissen und Fähigkeiten in knappschaftlich versicherten Betrieben auszuüben, § 45 Abs. 5 RKG.

Berufsunfähig ist ein Versicherter, dessen Erwerbsfähigkeit infolge von Krankheit oder anderen Gebrechen oder Schwäche seiner körperlichen oder geistigen Kräfte auf weniger als die Hälfte derjenigen eines körperlich und geistig gesunden Versicherten mit ähnlicher Ausbildung und gleichwertigen Kenntnissen und Fähigkeiten herabgesunken ist, § 1246 Abs. 2 RVO, § 23 Abs. 2 AVG, § 46 Abs. 2 RKG.

Erwerbsunfähig ist der Versicherte, der infolge von Krankheit oder anderen Gebrechen oder von Schwäche seiner körperlichen oder geistigen Kräfte auf nicht absehbare Zeit eine Erwerbstätigkeit in gewisser Regelmäßigkeit nicht mehr ausüben oder nicht mehr als nur geringfügige Einkünfte durch Erwerbstätigkeit erzielen kann, § 1347 Abs. 2 RVO, § 24 Abs. 2 AVG, § 47 Abs. 5 RKG.

Die Unterscheidung der Invaliditätsgrade Berufsunfähigkeit und Erwerbsunfähigkeit ist durch ArVNG vom 23. 2. 1957 (BGBl. I, S. 45), AnVNG vom 23. 2. 1957 (BGBl. I, S. 88) und KnVNG vom 21. 5. 1957 (BGBl. I, S. 533) eingeführt worden. Dieser Unterscheidung liegt folgende Erwägung zugrunde: Es gibt Rentner ganz verschiedener Art. Manche sind zwar einer regelmäßigen Berufsarbeit mit längerer Arbeitszeit nicht mehr gewachsen, können sich aber auf verschiedenen Gebieten noch betätigen und dabei Geld verdienen. Andere sind so krank oder gebrechlich, daß sie nicht oder fast nicht mehr arbeiten können. Der erste Fall ist Berufsunfähigkeit und zieht die geringere Rente wegen Berufsunfähigkeit nach sich; der zweite Fall ist Erwerbsunfähigkeit und hat die höhere Rente wegen Erwerbsunfähigkeit zur Folge.

Der Begriff der Berufsunfähigkeit wird im Gesetz weiter erläutert.

Der Kreis der Tätigkeiten, nach dem die Erwerbsfähigkeit eines Versicherten zu beurteilen ist, umfaßt alle Tätigkeiten, die seinen Kräften und Fähigkeiten entsprechen und ihm unter Berücksichtigung der Dauer und des Umfangs seiner Ausbildung sowie seines bisherigen Berufs und der besonderen Anforderungen seiner bisherigen Berufstätigkeit zugemutet werden können; zumutbar ist stets eine Tätigkeit, für die der Versicherte durch Maßnahmen zur Erhaltung, Besserung und Wiederherstellung der Erwerbsfähigkeit mit Erfolg umgebildet oder umgeschult worden ist, § 1246 Abs. 2 RVO, § 23 Abs. 2 AVG, § 46 Abs. 2 RKG.

161

Heinz-Werner Glücklich 575

162   Hauptproblem bei der Prüfung der Berufsunfähigkeit im konkreten Fall ist die Frage, ob der Versicherte auf eine andere Tätigkeit verwiesen werden kann, mit der er die gesetzliche Lohnhälfte noch verdienen kann.

Die bei Laien häufig vertretene Auffassung, die Rente wegen Berufsunfähigkeit könne beansprucht werden, wenn man nach anderen Gesetzen, so aus der Unfallversicherung oder nach dem Bundesversorgungsgesetz, eine Rente von mehr als 50 % bezieht oder wenn medizinisch eine abstrakte Erwerbsminderung von mehr als 50 % festgestellt wird, ist falsch. Ein Versicherter, der beispielsweise einen Oberschenkel verloren hat, bezieht in der Unfallversicherung oder in der Kriegsopferversorgung gewöhnlich eine Unfallrente oder Beschädigtenrente nach einer MdE von 70 v. H. Damit ist aber noch nichts darüber entschieden, ob er noch die gesetzliche Lohnhälfte verdienen kann. Bei einem Angestellten oder auch bei einem Arbeiter mit vorwiegend sitzender Betätigung wird in diesem Falle Berufsunfähigkeit regelmäßig noch nicht vorliegen.

Das hauptsächliche Problem bei der Frage der Berufsunfähigkeit ist die Zulässigkeit der Verweisung auf eine andere Tätigkeit. Der Versicherte kann auf andere, seinen Kräften und Fähigkeiten, seiner Ausbildung entsprechende und ihm objektiv zumutbare Tätigkeiten, d. h. solche ohne unzumutbaren sozialen Abstieg, verwiesen werden [87].

Beispiel:

Der erste Konzertmeister eines großen staatlichen Orchesters kann wegen eines Augenleidens – partieller Gesichtsfeldausfall – nicht mehr vom Blatt spielen und deshalb seinen Beruf als Orchestermusiker nicht mehr ausüben. Er könnte aber noch Musikunterricht erteilen. Kann er darauf verwiesen werden oder bedeutet das einen sozialen Abstieg? Man wird die Frage dahin gehend entscheiden müssen, daß ihm eine Unterrichtstätigkeit an einer staatlichen Musikhochschule in der Meisterklasse, nicht aber Anfängerunterricht als Hauslehrer, zuzumuten sei [88].

Die Frage der Berufsunfähigkeit läßt sich am einfachsten überprüfen, wenn der Versicherte seine bisherige hauptberufliche Tätigkeit noch in geringerem Umfang weiter ausüben kann. Hier kommt es darauf an, ob er wenigstens die Hälfte des Durchschnittsarbeitsverdienstes erhält, der bei Vollerwerbstätigkeit erzielbar ist (sogenannte gesetzliche Lohnhälfte). Er entspricht meistens dem früheren tatsächlichen Verdienst des Versicherten, dem Durchschnittsverdienst; man kann sich dann auf die Feststellung beschränken, ob der Versicherte wenigstens die Hälfte des früheren Verdienstes erzielt. Verneinendenfalls ist er berufsunfähig. Wenn der Versicherte infolge von Krankheit oder anderen Gebrechen oder Schwäche seiner körperlichen oder geistigen Kräfte den früheren Beruf – auch halbschichtig – nicht mehr ausüben kann oder wenn es aus arbeitsmarktpolitischen Gründen keine entsprechenden Stellen gibt oder wenn der Lohn einer solchen

---

87 Vgl. BSGE 9, 254; 17, 191; BSG 1 SGb. 1963, 208; *Erlenkämper*, aaO, S. 358 ff.
88 Vgl. Urt. des Hess. LSG v. 15. 5. 1962, L. 2 (8)/An – 70/61 (nicht veröffentlicht).

Heinz-Werner Glücklich

Stelle weniger als 50 % der entsprechenden vollen Stelle beträgt, dann erhebt sich die Frage der Verweisung auf einen anderen Beruf. Das Gesetz verlangt für die Zulässigkeit einer solchen Verweisung das Vorhandensein von zwei Voraussetzungen: Die Tätigkeit, auf die der Versicherte verwiesen werden soll, muß seinen Kräften und Fähigkeiten entsprechen. Sie muß ihm ferner zumutbar sein. Der Versicherte darf nur auf eine Tätigkeit verwiesen werden, die ihm unter Berücksichtigung der Dauer und des Umfangs seiner Ausbildung sowie seines bisherigen Berufs und der besonderen Anforderungen seiner bisherigen Berufstätigkeit zugemutet werden kann. Der Versicherte soll keinen unzumutbaren sozialen Abstieg erleiden; er soll vor einem unbilligen Prestigeverlust bewahrt bleiben. Bei einem Versicherten, der einen qualifizierten Beruf ausgeübt hat, für den spezielle Kenntnisse und Fähigkeiten erforderlich sind, ist der Kreis der zumutbaren Verweisungstätigkeiten nur eng begrenzt, so z. B. bei einem Opernsänger[89]. Dagegen kann ein Versicherter, der bisher nur ganz einfache Tätigkeiten verrichtet hat, z. B. einfache Reinigungs- und Putzarbeiten, Aufwarte-, Küchen- und Kantinenhilfsarbeiten, einfache Wächter- und Wartungsdienste, Botengänge, einfache Hof-, Platz- und Gartenarbeiten, jede sonstige Hilfsarbeitertätigkeit, auf den gesamtem Arbeitsmarkt verwiesen werden[90].

Um Anhaltspunkte für die Verweisungsmöglichkeiten zu schaffen, ist die sogenannte Stufentheorie entwickelt worden. Auch das BSG neigt ihr zu[91]. Zunächst wurde die Drei-Stufen-Theorie entwickelt; später wurde sie zur Vier-Stufen-Theorie erweitert[92]. Die Vier-Stufen-Theorie stellt folgende vier Stufen auf: 163

1. Leitberuf: Vorarbeiter mit Vorgesetztenfunktion,
2. Leitberuf: Facharbeiter,
3. Leitberuf: Angelernter Arbeiter,
4. Leitberuf: Ungelernter Arbeiter.

Für zumutbar hält man einen sozialen Abstieg um eine Stufe, für unzumutbar einen solchen von zwei oder mehr Stufen[93].

Die Vier-Stufen-Theorie soll jedoch der Praxis nur Anhaltspunkte bieten, jedoch keine starre Regel darstellen. So darf z. B. der gelernte Facharbeiter dann ausnahmsweise auf eine ungelernte Tätigkeit verwiesen werden, wenn es sich um eine aus dem Kreis der sonstigen ungelernten Tätigkeiten deutlich hervorgehobene Beschäftigung handelt, die einer ungelernten Tätigkeit gleichzusetzen ist[94].

---

89 Vgl. BSG SozR Nr. 31 zu § 1246 RVO.
90 BSG SozR Nr. 32 zu § 1246 RVO; BSGE 9, 192.
91 Vgl. BSG SozR Nr. 35 und 103 zu § 1246 RVO; SozR 2200, § 1246 Nr. 4.
92 Vgl. BSG SozR Nr. 32, 35 und 103 zu § 1246 RVO.
93 Vgl. BSGE 19, 57.
94 Vgl. BSGE 19, 57; 11, 123.

Heinz-Werner Glücklich 577

Ein weiteres Merkmal zur Frage der Zulässigkeit der Verweisung auf einen anderen Beruf ist die tarifliche Lohngruppeneinstufung. Ihr gibt man vielfach, insbesondere bei den Berufen der Angestellten, vor der Vier-Stufen-Theorie den Vorzug[95]. Andererseits werden gegen eine Überbewertung der tariflichen Eingruppierungen in der Rechtsprechung auch Bedenken erhoben[96]. Für die Zulässigkeit der Verweisung auf einen anderen Beruf oder auf eine andere Tätigkeit ist ferner Voraussetzung, daß für die Tätigkeit, auf die verwiesen werden soll, ein offener Arbeitsmarkt besteht. Nach ständiger höchstrichterlicher Rechtsprechung darf auf eine Tätigkeit nicht verwiesen werden, wenn für sie der Arbeitsmarkt praktisch verschlossen ist[97]. Dabei ist zu unterscheiden zwischen Vollzeittätigkeit und Teilzeittätigkeiten. Bei Vollzeittätigkeiten wird, wenn sie tariflich erfaßt sind, davon ausgegangen, daß zugehörige Arbeitsplätze offen sind[98]. Dagegen bedarf bei der Verweisung auf Teilzeittätigkeiten die Frage des offenen Arbeitsmarkts besonderer Prüfung. Hier muß vorweg geprüft werden, ob für den Versicherten der Teilzeitarbeitsmarkt aus besonderen gesundheitlichen Gründen gegenüber anderen Versicherten, die sich um Teilzeitarbeitsplätze bewerben, nicht zusätzlich beschränkt ist, sei es daß der Versicherte innerhalb der Zeit, in der er arbeitsfähig ist, aufgrund seines Gesundheitszustandes nur noch qualitäts- oder quantitätsmäßig eingeschränkte Leistungen erbringen kann oder daß er die Arbeitsplätze nur unter betriebsunüblichen Bedingungen ausfüllen kann, sei es, daß der Versicherte aus gesundheitlichen Gründen nur bestimmte Arbeiten ausführen kann, z. B. solche, die nur im Sitzen verrichtet werden können.

Wenn bei einem Versicherten solche Beschränkungen in der Einsatzmöglichkeit auf dem allgemeinen Teilzeitarbeitsmarkt vorliegen, so wird er in der Regel der Fälle nicht nur berufsunfähig, sondern sogar erwerbsunfähig sein, da eine Ausweichmöglichkeit auf eine andere Erwerbstätigkeit nicht mehr besteht.

164 Für alle anderen Versicherten, bei denen solche besonderen gesundheitlichen Erschwernisse nicht gegeben sind, kommt es darauf an, ob ihnen der Teilzeitmarkt in dem vorstehend erörterten Sinne offensteht. Der Große Senat des BSG hat in seiner Entscheidung vom 10. 12. 1976[99] dazu folgende Leitsätze aufgestellt:

95 Vgl. BSGE 38, 153; LSG Hamburg, Breith. 1963, S. 228.
96 BSG SozR 2200 § 1246 Nr. 3.
97 BSG SozR 2200 § 1246 Nr. 9; BSGE 30, 167; 30, 192.
98 BSGE 31, 233.
99 BSG AP Nr. 7 zu § 1246 RVO = BB 1977, S. 446 = NJW 1977, S. 2134 = SGb 1977 S. 54, S. 127, S. 197 mit Anmerkung von *Bergner* = JuS 1977, S. 484 (g) mit Anmerkung von *Franz Ruland* = SozR 2200 § 1246 Nr. 13.

Heinz-Werner Glücklich

1. Für die Beurteilung, ob ein Versicherter, der aufgrund seines Gesundheitszustandes nur noch Teilzeitarbeit verrichten kann, berufsunfähig im Sinne des § 1246 Abs. 2 RVO oder erwerbsunfähig im Sinne des § 1247 Abs. 2 RVO ist, ist es erheblich, daß für die in Betracht kommenden Erwerbstätigkeiten Arbeitsplätze vorhanden sind, die der Versicherte mit seinen Kräften und Fähigkeiten noch ausfüllen kann.

2. Der Versicherte darf auf Tätigkeiten für Teilzeitarbeit nicht verwiesen werden, wenn ihm für diese Tätigkeiten der Arbeitsmarkt praktisch verschlossen ist.

3. Dem Versicherten ist der Arbeitsmarkt praktisch verschlossen, wenn ihm weder die Rentenversicherungsträger noch das zuständige Arbeitsamt innerhalb eines Jahres seit Stellung des Rentenantrags einen für ihn in Betracht kommenden Arbeitsplatz anbieten kann.

4. Der Versicherte darf in der Regel nur auf Teilzeitarbeitsplätze verwiesen werden, die er täglich von seiner Wohnung aus erreichen kann.

Bedingungen für die Erwerbsunfähigkeit ist, wie schon erwähnt, nach § 1247 Abs. 2 RVO, § 24 Abs. 2 AVG, § 47 Abs. 2 RKG, daß der Versicherte entweder auf nicht absehbare Zeit eine Erwerbstätigkeit in gewisser Regelmäßigkeit nicht ausüben kann oder daß er mehr als nur geringfügige Einkünfte aus der Erwerbstätigkeit nicht erzielen kann. Auf die zweite Alternative kommt es nur an, wenn nicht bereits die erste gegeben ist[100].

Unter Erwerbstätigkeit ist jede auf Gewinn abzielende entgeltliche Arbeitstätigkeit zu verstehen. Darauf, ob die Tätigkeit zumutbar ist, oder ob sie einen sozialen Abstieg bedeutet, kommt es nicht an. Nach der Rechtsprechung des BSG soll allerdings die Verweisung auf sozial besonders gering bewertete Tätigkeiten nicht zulässig sein, wenn sie gegen Treu und Glauben verstößt[101].

Eine Erwerbstätigkeit wird in gewisser Regelmäßigkeit im Sinne des Gesetzes ausgeübt, wenn sie nicht nur gelegentlich oder aushilfsweise erfolgt. Wer täglich noch eine vierstündige Arbeit, wenn auch durch Pausen unterbrochen, verrichten kann, ist noch zu regelmäßiger Arbeit im Sinne des Gesetzes fähig. Geringfügig im Sinne des Gesetzes sind Einkünfte, wenn sie niedriger sind als $^1/_7$ der monatlichen Bezugsgröße[102].

Auch wer nach seinen gesundheitlichen und körperlichen Verhältnissen noch Teilzeitarbeit leisten könnte, ist gleichwohl erwerbsunfähig, wenn auf dem Arbeitsmarkt keine entsprechenden offenen Stellen vorhanden sind. Für männliche Versicherte, die weniger als halbschichtig zu arbeiten in der Lage sind, ist es schwer, auf dem allgemeinen Arbeitsmarkt eine geeignete Stelle zu finden. Hier ist sonach Erwerbsunfähigkeit anzunehmen. Dagegen

165

---

100 BSGE 21, 133.
101 BSGE 19, 347.
102 § 1247 Abs. 2 S. 2 RVO.

Heinz-Werner Glücklich

wird bei weiblichen Versicherten, die nach ihren gesundheitlichen Verhältnissen noch fähig sind, wenigstens alle sogenannten Dienstleistungstätigkeiten oder einige Gruppen davon zu verrichten, wie Organisations-, Verwaltungs-, Büroberufe, Handelsberufe, Reinigungsberufe, hauswirtschaftliche Berufe, angenommen, daß der allgemeine Arbeitsmarkt insoweit auch für Teilzeitbeschäftigung nicht verschlossen sei[103]. Auch bei der Erwerbsunfähigkeit darf der Versicherte nur auf Arbeitsplätze verwiesen werden, die er von seinem Wohnort aus erreichen kann[104].

Berufsunfähigkeit und Erwerbsunfähigkeit sind sogenannte unbestimmte Rechtsbetriffe, Typenbegriffe mit fließenden Merkmalen. Es wird die Auffassung vertreten, daß die Anwendung solcher Begriffe einen Beurteilungsspielraum innerhalb der zum Typus gehörenden Sachverhalte lasse, so daß die Versicherungsträger lediglich an den durch den unbestimmten Begriff umrissenen Typusbereich gebunden seien; sie handelten rechtmäßig, sofern sie innerhalb dieses Typen-Bereiches verbleiben, und rechtswidrig nur dann, wenn sie diesen Bereich durch Subsumtionsfehler verkennen. Deshalb sei die Subsumtion unter die Betriffe Berufsunfähigkeit und Erwerbsunfähigkeit durch die Versicherungsträger nur in beschränktem Umfang sozialgerichtlich nachprüfbar, nämlich nur darauf, ob die Beurteilung durch den Versicherungsträger angesichts der gerichtlichen Auslegung des Begriffs abstrakt richtig sein könne[105]. Diese Auffassung ist unzutreffend. Die Versicherungsträger subsumieren unter die Begriffe Berufsunfähigkeit und Erwerbsunfähigkeit nicht nach ihrem Ermessen, sondern haben im Einzelfall nach einem allgemein feststehenden Maßstab zu entscheiden, welche zumutbare Erwerbsfähigkeit dem Versicherten verblieben ist und ob und wie er sie nach Lage des Arbeitsmarktes verwerten kann. Das Gesetz will hier die Bindung der Versicherungsträger an die Rechtsnormen herbeiführen und keine Wahl zwischen mehreren Entscheidungen in Kauf nehmen. Die Entscheidung, ob Berufsunfähigkeit, ob Erwerbsunfähigkeit vorliegt, kann nur rechtlich richtig oder falsch sein. Hier verbleibt kein freier Beurteilungsspielraum. Deshalb hat das BSG mit Recht die Frage, ob Berufs- oder ob Erwerbsunfähigkeit vorliegt, für sozialgerichtlich nachprüfbar erklärt[106].

Zur Konkurrenz der Versicherungsrenten ist zu bemerken:

Die Bergmannsrente fällt mit der Gewährung der Knappschaftsrente oder des Knappschaftsruhegeldes weg; die Rente wegen Berufsunfähigkeit fällt mit der Gewährung der Rente wegen Erwerbsunfähigkeit oder des Altersruhegeldes weg. Die Rente wegen Erwerbsunfähigkeit geht mit Erreichung der Altersgrenze in dem Altersruhegeld auf.

103 BSG (GS) SozR RVO § 1247 Nr. 20.
104 BSG (GS) 30, 192, kritisch zur Rspr. des BSG: *Scheerer*, SGb. 1979, S. 45 ff.
105 So *Wolff*, Verwaltungsrecht, III, S. 169 und Verwaltungsrecht I, 6. Aufl., S. 148 f.
106 BSGE 14, 59, ebenso BVerwG für die ähnliche Frage des Tauglichkeitsgrades eines Wehrpflichtigen, MDR 1964, 703.

Heinz-Werner Glücklich

Für eine beschränkte Zeit kann die Rente wegen Berufsunfähigkeit oder Erwerbsunfähigkeit gewährt werden, wenn begründete Aussicht besteht, daß die Berufsunfähigkeit oder die Erwerbsunfähigkeit oder die verminderte bergmännische Berufsunfähigkeit in absehbarer Zeit behoben sein wird. Diese Rente ist in ihrer Laufzeit begrenzt auf zwei Jahre; sie kann wiederholt, längstens für die Dauer von sechs Jahren gewährt werden, § 1276 RVO.

Freiwillig Versicherte haben seit dem 1. 1. 1984 Anspruch auf Berufs- oder Erwerbsunfähigkeitsrente nur noch, wenn vor diesem Zeitpunkt bereits eine Versicherungszeit von 60 Kalendermonaten zurückgelegt worden war und die Zeit vom 1. 1. 1984 bis zum Ende des Kalenderjahres vor Eintritt des Versicherungsfalles mit Beiträgen oder mit Ersatz- und Ausfallzeiten belegt ist, Art. 2 § 7 b AnVNG, Art. 2 § 6 ArVNG i. d. F. des Haushaltsbegleitgesetzes 1984.

5. Altersruhegeld

Altersruhegeld – in der Knappschaftsversicherung Knappschaftsruhegeld genannt – erhält der Versicherte nach Vollendung des 65. Lebensjahres. **166** Schon seit 1965 können die Versicherten jedoch einen späteren Zeitpunkt für den Bezug des Altersruhegeldes bestimmen, § 1248 Abs. 6 RVO, § 25 Abs. 6 AVG, § 48 Abs. 6 RKG. Die Bestimmung eines späteren Zeitpunktes hat eine Erhöhung des Altersruhegeldes zur Folge. Das Rentenreformgesetz hat vom 1. Januar 1973 an die flexible Altersgrenze auch nach unten eingeführt, § 1248 Abs. 1 RVO, § 25 Abs. 1 AVG, § 48 Abs. 1 RKG. Danach kann ein Versicherter, wenn er die übrigen Voraussetzungen, insbesondere die Wartezeit, erfüllt hat, vom 63. Lebensjahr an wählen, von wann an er aus dem Arbeitsleben ausscheiden und Ruhegeld beziehen will. Wer das »vorgezogene« Altersruhegeld wählt, erhält allerdings eine niedrigere Rente.

Schwerbehinderte können vom 60. Lebensjahr an das flexible Altersruhegeld beziehen, § 1248 Abs. 1 RVO, § 25 Abs. 1 AVG, § 48 Abs. 1 RKG, vorausgesetzt, daß die Wartezeit erfüllt ist.

Wer das vorgezogene Altersruhegeld wählt, ist bis zur Vollendung des 65. Lebensjahres in der Ausübung einer Erwerbstätigkeit neben dem Bezug der Rente beschränkt: Der Versicherte darf nach § 1248 Abs. 4 RVO, § 25 Abs. 4 AVO, § 48 Abs. 4 RKG neben dem Bezug der Rente ein Einkommen aus gelegentlicher Beschäftigung beziehen. Das Einkommen aus gelegentlicher Beschäftigung ist der Höhe nach nicht begrenzt, darf aber im Jahr eine Zeitspanne von zwei Monaten nicht überschreiten. Der Versicherte darf neben dem Bezug des vorgezogenen Altersruhegeldes auch einer dauernden Beschäftigung nachgehen. Diese ist aber in Höhe des Arbeitsentgelts nach oben begrenzt: Es darf durchschnittlich im Monat 1000,– DM nicht überschreiten.

Die beiden Möglichkeiten des Bezugs von Arbeitseinkommen neben der Rente, nämlich einmal durch gelegentliche Arbeit, zum anderen durch Arbeit gegen ein der Höhe nach beschränktes Entgelt, stehen dem Versicherten kumulativ zur Verfügung. Er kann sonach zunächst einmal zwei Monate bei einem Arbeitgeber gelegentlich, insbesondere zur Aushilfe tätig sein und nach Abschluß dieser Zeit bei einem anderen Arbeitgeber regelmäßig, aber gegen ein Entgelt von nicht mehr als 1000,– DM monatlich beschäftigt werden. Dann darf er für die zwei Monate der Aushilfstätigkeit Verdienst in unbegrenzter Höhe, für die übrige Zeit der regelmäßigen Beschäftigung Verdienst in Höhe von monatlich 1000,– DM beziehen. Nicht zulässig aber würde es sein, wenn der Versicherte, der vorgezogenes Altersruhegeld gewählt hat, bei demselben Dienstherrn zunächst zwei Monate gegen höheres Gehalt und dann die übrige Zeit gegen ein Gehalt von 1000,– DM monatlich beschäftigt wird. In diesem Falle würden nämlich die beiden Monate mit höherem Gehalt keine gelegentliche Beschäftigung mehr darstellen.

Überschreitet ein Versicherter diese Grenzen, so entsteht der Anspruch auf das vorgezogene Altersruhegeld nicht oder erlischt. Sobald der Versicherte das 65. Lebensjahr vollendet hat, entfallen die Beschränkungen einer Arbeitstätigkeit neben dem Bezug der Rente.

Für weibliche Versicherte besteht die Möglichkeit des vorgezogenen Altersruhegeldes bereits nach Vollendung des 60. Lebensjahres, § 1248 Abs. 3 RVO, § 25 Abs. 3 AVG, § 48 Abs. 5 RKG. Hier genügt eine kürzere Wartezeit. Die Versicherte muß jedoch in den letzten 20 Jahren vor Antragstellung überwiegend eine mit Pflichtbeiträgen belegte rentenversicherungspflichtige Beschäftigung oder Tätigkeit ausgeübt haben; das bedeutet, daß mehr als die Hälfte, also mindestens 10 Jahre und ein Tag mit Pflichtbeiträgen belegt sein müssen. Bei diesem vorgezogenen Altersruhegeld gelten entsprechende Beschäftigungsbeschränkungen.

Eine gleiche Regelung wie für weibliche Versicherte gilt für Arbeitslose, die das 60. Lebensjahr vollendet haben und mindestens 52 Wochen innerhalb der letzten eineinhalb Jahre arbeitslos waren, § 1248 Abs. 2 RVO, § 25 Abs. 2 AVG, § 48 Abs. 2 RKG. Die Frage, ob Arbeitslosigkeit vorgelegen hat, bestimmt sich nach dem AFG. § 103 Abs. 1 AFG bestimmt, wann Arbeitslosigkeit anzunehmen ist. Es müssen objektive und subjektive Voraussetzungen erfüllt sein. Der Versicherte muß der Arbeitsvermittlung zur Verfügung stehen; das erfordert, daß er eine zumutbare Beschäftigung unter den üblichen Bedingungen des allgemeinen Arbeitsmarktes ausüben kann und darf. Subjektiv ist erforderlich, daß er auch zu jeder zumutbaren Tätigkeit bereit ist. Für den Antrag auf Arbeitsruhegeld nach Vollendung des 60. Lebensjahres wegen vorausgegangener Arbeitslosigkeit ist erforderlich, daß der Versicherte den objektiven und den subjektiven Tatbestand der Arbeitslosigkeit nachweist [107]. Nicht erforderlich ist der Bezug von Arbeitslosengeld oder Arbeitslosenhilfe.

107 BSGE 15, 131.

Heinz-Werner Glücklich

Knappschaftsruhegeld erhält der Versicherte schon bei Vollendung des 60. Lebensjahres, wenn die Wartezeit erfüllt ist und eine Beschäftigung in einem knappschaftlichen Betrieb nicht mehr ausgeübt wird, § 48 Abs. 1 Nr. 2 RKG.

Bergmannsrente erhält der Versicherte von der knappschaftlichen Rentenversicherung auch, wenn er das 50. Lebensjahr vollendet hat und im Vergleich zu der ihm bisher verrichteten knappschaftlichen Arbeit keine wirtschaftlich gleichwertigen Arbeiten ausübt und die Wartezeit erfüllt hat.

6. Hinterbliebenenrente

Rentenleistungen an Hinterbliebene erhalten die Witwe, der Witwer, die Waise und der frühere Ehegatte von verstorbenen oder verschollenen Versicherten, der frühere Ehegatte jedoch nur, wenn die Ehe vor dem 1. 7. 1977 geschieden, für nichtig erklärt oder aufgehoben worden ist, § 1263 RVO, § 40 AVG, § 63 RKG. Ein früherer unverheiratet gebliebener Ehegatte, dessen Ehe nach dem 30. 6. 1977 geschieden, für nichtig erklärt oder aufgehoben worden ist, erhält nach dem Tode seines früheren Ehegatten für die Zeit der Erziehung eines Waisenrente-berechtigten Kindes eine Erziehungsrente aus eigenem Recht, wenn er vor dem Tode des früheren Ehegatten eine Versicherungszeit von 60 Kalendermonaten zurückgelegt hat und keine Beschäftigung oder Erwerbstätigkeit gegen Entgelt oder Arbeitseinkommen ausübt, das durchschnittlich im Monat $3/10$ der Beitragsbemessungsgrenze überschreitet, § 1265 a RVO, § 42 a AVG.

Für die ersten drei Monate nach dem Tod des Versicherten erhalten die Witwe oder der Witwer anstelle der Hinterbliebenenrente die Rente (ohne Kinderzuschuß), die dem Versicherten im Zeitpunkt seines Todes zustand oder, falls der Versicherte in diesem Zeitpunkt nicht rentenberechtigt war, diejenige Versichertenrente (ohne Kinderzuschuß), aus der die Hinterbliebenenrente zu berechnen ist, § 1268 Abs. 5 RVO, § 45 Abs. 5 AVG, § 69 Abs. 5 RKG.

Witwenrente erhält die Witwe nach dem Tod ihres versicherten Ehemannes. Die frühere Ehefrau erhält, sofern die Ehe vor dem 1. 7. 1977 geschieden, für nichtig erklärt oder aufgehoben worden ist, Rente, wenn ihr der Versicherte z. Z. seines Todes Unterhalt zu leisten hatte oder im letzten Jahr vor seinem Tod geleistet hat. Als Unterhaltsleistung kommt dabei allerdings nur ein solcher Betrag in Betracht, der den Mindestbedarf der früheren Ehefrau zu etwa $1/4$ gedeckt hat[108]. Der früheren Ehefrau wird, wenn keine Witwe vorhanden ist, Rente auch dann gewährt, wenn der verstorbene Versicherte wegen der Vermögens- und Erwerbsverhältnisse keinen Unterhalt zu zahlen brauchte.

167

---

108 BSG SozR 2200 § 1265 Nr. 5.

Witwerrente erhält der Ehemann nach dem Tode seiner versicherten Ehefrau, § 1264 Abs. 2 RVO, § 41 Abs. 2 AVG[109].

Waisenrente erhalten nach dem Tode des Versicherten seine Kinder bis zur Vollendung des 18. Lebensjahres. Die Waisenrente wird längstens bis zur Vollendung des 25. Lebensjahres für ein unverheiratetes Kind gewährt, das sich in Schul- oder Berufsausbildung befindet, das ein freiwilliges soziales Jahr leistet oder das infolge körperlicher oder geistiger Gebrechen außerstande ist, sich selbst zu unterhalten; Kindergeld erhalten auch Pflegekinder im Sinne des § 2 Abs. 1 Satz 1 Nr. 6 des Bundeskindergeldgesetzs sowie die Enkel und Geschwister des Versicherten, die er in seinen Haushalt aufgenommen oder überwiegend unterhalten hat, unter denselben übrigen Bedingungen wie Kinder, § 1267 RVO, § 44 AVG, § 67 RKG. Bei Unterbrechung oder Verzögerung der Schul- oder Berufsausbildung durch Erfüllung der gesetzlichen Wehr- oder Ersatzdienstpflicht des Kindes wird die Waisenrente auch für einen der Zeit dieses Dienstes entsprechenden Zeitraum über das 25. Lebensjahr hinaus gewährt[110].

Im einzelnen ist zu verweisen auf §§ 1264–1267 RVO, §§ 40–44 AVG, §§ 63–68 RKG.

7. Wartezeit

168 Der Eintritt des Versicherungsfalls allein begründet noch keinen Anspruch auf Rente. Es muß noch ein Zweites hinzukommen. Die Wartezeit, gekennzeichnet durch eine Mindestzahl von Beiträgen, muß erfüllt sein.

Die Wartezeit ist für die einzelnen Rentenarten verschieden; sie beträgt bei der Rente wegen Berufsunfähigkeit und wegen Erwerbsunfähigkeit sowie bei der Hinterbliebenenrente 60 anrechenbare Kalendermonate, beim Altersruhegeld und bei der Bergmannsrente 60 Kalendermonate.

Beim vorgezogenen Altersruhegeld beträgt die Wartezeit 35 anrechnungsfähige Versicherungsjahre, § 1248 Abs. 7 RVO, § 25 Abs. 7 AVG, § 49 RKG. Die zusätzlichen Sonderregelungen der knappschaftlichen Rentenversicherung (Knappschaftsruhegeld bereits bei Vollendung des 60. Lebensjahres, Bergmannsrente bei Vollendung des 50. Lebensjahres) wird in § 49 RKG geregelt. Hiernach beträgt die Wartezeit für die Bergmannsrente wegen verminderter bergmännischer Berufsfähigkeit und für die Knappschaftsrente wegen Berufsunfähigkeit 60 Kalendermonate. Die Wartezeit für die Knappschaftsrente wegen Erwerbsunfähigkeit ist erfüllt, wenn entweder vor Eintritt der Erwerbsunfähigkeit eine Versicherungszeit von 60 Kalendermonaten oder vor der Antragstellung insgesamt eine Versicherungszeit von 240 Kalendermonaten zurückgelegt ist. Die Wartezeit für das vorgezogene

---

109 *Thieler,* aaO, S. 100 ff.
110 *Erlenkämper,* aaO, S. 381.

Heinz-Werner Glücklich

Knappschaftsruhegeld nach § 48 Abs. 1 Nr. 1 RKG beträgt 35 anrechnungs-fähige Versicherungsjahre.

Auf die Wartezeit werden die zurückgelegten Versicherungszeiten ange-rechnet.

Anrechenbare Versicherungszeiten sind diejenigen Zeiten, für die nach Bundesrecht oder nach früheren Vorschriften der reichsgesetzlichen Ren-tenversicherung Beiträge wirksam entrichtet sind, sogenannte Beitragszei-ten. Anrechenbare Versicherungszeiten sind außer den Beitragszeiten die sogenannten Ersatzzeiten (im wesentlichen Zeiten des militärischen oder militärähnlichen Dienstes, bei Heimkehrern auch Internierung und Ver-schleppung, ferner weitere Zeiten der Freiheitsentziehung im Sinne des § 1251 RVO).

Beitragszeiten sind auch Zeiten, die Fremdrentner bei einem ausländi-schen oder nach dem 30. Juni 1945 bei einem in der Ostzone, später in der DDR befindlichen deutschen gesetzlichen Rentenversicherungsträger zurückgelegt haben oder in denen sie vor der Vertreibung in ausländischen Vertreibungsgebieten nach dem 16. Lebensjahr ohne Beitragsleistung zu einer Rentenversicherung beschäftigt waren, sofern bestimmte Vorausset-zungen erfüllt sind.

Anrechenbare Versicherungsjahre sind auch Zeiten der Schul- und abge-schlossenen Hochschul- und Fachschulausbildung sowie Zeiten der Arbeits-losigkeit, der Krankheit, der Schwangerschaft und des Bezuges von Schlechtwettergeld. Hierbei handelt es sich um die sogenannten Ausfallzei-ten. Ausfallzeiten werden allerdings nur dann angerechnet, wenn die soge-nannte Halbbelegung erfüllt ist. Dies ist der Fall, wenn die Zeit vom Kalen-dermonat des Eintritts in die Versicherung bis zum Kalendermonat des Ein-tritts des Versicherungsfalles grundsätzlich mindestens zur Hälfte mit Bei-trägen für eine rentenversicherungspflichtige Beschäftigung oder Tätigkeit belegt ist.

Die Wartezeit gilt als erfüllt, wenn der Versicherte infolge eines Arbeits-unfalls berufsunfähig geworden oder gestorben ist. Als Arbeitsunfall gilt nach § 550 RVO auch der versicherte Wegeunfall, nach § 551 RVO auch die versicherte Berufskrankheit.

Ebenso gilt die Wartezeit als erfüllt, wenn die Berufsunfähigkeit oder der Tod eingetreten sind während militärischen oder militärähnlichen Dienstes oder auch später in ursächlichem Zusammenhang mit diesem Dienst (also durch eine mit diesem Dienst ursächlich zusammenhängende Krankheit) oder infolge eines nach § 1252 Nr. 3–6 RVO gleichgestellten ähnlichen Tat-bestandes.

Unfall- und Versorgungsstreitigkeiten können hiernach auf die Rentenversiche-rung ausstrahlen. So hängt mitunter bei einem Kraftfahrzeugunfall von seiner Aner-kennung als Arbeitsunfall (versicherter Wegeunfall) die Rente aus der Rentenversi-cherung ab.

Heinz-Werner Glücklich   585

Bei ehemals selbständigen Vertriebenen, Flüchtlingen aus Mitteldeutschland oder Evakuierten wird die Wartezeit für das Altersruhegeld als erfüllt angesehen, wenn sie deshalb bis zum 65. Lebensjahr nicht erfüllt werden kann, weil die Versicherungspflicht erst nach dem 50. Lebensjahr begonnen hat.

VI. *Zusammensetzung und Berechnung der Versichertenrente*

1. *Bestandteile der Versichertenrente*

169 Die insgesamt ausgezahlte Versichertenrente setzt sich zusammen aus Grundrente, Steigerungsbetrag aus Höherversicherungsbeiträgen und Kinderzuschuß.

2. *Die Rentenformel*

170 Die Grundrente wird nach der Rentenformel der §§ 1255 RVO, 32 AVG, 53, 54 RKG berechnet. In der Rentenformel sind vier Berechnungsfaktoren enthalten:

Es sind dies die persönliche Bemessungsgrundlage, die allgemeine Bemessungsgrundlage, die Versicherungsjahre und der Steigerungssatz. Die Rentenbemessungsgrundlage spiegelt den Arbeitsverdienst des einzelnen zum durchschnittlichen Arbeitsverdienst aller Arbeitnehmer wider. Die Versicherungsjahre setzen sich zusammen aus Beitragszeiten, Ersatzzeiten, Erziehungszeiten bis Dezember 1985, Ausfallzeiten und der Zurechnungszeit. Der Steigerungssatz ist der Prozentsatz, mit dem die Versicherungsjahre zur Berechnung der Jahresrente zu vervielfältigen sind. Er richtet sich nach der jeweiligen Rentenart. In einer Formel ausgedrückt sieht die Rentenberechnung so aus:

$$\frac{\text{Prozentsatz der persönlichen Rentenbemessungsgrundlage} \times \text{allgemeine Bemessungsgrundlage}}{100} \times \frac{\text{Versicherungsjahre} \times \text{Steigerungssatz}}{100} = \text{jährliche Rente}$$

3. *Die persönliche Bemessungsgrundlage*

171 Die persönliche Bemessungsgrundlage ist die für den einzelnen Versicherten maßgebende Bemessungsgrundlage. Sie ist ein Vomhundertsatz der allgemeinen Bemessungsgrundlage. Die allgemeine Bemessungsgrundlage ist in DM ausgedrückt; demgemäß ist die persönliche Bemessungsgrundlage ebenfalls ein DM-Betrag. Die persönliche Bemessungsgrundlage ist der Vomhundertsatz der Allgemeinen Bemessungsgrundlage, der dem Verhältnis entspricht, in welchem während der zurückgelegten Beitragszeiten das Bruttoarbeitsentgelt des Versicherten zum Bruttoarbeitsentgelt aller Versicherten ohne Auszubildende und Anlernlinge stand, § 1255 Abs. 1 RVO, § 32 Abs. 1 AVG, § 54 Abs. 1 RKG.

Heinz-Werner Glücklich

Die persönliche Bemessungsgrundlage wird sonach aus der allgemeinen Bemessungsgrundlage abgeleitet. Durch die allgemeine Bemessungsgrundlage bleibt dem Rentner der während seines Arbeitslebens erworbene Lebensstandard erhalten. Die allgemeine Bemessungsgrundlage ist das durchschnittliche Bruttojahresarbeitsentgelt der Versicherten mit Ausnahme der Auszubildenden und Anlernlinge im Mittel eines dreijährigen Zeitraums vor dem Kalenderjahr, das dem Eintritt des Versicherungsfalls vorausgegangen ist.

So wird z. B. die allgemeine Rentenbemessungsgrundlage in der Arbeiter- und Angestelltenrentenversicherung für das Jahr 1980 aus dem Durchschnitt der Bruttoverdienste der Jahre 1976, 1977 und 1978 errechnet.

Während in der Arbeiter- und Angestelltenversicherung die allgemeine Bemessungsgrundlage nach dem durchschnittlichen Bruttoarbeitsentgelt aller Arbeiter und Angestellten ohne Auszubildende und Anlernlinge errechnet wird, werden für die knappschaftliche Rentenversicherung die Bruttoarbeitsentgelte der in dieser Rentenversicherung versicherten Arbeitnehmer mit einbezogen. Infolgedessen sind die Jahresdurchschnittsbeträge und damit auch die allgemeine Bemessungsgrundlage in der Knappschaftsversicherung etwas höher als in der Arbeiter- und Angestelltenrentenversicherung.

Bei der Berechnung des Verhältnisses müssen für jedes einzelne Kalenderjahr persönliches und allgemeines Arbeitsentgelt verglichen werden. Die persönliche Bemessungsgrundlage darf hierbei die Beitragsbemessungsgrenze für das Jahr des Versicherungsfalls nicht überschreiten.

Durch die persönliche Bemessungsgrundlage wird die Rentenhöhe nach der Stellung des Versicherten bestimmt, die er während seines gesamten Arbeitslebens im Einkommensgefüge innehatte. Für die Durchführung dieses Grundsatzes gelten besondere Bestimmungen; der Grundsatz wird teilweise auch eingeschränkt:

172

Seit 1942 sind die Arbeitsentgelte der Versicherten in die Versicherungskarten eingetragen. Hier kann ohne weiteres das in jedem Jahr bezogene Arbeitsentgelt dem durchschnittlichen Bruttoarbeitsentgelt aller Versicherten gegenübergestellt werden. Dazu wird das Arbeitsentgelt des Versicherten mit 100 vervielfältigt und durch das durchschnittliche Bruttojahresarbeitsentgelt geteilt, das für das entsprechende Kalenderjahr gilt. Daraus wird dann die persönliche Bemessungsgrundlage berechnet.

Für die Zeit vor 1942 sind nicht die Entgelte, sondern nur die Höhe der Beiträge bekannt. Diese wurden durch Einkleben von Marken in die Versicherungskarte nach Lohn-, Gehalts- und Beitragsklassen entrichtet. Anhand von Tabellen wird dann aus dem Wert der Beitragsmarken die zugrunde zu legende Höhe des Entgelts ermittelt.

Wer eine gesetzliche Dienstpflicht (Wehrpflicht oder ziviler Ersatzdienst) ableistet, erhält für diese Zeit als Arbeitsverdienst in bestimmten Umfang dasjenige Entgelt angerechnet, das als durchschnittliches Bruttoarbeitsentgelt aller Versicherten der Rentenversicherungen der Arbeiter, der Angestellten und der knappschaftlichen Rentenversicherung festgelegt worden ist, § 1255 Abs. 6 RVO.

Der Grundsatz, daß das tatsächlich verdiente Bruttoarbeitsentgelt der Rentenberechnung zugrunde zu legen ist, wird in folgenden Fällen eingeschränkt:

a) Der Versicherte hat kein Entgelt bezogen, jedoch werden ihm für die beitragslosen Zeiten Ersatzzeiten, Ausfallzeiten oder Zurechnungszeiten angerechnet.

b) In Ausbildungszeiten, in den ersten fünf Kalenderjahren einer Pflichtversicherung und während eines längeren Bezugs von Sachbezügen (Unterkunft, Verpflegung) wird anstelle des tatsächlich erhaltenen Entgelts aus sozialen Gründen ein anderes Entgelt fingiert.

c) Für Beitragszeiten während der Inflation wird ein anderes Entgelt zugrunde gelegt.

d) Ein fingiertes Entgelt muß zugrunde gelegt werden, wenn die Versicherungsunterlagen vernichtet oder nicht mehr zugänglich sind.

e) Für Beschäftigungszeiten von Fremdrentnern wird nicht das tatsächlich erzielte Entgelt, sondern gleichfalls ein fingiertes Entgelt zugrunde gelegt.

f) Weitere Ausnahmen bestehen für zusätzliche Beiträge in Ersatz- und Ausfallzeiten und bei Doppelversicherung in verschiedenen Versicherungszweigen.

4. Der Steigerungssatz

173 Der Steigerungssatz ist ein gesetzlich festgelegter, für die Versicherungszweige und die Rentenarten verschiedener Vomhundertsatz der persönlichen Bemessungsgrundlage des Versicherten, § 1253 RVO, § 30 AVG, § 53 RKG. Der Steigerungssatz für jedes anrechnungsfähige Versicherungsjahr beträgt jeweils von der persönlichen Bemessungsgrundlage
für die Rente wegen Berufsunfähigkeit jährlich 1,0 v. H.,
für die Rente wegen Erwerbsunfähigkeit jährlich 1,5 v. H.,
für das Altersruhegeld jährlich 1,5 v. H.,
für die Bergmannsrente jährlich 0,8 v. H.,
für die Knappschaftsrente wegen Berufsunfähigkeit bei Fortsetzung einer knappschaftlichen Beschäftigung jährlich 1,2 v. H.,
für die Knappschaftsrente wegen Berufsunfähigkeit im übrigen jährlich 2,0 v. H.,
für die Knappschaftsrente wegen Erwerbsunfähigkeit jährlich 2,5 v. H.,
für das Knappschaftsruhegeld jährlich 2,5 v. H.

Bei freiwilliger Höherversicherung oder bei Beitragszahlung während einer Ausfall- und Zurechnungszeit oder bei Vomhundertsätzen der persönlichen Bemessungsgrundlage, die 200 übersteigen, gelten besondere Steigerungsbeträge. Ferner werden in der knappschaftlichen Rentenversicherung die Renten bei Hauerarbeit unter Tage oder gleichgelagerten Arbeiten um einen Leistungszuschlag erhöht.

Heinz-Werner Glücklich

5. Anrechnungsfähige Versicherungsjahre

Die Anzahl der anrechnungsfähigen Versicherungsjahre errechnet sich aus den Beitrags-, Ersatz-, Ausfall- und Zurechnungszeiten, § 1258 RVO, § 35 AVG, § 56 RKG.   174

a) Beitragszeiten

Beitragszeiten sind diejenigen Versicherungszeiten, in denen Beiträge zur Rentenversicherung entrichtet worden sind. Wenn die Wartezeit als erfüllt gilt, weil der Versicherte infolge eines Arbeitsunfalls berufsunfähig geworden oder gestorben ist, werden mindestens fünf Versicherungsjahre angerechnet. Im übrigen gilt das vorstehend unter E V 7 (Wartezeit) Ausgeführte.   175

b) Ersatzzeiten

Die Anrechnung von Ersatzzeiten soll versicherungsrechtliche Nachteile vermeiden, wenn der Versicherte durch Ereignisse, auf die er keinen Einfluß hatte, an einer Beitragsleistung gehindert worden war. Ersatzzeiten werden angerechnet, wenn vorher eine Versicherung und während der Ersatzzeit keine Versicherungspflicht bestanden hat oder wenn innerhalb von drei Jahren nach Beendigung der Ersatzzeit oder einer durch sie aufgeschobenen oder unterbrochenen Ausbildung eine rentenversicherungspflichtige Beschäftigung oder Tätigkeit aufgenommen worden ist, §§ 1255 a, 1251 RVO, §§ 32 a, 28 AVG, §§ 56, 51 RKG.   176

Ersatzzeiten sind: der militärische oder militärähnliche Dienst, der aufgrund gesetzlicher Dienst- oder Wehrpflicht oder während eines Krieges geleistet worden ist, Zeiten des Minenräumdienstes nach dem 8. Mai 1945, Zeiten der Internierung oder Verschleppung, wenn der Versicherte Heimkehrer ist, Zeiten, in denen der Versicherte während eines Krieges, ohne Kriegsteilnehmer zu sein, durch feindliche Maßnahmen an der Rückkehr aus dem Ausland oder aus den unter fremder Verwaltung stehenden deutschen Ostgebieten verhindert gewesen oder dort festgehalten worden ist, Zeiten der Freiheitsentziehung, wenn der Versicherte Verfolgter des Nationalsozialismus ist, Zeiten des Gewahrsams bei politischen Häftlingen aus der Ostzone oder der DDR, Zeiten der Vertreibung oder Flucht, mindestens aber die Zeit vom 1. Januar 1945 bis 31. Dezember 1946, § 1251 RVO, § 28 AVG, § 51 RKG.

Bei allen diesen Zeiten mit Ausnahme verhinderter Rückkehr aus dem Ausland oder den deutschen Ostgebieten werden auch die Zeiten einer anschließenden Krankheit oder einer unverschuldeten Arbeitslosigkeit als Ersatzzeit berücksichtigt.

c) Ausfallzeit

Während Ersatzzeiten dem Versicherten einen Ausgleich geben, wenn er durch staatliche Eingriffe an der Ausübung einer Beschäftigung verhindert   177

Heinz-Werner Glücklich

war, gewähren die Ausfallzeiten einen Ausgleich dafür, daß infolge Krankheit, Unfalls, Arbeitslosigkeit oder ähnliche Umstände keine Beiträge entrichtet wurden, § 1259 RVO, § 36 AVG, § 57 RKG. Im einzelnen sind Ausfallzeiten Zeiten einer infolge von Krankheit oder Unfall bedingten Arbeitsunfähigkeit, Zeiten, in denen Rehabilitationsmaßnahmen durchgeführt worden sind, Zeiten, in denen Schlechtwettergeld bezogen wurde, Zeiten von Arbeitslosigkeit unter der Voraussetzung, daß der Berechtigte bei einem deutschen Arbeitsamt als Arbeitsuchender gemeldet war und versicherungsmäßiges Arbeitslosengeld, Arbeitslosenhilfe, Sozialhilfe oder Familienunterstützung bezogen hat (für Fremdrentner entfallen diese Voraussetzungen).

Ausfallzeiten müssen mindestens einen Monat lang gedauert haben, um angerechnet werden zu können.

Ausfallzeiten sind ferner Zeiten der Schwangerschaft und des Wochenbettes und Zeiten einer nach Vollendung des 16. Lebensjahres liegenden abgeschlossenen Berufsausbildung ohne Beitragsleistung und einer Schulausbildung sowie einer abgeschlossenen Fach- oder Hochschulausbildung, wenn im Anschluß daran oder nach Beendigung einer an solche Zeiten anschließenden Ersatzzeit innerhalb von fünf Jahren eine versicherungspflichtige Beschäftigung oder Tätigkeit aufgenommen worden ist. Hierbei werden Schul- oder Fachschulausbildungen nur bis zu vier Jahren, Hochschulausbildungen bis zu fünf Jahren berücksichtigt.

Ausfallzeiten sind weiter Zeiten des Bezugs einer Rente wegen Berufs- oder Erwerbsunfähigkeit vor Vollendung des 55. Lebensjahres, die vor dem 1. Januar 1957 weggefallen ist, und einer Rente, die mit angerechneten Zurechnungszeiten zusammengefallen ist.

Da der Vorteil der Anrechnung von Ausfallzeiten nur solchen Personen zugute kommen soll, die überwiegend auf eine Beschäftigung als Arbeitnehmer angewiesen sind und demgemäß lange Jahre Pflichtversicherte waren, werden Ausfallzeiten nur dann angerechnet, wenn die Zeit vom Eintritt in die Versicherung bis zum Eintritt des Versicherungsfalls mindestens zur Hälfte und nicht unter 60 Monaten mit Beiträgen für eine rentenversicherungspflichtige Beschäftigung oder Tätigkeit belegt ist.

Das Hinterbliebenen- und Erziehungszeiten-Gesetz vom 11. Juli 1985 enthält die rentenbegründende und rentensteigernde Anrechnung eines Jahres der Kindererziehung. Damit ist in der gesetzlichen Rentenversicherung Neuland beschritten worden. Die Kindererziehungszeiten sind weder Ersatz-, Ausfall- noch Zurechnungszeiten. Es handelt sich vielmehr um Versicherungszeiten eigener Art. Die Ausgestaltung der Anrechnung der Kindererziehungszeiten ist unterschiedlich, je nachdem, ob das Kind vor oder nach der Jahreswende 1985/1986 geboren ist. Während bei Geburten nach dem 31.12.1985 die Erziehungspersonen pflichtversichert sind und die Erziehungszeiten als Beitragszeiten angerechnet erhalten, sind die Erziehungszeiten in der Vergangenheit als Versicherungszeiten eigener Art ausgestaltet. Damit werden Kindererziehungszeiten – zumindest für die Zukunft – als Pflichtversicherungszeiten angesehen. Die Kindererziehungszeit ist mit 75 % des Durchschnittverdienstes aller Versicherten zu bewerten. Bei einer gleichzeitig, also während des anzurechnenden Zeitraumes der Kindererziehung, ausgeübten Erwerbstätigkeit erfolgt eine Aufstockung auf diesen Wert. Ist dieser Wert bereits erreicht, geht die Bewertung der Kindererziehung ins Leere.

d) Zurechnungszeit

Zurechnungszeit ist die Zeit zwischen dem Eintritt des Versicherungsfalls und der Vollendung des 55. Lebensjahres des Versicherten. Bei Versicherten, die vor Vollendung des 55. Lebensjahres berufsunfähig oder erwerbsunfähig geworden sind, ist bei der Ermittlung der anrechnungsfähigen Versicherungsjahre die Zurechnungszeit den zurückgelegten Versicherungs- und Ausfallzeiten hinzuzurechnen, § 1260 RVO, 37 AVG, § 58 RKG. Voraussetzung dafür ist, daß von den letzten 60 Monaten vor Eintritt des Versicherungsfalles mindestens 36 Monate oder die Zeit vom Eintritt in die Versicherung bis zum Eintritt des Versicherungsfalles mindestens zur Hälfte mit Beiträgen für eine rentenversicherungspflichtige Beschäftigung oder Tätigkeit belegt ist. Bestimmte Zeiten bleiben bei der Berechnung des Zeitraums außer Betracht.

178

6. Rente nach Mindesteinkommen

Mit Wirkung vom 1. 1. 1973 an ist für einen begrenzten Kreis von Versicherten die sogenannte Rente nach Mindesteinkommen eingeführt worden. Sie soll einen Ausgleich für frühere Diskriminierung insbesondere bei Frauenarbeit bieten. Frauen wurden früher häufig unterdurchschnittlich entlohnt, so daß auch ihre Rentenversicherungs-Beiträge verhältnismäßig niedrig waren. Das wiederum würde sich ungünstig auf die Höhe der Renten auswirken. Deshalb wird bei der Rentenberechnung für die Ermittlung der Bemessungsgrundlage von einem Mindestjahresarbeitsentgelt ausgegangen, das 75 v. H. des Durchschnittsverdienstes aller Versicherten entspricht. Erforderlich ist, daß der Versicherte mindestens 25 anrechnungsfähige Versicherungsjahre zurückgelegt hat, bei denen zwar Ersatz- und Zurechnungszeiten, nicht aber Ausfallzeiten und Zeiten freiwilliger Versicherung mitgezählt werden (vgl. Art. 2 §§ 55 a und b ArVNG, §§ 54 a, b und c AnVNG).

179

7. Berücksichtigung freiwilliger Beiträge

Freiwillige Beiträge werden bei der Ermittlung der für den Versicherten maßgebenden Rentenbemessungsgrundlage und der Anzahl der anrechnungsfähigen Versicherungsjahre nur berücksichtigt, wenn sie für einen zusammenhängenden Zeitraum von drei Kalenderjahren entrichtet sind, von denen jedes Kalenderjahr mit freiwilligen Beiträgen belegt ist, deren Gesamtbetrag wenigstens zwölf Beiträgen nach der niedrigsten monatlichen Beitragsbemessungsgrundlage entspricht, § 1255 b RVO, § 32 b AVG, § 54 b RKG.

180

Heinz-Werner Glücklich

181   **8. Der Kinderzuschuß**

Bis zum 31. 12. 1983 wurde die Rente wegen Berufs- oder Erwerbsunfähigkeit sowie das Altersruhegeld bei Vorliegen entsprechender Voraussetzungen um den Kinderzuschuß erhöht, §§ 39 AVG a. F., 1262 RVO a. F. Seit dem 1. 1. 1984 wird ein solcher Kinderzuschuß nur noch zu den Halbwaisenrenten gezahlt. An die Stelle der bisherigen Kinderzuschüsse ist das Kindergeld nach dem Bundeskindergeldgesetz getreten. Der Kinderzuschuß wird jedoch zu den vorgenannten Renten weiter gewährt, wenn der Rentenberechtigte einen Anspruch auf Kinderzuschuß schon vor dem 1. 1. 1984 gehabt hat. Die Höhe des Kinderzuschusses beträgt jährlich 1834,80 DM oder monatlich 152,90 DM, §§ 1262 Abs. 4 RVO, 39 Abs. 4 AVG. Der Kinderzuschuß nimmt an den normalen Rentenanpassungen nicht teil, sondern wird von Zeit zu Zeit durch besonderes Gesetz erhöht.

182   **9. Errechnung der individuellen Rente**

Wie die vorstehenden Darlegungen zeigen, ist die Errechnung der individuellen Versichertenrente ein komplizierter Rechenvorgang. Praktisch wird die Rente daher nur noch zentral durch elektrische Datenverarbeitungsmaschinen errechnet, die zugleich die Rentenbescheide und Rentenzahlungsaufträge schreiben.

VII. Berechnung der Hinterbliebenenrenten

183   Die Witwenrente, die Witwerrente und die Rente an den früheren Ehegatten betragen ⁶/₁₀ der Rente, die dem Versicherten zugestanden hätte, wenn er im Zeitpunkt seines Todes berufsunfähig gewesen wäre, jedoch bleiben der Kinderzuschuß und die angerechnete Zurechnungszeit unberücksichtigt, § 1268 RVO, § 45 AVG.

In der knappschaftlichen Rentenversicherung wird der Berechnung der Hinterbliebenenrente die Knappschaftsrente wegen Berufsunfähigkeit mit einem jährlichen Steigerungssatz von 2 v. H. einschließlich des Leistungszuschlags, jedoch ohne Kinderzuschuß und ohne Berücksichtigung einer Zurechnungszeit zugrunde gelegt, § 69 RKG.

Wenn die rentenberechtigten Hinterbliebenen das 45. Lebensjahr vollendet haben oder wenn sie berufs- oder erwerbsunfähig sind oder wenn sie mindestens ein waisenrentenberechtigtes Kind erziehen, beträgt die Rente ⁶/₁₀ der Rente, die dem Versicherten zugestanden hätte, wenn er im Zeitpunkt seines Todes erwerbsunfähig gewesen wäre. Wenn die vorstehenden Berechnungen bei Witwen von Rentenempfängern eine Witwenrente ergeben, die geringer ist als ⁶/₁₀ der von dem Verstorbenen zuletzt bezogenen Rente, so wird die Witwenrente auf diesen Betrag erhöht. Sind mehrere Personen nebeneinander als Witwe, Witwer oder früherer Ehegatte zum Bezug einer Rente berechtigt, so erhält jeder Berechtigte nur den Teil, der für ihn

Heinz-Werner Glücklich

zu berechnenden Rente, der im Verhältnis der anderen Berechtigten der Dauer seiner Ehe mit dem Versicherten entspricht.

Die Waisenrente beträgt bei Halbwaisen ¹/₁₀, bei Vollwaisen ¹/₅ der Rente, die dem Versicherten ohne Kinderzuschuß zugestanden hätte, wenn er im Zeitpunkt des Todes erwerbsunfähig gewesen wäre, sie erhöht sich um den Kinderzuschuß, § 1269 RVO, § 46 AVG, § 69 Abs. 6 RKG.

Die Hinterbliebenenrenten dürfen zusammen nicht höher sein als die Rente, die dem Versicherten einschließlich des Kinderzuschusses zugestanden hätte, wenn er im Zeitpunkt seines Todes Anspruch auf Rente (Knappschaftsrente) wegen Erwerbsunfähigkeit gehabt hätte; anderenfalls werden sie nach dem Verhältnis ihrer Höhe gekürzt, § 1270 RVO, § 47 AVG, § 70 RKG.

VIII. Versorgungsausgleich

Die Bestimmungen über Rentenansprüche für einen früheren Ehegatten nach §§ 1265, 1266 RVO, §§ 42, 43 AVG, §§ 65, 66 RKG gelten, wie bereits dargelegt, nur für solche frühere Ehegatten, deren Ehe vor dem 1. 7. 1977 geschieden, für nichtig erklärt oder aufgehoben worden ist. Von diesem Zeitpunkt an ist anstelle der bisherigen Regelung der versorgungsrechtliche Teil des Ersten Gesetzes zur Reform des Eherechts vom 14. 6. 1976 (BGBl. I S. 1421) in Kraft getreten. Er enthält die Einführung des bürgerlich-rechtlichen Versorgungsausgleichs. Das Gesetz sieht als Regelfall vor, daß bei der Auflösung der Ehe ein Ausgleich der Versorgungsanwartschaften vorgenommen wird, die jeder Ehegatte während der Ehe erworben hat, § 1587 BGB. Wenn ein Ehegatte während der Ehezeit Rentenanwartschaften in einer gesetzlichen Rentenversicherung erworben hat und sie die entsprechenden Rentenanwartschaften, die von dem anderen Ehegatten erworben worden sind, übersteigen, so überträgt das Familiengericht auf diesen die Rentenanwartschaften in Höhe der Hälfte des Wertunterschieds (sogenanntes Rentensplitting), §§ 1587 ff. BGB [112].

Der Versorgungsausgleich im einzelnen ist Teil des bürgerlichen Rechts. Im Rahmen dieser Darstellung interessiert nur die Bewertung von Rentenanwartschaften aus der gesetzlichen Rentenversicherung. Die Bewertung von Rentenanwartschaften richtet sich nach § 1587 a Abs. 2 Nr. 2 BGB, soweit sie den gesetzlichen Rentenanpassungen unterliegen. Diese Ausnahme gilt für Renten und Rententeile, die auf Steigerungsbeträge für Bei-

184

---

111 Fußnote nicht belegt.
112 Schrifttum zum Versorgungsausgleich: *Voskuhl/Pappai/Niemeyer,* Versorgungsausgleich in der Praxis, 1976, mit Beiheften und Tabellenwerten 1978 und 1979; *Maier,* Das Rentensplitting, DAngVers. 1974, S. 321 ff.; *Ruland,* Der Versorgungsausgleich, NJW 1976, 1713 ff.

träge der Höherversicherung beruhen (§ 1272 Abs. 3 RVO, § 49 Abs. 3 AVG); hier gilt § 1587 a Abs. 2 Nr. 4 c BGB. Im übrigen ist der nach § 1304 RVO, § 83 AVG, § 96 RKG ermittelte Betrag zugrunde zu legen, der sich am Bewertungsstichtag (Tag der Zustellung der Ehescheidungsklage) aus den in die Ehezeit fallenden anrechnungsfähigen Versicherungsjahren, einschließlich Zurechnungszeiten (§ 1260 RVO, § 37 AVG, § 58 RKG) als Altersruhegeld ergäbe. Die Berechnung vollzieht sich in zwei Abschnitten. Zuerst wird das Altersruhegeld ermittelt, das dem Ehegatten am Ende der Ehezeit fiktiv zugestanden hätte, § 1304 Abs. 1 RVO. Dieser Betrag ist mit dem Verhältnis zu vervielfachen, in dem die Summe der Werteinheiten aus der Ehezeit zur insgesamt zu berücksichtigenden Summe der Werteinheiten steht, § 1304 Abs. 2 RVO. Die komplizierte Fassung des § 1304 RVO wird dadurch praktikabel, daß die Rentenversicherungsträger dem Familiengericht über Grund und Höhe der Rentenanwartschaft Auskünfte erteilen müssen, § 53 b Abs. 2 Nr. 2, 3 FGG. Im übrigen leistet der Bundesminister für Arbeit gemäß § 1304 c Abs. 3 RVO, § 83 c Abs. 3 AVG, § 96 b RKG durch jährliche Bekanntgabe entsprechender Werte Rechtshilfe.

IX. Fremdrentner

185   Für sogenannte Fremdrenter gilt das Fremdrentengesetz (FRG) vom 7. August 1953 (BGBl. I S. 848) in der Fassung des Fremdrenten-Auslandsrenten-Neuregelungsgesetzes (FANG) vom 25. 2. 1960 (BGBl. I S. 93).

Dazu ist zu beachten: Vertriebene und Flüchtlinge, die nach früherem Recht für die in ihren Heimatländern erworbenen Ansprüche und Anwartschaften von den Versicherungsträgern der Bundesrepublik nur für den ursprünglich verpflichteten Versicherungsträger zu entschädigen waren, sind inzwischen in die soziale Rentenversicherung der Bundesrepublik eingegliedert worden. Fremdrentner sind nur noch:

a) Deutsche, die aus dem Ausland zurückgekehrt sind und aus kriegsbedingten Gründen den zuständigen Versicherungsträger im Ausland nicht in Anspruch nehmen können,

b) Flüchtlinge und Zuwanderer aus der Ostzone und der DDR,

c) Deutsche, die nach dem 8. Mai 1945 in ein ausländisches Staatsgebiet zur Arbeitsleistung gebracht wurden,

d) im Bundesgebiet lebende heimatlose Ausländer.

Fremdrentner werden so behandelt, als ob sie ihr Arbeits- und Versicherungsleben in der Bundesrepublik zurückgelegt hätten. Bei der Anrechnung von Beschäftigungszeiten, der Zuständigkeit des Versicherungsträgers und der Rentenberechnung gilt der Eingliederungsplatz. Die Ansprüche von Versicherten der stillgelegten und nicht mehr bestehenden deutschen Versicherungsträger bestimmen sich nach den allgemeinen Vorschriften. Wenn keine Versicherungsunterlagen vorhanden sind, wird entsprechend den für Fremdrentner geltenden Grundsätzen verfahren.

Heinz-Werner Glücklich

X. Anpassung der laufenden Renten

Bei Veränderungen der allgemeinen Bemessungsgrundlage werden die Ren- **186**
ten durch Gesetz angepaßt (sogenannte dynamische Rente), § 1272 RVO,
§ 49 AVG, § 71 RKG. Dadurch wird gewährleistet, daß die Renten laufend
der wirtschaftlichen Entwicklung angepaßt werden, allerdings mit starken
gesetzlich verankerten Kautelen.

XI. Zusammentreffen und Ruhen der Renten

Die Renten aus der Rentenversicherung und die Renten aus der Unfallversi- **187**
cherung sind ihrem Wesensgehalt nach ein Ausgleich für entgangenes
Arbeitseinkommen. Treffen nun die Voraussetzungen einer Unfallrente und
einer Rente aus der Rentenversicherung zusammen, dann könnte das dazu
führen, daß ein Versicherter ein Renteneinkommen hat, das höher ist als
sein bisheriges Arbeitseinkommen. Diesem sozialpolitisch unerwünschten
Ergebnis tragen die Vorschriften über das Ruhen von Renten Rechnung. Sie
gewährleisten, daß der Rentner im allgemeinen kein höheres Einkommen
als sein früheres Netto-Arbeitseinkommen beziehen kann. Trifft eine Rente
aus der Arbeiterrentenversicherung oder aus der Angestelltenrentenversicherung mit einer Verletztenrente aus der Unfallversicherung zusammen, so
ruht die Rente aus der Rentenversicherung insoweit, wie sie ohne Kinderzuschuß zusammen mit der Verletztenrente sowohl 80 v. H. des Jahresarbeitsverdienstes, der der Berechnung der Verletztenrente zugrunde liegt, als auch
80 v.H. der für die Berechnung maßgebenden Rentenbemessungsgrundlage
übersteigt, § 1278 RVO, § 55 AVG. Weniger als die Rente aus der Rentenversicherung darf der Versicherte allerdings nicht erhalten. Unter bestimmten Voraussetzungen, so bei einem Unfall nach Eintritt der Berufsunfähigkeit oder der Erwerbsunfähigkeit oder nach dem Beginn des Altersruhegeldes, wird die Rente jedoch in voller Höhe gezahlt.
Trifft eine Witwen- oder Witwerrente aus der Unfallversicherung mit
einer Witwen- oder Witwerrente aus der Rentenversicherung der Arbeiter
oder Angestellten zusammen, so ruht die Rente aus der Rentenversicherung
insoweit, wie sie zusammen mit der Rente aus der Unfallversicherung $6/_{10}$
der Rentenbezüge übersteigt, die dem Versicherten zur Zeit des Todes als
Vollrente aus der Unfallversicherung und als Rente wegen Erwerbsunfähigkeit aus der Rentenversicherung ohne Kinderzulage und ohne Kinderzuschuß zugestanden hätte, wenn er zu diesem Zeitpunkt erwerbsunfähig
gewesen wäre; auch hier ist mindestens die Rente der Rentenversicherung
zu zahlen, § 1279 RVO, § 56 AVG. Die Waisenrente ohne Kinderzuschuß
aus der Rentenversicherung ruht beim Zusammentreffen mit einer Waisenrente aus der Unfallversicherung insoweit, wie sie zusammen mit der Rente
aus der Unfallversicherung jährlich für eine Halbwaise $1/_5$, für eine Voll-

Heinz-Werner Glücklich

waise ³/₁₀ der allgemeinen Bemessungsgrundlage, die für das Todesjahr des Versicherten gilt, übersteigt, § 1279 Abs. 4 RVO, § 56 Abs. 4 AVG.

Trifft eine Rente aus eigener Versicherung mit einer Witwen- oder Witwerrente oder einer Rente an einen früheren Ehegatten zusammen, so wird von zwei Zurechnungszeiten nur die für den Berechtigten günstigere angerechnet; die Rente, bei der die Zurechnungszeit nicht berücksichtigt wird, ruht insoweit, § 1280 Abs. 1 RVO, § 57 Abs. 1 AVG. Treffen mehrere Waisenrenten zusammen, so wird nur die höchste Rente gewährt; die übrigen Renten ruhen, § 1280 Abs. 2 RVO, § 57 Abs. 2 AVG. Trifft eine Waisenrente mit einer Versichertenrente zusammen, so ruht die niedrigere Rente, § 1280 Abs. 3 RVO, § 57 Abs. 3 AVG.

Für das Zusammentreffen von Renten aus der knappschaftlichen Rentenversicherung mit anderen Bezügen und das Ruhen dieser Renten gelten besondere Vorschriften, vgl. §§ 74 ff. RKG.

XII. Auslandsrenten

188   Das Auslandsrentenrecht regelt die Frage, unter welchen Voraussetzungen deutsche Versicherungsträger Leistungen an Berechtigte im Ausland erbringen. Die gesetzliche Regelung hierüber ist enthalten in den §§ 1315 bis 1322 a RVO, §§ 94–102 a AVG und §§ 105–108 c RKG (jeweils in der Fassung des Art. 2 Nr. 5 des am 1. 1. 1959 in Kraft getretenen Fremdrenten- und Auslandsrenten-Neuregelungsgesetzes – FANG – vom 25. Februar 1960 (BGBl. I S. 93). Die vorstehend bezeichnete gesetzliche Regelung gilt dann nicht, wenn die Bundesrepublik Deutschland mit dem Land, in dem sich der Rentner aufhält, ein Sozialversicherungsabkommen geschlossen hat, oder internationale Übereinkommen auf dem Gebiet der Sozialversicherung bestehen. Die Bundesrepublik Deutschland hat mit zahlreichen Staaten zweiseitige Abkommen über Sozialversicherung geschlossen, die uneingeschränkte Zahlung von Renten an Berechtigte in anderen Vertragsstaaten vorsehen. Diese Abkommen gehen sonach der gesetzlichen Regelung vor.

Die gesetzliche Regelung unterscheidet zwischen Deutschen und früheren Deutschen einerseits und Nichtdeutschen andererseits. Ist der Rentenberechtigte kein deutscher und kein früherer deutscher Staatsangehöriger, dann ruht seine Rente, wenn er sich freiwillig gewöhnlich außerhalb des Bundesgebiets aufhält oder wenn gegen ihn ein Aufenthaltsverbot für dieses Gebiet verhängt ist. Bei nur vorübergehendem Aufenthalt außerhalb des Bundesgebiets wird die Rente weitergezahlt. Bei Waisen, deren Erziehungsberechtigte sich freiwillig gewöhnlich im Ausland aufhalten, wird unterstellt, daß der Aufenthalt der Waisen im Ausland nicht freiwillig ist; die Rente wird deshalb gezahlt.

Wenn der Berechtigte Deutscher oder früherer deutscher Staatsangehöriger ist und sich außerhalb des Bundesgebiets aufhält, dann ruht die Rente ebenfalls grundsätzlich. Hiervon bestehen jedoch Ausnahmen:

Bei vorübergehendem Aufenthalt außerhalb des Bundesgebiets – das ist ein Aufenthalt bis zur Dauer eines Jahres – wird die Rente voll gezahlt. Die Frist kann verlängert werden.

Bei gewöhnlichem Aufenthalt im Ausland wird die Rente insoweit gezahlt, wie sie auf die im Bundesgebiet zurückgelegten Versicherungsjahre entfällt. Weiter wird die Rente für bundesgesetzliche Versicherungszeiten und nach dem Fremdrentenrecht gleichstehende Zeiten mit Ausnahme der Beschäftigungszeiten gezahlt, wenn die Versicherungszeiten überwiegend im Bundesgebiet zurückgelegt sind oder die Rente für solche Zeiten festgesetzt worden ist oder festgesetzt wird, in denen sich der Berechtigte im Bundesgebiet gewöhnlich aufgehalten hat. Wenn diese Voraussetzungen nicht erfüllt sind, jedoch mindestens 60 Beitragsmonate im Bundesgebiet zurückgelegt sind, dann werden die außerhalb des Bundesgebiets zurückgelegten Beitragszeiten in dem Umfang berücksichtigt, in dem Beitragszeiten im Bundesgebiet zurückgelegt sind. Sind diese Voraussetzungen nicht erfüllt, dann kann die Rente, soweit sie nicht auf nach dem Fremdrentenrecht gleichstehende Zeiten fällt, an Versicherte gezahlt werden, die sich in Staaten aufhalten, in denen die Bundesrepublik eine amtliche Vertretung hat.

Sonderbestimmungen gelten für Vertriebene aus den 1938 und 1939 eingegliederten Gebieten, die politisch Verfolgte sind, sowie für frühere deutsche Staatsangehörige, die zwischen dem 30. Januar 1933 und dem 8. Mai 1945 das deutsche Reich verlassen haben, um sich einer von ihnen nicht verschuldeten und durch die politischen Verhältnisse bedingten besonderen Zwangslage zu entziehen, oder die aus denselben Gründen nicht nach Deutschland zurückkehren konnten. Diese Sonderregelung gilt auch für politisch verfolgte Ausländer, die nie deutsche Staatsangehörige waren sowie für diejenigen, die die deutsche Staatsangehörigkeit durch Annahme einer anderen Staatsangehörigkeit verloren haben.

Angehörigen deutscher geistlicher Genossenschaften, die frühere deutsche Staatsangehörige sind, kann die Rente ins Ausland gezahlt werden, wenn sie aus überwiegend religiösen oder sittlichen Beweggründen mit Krankenpflege, Unterricht, Seelsorge oder anderen gemeinnützigen Tätigkeiten bis zum Eintritt des Versicherungsfalles beschäftigt waren. Die Rente kann auch im Gebiet solcher auswärtiger Staaten gezahlt werden, in denen die Bundesrepublik keine amtliche Vertretung hat.

XIII. Beginn der Renten

Grundsätzlich, soweit nichts anderes ausdrücklich bestimmt ist, wird die Rente vom Ablauf des Monats an gewährt, in dem ihre Voraussetzungen erfüllt sind.   189

Das Altersruhegeld ist vom Ablauf des Monats an zu gewähren, in dem die Anspruchsvoraussetzungen einschließlich der Vollendung des 65. Lebensjahres erfüllt sind, falls nicht der Versicherte selbst den Beginn hinausschiebt[113]. Altersruhegeld nach der flexiblen Altersgrenze von der Vollendung des 63. oder 60. Lebensjahres an (§ 1248 Abs. 1 RVO) und vorgezogenes Altersruhegeld (Vollendung des 60. Lebensjahres, § 1248 Abs. 2 und 3 RVO), die nur auf Antrag zu gewähren sind, werden erst vom Beginn

---

113 *Erlenkämper,* aaO, S. 405 ff.

des Antragsmonats an gewährt, wenn der Antrag spätestens drei Monate nach der Erfüllung der Voraussetzungen gestellt wird.

Hinterbliebenenrenten beginnen mit dem Ablauf des Sterbemonats, wenn für diesen Monat Versicherungsrente gewährt worden war. Rente für Hinterbliebene eines Versicherten, der noch nicht Rentner war, beginnt mit dem Todestag. Es sind sonach Bruchteile von Monatsrenten zu zahlen[114].

Bei der Nachversicherung beginnt die Rente mit Ablauf des Monats, in dem die Voraussetzungen der Rente oder der höheren Rente erfüllt sind.

Bei der Berufs- und Erwerbsunfähigkeitsrente hat der Leistungsantrag Auswirkungen auf den Beginn der Rente. Zwar kommt dem Rentenantrag hier keine materiell-rechtliche Bedeutung zu. Aus praktischen Erwägungen, nämlich wegen Beweisschwierigkeiten, wird jedoch die Rente wegen Berufs- und Erwerbsunfähigkeit erst vom Beginn des Antragsmonats an gewährt, wenn der Antrag später als drei Monate nach dem Eintritt der Berufs- oder Erwerbsunfähigkeit gestellt wird.

Rente auf Zeit beginnt erst nach Ablauf von 26 Wochen nach Eintritt der Berufs- oder Erwerbsunfähigkeit.

Bergmannsrente oder Knappschaftsrente wegen Berufs- oder Erwerbsunfähigkeit wird, wenn der Antrag auf Rente später als drei Monate nach dem Eintritt der Leistungsvoraussetzungen gestellt wird, erst mit Beginn des Antragsmonats gezahlt.

Muster 5
Antrag auf Versichertenrente aus der Angestelltenversicherung

An die Bundesversicherungsanstalt für Angestellte
1000 Berlin-Wilmersdorf
Ruhrstraße 2

Antrag auf Ruhegeld
der Frau Gertrud M.,
wohnhaft in _____ , geboren am 19. 8. 1914 in _____ , Antragstellerin,
vertreten durch Rechtsanwalt _____
Namens der Antragstellerin, deren Vollmacht ich überreiche, und unter Bezugnahme auf das beiliegende ausgefüllte Antragsformular, beantrage ich:
der Antragstellerin Altersruhegeld aus der Angestelltenversicherung zu gewähren und dabei die nachfolgend angegebenen Tatsachen zu berücksichtigen.
1. Ich gebe nachstehend eine Übersicht über die Beitragsjahre und Arbeitsentgelte der Antragstellerin vom 11. 7. 46 bis 31. 7. 59 in Ost-Berlin:

114 *Erlenkämper,* aaO, S. 405 ff.; §§ 1290 RVO, 67 AVG.

Heinz-Werner Glücklich

a) Berliner Beiträge

Jahr	Beitragsmonate	tatsächlicher Arbeitsverdienst
1946	6	4 343,–
1947	12	9 509,–
1948	12	9 684,–
1949	1	808,–
	31	24 343,–

Beweis: beiliegende 5 Fotokopien.

b) Beiträge nach dem Fremdrentengesetz

Jahr	Beitragsmonate	tatsächlicher Arbeitsverdienst
1949	11	8 877,–
1950	12	9 720,–
1951	12	9 720,–
1952	12	9 720,–
1953	12	10 560,–
1954	12	11 400,–
1955	12	11 400,–
1956	12	13 200,–
1957	12	13 200,–
1958	12	13 200,–
1959	7	7 700,–
	126	

Beweis: beiliegende 3 Fotokopien.

Die Antragstellerin befindet sich seit 12. 5. 1961 als politischer Flüchtling im Bundesgebiet. Flüchtlingsausweis liegt in Ablichtung bei.

Ich beantrage für die Zeit der Anwendung des Fremdrentengesetzes die Einstufung der Antragstellerin in die Leistungsgruppe 1. Die Antragstellerin leitete im Ministerium für Außen- und Innerdeutschen Handel bis März 1952 ein Hauptreferat.

Beweis: beiliegende Abschrift eines Briefes des Ministeriums an eine andere Berliner Dienststelle.

Die Antragstellerin wurde nur deshalb nicht als Hauptreferentin bezahlt, weil sie nicht der SED angehörte. Von April 1952 bis Juli 1959 hatte die Antragstellerin im Deutschen Innen- und Außenhandel Chemie als Leiterin einer Einkaufsabteilung Aufsichts- und Dispositionsbefugnis. Die Zahl der ihr unterstellten Mitarbeiter belief sich auf 15–25.

Beweis: beiliegende Erklärung des Herrn Johannes H.

Heinz-Werner Glücklich   599

2. Die Antragstellerin verlangt Anerkennung ihrer Schulzeit vom 2. 8. 1929–31. 3. 1931 = 20 Monate und ihrer Handelsschulzeit vom 1. 4. 1931–28. 2. 1932 = 11 Monate, zusammen 31 Monate, als Ausfallzeit nach § 36 Abs. 1 Nr. 4 AVG. Die Antragstellerin hat ihre Schulausbildung (10-Klassen-Schule) in Berlin-Pankow in der Zeit von Ostern 1920 bis Ostern 1931 erhalten und diese Schule laut Abgangszeugnis mit Erfolg verlassen. Das Schulabgangszeugnis ist durch Kriegseinwirkung vernichtet worden. Eidesstatliche Erklärungen von 3 Klassenkameraden werden beigefügt.

Die Antragstellerin erzielt ihre kaufmännische Ausbildung in der einjährigen Handelsschule _____ Berlin _____ , in der Zeit von Ostern 1931 bis Ostern 1932. Sie besuchte diese Schule mit Erfolg und erhielt ein Abgangszeugnis. Das Abgangszeugnis der Handelsschule wurde durch Kriegseinwirkung vernichtet. Zum Nachweis der Handelsschulzeit überreiche ich 3 eidesstattliche Versicherungen von Mitschülerinnen.

3. Die Antragstellerin beantragt weiterin die Anerkennung der Zeit vom 1. 10. 1942–31. 3. 1943 als Ausfallzeit nach § 36 Abs. 1 Nr. 4 AVG. In der Zeit von 1935–1940 übte die Antragstellerin eine Sachbearbeitertätigkeit aus. Sie fand darin keine berufliche Befriedigung und beschloß deshalb, sich zur Reifeprüfung vorzubereiten. Sie besuchte zu diesem Zwecke von Ostern 1941 bis März 1943 die öffentlich anerkannte Privatschule Dr. F. in Berlin, war aber daneben noch angestelltenversicherungspflichtig tätig. Ein halbes Jahr vor der Reifeprüfung im September 1943 gab sie ihre Stellung auf, um sich ganz der Vorbereitung auf die Reifeprüfung widmen zu können. Im März 1944 bestand sie als Externe die Reifeprüfung an der Oberrealschule in Berlin-Steglitz. Das Reifezeugnis ist ebenfalls durch Kriegseinwirkung vernichtet worden. Als Beweis überreiche ich Bescheinigung der Universität Göttingen vom 18. 1. 1965. Als Beweis für den Schulbesuch wird ferner die eidesstattliche Erklärung einer Mitschülerin überreicht.

4. Die Zeit vom 1. 5. 1949 bis 31. 3. 1950 nimmt die Antragstellerin als Ausfallzeit nach § 36 Abs. 1 Nr. 1 AVG in Anspruch: Am 3. 3. 1949 erkrankte die Antragstellerin. Sie verbrachte 11 Wochen im St.-Hedwig-Krankenhaus in Berlin. Danach wurde sie nach Hause entlassen, war aber weiter arbeitsunfähig krank. Durch die schwere Krankheit – Douglasabszeß – war ihr Körper so in Mitleidenschaft gezogen, daß sie erst im Frühjahr 1950 arbeitsfähig wurde.

Zum Beweis dafür, daß die Antragstellerin vom 1. 5. 1949 bis 31. 3. 1950 arbeitsunfähig krank war und in dieser Zeit kein Arbeitsentgelt bezog, überreiche ich Bescheinigungen des St. Hedwig-Krankenhauses, Bescheinigung der behandelnden Ärztin und Bescheinigung der früheren Arbeitgeberin über das Ende der Gezahltszahlung.

gez. Unterschrift, Rechtsanwalt

Heinz-Werner Glücklich

XIV. Abfindung und Beitragserstattungen

1. Abfindungen

Wenn eine Witwe oder ein Witwer oder der rentenberechtigte frühere Ehegatte sich   190
wiederverheiraten, dann wird als Abfindung das Zweifache des Jahresbetrages der
Rente gewährt, § 1302 RVO, § 81 AVG, § 83 RKG.

2. Beitragserstattungen

Entfällt die Versicherungspflicht in allen Zweigen der gesetzlichen Rentenversiche-   191
rung, ohne daß das Recht zur freiwilligen Versicherung besteht, oder hat ein Versicherter bei Eintritt der Erwerbsunfähigkeit eine Wartezeit von 60 Monaten noch
nicht erfüllt und ist es für ihn nicht mehr möglich, bis zur Vollendung des 65. Lebensjahres die Wartezeit für das Altersruhegeld von 60 Monaten zu erfüllen, so werden
ihm auf Antrag der Arbeitnehmeranteil der für die Zeit nach der Währungsreform
von 1948 entrichteten Beiträge und die Höherversicherungsbeiträge erstattet, § 1303
RVO, § 82 AVG, § 95 RKG. Der Erstattungsantrag kann nicht auf einen Teil der
erstattungsfähigen Beiträge beschränkt werden. Die Erstattung schließt weitere
Ansprüche aus den bisher zurückgelegten Versicherungszeiten aus.

XV. Wanderversicherung

Von der Wanderversicherung spricht man, wenn für einen Versicherten   192
während seiner Erwerbstätigkeit sowohl in der Rentenversicherung der
Arbeiter als auch in der Rentenversicherung der Angestellten oder in der
knappschaftlichen Rentenversicherung oder in zweien von diesen Versicherungsbeiträge wirksam entrichtet worden sind, § 1308 RVO, § 87 AVG. In
diesem Falle wird nach Eintritt des Versicherungsfalles eine Gesamtleistung
von dem Träger derjenigen Rentenversicherung festgestellt, an den der
letzte Beitrag entrichtet worden ist, § 1311 RVO, § 90 AVG. Für die Zuständigkeit der knappschaftlichen Rentenversicherung gelten die besonderen
Vorschriften der §§ 99 ff. RKG.

XVI. Krankenversicherung der Rentner

Nach §§ 1304 d RVO, 83 d AVG zahlen die Träger der Rentenversicherung der   193
Arbeiter und Angestellten zu den Aufwendungen der gesetzlichen Krankenversicherung für deren Mitglieder, die nach § 165 Abs. 1 Nr. 3 RVO versichert sind, an die
Krankenkassen und die Ersatzkassen für jedes Kalenderjahr insgesamt 11,7 % der von
ihnen gezahlten Rentenbeträge, allerdings vermindert u. a. um die Summe der Bei-
tragszuschüsse für freiwillig krankenversicherte Rentner.
   Die Pflichtversicherung ist für den Rentner nicht mehr kostenlos. Seit dem
1. Januar 1983 ist die bisherige Pauschalzahlung der Rentenversicherung der Arbeiter
und Angestellten an die Krankenkassen und Ersatzkassen für die Krankenversicherung der Rentner durch einen Krankenversicherungsbeitrag des einzelnen Rentners
ersetzt worden. Der vom Rentner zu zahlende Beitrag betrug ursprünglich 11,8 % des

Rentenzahlungsbetrages, § 385 Abs. 2 RVO. Dem Rentner wird ein Zuschuß zum Beitrag gewährt, §§ 1304 e RVO, 83 e AVG. Bei der Rentenzahlung wird dem Rentner dieser Betrag als KVdR-Beitrag sogleich wieder einbehalten, § 393 a Abs. 1 RVO. Der Zuschuß zum individuellen Beitrag ist von ursprünglich 11,8 % des Rentenzahlungsbetrages abgesenkt worden auf zuletzt 5,9 % des monatlichen Rentenzahlbetrages (seit dem 1. 7. 1987). Auf diese Weise werden die Rentner wieder an den Kosten ihrer Krankenversicherung beteiligt.

Außerdem werden sogenannte Versorgungsbezüge zur Beitragszahlung in der gesetzlichen Krankenversicherung herangezogen. Das bedeutet, daß auch Renten der betrieblichen Altersversorgung als Versorgungsbezüge bei der Beitragsleistung Berücksichtigung finden.

Rentner, die nicht in der gesetzlichen Krankenversicherung versicherungspflichtig sind, erhalten zu ihren Krankenversicherungsbeiträgen bis zu ihrer tatsächlichen Höhe einen monatlichen Zuschuß in Höhe von 11 v. H. der monatlichen Rente, wenn sie freiwillig der gesetzlichen Krankenversicherung oder bei einem Krankenversicherungsunternehmen versichert sind, § 1304 e RVO, § 83 e AVG.

XVII. Zusätzliche Leistungen aus der Rentenversicherung

194   Neben den bisher erörterten Regelleistungen, auf die ein Leistungsanspruch besteht, können die Träger der Rentenversicherung nach ihrem Ermessen über das gesetzlich vorgeschriebene Maß hinaus zusätzliche Leistungen gewähren. Als zusätzliche Leistungen sind vorgesehen Maßnahmen zur Förderung der Gesundheit, Maßnahmen zur Förderung des Wohnungsbaues und Unterbringung in Heimen oder Anstalten (Altersheim, Kinderheim, ähnliche Anstalten), §§ 1305 ff. RVO, §§ 84 ff. AVG, §§ 97 f. RKG.

Zu den Maßnahmen zur Förderung der Gesundheit zählt alles, was der Erhaltung der Erwerbsfähigkeit der Versicherten und ihrer Angehörigen oder der Hebung der gesundheitlichen Verhältnisse der versicherten Bevölkerung dient, so z. B. Mittel für Forschungszwecke, um nach den Ursachen der Krankheiten zu forschen, die die Volksgesundheit bedrohen, Maßnahmen zur Krebsbekämpfung, Förderung der Schulzahnpflege, der Jugendherbergen und ähnlicher Einrichtungen.

XVIII. Finanzierung der Rentenversicherung

195   Die Mittel für die Rentenversicherung werden aufgebracht durch Beiträge der Versicherten und der Arbeitgeber sowie durch einen Zuschuß des Bundes. Die Beiträge für die Pflichtversicherten in der Arbeiter- und Angestelltenversicherung betragen in der Zeit vom 1. 1. 1987 bis zum 31. 12. 1989 18,7 v. H., § 1385 Abs. 1 RVO, § 112 Abs. 1 AVG.

Die vorstehend genannten Beitragssätze gelten nur, soweit die Beitragsbemessungsgrenze nicht überschritten wird. Für die Beitragsberechnung wird daher das Einkommen nur bis zu einer bestimmten Höhe berücksichtigt, § 1385 Abs. 1 und 3 RVO, § 112 Abs. 1 und 2 AVG, § 120 RKG.

Die Beitragsbemessungsgrenze beträgt in der Arbeiter- und Angestelltenrentenversicherung für das Kalenderjahr 1988 84 000,– DM jährlich, in der knappschaftlichen Rentenversicherung gleichfalls für das Kalenderjahr 1988 87 600,– DM. Die Beitrags-

Heinz-Werner Glücklich

bemessungsgrenze verändert sich in den folgenden Jahren entsprechend einer Änderung der allgemeinen Bemessungsgrundlage, § 1255 Abs. 2 RVO, § 32 Abs. 2 AVG, § 54 Abs. 2 RKG.

In der Arbeiter- und Angestelltenrentenversicherung ändert sich die Beitragsbemessungsgrenze für 1981 in den folgenden Jahren jeweils um den Vomhundertsatz, um den sich die Summe der durchschnittlichen Bruttoarbeitsentgelte in dem Kalenderjahr vor dem Jahr, für das die Beitragsbemessungsgrenze bestimmt wird, gegenüber der Summe dieser Durchschnittsentgelte in dem Dreijahreszeitraum verändert hat, der ein Jahr vorher endet.

Die Beiträge werden in der Arbeiter- und Angestelltenrentenversicherung bei Pflichtversicherten von dem Versicherten und von dem Arbeitgeber je zur Hälfte getragen. Der Arbeitgeber trägt sie allein, wenn das monatliche Bruttoarbeitsentgelt des Versicherten $^1/_{10}$ der Beitragsbemessungsgrenze für Monatsbezüge, das sind vom 1. Januar 1988 an 600,– DM, nicht übersteigt. Der versicherungspflichtige Selbständige zahlt seinen Beitrag allein. Bei versicherungspflichtigen Mitgliedern geistlicher Genossenschaften, Diakonissen, Schwestern vom Deutschen Roten Kreuz und Angehörigen ähnlicher Gemeinschaften wird der Beitrag von der Genossenschaft oder der Gemeinschaft getragen. Für Versicherungspflichtige, die einer gesetzlichen Dienstpflicht genügen, trägt der Bund die Beiträge. Für Deutsche, die im Ausland beschäftigt sind und die auf Antrag versicherungspflichtig geworden sind, hat die entsendende Stelle die Beiträge zu zahlen.

Von dem Beitrag von 24,45 % des Bruttoarbeitsentgelts in der knappschaftlichen Rentenversicherung tragen 9,35 v. H. die Versicherten, 15,1 v. H. der Arbeitgeber (Stand: 1. 1. 1988). Der Arbeitgeber trägt die Beiträge allein, wenn das monatliche Bruttoarbeitsentgelt des Versicherten $^1/_{10}$ der Beitragsbemessungsgrenze nicht übersteigt.

Für die pflichtversicherten unselbständig Beschäftigten wird deren Beitrag vom Arbeitgeber im Lohnabzugsverfahren einbehalten und der gesamte Beitrag, also einschließlich Arbeitgeberanteil, beim Arbeitgeber von den Trägern der gesetzlichen Krankenversicherung als Einzugsstellen eingezogen. Mehrfachbeschäftigte, unständig Beschäftigte, deutsche Beschäftigte ausländischer Staaten, Personen, die nicht der inländischen Gerichtsbarkeit unterliegen, versicherungspflichtige Selbständige und freiwillig Versicherte, für die das Lohnabzugsverfahren nicht in Betracht kommt, müssen ihre Beiträge selbst abführen, §§ 1405, 1405 a RVO, §§ 127, 127 a AVG; dasselbe gilt für die Beiträge der Höherversicherung. Für die Entrichtung dieser Beiträge gilt jetzt die Rentenversicherungs-Beitragsentrichtungsverordnung (RVBEVO) vom 21. 6. 1976 (BGBl. I S. 1667), geändert durch Verordnung vom 20. 12. 1977 (BGBl. I S. 2383). Der Beitrag ist von den Versicherten an den zuständigen Träger der Rentenversicherung unmittelbar zu entrichten. Der Beitrag darf im voraus für das laufende Kalenderjahr entrichtet werden. Der Beitrag wird im Wege des Kontenabbuchungsverfahrens, der Einzelüberweisung oder der Einzahlung auf ein Konto oder bei einer Kasse des Trägers der Rentenversicherung entrichtet. Der Träger der Rentenversicherung kann im Einzelfall zulassen, daß der freiwillig Versicherte den Beitrag mittels eines Dauerüberweisungsauftrags entrichtet. Die Höhe der Beitragsberechnungsgrundlage wird jeweils durch Verordnung bestimmt. Die niedrigste monatliche Beitragsberechnungsgrundlage im Jahr 1977 ist ein Bruttoarbeitseinkommen von 100,– DM, im Jahre 1978 von 200,– DM, im Jahre 1979 von 400,– DM, vom 1. Januar 1980 an die Einkommensgrenze für die geringfügige Tätigkeit im Sinne von § 8 SGB IV, § 1387 RVO, § 114 AVG. Das ist für 1988 monatlich 440,– DM. Entsprechendes gilt für die freiwillig Versicherten und für die Höherversicherten, § 1388 RVO, § 115 AVG.

Wegen des Beitragsverfahrens wird im übrigen verwiesen auf §§ 1396 ff. RVO, §§ 118 ff. AVG, §§ 127 ff. RKG.

F. Sozialversicherung und Bürgerliches Recht

196   Das Sozialversicherungsrecht und insbesondere das Recht der Unfallversicherung steht in engen Beziehungen zum bürgerlichen Recht. Das Sozialversicherungsrecht schließt bürgerlich-rechtliche Ansprüche aus, die das allgemeine Recht gewähren würde, §§ 636, 637, 849 RVO; es schafft bürgerlich-rechtliche Ersatzansprüche gegen Dritte, die das allgemeine Recht nicht kennt, §§ 640, 641 RVO; es überträgt bürgerlich-rechtliche Ansprüche eines Verletzten auf Sozialversicherungsträger, §§ 116 ff. SGB X.

I. Ausschluß bürgerlich-rechtlicher Ansprüche

197   Es ist Grundlage der gesetzlichen Unfallversicherung, daß die öffentlich-rechtliche Leistungspflicht der in der Berufsgenossenschaft zwangsweise zusammengeschlossenen Unternehmer bestimmter Gewerbezweige an die Stelle der privatrechtlichen Schadenersatzpflicht des Einzelunternehmers tritt. Der Unternehmer ist deshalb gemäß § 636 RVO den in seinem Unternehmen tätigen Versicherten, deren Angehörigen und Hinterbliebenen nicht zum Ersatz eines Personenschadens verpflichtet, den ein Arbeitsunfall (auch Wegeunfall oder Berufskrankheit) verursacht hat, und zwar selbst dann nicht, wenn den Unternehmer ein Verschulden trifft, so daß er nach bürgerlichem Recht (§ 823 BGB, positive Vertragsverletzung) schadenersatzpflichtig wäre. Die Streitfrage, ob unter Personenschäden, für die nach § 636 RVO die Ersatzpflicht des Unternehmers ausgeschlossen wird, auch der Anspruch auf Schmerzensgeld fällt, wird von der höchstrichterlichen Recht-

Heinz-Werner Glücklich

sprechung allgemein bejaht[115]. Schadenersatzansprüche aus Personenschäden durch Arbeitsunfall gegen den Unternehmer bestehen auch dann nicht, wenn der verletzte Versicherte, seine Angehörigen und Hinterbliebenen keinen Anspruch auf Rente haben, etwa weil durch den Arbeitsunfall die Erwerbsfähigkeit um weniger als 20 v. H. gemindert worden ist.

Von der grundsätzlichen Freistellung der Schadenersatzpflicht des Unternehmers gegenüber dem Versicherten, seinen Angehörigen und Hinterbliebenen macht das Gesetz jedoch zwei Ausnahmen.

198

Der Unternehmer ist dann schadenersatzpflichtig, wenn er den Arbeitsunfall seines Arbeitnehmers vorsätzlich herbeigeführt hat oder wenn der Arbeitnehmer den Arbeitsunfall bei Teilnahme am allgemeinen Verkehr erlitten hat.

Darüber, wann ein Arbeitsunfall bei der Teilnahme am allgemeinen Verkehr eingetreten ist, gibt es eine kasuistische Rechtsprechung. Eine Teilnahme am allgemeinen Verkehr liegt nur vor, wenn sich der Unfall außerhalb der eigentlichen Berufsaufgaben zugetragen hat. Maßgebend ist, ob der Versicherte den Unfall als normaler Verkehrsteilnehmer erlitten hat – dann liegt Teilnahme am allgemeinen Verkehr vor – oder ob er ihn gerade als Betriebsangehöriger erlitten hat (dann wird Teilnahme am allgemeinen Verkehr verneint)[116]. In der Regel wird Teilnahme des Versicherten am allgemeinen Verkehr angenommen, wenn der Versicherte Fußgänger, Radfahrer, Fahrer eines eigenen Fahrzeugs, Insasse eines öffentlichen Verkehrsmittels ist und sich auf dem Wege von oder zur Arbeitsstätte oder auf einem Betriebsweg befindet; umgekehrt wird Teilnahme am allgemeinen Verkehr verneint und bloß innerbetrieblicher Verkehr angenommen bei Berufen, die gerade im Bereich des öffentlichen Verkehrs ausgeübt werden (Berufskraftfahrer, Fahrpersonal der Eisen- und Straßenbahn)[117]. Als bloß innerbetrieblicher Verkehr wird der Werksverkehr beurteilt[118].

Unter Werksverkehr versteht man den vom Unternehmer mit betriebseigenen oder allein für diesen Zweck bestimmten fremden Fahrzeugen eingerichteten Zubringer- oder Abholdienst für Arbeitnehmer des Unternehmens. Nicht allgemeiner, sondern innerbetrieblicher Verkehr ist ferner der sogenannte Sonderverkehr (Betriebsausflug mit gemietetem Wagen, gemeinsame Fahrten von Betriebsangehörigen im Wagen der Firma zu dienstlichen Anlässen)[119]. Weiter gehört nicht zum allgemeinen, sondern zum innerbetrieblichen Verkehr der gesamte Betriebsverkehr (Verkehr auf dem Werksgelände des Unternehmens, Pendelverkehr zwischen Teilen eines Unternehmens, Fahrt vom Werk zum Güterbahnhof und zurück). Dienst- und Geschäftsreisen sind dann nur innerbetrieblicher Verkehr, wenn sie die eigentliche Berufsaufgabe des Beschäftigten darstellen (beispielsweise Verkehrspolizist auf Streifendienst). Bei Geschäftsfahrten liegt ferner keine Teilnahme am allgemeinen Verkehr vor, wenn die Fahrt innerbetrieblichen Anlaß hatte oder mit der Betriebszugehörigkeit des Verletz-

---

115 Vgl. BGHZ 3, 298; BGH, BB 1952, 548; BAG, BB 1956, 1927.
116 BGHZ 8, 30; BGH, VersR 1955, 36; 1956, 388.
117 BGHZ 3, 298.
118 BGHZ 8, 30; 33, 339; OLG Köln, VersR 1956, 40.
119 LG Ulm, VersR 1954, 32.

Heinz-Werner Glücklich

ten in engem Zusammenhang steht. Beispiel: Ein betrunkener Angestellter wird nach einer Veranstaltung des Betriebes auf Anordnung des Unternehmers mit einem werkseigenen Kraftfahrzeug nach Hause gefahren[120]. Bei Gefälligkeitsfahrten wird unterschieden, ob die Fahrt im betriebseigenen oder in einem privaten Fahrzeug durchgeführt wird. Bei Mitnahme im betriebseigenen Fahrzeug soll innerbetrieblicher Verkehr, bei Mitnahme in einem privaten Fahrzeug Teilnahme am allgemeinen Verkehr Verkehr vorliegen[121].

199   Soweit der Unternehmer für den Personenschaden des Versicherten, seiner Angehörigen oder Hinterbliebenen persönlich haftet, leben die nach § 636 RVO grundsätzlich ausgeschlossenen bürgerlichrechtlichen Ansprüche in vollem Umfang wieder auf, so z. B. auch der Anspruch auf Schmerzensgeld. Der Schadensersatzanspruch des Versicherten, seiner Angehörigen und seiner Hinterbliebenen vermindert sich jedoch um die Leistungen, die sie nach Gesetz und Satzung infolge des Arbeitsunfalls von Trägern der Sozialversicherung erhalten. Grund: Der Verletzte soll für denselben Schaden nicht zweimal entschädigt werden. Anzurechnen sind Leistungen aus allen Versicherungszweigen, also nicht nur aus der Unfallversicherung, sondern auch aus der Krankenversicherung und aus der Rentenversicherung. Im Grunde handelt es sich hierbei nur um die auch dem bürgerlichen Recht bekannte Vorteilsausgleichung, die auch dann gelten müßte, wenn es im Gesetz nicht ausdrücklich bestimmt wäre.

Während § 636 Abs. 1 RVO Schadenersatzansprüche gegen den eigenen Unternehmer des Versicherten aus Personenschäden bei einem Arbeitsunfall ausschließt, erweitert § 636 Abs. 2 RVO diesen Haftungsausschluß auf andere Unternehmer, in deren Unternehmen der Versicherte beschäftigt ist. Hierunter fallen die Leiharbeitsverhältnisse und die sonstigen mehrseitigen Arbeitsverhältnisse. Ein Leiharbeitsverhältnis liegt vor, wenn der Arbeiter von seinem Arbeitgeber bei Fortdauer des Arbeitsverhältnisses einem anderen Unternehmer (Entleiher) zur vorübergehenden Arbeitsleistung in dessen Betrieb zur Verfügung gestellt wird (sogenannter Dienstverschaffungsvertrag). Ein Leiharbeitsverhältnis liegt aber noch nicht vor, wenn der »Entleiher« für den fremden Unternehmer eine Tätigkeit übernommen hat, sondern nur, wenn der entliehene Arbeitnehmer den Weisungen des fremden Unternehmers unterstellt worden ist[122]. Erleidet der »Entliehene« bei seiner Tätigkeit in dem fremden Betrieb einen Arbeitsunfall, dann wird er durch

---

120 Vgl. OGHZ 1, 245; OLG München, VersR 1954, 145; OLG Braunschweig, VRS 1, 32; OLG Nürnberg, VersR 1954, 253; BGH, NJW 1956, 1514. Die Unterscheidung nach den Eigentumsverhältnissen am Kraftwagen wird als formalistisch abgelehnt von *Göbelsmann/Schwarzenberg*, RVO-Gesamtkommentar, § 636, Anm. 13 c.
121 BGHZ 19, 114.
122 BGH, VersR 1958, 128; BGH, NJW 1964, 39; BGHZ 21, 207.

den Träger der Unfallversicherung des Stammbetriebes entschädigt[123]. Die bürgerlichrechtliche Haftung ist dann aber nicht nur gegen den Unternehmer des Stammbetriebes, sondern auch gegen den fremden Unternehmer, in dessen Betrieb sich der Arbeitsunfall ereignet hat, ausgeschlossen. § 636 Abs. 2 RVO gilt auch für sonstige mehrseitige Arbeitsverhältnisse, so, wenn ein Unternehmer zusammen mit anderen Unternehmern eine Gemeinschaftsarbeit vollbringt und die Arbeiter der mehreren Unternehmen auf einem gemeinsamen Arbeitsplatz und unter einheitlicher Oberaufsicht arbeiten[124].

Hier muß aber eine doppelte Voraussetzung für den Haftungsausschluß vorliegen: Die Arbeitnehmer müssen an demselben Arbeitsergebnis für einen Dritten tätig sein und müssen in einem einheitlichen Betrieb arbeiten[125].

Nach § 637 RVO sind Ersatzansprüche eines Versicherten, seiner Angehörigen und Hinterbliebenen unter den gleichen Voraussetzungen, wie sie für den Unternehmer gelten, und im gleichen Umfange gegen die in demselben Betrieb tätigen Betriebsangehörigen ausgeschlossen, wenn der Arbeitsunfall durch eine betriebliche Tätigkeit verursacht worden ist. Das Gesetz hat damit einen schon früher in der höchstrichterlichen Rechtsprechung entwickelten Grundsatz zur Schadenersatzpflicht von Arbeitskameraden gegenüber Versicherten übernommen[126]. Voraussetzung für den Haftungsausschluß gegenüber Beschäftigten ist die Beschäftigung im selben Betrieb; die Beschäftigung im selben Unternehmen genügt nicht. Gegen Betriebsangehörige eines Hilfs- oder Nebenbetriebes, die den Arbeitsunfall verschuldet haben, wird sonach die Haftung durch § 637 RVO nicht ausgeschlossen[127].

Auch § 636 Abs. 2 RVO ist auf den Haftungsausschluß gegenüber Betriebsangehörigen anwendbar: Versicherten stehen daher wegen eines Arbeitsunfalls Schadenersatzansprüche gegen solche Arbeitnehmer nicht zu, die in den Betrieb im Rahmen eines Leiharbeitsverhältnisses oder eines sonstigen mehrseitigen Arbeitsverhältnisses eingegliedert worden sind.

Die Ersatzansprüche eines Versicherten gegen einen in demselben Betrieb tätigen Betriebsangehörigen sind jedoch nur dann ausgeschlossen, wenn der Arbeitsunfall durch eine betriebliche Tätigkeit verursacht worden ist. Unter einer betrieblichen Tätigkeit ist eine solche zu verstehen, die dem Betrieb zugeordnet werden kann. Wenn der Arbeitsunfall durch eine eigenwirtschaftliche Tätigkeit des Schädigers verursacht worden ist, entfällt der Haftungsausschluß.

200

201

---

123 BSGE 5, 158.
124 BGH, VersR 1958, 184; 1958, 362; 1959, 429.
125 BGH, VersR 1959, 602.
126 BAG, NJW 1958, 235; 1958, 964; BGH, NJW 1958, 1086 = BGHZ 27, 63.
127 Vgl. *Ilgenfritz*, NJW 1963, 1046/1047.

Heinz-Werner Glücklich

201 Der Haftungsausschluß des § 636 RVO gilt entsprechend bei Arbeitsunfällen in Unternehmen der Feuerwehren für Ansprüche gegen Feuerwehrvereine und ihre Vorstände, die Mitglieder von Pflicht- und freiwilligen Feuerwehren, die beigezogenen Löschpflichten, die freiwillig beim Feuerwehrdienst helfenden Personen sowie gegen alle beim Tätigwerden der Feuerwehr mit Befehlsgewalt ausgestatteten Personen, § 637 Abs. 2 RVO. Der Haftungsausschluß des § 636 RVO gilt weiter entsprechend bei Arbeitsunfällen in sonstigen Unternehmen zur Hilfe bei Unglücksfällen einschließlich des zivilen Bevölkerungsschutzes, § 637 Abs. 3 RVO.

202 Soweit Schadenersatzansprüche des Versicherten gegen seinen Unternehmer oder einen Betriebsangehörigen durch §§ 636, 637 RVO nicht ausgeschlossen werden, gehören sie grundsätzlich vor die Zivilgerichte. Für diesen Fall stellt § 638 RVO klar, daß bei Geltendmachung solcher Ansprüche die Sozialgerichte über die unfallrechtlichen Fragen bindend und vorgreiflich entscheiden.

Hat ein Gericht über Ansprüche nach §§ 636, 637 RVO zu entscheiden, so ist es an die sozialgerichtliche Entscheidung gebunden, ob ein entschädigungspflichtiger Unfall vorliegt, sowie in welchem Umfang und von welchem Versicherungsträger die Entschädigung zu gewähren ist.

203 Wegen der Haftungsbeschränkungen in §§ 636, 637 RVO haben Unternehmer oder auf Schadenersatz in Anspruch genommene Arbeitskameraden häufig ein Interesse daran, daß ein Unfall eines Arbeitnehmers als Arbeitsunfall anerkannt und nach der gesetzlichen Unfallversicherung entschädigt wird. Denn damit entfällt regelmäßig ihre Haftpflicht ganz, mindestens aber in dem Umfang, wie der Verletzte Leistungen von Sozialversicherungsträgern erhält. Der Verletzte dagegen könnte ein Interesse daran haben, das Vorliegen eines Arbeitsunfalls zu leugnen, weil er dann möglicherweise besser abschneidet, so z. B. wegen des Anspruchs auf Schmerzensgeld. Deshalb bestimmt § 639 RVO zum Schutze der Unternehmer und der ihnen haftungsrechtlich gleichgestellten Betriebsangehörigen, von denen der Verletzte oder seine Angehörigen oder Hinterbliebenen Schadenersatz fordern, daß sie anstelle des Berechtigten die Feststellung der Entschädigung nach der RVO beantragen und auch Rechtsmittel einlegen können. Wegen der Fristenwahrung ist dabei bestimmt, daß der Ablauf von Fristen, die ohne ihr Verschulden verstrichen sind, nicht gegen sie wirkt. Die damit gemeinten Fristen sind Rechtsmittelfristen[128]. Dies gilt natürlich dann nicht, wenn der Unternehmer oder ein ihm gleichgestellter Betriebsangehöriger das Verfahren selbst betreibt.

II. Schaffung neuer Ansprüche gegen Dritte

204 § 640 RVO gewährt den Sozialversicherungsträgern gegen Personen, deren Ersatzpflicht durch § 636 oder § 637 RVO beschränkt ist, also gegen Unternehmer und gleichgestellte Betriebsangehörige, einen eigenen, originären Schadenersatzanspruch dann, wenn sie den Arbeitsunfall vorsätzlich oder grob fahrlässig herbeigeführt haben. Sie haften den Versicherungsträgern dann für alles, was diese nach Gesetz oder Satzung infolge des Arbeitsun-

---

128 RVA, EuM, Bd.23, 369.

Heinz-Werner Glücklich

falls aufwenden müssen. Der ersatzpflichtige Personenkreis ist umschrieben mit den Personen, deren Ersatzpflicht dem Geschädigten gegenüber durch §§ 636, 637 RVO »beschränkt« ist. Das trifft für alle Unternehmer und Betriebsangehörigen zu, auch für die, die ausnahmsweise dem Geschädigten Ersatz leisten müssen; denn auch ihre Ersatzpflicht ist auf den durch die Sozialversicherungträger nicht gedeckten Schaden »beschränkt«. Träger der Sozialversicherung, die Ersatzansprüche nach § 640 RVO erheben können, sind nicht nur die Träger der Unfallversicherung, sondern auch die Träger der Krankenversicherung, die Träger der Rentenversicherung der Arbeiter und Angestellten und die Bundesknappschaft.

Da es sich bei dem Anspruch der Versicherungsträger aus § 640 RVO um einen originären Anspruch handelt, können die in Anspruch genommenen Personen nicht den Einwand mitwirkenden Verschuldens des Versicherten erheben. Nur wenn der Versicherte den Unfall absichtlich herbeigeführt hat, also nicht nur bewußt und gewollt, sondern darüber hinaus mit dem Ziel, diesen Unfall herbeizuführen, steht ihm nach § 553 RVO kein Aspruch auf Unfallentschädigung zu. In diesem Falle ist der Versicherungsträger nicht verpflichtet, infolge des Arbeitsunfalls etwas aufzuwenden. Damit entfällt auch ein Rückgriffsanspruch gegen den Unternehmer und die Betriebsangehörigen aus § 640 RVO.

Bei dem Anspruch aus § 640 RVO handelt es sich um einen bürgerlich-rechtlichen Anspruch der Versicherungsträger gegen den Unternehmer und die Betriebsangehörigen, und zwar um einen Anspruch auf Ersatz mittelbaren Schadens, der systematisch zu den Vorschriften des BGB über unerlaubte Handlung (§§ 823 ff. BGB) gehört. Deshalb ist hier Kausalzusammenhang nach den Anforderungen des Zivilrechts, also sogenannter adäquater Kausalzusammenhang, erforderlich. Die Vermutung für das Vorliegen eines adäquaten Kausalzusammenhangs ist begründet, wenn der Unfall auf der Zuwiderhandlung gegen eine von der Berufsgenossenschaft erlassene Unfallverhütungsvorschrift beruht: Diese Vermutung muß von den in Anspruch Genommenen entkräftet werden[129]. Mit dem Nachweis der Zuwiderhandlung gegen eine Unfallverhütungsvorschrift ist zwar in der Regel der ursächliche Zusammenhang zwischen der Zuwiderhandlung und dem Arbeitsunfall als gegeben anzunehmen. Damit steht aber das weitere Tatbestandsmerkmal für den Ersatzanspruch, Verschulden in Form mindestens grober Fahrlässigkeit, noch nicht fest. War die vom Versicherungsträger in Anspruch genommene Person sachkundig, so ist grobe Fahrlässigkeit dann anzunehmen, wenn die Fehlerhaftigkeit des Handelns jedem entsprechend Sachkundigen ohne weiteres erkennbar war[130]. Sonst handelt grob fahrlässig, wer die jeweils erforderliche Sorgfalt nach den gesamten Umständen des Falles in ungewöhnlich hohem Maße verletzt, d. h. schon einfachste, ganz naheliegende Überlegungen nicht anstellt

---

129 RGZ 128, 320; BGH, BB 1953, 653; BFH, VersR 1961, 160; BAG, AP Nr. 3 zu § 903 RVO a. F.
130 BGH, VersR 1963, 652.

und nicht einmal das beachtet, was im gegebenen Falle jedem hätte einleuchten müssen[131].

Da der Anspruch aus § 640 RVO ein bürgerlich-rechtlicher Schadenersatzanspruch ist, sind zur gerichtlichen Geltendmachung solcher Ansprüche die ordentlichen Gerichte zuständig[132]. § 641 RVO stellt klar, daß dann, wenn ein vertretungsberechtigtes Organ, ein Abwickler oder Liquidator einer juristischen Person, ein vertretungsberechtigter Gesellschafter oder ein Liquidator einer Personengesellschaft des Handelsrechts oder ein gesetzlicher Vertreter des Unternehmers in Ausführung einer ihm zustehenden Verrichtung den Arbeitsunfall vorsätzlich oder grob fahrlässig verursacht hat, auch der Vertretene nach § 640 RVO den Sozialversicherungsträgern haftet, unbeschadet der Haftung desjenigen, der den Arbeitsunfall verursacht hat. Das gleiche gilt für ein Mitglied des Vorstandes eines nicht rechtsfähigen Vereins oder für einen vertretungsberechtigten Gesellschafter einer Personengesellschaft des bürgerlichen Rechts mit der Maßgabe, daß sich die Haftung auf das Vereins- oder das Gesellschaftsvermögen beschränkt.

Muster 6

Klage eines Versicherungsträgers aus § 640 RVO

An das
Amtsgericht
in _____
Klage der Allgemeinen Ortskrankenkasse _____ , vertreten durch ihren
Geschäftsführer _____ , Klägerin,
– Prozeßbevollmächtigter: Rechtsanwalt Dr. NN in _____
gegen
1. den Arbeiter Werner Schmidt in _____
2. die _____ Versicherungs-Aktiengesellschaft in _____
wegen Schadenersatzanspruchs aus § 640 RVO,
Streitwert: 2955,84 DM.
Für den Kläger beantrage ich:
die Beklagten als Gesamtschuldner zu verurteilen, an die Klägerin 2955,84 DM
nebst 4 % Zinsen seit Klagezustellung zu zahlen.

---

131 BGH, VersR 1963, 652; BGH, MDR 1959, 373 = VersR 1959, 222; BGH, VersR 1957, 353; *Schmalzl*, NJW 1963, 1706/1708.
132 BGH, VersR 1957, 180; *Knoll/Schieckel/Gurgel*, RVO-Gesamtkommentar, 1965, § 640 Anm., 1 b.

Heinz-Werner Glücklich

Begründung

Am 11. 2. 1978 ereignete sich auf der Straße von _____ nach _____ bei km-Stein _____ ein Verkehrsunfall, bei dem der bei der Klägerin versicherte Arbeiter Wilhelm Müller verletzt wurde. Müller war Beifahrer im Pkw des Beklagten zu 1). Beide hatten von ihrem Arbeitgeber, der Firma _____ , einen Arbeitsauftrag erhalten. Um diesen ausführen zu können, mußte der Beklagte zu 1) mit Müller von einer Baustelle zur anderen fahren. Der Beklagte zu 1) benutzte hierzu seinen eigenen Pkw. Die Straße war mit Schneematsch und stellenweise mit Glatteis bedeckt. Es war deshalb besonders vorsichtiges Fahren geboten. Obwohl Müller den Beklagten zu 1) hierauf wiederholt hinwies, fuhr der Beklagte zu 1) unvorschriftsmäßig schnell und kam daher mit seinem Wagen auf Glatteisstellen wiederholt ins Rutschen; auch das veranlaßte ihn jedoch nicht, seine Fahrweise zu ändern, obwohl Müller ihn dringend darum bat. Als der Beklagte zu 1) einem Radfahrer ausweichen mußte, lenkte er seinen Wagen wegen der überhöhten Geschwindigkeit zu scharf nach links und stieß gegen eine auf der linken Straßenseite befindliche Mauer.

Beweis: Zeugnis des Arbeiters Wilhelm Müller in _____

Hierdurch erlitt der Zeuge Müller Verletzungen und mußte sich vom 11. 2. 1978 bis 27. 7. 1978 in ärztliche Behandlung begeben. Wegen der Unfallverletzungen war Müller überdies in der Zeit vom 12. 2. bis 28. 4. 1978 arbeitsunfähig.

Beweis: Bescheinigung des behandelnden Arztes Dr. med. _____ , die beiliegt.

Für die Zeit vom 12. 2. bis zum 25. 3. 1979 bezog er Lohnfortzahlung. Für die Zeit vom 26. 3. bis 28. 4. 1978 mußte ihm die Klägerin Krankengeld gewähren.

Die Klägerin hat antragsgemäß Leistungen, wie nachstehend angegeben, an Müller gewährt:

1. ärztliche Behandlung vom 11. 2. bis 27. 7. 1978,

167 Tage je 10,– DM =	1670,– DM
2. Krankengeld vom 26. 3. bis 28. 4. 1978	
34 Tage je 44,36 DM =	1285,84 DM
insgesamt:	2955,84 DM

Da es sich bei dem Arbeitsunfall des Müller um einen Betriebsunfall handelt, der Beklagte zu 1) als Beschäftigter im selben Betrieb diesen Unfall grob fahrlässig herbeigeführt hat und die Klägerin für den Unfall Leistungen an Müller gewähren mußte, steht ihr ein Ersatzanspruch aus § 640 RVO gegen den Beklagten zu 1) zu. Die Beklagte zu 2) ist der Kraftfahrzeug-Haftpflichtversicherer des Beklagten zu 1). Nach § 3 Nr. 1 und 2 PflVG haftet die Beklagte zu 2) zusammen mit dem Beklagten zu 1) als Gesamtschuldner.

III. Übergang von Ansprüchen auf Versicherungsträger

Die Leistungen der Sozialversicherungsträger sind Ersatz für Schäden, die die Versicherten durch Krankheit, Arbeitsunfall, Berufs- und Erwerbsunfä- 205

Heinz-Werner Glücklich 611

higkeit oder ihre Hinterbliebenen durch den Tod des Versicherten erleiden. Für derartige Schäden erwächst nach bürgerlichem Recht häufig den Versicherten oder ihren Hinterbliebenen ein Anspruch gegen den Schadensurheber nach anderen gesetzlichen Vorschriften (Bürgerliches Gesetzbuch, Reichshaftpflichtgesetz, Straßenverkehrsgesetz usw.). Das Gesetz räumt daher den Leistungsträgern ausdrücklich Erstattungs- und Ersatzansprüche gegen Dritte ein. Es werden die Erstattungsansprüche erfaßt, die sich gegen Dritte und damit gegen die nicht am Sozialrechtsverhältnis Beteiligten richten, und zwar einmal gegen Arbeitgeber und zum anderen gegen zivilrechtliche Schädiger. Ursprünglich waren hierfür maßgebend die §§ 1542 ff. RVO. Es gelten nunmehr die §§ 115 ff. SGB X, die nicht mehr nur für die Sozialversicherung, sondern auch für die Sozialhilfe gelten. Soweit danach ein Arbeitgeber den Anspruch des Arbeitnehmers auf Arbeitsentgelt nicht erfüllt und deshalb ein Sozialleistungsträger Sozialleistungen erbracht hat, bestimmt § 115 Abs. 1 SGB X, daß der Anspruch des Arbeitnehmers gegen den Arbeitgeber auf den Leistungsträger bis zur Höhe der erbrachten Sozialleistungen übergeht. Ein auf anderen gesetzlichen Vorschriften beruhender Anspruch auf Schadenersatz geht nach § 116 Abs. 1 SGB X auf den Sozialleistungsträger über, soweit dieser aufgrund des Schadensereignisses Leistungen zu erbringen hat, die der Behebung eines Schadens der gleichen Art dienen und sich auf denselben Zeitraum wie der vom Schädiger zu leistende Schadenersatz beziehen.

1. Welche Ansprüche gehen über?

206   Nur solche Ansprüche gehen über, die mit demselben Unfall in ursächlichem Zusammenhang stehen, der die Leistungspflicht des Versicherungsträgers begründet hat[133].

Es gehen ferner nur über Schadenersatzansprüche, die dem Sozialversicherten, seinen Familienmitgliedern oder seinen Hinterbliebenen gegen einen Dritten »nach anderen gesetzlichen Vorschriften« zustehen. Damit sind Ansprüche, die in dem Sozialversicherungsrecht selbst ihre Grundlage haben, vom Übergang ausgeschlossen, so Schadenersatzansprüche gegen Unternehmer und Arbeitskameraden, die den Unfall des Versicherten vorsätzlich oder bei Teilnahme am allgemeinen Verkehr verursacht haben und die sich demgemäß auf §§ 636, 637 RVO stützen. Weiter gehen nur über Schadenersatzansprüche, die dem Berechtigten aus der Verletzung von Körper und Gesundheit entstanden sind. Erforderlich ist daher zunächst einmal, daß ein entsprechender Anspruch besteht. Nach § 28 Bundesleistungsgesetz sind Körper- und Gesundheitsschäden, die der Leistungspflichtige oder seine Erfüllungsgehilfen infolge der Erfüllung einer auf der Anforderung

---

133 OLG Düsseldorf, VersR 1953, 434 = RdK 1953, 170.

Heinz-Werner Glücklich

beruhenden Leistung erleiden, den Geschädigten angemessen entsprechend §§ 843–846 BGB zu ersetzen. Hier handelt es sich aber nur um eine subsidiäre Leistung, die nur gewährt wird, wenn der Geschädigte nicht auf andere Weise Ersatz erlangen kann; da die Leistung des Sozialversicherungsträgers hier eine anderweitige Ersatzmöglichkeit ist, kommt ein Übergang nach § 116 SGB X nicht in Betracht[134]. Ähnlich ist die Rechtslage beim Aufopferungsanspruch; auch er ist nur subsidiärer Billigkeitsanspruch; soweit der Schaden anderweitig, sei es auch durch Leistungen von Sozialversicherungsträgern, ausgeglichen wurde, entsteht er überhaupt nicht und kann deshalb auch nicht übergehen[135].

Weiter gehen nicht über Ansprüche auf Leistungen, die nicht unmittelbar aufgrund Gesetzes, sondern aufgrund Vertrages geschuldet werden. Hier ist jedoch zu unterscheiden: Geht die vertragliche Leistung von vornherein auf Ersatz eines entstehenden Schadens, so beruht sie nicht auf Gesetz, sondern auf Vertrag (Beispiel: Ansprüche aus Privatversicherungsverträgen); derartige Ansprüche gehen nicht über[136]. Handelt es sich dagegen um einen Schadenersatzanspruch aus Vertragsverletzung, dann geht der Anspruch über[137]. Dies rechtfertigt sich durch die Erwägung, daß Ansprüche aus Vertragsverletzung, die Personenschäden zur Folge haben, häufig mit Ansprüchen aus unerlaubter Handlung konkurrieren. Soweit Ansprüche aus Auftrag oder Geschäftsführung ohne Auftrag auf Erstattung von Aufwendungen gehen, die in einem erlittenen Personenschaden bestehen (§§ 670, 683, 844 BGB), gehen sie über[138]. Ob der Schadenersatzanspruch gegen den Drittschädiger pfändbar ist, bleibt gleichgültig; auch unpfändbare Ansprüche gehen über[139]

In der Privatversicherung wird nach § 67 Abs. 2 VVG der Übergang eines Ersatzanspruchs des Versicherungsnehmers auf den Versicherer insoweit ausgeschlossen, wie er sich gegen einen mit dem Versicherungsnehmer in häuslicher Gemeinschaft lebenden Familienangehörigen richtet und der Familienangehörige den Schaden nicht vorsätzlich verursacht hat. Diese Bestimmung ist wegen des ihr zugrunde liegenden Schutzzweckes der Versicherungsleistung auf den Fall des § 116 SGB X übertragen worden[140].

Ansprüche aus Staatshaftung wegen fahrlässiger Amtspflichtverletzung nach Art. 34 GG, § 839 BGB gehen nicht über. Dies folgt aus dem Subsidiaritätsgrundsatz: Schadenersatzansprüche bestehen hier nur insoweit, wie der

---

134 *Knoll/Brockhoff*, RVO-Gesamtkommentar, 1965, § 1542, Anm. 6 b.
135 Wie hier BGHZ 20, 81; anders LG Osnabrück, BG 1955, 259; OLG Oldenburg, MDR 1955, 686.
136 RGZ 161, 76/83.
137 BGHZ 26, 357.
138 *Knoll/Brockhoff* in RVO-Gesamtkommentar 1965, § 1542, Anm. 6 d.
139 RG, EuM, Bd. 27, 240.
140 Vgl. § 116 Abs. 6 SGB X.

Heinz-Werner Glücklich   613

Verletzte nicht Ersatz von einem Dritten verlangen kann. Die Leistungen der Sozialversicherungsträger werden von der Rechtsprechung als Ersatzleistungen durch Dritte angesehen [141]. Diese aus der Subsidiarität der Haftung nach § 839 BGB folgende Einschränkung entfällt aber dann, wenn der Fiskus nicht wegen Fahrlässigkeit eines Beamten, sondern wegen Gefährdung haftet, so nach Straßenverkehrsgesetz oder Reichshaftpflichtgesetz; insoweit findet ein Übergang nach § 116 SGB X auf den Versicherungsträger statt [142].

Da Voraussetzung für einen Anspruchsübergang nach § 116 SGB X das Vorhandensein eines Schadenersatzanspruchs gegen den Drittschädiger ist, kann ein solcher Anspruch dann nicht übergehen, wenn durch Vertrag zwischen dem Schädiger und Geschädigten schon vor dem Unfall ein Haftungsausschluß vereinbart worden ist; anders natürlich, wenn der Haftungsausschluß wegen Verstoßes gegen die guten Sitten richtig ist, beispielsweise weil er zu dem Zweck vereinbart worden ist, dem Sozialversicherungsträger Rückgriffsansprüche zu entziehen [143].

Soweit der Schadenersatzanspruch sich durch Vorteilsausgleichung mindert (Beispiel: Gewinn durch Erbfolge), ist ein bürgerlich-rechtlicher Schadenersatzanspruch nicht entstanden und kann daher auch nicht übergehen. Wenn der Versicherte aufgrund eines von einem Dritten verschuldeten Unfalls auf Kosten der Krankenkasse im Krankenhaus aufgenommen wird und dort verpflegt wird, dann spart der Versicherte während des Krankenhausaufenthalts Aufwendungen für den Lebensunterhalt, die er ohne den Unfall hätte machen müssen. Um diese ersparten Aufwendungen mindert sich sein Schaden. Beansprucht nun die Krankenkasse als Versicherungsträger Ersatz für Krankenhauspflege in Höhe ihrer tatsächlich entstandenen Auslagen, so muß sie sich die Ersparnisse an Aufwendungen für den Lebensunterhalt entgegenhalten lassen, die der Versicherte wegen seines Krankenhausaufenthalts erzielt hat [144]. Die Krankenkasse kann allerdings nach § 116 Abs. 9 SGB X von der Möglichkeit Gebrauch machen, die Heilbehandlungskosten pauschal zu berechnen. In diesem Falle ist dem Schädiger der Einwand versagt, in der Person des Geschädigten sei kein entsprechend hoher Ersatzanspruch entstanden oder der verlangte Pauschalbetrag übersteige die tatsächlichen Aufwendungen des Sozialversicherungsträgers. Das folgert die Rechtsprechung daraus, daß die angeführten Vorschriften bindende Bewertungsmaßstäbe für die Bemessung des entstandenen Schadens enthalten [145].

141 RGZ 161, 192/202; 167, 207; BGHZ 31, 148.
142 RG, DR 1940, 1297/1299.
143 RGZ 161, 76; RG, DR 1939, 1318.
144 BGH, NJW 1966, 2356.
145 Vgl. *Wussow*, Unfallhaftpflichtrecht, 8. Aufl., Tz. 1876; BGHZ 12, 154 = NJW 1954, 508.

Heinz-Werner Glücklich

Insoweit handelt es sich allerdings bei richtiger systematischer Einordnung gar nicht mehr um Ansprüche, die von dem Verletzten auf den Sozialversicherungsträger übergegangen sind, sondern um einen Fall des Schadenersatzes eines mittelbaren Drittschadens, den der Versicherungsträger wahlweise anstelle des auf ihn übergegangenen Schadenersatzanspruch des Verletzten geltend machen kann[146].

Bei der Autohaftpflichtversicherung ist der Haftpflichtversicherer einem geschädigten Dritten gegenüber auch dann zur Leistung aus dem Versicherungsvertrag verpflichtet, wenn er gegenüber dem Versicherungsnehmer ganz oder teilweise frei ist. Das gilt nach § 158 c Abs. 4 VVG nur insoweit nicht, wie ein anderer Schadensversicherer dem Geschädigten haftet. Die Rechtsprechung hat diese Bestimmung erweiternd dahin ausgelegt, daß die Haftung des Haftpflichtversicherers auch dann entfällt, wenn der Geschädigte von einem Sozialversicherungsträger schadlos gehalten wird, so daß insoweit Ansprüche des Geschädigten nicht nach § 116 SGB X übergehen können[147].

Eine weitere Einschränkung des Übergangs von Ansprüchen ergibt sich aus dem Grundsatz der Kongruenz. Das bedeutet: Nur Ansprüche auf Ersatz derjenigen Schäden, für die die Versicherungsleistungen einen Ausgleich gewähren sollen, gehen auf den Versicherungsträger über.

Eine solche Kongruenz besteht nur bei bürgerlich-rechtlichen Schadenersatzansprüchen wegen Wiederherstellung der Gesundheit, wegen Verdienstausfalls, wegen Beerdigungskosten und wegen der Unterhaltsansprüche der Hinterbliebenen. Da für Schmerzen Versicherungsleistungen nicht gewährt werden, geht der Anspruch auf Schmerzensgeld nicht über[148]. Da ferner, abgesehen von dem seltenen Fall der Beschädigung von Körperersatzstücken, die Versicherungsleistungen keinen Sachschaden ausgleichen, gehen auch Ansprüche auf Ersatz von Sachschaden – bis auf vorstehend angegebene Ausnahmen – nicht über. Sehr streitig ist aus dem Gesichtspunkt der Kongruenz von Ersatzanspruch und Versicherungsleistung, ob der Anspruch des Witwers oder der Witwe oder der Waisen gegen den Schädiger wegen der entgangenen häuslichen Dienste des Getöteten auf den Witwerrente, Witwenrente oder Waisenrente gewährenden Versicherungsträger übergeht. Die Rechtsprechung hat ursprünglich einen Übergang verneint, weil die Sozialversicherungsrente nur Ersatz für diejenigen Unterhaltsleistungen sei, die der verstorbene Versicherte aus seinem Arbeitsverdienst erbracht habe[149]. Dann ist jedoch entschieden worden, die Waisenrente, die ein Sozialversicherungsträger aufgrund AVG an das nichteheliche

---

146 Vgl. *Glücklich,* SGb. 1966, 460 f.
147 BGHZ 25, 322 = NJW 1957, 1876 = VersR 1957, 731.
148 OLG Stuttgart, VersR 1954, 373.
149 BGH, NJW 1962, 800 hinsichtlich des Ersatzanspruchs des Witwers wegen Wegfalls der hausfraulichen Dienstleistungen seiner Ehefrau.

Heinz-Werner Glücklich

Kind einer durch Unfall getöteten Mutter zahle, diene dem gleichen Zweck wie der Schadenersatzanspruch, der dem nichtehelichen Kinde wegen der entgangenen persönlichen Dienste der Mutter nach § 844 Abs. 2 BGB gegen den Schädiger zustehe[150]. Dieser Wandel in der Rechtsprechung ist bewirkt worden durch eine Entscheidung des Bundesverfassungsgerichts vom 24. 7. 1963, wonach die Waisenrente in der Sozialversicherung dazu bestimmt sei, den gesamten Unterhaltsschaden des Kindes auszugleichen, der dem Kind durch den Wegfall des Elternteils erwachsen ist, beim Tode der Mutter also auch den in der persönlichen Fürsorge, in der Leistung persönlicher Dienste bestehenden Unterhalt[151]. Man wird hier indessen keinen Unterschied zwischen Waisenrenten und Witwer- und Witwenrenten machen können und daher den Übergang von Schadenersatzansprüchen für entgehende häusliche Dienste in jedem Falle der Zahlung von Hinterbliebenenrente bejahen müssen[152].

2. In welchem Umfang gehen Ansprüche über?

207   Der Übergang von Ersatzansprüchen des Verletzten auf den Sozialversicherungsträger nach § 116 SGB X unterliegt einer dreifachen Beschränkung.

Ein Anspruchsübergang findet nur statt in Höhe der Leistungen des Sozialversicherungsträgers, er findet nur statt für Ansprüche, die mit den Ansprüchen auf Versicherungsleistungen gleichartig sind, und er findet schließlich auch nur statt hinsichtlich Ansprüchen, die den gleichen Zeitraum betreffen, für den Sozialversicherungsleistungen zu gewähren sind[153].

a) Beschränkung des Übergangs auf die Höhe der Sozialleistungen

208   Die Ansprüche gehen nur über, soweit der Sozialversicherungsträger dem Verletzten, seinen Angehörigen oder den Hinterbliebenen Leistungen zu gewähren hat; nur darauf kommt es an, nicht darauf, ob die Leistungen bereits gewährt worden sind[154]. Bestritten ist, ob zu den Leistungen, die der Versicherungsträger »zu gewähren hat«, auch die nach pflichtmäßigem Ermessen zu gewährenden Kann-Leistungen gehören[155]. Man wird die Frage bei zutreffender Beurteilung bejahen müssen:

Wenn ein Versicherungsträger Kann-Leistungen gewährt, dann geschieht das nicht nach freiem Belieben, sondern nach pflichtmäßigem Ermessen.

---

150 BGH, NJW 1966, 1319; BGH, SGb. 1967, 122 mit Anm. v. *Glücklich.*
151 BVerfG, NJW 1963, 1723.
152 Vgl. dazu auch BGH, NJW 1967, 442.
153 Vgl. *Erlenkämper,* aaO, S. 607.
154 RGZ 60, 200; 91, 142; 148, 20; 156, 347/351; OLG Darmstadt, HansRGZ A 1942, 66.
155 Verneinend RVA, EuM, Bd. 7, 273; bejahend BGH, VersR 1954, 220 in einem Fall aus dem Beamtenrecht.

Heinz-Werner Glücklich

Der Versicherungsträger ist aber verpflichtet, sein Ermessen sachgemäß auszuüben und die Leistungen dann, wenn das sachlich geboten ist, auch tatsächlich zu gewähren. Der Schädiger kann daher nicht einwenden, der Versicherungsträger sei zu den Leistungen nicht verpflichtet.

Soweit Versicherungsleistungen versagt werden, findet ein Übergang
nicht statt; die mit der Versagung beabsichtigte Bestrafung des Versicherungsnehmers tritt daher möglicherweise nicht ein, da er den nicht übergangenen Anspruch dem Schädiger gegenüber geltend machen kann[156].

Soweit der bürgerlich-rechtliche Schadenersatzanspruch, etwa der
Anspruch eines Hinterbliebenen auf Ersatz des Unterhaltsschadens, den
Betrag der Sozialversicherungsrente übersteigt, verbleibt der überschießende
Betrag des Schadenersatzanspruchs dem Hinterbliebenen.

b) Beschränkung auf kongruente Anspruchsteile
Der Übergang von Schadenersatzansprüchen auf Sozialversicherungsträger 209
ist nicht nur nach oben beschränkt durch die Höhe der zu gewährenden
Sozialleistungen, sondern auch nach der Art: Der Übergang setzt voraus,
daß die Leistung des Versicherungsträgers den gleichen Zweck hat wie der
vom Schädiger zu leistende Schadenersatz (Grundsatz der Kongruenz)[157].
Von den Schadenersatzansprüchen des Verletzten insgesamt sind daher nur
bestimmte Gruppen übergangsfähig, und zwar jede Gruppe jeweils nur in
der Höhe, wie der Sozialversicherungsträger gerade Leistungen für den
Zweck dieser Gruppe zu erbringen hat. Fünf Gruppen übergangsfähiger
Ansprüche sind zu unterscheiden.

Gruppe 1: Heilungskosten
Das sind Kosten der Wiederherstellung der Gesundheit (Kosten des Arz- 210
tes, für Arzneien, für Prothesen, für eine Pflegerin, für bessere Kost, für
gesündere Wohnung)[158]. Krankenhauskosten gehören hierher nur insoweit,
wie es sich nicht um Kosten für Unterkunft und Verpflegung handelt, also
nur insoweit, wie sie die auch ohne den Unfall entstandenen Verpflegungskosten übersteigen. Verpflegungskosten, die auch ohne Unfall entstanden
wären, gehören nicht zur Grupe Heilungskosten, sondern zur Gruppe Verdienstausfall. Das ist wichtig, wenn der Verletzte keinen Verdienstausfall
erleidet (Beispiel: Er ist freiwillig versicherter Selbständiger, und sein
Betrieb läuft auch während seiner Krankheit mit gleichem Ergebnis weiter).
Dann gehen die Krankenhauskosten nur insoweit auf den Versicherungsträger über, wie sie zur Gruppe Heilungskosten gehören[159].

156 RGZ 72, 430.
157 BGH, VersR 1956, 22.
158 *Geigel,* Der Haftpflichtprozeß, 10. Aufl., Kap. 26, Rdn. 74.
159 *Geigel,* a.a.O.

Heinz-Werner Glücklich

Schadenersatzansprüche wegen Vermehrung der Bedürfnisse (z. B. ständige Mehraufwendungen zur Instandhaltung einer Prothese, ständige Aufwendungen für Arzneien und Körperpflegemittel) können zwar zu den Heilungskosten gehören; sie gehen auf den Versicherungsträger aber insoweit nicht über, wie dieser nicht auch Leistungen für diese Aufwendungen zu gewähren hat[160].

Gruppe 2: Verdienstausfall und entgangener Gewinn

211   Dieser Anspruch geht über, soweit der Versicherungsträger Leistungen zu erbringen hat, für die normalerweise ohne den Unfall der durch den Unfall ausgefallene Verdienst oder Gewinn verwendet worden wäre. Dem Schadenersatzanspruch wegen Verdienstausfalls und entgangenen Gewinns sind kongruent die Versicherungsleistungen von Krankengeld, Unfallrente, Rente für Berufs- und Erwerbsunfähigkeit, aber auch Krankenhauskosten, soweit sie die normalen Verpflegungskosten nicht übersteigen.

Gruppe 3: Anspruch auf Ersatz des Unterhaltsschadens wegen Todes des Ernährers

212   Diesem Anspruch ist kongruent die vom Versicherungsträger gezahlte Hinterbliebenenrente. Der Anspruch geht daher in Höhe der Hinterbliebenenrente auf den Versicherungsträger über. Dabei ist unerheblich, ob dem Versicherungsträger durch den Tod des Ernährers ein Schaden erwachsen ist. Wird beispielsweise ein Rentner getötet, dann ist gewöhnlich die Hinterbliebenenrente geringer als die Versichertenrente, die an den Getöteten zu zahlen war. Der Versicherungsträger hat sonach durch den Tod des Rentners einen Gewinn erzielt. Trotzdem geht in Höhe der Hinterbliebenenrente der Anspruch auf Ersatz des Unterhaltsschadens über, da der Versicherungsträger nicht etwa einen eigenen Drittschaden geltend macht, sondern die auf ihn übergegangenen Schadenersatzansprüche der Hinterbliebenen[161].

Gruppe 4: Bestattungskosten

213   Der Versicherungsträger zahlt demjenigen, der die Bestattung besorgt hat, Sterbegeld. In Höhe des Sterbegeldes geht daher der Anspruch des Hinterbliebenen auf Ersatz der Bestattungskosten auf den Versicherungsträger über[162].

Gruppe 5: Anspruch auf Ersatz beschädigter oder vernichteter Körperersatzstücke

214   Wenn durch einen Unfall Körperersatzstücke (Prothesen usw.) zerstört oder beschädigt werden, stellt der Unfallversicherungsträger Ersatzstücke

---

160 BGH, NJW 1956, 219 = BB 1955, 1146.
161 BGHZ 9, 179 (Gr.Sen.).
162 OGHZ 4, 16; BGH, VersR 1959, 231.

Heinz-Werner Glücklich

zur Verfügung. In Höhe ihrer Kosten geht der Anspruch auf Ersatz von Sachschaden auf den Versicherungsträger über, obwohl Sachschadenersatzansprüche sonst nicht übergehen.

Außerhalb dieser fünf Gruppen findet ein Anspruchsübergang nicht statt und innerhalb der fünf Gruppen nur insoweit, wie der Versicherungsträger gerade für die jeweilige Gruppe Leistungen zu gewähren hat.   **215**

c) Zeitliche Beschränkung

Nach dem Grundsatz der Kongruenz ist weitere Voraussetzung für den **216** Übergang von Schadenersatzansprüchen, daß der Sozialversicherungsträger in demselben Zeitraum Leistungen zu gewähren hat, für welchen bürgerlich-rechtliche Schadenersatzansprüche bestehen. Schadenersatzansprüche gehen daher nicht über, wenn der Verletzte vom Sozialversicherungsträger während des für sie in Betracht kommenden Zeitraums Leistungen nicht zu beanspruchen hat[163].

d) Beschränkung wegen Rechtsmißbrauchs

Wie schon vorstehend unter a) erwähnt, kann der Sozialversicherungsträger **217** die Heilbehandlungskosten nach § 116 Abs. 9 SGB X nach seiner Wahl entweder in Höhe der tatsächlichen Aufwendungen oder pauschal berechnen. Dies gilt auch dann, wenn es sich um die Heilbehandlung mitversicherter Familienangehöriger handelt[164]. Weist der Versicherungs- bzw. Sozialhilfeträger nicht höhere Leistungen nach, so sind vorbehaltlich der Regelungen des § 116 Abs. 2 u. 3 SGB X als Pauschalabgeltung für nicht stationäre ärztliche Behandlung und Versorgung mit Arznei- und Verbandmitteln je Schadensfall 5 % der monatlichen Bezugsgröße (§ 18 SGB IV) zu ersetzen[165]. Die Vereinbarung einer weitergehenden Pauschalierung der Ersatzansprüche ist nach § 116 Abs. 9 SGB X zulässig.

3. In welchem Zeitpunkt gehen die Ansprüche über?

Die genaue Bestimmung des Zeitpunkts, in welchem die Ansprüche übergehen, ist aus verschiedenen Gründen wichtig. Solange der Verletzte selbst noch Inhaber der Schadenersatzansprüche ist, kann er darüber verfügen. Sobald die Ansprüche übergegangen sind, ist er zur Verfügung nicht mehr befugt. Eine solche Verfügung ist dem Sozialversicherungsträger gegenüber, auf den die Ansprüche übergegangen sind, unwirksam, soweit nicht der Gutglaubensschutz des § 407 BGB eingreift. Ferner ist der Zeitpunkt des Übergangs wichtig für die Frage der Verjährung.   **218**

---

163 LG Freiburg, VersR 1953, 455; OLG München, VersR 1966, 927.
164 BGH, NJW 1958, 462; LG Kassel, NJW 1957, 1681.
165 Vgl. *Erlenkämper*, aaO, S. 608.

Heinz-Werner Glücklich

Für die Verjährung des Rückgriffsanspruchs aus § 116 SGB X gilt die Verjährungsvorschrift für den übergegangenen Schadenersatzanspruch des unmittelbar Verletzten[166]. Bei Ansprüchen aus unerlaubter Handlung – sie spielen bei den übergegangenen Ansprüchen die wichtigste Rolle – beginnt die Verjährungsfrist von dem Zeitpunkt an, in welchem der Berechtigte von dem Schaden und der Person des Ersatzpflichtigen Kenntnis erlangt. Hat nun der unmittelbar Verletzte vor dem Anspruchsübergang von dem Schaden und der Person des Verletzten Kenntnis erlangt, dann ist seine Kenntniserlangung auch für den Beginn der Verjährungsfrist für die auf den Versicherungsträger übergegangenen Ansprüche maßgebend. Hat dagegen der unmittelbar Verletzte von dem Schaden und der Person des Schädigers erst Kenntnis erlangt, nachdem die Ansprüche bereits auf den Versicherungsträger übergegangen waren, dann beginnt die Verjährung für die übergegangenen Ansprüche erst mit der Kenntnis des Versicherungsträgers von dem Schaden und der Person des Ersatzpflichtigen zu laufen.

Das Gesetz selbst sagt über den Zeitpunkt des Anspruchsübergangs nichts. Nach der Rechtsprechung geht der Anspruch des Berechtigten gegen den Schädiger kraft Gesetzes mit der Entstehung der Leistungspflicht des Versicherungsträgers auf diesen über[167].

In der Regel der Fälle ist das bereits der Zeitpunkt des Unfalls, der die Ersatzpflicht des Schädigers auslöst, obwohl in diesem Zeitpunkt noch nicht feststeht, in welcher Höhe der Schädiger zur Leistung von Schadenersatz verpflichtet sein und in welcher Höhe der Versicherungsträger an den Geschädigten Versicherungsleistungen zu erbringen haben wird. Es handelt sich also gewissermaßen um einen Übergang der Schadenersatzansprüche dem Grunde nach.

In der Rentenversicherung hat die Rechtsprechung in denjenigen Fällen, in denen die Rente erst vom Antragsmonat an gewährt wird, früher entschieden, daß der Anspruchsübergang sich erst mit Rentenbeginn vollziehe. Der BGH hat diese Rechtsprechung aufgegeben und entschieden, daß auch in der Rentenversicherung die Schadenersatzansprüche sofort mit ihrer Entstehung übergehen[168]. Von der Regel, daß die Ansprüche sofort mit dem Unfall übergehen, gibt es im wesentlichen nur folgende Ausnahmen:
a) Der Versicherte ist im Zeitpunkt des Unfalls noch nicht berufs- oder erwerbsunfähig, also noch nicht rentenberechtigt. Dann gehen die Ansprüche erst in demjenigen Zeitpunkt auf den Träger der Rentenversicherung über, in welchem mindestens Berufsunfähigkeit vorliegt[169].

---

166 BGH, VersR 1957, 802.
167 BGHZ 19, 177/178.
168 BGH, MDR 1959, 205 Nr. 56
169 OLG Braunschweig, VRS 13, 345; OLG Schleswig, VersR 1957, 466; BGH, VersR 1957, 802/804; 1958, 533; 1959, 34.

Heinz-Werner Glücklich

Hier scheint indessen das letzte Wort noch nicht gesprochen zu sein. Der BGH hat in seiner Entscheidung vom 12. 7. 1960[170] erklärt, die Auffassung liege nicht fern, daß jedenfalls solche Abfindungsvergleiche mit dem Schädiger gegenüber dem Rentenversicherungsträger wirkungslos seien, in denen gerade mit Rücksicht auf den vorausbedachten Fall einer unfallbedingten wesentlichen Erwerbsbeschränkung oder Berufsunfähigkeit des Geschädigten die Höhe des Abfindungsbetrages festgesetzt und damit offenkundig ein späteres Rückgriffsrecht des Versicherungsträgers beeinträchtigt werde. In demselben Urteil ist entschieden worden, daß dann, wenn der Anspruch durch Eintritt der Berufsunfähigkeit auf den Rentenversicherungsträger übergegangen sei, die Berufsunfähigkeit aber Schwankungen unterliege und vorübergehend einmal entfalle, der unmittelbar Geschädigte gleichwohl gehindert sei, über seine Ersatzansprüche für die Zukunft, insbesondere für den Fall erneuten Eintritts der Berufsunfähigkeit, zu verfügen. Es ist daher nicht ausgeschlossen, daß die Rechtsprechung künftig den Zeitpunkt des Anspruchsübergangs in der Rentenversicherung auch dann auf den Unfallzeitpunkt vorverlegen wird, wenn der Geschädigte in diesem Zeitpunkt noch nicht berufs- oder erwerbsunfähig ist[171].

b) Konsequenterweise muß man annehmen, daß der Schadenersatzanspruch in der Unfallversicherung erst in dem Zeitpunkt übergeht, in welchem der Grad der Erwerbsminderung 20 v. H. übersteigt. Hiergegen wird im Schrifttum geltend gemacht, die Pflichtleistungen der Unfallversicherung beschränkten sich nicht auf Renten, sondern umfaßten auch Krankenhausbehandlung und Berufsfürsorge. Daher bestehe in aller Regel vom Augenblick des Unfalls an eine Leistungspflicht des Trägers der Unfallversicherung wegen der Folgen des Unfalls, so daß auch wegen späterer Verschlechterungen der Unfallfolgen die Schadenersatzansprüche bereits dem Grunde nach mit dem Zeitpunkt des Unfalls übergehen müßten[172].

c) Die Ansprüche der Hinterbliebenen auf Sterbegeld und Hinterbliebenenrente entstehen mit dem Tod des Versicherten.

d) Wenn aufgrund einer Systemänderung in der Sozialversicherung völlig neue Ansprüche geschaffen werden, dann gehen die Ersatzansprüche wegen dieser neuen Ansprüche erst mit ihrer Entstehung auf den Versicherungsträger über[173]. Werden dagegen nur die bisherigen Versicherungsleistungen erhöht, wie z. B. durch die Neuregelungsgesetze aus 1957, so gilt der Anspruchsübergang auch wegen der erhöhten Leistung dem Grunde nach schon mit dem ursprünglichen Beginn der Leistungspflicht des Versicherungsträgers als erfolgt[174].

Da sich der Übergang der Schadenersatzansprüche bereits mit der Entstehung der Leistungspflicht des Versicherungsträgers überhaupt dem Grunde

---

170 BGH, NJW 1960, 2235.
171 Vgl. *Göbelsmann/Schwarzenberg*, RVO-Gesamtkommentar, § 1542, Anm. 8.
172 *Göbelsmann/Schwarzenberg*, a.a.O.
173 BGH, LM, RVO § 1542 Nr. 9 = VersR 1954, 537; BGH, VersR 1955, 393; BGHZ 19, 177/179.
174 BGH, VersR 1960, 830; 1962, 467; OLG Hamm, MDR 1960, 140.

Heinz-Werner Glücklich

nach vollzieht, findet im Falle einer späteren Erweiterung der Leistungspflicht – die Erwerbsminderung des Unfallverletzten erhöht sich oder der zunächst nur berufsunfähige Rentenversicherte wird erwerbsunfähig – kein erneuter Übergang statt; vielmehr gilt auch hier der Übergang bereits mit der Leistungspflicht überhaupt, in der Regel also vom Augenblick des Unfalls an, als erfolgt [175].

4. Verfügung des Versicherten über die Ersatzansprüche

219   Nach § 412 BGB finden auf den gesetzlichen Forderungsübergang, sonach auf §§ 115 ff. SGB X, die Vorschriften der §§ 399–404, 406–410 BGB entsprechende Anwendung. Die Versicherungsträger müssen daher eine Verfügung des Versicherten über den Ersatzanspruch trotz Forderungsübergangs gegen sich gelten lassen, wenn dem Schädiger der Forderungsübergang nicht bekannt war [176]. Die Rechtsprechung behandelt jedoch den haftpflichtigen Schädiger so, als habe er den Forderungsübergang gekannt, wenn ihm tatsächliche Umstände bekannt waren, die bekanntermaßen eine Sozialversicherungspflicht begründen, so wenn er wußte, daß der Berechtigte krankenversicherungspflichtig war, daß er in einer der Unfallversicherung unterliegenden Beschäftigung tätig war, daß er rentenversicherter Arbeitnehmer und berufs- oder erwerbsunfähig geworden war [177].

Hierbei ist darauf abzustellen, wie sich die Lebenswirklichkeit darbietet und in das allgemeine Erfahrenswissen eingegangen ist [178].

220   Wenn der Schädiger in gutem Glauben einen Prozeßvergleich abgeschlossen hat, jedoch noch vor der Zahlung der Vergleichssumme oder einzelner Vergleichsarten erfährt, daß der Verletzte sozialversichert ist, darf er nicht mehr an ihn zahlen. Sonst läuft er Gefahr, an den Versicherungsträger nochmals zahlen zu müssen [179]. Denn unter Rechtsgeschäften im Sinne des § 407 BGB sind nur dinglich wirkende, nicht bloß obligatorische zu verstehen [180].

Hat der Schädiger daher Kenntnis von der Versicherung des Verletzten in der Zeit zwischen Vergleichsabschluß und Vergleichserfüllung erlangt, so ist zwar der Vergleich, soweit er einen teilweisen Verzicht des Geschädigten auf Schadenersatzansprüche enthält, auch dem Versicherungsträger gegen-

---

175 BGH, VersR 1957, 802/804 mit weiteren Nachweisen aus der Rsp.; BGH, VersR 1958, 533; 1959, 34.
176 Vgl. auch § 116 Abs. 7 SGB X.
177 Vgl. LG Berlin, Breith. Bd. 21, 167; RG, AN 1912, 836; KG, ArbVers. 1929, 203; RG, Eisenbahn- und verkehrsrechtliche Entscheidungen, Bd. 50, 55; BGH, BG 1960, 463.
178 BGH, VersR 62, 515.
179 Zur Erstattung durch den Geschädigten vgl. *Erlenkämper*, aaO, S. 608.
180 RGZ 60, 207.

Heinz-Werner Glücklich

über wirksam. Der Schädiger darf aber im Rahmen des Forderungsübergangs nicht mehr an den Verletzten zahlen, weil dieser nicht mehr aktiv legitimiert ist. Gegen eine Zwangsvollstreckung des Verletzten aus dem Prozeßvergleich muß der Schädiger Vollstreckungsgegenklage erheben. Selbstverständlich ist auch bei Kenntnis des Schädigers von der Sozialversicherung des Verletzten der Vergleich dem Versicherungsträger gegenüber voll wirksam, wenn er nur die Anspruchsteile erfaßt, die nicht übergegangen sind.

Ein im Prozeß zwischen dem Verletzten und dem Schädiger ergangenes rechtskräftiges Urteil muß der Versicherungsträger gegen sich gelten lassen, wenn der Schädiger bei Eintritt der Rechtshängigkeit, also bei Klagezustellung, gutgläubig war, § 407 Abs. 2 BGB. Wenn der beklagte Schädiger erst im Laufe des Rechtsstreits von der Versicherung erfährt, braucht er daher nicht die Aktivlegitimation des Klägers zu leugnen. Aus Gründen der Vorsicht wird er es trotzdem tun, weil er nie wissen kann, ob in einem späteren Prozeß des Versicherungsträgers gegen ihn das Gericht nicht aufgrund der Lebenserfahrung annehmen wird, er habe schon bei Klageerhebung von der Sozialversicherung Kenntnis gehabt und sei deshalb im Zeitpunkt der Rechtshängigkeit nicht mehr gutgläubig gewesen. Der Schädiger wird ferner zweckmäßigerweise den Verletzten ausdrücklich fragen, ob er sozialversichert ist. Verneint dieser die Frage, so braucht der Schädiger keine weiteren Nachforschungen anzustellen. Sein guter Glaube wird jedoch zerstört, wenn ein Versicherungsträger ihm ausdrücklich den Forderungsübergang anzeigt.

5. Verzicht auf Versicherungsleistungen und Rückübertragung der übergegangenen Ansprüche

a) Verzicht

Die Frage, ob der Versicherte auf die Sozialversicherungsleistungen verzichten kann mit der Maßgabe, daß die Ansprüche nicht nach § 116 SGB X übergehen, ist streitig. Die Rechtsprechung ist uneinheitlich. In der Unfallversicherung hält man im allgemeinen einen Verzicht deshalb für nicht möglich, weil die Leistungen nach § 1545 RVO von Amts wegen festzusetzen sind[181]. Im übrigen wird der Verzicht vielfach für wirksam gehalten, wenn der Versicherte dadurch nicht benachteiligt wird[182].

Dieses Kriterium ist jedoch viel zu unbestimmt. Man muß vielmehr annehmen, daß ein Verzicht den Anspruchsübergang nach § 116 SGB X nicht verhindern kann, zumal da die Ansprüche im Zeitpunkt des Verzichts regelmäßig schon übergegangen sind und sie durch den Verzicht nicht rückübertragen werden[183].

---

181 RVA, DJZ 1902, 28.
182 OVA München, Breith. Bd. 40, 1029; *Knoll/Brockhoff*, RVO-Gesamtkommentar, § 1542, Anm. 8 a, Abs. 6.
183 Wie hier *Geigel*, Der Haftpflichtprozeß, 10. Aufl. Kap. 26, Rdn. 27.

Heinz-Werner Glücklich

Davon gibt es eine – scheinbare – Ausnahme.

Der Versicherte kann davon absehen, sich durch einen Kassenarzt und in einem von der Krankenkasse zugelassenen Krankenhaus behandeln zu lassen und statt dessen Behandlung eines Privatarztes und in einer Privatklinik in Anspruch nehmen. Da die Krankenkasse die Kosten des Privatarztes und der Privatklinik nicht vergütet, ist ein entsprechender Ersatzanspruch gegen den Schädiger nicht übergegangen. Der Schädiger muß daher grundsätzlich die Kosten der Privatbehandlung des Geschädigten ersetzen. Wenn aber die Kosten der Privatbehandlung teurer waren als die Kassenbehandlung gewesen sein würde und der Verletzte für die Privatbehandlung keinen triftigen Grund anführen kann, wird ihm der Schädiger möglicherweise mit dem Einwand der Verletzung der Schadenminderungspflicht begegnen können[184].

b) Verzicht gegenüber dem Versicherungsträger

223 Gegenüber dem Leistungsträger kann durch schriftliche Erklärung auf Ansprüche auf Sozialleistungen verzichtet werden. Der Verzicht kann jederzeit mit Wirkung für die Zukunft widerrufen werden. Der Verzicht ist unwirksam, soweit durch ihn andere Personen oder Leistungsträger belastet oder Rechtsvorschriften umgangen werden[185].

6. Das Quotenvorrecht

224 Da der Übergang von Schadenersatzansprüchen nach § 116 SGB X gewöhnlich sofort mit ihrer Entstehung erfolgt, stehen sich kraft Gesetzes der übertragene und der etwa beim Geschädigten verbliebene Anspruchsteil trotz Gleichheit des Ursprungs und der Rechtsnatur vom Übergang an als selbständige Forderungen, weil durch die Person des Gläubigers geschieden, gegenüber. Das macht dann keine Schwierigkeiten, wenn der Schädiger nach bürgerlichem Recht verpflichtet ist, den gesamten entstandenen Schaden zu ersetzen. Es gibt jedoch Fälle, in denen der Schädiger nur einen Teil des entstandenen Schadens zu ersetzen braucht. Das sind einmal die Fälle des mitwirkenden Verschuldens des Verletzten (§ 254 BGB), ferner die Fälle der mitwirkenden Verursachung bei der Gefährdungshaftung (§ 17 StVG), schließlich die Fälle, in denen die Haftung des Schädigers summenmäßig nach oben begrenzt ist (Kapitalbetrag bis zu 500 000,– DM oder Rente bis jährlich 30 000,– DM bei Tötung oder Verletzung eines oder mehrerer Menschen nach § 12 Abs. 1 Nr. 1 Abs. 2 StVG).

In allen diesen Fällen – der weitaus wichtigste ist derjenige des mitwirkenden Verschuldens – bedarf es der Klärung, wie die den vollen Schaden nicht deckende Ersatzleistung des Schädigers zwischen dem Versicherungsträger und dem Verletzten oder seinen Hinterbliebenen aufzuteilen ist. Für diese Fälle gilt der Grundsatz des Quotenvorrechts der Sozialversicherungsträ-

---

184 BGH, VersR 1965, 161; LG Göttingen, VersR 1959, 843.
185 Vgl. § 46 SGB I.

Heinz-Werner Glücklich

ger[186]. Dieser Grundsatz besagt: Beim Forderungsübergang auf den Sozialversicherungsträger geht der übergangsfähige Ersatzanspruch des Sozialversicherungsträgers dem beim Geschädigten verbliebenen Anspruch vor. Wenn beispielsweise der aus einem Unfall erwachsene Gesamtschaden 5000,– DM beträgt und der Schadenersatzanspruch wegen mitwirkenden Verschuldens des Verletzten sich auf die Hälfte des Gesamtschadens, in unserem Falle auf 2500,– DM, ermäßigt und die Leistungen des Sozialversicherungsträgers 2400,– DM betragen haben, dann geht der Schadenersatzanspruch von 2500,– DM in Höhe von 2400,– DM auf den Versicherungsträger über, während bei dem Verletzten nur restliche 100,– DM verbleiben. Beliefen sich in dem soeben gebildeten Beispiel die Aufwendungen des Versicherungsträgers nicht auf 2400,– DM, sondern auf 2600,– DM, dann geht der gesamte Schadenersatzanspruch von 2500,– DM auf den Versicherungsträger über; dieser fällt mit restlichen 100,– DM aus, und der Verletzte erhält von dem Schädiger überhaupt nichts. Der Schadenersatzanspruch geht also auf die Versicherungsträger nicht nur in demjenigen Prozentsatz über, in welchem der Schaden von dem Schädiger zu ersetzen ist, sondern er geht voll und vorrangig bis zur Höhe der von dem Versicherungsträger zu gewährenden Leistungen über. Dies ergibt sich daraus, daß bei § 116 SGB X ein Zusatz dahin fehlt, daß der Übergang nicht zum Nachteil des Verletzten geltend gemacht werden dürfe[187]. Die hiergegen in einem Teil des Schrifttums erhobenen Bedenken[188] haben sich in der Praxis nicht durchgesetzt. Das Quotenvorrecht der Sozialversicherungsträger ist auch rechtspolitisch gerechtfertigt. Der Versicherte erhält auch die ihm zustehenden Versicherungsleistungen voll und nicht quotenmäßig; er würde einen nicht gerechtfertigten Gewinn machen, wenn die Ersatzansprüche gegen den Schädiger nur quotenmäßig und nicht quotenbevorrechtigt auf den Versicherungsträger übergingen.

Selbstverständlich bleiben die nicht übergangsfähigen Posten wie Sachschaden und Schmerzensgeld ebenso außer Ansatz wie die nicht gleichartige oder gleichzeitige Leistung des Versicherungsträgers. So sind Aufwendungen für Verpflegung im Krankenhaus, soweit sie über die normalen, auch ohne den Unfall erwachsenen Verpflegungskosten hinausgehen, mit dem Schadenersatzanspruch für Verdienstausfall nicht kongruent, unterliegen sonach nicht dem quotenbevorrechtigten Übergang auf den Sozialversicherungsträger, sondern verbleiben dem Geschädigten selbst[189].

186 Zur Verfassungsmäßigkeit des Quotenvorrechts der Sozialversicherungsträger nach dem GG. Vgl. BGH, NJW 69, 98 = MDR 69, 131 = BB 68, 1491 = LM Nr. 62 zu § 1542 RVO.
187 Vgl. BGH, NJW 1954, 755; 1954, 1113; OLG Stuttgart, VersR 1953, 494; 1954, 135; OLG München, NJW 1955, 267; OLG Köln, VersR 1956, 667.
188 Vgl. *Reinicke,* NJW 1954, 1103 noch zu § 1542 RVO.
189 LG Traunstein, VersR 1958, 775.

Heinz-Werner Glücklich   625

Der Versicherte kann dem quotenbevorrechtigten Übergang seiner Schadensersatzforderung nicht dadurch ausweichen, daß er statt einer Rente einen Kapitalbetrag einklagt und davon nur die bis dahin erbrachten Versicherungsleistungen absetzt. Vielmehr muß in diesem Falle auch die vom Versicherungsträger zu gewährende Rente kapitalisiert und dieser Kapitalbetrag ungekürzt von der gesamten Schadenersatzsumme abgesetzt werden[190].

Muster 7

Schadenberechnung des Verletzten unter Berücksichtigung des Quotenvorrechts der Krankenkasse

Mitverschulden: 1/3,
übergangsfähiger Schaden nach § 116 SGB X 1500,– DM, quotenbevorrechtigte Leistung des Sozialversicherungsträgers: 800,– DM.
Berechnung:

2/3 des Schadens =	**1000,– DM**
abzüglich quotenbevorrechtigte Leistung des	
Sozialversicherungsträgers	**800,– DM**
Forderung des Geschädigten an den Schädiger:	**200,– DM**

Dabei zu beachten:
Die quotenbevorrechtigte Leistung des Sozialversicherungsträgers ist von der erstattungsfähigen Schadensquote, nicht vom Gesamtschaden abzuziehen.

7. Zusammentreffen mehrerer Sozialversicherungsträger, eines Sozialversicherungsträgers mit dem öffentlichen Dienstherrn und eines Sozialversicherungsträgers mit dem Arbeitgeber des Verletzten

a) Zusammentreffen mehrerer Sozialversicherungsträger

225 Haben im Einzelfall mehrere Leistungsträger Sozialleistungen erbracht und ist in den Fällen des § 116 Abs. 2 u. 3 SGB X der übergegangene Anspruch auf Ersatz des Schadens begrenzt, sind die Leistungsträger gemäß § 117 Satz 1 SGB X Gesamtgläubiger. Untereinander sind sie im Verhältnis der von ihnen erbrachten Sozialleistungen zum Ausgleich verpflichtet. Soweit jedoch eine Sozialleistung allein von einem Leistungsträger erbracht ist, steht der Ersatzanspruch im Innenverhältnis nur diesem zu. Die Leistungsträger können allerdings ein anderes Ausgleichsverhältnis vereinbaren, § 117 SGB X.

b) Zusammentreffen eines Sozialversicherungsträgers mit dem Dienstherrn

226 Löst ein Unfall für den öffentlichen Dienstherren Versorgungsleistungen aus, so gehen nach § 87 a BBG die Schadenersatzansprüche gegen den Drittschädiger auf die

---

190 BGH, VersR 1959, 352.

öffentliche Hand über. Hat nun wegen desselben Unfalls ein Versicherungsträger Leistungen zu gewähren, so gehen die Schadenersatzansprüche des Verletzten nach § 116 SGB X auch auf den Versicherungsträger über. Reichen die übergangenen Ansprüche nicht aus, um die Versorgungs- und Versicherungsleistungen insgesamt zu decken, so sind auch hier der öffentliche Dienstherrn und der Versicherungsträger, soweit sie konkurrieren, Gesamtgläubiger[191]. Im Innenausgleich zwischen dem öffentlichen Dienstherr und dem Sozialversicherungsträger ist jedoch zunächst der Sozialversicherungsträger in Höhe seiner gesamten Aufwendungen mit Vorrang vor dem öffentlichen Dienstherrn zu befriedigen[192].

c) Zusammentreffen des Sozialversicherungsträgers mit dem Arbeitgeber 227
Zahlt der Arbeitgeber an einen durch Unfall arbeitsunfähig gewordenen Arbeitnehmer aufgrund Gesetzes oder Tarifvertrages für eine bestimmte Zeit nach dem Unfall das Arbeitsentgelt fort, so nahm man früher an, daß insoweit der Verletzte keinen Verdienstausfallschaden erlitten habe, der Schädiger also Glück gehabt habe. Nach neuerer Rechtsprechung darf die Fortzahlung des Arbeitsentgelts aus sozialen Gründen nicht dem Schädiger zugute kommen. Der Schadenersatzanspruch des Arbeitnehmers wegen Lohn- und Gehaltsausfall wird sonach durch die Leistungen des Arbeitgebers nicht berührt; der Arbeitnehmer ist aber verpflichtet, seinen Schadenersatzanspruch insoweit an den Arbeitgeber abzutreten, soweit er nicht bereits Kraft Gesetzes übergeht, § 4 LFZG. Geschieht dies, dann können Arbeitgeber und Versicherungsträger konkurrieren, nämlich dann, wenn der Sozialversicherungsträger dem Verletzten den gewöhnlichen Aufwand für seinen Unterhalt dadurch erspart, daß er die Kosten der Krankenhauspflege trägt. Soweit der Sozialversicherungsträger (Krankenkasse) die Kosten der Krankenhauspflege trägt, gewährt er dem Verletzten den Unterhalt, den dieser sonst aus seinem Erwerbseinkommen bestreiten müßte. Mit diesem Teil geht deshalb nach dem Grundsatz der konkruenten Deckung der Anspruch auf Ersatz des Erwerbsschadens nach § 116 SGB X auf den Versicherungsträger über. Der Arbeitgeber, der das volle Gehalt weiterzahlt, kann ihn nicht mehr verlangen, da eine Doppelzahlung dem Schädiger nicht aufzuerlegen ist[193]. Der Höhe nach beschränkt sich der Quotenanteil der Krankenkasse allerdings auf die Beträge, die der Verletzte außerhalb des Krankenhauses für seine Verpflegung aufgewandt hätte, da ihn nur insoweit die Krankenkasse hinsichtlich seines Erwerbsschadens entlastet[194].

8. Bindung der Gerichte nach § 118 SGB X 228

Wenn der Sozialversicherungsträger den auf ihn nach § 116 SGB X übergegangenen Anspruch gegen den Schädiger gerichtlich geltend macht, dann sind dafür diejenigen Gerichte zuständig, die auch ohne den Übergang zuständig waren, also regelmäßig die Zivilgerichte oder das Arbeitsgericht. Um die Einheitlichkeit der Rechtsprechung zu gewährleisten, bestimmt § 118 SGB X, daß ein Gericht, das über die übergegangenen Ansprüche zu erkennen hat, an einen Feststellungsbescheid oder ein Urteil des

---

191 BGH, VersR 1960, 85 = MDR 1960, 129 = NJW 1960, 381.
192 LG Frankfurt a. M., VersR 1959, 841.
193 Zur Haushaltsersparnis vgl. auch BGH, Urt. v. 3. 4. 1984 – EEK I/790.
194 BGH, NJW 1965, 1592/1593.

Heinz-Werner Glücklich

Sozialgerichts darüber gebunden ist, ob und in welchem Umfang der Versicherungsträger verpflichtet ist. Der Beklagte kann also nicht einwenden, der Unfall des Verletzten sei überhaupt kein Arbeitsunfall oder ein Arbeitsunfall in einem anderen Betrieb, für den die klagende Berufsgenossenschaft nicht einzutreten habe[195]. Über alle anderen Fragen entscheidet das Zivilgericht selbständig.

Das Zivilgericht kann den bei ihm anhängigen Rechtsstreit bis zur rechtskräftigen Klärung der sozialgerichtlichen Frage aussetzen.

195 RGZ 92, 226; 93, 32; 97, 202.

Heinz-Werner Glücklich

Verfahrensrecht in Sozialrechtssachen

A. Einführung

I. Systematische Einordnung

Während das Sozialversicherungsrecht ein Teil des Sozialrechts und damit materielles Verwaltungsrecht ist, handelt es sich beim Verfahrensrecht in Sozialrechtssachen um formelles Recht. Die Verfahren in Sozialrechtssachen spielen sich teils vor den Verwaltungsstellen, auf dem Gebiete der Sozialversicherung vor den Versicherungsträgern, teils vor Gericht ab. Das Verfahren vor den Versicherungsträgern und sonstigen Verwaltungsstellen ist Verwaltungsverfahren, gerichtet auf Erlaß, Änderung oder Aufhebung eines Verwaltungsaktes (etwa eines Rentenbescheides). Das Verfahren vor Gericht ist Prozeßverfahren, und zwar Verfahren vor den Gerichten der Sozialgerichtsbarkeit als besonderen Verwaltungsgerichten. Im gerichtlichen Verfahren geht es im wesentlichen um die Nachprüfung von Verwaltungsakten, deren Bestätigung, Aufhebung oder Änderung, daneben aber auch um die Verpflichtung zum Erlaß eines Verwaltungsaktes, um Verurteilung zu Leistungen und um Feststellungen.

Zwischen das eigentliche Verwaltungsverfahren und das Verfahren vor den Gerichten der Sozialgerichtsbarkeit schiebt sich in den gesetzlich vorgesehenen Fällen noch ein Zwischenverfahren, das Vorverfahren, ein. Es beginnt mit dem Widerspruch des Betroffenen gegen den von ihm beanstandeten Verwaltungsakt und führt zur Überprüfung vor einem Widerspruchsausschuß. Es endet mit dem Widerspruchsbescheid, durch den entweder der Widerspruch zurückgewiesen und der Verwaltungsakt bestätigt oder der Verwaltungsakt aufgehoben oder geändert wird. Wenn der Verwaltungsakt durch Widerspruchsbescheid geändert wird, dann unterliegt er für das gerichtliche Verfahren der Anfechtung in derjenigen Form, die ihm der Widerspruchsbescheid gegeben hat.

II. Praktische Hinweise zur Vorbereitung eines Verwaltungs-, Vor- oder Gerichtsverfahrens

1. Welche Rente bezieht der Mandant schon?

In allen Rentenangelegenheiten wird der Anwalt zunächst prüfen müssen, welche Renten der Mandant bereits bezieht. Es gibt nämlich Renten, die wegfallen oder gekürzt werden, sobald eine andere Rentenart gewährt wird. Es könnte daher sein, daß die Durchsetzung einer Rente für den Mandanten völlig zwecklos ist, weil er dadurch eine Rente, die er bis dahin bezogen hat, verliert. So wird beispielsweise Ausgleichsrente an Kriegsbeschädigte nur insoweit gewährt, wie sie zusammen mit dem sonstigen Einkommen bestimmte Monatsbeträge nicht übersteigt, §§ 32–34 BVG. Witwer sowie Eltern und Großeltern von Kriegsbeschädigten haben nur für die Dauer der Bedürftigkeit Anspruch auf Rente, §§ 43 ff. BVG. Auf die Unterhaltshilfe nach LAG muß sich der Berechtigte gemäß § 270 LAG Einkünfte, soweit die Einkommensgrenze überschritten wird, anrechnen lassen. Voraussetzung für den Bezug von Arbeitslosenhilfe ist Bedürftigkeit. Bei Prüfung der Bedürftigkeit sind auch Renten aus der Rentenversicherung anzurechnen, soweit sie die in § 138 AFG genannten Freibeträge übersteigen. Sozialhilfe zum Lebensunterhalt nach dem Bundessozialhilfegesetz wird nur im Falle der Bedürftigkeit gewährt. Das Gesetz verlangt den vollen Einsatz des Einkommens und des Vermögens, bevor laufende Hilfe zum Lebensunterhalt gewährt wird, §§ 76–89 BSHG; lediglich die Grundrente nach dem BVG bleibt bei der Ermittlung des Einkommens außer Ansatz[1].

2. Aufklärungsbedürftige Fragen in der Rentenversicherung

231 In allen Angelegenheiten der Rentenversicherung ist für vollständige Übersicht über alle Beschäftigungszeiten des Mandanten von seinem 15. Lebensjahr an einschließlich Zeiten der Ausbildung, der Krankheit, der Arbeitslosigkeit, des Kriegsdienstes usw. zu sorgen, weil die Höhe der Rente von den Beitragszeiten, Ersatzzeiten, Ausfallzeiten und Zurechnungszeiten abhängt. Dabei sollte der Mandant befragt werden, von welchen Dienststellen und in welchen genauen Zeitabschnitten er seit 1945 Renten oder Sozialhilfe erhalten hat (wichtig für Berechnung der Ausfallzeiten).

3. Streitfälle, in denen es auf den Gesundheitszustand des Mandanten ankommt

232 In solchen Angelegenheiten sollte der Mandant befragt werden, von welchen Ärzten, in welchen Krankenhäusern und wegen welcher Erkrankung er jeweils behandelt worden ist; zweckmäßigerweise wird zugleich eine Erklärung des Mandanten über die Entbindung von der ärztlichen Schweigepflicht herbeigeführt.

III. Gesetzliche Grundlagen

233 Das zunächst in zahlreichen Einzelgesetzen unübersichtlich geregelte sozialrechtliche Verwaltungsverfahren ist entsprechend der allgemeinen Zielsetzung des Sozialgesetzbuchs zusammengefaßt und vereinfacht worden. Das sozialrechtliche Verwaltungsverfahren, das ausdrücklich aus Gründen der Übersichtlichkeit und des jeweiligen Sachzusammenhangs mit den einzelnen Materien aus dem Anwendungsbereich des allgemeinen Verwaltungsverfahrensgesetzes herausgenommen worden ist, ist systematisch und einheitlich im ersten Kapitel des 10. Buches Sozialgesetzbuch (SGB X) neu geordnet. Das zweite Kapitel trägt den Titel »Schutz der Sozialdaten« und regelt die Geheimhaltung im Bereich der Leistungsträger . Das dritte Kapitel »Zusammenarbeit

---

1 BVerwGE 19, 198.

Heinz-Werner Glücklich

der Leistungsträger untereinander und mit Dritten« ist zum 1. 7. 1983 in Kraft getreten [2].
Gerichtsverfassung und Verfahren der Sozialgerichtsbarkeit sind geregelt im Sozialgerichtsgesetz (SGG) vom 3. 9. 1953 (BGBl. I, S. 1239).

B. Schrifttum

Die Werke über das materielle Sozialrecht behandeln gleichzeitig das einschlägige Verwaltungsverfahren. Die nachstehende Übersicht beschränkt sich daher auf das Schrifttum über das Sozialgerichtsverfahren.

234

I. Grundrisse

Baumgartner/Wilm, Kleine Sozialgerichtsfibel, 1962; *Binter*, Klage und Rechtsmittel in der sozialgerichtlichen Praxis, »Der Sozialrichter« 1965, S. 35, 37, 41, 45, 1966, S. 3, 11; *Bley*, Grundzüge der Sozialgerichtsbarkeit, Funktion – Institution – Verfahren, 1976; *Dapprich*, Das sozialgerichtliche Verfahren, 1959; *Doetsch/Paulsdorff*, Das Sozialgerichtsverfahren, 1966; *Hennecke*, Sozialgerichtsverfahren (Teil IV der Arbeitshilfen für die Prozeßpraxis), 1959; *Wilde*, Grundzüge des Sozialrechts, 1957, S. 11–40.

235

II. Kommentare

Hastler, Sozialgerichtsgesetz, 3. Auflage, 1962; *Hauck/Haines*, Sozialgesetzbuch X 1, 2, Berlin 1981; *Hofmann/Schroeter*, Sozialgerichtsgesetz, 2. Auflage, 1957, Nachtrag 1958; *Mellwitz*, Sozialgerichtsgesetz nebst ergänzenden Vorschriften, 1956, Ergänzungsband 1958; *Meyer-Ladewig*, SGG, 2. Aufl. 1981, 1977; *Miesbach/Ankenbrank*, Sozialgerichtsgesetz, 1957; *Peters*, Sozialgesetzbuch X, Stuttgart 1981; *Peters/Sautter/Wolff*, Kommentar zur Sozialgerichtsbarkeit, 4. Auflage, Loseblatt, 1977; *Rohwer-Kahlmann*, Aufbau und Verfahren der Sozialgerichtsbarkeit, Kommentar, 4. Auflage, 1976; *Schieren/Beuster*, Sozialgerichtsgesetz, 1963; *Schraft/Gierling*, Sozialgerichtsgesetz, 1961; *Schroeder-Printzen/Engelmann* u. a., Sozialgesetzbuch Verwaltungsverfahren, München 1981; *Zeihe*, Das Sozialgerichtsgesetz und seine Anwendung, Loseblatt 1977.

236

III. Zeitschriften und Entscheidungssammlungen

Vgl. die Schrifttumsübersicht zum Sozialversicherungsrecht, Rz. 22.

237

---

2 *Thieler*, aaO, S. 171 ff.

Heinz-Werner Glücklich

631

41*

IV. Formulare

238   *Höhlmann/Binter,* Formularbuch zum Arbeits- und Sozialrecht, 1959, 2. Teil Sozialrecht von Binter, S. 119–160; *Niesel,* Der Sozialgerichtsprozeß, 1987.

C. Das Verwaltungsverfahren

239   Da von dem materiellen Sozialrecht nur das Sozialversicherungsrecht in den Rahmen dieser Darstellung einbezogen ist, soll auch das Verwaltungsverfahren nur insoweit erörtert werden, wie es sich bezieht auf Angelegenheiten der Sozialversicherung, also der Krankenversicherung mit Einschluß des Kassenarztrechts, der Unfallversicherung, der Arbeiterrentenversicherung, der Angestelltenversicherung und der Knappschaftsversicherung.

     Das Verwaltungsverfahren ist gerichtet auf Erlaß von Verwaltungsakten durch die Versicherungsträger. Verwaltungsakt ist, wie im allgemeinen Verwaltungsrecht, jede Verfügung, Anordnung, Entscheidung oder sonstige Maßnahme, die von einer Verwaltungsbehörde zur Regelung eines Einzelfalls auf dem Gebiet des öffentlichen Rechts getroffen wird [3]. Derartige Verwaltungsakte sind sowohl die Bescheide über Feststellung der Leistungen der Sozialversicherung als auch die Ablehnung von Anträgen.

     Da das Streitverfahren (Widerspruch, Klage, Berufung, Revision) bei der starken Überbelastung der Widerspruchsausschüsse und der Sozialgerichte zeitraubend ist, empfiehlt es sich, das sich die Berechtigten bereits in das Verwaltungsverfahren auf Feststellung der Leistungen einschalten. Zwar ist ein Antrag nur in der Krankenversicherung und in der Rentenversicherung erforderlich, während die Leistungen auf dem Gebiete der Unfallversicherung von Amts wegen festgestellt werden, § 1545 RVO. Auch in den anderen Versicherungsarten sind, sobald einmal ein Antrag gestellt ist, die Ermittlungen und Feststellungen von Amts wegen zu treffen. Jedoch ist die Aussicht auf eine günstige Entscheidung wesentlich größer, wenn der Berechtigte bereits im Verwaltungsverfahren durch Anträge, Erklärungen und insbesondere Beischaffung von Beweismitteln aktiv mitwirkt.

240   Das Sozialgerichtsgesetz hat in seinem § 77 die bindende Kraft des Verwaltungsaktes angeordnet. Wenn der gegen einen Verwaltungsakt gegebene Rechtsbehelf nicht oder erfolglos eingelegt wird, ist der Verwaltungsakt für die Beteiligten in der Sache bindend, soweit durch Gesetz nichts anderes bestimmt ist.

241   Durch das am 1. 1. 1981 in Kraft getretene SGB X sind eine Reihe von Vorschriften, die das Verwaltungsverfahren betrafen, weitgehend aufgehoben (z. B. § 1300 RVO) und durch neue Regelungen ersetzt worden, die gegenüber dem früheren Recht erhebliche Änderungen enthalten. Die Bestandskraft von Verwaltungsakten nach § 39 SGB X und die Bindungswirkung nach § 77 SGG wurden durch eine Reihe von Regelungen durch-

---

3 Vgl. § 31 SGB X.

                                Heinz-Werner Glücklich

brochen. Es handelt sich um die Rücknahme rechtswidriger nicht begünstigender Verwaltungsakte nach § 44 SGB X, die Rücknahme rechtswidriger begünstigender Verwaltungsakte nach § 45 SGB X, den Widerruf rechtmäßiger nicht begünstigender Verwaltungsakte nach § 46 SGB X, den Widerruf rechtmäßiger begünstigender Verwaltungsakte nach § 47 SGB X und die Aufhebung von Verwaltungsakten mit Dauerwirkung bei Änderung der Verhältnisse nach § 48 SGB X[4]. Diese Vorschriften gelten jetzt einheitlich für das gesamte Sozialrecht. Sie entsprechen auch weitgehend dem Verwaltungsverfahrensgesetz des Bundes.

Darüber hinaus können sowohl in der gesetzlichen Unfallversicherung 242 wie in der gesetzlichen Rentenversicherung bei Änderung der der Bescheiderteilung zugrundeliegenden Verhältnisse die Bescheide jederzeit zugunsten oder zuungunsten der Berechtigten geändert, also bisher abgelehnte Renten gewährt oder bisher gewährte Renten entzogen werden. Jedoch kann eine Dauerrente in der gesetzlichen Unfallversicherung nur in Abständen von einem Jahr geändert werden, §§ 622, 623, 1286 RVO, § 66 SGB I. Die Änderung eines Rentenbescheides durch Änderungsbescheid wegen Änderung der Verhältnisse entspricht der Abänderungsklage im Zivilprozeß nach § 323 ZPO.

Ein besonderes Zulassungsverfahren besteht für die Zulassung von Kassenärzten 243 und Kassenzahnärzten zur kassenärztlichen Tätigkeit, für die Anordnung des Ruhens der Zulassung und für die Entziehung der Zulassung nach §§ 368–368 c RVO sowie der Zulassungsordnung für Kassenärzte (ZO-Ärzte) vom 28. 5. 1957 (BGBl. I, S. 572) und der Zulassungsordnung für Kassenzahnärzte (ZO-Zahnärzte) vom 28. 5. 1957 (BGBl. I, S. 582). Verwaltungsbehörde für die Zulassung, die Anordnung des Ruhens der Zulassung und die Entziehung der Zulassung ist für Ärzte der Zulassungsausschuß für Ärzte, für Zahnärzte der Zulassungsausschuß für Zahnärzte. Die Zulassungsausschüsse bestehen aus Vertretern der Ärzte oder Zahnärzte und der Krankenkasse in gleicher Zahl.

D. Das Vorverfahren

Um die Sozialgerichte zu entlasten, hat das Gesetz zwischen den Erlaß des 244 Verwaltungsaktes, der angefochten werden soll, oder die Ablehnung des Verwaltungsaktes, auf den ein Beteiligter einen Anspruch zu haben vermeint, und das Gerichtsverfahren noch das Vorverfahren zwischengeschaltet. § 78 SGG bezeichnet das Vorverfahren als Klagevoraussetzung. Das trifft nicht zu: Auch eine Klage in Fällen, in denen ein Vorverfahren vorgeschrieben ist, ist damit nicht unwirksam; es fehlt nur, solange das Vorverfahren nicht durchgeführt ist, eine Prozeßvoraussetzung, d. h.: Es darf kein Sachurteil ergehen. Lehnt der Kläger in Fällen, in denen ein Vorverfahren stattfinden muß, es ab, zunächst ein Vorverfahren durchzuführen, dann

---

4 *Erlenkämper*, aaO, S. 575 ff. mit weiteren Einzelheiten.

Heinz-Werner Glücklich

muß die Klage als unzulässig abgewiesen werden. Im übrigen ist aber eine Klage ohne Vorverfahren als Widerspruch gegen den angefochtenen Verwaltungsakt umzudeuten, so daß das Gericht die Klage dem zuständigen Versicherungsträger zur Durchführung des Vorverfahrens zu übersenden hat.

245   In den Fällen des § 78 Abs. 1 Nr. 1 bis 3 SGG ist ein Vorverfahren nicht erforderlich [5]. Es handelt sich dabei um die Fälle, in denen ein Gesetz den Wegfall des Vorverfahrens ausdrücklich bestimmt oder in denen der Verwaltungsakt von einer obersten Bundesbehörde, einer obersten Landesbehörde oder von dem Präsidenten der Bundesanstalt für Arbeit erlassen worden ist, es sei denn, daß ein Gesetz die Nachprüfung vorschreibt, oder ein Land oder ein Versicherungsträger klagen will. Nach § 78 Abs. 2 SGG steht es dem Betroffenen frei, in Angelegenheiten der Unfallversicherung, der Rentenversicherung der Arbeiter und Angestellten und der Kriegsopferversorgung die Anfechtungsklage auch ohne Vorverfahren zu erheben, wenn die Aufhebung oder Abänderung des Verwaltungsaktes begehrt wird, der eine Leistung betrifft, auf die ein Rechtsanspruch besteht.

Der gesetzgeberische Grund für diese auf den ersten Blick befremdliche Regelung ist, daß bei Entscheidung über die Rente die ehrenamtlichen Vertreter der Versicherungsträger mitwirken [6].

246   In zahlreichen Fällen hat der Rechtsuchende sonach ein Wahlrecht, ob er zunächst Widerspruch erhebt oder sofort den Weg der Klage beschreitet. Für beide Alternativen gibt es gute Gründe: Das Widerspruchsverfahren kann, wenn es zum Erfolg führt, einen langwierigen Prozeß vor den Sozialgerichten überflüssig machen. Auf der anderen Seite führt ein erfolgloses Widerspruchsverfahren zu einer nicht unerheblichen Verzögerung der Sache. In Fällen, in denen eine Erörterung der Sach- und Rechtslage mit dem Versicherungsträger oder der Behörde noch nicht erfolgt ist, empfiehlt sich, vor der Klage Widerspruch einzulegen. Wenn Kernpunkt des Streites dagegen medizinische Fragen sind, ist sofortige Klageerhebung anzuraten, da im Prozeßverfahren günstigere Aussichten für ein neues Gutachten bestehen [7].

247   Das Vorverfahren beginnt mit der Einlegung des Widerspruchs durch den Betroffenen. Der Widerspruch ist binnen eines Monats nach Bekanntgabe des Verwaltungsaktes (Zustellung ist nicht erforderlich) schriftlich oder zu Protokoll bei der Stelle, die den Verwaltungsakt erlassen hat, einzureichen, § 84 Abs. 1 SGG.

Der Widerspruch gilt auch dann als fristgerecht erhoben, wenn die Widerspruchsschrift bei einer anderen inländischen Behörde oder bei einem

---

5 Über Einzelheiten vgl. *Meyer-Ladewig*, § 78 SGG, Anm. 5–7.
6 *Wilde*, Grundzüge des Sozialrechts, S. 14.
7 Vgl. *Plagemann*, Vorläufiger Rechtsschutz im Verfahren vor den Sozialgerichten 1979, S. 20.

Heinz-Werner Glücklich

Versicherungsträger oder bei einer deutschen Konsularbehörde oder, soweit es sich um die Versicherung von Seeleuten handelt, bei einem deutschen Seemannsamt eingegangen ist, § 84 Abs. 2 SGG.

Enthält der Verwaltungsakt nicht, wie das in § 36 SBG X vorgeschrieben ist, eine Rechtsmittelbelehrung oder ist die Rechtmittelbelehrung unrichtig, so beträgt die Widerspruchsfrist ein Jahr. Enthält der Verwaltungsakt eine schriftliche Belehrung dahin, daß ein Rechtsbehelf überhaupt nicht gegeben sei, dann läuft überhaupt keine Widerspruchsfrist; der Widerspruch kann dann jederzeit noch nachträglich eingelegt werden.

Nach Einlegung des Widerspruchs muß die Stelle, die den Verwaltungsakt erlassen hat, den Widerspruch überprüfen. Erachtet sie ihn für begründet, so muß sie ihm abhelfen, § 85 Abs. 1 SGG. Andernfalls muß sie den Widerspruch der Widerspruchsbehörde vorlegen. Diese erläßt einen schriftlichen Widerspruchsbescheid, der zu begründen, mit einer Belehrung über die Erhebung der Klage zu versehen und den Beteiligten zuzustellen ist, § 85 Abs. 3 Satz 1 SGG. Zugestellt wird von Amts wegen nach §§ 2–15 VerwZustG, § 63 Abs. 2 SGG. Im Ausland ist nach §§ 14, 15 VerwZustG zuzustellen[8].

Wenn während des Vorverfahrens der Verwaltungsakt geändert wird, wird auch der neue Verwaltungsakt Gegenstand des Vorverfahrens, § 86 Abs. 1 SGG.

Die Einlegung des Widerspruchs hat nicht allgemein, sondern nur in den gesetzlich vorgeschriebenen Fällen aufschiebende Wirkung; in bestimmten Fällen kann der Vollzug des Verwaltungsaktes ausgesetzt werden: **248**

Aufschiebende Wirkung hat der Widerspruch gegen Verwaltungsakte, die Kapitalabfindung, Rückforderung von Beiträgen oder sonstigen Leistungen oder in der Rentenversicherung den Entzug einer Rente betreffen, § 86 Abs. 2 SGG. Bei Kapitalabfindung von Versicherungsansprüchen kommt der aufschiebenden Wirkung nur in dem Fall Bedeutung zu, in dem mit der Bewilligung der Kapitalabfindung die Einstellung einer bisher laufenden Rentenleistung verbunden ist. Die aufschiebende Wirkung des Widerspruchs hat hier zur Folge, daß die Kapitalabfindung zunächst nicht gezahlt wird und die laufenden Leistungen, die abgefunden werden sollen, weitergezahlt werden müssen. In den Fällen der Rückforderung von Leistungen schützt die aufschiebende Wirkung des Widerspruchs den Betroffenen davor, den durch den Verwaltungsakt angeforderten Rückforderungsbetrag sofort zahlen zu müssen. Es handelt sich um die Fälle, in denen ein Versicherungsträger überzahlte Rentenleistungen zurückfordert oder Rentenleistungen zurückverlangt, in denen, wie sich nachträglich herausgestellt hat, hierauf kein Anspruch bestand, sowie um die Fälle, in denen irrtümlich ein zu hoher Rentenbetrag gezahlt wurde und nun zurückgefordert wird.

In anderen Fällen hat der Widerspruch keine aufschiebende Wirkung[9].

Wird jedoch in Angelegenheiten der Kriegsopferversorgung oder der Bundesanstalt für Arbeit gegen einen Verwaltungsakt, der eine laufende Leistung entzieht,

8 BSG, SozR 1500, § 85 SGG Nr. 1.
9 So auch *Erlenkämper,* aaO, S. 598.

Widerspruch erhoben, so kann auf Antrag des Beschwerten der Vollzug ganz oder teilweise ausgesetzt werden. Wird die Aussetzung abgelehnt, so wird dieser Verwaltungsakt Gegenstand des Vorverfahrens, § 86 Abs. 3 SGG. Dasselbe gilt nach § 86 Abs. 4 SGG, wenn eine Erlaubnis nach Art. 1 § 1 des Gesetzes zur Regelung der gewerbsmäßigen Arbeitnehmerüberlassung zurückgenommen, widerrufen oder nicht verlängert wird.

Soweit ein Widerspruch erfolgreich ist, hat der Rechtsträger, dessen Behörde den angefochtenen Verwaltungsakt erlassen hat, demjenigen, der Widerspruch erhoben hat, die zur zweckentsprechenden Rechtsverfolgung oder Rechtsverteidigung notwendigen Aufwendungen zu erstatten, § 63 SGB X. Dies gilt auch dann, wenn der Widerspruch nur deshalb keinen Erfolg hat, weil die Verletzung einer Verfahrens- oder Formvorschrift nach § 41 SGB X unbeachtlich ist. Aufwendungen, die durch das Verschulden eines Erstattungsberechtigten entstanden sind, hat dieser selbst zu tragen. Die Gebühren und Auslagen eines Rechtsanwalts oder eines sonstigen Bevollmächtigten im Vorverfahren sind erstattungsfähig, wenn die Zuziehung eines Bevollmächtigten notwendig war. Die Behörde, die die Kostenentscheidung getroffen hat, setzt auf Antrag den Betrag der zu erstattenden Aufwendungen fest. Hat ein Ausschuß oder Beirat die Kostenentscheidung getroffen, obliegt die Kostenfestsetzung der Behörde, bei der der Ausschuß oder Beirat gebildet ist. Die Kostenentscheidung bestimmt auch, ob die Zuziehung eines Rechtsanwalts oder eines sonstigen Bevollmächtigten notwendig war. Das Bundessozialgericht hat mit Urteil vom 7. 12. 1983 (Aktenzeichen: 9 a RVs 5/82) zum Rechtsproblem der Erstattung von Vorverfahrenskosten einen Betragsrahmen in Anlehnung an § 116 Abs. 1 Nr. 1 BRAGO entwickelt. Dieser Rahmen entspricht etwa $^2/_3$ der in der vorgenannten Vorschrift festgelegten Gebühren[10].

Muster 8

Widerspruch gegen die Nachberechnung von Sozialversicherungsbeiträgen der AOK

An die Allgemeine Ortskrankenkasse _____

Betrifft: Direktor G. als Inhaber und Leiter der H.-Schule in Wiesbaden

Bezug: Nachberechnung von Beiträgen aus Anlaß der Betriebsprüfung vom 10. 2. 1987

Namens des Direktors G. – Vollmacht liegt bei – erhebe ich gegen die Nachberechnung von Beiträgen

Widerspruch

mit den Anträgen:

1. die angefochtene Nachberechnung aufzuheben,

2. die Vollziehung der Nachberechnung bis zur Entscheidung über den Widerspruch auszusetzen.

10 *Thieler,* aaO, S. 175.

Heinz-Werner Glücklich

Begründung

I. Bei der Betriebsprüfung vom 10. 2. 1987 wurde beanstandet, daß für die nebenberuflichen beamteten Lehrkräfte der H.-Schule keine Sozialversicherungsbeiträge abgeführt worden seien, obwohl ihre Einkünfte in der H.-Schule mehr als
$1/6$ ihres Gesamteinkommens waren.

II. Gegen den Nachberechnungsanspruch wird Verwirkung verwendet.

Dem Widerspruchsführer war nicht bekannt, daß der Nebenverdienst von
Beamten bereits versicherungspflichtig ist, wenn er mehr als $1/6$ des Gesamteinkommens des Beamten beträgt. Früher wurde die Ansicht vertreten, daß
der Nebenverdienst der Beamten versicherungsfrei sei. Erst im Urteil des BSG
vom 11. 3. 1970 – 3 RK 40/67 – wurde entschieden, daß sich die Vorschriften
über die Versicherungsfreiheit von Beamten nur auf das eigentliche Beamtenverhältnis beziehen und eine daneben ausgeübte Beschäftigung bei einem
anderen Arbeitgeber nach den allgemeinen sozialversicherungsrechtlichen
Grundsätzen zu beurteilen sei. Dieses Urteil war dem Widerspruchsführer als
Nichtjuristen nicht bekannt.

In der H.-Schule hatten jedoch 1978, 1980, 1982 und 1985 Betriebsprüfungen
durch die AOK stattgefunden. Die Betriebsprüfer überprüften bei jeder dieser
Betriebsprüfungen, teils tagelang, die Gehaltskonten der zahlreichen an der
H.-Schule tätigen nebenberuflichen Lehrkräfte. Sie erhoben keine Beanstandungen dagegen, daß für diese nebenberuflich tätigen beamteten Lehrkräfte
keine Sozialversicherungsbeiträge abgeführt wurden, obwohl deren nebenbe-
rufliches Einkommen in der H.-Schule sich auf monatlich 1000,– DM bis über
2000,– DM belief und demnach offen zutage lag, daß die Nebeneinkünfte die
Grenze von $1/6$ des Gesamteinkommens überstiegen.

III. Dieser Tatbestand erfüllt den Begriff der Verwirkung. Ein Anspruch ist verwirkt,
wenn seit der Möglichkeit zu seiner Geltendmachung längere Zeit verstrichen
ist und besondere Umstände hinzutreten, aufgrund derer die verspätete Geltendmachung gegen Treu und Glauben verstößt. Auch Ansprüche des öffentlichen Rechts unterliegen der Verwirkung.

Dem steht auch nicht die höchstrichterliche Rechtsprechung entgegen. Wie
die Entscheidung BSGE 21, 52 ergibt, geht auch das BSG grundsätzlich von
einem schutzwürdigen Vertrauenstatbestand seitens des Arbeitgebers gegenüber der Sozialversicherung aus. Es räumt jedoch dem entgegenstehenden
Interesse des Arbeitnehmers an der Sicherung des Rentenanspruchs durch
kontinuierliche Beitragszahlung den Vorrang ein. Dieses vorrangige Interesse
des Arbeitnehmers ist jedoch in dem vorliegenden – insoweit untypischen –
Fall nicht gegeben; denn die nebenberuflichen Lehrkräfte sind neben ihrem
hauptberuflichen Ruhegehaltsanspruch als beamtete Lehrer auch noch durch
die den gesetzlichen Erfordernissen entsprechende Versorgungszusage der
H.-Schule gesichert. Hier muß sonach dem Vertrauen des Arbeitgebers auf
den von der AOK selbst geschaffenen Rechtsschein der Vorzug gegeben werden.

Heinz-Werner Glücklich

IV. Der Antrag, die Vollziehung der Nachberechnung bis zur Entscheidung über den Widerspruch auszusetzen, stützt sich darauf, daß bei der Höhe des Nachzahlungsanspruchs die sofortige Vollziehung die Existenz der H.-Schule gefährden würde. Der Widerspruch und der Antrag auf Aussetzung der Vollziehung erweisen sich sonach als begründet.

gez. Unterschrift
Rechtsanwalt

E. Die Gerichtsverfassung der Sozialgerichte

249   Die Gerichte der Sozialgerichtsbarkeit sind unabhängige, von den Verwaltungsbehörden getrennte, besondere Verwaltungsgerichte, § 1 SGG. Die Gerichtsverfassung wird in den §§ 1–59 SGG geregelt; ergänzend ist nach § 202 SGG das Gerichtsverfassungsgesetz anzuwenden, wenn die grundsätzlichen Unterschiede zwischen Sozialgerichtsverfahren und Zivilprozeß das nicht ausschließen.

250   Alle Gerichte der Sozialgerichtsbarkeit sind mit Berufsrichtern und ehrenamtlichen Beisitzern besetzt, § 3 SGG. Sie sind sonach ausnahmslos Kollegialgerichte. Die Berufsrichter müssen grundsätzlich die Befähigung zum Richteramt nach den für alle Richter geltenden allgemeinen Vorschriften haben (DRiG in der Fassung der Bekanntmachung vom 19. 4. 1972, BGBl. I, S. 713). Wer aber bis zum 1. 7. 1962 durch Ablegen der gesetzlich vorgeschriebenen Prüfungen die Befähigung zum höheren Verwaltungsdienst erworben hat, kann auch noch nach Inkrafttreten des deutschen Richtergesetzes zum Richter in der Sozialgerichtsbarkeit ernannt werden, § 110 DRiG. Die Sozialgerichte entscheiden in der Besetzung von einem Berufsrichter als Kammervorsitzenden und zwei ehrenamtlichen Richtern. Sie sind die ausschließlichen Gerichte der ersten Instanz.

Die Landessozialgerichte – für jedes Bundesland ist eines errichtet – entscheiden als Berufungs- und Beschwerdeinstanz durch Senate in der Besetzung von drei Berufsrichtern und zwei ehrenamtlichen Richtern. Das Bundessozialgericht in Kassel ist Revisionsgericht. Es entscheidet in der Besetzung von drei Berufsrichtern und zwei ehrenamtlichen Richtern.

Bei den Sozialgerichten werden Kammern für Angelegenheiten der Sozialversicherung, der Arbeitslosenversicherung einschließlich der übrigen Aufgaben der Bundesanstalt für Arbeit sowie der Kriegsopferversorgung gebildet. Bei Bedarf sind für Angelegenheiten der Knappschaftsversicherung einschließlich der Unfallversicherung für den Bergbau eigene Kammern zu bilden, § 10 Abs. 1 SGG. Für die Angelegenheiten des Kassenarztrechts sind eigene Kammern zu bilden, § 10 Abs. 2 SGG.

Bei den Landessozialgerichten werden Senate für Angelegenheiten der Sozialversicherung, der Arbeitslosenversicherung einschließlich der übrigen Aufgaben der Bundesanstalt für Arbeit sowie der Kriegsopferversorgung gebildet; bei Bedarf ist auch hier für Angelegenheiten der Knappschaftsversicherung einschließlich der Unfallversicherung für den Bergbau ein eigener Senat zu bilden, § 31 Abs. 1 SGG, für die

Angelegenheiten des Kassenarztrechts ist ein eigener Senat zu bilden, § 31 Abs. 2 SGG.

Beim Bundessozialgericht werden gleichfalls fachliche Senate gebildet; hier gelten die Bestimmungen für die Landessozialgerichte entsprechend, § 40 SGG.

Bei dem Bundessozialgericht wird außerdem ein Großer Senat gebildet, der aus dem Präsidenten, sechs weiteren Bundesrichtern und vier ehrenamtlichen Richtern als Beisitzern besteht. Der Große Senat entscheidet, wenn in einer Rechtsfrage ein Senat von der Entscheidung eines anderen Senats oder des Großen Senats abweichen will; der erkennende Senat kann ferner in einer Frage von grundsätzlicher Bedeutung die Entscheidung des Großen Senats herbeiführen, wenn nach seiner Auffassung die Fortbildung des Rechts oder die Sicherung einer einheitlichen Rechtsprechung es erfordert, §§ 42, 43 SGG.

Neben seiner grundsätzlichen Zuständigkeit als Revisionsgericht ist das Bundessozialgericht noch im ersten und letzten Rechtszug zuständig zur Entscheidung über Streitigkeiten nicht verfassungsrechtlicher Art zwischen dem Bund und den Ländern sowie zwischen verschiedenen Ländern in Angelegenheiten des Sozialrechts. Hält das Bundessozialgericht in diesen Fällen eine Streitigkeit für verfassungsrechtlich, so legt es die Sache dem Bundesverfassungsgericht zur Entscheidung vor, § 39 Abs. 2 SGG.

F. Gerichtsbarkeit und örtliche Zuständigkeit

I. Gerichtsbarkeit

Die Gerichte der Sozialgerichtsbarkeit sind zuständig zur Entscheidung über die öffentlich-rechtlichen Streitigkeiten in Angelegenheiten der Sozialversicherung. Eine solche Angelegenheit liegt vor, wenn die Rechtsfolge, die aus dem vom Kläger vorgetragenen Sachverhalt hergeleitet wird, ihre Grundlage findet im materiellen Sozialversicherungsrecht[11]. Bei der Prüfung, ob eine Angelegenheit der Sozialversicherung vorliegt, sind Standort der Rechtsnorm (z. B. in der RVO) und Gesichtspunkte der Sachnähe zu berücksichtigen[12]. Im einzelnen umfaßt das Gebiet der Sozialversicherung die Krankenversicherung, die Unfallversicherung, die Rentenversicherung der Arbeiter und Angestellten, die Knappschaftsversicherung einschließlich der Unfallversicherung im Bergbau; sie umfaßt auch die Beziehungen der Versicherungsträger zueinander. Weiter gehören hierhin u. a. Wanderversicherung, Handwerkerversicherung. Weiter gehören zur Zuständigkeit der Sozialgerichte Angelegenheiten der Arbeitslosenversicherung und der übrigen Aufgaben der Bundesanstalt für Arbeit sowie der Kriegsopferversorgung, § 51 Abs. 1 SGG.

251

11 BSG, SozR, § 51 SGG, Da 31, Nr. 61.
12 GemS SGb 75, 505, 506.

Heinz-Werner Glücklich 639

Als Angelegenheiten der Sozialversicherung gelten auch Angelegenheiten des Kassenarztrechts, § 51 Abs. 2 Satz 1 SGG. Zu den Angelegenheiten der Kriegsopferversorgung gehören nicht Maßnahmen auf dem Gebiet der sozialen Fürsorge nach den §§ 25 bis 27 des Bundesversorgungsgesetzes; hier sind die allgemeinen Verwaltungsgerichte funktionell zuständig.

Die Gerichte der Sozialgerichtsbarkeit sind aber weiter funktionell zuständig für öffentlich-rechtliche Streitigkeiten aufgrund des Lohnfortzahlungsgesetzes, § 51 Abs. 3 SGG.

Schließlich entscheiden die Gerichte der Sozialgerichtsbarkeit auch über sonstige öffentlich-rechtliche Streitigkeiten, für die durch Gesetz der Rechtsweg vor diesen Gerichten eröffnet wird, § 51 Abs. 4 SGG.

Dahin gehört die Zuweisung durch § 27 Abs. 1 Bundeskindergeldgesetz, durch § 10 Abs. 3 Satz 1 Flüchtlingshilfegesetz, durch § 88 Abs. 5 Soldatenversorgungsgesetz in der Fassung vom 5. 3. 1976 (BGBl. I, S. 457), durch § 53 Abs. 1 Satz 1 des Gesetzes für den Selbstschutz der Zivilbevölkerung (Selbstschutzgesetz), durch § 46 Abs. 1 des Gesetzes über das Zivilschutzkorps i. V. m. § 88 Soldatenversorgungsgesetz, durch § 30 des Gesetzes über eine Altershilfe für Landwirte, durch § 19 Abs. 2 des Entwicklungshelfergesetzes, durch § 61 Abs. 2 des Bundesseuchengesetzes, durch § 10 Abs. 2 des Gesetzes über die Errichtung einer Zusatzversorgungskasse für Arbeitnehmer in der Land- und Forstwirtschaft, durch § 3 Abs. 6 Schwerbehindertengesetz, durch § 227 a Abs. 2 Satz 1 Bundesentschädigungsgesetz, durch § 7 des Gesetzes über die Entschädigung von Opfern von Gewalttaten vom 11. 3. 1976 (BGBl. I, S. 1181).

Für landesrechtliche Streitigkeiten ist die Zuweisung an die Gerichte der Sozialgerichtsbarkeit auch durch Landesgesetz möglich.

Nicht die Sozialgerichte, sondern die allgemeinen Verwaltungsgerichte sind zuständig für das Recht der Sozialhilfe sowie für die Kriegsopferfürsorge (§§ 25 bis 27 BVG). Ebenso sind für Klagen aus dem Beamtenverhältnis die allgemeinen Verwaltungsgerichte zuständig (§ 172 BBG, §§ 126, 127 BRRG).

II. Örtliche Zuständigkeit

252   Örtlich zuständig ist das Sozialgericht, in dessen Bezirk der Kläger zur Zeit der Klageerhebung seinen Sitz oder Wohnsitz, in dessen Ermangelung seinen Aufenthaltsort hat. Steht der Kläger in einem Beschäftigungsverhältnis, so kann er wahlweise auch vor dem für den Beschäftigungsort zuständigen Sozialgericht klagen, § 57 Abs. 1 Satz 1 SGG.

Klagt eine Körperschaft oder Anstalt des öffentlichen Rechts oder – in Angelegenheiten der Kriegsopferversorgung – ein Land, so ist der Sitz, Wohnsitz oder Aufenthaltsort des Beklagten maßgebend, wenn dieser eine natürliche Person oder eine juristische Person des Privatrechts ist, § 57 Abs. 1 Satz 2 SGG.

Sonderregelungen gelten für die örtliche Zuständigkeit, soweit es sich um die erstmalige Bewilligung einer Hinterbliebenenrente handelt, § 57 Abs. 2 SGG.

Hat der Kläger seinen Sitz oder Wohnsitz oder Aufenthaltsort außerhalb der Bundesrepublik und West-Berlins, so ist örtlich zuständig das Sozialgericht, in dessen

Heinz-Werner Glücklich

Bezirk der Beklagte seinen Sitz, Wohnsitz, gegebenenfalls Aufenthaltsort hat, § 57 Abs. 3 SGG.

In den Angelegenheiten des Kassenarztrechts ist, wenn es sich um Fragen der Zulassung handelt, das Sozialgericht zuständig, in dessen Bezirk die Kassenarztstelle liegt, im übrigen das Sozialgericht, in dessen Bezirk die Kassenärztliche Vereinigung ihren Sitz hat, § 57 a SGG. Dieser Bestimmung kommt jedoch nur eine geringe Bedeutung zu, da in den meisten Ländern nach § 10 Abs. 3 SGG die Bezirke einer oder einzelner Kassenarztkammern auf die Bezirke anderer Sozialgerichte erstreckt worden sind.

In Angelegenheiten, die die Wahlen zu den Selbstverwaltungsorganen der Sozialversicherungsträger und ihrer Verbände oder die Ergänzung der Selbstverwaltungsorgane betreffen, ist das Sozialgericht zuständig, in dessen Bezirk der Versicherungsträger oder der Verband seinen Sitz hat, § 57 b SGG.

In den in § 58 SGG bestimmten Fällen wird das örtlich zuständige Sozialgericht durch das gemeinsame nächsthöhere Gericht bestimmt.

Eine vereinbarte Zuständigkeit gibt es im Sozialgerichtsverfahren nicht, § 59 SGG.

III. Verfahren bei Unzuständigkeit des angerufenen Sozialgerichts

Fehlt dem Sozialgericht die Gerichtsbarkeit, ist also der Rechtsweg zu den Gerichten der Sozialgerichtsbarkeit unzulässig, so verweist das Gericht auf Antrag des Klägers durch Urteil den Rechtsstreit an das Gericht erster Instanz des zulässigen Rechtswegs, § 52 Abs. 3 SGG. Stellt der Kläger keinen Verweisungsantrag, so wird die Klage als unzulässig abgewiesen[13].

253

Ist das angerufene Sozialgericht örtlich unzuständig, so verweist es auf Antrag des Klägers durch Beschluß den Rechtsstreit an das örtlich zuständige Sozialgericht; dieses ist an die Verweisung gebunden, § 98 SGG. Dasselbe gilt, wenn das angerufene Sozialgericht unzuständig, dagegen ein anderes Sozialgericht sachlich zuständig ist. Dieser Fall kann eintreten, wenn nach § 10 Abs. 3 SGG der Bezirk einer Kammer eines Sozialgerichts auf Bezirke anderer Sozialgerichte erstreckt worden ist.

G. Die Klage

I. Formelle Erfordernisse

Jedes Rechtsschutzbegehren im Sozialgerichtsverfahren setzt eine ordnungsmäßig erhobene Klage voraus, § 93 SGG.

254

Die formellen Anforderungen an die Klage sind in der Sozialgerichtsbarkeit gering. Erforderlich ist nur, daß ein Schriftstück, wenn es als Klage gelten soll, das Begehren nach einer gerichtlichen Entscheidung, meist auf gerichtliche Überprüfung eines Versicherung- oder Versorgungsbescheides,

---

13 *Erlenkämper,* aaO, S. 614.

Heinz-Werner Glücklich

hinreichend erkennen läßt. Im übrigen enthält das Gesetz nur Sollvorschriften.

Die Klage soll die »Beteiligten« (das Gesetz vermeidet den Begriff »Parteien«) und einen bestimmten Antrag enthalten. Außerdem soll sie den angefochtenen Verwaltungsakt oder, wenn ein Vorverfahren zwischengeschaltet ist, den angefochtenen Widerspruchsbescheid bezeichnen und die zur Begründung dienenden Tatsachen und Beweismittel angeben. Selbst die Unterzeichnung der Klageschrift ist nach § 92 SGG nur Sollvorschrift.

Die Klage ist binnen eines Monats nach Zustellung des Verwaltungsaktes oder nach Vorverfahren des Widerspruchsbescheides bei dem zuständigen Gericht der Sozialgerichtsbarkeit schriftlich oder zur Niederschrift des Urkundsbeamten der Geschäftsstelle zu erheben, §§ 87, 90 SGG. Die Klagefrist wird auch gewahrt, wenn die Klage innerhalb der Frist bei einer anderen inländischen Behörde oder bei einem Versicherungträger oder bei einer deutschen Konsularbehörde eingeht, § 91 SGG.

Die Klagefrist von einem Monat verlängert sich auf ein Jahr, wenn der Verwaltungsakt oder, nach Zwischenschaltung des Vorverfahrens, der Widerspruchsbescheid mit keiner oder einer unrichtigen Rechtsmittelbelehrung versehen ist; war in dem Verwaltungsakt oder – nach Zwischenschaltung des Vorverfahrens – im Widerspruchsbescheid eine schriftliche Belehrung dahin erfolgt, daß ein Rechtsbehelf nicht gegeben sei, dann läuft überhaupt keine Frist für die Klage, § 66 SGG.

255   Zu den formellen Voraussetzungen gehören ferner die Sachurteilsvoraussetzungen der Partei- und Prozeßfähigkeit. Parteifähig sind im Sozialgerichtsverfahren nach § 70 SGG natürliche und juristische Personen, nichtrechtsfähige Personenvereinigungen, Behörden, sofern das Landesrecht dies bestimmt, der Berufungsausschuß für Ärzte und der Berufungsausschuß für Zahnärzte (das sind diejenigen Stellen, die über einen Widerspruch gegen Verwaltungsakte des Zulassungsausschusses entscheiden), sowie die aus den Kassenärztlichen Vereinigungen und den Verbänden der Krankenkassen nach § 368 i RVO gebildeten Schiedsämter.

Ein Beteiligter kann auch im Sozialgerichtsverfahren seine Rechte nur selbst wahrnehmen, wenn er prozeßfähig ist; andernfalls muß er durch seinen gesetzlichen Vertreter vertreten werden.

Prozeßfähig ist, wer sich durch Verträge verpflichten kann, § 71 Abs. 1 SGG. Außerdem sind prozeßfähig Minderjährige, die das 15. Lebensjahr vollendet haben, § 36 SGB I, aber nur in eigenen Sachen; zur Rücknahme der Klage oder eines sonstigen Rechtsbehelfs bedürfen sie aber der Zustimmung des gesetzlichen Vertreters, § 71 Abs. 2 SGG.

Für Personenvereinigungen und Behörden handeln ihre gesetzlichen Vertreter, Vorstände oder besonders Beauftragte, § 71 Abs. 3 SGG.

Für den Berufungsausschuß und das Schiedsamt handelt der Vorsitzende.

In der Kriegsopferversorgung sind die Klagen gegen das Land zu richten; es wird durch ein Landesversorgungsamt vertreten.

Für Prozeßunfähige ohne gesetzliche Vertreter kann der Vorsitzende vorläufig einen besonderen Vertreter (Prozeßpfleger) bestellen, § 72 Abs. 1 SGG.

Die Bestellung eines besonderen Vertreters ist mit Zustimmung des Beteiligten auch zulässig, wenn sein Aufenthaltsort vom Sitz des Gerichts weit entfernt ist oder wenn er nicht in der Lage ist, sich über die rechtserheblichen Tatsachen allgemein verständlich auszudrücken. Dasselbe gilt für einen prozeßunfähigen Beteiligten, wenn die vorgenannten Voraussetzungen in der Person des gesetzlichen Vertreters vorliegen, § 72 Abs. 3 SGG.

II. Die Klagearten

Auch der bestimmte Klageantrag gehört nur zu den Sollvorschriften für eine Klage. Hier ist indessen, wenn die Klage noch keinen bestimmten Antrag enthält, Nachholung bis zur letzten mündlichen Verhandlung vor Urteilserlaß erforderlich. Ohne bestimmten Antrag kann kein Urteil ergehen. **256**

Der Antrag aber wieder hängt ab von der gewählten Klageart. Wer daher einen richtigen Klageantrag im Sozialgerichtsverfahren formulieren will, muß sich zunächst mit den verschiedenen Klagearten vertraut machen.

1. Allgemeines

Die weitaus meisten Sozialgerichtsprozesse beruhen darauf, daß ein Rentenantrag des Klägers abgelehnt oder die Rente nicht in der vom Kläger gewünschten Höhe bewilligt worden ist. Gegen den Bescheid (gegebenenfalls gegen den Widerspruchsbescheid) erhebt der Kläger Anfechtungsklage. Damit erreicht er indessen nur, daß im Falle eines Erfolgs seiner Klage der angefochtene Bescheid aufgehoben wird. Der Versicherungsträger (gegebenenfalls die Widerspruchsstelle) muß alsdann innerhalb der Frist des § 88 SGG einen neuen Bescheid erlassen, gegen den dann wiederum die Anfechtungsklage gegeben ist. Einen Ausspruch über die dem Kläger tatsächlich zustehende Rente erlangt er damit nicht. Deshalb war es im Sozialrechtsverfahren schon immer üblich, mit der Anfechtungsklage eine Leistungsklage auf Verurteilung zur Rentenzahlung zu verbinden. Hier erhebt sich jedoch eine Schwierigkeit: **257**

Im allgemeinen sind weder die Beteiligten noch das Gericht in der Lage, die Rente der Höhe nach genau zu berechnen, weil es sich hierbei um komplizierte Rechenvorgänge handelt, die heutzutage durch Rechenmaschinen erledigt werden. Die Höhe der Rente ist auch gar nicht streitig; streitig ist der Leistungsgrund. Der Kläger, der auf Verurteilung zur Rentenleistung klagt, kann sonach keinen ziffernmäßig bestimmten Klageantrag stellen. Man hilft sich damit, daß man beantragt, den Beklagten zur Rentenzahlung

»in gesetzlicher Höhe« zu verurteilen. Hier erhebt sich die Frage, ob damit dem Erfordernis des »bestimmten« Klageantrags genügt ist. Es ist deshalb in Schrifttum und Rechtsprechung die Auffassung vertreten worden, in solchen Fällen sei neben der Anfechtungsklage auf Aufhebung des angefochtenen Verwaltungsaktes nicht die Leistungsklage auf Rentenzahlung, sondern die Verpflichtungsklage auf Vornahme eines Verwaltungsaktes zu erheben[14]. Diese Auffassung ist abzulehnen: Die Verpflichtungsklage findet nur dann statt, wenn ein Anspruch gerade auf Erlaß eines Verwaltungsaktes, und zwar eines konstitutiven Verwaltungsaktes besteht, nicht aber, wenn das Gesetz dem Kläger einen Geldanspruch in bestimmter Höhe verleiht und der diese Verpflichtung aussprechende Verwaltungsakt nur deklaratorische Bedeutung hat; in solchen Fällen ist nicht auf Vornahme des Verwaltungsaktes, sondern auf die geschuldete Leistung zu klagen[15]. So aber liegt der Fall, wenn durch den angefochtenen Verwaltungsakt der Anspruch auf Rente abgelehnt oder die Rente niedriger festgesetzt worden ist, als der Kläger sie begehrt. Hier ist sonach neben der Anfechtungsklage auf Aufhebung des angefochtenen Verwaltungsaktes nur die Leistungsklage auf Zahlung der geschuldeten Rente, nicht die Verpflichtungsklage auf Vornahme eines Verwaltungsaktes gegeben. Dem Umstand, daß der Kläger den Rentenbetrag nicht genau beziffern kann, trägt § 130 SGG Rechnung.

Nach dieser Vorschrift kann dann, wenn eine Leistung in Geld begehrt wird, auf die ein Rechtsanspruch besteht, auch zur Leistung dem Grunde nach verurteilt werden; hierbei kann im Urteil eine einmalige oder laufende vorläufige Leistung angeordnet werden. Der Kläger kann demgemäß sein Leistungsbegehren von vornherein auf den Grund des Anspruchs beschränken, und das tut er, wenn er nur Rentenzahlung in gesetzlicher Höhe begehrt. Dabei darf das Grundurteil des § 130 SGG nicht mit dem Zwischenurteil dem Grunde nach des § 304 ZPO verwechselt werden. Das Grundurteil des § 130 SGG ist kein Zwischenurteil, sondern ein Endurteil, und zwar ein Vollendurteil, dem weder ein Endurteil noch ein Schlußurteil folgt[16]. Die Frage ist durchaus kein Spiel mit Worten: Wenn man sich näm-

---

14 So *Haueisen*, NJW 1956, 10/11; 1957, 1657 und im Anschluß an ihn BSGE 5, 60, 63 ff. = NJW 1957, 925; *Freitag*, DVBl. 76, 6.

15 BSGE, 8, 3 = NJW 1959, 66 mit zustimmender Anmerkung von *Bettermann;* BSGE 16, 251; *Peters/Sautter/Wolff,* § 54 SGG, Anm. 6 b; *Dapprich,* Das sozialgerichtliche Verfahren, S. 109; *Brackmann,* Handbuch der Sozialversicherung; S. 240 K; *Meyer–Ladewig,* § 54 SGG, Anm. 39.

16 Vgl. *Meyer-Ladewig,* § 130 SGG, Anm. 4; *Peters/Sautter/Wolff,* § 130 SGG, Anm. 2; *Miesbach/Ankenbrank,* SGG, S. 131; *Hastler,* Komm. z. SGG, S. 183; *Mellwitz,* § 130 SGG, Anm. A; *Schieckel,* ZfS 1957, 57; *Wende,* KOV 1955, 7; *Siegmund,* SGb. 1957, 198; *Bettermann,* NJW 1959, 1658; *Spielmeyer,* SGb. 1963, 220/221; BSGE 5, 158/163 mit Nachweisen über die Rsp. des RVA; BSGE 27, 81; in glei-

lich auf den Standpunkt stellt, es sei in solchen Fällen kombinierte Anfechtungs- und Verpflichtungsklage zu erheben, dann müßte der Klage ein Vorverfahren mit Widerspruch vorausgehen[17]. Das Widerspruchsverfahren kann aber im allgemeinen gar nicht innerhalb der Klagefrist von nur einem Monat durchgeführt werden. Die Umdeutung der kombinierten Anfechtungs- und Leistungsklage in eine kombinierte Anfechtungs- und Verpflichtungsklage bringt sonach verfahrensrechtliche Schwierigkeiten, die vermieden werden, wenn man sich zur Zulässigkeit der Leistungsklage dem Grunde nach bekennt.

Sollte aber wirklich einmal der Fall eintreten, daß ein Versicherungsträger das Grundurteil unbeachtet läßt und einfach untätig bleibt, dann kann in solchem Falle nach § 130 SGG Verurteilung zur Rente in vorläufiger Höhe verlangt werden; ferner könnte sich der Kläger dann auch der Mühe unterziehen, sich den genauen Betrag seiner Rente durch einen Rentenberater ausrechnen zu lassen, und dann eine neue Klage auf Rente in bestimmter Höhe erheben.

2. Die Anfechtungsklage

Nach § 54 Abs. 1 Satz 1 SGG kann durch die Klage die Aufhebung eines Verwaltungsaktes oder seine Abänderung begehrt werden. Dies ist der Fall der sogenannten Anfechtungsklage. Hier muß bei einem Verwaltungsakt über Ermessensleistungen und in allen Angelegenheiten der Krankenversicherung und der Bundesanstalt für Arbeit ein Vorverfahren vorangehen oder bis zum Erlaß des Urteils nachgeholt werden, § 78 SGG. Die Klage ist nur zulässig, wenn der Kläger behauptet, durch den Verwaltungsakt beschwert zu sein, § 54 Abs. 1 Satz 2 SGG. Der Kläger ist beschwert und die Klage ist begründet, wenn der Verwaltungsakt rechtswidrig ist. Er ist rechtswidrig, wenn er nicht den gesetzlichen Vorschriften entspricht. Darunter fällt auch die unrichtige Anwendung eines unbestimmten Rechtsbegriffes und die Zugrundelegung eines unrichtigen Sachverhalts. Soweit die Behörde, Körperschaft oder Anstalt des öffentlichen Rechts ermächtigt ist, nach ihrem Ermessen zu handeln, ist der Verwaltungsakt rechtswidrig, wenn die gesetzlichen Grenzen dieses Ermessens überschritten sind oder von dem Ermessen in einer dem Zweck der Ermächtigung nicht entsprechenden Weise Gebrauch gemacht ist, § 54 Abs. 2 SGG.

258

chem Sinne auch für die allgemeine Verwaltungsgerichtsbarkeit BVerwG, DVBl. 1963, 105 = NJW 1963, 363.
17 BSGE 8, 3 = NJW 1959, 66.

Heinz-Werner Glücklich

Muster 9

Klageantrag auf Aufhebung eines Verwaltungsaktes

**Ich beantrage
den Widerspruchsbescheid vom _____ nebst dem ihm zugrundeliegenden
Bescheid vom _____ aufzuheben.**

Muster 10

Klageantrag auf Abänderung eines angefochtenen Verwaltungsaktes

**Ich beantrage
den Widerspruchsbescheid vom _____ nebst dem zugrundeliegenden Bescheid
vom _____ insoweit aufzuheben, wie dem Kläger Rückzahlung überzahlter Versorgungsrente in Höhe von mehr als 1000,– DM aufgegeben wird.**

3. Die Verpflichtungsklage

259   Nach § 54 Abs. 1 SGG kann durch die Klage die Verurteilung zum Erlaß
eines abgelehnten Verwaltungsaktes begehrt werden. Das ist der Fall der
sogenannten Verpflichtungsklage. Er ist dann gegeben, wenn der Kläger
einen Anspruch auf Erlaß eines konstitutiven Verwaltungsakts hat, die
Behörde oder der Versicherungsträger aber den begehrten Verwaltungsakt
abgelehnt hat.

Für die Verpflichtungsklage ist ein Vorverfahren notwendig, § 78 Abs. 3
SGG. Zur Zulässigkeit der Klage gehört, daß der Kläger behauptet, durch
die Ablehnung des begehrten Verwaltungsaktes beschwert zu sein, § 54
Abs. 1 SGG. Der Kläger ist beschwert und die Klage ist begründet, wenn die
Ablehnung des Verwaltungsaktes rechtswidrig ist. Wegen der Frage, wann
Rechtswidrigkeit anzunehmen ist, kann auf die vorstehenden Ausführungen
zur Anfechtungsklage unter 2 verwiesen werden.

Zu beachten ist aber: Die Verpflichtung kann erst ausgesprochen werden,
wenn der Bescheid, der den Erlaß des begehrten Verwaltungsaktes ablehnt,
aufgehoben worden ist. Die Verpflichtungsklage muß daher mit der Anfechtungsklage kombiniert werden.

Heinz-Werner Glücklich

Muster 11

Klageantrag bei der Verpflichtungsklage

Ich beantrage
1. den Widerspruchsbescheid vom _____ nebst dem zugrundeliegenden Bescheid vom _____ aufzuheben,
2. den Beklagten für verpflichtet zu erklären, den Unfallrentenbescheid vom _____ rückwirkend dahin zu ändern, daß dem Kläger die gesetzliche Unfallrente unter Zugrundelegung einer Minderung der Erwerbsfähigkeit von 80 vom Hundert zu gewähren ist.

4. Die Untätigkeitsklage

Die Untätigkeitsklage ist gegeben, wenn ein Antrag auf Vornahme eines **260** Verwaltungsaktes ohne zureichenden Grund in angemessener Frist sachlich nicht beschieden worden ist, jedoch nicht vor Ablauf von sechs Monaten seit dem Antrag auf Vornahme des Verwaltungsaktes, §§ 54 Abs. 1, 88 Abs. 1 Satz 1 SGG. Die Untätigkeitsklage ist weiter gegeben, wenn nach erhobenem Widerspruch in drei Monaten nach Einlegung (in der Kranken- und in der Arbeitslosenversicherung binnen eines Monats) kein Widerspruchsbescheid ergeht, §§ 88 Abs. 2 SGG. Liegt ein zureichender Grund dafür vor, daß der beantragte Verwaltungsakt noch nicht erlassen ist, so setzt das Gericht das Verfahren bis zum Ablauf einer von ihm bestimmten Frist aus, die verlängert werden kann. Wird innerhalb dieser Frist dem Antrag stattgegeben, so ist die Hauptsache für erledigt zu erklären, § 88 Abs. 1 Satz 2 SGG.

Der Kläger ist beschwert und die Klage ist begründet, wenn die Unterlassung eines Verwaltungsaktes oder eines Widerspruchsbescheides rechtswidrig ist. Wegen der Frage, wann Rechtswidrigkeit anzunehmen ist, ist auf die Ausführungen zur Anfechtungsklage vorstehend unter 2 zu verweisen.

Beim Klageantrag ist zu unterscheiden, ob nur ein Anspruch auf Erlaß eines Verwaltungsaktes überhaupt oder ein Anspruch auf Erlaß eines Verwaltungsaktes bestimmten Inhalts besteht. Wenn nur ein Anspruch auf Bescheidung überhaupt besteht, dann kann der Beklagte nur verurteilt werden, über den Antrag auf Erlaß des Verwaltungsaktes zu entscheiden, so in den Fällen des Ermessens; denn das Sozialgericht kann nicht sein eigenes Ermessen an die Stelle des behördlichen Ermessens setzen. Kann aber das Ermessen nur in ganz bestimmtem Sinne ausgeübt werden, so daß jede andere Entscheidung ermessensmißbräuchlich wäre, oder besteht ein Anspruch auf Erlaß eines Verwaltungsaktes bestimmten Inhalts, dann ist der Klageantrag auf Erlaß eines Verwaltungsaktes bestimmten Inhalts zu richten.

Heinz-Werner Glücklich

42*

Muster 12

Klageantrag der Untätigkeitsklage bei Ermessensentscheidungen

Ich beantrage,
das beklagte Land zu verurteilen, über den Antrag des Klägers auf Anerkennung als Schwerbehinderter vom _____ einen Bescheid zu erteilen.

Muster 13

Antrag der Untätigkeitsklage, wenn ein Verwaltungsakt bestimmten Inhalts gefordert werden kann

Ich beantrage,
die Beklagte für verpflichtet zu erklären, den Bescheid über die Berufsunfähigkeitsrente des Klägers vom _____ dahin zu ändern, daß anstelle der Berufsunfähigkeitsrente die Erwerbsunfähigkeitsrente zu gewähren ist.

5. Kombinierte Anfechtungs- und Leistungsklage

261   Diese ist der häufigste Fall der sozialgerichtlichen Praxis; ein Vorverfahren ist notwendig, soweit das in § 78 SGG bestimmt ist. Zur Zulässigkeit gehört, wie bei der isolierten Anfechtungsklage, daß der Kläger behauptet, durch einen Verwaltungsakt beschwert zu sein, weiter aber, daß er behauptet, auf die Leistung, die in dem angefochtenen Verwaltungsakt abgelehnt worden ist, einen Rechtsanspruch zu haben, § 54 Abs. 1 und 4 SGG.

Der Kläger ist beschwert und die Klage ist begründet, wenn der Verwaltungsakt rechtswidrig ist und der Kläger einen Rechtsanspruch auf die Leistung hat, § 54 Abs. 2 und 4 SGG.

Muster 14

Antrag bei der kombinierten Anfechtungs- und Leistungsklage

Ich beantrage,
1. den angefochtenen Bescheid aufzuheben,
2. die Beklagte zu verurteilen, dem Kläger die gesetzliche Berufsunfähigkeitsrente vom _____ an zu gewähren.

Heinz-Werner Glücklich

6. Die isolierte Leistungsklage

Den Fall der isolierten Leistungsklage regelt § 54 Abs. 5 SGG. Danach kann 262
mit der Klage die Verurteilung zu einer Leistung, auf die ein Rechtsanspruch besteht, auch dann begehrt werden, wenn ein Verwaltungsakt nicht
zu ergehen hat. Das sind diejenigen Fälle, in denen sich die Beteiligten
gleichgeordnet gegenüberstehen (sogenannte Parteistreitigkeiten), insbesondere Erstattungsstreitigkeiten zwischen verschiedenen Versicherungsträgern[18].

Beispiel:
Die Krankenkasse fordert von der Berufsgenossenschaft Erstattung der von ihr aufgewendeten Krankenhauskosten mit der Begründung, daß der Unfall, der die Krankenhauskosten verursacht habe, ein Arbeitsunfall sei; die Berufsgenossenschaft
bestreitet dies. Ein Vorverfahren findet im Falle der isolierten Leistungsklage nicht
statt. Der Klageantrag geht auf Verurteilung zur Zahlung einer bestimmten Summe.

Muster 15

Klageantrag der isolierten Leistungsklage

Ich beantrage,
die Beklagte zu verurteilen, an die Klägerin _____ DM zu zahlen.

7. Die Aufsichtsklage

Eine Körperschaft oder eine Anstalt des öffentlichen Rechts kann mit der 263
Klage die Aufhebung einer Anordnung der Aufsichtsbehörde begehren,
wenn sie behauptet, daß die Anordnung das Aufsichtsrecht überschreite,
§ 54 Abs. 3 SGG. Es handelt sich hier um einen Unterfall der Anfechtungsklage nach § 54 Abs. 1 SGG. Sie ist nur deshalb ausdrücklich in das Gesetz
aufgenommen worden, weil Zweifel über ihre Zulässigkeit geäußert worden
sind.

Muster 16

Klageantrag der Aufsichtsklage

Ich beantrage,
die beanstandete Anordnung aufzuheben.

---

18 *Erlenkämper,* aaO, S. 604 ff. mit weiteren Hinweisen.

Heinz-Werner Glücklich

8. Die Feststellungsklage

264 Das Sozialgerichtsverfahren kennt neben der Anfechtungs- und Leistungsklage auch die Feststellungsklage. Sie kann erhoben werden, wenn der Kläger ein berechtigtes Interesse an der alsbaldigen Feststellung hat. Der Begriff des »berechtigten« Interesses im Sinne des § 55 Abs. 1 SGG ist weiter als der Begriff des rechtlichen Interesses nach § 256 ZPO. Unter den Begriff des berechtigten Interesses fallen auch rein wirtschaftliche Interessen[19].

Wie im Zivilprozeß ist die Feststellungsklage auch in der Sozialgerichtsbarkeit nur subsidiär zulässig. Wenn der Kläger auf Leistung oder Rechtsgestaltung klagen kann, fehlt es am Interesse an alsbaldiger Feststellung und damit am Rechtsschutzbedürfnis für eine Feststellungsklage. Es gibt in der Sozialgerichtsbarkeit sechs Fälle, in denen Feststellungsklage erhoben werden kann:

a) Nach § 55 Abs. 1 Nr. 1 SGG kann auf Feststellung des Bestehens oder Nichtbestehens eines Rechtsverhältnisses geklagt werden. Es kommt nur ein öffentlich-rechtliches Rechtsverhältnis, das zur Gerichtsbarkeit der Sozialgerichte gehört, infrage, z. B. ein Versicherungsverhältnis, nicht aber ein Element eines Rechtsverhältnisses. So kann beispielsweise, wenn zwischen einem Arbeitgeber und einer Ortskrankenkasse Streit darüber besteht, ob ein bei ihm Beschäftigter dieser Ortskrankenkasse als Pflichtversicherter angehört, der Arbeitgeber auf Feststellung klagen, daß sein Arbeitnehmer dieser Ortskrankenkasse als Mitglied angehört.

Muster 17

Antrag einer Feststellungsklage

Ich beantrage,
festzustellen, daß der beim Kläger beschäftigte NN der Beklagten als Pflichtversicherter angehört.

b) Weiter ist nach § 55 Abs. 1 SGG Feststellungsklage zulässig, wenn Streit darüber besteht, welcher Versicherungsträger der Sozialversicherung zuständig ist, etwa wenn ein Arbeitgeber behauptet, einer bestimmten Berufsgenossenschaft anzugehören, diese das aber bestreitet, weil sie eine andere Berufsgenossenschaft für zuständig erachtet.

19 BSGE 7, 1; 8, 1; *Meyer-Ladewig*, § 55 SGG, Anm. 15; *Brackmann*, Handbuch der Sozialversicherung, S. 240 h IV.

Heinz-Werner Glücklich

Muster 18

Antrag der Klage auf Feststellung, welcher Versicherungsträger der Sozialversicherung zuständig ist

Ich beantrage,
festzustellen, daß der Kläger Mitglied der beklagten Berufsgenossenschaft ist.

c) Weiter ist vorgesehen die Klage auf Feststellung, ob eine Gesundheitsstörung oder der Tod die Folge eines Arbeitsunfalls, einer Berufskrankheit oder einer Schädigung im Sinne des Bundesversorgungsgesetzes ist, § 55 Abs. 1 Nr. 3 SGG. Nicht hierher gehört z. B. die Frage, ob ein Unfall als Arbeitsunfall zu gelten hat oder ob bei einem Antrag auf Elternrente der gefallene Sohn voraussichtlich der Ernährer geworden wäre. Das sind einzelne Elemente eines Rechtsverhältnisses, die nicht für sich durch Urteil festgestellt werden können. Die Feststellungsklage nach § 55 Abs. 1 Nr. 3 SGG hat vor allem dann Bedeutung, wenn z. B. nach einem Arbeitsunfall zunächst keine rentenfähige Körperverletzung vorliegt, mit einer Verschlimmerung des Leidens jedoch gerechnet werden kann.

Muster 19

Antrag einer Klage nach § 55 Abs. 1 Nr. 3 SGG

Ich beantrage,
festzustellen, daß die habituelle Luxation des rechten Schultergelenks des Klägers eine Folge des Arbeitsunfalls vom _____ ist.

d) Nach § 55 Abs. 1 Nr. 4 SGG kann auf Feststellung der Nichtigkeit eines Verwaltungsaktes geklagt werden.
Dieser Fall ist nur höchst selten gegeben, z. B. dann, wenn eine absolut unzuständige Behörde entschieden hat. Der Kläger hat hier ein rechtliches Interesse an der Feststellung der Nichtigkeit, weil der Verwaltungsakt allein schon durch seine Existenz die Vermutung der Rechtswirksamkeit für sich hat.

Heinz-Werner Glücklich

Muster 20

Antrag einer Feststellungsklage nach § 55 Abs. 1 Nr. 4 SGG

Ich beantrage,
festzustellen, daß der Versicherungsbescheid vom _____ nichtig ist.

e) Nach § 55 Abs. 2 SGG kann Feststellung begehrt werden, in welchem Umfange Beiträge zu berechnen oder anzurechnen sind. Hier handelt es sich um einen Unterfall des § 55 Abs. 1 Nr. 1; Feststellung des Bestehens oder Nichtbestehens eines Rechtsverhältnisses. § 55 Abs. 2 dient daher nur der Klarstellung.

f) Wenn sich der mit der Anfechtungsklage angefochtene Verwaltungsakt vor Schluß der letzten mündlichen Verhandlung durch Zurücknahme oder auf andere Weise erledigt hat, so spricht das Gericht auf Antrag im Urteil aus, daß der Verwaltungsakt rechtswidrig war, wenn der Kläger ein berechtigtes Interesse an dieser Feststellung hat[20], § 131 Abs. 1 Satz 3 SGG. Rechtswidrig war der Verwaltungsakt, wenn er anfechtbar oder nichtig war. Ein berechtigtes Interesse kann vorliegen, wenn zu besorgen ist, der erledigte Verwaltungsakt werde wiederholt werden.

Muster 21

Antrag im Falle des § 131 Abs. 1 Satz 3 SGG

Ich beantrage,
auszusprechen, daß der angefochtene Verwaltungsakt rechtswidrig war.

9. Die Widerklage

265   Eine Widerklage ist nach § 100 SGG zulässig, wenn der Gegenanspruch mit dem in der Klage geltend gemachten Anspruch oder mit den gegen ihn vorgebrachten Verteidigungsmitteln zusammenhängt.

Die Widerklage kann auch noch in der Berufungsinstanz durch Anschlußberufung erhoben werden, nicht dagegen in der Revisionsinstanz. Erforderlich ist, daß der Gegenstand der Widerklage zur Gerichtsbarkeit der Sozialgerichte gehört.

20 Vgl. dazu BSGE 8, 178.

Heinz-Werner Glücklich

Für den Versicherungträger fehlt es am Rechtsschutzbedürfnis einer Widerklage, wenn er das mit der Widerklage Erstrebte durch Erlaß eines Verwaltungsaktes erreichen kann[21].

10. Die Klagehäufung

Nach § 56 SGG können mehrere Klagebegehren vom Kläger in einer Klage zusammen verfolgt werden, wenn sie sich gegen denselben Beklagten richten, im Zusammenhang stehen und dasselbe Gericht zuständig ist. Besonders häufig wird im Versorgungsrecht neben der kombinierten Anfechtungs- und Leistungsklage die Klage auf Feststellung erhoben, daß eine bestimmte Gesundheitsstörung eine Folge des Wehrdienstes, also eine Schädigung im Sinne des Bundesversorgungsgesetzes sei. Auch in der Unfallversicherung tritt diese Häufung auf, allerdings seltener, weil die Unfallfolgen im allgemeinen sofort überschaubar sind und die Ansprüche auf Heilbehandlung und Rente gewöhnlich alsbald nach dem Unfall geltend gemacht werden, nicht erst nach Jahren wie im Versorgungsrecht.

Zu beachten ist: Für die Zulässigkeit der Klagehäufung der kombinierten Anfechtungs- und Leistungsklage und der Feststellungsklage nach § 55 Abs. 1 Nr. 3 SGG ist erforderlich, daß der Feststellung nicht nur Bedeutung als Anspruchsvoraussetzung für die kombinierte Anfechtungs- und Leistungsklage, sondern darüber hinaus für einen etwaigen späteren Streit zukommt, so etwa für ein späteres Heilverfahren oder für eine Berufsförderung. Das wird im allgemeinen zutreffen.

Muster 22

Antrag bei der Klagehäufung von kombinierter Anfechtungs- und Leistungsklage mit Feststellungsklage nach § 55 Abs. 1 Nr. 3 SGG:

Ich beantrage,
1. den angefochtenen Bescheid aufzuheben,
2. festzustellen, daß die Sehstörung des Klägers – partieller Gesichtsfeldausfall in beiden Augen – Folge des Arbeitsunfalls vom ――― im Sinne richtunggebender Verschlimmerung ist,
3. die Beklagte zu verurteilen, dem Kläger vom ――― an die gesetzliche Unfallrente zu gewähren.

266

---

21 Vgl. BSGE 6, 97.

Heinz-Werner Glücklich

III. Wirkungen der Klageerhebung

267 Mit der Einreichung der Klage beim Sozialgericht, nicht erst, wie im Zivilprozeß, mit der Zustellung an den Gegner, jedoch noch nicht mit Einreichung bei einer Behörde, tritt Rechtshängigkeit ein, § 94 SGG.

Vom Beginn der Rechtshängigkeit an ist eine neue Klage unzulässig, § 94 Abs. 2 SGG. Die Zuständigkeit des Gerichts wird durch eine Veränderung der sie begründenden Umstände nach Eintritt der Rechtshängigkeit nicht berührt, § 94 Abs. 3 SGG.

Wird nach Klageerhebung der Verwaltungsakt durch einen neuen abgeändert oder ersetzt, so wird auch der neue Verwaltungsakt Gegenstand des Verfahrens, § 96 SGG. Damit tritt dann eine automatische Klageerweiterung ein. Das gilt nach § 153 SGG auch für die Berufungsinstanz. Auf diese Weise können Ansprüche vor das Landessozialgericht gelangen, für die sonst die Berufung dorthin ausgeschlossen ist. Der gesetzgeberische Grund für § 96 SGG ist zweifach:

Einmal soll der gesamte Streitstoff in einem Verfahren erledigt werden (Konzentrationsmaxime), weiter soll der Kläger davor geschützt werden, daß er im Vertrauen auf die Rechtshängigkeit der Sache eine besondere Anfechtung des neuen Bescheids unterläßt und dieser dann entgegen seiner Erwartung rechtskräftig wird.

H. Vorläufiger Rechtsschutz

268 Die Klage leitet ein gerichtliches Verfahren ein, in welchem endgültiger Rechtsschutz durch Urteil gewährt wird. In zahlreichen Fällen erweist es sich jedoch als erforderlich, daß bereits vor Erlaß des Urteils ein vorläufiger Rechtsschutz gewährt wird. Hier sind drei Fälle zu unterscheiden:
1. die aufschiebende Wirkung der Klage,
2. Aussetzung des Vollzugs eines Verwaltungsakts durch Gerichtsbeschluß,
3. einstweilige Anordnungen des Gerichts in sonstigen Fällen.

I. Aufschiebende Wirkung der Klage

269 In sechs Fällen hat die Klage aufschiebende Wirkung:
1. bei Kapitalabfindungen von Versicherungsansprüchen,
2. bei der Rückforderung von Leistungen,
3. wenn die Feststellung der Nichtigkeit eines Verwaltungsakts begehrt wird,
4. wenn die Aufhebung einer Entscheidung in Zulassungssachen (§ 368 b Abs. 4 RVO) begehrt wird und die sofortige Vollziehung von dem Berufungsausschuß nicht angeordnet worden ist,

Heinz-Werner Glücklich

5. wenn die Aufhebung eines Beschlusses über die Entbindung vom Amt oder die Amtsenthebung des Mitglieds eines Organs, eines Stellvertreters, eines Organmitglieds, eines Geschäftsführers oder des Stellvertreters eines Geschäftsführers begehrt wird,
6. wenn die Aufhebung einer Entscheidung der Aufsichtsbehörde begehrt wird, durch die der Versicherungsträger verpflichtet worden ist, eine Rechtsverletzung zu beheben (§ 89 Abs. 1 SGB IV).

Zu diesen sechs Fällen ist im einzelnen zu bemerken:

Nach § 97 Abs. 1 Nr. 1 SGG hat eine Klage, die sich gegen die Abfindung von Versorgungsansprüchen durch Zahlung eines Kapitalbetrages richtet, kraft Gesetzes aufschiebende Wirkung. Gemeint sind dabei Kapitalabfindungen, die anstelle einer sonst geschuldeten laufenden Leistung treten (§§ 217, 603, 1295 RVO, 72 AVG). Die aufschiebende Wirkung bei Kapitalabfindungen von Versicherungsansprüchen bewirkt, daß die Kapitalabfindung zunächst nicht gezahlt wird und die laufenden Leistungen, die abgefunden werden sollen, weitergezahlt werden. Ist die Kapitalabfindung nicht mit dem Wegfall einer laufenden Leistung verbunden, so kommt der aufschiebenden Wirkung der Klage keine Bedeutung zu.

Nach § 97 Abs. 1 Nr. 2 SGG haben Klagen auf Rückforderung von Leistungen aufschiebende Wirkung. Hier schützt die aufschiebende Wirkung der Klage den Kläger davor, den durch den angefochtenen Verwaltungsakt festgesetzten Rückforderungsbetrag vor einer gerichtlichen Entscheidung zahlen zu müssen. Unter Rückforderung von Leistungen sind nur die Fälle zu verstehen, in denen Versicherungsträger oder Behörden die Leistungen, die sie einem Beteiligten erbracht haben, zurückfordern, nicht aber umgekehrt die Rückforderung von Beiträgen der Versicherten oder ihrer Arbeitgeber an den Versicherungsträger. Wie nämlich eine vergleichende Gegenüberstellung mit den §§ 154 Abs. 1 SGG und § 86 Abs. 2 SGG ergibt, sind Beiträge im Sinne des Gesetzes nicht mit Leistungen gleichzusetzen[22].

Aus Gründen der Rechtsstaatlichkeit hat die Klage auf Feststellung der Nichtigkeit eines Verwaltungsaktes aufschiebende Wirkung für den angeblich nichtigen Verwaltungsakt. Diese Bestimmung wird in der Praxis einschränkend ausgelegt: Aufschiebende Wirkung der Klage wird nur dann angenommen, wenn die Klage auf Feststellung der Nichtigkeit schlüssig ist, d. h. wenn die Klagetatsachen, ihre Richtigkeit unterstellt, den Klageanspruch rechtfertigen[23].

Da die Prüfung, ob die Klage auf Feststellung der Nichtigkeit eines Verwaltungsakts schlüssig ist und deshalb aufschiebende Wirkung hat, nicht dem Vollstreckungsorgan überlassen werden kann, hat dieses die aufschiebende Wirkung nur dann zu

---

22 Vgl. *Zeihe*, § 154 SGG, Rdnr. 3; *Plagemann*, Vorläufiger Rechtsschutz im Verfahren vor Sozialgerichten, 1979, S. 43 Rdnr. 52.

23 Vgl. *Binter*, Der Sozialrichter, 1965, 41; *Plagemann*, Vorläufiger Rechtsschutz im Verfahren vor den Sozialgerichten, 1979, S. 48, Rdnr. 67; *Peters/Sautter/Wolff*, § 97 SGG, Anm. 4; SG Mannheim, SGb. 1967, 639; LSG Bremen, NJW 65, 934 = SGb 65, 412 mit zustimmender Anmerkung von *Schroeter;* LSG Bremen, Breith. 1977, 83.

Heinz-Werner Glücklich

berücksichtigen, wenn ein entsprechender klarstellender Beschluß des Sozialgerichts vorgelegt wird[24].

Die vom Gesetz angeordnete aufschiebende Wirkung der Klage in Zulassungssachen beruht auf einem gesetzgeberischen Versehen und kann niemals wirksam werden. Zulassungssachen sind Verwaltungsakte über Zulassung oder Entziehung der Zulassung von Ärzten und Zahnärzten zur kassenärztlichen Tätigkeit und über die Beteiligung und den Widerruf der Beteiligung von Krankenhausärzten an der kassenärztlichen Versorgung.

Der Klage in Zulassungssachen geht ein Widerspruchsverfahren vor dem Berufungsausschuß für Ärzte oder für Zahnärzte voraus. Der Widerspruch gegen die Entscheidung des Zulassungsausschusses hat aufschiebende Wirkung. Der Berufungsausschuß kann zusammen mit der Entscheidung in der Sache die sofortige Vollziehung anordnen. Ordnet er sie nicht an, dann wird die Entscheidung ohnehin erst vollziehbar, wenn sie verbindlich geworden ist, also wenn innerhalb der Klagefrist keine Anfechtungsklage erhoben wird. Wird Anfechtungsklage erhoben, dann wirkt sich die aufschiebende Wirkung der Klage nicht aus, weil der Widerspruchsbescheid des Berufungsausschusses ohnehin noch nicht vollziehbar ist. Ist der Bescheid aber für vollziehbar erklärt worden, so entfällt nach der ausdrücklichen Bestimmung des Gesetzes die aufschiebende Wirkung der Klage[25].

Aufschiebende Wirkung haben nach § 97 Abs. 1 Nr. 5 SGG Klagen, mit denen die Aufhebung eines Beschlusses über die Entbindung vom Amt oder über die Amtsenthebung des Mitgliedes eines Organes, eines Stellvertreters, eines Geschäftsführers, begehrt wird. An die Stelle der in dieser Vorschrift enthaltenen Verweisungen auf das Selbstverwaltungsgesetz sind nach Art. II § 19 SGB IV – Gemeinsame Vorschriften die entsprechenden Vorschriften der §§ 59 Abs. 2 und 3, 36 Abs. 2 Satz 1, 2. Halbsatz, § 36 Abs. 1 Satz 3 SGB IV getreten. Demnach bezieht sich § 97 Abs. 1 Nr. 5 SGG auf die Amtsenthebung oder Amtsentbindung von Mitgliedern eines Selbstverwaltungsorganes (Vertreterversammlung oder Vorstand) sowie von Geschäftsführern, von Stellvertretern und den Mitgliedern der Geschäftsführung, die bei Versicherungsträgern mit mehr als 1,5 Millionen Versicherten geschaffen wird. Dasselbe gilt für die Mitglieder der Organe, die Geschäftsführer und deren Stellvertreter in den von den Krankenkassen zu bildenden Kassenverbänden (§ 406 RVO). Bei grober Amtspflichtverletzung (§ 59 Abs. 3 SGB IV) kann der Vorstand die sofortige Vollziehung des Amtsenthebungsbeschlusses anordnen mit der Folge, daß das Mitglied sein Amt nicht mehr ausüben darf. Eine solche Anordnung wird von der aufschiebenden Wirkung der Klage nicht berührt, § 97 Abs. 1 Nr. 5 SGG.

---

24 LSG Bremen, NJW 1965, 934 = Breith. 1965, 239 = SGb. 1965, 412 mit zustimmender Anmerkung von *Schroeter;* BayLSG, Breith. 1966, 804; LGS Bremen, NJW 1968, 1110 = Breith. 1966, 353; LSG Bremen, NJW 1968, 1208; LSG Bremen, NJW 69, 1397 = Breith. 69, 258; LSG Berlin, DOK 69, 230; BayLSG Breith. 1977, 83; *Plagemann,* Vorläufiger Rechtsschutz im Verfahren vor den Sozialgerichten, 1979, S. 56 Rdnr. 87.
25 Vgl. *Beyer-Ladewig,* § 97 SGG, Anm. 7; *Peters/Sautter/Wolff,* § 97 SGG, Anm. 5

Heinz-Werner Glücklich

Nach § 97 Abs. 1 Nr. 6 SGG hat die Klage gegen eine Entscheidung der Aufsichtsbehörde, durch die der Versicherungsträger nach § 89 Abs. 1 SGB IV verpflichtet wird, eine Rechtsverletzung zu beheben, aufschiebende Wirkung. Darunter fällt nur ein Bescheid, der konkret erkennen läßt, was der Versicherungsträger tun oder unterlassen soll, beispielsweise bestimmte Zahlungen künftig zu unterlassen, Ansprüche zu erfüllen usw.[26].

II. Anordnung der Aussetzung des Vollzugs eines Verwaltungsaktes durch das Gericht

In zwei Fällen kann das Sozialgericht nach § 97 Abs. 2 SGG die Vollziehung des angefochtenen Verwaltungsaktes nach Klageerhebung auf Antrag ganz oder teilweise aussetzen: wenn eine laufende Leistung herabgesetzt wird oder wenn sie entzogen wird. Hier ist vor allem an Herabsetzung oder Entziehung von Versicherungs- oder Versorgungsrenten zu denken, etwa weil ein Irrtum in der Berechnung vorlag oder weil sich die tatsächlichen Voraussetzungen für den Rentenbezug geändert haben.

270

Die nach § 97 Abs. 2 SGG getroffenen Anordnungen des Gerichts über Aussetzung des Vollzugs des Verwaltungsaktes können nur mit der Entscheidung in der Hauptsache angefochten werden. Die Aussetzung des Vollzugs kann von einer Sicherheitsleistung abhängig gemacht werden; sie kann jederzeit wieder aufgehoben werden.

In anderen als den in § 97 Abs. 2 SGG genannten Fällen konnte nach bisher überwiegender Meinung in Schrifttum und Rechtsprechung die Vollziehung des angefochtenen Verwaltungsaktes nicht ausgesetzt werden, so beispielsweise nicht bei Beitragsanforderungen durch Krankenkassen. Hier ist jedoch durch den Beschluß des Bundesverfassungsgerichts vom 19. 10. 1977 ein Wandel eingetreten[27]. Allerdings betrifft diese Entscheidung nicht den Antrag auf Aussetzung des Vollzugs eines Verwaltungsakts, sondern den Antrag auf Erlaß einer einstweiligen Anordnung in Vornahmesachen. Hier hat das Bundesverfassungsgericht rechtsgrundsätzlich entschieden, daß die Rechtsschutzgarantie in Art. 19 Abs. 4 GG die Möglichkeit eines vorläufigen gerichtlichen Rechtsschutzes verlange, wenn ohne solchen Rechtsschutz schwere und unzumutbare, anders nicht abwendbare Nachteile entstünden, zu deren nachträglicher Beseitigung die Entscheidung in der Hauptsache nicht mehr in der Lage wäre. Deshalb müsse im Sozialgerichtsverfahren in solchen Fällen § 123 VwGO, der die Zulässigkeit einstweiliger Anordnungen im Verwaltungsstreitverfahren regelt, entsprechend angewendet werden. § 123 VwGO bezieht sich jedoch nicht auf Aussetzung des Vollzugs eines angefochtenen Verwaltungsakts (in der Verwaltungsgerichtsordnung Herstellung oder Wiederherstellung der aufschiebenden Wirkung der Klage

---

26 Vgl. *Plagemann*, Vorläufiger Rechtsschutz im Verfahren vor den Sozialgerichten, 1979, S. 53, Rdnr. 80.
27 BVerfGE 46, 166 = NJW 78, 693 = SGb 1978, 340.

Heinz-Werner Glücklich

genannt). Hierfür gibt es eine Sonderbestimmung in § 80 Abs. 5 VwGO. Nach dieser Vorschrift kann das Gericht der Hauptsache die aufschiebende Wirkung der Klage herstellen. Der Rechtsgedanke der Enscheidung des Bundesverfassungsgerichts vom 19. 10. 1977 nötigt dazu, den § 80 Abs. 5 VwGO auf die Aussetzung des Vollzugs eines angefochtenen Verwaltungsaktes durch das Gericht entsprechend anzuwenden, wobei eine solche Entscheidung auch schon vor Erhebung der Anfechtungsklage beantragt werden kann[28].

III. Einstweilige Anordnung

271 Das Sozialgerichtsgesetz kennt einstweilige Anordnungen nur in wenigen besonderen Fällen, nämlich Anordnung der vorläufigen Leistung nach Grundurteil, § 130 SGG, Aussetzung des Vollzugs einer gerichtlichen Entscheidung, die durch Beschwerde angefochten ist, nach § 175 SGG, einstweilige Anordnung im Wiederaufnahmeverfahren nach §§ 180, 181 SGG, einstweilige Anordnung über die Aussetzung der Vollstreckung gerichtlicher Titel nach § 199 Abs. 2 und 3 SGG.

Die Beschränkung der Zulässigkeit einstweiliger Anordnungen auf wenige Fälle wird dem Rechtsschutzbedürfnis des Klägers im Sozialgerichtsverfahren nicht gerecht und verstößt gegen die Rechtsschutzgarantie in Art. 19 Abs. 4 GG[29]. Zur Vermeidung von schweren und unzumutbaren anders nicht abwendbaren Nachteilen ist deshalb die entsprechende Anwendung des § 123 VwGO, der einstweilige Anordnungen im Verwaltungsstreitverfahren regelt, geboten. Denn die nach § 97 Abs. 2 GG und entsprechende Anwendung des § 80 Abs. 5 VwGO zulässige Anordnung der aufschiebenden Wirkung eines Verwaltungsakts schließt nur Eingriffe in bestehende Rechtspositionen vorläufig aus. Sie kann aber nicht dazu führen, daß der Rechtsschutz des Betroffenen vorläufig verbessert wird. Deshalb kann bei Verpflichtungsklagen und sonstigen Leistungsklagen, auch bei Unterlassungs- und Feststellungsklagen einstweiliger Rechtsschutz nur durch Erlaß einer einstweiligen Anordnung gewährt werden. Voraussetzung für den Erlaß einer einstweiligen Anordnung ist zunächst, daß die allgemeinen Prozeßvoraussetzungen vorliegen, insbesondere Zulässigkeit des Rechtsweges zu den Gerichten der Sozialgerichtsbarkeit und Rechtsschutzbedürfnis.

28 Anders die herrschende Meinung, die in solchen Fällen keine Aussetzung des Vollzugs, sondern den Erlaß einer einstweiligen Anordnung zulassen will, vgl. *Plagemann*, Vorläufiger Rechtsschutz in Verfahren vor den Sozialgerichten, 1979, S. 58, Rdnr. 92; *Meyer-Ladewig*, § 97 SGG, Anm. 20 ff.; so auch *Erlenkämper*, aaO, S. 615.
29 BVerfGE 46, 166 = NJW 1978, 693 = SGb 1978, 340;

Heinz-Werner Glücklich

Dabei muß entweder die Gefahr bestehen, daß durch eine Veränderung des bestehenden Zustandes die Verwirklichung eines Rechts des Antragstellers vereitelt oder wesentlich erschwert werden könnte, oder es muß die Regelung eines vorläufigen Zustands in Bezug auf ein streitiges Rechtsverhältnis nötig sein, um, vor allem bei dauernden Rechtsverhältnissen, wesentliche Nachteile abzuwenden oder drohende Gewalt zu verhüten[30]. Dabei unterscheidet man gemäß der Fassung des § 123 Abs. 1 VwGO einstweilige Anordnungen zur Sicherung eines gegenwärtigen Zustandes und einstweilige Anordnungen zur Regelung eines vorläufigen Zustandes in Bezug auf ein streitiges Rechtsverhältnis[31].

Voraussetzung ist in jedem Falle die Glaubhaftmachung der besonderen Dringlichkeit, d. h. der Erforderlichkeit der einstweiligen Anordnung, um wesentliche, nicht wiedergutzumachende Rechtsnachteile von dem Antragsteller abzuwenden. Außerdem ist Voraussetzung, daß die Rechtsverfolgung in der Hauptsache hinreichende Aussicht auf Erfolg hat.

Muster 23

Gesuch um einstweilige Aussetzung des Vollzugs eines Verwaltungsaktes

An das
Sozialgericht
6200 Wiesbaden

Gesuch um einstweilige Aussetzung des Vollzugs eines Verwaltungsakts
in Sachen des Schuldirektors G., _____ , 6200 Wiesbaden,

Antragstellers,

Prozeßbevollmächtigter: Rechtsanwalt _____
gegen
die Allgemeine Ortskrankenkasse Wiesbaden,

Antragsgegnerin.

Für den Antragsteller beantrage ich,
den Vollzug der Verfügungen der Antragsgegnerin auf Nachzahlung von Beitrags-

---

30 Vgl. *Meyer-Ladewig*, § 97 SGG, Anm. 23.
31 Vgl. im einzelnen *Plagemann*, Vorläufiger Rechtsschutz im Verfahren vor den Sozialgerichten, 1979, S. 120 ff., Rdnr. 236 ff.

Heinz-Werner Glücklich

rückständen des Antragstellers in Höhe von 174 079,26 DM zuzüglich Zinsen einstweilen auszusetzen.

Begründung:

Die Antragsgegnerin führte beim Antragsteller Anfang 1987 Betriebsprüfungen durch und verlangte darauf gemäß Zahlungsanforderung vom 10. 3. 1987 eine Nachzahlung von Sozialversicherungsbeiträgen für die in der Schule des Antragstellers nebenberuflich beschäftigten beamteten Lehrkräfte in Höhe von 174 795,84 DM nebst Zinsen. Sie verlangte zur Vermeidung des sofortigen Vollzugs der Anordnung Sicherheitsleistung. Darauf leistete der Antragsteller Banksicherheit durch selbstschuldnerische Bürgschaft der _____ -Bank in _____ . Zur Glaubhaftmachung füge ich bei:

1. Schreiben der Antragsgegnerin vom 3. 4. 1987, in welchem Stundung gegen Sicherheitsleistung zugesagt wird,
2. Ablichtung der vom Antragsteller geleisteten Bankbürgschaft.

Trotz der früher zugesagten Stundung und trotz der unstreitig geleisteten Sicherheit widerrief die Antragsgegnerin mit dem in Ablichtung beiliegenden Schreiben vom 24. 4. 1987 die Stundung und verlangte sofortige Zahlung von Beitragsrückständen in Höhe von 174 079,27 DM nebst Zinsen, unter Androhung des Vollzugs der Nachforderungsverfügung. Hiergegen nimmt der Antragsteller vorläufigen Rechtsschutz durch erweiterte Auslegung des § 97 Abs. 2 SGG aufgrund des Art. 19 Abs. 4 GG und in entsprechender Anwendung des § 80 Abs. 5 VwGO in Anspruch (vgl. dazu BVerfGE 46, 166 = NJW 78, 693 = SGb 1978, 340).

Durch den sofortigen Vollzug der Nachzahlungsverfügung würde dem Antragsteller ein nicht wiedergutzumachender Schaden erwachsen, der die Existenz seiner Schule bedrohen würde. Zur Glaubhaftmachung überreiche ich eidesstattliche Versicherung des Antragstellers.

Die Nachzahlungsverfügung ist vor dem Sozialgericht Wiesbaden durch Anfechtungsklage in den Akten S 2/Kr _____ /87 angefochten. Wegen der Prozeßaussichten dieser Anfechtungsklage verweise ich auf die angeführten Gerichtsakten.

gez. Unterschrift
Rechtsanwalt

Muster 24

Gesuch um einstweilige Anordnung

(Tatbestand entnommen der Entscheidung des Bundesverfassungsgerichts NJW 1978, 693).

Heinz-Werner Glücklich

An das
Sozialgericht
2000 Hamburg
Gesuch um Erlaß einer einstweiligen Anordnung der Erzieherin ———— ,
Hamburg,

Antragstellerin,

Prozeßbevollmächtigter: Rechtsanwalt ————
gegen
die Bundesanstalt für Arbeit, vertreten durch das Arbeitsamt in Hamburg,

Antragsgegnerin,

Für die Antragstellerin beantrage ich,
durch einstweilige Anordnung die Antragsgegnerin zu verpflichten, der Antragstellerin eine vorläufige Arbeitserlaubnis für die Tätigkeit als Erzieherin zu erteilen.

Begründung

Die Antragstellerin ist jordanische Staatsangehörige. Sie lebt seit 1968 in der Bundesrepublik Deutschland und hat hier eine Ausbildung als Erzieherin beendet. Im Sommer 1987 schloß sie einen bis zum 9. 8. 1987 befristeten Arbeitsvertrag, da ihre Arbeitserlaubnis bis zu diesem Tage reichte. Eine weitere Verlängerung der Arbeitserlaubnis wurde abgelehnt. Außerdem wurde die Antragstellerin zum Verlassen der Bundesrepublik aufgefordert. Auf den Widerspruch der Antragstellerin gegen diesen Bescheid wurde die aufschiebende Wirkung des Widerspruchs wiederhergestellt. Über diesen Widerspruch ist noch nicht entschieden.
Sodann beantragte die Antragstellerin bei der Antragsgegnerin eine Arbeitserlaubnis für die Tätigkeit als Erzieherin. Dieser Antrag wurde abgelehnt. Nach erfolglosem Widerspruchsverfahren erhob die Antragstellerin gegen den Widerspruchsbescheid beim Sozialgericht Klage, über die noch nicht entschieden ist.
Durch Verweigerung der Arbeitserlaubnis würden der Antragstellerin schwere und unzumutbare Nachteile entstehen, die nur durch vorläufige Erteilung der Arbeitserlaubnis abgewendet werden können. Zur Glaubhaftmachung nehme ich Bezug auf die beiliegende eidesstattliche Versicherung der Antragstellerin.
Wegen der Prozeßaussichten der Hauptklage verweise ich auf die Akten ————
des Sozialgerichts Hamburg.
Das Gesuch um einstweilige Anordnung ist zulässig aufgrund der nach Art. 19 Abs. 4 GG gebotenen erweiternden Auslegung des § 198 Abs. 2 SGG i. V. m. entsprechender Anwendung des § 123 VwGO (vgl. BVerfGE 45, 166 = NJW 1978, 693 = SGb 1978, 340).

gez. Unterschrift
Rechtsanwalt

J. Das Verfahren bis zum Urteil

I. Grundsätze des sozialgerichtlichen Verfahrens

1. Allgemeines

272 Das Sozialgerichtsgesetz enthält keine Regelung aller Einzelheiten des Verfahrens. Deshalb ordnet § 202 SGG die hilfsweise Geltung des GVG und der ZPO an. Soweit das SGG keine Bestimmungen über das Verfahren enthält, sollen GVG und ZPO entsprechend angewendet werden, wenn die grundsätzlichen Unterschiede der beiden Verfahrensarten dies nicht ausschließen. Um die Frage einer entsprechenden Anwendbarkeit von GVG und ZPO beurteilen zu können, muß man sich daher mit den tragenden Grundsätzen des Sozialgerichtsverfahrens vertraut machen, dies auch deshalb, weil diese Grundsätze auch bei Auslegung zweifelhafter Bestimmungen des SGG den Ausschlag geben können.

2. Grundsatz des Amtsbetriebes

273 Je nachdem, ob ein Prozeß nach der Prozeßordnung mehr vom Gericht oder mehr von den Parteien betrieben wird, spricht man vom Amtsbetrieb oder Parteibetrieb. Es gibt keine Prozeßordnung, die einen der beiden Grundsätze rein verwirklicht. Nur die gesetzliche Verteilung wechselt.

Auch im Sozialgerichtsverfahren steht es allein den Parteien – Beteiligte genannt – zu, den Prozeß durch Klage einzuleiten oder durch Rechtsmittel in die höhere Instanz zu bringen.

Über Fristen und Termine, die nicht schon von Gesetzes wegen feststehen, bestimmt aber ausschließlich das Gericht, §§ 104, 110 SGG.

Ladungen und Zustellungen erfolgen ausschließlich von Amts wegen, § 63 SGG. Das gilt auch für Urteile. Eine Zustellung im Parteiwege würde im Sozialgerichtsverfahren wirkungslos sein. Auch Schriftsätze werden von Amts wegen zugestellt; die Vorschrift des § 198 Abs. 1 Satz 2 ZPO, wonach auch Schriftsätze, die nach gesetzlicher Vorschrift von Amts wegen zuzustellen wären, stattdessen von Anwalt zu Anwalt zugestellt werden können, gilt im Sozialgerichtsverfahren nicht, weil die grundsätzlichen Unterschiede der beiden Verfahrensarten dies im Sinne des § 202 SGG ausschließen.

Überwiegend wird sonach das Sozialgerichtsverfahren vom Amtsbetrieb beherrscht.

3. Untersuchungsgrundsatz

274 Eine richtige Prozeßentscheidung setzt vollständige Aufklärung des Sachverhalts voraus. Dazu können die Parteien mit Tatsachenbehauptungen und Angabe von Beweismitteln beitragen; das werden sie schon deshalb tun, weil es in ihrem eigenen Interesse am Prozeßgewinn liegt. Durch eigene Ermitt-

lungen des Gerichts können aber Umstände aufgeklärt werden, welche die Parteien nicht gekannt oder verschwiegen haben. Zudem ist eine Aufklärung durch das Gericht stets dann am Platze, wenn in erheblichem Umfang mit rechtsungewandten und nicht vertretenen Beteiligten zu rechnen ist, wie das in Sozialgerichtsverfahren der Fall ist. Je nachdem, ob die Verantwortung für die Aufklärung des Sachverhalts mehr beim Gericht oder mehr bei den Parteien liegt, spricht man vom Untersuchungsgrundsatz (auch Inquisitions- oder Offizialmaxime genannt) oder vom Verhandlungsgrundsatz. Im Sozialgerichtsverfahren herrscht der Untersuchungsgrundsatz vor. Dazu bestimmt § 103 SGG, daß das Gericht den Sachverhalt von Amts wegen erforscht und nicht an das Vorbringen und die Beweisanträge der Beteiligten gebunden ist.

Die Aufklärungspflicht des Gerichts erstreckt sich nach zwei Richtungen:

Zum einen ist der Sachverhalt zu erforschen, auch insoweit, wie ihn die Parteien nicht vorgetragen haben; diese Ermittlungen sind auf alle erheblichen Umstände zu erstrecken[32]. Zum anderen sind alle Beweismittel zu verwenden, deren Benutzung sich dem Sozialgericht nach Lage des Falles aufdrängt[33]. Um seiner Ermittlungspflicht zu genügen, muß der Vorsitzende gegenüber den Beteiligten darauf hinwirken, daß ungenügende Angaben tatsächlicher Art ergänzt sowie alle für die Feststellung und Beurteilung des Sachverhalts wesentlichen Erklärungen abgegeben werden, § 106 SGG. Allerdings hat der Grundsatz der Amtsermittlung auch seine Grenze: Auf Tatsachen, die ganz fern liegen, braucht das Sozialgericht seine Ermittlungen nicht zu erstrecken, und Beweismittel brauchen nur dann benutzt zu werden, wenn sich ihre Benutzung dem Gericht aufdrängt[34].

Der Untersuchungsgrundsatz im Sozialgerichtsverfahren geht ferner nicht soweit, daß er die Beteiligten von jeder Pflicht zur Mitwirkung entbindet. Vielmehr steht der Pflicht des Gerichts zur Amtsermittlung die Pflicht der Beteiligten gegenüber, alle erheblichen, ihnen bekannten Tatsachen anzuführen und die geeigneten Beweistmittel zu benennen[35]. Die Pflicht des Gerichts, den Sachverhalt von Amts wegen zu erforschen, findet ihre Grenze dort, wo die Mitwirkungspflicht der Beteiligten einsetzt[36].

---

32 Vgl. BSG, SGb 1958, 117; NJW 1958, 1206; BSGE 9, 277; *Meyer-Ladewig*, § 103 SGG, Anm. 4.

33 Vgl. BSGE 7, 183; NJW 1963, 2390 = SGb 1963, 306; 1966, 313; BSGE 30, 205; *Meyer-Ladewig*, § 103 SGG, Anm. 8.

34 Vgl. *Ehmke*, SGb. 1965, 385 ff.; *Haueisen*, NJW 1966, 764 f.

35 Vgl. BSG, SozR, SGG § 103, Da. 1.3 und § 106 Da. 1,1; LSG Berlin, Breih. 1954, 1088; LSG Essen, Breith. 1963, 1017; LSG Darmstadt, Breith. 1964, 820; *Brackmann*, HdB. der SozVers. Bd. I S. 224, d I; *Ehmke*, SGb 1965, 385 ff.; *Haueisen*, NJW 1966, 764 f.; *Wilke*, Festschrift für Bogs, 1967, 221 ff.

36 Vgl. *Meyer-Ladewig*, § 103 SGG, Anm. 16; BSG, SozR. § 103 Nr. 56.

---

4. Der Grundsatz des rechtlichen Gehörs

275 Der Anspruch auf rechtliches Gehör besteht in jeder Gerichtsbarkeit; er ist verfassungsrechtlich anerkannt, Art. 103 Abs. 1 GG. In einem Verfahren mit Amtsbetrieb und Untersuchungsgrundsatz kommt ihm aber besondere Bedeutung zu, weil ein Gericht, das selbst ermittelt, leicht versucht sein kann, die Mitwirkung der Parteien – ihr dient der Anspruch auf rechtliches Gehör – als nebensächlich beiseite zu schieben. Deshalb schärft § 62 SGG den Gerichten trotz der bereits bestehenden verfassungsrechtlichen Garantie besonders ein, daß vor jeder Entscheidung den Beteiligten rechtliches Gehör zu gewähren ist. Ein Ausfluß des Grundsatzes des rechtlichen Gehörs ist § 107 SGG, wonach den Beteiligten entweder eine Abschrift der Niederschrift der Beweisaufnahme oder deren Inhalt mitzuteilen ist. Ein weiterer Ausfluß des Anspruchs auf rechtliches Gehör ist das Recht der Beteiligten zur Einsicht in die Akten und das Recht, sich aus den Akten Abschriften erteilen zu lassen, § 120 SGG. Das Recht auf Akteneinsicht besteht allerdings nicht unbeschränkt. Die übersendende Behörde kann bei der Übersendung das Recht der Einsicht in ihre Akten ausschließen. Auch der Vorsitzende kann aus besonderen Gründen die Einsicht in die Akten oder in Aktenteile sowie die Fertigung oder Erteilung von Auszügen und Abschriften versagen oder beschränken. Dann dürfen aber Aktenteile, die den Beteiligten vorenthalten worden sind, bei der Entscheidung auch nicht verwertet werden. Dies folgt aus § 128 Abs. 2 SGG, wonach das Urteil nur auf Tatsachen und Beweisergebnisse gestützt werden darf, zu denen sich die Beteiligten äußern konnten.

Sind die Akten zur Ersetzung der Urschrift auf einem Bildträger verkleinert wiedergegeben worden und liegt der schriftliche Nachweis darüber vor, daß die Wiedergabe mit der Urschrift übereinstimmt, so können Ausfertigungen, Auszüge und Abschriften von der Wiedergabe erteilt werden, § 120 Abs. 2 S. 2 SGG i. V. m. § 299 a ZPO.

In der Praxis wirkt sich der Anspruch auf rechtliches Gehör häufig dahin aus, daß die Beteiligten wegen nicht hinreichender rechtzeitiger Unterrichtung über wesentliche Umstände Terminsvertagung verlangen können, so z. B. wenn sich ein Beteiligter zu neuem Vorbringen der Gegenseite vor dem Termin infolge Zeitmangels nicht mehr äußern konnte [37] oder wenn sich ein Beteiligter vor dem Termin nicht rechtzeitig mit dem Gegenstand der Verhandlung und der Beweisaufnahme hat vertraut machen können [38]. Allerdings kann die Gewährung rechtlichen Gehörs auch schriftlich geschehen, wie § 62 SGG ausdrücklich hervorhebt. Hat ein Beteiligter hinreichend Gelegenheit gehabt, sich schriftlich zu äußern, und diese Gelegenheit auch

---

37 BSG, AP Nr. 6 zu § 537 RVO = RdA 1960, 360.
38 BSG, NJW 1960, 501 = MDR 1960, 351 = SGb 1960, 46; BSG, SGb 1965, 216 = BSGE 17, 44; BSG, SGb 1962, 181 = NJW 1962, 1463; BSG, SGb 1961, 179.

Heinz-Werner Glücklich

wahrgenommen, dann besteht ein Anspruch auf Vertagung nur dann, wenn der Terminswahrnehmung durch den Beteiligten selbst oder durch einen Prozeßvertreter triftige Gründe entgegenstehen[39].

II. Das Beweisrecht

1. Die Beweislast

Man unterscheidet im Prozeßrecht zwischen objektiver Beweislast, auch Beweislast schlechthin bezeichnet, und subjektiver Beweislast, auch Beweisführungslast genannt.

276

Die Normen der objektiven Beweislast gelten bei Beweislosigkeit, d. h. dann, wenn der Richter nicht die volle Überzeugung von der Wahrheit oder Unwahrheit einer erheblichen Tatsache erlangt. Eine objektive Beweislast gibt es auch im Verfahren mit Untersuchungsgrundsatz und deshalb auch in der Sozialgerichtsbarkeit. Hier sind die Folgen der objektiven Beweislosigkeit oder des Nichtfeststelltseins einer Tatsache von demjenigen Beteiligten zu tragen, der aus dieser Tatsache ein Recht herleiten will oder der sich auf eine anspruchshindernde Tatsache beruft[40].

Dagegen gibt es eine subjektive Beweislast oder Beweisführungslast in einem Verfahren mit Untersuchungsgrundsatz nur in beschränktem Umfang[41]. Beweisführungslast oder subjektive Beweislast ist die Notwendigkeit einer Partei, im Prozeß zur Stellung von Beweisanträgen tätig zu werden, wenn sie nicht unterliegen will; das braucht nicht immer die beweisbelastete Partei zu sein. Hat die beweisbelastete Partei den ihr obliegenden Beweis geführt, dann obliegt der Gegenpartei die subjektive Beweislast des Gegenbeweises.

Da im Sozialgerichtsverfahren der Sachverhalt vom Gericht von Amts wegen aufgeklärt wird, brauchen die Parteien keine Beweisanträge zu stellen. Insoweit entfällt daher im Sozialgerichtsverfahren die subjektive Beweislast. Sie äußert sich jedoch in beschränktem Umfang in der Mitwirkungspflicht der Beteiligten. Diejenige Partei, die ihr günstige Tatsachen vorbringen kann oder die dem Gericht Beweismittel zur Aufklärung solcher Tatsachen benennen kann, es aber unter Verletzung ihrer Mitwirkungspflicht nicht tut, läuft Gefahr, wegen Nichtberücksichtigung der Tatsachen oder der Beweismittel den Prozeß zu verlieren. Insoweit besteht daher auf Grund der Mitwirkungspflicht auch im Sozialgerichtsverfahren eine allerdings nur sehr beschränkte subjektive Beweislast.

---

39 LSG Rheinland-Pfalz, SGb 1966, 277.
40 BSG, NJW 1958, 39; 1958, 1511.
41 *Erlenkämper*, aaO, S. 562.

Heinz-Werner Glücklich

Die subjektive Beweislast wirkt sich ferner bei der Zulässigkeit der Revision gegen Berufungsurteile der Landessozialgerichte aus. Die Zulassung der Revision wegen Verletzung des Amtsermittlungsgrundsatzes des § 103 SGG kann nach § 160 Abs. 2 SGG nur verlangt werden, wenn der Verstoß sich auf einen Beweisantrag bezieht, dem das Landessozialgericht ohne hinreichende Begründung nicht gefolgt ist. Hier hängt sonach die Zulassung der Revision davon ab, daß der Beteiligte selbst einen Beweisantrag gestellt hat.

2. Beweisverfahren

277   Die Beweismittel sind im Sozialgerichtsverfahren nach § 118 Abs. 1 SGG Augenschein (§§ 371, 372 ZPO), Zeugenbeweis (§§ 373–377, 380–386, 387 Abs. 1 und 2, 388–390, 392–401 ZPO), Beweis durch Sachverständige (§§ 402–414 ZPO) und Beweis durch Urkunden (§§ 415–444 ZPO).

Beweis durch Parteivernehmung gibt es im Sozialgerichtsverfahren nicht. Dagegen ist eine Parteivernehmung zur Aufklärung des Sachverhalts, entsprechend der Parteianhörung nach § 141 ZPO, auch im Sozialgerichtsverfahren zulässig; zu diesem Zwecke kann der Vorsitzende das persönliche Erscheinen der Beteiligten anordnen, §§ 62, 106 Abs. 3 Nr. 7, 111 Abs. 1, 112 Abs. 2, 122 in Verbindung mit § 159 Abs. 4 ZPO,

278   Folgende Besonderheiten gelten gegenüber dem Zivilprozeß: Die Entscheidung darüber, ob ein Recht zur Zeugnis- oder Eidesverweigerung nach § 387 ZPO besteht, erfolgt durch Beschluß, § 118 Abs. 1 S. 2 SGG. Zeugen und Sachverständige werden nur vereidigt, wenn das Gericht es für notwendig hält, § 118 Abs. 2 SGG.

Wenn ein Beteiligter trotz Anordnung seines persönlichen Erscheinens unentschuldigt ausbleibt und hierdurch der Zweck der Anordnung vereitelt wird, kann der Vorsitzende das Auftreten des Prozeßbevollmächtigten untersagen, § 118 Abs. 3 SGG.

279   Das weitaus wichtigste Beweismittel im Sozialgerichtsverfahren ist der medizinische Sachverständige. Das medizinisch nicht vorgebildete Gericht ist auf sein Gutachten angewiesen, wenn es z. B. entscheiden soll, ob ein körperlicher Dauerschaden besteht und ob dieser Schaden mit einem bestimmten Ereignis, einem Unfall, in ursächlichem Zusammenhang steht.

Vielfach besteht die Übung, daß Versicherungsträger ihrerseits medizinische Gutachten einholen und sie dem Gericht vorlegen; aber auch der Kläger holt gelegentlich ein Privatgutachten über seinen Gesundheitszustand ein und läßt es dem Gericht vorlegen.

Derartige Gutachten sind keine Beweismittel im Sinne des Prozeßrechts. Sachverständigenbeweis kann nur geführt werden durch das Gutachten eines Sachverständigen, der vom Gericht mit der Erstattung des Gutachtens beauftragt worden ist. Die von den Beteiligten eingereichten Privatgutachten sind nicht als Beweismittel, sondern nur als einseitiges Parteivorbringen zu bewerten. Das Gericht hat einem solchen Gutachten die gleiche Bedeutung beizumessen wie sonstigem Parteivorbringen. Das Privatgutachten kann das Gericht etwa veranlassen, das Gutachten eines gerichtlichen Sachverständigen besonders kritisch zu würdigen, den gerichtlichen Gutachter zur Stellungnahme aufzufordern oder ein Obergutachten einzuholen. Als unmittelbare Erkenntnisquelle darf das Gericht das Privatgutachten jedoch nicht verwerten [42].

Gelegentlich kommt es vor, daß ein ganz anderer Sachverständiger das Gutachten erstattet als derjenige, den das Gericht damit beauftragt hat (Beispiel: Zur Erstattung des Gutachtens ist der Leiter der Klinik beauftragt worden, Verfasser des Gutachtens ist sein Assistenzarzt). Ein solches Gutachten ist als Sachverständigenbeweis unverwertbar. Sachverständigenbeweis kann nur geführt werden durch das Gutachten einer natürlichen Person, die bereits vor Erstattung des Gutachtens zum Sachverständigen ernannt worden ist [43]. Auch als Urkundenbeweis läßt sich ein solches Gutachten nicht verwerten, weil dadurch sonst die zwingenden Vorschriften über den Sachverständigenbeweis umgangen werden könnten [44].

Freilich ist es rein technisch gar nicht möglich, daß ein vielbeschäftigter Klinikleiter alle zur Erstattung des Gutachtens erforderlichen Untersuchungen persönlich vornimmt. Er darf bei der Vorbereitung und Ausarbeitung seines Gutachtens Hilfskräfte zuziehen, dies schon deshalb, weil die etwa zur Erstattung des Gutachtens erforderliche dauernde Beobachtung des Patienten durch den ernannten Sachverständigen überhaupt nicht möglich wäre [45]. Nach der Rechtsprechung des BSG ist es zulässig, wenn neben dem zum Sachverständigen ernannten Klinikleiter noch ein anderer Krankenhausarzt bei der Abfasssung des Gutachtens beteiligt war, sofern nur gewährleistet ist, daß ein solches Gutachten die eigene ärztliche Auffassung des Gutachters über die Beweisfrage wiedergibt [46]. Ob der zum Gutachter bestellte Arzt die Person, über die er sein Gutachten zu erstatten hat, selbst untersuchen muß, hängt nach Auffassung des BSG von der Art der für das Gutachten notwendigen ärztlichen Feststellung ab [47]. Gestützt auf diese Rechtsprechung, sind manche Klinikleiter dazu übergegangen, unter das von ihrem Assistenzarzt erstattete Gutachten ihre eigene Unterschrift zu setzen, und zwar unter einem Gummistempel mit folgendem Text: »Geprüft und auf Grund eigener Untersuchung und Urteilsbildung einverstanden«.

---

42 Vgl. *Glücklich,* SGb 1954, 177.
43 BSG, NJW 1965, 368 mit zustimmender Anmerkung von *Friedrichs,* NJW 1965, 1100.
44 A. M. *Friedrichs,* a. a. O.
45 So schon RG, JW 1916, 1587.
46 BSG, SozR Nr. 7 zu § 109 SGG, Da. 4.
47 BSG, SozR Nr. 20 zu § 109 SGG, Da. 13.

Heinz-Werner Glücklich

Eine solche Praxis ist bedenklich. Ihr kann von den Beteiligten dadurch begegnet werden, daß beantragt wird, den zum Gutachter bestellten Sachverständigen zur Erläuterung des Gutachtens und zur Beantwortung von Fragen zur mündlichen Verhandlung zu laden. Einem solchen Antrag muß stattgegeben werden. In der mündlichen Verhandlung kann dann durch Befragung des Gutachters geklärt werden, ob er tatsächlich eine eigenverantwortliche Gutachtertätigkeit ausgeübt hat in einem Umfange, daß der mitunterzeichnende Assistenzarzt nur als Gehilfe angesehen werden kann.

280   Ein besonderes Recht haben im Sozialgerichtsverfahren die am Verfahren beteiligten Versicherten, Versorgungsberechtigten oder deren Hinterbliebene. Sie können nach § 109 Abs. 1 SGG die gutachtliche Anhörung bestimmter Ärzte verlangen. Das Gericht darf den Antrag, einen bestimmten Arzt oder mehrere bestimmte Ärzte verschiedener Fachrichtungen zu hören, nur ablehnen, wenn durch die Zulasung die Erledigung des Rechtsstreits verzögert werden würde und der Antrag nach der freien Überzeugung des Gerichts in der Absicht, das Verfahren zu verschleppen, oder aus grober Nachlässigkeit nicht früher vorgebracht worden ist, § 109 Abs. 2 SGG. Der Kläger braucht jedoch einen Antrag nach § 109 SGG nicht sofort in der Klage zu stellen. Er kann vielmehr zunächst beantragen, das Gericht möge von Amts wegen Sachverständigenbeweis erheben. Er wird das auch regelmäßig tun, weil das für ihn kostengünstiger ist. Der Kläger muß nämlich die Kosten für das Gutachten des von ihm nach § 109 SGG benannten Sachverständigen regelmäßig vorschießen und tragen, sofern nicht das Gericht später entscheidet, daß die Kosten von der Staatskasse übernommen werden. Eine solche Übernahme findet regelmäßig nur statt, wenn das Gutachten der Klärung der Beweisfrage förderlich war.

Nach allem kann der Kläger zunächst einmal das Ergebnis der gerichtlichen Ermittlung abwarten, bevor er einen Antrag aus § 109 SGG stellt. Wenn die gerichtlichen Ermittlungen abgeschlossen sind, sollte er ihn aber sofort stellen. Wenn der Antrag erst in der mündlichen Verhandlung oder kurz vorher gestellt wird, besteht die Gefahr der Zurückweisung[48].

Muster 25

Antrag auf Anhörung eines bestimmten Arztes nach 109 SGG:

An das Sozialgericht in _____
In dem Versorgungsrechtsstreit NN (RA. Dr. XY) gegen Land Hessen (Landesversorgungsamt Hessen, Frankfurt am Main) AZ.-S- _____
stelle ich unter Beweis, daß die beim Kläger nach Amputation des rechten Beines

---

48 Vgl. LSG Berlin, SGb 1966, 265 Nr. 30; BSG SozR Nr. 24 zu § 109 SGG.

Heinz-Werner Glücklich

am linken Bein aufgetretenen Krampfadern und Krampfadergeschwüre eine Folge der Amputation und damit Folge einer Schädigung im Sinne des Bundesversorgungsgesetzes sind, indem ich nach § 109 Abs. 1 SGG beantrage:

den Arzt für Orthopädie und Chefarzt der Klinik _____ , Dr. med. _____ gutachtlich zu hören.

gez. Unterschrift
Rechtsanwalt

III. Die Beiladung

Das Sozialgerichtsverfahren kennt weder die Streitverkündung noch die Nebenintervention. Ersatz für diese Rechtsinstitute ist die Beiladung. Der Begriff der Beiladung ist der RVO entnommen. Durch die Beiladung zieht das Gericht von Amts wegen oder auf Antrag eines Beteiligten einen Dritten zum Verfahren hinzu, wenn dessen berechtigte Interessen durch die Entscheidung berührt werden, § 75 Abs. 1 SGG. In Kriegsopfersachen muß die Bundesrepublik auf Antrag beigeladen werden, § 75 Abs. 1 Satz 2 SGG. Grund: Nach Art. 120 GG ist der Bund der eigentliche Kostenträger. 281

Weiter sind Dritte beizuladen, die an dem streitigen Rechtsverhältnis derart beteiligt sind, daß die Entscheidung auch ihnen gegenüber nur einheitlich ergehen kann[49]; ferner ist beizuladen ein Versicherungsträger oder – in Versorgungsstreitsachen – ein Land, wenn sich ergibt, daß bei Ablehnung des Anspruchs dieser Versicherungsträger oder dieses Land als leistungspflichtig in Betracht kommt (Fälle der notwendigen Beiladung), § 75 Abs. 2 SGG.

Abgesehen von der notwendigen Beiladung steht die Beiladung im Ermessen des Gerichts.

Der Beiladungsbeschluß ist unanfechtbar, er ist allen Beteiligten zuzustellen. Die Ablehnung der Beiladung kann durch Beschwerde nach § 172 ff. SGG angefochten werden, § 75 Abs. 3 SGG.

Durch den Beiladungsbeschluß wird der Beigeladene Beteiligter. Er ist jedoch in der Prozeßführung insoweit beschränkt, als er nur innerhalb der Anträge des Klägers oder Beklagten selbständig Angriffs- oder Verteidigungsmittel geltend machen und Verfahrenshandlungen vornehmen kann, § 75 Abs. 4 SGG. Nur in den Fällen der notwendigen Beiladung, in denen die Entscheidung auch dem Beigeladenen gegenüber nur einheitlich ergehen kann (§ 75 Abs. 2 SGG), kann er selbständig, von den Anträgen der anderen Beteiligten abweichende Sachanträge stellen.

49 *Thieler*, Die Anerkennung als Schwerbehinderter, S. 106 ff.

Heinz-Werner Glücklich　　　　　　　　　　　　669

Ein Versicherungsträger oder – in Versorgungssachen – ein Land, kann nach Beiladung ohne Klageänderung verurteilt werden, § 75 Abs. 5 SGG. Das rechtskräftige Urteil bindet auch den Beigeladenen und seine Rechtsnachfolger, soweit über den Streitgegenstand entschieden worden ist, § 141 SGG.

IV. Beendigung der Instanz ohne gerichtliche Entscheidung

282   Das Verfahren erster Instanz kann ohne gerichtliche Entscheidung beendet werden durch Klagerücknahme, Erledigung der Hauptsache, Vergleich und Anerkenntnis.

1. Klagerücknahme

283   Der Kläger kann die Klage bis zum Schluß der mündlichen Verhandlung zurücknehmen, § 102 SGG, auch noch in den höheren Instanzen, §§ 153, 165 SGG. Soweit die Klage zurückgenommen wird – auch Teilrücknahme ist möglich und zulässig – erledigt sie den Rechtsstreit in der Hauptsache, § 102 Satz 2 SGG. Damit wird der angefochtene Verwaltungsakt verbindlich; eine neue Klageerhebung ist, anders als im Zivilprozeß, wegen dieses Anspruchs nicht mehr zulässig.

Die Klagerücknahme wird gegenüber dem Gericht schriftlich oder zu Protokoll der Geschäftsstelle oder mündlich in der mündlichen Verhandlung erklärt. Sie kann auf einen Teil des Klageanspruchs beschränkt werden. Als Prozeßhandlung ist sie bedingungsfeindlich und unwiderruflich.

Auf Antrag ist die Erledigung des Rechtsstreits durch Klagerücknahme durch Beschluß auszusprechen. Über die Kosten ist nach billigem Ermessen zu entscheiden, §§ 102 Satz 3, 193 Abs. 1 SGG.

2. Erledigung der Hauptsache

284   Die Hauptsache kann sich auch anderweitig als durch Klagerücknahme erledigen, so beispielsweise dadurch, daß der Versicherungsträger einen neuen Bescheid erteilt und den Kläger dadurch, klaglos stellt, oder dadurch, daß der Kläger, der Versicherungsrente eingeklagt hat, stirbt, so daß mit seinem Tode die Versicherungsrente für die Zukunft entfällt. Anders als im Zivilprozeß tritt im sozialgerichtlichen Verfahren die Erledigung der Hauptsache kraft Gesetzes, unabhängig von übereinstimmenden Erledigungserklärungen der Beteiligten ein[50]. Nach Erledigung der Hauptsache ist für eine Entscheidung über die Klage kein Raum mehr. Beharrt der Kläger aller-

---

50 Vgl. *Krasney*, Die Anwendbarkeit zivilprozessualer Vorschriften in sozialgerichtlichen Verfahren, § 202 SGG, Dissertation, Köln 1961, S. 92; LSG Niedersachsen, SGb 1964, 338; anderer Meinung *Meyer-Ladewig*, § 94 SGG, Anm. 4.

Heinz-Werner Glücklich

dings trotz Erledigung der Hauptsache auf seinen Klageanträgen, so muß die – unzulässig gewordene – Klage abgewiesen werden[51].

3. Vergleich

Um den geltend gemachten Anspruch vollständig oder zum Teil zu erledigen, können die Beteiligten zur Niederschrift des Gerichts oder des Vorsitzenden oder des beauftragten oder ersuchten Richters einen Vergleich schließen, soweit sie über den Gegenstand der Klage verfügen können, § 101 Abs. 1 SGG. Der gerichtliche Vergleich ist zugleich Prozeßhandlung und Vertrag. Als Prozeßhandlung hebt er die Rechtshängigkeit, soweit er die anhängigen Ansprüche betrifft, auf. Es findet keine besondere Einstellung durch Gerichtsbeschluß statt. Als Vertrag unterliegt er den Voraussetzungen des § 779 BGB, erfordert also gegenseitiges Nachgeben. Stellt der »Vergleich« den Kläger völlig klaglos, dann handelt es sich im Rechtssinne nicht um einen echten Vergleich, sondern um ein angenommenes Anerkenntnis nach § 101 Abs. 2 SGG.

Der Vergleich ist unwirksam, wenn die als feststehend zugrunde gelegte Vergleichsgrundlage fehlt (§ 779 BGB); er wird rückwirkend unwirksam, wenn er wegen Irrtums, Drohung oder arglistiger Täuschung nach §§ 119, 123 BGB angefochten wird[52]. Der Vergleich ist ferner nach § 101 Abs. 1 SGG nur wirksam, soweit die Parteien über den Gegenstand der Klage verfügen können. Die Parteien können über den Gegenstand der Klage nicht verfügen, soweit zwingende gesetzliche Vorschriften entgegenstehen. So können sie nicht zusätzlich Ersatz- oder Ausfallzeiten durch Vergleich schaffen oder sich dahin einigen, daß Berufs- oder Erwerbsunfähigkeitsrente schon nach 50 Monatsbeiträgen gewährt werde.

Wenn ein Prozeßvergleich unwirksam ist, so ist das in demjenigen Verfahren geltend zu machen, in welchem der Prozeßvergleich abgeschlossen wurde, und zwar durch Fortsetzung des Verfahrens[53].

Der Vergleich kann wie im Zivilprozeß unter Widerrufsvorbehalt abgeschlossen werden. Er ist Vollstreckungstitel, § 199 Abs. 1 Nr. 2 SGG. Wenn der Vergleich keine Bestimmungen über die Kosten enthält, so trägt jeder Beteiligte seine Kosten selbst, § 195 SGG.

Auch ein außergerichtlicher Vergleich kann zur Beilegung eines Sozialrechtsstreits geschlossen werden. Außergerichtlich ist jeder Vergleich, der

285

286

---

51 LSG Niedersachsen, SGb 1964, 338; ebenso für das Verwaltungsstreitverfahren vor den allgemeinen Verwaltungsgerichten BVerwGE 13, 174.
52 Streitig; vgl. BSG, NJW 1958, 1463 = BSGE 7, 279; *Meyer-Ladewig*, § 101 SGG, Anm. 13; *Peters/Sautter/Wolff*, § 101 SGG, Anm. 1 a; *Brackmann*, Handbuch der Sozialversicherung S. 248.
53 BSG, NJW 1958, 1463 = BSGE 7, 279; *Meyer-Ladewig*, § 101 SGG Anm. 17; *Peters/Sautter/Wolff*, § 101 SGG, Anm. 1 c.

nicht gerichtlich protokolliert ist, auch wenn er im Verfahren, etwa durch Austausch von Schriftsätzen, zustandekommt. Der außergerichtliche Vergleich ist keine Prozeßhandlung und erledigt den anhängigen Rechtsstreit nicht. Da das Sozialgerichtsverfahren keine prozeßbeendigende (konstitutive) Erledigungserklärung der Parteien kennt, tritt Erledigung erst ein, wenn der Kläger auf Grund des außergerichtlichen Vergleichs die Klage zurücknimmt oder der Beklagte den angefochtenen Verwaltungsakt dem Vergleich gemäß ändert. Andernfalls muß der Kläger die Klage von dem ursprünglichen Gegenstand auf den Vergleichsgegenstand ändern.

4. Das Anerkenntnis

287   Im Sozialgerichtsverfahren gibt es kein Versäumnis-, Anerkenntnis- oder Verzichtsurteil. Als Ersatz für das Anerkenntnisurteil dient das Anerkenntnis nach § 101 Abs. 2 SGG. Wenn der Beklagte die Klage ganz oder teilweise anerkennt und der Kläger das Anerkenntnis annimmt, so steht ein solches angenommenes Anerkenntnis im wesentlichen einem zivilprozessualen Anerkenntnisurteil gleich; das angenommene Anerkenntnis ist ein Vollstreckungstitel, § 199 Abs. 1 Nr. 2 SGG. Auch ein Anerkenntnis kann, wie ein Vergleich, unter Widerrufsvorbehalt erklärt werden[54]; im übrigen ist es als Prozeßhandlung bedingungsfeindlich.

Der Kläger braucht ein Anerkenntnis des Beklagten nicht anzunehmen; er kann vielmehr den Rechtsstreit fortsetzen. Dann hat das nicht angenommene Anerkenntnis auf den Prozeß keinen Einfluß. Erst wenn der Beklagte dem nicht angenommenen Anerkenntnis gemäß den angefochtenen Verwaltungsakt aufhebt oder ändert, tritt Erledigung des Verfahrens ein[55].

Das angenommene Anerkenntnis erledigt den Rechtsstreit in der Hauptsache. Es verpflichtet den Beklagten noch nicht kraft Gesetzes, die Kosten des Rechtsstreits zu tragen. Über die Kosten entscheidet das Gericht auf Antrag nach § 193 SGG durch Beschluß.

Ein Anerkenntnis ist ebenso wie ein gerichtlicher Vergleich nur wirksam, wenn die Beteiligten über den Gegenstand des Anerkenntnisses verfügen können. Ein Anerkenntnis ist daher nicht wirksam, wenn die rechtlichen Voraussetzungen des anerkannten Anspruchs fehlen[56].

Das Anerkenntnis und seine Annahme sind als Prozeßhandlungen gegenüber dem Gericht zu erklären. In welcher Form das zu geschehen hat, war streitig. Inzwischen hat sich die Meinung durchgesetzt, daß es genüge, wenn Anerkenntnis und Annahme

---

54 BSGE 24, 4.
55 BSG, SGb 1965, 315 Nr. 33.
56 BSGE 16, 61 = MDR 1962, 340.

schriftlich oder zur Niederschrift des Urkundsbeamten der Geschäftsstelle erklärt werden[57].

V. Gerichtliche Entscheidungen

Das Sozialgerichtsgesetz kennt als gerichtliche Entscheidungen Vorbescheid, Urteil und Beschluß.

288

1. Der Vorbescheid

Durch Vorbescheid kann der Vorsitzende des Sozialgerichts, solange Termin zur mündlichen Verhandlung noch nicht anberaumt ist, die Klage abweisen, wenn sie unzulässig oder offenbar unbegründet ist, § 105 Abs. 1 SGG.

289

Gegen den Vorbescheid können der Kläger oder der Beigeladene binnen eines Monats nach Zustellung mündliche Verhandlung beantragen. Wird der Antrag rechtzeitig gestellt, so gilt der Vorbescheid als nicht erlassen, andernfalls steht er einem rechtskräftigen Urteil gleich, § 105 Abs. 2 SGG.

Der Vorbescheid ist mit Gründen und Rechtsmittelbelehrung zu versehen und den Beteiligten von Amts wegen zuzustellen.

2. Das Urteil

Das Gericht entscheidet, wenn der Rechtsstreit sich nicht anderweitig erledigt, durch Urteil. Urteile in diesem Sinne sind die Endurteile (die aber auch Teilurteile sein können); es gibt keine Anerkenntnis-, Verzichts- und Versäumnisurteile, wie bereits erwähnt wurde, wohl aber sind Zwischenurteile zulässig. Allerdings ist die Verurteilung dem Grunde nach des § 130 SGG' kein Zwischenurteil, wie es § 304 ZPO vorsieht, sondern ein Endurteil, bei dem nur die Leistung in Geld nicht betragsmäßig, sondern nur dem Grunde nach ausgesprochen wird, also ein Urteil, das vom Beklagten erst durch Erlaß eines neuen Bescheides der Höhe nach ausgefüllt werden muß.

290

Das Urteil kann auf dreierlei Art ergehen. Als Regelfall sieht das Gesetz vor das Urteil auf Grund mündlicher Verhandlung, § 124 Abs. 1 SGG. Mit Einverständnis der Beteiligten kann das Gericht ohne mündliche Verhandlung im schriftlichen Verfahren entscheiden, § 124 Abs. 2 SGG. Das Gericht kann schließlich nach Aktenlage entscheiden, sofern in der Ladung auf diese Möglichkeit hingewiesen ist, wenn in einem Termin keiner der Beteiligten erscheint oder bei Ausbleiben von Beteiligten die erschienenen Beteiligten es

---

57 BSG, SozEntsch § 101 SGG, Anm. 101; *Meyer-Ladewig*, § 101 SGG, Anm. 21; *Peters/Sautter/Wolff*, § 101 SGG, Anm. 3; *Rohwer-Kahlmann*, Aufbau und Verfahren der Sozialgerichtsbarkeit, § 101 SGG, Anm. 38.

Heinz-Werner Glücklich

beantragen; § 126 SGG; einen solchen Antrag kann auch ein Beigeladener stellen, auch wenn er nicht notwendiger Beigeladener ist[58].

Urteile nach mündlicher Verhandlung – ihnen stehen Urteile nach Aktenlage gleich – werden verkündet, und zwar entweder im selben Termin oder in einem besonderen Verkündungstermin, § 132 SGG. Mit der Verkündung treten sie in Kraft. Urteile im schriftlichen Verfahren werden zugestellt und treten mit der Zustellung in Kraft, § 133 SGG. Auch verkündete Urteile sind nachträglich den Beteiligten zuzustellen. Das Urteil muß neben dem Rubrum die Urteilsformel, den Tatbestand, die Entscheidungsgründe und die Rechtsmittelbelehrung enthalten, § 136 SGG.

Die Urteile der Sozialgerichtsbarkeit sind der formellen und der materiellen Rechtskraft fähig. Formell rechtskräftig sind sie, wenn sie nicht mehr durch Rechtsmittel – Berufung oder Revision – angefochten werden können. Die materielle Rechtskraft behandelt § 141 SGG. Danach binden rechtskräftige Urteile die Beteiligten, soweit über den Streitgegenstand entschieden worden ist.

291 Das Gericht ist an sein Urteil gebunden, § 202 SGG in Verbindung mit § 318 ZPO. Davon gibt es drei Ausnahmen:

a) Schreibfehler, Rechenfehler und andere offenbare Unrichtigkeiten kann der Vorsitzende auf Antrag oder von Amts wegen durch Beschluß berichtigen (gegen Berichtigungsbeschluß Beschwerde nach § 172 SGG, gegen Ablehnung der Berichtigung kein Rechtsmittel).

b) Anträge auf Tatbestandsberichtigung können innerhalb von zwei Wochen seit Zustellung gestellt werden; hierüber entscheidet das Gericht schriftlich oder auf Grund fakultativer mündlicher Verhandlung durch unanfechtbaren Beschluß, §§ 139, 124 Abs. 3 SGG.

c) Ist ein Anspruch oder die Kostenentscheidung ganz oder teilweise übergangen, können die Beteiligten binnen eines Monats nach Urteilszustellung Ergänzung des Urteils beantragen. Über den Antrag wird in besonderem Verfahren entschieden, und zwar durch Beschluß, wenn es sich nur um den Kostenpunkt handelt, § 140 Abs. 2 Satz 2 SGG (keine Beschwerde, Anfechtung nur zusammen mit der Entscheidung in der Hauptsache), durch Urteil – das bedeutet grundsätzlich nach mündlicher Verhandlung – in den übrigen Fällen, § 140 ABs. 2 Satz 2 SGG (Anfechtung mit dem bei dem übergangenen Anspruch zulässigen Rechtsmittel).

Streitig ist, inwieweit die materielle Rechtskraft einer erneuten Entscheidung der Behörde nach den §§ 44 ff. SGB X entgegensteht[59].

---

58 BSG, NJW 1963, 1223.
59 *Erlenkämper*, aaO, S. 622 ff. mit weiteren Nachweisen.

Heinz-Werner Glücklich

3. Beschlüsse

Beschlüsse sind Entscheidungen des Gerichts ohne Urteilsform. Sie können   292
schriftlich oder nach fakultativer mündlicher Verhandlung ergehen, § 124
Abs. 3 SGG. Wenn mündliche Verhandlung stattgefunden hat, ist Verkündung erforderlich, § 142 Abs. 1 SGG. Im übrigen werden alle Beschlüsse,
auch die verkündeten, von Amts wegen zugestellt.

Beschlüsse müssen begründet werden, wenn sie durch Rechtsmittel angefochten werden können (Beschwerde nach § 172 SGG, Ausnahme § 177
SGG) oder wenn sie über ein Rechtsmittel entscheiden, § 142 Abs. 2 SGG.

K. Die Rechtsmittel und Rechtsbehelfe des Sozialgerichtsverfahrens

Als Rechtsmittel kennt das Sozialgerichtsverfahren Berufung, Revision und   293
Beschwerde, als Rechtsbehelfe die Anrufung des Gerichts gegen Entscheidungen des ersuchten oder beauftragten Richters oder des Urkundsbeamten, den Antrag auf mündliche Verhandlung gegen Vorbescheide des Vorsitzenden des Sozialgerichts oder Landessozialgerichts, die Wiederaufnahme
des Verfahrens und schließlich das Gesuch um die Wiedereinsetzung in den
vorigen Stand.

I. Die Berufung

1. Zulässigkeit der Berufung

Gegen die Urteile der Sozialgerichte findet die Berufung an das Landesso-   294
zialgericht statt, § 143 SGG.

Es gibt einen Katalog von Ansprüchen (§§ 144 bis 149 SGG), für die die Berufung
ausgeschlossen ist:

a) In allen Zweigen des Sozialrechts ist die Berufung ausgeschlossen für Ansprüche   295
auf einmalige Leistung, für Ansprüche auf wiederkehrende Leistungen für einen Zeitraum bis zu 13 Wochen (drei Monaten), für Entscheidungen über die Kosten des Verfahrens, soweit nicht zugleich die Entscheidung in der Hauptsache angefochten wird,
§ 144 Abs. 1 SGG.

Unter Ansprüchen auf einmalige Leistung im Sinne dieser Bestimmung sind nur zu
verstehen Ansprüche einzelner gegen einen Versicherungsträger oder gegen den Staat
oder gegen sonstige Körperschaften und Anstalten des öffentlichen Rechts, also
gegen die öffentliche Hand[60].

---

60 BSGE 11, 102; 22, 181; 30, 232; LSG Hamburg, SGb 57, 60 mit Anmerkung von
    Mellwitz.

Heinz-Werner Glücklich

Unter den Begriff der einmaligen Leistungen fallen auch Kassenarzthonorare[61]. Nicht darunter fallen Ersatz- oder Erstattungsstreitigkeiten, Streitigkeiten wegen Rückerstattung von Leistungen und von Beiträgen, auch nicht andere Ansprüche gegen den Bürger, z. B. Beitragsansprüche[62]. Bei öffentlich-rechtlichen Streitigkeiten aufgrund des Lohnfortzahlungsgesetzes ist die Berufung nicht zulässig, wenn der Wert des Beschwerdegegenstandes fünfhundert Deutsche Mark nicht übersteigt, § 144 Abs. 2 SGG.

296   b) In der Unfallversicherung ist die Berufung ausgeschlossen wegen Versäumnis der Anmeldefrist des § 1546 RVO, wegen des Beginns oder des Endes der Rente oder wegen Rente für bereits abgelaufene Zeiträume, wegen vorläufiger Rente, § 1585 Abs. 1 RVO und bei Streitigkeiten über den Grad der Minderung der Erwerbsfähigkeit oder über die Neufeststellung von Dauerrenten wegen Änderung der Verhältnisse, soweit nicht die Schwerbeschädigteneigenschaft oder die Gewährung der Rente davon abhängt oder die Änderung durch ein neu hinzugetretenes Leiden verursacht worden ist, § 145 SGG.

297   c) In der Rentenversicherung ist die Berufung ausgeschlossen, soweit sie Beginn oder Ende der Rente für bereits abgelaufene Zeiträume betrifft, § 146 SGG.

298   d) In den Angelegenheiten der Arbeitslosenversicherung und der Arbeitslosenhilfe ist die Berufung ausgeschlossen, soweit sie Beginn oder Höhe der Leistung betrifft, § 147 SGG.

299   e) Für das Gebiet der Kriegsopferversorgung ist die Berufung ausgeschlossen gegen Urteile, die Ansprüche betreffen, die wegen Fristversäumnis abgelehnt worden sind, Beginn oder Ende der Versorgung oder eine Versorgung für bereits abgelaufene Zeiträume, den Grad der Minderung der Erwerbsfähigkeit oder die Neufeststellung der Versorgungsbezüge wegen Änderung der Verhältnisse, soweit nicht die Schwerbeschädigteneigenschaft oder die Gewährung von Grundrente davon abhängt, oder schließlich die Höhe der Ausgleichsrente, § 148 SGG.

300   f) In Ersatz- und Erstattungsstreitigkeiten zwischen Behörden und Körperschaften oder Anstalten des öffentlichen Rechts ist die Berufung ausgeschlossen, wenn der Beschwerdewert 1000,– DM nicht übersteigt; dasselbe gilt für Ansprüche Versicherter auf Rückerstattung von Beiträgen, wenn der Beschwerdewert 150,– DM nicht übersteigt, § 149 SGG.

301   g) Von den unter a)–f) aufgeführten Fällen des Ausschlusses der Berufung gibt es wiederum Gegenausnahmen:
Trotz grundsätzlichen Ausschlusses der Berufung ist die Berufung zulässig,
aa) wenn das Sozialgericht sie im Urteil zugelassen hat,
bb) wenn der ursächliche Zusammenhang einer Gesundheitsstörung oder des Todes mit einem Arbeitsunfall oder einer Berufskrankheit oder einer Schädigung im Sinne des Bundesversorgungsgesetzes streitig ist,
cc) wenn das Sozialgericht eine Gesundheitsschädigung als nicht feststellbar erachtet hat,
dd) wenn ein wesentlicher Mangel des Verfahrens gerügt wird.

302   Zu aa): Das Sozialgericht hat die Berufung zuzulassen, darf sie aber auch nur zulassen, wenn die Rechtssache grundsätzliche Bedeutung hat oder wenn das Sozial-

---

61 BSGE 11, 107; BSG, Breith. 74, 909.
62 BSGE 6, 47; 15, 67; 30, 232.

Heinz-Werner Glücklich

gericht in der Auslegung einer Rechtsvorschrift von dem Urteil eines Landessozialge-
richts oder des Bundessozialgerichts oder des Gemeinsamen Senats der obersten
Gerichtshöfe des Bundes abweicht und das Urteil auf dieser Abweichung beruht.
Eine Rechtssache hat dann grundsätzliche Bedeutung, wenn sie über den Einzelfall
hinaus für die Einheit und Fortentwicklung des Rechts belangvoll ist und für eine
Anzahl ähnlich liegender Fälle eine Klärung bringt[63].

Die Zulassung muß nach der neueren Rechtsprechung des BSG bei verkündeten
Urteilen im Tenor enthalten sein[64]. Bei nichtverkündeten Urteilen, also solchen, die
im schriftlichen Verfahren ergangen sind, genügt auch die Zulassung der Berufung in
den Entscheidungsgründen. Dagegen genügt nicht die Zulassung allein in der Rechtsmittelbelehrung[65].

Darf das Berufungsgericht die Zulassung oder Nichtzulassung überprüfen, mit
anderen Worten: Ist eine Berufung trotz Nichtzulassung zulässig, weil sie bei zutreffender rechtlicher Beurteilung hätte zugelassen werden müssen, und ist umgekehrt
eine Berufung trotz Zulassung unzulässig, wenn sie bei richtiger rechtlicher Beurteilung nicht hätte zugelassen werden dürfen?

Die Frage ist bisher in der Rechtsprechung für die beiden in Frage stehenden Fall-
gestaltungen verschieden beantwortet worden. Die Nichtzulassung der Berufung bindet die höhere Instanz unbedingt; eine nichtzugelassene Berufung ist daher auch
dann unzulässig, wenn sie eigentlich nach § 150 SGG hätte zugelassen werden sollen[66]. Dagegen sollte nach bisheriger Rechtsprechung eine offensichtlich gesetzwidrig
erfolgte Zulassung der Berufung das Landessozialgericht nicht binden; in diesem
Falle müsse die Berufung trotz Zulassung vom Landessozialgericht als unzulässig verworfen werden, wobei allerdings dem Sozialgericht bei der Prüfung der Zulassungs-
frage ein Ermessensspielraum zuzubilligen sei und insbesondere bei der Frage der
grundsätzlichen Bedeutung der Sache von der rechtlichen Beurteilung des Prozeß-
stoffes durch das Sozialgericht auszugehen sei[67]. Diese Rechtsprechung kann jedoch
nicht aufrecht erhalten bleiben. Durch die Einfügung des § 160 Abs. 3 SGG wird klargestellt, daß bei der Revision das Bundessozialgericht an die Zulassung des Rechtsmittels durch das Landessozialgericht gebunden ist. Es würde systemwidrig sein, zwar
das Bundessozialgericht an die Zulassung des Rechtsmittels zu binden, dem Landessozialgericht aber bei der Berufung die Möglichkeit zu geben, die Zulassung des
Rechtsmittels zu überprüfen. Man muß daher mindestens seit der Neufassung des
§ 160 SGG davon ausgehen, daß das Landessozialgericht an die Zulassung der Berufung unbedingt gebunden ist.

Zu bb) und cc): In diesen beiden Fällen bedarf es keiner Zulassung der Berufung   303
durch das Sozialgericht; das Urteil ist sonach in diesen Fällen immer berufungsfähig.

---

63 BSGE 2, 129 ff., 132; BSG, NJW 1962, 2174, 2175.
64 So BSG MDR 77, 346 unter Aufgabe der früheren Rechtsprechung; kritisch dazu
    Meyer-Ladewig, § 150 SGG, Anm. 7.
65 BSGE 5, 95.
66 Vgl. BSG, NJW 1957, 1088.
67 BSG, NJW 1962, 2174; BSG, MDR 1964, 877; BSG, SGb 1966, 149.

Heinz-Werner Glücklich   677

304   Zu dd): Die Berufung ist ohne Zulassung auch dann immer zulässig, wenn und soweit ein wesentlicher Mangel des Verfahrens gerügt wird und vorliegt.

Wesentlich ist ein Verfahrensmangel immer dann, wenn die Möglichkeit besteht, daß das Gericht der unteren Instanz bei richtigem Verfahren anders entschieden haben würde[68]. Wesentliche Verfahrensmängel sind beispielsweise die nicht vorschriftsmäßige Besetzung des Gerichts, die Ablehnung von Vertagungsanträgen, wenn dadurch das Grundrecht des rechtlichen Gehörs verletzt wird, Verletzung der Pflicht, den Sachverhalt von Amts wegen zu erforschen, Ablehnung eines Beweismittels mit unzulässiger Vorwegnahme der Beweiswürdigung, Nichtbeachtung eines Antrags auf Anhörung eines erbetenen Arztes nach § 109 SGG usw. Die im Schrifttum gelegentlich vertretene Auffassung, bei einem wesentlichen Verfahrensmangel müsse es sich um einen error in procedendo, nicht um einen error in judicando handeln[69], ist in dieser Allgemeinheit nicht richtig. So ist in der Rechtsprechung anerkannt, daß der Erlaß eines Prozeßurteils statt eines rechtlich gebotenen Sachurteils ein wesentlicher Verfahrensmangel ist, obwohl es sich hierbei um einen error in judicando handelt[70].

305   Da der wesentliche Verfahrensmangel »gerügt« werden muß, genügt für die Zulässigkeit der Berufung noch nicht, daß ein wesentlicher Verfahrensmangel vorliegt. Er muß vielmehr »gerügt«, d. h. vor Erlaß der Berufungsentscheidung geltend gemacht werden. Allerdings braucht der Berufungskläger – im Gegensatz zur Verfahrensrüge in der Revisionsinstanz – den Verfahrensmangel nicht ausdrücklich zu behaupten; es reicht aus, wenn sich eine dahingehende Rüge genügend klar aus seinem Vorbringen ergibt[71]. In diesem Falle ist sonach ausnahmsweise eine Begründung der Berufung erforderlich.

Andererseits reicht die Rüge eines wesentlichen Verfahrensmangels noch nicht aus, um die Zulässigkeit der Berufung zu begründen; der gerügte Verfahrensmangel muß vielmehr auch tatsächlich vorliegen.

Wenn Ansprüche zusammentreffen, für die die Berufung zulässig ist, mit solchen, für die sie ausgeschlossen ist, dann ist im Berufungsverfahren der Streitstoff nicht im ganzen Umfang nachzuprüfen, sondern nur für den Teil, für den die Berufung zulässig ist[72].

2. Das Berufungsverfahren

306   Für das Verfahren in der Berufungsinstanz gelten im allgemeinen die Vorschriften über das Verfahren im ersten Rechtszuge, soweit nicht gesetzlich etwas Abweichendes bestimmt ist, § 153 SGG.

---

68 BSG, SozR, SGG § 162 Da 7, 29 = Breith. 1956, 428.
69 So *Wilde*, Grundzüge des Sozialrechts, S. 26
70 BSG, NJW 1962, 700 = SGb 1962, 209 = BSGE 15, 169.
71 BSG, SGb 1966, 312 Ne. 25.
72 BSG, Breith. 1955, 1301; a. M. *Wilde*, NJW 1956, 448.

Die Berufung ist binnen Monatsfrist nach Zustellung des Urteils erster **307** Instanz beim Landessozialgericht schriftlich oder zur Niederschrift des Urkundsbeamten der Geschäftstelle einzulegen, § 151 Abs. 1 SGG. Die Berufungsfrist ist auch gewahrt, wenn die Berufung innerhalb der Frist bei dem Sozialgericht schriftlich oder zur Niederschrift des Urkundsbeamten der Geschäftsstelle eingelegt wird, § 151 Abs. 2 SGG.

Muster 26

Berufungsschrift:
An das Hessische Landessozialgericht
Rheinstraße 94
6100 Darmstadt

In dem Rechtsstreit des Rentners Friedrich Müller, Rheinstraße 38, 6200 Wiesbaden,

Klägers und Berufungsklägers,

Prozeßbevollmächtigter: Rechtsanwalt _____

gegen

die Bundesversicherungsanstalt für Angestellte, 1000 Berlin-Wilmersdorf,

Beklagte und Berufungsbeklagte,

wegen Erwerbsunfähigkeitsrente,

Gericht I. Instanz: Sozialgericht Wiesbaden, Aktenzeichen I. Instanz: _____

lege ich für den Kläger und Berufungskläger gegen das am _____ **verkündete und am** _____ **zugestellte Urteil des Sozialgerichts Wiesbaden**

Berufung

ein. Ausfertigung des angefochtenen Urteils füge ich mit der Bitte um Rückgabe bei. Beglaubigte Abschrift anbei.

gez. Unterschrift

Rechtsanwalt

Erhält der Rechtsanwalt den Berufungsauftrag erst am letzten Tag der Berufungsfrist und befindet sich seine Kanzlei weder am Sitz des Landessozialgerichts noch am Sitz des Sozialgerichts, so daß eine schriftliche Berufungseinlegung nicht mehr möglich ist, dann bleibt zur Fristwahrung nur noch übrig, die Berufung beim Landessozialgericht oder beim Sozialgericht durch Telegramm einzulegen. Hierbei ist zu beachten: Das Aufgabetelegramm muß, um die Schriftform zu wahren, von dem aufgebenden Rechtsanwalt unterschrieben werden. Nach richtiger Meinung wird die Frist gewahrt, wenn die Telegraphenanstalt des Zugangsortes die Berufung einem Beamten des Landessozialgerichts oder Sozialgerichts, der zur Entgegennahme befugt ist, fernmündlich zuspricht und dieser einen entsprechenden schriftlichen Vermerk aufnimmt. Da man aber niemals Gewähr hat, daß die Telegraphenanstalt das Telegramm einem auch wirklich zur Empfangnahme zuständigen Beamten zuspricht und da man weiter keine Gewähr hat, daß dieser einen ordnungsmäßigen schriftlichen Vermerk aufnimmt, ist es nicht ratsam, das Telegramm zusprechen zu lassen. Es sollte ausgetragen und notfalls in den Nachtbriefkasten des Landessozialgerichts oder Sozialgerichts eingeworfen werden.

Muster 27

Telegraphische Berufungseinlegung:

An das Landessozialgericht
6100 Darmstadt
Rheinstraße 94
Einlege Berufung für Kläger gegen Urteil SG Wiesbaden vom 4. 9. 86 Müller. / .BfA, S-3/An-138/87.

gez. _____
Rechtsanwalt.

Vermerk: Nicht zusprechen; austragen und in Nachtbriefkasten einwerfen.

Nach § 151 Abs. 3 SGG soll die Berufungsschrift das angefochtene Urteil bezeichnen, einen bestimmten Antrag enthalten und die zur Begründung dienenden Tatsachen und Beweismittel angeben. Wenn diese Angaben fehlen, entstehen, da es sich nur um eine Sollvorschrift handelt, für den Berufungskläger keine Rechtsnachteile. Der Berufungsantrag muß freilich irgendwann einmal, spätestens in der mündlichen Verhandlung, gestellt werden, weil sonst das Ziel der Berufung unklar bleibt. Schon erwähnt wurde, daß bei Berufungen, die nur wegen Rüge wesentlicher Verfahrensmängel zulässig sind, diese Verfahrensmängel irgendwann einmal vor Erlaß der Entscheidung angegeben werden müssen.

Heinz-Werner Glücklich

Muster 28

Berufungsantrag für Kläger und Berufungskläger, dessen Klage in der Vorinstanz abgewiesen wurde:

**Ich beantrage,
das angefochtene Urteil zu ändern und unter Aufhebung des Bescheides vom 2. 5. 87 die Beklagte zu verurteilen, dem Kläger vom 1. 9. 1986 an die gesetzliche Rente wegen Berufsunfähigkeit zu gewähren.**

Muster 29

Berufungsantrag des Berufungsklägers und Beklagten, der in I. Instanz verurteilt worden ist:

**Ich beantrage:
das angefochtene Urteil zu ändern und die Klage abzuweisen.**

Der Berufungsbeklagte kann gegen das Urteil erster Instanz Anschlußberu- **308** fung einlegen, sowohl selbständige Anschlußberufung wie unselbständige Anschlußberufung[73]. Im einzelnen gelten die Vorschriften der ZPO entsprechend. Anschlußberufung wird eingelegt durch Einreichung einer Anschlußberufungsschrift mit eigenhändiger Unterschrift beim Landessozialgericht; Vortrag in der mündlichen Verhandlung genügt nicht[74]. Die Anschlußberufungsschrift braucht jedoch weder einen Antrag noch eine Begründung zu enthalten[75]. Für die Anschlußberufung ist keine Beschwer erforderlich; sie kann demgemäß auch von einem Beteiligten, der in der Vorinstanz voll obgesiegt hat, eingelegt werden, etwa zum Zwecke der Klageerweiterung[76].
Beispiel:
Der Kläger, dem durch den angefochtenen Bescheid Rente aus der Rentenversicherung abgelehnt worden war, hat durch Urteil des Sozialgerichts Berufsunfähigkeitsrente von einem bestimmten Zeitpunkt an zugesprochen erhalten. Hiergegen hat der Versicherungsträger mit dem Ziel der Klageabweisung Berufung eingelegt. Der Kläger, der der Auffassung ist, von einem bestimmten Zeitpunkt an nicht nur berufsunfähig, sondern erwerbsunfähig zu sein, kann sich der Berufung anschließen mit dem Ziel der Gewährung von Erwerbsunfähigkeitsrente.

73 BSGE 2, 229/231 = SorZ, ZPO, § 522 a, Da. 1,1.
74 BSGE 2, 234.
75 BSG, NJW 1958, 400.
76 BSG, JZ 1966, 532.

Muster 30

Anschlußberufung mit Anträgen eines Klägers, der in der I. Instanz voll obsiegt hat:

An das Hessische Landessozialgericht
Rheinstraße 96
6100 Darmstadt
In der Angestelltenversicherungssache BfA
gegen
Schmidt (RA. _____)
– AZ.: L – 2/An – 739/87 –
schließt sich der Kläger der Berufung der Beklagten gegen das Urteil des Sozial-
gerichts Wiesbaden vom 8. Mai 1987 zum Zwecke der Klageerweiterung an.

Ich beantrage:
1. **die Berufung der Beklagten zurückzuweisen,**
2. **auf die Anschlußberufung des Klägers das angefochtene Urteil teilweise zu**
   ändern und die Beklagte zu verurteilen, an den Kläger vom 1. Juni 86 an die
   gesetzliche Rente wegen Erwerbsunfähigkeit zu zahlen.

gez. Unterschrift
Rechtsanwalt.

Solange die Hauptberufung durchgeführt wird, werden selbständige und unselbständige Anschlußberufungen gleichbehandelt. Wenn aber die Hauptberufung zurückgenommen oder verworfen wird, wird die unselbständige Anschlußberufung damit gegenstandslos, während die selbständige Anschlußberufung Hauptberufung wird.

309 Die Einlegung der Berufung hat aufschiebende Wirkung in drei Fällen:
a) kraft Gesetzes bei ausdrücklicher gesetzlicher Anordnung,
b) mittelbar durch Anordnung einer aufschiebenden Wirkung eines Verwaltungsaktes durch einstweilige Aussetzung auf Antrag des Klägers,
c) Aussetzung der Vollstreckung des Urteils der ersten Instanz durch einstweilige Anordnung.

Zu a): Aufschiebende Wirkung kraft Gesetzes besteht nach § 154 Abs. 1 SGG in den Fällen des § 97 Abs. 1 SGG, also dort, wo bereits die Klage aufschiebende Wirkung kraft Gesetzes hatte (vgl. dazu vorstehend Rdnr. 268).

Die Berufung des Versicherungsträgers oder in der Kriegsopferversorgung eines Landes bewirkt Aufschub, soweit es sich um Beträge handelt, die für die Zeit vor Erlaß des angefochtenen Urteils nachgezahlt werden sollen, § 154 Abs. 2 SGG.

Die aufschiebende Wirkung bedeutet, daß aus dem Urteil erster Instanz nicht vollstreckt werden kann.

zu b): Die Anordnung der aufschiebenden Wirkung eines Verwaltungsaktes durch einstweilige Aussetzung auf Antrag des Klägers ist auch in der Berufungsinstanz

Heinz-Werner Glücklich

zulässig, und zwar in denselben Fällen und unter denselben Bedingungen wie in der ersten Instanz nach Einreichung der Klage (vgl. vorstehend Rdnr. 270).

Zu c): Vorgesehen ist schließlich noch die Aussetzung der Vollstreckung des Urteils der ersten Instanz durch einstweilige Anordnung des Vorsitzenden des Senats, der über das Rechtsmittel zu entscheiden hat, und zwar in denjenigen Fällen, in denen die Berufung keine aufschiebende Wirkung kraft Gesetzes hat, § 199 Abs. 2 SGG. Diese Anordnung erfolgt in der Regel auf Antrag des Beklagten und Berufungsklägers, der durch die erste Instanz zu einer Leistung an den Kläger verurteilt worden ist. Die Anordnung kann aber auch ohne Antrag von Amts wegen erfolgen. Die Aussetzung kann von einer Sicherheitsleistung abhängig gemacht werden. Die Anordnung ist unanfechtbar, sie kann jederzeit aufgehoben werden.

Vor der sachlichen Prüfung hat das Berufungsgericht zu prüfen, ob die 310 Berufung an sich statthaft und ob sie in der gesetzlichen Form und Frist eingelegt worden ist. Fehlt es an einer dieser formellen Voraussetzungen, so ist die Berufung als unzulässig zu verwerfen, § 158 SGG. Diese Verwerfung kann durch Vorbescheid des Vorsitzenden des Senats ohne mündliche Verhandlung erfolgen, wenn er mit dem Berichterstatter darüber einig ist, daß die Berufung unzulässig oder verspätet eingelegt ist; soll die Berufung als verspätet verworfen werden, so ist dem Berufungskläger vorher unter Mitteilung des Sachverhalts Gelegenheit zur Äußerung zu geben, § 158 Abs. 2 SGG. Gegen den Vorbescheid des Vorsitzenden können die Beteiligten binnen eines Monats nach Zustellung mündliche Verhandlung beantragen. In diesem Fall gilt der Vorbescheid als nicht ergangen, § 158 Abs. 3 in Verbindung mit § 105 Abs. 2 SGG.

Die Berufungsinstanz ist Tatsacheninstanz. Das Landessozialgericht hat 311 deshalb, wenn die Berufung zulässig ist, den gesamten Streitfall nochmals zu überprüfen. Es muß, anders als im Zivilprozeß, auch neu vorgebrachte Tatsachen und Beweismittel berücksichtigen, § 157 SGG.

Hält das Landessozialgericht das Urteil des Sozialgerichts für im Ergeb- 312 nis richtig, so weist es die Berufung zurück, andernfalls ändert es das Urteil des Sozialgerichts durch eigene Sachentscheidung. Nur in drei Fällen kann das Landessozialgericht das Urteil erster Instanz aufheben und die Sache an das Sozialgericht zurückverweisen, nämlich wenn das Sozialgericht die Klage abgewiesen hat, ohne in der Sache selbst zu entscheiden (also bei Abweisung durch Prozeßurteil), oder wenn das Verfahren an einem wesentlichen Mangel leidet, oder schließlich, wenn nach Erlaß des angefochtenen Urteils neue Tatsachen oder Beweismittel bekannt werden, die für die Entscheidung wesentlich sind, § 159 SGG.

Im Falle der Zurückweisung ist das Sozialgericht an die rechtliche Beurteilung des Berufungsgerichts gebunden, § 159 Abs. 2 SGG. Gelangt die Sache auf erneute Berufung wiederum an das Landessozialgericht, so ist auch das Landessozialgericht an die rechtliche Beurteilung in seinem früheren Berufungsurteil gebunden.

II. Die Revision

313   *1. Statthaftigkeit der Revision*

Die Revision ist statthaft gegen Urteile der Landessozialgerichte, § 160 SGG, wenn der Revisionskläger durch das angefochtene Urteil beschwert ist[77] und die Revision von dem Landessozialgericht in dem angefochtenen Urteil oder auf Nichtzulassungsbeschwerde hin beim Bundessozialgericht zugelassen wird. Die Revision ist nur zuzulassen, wenn eine der drei Voraussetzungen des § 160 Abs. 2 SGG erfüllt ist, nämlich

a) wenn die Rechtssache grundsätzliche Bedeutung hat,
b) wenn das Urteil des Landessozialgerichts von einer Entscheidung des Bundessozialgerichts oder des Gemeinsamen Senats der obersten Gerichtshöfe des Bundes abweicht und auf dieser Abweichung beruht,
c) wenn ein Verfahrensmangel geltend gemacht wird, auf dem die angefochtene Entscheidung beruhen kann; der geltend gemachte Verfahrensmangel kann jedoch nicht auf Verletzung des § 109 SGG (Anhörung eines bestimmten, vom Kläger bezeichneten Arztes) oder des § 128 Abs. 1 Satz 1 SGG (Entscheidung nach freier, aus dem Gesamtergebnis des Verfahrens gewonnener richterlicher Überzeugung) gestützt werden. Sie kann auf Verletzung des § 103 SGG (Amtsermittlung unter Heranziehung der Beteiligten) nur gestützt werden, wenn der Verfahrensmangel sich auf einen Beweisantrag bezieht, dem das Landessozialgericht ohne hinreichende Begründung nicht gefolgt ist.

314   Zu a): Eine Rechtsfrage hat dann grundsätzliche Bedeutung, wenn sie über den Einzelfall hinaus für die Einheit und Fortentwicklung des Rechts belangvoll ist oder für eine Anzahl ähnlich liegender Fälle eine Klärung bringt[78].

315   Zu b): Unter einem wesentlichen Verfahrensmangel ist grundsätzlich jede Verletzung einer zwingenden Verfahrensvorschrift zu verstehen[79]. Der Verfahrensmangel muß das Verfahren des LSG betreffen; Verfahrensmängel, die allein das Verwaltungsverfahren oder das Verfahren des ersten Rechtzuges betreffen, sind kein Revisionsgrund (außer im Fall der Sprungrevision[80]). Ein Verfahrensmangel führt nur dann zur Zulassung der Revision, wenn der Revisionskläger das Rügerecht nicht durch rügeloses Verhandeln vor dem Landessozialgericht nach § 295 ZPO in Verbindung mit § 202 SGG verloren hat[81]. Das gilt selbstverständlich nur für heilbare Verfahrensmängel; unheilbare Verfahrensmängel – etwa Unzulässigkeit des Rechtsweges

---

77 BSGE 6, 280.
78 BSGE 2, 129 ff., 132; BSG, NJW 62, 2175; BSG, MDR 75, 965.
79 BSG, SozR, SGG § 162 Da. 1, 4.
80 BSG, SozR, SGG § 162 Da. 6, 28.
81 BSG, SozR, Nr. 40 zu § 162 SGG.

vor den Gerichten der Sozialgerichtsbarkeit oder Fehlen des gesetzlich vorgeschriebenen Vorverfahrens – rechtfertigen die Zulassung der Revision auch bei rügelosem Verhandeln vor dem Landessozialgericht.

Ein Verfahrensverstoß rechtfertigt die Revisionszulassung ferner nur dann, wenn ursächlicher Zusammenhang mit dem Urteil wenigstens in dem Sinne besteht, daß das Urteil möglicherweise auf dem Verfahrensverstoß beruht, wie sich aus dem Wortlaut des § 160 Abs. 2 Nr. 3 SGG unmittelbar ergibt.

Der Beweisantrag, der die Verfahrensrevision wegen Verletzung des § 103 SGG begründen soll, muß in der mündlichen Verhandlung oder in einem Schriftsatz gestellt werden, der Gegenstand der mündlichen Verhandlung ist; ferner müssen die Umstände ergeben, daß er in der letzten mündlichen Verhandlung aufrecht erhalten wurde[82]. Dabei hat der Verfahrensmangel als Zulassungsgrund nur Bedeutung für die Nichtzulassungsbeschwerde an das Bundessozialgericht; das Landessozialgericht selbst wird die Revision wegen eines Verfahrensmangels niemals zulassen können, da es sich des Verfahrensmangels gar nicht bewußt ist. Verfahrensmängel werden bekanntlich nur versehentlich begangen. Ausnahmsweise könnte der Fall eintreten, daß das Landessozialgericht über eine zweifelhafte prozessuale Vorschrift entschieden hat und deshalb die Revision wegen eines möglichen Verfahrensmangels zuläßt. In einem solchen Fall wird jedoch bereits der Zulassungsgrund des § 160 Abs. 2 Nr. 1 oder Nr. 2 SGG gegeben sein.

Die Nichtzulassung der Revision kann selbständig durch Beschwerde (sogenannte Nichtzulassungsbeschwerde) zum Bundessozialgericht angefochten werden, § 160 a SGG. Die Beschwerde ist bei dem Bundessozialgericht innerhalb eines Monats nach Zustellung des Urteils einzulegen. Der Beschwerdeschrift soll eine Ausfertigung oder eine beglaubigte Abschrift des Urteils, gegen das die Revision eingelegt werden soll, beigefügt werden.

Die Beschwerde ist innerhalb von zwei Monaten nach Zustellung des Urteils zu begründen. Die Begründungsfrist kann auf Antrag einmal bis zu einem Monat verlängert werden. In der Begründung muß die grundsätzliche Bedeutung der Rechtssache dargelegt oder die Entscheidung, von der das Urteil des Landessozialgerichts abweicht oder der Verfahrensmangel bezeichnet werden.

Die Einlegung der Beschwerde hemmt die Rechtskraft des Urteils.

Das Landessozialgericht kann der Beschwerde nicht abhelfen. Das Bundessozialgericht entscheidet unter Zuziehung der ehrenamtlichen Richter durch Beschluß, dem eine kurze Begründung beigefügt werden soll, es sei denn, daß sie nicht geeignet ist, zur Klärung der Voraussetzungen der Revi-

316

---

82 BSG, SozR 1500, SGG § 160 Nr. 12; *Meyer-Ladewig,* Betriebsberater 1974, 1537; *derselbe,* § 160 SGG, Anm. 18.

sionszulassung beizutragen. Wird die Beschwerde abgelehnt, so wird das Urteil des Landessozialgerichts damit rechtskräftig.

Muster 31

Nichtzulassungsbeschwerde wegen grundsätzlicher Bedeutung der Rechtssache:

An das Bundessozialgericht
Graf-Bernadotte-Platz 5
3500 Kassel-Wilhelmshöhe
Nichtzulassungsbeschwerde des Klägers in dem Rechtsstreit des Schuldirektors
G. _____ , Klägers, Berufungsklägers und Beschwerdeführers,
Prozeßbevollmächtigter: Rechtsanwalt _____
gegen
die Allgemeine Ortskrankenkasse Wiesbaden, Klarenthaler Straße 32, 6200 Wies-
baden, Beklagte, Berufungsbeklagte und Beschwerdegegnerin,
wegen Nachzahlung von Sozialversicherungsbeiträgen für Angestellte.
Gericht II. Instanz: Hessisches LSG Darmstadt,
Aktenzeichen II. Instanz: _____
Für den Kläger lege ich in der obenbezeichneten Sache gegen die Nichtzulassung
der Revision in dem am _____ verkündeten und am _____ zugestellten Urteil
Beschwerde
ein mit dem Antrag,
die Revision gegen das Urteil zuzulassen.

Begründung:

Der Kläger ist Inhaber und Leiter der H.-Schule in Wiesbaden. In dieser Schule
werden vorwiegend beamtete Lehrkräfte nebenberuflich beschäftigt. Der Kläger
war der Auffassung, daß diese Lehrkräfte sozialversicherungsfrei seien. Dies
wurde von der Beklagten in einer 1986 durchgeführten Betriebsprüfung beanstan-
det und die Nachzahlung eines Betrages in Höhe von 174 795,84 DM gefordert.
Hiergegen hat der Kläger zunächst Widerspruch und gegen den den Widerspruch
als unbegründet zurückweisenden Bescheid Anfechtungsklage beim Sozialgericht
Wiesbaden erhoben und gegen das klageabweisende Urteil Berufung zum Hessi-
schen Landessozialgericht Darmstadt eingelegt. Er hat sich in beiden Instanzen
darauf berufen, daß der Anspruch auf Beitragsnachzahlung verwirkt sei, weil der
Beklagten aufgrund der Betriebsprüfungen, die in den Jahren 1982 bis 1985 jähr-
lich durchgeführt wurden, die Nichtabführung von Sozialversicherungsbeiträgen
bekannt gewesen sei, ohne daß sie den Kläger über seinen Rechtsirrtum, daß
nebenberufliche Einnahmen von Beamten sozialversicherungsfrei seien, aufge-

klärt habe. Im einzelnen wird auf die Sachdarstellung in der Klageschrift und in der Berufsbegründung verwiesen.

Das LSG hat Verwirkung verneint, indem es sich auf das Urteil des BSG in BSGE 21, 52 ff. berufen hat. Es hat übersehen, daß der Fall hier in tatsächlicher Hinsicht anders liegt als in dem Fall, über den das BSG entschieden hat. Die Entscheidung des BSG beruht auf der Erwägung, daß die Frage der nachträglichen Beitragszahlung durch den Arbeitgeber nicht nur dessen Interessen, sondern auch die des versicherungspflichtigen Arbeitnehmers betrifft. Hierbei werde das – grundsätzlich schutzwürdige – Vertrauen des Arbeitgebers, nicht nachträglich in Anspruch genommen zu werden, überlagert von dem Interesse des Arbeitnehmers an der Sicherstellung des Rentenanspruchs durch fortlaufende Beitragszahlung. Es ist indes, wie das Landessozialgericht Nordrhein-Westfalen in seinem Urteil vom 9. 7. 1963, Aktenzeichen: L 16 Kr 29/59, ausgeführt hat, nicht stets und von vornherein von einem derartigen Interesse des Arbeitnehmers auszugehen. Insbesondere würde dies im vorliegenden Fall verfehlt sein:

Die hier in Rede stehenden Lehrkräfte haben, wie bereits in der Berufungsbegründung dargelegt wurde, einen Pensionsanspruch aus ihrer hauptberuflichen Beamtenstellung. Sie sind darüber hinaus, wie gleichfalls in der Berufungsbegründungsschrift dargelegt, durch die betriebliche Versorgungszusage der H.-Schule, von der wir ein Formular zu den Akten überreicht haben, geschützt. Diese Versorgung, die eine Altersrente, eine Witwenrente, eine Waisenrente sowie eine Invalidenrente umfaßt, ist bundesgesetzlich geregelt und durch die vorgeschriebene Mitgliedschaft des Klägers im Pensionssicherungsverein auch für den Fall der Zahlungsunfähigkeit gewährleistet. Die Beitragspflicht in der Sozialversicherung hätte zudem für die nebenberuflichen Lehrkräfte eine solch erhebliche Minderung ihrer Bezüge zur Folge, daß ein weiteres Interesse an der Ausübung dieser Tätigkeit schwerlich aufrecht erhalten werden könnte.

Die Rechtssache hat grundsätzliche Bedeutung, weil noch nicht höchstrichterlich entschieden ist, ob auch in einem solchen Falle der Einwand der Verwirkung gegen Beitragsrückstände abzulehnen ist.

Die Beschwerde erweist sich hiernach als begründet.

Beglaubigte Abschrift des Berufungsurteils füge ich bei.

gez. Unterschrift,
Rechtsanwalt

317 Das Gesetz kennt neben der Revision gegen Urteile der Landessozialgerichte auch noch die Sprungrevision gegen Urteile der Sozialgerichte, § 161 SGG. Die Sprungrevision ist nur statthaft, wenn der Gegner schriftlich zustimmt und wenn sie von dem Sozialgericht im Urteil oder auf Antrag durch Beschluß zugelassen wird. Der Antrag muß innerhalb eines Monats nach Zustellung des Urteils schriftlich gestellt werden. Die Zustimmung des

Gegners ist dem Antrag, oder wenn die Revision im Urteil zugelassen ist, der Revisionsschrift beizufügen.

Die Revision kann nur wegen grundsätzlicher Bedeutung der Rechtssache oder wegen Abweichen des Urteils des Sozialgerichts von einer Entscheidung des Bundessozialgerichts oder des Gemeinsamen Senats der obersten Gerichtshöfe des Bundes zugelassen werden. Eine Verfahrensrevision ist sonach bei der Sprungrevision nicht möglich.

Lehnt das Sozialgericht den Antrag auf Zulassung der Revision durch Beschluß ab, so beginnt mit der Zustellung dieser Entscheidung der Lauf der Berufungsfrist von neuem, sofern der Antrag in der gesetzlichen Form und Frist gestellt und die Zustimmungserklärung des Gegners beigefügt war. Läßt das Sozialgericht die Revision durch Beschluß zu, so beginnt mit der Zustellung dieser Entscheidung der Lauf der Revisionsfrist.

318   Einlegungsberechtigt für die Revision sind der Berufungskläger und der Berufungsbeklagte, bei der Sprungrevision der Kläger und der Beklagte, ferner die notwendig Beigeladenen im Sinne des § 75 Abs. 2 SGG.

319   Eine Beschränkung der Revision – sie gilt auch für die Sprungrevision – enthält § 162 SGG. Danach kann die Revision nur darauf gestützt werden, daß die Entscheidung auf der Nichtanwendung oder unrichtigen Anwendung einer Vorschrift des Bundesrechts oder einer sonstigen im Bezirk des Berufungsgerichts geltenden Vorschrift beruht, deren Geltungsbereich sich über den Bezirk des Berufungsgerichts hinaus erstreckt. Die Revision ist sonach – wie in anderen Zweigen der Gerichtsbarkeit – reine Rechtsrügeinstanz. Als Rechtsverstoß gilt aber auch ein Verstoß gegen allgemeine Erfahrungssätze[83]. So hat beispielsweise das BSG ein Urteil eines Landessozialgerichts aufgehoben, weil es gegen den allgemeinen Erfahrungssatz verstoßen hat, daß psychische Reaktionen auf ein Unfallereignis nicht in jedem Fall auf wunschbedingten Vorstellungen beruhen, und damit zugleich den für das Recht der gesetzlichen Unfallversicherung geltenden Begriff der »wesentlichen Ursache« verkannt hat[84].

2. Frist und Form der Revisionseinlegung

320   Für die Revision – auch bereits für die Nichtzulassungsbeschwerde – gilt Vertretungszwang. Vor dem Bundessozialgericht müssen sich die Beteiligten, soweit es sich nicht um Behörden oder Körperschaften des öffentlichen Rechts oder Anstalten des öffentlichen Rechts handelt, durch Prozeßbevollmächtigte vertreten lassen, § 166 Abs. 1 SGG.

Als Prozeßbevollmächtigte sind zugelassen die Mitglieder und Angestellten von Gewerkschaften, von selbständigen Vereinigungen von Arbeitneh-

---

83 Vgl. BSG, SozR Nr. 40 zu § 162 SGG; *Buss*, NJW 1966, 915/917.
84 Vgl. BSG, NJW 1963, 1693.

Heinz-Werner Glücklich

mern mit sozial- oder berufspolitischer Zwecksetzung, von Vereinigungen von Arbeitgebern, von berufsständischen Vereinigungen der Landwirtschaft und von Vereinigungen der Kriegsopfer, sofern sie kraft Satzung oder Vollmacht zur Prozeßvertretung befugt sind. Ferner ist jeder bei einem deutschen Gericht zugelassene Rechtsanwalt als Prozeßbevollmächtigter bei dem Bundessozialgericht zugelassen, § 166 Abs. 2 SGG.

Die Revision muß innerhalb eines Monats nach Zustellung des Berufungsurteils, oder, falls sie erst auf Zulassungsbeschwerde zugelassen wird, nach Zustellung des Zulassungsbeschlusses schriftlich und, soweit Vertretungszwang besteht, durch einen zugelassenen Prozeßbevollmächtigten beim Bundessozialgericht eingereicht werden. Die Schriftform bedeutet, daß die Revisionsschrift eigenhändig unterschrieben werden muß. Einlegung durch Telegramm, Fernschreiben oder Telebrief ist zulässig; in diesem Falle muß aber das Aufgabetelegramm durch den Prozeßbevollmächtigten eigenhändig unterschrieben werden. Im Falle telegraphischer Einlegung ist es aus den bei der Berufung erörterten Gründen ratsam, das fernmündliche Zusprechen des Telegramms auszuschließen und anzuordnen, daß das Telegramm beim Bundessozialgericht in den Briefkasten einzuwerfen ist.

Die Revisionsschrift muß das angeforderte Urteil angeben; eine Ausfertigung oder beglaubigte Abschrift des angefochtenen Urteils soll beigefügt werden, sofern dies nicht bereits bei der Nichtzulassungsbeschwerde geschehen ist.

321

Muster 32

Revisionsschrift:

An das Bundessozialgericht Kassel-Wilhelmshöhe
Graf-Bernadotte-Platz 75
3500 Kassel-Wilhelmshöhe
Revision des Klägers in der Angestelltenversicherungssache des Orchestermusikers Edmund Schmidt, wohnhaft in Wiesbaden, Richard-Wagner-Straße 17,
Klägers, Berufungsklägers und Revisionsklägers,
– Prozeßbevollmächtigter: RA _____
gegen
die Bundesversicherungsanstalt für Angestellte,
gesetzlich vertreten durch ihre Geschäftsführung,
Berlin-Wilmersdorf,
Beklagte, Berufungsbeklagte und Revisionsbeklagte.
Streitgegenstand: Gewährung von Berufsunfähigkeitsrente,
Gericht II. Instanz: Hessisches Landessozialgericht in Darmstadt,
Geschäftsnummer II. Instanz: _____

Heinz-Werner Glücklich

In der vorbezeichneten Sache lege ich für den Kläger gegen das am _____ verkündete und am _____ zugestellte Urteil des Hessischen Landessozialgerichts in Darmstadt

Revision

ein.
Die Revision ist in dem angefochtenen Urteil zugelassen worden.
Beglaubigte Abschrift des angefochtenen Urteils liegt bei.

gez. Unterschrift,
Rechtsanwalt

Muster 33

Telegraphische Revisionseinlegung:

An das Bundessozialgericht
3500 Kassel-Wilhelmshöhe
Graf-Bernadotte-Platz 3
Einlege für Kläger Revision gegen Urteil LSG Darmstadt vom _____ in Sachen Schmidt ./. BfA, AZ.: _____

gez. Unterschrift,
Rechtsanwalt.

Vermerk: Nicht zusprechen, austragen und in Nachtbriefkasten einwerfen.

3. Die Revisionsbegründung

322 Nach § 164 Abs. 2 SGG muß die Revision innerhalb von zwei Monaten nach Zustellung des Urteils oder des Beschlusses über die Zulassung der Revision begründet werden. Die Begründungsfrist kann auf Antrag vor ihrem Ablauf verlängert werden.

323 Zur Revisionsbegründung gehört ein bestimmter Antrag, § 164 Abs. 2 SGG.

Muster 34

Revisionsantrag, Revisionskläger ist Kläger und ist in den beiden Vorinstanzen unterlegen:

Ich beantrage,
das angefochtene Urteil aufzuheben und unter Änderung des Urteils des Sozialgerichts _____ vom _____ und unter Aufhebung des Bescheides der Beklagten vom _____ die Beklagte zu verurteilen, an den Kläger vom _____ an die gesetzliche Rente wegen Berufsunfähigkeit zu zahlen,
hilfsweise, die Sache zu erneuter Verhandlung und Entscheidung an die Vorinstanz zurückzuverweisen.

Muster 35

Revisionsantrag, Revisionskläger ist Kläger, hat beim Sozialgericht obsiegt und ist beim Landessozialgericht unterlegen:

Ich beantrage,
das angefochtene Urteil aufzuheben und die Berufung der Beklagten gegen das Urteil des Sozialgerichts in _____ vom _____ zurückzuweisen, hilfsweise, die Sache zu erneuter Verhandlung und Entscheidung an die Vorinstanz zurückzuverweisen.

Muster 36

Revisionsantrag, Revisionskläger ist Beklagter und ist in den beiden Vorinstanzen unterlegen:

Ich beantrage,
das angefochtene Urteil aufzuheben und unter Änderung des Urteils des Sozialgerichts in _____ vom _____ die Klage abzuweisen,
hilfsweise, die Sache zu erneuter Verhandlung und Entscheidung an die Vorinstanz zurückzuverweisen.

Muster 37

Revisionsantrag, Revisionskläger ist Beklagter, hat vor dem Sozialgericht obsiegt und ist vor dem Landessozialgericht unterlegen:

Ich beantrage,
das angefochtene Urteil aufzuheben und die Berufung des Klägers gegen Urteil des Sozialgerichts in _____ vom _____ zurückzuweisen,
hilfsweise, die Sache zu erneuter Verhandlung und Entscheidung an die Vorinstanz zurückzuverweisen.

Heinz-Werner Glücklich

324   Für den weiteren Inhalt der Revisionsbegründung bestimmt § 164 Abs. 2 Satz 3 SGG, daß die Revisionsbegründung die verletzte Rechtsnorm und, soweit Verfahrensmängel gerügt werden, die Tatsachen und Beweismittel bezeichnen muß, die den Mangel angeben. Die Anforderungen an die Begründung sind sonach verschieden, je nachdem, ob Verletzung materiellen Rechts, wozu auch die Verkennung von allgemeinen Erfahrungssätzen gehört, oder Verletzung verfahrensrechtlicher Vorschriften gerügt werden soll.

325   Für die Sachrüge genügt die Angabe der verletzten Rechtsnorm. Die allgemeine Rüge der Verletzung materiellen Rechts – wie im Strafprozeß – reicht nicht aus. Ebenso ist ungenügend die Bitte um Nachprüfung aller aufgeworfenen Rechtsfragen, weil auch das keine hinreichende Bezeichnung der angeblich verletzten Rechtsnorm darstellt[85]. Dagegen ist für die Sachrüge nicht erforderlich, daß eine bestimmte Paragraphenzahl angegeben werde, genügend ist, daß der Revisionskläger angibt, welchen Inhalt die angeblich verletzte Rechtsnorm seiner Meinung nach haben soll[86].

Wichtig für die Sachrüge ist die Beachtung des § 163 SGG. Nach dieser Vorschrift ist das Bundessozialgericht an die in dem angefochtenen Urteil getroffenen tatsächlichen Feststellungen gebunden, außer wenn in Bezug auf diese Feststellungen zulässige und begründete Revisionsgründe vorgebracht sind. Derartige Revisiongründe sind aber ausnahmsweise Verfahrensrügen. Mit der Sachrüge können sonach niemals die tatsächlichen Feststellungen des angefochtenen Urteils beanstandet werden. Derartige Beanstandungen sind zwecklos und setzen den Revisionskläger der Gefahr aus, daß seine Revision wegen ungenügender Begründung als unzulässig verworfen wird.

Muster 38

Sachrüge einer Revisionsbegründung:

Das Landessozialgericht hat die gesetzliche Lohnhälfte, bei deren Erreichung Berufsunfähigkeit noch nicht vorliegt, auf die Hälfte der Beitragsbemessungsgrenze der Sozialversicherung, sonach auf 36 000 DM jährlich oder 3000 DM monatlich beschränkt, obwohl ein körperlich und geistig gesunder Beschäftigter mit gleicher Ausbildung und gleichartigen Kenntnissen und Fähigkeiten wie der Kläger – erster Konzertmeister eines weltbekannten Orchesters – mehr als 72 000 DM jährlich zu verdienen pflegt. Das Landessozialgericht begründet seine Ansicht damit, daß § 23 Abs. 2 AVG es als Vergleichsmaßstab auf die Erwerbsfä-

---

85 BSG, NJW 1957, 1816.
86 BSGE 8, 31.

Heinz-Werner Glücklich

higkeit eines gesunden »Versicherten« abstellt. Dabei ist übersehen, daß auch freiwillig Versicherte und Höherversicherte nach §§ 10, 11 AVG Versicherte im Sinne des § 23 Abs. 2 AVG sind. Die gesetzliche Lohnhälfte ist sonach die Hälfte des Tarifgehalts oder bei Fehlen eines Tarifs die Hälfte des üblichen Gehaltes eines gesunden Beschäftigten mit gleicher Ausbildung und gleichen Kenntnissen und Fähigkeiten und nicht nur die Hälfte der gesetzlichen Beitragsbemessungsgrenze.

Verletzt ist § 23 Abs. 2 AVG.

Ist die Revision erst einmal zugelassen, dann ist der Revisionskläger bei der Revisionsbegründung nicht auf diejenigen Rechtsfragen beschränkt, deretwegen die Revision zugelassen worden ist und auch nur zugelassen werden konnte. Er kann vielmehr sämtliche Sach- und Verfahrensrügen, die im Einzelfall in Betracht kommen, erheben. Insbesondere ist er bei der Verfahrensrüge nicht auf diejenigen Verfahrensmängel beschränkt, deretwegen nach § 160 Abs. 2 Nr. 3 SGG Nichtzulassungsbeschwerde erhoben werden kann.

Soweit Verfahrensmängel gerügt werden, müssen außer der verletzten Rechtsnorm die Tatsachen und Beweismittel bezeichnet werden, die den Mangel ergeben, § 164 Abs. 2 Satz 2 SGG. Hier genügt nach der Rechtsprechung des BSG noch nicht, daß ein wesentlicher Verfahrensmangel gerügt wird; der gerügte Verfahrensmangel muß auch tatsächlich vorliegen; andernfalls wird trotz der Rüge die Revision als unzulässig verworfen[87].

Verfahrensrügen müssen sich streng auf verfahrensrechtliche Fragen beschränken. Eine Verfahrensrüge, mit der nur der sachliche Inhalt des angefochtenen Urteils beanstandet wird, ist unzulässig. Allerdings trifft es nicht zu, daß Fehler bei der Rechts- und Urteilsfindung stets Sachmängel seien. Zum sachlichen Inhalt des Urteils, der mit der Verfahrensrüge nicht angefochten werden kann, gehören nur diejenigen Urteilsgründe, die sich unmittelbar mit der Begründetheit des Klageanspruchs befassen. Dagegen kann beispielsweise eine zu Unrecht erfolgte Prozeßabweisung mit der Verfahrensrüge beanstandet werden.

Verfahrensmängel, die in der Revisionsbegründung nicht gerügt werden, können nach Ablauf der Revisionsbegründungsfrist nicht mehr gerügt werden; das gilt nur für solche Verfahrensmängel nicht, die auch ohne Rüge von Amts wegen zu beachten sind, wie z. B. die Zulässigkeit des Rechtswegs vor den Sozialgerichten.

326

---

87 BSGE 1, 150 = NJW 1956, 118.

Heinz-Werner Glücklich
45 Wagner 2

693

Nach Ablauf der Revisionsbegründungsfrist können nicht nur Verfahrensrügen nicht mehr erhoben, sondern auch die schon erhobenen nicht mehr durch weitere Tatsachen und Beweismittel begründet werden[88]. Die tatsächlichen Angaben über die gerügten Verfahrensmängel müssen genau, bestimmt und vollständig sein. Es müssen so viele Tatsachen angegeben werden, daß sich aus ihnen auf den Verfahrensmangel schließen läßt[89]. Bei Angabe der den Verfahrensmangel ergebenden Tatsachen darf nicht auf frühere Schriftsätze oder Urkunden außerhalb der Revisionsbegründung verwiesen werden[90].

Bei den Rügen der mangelhaften Sachaufklärung (§ 103 SGG) und der fehlerhaften Beweiswürdigung (§ 128 SGG) muß angegeben werden, welche tatsächlichen Feststellungen bei richtiger Verfahrensweise getroffen worden wären und inwieweit diese Tatsachen vom sachlich rechtlichen Standpunkt des Sozialgerichts aus für die Entscheidung erheblich sind[91]: Bei der Rüge der fehlerhaften Beweiswürdigung genügt nicht die Darlegung, daß die Beweise auch anders gewürdigt werden können. Vielmehr müssen die zur Begründung der Rüge vorgebrachten Tatsachen ergeben, daß das Gericht die Grenzen der richterlichen Beweiswürdigung überschritten hat, also beispielsweise nicht unwesentliche Teile des Verfahrens übergangen hat, seine Überzeugung nicht begründet hat, gegen Denkgesetze oder allgemeine Erfahrungssätze verstoßen hat.

Bei der Rüge der mangelnden Sachaufklärung muß angegeben werden, welche Umstände das Landessozialgericht zur weiteren Sachaufklärung drängen mußten und welche weiteren Möglichkeiten insoweit vorhanden waren[92].

Für die Tatsachen, die die Mängel des Verfahrens ergeben, müssen ferner die Beweismittel bezeichnet werden, so etwa, wenn wesentliche Behauptungen aus Schriftsätzen übergangen wurden, die genaue Angabe der Fundstelle. Als Beweismittel für Verfahrensrügen kommen ferner in Betracht die Sitzungsniederschrift und für Umstände, die sich nicht aus der Sitzungsniederschrift ergeben, dienstliche Äußerungen der Richter. Wenn ein allgemeiner Erfahrungssatz behauptet wird, gegen den das Urteil verstoßen haben soll, muß unter Umständen Sachverständigenbeweis angetreten werden[93].

Dagegen genügt es zur Bezeichnung der verletzten Verfahrensnorm, daß sich aus der Revisionsbegründung ergibt, welchen Inhalt die Verfahrensvor-

---

88 BSG, SozR, Nr. 37 zu § 164 SGG.
89 BSGE 1, 91.
90 BSGE 6, 269; 7, 35; BSG, SozR, Nr. 53 zu § 164 SGG = NJW 1964, 2080.
91 *Buss*, NJW 1966, 915/916.
92 *Buss*, NJW 1966, 915/917.
93 BSG, SozR, Nr. 40 zu § 162 SGG.

Heinz-Werner Glücklich

schrift nach Ansicht des Revisionsklägers haben soll; die genaue Bezeichnung einer Paragraphenzahl ist auch hier entbehrlich und die unrichtige Bezeichnung unschädlich[94].

Muster 39

Verfahrensrüge einer Revisionsbegründung

Das LSG geht davon aus, daß der Kläger nur dann die gesetzliche Lohnhälfte nach § 23 Abs. 2 AVG verdienen könne und deshalb nur dann noch nicht berufsunfähig sei, wenn er mindestens eine 18stündige Lehrtätigkeit wöchentlich übernehmen könne. Daß der Kläger eine 18stündige Lehrtätigkeit in der Woche übernehmen könne, hat das LSG dem Gutachten des Arztes für Augenheilkunde Dr. Elwein entnommen. Das Gutachten Dr. Elwein stellt zwar fest, der Kläger sei für eine Unterrichtstätigkeit als »berufsfähig« zu beurteilen, befaßt sich aber nicht mit der Frage, wieviel Unterrichtsstunden der Kläger trotz seines Augenleidens wöchentlich übernehmen kann. Diese Frage ist mit der bloßen Bezeichnung »berufsfähig« in dem Gutachten Dr. Elwein noch nicht geklärt, zumal da die Berufsfähigkeit ein juristischer und kein medizinischer Begriff ist. Das Landessozialgericht hätte daher entweder eine Ergänzung des Gutachten Dr. Elwein dahin anordnen müssen, daß sich der Sachverständige auch über die Zahl der dem Kläger wöchentlich zumutbaren Unterrichtsstunden äußere, oder es hätte ein Obergutachten hierüber einholen müssen.

Gerügt wird Verletzung des § 103 SGG.

Abgesehen von Verletzung der Aufklärungspflicht und fehlerhafter Beweiswürdigung sind häufig vorkommende Verfahrensmängel: Verweigerung des rechtlichen Gehörs durch Ablehnung eines begründeten Vertagungsantrages, nicht vorschriftsmäßige Besetzung des Gerichts und damit Verstoß gegen Art. 101 Abs. 1 Satz 2 GG, Nichtverlesung und Nichtgenehmigung von Aussagen der Zeugen und Sachverständigen, Erstattung des Gutachtens durch einen anderen Arzt als denjenigen, den das Gericht zum Sachverständigen bestellt hat, Verweisung des Rechtsstreits durch Urteil an ein Gericht einer anderen Gerichtsbarkeit, obwohl der Rechtsweg zu den Gerichten der Sozialgerichtsbarkeit gegeben ist. Sofern der Verfahrensmangel bereits zur Zeit der letzten mündlichen Verhandlung in der Berufungsinstanz vorlag, ist

---

94 BSGE 1, 227.

wichtig, in der Revisionsbegründung näher darzulegen, weshalb das Rüge-recht nicht nach § 295 ZPO in Verbindung mit § 202 SGG untergegangen ist.

4. Das weitere Revisionsverfahren

327   Die für die Berufung geltenden Vorschriften über die hemmende Wirkung eines Rechtsmittels gelten auch für die Revision.

328   Der Revisonsbeklagte kann im Verfahren vor dem BSG Anschlußrevision erheben. Selbständige Anschlußrevision liegt vor, wenn sich der Revisions-beklagte noch innerhalb der für ihn laufenden Revisionsfrist der Revision des Gegners anschließt. Die Voraussetzungen für die Zulässigkeit und Statt-haftigkeit einer solchen selbständigen Anschließung sind dieselben wie bei der Revision. Sie wird wie diese selbständig behandelt, wenn die Revision des Gegners zurückgenommen oder als unzulässig verworfen ist.

Durch unselbständige Anschlußrevision kann sich der Revisionsbeklagte bis zum Ablauf der Revisionsbegründungsfrist der Revision anschließen, selbst, wenn er auf Revision verzichtet hat. Damit wird erreicht, daß das Revisionsgericht das angefochtene Urteil nicht nur innerhalb der Anträge des Revisionsklägers, sondern auch im Rahmen der Anträge des Revisions-beklagten nachprüfen kann. Für die Form der unselbständigen Anschlußre-vision sind neben den für die Revision geltenden Vorschriften (§ 164 Abs. 2 SGG) diejenigen des § 556 ZPO zu beachten. Danach ist die Revisionsan-schlußschrift beim BSG bis zum Ablauf der Revisionsbegründungsfrist ein-zureichen; abweichend von § 164 Abs. 1 SGG muß die Begründung bereits mit der Anschlußerklärung eingereicht werden, § 556 Abs. 2 Satz 2 ZPO[95].

329   Das BSG prüft zunächst die Zulässigkeit der Revision. Wenn sie nicht statthaft oder nicht in der gesetzlichen Form und Frist eingelegt und begründet worden ist, ist sie als unzulässig zu verwerfen. Die Verwerfung kann durch Beschluß ohne mündliche Verhandlung und ohne Zuziehung der ehrenamtlichen Richter erfolgen, § 169 SGG. Andernfalls wird über die Revision durch Urteil – gewöhnlich aufgrund mündlicher Verhandlung – entschieden. Ergibt die sachliche Prüfung der Revision, daß sie unbegründet ist, so ist sie durch Urteil zurückzuweisen. Das gleiche gilt, wenn die Ent-scheidungsgründe zwar eine Gesetzesverletzung ergeben, aber die Entschei-dung aus anderen Gründen richtig ist, § 170 Abs. 1 SGG. Erweist sich die Revision als begründet, so hat das BSG grundsätzlich selbst in der Sache zu entscheiden. Wenn ihm das untunlich erscheint, kann es unter Aufhebung des angefochtenen Urteils die Sache zur erneuten Verhandlung und Ent-scheidung an die Vorinstanz zurückverweisen.

95 Vgl. BSG, SGb 1959, 53/55.

Heinz-Werner Glücklich

Das Gericht, an das die Sache zur erneuten Verhandlung und Entscheidung zurückverwiesen ist, hat seiner Entscheidung die rechtliche Beurteilung des BSG zugrundezulegen, § 170 Abs. 5 SGG. Dieselbe Bindung besteht auch für das BSG, wenn die Sache auf erneute Revision wiederum an das BSG gelangt.

Bei der Sprungrevision kann an das Sozialgericht oder an das zuständige Landessozialgericht zurückverwiesen werden, § 170 Abs. 4 SGG.

Wenn während des Revisionsverfahrens der angefochtene Verwaltungs- 330 akt durch einen neuen ersetzt oder geändert wird, dann kann der neue Verwaltungsakt nicht Gegenstand der Revisionsprüfung werden, da sonst entweder das Revisionsgericht tatsächliche Feststellungen treffen müßte oder dem Berechtigten die Möglichkeit einer Nachprüfung in tatsächlicher Hinsicht verlorenginge. Deshalb bestimmt § 171 Abs. 2 SGG, daß der neue Verwaltungsakt als mit der Klage beim Sozialgericht angefochten gilt, es sei denn, daß der Kläger durch den neuen Verwaltungsakt klaglos gestellt oder dem Klagebegehren durch die Entscheidung des Revisionsgerichts zum ersten Verwaltungsakt in vollem Umfang genügt wird. Sofern der neue Verwaltungsakt als mit der Klage beim Sozialgericht angefochten gilt, wird das BSG seine Entscheidung über den ursprünglichen Verwaltungsakt bis zur Entscheidung des Sozialgerichts oder des Landessozialgerichts aussetzen.

III. Die Beschwerde

Das Rechtsmittel der Beschwerde ist gegen Entscheidungen des Gerichts 331 oder des Vorsitzenden gegeben, die nicht Urteile sind und die nicht Vorbescheide sind, sonach gegen Beschlüsse. Auch bei Beschlüssen ist die Beschwerde ausgeschlossen, wenn eine Entscheidung nach gesetzlicher Vorschrift unanfechtbar ist, z. B. Entlassung aus dem Amt als ehrenamtlicher Richter (§ 18 SGG), Amtsenthebung eines ehrenamtlichen Richters (§ 22 SGG), Verweisung an das örtlich zuständige Sozialgericht (§ 98 SGG), Versagung oder Beschränkung der Akteneinsicht (§ 120 SGG), Tatbestandsberichtigung (§ 139 SGG). Weiter ist die Beschwerde ausgeschlossen gegen prozeßleitende Verfügungen, Aufklärungsanordnungen (§ 104 Satz 2 und 3, § 106, § 111 SGG), Vertagungsbeschlüsse, Fristbestimmungen bei richterlichen Fristen, Beweisbeschlüsse, Beschlüsse über Ablehnung von Beweisträgern, über Verbindung und Trennung von Verfahren und Ansprüchen (§ 172 Abs. 2 SGG).

Die Beschwerde ist weiter nur zulässig gegen die in erster Instanz ergangenen Beschlüsse (§ 172 Abs. 1 SGG). Beschlüsse des Landessozialgerichts oder seines Vorsitzenden können nicht mit der Beschwerde angefochten werden (§ 177 SGG), auch nicht Beschlüsse des BSG.

Auch bei Erlaß eines beschwerdefähigen Beschlusses sind die Beteiligten über das Rechtsmittel zu belehren. In Abweichung von § 66 SGG genügt hier jedoch mündliche Rechtsmittelbelehrung; erfolgt die Rechtsmittelbelehrung nur mündlich, so ist sie aktenkundig zu machen, § 173 SGG. Die Beschwerdefrist beträgt einen Monat; sie beginnt mit der Bekanntmachung der Entscheidung, die nicht notwendig in der Form der Zustellung zu erfolgen braucht, § 173 SGG. Für Beschwerden gegen Ordnungsmittel im Rahmen der Sitzungspolizei beträgt die Beschwerdefrist nur eine Woche, § 181 GVG in Verbindung mit § 202 SGG. Die Beschwerde muß schriftlich beim Sozialgericht (also nicht beim Landessozialgericht) oder zur Niederschrift des Urkundsbeamten seiner Geschäftsstelle eingelegt werden, § 173 SGG. Wenn das Sozialgericht oder der Vorsitzende, dessen Entscheidung angefochten wird, die Beschwerde für begründet hält, ist ihr abzuhelfen; anderenfalls ist die Beschwerde mit den Akten unverzüglich dem Landessozialgericht vorzulegen; davon sind die Beteiligten zu benachrichtigen, § 174 SGG.

Die Beschwerde hat grundsätzlich keine aufschiebende Wirkung. Der Richter, dessen Entscheidung angefochten wird (also nicht das Beschwerdegericht!) kann jedoch anordnen, daß der Vollzug der angefochtenen Entscheidung bis zur Entscheidung des Beschwerdegerichts auszusetzen sei. Ausnahmsweise hat die Beschwerde aufschiebende Wirkung, wenn sie die Festsetzung eines Ordnungs- oder Zwangsmittels zum Gegenstand hat (Ordnungsmittel jeder Art, auch Ordnungsgeld beim Ausbleiben einer Partei, deren persönliches Erscheinen angeordnet war).

Über die Beschwerde entscheidet das Landessozialgericht durch Beschluß. Ist die Beschwerde nicht statthaft oder nicht in der rechten Frist und Form erhoben, so wird sie als unzulässig verworfen. Anderenfalls wird sachlich darüber entschieden. Der Beschluß ist zu begründen, § 142 SGG.

IV. Anrufung des Gerichts

332   Die Entscheidungen des ersuchten oder beauftragten Richters oder des Urkundsbeamten können nicht mit dem Rechtsmittel der Beschwerde angefochten werden; gegen ihre Entscheidungen ist jedoch, und zwar in allen drei Instanzen, der Rechtsbehelf der Anrufung des Prozeßgerichtes gegeben, § 178 SGG. Für die Anrufung besteht eine Frist von einem Monat nach Bekanntgabe. Der ersuchte oder beauftragte Richter oder der Urkundsbeamte, gegen dessen Entscheidung das Gericht angerufen wird, kann selbst abhelfen, anderenfalls legt er die Sache dem Prozeßgericht zur Entscheidung vor. Das Prozeßgericht entscheidet durch begründeten Beschluß. Die Anrufung des Gerichts hat keine aufschiebende Wirkung.

V. Antrag auf mündliche Verhandlung

333   Gegen Vorbescheide des Vorsitzenden des Sozialgerichts, durch die die Klage als unzulässig oder als offenbar unbegründet abgewiesen wird (§ 105 SGG), oder des Vorsitzenden des Landessozialgerichts, durch die die Berufung als unzulässig verworfen wird (§ 158 SGG), können die Beteiligten binnen eines Monats nach Zustellung

Heinz-Werner Glücklich

mündliche Verhandlung beantragen. Wird der Antrag rechtzeitig gestellt, so gilt der Vorbescheid als nicht ergangen, §§ 105 Abs. 2, 158 Abs. 3 SGG.

VI. Wiederaufnahme des Verfahrens

Die Wiederaufnahme des Verfahrens ist ein besonderer Rechtsbehelf zur Beseitigung 334 der Rechtskraft eines Urteils in wenigen, gesetzlich festgelegten Fällen, in denen dem Gesetzgeber eine erneute richterliche Beurteilung unumgänglich erschien. Für die Wiederaufnahme im Sozialgerichtsverfahren gelten nach § 179 Abs. 1 SGG die Vorschriften der §§ 578–591 ZPO entsprechend. Danach ist Nichtigkeitsklage bei besonders schweren Verfahrensfehlern (z. B. nicht vorschriftsmäßige Besetzung des Gerichts, Mitwirkung eines kraft Gesetzes ausgeschlossenen Richters) zulässig. Die Restitutionsklage kann bei bestimmten inhaltlichen Mängeln des Urteils, die in § 580 ZPO aufgezählt sind, erhoben werden. Sie ist nur zulässig, wenn der Beteiligte ohne sein Verschulden außerstande war, den Restitutionsgrund in dem früheren Verfahren oder durch Rechtsmittel geltend zu machen.

§ 179 Abs. 2 SGG enthält einen zusätzlichen Restitutionsgrund. Danach ist die Wiederaufnahme des Verfahrens auch zulässig, wenn ein Beteiligter strafgerichtlich verurteilt worden ist, weil er Tatsachen, die für die Entscheidung der Streitsache von wesentlicher Bedeutung waren, wissentlich falsch behauptet oder vorsätzlich verschwiegen hat. Nach § 179 Abs. 3 SGG kann das Gericht im Wiederaufnahmeverfahren Rückerstattung der gewährten Leistungen anordnen.

Sonderfälle der Wiederaufnahme in der Sozialgerichtsbarkeit sind vorgesehen, wenn mehrere Versicherungsträger denselben Anspruch endgültig anerkannt haben oder wegen desselben Anspruchs rechtskräftig zur Leistung verurteilt worden sind, oder wenn ein oder mehrere Versicherungsträger denselben Anspruch endgültig abgelehnt haben oder wegen desselben Anspruchs rechtskräftig von der Leistungspflicht befreit worden sind, weil ein anderer Versicherungsträger leistungspflichtig sei, der seine Leistung bereits endgültig abgelehnt hat oder von ihr rechtskräftig befreit worden ist, § 180 Abs. 1 SGG.

Das gleiche gilt im Verhältnis zwischen Versicherungsträgern und einem Land, wenn streitig ist, ob eine Leistung aus der Sozialversicherung oder Kriegsopferversorgung zu gewähren ist, § 180 Abs. 2 SGG.

Für das Wiederaufnahmeverfahren ist grundsätzlich dasjenige Gericht zuständig, das das angefochtene Urteil erlassen hat, in den Fällen des § 580 Nr. 1–3, 6, 7 ZPO das Berufungsgericht, und zwar auch dann, wenn es sich um ein in der Revisionsinstanz erlassenes Urteil handelt, § 583 ZPO. Das gleiche gilt in den Sonderfällen des § 180 Abs. 1 und 2 SGG; notfalls ist hier das zuerst angerufene Gericht zuständig. § 180 SGG regelt Kompetenzstreitigkeiten bei Wiederaufnahme rechtskräftig erledigter Fälle.

VII. Wiedereinsetzung in den vorigen Stand

Nach § 67 SGG ist Wiedereinsetzung in den vorigen Stand zu gewähren, 335 wenn jemand ohne Verschulden verhindert war, eine gesetzliche Verfahrensfrist einzuhalten. Trotz des abweichenden Wortlauts deckt sich dies praktisch mit der Wiedereinsetzung in den vorigen Stand nach § 233 ZPO[96].

Der Antrag ist binnen eines Monats nach Wegfall des Hindernisses zu stellen; er ist glaubhaft zu machen (eidesstattliche Versicherungen, Urkunden usw. beifügen!). Innerhalb der Antragsfrist ist die versäumte Rechtshandlung nachzuholen. Ist dies geschehen, so kann die Wiedereinsetzung auch ohne Antrag von Amts wegen gewährt werden.

Nach einem Jahr seit Ende der versäumten Frist ist der Antrag unzulässig, außer bei Verhinderung durch höhere Gewalt. Der Beschluß, der die Wiedereinsetzung bewilligt, ist unanfechtbar, § 67 Abs. 4 Satz 2 SGG.

Muster 40

Gesuch um Wiedereinsetzung in den vorigen Stand gegen Versäumung der Widerspruchsfrist

An die Allgemeine Ortskrankenkasse Wiesbaden
Wiesbaden, den 9. September 1987
Namens des Dr. Walter Müller, Inhabers der Dr.-Müller-Arzthelferinnen-Schule, lege ich hiermit gegen den angeblichen Bescheid vom 14. 6. 1987, Zeichen: IV/52101/Bü/Ru
Widerspruch
ein mit dem Antrag:
den Bescheid vom 14. 6. 1987 aufzuheben.
Zugleich beantrage ich:
dem Widerspruchsführer gegen die Versäumung der Widerspruchsfrist Wiedereinsetzung in den vorigen Stand zu bewilligen.
Begründung:
Der Widerspruchsführer war ohne sein Verschulden daran gehindert, rechtzeitig gegen den angeblichen Bescheid vom 14. 6. 1987 Widerspruch zu erheben. Aus der Zuschrift vom 14. 6. 1987, die nach dem Schreiben der AOK vom 7. 9. 1987 ein Verwaltungsakt auf Heranziehung zu Sozialversicherungsbeiträgen und Nachzahlung angeblich rückständiger Beträge sein soll, war in keiner Weise ersichtlich, daß ihm eine derartige konstitutive Bedeutung zukommen sollte. Dazu fehlte es dem Schreiben schon an der nötigen Bestimmtheit, da die Angestellten, auf die es sich bezog, nicht einmal namentlich erwähnt sind. Das Schreiben enthält auch weder Dienststempel oder Dienstsiegel, noch Rechtsmittelbelehrung. Der Widerspruchsführer konnte daher in dem Schreiben vom 14. 6. 1987 nur die Mitteilung einer Rechtsauffassung und die Anmahnung eines angeblichen Beitragsrückstan-

---

96 Vgl. *Glücklich*, SGb 1956, 235.

Heinz-Werner Glücklich

des, nicht aber die hoheitsrechtliche Regelung eines Rechtsverhältnisses sehen. Daß die AOK in dem Schreiben vom 14. 6. 1987 einen Verwaltungsakt sehen will, ist ihm erst durch Schreiben der AOK vom 7. 9. 1987 mitgeteilt worden. Das Wiedereinsetzungsgesuch ist sonach gerechtfertigt. Auch in der Sache selbst ist der Widerspruch begründet.

gez. Unterschrift

Rechtsanwalt.

I. Prozeßkostenhilfe

Ein Armenrecht (frühere Bezeichnung für den heutigen Begriff »Prozeßkostenhilfe«, war in der Sozialgerichtsbarkeit in der früheren gesetzlichen Regelung für die I. und II. Instanz nicht vorgesehen. Diese Regelung sollte nach Beschluß des BVerfG vom 23. 1. 1959 nicht gegen das Grundgesetz verstoßen[97]. Nach der damaligen Regelung sollte nur in der Revisionsinstanz einem Beteiligten vor dem Bundessozialgericht Prozeßkostenhilfe bewilligt und ein Rechtsanwalt als Prozeßbevollmächtigter beigeordnet werden. Diese Regelung ist geändert worden durch Art. 4 Nr. 12 b) des Gesetzes über die Prozeßkostenhilfe vom 13. 6. 80 (BGBl. S. 677).

336

Die neue Regelung gilt seit dem 1. 1. 1981. Sie ist enthalten in § 73 a SGG. Danach gelten die Vorschriften der Zivilprozeßordnung für die Prozeßkostenhilfe im Sozialgerichtsverfahren entsprechend. Die Sozialgerichtsbarkeit umfaßt nicht die Möglichkeit, Prozeßkostenhilfe zu gewähren. Für die Prozeßkostenhilfe gelten die §§ 114 bis 127 ZPO in der Fassung des Gesetzes über die Prozeßkostenhilfe vom 13. 6. 1980 (BGBl. I S. 677). Die Prozeßkostenhilfe für jede Instanz wird für jede Instanz vom jeweils zuständigen Prozeßgericht besonders bewilligt und dabei ein vom Beteiligten vorgeschlagener Rechtsanwalt, der seine Niederlassung im Bezirk des Prozeßgerichts hat, beigeordnet. Ein auswärtiger Anwalt kann nur beigeordnet werden, wenn der Beteiligte selbst die Reise- und Abwesenheitskosten übernimmt. Wenn der Beteiligte keinen bestimmten Rechtsanwalt vorschlägt, wird dieser auf seinen Antrag vom Prozeßgericht bestimmt.

Gegen die Verweigerung der Prozeßkostenhilfe durch das Gericht der I. Instanz kann Beschwerde zum zuständigen Landessozialgericht eingelegt werden. Die Verweigerung von Prozeßkostenhilfe durch die höheren Instanzen kann nicht durch Rechtsmittel angefochten werden. Die Prozeßkostenhilfe ändert nichts an der Vorschußpflicht beim Antrag auf Vernehmung eines bestimmten Arztes. Prozeßkostenhilfe wird nicht bewilligt, wenn der Beteiligte durch einen Bevollmächtigten im Sinne des § 73 Abs. 6 Satz 3 SGG vertreten ist.

97 Vgl. BVerfGE 9, 124 = NJW 1959, 715.

Heinz-Werner Glücklich

Muster 41

Gesuch um Prozeßkostenhilfe für Revisionskläger

Wiesbaden, den ———
Gesuch um Prozeßkostenhilfe des früheren Metzgergesellen, jetzigen Büroboten
———, , Wiesbaden ———, Klägers, Berufungsbeklagten und Antragstellers,
– vertreten durch RA. Dr. ———, Wiesbaden ———,
gegen
die Landesversicherungsanstalt Hessen, Frankfurt am Main, Städelstraße 28,
Beklagte, Berufungsklägerin und Antragsgegnerin
wegen Berufsunfähigkeitsrente nach RVO.
Gericht II. Instanz: Landessozialgericht Hessen, Darmstadt,
AZ. II. Instanz: ——— /Ar-. . .
Der Kläger beabsichtigt, gegen das in Ablichtung beiliegende, am 15. 7. 86 verkündete und am 6. 9. 86 zugestellte Urteil des Landessozialgerichts in vollem Umfang

Revision

einzulegen mit dem Antrag:
das angefochtene Urteil aufzuheben und die Berufung des Beklagten gegen das Urteil des Sozialgerichts Wiesbaden vom 17. Juni 1985 zurückzuweisen, hilfsweise: die Sache zu erneuter Verhandlung und Entscheidung an die Vorinstanz zurückzuverweisen.
Vorweg beantrage ich:
dem Kläger für die Revisionsinstanz Prozeßkostenhilfe zu bewilligen und mich beizuordnen.
I. Das angefochtene Urteil beruht auf einem wesentlichen Verfahrensmangel, der durch Revision gerügt werden soll:
Der Kläger hat in der Vorinstanz mit Schriftsatz vom 23. 12. 1986 beantragt, zum Beweise dafür, daß er infolge von Kreislaufschwäche seinen Beruf als Metzgergeselle nicht mehr ausüben kan,
den Chefarzt und Arzt für innere Medizin Dr. Müller von den Städtischen Krankenanstalten in Wiesbaden als Sachverständigen anzuhören.
Das Landessozialgericht hat diese Anhörung mit Beschluß vom 11. Januar 1986 angeordnet und dem Kläger aufgegeben, binnen einen Monats einen Vorschuß von 500 Mark einzuzahlen. Der Kläger hat den Kostenvorschuß eingezahlt. Das darauf von den Städtischen Krankenanstalten in Wiesbaden eingegangene Arztgutachten ist jedoch nicht von dem Chefarzt Dr. Müller, sondern von der Assistenzärztin Fräulein Dr. Schulze erstattet worden.
Beweis: das Gutachten vom 10. April 1987 in den Gerichtsakten.
Der Kläger hat im Termin zur mündlichen Verhandlung vom 17. 6. 1987 gerügt, daß das Gutachten nicht von dem von ihm benannten Gutachter erstattet worden ist.
Beweis: die Sitzungsniederschrift.

Heinz-Werner Glücklich

Demnach ist § 109 SGG verletzt. Das LSG hat die Revision im Urteil zugelassen. II. Der Kläger ist mittellos. Ich überreiche eine Erklärung des Klägers über seine persönlichen und wirtschaftlichen Verhältnisse nebst Verdienstbescheinigung seines Arbeitgebers. Sonstige unterhaltspflichtige Verwandte hat der Kläger nicht.

gez. Unterschrift Rechtsanwalt

II. Kosten

Für das Sozialgerichtsverfahren besteht der Grundsatz der Gebühren- und Kostenfreiheit, § 183 SGG.   337

Das gilt nicht für Körperschaften oder Anstalten des öffentlichen Rechts. Diese haben für jeden Rechtszug eine Pauschgebühr nach §§ 184 ff. SGG zu entrichten. Wird eine Sache nicht durch Urteil erledigt, so ermäßigt sich die Gebühr auf die Hälfte; sie entfällt ganz, wenn die Erledigung auf einer Rechtsänderung beruht, § 186 SGG.

Hat ein Beteiligter, dessen Vertreter oder Bevollmächtigter durch Mutwillen Verschleppung oder Irreführung dem Gericht oder einem anderen Beteiligten Kosten verursacht, so kann sie das Gericht dem Beteiligten im Urteil ganz oder teilweise auferlegen, § 192 SGG.

Ist das persönliche Erscheinen eines Beteiligten angeordnet, so werden ihm auf Antrag bare Auslagen und Zeitverlust wie einem Zeugen vergütet; auch ohne Anordnung des persönlichen Erscheinens können sie ihm vergütet werden, wenn er erscheint und das Gericht das Erscheinen für geboten hält, § 191 SGG.

Anders als im Zivilprozeß bestehen in der Sozialgerichtsbarkeit keine gesetzlichen Ansprüche auf Kostenerstattung. Vielmehr hat das Gericht im Urteil oder, falls das Verfahren nicht durch Urteil endet, durch Beschluß zu entscheiden, ob und in welchem Umfang die Beteiligten einander Kosten zu erstatten haben[98]. Als Richtschnur dient den Gerichten der Sozialgerichtsbarkeit hierbei vielfach die Regelung der §§ 91–93 ZPO. Hat sich der Rechtsstreit in der Hauptsache erledigt, so ist für die nach sachgemäßem Ermessen zu treffende Kostenentscheidung gewöhnlich der vermutliche Verfahrensausgang maßgebend, wobei von dem im Zeitpunkt der Erledigung vorliegenden Sach- und Streitstand auszugehen ist[99]. Hat dagegen der Kläger Unterlagen, die er leicht hätte vorlegen können, zurückgehalten und erkennt der Beklagte nach Vorlage der Unterlagen an, so wird in entsprechender Anwendung des § 93 ZPO einem solchen Kläger eine Kostenerstattung zu versagen sein.

---

98 *Niesel,* Der Sozialgerichtsprozeß, Rdnr. 248 ff.
99 BSG, NJW 1957, 1334; BSG, SGb 1962, 117.

Eine Erstattung der von den Behörden und Körperschaften oder Anstalten des öffentlichen Rechts aufgewendeten Beträge findet – aus sozialen Gründen – nicht statt, § 193 Abs. 4 SGG.

Sind mehrere Beteiligte kostenerstattungspflichtig, so gilt § 100 ZPO, d. h. sie haften grundsätzlich nach Kopfteilen, § 194 Satz 1 SGG. Die Kosten können ihnen als Gesamtschuldnern auferlegt werden, wenn das Streitverhältnis ihnen gegenüber nur einheitlich entschieden werden kann, § 194 Satz 2 SGG. Wird der Rechtsstreit durch gerichtlichen Vergleich erledigt, so trägt jeder Beteiligte seine Kosten, falls die Beteiligten keine Bestimmung über die Kosten getroffen haben, § 195 SGG.

338   Die Kostenfestsetzung erfolgt auf Antrag durch den Urkundsbeamten des Gerichts des ersten Rechtszuges, § 197 Abs. 1 SGG. Gegen die Entscheidung des Urkundsbeamten kann binnen eines Monats nach Bekanntgabe das Gericht angerufen werden (Erinnerung). Dieses entscheidet endgültig, seine Entscheidung unterliegt sonach nicht der Beschwerde, § 197 Abs. 2 SGG.

339   Erstattungsfähig sind immer die gesetzlichen Gebühren des Rechtsanwaltes. Die Bundesgebührenordnung für Rechtsanwälte hat für jede Instanz Rahmengebühren als Pauschgebühren bestimmt. Daneben kann eine Vergleichsgebühr oder eine Erledigungsgebühr nach §§ 23, 24 BRAGO nicht berechnet werden, § 116 Abs. 1 und 2 BRAGO. Wohl aber können Postgebühren, auch als Gebührenpauschalsatz, § 26 BRAGO, Schreibgebühren nach § 27 BRAGO, Reisekosten nach § 28 BRAGO besonders in Rechnung gestellt werden.

In Kassenarztstreitigkeiten und in öffentlich-rechtlichen Streitigkeiten zwischen Arbeitgebern und der Bundesanstalt für Arbeit oder einer Berufsgenossenschaft werden die Rechtsanwaltgebühren im Gegensatz zu den sonstigen Verfahren nach dem Gegenstandswert berechnet; hier finden die Vorschriften des Dritten Abschnitts der BRAGO entsprechende Anwendung.

Zu den erstattungsfähigen Kosten gehören auch die Kosten eines erfolglos gebliebenen, dem Sozialrechtsstreit vorausgegangenen notwendigen oder zulässigen Widerspruchverfahrens, wenn diesem ein Klageverfahren nachfolgte. Die Kostenerstattung des isolierten Widerspruchsverfahrens richtet sich demgegenüber nach § 63 SGB X. Die Gebühren und Auslagen eines Rechtsanwalts oder eines sonstigen Bevollmächtigten sind allerdings nur dann erstattungsfähig, wenn die Zuziehung eines Bevollmächtigten im Sinne des § 63 Abs. 2 SGB X notwendig war. Eine § 162 Abs. 2 Satz 2 VwGO entsprechende Regelung fehlt. Die Feststellung der Notwendigkeit einer Zuziehung muß daher nicht notwendigerweise im Urteil oder in einem gesonderten Beschluß getroffen werden. Liegt eine entsprechende Entscheidung des Gerichts nicht vor, wird sie vom Urkundsbeamten incidenter bei der Festsetzung vorgenommen, so daß es einer gesonderten Antragstellung

Heinz-Werner Glücklich

nicht bedarf[100]. Nach der BRAGO ist es auch im Sozialgerichtsverfahren zulässig, mit dem Mandanten eine Gebührenvereinbarung zu treffen, die jedoch nach § 3 BRAGO vom Auftraggeber unterschrieben werden muß und keine sonstigen Bestimmungen enthalten darf.

Muster 42

Gebührenvereinbarung

Honorarschein

In meiner Kassenarzt-Zulassungssache verpflichte ich mich, an Herrn Rechtsanwalt Dr._____ anstelle der gesetzlichen Gebühren vereinbarte Pauschalbeträge zu zahlen, und zwar für das Vorverfahren 1000,– DM, für das Sozialgerichtsverfahren 2000,– DM für jede Instanz.
Wiesbaden, den _____

gez. Unterschrift

Muster 43

Kostenfestsetzungsgesuch

An das Sozialgericht Wiesbaden
In der Beitragsnachzahlungssache
Schmidt ./. AOK Wiesbaden
– AZ: _____
beantrage ich für den Kläger,
meine gesetzliche Vergütung gegen die Beklagte wie folgt festzusetzen:
Vorverfahren:

Gebühr § 116 Abs. 1 Nr. 1 BRAGO	**DM**	
Auslagen, § 26 S. 2 BRAGO	**DM**	
Zwischensumme	**DM**	
14 % Umsatzsteuer, § 25 Abs. 2 BRAGO[298]	**DM**	**DM**
I. Instanz		
Gebühr nach § 116 Abs. 1 Nr. 1 BRAGO	**DM**	
Auslagen, § 26 S. 2 BRAGO	**DM**	
Zwischensumme	**DM**	
14 % Umsatzsteuer, § 25 Abs. 2 BRAGO	**DM**	**DM**

100 *Niesel,* Der Sozialgerichtsprozeß, Rdnr. 256.

Heinz-Werner Glücklich

II. Instanz

Gebühr nach § 116 Abs. 1 Nr. 2 BRAGO	DM
Auslagen, § 26 S. 2 BRAGO	DM
Tage- und Abwesenheitsgeld v.	
15. 1. 1987, § 28 Abs. 2 BRAGO	
(Abwesenheit mehr als 4 und weniger	
als 8 Stunden)	DM
Fahrtkosten mit dem eigenen Pkw	
15. 1. 1987: (92 km je 0,40 DM),	
§ 28 Abs. 1 BRAGO	DM
Zwischensumme	DM
14 % Umsatzsteuer, § 25 Abs. 2 BRAGO	DM DM

III. Instanz

Gebühr nach § 116 Abs. 1 Nr. 3 BRAGO	DM
Auslagen, § 26 S. 2 BRAGO	DM
26. 6. 87: Tage- und Abwesenheits-	
geld, § 28 Abs. 2 BRAGO	
(Abwesenheit von mehr als 4)	DM
26. 6. 87: Fahrtkosten	
mit dem eigenen Pkw (450 km je	
0,40 DM), § 28 Abs. 1 BRAGO	DM
Zwischensumme	DM
14 % Umsatzsteuer, § 25 Abs. 2 BRAGO	DM DM

II. Instanz nach Zurückverweisung:

Gebühr nach § 116 Abs. 2 Nr. 1 BRAGO	DM
Auslagen, § 26 S. 2 BRAGO	DM
14. 7. 87: Tage- und Abwesenheits-	
geld nach § 28 Abs. 2 BRAGO	
(Abwesenheit mehr als 4 und	
weniger als 8 Stunden)	DM
14. 7. 87: Fahrtkosten mit dem	
eigenen Pkw (92 km je	
0,40 DM), § 28 Abs. 1 BRAGO	DM
Zwischensumme	DM
14 % Umsatzsteuer, § 25 Abs. 2 BRAGO	DM DM
zusammen:	DM

gez. Unterschrift
Rechtsanwalt

Heinz-Werner Glücklich

Soweit ein Rechtsanwalt einem Beteiligten vor dem Bundessozialgericht im Wege der Prozeßkostenhilfe beigeordnet ist, erhält er aus der Bundeskasse die gesetzliche Vergütung (§ 121 BRAGO), soweit in dem 12. Abschnitt der BRAGO nichts anderes bestimmt ist. Anders als für Wertgebühren (vgl. § 23 BRAGO) bestimmt die BRAGO nicht, daß in Angelegenheiten, für welche Rahmengebühren bestimmt sind, der Armenanwalt geringere als die sonst vorgeschriebenen Gebühren erhält. Daher erhält der Armenanwalt aus der Bundeskasse die Gebühren aus dem für sonstige Rechtsanwälte vorgeschriebenen Rahmen des § 116 Abs. 1 Nr. 3 BRAGO 340

Rechtsbeistände erhalten die vollen Gebühren nach der BRAGO. 341

III. Die Vollstreckung

Das SGG sieht die Vollstreckung nach den Vorschriften der ZPO vor, § 198 Abs. 1 SGG. Die Vorschriften über vorläufige Vollstreckbarkeit, Arrest und einstweilige Vergügung sind jedoch nicht anzuwenden, § 198 Abs. 2 SGG. 342

Das Rechtsmittel in der Zwangsvollstreckung ist anstelle der sofortigen Beschwerde der ZPO die befristete Beschwerde nach §§ 172–177 SGG.

Dagegen sind anwendbar insbesondere die Vorschriften der ZPO über Rechtskraft, Rechtskraftzeugnis, Vollstreckungsklausel, vollstreckbare Ausfertigung, Einwendungen gegen die Zulässigkeit der Vollstreckungsklausel oder gegen den durch das Urteil festgestellten Anspruch, Erinnerung, Unzulässigkeit der Zwangsvollstreckung, Zwangsvollstreckung in Forderungen und andere Vermögensrechte, Lohn- und Gehaltspfändung usw.

Vollstreckungstitel in der Sozialgerichtsbarkeit sind gerichtliche Entscheidungen, soweit keine aufschiebende Wirkung eintritt, Anerkenntnisse, Vergleiche und Kostenfestsetzungsbeschlüsse, § 199 Abs. 1 SGG. Bei Entscheidungen, die mit einem Rechtsmittel angefochten sind, das keinen Aufschub bewirkt, kann die Vollstreckung durch einstweilige Anordnung des Vorsitzenden des Rechtsmittelgerichts ohne oder gegen Sicherheitsleistung ausgesetzt werden, § 199 Abs. 2 SGG.

Als Vollstreckungsgericht fungiert das Sozialgericht.

Die Vollstreckung zugunsten der öffentlichen Hand richtet sich gemäß § 200 SGG nach dem Verwaltungs-Vollstreckungsgesetz (VwVG).

Die Vollstreckung von Verpflichtungsurteilen nach § 131 SGG ist besonders geregelt. Kommt die Behörde der im Urteil auferlegten Verpflichtung zum Erlaß eines Verwaltungsaktes nicht nach, kann das Gericht des ersten Rechtszuges unter Fristsetzung ein Zwangsgeld bis zu 3.000,— DM androhen und nach vergeblichen Fristablauf festsetzen, § 11 VwVG. Auch hier findet das VwVG Anwendung, § 201 SGG.

Heinz-Werner Glücklich

Verzeichnis der Gerichte der Sozialgerichtsbarkeit

343 Bundessozialgericht
Graf-Bernadotte-Platz 5, Postfach 410220, 3500 Kassel 1, Tel. (05 61) 30 71

I. Baden-Württemberg

A. Landessozialgericht Baden-Württemberg,
Breitscheidstraße 18, 7000 Stuttgart 1, Tel. (0711) 2 05 01

B. Sozialgerichte
 1. SG Freiburg, T. (0761) 3 16 54/55
 2. SG Freiburg i. Br., Zwgst. Lörrach, T. (07621) 36 56
 3. SG Heilbronn, T. (07131) 7 80 11
 4. SG Karlsruhe, T. (0721) 13 51
 5. SG Konstanz, T. (07531) 6 31 40
 6. SG Konstanz, Zwgst. Radolfzell, T. (07732) 7 73
 7. SG Mannheim, T. (0621) 29 20
 8. SG Reutlingen, T. (07121) 2 61
 9. SG Stuttgart, T. (0711) 6 67 31
10. SG Ulm/Donau, T. (0731) 18 91

II. Bayern

A. Bayerisches Landessozialgericht,
Odeonsplatz 1, 8000 München 22, T. (089) 28 02 41

B. Sozialgerichte
1. SG Augsburg, T. (0821) 51 80 11-13
2. SG Bayreuth, T. (0921) 6 30 51
3. SG Landshut, T. (0871) 80 87
4. SG München, T. (089) 13 01-1
5. SG Nürnberg, T. (0911) 24 10 21
6. SG Regensburg, T. (0941) 7 85-1
7. SG Würzburg, T. (0931) 3 08 70

III. Berlin

A. Landessozialgericht Berlin,
Invalidenstraße 52, 1000 Berlin 21, T. (030) 39 70 10

Heinz-Werner Glücklich

46 Wagner 2

B. Sozialgericht
SG Berlin, T. (030) 39 70 10

IV. Bremen

A. Landessozialgericht Bremen
Contrescarpe 32, 2800 Bremen 1, T. (0421) 3 61 43 05

B. Sozialgericht
SG Bremen, T. (0421) 3 61 46 85

V. Hamburg

A. Landessozialgericht Hamburg
Kaiser-Wilhelm-Straße 100, 2000 Hamburg 36, T. (040) 3 49 13 31 16

B. Sozialgericht
SG Hamburg, T. (040) 34 91 31
Kaiser-Wilhelm-Straße 100, 2000 Hamburg 36

VI. Hessen

A. Landessozialgericht Hessen
Rheinstraße 94, 6100 Darmstadt, T. (06151) 3 36 31

B. Sozialgerichte
1. SG Darmstadt, T. (06151) 8 27 27-28
2. SG Frankfurt a. M., T. (0611) 72 21 51-53
3. SG Fulda, T. (0661) 7 40 84
4. SG Gießen, T. (0641) 3 20 97
5. SG Kassel, T. (0561) 1 92 31
6. SG Marburg a. d. Lahn, T. (06421) 2 30 01
7. SG Wiesbaden, T. (06121) 3 90 25

VII. Niedersachsen

A. Landessozialgericht Niedersachsen
Georg-Wilhelm-Str. 1, 3100 Celle 1, T. (05141) 3 10 35-37

B. Sozialgerichte
1. SG Aurich, T. (04941) 27 37, 20 05
2. SG Braunschweig, T. (0531) 7 40 16
3. SG Hannover, T. (0511) 60 74
4. SG Hildesheim, T. (05121) 3 10 68-69
5. SG Lüneburg, T. (04131) 4 70 51
6. SG Oldenburg, T. (0441) 2 55 37
7. SG Osnabrück, T. (0511) 58 61 81-82
8. SG Stade, T. (04141) 37 31, 4 58 96

Heinz-Werner Glücklich

VIII. Nordrhein-Westfalen

A. Landessozialgericht Nordrhein-Westfalen
Zweigertstraße 54, 4300 Essen, T. (0201) 7 99 21

B. Sozialgerichte
1. SG Aachen, T. (0241) 45 71
2. SG Detmold, T. (05231) 2 69 14
3. SG Dortmund, T. (0231) 5 41 51
4. SG Düsseldorf, T. (0211) 68 33 21
5. SG Duisburg, T. (0203) 2 39 83
6. SG Gelsenkirchen, T. (0209) 1 53 21
7. SG Köln, T. (0221) 1 61 70
8. SG Münster, T. (0251) 4 07 75

IX. Rheinland-Pfalz

A. Landessozialgericht Rheinland-Pfalz
Ernst-Ludwig-Straße 1, 6500 Mainz 1, T. (06131) 14 11

B. Sozialgerichte
1. SG Koblenz a. Rh., T. (0261) 1 25 61
2. SG Speyer, T. (06232) 7 40 01
3. SG Speyer, Zwgst. Mainz, T. (06131) 14 11
4. SG Trier, T. (0651) 7 50 46

X. Saarland

A. Landessozialgericht für das Saarland
Egon-Reinert-Str. 4–6, 6600 Saarbrücken 3, T. (0682) 6 20 42

B. Sozialgericht
SG Saarbrücken, T. (0681) 6 20 42

XI. Schleswig-Holstein

A. Schleswig-Holsteinisches Landessozialgericht
Gottorfstraße 2, 2380 Schleswig, T. (04621) 8 61

B. Sozialgerichte
1. SG Itzehoe, T. (04821) 40 42
2. SG Kiel, T. (0431) 68 00 16
3. SG Lübeck, T. (0451) 3 10 31
4. SG Schleswig, T. (04621) 8 61

Heinz-Werner Glücklich

46*

Sachregister

(Die angegebenen Zahlen beziehen sich auf die Randziffern im Werk)

1. Abschnitt Materielles Strafrecht, Strafverfahrensrecht, Ordnungswidrigkeitenrecht

2. Abschnitt   Verwaltungsverfahren und Verwaltungsprozesse

**3. Abschnitt Überblick über das Steuerrecht der Bundesrepublik
Deutschland**

4. Abschnitt Sozialversicherungsrecht und Verfahrensrecht in Sozialrechtssachen